新曲綫 | 用心雕刻每一本……
New Curves

http://site.douban.com/110283/
http://weibo.com/nccpub

用心字里行间　雕刻名著经典

作者简介

戴维·迈尔斯
David Myers

自从1967年获得美国艾奥瓦大学的心理学博士学位之后，戴维·迈尔斯就在密歇根州的霍普学院工作并教授普通心理学课程长达50余年。霍普学院的学生邀请他在毕业典礼上发言，并评选他为"最杰出的教授"。

迈尔斯撰写了多部畅销世界的心理学教科书，包括《社会心理学》《普通心理学》等。其中《社会心理学》被译成12种文字，中文版销量超过150万册，是国内最畅销的社会心理学教材。《普通心理学》是当今美国最畅销的心理学入门教材，全球有1500万学生用它来学习心理学。

迈尔斯在《科学》《美国科学家》等30多种学术期刊上发表过数十篇论文。迈尔斯还致力于把心理科学介绍给普通大众。他在《今日教育》《科学美国人》等40多种杂志上发表过科普类文章。由于迈尔斯在研究和写作领域的突出贡献，他获得了众多奖项，包括美国心理学协会（APA）的"高尔顿·奥尔波特奖"、美国脑与行为联合会2010年颁发的"杰出科学家奖"、美国人格与社会心理学分会的"杰出服务奖"。

作为当今教科书版税收入最高的心理学家，迈尔斯将《普通心理学》各个版本的版税全部捐赠给他与夫人创建的戴维及卡罗尔·迈尔斯基金会，并向美国心理科学协会（APS）捐赠100万美元以促进心理科学的教学和普及。

译者简介

黄希庭，现为西南大学资深教授，心理学博士生导师，重庆市人文社会科学重点研究基地心理学与社会发展研究中心主任，西南大学学术委员会顾问、国家级重点学科基础心理学学术带头人，重庆市高等学校高级职称评审委员会副主任，全国心理学名词审定委员会委员，《心理学报》和《中国临床心理学杂志》编委，北京师范大学、四川大学、华南师范大学、四川师范大学、苏州大学和陕西师范大学兼职教授等。

曾任西南师范大学心理学系主任，中国心理学会常务理事、第七届和第八届副理事长兼心理学教学工作委员会主任，国务院学位委员会第五届心理学学科评议组召集人，全国博士后管委会第六届专家组成员及教育学组召集人，国家自然科学基金学科评审组成员和国家教委人文社会科学学科评审组成员，全国心理学教学指导委员会副主任，教育部高等师范教育面向21世纪教学内容和课程体系改革指导委员会成员，教育部长江学者评审专家组成员及教育学科组召集人，重庆市政协常委，西南大学学术委员会副主任、学位委员会副主席，重庆市心理学会理事长。

已出版教材、专著、译著50余部，发表学术论文300余篇（含合作、合译）。四本教材获教育部高等学校优秀教材一、二等奖，两项科研成果获教育部高校人文社会科学研究优秀成果一、二等奖。被国务院授予"全国先进工作者"称号（2005），获首届国家级教学名师奖（2003），"全国教书育人楷模"称号（2012），被中国科协授予"全国优秀科技工作者"称号（2010），被中国心理学会授予"终身成就奖"（2011）。

本书的翻译工作由中国心理学会心理学教学工作委员会组织国内心理学领域的18位教授通力合作完成，各章的译者依序分别为（按章节顺序排列）

前　言	（黄希庭教授，西南大学）
第1章	（郑　涌教授，西南大学）
第2章	（张志杰教授，河北师范大学）
	（杨炳钧教授，西南大学）
第3章	（苏彦捷教授，北京大学）
第4章	（苏彦捷教授，北京大学）
第5章	（杨炳钧教授，西南大学）
第6章	（吴艳红教授，北京大学）
	（丁锦红教授，首都师范大学）
第7章	（刘电芝教授，苏州大学）
第8章	（郭秀艳教授，华东师范大学）
第9章	（尹德谟教授，西华大学）
	（李宏翰教授，广西师范大学）
第10章	（刘邦惠教授，中国政法大学）
第11章	（杨　波教授，中国政法大学）
	（张　明教授，苏州大学）
第12章	（许　燕教授，北京师范大学）
第13章	（秦启文教授，西南大学）
第14章	（郭永玉教授，南京师范大学）
第15章	（李　媛教授，电子科技大学）

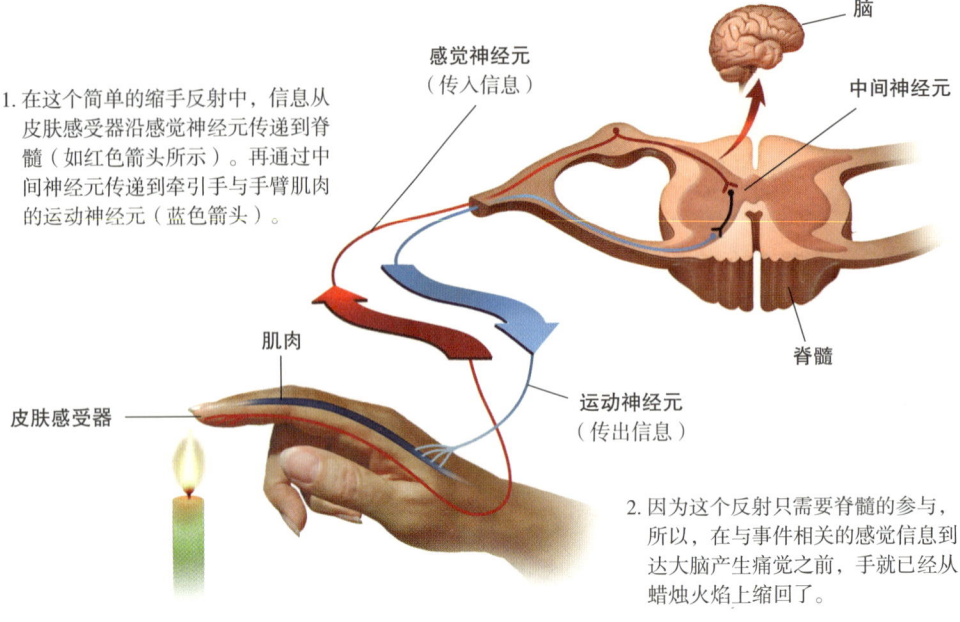

1. 在这个简单的缩手反射中,信息从皮肤感受器沿感觉神经元传递到脊髓(如红色箭头所示)。再通过中间神经元传递到牵引手与手臂肌肉的运动神经元(蓝色箭头)。

2. 因为这个反射只需要脊髓的参与,所以,在与事件相关的感觉信息到达大脑产生痛觉之前,手就已经从蜡烛火焰上缩回了。

图 2.7
简单反射(见正文第 47 页)

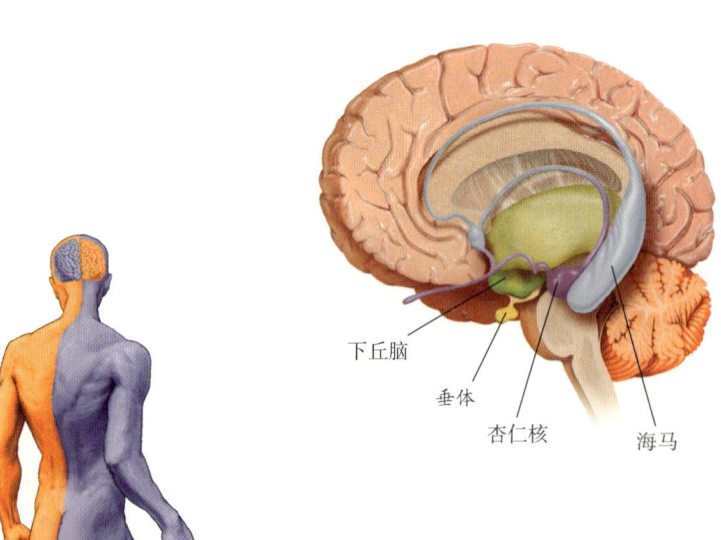

图 2.15
边缘系统(见正文第 53 页)
边缘结构位于旧脑和大脑半球之间。边缘系统的下丘脑控制邻近的垂体。

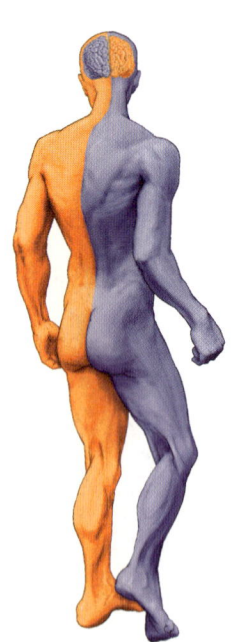

图 2.10
身体的神经交叉
(见正文第 52 页)

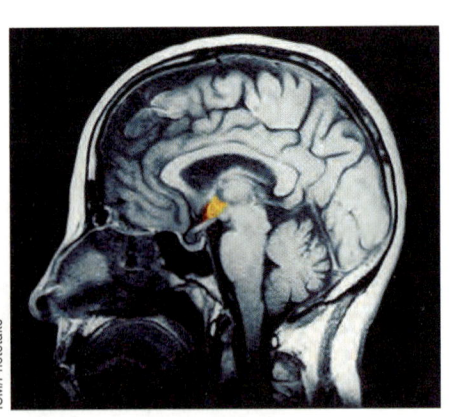

图 2.16
下丘脑(见正文第 54 页)
在这幅 MRI 扫描的图片上标示为橘黄色的这个小而重要的结构,帮助保持身体内环境处在稳定状态。

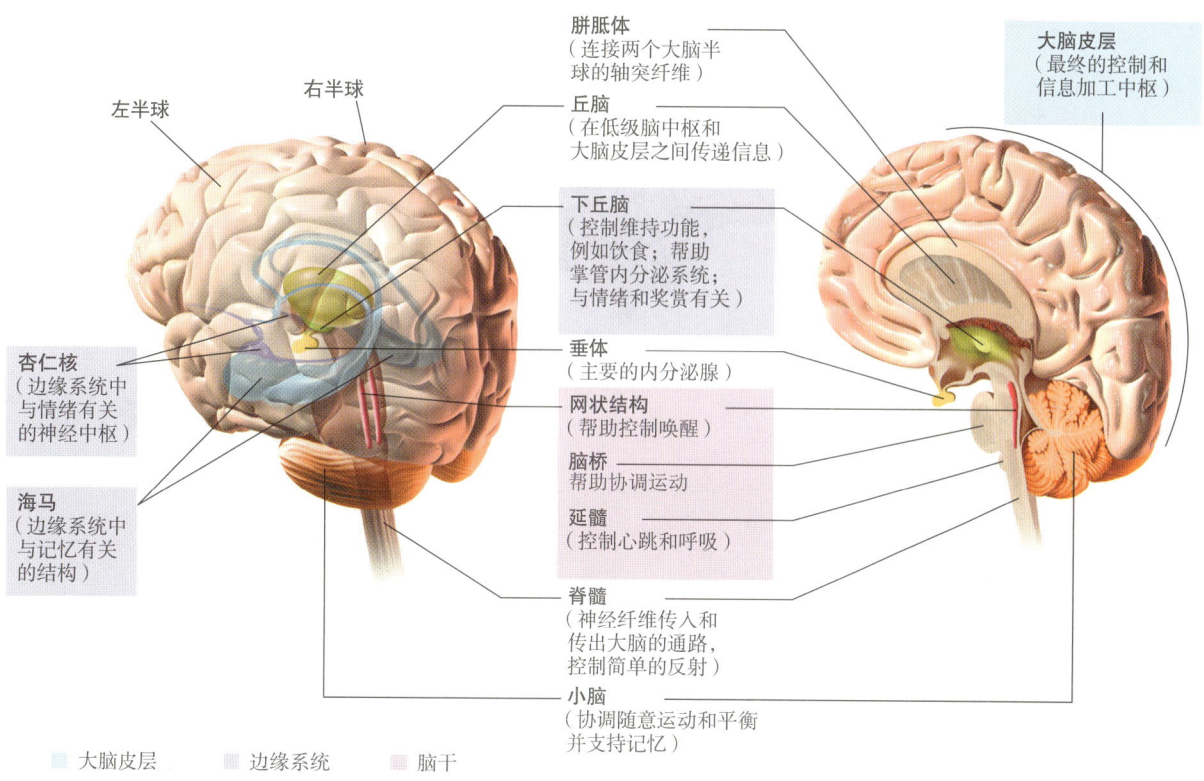

图 2.18
脑结构及其功能（见正文第 55 页）

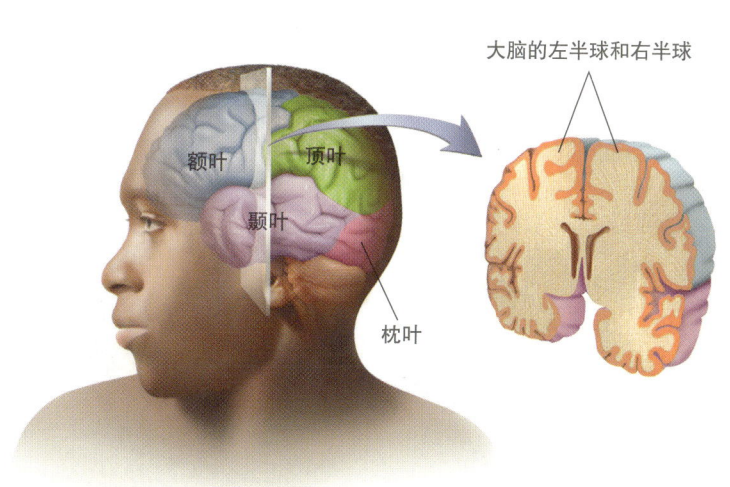

图 2.19
大脑皮层及其基本分区（见正文第 56 页）

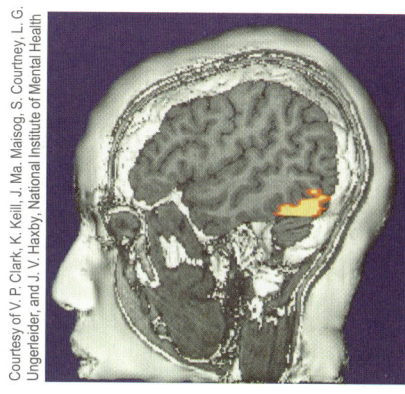

图 2.21
新技术显示活动中的脑（见正文第 59 页）

fMRI 扫描显示，当参与者观看面部图片时，视觉皮层——枕叶——很活跃（颜色代表血流量增加）。如果停止观看，这个区域马上会平静下来。

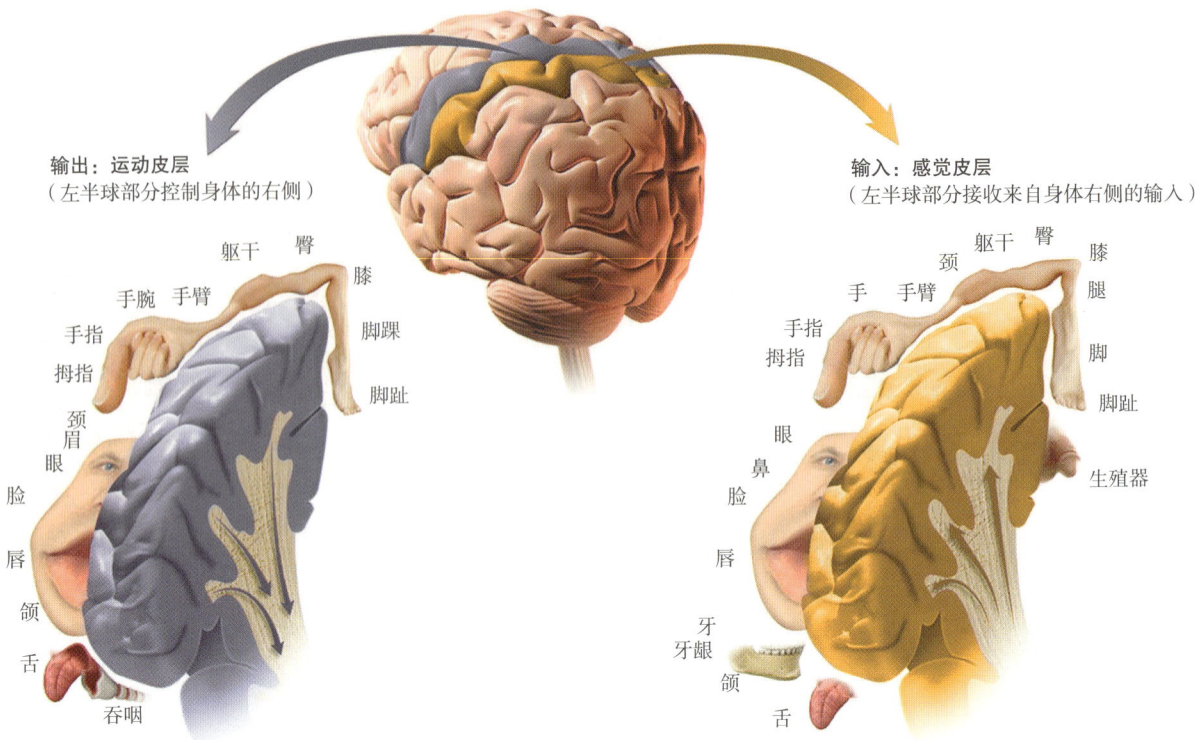

图 2.20
运动皮层与感觉皮层中与身体各部分对应的左半球组织
（见正文第 58 页）
正如你在这幅经典但却不那么精确的图中看到的，运动皮层（额叶）或感觉皮层（顶叶）的大小与对应的肢体部位的大小不成比例。敏感区域与需要精细控制的区域对应更多的脑组织。如此一来，手指就比手臂的皮层代表区更大。

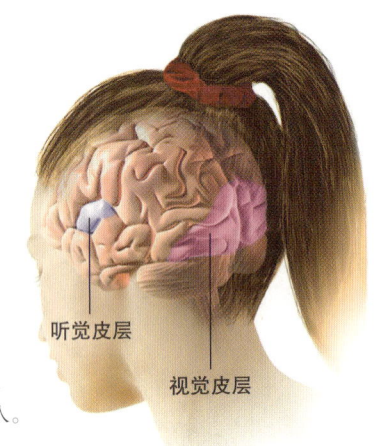

图 2.22
视觉皮层和听觉皮层（见正文第 59 页）
位于大脑后部的枕叶接收来自眼睛的信息输入。位于颞叶的听觉中枢则接收来自双耳的信息。

图 2.23
四种哺乳动物的皮层区域
（见正文第 59 页）
智能越高的动物，它的"未明确用途"或联合皮层的区域也就越大。脑的这些大面积区域负责对感觉信息进行解读、整合和反应，并将其与储存的记忆联系起来。

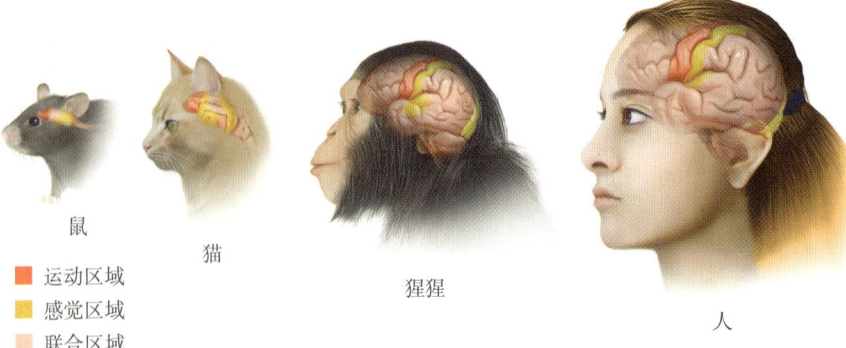

■ 运动区域
■ 感觉区域
■ 联合区域

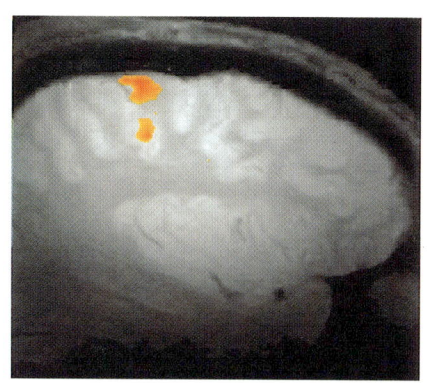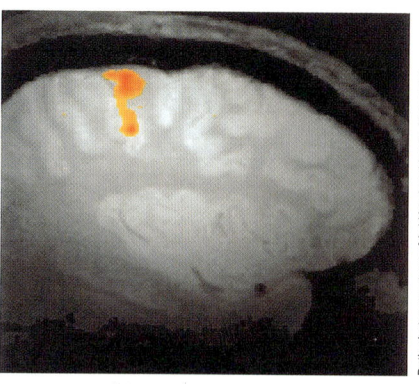

图 4.6
受过训练的大脑（见正文第 130 页）
一个熟练掌握的手指敲击任务会激发更多的运动皮质神经元（右图橙色区域），而受训前（左图）同一区域活跃的神经元较少。（Karni et al., 1998）

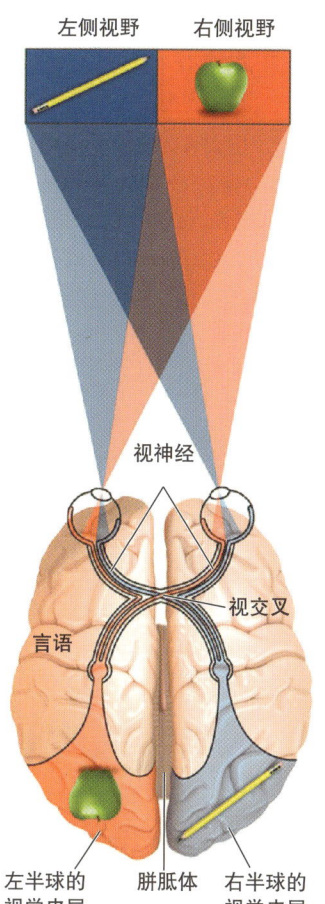

图 2.27
从眼到脑的信息通路（见正文第 63 页）

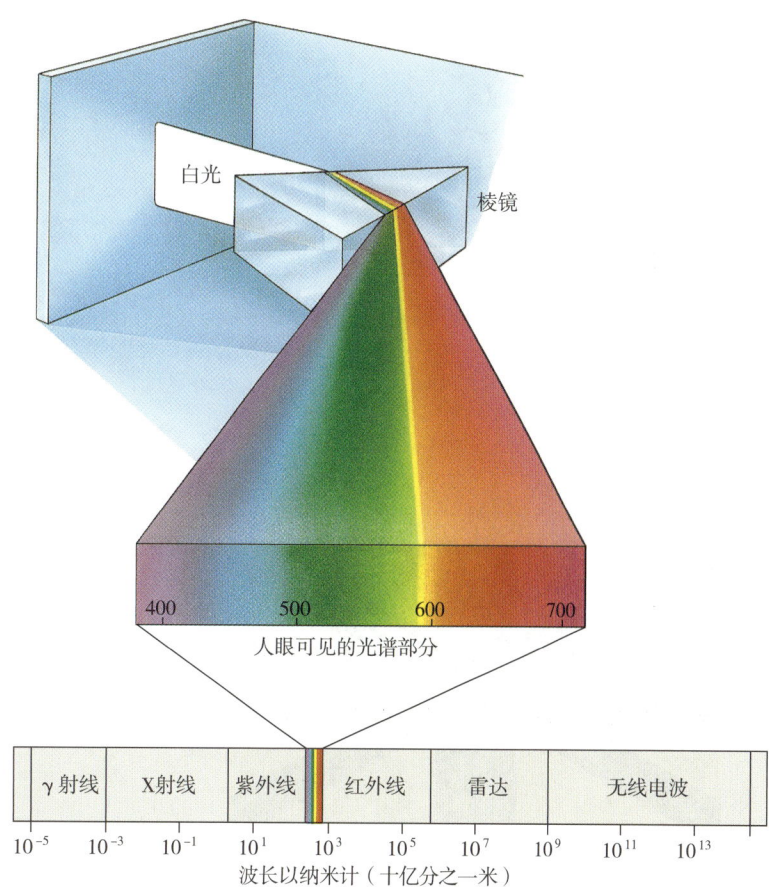

图 6.11
我们所能看见的波长（见正文第 216 页）
我们所能看见的光只是电磁光谱中很窄的一段，这个宽广光谱的范围从波长只有原子直径那么短的 γ 射线到超过一英里长的无线电波。人眼可见的狭窄波段（放大显示的部分）是从波长较短的蓝紫光到波长较长的红光。

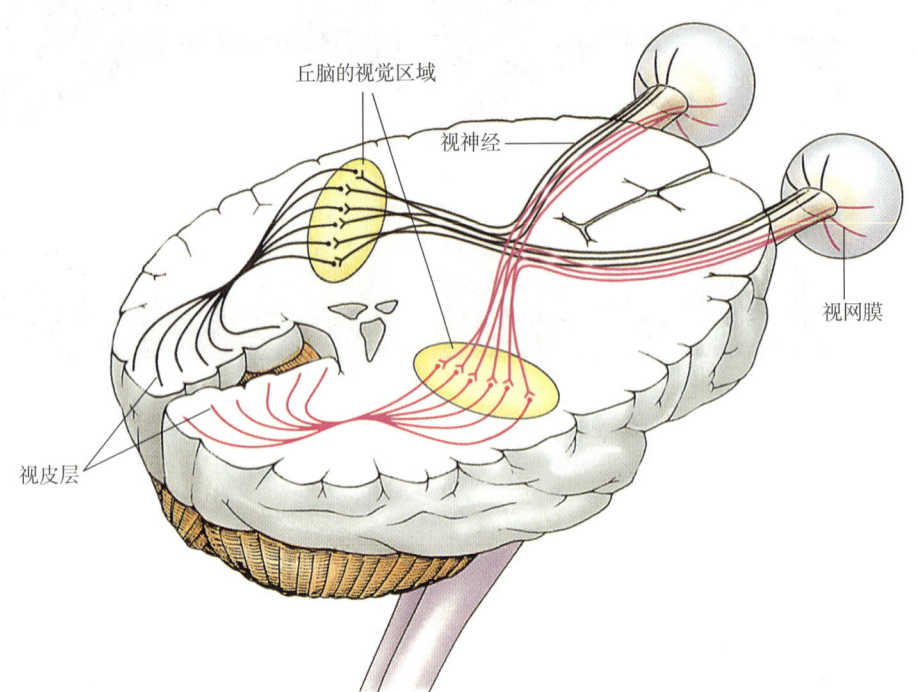

图 6.16
眼睛到视皮层的通路（见正文第 219 页）
神经节轴突形成视神经通向丘脑，在那里它们与通向视觉皮层的神经元形成突触。

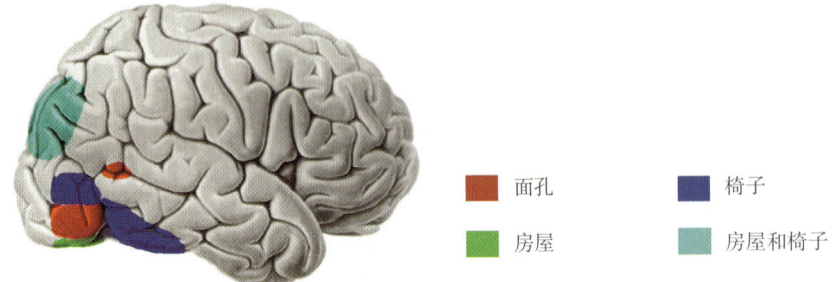

图 6.18
泄密的大脑（见正文第 220 页）
看到面孔、房屋和椅子激活不同的脑区。

■ 面孔　　■ 椅子
■ 房屋　　■ 房屋和椅子

图 6.22
视觉后效（见正文第 224 页）
注视彩旗中央一分钟，然后把视线转移到旁边空白部分的黑点上。你看到了什么？（在你的神经元对黑色、绿色和黄色反应疲劳后，你会看到它们的互补色。）注视一面白墙，注意彩旗的大小是如何随投射距离而增大的！

图 6.21
色觉缺陷（见正文第 223 页）
下面的照片显示了有红绿色盲的人所看到的场景。

（a）

（b）

图 6.30
颜色依赖于背景（见正文第 229 页）
信不信由你，三个蓝色圆盘的颜色是完全相同的（a）。移除周围的背景就会看到结果（b）。

图 6.31
相对明度（见正文第 230 页）
A、B 两个方块的颜色相同，信不信由你。（如果不信，你可以复印图片，将两个方块剪下来进行对比。）但由于其周围背景，我们通常觉得 B 的颜色淡一些。

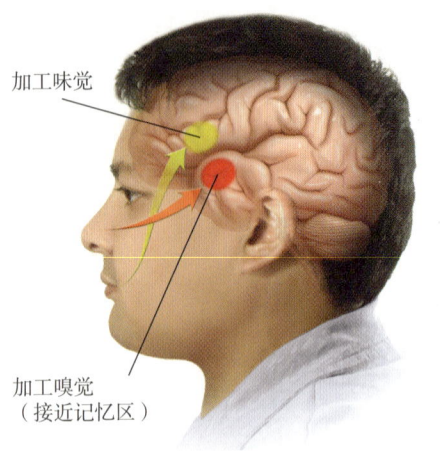

图 6.42
味觉、嗅觉和记忆（见正文第 245 页）
来自味蕾的信息（黄箭头）到达大脑顶叶和颞叶之间的一个区域。登记信息的区域与大脑接收嗅觉信息的区域很近，且后者与味觉相互作用。大脑的嗅觉环路（红色圆圈）还与参与记忆储存的区域连接，这有助于解释为什么气味可以触发记忆。

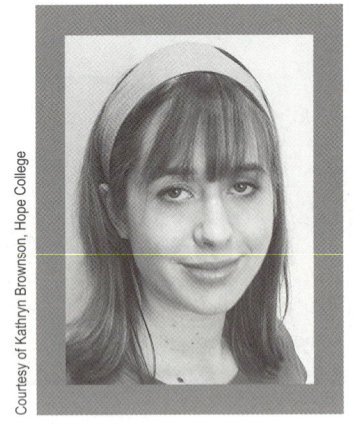 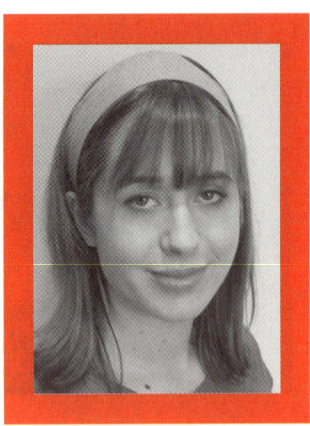

图 7.12
罗曼蒂克红（见正文第 278 页）
在控制各种其他因素（如亮度）的一系列实验中，男性认为红色相框中的女性更性感、更具吸引力（Elliot & Niesta, 2008）。

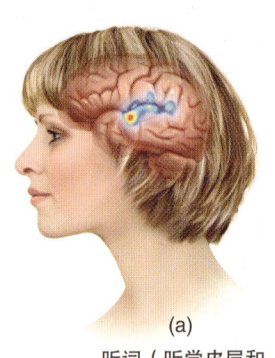 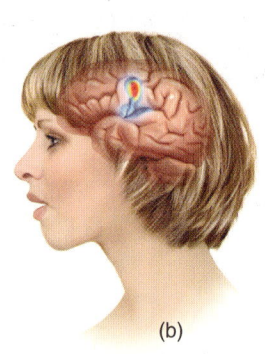

(a) 听词（听觉皮层和威尔尼克区）
(b) 说词（布洛卡区和运动皮层）

图 9.9
听词和说词时的大脑活动
（见正文第 352 页）

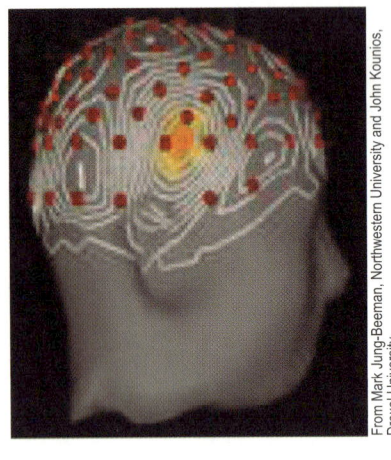

图 9.2
顿悟时刻（见正文第 334 页）
猜词问题的顿悟解决伴随着右侧颞叶脑电活动的激增（Jung-Beeman et al., 2004）。红色的圆点表示脑电图仪的电极。白色线条显示了伴随顿悟出现的高频脑电活动的分布。与顿悟相关的脑电活动集中在右侧颞叶（黄色区域）。

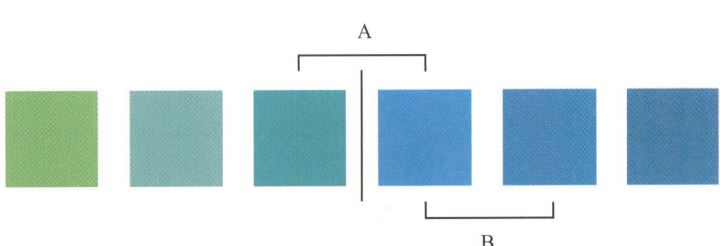

图 9.11
语言和知觉（见正文第 357 页）
当人们观察色差程度相同的方块时，那些名称不同的方块会被知觉为差别更大。因此 A 对比组中的"绿色"和"蓝色"会显得比 B 组中两个同样不同的"蓝色"差别更大（Özgen, 2004）。

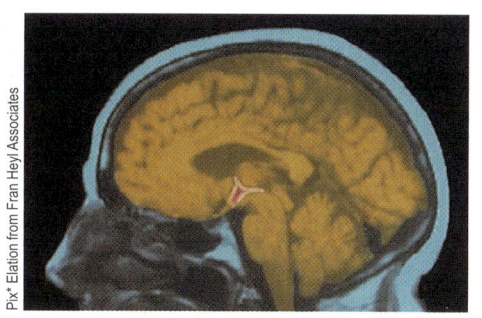

图 10.5
下丘脑（见正文第 390 页）

正如我们在第 2 章中所看到的，下丘脑（红色区域）执行各种身体维持功能，包括饥饿控制。

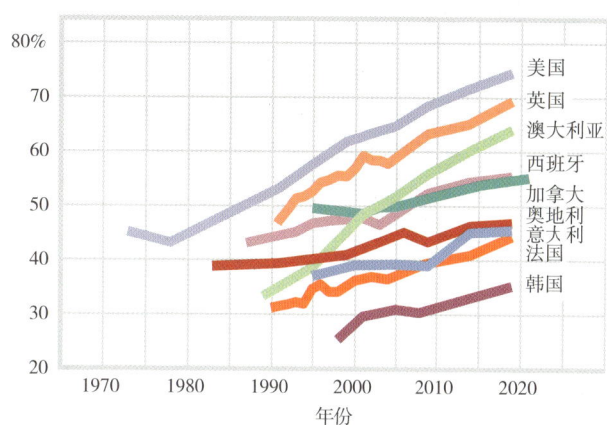

图 10.9
过去和预计的超重率，数据来自经济合作与发展组织（OECD）（见正文第 395 页）

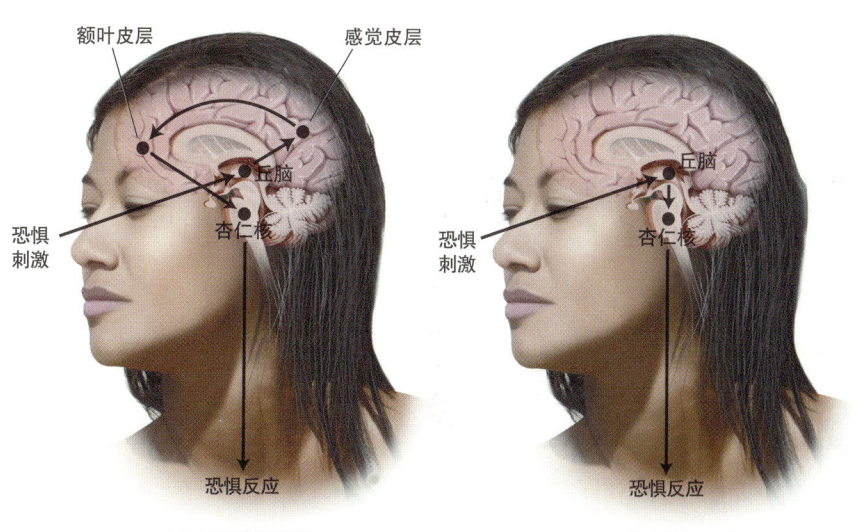

(a) 思维高级通道　　　(b) 快速低级通道

图 10.11
情绪的大脑通路（见正文第 408 页）

在双通道的大脑里，感觉刺激可以通过（a）大脑皮层（经由丘脑）进行分析，然后发送到杏仁核；或者（b）直接将感觉刺激发送到杏仁核（经由丘脑）以便作出紧急的情绪反应。

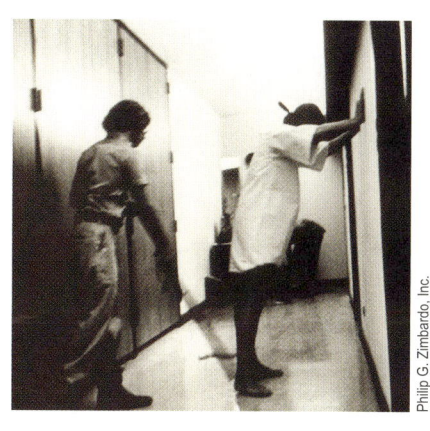

情境的力量　在 1972 年的斯坦福监狱模拟实验中，菲利普·津巴多创造了一个有害的情境（左图）。那些被分配了看守角色的人很快开始凌辱囚犯。在 2004 年的现实生活中，美军的一些看守在美国管理的阿布格莱布监狱（右图）虐待伊拉克囚犯。在津巴多（Zimbardo, 2004, 2007）看来，是坏桶而不仅仅是几个坏苹果导致了阿布格莱布的暴行："当普通人置身于一个新的邪恶之地，比如大部分监狱，人们就会被情境打败。"（见正文第 504 页）

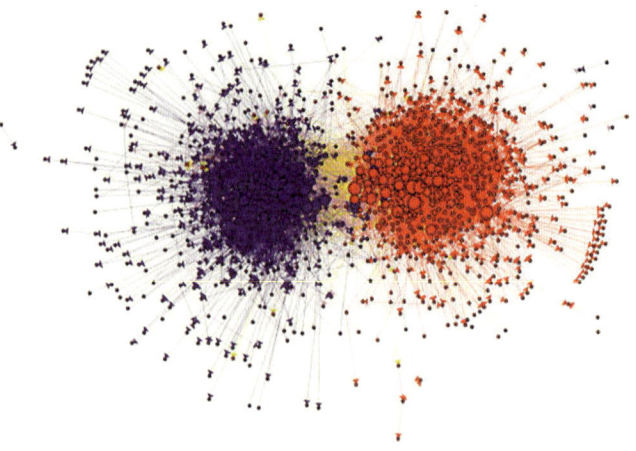

图 13.5
博客圈的思想相似网络（见正文第 517 页）
蓝色的自由主义博客彼此之间的链接最多，红色的保守主义博客也是如此。每一个点的大小反映了其他与之链接的博客数量。（资料来源：Lazer et al., 2009）。

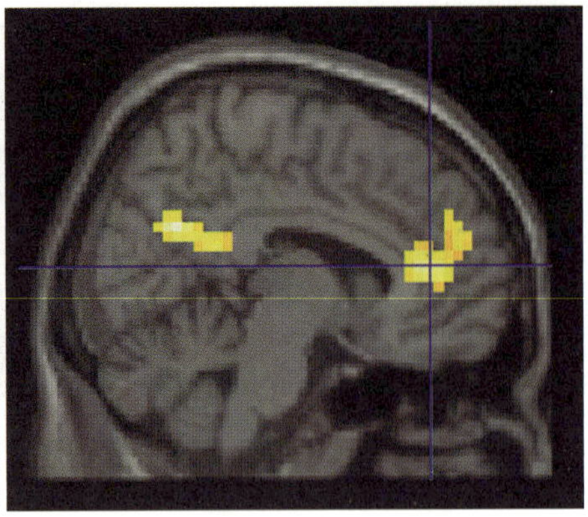

图 14.3
一个强迫的大脑（见正文第 567 页）
神经科学家们（Maltby et al., 2005）用功能性磁共振成像比较了强迫症患者和正常人在完成挑战性认知任务时的大脑。扫描结果显示，强迫症患者额叶区的前扣带回较为活跃（显示在最右边的黄色区域）。

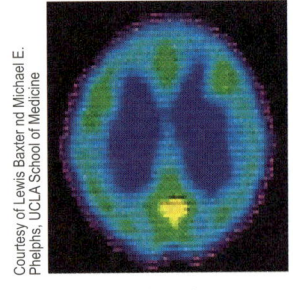 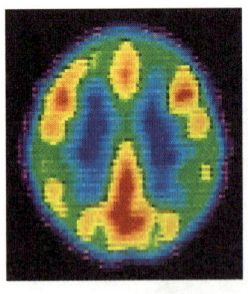 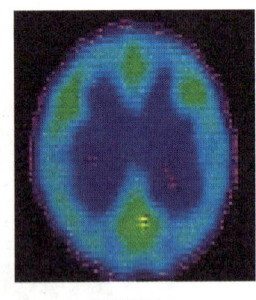

抑郁状态
（5月17日）　　躁狂状态
（5月18日）　　抑郁状态
（5月27日）

图 14.6
双相障碍的起伏（见正文第 573 页）
PET（正电子发射断层扫描术）显示，个体大脑能量的消耗随着个体情绪的变化而升高或降低。红色区域是大脑能量快速消耗的区域。

某个精神分裂症患者的绘画作品　在对此类艺术作品进行评论时（摘自 Craig Geiser's 2010 art exhibit in Michigan），诗人和艺术批评家约翰·阿什伯利写道："这些作品都蕴含着很强的诱惑力，但这种不可名状的主题也很可怕。"（见正文第 580 页）

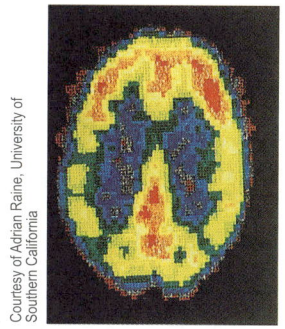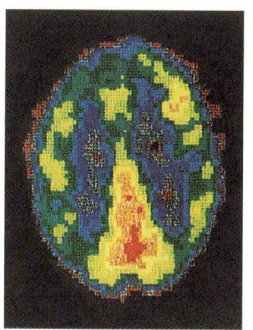

图 14.12
杀人犯的心理（见正文第 591 页）
PET 扫描结果表明，杀人犯大脑额叶的活动减少，而这一脑区有助于阻止冲动和攻击性行为。（摘自 Raine, 1999.）

正常人　　　杀人犯

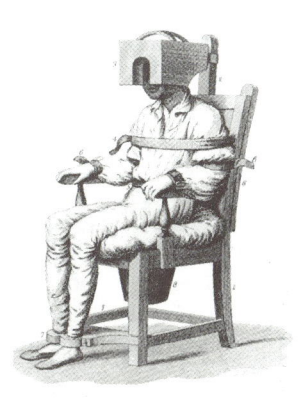

治疗的历史　18 世纪精神病院的参观者要付费观看患者，就像观看动物园里的动物一样。威廉·贺加斯（William Hogarth, 1697—1764）的画作（左）描绘了人们参观伦敦的伯利恒圣玛丽医院（一般称为疯人院）的场景。本杰明·拉什（Benjamin Rush, 1746—1813）是精神疾病人道治疗运动的发起人，他"为了发狂患者的利益"而设计了右边的椅子。他认为束缚能帮助他们恢复理智。（见正文第 598 页）

虚拟现实暴露疗法　在一个房间里，虚拟现实技术让人们暴露在对恐惧刺激的逼真模拟中，例如飞机起飞。（见正文第 605 页）

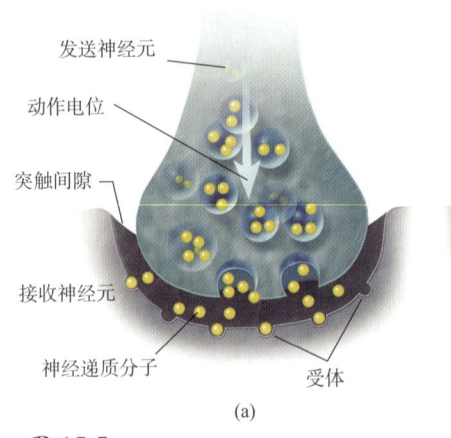
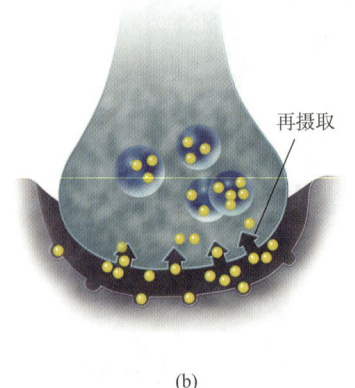
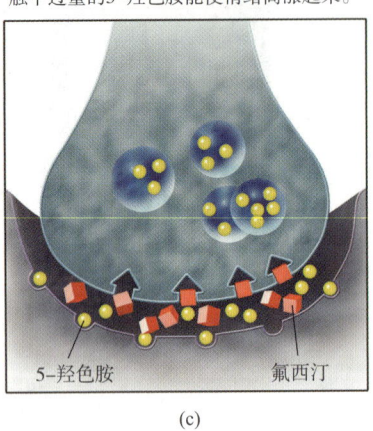

图 15.5
抗抑郁药的生物机制（见正文第 623 页）
本图显示的是氟西汀部分阻断 5-羟色胺再摄取的过程。

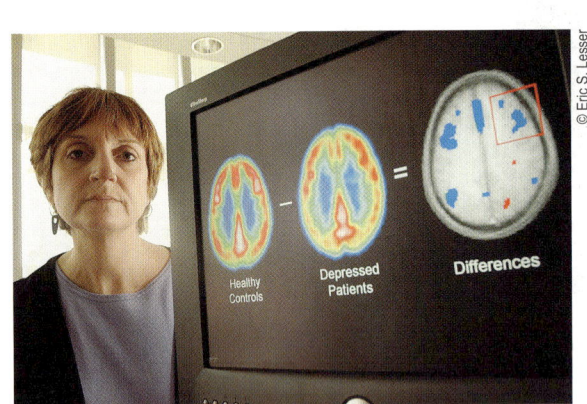

抑郁开关？ 研究者海伦·梅贝格通过比较抑郁者和非抑郁者的大脑，识别了一个在抑郁或悲伤的人身上表现活跃的脑区，通过深部脑刺激能够抑制其活动。（见正文第 627 页）

图 15.7
心灵的电磁（见正文第 627 页）
重复经颅磁刺激（rTMS）传送无痛的磁场到大脑皮层表面。脉冲波可用于刺激或抑制不同皮层区的活动（资料来源：George, 2003.）

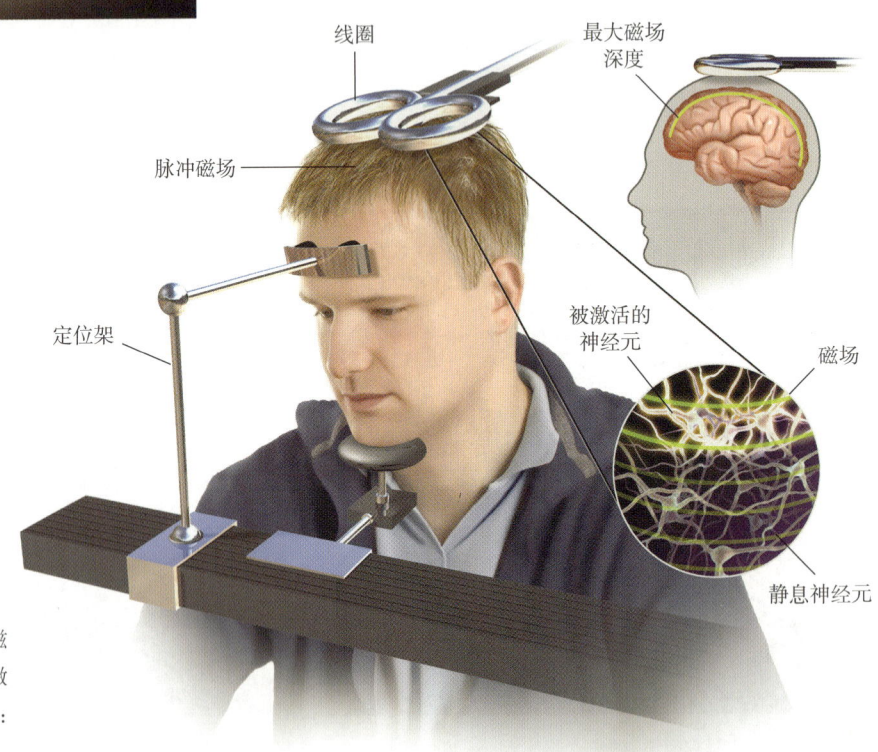

商务印书馆(成都)有限责任公司出品

迈尔斯普通心理学

DSM-5 更新版

[美] 戴维·迈尔斯 著

黄希庭 等译

商务印书馆
2024年·北京

David G. Myers

Exploring Psychology, 9th Edition

ISBN 978-1-4292-1597-8

Copyright © 2014 by Worth Publishers.

First published in the United States by WORTH PUBLISHERS; New York and Basingstoke.

All rights reserved. No part of this publication may be reproduced or distributed by any means, or stored in a database or retrieval system, without the prior written permission of the publisher.

Simplified Chinese translation edition published by The Commercial Press.

心理学的故事：编年简史

——查尔斯·布鲁尔（Charles L. Brewer），福尔曼大学（Furman University）

公元前

387 年——柏拉图相信天赋观念（或固有观念）的存在，提出脑是心理过程的场所。

335 年——亚里士多德否认天赋观念的存在，提出心脏是心理过程的场所。

公元

1604 年——约翰尼斯·开普勒指出视网膜上的成像是倒立的。

1605 年——弗朗西斯·培根的《学术的进展》一书出版。

1636 年——哈佛学院成立。

1637 年——勒内·笛卡儿，法国哲学家、数学家，心身交互论与天赋观念学说的提出者，出版《谈谈方法》。

1690 年——约翰·洛克，英国哲学家，反对笛卡儿的天赋观念说，坚持心灵的"白板说"，出版《人类理智论》一书，强调经验主义胜于思辨。

1774 年——奥地利医生弗朗兹·麦斯默首次利用"动物磁气"（后来被称为麦斯默术和催眠术）进行治疗。1777 年他被驱逐出维也纳医学界。

1793 年——菲利普·皮内尔从法国比舍特精神病院的枷锁中释放出首批精神病人，倡导以更人道的方式对待精神病人。

1802 年——托马斯·杨的《色觉论》在英国出版（他的理论后来被称为三原色理论）。

1808 年——德国医生弗朗兹·约瑟夫·高尔提出颅相学，认为人的颅骨形状可以揭示其心理能力和性格特征。

1834 年——恩斯特·海因里希·韦伯出版《触觉》，在书中讨论了最小可觉差与韦伯定律。

1848 年——菲尼亚斯·盖奇由于被一根粗铁棒意外刺穿大脑而遭受了严重的脑损伤，他的智力和记忆未受损，但人格发生了变化。

1859 年——查尔斯·达尔文的《物种起源》出版。此书综合了有关进化论的大量前期研究，包括创造了"适者生存"一词的赫伯特·斯宾塞的研究。

1861 年——法国医生保罗·布洛卡在大脑左侧额叶发现负责言语生成的重要区域（现在称为布洛卡区）。

1869 年——达尔文的表弟弗朗西斯·高尔顿出版《遗传的天才》，宣称智力是遗传的。1876 年他创造了"先天与后天"（或"天性与教养"）这一表述来对应"遗传与环境"。

1874 年——德国神经科医师和精神病学家卡尔·威尔尼克证明，损伤左侧颞叶的一个特定部位会破坏理解或生成言语或书面语的能力（现在称为威尔尼克区）。

1878 年——斯坦利·霍尔从哈佛大学哲学系获得美国第一个基于心理学研究的哲学博士学位（Ph.D.）。

1879 年——威廉·冯特在德国莱比锡大学建立了第一个心理学实验室，此处成为全世界心理学学生的"圣地"。

1883 年——冯特的学生斯坦利·霍尔在约翰·霍普金斯大学建立了美国第一个正式的心理学实验室。

1885 年——赫尔曼·艾宾浩斯出版《论记忆》一书，该书总结了他对学习和记忆所做的大量研究，其中包括"遗忘曲线"。

1886 年——约瑟夫·贾斯特罗在约翰·霍普金斯大学获得第一个由美国心理学系颁发的心理学的哲学博士学位（Ph.D.）。

1889 年——阿尔弗雷德·比奈和亨利·博尼在索邦学院（巴黎大学前身）建立了法国的第一个心理学实验室；首届国际心理学大会在巴黎召开。

1890 年——哈佛大学的哲学家和心理学家威廉·詹姆士出版《心理学原理》一书，将心理学描述为"关于精神生活的科学"。

1891 年——詹姆斯·马克·鲍德温在多伦多大学建立了英联邦的第一个心理学实验室。

1892 年——斯坦利·霍尔领导成立了美国心理学协会（APA），并担任首任主席。

1893 年——玛丽·惠顿·卡尔金斯和克里斯廷·拉德-富兰克林成为美国心理学协会的首批女性会员。

1894 年——玛格丽特·弗鲁伊·沃什伯恩成为第一个获得心理学哲学博士学位（Ph.D.）的女性（康奈尔大学颁发）。

1894 年——玛丽·惠顿·卡尔金斯由于身为女性而被哈佛大学拒绝录取为博士生，尽管雨果·闵斯特伯格称卡尔金斯是他教过的最好的学生。

1896 年——约翰·杜威发表《心理学中的反射弧概念》一文，促进了被称为机能主义的心理学派的形成。

1898 年——哥伦比亚大学的爱德华·桑代克在《动物的智慧》一文中描述了利用猫进行的迷箱实验。1905 年，他提出了"效果律"。

1900 年——西格蒙德·弗洛伊德出版《梦的解析》一书，这是他关于精神分析的主要理论著作。

1901 年——十位创始人建立了英国心理学会。

1905 年——玛丽·惠顿·卡尔金斯成为美国心理学协会的首任女性主席。

1905 年——伊万·彼得罗维奇·巴甫洛夫开始发表关于动物条件作用的研究成果。

1905 年——阿尔弗雷德·比奈和西奥多·西蒙编制了第一个智力测验，用于评估巴黎学校儿童的能力和学业进展。

1913 年——约翰·华生在《心理学评论》上发表《行为主义者眼中的心理学》一文，概述了行为主义的宗旨。

1914 年——在第一次世界大战期间，罗伯特·耶基斯及其同事开发了一套用于评估美国士兵的团体智力测验，这增加了美国公众对心理测验的接受程度。

1920 年——莱塔·斯泰特·霍林沃斯出版《低常儿童心理学》，这是一部早期经典著作。1921 年，她因女性心理学方面的研究而被收入《美国科学家名人录》。

1920 年——弗朗西斯·塞西尔·萨姆纳在美国克拉克大学获得心理学的哲学博士学位（Ph.D.），成为首位获得此学位的非裔美国人。

1920 年——约翰·华生和罗莎莉·雷纳报告了对一个名叫"小阿尔伯特"的男孩进行的条件化恐惧反应训练。

1921 年——瑞士精神病学家赫尔曼·罗夏发明了罗夏墨迹测验。

1923 年——发展心理学家让·皮亚杰出版《儿童的语言与思维》一书。

1924 年——玛丽·科弗·琼斯对一个男孩（彼得）进行消除条件化恐惧反应的训练，这是约瑟夫·沃尔普发明的系统脱敏法的前身。

1927 年——安娜·弗洛伊德出版《儿童精神分析技术引论》一书，讨论了精神分析在儿童心理治疗中的应用。

1929 年——沃尔夫冈·苛勒出版《格式塔心理学》一书，对行为主义提出批评，并概述了格式塔心理学的基本立场和方法。

1931 年——玛格丽特·弗洛伊·沃什伯恩成为第一位入选美国国家科学院的女性心理学家（以及第二位女性科学家）。

1932 年——沃尔特·坎农在《身体的智慧》一书中创造了"体内平衡"一词，讨论了战斗或逃跑反应，发现了伴随应激出现的激素变化。

1933 年——伊内兹·贝弗利·普罗瑟成为第一个从美国大学或研究机构获得心理学博士学位的女性非裔美国人（辛辛那提大学）。

1935 年——克里斯蒂安娜·摩根和亨利·默里采用主题统觉法来诱导出人们在接受精神分析时的幻想。

1936 年——葡萄牙医生埃加斯·莫尼兹出版了记录首次人类额叶切除术的著作。

1938 年——斯金纳出版《有机体的行为》一书，描述了动物的操作性条件作用。

1938 年——路易斯·瑟斯通出版《基本心理能力》一书，提出了七种基本心理能力。

1938 年——乌戈·塞雷蒂和鲁西诺·比尼使用电击法治疗一位病人。

1939 年——戴维·韦克斯勒发表了韦克斯勒–贝尔维智力测验，这是韦氏儿童智力量表（WISC）和韦氏成人智力量表（WAIS）的前身。

1939 年——玛米·菲普斯·克拉克（图中所示）获得霍华德大学硕士学位。她与肯尼思·克拉克合作，对自己的论文《非裔学前儿童自我意识的发展》进行了拓展研究，该研究在 1954 年被美国最高法院引用，作为终止公立学校种族隔离的判决依据。

1939 年——爱德华·亚历山大·博特帮助创建了加拿大心理学协会，并于 1940 年担任首任主席。

1939 年——第二次世界大战为心理学家提供了许多提高心理学声望和影响力的机会，尤其是在应用心理学领域。

1943 年——心理学家斯塔克·哈撒韦和医师查恩利·麦金利发表了明尼苏达多相人格调查表（MMPI）。

1945 年——曾批评过弗洛伊德的女性性发展理论的卡伦·霍尼出版《我们内心的冲突》一书。

1946 年——本杰明·斯波克的《婴幼儿照料常识》第一版问世，该书对北美儿童养育方式的影响长达数十年之久。

1948 年——阿尔弗雷德·金西及其同事出版《男性性行为》，并于 1953 年出版《女性性行为》。

1948 年——斯金纳的小说《沃尔登第二》描写了一个建立在正强化基础上的乌托邦社会，这部小说后来成为将心理学原理应用于日常生活尤其是公共生活的号角。

1948 年——欧内斯特·希尔加德出版《学习的理论》一书，该书成为北美几代心理学学生的必读书籍。

1949 年——雷蒙德·卡特尔发表 16 种人格因素问卷（16PF）。

1949 年——加拿大心理学家唐纳德·赫布出版《行为的组织：神经心理学理论》一书，概述了关于神经系统运行机制的颇有影响的一套新概念。

1950 年——所罗门·阿施发表关于线段长度判断中的从众效应的研究。

1950 年——埃里克·埃里克森出版《童年与社会》一书，概述了心理社会发展的阶段。
1951 年——卡尔·罗杰斯出版《来访者中心治疗》一书。
1952 年——美国精神医学学会出版《精神障碍诊断与统计手册》，这本有影响力的书将会定期进行更新。
1953 年——尤金·阿瑟里斯基和纳撒尼尔·克莱特曼描述了睡眠过程中发生的快速眼动（REM）。
1953 年——珍妮特·泰勒在《异常心理学杂志》上发表了显性焦虑量表。
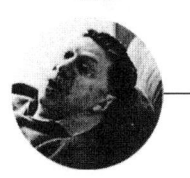
1954 年——亚伯拉罕·马斯洛出版《动机与人格》一书，在书中他阐述了从生理需要到自我实现的动机层次。（马斯洛后来更新了动机层次，以包含自我超越的需要。）
1954 年——加拿大麦吉尔大学的神经心理学家詹姆斯·奥尔兹和彼得·米尔纳描述了对大鼠的下丘脑施加电刺激所产生的奖赏效应。
1954 年——戈登·奥尔波特出版《偏见的本质》一书。
1956 年——乔治·米勒在《心理学评论》上发表题为《不可思议的 7±2：我们信息加工能力的局限性》一文，他在文中为记忆研究者创造了"组块"一词。
1957 年——罗伯特·西尔斯、埃莉诺·麦科比和哈里·莱文出版《儿童养育模式》一书。
1957 年——查尔斯·费尔斯特和斯金纳出版《强化的程序》一书。

1959 年——诺姆·乔姆斯基在《语言》杂志上发表了针对斯金纳的《言语行为》的批评性评论文章。
1959 年——埃莉诺·吉布森和理查德·沃克在《视崖》一文中报告了他们对婴儿深度知觉的研究。
1959 年——哈里·哈洛在《爱的本质》一文中概述了他对猴子的依恋行为的研究。
1959 年——劳埃德·彼得森和玛格丽特·彼得森在《实验心理学杂志》上发表题为《个别言语项目的短时保持》的论文，突出了复述在记忆中的重要性。
1959 年——约翰·蒂伯特和哈洛德·凯利出版《群体社会心理学》一书。
1960 年——乔治·斯珀林发表《短暂视觉呈现中可获取的信息》一文。
1961 年——杰罗格·冯·贝克西因听觉生理学方面的研究而获得诺贝尔奖。
1961 年——戴维·麦克莱兰出版《追求成就的社会》一书。
1962 年——杰罗姆·卡根和霍华德·莫斯出版《从出生到成熟》一书。
1962 年——斯坦利·沙克特和杰罗姆·辛格发表了支持情绪双因素理论的研究发现。
1962 年——艾伯特·埃利斯出版《心理治疗中的理性和情绪》一书；这是理情疗法（RET）发展的一个里程碑。
1963 年——雷蒙德·卡特尔区分了液体智力与晶体智力。

1963 年——斯坦利·米尔格拉姆在《异常与社会心理学杂志》上发表《服从的行为研究》一文。
1965 年——加拿大研究者罗纳德·梅尔扎克和英国研究者帕特里克·沃尔提出疼痛的闸门控制理论。
1965 年——罗伯特·扎伊翁茨的《社会助长》一文发表于《科学》杂志。
1966 年——南希·贝利成为首位获得美国心理学协会颁发的杰出科学贡献奖的女性。
1966 年——哈佛大学认知研究中心的杰罗姆·布鲁纳及其同事出版《认知发展的研究》一书。

1966 年——威廉·马斯特斯和弗吉尼亚·约翰森（图中所示）在《人类的性反应》中发表了他们的研究成果。
1966 年——艾伦·加德纳和比阿特丽克斯·加德纳在位于里诺的内华达大学开始训练一只黑猩猩（沃秀）学习美国手语。沃秀于 2007 年去世。

1966 年——约翰·加西亚（图中所示）和罗伯特·凯尔林发表了关于大鼠味觉厌恶的研究。
1966 年——戴维·格林和约翰·斯威茨出版《信号检测论与心理物理学》一书。
1966 年——朱利安·罗特发表了关于控制点的研究。
1967 年——乌尔里克·奈什出版《认知心理学》一书，促使心理学从行为主义转向认知过程。
1967 年——马丁·塞利格曼和史蒂文·梅尔发表关于狗的"习得性无助"的研究结果。
1968 年——理查德·阿特金森和理查德·谢夫林在《学习和动机的心理学》上发表了极具影响力的记忆三级加工模型。
1968 年——尼尔·米勒在《科学》杂志上发表了一篇描述自主反应的工具性条件作用的论文，促进了对生物反馈的研究。

1969 年——阿尔伯特·班杜拉出版《行为矫正原理》一书。
1969 年——乔治·米勒在他的美国心理学协会主席就职演说"促进人类幸福的心理学"中，强调了"推广心理学"的重要性。
1971 年——肯尼思·克拉克成为美国心理学协会的首位非裔美国人主席。
1971 年——阿尔伯特·班杜拉出版《社会学习理论》一书。
1971 年——艾伦·佩维奥出版《表象与言语过程》一书。
1971 年——斯金纳出版《超越自由与尊严》一书。
1972 年——埃利奥特·阿伦森出版《社会性动物》一书。

1972年——弗格斯·克雷克和罗伯特·洛克哈特在《言语学习与言语行为杂志》上发表《加工水平：记忆研究的框架》。

1972年——罗伯特·瑞思考勒和艾伦·瓦格纳发表了有关巴甫洛夫经典条件作用的联合模型。

1972年——在德拉尔德·休和斯坦利·休的领导下，亚裔美国人心理学协会成立。

1973年——行为学家卡尔·冯·弗里希、康拉德·洛伦茨和尼古拉斯·廷伯根因对动物行为的研究而获得诺贝尔奖。

1974年——美国心理学协会的第2分会（心理学教学分会）出版《心理学教学》杂志第1期，罗伯特·丹尼尔任主编。

1974年——埃莉诺·麦科比（图中所示）和卡罗尔·杰克林出版《性别差异心理学》一书。

1975年——生物学家爱德华·威尔逊的《社会生物学》一书出版；它成为进化心理学富有争议的先驱。

1976年——桑德拉·伍德·斯卡尔和理查德·温伯格在《美国心理学家》上发表《被白人家庭收养的黑人儿童的智商测验成绩》一文。

1978年——卡内基·梅隆大学的心理学家赫伯特·西蒙因利用计算机模拟人类思维和问题解决的开拓性研究而获得诺贝尔奖。

1979年——詹姆斯·吉布森出版《视知觉的生态学研究方法》一书。

1979年——伊丽莎白·洛夫特斯出版《目击者证词》一书。

1981年——埃伦·兰格成为首位获得哈佛大学心理学系终身教职的女性。

1981年——戴维·休贝尔和托斯滕·威塞尔利用单细胞记录进行研究，发现了视皮层特征觉察器细胞，并因此而获得诺贝尔奖。

1981年——罗杰·斯佩里凭借对割裂脑病人的研究获得诺贝尔奖。

1981年——古生物学家史蒂芬·杰伊·古尔德出版《人类的误测》一书，强调了围绕智力的生物决定论的争议。

1983年——霍华德·加德纳在《智能的结构》一书中概述了他的多元智力理论。

1984年——美国心理学协会开创第44分会（男、女同性恋心理学研究协会）。

1984年——罗伯特·斯滕伯格在《行为与脑科学》上提出人类智力的三元理论。

1987年——伊丽莎白·斯卡伯勒和劳雷尔·弗罗默托（图中所示）出版《不为人知的人生：第一代美国女性心理学家》。

1987年——氟西汀（百忧解）被用于治疗抑郁。

1987年——密歇根大学的威尔伯特·麦基奇获得美国心理学协会颁发的首个心理学教育与培训杰出贡献奖。

1988年——美国心理学会（American Psychological Society）成立。2006年更名为心理科学协会（Association for Psychological Science）。

1990年——精神病学家阿伦·贝克因推进了对精神病理的理解和治疗（包括对认知治疗发展的重要贡献）而获得心理学应用杰出科学奖。

1990年——斯金纳获得美国心理学协会首个终身杰出贡献奖，并发表了他的最后一篇公开演说："心理学能成为心智的科学吗？"（他于几天后去世，享年86岁）。

1991年——马丁·塞利格曼出版《习得性乐观》一书，预示了"积极心理学"运动的到来。

1992年——"中学心理学教师"（TOPSS）成立，它是美国心理学协会的一部分。

1992年——约3 000名美国中学生参加了首次心理学的大学预修课程（AP）考试，希望藉此可以免修中学以上程度的心理学导论课程。

1993年——心理学家朱迪丝·罗丁当选为美国宾夕法尼亚大学的校长，成为首位常春藤联盟学校的女校长。

1996年——多萝西·坎托成为美国心理学协会首位拥有心理学博士学位（Psy.D.）的主席。

2002年——新墨西哥州成为美国第一个允许有资质的临床心理学家开某些药物的州。

2002年——普林斯顿大学心理学家丹尼尔·卡尼曼凭借对决策的研究获得诺贝尔奖。

2011年——《心理学本科优质教育原则》被批准为美国心理学协会的官方政策，这份文件是2008年在美国普吉特湾大学举行的全国会议上由与会者们提出的。

推荐序

《普通心理学》通常是学生接触心理学的第一本学科教材，也往往是非专业人士了解心理学的第一本专业书籍，其重要性毋庸置疑。我最初接触这本书是十几年前。当时，奉时任中国心理学会教学工作委员会主任的黄希庭老师之命，我翻译了原书第5版中的第4和第6两章。那个时候国内的教材还基本上是黑白版本，这本彩色印刷的原版教材给我留下了很深的印象。目前这本《迈尔斯普通心理学》是译自第9版，可以感受到国外教材的更新速度。

我愿意向大家推荐这本书，不仅仅是有前述参与过翻译这样一个渊源，我再补充这本新版非常打动我的三点：

首先是本版所涵盖的内容。一方面，心理学学科的发展日新月异，这个版本反映了学科近年的发展，和当代社会联系密切。这点对教师和学生是很有吸引力的。正如作者戴维·迈尔斯在前言中所说："本书付印的那一天就是我开始为下一版收集信息和构思的日子。"另一方面，本书章节涉及内容全面，可以帮助使用者全面了解心理学科目前的概貌。

其次，由于心理学学科从欧美起步，国内的教学内容多是从北美学习借鉴而来，常常是不加怀疑地接受各种材料中呈现的知识。虽然有些教材也会涉及批判性思维的内容，比如我曾翻译过的一本心理学概论的教材，作者在前言中讨论了批判性思维这个主题，也从知情意三个方面论述了批判性思维的心理学含义。但这本教材用了整整一章（即第一章"运用心理科学进行批判性思考"），深入细致地介绍和讨论了批判性思维在生活和科学研究领域的重要作用。这一点对于我们使用翻译的教材尤为必要，它可以让学生在接受主要来自西方的心理学知识体系和研究结果时有自己的独立思考，能更有效地培养学生根据学到的心理学理论和知识解决自己遇到的问题。

第三，一个非常重要的原因是，这一版的特约编审是我的学姐，北京大学心理学系81级的谢呈秋博士。她在英国的大学学习工作多年，有丰富的英语学术写作和编审经验，近期回国后被同班同学、新曲线的总经理刘力"诱惑"来做精品。众所周知，教科书的编审是件很费神费力的事。本书的编审人员花了一年多的时间，专心致志地认真审校。在目前讲求速成的年代，能扛住各种压力，慢慢打磨，让我敬佩不已。凭着这种精神和态度，当然还有学姐的知识背景作为保障，就我所看到的章节，我很有信心地向大家推荐这本《迈尔斯普通心理学》。它是一本能够让我们的读者享受原汁原味的美国心理学入门教科书。

苏彦捷

中国心理学会理事长

教育部高等学校心理学类专业教学指导委员会秘书长

北京大学心理与认知科学学院教授、博士生导师

译者序

在高等学校的教学改革中，教材建设改革是一个重要环节。过去我国高校的大多数课程都是一门课程使用一种教材。现在许多高校基础课的教学大多实行一门课程使用多种教材和教学参考书的模式。为了进一步推进我国心理学专业基础课的教学改革，引进国外的一些优秀心理学教材是有必要的。美国密歇根州霍普学院戴维·迈尔斯（David G. Myers）所著的《普通心理学》（第9版）是一本颇受读者欢迎的心理学专业基础课教材，也是我们讲授普通心理学的优良教学参考书。综观全书，我认为戴维·迈尔斯《普通心理学》（第9版）具有以下特点：

从内容上看，该书既包含传统的主题同时又与时俱进。作为教科书，其内容是相对稳定的。这本教科书共有15章，各章内容依次为运用心理科学进行批判性思考，行为的生物学，意识与心理的双通道，毕生发展，性别与性，感觉与知觉，学习，记忆，思维、语言与智力，动机与情绪，应激、健康与人类丰盛，人格，社会心理学，心理障碍，心理障碍的治疗方法。它不仅系统地阐述了心理学的基本概念、基本原理和基本理论，而且还展现了大量的心理学应用的内容；不仅囊括了普通心理学的传统主题，而且还介绍了大量的最新研究成果，指出了这些传统主题新的发展趋势。

从结构上看，该书便于学生自主学习。作者力求把每章的内容连成一条线，形成主题或次主题，使读者在阅读每一章时都能形成清晰的整体印象。具体而言，（1）每章的开篇目录勾勒了整章的内容纲要，每一节主题前提出的问题针对该主题内容启发读者思考，这些都有助于读者阅读时把握每一节的内容；（2）文中的黑体词既表明是专业术语也表明需要读者重点把握的内容；（3）文中的插图、表格、名家名言等便于读者加深对课文内容的理解；（4）"特写"是补充阅读材料，有助于读者拓展对该主题的理解和应用；（5）每一节以自测题开始，用以确定学习目标和引导读者阅读；每节的最后通过"提取一下"问题再次引导读者主动地复习、思考与应用，并以倒置的形式及时给出答案；（6）章末的"本章复习"部分重复了每节开头的自测题，便于读者检查学习效果，查漏补缺。每章最后都提示读者要记住的概念和术语；（7）在全书最后的附录部分给出了自测题的答案，把理论和实践相结合，在检验你对知识掌握程度的同时，培养你的批判精神和锻炼你的动手能力。

从教学理念上看，该书既注重心理学的基本概念、基本原理和基本理论的教学，又强调批判性思维的训练。心理学是一门实证科学。这本教科书对心理学的基本概念、原理和理论的阐述以大量的实证研究为佐证，并采用各种增强理解和强化记忆的方法使学生切实掌握学习内容。与此同时，作者又十分强调学生应批判地去学习心理学。所谓批判性思维，其实就是指要独立思考，不要盲从。本书在批判性思维训练方面采取了不少有力的措施：不仅把阐述心理学任务和方法的第一章主题改为"运用心理科学进行批判性思考"，而且在全书其他各章还设置了许多"批判性思考……"的专栏；不仅阐述了心理学中的传统研究取向（如生物学研究取向、行为研究取向、认知研究取向、精神分析研究取向、人本研究取向），还阐述了最新出现的研究取向（如进化论研究取向、文化研究取向、积极心理学取向），对于所有研究取向的成果，只要有理有据，即使观点截然不同，都加以介绍；不仅介绍研究结果，而且还介绍研究过程，促使读者把自己想象成经典实验的参与者，鼓励读者去思考这些实验可能会发生的错误，多想一想可能错在哪里，直到能解答自己的疑问为止。这些都可以鼓励独立思考，鼓励质疑式学习，对于培养学生的创新能力，学会做学问是十分重要的。这也就是李政道所倡导的"做学问，需学问，只学答，非学问"的教学理念。

从语言风格上看，该书深入浅出、生动活泼并且充满激情。戴维·迈尔斯说，他是为了展现心理学的光彩而写作的。

因此，我认为戴维·迈尔斯的《普通心理学》（第9版）确实是一本优秀的心理学教材，尤其在教学方法的安排上独具特色，始终让师生带着问题学习，带着批判性思维兼容并蓄。另外值得一提的是，《普通心理学》（第9版）的版式设计美观大方，将插图、图表、图文、引言等统一放在疏朗的页边区域，在给读者带来愉快的阅读体验的同时，也便于读者及时把自己的心得体会记录下来。我相信这本书会得到广大读者的喜欢，同时也希望读者批判地加以学习。我更希望有更多的优秀心理学教科书面世。

本书由中国心理学会心理学教学工作委员会邀请有关专家参加翻译。各章的译者是：西南大学黄希庭教授（前言）；西南大学郑涌教授（第1章）；河北师范大学张志杰教授、西南大学杨炳钧教授（第2章）；北京大学苏彦捷教授（第3章和第4章）；西南大学杨炳钧教授（第5章）；北京大学吴艳红教授、首都师范大学丁锦红教授（第6章）；苏州大学刘电芝教授（第7章）；华东师范大学郭秀艳教授（第8章）；西华大学尹德谟教授、广西师范大学李宏翰教授（第9章）；中国政法大学刘邦惠教授（第10章）；中国政法大学杨波教授、苏州大学张明教授（第11章）；北京师范大学许燕教授（第12章）；西南大学秦启文教授（第13章）；南京师范大学郭永玉教授（第14章）；电子科技大学李媛教授（第15章）。史嘉鑫、冀巧玲、邹丹等同志协助了本版新增译文的翻译工作。全书由我审校，彭杜宏同志协助我的工作。为翻译这本书，我们花了不少精力。但由于教务繁忙，时间和水平有限，不当之处乃至错误在所难免，敬祈读者批评指正。

黄希庭谨识于
西南大学窥渊斋

简要目录

心理学的故事：编年简史　v

推荐序　ix

译者序　xi

前言　xxi

第1章　运用心理科学进行批判性思考　1

第2章　行为的生物学　37

第3章　意识与心理的双通道　81

第4章　毕生发展　123

第5章　性别与性　175

第6章　感觉与知觉　205

第7章　学习　255

第8章　记忆　293

第9章　思维、语言与智力　331

第10章　动机与情绪　383

第11章　应激、健康与人类丰盛　425

第12章　人格　461

第13章　社会心理学　499

第14章　心理障碍　553

第15章　心理障碍的治疗方法　597

附录：完整章节复习　635

专业术语表　661

参考文献　676

编辑后记　677

详细目录

心理学的故事：编年简史 v

推荐序 ix

译者序 xi

前言 xxi

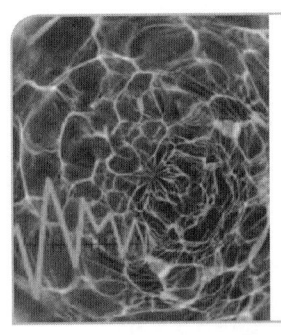

运用心理科学进行批判性思考 1

第 1 章

什么是心理学 2
    心理学的起源 2
当代心理学 6
    心理学中最重要的问题 6
    心理学的三大分析层面 7
    心理学的分支 9
心理科学的重要性 11
    直觉与常识 11
    科学态度：好奇、怀疑和谦逊 15
    批判性思维 16
心理学家如何提问和作答 17
    科学方法 17
    描述 18
    相关 22
    实验法 24

心理学的常见问题 27
提升你的记忆和成绩 32

行为的生物学 37

第 2 章

生物学与行为 38
神经元通讯 38
    神经元 38
    神经冲动 39
    神经元之间的信息交换 41
    神经递质如何影响我们 41
神经系统 44
    外周神经系统 44
    中枢神经系统 46
内分泌系统 47
脑 49
    低水平的脑结构 49
    特写：探索工具——检测我们的头脑 50
    大脑皮层 56
    大脑两半球 62
    完整大脑的半球差异 65
行为遗传学：预测个体差异 65
    基因：我们的生命编码 66

双生子研究和收养研究　67
　　基因-环境的相互作用　71
进化心理学：理解人类的天性　73
　　自然选择与适应　73
　　进化的成功有助于解释相似性　74

第3章 意识与心理的双通道　81

脑与意识　82
　　双重加工：心理的双通道　83
　　选择性注意　84
睡眠与梦　87
　　生物节律与睡眠　87
　　睡眠理论　92
　　睡眠剥夺和睡眠障碍　94
　　梦　98
催眠　102
　　关于催眠的常见问题　103
　　催眠状态的解释　104
药物与意识　107
　　耐受、依赖与成瘾　107
　　批判性思考：成瘾　108
　　精神活性药物的类型　109
　　药物使用的影响因素　116

第4章 毕生发展　123

发展心理学的主要问题　124
胎儿期的发育和新生儿　124
　　受孕　124
　　胎儿发育　125
　　有能力的新生儿　127
婴儿期和儿童期　128
　　生理发展　128
　　认知发展　131
　　特写：自闭症与"心盲"　138
　　社会性发展　140
　　对天性和教养的反思　149
青少年期　149
　　生理发展　149
　　认知发展　151
　　社会性发展　154
　　批判性思考：父母应该得到多少赞扬或责备？　158
　　成人初显期　159
　　对连续性和阶段性的反思　160
成年期　161
　　生理发展　162
　　认知发展　164
　　社会性发展　166
　　对稳定性和变化性的反思　171

xvi 迈尔斯普通心理学

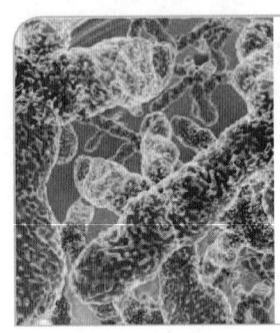

第5章 性别与性 175

性别发展 176
    我们有哪些相似之处？有哪些不同之处？ 176
    性别的天性：我们的生物基础 179
    性别的教养：我们的文化 182
人类的性 184
    性生理学 184
    性心理学 188
    特写：女孩的情色化 191
性取向 192
    环境与性取向 193
    生物学与性取向 194
人类性的进化论解释 198
    性的性别差异 198
    自然选择与择偶偏好 199
    对进化论解释的批评 200
对性别、性和天性-教养交互作用的反思 201

第6章 感觉与知觉 205

感觉与知觉的基本原理 206
    换能 206
    阈限 207
    感觉适应 209
    批判性思考：阈下信息能控制我们的行为吗？ 210

    知觉定势 212
    情境效应 213
    动机和情绪 214
视觉 215
    刺激输入：光能 215
    眼睛 216
    视觉信息加工 217
    颜色视觉 222
    视觉组织 225
    视觉解释 231
听觉 233
    刺激输入：声波 233
    耳朵 234
其他感觉 238
    触觉 238
    痛觉 239
    味觉 243
    嗅觉 244
    身体位置和运动 246
感觉交互作用 247
    批判性思考：超感知觉——无需感觉的知觉？ 249

第7章 学习 255

我们如何学习 256
经典性条件作用 258
    巴甫洛夫的实验研究 258
    巴甫洛夫给后人留下的文化遗产 263
操作性条件作用 265
    斯金纳的实验研究 265
    斯金纳给后人留下的文化遗产 273

特写：训练我们的伴侣 275

对比经典性条件作用与操作性条件作用 275

生物、认知与学习 276

条件作用的生物性限制 276

认知对条件作用的影响 280

观察学习 282

脑中的镜像与模仿 283

观察学习的运用 285

批判性思考：观看媒体暴力是否会引发暴力行为？ 286

错误信息和想象效应 321

来源遗忘 322

辨别真实记忆与错误记忆 323

儿童目击证人的回忆 324

压抑或建构的受虐记忆？ 325

改善记忆 326

思维、语言与智力 331

第 9 章

记忆 293

第 8 章

研究记忆 294

记忆模型 295

构建记忆：编码 297

双通道记忆：有意识加工与自动加工 297

自动加工和内隐记忆 297

有意识加工和外显记忆 298

记忆储存 304

信息在大脑中的保持 304

突触变化 307

提取：信息的获取 309

对记忆保持的测量 309

提取线索 311

遗忘 314

遗忘和双通道意识 315

编码失败 316

储存消退 316

提取失败 318

记忆建构错误 320

思维 332

概念 332

问题解决：策略和障碍 333

形成正确和错误的决策与判断 335

批判性思考：恐惧因素——为什么我们害怕错误的事情 337

创造性思维 341

特写：培养你的创造性 343

其他物种也有和我们一样的认知技能吗？ 344

语言 346

语言结构 346

语言发展 347

大脑与语言 351

其他物种是否有语言？ 352

思维与语言 355

语言影响思维 355

意象思维 358

智力 359

智力是什么 360

智力评估 364

特写：智力的极端情况 368

衰老与智力 370

遗传和环境对智力的影响 371
智力测验分数的群体差异 374

第 10 章 动机与情绪 383

动机及相关概念 384
    本能与进化心理学 384
    驱力与诱因 385
    最佳唤醒 385
    动机的层次 387

饥饿 388
    饥饿生理学 389
    饥饿心理学 392
    肥胖与体重控制 394
    特写：腰围管理 396

归属需要 397
    归属的益处 397
    被排除在外的痛苦 399
    联结与社交网络 400
    特写：管理你的社交网络 403

成就动机 404

情绪：唤醒、行为与认知 405
    历史上的情绪理论 406
    沙克特-辛格的双因素理论：生理唤醒＋认知标签＝情绪 407
    扎荣茨、勒杜和拉扎勒斯：认知总是先于情绪吗？ 408

具身情绪 410
    基本情绪 410

情绪与自主神经系统 410
情绪的生理学 412
    批判性思考：测谎 413
情绪的表达和体验 414
    觉察他人情绪 414
    性别与情绪 416
    文化与情绪 417
    面部表情的作用 420

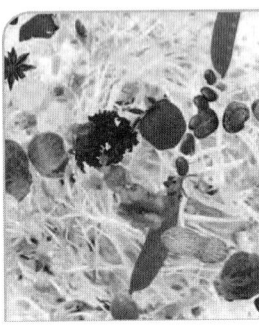

第 11 章 应激、健康与人类丰盛 425

应激与健康 426
    应激：几个基本概念 426
    应激与疾病 430
    特写：处理愤怒的小贴士 436

应对应激 438
    个人控制 438
    乐观与悲观 441
    社会支持 442
    特写：宠物也是人类的朋友 443

减少应激 445
    有氧运动 445
    放松与冥想 447
    信仰团体与健康 448

幸　福 450
    积极心理学 451
    影响幸福感的因素 452
    幸福的预测因子 456
    特写：想要更幸福吗 457

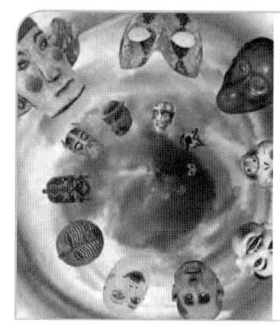

第12章 人格 461

心理动力学理论 462
　弗洛伊德的精神分析观：探索潜意识 462
　新弗洛伊德学派和心理动力学理论家 467
　潜意识过程的测量 468
　对弗洛伊德精神分析观的评价以及现代的潜意识观点 469

人本主义理论 472
　马斯洛的自我实现者 472
　罗杰斯以人为中心的观点 472
　自我的测量 473
　对人本主义理论的评价 474

特质理论 475
　探索特质 475
　特质的测量 477
　批判性思考：如何成为一名"成功的"占星家或看相师 478
　大五因素 480
　对特质理论的评价 481

社会认知理论 484
　交互影响 484
　测量情境中的行为 486
　对社会认知理论的评价 487

探索自我 488
　自尊的益处 489
　自我服务偏差 489
　文化与自我 492

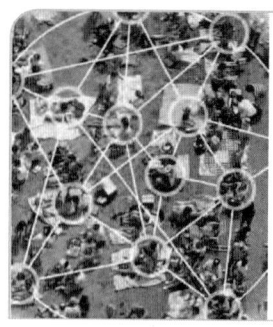

第13章 社会心理学 499

社会思维 500
　基本归因错误 500
　态度与行为 502

社会影响 506
　文化影响 506
　从众：顺从社会压力 508
　服从：听从命令 511
　群体行为 514

社会关系 519
　偏见 520
　特写：自动偏见 522
　攻击 526
　吸引 533
　特写：在线配对与快速约会 534
　利他主义 540
　冲突与调停 544

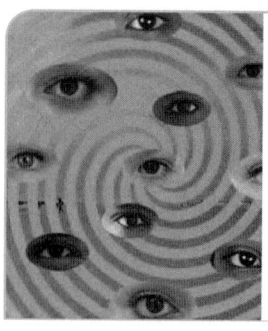

第14章 心理障碍 553

心理障碍概述 554
　对心理障碍的理解 554
　批判性思考：注意缺陷/多动障碍是正常的精力充沛，还是真正的心理障碍？ 555
　心理障碍的分类和给人们贴标签 557

批判性思考：精神病与责任 560

焦虑障碍、强迫症和创伤后应激障碍 561

　　焦虑障碍 561

　　强迫症 563

　　创伤后应激障碍 564

　　对焦虑障碍、强迫症和创伤后应激障碍的理解 565

抑郁障碍和双相障碍 568

　　抑郁症 569

　　双相障碍 569

　　对抑郁障碍和双相障碍的理解 570

　　特写：自杀与自伤 574

精神分裂症 578

　　精神分裂症的症状 578

　　精神分裂症的发病和发展 580

　　对精神分裂症的理解 580

其他障碍 585

　　分离障碍 585

　　进食障碍 587

　　人格障碍 589

心理障碍的患病率 592

行为疗法 603

认知疗法 607

团体与家庭治疗 610

心理治疗的评估 612

　　心理治疗有效吗 613

　　哪种治疗方法最有效 615

　　替代疗法的评估 616

　　心理治疗如何助人 618

　　心理治疗中的文化和价值观 620

生物医学疗法 620

　　特写：心理健康专家的消费者指南 621

　　药物疗法 621

　　脑刺激 625

　　精神外科手术 628

　　治疗性的生活方式改变 628

心理障碍的预防 630

　　复原力 630

　　创造健康的环境 631

附录：完整章节复习　635

专业术语表　661

参考文献　676

编辑后记　677

第 15 章　心理障碍的治疗方法 597

心理障碍的治疗 598

心理治疗 598

　　精神分析和心理动力学疗法 599

　　人本主义疗法 601

前　言

在《普通心理学》(*Exploring Psychology*) 9 个版本的写作中，我的愿景从未动摇：把严谨的科学与宽广的人文视角结合起来，兼具理性和感性。我的目标是提供一门最先进的心理学入门课程，以满足学生的需求和兴趣。我渴望帮助学生理解和欣赏他们日常生活中的神奇之处。我还想把心理学家从事研究时的那种探究精神传递给他们。

我对心理学及其在生活中的应用怀有发自内心的热情。心理科学具有扩展思维和开阔心灵的作用。通过研究和运用它的工具、思想和洞察力，我们可以用批判性思维来补充我们的直觉，用同情来约束我们的评判，用理解来取代我们的幻觉。当学生们在本书的指引之下完成这一心理学之旅时，我希望他们也会对以下方面有更深的理解：我们的情绪和记忆、潜意识的影响、如何丰盛和奋斗、如何感知我们的物理和社会世界，以及我们的生物学和文化如何反过来塑造我们。

我认同美国作家和哲学家亨利·戴维·梭罗的观点："任何具有生命力的事物，都能以通俗浅显的语言轻松而自然地表达出来。"所以，我力求以简洁的叙述和生动的故事来讲授心理学的知识。"作家的工作，"我的朋友玛丽·皮弗说，"是讲故事，把读者和地球上所有的人联系在一起，把这些人展现为复杂的真实人类，他们拥有自己的历史、家庭、情感和合理的需要。"本书的文字写作是我一人完成的，我希望以一种温暖而富有个性的方式来讲述心理学的故事，同时也具有科学的严谨性。我热衷于反映心理学和其他领域的联系，比如文学、哲学、历史、体育、宗教、政治和通俗文化。我喜欢启发思考，热爱文字的奇妙，天性乐观。威廉·詹姆士在他 1891 年开创性的《心理学原理》中寻求的是"幽默和感染力"。我亦是如此。

我很荣幸能够面向来自这么多国家如此之多的学生，通过这么多种不同的语言，协助这门扩展思维的学科的教学工作。被委以识别和传播心理学知识的重任，既是一种令人兴奋的荣誉，也是巨大的责任。

创作本书是一个团队项目。就像人类的许多成就一样，它是集体智慧的结晶。伍德罗·威尔逊曾经说过："我不仅动用了我所有的大脑，还有所有我能借用的大脑。"全球成千上万的教师和数以百万计的学生通过这本书来教授或学习心理学（或者两者兼而有之！），他们为这本书的持续改善作出了巨大的贡献。这种贡献大部分是通过通信和交谈自然而然地发生的。在本次版本更新中，我们正式邀请了 1061 名研究者、从事教学的心理学家以及 251 名学生，力争收集心理学领域、导论课程内容、学习辅助材料、教师和学生对补充材料的需求等方面的最新、最准确的信息。我们期待着在未来的版本更新中持续收到反馈，以创作出一本更好的书和教学包。

新增内容

第 9 版是迄今历次修订中修改最仔细、更新最广泛的版本。这个新版本的特点是改进了内容的组织和呈现方式,特别是我们支持学生学习和记忆的体系。

新的学习体系遵循来自学习和记忆研究的最佳实践

新的学习体系利用了测试效应,它体现了通过自我测试主动提取信息的益处(图 1)。为此,每一章都穿插了 15 到 20 个新的"提取一下"问题。在整个学习过程中为学生制造出这些必要的难题,可以优化测试效应,同时也充分利用了即时反馈效应(通过每个问题下面倒置的答案)。

此外,正文的每个主要章节都以带编号的问题开始,用以确定学习目标和指导学生阅读。作为进一步的自我测试机会,每章结尾的本章复习部分重复了这些问题(答案在附录的完整章节复习中)。这部分还列出了关键术语和概念。

图 1
测试效应 要想获得如何在学习中运用测试效应的建议,你可以观看这个 5 分钟长的动画:

近 1000 条新的研究引证

我对数十种科学期刊和科学新闻来源的密切关注,加上委托撰写的评论以及来自教师和学生的不计其数的电子邮件,使我能够整合这个领域最重要、最发人深思、与学生最为相关的新发现。维持这项工作所带给我的一部分乐趣是,每天都可以学习新的东西!

章节重组

除了增加新的学习辅助手段和内容覆盖面外,我还在内容组织上做出了如下改变:

- 第 1 章以一个新的小节结尾："提升你的记忆和成绩。"这个指南将帮助学生用新的习惯来取代无效和低效率的旧习惯，从而提升记忆和成绩。
- 上一版中"天性、教养和人类多样性"一章的内容现在已经整合到全书中，包括第 2、4、5、12 和 13 章。
- 第 4 章"毕生发展"篇幅缩短，其中关于衰老与智力的内容移到了第 9 章"思维、语言与智力"中。
- 新增第 5 章"性别与性"，包括新的和经过重要重组的讨论。
- 第 6 章"感觉与知觉"现在以一种更有效和整合的方式介绍这两个主题（而不是先介绍感觉，然后是知觉）。关于聋人经验的内容现在位于第 9 章"思维、语言与智力"中。
- 第 7 章"学习"现在单列"生物学、认知与学习"一节，更全面地探究生物学和认知对学习的限制。
- 第 8 章"记忆"采用了一种新的形式，更清晰地解释了不同的大脑网络是如何加工和保存记忆的。在本章的修改中，我与 Janie Wilson（佐治亚南方大学心理学教授，心理学教学学会副主席）进行了密切合作。
- 第 10 章现在将动机和情绪结合起来。
- 第 11 章"应激、健康与人类丰盛"现在涵盖了关于积极心理学、幸福感和个人控制的讨论。
- 第 12 章"人格"完善了关于现代心理动力学取向的内容，使其与来自弗洛伊德的历史根源更清晰地区分开来。
- "社会心理学"一章现在紧接在"人格"一章之后。
- 第 14 章"心理障碍"现在包括关于进食障碍的内容，此部分内容以前包含在"动机"一章中。

仔细审查和明显改进了关于临床的章节

在临床心理学同事的帮助指导下，我强化了临床的视角，改进了人格、心理障碍和治疗等章节。例如，我在"应激、健康与人类丰盛"一章中讨论了问题聚焦和情绪聚焦的应对策略以及心理治疗与癌症生存的关系，在"智力"一章中描述了心理学家如何在临床环境中使用智力测验。来自今天积极心理学的材料也贯穿其中。

此外，"人格"和"心理治疗"两章都更清晰地区分了历史上的精神分析和现代的心理动力学理论。

保留的内容

八大指导原则

尽管有了这些令人兴奋的变化，新版仍然保留了以前版本的写作宗旨以及大部分的内容和结构。它也保留了推动之前 8 个版本的目标，即指导原则：

增进学习体验

1. **教授批判性思维**　通过将研究呈现为智力侦探工作，我展示了一种探究式、分析性的思维模式。无论学生是在学习发展、认知还是社会行为，他们都将参与进来，并看到批判性推理的益处。此外，他们还会发现实证方法如何帮助他们评估关于众所周知的现象的矛盾观点和说法——从超感知觉（ESP）和替代疗法，到占星术以及被压抑和恢复的记忆。

2. **整合原理与应用**　通过轶事趣闻、个案史和假设的情境，我将基础研究的发现与它们的应用和意义联系起来。在心理学能够解释人类紧迫问题的地方——无论是种族主义、性别歧视、健康与幸福，还是暴力与战争——我都毫不犹豫地让心理学绽放光芒。

3. **强化每一步的学习**　日常生活的例子和设问句鼓励学生主动加工材料。前面提到的概念在后面的章节中经常得到应用和强化。例如，在第3章，学生们了解到我们大部分的信息加工发生在我们的意识觉知之外。接下来的章节解释了这个概念。每个主要章节的开头有带编号的学习目标问题，每一章都有贯穿始终的"提取一下"自我测试，每章复习部分列出了关键术语，这些都有助于学生学习和保持重要的概念和术语。

展现心理科学

4. **举例说明探究的过程**　我努力向学生展示的不只是研究的成果，还有研究过程是如何展开的。自始至终，本书都试图激发读者的好奇心。它让读者想象自己是经典实验的参与者。有几章将研究故事作为推理小说来介绍，通过一个又一个的线索逐步解开。

5. **尽可能及时更新**　阅读陈旧新闻的感觉会让学生失去兴趣。在保留心理学经典研究和概念的同时，我也介绍了这门学科近期最重要的发展。第9版中有900多篇新的参考文献。同样，新插图和日常生活中的例子也来自当今世界。

6. **让事实服务于概念**　我的目的不是给学生灌输各种事实，而是要揭示心理学的主要概念——教会学生如何思考，并提出值得思考的心理学观点。在每一章中，我都强调了那些概念，我希望学生们在完成课程后还能继续学习。我总是试图遵循阿尔伯特·爱因斯坦的名言："一切都应该尽可能简单，但不要过于简单。"学习目标问题以及每一章中的"提取一下"问题，可以帮助学生关注最重要的概念。

弘扬大理念和开阔的视野

7. **通过提供连续性来增进理解**　很多章都有一个重要的问题或主题，它将各个要点衔接起来，形成一条将该章连接在一起的主线。"学习"一章传达了敢于思考的人可以成为知识分子先驱的观点。"思维、语言与智力"一章提出了人类理性和非理性的问题。"心理障碍"一章表达了对生活困扰的同理心和理解。其他的主线，如认知神经科学、双重加工、文化和性别多样性，贯穿全书，学生们听到的声音是一致的。

8. **传达对人类统一性和多样性的尊重**　贯穿全书，读者将看到人类血缘关系的证据——我们共有的生物遗产、我们共同的视觉和学习机制、饥饿和感觉、爱和恨。他们也会更好地理解我们多样性的维度——我们个人在发展和能力、性情和人格以及障碍和健康方面的多样性；以及我们在态度和表达风格、抚养孩子和照顾老人以及生活优先次序中的文化多样性。

强调批判性思维的内容

我的目标是在整本书中向学生介绍批判性思维。我对每个主要章节开头的"学习目标问题"进行了修改，并在每一章中穿插了"提取一下"问题，旨在激发批判性阅读以获得对重要概念的理解。第 9 版还包括以下这些让学生学习或练习批判性思维技能的机会。

- 第 1 章 "运用心理科学进行批判性思考"，向学生介绍心理学的研究方法，强调我们日常直觉和常识中的错误，因此我们需要心理科学。批判性思维是本章的一个关键术语。
- 贯穿全书的"批判性思考"专栏，为学生们提供了心理学中一些重要问题的批判性分析。更新后的"批判性思考：恐惧因素——为什么我们害怕错误的事情"，就是其中的一个例子。
- 穿插于文中的侦探式故事让学生批判性地思考心理学的关键研究问题。例如，在第 14 章中，我逐一介绍了精神分裂症的病因，向学生们展示研究者如何将这个谜题拼接在一起。
- "用一用"和"想一想"式的讨论让学生们主动参与他们对每一章的学习。例如，在第 13 章，学生们可以从所罗门·阿施从众实验的参与者的视角出发，然后是斯坦利·米尔格拉姆的服从实验。我还要求学生们加入到他们可以尝试的活动中去。例如，在第 6 章，他们尝试了一个快速的感觉适应活动。在第 10 章，他们尝试将面部表情与面孔进行匹配，并测试不同面部表情对自己的影响。
- 对通俗心理学的批判性分析可激发人们的兴趣，并在对日常话题进行批判性思考方面提供重要的启示。例如，第 6 章包括对 ESP 的仔细审视，第 8 章讨论了一个有争议的主题，即对痛苦记忆的压抑。

致　谢

如果确如人们所说，"与智者同行的人会变得明智"，那么同事们给我的所有智慧和建议让我变得更加睿智。得益于过去 20 多年间数千位顾问和评审人的帮助，这个版本已成为一本比一个作者（至少是这个作者）所能写出的更完善、更准确的书。正如我的编辑和我不断提醒自己的那样，我们所有人加在一起比我们中的任何一人都更聪明。

我要继续感谢我在过去的 8 个版本中致谢过的对本书出版发挥了重要作用的每一位教师学者，感谢乐于奉献时间和智慧来帮助我准确地报告其工作的无数研究者，感谢通过电话、调查或面对面焦点小组访谈向我们提供反馈的 1155 名指导老师和同学。我也很感激 Janie Wilson（佐治亚南部大学，心理学教学学会副主席）就记忆章节进行的详细探讨。

Nathan DeWall（肯塔基大学）为本次再版做出了宝贵的贡献。他协助修订了第 10 章 "动机与情绪" 中的 "归属需要" 部分，第 11 章 "应激、健康与人类丰盛" 中关于个人控制的讨论，以及第 13 章 "社会心理学" 中关于攻击性的讨论。

Amy Himsel（埃尔卡密诺学院）是一位善于与学生沟通的有天赋的教师，她指导创作了贯穿这个新版的自测学习辅助工具。

我还要感谢那些对新版本的内容、教学方法和格式提出批评、修改意见和创造性想法的同事们。我要感谢以下列出的评审人和顾问，感谢他们的专业知识和鼓励，感谢他们对心理学教学的贡献。

Jennifer Adler,
Borough of Manhattan Community College, CUNY

David Alfano,
Community College of Rhode Island

Leslie Cramblet Alvarez,
Adams State College

Robert Baker,
Sandhills Community College

Meeta Banerjee,
Michigan State University

Carol Batt,
Seattle Central Community College

Kiersten Baughman,
University of Oklahoma

Alexander Beaujean,
Baylor University

Karen Bekker,
Bergen Community College

Anjan Bhattacharyya,
New Jersey City University

Beth Bigler,
Pellissippi State Tech Community College

Melissa Birkett,
Northern Arizona University

Tim Boffeli,
Clarke University

Gregory Bolich,
Belmont Abbey College

Pamela Bradley,
Sandhills Community College

Jennifer Breneiser,
Valdosta State University

Gayle Brosnan-Watters,
Chandler Gilbert Community College

Willow Aureala,
Hawaii Community College

Rosiana Azman,
Kapiolani Community College

Debra Bacon,
Bristol Community College—Fall River Campus

Deborah Dalke,
Defiance College

Robert Daniel,
Bridgewater State College

Mary Fran Davis,
Austin Peay State University

Sarah D'Elia,
George Mason University

Meliksah Demir,
Northern Arizona University

Jean Desto,
Anna Maria College

Wendy Domjan,
University of Texas—Austin

Evelyn Doody,
College of Southern Nevada

Kathryn Dumper,
Bainbridge College

Robert Egbert,
Walla Walla University

Julie Ehrhardt,
Bristol Community College—New Bedford

Daniella Errett,
Penn Highlands Community College

Kim Felsenthal,
Berkeley College

Christopher Ferguson,
Texas A&M International University

Cheryl Carmichael, *Brooklyn College, CUNY*

Ana Carmona, *Austin Peay State University*

Natalie Ceballos, *Texas State University—San Marcos*

Kelly Charlton, *University of North Carolina at Pembroke*

Barbara Chutroo, *Borough of Manhattan Community College, CUNY*

Pamela Costa, *Tacoma Community College*

Baine Craft, *Seattle Pacific University*

Christy Cummings, *Community College of Denver*

Drew Curtis, *Texas Woman's University*

Robert Dale, *Butler University*

Wind Goodfriend, *Buena Vista University*

Dan Grangaard, *Austin Community College*

Melinda Green, *Cornell College*

Kelly Hagan, *Bluegrass Community & Technical College*

Diane Hall, *Bay Path College*

Pamela Hall, *Barry University*

Stephen Hampe, *Utica College*

Rhiannon Hart, *Rochester Institute of Technology*

Wendy Hart, *Arizona State University*

Myra Harville, *Holmes Community College*

Matthew Hayes, *Winthrop University*

Carmon Hicks, *Ivy Tech Community College*

Kathleen Hipp, *Daniel Webster College*

Brian Hock, *Austin Peay State University*

Lori Hokerson, *American River College*

Bill Flack, *Bucknell University*

Jonathan Forbey, *Ball State University*

Claire Ford, *Bridgewater State University*

William Fry, *Youngstown State University*

Crystal Gabert-Quillen, *Kent State University*

Dennis Galvan, *Gallaudet University*

Karen Gee-Atwood, *Foothill College*

Inna Ghajoyan, *California State University—Northridge*

Jennifer Gibson, *Tarleton State University*

Amanda Gingerich, *Butler University*

Tracy Juliao, *University of Michigan—Dearborn Campus*

Deana Julka, *University of Portland*

Bethany Jurs, *University of Wisconsin—Stout Campus*

Diane Kappen, *Johnson County Community College*

Katrina Kardiasmenos, *Bowie State University*

Chithra KarunaKaran, *Borough of Manhattan Community College, CUNY*

Brent King, *Adams State College*

Teresa King, *Bridgewater State College*

Annette Kluck, *Auburn University*

Franz Klutschkowski, *North Central Texas College*

Dana Kuehn, *Florida State College at Jacksonville*

Carol LaLiberte, *Asnuntuck Community College*

Donna Landon-Jimenez, *Caldwell College, Mount Saint Mary Academy*

Cynthia Lausberg, *Pittsburg University*

Mia Holland,
Bridgewater State College

Gary Homann,
Lincoln University of Missouri

Mildred Huffman,
Jefferson College of Health Sciences

Steven Isonio,
Golden West College

Lora Jacobi,
Stephen F. Austin State University

Jenny Jellison,
Waynesburg College

Barry Johnson,
Davidson County Community College

Peter Karl Jonason,
University of West Florida

Diana Joy,
Community College of Denver

Stephen Joy,
Albertus Magnus College

Tammy McClain,
West Liberty University

Daniel McConnell,
University of Central Florida

Kyla McKay-Dewald,
Bristol Community College—Fall River Campus

Thomas Meriweather,
Virginia Military Institute

Nadia Monosov,
California State University—Northridge

James Moore,
Marshall University

Robin Musselman,
Lehigh Carbon Community College

Michelle Mychajlowskyj,
Quinnipiac University

Robert Newby,
Tarleton State University

Arthur Olguin,
Santa Barbara City College

Don Osborn,
Bellarmine College

Neophytos Papaneophytou,
Borough of Manhattan Community College, CUNY

Thomas Peterson,
Grand View University

Zehra Peynircioglu,
American University

Melissa Lea,
Millsaps University

Fred Leavitt,
California State University—Hayward

Heather Lench,
Texas A&M University

Nicolette Lopez,
University of Texas at Arlington

Ken Luke,
Tyler Junior College

Melanie Maggard,
Mount San Jacinto College

Toby Marx,
Union County College

Jim Matiya,
Florida Gulf Coast University

Simone Matlock-Phillips,
Bay Path College

Elizabeth Matys-Rahbar,
Greenwich High School

Clarence Rohrbaugh,
Fairmont State College

James Rollins,
Austin Peay State University

Jane Russell,
Austin Peay State University

Valerie Scott,
Indiana University Southeast

Neda Senehi,
California State University—Northridge

Tim Shearon,
The College of Idaho

LaTishia Smith,
Ivy Tech Community College

Rita Smith-Wade-El,
Millersville University

Kristin Sorensen,
Defiance College

Gary Springer,
Los Angeles College International

Jonathan D. Springer,
Kean University

Kimberly Stark-Wroblewski,
University of Central Missouri

Meri Stiles,
Lyndon State College

Deborah Stipp,
Ivy Tech Community College

Dawn Strongin,
California State University—Stanislaus

Kellie Pierson,
Northern Kentucky University

Gary Popoli,
Stevenson University

Jack Powell,
University of Hartford

Patrick Progar,
Caldwell College

Michael Rader,
Johnson County Community College

Kimberly Renk,
University of Central Florida

Shannon Scott Rich,
Texas Woman's University

Cynthia Rickert,
Ivy Tech Community College

Hugh H. Riley,
Baylor University

Kristin Ritchey,
Ball State University

Donna Stuber-McEwen,
Friends University

Robert Tanner,
Albuquerque Technical Vocational Institute

Yonca Toker,
Georgia Institute of Technology

Stephen Truhon,
Austin Peay State University

Lynda Vannice,
Umpqua Community College

Nancy Voorhees,
Ivy Tech Community College

Benjamin Wallace,
Cleveland State University

Thomas Westcott,
University of West Florida

Keilah Worth,
St. Catherine University

Frederic Wynn,
County College of Morris

Worth 出版公司的很多人在第 9 版的创作中扮演了重要的角色。

尽管信息收集永远不会结束，但正式的写作计划是在作者和出版团队一起进行为期两天的闭门会议时开始的。参加这次快乐而有创意的聚会的人包括 John Brink，Thomas Ludwig，Richard Straub，来自作者一方的我，以及我的助手 Kathryn Brownson 和 Sara Neevel。和我们一起的还有 Worth 出版公司的高管 Tom Scotty，Elizabeth Widdicombe，Catherine Woods，Craig Bleyer 和 Mark Resmer；编辑 Christine Brune，Kevin Feyen，Nancy Fleming，Tracey Kuehn，Betty Probert 和 Trish Morgan；艺术总监 Babs Reingold；销售和市场营销的同事 Tom Kling，Carlise Stembridge，John Britch，Lindsay Johnson，Cindi Weiss，Kari Ewalt，Mike Howard 和 Matt Ours；特别嘉宾有 Amy Himsel（埃尔卡密诺学院社区学院），Jennifer Peluso（佛罗里达大西洋大学），Charlotte vanOyen Witvliet（霍普学院）和 Jennifer Zwolinski（圣地亚戈大学）。这次会议期间产生的想法和头脑风暴促成了这个版本中很多内容的诞生，包括学习辅助材料、经过仔细修订的临床章节、关于性别和性的独立章节以及令人耳目一新的新设计。

前 8 版的主编 Christine Brune 是一个创造奇迹的人。她给予了我鼓励、温和的告诫、对细节的关注和对卓越的热情，并把它们恰当地融合起来。对于作者来说不能要求更多了。

Nancy Fleming 是一位杰出的策划编辑，既擅长于对某一章节"从大处着眼"——与我志趣相投——又能将她敏感、优雅的笔触运用于字里行间。

出版人 Kevin Feyen 是一位值得尊敬的团队领导者，这归功于他的奉献精神、创造力和敏感性。Catherine Woods（编辑和生产高级副总裁）帮助构建并执行了这本教科书及其补充材料的计划。当我们在这个过程中面临一系列看似无穷无尽的决定时，Catherine 也是一位值得信赖的参谋。Elizabeth Block 和 Nadina Persaud 协调了这个版本的大量媒体和印刷补充材料的制作。Betty Probert 高效地编辑和制作了印刷补充材料，并在此过程中帮助了整本书的一些微调。Nadina 还为委托和组织大量的评审、向教授发送信息以及处理与该书开发和生产有关的许多其他日常任务提供了宝贵的支持。Lee Ann Mckevitt 在每一页的布局上都做得很出色。Bianca Moscatelli 和 Donna Ranieri 一起查找了大量的照片。

印刷与数字开发总监 Tracey Kuehn 领导着 Worth 公司富有天赋的艺术制作团队，并协调出版过程的所有编辑录入工作。在此过程中她表现出坚韧不拔、忠于职守和卓越的组织能力。生产经理 Sarah Segal 富有技巧地使本书跟上了紧凑的日程，艺术总监 Babs Reingold 熟练地指导了美观的新设计和艺术项目创作。生产经理 Stacey Alexander 与补充材料生产编辑 Edgar Bonilla 制作了许多补充材料，他们的工作一直很出色。

为了实现我们支持心理学教学的目标，我们不仅要编写、审阅、编辑和制作教学包，还要将其提供给心理学教师们。我们的作者团队非常感谢 Worth 出版公司的专业销售和营销团队，因为他们在这方面取得了非凡的成功。我们特别感谢执行市场经理 Kate Nurre、市场经理 Lindsay Johnson 以及国家心理学和经济学顾问 Tom Kling，感谢他们孜孜不倦地将我们的努力传达给从事教学的同事们，以及与他们一起工作的快乐。

在霍普学院，本版的支持团队成员包括 Kathryn Brownson，她仔细推敲了无数的细节信息，勘校了数百页书稿。Kathryn 已经在很多方面成为一位知识丰富和细心的顾问。还有 Sara Neevel，她已经成为我们的高科技手稿开发者。她们非常出色。

我再次衷心感谢我的写作教练、诗人 Jack Ridl 的影响和编辑协助，他对我的影响见诸于本书的字里行间。是他培养了我与语言共舞的乐趣，教我把写作当作一门艺术，这一点我从他的身上获益最多。

无数人称赞这本书的补充材料把他们的教学提高到了新的水平，听了这些，我十分庆幸能成为这个团队中的一员，这里的每个人都准时完成了最高专业水准的作品。我要感谢 John Brink，Thomas Ludwig 和 Richard Straub，感谢他们杰出的才华、长期的奉献和忠诚的友谊。欢迎 Jennifer Peluso（佛罗里达大西洋大学）加入我们的教学包团队。我很感激她出色的工作——建立在已故的 Martin Bolt 多年来的创造性工作的基础之上。

最后，我还要感谢那些给我们提供建议或仅仅是一句鼓励话语的学生和指导老师们。正是他们和那些即将开始学习心理学的人们，使我竭尽所能地介绍我所深深热爱的心理学。

本书付印的那一天就是我开始为第 10 版收集信息和构思的日子。你的宝贵意见将一如既往地影响本书持续不断地进化，所以，请不吝分享你的想法。

戴维·迈尔斯
美国密歇根州霍普学院
Hope College
Holland，Michigan 49422-9000 USA
www.davidmyers.org

迈尔斯普通心理学

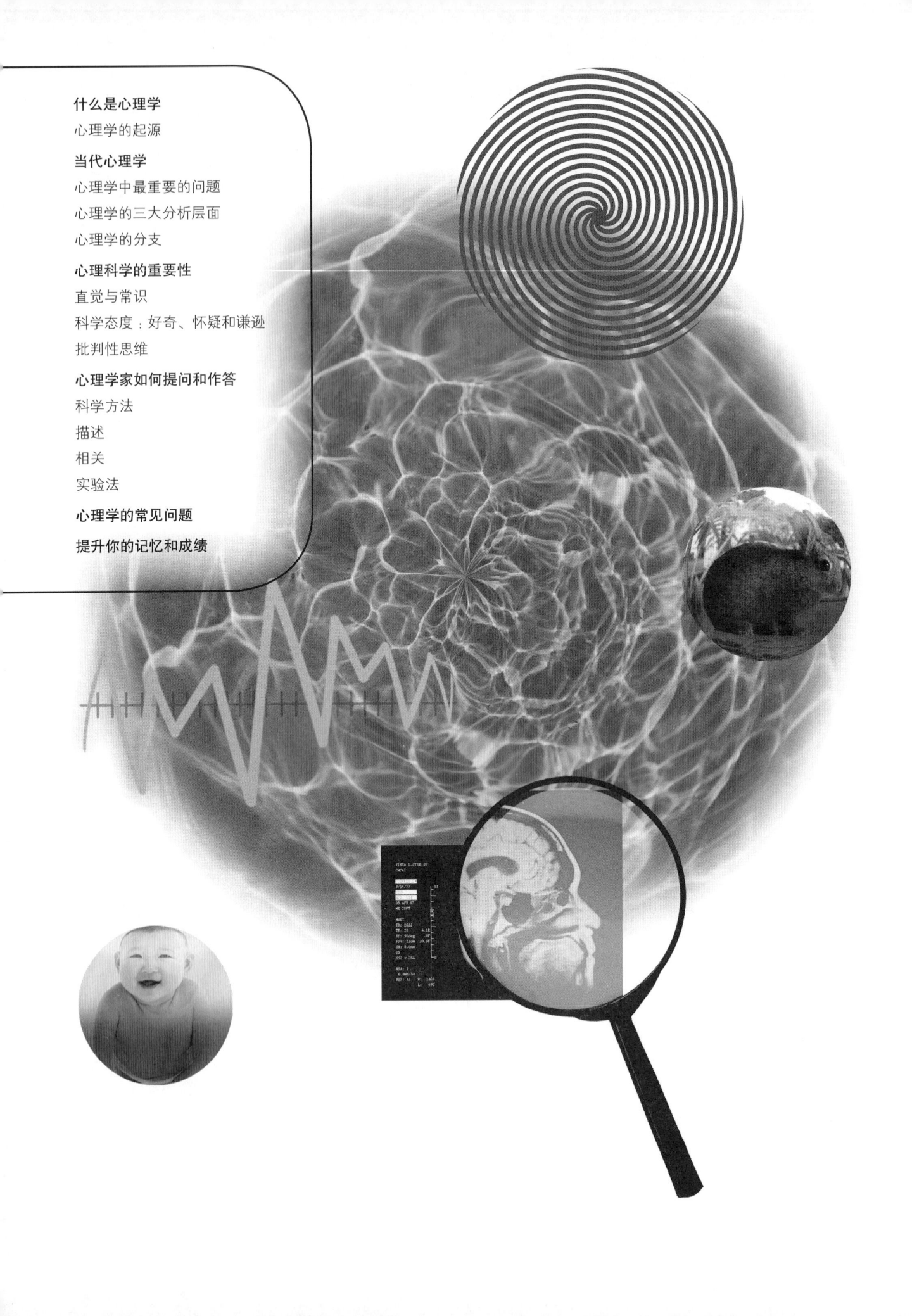

什么是心理学
心理学的起源

当代心理学
心理学中最重要的问题
心理学的三大分析层面
心理学的分支

心理科学的重要性
直觉与常识
科学态度:好奇、怀疑和谦逊
批判性思维

心理学家如何提问和作答
科学方法
描述
相关
实验法

心理学的常见问题

提升你的记忆和成绩

第1章

运用心理科学进行批判性思考

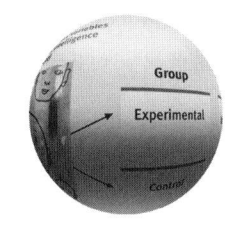

为了满足对人类的好奇心，也为了排解自己的苦恼，成千上万的人希望从"心理学"中找到答案。他们收听电台的谈话咨询节目，阅读有关开发人类心灵力量的专栏文章，参加戒烟的催眠疗法研讨会，沉迷于各种自助类网站和解释梦境意义的图书，探寻浪漫爱情的秘密和人生幸福的根源。

也有人着迷于所谓的心理学真理，他们想知道：出生后的数小时内，母婴之间是否能建立亲密的心理联系？父母的养育方式如何——以及在何种程度上——影响子女的人格和能力？什么因素影响我们取得成就的内驱力？心理治疗的确有效吗？

在讨论这些问题时，我们该怎样区分无知的观点与经过验证的结论呢？我们如何才能最有效地运用心理学来理解人们为什么会那样思考、感受和行动呢？

什么是心理学

大多数人对心理学的接触来自大众书籍、杂志、电视和互联网，他们心目中的心理学家所做的工作无外乎分析人格、提供咨询意见以及给出教养子女的建议。心理学家的确如此吗？是的，但远不止这些。考虑一下心理学家提出的以下问题，或许这些问题也时常困扰着你：

- 你是否发现自己对某些事情的反应和父亲或母亲一样——或许你曾发誓永远不会以这种方式反应——所以你想知道个性有多少来自父母的遗传？人格的个体差异在多大程度预先受到基因的影响？又在多大程度上受到后天家庭和居住环境的影响？
- 当和不同文化、种族、性别的人们相处时，你是否有所顾虑？作为人类大家庭的一分子，我们的共性有多少？差异有多大？
- 你是否曾经从噩梦中惊醒？醒后松了一口气，想知道为什么自己会做如此荒唐的梦？为什么我们会做梦？我们做梦的频率有多高？
- 你有没有和6个月的婴儿玩过躲猫猫（peekaboo，一种将脸一隐一现以逗小孩儿的游戏）？有没有想过婴儿为什么如此乐此不疲？当你暂时躲在门后面时，婴儿的反应就像你真的消失了；而当你再次出现时，婴儿会觉得你凭空突然冒出来。实际上，婴儿又是如何感知和思考的呢？
- 你是否想过，学业和事业成功的原因是什么？是因为某些人天生就聪颖过人吗？单凭智力就能解释为什么某些人变得更富有，更能创造性思考，更善于处好人际关系？
- 你是否好奇网络、电子游戏以及电子社交网络是如何影响人们的？如今的电子媒体怎样影响我们的思维方式和人际关系？
- 你是否曾经感到沮丧或焦虑，并想知道自己能否感觉"正常"？是什么引发了我们坏的——或好的心境？正常的心境波动和应该寻求帮助的心理障碍之间的界限是什么？

心理学是一门科学，它试图解答上述这些问题。

心理学的起源

1-1：在心理学发展史上有哪些重要的里程碑？

人始为人，就对自我和外部世界充满好奇。公元前300年之前，古希腊博物学家和哲学家亚里士多德就对学习和记忆、动机和情绪以及知觉和人格进行了理论概括。对于他的一些理论猜想，今天人们会一笑置之，比如他认为我们的人格来自心脏。但我们仍然赞赏亚里士多德，他所提的问题击中了要害。

心理科学的诞生

哲学家们对思维的思考一直持续到心理学的诞生。1879年12月的一天，在德

全世界通用的表情——微笑 在全书你不仅会看到文化和性别多样性的例子，而且会看到人性共通的例子。不同文化背景的人在微笑的时间或者频次上有差别，但在世界任何地方，自然的开心笑容表示的意思都一样。

为帮助你主动地学习心理学，以问题形式表述的学习目标将出现在主要章节的开头。你可以在阅读各节前后分别试着回答这个问题，来测试自己对内容的理解。

第 1 章 运用心理科学进行批判性思考 **3**

国莱比锡大学一幢破旧楼房三楼的一间小屋里，两个年轻人正帮助冯特（Wilhelm Wundt）教授设计和制作实验仪器。冯特教授时值中年，脸庞瘦削，表情严肃。他们的仪器可测量人们从听到小球撞击声到作出按键反应的时间间隔（Hunt, 1993）。有趣的是，当要求响声一出现就立即按键时，人们用了约 1/10 秒作出反应；但当要求他们一意识到感知到声音就立即按键时，人们却用了约 1/5 秒。（要觉察到个体的意识状况用时稍长。）冯特试图测量"心理元素"——最快速最简单的心理过程。于是，以冯特及第一批心理学研究生为主力，创立了第一个心理学实验室。

不久以后，这门新兴的心理科学就发展成许多不同的分支，或者说不同的学派，每一个学派都有先驱思想家们的极力推动。两个早期的学派分别是**结构主义**（structuralism）和**机能主义**（functionalism）。像物理学家、化学家要发现物质的结构一样，冯特的学生铁钦纳（Edward B. Titchener）的目标是要发现心理的结构。他的方法是让人们进行指向自我的内省（注意内心），训练他们在观察一朵玫瑰花，听一段拍子，闻某种气味或品尝某种物质时报告体验中的各种元素。他们即刻的感觉是什么？他们头脑中有什么意象？有什么样的感受？所有的这些又是如何联系在一起的？可惜，内省法不太可靠。它要求人们聪敏且语言表达能力强，而且其研究结果因人而异，经验也各有差异。随着内省法的衰退，结构主义也销声匿迹了。

想要通过简单的元素来探讨心理结构，就像试图通过拆卸下来的零部件来了解一部汽车一样。哲学家、心理学家詹姆士（William James）认为，考察我们经过进化的思想和感觉机能会更有意义。嗅觉是鼻子的功能，思考是大脑的功能。但是为什么鼻子和大脑能执行这些功能呢？受查尔斯·达尔文的进化论思想的影响，詹姆士认为，思考、嗅觉等机能之所以会发展起来是因为其本身的**适应性**——它们对人类祖先的生存作出了重大贡献。意识担负着某种功能，那就是使人们能够思考过去，适应当下并规划未来。作为机能主义者，他还鼓励人们研究现实的情感、记忆、意志、习惯以及不断涌现的意识流。

信息来源的引用放在正文括号里，表明姓名和年代。每条引用都能在书后的参考文献部分找到，引文格式完全参照美国心理学协会（APA）标准。

全书重要的概念都以**粗体**标示，并且收录在书后的词汇表里。

威廉·冯特 冯特于德国莱比锡大学建立了第一个心理学实验室。
© Bettmann/Corbis

威廉·詹姆士和玛丽·惠顿·卡尔金斯 詹姆士，一位传奇的教师和作家，他在 1890 年出版了一部重要的心理学教科书。曾指导过卡尔金斯，后者是记忆研究的先驱，是美国心理学协会历史上的第一位女性主席。
(left) Mary Evans Picture Library/Alamy; (right) Wellesley College Archives

玛格丽特·弗鲁伊·沃什伯恩 第一位获得心理学博士学位的女性，她将动物行为的研究成果总结于《动物心理》一书中。
Center for the History of Psychology Archives of the History of American Psychology, The University of Akron

正如这些名字所表明的，包括心理学在内的各个领域中，大多数先驱都是男性。1890年詹姆士不顾哈佛校长的反对，招收玛丽·卡尔金斯作为自己的研究生（Scarborough & Furumoto, 1987）。（在那个年代妇女甚至没有选举权。）卡尔金斯一入学，其他的学生（都是男性）就都退学了。于是詹姆士就单独指导她。后来卡尔金斯完成了所有的课程，达到了哈佛大学博士学位的所有要求，而且其资格考试的成绩超过了所有的男同学。但是，哈佛拒绝授予她博士学位，而是授予了她一个专为女性开办的本科姊妹学校拉德克利夫学院的学位。卡尔金斯反对这种不平等待遇并拒绝了该学位。不过卡尔金斯成为了一名杰出的记忆研究者，并于1905年成为担任美国心理学协会（American Psychological Association，APA）主席的第一位女性。

第一个心理学女博士的荣誉就留给了玛格丽特·弗鲁伊·沃什伯恩（Margaret Floy Washburn），她写的《动物心理》一书颇有影响，玛格丽特·沃什伯恩于1921年成为美国心理学协会第二位女主席。

学习小窍门：记忆研究揭示了测试效应：如果我们通过自我测试主动提取和复述信息，我们就会记得更好。"提取一下"贯穿全书，请利用这个机会来增强你的学习和记忆。

提取一下

- 什么事件标志着科学心理学的诞生？

  答案：科学心理学始于 1879 年的德国，冯特创建了第一个心理学实验室。

- 为什么内省法不能作为理解心智如何运作的方法？

  答案：人们的报告因人而异，依赖于语言表达的准确性和能力。

- _____使用内省法来定义心理的组成；_____关注心理过程如何使我们得以适应、生存和丰盛。

  答案：结构主义者；机能主义者

心理科学的发展

在学科发展的早期，许多心理学家都赞同英国散文家C. S. 刘易斯（C. S. Lewis，《纳尼亚传奇》系列小说的作者）的观点："在整个宇宙中有且只有一种事物，我们对它的了解比从外部观察所获得的要多得多。"刘易斯说，这种事物就是我们自己。"可以说，我们拥有内部信息"（1960，pp. 18—19）。冯特和铁钦纳强调内部感觉、表象和情感。詹姆士也注重对意识流和情绪的内省。对于这些以及其他先驱来讲，心理学被界定为"关于精神生活的科学"。

直到20世纪20年代，两位富有挑战性的美国心理学家先后出现才打破这一局面。华生（J. B. Watson）和后来的斯金纳（B. F. Skinner）摒弃了内省法，而把心理学定义为"对外显行为的科学研究"。你不能观察某种感觉、情感或思想，但是当人们对不同情况作出反应时，你可以观察并且记录他们的行为。多数学者认同这一观点，在20世纪60年代，**行为主义者**（behaviorists）成为了心理学两大势力之一。

另一大势力是弗洛伊德心理学，它强调人们对儿童期经验的情绪反应以及无意识过程对行为的影响。（在后面的章节，我们将进一步了解西格蒙德·弗

约翰·华生和罗萨莉·雷纳
华生与雷纳合作，首先倡导心理学是行为的科学，并在"小阿尔伯特"身上验证了条件反应。（更多关于华生的争议性实验的内容见第7章。）

(left) ©Underwood & Underwood/Corbis
(right) Center for the History of Psychology Archives of the History of American Psychology, The University of Akron

斯金纳 一位行为主义的领袖，他反对内省，致力于研究行为的结果如何塑造行为。
Bachrach/Getty Images

西格蒙德·弗洛伊德 著名的人格理论学家和心理治疗师，其充满争议的思想影响了人们对人性的理解。
© Bettmann/Corbis

洛伊德的思想。)

当行为主义者摒弃了 20 世纪初期的心理学定义时，另外两类心理学家也在 20 世纪 60 年代摒弃了行为主义者的定义。第一类是**人本主义心理学家**（humanistic psychologists），代表人物是卡尔·罗杰斯（Carl Rogers）和亚伯拉罕·马斯洛（Abraham Maslow），他们认为弗洛伊德心理学和行为主义心理学都太过狭隘了。与关注童年早期经验或者习得条件反应不同的是，人本主义心理学家更加重视当前环境对我们的成长潜力的促进与限制，重视满足爱与接纳的重要性。（更多内容详见第 12 章。）

第二类心理学家在 20 世纪 60 年代掀起了认知革命，引领学界重新关注起早期的研究问题——心智过程。认知心理学科学地研究我们如何感知、加工以及记忆信息，甚至研究我们为何焦虑与沮丧。**认知神经科学**（cognitive neuroscience）这门交叉学科丰富了我们对心智活动背后的大脑活动的认识。

为把外显行为和内隐的思维、情感纳入心理学的研究，今天我们把**心理学**（psychology）定义为研究行为和心理过程的科学。稍解析一下此定义。行为是有机体作出的任何反应，即我们能观察、记录的任何活动。叫喊、微笑、眨眼、流汗、说话以及做问卷等等都是可观察到的外显行为。心理过程是我们从行为推断出的内部主观体验——感觉、知觉、梦境、思维、信念和情感等等。

这一心理学定义中的核心词是科学。在整本书中我会一直强调：心理学不仅是一系列的科学发现，更是提出问题、解答问题的科学方法。故而，我写作本书的目的不仅是要报告各种研究成果，更是要展示心理学家怎样开展研究工作。你将看到研究者怎样评价相互冲突的观点和思想。而且，你还会了解到，不管是科学家还是普通的好奇之人，我们在描述并解释生活中的事件时如何能更明智地思考。

提取一下

- 认知革命对心理学领域产生了什么影响？

答案：它重新激发了人们对早期心理学研究问题的关注，并使得心智过程成为科学研究的主要主题。

当代心理学

年轻的心理科学是在哲学和生物学的基础上发展起来的。冯特既是哲学家也是生理学家。巴甫洛夫（Ivan Pavlov）是研究学习的先驱（详见第 7 章），他是一位俄国生理学家。弗洛伊德是一名奥地利医师。让·皮亚杰（Jean Piaget），上世纪最具影响力的儿童观察家，是瑞士的一位生物学家。詹姆士是美国的哲学家。正如莫顿·亨特（Hunt, 1993）所说，这些心理学先驱都是"探究心智的麦哲伦"，这说明心理学的起源是多学科、多国家的。

今天的心理学家与先驱者们一样，也来自许多不同的国家。从阿尔巴尼亚到津巴布韦，国际心理科学联合会（IUPS）已经有 71 个成员国。心理学正在迅猛发展并逐渐全球化。心理学的故事也在许多地方书写着，研究兴趣的范围则从神经元活动到国际争端。

心理学中最重要的问题

1-2：心理学历史上的重大争论是什么？

我们人类的特质是出生就有的，还是随着后天经验逐步发展的？这场**天性与教养之争**（nature-nurture issue）的源头可谓相当古老。古希腊哲学家柏拉图（公元前 428—前 348）认为性格和智力在很大程度上都是遗传的，而且某些观念也是生来就有的；亚里士多德（公元前 384—前 322）却争辩说，任何事物无一例外都是首先通过感觉从外部世界进入到我们的头脑之中的。

更多关于自然影响行为的观点来自于一位 22 岁的航海旅行家查尔斯·达尔文，他开始沉思自己所遇到的那些让人难以置信的物种变化，比如一个岛上的乌龟与附近岛屿上的都不一样。1859 年达尔文的《物种起源》一书问世，此书以**自然选择**（natural selection）的进化过程解释了这种生命变异：对于有机体的变异机会而言，自然会选择那些最能让有机体存活的性状，并且在特定的环境中不断繁衍。尽管已经过去了 150 多年，自然选择仍旧是生物学的一个基本组织原则。进化也是 21 世纪心理学的重要原则。这势必会让达尔文非常高兴，因为他相信自己的理论不仅可以解释动物的结构特征（如北极熊的毛为什么是白色的），还可以解释动物的行为（比如与欲望或愤怒相联系的情绪表达）。

天性-教养之争会贯穿本书，因为今天的心理学家同样在探究生物因素和经验的相对贡献。比如，心理学家会研究人类的相似（因为我们有共同的生物基础和进化历史）与多样性（因为我们生活在不同的环境）。性别差异是生物特质还是社会建

天然的天性－教养实验 因为同卵双生子具有相同的基因，所以他们是研究遗传和环境对智力、人格和其他特质影响的理想参与者。对同卵和异卵双生子的研究得到了丰富的结果（后面章节详述），突出表明天性和教养两者都很重要。

(left) © Hola Images/agefotostock; (right) WoodyStock /Alamy

构导致的？儿童的语法结构主要来自先天还是后天形成的？智力与人格的差异是如何受到遗传和环境的影响的？性行为是更多地为内部生物因素所推动，还是为外部诱因所吸引？我们是否应该将心理疾病——比如抑郁症——看作是大脑的疾病还是思维的疾病，抑或二者兼有？

这种争论还在继续。但我们一次又一次地看到，天性和教养不再那么紧张对立了：先天打下基础，后天在其上发挥作用。生物学上人类就具有卓越的学习和适应能力。而且每个心理（思维、情感等）事件同时也是生物事件。所以，抑郁症既是思维疾病也是大脑疾病。

提取一下

- 当代心理学对于天性－教养之争的立场是什么？

答案：心理事件来源于天性和教养的相互作用，而且天性赋予教养的自由作用。

心理学的三大分析层面

1-3：心理学的分析层面及相关的研究取向是什么？

我们每个人都是一个复杂的系统，同时自身又是更大的社会系统的组成部分。然而每个人又是由更小的系统组成，比如我们的神经系统和身体器官，这些又由再小的系统（细胞、分子和原子）组成。

这些分层次的系统表明应使用不同的**分析层面**（levels of analysis），以提供相互补充的观点。正如解释灰熊为什么会冬眠一样，是因为冬眠增强了灰熊祖先的生存和繁殖能力，还是由于内部生理机制的驱动？抑或是因为冬天寒冷的环境不利于觅食？这些视角是相互补充的，因为"事物是普遍联系的"（Brewer，1996）。不同层面的分析结合在一起就构成了**生物－心理－社会取向**（biopsychosocial approach），兼顾了生物的、心理的和社会－文化因素的影响（**图1.1**）。

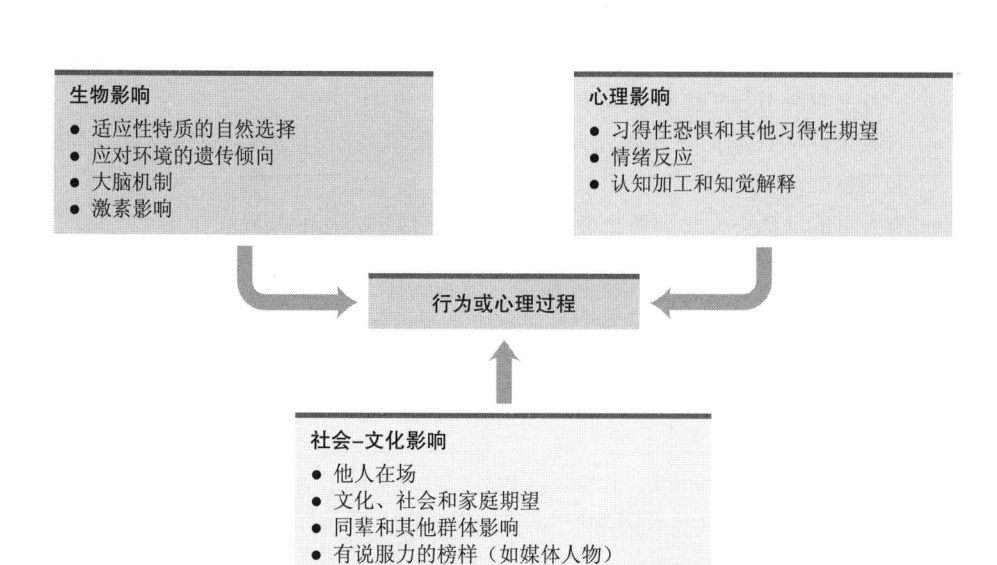

生物影响
- 适应性特质的自然选择
- 应对环境的遗传倾向
- 大脑机制
- 激素影响

心理影响
- 习得性恐惧和其他习得性期望
- 情绪反应
- 认知加工和知觉解释

↓ ↓

行为或心理过程

↑

社会－文化影响
- 他人在场
- 文化、社会和家庭期望
- 同辈和其他群体影响
- 有说服力的榜样（如媒体人物）

图1.1
生物－心理－社会取向
这一整合的视角纳入了不同的分析层面，对任何既定的行为或心理过程给出更为全面的图像。

表 1.1　当前心理学的视角

视　角	关注的焦点	问题举例
神经科学	身体和大脑如何产生情绪、记忆以及各种感官体验	信息在身体内是如何传递的？血液中的化学物质如何与情绪和动机相联系？
进化论	特质的自然选择如何促进了基因永存？	进化如何影响行为倾向？
行为遗传学	遗传和环境对个体差异的影响分别有多大？	智力、人格、性取向、抑郁易感性等心理特质在多大程度上归因于基因？又在多大程度上归因于环境？
心理动力学	行为如何从无意识的驱力和冲突中爆发？	人格特质和人格障碍如何通过未被满足的愿望和童年创伤加以解释？
行为主义	人们是如何学会外显行为的？	人如何学会对特定物体或情境产生恐惧？改变行为最有效的方式是什么，比如减肥或戒烟？
认知角度	人们如何对信息进行编码、加工、储存和提取？	人们如何在记忆、推理和解决问题中使用信息？
社会文化角度	行为和思维在不同的文化和环境中有何不同？	我们作为人类大家庭中的成员有何相像之处？作为不同环境的"产物"，我们之间又有何不同？

每个层面都能为审视某种行为或心理过程提供宝贵的切入点，然而每个层面自身又是不完全的。正如不同的学科一样，心理学不同的视角可以回答不同的问题，也有各自的局限性。一种视角可能比另一种更强调生物的、心理的或社会－文化的层面，但不同的视角（如表 1.1 所示）能相互补充。例如，请思考学者会怎样从不同视角阐述愤怒：

- 有人可能从神经科学的角度研究致使我们"脸红脖子粗"的大脑回路。
- 有人可能从进化的角度分析愤怒对我们祖先基因延续的促进作用。
- 有人可能从行为遗传学的角度，研究遗传和经验对个体气质差异的影响。
- 有人可能从心理动力学的角度把愤怒的爆发视作无意识敌意的宣泄。
- 有人可能从行为主义角度研究愤怒所伴随的面部表情和身体姿势，或者探究何种外部刺激引起了愤怒反应和攻击行为。
- 有人可能从认知的角度研究大脑怎样诠释情境从而引发愤怒，愤怒又如何影响人的思维。
- 有人可能从社会文化的角度考察不同文化下愤怒表达的差异。

牢记的要点：正如以二维的视角看三维的物体，每种心理学的视角都有助于我们理解心理现象。但每种视角并不能单独揭示事物的全貌。

提取一下

- 我们在研究心理事件时采用生物－心理－社会取向有什么优势？

答案：通过整合不同分析层面──生物、心理和社会──我们能对所研究的行为或心理过程获得更为完整的了解。

心理学的分支

1-4：心理学有哪些主要的分支？

想象一下一个正在工作的化学家，你的头脑中可能会出现一个身着白大褂，周围摆满了瓶瓶罐罐和高科技仪器的科学家。但如果想象一下一个工作中的心理学家，可能会出现以下一些场景：

- 身着白大褂的科学家正把微电极探针插入老鼠的头部。
- 智力研究者正在测量婴儿注视图片的时间，当婴儿对图片由熟悉而厌烦时会把脸转开。
- 公司主管正在评估一项新的"健康生活方式"员工培训项目。
- 他正在电脑前分析数据，考察领养孩童的气质与养父母还是与亲生父母更相似。
- 心理治疗师正在仔细聆听抑郁患者的倾诉。
- 他深入到另一种文化搜集人类价值观和行为方面差异的数据。
- 教师或者作家正与他人分享心理学的快乐。

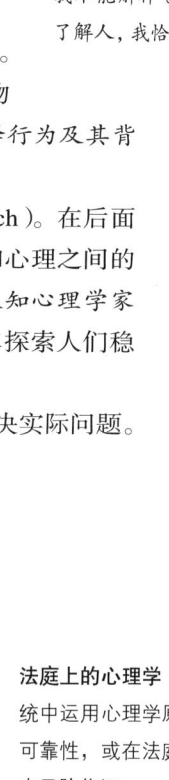

"迈克，我是一个社会科学家，也就是说，我不能解释电流之类的东西，但你要是想了解人，我恰恰是你想要的人。"

这些领域结合在一起，我们称之为心理学，它是不同学科的汇聚点。这对于那些有着广泛兴趣的人来说再好不过了。尽管分支多样，从生物实验到文化比较，但是心理学一直靠共同的目标统一起来：描述并解释行为及其背后的心理过程。

一部分心理学家从事构筑心理学知识根基的**基础研究**（basic research）。在后面的章节里我们会提到很多这样的研究者，包括生理心理学家考察大脑和心理之间的关系；发展心理学家研究个体从受孕到死亡过程中能力的变化规律；认知心理学家进行实验研究，揭示人们感知、思维和解决问题的过程；人格心理学家探索人们稳定的人格特质；社会心理学家考察人们怎样看待和影响彼此。

这些和另一些心理学家还可以进行**应用研究**（applied research），解决实际问题。

法庭上的心理学 法庭心理学家在刑事司法系统中运用心理学原理和方法。他们评估证人的可靠性，或在法庭上为被告人的心理状态和未来风险作证。

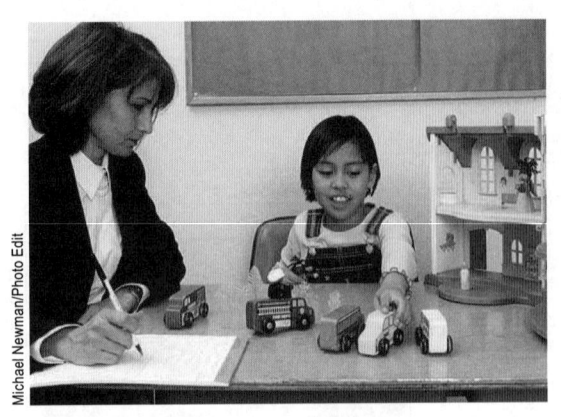

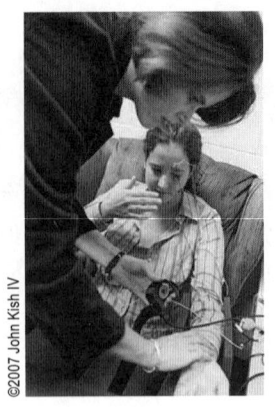

心理学：既是科学又是职业

心理学家既要观察、检测、治疗行为，还要做行为实验。这里我们看到心理学家在测试儿童的能力，测量与情绪有关的生理机能，以及进行面对面的治疗。

如工业与组织心理学家对工作环境下人的行为进行研究并提出实用建议。他们运用心理学的基本理论（概念和方法），帮助一些机构和公司更有效地选拔和培训员工，鼓舞士气，提高效率，设计产品，以及制订生产计划。

尽管大部分心理学教科书都侧重于心理学的研究方法和基本理论，但心理学还是一个助人行业，致力于解决许多实际问题：如何使婚姻幸福、如何克服焦虑和抑郁，以及如何教养子女等等。心理学作为一门科学，这些干预措施必须建立在有效实证的基础之上。**咨询心理学家**（counseling psychologists）帮助人们应对挑战和危机（包括学业、职业和婚姻问题），改善他们个人的和社会的功能。**临床心理学家**（clinical psychologists）评估并治疗心理、情绪和行为障碍。咨询和临床心理学家都能实施和评估测验，提供咨询和治疗，有时还进行基础和应用研究。相形之下，**精神病学家**（psychiatrists）也可能提供心理治疗，但他们拥有医师资格及处方权，此外还能治疗心理障碍的生理病因。

为了弥补之前的心理学只关注人类的问题这一局限，马丁·塞利格曼和其他一些学者（Seligman et al., 2002, 2005, 2011）呼吁更多地研究关注人类的优势和丰盛。他们提出的**积极心理学**（positive psychology）科学地探究"积极的情绪、积极的品格特质以及使之得以实现的制度。"他们想问的是，心理学如何促进一个人运用自身技能过上"美好的生活"，并超越自我过上"有意义的生活"。

从生物学到社会学不同的视角，从实验室到诊所不同的工作地点，心理学和许多领域紧密相联。心理学家不仅在心理学系，而且还在医学院、法学院、神学院进行教学活动，他们还在医院、工厂以及公司总部担任职务。他们还参与一些跨学科的研究，比如心理历史学（对历史人物的心理分析），心理语言学（对语言和思维的研究），怪异行为心理学（对怪异人物的心理研究）。[说实话，这个句子的最后一部分是我在愚人节那天写下来的。]

心理学同样影响着我们的文化。并且，心理学加深了我们对感知、思考、感受以及行动的认识。这些的确可以丰富我们的生活，扩大我们的视野。我希望这本书可以贯穿始终地帮助你。正如教育家查尔斯·艾略特在一个世纪以前所言："书籍是最安静也是最持久的朋友，更是最富耐心的老师。"

> **提取一下**
>
> - 将左边的专业领域与右边的描述进行匹配。
>   1. 临床心理学　　a. 帮助人们应对教育和生活的挑战。
>   2. 精神病学　　　b. 研究、评估和治疗有心理障碍的人，但通常不提供医学治疗。
>   3. 咨询心理学　　c. 应对心理障碍的医学分支。
>
> 答案：1.b, 2.c, 3.a

心理科学的重要性

尽管有时候我们比最智能的电脑还要聪明，但是我们的直觉常会犯错误。是人就会犯错。欢迎进入心理科学的殿堂。经过收集和过滤证据等程序，科学可以减少错误。当我们熟悉了这些策略并把背后的原理应用到日常思考，我们的思考就会更加明智。依靠行为和心理过程的科学，心理学家得以更好地理解人们为何如此思考、感受和行动。

直觉与常识

> 1-5：后见之明偏差、过度自信以及在随机事件中发现秩序的倾向是如何说明依据科学方法得出的答案比基于直觉和常识的答案更为可靠的？

有人认为心理学只不过记录人们已知的事实，并用行话加以包装："有什么了不得的新东西？——你拿着薪水，却用一些华而不实的方法来证明老太太都知道的东西。"也有人笃信人的直觉。美国前总统小布什在对记者鲍勃·伍德沃德（Woodward, 2002）解释他为何发动伊拉克战争时这样描述他的感受："我喜欢凭直觉行事，本能就是我的依据。"今天的心理科学确实记载了大量的直觉思维。我们会看到，我们的思维、记忆以及态度都是在两个层面上运行的——意识层面和无意识层面——而且大部分都是在幕后自动运行的。就像大型喷气式飞机，大多数时候都是靠自动驾驶仪飞行的。

那么，听从我们内在智慧的低声耳语，单纯地信任"内心的力量"，是明智的吗？抑或要更经常地怀疑细查我们的本能直觉？

这似乎是相当肯定的。直觉很重要，但我们常低估了它的危险。我的地理直觉告诉我雷诺市在洛杉矶的东面，罗马在纽约的南面，亚特兰大市在底特律市的东面。但这些直觉都是错误的。美国作家马德琳·英格（L'Engle, 1973）说过："赤裸的智力是一种极其不精确的仪器。"有三种现象（后见之明偏差、判断的过度自信以及在随机事件中发现秩序的倾向）可以说明为什么我们不能仅仅依靠直觉和常识。

直觉的局限　面试官往往过分相信自己对求职者的直觉。他们的自信部分源于对过去案例的记忆，他们的良好印象被证明是正确的；部分源于不知被拒的求职者在其他地方取得了成功。

心中自是的，便是愚昧人。
——《旧约·箴言》28:26

我们早就知道吗？后见之明偏差

箭射中靶子后再来画靶心当然容易。当股市下跌之后，人们会说："它就该进入一个调整期了。"一场足球赛之后，如果球队赢了，我们会称赞教练水平高超；可如果球队输了，我们则会批评教练愚蠢之极。战争或者选举结束之后，其结果往往是显而易见的。尽管历史看起来是由一个个不可避免的事件构成的，但是我们却很难预知未来。没有谁的日记里会这样记载："今天，百年战争开始了。"

后见之明偏差（hindsight bias）（也称为"我早就知道了"现象）很好理解：把参与者随机分成两组，分别告诉两组参与者相互矛盾的心理研究结果。假如你在第一组，你将听到"心理研究发现分离会削弱恋情"，所谓"离久情疏"。之后让你想象分离为什么会削弱爱情。第一组大部分人都能想象得出，而且几乎所有的参与者都认为这一真实的结果没什么奇怪的。

假如你在第二组，你将听到"心理研究发现分离会加深恋情"，所谓"小别胜新婚"。第二组的参与者也能找到很多理由解释此一虚构的研究结果，而且认为这是司空见惯的常识，不足为奇。两种相反的研究结果都被视为常识，显然这里有问题。

我们回忆和解释中的这类错误，表明心理学研究的重要性。仅仅询问人们感受或行动的内容和原因有时会误导人——并非因为常识一般都是错误的，而是因为常识比较容易形容已经发生的事情，而不是将要发生的事情。

不过，祖母的直觉常常是对的。正如尤吉·贝拉（Yogi Berra，美国棒球扬基队捕手，传奇棒球人物）所说的："你只要看就能观察到很多东西。"（我们还要感谢贝拉为我们创造的其他经典名言，如"没有人来过这里——这儿太拥挤"，以及"如果人们不想来球场看球，你没法阻止他们"）。因为我们所有人都是行为的观察者，所以如果心理学的许多发现没有被事先预见的话，那将是不可思议的。许多人相信爱心可以孕育幸福，他们是对的（我们都有第 10 章所说的"归属需要"）。的确，哈佛大学心理学家丹尼尔·吉尔伯特等人（Gilbert et al., 2003）指出："心理学上的好创意通常有种怪异的熟识感，我们遇见它们的那一刻就能断定，我们自己也曾非常接近，思考过同一事物，只不过没有诉诸文字。"好创意就如同优秀的发明，一旦创

只有向后看才能理解人生；但要生活好，则必须向前看。
——哲学家克尔凯郭尔
（1813—1855）

任何事情一经解释便觉得稀松平常。
——华生医生对大侦探福尔摩斯说

后见之明偏差 2010 年，英国石油公司的员工在深水地平线油井上钻探时抄了捷径并忽略了警告信号，他们并非有意使公司和环境处于严重危险之中。在导致石油泄漏之后，以视力 2.0 的后见之明看来，那些判断的愚蠢之处竟是那么的显而易见。

造出来，就好像再明显不过了。（为什么滚轮行李箱和便利贴的发明花了这么长时间？）

但有时候，经无数次不经意的观察而获得的祖母的直觉，是错误的。在后续章节将会看到许多研究结果已经推翻了一些流行观点，比如亲近生不敬，梦境预测未来，我们只使用了大脑的百分之十。我们还将看到一些令人惊奇的发现：大脑的神经化学递质控制着我们的情绪和记忆；动物的智力；应激对我们抗病能力的影响。

过度自信

我们往往会认为自己知道的很多，而实际情况并非如此。在问及对一些事实性问题（波士顿在巴黎北边还是南边？）的答案有多大把握时，人们往往会表现出过度自信的倾向（注：波士顿在巴黎南边）。看一看下面这 3 个由字母颠倒顺序而构成的词（Goranson, 1978）：

WREAT → WATER
ETRYN → ENTRY
GRABE → BARGE

你认为自己把它们复原过来需要用多少秒？知道正确答案倾向于使我们过度自信。你或许认为 10 秒钟左右就能排列好，但实际上每个人平均花了 3 分钟。先不告诉你答案，请你把打乱顺序的 OCHSA 排列成一个单词，看需要多长时间？（答案是：CHAOS）

那么我们在预测社会行为时是否会好一些呢？俄亥俄州立大学的心理学家菲利普·泰特洛克（Tetlock, 1998, 2005）收集了 27 000 多份专家对世界大事的预测。例如，南非的未来政局或者魁北克省是否会从加拿大独立。他反复发现：那些觉得自己有 80% 把握的专家，其真正预测正确的还不到 40%。尽管如此，那些犯错的专家仍保持着自信说他们"几乎就预测对了"，"魁北克分裂分子差一点儿就赢了脱离联邦的全民公投"。

> 我们不喜欢他们的音乐。这个乐队正在走下坡路。
> ——1962 年 Decca Records 公司在拒绝与甲壳虫乐队签约时说过的话

> 未来计算机的重量将不会超过 1.5 吨。
> ——《大众机械》杂志，1949

> 就是一头大象他们都不可能击中，这么远的距离……
> ——1864 年，在南北战争的一次战斗中，John Sedgwick 将军的临终遗言

> 电话可能适合我们的美国亲戚，但在我们这里用不着，因为我们有足够的信使。
> ——英国专家组这样评价电话的发明

提取一下

● 为什么在朋友开始约会之后，我们常常觉得我们知道他们注定在一起？

答案：我们常常有后见之明的偏差——一旦我们得知某个结果，它就变得似乎是显而易见且可预测的了。

在随机事件中发现秩序

在热切地诠释我们身处的世界时，我们总是倾向于感知某种模式——正如诗人斯蒂文斯（Wallace Stevens）所说，"我们对秩序有某种狂热的追求"。人们在月亮上看到面孔，在音乐中听到撒旦的声音，或者在奶酪三明治中发现了圣母玛丽亚的图像。甚至在随机发生的事件中，我们也在寻找某种秩序，因为（这是生活中一个令人好奇的事实），随机事件常常看起来并不那么随机（Falk et al., 2009; Nickerson, 2002, 2005）。在随机序列中，某些模式或条纹（如重复出现的符号）总是多于人们的期待（Oskarsson et al., 2009）。为了举例说明这种现象，我抛掷一枚硬币 51 次，结

果如下：

1. H	11. T	21. T	31. T	41. H	51. T
2. T	12. H	22. H	32. T	42. H	
3. T	13. H	23. H	33. T	43. H	
4. T	14. T	24. T	34. T	44. H	
5. H	15. T	25. T	35. T	45. T	
6. T	16. T	26. T	36. H	46. H	
7. H	17. T	27. H	37. T	47. H	
8. T	18. T	28. T	38. T	48. T	
9. T	19. T	29. H	39. T	49. T	
10. T	20. H	30. T	40. T	50. T	

仔细观察这些顺序，模式便会自然而然地跳出来了：第10~22次抛掷形成了近乎完美的对子模式，先是成对的正面，然后是成对的反面。在抛掷的第30~38次中手气不好，8次当中只出现了一次正面。但后来运气马上转了过来——接下来的9次中出现了7次正面。大约如人们所预期的频率，类似的情形会出现在随机序列上，比如投篮、（棒球）击球、共同基金选择股票（Gilovich et al., 1985; Malkiel, 2007; Myers, 2002）。这些序列往往看上去并不随机，因而被过度解读（"你运气好时，就是这么顺！"）。

我们应该如何解释这些模式呢？是我对硬币进行了超自然的控制？还是我迅速从对反面的恐慌中解脱出来，进入了正面的理想状态呢？我们要的并不是这样的解释，因为这类序列在任何随机数据中都可以找到。把每一次抛掷的情况和接下来的那次进行比较，可以发现这50次比较中有23次正反面发生了变化——近似于我们所期望的一半对一半的抛掷结果。尽管这些数据中有些看起来似乎很有规律，但是，前一次的结果对接下来的抛掷结果没有任何影响。

然而，某些事情看起来非同寻常，以至于我们很难接受那种稀松平常的概率解释（如我们掷硬币的情形）。对于这类事件，统计学家却认为一点也不神秘。当有人（Evelyn Marie Adams）两次中得新泽西彩票大奖时，报纸报道说这种手气的概率仅为17万亿分之一。很神奇吧？实际上17万亿分之一是这样一种概率：假使有人连续两次购买新泽西彩票，每次只买一张，而两次都中大奖的概率。但是统计学家（Samuels & McCabe, 1989）报告说，由于有数百万人在购买美国政府发行的彩票，所以某人于某天在某地中两次大奖"实际上是必然的事情"。确实有统计学家（Diaconis & Mosteller, 1989）这样说道："只要有足够大的样本，任何耸人听闻的事情都可能发生。"那些每天只会发生在上亿人中某一个人身上的事件其实一天会出现7次，如此一来，一年会发生超过2 500次。

牢记的要点：后见之明偏差、过度自信和在随机事件中感知模式的倾向往往会让我们高估直觉的影响。好在科学研究能够帮助我们去伪存真。

可能看上去怪异。但这一随机数字出现的概率与任何其他数字序列相比实际上并不低。

真正不同寻常的一天是没有任何不同寻常的事情发生的日子。
——统计学家
佩尔西·戴康尼斯（2002）

如果随机事件足够多，就会发生一连串看似离奇的事件。2010年世界杯期间，德国一条名叫保罗的章鱼被誉为"奥伯豪森的神谕"，人们给它两个箱子，每一个都装有贻贝和一面国旗。保罗在八次比赛中都选择了正确的箱子，预测了德国的七次比赛结果和西班牙的最终胜利。

科学态度：好奇、怀疑和谦逊

1-6：科学态度的三个主要部分与批判性思维各有什么关系？

构成所有科学之基础的首先是强烈的好奇心，一种不误导他人也不受人误导地去探索和理解事物的激情。有些问题（如死后还有生命吗？）已超出科学范畴。对这些问题无论怎样回答，都牵涉到人的信仰。而对于其他一些问题，比如是否有人具有超感知觉（ESP）能力，还需要实践的证明。请让事实说话。

魔术师詹姆斯·兰迪就曾采用实证的方法来检验那些宣称能看到人体周围有光环的特异功能者：

兰迪：你能看到我头顶的光环吗？

特异功能者：我的确能看到。

兰迪：如果我拿着这本杂志遮住我的脸，你还能看到吗？

特异功能者：当然能。

兰迪：如果我站在一堵比我头稍高点的墙后面，你能根据我头顶的光环位置找到我，能吗？

兰迪告诉我，没有任何声称自己能看见光环的人同意接受这个简单的检验。

无论面对多么显而易见或者简单直白的想法，智者都会这样问：真的是这样吗？如果将其置于实验，预测还会准确吗？在接受这样的检验时，一些看似荒谬的观点却能够得到支持。更多时候，科学把那些未经验证看似荒谬的观点，归入到诸如永动机、医治癌症的神药、回到几百年前的灵魂旅行等等我们早已不以为意的一些说法。今天的"真理"有时在明天就会变成谬误。为甄别现实和假象，理性和荒谬，我们需要科学的态度：怀疑但不嘲笑，开放但不轻信。

波兰谚语有云："要想确信，必先怀疑。"作为科学家，心理学家怀着好奇的怀疑精神研究人的行为，始终抓住两个问题：你的观点是什么？又是怎样得出的？

把科学的态度运用于实践，不仅需要怀疑精神，更需要谦逊——意识到我们也容易犯错并对奇怪之事和新的视角保持开放态度。最后分析结果时，最重要的不是谁的观点对或错，而是问题所揭示出的事实真相是什么。如果人们或其他动物的行

令人惊奇的兰迪 魔术师詹姆斯·兰迪用例子证明了怀疑精神。他检验和揭穿了许多超自然现象。

AP Photo/Alan Diaz

不合理的推论

> 我是一个怀疑论者，不是因为我想要相信而是因为我想知道。我相信真相就在那里。但我们如何区分我们想要的真相和实际的真相呢？答案是科学。
> ——迈克尔·舍默，"我想要相信"《科学美国人》，2009

> 我有一个坚定的信念，那就是，如果上帝确实存在的话，那么我们的好奇心和智慧就是他给我们的恩赐。而如果我们压抑了探索宇宙和自身的热情，那就证明我们不懂得感激这种恩赐。
> ——卡尔·萨根，《布洛卡的脑》，1979

为不符合预期，我们的观点就存在问题。心理学很早就有句格言："老鼠总是对的"，其表达的正是科学研究的谦逊态度。

科学史表明，正是好奇、怀疑和谦逊这三种态度使现代科学得以诞生。今天有一些虔诚的宗教人士可能认为科学（包括心理科学）是种威胁。不过，社会学家斯塔克（Stark, 2003a, b）指出，科学革命的许多领导者，包括哥白尼和牛顿，都有着虔诚的宗教信仰，他们笃信"为了彰显上帝的仁慈和荣耀，有必要全面评价神创造的杰作。"

当然，科学家也和常人一样，可能非常自负、固执己见。不过，对相互矛盾的观点本着好奇、怀疑、谦逊的态度进行严格检验的理想，能将心理学家凝聚成一个共同体，对彼此的发现和结论进行检验、再检验。

批判性思维

科学态度让我们更加明智地思考问题。明智的思维就是**批判性思维**（critical thinking），指的是检验假设、区分观点、评价证据以及鉴定结论等过程。无论读报还是谈话，批判性思维总让人不断提问题。就像科学家一样，具有批判性思维的人想知道：他们是怎么知道的？这个人的提案是什么？做出某个结论是基于奇闻逸事和本能直觉还是科学证据？数据能说明因果关系吗？是否还有其他的解释？

心理学的批判性研究对于那些令人惊奇的发现持开放态度吗？答案显然是肯定的，后面的章节将详述。信不信由你，在年幼时切除大量的脑组织可能对将来的发展影响甚微（见第2章）。新生儿在出生几天内就能辨认出母亲的气味和声音（见第4章）。脑损伤可能会让人学习新技能却意识不到学习过程（见第8章）。不同群体的人（男人和女人、老人和青年、富人和工薪族、残疾人和正常人），报告出的主观幸福感大致相同（见第11章）。

> 科学方法的真正目的是为了确保我们不会被客观世界所误导，错误地以为自己知道实际上并不知道的事物。
> ——波西格，《万里任禅游》，1974

批判性研究也强有力地反驳了一些流行的观点吗？答案也是肯定的，后面的章节我们也会看到这点。梦游的人并不是在按梦境所想的那样来行动（见第3章）。过去的经验不会原原本本地全部保存在我们的大脑内；电刺激大脑或者催眠时，并不能像放磁带一样重新激活已经隐藏很久或者压抑了的记忆（见第8章）。大多数人并不会受到不切实际的低自尊的困扰，高自尊未必全是好处（见第12章）。相异一般并不相吸（见第13章）。在这些例子和更多的研究结果中，我们学到的知识并不是大众普遍认可的观点。

> **提取一下**
>
> - 科学态度如何增进批判性思维？
>
> 答案：科学态度包括（1）对于周围世界的好奇，（2）对于各种主张和观点的怀疑，（3）对于个人看法的谦逊，这些品质有助于分析论点和检验自己的信念并构建更准确的观点或理解。

心理学家如何提问和作答

心理学家用科学的研究方法来武装他们的科学态度，这是一个利用观察和分析来评估观点的自我修正的过程。为了描述和解释人性，心理学欢迎人们提出直觉看法和看似正确的理论，并进行检验。如果理论有效（数据支持了该理论预测），那就更好。如果预测失败，就要修正或抛弃该理论。

科学方法

1-7：理论怎样推动心理科学的发展？

在日常谈话中，我们使用理论一词时往往指的是"单纯的直觉"。在科学研究中，理论总是和观察联系在一起的。科学的**理论**（theory）是用一套整合的原理来组织观察结果和预测行为或事件。理论能够把孤立的事实整合在一起，从而简化对事物的理解。当我们把观察到的点连起来，一幅完整连贯的画面就出现了。

我们来看一个睡眠剥夺影响记忆的理论。这个理论很好地帮助我们把观察到的许多与睡眠有关的现象归纳为几条原理。想象一下，我们一次又一次地观察到那些睡眠质量较好的学生在课堂上回答问题更加准确，并且在考试时也取得了更好的成绩。因此，我们可以归纳出睡眠促进记忆的理论。目前还不错：我们的睡眠–保持理论巧妙地概括了一系列睡眠剥夺带来的效应。

然而，无论一个理论听起来多么合理——而且它确实看似合理地表明睡眠剥夺会影响记忆——我们都必须对之加以检验。一个好的理论产生可检验的预测，称之为**假设**（hypotheses）。这些预测使得我们能够检验并拒绝或修正我们的理论，从而指导我们的研究。它们指出什么结果会支持理论，什么结果会证明理论不成立。为了检验我们关于睡眠影响记忆的理论，我们需要评估人们在睡了一晚好觉或缩短睡觉时间之后对课程内容的保持程度（图1.2）。

我们的理论可能会使我们的观察发生偏差。有了更好的记忆来自于更多睡眠的理论，我们可能会看到自己所期望的：我们可以认为昏昏欲睡的人提出的看法是缺乏见地的。无论在实验室内还是实验室外，我们都想要看到自己期待的结果，就像人们认为气候变化会影响他们对当地天气事件的解释。

为防止这一偏见，心理学家在其研究报告中会对程序和概念给出精确的**操作性定义**（operational definition）。比如，饥饿可能定义为"未进食小时数"，慷慨定义为"捐献金钱的多少"，缺少睡眠会定义为比正常睡眠"少多少小时"。如此谨慎的表述，可使其他研究者在不同群体中，采用不同的材料，在不同的环境中对原始观测结果进行**可重复性**（replication）研究。如果他们得到相似的结果，我们对这一结果

图 1.2
科学方法
提出问题与寻找答案的自我修正过程。

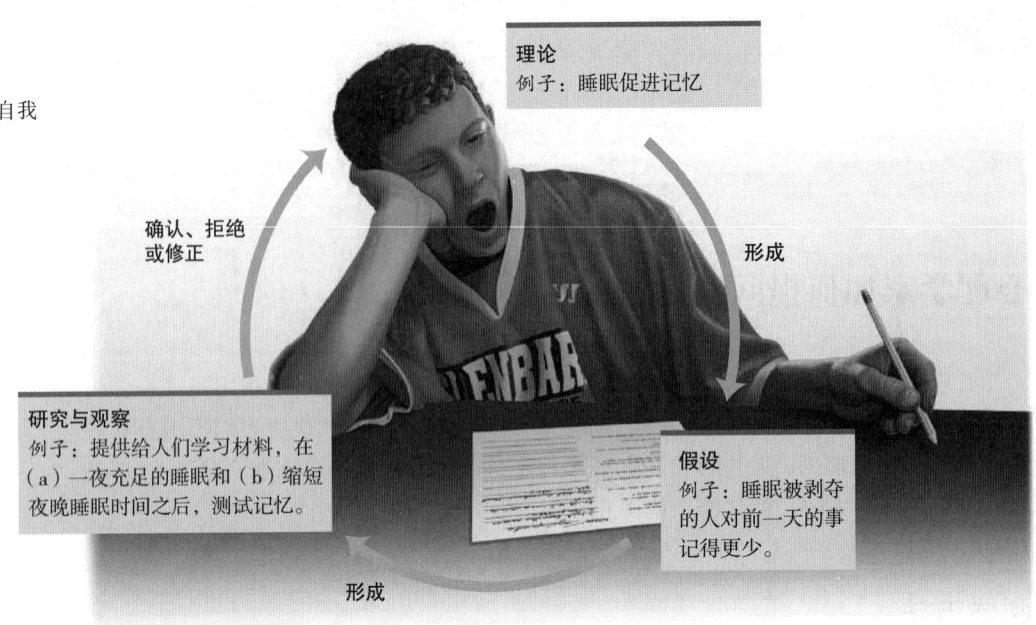

理论
例子：睡眠促进记忆

确认、拒绝或修正

形成

研究与观察
例子：提供给人们学习材料，在（a）一夜充足的睡眠和（b）缩短夜晚睡眠时间之后，测试记忆。

假设
例子：睡眠被剥夺的人对前一天的事记得更少。

形成

的可靠性会信心大增。对后见之明偏差的首次研究引起了许多心理学家的兴趣。现在，在利用不同的参与者和问题多次成功地重复之后，我们确信后见之明偏差现象的确存在。

最后，理论要发挥作用，必须满足两个条件：（1）能够有效地组织一系列自我报告和观察结果；（2）能够推导出明确的预测用以检验理论本身或应用于实践（睡眠可以预测人们的保持程度吗？）。最终，我们的研究可能会得出一个经过修正的理论，它可以更好地总结和预测我们已经知道的现象。或者，我们的研究会被重复并得到相似结果的支持（睡眠和记忆的研究即是如此，详见第 3 章。）

下面我们将看到，利用描述性方法（通常使用个案研究、调查或自然观察来描述行为）、相关方法（将不同的因素联系在一起）和实验方法（操纵各种因素以发现它们的效应）可以检验假设，修正理论。要想批判地思考当前流行的心理学主张，我们需要熟悉这些方法，并知晓这些方法能得出什么结论。

提取一下

- 一个好的理论能做到什么？

答案：1. 有效地组织观察的事实。2. 包含可以推论出可验证的预测，有的可应用于实践。

- 可重复性为什么很重要？

答案：心理学家想要知道，他们的初始结果是一些其他研究者有着重要研究吗？（结果首先要重复可信。）

描 述

1-8：心理学家是如何用个案研究、自然观察以及调查法来观察和描述行为的？为什么随机抽样如此重要？

任何科学都起始于描述。日常生活中，我们都在观察和描述他人，分析他们这样或那样行动的原因。专业的心理学家也是如此，只不过他们的观察和描述更加客观而系统，方法如下：

- 个案研究（细致深入地分析某一个体）
- 自然观察（在自然环境下观察并记录个体的行为）
- 调查与访谈（人们对他们的行为或者态度进行自我报告）

个案研究

在最古老的研究方法中，**个案研究**（case study）是为了深入研究某一个体，希望能够展现所有真实信息的方法。兹举几例。心理学上最早对大脑功能的了解，来自于特定脑区受损后表现出特殊功能障碍的病人的个案研究。发展心理学家皮亚杰通过仔细观察和询问为数不多的几个孩子，就提出了儿童思维发展的理论。对少数几个黑猩猩的研究揭示了动物的语言理解能力。深入的个案研究有时很能揭示问题。这类研究会告诉我们什么样的现象会发生，通常它们还能为未来的研究指明方向。

可是，如果研究个体不够典型，那么这样的研究就很有可能误导我们。没有代表性的信息会导致错误的判断和结论。事实上，每当有研究者提出某个研究结果时（如，"吸烟者的寿命更短：活到85岁以上的人中95%都是不吸烟者"），肯定有人能提出反例（"我叔叔每天抽两包烟还不是也活到了89岁"）。戏剧性的故事、个人的经历（甚至心理学中的个案）都可能引起我们的注意，更容易记住。记者深谙此道，所以他们在报道一则关于银行收回抵押的新闻时并不采用抵押的数据做开头，而是讲述某个家庭被收回房产的悲惨故事。故事感动了我们，但也确实误导了我们。下列哪个事件你记得更牢？（1）对父母在子女被绑架后的1 300个梦境分析中发现，只有5%的梦正确地预见到子女死亡（Murray & Wheeler, 1973）。（2）我认识一个人，他梦见姐姐出了车祸，两天后他姐姐确实在车祸中头部被撞而死亡！统计数字令人麻木，但一堆奇闻轶事并不等于证据。正如心理学家奥尔波特（Allport, 1954, p.9）所言："只要有极少量的（戏剧般的）事实，我们就会立即做出放大的概括。"

请牢记这点：个案能得出有价值的观点。个体的某些情况有可能揭示出适合所有人的规律。但要找出个案中包含的普遍真理，还必须结合其他研究方法。

> **提取一下**
>
> - 个案研究无法让我们获得适用于所有人的普遍原理。为什么？
>
> 答案：个体可能只是一个个体，所以仅仅依靠其某种表现很难说对所有人都适用。

自然观察法

第二种描述性研究方法是在自然状态下记录行为。**自然观察法**（naturalistic observation）从在丛林中观察黑猩猩族群，到以非介入的方式对不同文化下的亲子互动进行录像（并随后进行系统分析），再到记录学生在餐厅就座模式的种族差异。

"亲爱的，"马普尔小姐说，"人性在所有地方都非常相似。当然，在小地方你可以有机会近距离地观察它。"
——阿加莎·克里斯蒂，
《周二俱乐部谋杀案》，1933

弗洛伊德和小汉斯 弗洛伊德关于对马极度恐惧的5岁汉斯的个案研究使他得出了儿童期的性理论。他推测汉斯对自己的母亲感到无意识的欲望，害怕被他的对手（即他父亲）阉割，然后把这种恐惧转化成害怕被马吃掉。正如第12章将解释的，今天的心理科学不认可弗洛伊德的儿童期性理论，但承认人类的很多心智运作是在意识觉知之外的。

Skye Hohmann/Alamy

生来的观察者 黑猩猩研究者德瓦尔（de Waal, 2005）说："我是一个天生的观察者……在餐厅选择座位时，我想要面前有尽可能多的桌子。我喜欢根据身体语言来追踪周围的社会动力，包括爱、紧张、厌倦、反感，我认为这些身体语言比口头语言带来更多的信息。既然追踪他人是我自动做出的行为，那么在猿类聚居地悄悄地观察对我来说就再自然不过了。"

自然观察和个案研究一样并不能解释行为，只是对行为进行描述。描述也能揭示问题。比如我们曾认为只有人类才会使用工具。然而自然观察发现，黑猩猩有时会把树棍插入白蚁窝内，然后抽出来吃掉上面的白蚁。这些非介入的自然观察为以后对动物的思维、语言和情绪研究铺平了道路，能进一步扩展我们对同类动物的理解。黑猩猩研究专家珍妮·古德尔（Goodall, 1998）指出，"在动物的天然栖息地进行的观察已经表明，动物的群居社会及行为远比我们先前想象的要复杂得多。"归功于研究者的观察，我们发现黑猩猩和狒狒也会使用欺骗手段。心理学家怀特和伯恩（Whiten & Byrne, 1988）反复观察发现，一只年幼狒狒假装遭到了另一只狒狒的攻击，从而让它的妈妈把这只狒狒从它的食物边赶走。此外，灵长类的大脑越发达，就越有可能表现出欺骗行为（Byrne & Corp, 2004）。

自然观察也能阐明人类的行为。这里有三个有趣的发现：

- 有趣的研究结果。在社会情境下我们人类笑的次数是独处情境下的 30 倍。（你注意过自己一个人独处时很少会笑吗？）在我们发笑时，有 17 块肌肉会牵动我们的嘴角以及眼睛，然后我们发出一系列持续 75 毫秒的类似元音音节的声音，这些声音之间的时间间隔为 0.2 秒（Provine, 2001）。

- 探听学生的活动。学习心理学导论课程的学生在日常生活中究竟会说些什么，做些什么？心理学家梅尔和潘尼贝克（Mehl & Pennebaker, 2003）给德克萨斯大学选修心理学课程的 52 位学生装备了腰带式电子激活录音器。连续 4 天，录音机每隔 12.5 分钟就自动记录学生清醒时周遭的声音 30 秒，故而研究结束时研究者已窃听了 10 000 多次的生活片段。你认为这些学生与人交谈的片段占多少百分比？学生在电脑键盘前的百分比又是多少？答案：28% 和 9%。（你清醒时花在这些活动上的百分比又是多少？）

- 文化、气候和生活节奏。莱维恩和罗仁扎颜（Levine & Norenzayan, 1999）使用自然观察法比较了 31 个国家的生活节奏。（他们对生活节奏的操作性定义包括步行的速度、邮递员完成简单工作任务的速度和公共场所时钟的准确性。）结果发现：日本

自然观察中使用的 EAR 心理学家梅尔和潘尼贝克使用电子激活录音器（EARs）来对自然发生的日常生活片段进行取样。

和西欧国家的生活节奏最快；经济不太发达国家的生活节奏要慢一些。居住在寒冷气候下的人们生活节奏比较快（更容易死于心脏病）。

自然观察法能提供日常生活的有趣快照，但它的实施并没有控制可能影响行为的各种因素。在不同地方观察生活节奏是一回事，但要理解什么因素致使某些人步行更快则是另一回事。

提取一下

- 自然观察（如梅尔和潘尼贝克在研究中所使用的）的优势和劣势是什么？

答案：梅尔和潘尼贝克在人们的自然环境中对人们的行为做出客观的描述和记录。然而，他们没有解释这些行为，也没有控制所有可能对他们正在观察的日常互动产生未知影响的因素。

调查法

调查法（survey）同时对许多个案进行不太深入的研究。调查要求人们报告他们的行为或观点。面向公众的调查问题涵盖极广，从性行为到政治观点。我们看几则最近的研究：

- 半数美国人报告他们在前一天体验到了更多的幸福和乐趣而非紧张和压力（Gallup, 2010）。
- 在 22 个国家中，每 5 个人中就有 1 人认为外星人造访过地球并且还伪装成人类行走在我们中间（Ipsos, 2010b）。
- 在所有人类中，68% 的人——大约 46 亿人——认为宗教在生活中起着重要的作用（Diener et al., 2011）。

但是提问并不容易，回答通常取决于问题的措辞方式和所选择的受访者。

措辞效果 问题顺序和措辞的微妙变化都会产生很大的影响。人们更愿意赞成"帮助穷人"而不是"提高福利"，更赞成"平权措施"而不是"优惠待遇"，更赞成"不允许"香烟广告和色情内容出现在电视上，而不是内容"审查"，更赞成"增加国库收入"而不是"增加税收"。2009 年的一项调查显示，四分之三的美国人同意给民众提供对于医疗保险的选择——选择公立的（政府主导的）还是私人的。而在另外一个调查中，大多数美国人都不喜欢"建立一项会与私立医疗保险公司直接竞争的由联邦政府主导的公立医疗服务计划"（Stein, 2009）。提问的措辞很微妙，所以具有批判性思维的研究者要考虑问题的表述方式对被调查者观点的影响。

随机取样 在日常思维中，我们倾向于把我们观察到的案例尤其是生动的案例推而广之。考虑以下两种情况：（1）学生对某位教授的评价统计总结，（2）两个怒气冲冲的学生对该教授作的生动的负面评价。学校管理层对这位教授的印象，受两个不悦学生的影响可能与统计总结中众多肯定的评价一样多。我们似乎很难拒绝忽视取样偏差和将少数生动形象但却不具代表性的个案推及其他的诱惑。

如果样本非常大的话，估计值可以变得比较可靠。据估计，字母"E"在书面英语的字母数中占 12.7%。事实上，"E"占据了梅尔维尔所著的《白鲸》一书中所有 925 141 个字母的 12.3%，在狄更斯《双城记》总计 586 747 个字母中占了 12.4%；在马克·吐温的 12 本著作共 3 901 021 个字母中占了 12.1%（Chance News，1997）。

那么怎样才能获得代表性样本，比如能代表你所在学院或大学的样本？你如何选择样本才能使之足以代表全体学生组成的**总体**（population），即你想研究和描述的整个人群？通常的做法是选择**随机样本**（random sample），随机样本的含义是：总体中任何一个个体被抽到的概率都相等。这意味着你不必向每个学生发放问卷（那些认真返回问卷的人组成的并不是随机样本）。相反，你可以给学生总名单上的姓名编号，然后使用随机数字表从学生名单中选择参与者。有代表性的大样本比小样本好，但小样本即使只有 100 个成员，只要有代表性，也比没有代表性的 500 个成员的样本要好。

在美国总统大选时民意调查员就是以此种方式抽取样本。仅用 1 500 名从美国各地随机抽取的选民，他们就能提供全美民意非常准确的快照。不采用随机抽样，即使大样本（包括接听电话样本和电视或网站调查）也往往只能给出误导性的结果。

请牢记这点：在相信调查结果之前，要批判性地思考：仔细考量样本。不能以为只要简单地增加调查人数，就可以弥补样本代表性的不足。

提取一下

- 什么是非代表性样本？研究者如何避免非代表性样本？

答案：非代表性样本无法反映出总体的特征。随机取样能够避免该问题，因为总体中的每一个个体被抽到的概率都是相等的。

相 关

1-9：什么是正相关和负相关？为什么利用相关可以预测却不能进行因果解释？

描述行为是预测行为的第一步。如果调查和自然观察发现某种行为或特质伴随另一个出现时，我们就可以说两者**相关**（correlate）。**相关系数**（correlation coefficient）是对这种关系的统计描述量，它能揭示出两种事物发生变化的关联程度，因而某个事物能多准确地预测另一个事物。了解智力测验分数和学业成绩之间有多大相关，我们就能够知道智力分数在多大程度上可以预测学业成绩。

正相关（在 0 到 +1.00 之间）表示一种正向的关系，说明两个事物同增或者同减。

负相关（在 0 到 –1.00 之间）表示一种反向的关系：当一个事物增加的时候，另外一个则减少。每周看电视和玩电玩的时间与学业成绩呈现负相关。负相关系数最低可以到 –1.00，这就像两个人在跷跷板的两端，一边下去了，另外一边就上来了。

尽管相关系数提供了很多信息，但在心理学领域，很多个体间的差异是其无法预测的。比如，父母对子女的虐待行为与子女将来成为父母之后对其孩子的虐待行为呈现正相关，但这并不能说明大多数受过虐待的孩子将来都会有虐待行为。相关系数仅仅说明一种统计上的关系：大多数受过虐待的孩子并不会成为施虐者，但是没有受过虐待的孩子更不可能成为施虐者。相关可以指出预测的方向，但通常都不完善。

请牢记这点：相关系数能揭示两个事物关联的程度，可以帮助我们更清晰地审视世界。

> **提取一下**
>
> - 指出以下句子描述的是正相关还是负相关。
>   1. 儿童和青少年接触各种媒体越多，他们生活得就越不快乐（Kaiser, 2010）。_____
>   2. 他们在电视上看到的与性相关的内容越多，他们发生性行为的可能性就越高（Collins et al., 2004）。_____
>   3. 儿童接受母乳喂养的时间越长，他们长大后的学业成绩越好（Horwood & Ferguson, 1998）。_____
>   4. 贫穷家庭样本中收入提高得越多，他们的孩子出现的精神病症状就越少（Costello et al., 2003）。_____
>
> 答案：1. 负，2. 正，3. 正，4. 负。

相关与因果关系

相关能帮助我们预测事物。《纽约时报》报道，在美国，枪支拥有率高的地区，其凶杀率也高（Luo, 2011）。拥有枪支可以预测凶杀。那么，如何理解枪支和凶杀之间的相关呢？

我几乎可以断定有些人会这样想："毫无疑问，枪可以杀人，常常是在人们情绪激动的时候。"如果真是这样，这就是一个 A（枪）导致 B（谋杀）的例子。不过，我猜想其他读者会这样说："别急。可能危险地区的人会买更多的枪以自保——可能是 B 导致了 A。"还有可能是第三个因素 C 导致了 A 和 B。

我们来看另外一个例子：低自尊与抑郁相关，因而能预测后者。（人们的自尊越低，抑郁的风险就越高）那么，是否是低自尊引发抑郁？如果根据相关的证据你就认为的确如此，相信许多人与你有着同样的看法。一个几乎难以避免的思维错误就是，认为相关（有时以相关系数表示）能证明因果。但实际上无论这种相关有多强，它都不能证明因果关系。

> **提取一下**
>
> - 婚姻的长度与男性脱发相关。这是否意味着婚姻导致男性脱发（或者谢顶的男性作为丈夫更好）？
>
> 答案：与很多其他情况一样，在这种情况下，第三个变量很可以解释婚姻长度和男性脱发有多种可能性很大。

如**图** 1.3 中第 2 和 3 项所示，如果抑郁导致人们自我评价降低，或者存在第三种因素（如遗传或令人烦恼的事件）同时导致低自尊和抑郁，我们仍会得到一样的负相关。

这一点如此重要——它是利用心理学更明智地思考的基础——所以让我们再来看一个例子。一项对 12 000 多名青少年所做的调查发现：青少年越多地感受到父母对自己的爱，就越少表现出不健康的行为，比如过早发生性关系、吸烟、滥用酒精和毒品、暴力行为（Resnick et al., 1997）。"父母对孩子行为的强大影响贯穿整个高中阶段，"美联社报道这一研究结果时这样感叹道。但这种相关并不伴随着内在的因果关系。其实美联社也可以这样讲："行

图 1.3
三种可能的因果关系
低自尊的人比高自尊的人更可能报告有抑郁症状。对于这一负相关的一种可能的解释是，消极的自我形象引发了抑郁。但是，如图所示，也可能存在着其他的因果关系。

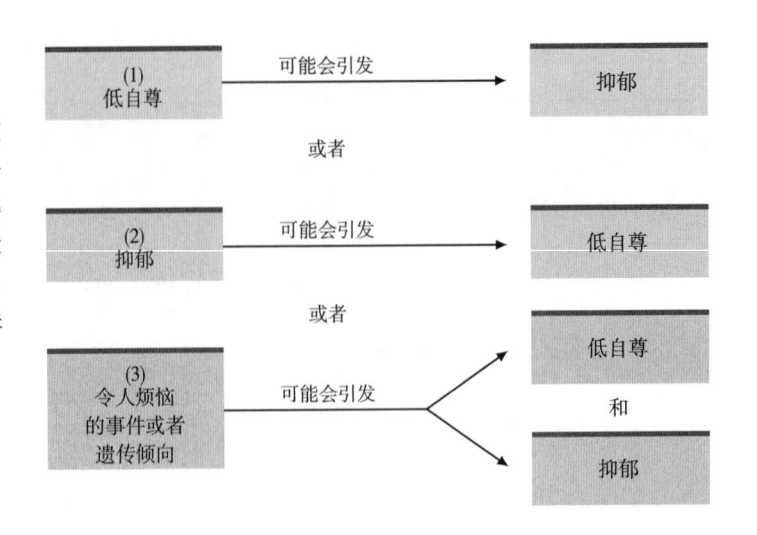

```
(1) 低自尊  ——可能会引发——→  抑郁
              或者
(2) 抑郁    ——可能会引发——→  低自尊
              或者
(3) 令人烦恼的事件或者遗传倾向  ——可能会引发——→  低自尊 和 抑郁
```

一位《纽约时报》的记者报道了一项大范围的调查，结果显示"那些父母亲吸烟的青少年比父母亲不吸烟的青少年发生过性行为的概率高50%"。他总结道，该调查证明了这样一种因果关系——"要想降低儿童过早出现性行为的概率"，父母可能需要"戒烟"（你会赞成吗？）（O'Neil, 2002）。

为良好的青少年感受到了父母对自己的爱与支持；行为越轨的青少年则更可能会认为父母是唱反调的老古董。"

请牢记这点：相关不能证明因果关系。相关表明因果关系存在的可能性，但无法证明这一点。记住这个原则会让你审慎地看待新闻中的科学研究结果。

实验法

1-10：实验法的哪些特征可以让我们分离出原因和结果？

罗马诗人弗吉尔说，幸福的人是那些"能觉察万物因果关系的人"。心理学家是如何在相关研究中察觉出原因的，比如在母乳喂养和智力的关系中，哪个是因，哪个是果？

研究者发现，母乳喂养的婴儿长大后的智力测验得分比用牛奶喂养的婴儿要高（Angelsen et al., 2001; Mortensen et al., 2002; Quinn et al., 2001）。人们还发现，在英国，母乳喂养的婴儿比牛奶喂养的婴儿最终更有可能迈入更高的社会阶层（Martin et al., 2007）。但是，当研究者比较同一家庭母乳喂养和牛奶喂养的儿童时，"母乳最好"的智力效果减小了（Der et al., 2006）。

这样的结果意味着什么呢？这是否意味着聪明的母亲（在发达国家这样的母亲更常采用母乳喂养）会有聪明的小孩呢？或者，如某些研究者所认为的，是母乳的营养有助于儿童大脑发育吗？为了回答这个问题——也就是分离出原因和结果——研究者可以进行**实验**（experiment）。实验法通过（1）操纵所关注的变量和（2）保持（控制）其他无关变量恒定从而把一个或多个因素的作用分离出来。为实现这一目的，研究者们通常会设定一个**实验组**（experimental group）和一个**控制组**（control group）。在实验组中，人们接受某种实验条件的处理，而控制组的人则不接受。为了最大限度地减少两组在实验之前存在的差异，研究者会将参与实验的人们**随机分配**（randomly assign）到两个条件下。如果参与实验的所有人中有三分之一的人可以摆动耳朵，那么，在每个条件下也应该有差不多三分之一的人可以摆动耳朵。诸如年龄、态度和其他一些特征在实验组和控制组

之间也都应是相似的。这样一来，如果两组在实验结束后出现差异，我们就可以推测实验处理确实产生了作用。

一支研究团队采用实验法来研究母乳喂养，他们将大概 17 000 名白俄罗斯新生儿和母亲随机分配到提倡母乳喂养组或者是普通的儿科护理组（Krammer et al., 2008）。在新生儿 3 个月大的时候，实验组中有 43% 的婴儿一直坚持母乳喂养，而在控制组只有 6%。在他们 6 岁的时候，大约有 14 000 名儿童重新接受了测验——实验组的智力测验成绩比控制组平均高 6 分。

当然，任何单一的实验都不能获得确凿的结论。但是通过随机分配把婴儿安排到不同的喂养组中去，研究者有效地排除了营养之外的所有因素。这样做能支持母乳的确最有利于智力发展的结论：当我们改变某个实验因素（如婴儿营养），某个行为（如测验成绩）发生了变化，我们就推断该因素产生了作用。

请牢记这点：实验和相关研究不同。相关研究是要揭示自然发生的事物之间的关系，而实验是要操纵某一变量以确定它的效应。

还请思考我们怎样才能评价治疗干预的效果。当身体不适或情绪低落时，我们都会有寻找新治疗方法的倾向，这会产生误导人的证词。如果感冒 3 天后服用维 C 片，发现感冒症状有所缓解，我们可能归功于药片而非感冒自然的消退。在 18 世纪，放血疗法被人们视为很有效的治病方法。有时病人接受这种治疗后确实有所好转；而没有好转时，医生会认为病情太严重了。所以，无论一种疗法是否真的有效，热心的患者都可能支持它。而要考察它是否真有效，我们就必须进行实验。

这正是今天对新药和新的心理治疗方法的评价方法（第 15 章）。这些研究的参与者被随机分配到各个组，一组接受某种治疗（如药物或其他治疗），另一组则接受假治疗（一种无效的安慰剂，如不含有药物成分的药丸）。实验的参与者通常不知道（未被告知）自己接受的是什么治疗。若研究采用**双盲程序**（double-blind procedure），则实验的参与者和分发药物与安慰剂并收集数据的研究助手都不知道哪一组接受的是真正的治疗。

在这类研究中，研究者可以考察某种治疗的真实效果，排除参与者和实验者对其疗效的信念所产生的效应。光是想象你正在接受某种治疗就可以振奋精神，放松身体，缓解症状。这种**安慰剂效应**（placebo effect）被证明可以减轻疼痛、缓解焦虑和抑郁（Kirsch, 2010）。而且，安慰剂越昂贵，它就越显得"真实"——价值 2.5 美元的假药片比价值 10 美分的效果更好（Waber et al., 2008）。因此，为了研究某种疗法的真正效果，研究者必须控制可能的安慰剂效应。

"如果我认为治疗不会见效，它还会有疗效吗？"

提取一下

- 研究者使用什么手段来防止安慰剂效应混淆他们的实验结果？

答案：为了防止安慰剂效应，他们让许多参与者随机分配到实验组（实际接受治疗）或控制组（接受安慰剂），从而比较由此产生的实际治疗者与仅仅以为接受治疗者之间的差别。

自变量和因变量

举个有说服力的例子。经过 21 项临床检测后,伟哥才被批准使用。在一项实验中,研究者把 329 名阳痿男子随机分配到实验组(使用伟哥)或控制组(使用安慰剂)。阳痿病人和分发药丸的人都不知道使用的是哪种药丸。结果发现,在服用大剂量的药物后,服用伟哥的实验组性交成功率为 69%,而服用安慰剂的对照组性交成功率只有 22%(Goldstein et al., 1998)。由此证明,伟哥确实有效。

这个简单的实验只操纵了一个因素:药物的剂量(无或最高剂量)。此实验因素称为**自变量**(independent variable),因为它能独立于其他因素(如男子的年龄、体重和个性)而变化。这些能够影响实验结果的变量叫作**混淆变量**(confounding variables)。随机分配就是为了控制可能存在的混淆变量。

实验考察的是一个或多个自变量对某些可测量行为的影响,后者被称为**因变量**(dependent variable),因为它会随实验条件的变化而变化。这两类变量都需要精确的操作性定义,从而使操纵自变量(此例中指精确的药物剂量和使用时间)和测量因变量(评价男子性反应的问题)的程序明确化。操作性定义准确地回答了"这是指什么?"这一问题,以便于其他研究者进行重复研究。(参见**图 1.4** 母乳喂养的实验设计。)

我们先暂停一下,利用一个简单的心理学实验来检查你对自变量和因变量的理解:为了检验意识到的种族身份对租房的影响,心理学家(Carpusor & Loges, 2006)给 1 115 位洛杉矶地区的房东发送了措辞完全相同的电子邮件。研究者变化了寄信人名字所隐含的种族含义,并记录了正面回应(邀请租户私下参观公寓)的百分比。"Patrick McDougall"、"Said Al-Rahman"和"Tyrell Jackson"得到邀请的百分比分别是 89%,66% 和 56%。

图 1.4
实验法
为了分辨因果关系,心理学家会将一些参与者随机分配到实验组,而将另一些分配到控制组。测量因变量(童年晚期的智力分数)可以确定自变量(是否提倡母乳喂养)的效应。

随机分配
(控制了其他变量,如父母的智力和环境因素)

组别	自变量	因变量
实验组	提倡母乳喂养	6 岁时的智力分数
控制组	未提倡母乳喂养	6 岁时的智力分数

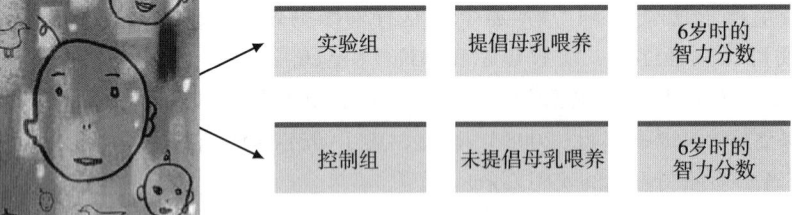

提取一下

● 在关于租房的实验中,什么是自变量?什么是因变量?

答案:收到邮件的寄信者与种族相关的姓名。收到邀请正面回应的百分率。

实验也能用于评价社会项目。早期儿童教育方案能提高贫困儿童成功的机会吗?反对吸烟的各种活动会带来什么不同的效果?学校的性教育能减少少女怀孕现象吗?要回答这些问题,我们可以进行实验:如果某种干预措施很受欢迎,但资源

表1.2 比较各种不同的研究方法

研究方法	基本目的	怎样做	操纵什么	不足之处
描 述	观察和记录行为	进行个案研究、调查或自然观察	无	不控制变量；单个案例可能具有误导性
相 关	寻找自然出现的相关关系；评价一个变量可以在多大程度上预测另一个变量	收集两个或多个变量的数据；不操纵变量	无	不能确定因果关系
实 验	考察因果关系	控制一个或多个因素；进行随机分配	自变量	有时不具有可行性；结果可能无法推广到其他环境中；操纵某些变量可能不合乎伦理

不足以普遍推广，我们可以用抽签来随机分配一些人（或地区）来实验这种新方案，而把另一些归入控制组。如果后来两组人出现差异，那么干预效应就能得到证明（Passell, 1993）。

我们来做一个简要的总结。变量可以是任何能够变化的因素（婴儿的营养、智力、看电视的时间等等——任何因素，只要是可行的并合乎道德）。实验的目的在于操纵自变量、测量因变量以及控制其他混淆变量。一个实验至少要有两种不同的条件：一种比较条件或控制条件以及一种实验条件。在进行实验之前，通过随机分配实验参与者来最大程度减少两组的差异。通过这种方式，实验就可以检验至少一个自变量（实验因素）对至少一个因变量（所测量的反应）的影响作用。表1.2 比较了各种心理学研究方法的特点。

提取一下

- 将左边的术语与右边的描述进行匹配。
  1. 双盲程序　　a. 帮助研究者把一小部分调查回应推广到更大的群体
  2. 随机取样　　b. 有助于将实验组和控制组之间已经存在的差异最小化
  3. 随机分配　　c. 控制安慰剂效应；研究者和参与者都不知道谁接受了实际处理

答案：1.c, 2.a, 3.b。

- 当测试一种控制血压的新药时，为什么给 1 000 名参与者中的一半提供药物比给所有参与者提供药物更能了解其有效性？

答案：为了确定一种新药物的有效性，我们必须将非实验随机分配予药物的一组（实验组）与没接受药物的另一组（控制组）的参与者，如果接受了药物的1 000 多参与者和没有接受药物的那些参与者相比有所改善，这意味着药物正在起作用。

心理学的常见问题

我们已经仔细考虑了科学方法如何限制偏差。我们已经知悉个案研究、调查法以及自然观察法能帮助我们描述行为。我们也认识到相关研究能够表明两个因素之间的关系，这说明我们可以利用其中一个因素来预测另一因素。我们考察了实验背后的逻辑基础，即用控制条件和随机分配参与者的方法来分离自变量对因变量的作用效果。

然而，即使知道了这些，你对心理学仍会感到好奇和担忧。所以在系统学习心理学之前，先来看一些心理学中常见的一些问题。

1-11：实验室实验能解释日常生活吗？

当你看到或听到心理学研究时，是否想过，人在实验室表现出的行为能预测真实生活中的行为吗？例如，考察人们在暗室中探测微弱红光，能否揭示关于夜间飞行的有用信息？在看完色情暴力电影后，性唤起的男性更愿意去按键以对女参与者实施电击，这是否说明色情暴力电影会使男人更可能去虐待女性？

在回答这些问题之前，请想一下：实验者有意使实验室环境成为一个简化的现实——在其中可以模拟和控制日常生活的重要特征。正如风洞可以让飞机设计师在控制条件下制造气流一样，实验室实验也能让心理学家在控制条件下重演心理因素的力量。

实验的目的不是要精确地重复出日常行为，而是要检验理论原理（Mook, 1983）。在攻击研究中，决定是否按键实施电击与打人耳光或许并不一样，但背后的原理却相同。正是研究所揭示的原理，而不是某些具体、个别的发现，有助于解释日常行为。

当心理学家把关于攻击行为的实验室研究成果运用于真实情境中的暴力行为时，他们运用的是攻击行为的理论原理，这些原理是经过多次实验提炼出来的。类似地，运用到诸如夜间飞行等复杂行为的正是视觉系统的原理，这些原理也是在人工环境下进行实验总结出来的（例如在黑暗中看到红外线）。许多研究已表明，从实验室得出的原理通常的确可以推广到日常生活中去（Anderson et al., 1999）。

请牢记这点：心理学家很少关注特殊行为，而更注重能解释众多行为的一般原理。

1-12：人的行为取决于性别和文化吗？

在某时某地进行的心理学研究所得到的结论可以推广到一般人群吗？研究的参与者大部分是那些身处在被称为 WEIRD 文化下的人们（Western：西方；Educated：受过良好教育；Industrialized：工业化的；Rich：富有的；Democratic：民主的），而这些人只占全部人口的 12%（Henrich et al., 2010）。我们将一再看到，**文化（culture）**作为代代相传的共同观念和行为，起着相当重要的作用。文化会影响我们对机敏和坦诚的评判标准，对婚前性行为和不同体型的态度，文化会决定我们表现出轻松随意或严肃认真的行为倾向，我们进行眼睛接触的意愿，我们谈话的距离等等，不一而足。正是因为这些文化上的差异，我们不能苛求其他人也会或必须像我们一样地思考或行动。鉴于当今文化的融合和冲突越来越多，我们迫切需要认识到文化差异对人思想和行为的影响。

然而人类共同的生物遗传把我们团结在人类的大家庭之中。同样的心理过程指导天各一方的人们的行为：

- 被诊断为诵读困难（一种阅读障碍）的人会表现出同样的脑功能紊乱，不管他是意大利人、法国人还是英国人（Paulesu et al., 2001）。
- 语言差异可能会妨碍跨文化交流，然而所有语言的深层语法规则都是一样的，并且来自不同半球的人们彼此之间可以通过微笑或皱眉进行交流。
- 不同文化背景中的人们在孤独感方面确实会有差异，但在不同文化下，羞怯、低自尊和独身同样都会增强孤独感（Jones et al., 1985; Rokach et al., 2002）。

我们在某些方面也许和所有其他人一样，也许和一部分人一样，也许和谁也不一样。研究不同种族和文化下的个体，有助于识别我们的共同和差异之处，我们的一致性和多样性。

在本书中你还会看到性别也起着重要作用。研究发现，性别差异会影响做梦的内容，表达和觉察感情的方式，以及酗酒、抑郁和进食障碍的风险。研究这些差异不仅有趣而且很有用。例如，许多研究者认为女性更乐于持续交谈以建立人际关系，而男性交谈主要为了传递信息和建议（Tannen, 2001）。认识这种男女差异，有助于防止日常人际关系中的误解和冲突。

但是，男性和女性在生理上和心理上都非常相似。不论男女，都在相同的年龄开始蹒跚学步；对光和声的感受一样；对饥饿、渴望和恐惧也有同样的体验；在智力和健康方面也非常相似。

请牢记这点：尽管特定的态度和行为常常因文化或性别差异而不同，实际情况往往如此，但其内在过程大体相同。

印度不是印第安纳 因为文化影响人们对社会行为的理解，所以那些我们看起来稀松平常的行为对远道而来的游客来说可能显得非常古怪。但这些差异的背后都有巨大的相似之处。世界各地的人们通常会向自己支持的新当选的领导人致以敬意，但未必作揖和双手合十，而对于具有影响力并广受欢迎的印度政治家索尼娅·甘地来说，她的支持者会这样做。

> 性相近，习相远。
> ——孔子，
> 公元前 551—479

1-13：心理学家为什么要研究动物？以人或者动物作为研究对象时要遵从怎样的伦理准则？

许多心理学家之所以研究动物，是因为他们发现动物令人着迷。他们想了解不同种类的动物是怎样学习、思考和行动的。心理学家也通过研究动物来了解人类。人类不是与动物相似，而是本来就是动物。动物实验已经帮助我们找到了治疗人类某些疾病的方法——如治疗糖尿病的胰岛素、预防脊髓灰质炎和狂犬病的疫苗，以及器官移植等等。

人类更为复杂，但与我们同样的学习过程也出现在老鼠、猴子甚至海蛞蝓中。海蛞蝓简单的神经系统恰好可以帮助我们揭示学习的神经机制。

我们与其他动物如此相似，难道我们不应该尊重我们的动物"亲属"，不要用动物来做实验吗？动物保护组织一直抗议人们在心理学、生物学和医学研究中进行动物实验。

在这一激烈的争论中出现了两个问题。一个基本的问题是，将人类的幸福凌驾于其他动物之上是否合理。在研究压力与癌症之间关系的实验中，让老鼠患上癌症以帮助人类寻找避免癌症的做法是否合理？为了寻找艾滋病疫苗就应该让猴子感染 HIV 之类的病毒吗？我们对其他动物的利用和消费就像那些食肉类的鹰、猫和鲸鱼的行为一样自然吗？对这类问题的回答会有文化差异。据盖洛普在加拿大和美国进行的调查，约有 60% 的成年人认为在动物身上进行医学测试"在道德上可以接受"。

> 老鼠与人类非常相似，除了它们不会愚蠢到去买彩票。
> ——戴夫·巴里，
> 2002 年 7 月 2 日

> 请不要忘记我们人类中那些身患不治之症者或身有残疾障碍正盼着通过动物研究找到治疗方法的人们。
> ——心理学家
> 丹尼斯·菲尼，1987

> 一个民族的伟大与否可以通过他们对待动物的方式判断出来。
> ——圣雄甘地，1869—1948

动物研究使动物受益 纽约布朗克斯动物园中的这些大猩猩享受了更高的生活质量，部分原因是研究发现新奇感、控制和刺激对动物有益。

而在英国只有37%（Mason, 2003）。

如果我们把人类的生命放在最优先的位置上，我们应该采取什么措施来保护实验动物呢？在一项对动物研究者的调查中，98%或更多的人都支持政府关于保护灵长类动物、狗和猫的规定，74%的人支持关于人道地对待家鼠和田鼠的规定（Plous & Herzog, 2000）。许多专业学会和基金管理部门现在都有类似的指导方针。例如，英国心理学会的研究指导方针现在已经要求人们在恰当的自然环境中饲养动物，而且要让社会性动物有同伴相陪（Lea, 2000）。美国心理学协会（APA, 2002）也有规定，要确保动物的"舒适、健康和人道待遇"，尽可能减少"感染、疾病和痛苦"。欧洲议会如今规定了动物的照料和居住标准（Vogel, 2010）。

动物自身也能从实验研究中获益。俄亥俄州一个心理学研究小组每年都会从被送到动物收容所的数百万只狗中抽样测量它们的应激激素水平，并研究出一些安抚方法来缓解它们的压力和在被送到收养家庭中时出现的紧张反应（Tuber et al., 1999）。其他研究帮助提高了对生活在自然栖息地的动物的照料和管理工作。通过揭示人类和动物在行为上的相似性，以及动物所表现出的惊人智力，动物实验增加了我们对动物的同情心。最好的做法是，心理学家在关注人类时兼顾动物的利益，这将使双方受益。

人类参与者情况如何呢？穿着白大褂的科学家给予电击的画面是否会使你感到不舒服？如果是的话，你可以放心，大部分心理学研究都不会让你如此紧张。对于人类参与者而言，闪烁的灯光、闪现的单词和愉快的社会互动是最常见的实验情境。而且，比起电视真人秀可能给个体带来的压力和难堪，心理学实验实在是温和多了。在《单身汉》（美国一个真人秀节目）的某一集里，在制片方的要求之下，一个男子在摄像机前抛弃了他的未婚妻，因为这个女性最终位列第二名（Collins, 2009）。

不过，研究者偶尔也会暂时施加压力或欺骗参与者，但研究者相信这样做有合适的理由，若要理解和控制暴力行为或研究情绪波动，如果参与者事先知道实验的一切内容，实验将无法进行。因为在这种情境下，要么实验程序无法进行下去，要么就是参与者想要帮助研究者故意证实实验预期。（为了让自己有所帮助，参与者可能尝试证实研究者的预测。）

美国心理学协会制定的伦理准则，要求研究者（1）实验前要获得参与者的**知情同意**（informed consent）；（2）保护参与者免受伤害和不适；（3）对参与者的个人信息保密；（4）向参与者做出充分的**事后解释**（debrief）。而且，大学的伦理委员会对研究计划都要进行审查，以确保实验参与者的利益。

> 1-14：心理学不受价值判断影响吗？

心理学研究肯定受到价值观的左右。价值观会影响我们的研究内容、研究方法和对研究结果的解释。研究者的价值观会影响其对研究课题的选择：是研究员工的生产效率还是士气；是考察性别歧视还是性别差异；是研究服从性还是独立性。如前所述，价值观甚至影响到"事实"。我们的成见会使我们的观察和解释出现偏差，有时我们看到的只是我们希望或期待的结果（**图 1.5**）。

甚至我们在描述现象时所用到的词汇也会反映我们的价值观。是将我们不会采取的性行为方式称为"性多元化"还是"性变态"？无论在心理学还是在日常生活中，标签既是描述也是评价。在日常语言中也存在这一现象，某人的"古板"是另一人所说的"坚定"，某人的"信仰"在另一人眼里却是"狂热"。一个国家的"强化审讯技术"，比如冷水浸泡，被敌方使用时就变成了"酷刑"。我们形容某人"执着"还是"顽固"，"认真仔细"还是"吹毛求疵"，"小心谨慎"还是"神经兮兮"，都反映了我们的态度。

在心理学广泛的应用领域也包含着隐藏的价值观。如果你听从那些关于如何生活，如何养育孩子，怎样自我实现，什么会影响性爱感受，以及怎样应对工作的"专业"指导的话，你就在接受带有价值观的建议。行为和心理过程的科学能帮助我们实现自我目标，但心理学不能决定这些目标的内容。

知识改变了我们。了解太阳系和疾病的微生物理论改变了我们思考和行动的方式。了解心理学的知识也同样改变了我们：比如我们很少再将心理障碍看作可用惩罚和流放治愈的道德失控。我们很少认为女性在精神上是劣于男性的。我们也很少会认为孩子是无知愚昧的，是需要被驯服的。"在每种情况下，"莫顿·亨特（Hunt, 1990, p.206）说道，"知识改变了态度，并进而改变了行为。"当我们了解了心理学的一些原理——比如身心之间的关系，儿童的心智如何发展，我们如何构建感知，我们如何记忆（或者是错误记忆）过去经验，世界上的人如何不同（或者为何相似）——你的见解都将会与从前不同。

不过，请记住心理学也有局限性。不要指望心理学可以回答那些终极问题，比如俄国小说家列夫·托尔斯泰（Tolstoy, 1904）所提的问题："我为什么要活着？我为什么要劳作？生命有何目的，就连等待在我们面前的不可避免的死亡都不能使之消除和毁灭？"

尽管许多关于生命的重大问题都超出了心理学研究的范畴，但即使是第一门心理学课程，也会对一些重要问题有所启发。经过艰苦卓绝的研究，心理学家已经了解了一些关于大脑与精神、梦与记忆、抑郁与快乐的知识。纵然是那些尚无答案的问题也可以刷新我们对于未知谜题的认识——这太神奇了，我们还无法了解。另外，你的心理学学习之旅将教会你如何提出重要的问题并做出回答——如何运用批判性思维去评价矛盾的观点和主张。

如果有人认为心理学只是一些常识，另一些人却有不同看法，担心心理学会越来越强大而具有威胁性。天文学是最古老的科学，而心理学却是最年轻的科学，这是巧合吗？对于某些人来说，探索外部宇宙远比探索我们自己的内心世界安全得多。他们问：心理学会被用来控制人吗？

知识与其他所有力量一样，既可行善亦可作恶。核能可以为城市提供照明，也能摧毁城市。说服的力量既可以用来教育人们，也能欺骗他们。尽管心理学的知识能用来骗人，但它的目的却是启发心智。

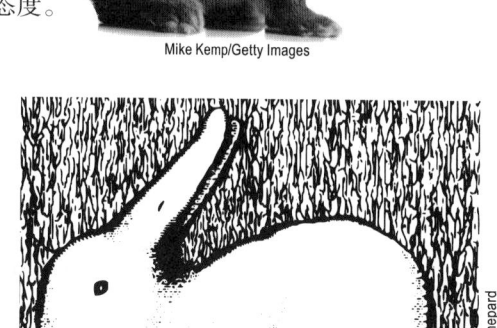

图 1.5
你看到的是什么？
我们的期望影响我们的感知。你看到的是一只鸭子还是一只兔子？把上面的兔子的照片遮挡起来再给一些朋友看一下，他们是否更可能看到一只躺着的鸭子（Shepard, 1990）。

心理学发声 美国高等法院在 1954 年具有历史意义的废除学校种族隔离的裁定中，援引了心理学家克拉克夫妇（Clark & Clark, 1947）的专家证词和研究。克拉克夫妇报告说，如果让儿童选择黑人和白人布娃娃，大多数美国黑人儿童会选择白人布娃娃，这貌似表明已经存在不利于黑人的内化种族歧视。

每一天，心理学家都在探索提高学习、创造能力和丰富感情的方法。心理学也涉及全球性的重大问题，如战争、人口膨胀、偏见、家庭不和以及犯罪等，这些问题都与人的态度和行为有关。心理学还探讨人类最深的渴望——对食物、爱及幸福的追求。诚然，心理学不可能解决生活中所有的重大问题，但它却围绕一些非常重要的问题进行研究。

提取一下

- 研究中的人类参与者是如何受到保护的？

答案：国际心理组织制定的伦理标准要求研究人员获得参与者的知情同意，保护参与者免受伤害和不适，对参与个人的信息保密，向参与者全面地说明研究的事宜。

提升你的记忆和成绩

1-15：怎样运用心理学的原理帮助你学习和记忆？

你会像大多数学生一样认为巩固新学到的知识是靠反复的阅读吗？本书推荐的方法更有效，那就是反复的自我测试和复习以前学习的材料。两位记忆研究者（Roediger & Karpicke, 2006）将这种现象称为**测试效应**（testing effect）。（有时也称为提取练习效应或测试增强学习。）他们认为"测试是一种促进学习的有效手段，而不仅仅是为了评估。"在他们进行的一项研究中，学生回忆40个学习过的斯瓦西里语单词。在重复测试组，学生的回忆成绩要优于用相同时间进行重复学习的一组（Karpicke & Roediger, 2008）。

在第8章你将会了解到，要想掌握知识，就必须对信息进行主动加工。你的头脑并不像你的胃，被动地被填入某些东西。它更像肌肉，只会在锻炼中变得更强。无数的实验证实，只有当人们用自己的语言去背诵、提取、再复习材料时，他们才会学得最好，记得最牢。

SQ3R学习法纳入了这些原则（McDaniel et al., 2009; Robinson, 1970）。SQ3R是5个步骤首字母的缩写：Survey（浏览）、Question（提问）、Read（阅读）、Retrieve（提取，即"回忆印象"，有时也称为背诵[Recite]）和Review（复习）。

学习各章前，先浏览全章内容，采取鸟瞰的视角。扫一眼大标题，注意章节的结构。

当你阅读每个主要小节时，试着回答带有编号的学习目标问题（本节是"怎样运用心理学的原理帮助你学习和记忆？"）。研究者（Roediger & Finn, 2009）发现，"尝试提取答案，即便失败了对学习实际上也是有好处的。"那些在阅读之前测试自己的理解并发现自己还有哪些不懂的学生，往往学得更好，记得更牢。

然后阅读小节内容，主动寻找问题的答案。每次的阅读量都控制在能够吸收而不感到疲倦的范围（通常为一个主要小节）。阅读时要积极主动并带有批判性思维。提出问题，做好笔记。思考书中内容带给你的启发：所读内容与你自己的生活有何联系？是否支持或质疑了你原来的想法？证据是否让人信服？

读完一节后，回想（提取）其中心思想。测试一下自己。这会让你知道哪些你已经掌握了。另外，测试本身也会帮助你更加有效地学习并记住知识。更好的做法是反复地测试自己。为此，我会在每一章里间歇提供让你提取的机会。在尝试回答这些问题之后，你可以与倒置的答案进行核对，必要时再读一遍。

最后，复习：仔细阅读你做过的任何笔记，同样留意章节的结构，快速复习全章内容。

浏览、提问、阅读、提取、复习。我特意对本书的章节进行了安排，便于你运用SQ3R学习系统。每一章一开始就给出了章节提纲，帮助你浏览。标题和学习目标给出的问题提示你在阅读过程中应该思考的问题和概念。全书的结构都安排成长度适合阅读的各个小节。"提取"中的问题要求你提取学过的内容，进而更好地加以记忆。各章末尾的"本章复习"提供了主动加工和自我测试的更多机会，主要集中于各章的关键术语和学习目标问题。

以下4条补充的学习贴士会进一步促进你的学习。

分配好学习时间。心理学中有一个古老的发现，那就是分散练习比集中练习会有更好的保持效果。如果能够将时间分成若干个学习阶段——可能是每天一个小时，每周六天——而不是将这些时间都堆积在一起去突击学习，你就可以将学习的内容记得更牢。比如，不要试图在一个时间段看完整整一章，你可以读完一个重要小节后做其他事情。把学习心理学和学习其他的科目穿插起来会增强你的长时记忆，并抵御过度自信（Kornell & Bjork, 2008; Taylor & Rohrer, 2010）。安排学习时段需要训练有素的时间管理。

学会批判性思考。不论你是在阅读还是在听课，请注意他人的假定和价值观。某个论断背后的视角或偏见是什么？考量证据。证据是道听途说的？相关的？实验的？评价结论。是否有替代的解释？

课堂上主动加工信息。在授课中要认真听取那些主要和次要的观点，把它们都记下来。课上、课后都要提问。在课堂上，要像你自学一样，积极地加工信息，你的理解和记忆会更好。正如一个世纪前心理学家威廉·詹姆士所说的那样，"没有反应就没有接收，没有表达就没有印象。"让知识变成你自己的。用你自己的话来记笔记。把你读到的和你已经知道的联系起来。把你学到的知识告诉其他人。（每个老师都会同意，教学有助于记忆）

过度学习。心理学告诉我们过度学习有利于信息的保持。我们容易高估自己所掌握的知识。你可能在阅读某一章时就已理解了它，但这样令人欣慰的熟悉感可能是虚假的。利用书中的"提取一下"专栏，拿出额外的学习时间检测自己的知识。

记忆研究专家还为你提供了一些关于如何提升你的记忆和成绩的最重要的建议（Bjork & Bjork, 2011. p.63）：

> 把更多的时间花在输出而不是输入上，比如从记忆中总结你学到的东西或者和你的朋友在一起相互提问。任何可以测试你自己的活动——也就是说需要你提取或生成信息，而不是只给自己呈现信息——都可以让你学得更持久，更灵活。

提取一下

- _____ 描述了反复提取（如自我测试）比只是反复阅读新信息更能增强记忆。
- SQ3R 是什么的缩写？

答案：测试效应

答案：浏览（Survey）、提问（Question）、阅读（Read）、提取（Retrieve）和复习（Review）

本章复习

运用心理科学进行批判性思考

学习目标

回答以下学习目标问题来测试一下你自己（这里重复了本章中的问题）。然后翻到附录的完整章节复习，核对你的答案。研究表明，试着自主回答这些问题将增进你对这些概念的长期记忆（McDaniel et al., 2009）。

什么是心理学
1-1： 在心理学发展史上有哪些重要的里程碑？

当代心理学
1-2： 心理学历史上的重大争论是什么？
1-3： 心理学的分析层面以及相关的研究取向是什么？
1-4： 心理学有哪些主要的分支？

心理科学的重要性
1-5： 后见之明偏差、过度自信以及在随机事件中发现秩序的倾向是如何说明依据科学方法得出的答案比基于直觉和常识的答案更为可靠的？
1-6： 科学态度的三个主要部分与批判性思维各有什么关系？

心理学家如何提问和作答
1-7： 理论怎样推动心理科学的发展？
1-8： 心理学家是如何用个案研究、自然观察以及调查法来观察和描述行为的？为什么随机抽样如此重要？
1-9： 什么是正相关和负相关？为什么利用相关可以预测却不能进行因果解释？
1-10： 实验法的哪些特征可以让我们分离出原因和结果？

心理学的常见问题
1-11： 实验室实验能解释日常生活吗？
1-12： 人的行为取决于性别和文化吗？
1-13： 心理学家为什么要研究动物？以人或者动物作为研究对象时要遵从怎样的伦理准则？
1-14： 心理学不受价值判断影响吗？

提升你的记忆和成绩
1-15： 怎样运用心理学的原理帮助你学习和记忆？

术语与概念

测试自己对以下术语的理解，试着用自己的语言写下这些术语的定义，然后翻到提到术语的那一页核对你的答案。

结构主义
机能主义
行为主义
人本主义心理学
认知神经科学
心理学
天性–教养之争
自然选择
分析层面
生物–心理–社会取向
基础研究

应用研究
咨询心理学
临床心理学
精神病学
积极心理学
后见之明偏差
批判性思维
理论
假设
操作性定义
可重复性
个案研究
自然观察法
调查法
总体
随机样本

相关
相关系数
实验
实验组
控制组
随机分配
双盲程序
安慰剂效应
自变量
混淆变量
因变量
文化
知情同意
事后解释
测试效应
SQ3R 五步读书法

生物学与行为

神经元通讯

神经元

神经冲动

神经元之间的信息交换

神经递质如何影响我们

神经系统

外周神经系统

中枢神经系统

内分泌系统

脑

低水平的脑结构

特写：探索工具——检测我们
 的头脑

大脑皮层

大脑两半球

完整大脑的半球差异

行为遗传学：预测个体差异

基因：我们的生命编码

双生子研究和收养研究

基因 – 环境的相互作用

进化心理学：理解人类的天性

自然选择与适应

进化的成功有助于
 解释相似性

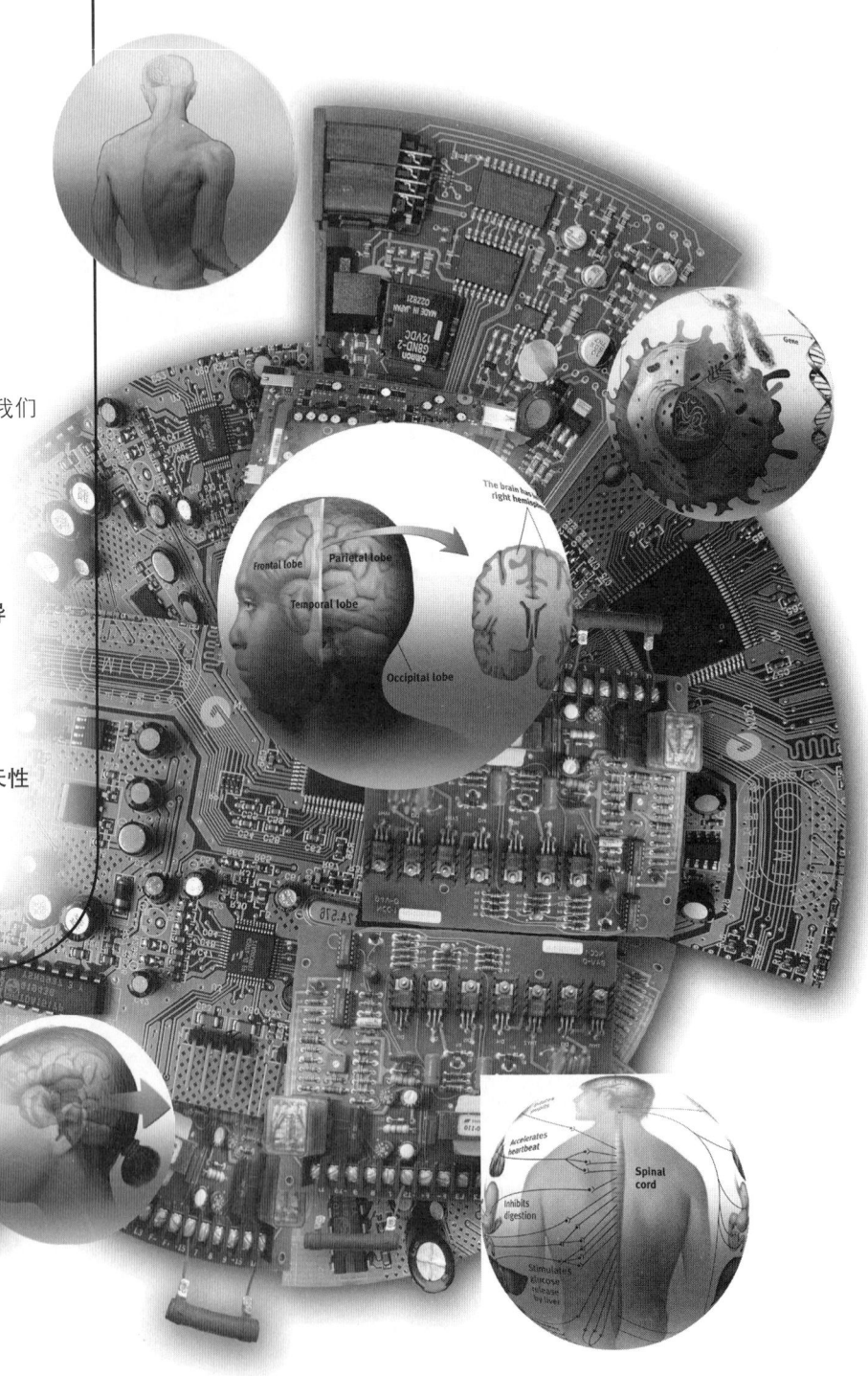

第 2 章

行为的生物学

2000年，弗吉尼亚的一名教师开始收集色情杂志、访问儿童色情网站，然后向他年幼的继女做出暧昧的表示。他的妻子打电话给警察，他因此被逮捕并随后被判儿童性骚扰。他参加了一个性成瘾康复项目，但仍然被他的性冲动压得不堪重负。在被判入狱的前一天，他去了当地的一家急诊室，主诉有头痛和自杀念头。他又因为无法控制冲动而心烦意乱，导致他向护士求欢。

大脑扫描发现了问题所在——他头脑的生物学原因。在他的右颞处有一个鸡蛋大小的脑肿瘤。在手术切除肿瘤之后，他的好色冲动减退了，回到了妻子和继女身边。不幸的是，一年以后肿瘤又部分长回来了，随之而来的还有性冲动。第二次切除肿瘤再一次减弱了冲动（Burns & Swerdlow, 2003）。

这个案例表明了你可能相信的一个观念：你存在于你的头脑之中。如果通过手术移植了脖子之下的所有器官，甚至包括你的皮肤和四肢，你仍然还是你自己。我认识的一个人接受了来自一个女人的心脏，这个女人接受了罕见的匹配心肺移植。当这两人碰巧在医院病房见面时，她介绍自己说："我想你有了我的心。"但也只是她的心脏。她认为，她自己仍然存在于颅骨之中。我们做出的合理推断是：我们的心智是大脑赋予的。

确实，在当代心理学中，有一个原理比其他任何原理都重要，即：所有的心理现象同时也是生物现象。

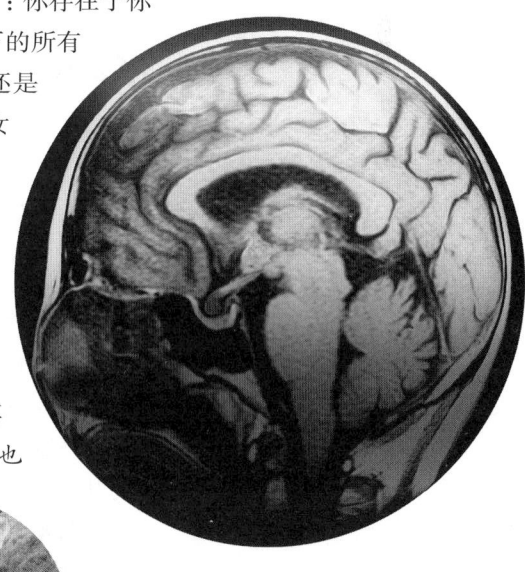

生物学与行为

> 2-1：为什么心理学家关心人类生物学？

你所有的想法、心情、冲动都是生物过程。你的爱、欢笑和哭泣都来自你的身体。的确，没有身体——基因、大脑及外貌——你什么都不是。虽然我们发现，分别讨论生物因素和心理因素对行为的影响是比较容易的，但是我们需要记住：不用身体进行思考、感受或行动就如同跑步不用腿一样，都是不可能的。

生物心理学家（biological psychologist）研究生物活动和行为之间的关系。本章先从小处入手并以自下而上的方式来组织——从神经元到脑。之后我们思考我们的遗传史如何造就人类的共性，以及如何与环境一起共同塑造人们之间的个体差异。

神经元通讯

人类和其他动物的信息加工系统的运作具有相似性，这对于科学家来说是件幸事——事实上，它们如此相似，你可能分辨不出一小块脑组织样本是来自人还是来自猴子。这种相似性使研究者可以通过研究相对简单的动物来探索我们的神经系统是如何运作的。每种汽车都不一样，但都有发动机、油门、方向盘以及刹车。一个火星人可以研究其中的任一种并掌握其运作的原理。与此类似，虽然人脑比老鼠的更加复杂，但其运作却遵循同样的原理。

神经元

> 2-2：什么是神经元，它们如何传递信息？

我们身体的神经信息系统的构成由简单到复杂。构成这个系统的单元是**神经元**（neuron），或称神经细胞。为了彻底了解我们的思想和行动、记忆和情绪，我们必须先了解神经元是如何工作和传递信息的。

神经元有许多不同的类型，但是它们却具有相同的结构（**图 2.1**）。每个神经元由细胞体和分支纤维构成。浓密的**树突**（dendrite）纤维接收信息并向细胞体传递。在那里，长长的**轴突**（axon）通过它的末端分支将信息传递到其他的神经元、肌肉或腺体。树突聆听。轴突讲话。

与短的树突不同，有的轴突非常长，从胞体延伸出 1 米左右。将命令传递到腿部的神经元所具有的胞体和轴突，其比例大概相当于一个篮球系上一根 6.5 千米长的绳子。**髓鞘**（myelin sheath）是一层脂肪组织，包裹在某些神经元的轴突外，具有绝缘作用并提高冲动的传导速度。随着髓鞘在 25 岁前逐渐形成，神经系统的效率、判断和自我控制能力也逐步增长（Fields, 2008）。髓鞘的重要性在多发性硬化症中可明显地表现出来，这是一种髓鞘功能退化的疾病。它会导致向肌肉传导信息的速度减慢，并最终失去对肌肉的控制。

支撑这上百亿个神经细胞的是多达 9 倍的**胶质细胞**（glial cells）。神经元就像蜂王；

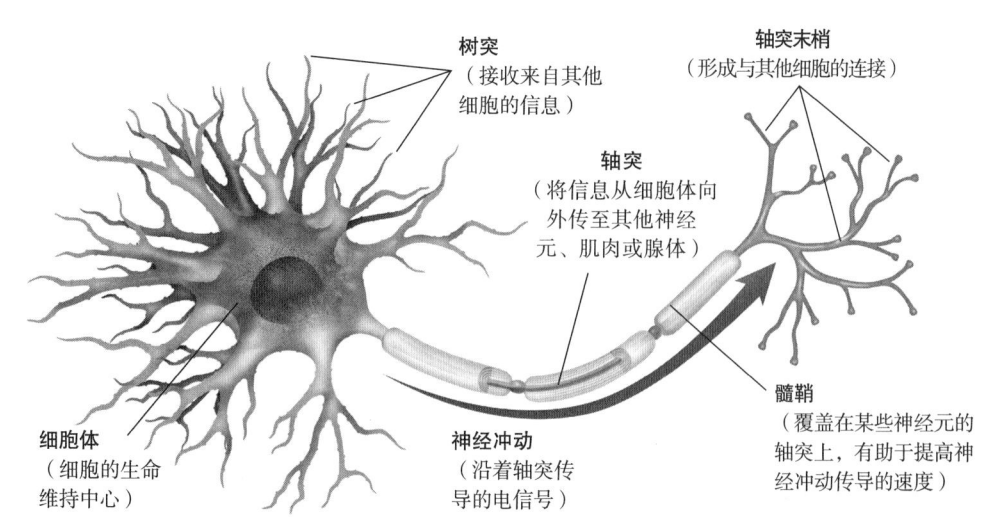

图 2.1
运动神经元

树突（接收来自其他细胞的信息）

轴突末梢（形成与其他细胞的连接）

轴突（将信息从细胞体向外传至其他神经元、肌肉或腺体）

细胞体（细胞的生命维持中心）

神经冲动（沿着轴突传导的电信号）

髓鞘（覆盖在某些神经元的轴突上，有助于提高神经冲动传导的速度）

它们不能喂养自己或筑巢。胶质细胞是工蜂。它们提供营养且具有绝缘作用，引导神经连接，并且在神经元细胞间信息传递之后进行清洁工作。胶质细胞在学习和思维中可能也起着一定的作用。通过与神经细胞的"对话"，它们可能参与信息的传递和记忆（Fields, 2009; Miller, 2005）。

随着动物层级的增高，胶质细胞相对神经元的比例也在增加。一项对爱因斯坦大脑进行的解剖分析，并没有发现爱因斯坦大脑的神经元数量或大小超出一般水平，而是发现胶质细胞的密度比一般人要大得多（Fields, 2004）。

雕塑家洛克西·潘恩的作品《神经元》

神经冲动

当神经元受到来自各种感觉的信号刺激，或受到邻近神经元所释放的化学信息的刺激时，就会进行信息传递。神经元会释放冲动，这种冲动称为**动作电位**（action potential），是一种沿轴突传导的短暂的电荷变化。

根据不同的纤维类型，神经冲动的传导速度存在很大的差异，最缓慢的是每小时 3 公里，而在某些有髓鞘的纤维中，传导速度快得惊人，可达接近每小时 300 公里。但是，即使是最快的速度，也只是电流在导线中传导速度的 300 万分之一。我们以毫秒（千分之一秒）来测量脑的活动，用毫微秒（十亿分之一秒）来测量计算机的活动。这可以帮助我们解释，为什么我们对于诸如小孩从车前横穿马路这样的突发事件的反应不像高速计算机的瞬间反应那么迅速，而是需要四分之一秒或更多的时间。你的大脑远远比一台计算机复杂，但是在执行简单反应时却远没有计算机快。如果你是一头大象——突然拽一下大象的尾巴，信息从尾巴传到大脑再传回尾巴的时间是一只小鼩鼱（一种外形像老鼠、以吃昆虫为生的哺乳动物——译者注）的 100 倍——你的反射会更慢（More et al., 2010）。

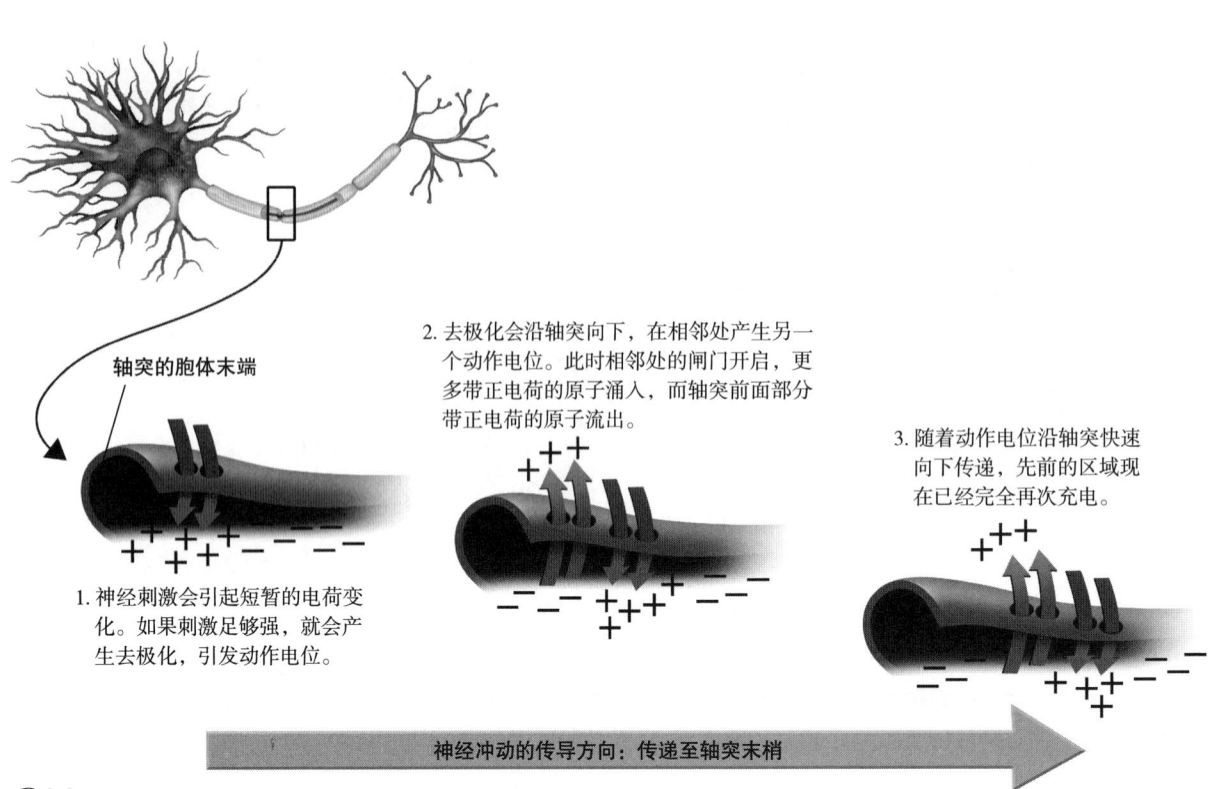

图 2.2
动作电位

1. 神经刺激会引起短暂的电荷变化。如果刺激足够强,就会产生去极化,引发动作电位。
2. 去极化会沿轴突向下,在相邻处产生另一个动作电位。此时相邻处的闸门开启,更多带正电荷的原子涌入,而轴突前面部分带正电荷的原子流出。
3. 随着动作电位沿轴突快速向下传递,先前的区域现在已经完全再次充电。

神经冲动的传导方向:传递至轴突末梢

一个神经元所告诉另一个神经元的,就是它有多兴奋。
——弗朗西斯·克里克,
《惊人的假设》,1994

像电池一样,神经元通过化学活动来产生电。化学—电过程牵涉到一种称为离子的带电原子的交换。静息轴突内部的液体含有过多的带负电的离子,而轴突膜外的液体中有较多的带正电的离子。当神经元放电时,轴突前端的闸门会打开,就像下水道的盖子弹开一样,带正电的钠离子通过膜通道涌入(图 2.2),从而使这部分轴突发生去极化,引起轴突下一个通道的开放,然后再下一个,就像倒下的多米诺骨牌一样,前一个会推倒后一个。在暂停静息期间,神经元把带正电的钠离子泵出膜外,这样神经元就可以再次放电。难以想象,在一秒钟内这样的电化学过程会重复 100 甚至 1 000 次。然而,令我们惊奇的许多事情还在后头呢。

每个神经元本身都是一个微型的决策装置。它接收成百上千个其他神经元传来的信号,并对其进行许多复杂的计算。有些是兴奋性信号,像推动神经元的加速器。有些是抑制性信号,更像抑制神经元的刹车器。如果兴奋性信号减去抑制性信号超过了某一最小强度,那么,这个联合信号就会引发一个动作电位,而这个最小强度被称为**阈限**(threshold)。(我们可以这样来思考:如果参加派对的人中,兴奋性的积极参与者的票数胜过抑制性的冷场人物,那么派对就会继续)。动作电位沿着轴突向下传导,轴突的分支与成百上千的其他神经元或肌肉和腺体形成连接。

然而,在阈限以上,增加刺激强度并不能增加动作电位的强度。神经元是按全或无进行反应,就像手枪一样,神经元或者放电或者不放电。刺激的强度并不影响动作电位的速度。那么我们如何检测刺激的强度呢?我们又如何区分轻柔的接触和深深的拥抱呢?强刺激并不能引发更强的或更快的神经元冲动——就像用力地按压扳机并不能使子弹的速度更快一样。

第 2 章 行为的生物学 41

> **提取一下**
>
> - 当神经元的动作电位放电时,信息的传播会经过轴突、树突和轴突末梢,但顺序不是这样。正确地排列这三个结构的顺序。
>
>   答案：树突、轴突、轴突末梢。
>
> - 神经系统让我们如何体验猛击和轻拍后背之间的区别?
>
>   答案：强烈刺激源（猛击）比轻微刺激源（轻拍）会引发更多的神经元放电,而且放电频率也更高。

神经元之间的信息交换

2-3：神经细胞之间如何进行信息交换?

众多的神经元彼此交织在一起,即使在显微镜下也很难看清楚神经元的起止点。科学家曾经认为细胞轴突的分支与其他细胞的树突融合在一起,是一种不间断的结构。后来,英国生理学家查尔斯·谢林顿（Charles Sherrington, 1857—1952）爵士注意到神经冲动在神经通路中的传递时间格外的长。他推测在传递中必然存在短暂的中断,谢灵顿将神经元之间的汇合点称为**突触**（synapse）。

我们现在知道,神经元轴突末梢与接收神经元之间存在突触间隙,宽度还不到百万分之一英寸。对于西班牙解剖学家圣地亚哥·拉蒙·卡加尔（Santiaga Ramón y Cajal, 1852—1934）来说,这种毗邻神经元的联合是自然界的另一种奇迹,他称之为"原生质之吻"。"就像优雅的女士为了不把妆弄花而打飞吻,树突和轴突也不完全接触"（Ackerman, 2004）。神经元是如何进行原生质之吻,即如何进行信息交换的呢? 信息是如何通过这种细小的突触间隙的呢? 事实证明,有关的答案是本世纪重要的科学发现之一。

当动作电位到达轴突的类似球状的末端时,就会引发一种称为**神经递质**（neurotransmitter）的化学信使的释放（图 2.3）。在万分之一秒的时间内,神经递质通过突触间隙并且依附在接收神经元的受体位置上——就像一把钥匙对一把锁那样精确。神经递质会立刻打开位于受体位置上的细小通道,离子因而进入接收神经元,激活或者抑制接收神经元放电。过量的神经递质会由释放神经元摄取,这个过程被称为再摄取。

> 在大脑里加工的所有信息都涉及神经元在突触间隙彼此"交谈"。
>
> ——神经科学家
> 所罗门·斯奈德 (1984)

> **提取一下**
>
> - 突触间隙里发生了什么?
>
>   答案：神经元之间交换信息。首先,一个神经元轴突末梢释放一种神经递质到神经元之间的突触间隙里的受体上。

神经递质如何影响我们

2-4：神经递质如何影响行为?

研究者已经发现了几十种不同的神经递质。这就提出了很多问题：是否特

> 当我们谈到大脑时,如果你想了解大脑的活动,跟随神经递质即可。
>
> ——神经科学家
> 弗洛伊德·布卢姆 (1993)

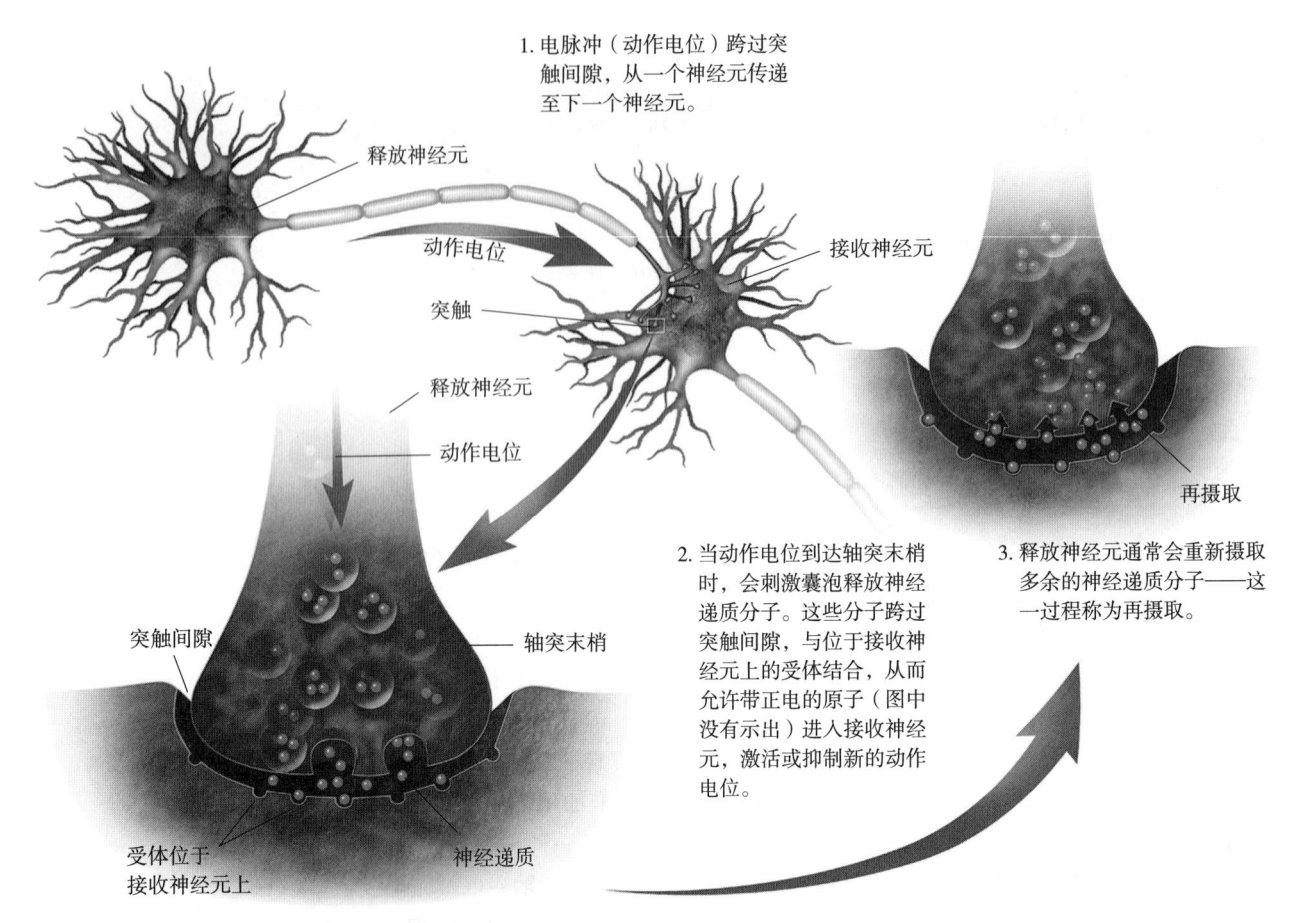

图 2.3
神经元如何进行信息交换

1. 电脉冲（动作电位）跨过突触间隙，从一个神经元传递至下一个神经元。

2. 当动作电位到达轴突末梢时，会刺激囊泡释放神经递质分子。这些分子跨过突触间隙，与位于接收神经元上的受体结合，从而允许带正电的原子（图中没有示出）进入接收神经元，激活或抑制新的动作电位。

3. 释放神经元通常会重新摄取多余的神经递质分子——这一过程称为再摄取。

刘易斯·托马斯对内啡肽评论道："它就在这里，一个生物学上对全人类的恩惠。我无法对它做出解释，除非说，假如开天辟地之时，我是计划委员会的成员之一。"
——《最年轻的科学》，1983

定的神经递质只出现在特定的位置？它们如何影响我们的心境、记忆以及心智能力？我们是否能通过药物或食物来增加或减少这种作用？

在后面的章节中，我们将探索神经递质在抑郁症与欣快症、饥饿与思维、成瘾与治疗中的作用。现在，先浏览一下神经递质如何影响我们的运动和情绪。某种神经递质可能影响特定的行为和情绪（**表 2.1**），某种特定的大脑通路可能只使用一种或两种神经递质（**图 2.4**）。

乙酰胆碱（acetylcholine，ACh）是我们了解得最多的神经递质之一。除了在学习和记忆中具有重要作用外，它还是连接每个运动神经元和骨骼肌之间的信使。当ACh 释放到肌肉细胞受体后，肌肉就会收缩。如果 ACh 的传递受阻，就像在某些麻醉过程中发生的那样，肌肉就不能收缩，人就会瘫痪。

珀特和斯奈德（Pert & Snyder, 1973）在吗啡上附着放射性示踪素，这一物质可以帮他们清楚地看到动物大脑中吗啡被吸收的准确位置，结果他们有了一个令人激动的发现。珀特和斯奈德发现：吗啡，这种可以使情绪振奋和减轻疼痛的鸦片制剂药物，能够被与情绪和疼痛感有关的位置上的受体所吸收。但是大脑中为什么会具有这些"鸦片受体"？为什么大脑中有化学锁，难道还有对应的钥匙？

此后不久，研究者确认，大脑本身确实能产生内源性鸦片。我们的身体释放多种神经递质分子，它们对疼痛和剧烈运动的反应与吗啡相似。这些**内啡肽**（endorphin，内源性吗啡的缩写）有助于解释各种良好的感觉，例如跑步者亢奋的情绪，针灸的

表 2.1 神经递质及其功能

神经递质	功 能	功能失调表现举例
乙酰胆碱	促使肌肉运动、学习和记忆	阿尔茨海默氏症中，产生乙酰胆碱的神经元衰退
多巴胺	影响运动、学习、注意和情绪	多巴胺过量与精神分裂症有关；如果大脑缺乏多巴胺，会导致帕金森氏病的震颤和行动能力下降
5-羟色胺	影响情绪、饥饿、睡眠和唤醒	缺乏与抑郁有关；一些抗抑郁药物提高5-羟色胺的水平
去甲肾上腺素	辅助控制警觉和唤醒	缺乏可产生抑郁情绪
γ-氨基丁酸	一种主要的抑制性神经递质	缺乏与癫痫、震颤和失眠有关
谷氨酸	一种主要的兴奋性神经递质；参与记忆过程	过多会过度刺激大脑，导致偏头痛或癫痫（这就是为什么一些人避免食用味精，即谷氨酸钠）

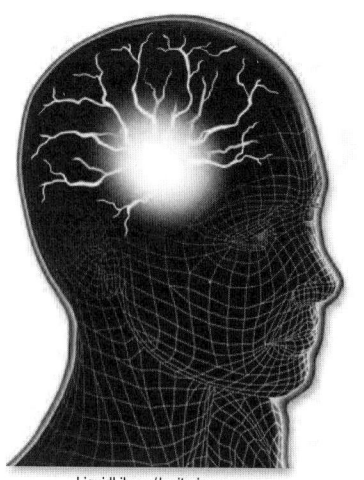

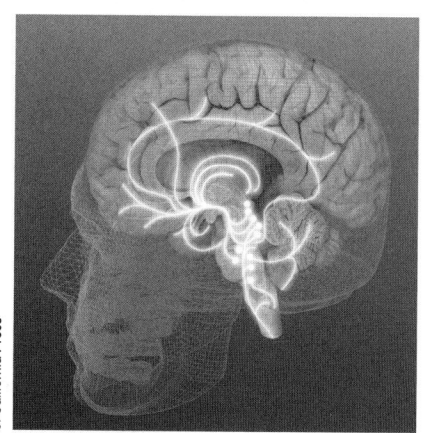

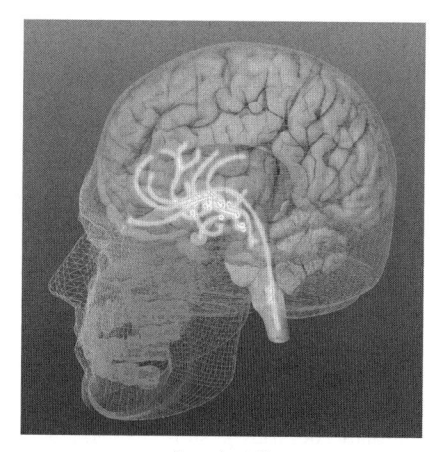

图 2.4
神经递质通道
大脑中不同的化学信使都有其特定的通道，多巴胺和5-羟色胺通道如图所示（Carter, 1998）。

5-羟色胺通道　　　多巴胺通道

止痛效果，以及某些严重受伤的个体对疼痛的麻木感。

如果内啡肽的确能够减轻疼痛和改善情绪，那么，为什么不大量注入人造鸦片以增强大脑本身的"良好感觉"的化学反应？问题在于，当注入大量的诸如海洛因和吗啡等鸦片类药物后，大脑本身就立刻停止产生天然鸦片。一旦撤掉药物，大脑可能就被剥夺了产生任何形式的鸦片的能力，导致强烈的不适。大自然会让人们因抑制自身神经递质的产生而付出代价。

提取一下

- 内啡肽、5-羟色胺和多巴胺都是被称为_____的化学信使。

答案：神经递质

神经系统

> 2-5：神经系统主要分支的功能是什么？神经元的三种主要类型是什么？

生存就是从外部世界和身体组织中获取信息，进行决策，并将信息和命令反馈到身体组织的过程。神经元是神经系统的基本成分，是我们身体的一种快速的电化学信息系统。相互联络的神经元构成了我们身体的主要信息系统——**神经系统**（nervous system）（图2.5）。脑和脊髓构成**中枢神经系统**（central nervous system，CNS），即身体的决策者。**外周神经系统**（peripheral nervous system，PNS）负责收集信息和将中枢神经系统的决策传送到其他身体部位。**神经**（nerve）是由轴突束组成的电缆，将中枢神经系统与身体的感受器、肌肉和腺体连接起来。例如，视神经捆绑数百万轴突纤维形成一个单一的束，并携带由眼发送到大脑的信息（Mason & Kandel, 1991）。

神经系统中的信息通过三种类型的神经元来传递。**感觉神经元**（sensory neuron）接收来自身体组织和感觉器官的信息并将它们传送到脊髓和大脑，这些信息在脊髓和大脑中得到加工。**运动神经元**（motor neuron）将中枢神经系统的指令传达给身体肌肉。在感觉输入和运动输出之间，信息的处理是通过脑的**中间神经元**（interneuron）。我们的复杂性主要表现在中间神经系统，我们的神经系统中有几百万个感觉神经元和几百万个运动神经元，但却有成百上千亿个中间神经元。

外周神经系统

外周神经系统由躯体神经系统和自主神经系统两部分组成。**躯体神经系统**（somatic nervous system）控制骨骼肌的随意运动（也被称为骨骼肌神经系统）。当你阅读到本页的末尾时，躯体神经系统就会给你的大脑报告骨骼肌现在的状态，并携带指令返回，引发你的手去翻下一页。

图 2.5
神经系统的功能划分

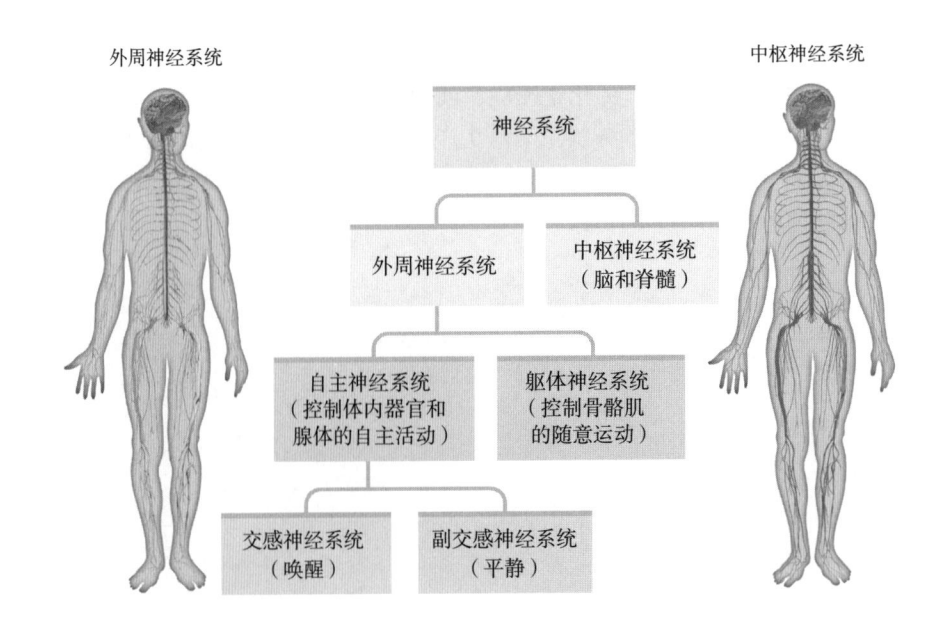

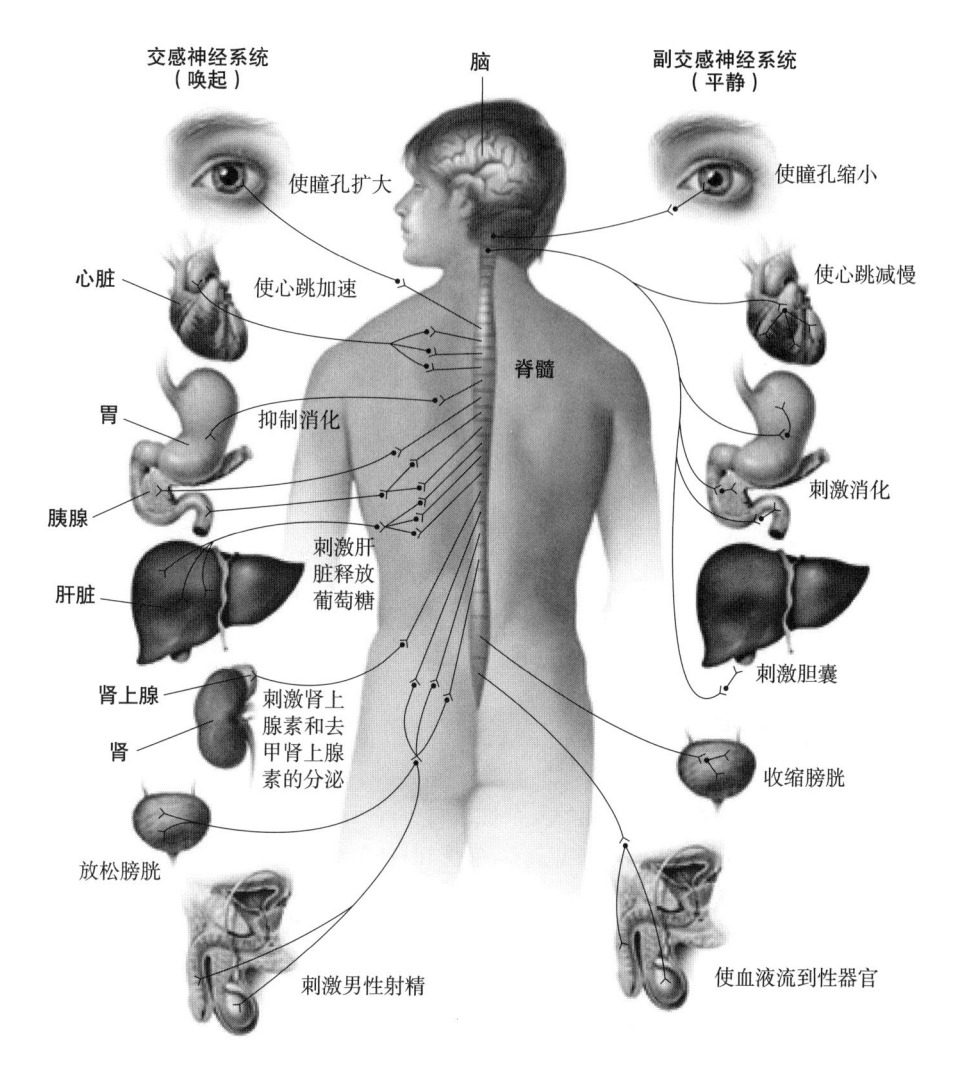

图 2.6
自主神经系统的双重功能
自主神经系统控制体内的自主（或自我调节）功能。其中，交感神经系统能够唤起并消耗能量。副交感神经系统使人平静并储存能量，维持常规活动。例如，交感神经刺激会使心跳加速，而副交感刺激会使心跳减慢。

自主神经系统（autonomic nervous system）控制腺体和身体内部器官的肌肉，影响我们的内部功能，包括心跳、消化和腺体活动。（自主是指自我调节。）它就像一台自动驾驶仪，这个系统可能会被有意识地改变，但是通常情况下它都会按照自己的方式（自动地）运作。

自主神经系统具有两个重要的基本功能（**图 2.6**）。**交感神经系统**（sympathetic nervous system）负责唤起我们并消耗能量。一旦受到警告或挑战（如期待已久的面试），交感神经系统就会使心跳加快、血压升高、消化过程减慢、血糖升高，并可通过排汗而冷却下来，以使人处于警觉状态并做好行动准备。一旦压力消除（面试结束），**副交感神经系统**（parasympathetic nervous system）就会产生与交感神经相反的作用。通过降低心率和血糖水平等使人平静下来，以保存能量。在日常情况下，交感和副交感神经系统协同工作以维持内部状态的稳定，这叫作内稳态（homeostasis）（更多的相关内容见第 10 章）。

我最近体验到了自主神经系统的活动。在把我送入磁共振成像仪进行常规的肩部扫描之前，技术员问我是否有幽闭恐惧症的问题。"没有，我很好，"我向她保证，可能还带着一点大男子主义的气概。一会之后，当我发现自己仰面躺着，卡在一个棺材大小的盒子深处动弹不得，我的交感神经系统有了不同的想法。幽闭恐惧症突然向我袭来，我的心跳开始加速，绝望地想要逃离。正当我马上要喊出放开我的时候，我觉得我的副交感系统起作用了。我的心跳减慢，身体也放松下来，尽管在20分钟的禁闭结束之前，我的唤醒水平再次飙升。"你真棒！"技术员说，她并没有觉察到我的自主神经系统过山车般的反应。

提取一下

- 将神经元的类型与其描述进行匹配。

类型	描述
1. 运动神经元	a. 将来自感受器的输入信息传递给中枢神经系统
2. 感觉神经元	b. 在中枢神经系统内部传递信息以及在输入和输出信息之间斡旋。
3. 中间神经元	c. 将来自中枢神经系统的输出信息传递给肌肉和腺体

答案：1.c, 2.a, 3.b

- 在你做一个重要演讲前后，自主神经系统指示身体发生什么变化？

答案：为了应对这一挑战，自主神经系统的交感部分会让你进入唤醒状态，它使你的心跳加速，血压和血糖升高，消化暂时放慢下来。在你演讲完成之后，自主神经系统的副交感部分会与之共同作用起作用。

中枢神经系统

中枢神经系统的脑和脊髓的复杂性来自神经元之间的"交谈"这样的简单事件。

中枢神经系统让我们能够思考、感受和行动，从而使我们具备人性。中枢神经系统中具有上百亿的神经元，每个神经元都与上千个其他的神经元相联系，从而产生了时刻都在变化的电路图，即便是强大的计算机也相形见绌。400多亿神经元中的每一个都与其他神经元有大约10 000个接触点，这样我们就有400万亿个突触——神经元在这里与它们的邻居会面和问候（de Courten-Myers, 2005）。[1]

大脑的神经元聚合成各个工作群组，称为神经网络。为了理解神经元为什么倾向于与邻近的神经元相联系，科斯里和凯尼格（Kosslyn & Koenig, 1992, p.12）要求我们"思考城市为什么存在；为什么人们不均衡地分布在农村"。就像人与人之间的联络一样，神经元与邻近神经元建立关系网，这样可以形成便捷、快速的连接。

脊髓是中枢神经系统的另一个部分，它是连接外周神经系统和脑的信息高速公路。上行传导束上传感觉信息，而下行传导束传导运动—控制信息。我们对刺激的自动反应称为**反射**（reflex），控制反射的神经通路可用来说明脊髓的工作方式。简单的脊髓反射通路由单个感觉神经元和单个运动神经元构成。它们常常通过中间神经元来进行沟通。例如，膝跳反射就包含这样的一个简单通路。没有头的温热身体还可以完成膝跳反射。

另一种通路可以完成疼痛反射（**图2.7**）。当你的手指接触到火焰时，热能所激活的神经活动通过感觉神经元传到脊髓中的中间神经元。

"身体是由数百万的碎屑构成的。"

---

[1] 另一个研究团队从具有代表性的组织样本进行推测，估计成人男性的脑含有860亿个神经元——误差在8亿以内（Azevedo et al., 2009）。一个教训是：不要相信大整数，比如众所周知的一个未经证实的说法是，人脑含有1000亿个神经元。

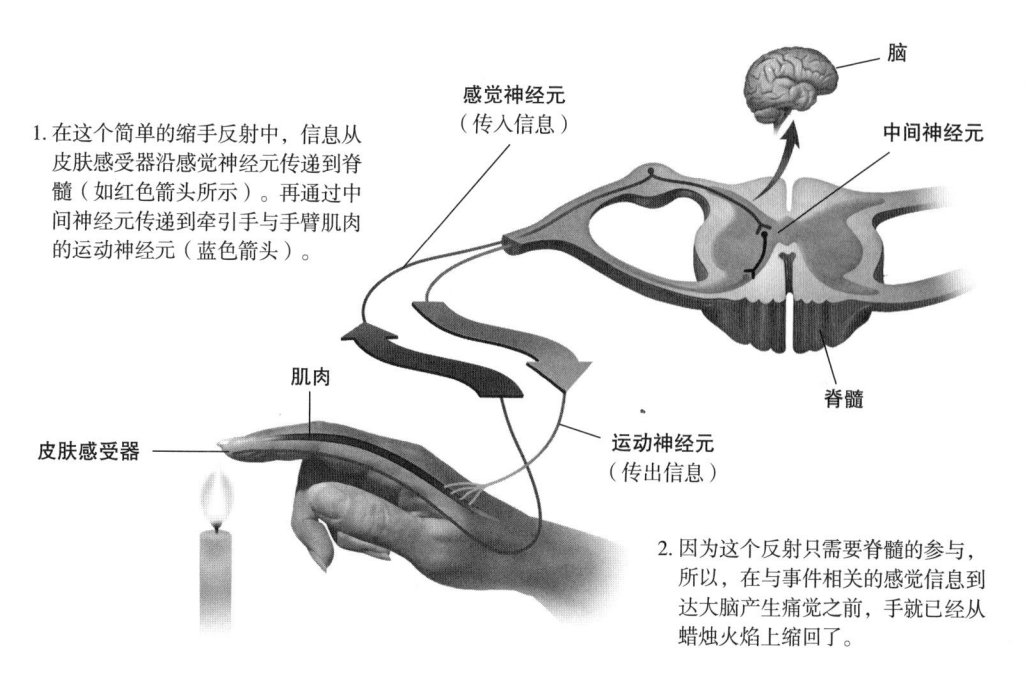

图 2.7
简单反射（见彩插）

1. 在这个简单的缩手反射中，信息从皮肤感受器沿感觉神经元传递到脊髓（如红色箭头所示）。再通过中间神经元传递到牵引手与手臂肌肉的运动神经元（蓝色箭头）。

2. 因为这个反射只需要脊髓的参与，所以，在与事件相关的感觉信息到达大脑产生痛觉之前，手就已经从蜡烛火焰上缩回了。

这些中间神经元通过激活运动神经元，使手臂的肌肉做出反应。因为这一简单的疼痛反射通路穿过脊髓就直接传出，所以在大脑接受并对引起疼痛感的信息做出反应之前，手指已经从蜡烛的火焰中缩回。这就是为什么你感到你的手好像是自动地缩回，而不是出于你的选择。

信息通过脊髓传入或传出大脑。如果脊髓的上部被切断，就不会感觉到疼痛，也不能体验到愉悦的感觉。从严格意义上讲，大脑已经和身体断了联系。与受伤点以下的脊髓连接的感觉和运动神经元所在的身体区域，会失去所有的感觉和随意运动。虽然仍会出现膝跳反射，但却感觉不到轻敲。如果割断抑制阴茎勃起的脑中枢，在腰部以下瘫痪的人如果生殖器受到刺激，或许还能勃起（一种简单的反射）（Goldstein, 2000）。在类似情况下，女性可能表现为润滑。但是，基于脊髓切断的位置和程度，他们可能对色情图片完全没有性反应和性感受（Kennedy & Over, 1990; Sipski & Alexander, 1999）。要产生身体上的疼痛感或愉快感，感觉信息必须到达大脑。

> 如果脑和身体其他部分之间的神经系统被切断，那么我们就谈不上对其他部分的体验了。眼睛看不到，耳朵也听不到，手既没有感觉也不能运动。
> ——威廉·詹姆士，《心理学原理》，1890

内分泌系统

2-6：内分泌系统是如何传递信息并与神经系统相互作用的？

至此，本章重点讲述了身体的快速电化学信息系统。与神经系统交互联系的是身体的第二个传导系统——**内分泌系统**（endocrine system）（图 2.8）。内分泌腺分泌出另一种形式的化学递质——**激素**（hormone，也译作荷尔蒙），它通过血液循环，影响包括大脑在内的其他组织。激素作用于大脑时，将会影响我们对性、食物及攻击的兴趣。

一些激素在化学成分上与神经递质相同（那些化学信使通过突触向外扩散，并且激活或者抑制一个邻近的神经元）。因此，内分泌系统与神经系统是近亲属：它们

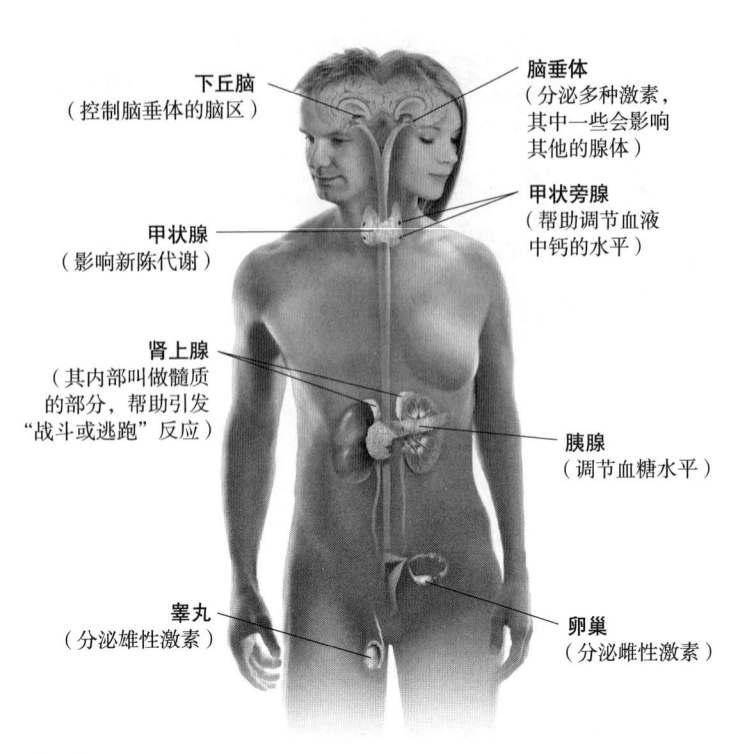

图 2.8
内分泌系统

下丘脑（控制脑垂体的脑区）
脑垂体（分泌多种激素，其中一些会影响其他的腺体）
甲状旁腺（帮助调节血液中钙的水平）
甲状腺（影响新陈代谢）
肾上腺（其内部叫做髓质的部分，帮助引发"战斗或逃跑"反应）
胰腺（调节血糖水平）
睾丸（分泌雄性激素）
卵巢（分泌雌性激素）

都产生作用于其他感受器的分子。像许多亲属一样，它们间也有不同。神经系统能够快速将信息在几分之一秒的时间内从眼睛传到脑再传至手，而内分泌系统则需要在血流中一路跋涉，用几秒或更长时间将信息从腺体传递到目标组织。如果把神经系统信息的传递比作短信的发送，那么内分泌系统就如同普通邮件的递送。

内分泌信息的作用通常比神经信息持久。这有助于解释为什么沮丧的感觉在我们已经意识不到什么使我们沮丧之后依然存在。当这种情况发生时，我们需要时间"冷静下来"。例如在危险时刻，自主神经系统向**肾上腺**（adrenal gland）发出指令，促使其释放肾上腺素和去甲肾上腺素。这些激素使心律加快、血压和血糖上升，为我们提供急需的能量。紧急事件过去后，激素和兴奋感还会持续一会儿。

最具影响的内分泌腺要数**垂体**（pituitary gland）了，它是位于脑基底的一个豌豆大小的结构，由毗邻的下丘脑控制。生长激素是垂体释放的激素之一，它的作用是刺激生理发育。垂体释放的另一种激素是催产素，它引发分娩时的子宫收缩、哺乳时的乳汁分泌和性高潮。催产素也促进配偶结合、团队凝聚和社会信任（De Dreu et al., 2010）。在一次实验室游戏中，那些接受鼻喷催产素的参与者比接受安慰剂的参与者更可能将自己的钱托付给陌生人（Kosfeld et al., 2005）。

垂体分泌的激素也影响其他内分泌腺激素的释放。因此，垂体实际上是真正的主控腺体（它受下丘脑控制）。例如，垂体在大脑影响下，激发性腺释放性激素，而性激素又影响到大脑和行为。

这一反馈系统（脑→垂体→其他腺体→激素→身体和脑）揭示了神经系统与内分泌系统的密切联系。神经系统指挥内分泌系统，内分泌系统继而影响神经系统。而脑则是指挥和协调整个电化学管弦乐队的大师。

提取一下

- 为什么垂体被称为"主控腺体"？

答案：垂体分泌一些可以调节其他腺体的激素，其他腺体又影响器官与行为。

- 神经系统和内分泌系统有何相似和差异？

答案：两个系统都使用化学信号分子。但内分泌系统分泌的激素进入血液，从而影响身体各处的器官。一般而言，神经系统信号传递比较快速，但内分泌系统的信号传递的作用持续时间则长得多。

脑

> 2-7：神经科学家如何研究脑与行为和心智之间的联系？

事实上，用我们的心智来理解大脑是终极的科学挑战之一。而且这个挑战将永远存在。用宇宙学家约翰·巴罗的话来说，如果大脑简单得足够让我们理解，那么它就过于简单而不足以产生能够理解它的心智。

当你思考大脑时，你正在使用大脑来思考——在不计其数的数百万个突触间传递数十亿的神经递质分子。确实，如神经科学家所说，"心理就是大脑的所作所为"（Minsky, 1986）。

一个世纪以前，科学家并没有高性能的工具可以用来无创伤地揭示活体的人类大脑。临床观察揭示了脑与心智之间的一些联系。例如，医生注意到，脑一侧的损伤经常会导致对侧身体的麻痹或瘫痪，这表明身体右侧受到左脑的支配，反之亦然。还有人注意到，脑后部的损伤会损坏视觉，而脑左前部的损伤会导致言语障碍。渐渐地，脑被一点点地描绘出来。

现在，几十年过去了，绘制大脑图谱的整个过程发生了改变。对于大脑这个已知宇宙上最奇妙的器官，科学家正在利用新一代的神经绘图技术来探索和绘制图谱。不管是出于科学还是医学的兴趣，我们能够有选择地**损伤**（lesion）一小簇正常的或受损的脑细胞，而保证周围组织不受损伤。现代微电极的尖端小到可以探测单个神经元的电冲动，今天的科学家利用它来探寻单个神经元的信息。比如，当有人触摸一只猫的胡须时，今天的科学家可以精确地侦测到信息传递到猫脑中的位置。他们还能通过电的、化学的或者磁的方式来刺激脑的各个部分，并记录它们的反应。我们既可以偷听几十亿个神经元之间的闲谈，也可以看到大脑由于能量消耗活动的不同而产生的颜色差异。

这些新的技术让心理学家得以窥视思考和感觉中的大脑，就如同显微镜之于生物学家，望远镜之于天文学家。"特写：探索工具"专栏将介绍神经科学家用以研究工作中的大脑的一些技术。

我就是一个大脑，沃森；其余的只是附属物。

——福尔摩斯，见柯南·道尔爵士的《王冠宝石案》

低水平的脑结构

> 2-8：脑干是由哪些结构组成的，脑干、丘脑和小脑的功能是什么？

动物的能力来自大脑的结构。在原始的脊椎动物中，例如鲨鱼，并不复杂的脑部主要调节基本的生存功能：呼吸、休息和进食。在低等的哺乳动物中，例如啮齿动物，较复杂的大脑使动物具有情绪和较强的记忆。在高等哺乳动物中，例如人类，大脑能够加工复杂的信息，使我们能够深谋远虑。

物种在旧脑系统之上形成更加复杂的新的脑系统，就像地球上新的地形掩盖旧的地形一样。如果向下挖掘，就会发现来自过去的化石残留物——脑干成分仍旧执行在远古祖先身上所执行的功能。让我们从脑的基底开始，一路向上来探索新的系统。

脑　干

脑的最古老最深处的区域是**脑干**（brainstem）。脑干从脊髓进入颅骨后略有膨大的地方开始。这个膨大的部分是**延髓**（medulla），控制心跳和呼吸的中枢就位于这里（图 2.9）。处于植物人状态的脑损伤患者的情况表明，我们不需要更高级的脑区或意识来协调心脏的泵血和肺的呼吸。处理这些任务的是脑干。延髓上方是有助于协调运动的脑桥。

> **特　写**
>
> ### 探索工具——检测我们的头脑
>
> 现在，你的心理活动正释放出可探测到的电信号、新陈代谢产生的化学信号和磁信号，这使得神经科学家得以观察工作中的大脑。几十亿神经元的电活动以有规律的波传过大脑表面。**脑电图**（electroencephalogram，EEG）就是这种波放大之后的显示图形（图 2.11）。研究者通过一种像浴帽的帽子来记录脑电波，帽子上布满了注入导电膏的电极。
>
> "你不仅要看人的表面，也要看人的内心，"查斯特菲尔德勋爵在1746年写给他儿子的信中如此忠告。与脑电图不同，更加新型的神经成像技术赋予我们超人般的能力，可以观察活体脑的内部。例如，**正电子发射断层扫描术**（positron emission tomography scan，PET）通过显示每个脑区的化学燃料——葡萄糖的消耗来描述脑的活动（见图 2.12）。活跃的神经元能够消耗大量的葡萄糖。如果给一个人注射带有短暂放射性的葡萄糖，PET 扫描可以定位和测量这种放射性，从而探测到这种"思维食物"的去向。通过记录这些"亮点"，研究者可以看到当人们在做算术题、听音乐和做白日梦的时候，哪一部分脑区最活跃。
>
> **在磁共振成像**（magnetic resonance imaging，MRI）扫描中，把头放入一个强磁场中，磁场使脑分子中旋转的原子排列起来。然后，一个短暂的无线电波脉冲可以使原子暂时地偏离原来的方向。当原子返回到它原来正常的自旋状态时，能够释放出一种信号，这可以让计算机生成软组织的详细图片，包括大脑。MRI 扫描显示，那些优秀的音乐家的左脑神经区域面积大于平均水平（Schlaug et al., 1995）。MRI 扫描还发现，在一些精神分裂症患者的大脑里，脑室即充满液体的脑区有所增大（图 2.13）。
>
> **功能性磁共振成像**（fMRI，functional MRI）是 MRI 的一种特殊应用，不仅能揭示脑的结构，还能揭示脑的功能。大脑极其活跃的区域会有
>
> 图 2.11
> 脑电仪可以记录并放大脑电活动波
>
> **关注意识** 神经科学家汉娜·达马西奥和安东尼奥·达马西奥探索大脑如何产生意识。

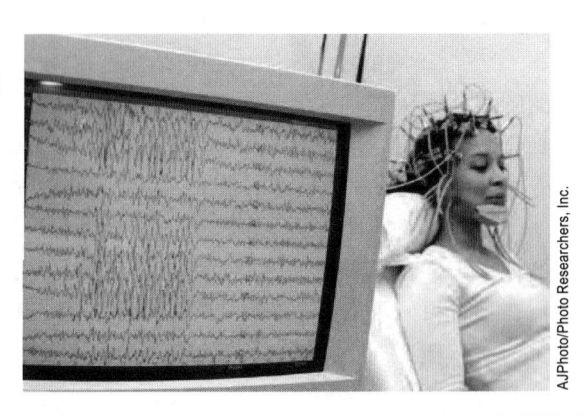

第 2 章 行为的生物学 51

如果把一只猫的脑干与其上的脑组织切断，它仍能呼吸和存活——甚至能跑、爬和梳理毛发（Klemm, 1990）。但是，一旦切除脑的高级区域，个体断然不会出现为了获取某种东西而有目的地跑或爬行了。

脑干也是一个交叉点，这里进出大脑两侧的大部分神经都与身体的对侧相联系（图 2.10）。这个特定的神经交叉只是神奇的大脑给我们展现的冰山一角。

血液流动。当一个人执行各种心理功能时，通过比较前后间隔不到一秒的扫描图像，研究者可观察到大脑的激活过程（含氧血流增加）。例如，当人们注视一个场景时，fMRI 可以检测到血流涌向脑的后部，这个部位加工视觉信息（见图 2.21，在对皮层功能的讨论中）。

大脑活动变化的这些快照使我们对大脑如何分工有了新的理解。大量近期的 fMRI 研究显示，当人们感到疼痛或被拒绝、听到愤怒的声音、想到可怕的事情、感到快乐或变得性兴奋时，哪些脑区最活跃。这项技术使得一种非常粗略的读心术成为可能。当 129 个人在从事 8 种不同的心理任务（如阅读、赌博或押韵）时，对他们的大脑进行扫描，之后神经科学家能够指出这些人正在进行哪种心理活动，准确率达 80%（Poldrack et al., 2009）。

在当今的年代学习神经科学就像在麦哲伦探索海洋的年代学习世界地理一样。这是脑科学的黄金时代。

图 2.12
PET 扫描
为了获得 PET 扫描图像，研究者给志愿者注射低剂量、无害的具有短暂放射性的葡萄糖。头部四周的探测器采集来自葡萄糖的 γ 射线，活跃脑区的葡萄糖浓度较高。计算机处理和转换这些信号，生成工作中的大脑的图像。

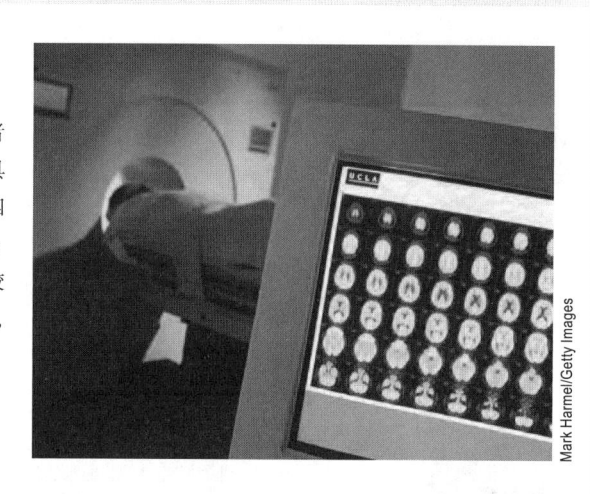

图 2.13
健康个体（左）和患有精神分裂症个体（右）的 MRI 脑部扫描图像
箭头所指处显示脑室即充满液体的脑区有所增大。

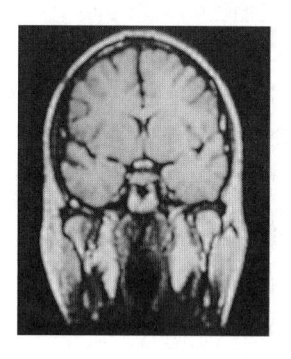

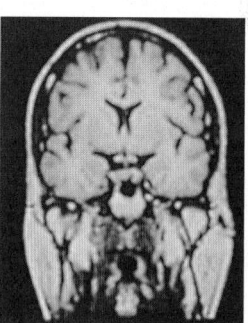

提取一下

- 将扫描技术与正确描述进行匹配。

技术
1. fMRI 扫描
2. PET 扫描
3. MRI 扫描

描述
a. 监测放射性葡萄糖来显示大脑活动
b. 监测脑组织的连续影像来显示脑的功能
c. 使用磁场和无线电波来显示脑的解剖结构

答案：1.b, 2.a, 3.c

图 2.9
脑干和丘脑
脑干,包括延髓在内,都是脊髓的延伸。丘脑在脑干的上部。网状结构则经过这两个结构。

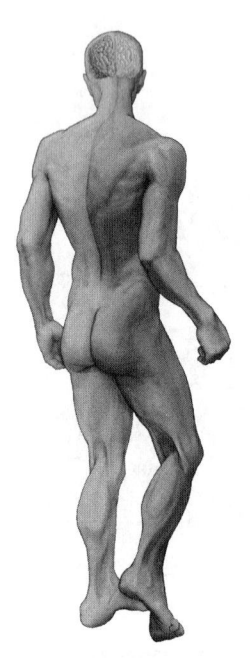

图 2.10
身体的神经交叉
(见彩插)

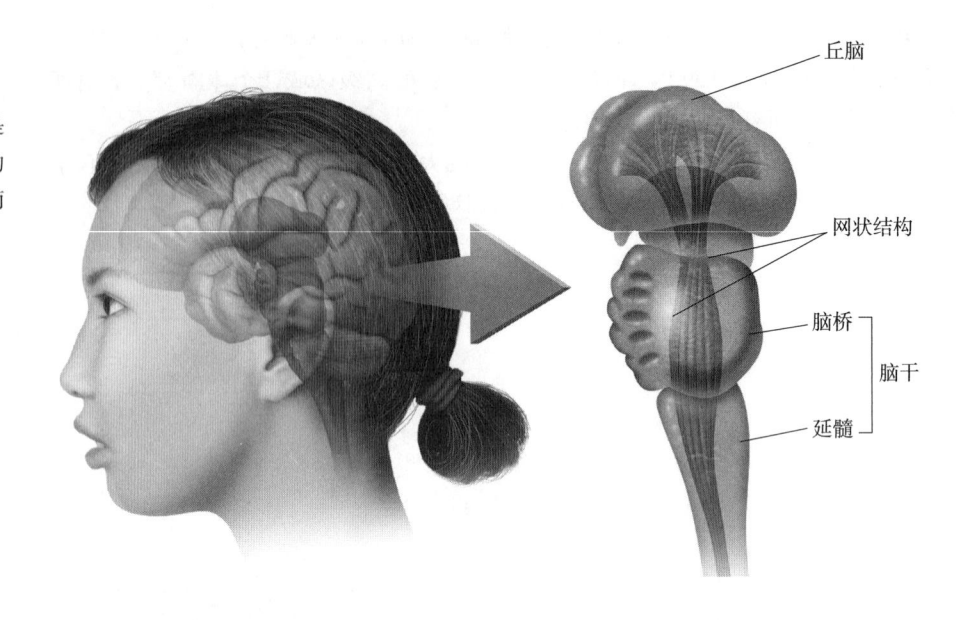

> **提取一下**
>
> ● 左半脑的神经大部分与身体的＿＿＿＿侧相联系,反之亦然。
>
> 答案:右

丘　脑

　　脑干的上部是感觉的交换平台,这对连在一起的卵圆形结构,称为**丘脑**(thalamus)(见图 2.9)。除了嗅觉外,丘脑接收所有的感觉信息,并将其传送到负责视觉、听觉、味觉和触觉的高级脑区域。丘脑也接收一些来自更高级脑区的回复,然后将其传达到小脑和延髓。丘脑和感觉信息的关系可以想象成伦敦和英国火车的关系:火车行驶途中所经过的一个四通八达的交通枢纽。

网状结构

　　在脑干内部,两耳之间,存在着**网状结构**(reticular formation),一种手指形状的神经元网络,从脊髓向上扩展到丘脑。当脊髓的感觉输入向丘脑传导时,有些经过网状结构,后者会过滤某些输入刺激,并把重要的信息接力传送到脑的其他区域。此外,网状结构还帮助控制唤醒。
　　1949 年,莫鲁兹和马古恩(Moruzzi & Magoun)发现用电刺激正在酣睡中的猫几乎可以立即使它觉醒并处于警觉状态。当马古恩切断猫的网状结构,而不损伤附近的感觉通路时,结果同样是惊人的:猫陷入了昏迷状态,且再未醒来。

小　脑

　　从脑干后部扩展出来的是**小脑**(cerebellum),它看上去就像两个褶皱的半球

（图 2.14）。在第 8 章中你将看到，小脑也能进行一种非言语的学习和记忆。它帮助我们判断时间、调节情绪以及分辨声音和质地（Bower & Parsons，2003）。它最明显的功能是协调随意运动。当足球运动员踢出一个完美的倒钩球时，这里大部分归功于小脑。在酒精的作用之下，小脑的协调功能会下降。如果你的小脑受损，你可能会行走困难，无法保持平衡，或者无法与他人握手。你的运动会不连贯或非常夸张。任何成为舞蹈家或吉他手的梦想都会离你而去。

* * *

注意：执行这些低水平的脑功能都不需要意识努力。这证实了一个我们经常提到的主题：在意识之外，我们的大脑能够加工大部分的信息。我们知道大脑劳动的结果（比如，我们当前的视觉经验），但是觉察不到我们是如何构建视觉图像的。同样，无论我们是在睡眠状态还是清醒状态，我们的脑干都管理并维持着基本的生命功能，从而使大脑的高级区域解脱出来，可以做梦、思考、谈话或回味记忆。

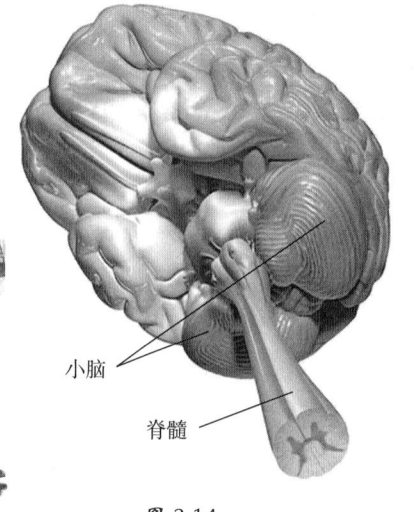

图 2.14
脑的灵活性器官
位于脑的后方的小脑协调着我们的随意运动。

提取一下

- 哪个脑区损伤最有可能（1）损害你的跳绳能力？（2）损害你的听觉和味觉能力？（3）可能导致你昏迷？（4）维持生命所必需的呼吸和心跳中断？

答案：1.小脑，2.丘脑，3.网状结构，4.脑干

边缘系统

2-9：边缘系统的结构和功能是什么？

我们介绍了脑最古老的部分，但我们还没有到达它最新和最高级的部分，即大脑半球（脑的两个半球）。在脑最古老和最新的两个部分之间是**边缘系统**（limbic system）。这个系统包括杏仁核、下丘脑和海马（图 2.15）。海马加工有意记忆。如果动物或人因手术或损伤而失去了海马，那他们就不可能形成对事实或情节的新记忆。第 8 章将会阐释我们的意识双通道是如何加工记忆的。现在，让我们看一下边缘系统与诸如害怕和愤怒等情绪的关系，以及与食物和性等基本动机的关系。

杏仁核 在边缘系统中，有两个利马豆大小的神经核团，称为**杏仁核**（amygdala），影响着攻击和恐惧。1939 年，心理学家克卢弗和神经外科学家布西通过外科手术切除了恒河猴的杏仁核，结果发现一向脾气暴躁的猴子变成了最温顺的动物。

如果我们用电刺激平日温顺的家养动物如猫的杏仁核，会出现什

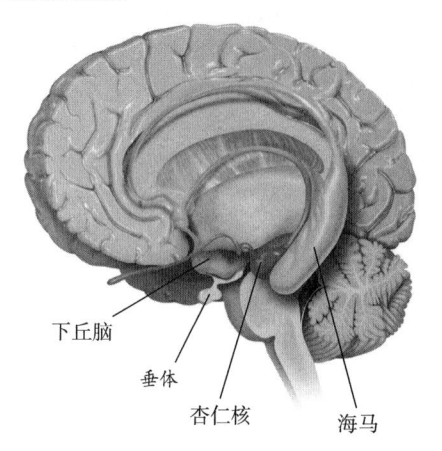

图 2.15
边缘系统（见彩插）
边缘结构位于旧脑和大脑半球之间。边缘系统的下丘脑控制邻近的垂体。

么结果呢？刺激某些点，猫会做出攻击的准备，吱吱地叫并拱起背，瞳孔放大，毛发直立。如果在杏仁核中稍微移动一下电极，并把它与一个小老鼠关在同一个小笼子里，猫马上会变得惊慌退缩。

这些实验均证实杏仁核在愤怒和恐惧中的作用，包括对这些情绪的知觉和对情绪记忆的加工（Anderson & Phelps, 2000; Poremba & Gabriel, 2001）。然而，我们必须谨慎。大脑的各部分并不是对应着各种行为类别而整齐地排列在一起的。事实上，大脑很多区域都参与攻击行为和恐惧行为。即使在边缘系统，除了杏仁核，刺激其他的神经结构也能够唤起这种行为。如果你给已经放完电的电池充电，你仍然能够发动引擎。因此，电池仅仅是整个系统中的一个连接。

提取一下

● 对猫的杏仁核施加电刺激会激发猫的愤怒反应，表明杏仁核在攻击行为中的作用。这类刺激激活自主神经系统的哪个分支？

答案：交感神经系统

下丘脑 位于丘脑正下方的是**下丘脑**（hypothalamus）（图 2.16），它是维系身体控制链中的重要环节。下丘脑中的一些神经元簇影响饥饿感，还有一些调节渴感、体温和性行为。它们一起维持内部的稳定状态（内稳态）。

当下丘脑监控身体的状态时，它接收来自血液中的化学物质和大脑其他区域的命令。例如，当下丘脑从大脑皮层采集到信号，得知个体想到了性，它就会分泌激素。这些激素会反过来激活毗邻的"主控腺体"——垂体（见图 2.15），垂体又反过来影响性腺激素的释放。这会强化大脑中对性的想法。（我们再次看到神经系统和内分泌系统的相互作用：大脑影响内分泌系统，内分泌系统反过来又影响大脑。）

关于下丘脑的一个非凡的发现展示了科学研究进展通常发生的方式——充满好奇心、思想开放的研究者观察到了意料之外的现象。麦吉尔大学的两位年轻神经心理学家奥尔兹和米尔纳（Olds & Milner, 1954）试着将电极植入大鼠的网状结构，但是他们犯了一个伟大错误：他们将电极植入了错误的位置（Olds, 1975）。令人好奇的是，大鼠不断地返回它受到误植入电极刺激的位置，似乎在寻求更多的刺激。当发现他们实际上将电极置入了下丘脑的一个区域后，他们敏锐地意识到，自己不经意间触及了大脑内提供快乐奖赏的中枢（Olds, 1975）。

在一系列谨慎的实验中，奥尔兹（Olds, 1958）继续对其他的"快乐中枢"（他这样称呼它们）进行定位。（大鼠的实际体验只有它们自己知道。它们不会说话。现在的科学家们并不愿意把人的情感等同于大鼠，因而，他们称之为"奖赏中枢"，而不是"快乐中枢"。）当奥尔兹允许大鼠通过按压踏板引发自我刺激时，他发现，大鼠们有时会以疯狂的速度按压踏板，每小时多达 7 000 次，直到筋疲力尽时才停下。而且，它们为了获得刺激会做出任何事情，甚至踏过通电的地板，就算是饥饿的大鼠也不曾采取这样的行为来获取食物（图 2.17）。

后来，研究者在许多其他物种包括海豚和猴子的下丘脑前方发现了其他的边缘

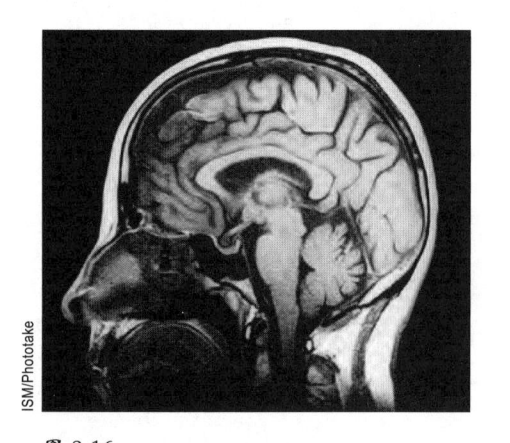

图 2.16
下丘脑（见彩插）
在这幅 MRI 扫描的图片上标示为橘黄色的这个小而重要的结构，帮助保持身体内环境处在稳定状态。

图 2.17

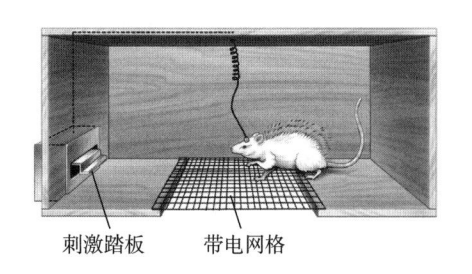

植入了电极的大鼠

在大鼠下丘脑的奖赏中枢植入电极后,结果发现,大鼠愿意忍受电击疼痛,踏过电网去按压杠杆,产生电脉冲,不断地刺激"快乐中枢"。

刺激踏板　带电网格

系统奖赏中枢,如伏隔核。事实上,动物研究已经揭示同时存在与多巴胺有关的一般的奖赏系统以及与进食、饮水和性快感相联系的特定的奖赏中枢。看来,动物生来就具有奖赏与基本生存相关活动的内在系统。

是否人类也有产生快乐的边缘中枢?我们的确有。一位神经外科医生在这些区域植入电极来使狂躁的病人安静下来。受到电极刺激后的病人报告可以体验到轻度的快乐;但是,与奥尔兹的大鼠不一样,他们并没有激动到发狂(Deutsch, 1972; Hooper & Teresi, 1986)。

有研究者认为,一些成瘾症,如酗酒、药物滥用和暴饮暴食,可能源于与快乐和幸福感有关的脑区域功能失调。有这种奖赏缺乏综合症遗传倾向的人渴望任何可以弥补那种缺失的快乐,或者降低负面感情的东西(Blum et al., 1996)。

＊＊＊

图 2.18 显示了本章已经讨论过的脑区的位置,以及我们的下一个主题——大脑皮层。

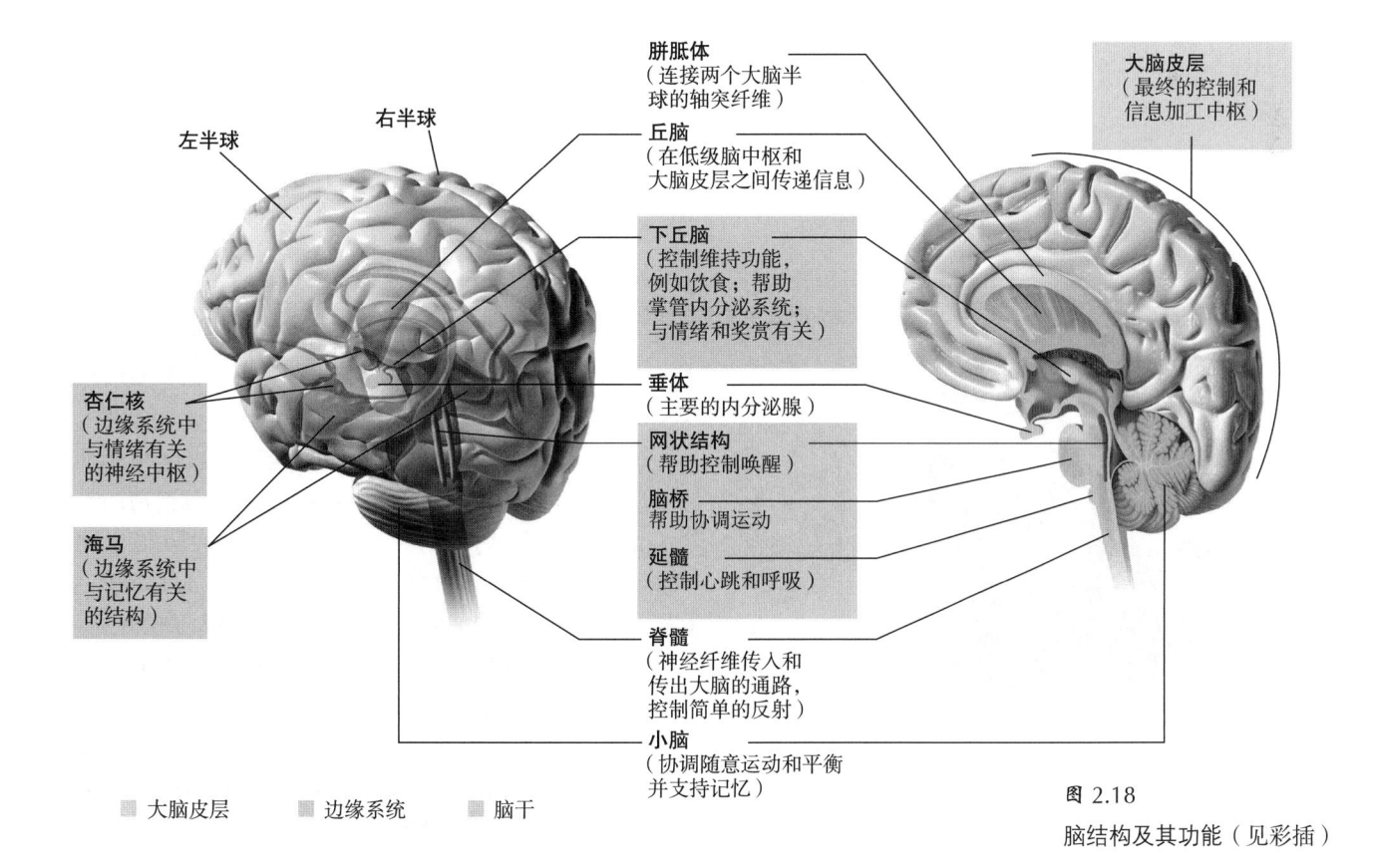

> 如果你要设计一种机器人漫游车,进入未来并生存下来,你的程序设计要保证自身和种族生存的行为——如性和进食——会自然得到强化。
>
> *Candace Pert (1986)*

左半球　右半球

胼胝体(连接两个大脑半球的轴突纤维)

丘脑(在低级脑中枢和大脑皮层之间传递信息)

下丘脑(控制维持功能,例如饮食;帮助掌管内分泌系统;与情绪和奖赏有关)

垂体(主要的内分泌腺)

网状结构(帮助控制唤醒)

脑桥 帮助协调运动

延髓(控制心跳和呼吸)

脊髓(神经纤维传入和传出大脑的通路,控制简单的反射)

小脑(协调随意运动和平衡并支持记忆)

大脑皮层(最终的控制和信息加工中枢)

杏仁核(边缘系统中与情绪有关的神经中枢)

海马(边缘系统中与记忆有关的结构)

■ 大脑皮层　■ 边缘系统　■ 脑干

图 2.18

脑结构及其功能(见彩插)

> **提取一下**
>
> - 边缘系统的三个重要结构是什么？分别有何功能？
>
> 答案：(1) 杏仁核参与攻击和恐惧反应；(2) 下丘脑参与身体维持，并与奖赏和激素系统相联系；(3) 海马加工记忆。

大脑皮层

2-10：大脑皮层的各个区域具有什么功能？

最早对大脑进行分区和标注的人们使用的是学究语言——拉丁语和希腊语。这种语言实际上是尝试利用图形进行描绘：例如，cortex 意思是"树皮"，cerebellum 是"小脑"，thalamus 是"内室"。

古老的脑网络维持基本的生命功能和产生记忆、情绪和基本动机。大脑中新的神经网络（两个大脑半球占整个脑重量的85%）形成了专门的工作团队，使我们能够感知、思考和说话。与其他脑干之上的结构（包括丘脑、海马和杏仁核）一样，大脑半球也是成对的。**大脑皮层**（cerebral cortex）是由相互联系的神经细胞构成的复杂交错的覆盖层，就像树干外面的树皮一样，在大脑半球表层形成薄薄的一层。它是思考、身体控制和信息加工的最高中心。

随着动物生命等级的上升，基因控制的强度减轻，机体的适应性提高。青蛙和其他两栖类动物的大脑皮质很小，因而它们在更大程度上受到遗传指令的调控；哺乳类动物具有更大的皮质，这会令其学习和思考的能力增强，使它们具有更强的适应性。我们人类之所以独特，最主要是由于我们大脑皮层的复杂功能。

> **提取一下**
>
> - 人脑的哪个部位与复杂程度较低的动物最为相似？哪个部位最能将我们与那些动物区分开来？
>
> 答案：脑干；大脑皮层。

大脑皮层的结构

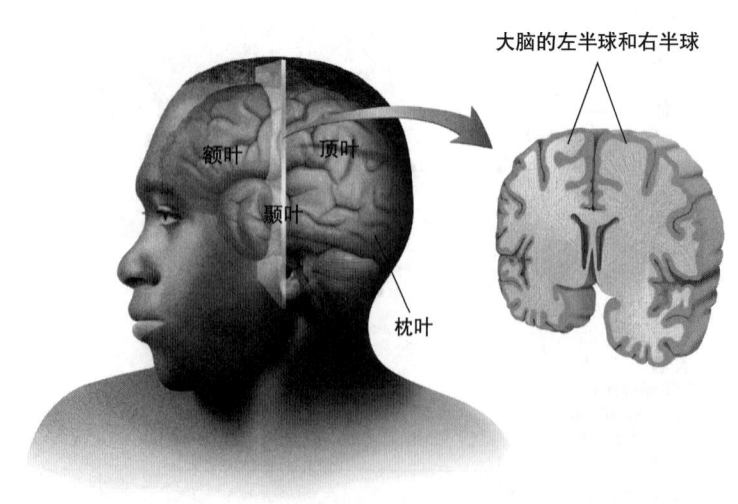

图 2.19
大脑皮层及其基本分区（见彩插）

如果揭开头盖骨，暴露大脑，你将看到一个褶皱的组织，形状有点像大核桃仁。去除这些褶皱，把大脑半球摊平后面积要增至之前面积的三倍（大概相当于一张大比萨）。左右脑半球主要是由连接大脑皮层和大脑其他区域的轴突组成的。大脑半球薄薄的表层是大脑皮层，含有大约 200~230 亿个神经细胞和 300 万亿个轴突连接（de Courten-Myers, 2005）。要成为人类需要大量的神经。

每个大脑半球的皮层被分为四个区域或四个脑叶，脑叶之间的分界线是明显的裂或沟（图 2.19）。从大脑的前面开始并绕过头顶向后，分别是**额叶**（frontal lobes）（额头后面），**顶叶**（parietal lobes）（顶部到后面），**枕叶**（occipital lobes）（头部的后面），**颞叶**（temporal lobes）（耳朵的上面）。每一个脑叶执行多种功能，而许多功能则需要几个脑叶的相互配合。

大脑皮层的功能

一个多世纪以前，对部分瘫痪或失语症患者的尸体解剖发现了大脑皮层的损伤。但是这种比较粗糙的证据并不能使研究者相信某些特定的大脑皮层区域控制着诸如运动或言语等复杂功能。毕竟，对语言和运动的控制弥散地分布在大脑皮层中，大脑皮层任何区域的损伤都有可能产生同样的影响。就好比如果我们切断电视机的电源线，电视机就会关闭一样，但是，如果我们认为图片存放于电源线内，那我们是在自欺欺人。

运动功能　科学家们在定位一些较为简单的大脑功能时比较顺利。1870年，当德国医生弗里奇和希奇格（Fritsch & Hitzig）对动物的脑皮质施加适度的电刺激时，他们有了一个重大的发现：电刺激动物大脑皮层的其些区域能使其身体的不同部位运动。这种效果具有选择性：仅仅当刺激额叶背后的一个拱形区域时才会引起运动，这个拱形大致位于双耳间跨过大脑顶部的区域。而且，当这些研究者刺激这一区域左侧或右侧的特定位置时，却发现它们能够引起对侧身体运动。现在我们把这个拱形叫作**运动皮层**（motor cortex）。

提取一下

- 试着右手做圆周运动，就像在擦桌子一样。然后右脚也开始做相同的圆周运动，并与手同步。现在右脚反向做圆周运动，但手不变。最后，试着左脚做出与右手相反的圆周运动。
    1. 为什么右脚反向做圆周运动如此之难？
    2. 为什么左脚更容易做出与右手相反的圆周运动？

答案：1.右腿的反方向动作有干扰，因为它们是由脑的同一个半球控制的。2.控制左腿和右手的脑的半球，因此相互的运动较少干扰。

运动皮层的定位　对于脑外科医生和他们的病人来说，幸运的是，大脑并没有感受器。正是知道了这一点，德国的神经外科医生弗斯特和加拿大的神经生物学家彭菲尔德（Foerster & Penfield）才得以对上千个清醒病人的大脑运动皮层进行定位。他们发现，像手指和嘴巴这些要求精确控制的身体区域占据的脑皮质区域最大（图2.20）。

西班牙神经科学家德尔加多再次论证了运动行为的机制。他刺激了一个病人运动皮层左侧上的一个点，结果引发了其右手的一个握拳动作。在进行下一个刺激时，他要求被试松开手，虽然病人尽了最大的努力，但拳头仍然保持紧握状态。病人报告说，"医生，我觉得你的电刺激比我的意志要强大得多"（Delgado, 1969, p.114）。

后来，通过连续地测量产生特定手臂运动的运动皮层的活动，科学家们已经能够在猴子运动前十分之一秒时就可预知它的手臂运动了（Gibbs, 1996）。一些研究者认为，这些研究开创了修复术（人工身体部位替换）的新时代。

一些研究者问，如果我们植入一个装置来监测运动皮层的活动，那么会发生什么？这类装置能够帮助严重瘫痪的人学会操纵光标来写电子邮件和在网上工作吗？研究者正在对瘫痪者或截肢者进行一些临床试验（Andersen et al., 2010; Nurmikko et

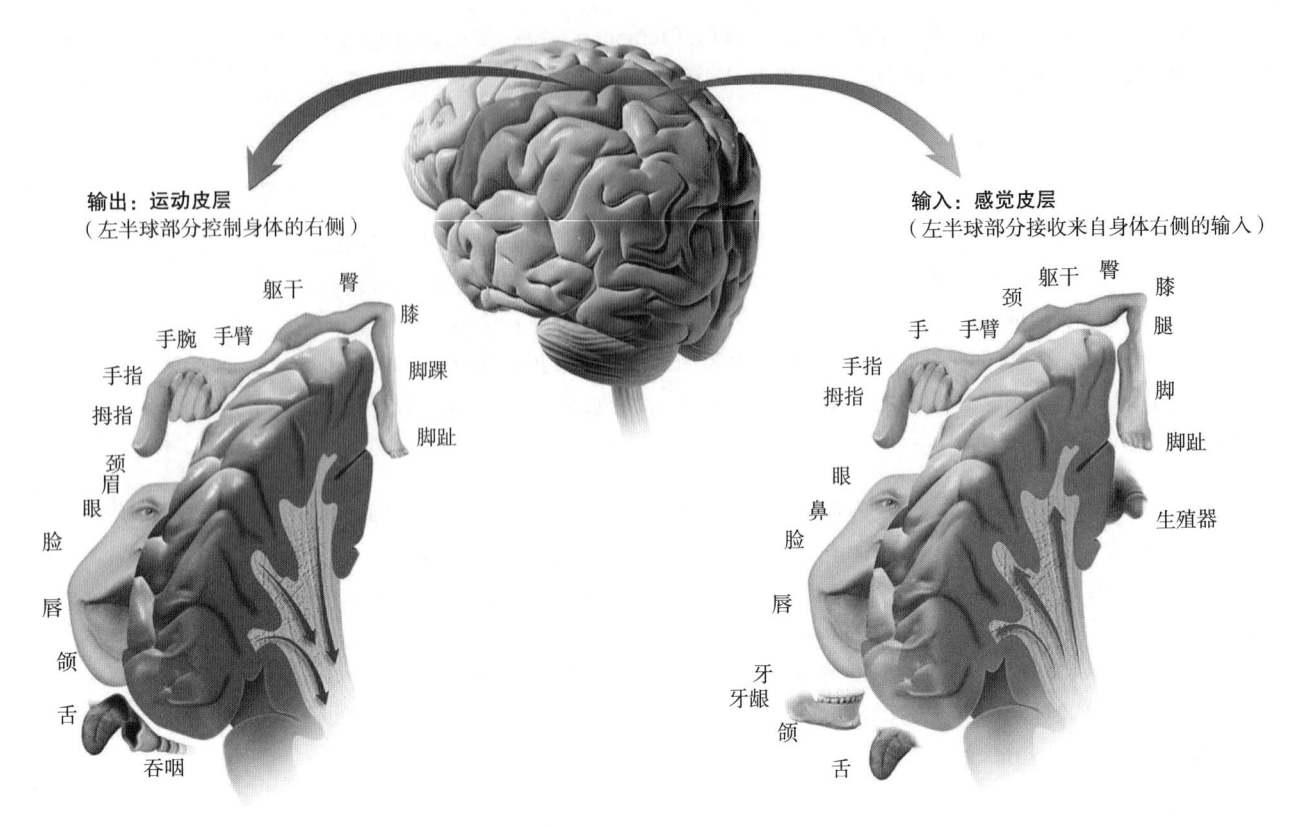

图 2.20

运动皮层与感觉皮层中与身体各部分对应的左半球组织（见彩插）

正如你在这幅经典但却不那么精确的图中看到的，运动皮层（额叶）或感觉皮层（顶叶）的大小与对应的肢体部位的大小不成比例。敏感区域与需要精细控制的区域对应更多的脑组织。如此一来，手指就比手臂的皮层代表区更大。

al., 2010）。第一位患者是一名25岁的瘫痪男子，他能够通过意念来控制电视、在电脑屏幕上画图形和玩电子游戏——这一切都要归功于一个阿司匹林药片大小的芯片，上面有100个微电极来记录他的运动皮层的活动（Hochberg et al., 2006）。

感觉功能 如果运动皮层是把信息向外传送到身体，那么外周信息是在皮层的什么地方进行接收的呢？彭菲尔德确定了一个专门接收来自皮肤感觉和身体部位运动信息的脑皮层区域。这个区域位于顶叶的前部，与运动皮层平行并紧随其后。我们现在把它称为**感觉皮层**（sensory cortex）（图 2.20）。刺激这一区域顶部的一个点，个体将会报告说有人触摸他的肩膀；刺激边上的某一点，个体将会觉得面部有东西。

一个身体区域越敏感，它相应的感觉皮层所占的面积也就越大（图 2.20）。你极度敏感的嘴唇所占的脑皮层比你十个脚趾所占的脑皮层面积要大得多。这就是我们用嘴唇接吻而不是触摸脚趾的原因之一。与此相似，老鼠有很大一片的脑皮层专用于它们的触须感觉，猫头鹰有很大一片的脑皮层专用于它们的听觉，等等。

科学家们进一步探索并确定了用于接收触觉之外感觉信息的其他脑皮层区域。此刻位于你大脑后部的枕叶正在接收视觉信息（**图 2.21** 和 **图 2.22**）。枕叶受到刺激，你可能会看到有闪光或者是少许颜色。（从某种意义上说，我们的后脑勺确实长着眼睛！）我的一个朋友因为肿瘤切除而失去了大部分的右侧枕叶，他现在无法看到左半视野。视觉信息将会从枕叶传递到其他执行特定任务的区域：如辨认词语，察觉情绪，识别脸部。

你现在听到的任何声音，都会在你位于颞叶的听觉皮层进行加工（就在你的耳朵上方，图 2.22）。大多数的听觉信息都会从一只耳迂回到达对侧耳上的听觉接收区域。假如刺激那里，你可能会听到一个声音。对精神分裂症患者的 MRI 扫描揭示，

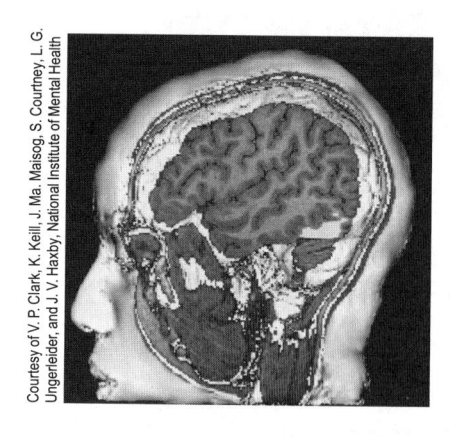

图 2.21
新技术显示活动中的脑（见彩插）

fMRI 扫描显示，当参与者观看面部图片时，视觉皮层——枕叶——很活跃（颜色代表血流量增加）。如果停止观看，这个区域马上会平静下来。

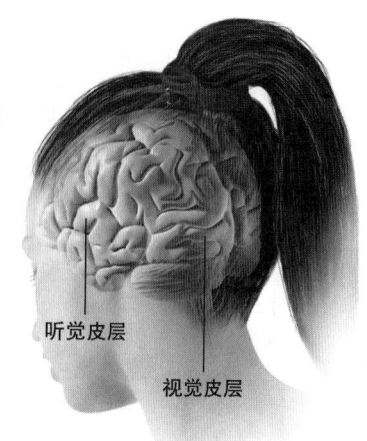

图 2.22
视觉皮层和听觉皮层（见彩插）

位于大脑后部的枕叶接收来自眼睛的信息输入。位于颞叶的听觉中枢则接收来自双耳的信息。

在他们的幻听过程中，颞叶的听觉区域很活跃（Lennox et al., 1999）。当具有听觉缺陷的人在经历幻听铃响时，假如是其中一只耳朵听到的，那么与之相联系的却是大脑对侧颞叶的活动（Muhlnickel et al., 1998）。

提取一下

- 大脑的_____皮层接收和加工身体的触觉和运动感觉。_____皮层控制我们的随意运动。

答案：感觉；运动

联合区 迄今为止，我们已经明确了接收感觉信息或引导肌肉反应的一些脑皮层上的小区域。加在一起，它们占据了薄薄的、有褶皱的大脑表层的四分之一。那么，其余的大片脑皮层区域上在发生着什么？在这些**联合区**（association area）（图 2.23 桃红色部分），神经细胞从事着高级心理功能——这些任务使我们成为人类。

电刺激这个联合区不会引发任何可观察到的反应。所以，我们不能像对感觉和运动区域那样，对联合区的功能进行非常明确的定位。这片脑皮层的沉默正如麦克伯尼（McBurney, 1996, p.44）所写的那样，是"心理花园中最顽固的野草之一"：即我们通常只使用脑的 10% 的说法。（如果真是这样，这是否意味着子弹有 90% 的概率在未使用的大脑区域着陆呢？）从通过外科手术毁损的动物和脑损伤的人进行的观察上来看，我们可以了解到，事实上联合区并非是处于休眠状态的。联合区负责对感觉区域加工的信息进行解释、整合，并根据这些信息进行反应——这是思维的一个非常重要的部分。

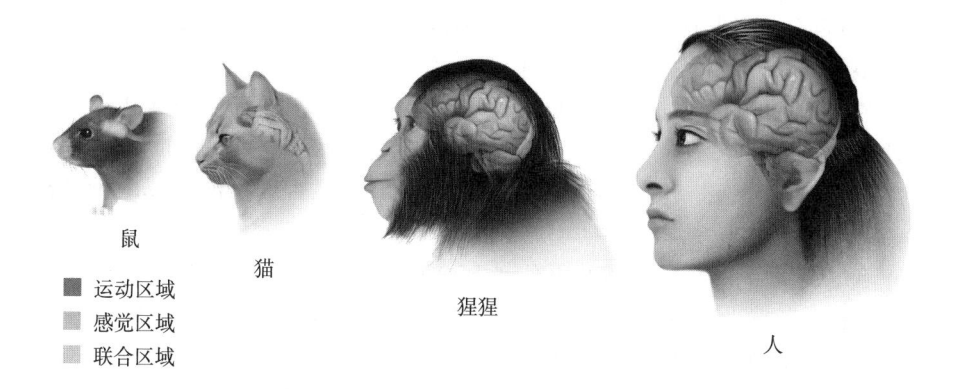

图 2.23
四种哺乳动物的皮层区域（见彩插）

智能越高的动物，它的"未明确用途"或联合皮层的区域也就越大。脑的这些大面积区域负责对感觉信息进行解读、整合和反应，并将其与储存的记忆联系起来。

鼠　猫　猩猩　人

■ 运动区域
■ 感觉区域
■ 联合区域

图 2.24
往事重提

（a）菲尼亚斯·盖奇的颅骨被保存为医学标本。通过测量和使用现代脑成像技术，研究者重新构建出铁夯穿过盖奇大脑的可能路径（Damasio et al., 1994）。（b）最近发现的这张照片是事故发生后的盖奇。图像已经进行了反转，以正确地显示细节。（早期的照片比如这张，实际上是镜像。）

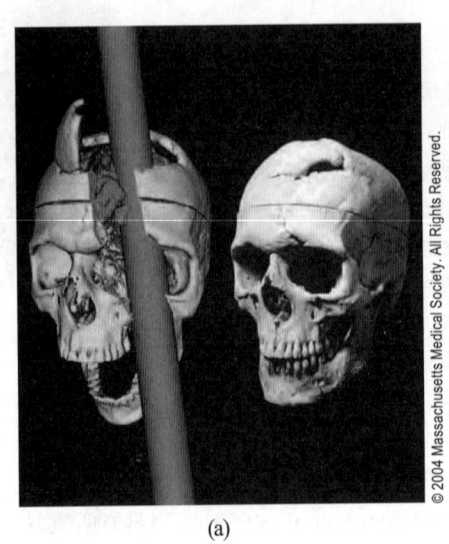

所有四个脑叶中都发现了联合区。位于额叶的联合区使我们能够判断、计划和加工新的记忆。额叶损伤的人可能会有完整无缺的记忆，在智力测试中能够获得很高的分数，也能够烤面包，但是却不能为生日聚会烘烤蛋糕提前做计划（Huey et al., 2006）。

额叶损伤也会改变一个人的人格，解除个人对自己的各种抑制。让我们来看一下铁路工人菲尼亚斯·盖奇的经典案例。1848 的一个下午，25 岁的盖奇在用一个铁夯把火药塞入岩石中时，一个火花点燃了火药，引发爆炸，一根铁夯从他的左颊射入，并从头骨顶部穿出，使得他的额叶大面积损伤（图 2.24）。令所有人惊奇的是，盖奇马上坐了起来并能够说话，并且伤愈之后他又回去上班。但以前那个和蔼可亲、说话温柔的盖奇，现在变得易怒、粗俗、不诚实。他的朋友们都说这个人"不再是盖奇了"。他的智力和记忆仍然是完整的，但他的人格却变了。（虽然盖奇失去了铁路上的工作，但他经过一段时间后适应了损伤并找到了一份车夫的工作［Macmillan & Lena, 2010］。）

关于额叶受损者的近期研究发现了类似的损害。他们不仅可能变得缺乏抑制（失去了额叶对冲动的抑制），而且他们的道德判断似乎也不受正常情绪的约束。你会支持将一个人推到不受控制的有顶货车前面以拯救另外五个人吗？大多数人不会，但眼睛后面脑区受损的人通常会（Koenigs et al., 2007）。由于额叶的断裂，他们的道德规范与行为似乎是分离的。

联合区也执行其他心理功能。比如，爱因斯坦的大脑重量和平常人一样，但顶叶的某些部分却很大并且形状与众不同，而该区域主要负责数学和空间推理（Witelson et al., 1999）。

在右侧颞叶的底部，另一个联合区域使能够我们辨认面孔。如果由于中风或者脑外伤损伤了大脑的这个区域，你仍能够描述某人的面部特征，判断其性别和大致年龄，但很奇怪的是，却不知道这个人是谁。比如，是否是 Lady Gaga，或者甚至是你的祖母。

不过，复杂的心理功能并不位于某个单一的位置。老鼠很小的联合区皮层上，没有哪一点受到损害时能使它失去学习和记忆迷宫的能力。我们将在第 9 章看到，人脑的不同神经网络相互协同来产生语言。记忆、语言和注意产生于不同脑区的同步活动（Knight, 2007）。宗教体验也是如此。在不同的宗教状态如祈祷和冥想中，40多个不同脑区变得活跃，这表明并不存在单纯的"上帝热点"（Fingelkurts & Fingelkurts, 2009）。需要记住的一点是：我们的精神体验来自相互协同的脑活动。

提取一下

- 为什么联合区很重要？

答案：联合区参与多种高等神经功能——对其他脑区的加工进行整合、解释，并指挥其他区域进行工作的任务。

脑的可塑性

2-11：受损的脑在多大程度上自身可以重组？什么是神经发生？

我们的脑不仅受到基因同时也受到经验的塑造。第4章将具体介绍经验如何塑造大脑，这里我们将介绍大脑**可塑性**（plasticity）的另一方面：大脑在受到损伤后自我修复的能力。

之前描述的一些脑损伤效应可以大体归纳为两个可证实的事实：（1）与皮肤不同，脑和脊髓神经元被切断后通常无法再生（如果脊髓切断了，很可能将永久瘫痪。）（2）一些脑功能似乎已经预先分配给了特定的脑区。双颞叶面孔识别区受损的新生婴儿，永远不能重新获得识别面孔的正常功能（Farah et al., 2000）。但庆幸的是，神经组织可以在受损后进行重组。在我们的意识层面之下，脑在适应小事故和新体验时不断发生改变并建立新的通路。

可塑性也可能发生在严重损伤之后，尤其是年纪小的孩子（Kolb, 1989；见**图 2.25**）。脑的可塑性对于盲人和聋人来说是福音。失明或失聪会使得未使用的脑区用于其他用途（Amedi et al., 2005）。如果盲人用手指阅读盲文，那么手指对应的脑区会扩展，因为触觉进入到了视觉对应的脑区（Barinaga, 1992a; Sadato et al., 1996）。如果通过磁刺激暂时"损毁"视觉皮层，终身失明的人在语言任务中犯的错更多（Amedi et al., 2004）。可塑性也有助于解释为什么一些研究发现聋人拥有更好的周边视觉（Bosworth & Dobkins, 1999）。用手语交流的失聪者，原本加工听觉信息的颞叶区域接收不到听觉刺激。最后，颞叶搜寻其他信号进行加工，如视觉系统的刺激。

当疾病或损伤解放了在正常情况下用于特定功能的其他脑区，类似的再分配也会发生。如果左半球缓慢生长的肿瘤干扰了语言功能（语言功能大部分位于左半球），右半球便会进行补偿（Thiel et al., 2006）。如果失去了一根手指，接收该手指输入的感觉皮层会开始从邻近的手指接收

图 2.25
脑的可塑性
如果外科手术或事故使儿童的一部分脑组织甚至是整个半球（以去除癫痫）损毁，如右图中的这个6岁儿童，那么大脑会调用其他多余的区域进行补偿。约翰·霍普金斯医学团队对做了大脑半球切除手术的58名儿童进行了研究，结果表明这些儿童在切除大脑任一半球后，其记忆、人格和情绪都惊人地保持完好（Vining et al., 1997）。儿童的年龄越小，余下半球越有可能接管手术移除半球的功能（Choi, 2008）。

输入，而邻近的手指会变得更加敏感（Fox, 1984）。所以你可以猜想，一个下肢被切除的人在性交时会有怎样的体验？"我真的体验到来自脚上的高潮。（注意在图2.20 中，脚趾的区域在生殖器旁边）这比以前范围大多了，因为它不只限于生殖器了"（Ramachandran & Blakeslee, 1998, p.36）。

尽管脑的修复经常是通过重组的形式，但有时也通过生成新的脑细胞来尝试修复。这个过程被称为**神经发生**（neurogenesis），在成年大鼠、鸟、猴子和人类中都已发现（Jessberger et al., 2008）。这些新生神经元最初位于大脑深处，而后转移到用于思维的额叶区域，并与邻近的神经元建立连接（Aimone et al., 2010; Gould, 2007）。

研究者在胎儿大脑中发现了可以生成任何一种脑细胞的具有支配地位的"干细胞"。如果在实验室里大量培植这些脑细胞并将其注射到受损的大脑中，也许神经干细胞会用自身代替那些消亡的细胞？也许某一天我们能够像重新播种被破坏的草坪一样，重建受损大脑？这些都有待继续研究。今天的生物技术公司正努力使这些可能变为现实。与此同时，我们都可以利用自然的力量来促进神经发生，例如运动、睡眠，以及不产生压力但仍然具有刺激性的环境（Iso et al., 2007; Pereira et al., 2007; Stranahan et al., 2006）。

大脑两半球

2-12：割裂的大脑揭示了大脑两半球的哪些功能？

我们已经看到，相似的大脑两半球具有不同的功能。这种半球的偏侧化在脑损伤后更为明显。一个多世纪以来的研究表明，如果左半球遭受事故、中风或者长出肿瘤，就会损害阅读、写作、说话、算术推理和理解能力。而右半球如果遭受相同的损伤却几乎没有如此严重的后果。

这是否意味着，右半球只是搭便车——沉默的、"劣势的"或"次要的"半球呢？很多人相信这一说法，直到 1960 年，研究者发现处于"次要"地位的右半球的功能并没有那么局限。这一发现在心理学历史上写下了光辉的一页。

割裂脑

1961 年，洛杉矶的两个神经外科医生沃格尔和博根（Vogel & Bogen）推断，严重的癫痫发作是由于异常脑活动因为在两个大脑半球间来回传递而被放大造成的。因此，他们想要弄清楚是否可以通过切除连接大脑两个半球并在其间传递信息的轴突纤维即**胼胝体**（corpus callosum）来阻止这场生物学的网球赛（**图 2.26**）。沃格尔和博根了解到，心理学家斯佩里、迈尔斯和加扎尼加（Sperry, Myers, & Gazzaniga）曾在猫和猴子身上使用过这种方法，而且并未产生严重后果。

于是沃格尔和博根也进行了同样的手术。结果是，这些**割裂脑**（split brain）病人的抽搐消失了。他们出奇地正常，人格和智力几乎没有受到任何影响。一位手术后醒来的病人甚至打趣说他体验了爆炸式的头痛（Gazzaniga, 1967）。通过分享他们的体验，这些病人极大地扩展了我们对于完整的大脑半球之间相互作用的理解。

为了理解这些研究，我们需要花一分钟的时间来专注于视觉线路的特殊性质，

图 2.26

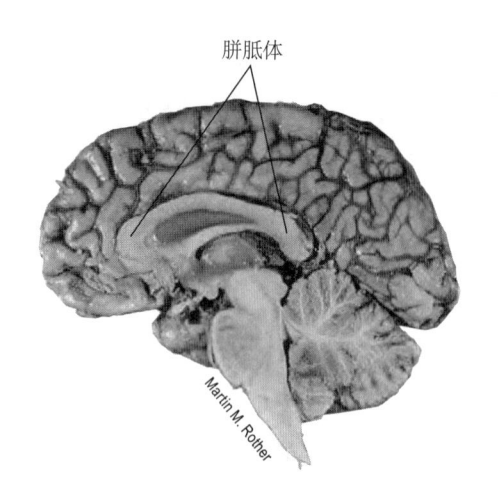

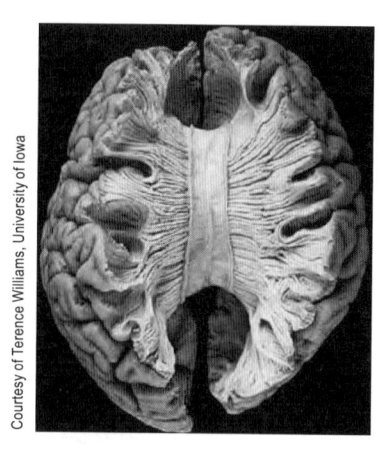

胼胝体

大的神经纤维束连接大脑两个半球。左图：外科医生切断胼胝体及下部脑区以显示半个大脑。右图：外科医生去除了一些脑组织以暴露出胼胝体和进出的神经纤维束。

如**图 2.27** 所示。注意每一只眼睛都接收来自左半视野和右半视野的视觉信息。对于每一只眼睛，来自左半视野的信息进入右半球，来自右半视野的信息进入左半球，而左半球通常控制言语。每一半球接收的数据迅速通过胼胝体传递到另一半球。在胼胝体被切开的人中，这种信息共享不会发生。

了解了这些事实，斯佩里和加扎尼加就能够向患者的左半球或右半球发送信息。让病人注视一个点，然后在该点的左边或右边闪现一个刺激。对你也可以这样做，但是在你完好的大脑中，接收信息的半球会立即将其通过胼胝体到达另一半球。由于裂脑手术切断了两半球之间的通讯线路，研究者可以分别对这些病人的每个大脑半球进行测验。

在早期的一个实验中，加扎尼加（Gazzaniga, 1967）要求裂脑人在看到屏幕上闪现 HE·ART 的时候注视中间那个圆点（**图 2.28**）。这样，HE 就会出现在其左侧视野中（传递至右半球），而 ART 则出现在右侧视野（传递至左半球）。当向病人问起他们看到的东西时，病人报告看到了 ART，同时对自己的左手（受右脑控制）会指向 HE 表示吃惊。即使各半球都有机会来表达自己，它们也只能报告所看到的。而左手本能地知道自己不能用语言报告的内容。

将一把勺子的图片闪现给病人的右半球时，他们说不出看到了什么。但是当让他们用左手去触摸遮挡住的分好类的物体，并以此识别物体时，他们能够轻易地指出勺子。若实验者说"正确"，病人可能回答"什么？正确？我不知道看到了什么，怎么能指出正确的物体呢？"当然，在这里左半球是言语性的，被非言语的右半球所知的信息迷惑了。

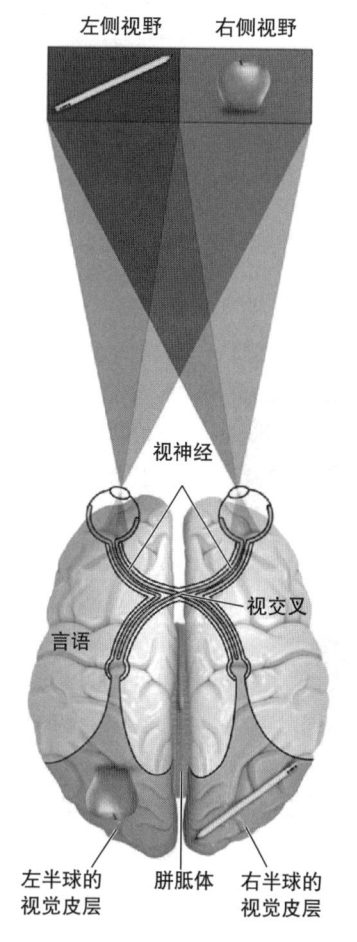

图 2.27

从眼到脑的信息通路（见彩插）

64 迈尔斯普通心理学

图 2.28

割裂脑测验

当一个实验者在视野中闪现一个单词"HEART"时,割裂脑病人报告自己所看到的是传递到左半球的单词部分。然而,如果要求她用左手指出她所看到的,她会指出传递到右半球的单词部分。(资料来源:Gazzaniga, 1983)

(a)"注视圆点。"

(b) 在圆点的两边快速投射两个单词。

(c)"你看到的单词是什么?" 或者 "用左手指出你所看到的单词。"

不要让你的左手知道右手在做什么。

——《马太福音》6:3

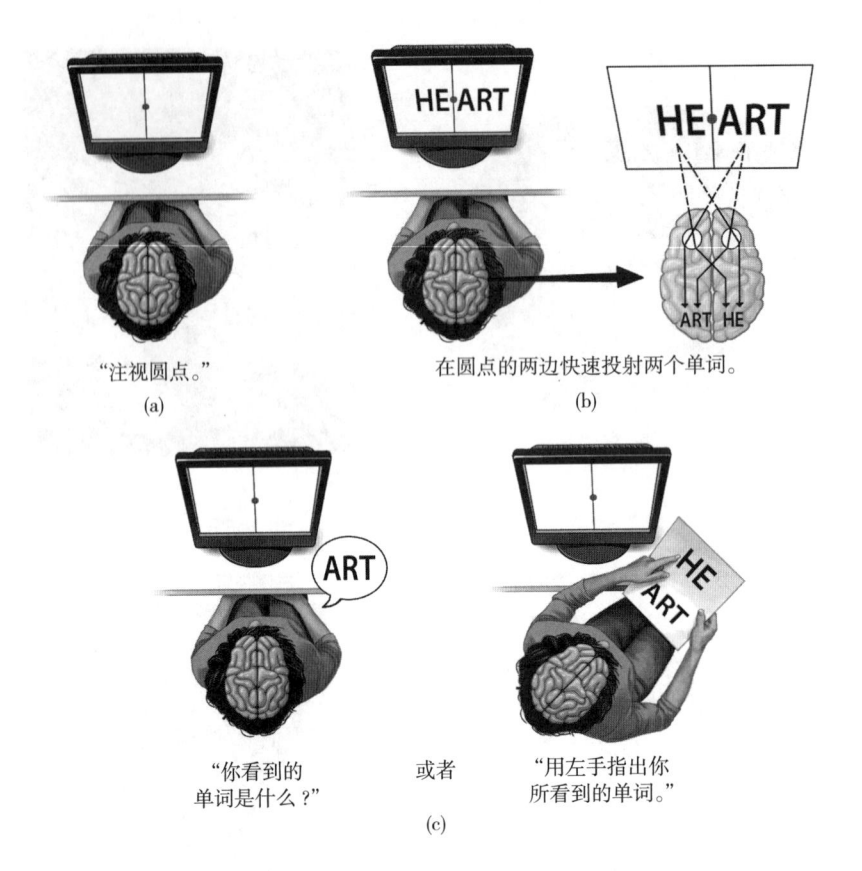

图 2.29

试试看!

乔曾做过裂脑手术,他可以同时用两只手画出不同的形状。

一些做了裂脑手术的人一度受到困扰,即他们的左手具有随意的独立性,右手在扣纽扣的同时,左手可能会解开纽扣,或者右手将杂货品放进推车后,左手会将其放回货架,这就好像每个大脑半球在思考"我对今天要穿绿色(蓝色)衬衫已经有了一半的主意"那样。实际上,斯佩里(Sperry, 1964)说,裂脑手术可以使人有两种独立的想法。割裂脑的两个半球能够理解并遵循指示,同时用左手与右手描摹不同的图像(Franz et al., 2000;见**图 2.29**)。(读到这些报告,我可以想象一个裂脑人可以享受一个人玩"石头剪刀布"游戏的乐趣——用自己的左手和右手)。

当"两种想法"发生冲突时,左脑运用"精神体操"将不被理解的反应合理化。如果病人遵照发送到右半球的一个指令("走")行事,那么一个奇怪的事情发生了。不知道这一指令的左半球不明白病人为什么开始行走。如果询问病人,他不说"我不知道"。相反,左半球会来个即兴表演——"我走进屋去拿杯可乐"。加扎尼加(Gazzaniga, 1988)由此得出结论,认为意识性的左脑是一个能够立即组织理论来解释行为的演绎者或新闻发言人。

提取一下

- (1)如果我们向裂脑人的右半球闪现红灯,向左半球闪现绿灯,各个半球会看到自己那边的颜色吗?
(2)这个人会意识到颜色是不同的吗? (3)这个人会口头报告自己看到了什么?

答案:1. 会,2. 不会,3. 绿色

完整大脑的半球差异

生活中至少有 99.99% 像我们这样的人，大脑没被分割，那又是一种什么样的情况呢？我们的两个大脑半球是否具有不同的功能呢？几项不同的研究证实了这一点。例如，在执行一项知觉任务时，脑波、血流量以及葡萄糖消耗量都可以说明右半球的活动增多；而在说话或者计算时，左半球的活动增多。

脑半球功能专门化的一个生动展示发生于某些类型的手术之前。为了定位病人的语言中枢，外科医生向为左半球供应血液的颈动脉注射镇静剂，左半球通常控制言语。注射前，病人平躺，双手臂上举，可与医生自如交谈。你能预测当药物使左半球进入睡眠状态后会发生什么吗？不出几秒，右臂就垂了下来。如果是左半球控制语言的话，那么病人在药物作用消失之前都不能说话。药物通过动脉注射进入右半球时，左臂会下垂，但是病人仍能讲话。

对脑而言，语言就是语言，不论是口语还是手语。正如听觉正常的人是用左半球加工言语一样，失聪者同样使用左半球理解手语（Corina et al., 1992; Hickok et al., 2001）。因此，左半球中风对失聪者手语的影响与对正常人说话的扰乱程度一样。两者涉及的是同一个脑区（Corina, 1998）。（关于大脑处理语言的详细介绍，见第 9 章）

尽管左半球擅长对语言进行快速、书面的解释，但右半球帮助我们调整言语，以使话语意义更加明确。例如，我们会问 "What's that in the road ahead?"，而不是 "What's that in the road, a head?"（Heller, 1990）。右脑似乎还有助于协调我们的自我意识。如果损伤发生在右半球，部分瘫痪的人有时候会拒绝接受他们的缺陷，比如声称他们能够移动瘫痪的肢体（Berti et al., 2005）。

仅以肉眼观察两个大脑半球，它们是如此相似，谁会想到它们对大脑的整体和谐起着如此不同的作用呢？然而各种对裂脑人和正常人的观察结论惊人地一致：我们的大脑是由专门化部分组成的统一体，这一点毫无疑问（Hopkins & Cantalupo, 2008; MacNeilage et al., 2009）。

脑的精细网络是怎么出现的？我们的遗传——来自祖先历史的遗产——如何与我们的经验密谋来组织大脑并给大脑"布线"呢？下一节将做出解答。

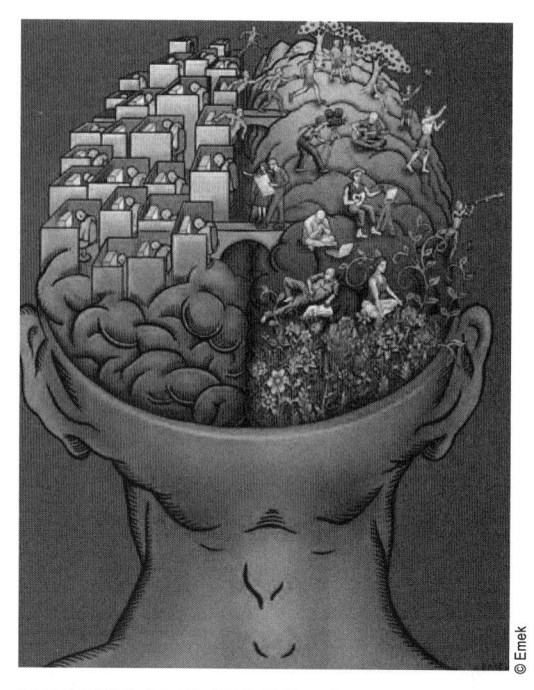

通俗心理学中关于半球专门化的观念
哎呀，实际情况更加复杂。

行为遗传学：预测个体差异

> 2-13：什么是基因，行为遗传学家怎样解释个体差异？

我们共有的大脑构造使得我们具有一些共同的行为倾向。无论我们生活在北极还是热带，我们都通过相同的机制来感知这个世界、发展出语言和感到饥饿。我们更喜欢甜味而不是酸味。我们将色谱划分为类似的颜色。我们也热衷于那些生育和保护后代的行为。

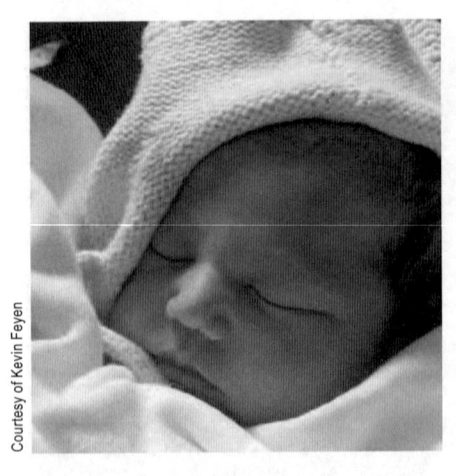

天性的后天养育 每个地方的父母都想知道：我们的孩子长大后是安静的还是活泼的？相貌平平还是充满魅力？成功的还是每一步都需艰辛努力？什么是与生俱来的，什么是后天培养的？研究显示，天性和教养共同影响了我们发展的每一步。

人类大家庭不仅拥有共同的生物遗产——皮肤割破会流血——而且也有一些共同的社会行为。无论姓王、恩科莫、史密斯还是冈萨雷斯，我们都从大概8个月大开始害怕陌生人，作为成人我们更喜欢与那些态度及品性与我们相似的人在一起。作为同一个物种的成员，我们加入组织、遵守规则、给予回报、惩罚犯罪者、建立地位等级和哀悼孩子的死亡。外太空的来访者可以降落在任何一个地方，发现人类在跳舞和享用美食，唱歌和做礼拜，参加体育比赛和游戏，欢笑和哭泣，以家庭为单位生活并建立团体。我们都是一棵树上的叶子。

但是在某些重要方面，我们每个人都是独特的。我们看起来不一样。我们听起来不一样。我们拥有不同的人格、兴趣、文化和家庭背景。是什么造就了我们惊人的多样性？它在多大程度上受到我们不同基因的影响，又在多大程度上受到**环境**（environment）的影响（包括所有外部影响，从子宫中的母体营养到临近死亡时的社会支持）？我们的遗传如何与经验相互作用共同创造我们普遍的人性以及个体和社会多样性？这些问题激发了**行为遗传学家**（behavior geneticists）的兴趣。

基因：我们的生命编码

> 你的 DNA 有 99.9% 跟我是一样的……在 DNA 的层面上，我们显然都是全世界大家庭的一部分。
> ——弗朗西斯·柯林斯，人类基因组项目主任，2007

仅仅一个世纪以前，谁会想到，人体内的每一个细胞核里都含有控制整个身体的遗传密码。就好像迪拜塔（世界第一高楼）的每一间房里都有一个书箱，每个书箱里都放有一份整个塔的设计图纸。这份"图纸"多达 46 章——母亲一方贡献了 23 章（来自卵细胞），父亲一方贡献了 23 章（来自精细胞）。这些被称为**染色体**（chromosome）的每一章都由一条螺旋形的分子链 DNA（脱氧核糖核酸，deoxyribonucleic acid）构成。巨大的 DNA 分子上称为**基因**（gene）的小的组成片段构成了这些章节的文字（**图 2.30**）。每一个人总共拥有大约 20 000 到 25 000 个

图 2.30
生命编码
每一个人类细胞的细胞核都包含染色体，每一个染色体由 DNA 双螺旋链组成。

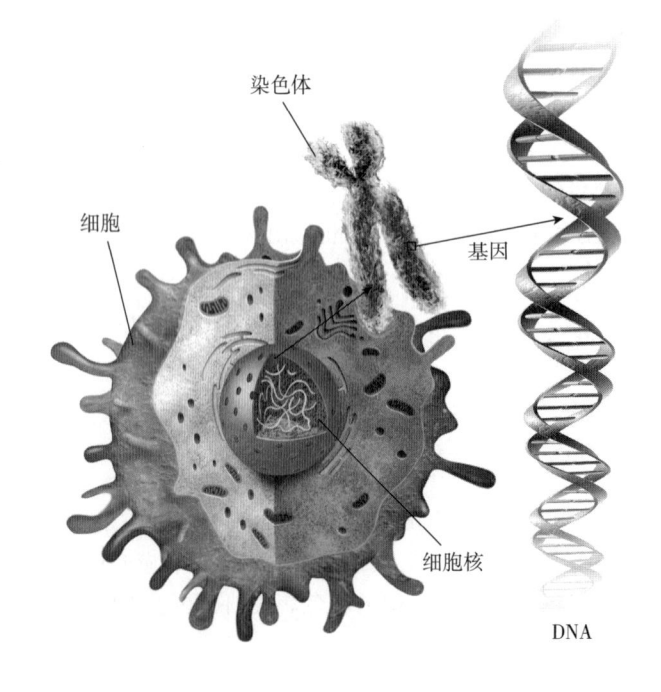

染色体
细胞
基因
细胞核
DNA

这样的基因文字。基因可能是活跃的（表达）也可能是不活跃的。环境事件可以"打开"基因，就像热水让茶包散发出香味。当基因被打开时，基因能够提供合成蛋白质分子（构建身体的基础材料）的编码。

遗传学家和心理学家对DNA分子的特定基因位点上偶然的基因变异非常感兴趣。个体间在基因上微小的差异为每个人的独特性提供了线索——为什么有人会患某种疾病，有人却不会？为什么有人高有人矮？为什么有人外向而有人却害羞？

人的大多数特质受多个基因的影响。例如，身高可以反映了一个人的脸、椎骨的大小、腿骨的长短，等等；而其中任何一个都可能受不同基因与特定环境相互作用的影响。智力、幸福感和攻击性等复杂的特质同样受基因群的影响。遗传倾向——受遗传影响的特质——有助于解释人类共有的天性及多样性。

> 我们与香蕉有一半的基因是相同的。
>
> ——英国皇家学会主席，进化论生物学家罗伯特·梅，2001

提取一下

- 将下面的细胞结构按从小到大进行排列：细胞核、基因、染色体。

  答案：基因、染色体、细胞核

- 母亲的卵子和父亲的精子结合时，每一方贡献23条_____。

  答案：染色体

双生子研究和收养研究

为了从科学上厘清环境和遗传的影响，行为遗传学家需要设计两类实验。第一类实验控制家庭环境同时改变遗传。第二类实验控制遗传同时改变家庭环境。对人类婴儿开展这样的研究可能是不道德的，但幸运的是，自然界已经为我们完成了这项工作。

同卵双生子与异卵双生子

同卵双生子（identical twins）是由一个受精卵分裂后分别发育而成，他们在遗传基因上是相同的（**图 2.31**）。实际上，他们作为克隆不仅拥有相同的基因，而且拥有相同的孕育、子宫环境、出生日期和文化历史背景。

异卵双生子（fraternal twins）是由不同的卵细胞发育而来。他们一同在子宫中长大，共享胎儿环境，但他们在遗传基因上与普通的兄弟姐妹间没什么不同。

共同的基因可以转换为共同的经历。如果同卵双生子中一个患有阿尔兹海默氏症，那么另一个患该病的可能性有60%；如果异卵双生子中有一个患病，那么另一个患此病的可能性只有30%（Plomin et al., 1997）。为了研究基因和环境的作用，数百名研究者对大概800 000对同卵和异卵双胞胎进行了研究（Johnson et al., 2009）。

作为基因上互为克隆的同卵双生子之间的行为是否比异卵双生子之间的更相

"几乎一切都得谢谢你，爸爸。"

双胞胎 令人好奇的是，不同种族中双胞胎的比率有所不同。高加索白人中的比率大概是亚洲人的两倍，但只有非洲人的一半。在非洲和亚洲，大多数双胞胎都是同卵双胞胎。在西方国家中，大多数双胞胎是异卵双胞胎，随着生育药物的使用，异卵双胞胎正在增加（Hall, 2003; Steinhauer, 1999）。

图 2.31
同卵同基因，异卵异基因 同卵双生子是由一个受精卵发育而成，而异卵双生子是由两个受精卵发育而成。

瑞典拥有世界上规模最大的国家双胞胎登记处——140 000 对在世和去世的双胞胎——这是世界上规模最大的双生子研究中正在招收的 600 000 对双胞胎样本的一部分（Wheelwright, 2004）。

洛兰·克丽丝马斯和莱维尼亚·克丽丝马斯这对双胞胎开车给对方送圣诞礼物，她俩在英国弗利彻姆附近撞车了（Shepherd, 1997）。

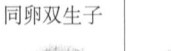

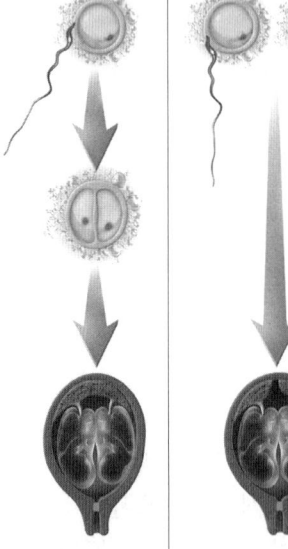

似？对几千对瑞典、芬兰及澳大利亚的双生子所进行的研究给出了一致回答：在外向性（性格开朗）和神经质（情绪稳定性）两项指标中，与异卵双生子相比，同卵双生子之间更相似。

与异卵双生子相比，更多的同卵双生子报告人们以相同的方式对待他们。这样说来，是否是双生子的经历而不是其基因造成了他们之间的相似性呢？答案是否定的。研究表明，受到父母相似方式对待的同卵双生子之间在心理上并不比受到父母不同对待的同卵双生子之间更相像（Loehlin & Nichols, 1976）。在解释个体差异时，基因的重要性显而易见。

分离双生子

想象有这么一个科幻实验：一个疯狂的科学家决定把刚出生的一对同卵双生子分开，然后分别在不同的环境里养育他们。正好有这样一个真实故事。

在 1979 年 2 月里一个星期六寒冷的清晨，与第一任妻子琳达离婚一段时间后，吉姆·刘易斯从梦中醒来，身旁是他的第二任妻子贝蒂。吉姆坚信第二次婚姻会成功，并养成一个习惯，那就是在屋子里给贝蒂留下表达爱意的字条。躺在床上时，他想到了他所钟爱的一切，包括他的儿子詹姆斯·艾伦，以及他忠诚的狗托伊。

在地下室的一角，当他把一个工作室装配好之后，吉姆想在每天的空闲时间中抽一部分时间来做他所爱好的木工活。吉姆会做家具、相框，安装一些物件，包括在前院的树下围着树做了一圈白色长凳，他从这些活动中得到了满足。吉姆也喜欢在空闲时间驾着他的雪佛兰经济型轿车，喜欢观看房车赛，还喝点儿米勒清啤。

吉姆基本上来讲是很健康的，除了偶尔有半天会偏头痛，他的血压也稍微偏高，这或许与他长期不断抽烟有关。有一段时间他体重超重，但现在已经减掉了许多磅。因为做了输精管切除手术，他不能再生育孩子了。

然而，关于吉姆·刘易斯的最奇特的事是，同时（并非是我杜撰）有另外一个人也叫吉姆，而且后一个吉姆的所有情况（甚至包括狗的名字）与前一个吉姆完全相同。[2] 后一个吉姆全名叫吉姆·斯普林格，38年前正是吉姆·刘易斯在母亲子宫中的伙伴。在出生后第37天，这两个同卵双生子被分开了，并分别被两个蓝领家庭领养。之后在成长过程中从来没有任何联系，相互不知道对方的任何消息，一直到二月里的某一天吉姆·刘易斯接到一个电话。打电话的人正是与他基因相同的孪生兄弟（这个人得知他有个双生兄弟后才找到他的）。

一个月之后，这对兄弟成了明尼苏达大学心理学家布沙尔（Thomas Bouchard）和他的同事测试的第一对双生子，也因此开始了一项一直持续至今的分离双生子研究（Holden, 1980a, b; Wright, 1998）。当时研究者测试了这对兄弟的智力、人格、心率和脑电波，结果发现，这对吉姆兄弟尽管已经分离了38年，但各方面的确非常相似，就像是对同一个人进行的两次测验得到的结果一样。他们的语音语调、语音起伏都非常相似，在听一个先前录制好的访谈时，吉姆·斯普林格猜测那是他，可结果却错了——那是他兄弟的声音。

同卵双生子是两个人 同卵双生子吉姆·刘易斯和吉姆·斯普林格在出生后不久分开，在不同的家庭中长大而不知道对方的存在。研究显示分离的同卵双生子在人生抉择上具有奇妙的相似性，这支持了基因影响人格的观点。

在那些杂志和报纸上公开故事的帮助下，布沙尔和他的同事（Bouchard et al., 1990）已经找到了74对分开长大的同卵双生子，并对他们进行了研究。研究发现了这些双生子之间更多的相同点，这些相同点不仅仅限于口味和身体特征，还包括人格、能力、观点、兴趣爱好，甚至恐惧。

在瑞典，佩德森和她的同事（Pedersen et al., 1988）成功地找到了99对分离的同卵双生子和200多对分离的异卵双生子。与一起抚养长大的同卵双生子等价样本相比，分离的同卵双生子具有更多不同的人格特质。分离的同卵双生子比分离的异卵双生子相似度更高。在出生后不久就分离（而非等到8岁）并没有增大他们之间的人格差异度。

这些令人惊讶的关于双生子相似性的例子并未打动对布沙尔进行批评的人。这些批评家指出，"奇闻轶事的重复不是数据"，如果两个陌生人花上几个小时比较他们的行为和生活经历，那么也可能发现很多巧合的相似点。如果研究者建立一个控制组，参与者年龄、性别和民族相同，但生理上毫不相关，不在一起长大但在经济和文化背景上与分离双生子同样相似，难道这些人就不会表现出惊人的相似性吗（Joseph, 2001）？布沙尔答复道，分离的异卵双生子表现出的相似性无法与分离的同卵双生子表现出的相似性相比。

甚至令人印象深刻的双生子人格测评数据也蒙上了一丝阴影，因为许多对分离双生子所做的测试都是在双生子团聚几年之后才进行的。况且，同卵双生子外貌相同，由此引发出的反应也类似。领养机构也往往把双生子安置于相似的家庭。尽管有这些批评，双生子研究呈现出来的令人印象深刻的结果，促使科学探索越加重视遗传的影响。

如果遗传影响有助于解释个体差异，那么它们也有助于解释男性和女性之间，或者不同种族的人们之间的群体差异吗？不一定。例如，身高和体重差异是高度遗

> 在某些方面，被分开抚养的同卵双生子之间与被一起抚养的同卵双生子之间看上去极其相似。那是惊人的发现。我敢保证，没有任何人能想到会有这种程度的相似性。
> ——托马斯·布沙尔（1981）

布沙尔著名的双生子研究是在明尼阿波利斯进行的，这座"双子城"（与圣保罗）也是明尼苏达双城棒球队的老家。

---

[2] 事实上，关于两个吉姆的描述有一点小出入，吉姆·刘易斯的儿子叫詹姆斯·艾伦（Alan），而吉姆·斯普林格的儿子叫詹姆斯·阿伦（Allan）。

传性的；但营养（环境因素）可以解释为什么今天的成年人总体比一个世纪前的人更高更重，而遗传影响无法解释。这两个群体的差异不是因为人类基因在仅仅一个世纪的眨眼之间发生了改变。攻击性与此相同，也是一个遗传影响的特质。今天爱好和平的斯堪地纳维亚人不同于他们更具攻击性的维京先祖，尽管他们拥有很多相同的基因。

生物学亲属与收养亲属

对于行为遗传学家来说，自然界的第二类真实实验是，收养形成了两个群体：被收养人的遗传亲属（亲生父母及亲兄弟姐妹）和环境亲属（养父母及非亲兄弟姐妹）。因此，针对被收养人的任何特质我们都可以探究以下问题——被收养人更像提供家庭环境的养父母，还是更像为他们提供遗传基因的亲生父母？由于有共同的家庭环境，被收养的兄弟姐妹之间是否具有共同特质？

对数百个收养家庭的研究得到了惊人的发现，那就是，一起长大的孩子无论有没有血缘关系，他们彼此在人格上没有多大的相似性。这一点推翻了人们向来所推崇的父母对孩子有很大影响的观点（McGue & Bouchard, 1998; Plomin, 2011; Rowe, 1990）。被收养人的特质大多来源于亲生父母，而不是抚养他们的养父母。

研究结果十分重要，值得在这里重复一下：就人格发展而言，同一个家庭中成长的孩子所拥有的共同环境因素几乎对其人格没有影响。同一家庭中被收养长大的两个孩子之间的人格特质并不相似，如同他们与一个街区之外的另一个家庭中的孩子之间的人格特质上的区别那样。遗传同样塑造了灵长类动物的个性。由养父母抚养的恒河猴表现出的社会行为，更像其生物学母亲，而不是收养的母亲（Maestripieri, 2003）。对于同卵双胞胎的相似性来说，他们是一起长大还是分开长大，共同的养育环境所起的作用似乎很小。

尽管基因纽带限制了家庭环境对人格的影响，但父母的确会影响孩子的态度、价值观、行为举止、信仰及政治主张（Reifman & Cleveland, 2007）。两个收养的孩子或同卵双生子如果在同一个家庭中长大，那么他们会有相似的宗教信仰，特别是在青少年期（Koenig et al., 2005）。父母对孩子的养育仍然很重要！

而且，在收养孩子的家庭里，很少发生忽视和虐待孩子的情况，就连养父母离异的情况都很少出现。（养父母收养孩子的资格是经过仔细审查的；而亲生父母却没有。）因此，虽然更有可能患心理障碍，但大多数被收养的孩子都能健康成长，尤其是在婴儿期被收养的孩子，对此我们也就不足为奇了（Loehlin et al., 2007; van Ijzendoorn & Juffer, 2006; Wierzbicki, 1993）。每8个孩子中就有7个报告，他们非常依恋他们的养父母，或养父母中的一方。拥有无私的父母，这些孩子长大后比普通人更加无私，更乐于助人（Sharma et al., 1998）。在智力测验上，他们中的很多人成绩高于他们的亲生父母，多数长大成人后更加幸福，心理更加稳定。在瑞典的一项研究中，婴儿时就被收养的孩子，比那些最初由亲生母亲登记让人收养而后来又决定自己来养育的孩子长大后出现的问题要少（Bohman & Sigvardsson, 1990）。显然，孩子从收养中的受益不一定是要与养父母具有相似的人格特点。

巧合并不仅仅发生在双生子身上。科罗拉多州的帕特丽夏·克恩出生于1941年3月13日，取名为帕特丽夏·安·坎贝尔；俄勒冈州的帕特丽夏·迪拜西也出生于1941年3月13日，也取名为帕特丽夏·安·坎贝尔。两人的父亲都叫罗伯特，都是会计员。在进行该比较研究时，两人都分别有两个孩子，一个21岁，另一个19岁。两人都学过美容，爱好油画，都嫁给了军人，前后仅相差11天。可她们在遗传上没有任何关系（AP report, May 2, 1983）。

收养家庭较高的一致性——即大多数是健康而又有能力养育孩子的家庭——可以解释为什么对不同的收养家庭中的被收养孩子进行比较时没有发现显著的差异（Stoolmiller, 1999）。

第 2 章 行为的生物学　71

天性抑或教养，还是两者都有？ 当天赋在家族中传播，就像马萨利斯兄弟，遗传和环境如何共同产生作用？

提取一下

- 研究者如何使用双生子研究和收养研究来发现心理学原理？

答案：相较于普通同胞兄弟（异卵双胞胎）和普通的孩子（非同胞），就像亲生的孩子一样，同卵的双胞胎和他们领养的家庭成员在家庭的影响上仍然表现得十分相似。一起被抚养长大分开抚养的孪生子，这些研究能够帮助我们确定人格特质和其他心理特征的遗传影响。

基因 – 环境的相互作用

2-14：遗传和环境如何共同发挥作用？

在人类的相似性中，最重要同时也是人类物种显著的行为标志，就是人强大的适应能力。人的一些特质（如有两只眼睛）几乎在任何环境中都一样。但另一些心理特质只在特定环境中得以显现。如果在整个夏天都赤脚走路，那么你的脚会变得粗糙，起老茧，这是对摩擦产生的生物性适应。而与此同时，你的邻居一直穿鞋，脚也因此保持柔嫩。你们两人之间的这种差异当然是环境作用的结果，但它也是适应这一生物机制的产物。

基因和环境——天性和教养——共同发挥作用，就像鼓掌需要两只手一样。基因是自我调节的。基因并不是作为蓝图，在任何环境中都产生相同的结果，而是会针对环境做出反应。非洲的一种蝴蝶在夏天时是绿色，到了冬天就会变成褐色，这是因为温度控制的遗传转换。在一种环境中产生褐色的基因，在另一种环境中会产生绿色。

说基因和环境都很重要，这没错，但过于简单化了。更准确地说，两者发生**相互作用**（interact）。设想有两个婴儿，其中一个在遗传上更有吸引力、更合群，也更随和，而另一个在这些方面不及前者。再进一步假定，第一个婴儿比第二个婴儿可以得到更多的关爱和照顾，因而成长为较热情、友善的人。随着两个孩子渐渐长大，

性相近也，习相远也。
——孔子，《论语》，
公元前 500 年

遗传发牌，环境出牌。
——心理学家
查尔斯·布鲁尔（1990）

图 2.32

表观遗传影响基因表达
开始于子宫中的生命经历会留下表观遗传标记，通常是有机甲基分子，它们能阻止那个 DNA 片段上任何基因的表达。(资料来源：Frances Champagne, 2010)

基因

出生前 —— 药物、毒素、营养、应激

出生后 —— 忽略、虐待、照料的差异

未成年 —— 社会接触、环境复杂性

表观遗传分子阻止基因表达

天生更友善的这个儿童更多地寻求各种活动、结交朋友，由此又进一步促进其社会自信心。

是什么导致他们具有这样的人格差异呢？遗传和经验都不能单独起作用。环境激发基因活动。受基因影响的特质会引起他人的重大反应。因此，一个具有攻击性的孩子可能会遭到老师呵斥，而该老师与这个孩子同班同学中的模范生谈话则亲切热情得多。父母对待自己孩子的方式也可能有所不同；一个孩子可能会招致父母的惩罚，而另一个则不会。在这些情况下，儿童的天性与父母的教养相互作用。

这种唤起的相互作用有助于解释为什么在不同家庭中长大的同卵双生子回忆父母的温暖时如此惊人地相似——就像他们是由相同的父母抚养大一样（Plomin et al., 1988, 1991, 1994）；而异卵双生子在回忆幼年时的家庭生活时则差异很大——即使就在同一家庭中长大！斯卡尔（Scarr, 1990）说："孩子们对父母会产生不同的感受，这取决于孩子本身的特质。"

回忆一下，基因可以是激活的（即基因表达，就像热水激发了茶包），也可以是不激活的。**表观遗传学**（epigenetics，意思是遗传学"之外"或"超越"遗传学）是一个新领域，它研究环境引发基因表达的机制。尽管基因可能影响发育，但环境诱因能够关闭或打开它们，就像你的电脑软件打开或关闭打印机。一种这样的表观遗传标记是与 DNA 链的一部分相连的有机甲基分子（图 2.32）。它指示细胞忽略出现在那段 DNA 中的所有基因，从而阻止 DNA 产生由该基因编码的蛋白质。

环境因素如饮食、药物、毒素和应激能够影响调节基因表达的表观遗传分子。在一个实验中，幼鼠被剥夺了母亲正常的舔舐行为，因而产生了更多的分子阻断大脑中应激激素受体的形成。当面临压力时，动物体内游离状态的应激激素高于平均水平，并且更加紧张（Champagne et al., 2006; Champagne & Mashoodh, 2009）。儿童虐待也会同样影响受害者。有儿童虐待史的自杀者表现出表观遗传的作用（McGowan et al., 2009）。研究者现在想知道表观遗传学是否有助于解决一些科学谜题，比如为

基因–环境的相互作用
生物学外貌具有社会影响。人们对查宁·塔图姆（左图是电影《分手信》中的他）和他的演员同行迈克·梅尔斯（右图中的他在扮演王牌大贱谍）的反应有所不同。

什么同卵双胞胎中只有一个会发展出受到遗传影响的精神障碍，以及经验如何在我们的大脑中留下痕迹。

如果网球明星安德烈·阿加西和斯蒂芬妮·格拉芙的儿子——杰登·阿加西也成为网球明星，我们是否应该把他的超人天赋归因于他的大满贯基因？还是因为他成长在一个满是网球的环境？或者是高期望？最佳答案也许是"以上所有"。从受孕一刻起，我们就是遗传倾向和周围环境之间相互作用的产物（McGue，2010）。基因会影响他人如何对我们的反应以及他人对我们的影响力。请不要认为天性与教养是对立的，要记住天性要经由教养得以实现。

提取一下

- 将以下术语与正确解释进行匹配。
  1. 表观遗传学　　a. 研究基因和环境对行为的相对作用
  2. 行为遗传学　　b. 研究影响基因如何表达的环境因素

答案：1.b，2.a

进化心理学：理解人类的天性

2-15：进化心理学家如何使用自然选择来解释行为倾向？

行为遗传学家探索人类差异的基因与环境根源。而**进化心理学家**（evolutionary psychologists）关注什么使得我们成为人类。他们使用达尔文的"**自然选择**"（natural selection）法则来理解行为和心理过程的根源。理查德·道金斯（Dawkins, 2007）称自然选择"无疑是人类思想发展史上最重要的里程碑"。这个思想简化后如下：

- 有机体的后代为生存发生竞争。
- 生物和行为的某些变异增加后代在环境中的繁殖和生存机会。
- 生存的后代更可能向后继的世代传递它们的基因。
- 因此，随着时间的推移，群体特征可能发生改变。

为了理解这些原则是如何运行的，我们考虑一个狐狸的直观例子。

自然选择与适应

狐狸是一种机警的野生动物。如果你捕获了一对狐狸并设法亲近它们或它们的后代，那么你得当心。要是手伸进关狐狸的笼子里而"胆小"的狐狸不能逃跑，那它很可能会把你的手指当成点心。俄罗斯科学家德米特里·贝尔耶夫（Dmitry Belyaev）想弄清人类的祖先是怎样把狼驯化成了狗的。如要把可怕的狐狸驯化成友善的狐狸，那么与驯化狼相比是否会在相对比较短的时间内就能完成呢？

Eric Isselée/Shutterstock

为了找到这个问题的答案，贝尔耶夫着手对30只雄狐狸和100只雌狐狸进行了实验研究。通过喂食行为、触摸与敲打它们所产生的反应来测量它们后代的驯服度，并选择了5%最温顺的雄狐狸和20%最温顺的雌狐狸，让它们进行交配。贝尔耶夫和他的追随者特鲁特（Lyudmila Trut）长期坚持不懈地重复这个简单程序，如此繁殖了30多代的狐狸。40年过去了，他们成功地繁殖了45 000只狐狸，目前他们得到了一种全新的狐狸，用特鲁特（Trut, 1999）的话来说，这些狐狸"温顺、爱取悦人，毫无疑问是驯化了的……就在我们眼前，'野兽'变成了'可爱的东西'，它们的野性（它们的祖先所具有的野性）和它们的攻击性行为已经完全消失了。"这些被驯服的狐狸非常友善，乐意接近人，也会发出呜咽声以吸引人们的注意，还会像猫一样用舌头舔人；这样，资金匮乏的研究院就抓住了这个挣钱机会——把这批狐狸出售，卖给人们当宠物。

渐渐地，那些赋予某一个体或物种繁殖优势的特质就会被选择，并且扩散开来。动物育种实验就利用了遗传选择。狗的育种工作者已经培育出了能放牧的牧羊犬、能寻迹追踪的警犬、能指示猎物所在位置的猎狗（Plomin et al., 1997）。心理学家也培育出了或安静或活跃、或善于学习或不善于学习的动物。

这个过程也发生在自然选择中吗？自然选择能解释我们人类的倾向吗？从**突变**（mutation）（基因复制过程中出现的随机错误）中，从每一个新个体新的基因组合中，自然已经选择了具有优势的变异形式。但是，决定蚂蚁筑巢行为、狗寻找猎物的行为、猫的抓捕行为的基因链很牢固，而人类的基因链却没有那样牢固。在人类祖先发展期间被选择的基因赋予人类学习的能力，从而适应各种环境，无论是在冻土地带还是在丛林地区。基因和经验共同构造了人的大脑。人类在应对不同环境上的灵活性促成了人类的适合性——生存和繁殖的能力。

提取一下

- 贝尔耶夫和特鲁特的喂养法与通常发生的自然选择有何异同？

答案：贝尔耶夫和特鲁特基于他们想要获得的特质进行选择性繁殖，如温顺及友善。这与自然选择相似，但自然选择基于有助于生存繁殖的特质（每只温顺的狐狸都将长寿）。

进化的成功有助于解释相似性

我们行为和生物学上的相似性源自于我们共有的人类基因组。我们的遗传亲属关系是怎么发展出来的呢？

我们的基因遗产

自从有人类历史以来，人类的祖先就面临这样的问题：谁是朋友？谁是敌人？什么可以吃？该与谁结为伴侣？一些人比其他人更好地解决了这些问题。例如，在怀孕的前三个月关键期里感到恶心的女性，具有避免某些苦味的、味道强烈的和新奇食物的先天倾向性。避免食用这些食物具有生存价值，因为它们最有可能对胚胎发育有害（Schmitt & Pilcher, 2004）。那些倾向于吃营养丰富而不是有毒食物的人能存活下来，把这种基因传递给后代；而那些认为豹子是"好宠物"的人却不能存活下来。

同样成功的是那些择偶行为有助于生育和养育后代的个体。几代之后，不具有这种先天倾向的个体的基因将从人类基因库中消失。随着促进成功的基因继续被选择，某些行为倾向以及思考与学习的能力出现了，使得石器时代的祖先得以生存、繁衍，并把基因传递到未来以及你身上。

作为这种史前基因遗产的继承人，人们继承了那些过去曾经促进祖先的生存和繁殖的行为方式。但从某些层面来看，人类在生物性上为之做好准备的世界已不复存在。人们喜爱甜和脂肪的味道，这曾经使得人类的祖先度过了饥荒，而且我们感受到商店货架、快餐食品外卖店、自动售货机上的糖类和脂类食物的召唤。然而，随着饥荒在西方社会中几乎绝迹，肥胖症已经成为一个越来越严重的问题。我们深深植根于历史的自然倾向已经不能与今天的垃圾食品环境和未来的威胁如气候变化相匹配（Colarelli & Dettman, 2003）。

尽管过去的1000年中婴儿死亡率很高，而且疾病猖獗，但你不计其数的祖先中没有1人生前膝下无子女。

当今的进化心理学

很长时间以来，达尔文的进化论一直是生物学的组织法则。戴蒙德（Diamond, 2001）说，"事实上，没有一位当代科学家认为达尔文从根本上就是错误的。"如今，达尔文的理论正处于"第二次达尔文革命"：心理学开始应用生物进化法则。查尔斯·达尔文（Darwin, 1859, p. 346）预料到了生物进化法则在心理学上的运用。在《物种起源》的结束语中，他预言道，"为更加重要的研究开辟了新的领域。心理学将会建立在一个崭新的根基之上"。

在后面的章节中，我们将解答一些困扰进化心理学家的问题：为什么婴儿在刚刚可以自主活动时就会害怕陌生人？为什么亲生父亲更不可能像与孩子没有亲缘关系的男朋友那样虐待或谋杀生活在一个家庭中的儿童？为什么有更多的人对蜘蛛和蛇更加恐惧，而对更为危险的枪和电则没有那么恐惧呢？为什么相比驾驶汽车，我们对空中飞行要害怕得多？

* * *

我从收到的邮件和民意调查中了解到，有些读者对当代科学中的自然论和进化论感到困惑。其他国家的读者尚能包容我的观点，但在美国，在进化的科学思维和世俗思维之间存在巨大的鸿沟。权威科学期刊《自然》2007年的一篇评论声称："人类心智是进化的产物，这一观点是不容置疑的事实。"这一看法与66个国家的国家级科学机构2006年共同发出的关于进化是"基于证据的事实"的声明不谋而合（IAP, 2006）。在《上帝语言》（*The Language of God*）一书中，自称为福音派基督徒的人类基因组项目负责人弗朗西斯·柯林斯（Collins, 2006, pp.141, 146）汇集了"绝对令人信服的"证据，使得他断定达尔文的伟大思想"毫无疑问是正确的"。然而，盖洛普报告表明有一半的美国成年人不相信是进化"使人类出现在地球上"（Newport, 2007）。他们担心行为科学（尤其是生物进化科学）会损害人的美感、神秘感和精神意义。对这些人，我提供一些想法以让其打消疑虑。

当牛顿根据光的不同波长对彩虹进行了解释后，诗人叶芝担心牛顿破坏了彩虹原有的神秘美感。然而，理查德·道

Jacob Hamblin/Shutterstock

金斯（Dawkins, 1998）在《分解彩虹》（*Unweaving the Rainbow*）一书中写道，牛顿的分析促成了马克斯韦尔电磁理论的产生，以及之后更神秘的理论——爱因斯坦的狭义相对论的产生。而且，没有任何东西会削弱我们欣赏绚丽多彩、映现在明亮天空中的彩虹。

当伽利略收集了证据证明地球是围绕太阳旋转的时候，他并没有提供无懈可击的证据来证明这个理论。相反，他对观察到的各种现象提供了严密连贯的解释，如月球的环形山投下的阴影的不断变化。他的解释最终被接受了，因为他描绘和解释事物的方式自有道理。达尔文的进化论同样也是对自然史的严密连贯的看法，也是把各种观察统一在一起的一种组织原则。

并不是只有柯林斯一个人认为人类起源的科学观点与人的精神性是相宜的。公元5世纪，圣·奥古斯丁（引自 Wilford, 1999）写道："宇宙形成初期是一个不太完整的状态，但是它被赋予了把未成形的物质转变成神奇的序列结构和生命形式的能力。"大约1600年以后，教皇约翰·保罗二世于1996年愉快地接受了科学与宗教的对话，他发现进化论值得注意，"在各个知识领域的一系列发现之后，进化论不断被研究人员所接受。"

同时，在对人和宇宙有了更多的了解后，许多从事科学工作的人对这些发现感到敬畏。无法想象的是，140亿年前，宇宙在某一点突然爆炸，并急剧膨胀到宇宙空间这般规模。如果这次大爆炸的能量再稍稍小一点的话，那么宇宙很可能会自动萎缩回去。如果能量再稍稍大一点的话，那么结果可能会使整个宇宙变成一锅汤，难以维系生命。天文学家马丁·里斯爵士曾经描述了《六个数》（*Just Six Numbers*），这六个数中只要任何一个稍微改变，就会产生一个生命无法生存的宇宙。如果地球引力再稍稍强或弱一点的话，或者如果碳质子稍微有一点不同，那么我们的宇宙就不会再运转。

到底是什么力量形成了这个如此完美、和谐精细的宇宙呢？为什么宇宙存在着万物而不是空无一物呢？如果用哈佛大学天体物理学家金格里奇（Gingerich, 1999）的话来说，宇宙是如何"如此惊人地恰到好处，以至于似乎宇宙被特别地设计以产生有智慧、感觉敏锐的生命？"在宇宙背后有仁慈的超智慧生物吗？还是实际上有无数个宇宙早已存在，而人类只是偶然地成为其中一个的幸运居民，这个宇宙碰巧被精致地调设为人类的诞生地？或者，这种观点是否违背了奥卡姆剃刀原则，即应该选择各种对立的解释中最简单的解释？哲学家维特根斯坦建议，面对这种令人难以想象的问题，一种谦虚的、充满敬畏的、科学的沉默是合适的。他说："对于不能说的东西，必须保持沉默。"

我们不要害怕科学，相反，我们可以热情地接受它，它深化了我们的理解力，唤醒了我们的敬畏感。在《脆弱的物种》（*The Fragile Species*）一书中，刘易斯·托马斯（Thomas, 1992）描述了令他无比惊讶的事实，地球在适当的时候产生了细菌，并最终产生了巴赫B小调弥撒曲。在短暂的40亿年里，生命从无到有，再到非常复杂的结构——有60亿单位的DNA链以及神秘莫测的人脑。构成岩石的原子与形成意识的动态实体的原子没什么不同。天文学家戴维斯（Davies, 2007）说，似乎有外来力量巧妙地设计了大自然，产生了奇特的、可自我复制的信息加工系统——人类。尽管我们似乎是从尘土中诞生，但经历了千百万年之后，最终结果是产生了一种无价的生命，它丰富的巨大潜力令人难以想象。

如果有人被科学和宗教对于人类起源明显矛盾的解释所困扰，那么回想一下（第1章），关于生命的不同观点可以是互补的，这可能有助于人们的理解。例如，科学试图告诉我们人类起源的时间和方式；而宗教故事是为了告诉人们是谁创造了人类以及为什么这样的终极问题。正如伽利略向女大公克里斯蒂娜解释说，"圣经教人如何走向天堂，而不是天堂怎样运作"。

提取一下

- 行为遗传学对探索特质和行为中的_____（共性；差异）最感兴趣，而进化心理学对探索_____（共性；差异）最感兴趣。

答案：差异；共性

本章复习

行为的生物学

学习目标

回答以下学习目标问题来测试一下你自己（这里重复了本章中的问题）。然后翻到附录的完整章节复习，核对你的答案。研究表明，试着自主回答这些问题将增进你对这些概念的长期记忆（McDaniel et al., 2009）。

生物学与行为

2-1： 为什么心理学家关心人类生物学？

神经元通讯

2-2： 什么是神经元，它们如何传递信息？
2-3： 神经细胞之间如何进行信息交换？
2-4： 神经递质如何影响行为？

神经系统

2-5： 神经系统主要分支的功能是什么？神经元的三种主要类型是什么？

内分泌系统

2-6： 内分泌系统是如何传递信息并与神经系统相互作用的？

脑

2-7： 神经科学家如何研究脑与行为和心智之间的联系？
2-8： 脑干是由哪些结构组成的，脑干、丘脑和小脑的功能是什么？
2-9： 边缘系统的结构和功能是什么？
2-10： 大脑皮层的各个区域具有什么功能？
2-11： 受损的脑在多大程度上自身可以重组？什么是神经发生？
2-12： 割裂的大脑揭示了大脑两半球的哪些功能？

行为遗传学：预测个体差异

2-13： 什么是基因，行为遗传学家怎样解释个体差异？
2-14： 遗传和环境如何共同发挥作用？

进化心理学：理解人类的天性

2-15： 进化心理学家如何使用自然选择来解释行为倾向？

术语与概念

测试自己对以下术语的理解，试着用自己的语言写下这些术语的定义，然后翻到提及术语的那一页核对你的答案。

生物心理学
神经元
树突
轴突
髓鞘
胶质细胞
动作电位
阈限
突触
神经递质
内啡肽
神经系统
中枢神经系统（CNS）
外周神经系统（PNS）
神经
感觉（传入）神经元
运动（传出）神经元
中间神经元

躯体神经系统
自主神经系统
交感神经系统
副交感神经系统
反射
内分泌系统
激素（或荷尔蒙）
肾上腺
垂体
损伤
脑干
延髓
脑电图
正电子发射断层扫描术（PET）
磁共振成像（MRI）
功能性磁共振成像（fMRI）
丘脑
网状结构
小脑
边缘系统
杏仁核
下丘脑
大脑皮层

额叶
顶叶
枕叶
颞叶
运动皮层
感觉皮层
联合区
可塑性
神经发生
胼胝体
割裂脑
环境
行为遗传学
染色体
DNA（脱氧核糖核酸）
基因
同卵双生子
异卵双生子
相互作用
表观遗传学
进化心理学
自然选择
突变

脑与意识

双重加工：心理的双通道

选择性注意

睡眠与梦

生物节律与睡眠

睡眠理论

睡眠剥夺和睡眠障碍

梦

催眠

关于催眠的常见问题

催眠状态的解释

药物与意识

耐受、依赖与成瘾

批判性思考：成瘾

精神活性药物的类型

药物使用的影响因素

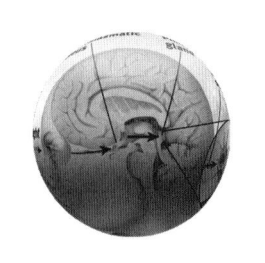

第 3 章

意识与心理的双通道

意识是有趣的。它给我们带来了奇特的体验,比如当我们入睡或从梦中醒来时,有时它让我们困惑究竟是谁在控制我们。在通过一氧化二氮使我头脑麻木之后,牙医让我把头转向左边。我的意识拒绝这样做:"没门,"我默默地说。"你不能指使我!"然后我的脑袋像机器人一样忽略了我的意识,在牙医的控制下主动转向左边。

有些时候意识似乎会分裂。在给我还没上学的孩子讲了《绿鸡蛋和火腿》的故事无数次之后,我的嘴巴能够自动说出词语,而我的意识飘荡到了其他地方。如果某个人来我的办公室,而我正在打这个句子,那也不成问题。我的手指能够在我跟人交谈时完成这个任务。

诸如此类的体验揭示了什么?我在药物诱导下产生的牙科体验与人们在精神活性药物(改变心境和知觉的物质)诱导下产生的体验是否相似?我自动地服从牙医是否类似于人们对催眠师的反应?意识的分裂,就像我们在朗读或打字的时候意识去了其他地方,是否可以解释人们在催眠状态下的行为?我们睡觉时那些奇特的梦境体验何时发生以及为何发生?在思考这些问题或更多问题之前,我们要问一个根本的问题:"什么是意识?"

脑与意识

> 3-1：意识在心理学史中处于什么地位？

在任何一门学科中都有一些基本概念几乎不可能定义。生物学家知道生命体的某些特征，但却无法确切地说明什么是生命。而在物理学中，对物质和能量也无法用简单的定义描述清楚。对心理学家而言，意识就是这样一个没有确切定义的基本概念。在最开始的阶段，心理学是指"对意识状态的描述和解释"（Ladd, 1887）。但是，由于采用科学的方法研究意识有很大难度，所以20个世纪前半叶的很多心理学家将研究方向转向对行为的直接观察——一种新兴的心理学流派，称为行为主义（见第7章）。到20世纪60年代，对心理学的定义不再是仅仅关注对意识或者"精神生活"的研究，而是将其界定成一种行为科学。心理学几乎摒弃了意识。意识的地位被看作类似汽车内的里程表："它无法使汽车前行，只能反映当前正在发生的事情"（Seligman, 1991, p. 24）。

> 心理学必须摒弃所有与意识有关的东西。
> ——行为主义者
> 约翰·华生（1913）

1960年之后，精神性的概念再次进入到心理学领域。神经科学的发展把大脑活动和各种心理状态——清醒、睡眠和做梦紧密地联系在一起。研究者开始探讨经催眠和服药改变后的意识。心理学家坚信心理过程（认知）的重要性。心理学恢复了意识。

现在的大多数心理学家认为，**意识**（consciousness）是我们对自己和环境的觉知。它使我们能够将各种来源的信息汇集在一起，反省过去并规划未来。当我们学习一个复杂的概念或行为（例如驾驶汽车）时，意识会帮我们将注意力集中到汽车和交通上。这种知觉随着我们焦点的改变而改变。随着不断练习，驾驶就慢慢变成一种半自动化的行为，不再需要我们的全神贯注——这使我们的意识可以关注其他事情。随着时间的推移，我们会经历各种意识状态，包括睡眠、觉醒以及其他不同状态（**图** 3.1）。

今天的科学探索意识的生物学。用神经科学家马文·明斯基（Minsky, 1986, p.287）的话来说，科学家假定，"心理是脑的所作所为"。

进化心理学家推测，意识提供了一种繁殖上的优势（Barash, 2006）。通过考虑结果和帮助我们读懂他人的意图，意识帮助我们为长期利益行事。即便如此，这也依然没有解决所谓的"难题"：脑细胞如何彼此交流，以创造出我们对于炸玉米卷的味道、牙痛和恐惧感的意识。这类问题是**认知神经科学**（cognitive neuroscience）的核心，也就是对与心理过程相关的脑活动

图 3.1

意识状态

除了典型的清醒意识，意识还有许多不同的变化状态，包括白日梦、睡眠、冥想和药物引发的幻觉。

自然发生的状态	白日梦	打瞌睡	做梦
生理性诱导的状态	幻觉	性高潮	饥饿或缺氧
心理诱导产生的状态	感觉剥夺	催眠	冥想

的交叉学科研究。根据你的皮层活动模式，神经科学现在能够以有限的方式读懂你的心理（Bor, 2010）。例如，它能分辨你正在观看 10 个相似物体（锤头、钻头等等）中的哪一个（Shinkareva et al., 2008）。

许多认知神经科学的发现告诉我们，一个特定的意识体验发生时，特定的脑区会变得活跃。诸如此类的发现激起了很多人的兴趣，但还不足以令人兴奋。（如果所有的心理过程同时也是生物过程，那么我们的意识、情绪和精神恐怕都必须肉体化。）而真正让很多人感到兴奋的是，越来越多的证据表明，存在着两种意识，每一种都有自身的神经架构。

提取一下

- 在被称为_____的交叉学科领域工作的人研究与感觉、思考、记忆和语言有关的脑活动。

答案：认知神经科学

双重加工：心理的双通道

3-2：当今的认知神经科学所揭示的"双重加工"是什么？

在任何时刻，我们所觉知到的不过是意识屏幕上的东西。在表面之下，无意识的信息加工同时在许多平行的通道发生。当我们看到鸟儿飞翔，我们能够在意识上觉知到认知加工的结果（"这是一只蜂鸟！"），但我们并不能意识到对于鸟的颜色、形状、运动、距离和种类的次加工过程。近来认知神经科学的重大理念之一是，我们大脑的很多工作都发生在屏幕和视线之外。感觉、记忆、思维、语言和态度都在两个水平上进行加工：有意识、经过思考的"大路"和无意识、自动的"小路"。今天的研究者称之为**双重加工**（dual processing）。我们知道的比我们认为自己知道的要多。

如果你会开车，想想你是如何转入右车道的。司机下意识地知道该怎么做，但他们却不能准确地解释（Eagleman, 2011）。你能吗？大多数人说他们会向右打方向盘，然后再打直——这个操作实际上会让他们驶出路面。事实上，一个经验丰富的司机，在转向右边后，会自动地把方向盘回转至中间偏左，然后才回正。这里的启示是：人脑是一个把意识转换成无意识知识的装置。

下面这个故事说明，科学有时可能比科幻还要神奇。我在苏格兰的圣安德鲁斯大学逗留时，认识了认知神经科学家梅尔文·古德尔和大卫·米尔内（Milner & Goodale, 2008）。有一位他们称为 D.F. 的当地妇女，在一天洗澡时发生一氧化碳中毒。脑损伤导致她无法通过视觉认出和分辨物体。她在意识上看不见任何东西。但她表现出了**盲视**（blindsight）——她的行为就仿佛她能看见。她可以分毫不差地把明信片掷入垂直或水平方向的邮槽；虽然她不能报告前方木块的宽度，但是她能够以正确的指间距离抓起木块。

这是如何发生的？我们不就一个视觉系统吗？古德尔和米尔内从动物研究中得知，眼睛同时向几个不同的脑区发送信息，而不同脑区有不同的任务（Weiskrantz, 2009, 2010）。D.F. 的脑活动扫描显示，与取物和抓物有关的脑区活动正常，与有意识地识别物体有关的脑区是损伤的（另一个例子见**图 3.2**）。

图 3.2

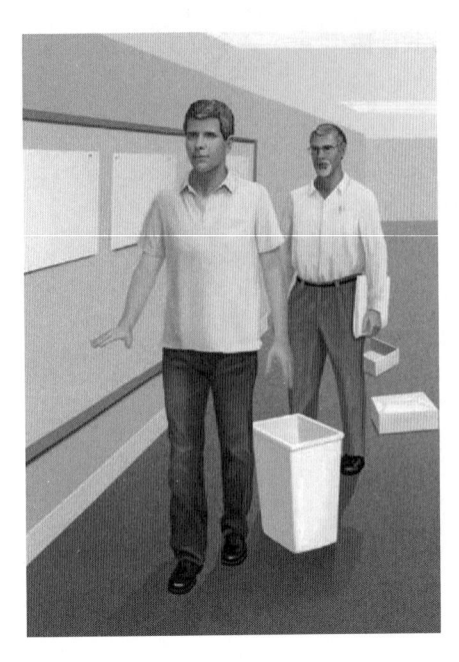

当盲人能够"看见"

这个案例对于盲视和心理的双通道很有说服力。研究者跟踪一名盲视病人走过一条杂乱的走廊。尽管被告知走廊是空的,但病人依然绕过了所有的障碍物而没有意识到它们的存在。

古德尔和米尔内在他们的著作《视而不见》(*Sight Unseen*)一书中总结道,我们称为视觉的这个东西是如此错综复杂和奇特。我们可能认为视觉是一个系统,控制视觉引导的行动,但实际上它是一个双重加工系统。视觉感知通道使我们能够"思考这个世界"——识别事物和计划未来的行动。视觉行为通道指导我们每时每刻的行动。

在失去整个左侧视皮层的病人中也能发现双通道心理的存在,这类病人看不到呈现于右侧视野的物体。但他仍然能够感觉到在他右边呈现的面孔表情,尽管他不是在意识层面感知到的(De Gelder, 2010)。通过磁刺激使拥有正常视觉的人的视皮层暂时失活,也得到类似的发现。这些发现表明加工情绪相关信息的是皮层之下的脑区。

我们日常的思考、感觉和行为很多都发生在意识觉知之外,这对人们来说很难接受(Bargh & Chartrand, 1999)。可以理解,我们倾向于认为我们自身的意图和深思熟虑的选择主导了我们的生活。但在意识之下,还有很多是人类无法控制的。尽管意识让我们能够施加自主的控制,与他人交流我们的心理状态,但这只是信息加工冰山的顶端。极度专注于某项活动(如阅读这一章)使得你整体的脑活动只比基线水平增加了不到5%。即使你在休息,"暗能量轮毂"仍然在你的脑中快速旋转(Raichle, 2010)。

意识层面的序列加工尽管比无意识层面的平行加工慢,但是两者都是必要的。平行加工让你得以处理日常事务。序列加工擅长处理新问题。试一试:如果你是右利手,你可以移动右脚以逆时针划出一个平滑的圆圈,你也可以用右手重复地写数字"3",但是你不能同时完成这两件事。(如果你喜爱音乐,不妨试试更难的任务:左手均匀地轻拍三次,同时右手轻拍四次。)两个任务都需要意识注意,你在同一时间只能注意一个地方。如果大自然通过时间阻止所有的事情同时发生,那么大自然也通过意识阻止我们同时思考和从事所有的事情。

提取一下

● 什么是心理的双通道?什么是"双重加工"?

答案:我们的思维有两种不同的通道和加工方式——一个对我们有意识的觉知,一个无意识地进行。

选择性注意

3-3:我们同时能够有意识地注意多少信息?

通过**选择性注意**(selective attention),我们的意识就像闪光灯的光柱一样,只能集中于我们的体验的有限方面。有人曾经估计,我们的 5 种感觉每秒共可以接收 11 000 000 比特信息,而我们在意识状态下仅能加工 40 比特(Wilson, 2002)。不过,我们仍然能够利用直觉对剩余的 10 999 960 比特的信息进行充分利用。在读到此处时,你可能并没有意识到鞋子对脚底的挤压或者鼻子正处于自己的视线之中。

现在一旦你突然将自己的注意焦点转移到这些事情上，你就会觉得自己的脚被包裹着，鼻子顽固地耸立在你和书本之间。当你注意这几句话的时候，你可能已经将视野边缘的信息排除在意识之外了。但你可以改变这一切，你可以在注视下面的字母 X 时，同时注意一下书周围的东西（书本的边缘、书桌上的东西等）。

X

选择性注意的一个典型例子是鸡尾酒会效应，它指的是人能够从众多的声音中选择性地注意其中一个声音。让另一个声音说出你的名字，在你的另一条心理通道上运作的认知雷达，会立即把这个声音带入意识。这个效应在 2009 年阻止了一个令人难堪的危险情况发生，当时两个西北航空的飞行员"忘记了时间"。他们专注于笔记本电脑和交谈，甚至没有理会交通管制员试图警告他们已经飞离目的地 150 英里。要是管制员知道并说出飞行员的名字就好了。

> 短信、网络和推特一代演化出了对多重新信息进行平行加工这种令人羡慕的能力吗？大多数认知心理学家对此表示怀疑。
> ——史蒂芬·平克，
> "根本不会改变"，2010

选择性注意和交通事故

开车时打电话或者听音乐或关注 GPS，你的选择性注意会在道路和与之竞争的电子信息之间来回切换。当某个棘手的情况产生需要时，你可能会把全部注意集中于道路。你也可能更少眨眼。当专注于一个任务如阅读时，人们的眨眼要少于心不在焉时（Smilek et al., 2010）。如果你想知道跟你共进晚餐的人是否注意你在说什么，观察一下眨眼，希望次数不要太多。

我们在转换注意时要付出代价，尤其是转向复杂任务如留意和躲避周围车辆。代价可能是轻微的，但有时应对延迟是致命的（Rubenstein et al., 2001）。大约 28% 的交通事故发生在人们在用手机聊天或发短信时（National Safety Council, 2010）。一项研究追踪了长途长车司机 18 个月。安装在驾驶室的摄像头显示，他们发短信时发生碰撞的风险比平时高 23 倍（VTTI, 2009）。正是注意到这些发现，2010 年美国禁止卡车和巴士司机开车时发短信（Halsy, 2010）。

不只是卡车司机面临风险。每 4 个有手机的十几岁的青少年司机中就有 1 个开车时发短信（Pew, 2009）。同时处理多个任务需要付出代价：fMRI 扫描在生物学上解释了同时处理多个任务如何分散分配给开车的大脑资源。在与驾驶有关的关键脑区中，当司机交谈时大脑活动平均减少了 37%（Just et al., 2008）。

即使免提电话也比与乘客交谈更让人分心，因为乘客能够看到驾驶需求并中断

"我没在发短信，我在建造瓶子里的船。"

注意力被分散 在一个模拟驾驶实验中，被手机对话转移了注意力的人，犯的驾驶错误更多。

86 迈尔斯普通心理学

图 3.3
我们中间的大猩猩
当专注于某个任务（数其中一个三人球队传球的次数）时，大约一半的观看者没有察觉到明显可见的大猩猩经过，即表现出非注意盲视。

图 3.4
变化盲视
当这个人（白发者）在为建筑工人指路时，两个实验者抬着门板强行从他们俩中间经过。在此期间建筑工人被另一个穿着不同颜色衣服的工人替换，大部分人因专心指路而没有注意到这种替换。（资料来源：Simons & Levin, 1998）

交谈。悉尼大学的研究者分析了撞车前一会儿的通话记录，发现手机使用者（包括使用免提设备的人）的风险高出 4 倍（McEvoy et al., 2005, 2007）。而车上有个乘客只让风险增加了 1.6 倍。这种风险差异也出现在一项实验中，该实验要求司机在高速公路休息站前方 8 公里停靠路边。在与乘客交谈的司机中，88% 的人这样做了。而在打电话的司机中，50% 的人开过了（Strayer & Drews, 2007）。

选择性非注意

在意识觉知水平上，我们只会注意视觉刺激的很小一部分而对所有其他的刺激"视而不见"。内瑟等人（Neisser, 1979; Becklen & Cervone, 1983）用非常有趣的方法证明了这种**非注意盲视**（inattentional blindness）现象。他们让参与者看一段时间长度为一分钟的录像片，录像片是由三个穿黑色短袖的运动员投篮的图像和三个穿白色短袖的运动员投篮的图像重叠而成。实验要求被试在穿黑色短袖运动员传球时按键。在录像中，有一位拿着雨伞的年轻女子从镜头前闪过，绝大多数人都把精力集中在寻找穿黑色衣服的传球运动员，而没有注意到这位女子。当研究者重新播放这段录像时，被试才惊奇地发现这位女子的存在（Mack & Rock, 2000）。这种非注意盲视是我们真正擅长之处的副作用：集中注意于环境的某个部分。

在一个重复实验中，聪明的研究者丹尼尔·西蒙斯和克里斯托弗·查布里斯（Simons & Chabris, 1999）让一名助手装扮成大猩猩从运动员中间经过（图 3.3）。在大猩猩出现的 5~9 秒片段中，大猩猩停下来捶胸。专注于数传球次数的被试中有一半仍然没有看到这只大猩猩。在后续的另一个实验中，学生们在穿过校园广场时打电话，4 个学生中只有 1 个注意到了扮成小丑的独轮车手从他们中间经过（Hyman et al., 2010）。（大多数没有打电话的人确实注意到了。）注意具有强大的选择性。你的意识一次只能处于一个地方。

既然大多数人在其注意被吸引到其他地方时都会忽视穿着大猩猩外套的人，那么想象一下魔术师从操纵我们的选择性注意中得到的乐趣。魔术师对人们的注意进行误导，使他们忽视手滑进口袋的动作。"每次表演一个戏法，你都是在运用实验心理学，"魔术师泰勒说，他是一位精通心理扰乱方法的大师（Teller, 2009）。

魔术师也利用了我们的**变化盲视**（change blindness）。通过选择性地把我们的注意吸引在他们夸张的左手动作上，他们诱使我们忽略另一只手做出的变化。在变化盲视的实验室实验中，参与者在短暂的视觉干扰后没有注意到一个大可乐瓶子从场景中消失了，或出现了一个栏杆，或衣服颜色的变化（Chabris & Simons, 2010; Resnick et al., 1997）。在那些专心给建筑工人指路的人中，有三分之二的人没有注意到工人在事先安排的打断之后被替换了（见图3.4）。正所谓眼不见，心不想。

然而，有些刺激是如此强大，如此与众不同，我们会经历所谓的"冒出"，如图3.5中那张唯一的笑脸。我们不是选择性地注意这些刺激；它们吸引我们的眼球并抓住我们的注意。

我们接下来将看到，心理的双通道甚至在我们睡觉时也在发生。

图 3.5
"冒出"现象

睡眠与梦

睡眠是令人难以抗拒的诱惑。睡眠属于每个人，无论他是总统还是农夫。睡眠是甜蜜的，是一种神秘的修复过程。睡眠中的你可能觉得"不省人事"了，但你并非如此。即使你睡得很深，你的知觉窗户依然开了一道缝隙。你在床上动来动去，但你不会掉下去。偶尔呼啸而过的车辆可能不会打扰你的深睡，但婴儿的哭声让你马上醒来。叫你名字的声音也是如此。脑电图记录证实即使在睡眠中大脑听皮层也对声音刺激产生反应（Kutas, 1990）。当你睡着时，和清醒时一样，你的意识加工大都发生在意识觉知之外。

许多睡眠之谜正在被解开。在全世界的实验室里，有成千上万的个体头戴记录装置进入睡眠状态，而研究者用这种方式对他们进行观察。通过对睡眠者的脑电波和肌肉运动进行记录，通过一次又一次地观察和叫醒他们，研究者们发现了几千年来常识所无法告诉我们的事情。也许你可以预测到其中的一些研究结果。下面的哪些陈述是正确的？

1. 当人们梦到自己正在做一些动作的时候，其四肢通常与梦境中的运动相一致。
2. 老年人睡眠时间要长于年轻人。
3. 梦游者的行为是其梦境内容的反映。
4. 睡眠专家建议偶尔服用安眠药有助于改善失眠症状。
5. 有些人每天晚上都做梦，但是也有人几乎不做梦。

上面所有的陈述（摘自 Palladino & Carducci, 1983）都是错误的，下面让我们来看看为什么。

> 我喜欢睡觉，你呢？睡觉不是很好吗？这实在是生死两个世界中最美妙的事情。你还活着但却没有意识。
> ——喜剧演员
> *丽塔·拉德纳，1993*

生物节律与睡眠

像大海一样，生命也有自己的潮汐节律。在不同的时间阶段内，我们的精神随身体而波动。我们接下来详细了解两种生物节律——24小时的生物钟和90分钟的睡眠周期。

昼夜节律

3-4：我们的生物节律如何影响我们的日常机能？

一天的周期与生命周期相平行——我们在新的一天诞生时醒来，在夜晚回到莎士比亚所称的"死亡假象"状态（即睡眠）。我们的身体变化大概和日夜的 24 小时周期相一致，是通过**昼夜节律**［circadian rhythm，由拉丁文 *circa*（即大约）和 *diem*（即日）结合而来］的生物钟进行调节的。当清晨来临时，体温上升，在白天达到顶点，在下午的前半段有个低谷（很多人在这个时候午睡），然后在晚上又开始下降。当我们处于一天中昼夜节律的觉醒顶点时，我们的思维最为敏锐，记忆也最为准确。试试通宵熬夜或偶尔上个夜班。你会觉得在午夜最困倦，但等到了你正常醒来的时间你可能会获得新的能量。

年龄和经验能改变我们的昼夜节律。大多数 20 岁左右的人是晚上精力充沛的"猫头鹰型"，他们的表现在一天中逐渐提升（May & Hasher, 1998）。大多数老年人是喜欢早晨的"晨鸟型"，他们的表现会随着白天的过去而下降。到了晚上八九点钟，对许多年轻人来说夜晚才刚刚开始，而养老院通常都安静下来了。大约 20 岁之后（女性稍早），我们开始从猫头鹰型转为晨鸟型（Roennerberg et al., 2004）。当女性有了孩子及转向停经后，她们开始变得更加注重早晨（Leonhard & Randler, 2009; Randler & Bausback, 2010）。早晨型的人往往学业更好，主动性更强，更不容易抑郁（Randler, 2008, 2009; Randler & Frech, 2009）。

海豚、鼠海豚和鲸鱼每次只让大脑的一侧睡觉（Miller et al., 2008）。

睡眠阶段

3-5：睡眠和做梦阶段的生物节律是什么？

睡眠或早或晚会向我们袭来，随着大脑皮层的不同部分停止沟通，意识逐渐消退（Massimini et al., 2005）。但睡眠中的大脑并不是一直发出拨号声，而是有着自身的生物节律。

我们会在大概 90 分钟的时间内经历一个由不同阶段组成的周期。这一简单的事实直到 1952 年的一个晚上，8 岁的阿蒙德·阿瑟里斯基上床睡觉时才被发现。他父亲尤金是芝加哥大学的研究生，恰好需要测试白天修好的脑电仪（Aserinsky, 1988; Seligman & Yellen, 1987）。他将电极放在阿蒙德的头上离眼睛很近的位置，记录当时认为的睡眠中会出现的眼睛转动。不久，机器开始疯狂运转，并在打印纸上输出了非常深的折线。阿瑟里斯基想机器可能还未修好。但是第二天晚上，这个活动又周期性地出现了。他最后才意识到，快速的眼动伴随着丰富多彩的大脑活动。有一次，在这一阶段内，他叫醒了阿蒙德，这个小男孩报告说他正在做梦。阿瑟里斯基所发现的这一现象我们现在称为**快速眼动睡眠**（rapid eye movement sleep，REM sleep）。

对数千名志愿者使用相似的程序表明，这些周期是睡眠的正常组成部分（Kleitman, 1960）。为了描述他们的研究方法和结果，现在请想象你自己是一名参与

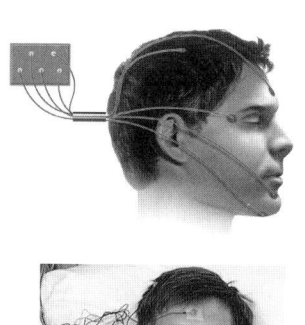

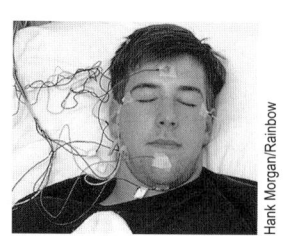

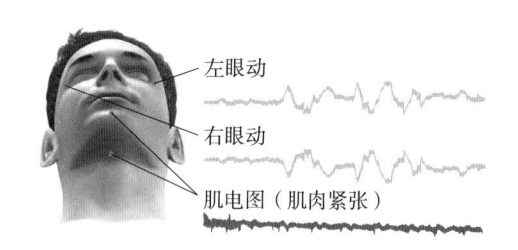

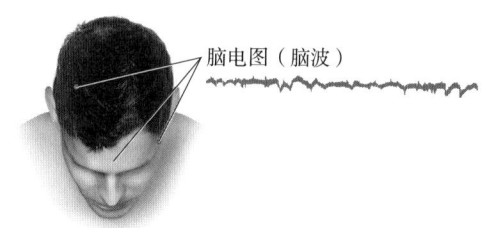

图 3.6
测量睡眠活动
睡眠研究者通过电极测量脑波活动、眼动和肌肉紧张度，这些电极能够收集来自大脑、眼睛和面部肌肉微弱的电信号。（资料来源：Dement, 1978）

图 3.7
脑电波和睡眠阶段
警觉、清醒状态时的 β 波以及清醒、放松状态时的 α 波与非快速眼动睡眠第三阶段时的缓慢、波幅更大的 δ 波有很大差别。虽然在快速眼动睡眠阶段的脑波类似于接近清醒状态的非快速眼动第一阶段睡眠波，但在快速眼动睡眠阶段，身体的唤起程度要高于非快速眼动睡眠阶段。

者。随着时间的推移，大脑新陈代谢的速度在减慢，你开始感到困乏并且打哈欠。哈欠可以伸展你的颈部肌肉并且使心率增加，这可以增强你的警觉性（Moorcroft, 2003）。当你马上要入睡时，研究者将电极贴在你的眼角旁（来探测眼动），头皮上（来探测脑电波）和下巴上（来探测肌肉紧张度）（图 3.6）。还有其他的仪器来记录你的心率、呼吸频率和生殖器的唤起程度。

当你闭上眼睛躺在床上时，研究者在另外一个房间可以从脑电图上看到与清醒、放松状态相关的缓慢出现的 α 波（alpha wave）（图 3.7）。当你适应了所有的仪器并且感觉到困倦的时候，开始进入**睡眠**（sleep）（图 3.8）。这种转变常常以呼吸频率减慢和第一阶段不规则的脑波为标志。在美国睡眠医学学会对睡眠阶段的新分类中，这被称为非快速眼动（NREM）睡眠第一阶段（Silber et al., 2008）。

睡眠研究者德门特（Dement, 1999）在 15 000 多名研究参与者的其中 1 人身上观察到了在大脑和外部世界之间的知觉大门砰的一声关闭的瞬间。他要求这个被剥夺睡眠的年轻人躺下，睁开眼睛，并且每次眼前有亮光闪过的时候（平均每 6 秒左右出现一次）就按键进行反应。几分钟后他错过了一次闪光。问他为什么，他说："因为没有光闪过。"但是当时确实有亮光——他错过亮光是因为他在那 2 秒里睡着了（根据他的脑波显示）。他不但错过了在他鼻子前方 6 英寸远的亮光，也未能意识到突然进入睡眠的那一瞬间。

在这个短暂的非快速眼动睡眠第一阶段，你可能会体验到一种比较奇异的景象，

图 3.8
进入睡眠的瞬间
我们似乎无法识别进入睡眠的那一瞬间，但是监视我们的脑电波却可以透露一些信息。（资料来源：Dement, 1999）

↑睡眠   ——1秒

为了获得自己入睡时的体验，你可以使用闹钟的贪睡功能。

类似**幻觉**（hallucination）——感觉到了实际上并不存在的感觉刺激。你可能感受到身体正慢慢下落（当时你的身体可能突然抽搐了一下）或者漂浮起来。这种"睡前发生的"感觉一会儿可能会与记忆合并在一起。那些声称被外星人绑架的人——经常是上床后不久——一般都会回忆出自己从床上浮起（或被束缚在床上）（Clancy, 2005）。

随后，你会更进一步地放松并且开始进入到非快速眼动睡眠第二阶段，持续时间大约有20分钟，以阶段性地出现睡眠纺锤体——突然出现快速有节律的脑电波为标志（见图 3.7）。虽然在这个阶段你可以很容易被叫醒，但是你现在的确是真正地睡着了。

然后你将进入非快速眼动睡眠第三阶段的深度睡眠。这段慢波睡眠持续大约30分钟，你的大脑会出现波幅很大的慢波——δ波（delta wave），这期间你很难被叫醒。（在非快速眼动睡眠第三阶段的深度慢波睡眠的末尾阶段，儿童可能会尿床。）

快速眼动睡眠

人在做梦时很少打鼾。快速眼动睡眠一开始，人就会停止打鼾。

在你入睡之后大概一个小时，奇怪的事情发生了。你从最初的深度睡眠中"上升"起来，而不是继续熟睡。在返回的路上经过非快速眼动睡眠的第二阶段（整个晚上你大概有一半的时间会在这两个阶段中），你会进入到一个有趣的阶段——快速眼动睡眠（图 3.9）。大概有10分钟的时间，你的脑电波出现的速度越来越快并且呈锯齿状，与几乎清醒的非快速眼动睡眠第一阶段的脑波非常相似。但是与非快速眼动睡眠第一阶段不同的是，在快速眼动睡眠中你的心率会增加，呼吸加快并且变得不规则，而且每隔半分钟左右你的眼睛会突然产生围绕眼睑的瞬间转动。所有对睡眠者眼睛做过观察的人都能够发现这些快速眼动，但是很奇怪的是，科学界直到1952年才注意到这种快速眼动睡眠。

除非在做非常恐怖的梦，在快速眼动睡眠过程中，生殖器会处于唤起状态，可能会产生勃起或者阴道分泌物增加而且阴蒂充血，无论梦的内容是否与色情有关（Karacan et al., 1966）。例如，常见的"晨勃"就源于夜晚最后一个快速眼动阶段，而且通常刚好是在醒来之前出现。在年轻男性中，睡眠中的勃起时间比快速眼动睡眠要长，平均而言会持续30至45分钟（Karacan et al., 1983; Schiavi & Schreiner-Engel, 1988）。所以一个正常的25岁男性在晚上的睡眠过程中有将近一半时间处于勃起状态，而65岁的男性则大概只有四分之一。很多受"勃起障碍"（阳痿）困扰的男性都会出现晨勃现象，这说明他们的问题可能不是器质性的。

虽然大脑的运动皮层在快速眼动睡眠过程中处于活跃状态，但是你的脑干会阻断它的指令，这令你的肌肉完全放松——非常放松以至于偶尔除了手指、脚趾或者面部抽搐以外，你实际上类似处于瘫痪状态之中。并且，你不能被轻易叫醒。所以，快速眼动睡眠有时叫作矛盾的睡眠：身体内部处于唤醒状态而外部处于平静状态。

"我的眼睛好累呀！整晚我都在快速眼动睡眠状态中。"

马每天92%的时间都站着，而且站着也能睡觉，但它们在快速眼动睡眠时必须卧倒（Morrison, 2003）。

第 3 章 意识与心理的双通道   91

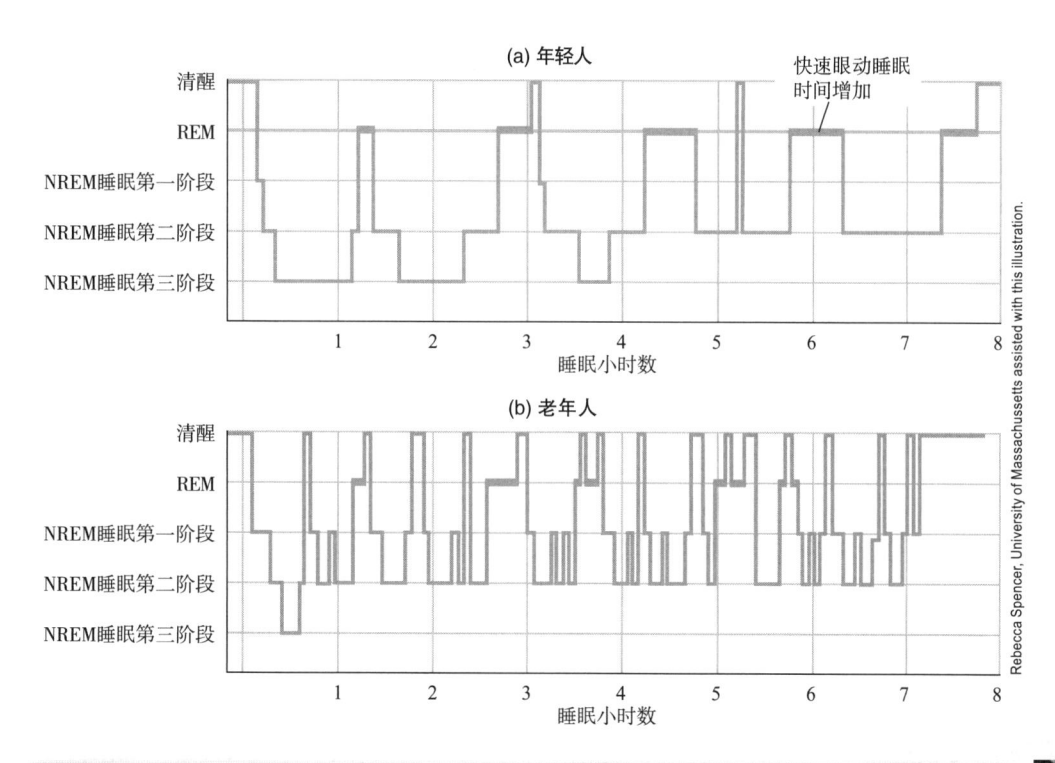

图 3.9

夜晚睡眠的典型阶段

人们每晚都会经历若干次由多个睡眠阶段组成的睡眠周期，同时深度睡眠阶段的持续时间减少，快速眼动睡眠阶段的持续时间增加。随着人们年龄增加，睡眠也变得更加脆弱，老年人常常在睡眠中醒来（Kamel et al., 2006; Neubauer, 1999）。

> **提取一下**
>
> - 为什么集体睡觉对于那些依靠警惕来保证安全的人（如这些战士）可以提供额外的保护？
>
> 答案：由于每一个人的睡眠周期都略有不同，所以任何时候都可能有少至一个人处于浅睡眠状态并有可能被周围的事件吵醒。

人多势众？

对于年轻人来说，睡眠周期大概每 90 分钟重复一次（老年人更加频繁一些）。随着夜晚的过去，非快速眼动睡眠第三阶段的深度睡眠时间会越来越短，随后消失。而快速眼动睡眠阶段则越来越长（见图 3.9）。到早晨为止，平均而言，每晚的快速眼动睡眠要占整个睡眠过程的 20%~25%——大概 100 分钟。37% 的人报告很少或从来没有做过在第二天早上还能记得的梦（Moore, 2004）。然而即使是这部分人，如果把他们从快速眼动睡眠中叫醒，他们在 80% 的情况下都能回忆起梦。我们每年大概花 600 个小时去体验 1 500 个左右的梦境，或者说在人的一生中大概会有 100 000 多个梦。这些梦都被夜晚吞噬了——幸好快速眼动睡眠保护性地让身体瘫痪，我们不会在梦中付诸行动。

> **提取一下**
>
> - 睡眠的四个阶段是什么，我们通常是以什么顺序经过这些阶段的？
> - 你能将认知体验与睡眠阶段匹配起来吗？
>   1. NREM-1   a. 类似故事的梦
>   2. NREM-3   b. 飞逝的画面
>   3. REM   c. 觉知程度最低
>
> 答案：1.b, 2.c, 3.a
>
> 答案：快速眼动睡眠（REM）、非快速眼动睡眠第一阶段（NREM-1）、非快速眼动睡眠第二阶段（NREM-2）、非快速眼动睡眠第三阶段（NREM-3）；我们通常先经历 NREM-1、NREM-2，然后回到 NREM-2，之后是经历 REM 睡眠。

什么影响我们的睡眠模式

3-6：在我们的睡眠模式中生物和环境如何相互作用？

"每个人都需要 8 小时睡眠"的观点是不正确的。新生儿每天大约有 2/3 的时间是在睡眠中度过，而大多数成人却不超过 1/3。而且，睡眠的差异不仅仅是因为年龄。有些人每晚只需不到 6 小时的睡眠就可以，而另外一些人一般要睡 9 个小时或者更多。睡眠模式可能受到遗传的影响（Hor & Tafti, 2009）。韦伯和坎贝尔（Webb & Campbell, 1983）考察了同卵和异卵双生子的睡眠模式和持续时间，发现只有同卵双生子之间非常相似。今天的研究者正在发现调节人类和动物睡眠的基因（Donlea et al., 2009; He et al., 2009）。

在美国和加拿大，成年人平均每晚睡眠时间为 7 到 8 个小时（Hurst, 2008; National Sleep Foundation, 2010; Robinson & Martin, 2009）。因为现代化的电灯、倒班工作方式以及社会休闲娱乐的存在，所以北美国家的人们比一个世纪以前睡得要少。那时人们晚上 9 点就要上床睡觉，而现在却可以一直熬到晚上 11 点。睡眠与清醒时的行为一样，都存在生物和环境的相互作用。

沐浴在光亮中会干扰我们的 24 小时生物钟（Czeisler et al., 1999; Dement, 1999）。亮光通过激活对光敏感的视网膜蛋白质来影响我们的睡意。这表现在脑的**视交叉上核**（suprachiasmatic nucleus）减少褪黑激素的产生，这是一种诱导睡眠的激素（**图 3.10**）。祖先们的生物钟是与日升日落的 24 小时周期相协调的。现在的很多年轻人似乎适应了一种更像是每天 25 小时的生活，他们很晚都不睡觉，以至于都保证不了每晚 8 小时的睡眠时间。大多数动物如果生活在非自然的持续光亮的环境中，也会形成超过 24 小时的昼夜周期。

有些人周末晚睡晚起，而在周日为了迎接新的一周提早上床，这时他们经常无法入睡（Oren & Terman, 1998）。飞去欧洲的北美人需要在他们的昼夜节律说"睡觉"的时候起床，对于他们来说，明亮的光线（第二天待在户外）会有助于重新设定他们的生物钟（Czeisler et al., 1989; Eastman et al., 1995）。

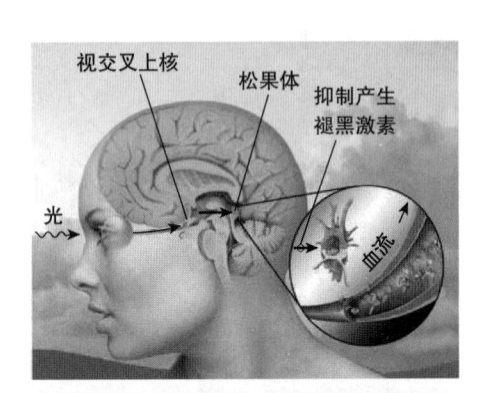

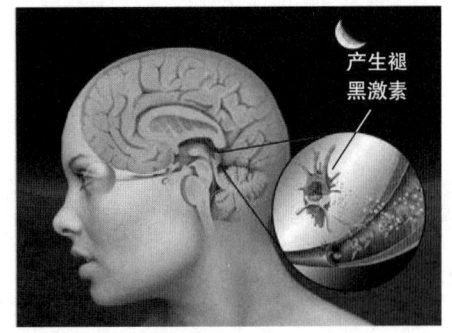

图 3.10
生物钟 亮光到达视网膜会引起下丘脑的神经中枢（视交叉上核）改变生物活性物质的分泌量，例如松果体分泌的褪黑激素（N-乙酰-5-甲氧基色胺）。

昼夜节律劣势：一项针对 10 年间的 24121 场职棒大联盟比赛的研究发现，在持续多日的系列比赛之前跨越了三个时区的球队有 60% 的可能输掉首场比赛（Winter et al., 2009）。

提取一下

- _____ 帮助监控大脑释放褪黑激素，这种激素影响我们的 _____ 节律。

答案：视交叉上核；昼夜

睡眠理论

3-7：睡眠的功能是什么？

睡眠模式在不同的个体和文化之间存在着差异。但是我们为什么需要睡

| 20 小时 | 16 小时 | 12 小时 | 10 小时 | 8 小时 | 4 小时 | 2 小时 |

图 3.11

动物的睡眠时间

你愿意像褐色蝙蝠那样每天睡 20 个小时，还是像长颈鹿那样每天只睡 2 个小时（数据来自 NIH, 2010）？

眠？心理学家提供了关于睡眠进化的五个可能的原因。

1. 睡眠具有保护功能。当黑夜降临时，我们的祖先在此时外出打猎或者采集食物可能是非常危险的，而免受伤害的最好办法就是在山洞里睡觉。那些不会试图在夜里穿行于岩石和山崖间的人更有可能留下后代。这符合一个更广泛的原则：一个物种的睡眠模式倾向于适应其生态位（Siegel, 2009）。那些最需要吃草和躲藏能力最弱的动物倾向于睡得更少（图 3.11 列举了一些动物的睡眠时间）。

2. 睡眠可以帮助我们恢复身体机能。它可以帮助我们修复脑组织。蝙蝠等在清醒状态下代谢程度高的动物消耗了大量的卡路里，并产生大量对神经元有毒性的自由基分子。多睡觉给予神经元休息的时间来修复自己，同时修剪或削弱无用的连接（Gilestro et al., 2009; Siegel, 2003; Vyazovskiy et al., 2008）。可以这样想：意识离开了你的房子，大脑的建筑工人进来翻修。

3. 睡眠可以帮助我们储存和重建对白天的经历正在消退的记忆。睡眠通过增强和稳固神经记忆痕迹来巩固我们的记忆（Racsmány et al., 2010; Rasch & Born, 2008）。那些接受任务操作训练的人在睡了一夜甚至是打了个盹之后的回忆表现也好于几个小时保持清醒的人（Stickgold & Ellenbogen, 2008）。老年人在睡个好觉后也记得更多。而且在人类和大鼠中，慢波睡眠期间的神经活动可以重建和促进对先前的新经验的回忆（Peigneux et al., 2004; Ribeiro et al., 2004）。睡眠增强记忆的方式似乎与清醒时不一样。

4. 睡眠滋生创造性思维。有时，梦是重要文学艺术作品和科学发现的灵感来源，如梦是化学家凯库勒发现苯环结构的线索（Ross, 2006）。更常见的情形是整晚睡眠促进我们的思维和学习。人们在从事一个任务之后睡一觉，解决问题时比那些保持清醒的人更富有洞察力（Wagner et al., 2004）。他们在发现新信息片段之间的联系上也做得更好（Ellenbogen et al., 2007）。为了让思维变得敏捷并发现事物之间的联系，睡一觉还是值得的。

5. 睡眠对成长有支持作用。在深度睡眠中，垂体会释放肌肉发育所必需的生长激素。研究者报告（Maas & Robbins, 2010），有规律的整夜睡眠还能"极大地提高你的运动能力"。睡眠良好的运动员反应时间更快，精力更充沛，耐力更强。在训练中确立每天 8 到 10 小时睡眠的团队表现更好。随着年龄的增长，这种激素的分泌会越来越少，并且深度睡眠的时间也越来越少（Pekkanen, 1982）。

既然睡眠有这么多的益处，缺少睡眠让我们如此难受也就不足为奇了。

> 为了更快入睡，我们需要枕头。
> ——意第绪语谚语

> 灯芯绒枕头成了头条新闻。
> ——无名氏

提取一下

- 哪五个理论解释了我们睡眠的需求？

答案：(1) 睡眠具有保护作用；(2) 睡眠有助于修复身体组织；(3) 我们在睡眠期间储存记忆的痕迹；(4) 睡眠滋生创造力；(5) 睡眠促进成长核心系统作用。

睡眠剥夺和睡眠障碍

3-8：缺少睡眠如何对我们产生影响？主要的睡眠障碍有哪些？

当我们的身体渴望睡眠但无法得到时，我们会开始感觉难受。即使我们努力保持清醒，我们最终也将失败。在抵抗困倦的这场战役中，赢的总是睡眠。

缺少睡眠的影响

今天，我们的睡眠模式比以往任何时候都不仅令人感觉困倦，而且很难让我们感到精力充沛和状态良好。在连续几天只睡五个小时之后，我们积累了睡眠债务，虽然不需全部偿还，但一次长时间的睡眠是不能满足的。睡眠研究者德门特（Dement, 1999, p.64）报告说，"大脑至少可以在两周之内准确记录睡眠债务"。

显然，我们需要睡眠。睡眠大概占据了我们生命的三分之一——平均达到约25年。大多数成年人在不受干扰的情况下至少一晚可以睡9个小时（Coren, 1996）。有了充足的睡眠，我们醒来时精力充沛，心情更好，工作更有效率也更加准确。美国海军和国家健康协会要求参加实验的志愿者在至少一周的时间内每天都睡14个小时。最开始的几天里，两个实验中的志愿者平均睡眠时间都达到12小时以上，这非常明显地缓解了其25~30小时的睡眠缺失。完成这些任务后，他们随后就回到了每晚睡7.5~9个小时的生活状态，由于没有了睡眠缺失，他们感到自己更有活力以及更快乐（Dement, 1999）。在一项盖洛普调查（Mason, 2005）中，在报告自己得到了所需睡眠的成年人中，63%的人报告对个人生活"非常满意"（而需要更多睡眠的人中只有36%）。

大学生尤其处于睡眠剥夺状态；在一项全国性调查中，69%的人报告在过去两周的几天或更多天内"感觉疲倦"或"没精打采"（AP, 2009）。在另一项调查中，28%的高校学生承认一周至少有一次在课堂上睡觉（Sleep Foundation, 2006）。当一切开始变得枯燥无味时，学生们的鼾声就响起了。

缺少睡眠还是抑郁的预测指标。研究者调查了15 000名年龄介于12到18岁的年轻人，发现相比每晚睡8个小时或更多的人，每晚只睡5个小时或更少的人发生抑郁的风险高出71%（Gangwisch et al., 2010）。这种联系似乎并不能反映出抑郁导致的睡眠困难。对儿童和青少年跟踪一段时间后发现，缺少睡眠可以预测抑郁，但反过来不行（Gregory et al., 2009）。此外，快速眼动睡眠对情绪体验的加工有助于抵抗抑郁（Walker & van der Helm, 2009）。在睡了一晚好觉之后，第二天我们往往感觉更好。这有助于解释为什么父母强行制定睡觉时间能够预测更少的抑郁，以及为什么推迟上学时间使青少年的睡眠、警觉性和心境得到改善（Gregory et al., 2009; Owens et al., 2010）。

学生被剥夺睡眠后的表现通常低于他们的顶峰状态。他们知道这一点：十几岁的人和18~29岁的人中分别有五分之四和五分之三的人希望在工作日得到更多的睡眠（Mason, 2003, 2005）。被讨厌的闹钟叫醒，懒懒散散地起床，整个上午都在不停地打哈欠，白天的大多数时间感到沮丧无力，对这些人来说，可能晚上11点才开始真正感到自己

1989年，迈克尔·杜塞特被命名为"美国最安全的少年司机"。而在1990年的某一天，当他从学校开车回家时，在车上睡着了，并且与迎面而来的汽车相撞，他本人和那辆车的司机全都遇难。迈克尔的驾驶教练后来承认自己从来没有对他提到过睡眠剥夺和疲劳驾驶的问题（Dement, 1999）。

"也许'带枕头上班日'不是个好主意。"

精力充沛，却完全没有意识到这会造成第二天的睡眠缺失（Carskadon, 2002）。"剥夺睡眠（导致）学习困难，创造力降低，容易犯错误，易怒和疲劳，"德门特这样说（Dement, 1999, p.231）。大量的睡眠缺失会"使你变得愚蠢"。

缺少睡眠还会让你体重增加。睡眠剥夺会提高食欲刺激素的水平，这种激素诱发饥饿，并减少抑制饥饿的瘦素（详见第 10 章）。缺少睡眠还会增加皮质醇，这种应激激素刺激身体产生脂肪。睡眠时间低于正常的儿童和成年人的确比睡眠时间更长的人要胖（Chen et al., 2008; Knutson et al., 2007; Schoenborn & Adams, 2008）。成年人被实验性地剥夺睡眠后食欲和食量都增加了（Nixon et al., 2008; Patel et al., 2006; Spiegel et al., 2004; Van Cauter et al., 2007）。这可以解释被剥夺睡眠的学生为什么普遍体重增加（但对 11 项研究的综述表明传说中的"新生 15 磅"其实平均来说更接近"大一 4 磅"[Hull et al., 2007]）。

睡眠影响我们的免疫系统。当受到感染时，我们通常睡得更多，以激发我们的免疫细胞。睡眠剥夺能抑制抵抗病毒感染和癌症的免疫细胞（Motivala & Irwin, 2007）。在一项研究中，研究者使志愿者暴露于感冒病毒，那些平均睡眠时间低于 7 小时的人比睡眠时间超过 8 小时的人患上感冒的风险高 3 倍（Cohen et al., 2009）。睡眠的保护效应可能有助于解释为什么每晚睡 7 到 8 个小时的人往往比长期睡眠剥夺的人寿命更长，以及为什么容易入睡和保持睡眠状态的老年人比他们睡眠剥夺的同龄人活得更长（Dement, 1999; Dew et al., 2003）。

睡眠剥夺使视觉注意任务中的反应减慢和错误增加，这些任务与检查机场行李、做手术和解读 X 光片中包含的任务相似（Lim & Dinges, 2010）。当昏昏欲睡的额叶面临意外情况时，常常会发生灾难。想一想 1989 年埃克森瓦尔兹的石油泄漏，1984 年印度博帕尔的联合碳化物公司事件，以及 1979 年三里岛和 1986 年切尔诺贝利核事故：它们都是在半夜发生的，那时的工作人员最困乏，没有对信号做出警觉的反应。反应变慢还会导致在操纵设备、驾驶飞机或汽车时发生灾难。据估计，司机疲劳造成了美国 20% 的交通事故（Brody, 2002）和澳大利亚约 30% 的高速公路死亡人数（Maas, 1999）。

科伦巧妙地利用了大自然赋予的每半年一次控制睡眠时间的实验机会——"春天调快"以利用日光；"秋天调慢"回到标准时间。调查了数以百万计的数据记录后，他发现在加拿大和美国，在春天的时间变化中，睡眠减少之后马上出现的事故率有所增加（图 3.12）。

图 3.13 总结了睡眠剥夺的效应。但我有一个好消息！心理学家发现了一种方法可以增强记忆、提高注意力、提升心境、减少饥饿感和肥胖、增强抵御疾病的免疫系统和降低致命事故的风险。甚至还有一个更好的消息：这种方法感觉很好，它可以自己来操作，无限提供，而且是免费的！如果你是一个典型的大学年龄段的学生，经常快到凌晨 2 点才睡觉，6 个小时后被该死的闹钟从床上拉起来，这个方法很简单：每天晚上睡觉时间增加一个小时。

睡眠障碍

不论睡眠是一种多么正常而合理的需要，10% 的成年人和 15% 的老年人抱怨自己患有**失眠症**（insomnia）——不是偶尔无法入睡，而是在入睡和维持睡眠方面持续存在问题（Irwin et al., 2006）。

记着睡觉是因为你必须睡觉才能记住。

——詹姆斯·B. 马斯和丽贝卡·S. 罗宾斯，《成功需要睡眠》，2010

图 3.12

加拿大的交通事故

春天时间调整后的那个周一，人们的睡眠时间减少1小时，事故率和前一个周一相比有所上升。在秋天，虽然因为大雪，冰冻和黑暗会使事故有所增加，但是时间调整后还是会降低。（资料来源：Coren, 1996）

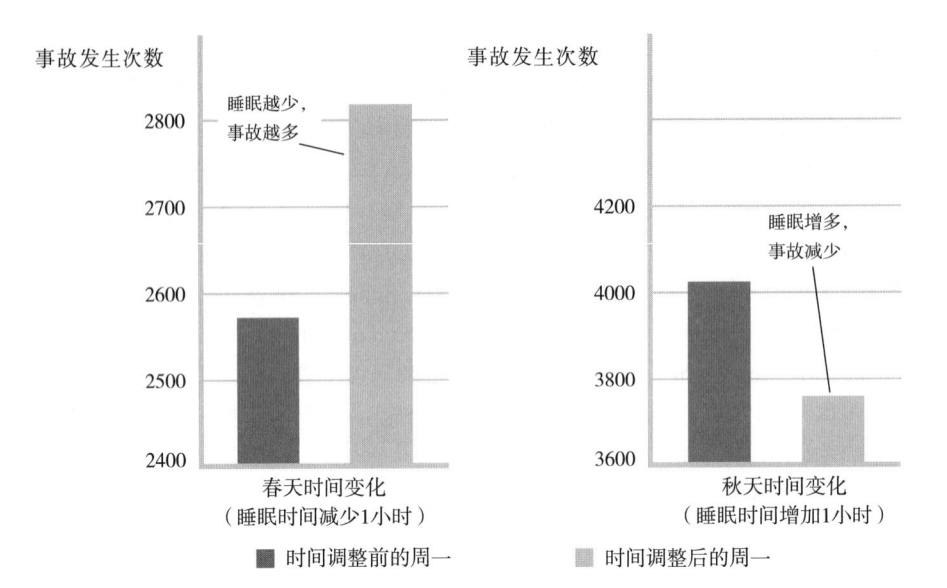

图 3.13

睡眠剥夺如何影响我们

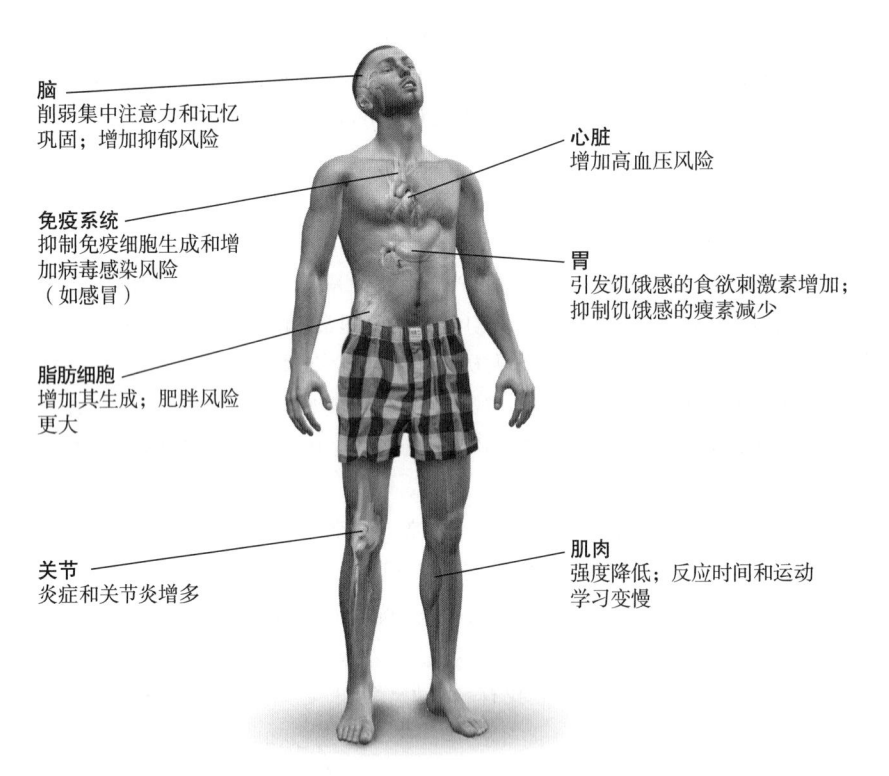

脑
削弱集中注意力和记忆巩固；增加抑郁风险

心脏
增加高血压风险

免疫系统
抑制免疫细胞生成和增加病毒感染风险（如感冒）

胃
引发饥饿感的食欲刺激素增加；抑制饥饿感的瘦素减少

脂肪细胞
增加其生成；肥胖风险更大

关节
炎症和关节炎增多

肌肉
强度降低；反应时间和运动学习变慢

从进入中年开始，睡眠就很少不被打断了。从睡眠中偶尔醒来是很正常的一件事情，所以你无需为此感到烦恼或者服用药物（Vitiello, 2009）。具有讽刺意味的是，因为失眠而烦恼反而会加重失眠。在实验室研究中，失眠症患者抱怨自己的睡眠比其他人的少，但是他们一般会高估——大概是两倍——自己进入睡眠所需要的时间。他们还会低估大约一半其真正睡眠的时间。即使只清醒了一个或者两个小时，我们也会认为自己睡的时间很短，因为我们往往只记得自己清醒的状态。

对失眠症最常见的解决办法是服用安眠药和饮酒，而这又会令失眠问题恶化。二者都会减少快速眼动睡眠，并且使人第二天感觉非常疲乏。这些药物也会导致耐受，人们需要加大剂量以产生作用。而停药后，失眠症却会更加恶化。理想的睡眠辅助

表 3.1　一些辅助睡眠的自然手段

- 有规律地锻炼身体,但是不要在夜晚进行(最好在下午的后半段)。
- 下午以后避免摄入咖啡因(包括巧克力),睡前不要吃过多的东西。牛奶有助于睡眠。(牛奶含有天然的物质,能够生成 5- 羟色胺,5- 羟色胺是促进睡眠的一种神经递质。)
- 睡前充分放松,使用可以调亮度的灯。
- 按时睡觉(即使前一晚休息不好也应按时起床),不要打盹。
- 把闹钟正面遮住,这样你不会想要反复查看闹钟。
- 安慰自己,暂时失眠不会引起大的危害。
- 认识到对于任何处于应激之中的有机体而言,保持警觉都是自然而然的,并且具有适应性。白天的个人冲突通常会造成晚上时睡时醒(Åkerstedt et al., 2007; Brissette & Cohen, 2002)。控制你的应激水平会让你睡得更好。(更多关于应激的内容见第 11 章。)
- 如果都不起作用,就暂时少睡一点,晚一点入睡或者早一点起床。

狮子和羊羔应该是可以躺在一起的,但是羊羔一定不会感到困乏。

——伍迪·艾伦,在电影《爱与死》中的对白,1975

药物应模仿睡眠时大量分泌的自然化学物质,确实能够让人酣睡,而且没有副作用。在科学家能够提供这种神奇的药丸之前,睡眠专家提供了一些提高睡眠质量的建议(见**表 3.1**)。

入睡对有**发作性睡病**(narcolepsy,narco 意为"麻痹",lepsy 意为"发作")的人不是问题,他们会体验到阶段性的、难以抗拒的睡意。这种感觉通常持续不到 5 分钟,但是有时会非常不合时宜地出现,可能正好在击打垒球后,或者大笑时,怒吼时,或者发生性行为时(Dement, 1978, 1999)。在严重的例子中,当事人可能直接进入到短暂的快速眼动睡眠,并且会伴随肌肉紧张的缺失。患有此症的人——据斯坦福大学发作性睡病中心估计每 2 000 人中会有 1 个——必须在生活中非常小心。美国睡眠障碍协会认为:"在导致交通事故的危险因素中,打盹紧排在饮酒之后",而且那些患有发作性睡病的人尤其处于危险之中(Aldrich, 1989)。

美国国家健康学会报告说每 20 人中就有 1 个人(几乎全是超重的男性)受到**睡眠呼吸暂停**(sleep apnea)——一种现代睡眠研究之前没有发现的障碍——的困扰。他们在睡觉时会间歇性地停止呼吸。在窒息一分钟左右后,血氧降低会迫使睡眠者醒来并且用鼻子呼吸空气数秒钟。这个过程可以在一个晚上重复数百次,从而剥夺了患者的慢波睡眠。睡眠呼吸暂停患者在第二天想不起来这些。所以,尽管感到疲惫和消沉——以及配偶对他们鼾声大作的抱怨——很多人意识不到他们的障碍(Peppard et al., 2006)。

睡眠呼吸暂停与肥胖有关,随着美国肥胖人口的增加,患者人数也在增加,尤其是超重的男性包括一些足球运动员(Keller, 2007)。除了鼾声大,其他应该引起警觉的信号包括白天困倦、易怒,或许还有高血压,后者会增加中风或心脏病发作的风险(Dement, 1999)。如果你不介意在黑暗之中看起来有点蠢,一种治疗方法——像面具的一种装置,带有空气泵,保持睡眠者的气道打开(想象一个睡衣派对上的潜水员)——能够有效地减轻呼吸暂停症状。

与睡眠呼吸停暂不同,**夜惊**(night terror)多发生于儿童。睡眠者可能坐起或者四处走动,无条理地说话,心跳和呼吸次数加倍,并且看起来非常恐惧(Hartmann,

经济衰退和压力会让人失眠　美国国家睡眠基金会(2009)调查发现,27% 的人报告因经济状况、个人财务和就业方面的担忧而失眠,这个正在寻找工作的男人看起来明显是这样。

睡眠就像爱情和快乐。如果你过于热烈地追求它,它就会躲开你。

——威尔斯·韦伯,《睡眠:温柔的暴君》,1992

勃拉姆斯需要他自己谱写的催眠曲吗？ 古典作曲家勃拉姆斯脾气暴躁，体重超标，并且喜欢打盹，他所表现出的是睡眠呼吸暂停的常见症状（Margolis, 2000）。

The Granger Collection, New York

1981）。夜惊患者在这些情况下很少会完全醒来，并且在第二天早上几乎回忆不起任何东西——最多也就是一个快速闪过的恐怖画面。夜惊并不是梦魇（梦魇就像其他梦一样，一般发生在早晨之前的快速眼动睡眠时）；而夜惊通常发生在非快速眼动睡眠第三阶段开始的几个小时里。

梦游是另一种发生在非快速眼动睡眠第三阶段的睡眠障碍。它与说梦话（通常是含混不清或毫无意义的）一样，通常发生于儿童，但后者可以发生在睡眠的任何阶段（Mahowald & Ettinger, 1990）。这两种障碍与发作性睡病一样，都具有家族遗传性。如果异卵双生子中的一个有梦游问题的话，另外一个儿童出现梦游问题的概率大约为三分之一，而在同卵双生子中这个概率却高达二分之一。说梦话也是同样如此（Hublin et al., 1997, 1998）。通常情况下梦游是没有伤害性的，并且在第二天早上无法回忆出来。梦游者一般自己会回到床上，或者由熟悉的人带回到床上。大约20%年龄介于3到12岁的人至少有过一次梦游，通常持续2到10分钟；大约5%的人会重复发生梦游（Giles et al., 1994）。儿童非快速眼动睡眠第三阶段的睡眠最深并且持续时间最长，最容易体验到夜惊和梦游。随着年龄的增长和非快速眼动睡眠第三阶段深度睡眠的减少，夜惊和梦游也会逐渐减少。在被剥夺睡眠之后，我们睡得更深，这增加了梦游的可能性（Zadra et al., 2008）。

梦

你附近的内心剧场在放映一部电影：一个人睡觉时做的栩栩如生的梦正在这里首映。这部心理电影从未有人看过，其中的角色令人着迷，故事情节如此独特和不可能发生，但又如此错综复杂且看起来那么真实，以至观众看完后都会惊叹于电影的创造性。

从一个让人烦恼的梦中醒来，我们会因为梦中的情绪而感到悲伤，谁不曾因这种奇特的意识状态而感到困惑呢？我们的大脑如何构建另一个如此具有创造性、丰富多彩和完整的世界？在梦和清醒意识之间的灰色地带，我们甚至可能在某一刻怀疑过哪个世界才是真实的。

发现快速眼动睡眠和梦之间的联系为梦的研究揭开了新的一页。研究者无需再考察人们几小时或者几天后对梦的模糊回忆，而是在梦发生的当时能够直接捕捉到它们，可以在快速眼动睡眠阶段或者之后的3分钟以内叫醒他们，你就可以听到他们对梦的生动描述。

梦境的一个梦幻般的镜头 2010年的电影《盗梦空间》创造性地揭示了我们对于寻找梦的意义和理解意识各个层面的兴趣。它进一步探索了通过暗示的力量来创造虚假记忆的设想——第8章将探讨这个设想。

Photofest/Warner Bros. Pictures

我们的梦境

3-9：我们会梦到什么？

白日梦往往涉及生活中我们熟悉的一些细节——也许描绘了我们自己向导师解释为什么论文会晚交，或者在脑海中重演一些我们遇到的有趣或遗憾的事情。快速眼动睡眠阶段的**梦**（dream）——"沉睡心灵的幻觉"（Loftus & Ketcham, 1994, p.67）——是生动的、充满情绪的，并且充满奇异色彩。一个从噩梦中惊醒的4岁孩子可能真的会认为房子里有一只大狗熊。

我们一生中会花费6年左右的时间做梦，其中很多梦境一点儿也不甜蜜。无论对男性还是女性来说，每10个梦中就有8个是以至少一种消极事件或情绪为标志的（Domhoff, 2007）。人们经常梦到自己在做某件事时会反复失败，受到攻击、追逐，或者被拒绝，或者经历不幸（Hall et al., 1982）。当从快速眼动睡眠中醒来时，人们报告的和性隐喻有关的梦比你想象的可能要少得多。在一项研究中，存在性暗示的梦只占年轻男性梦境的1/10，年轻女性梦境的1/30（Domhoff, 1996）。更常见的是，梦的故事情节包含了前一天与性无关的经历和所关注的事情（De Koninck, 2000）：

- 受到创伤之后，人们经常会出现梦魇，这有助于消除白天的恐惧（Levin & Nielsen, 2007, 2009）。一组美国人记录了他们在2001年9月期间做的梦，结果显示"9·11"袭击发生之后，具有威胁性的梦增加了（Propper et al., 2007）。
- 斯蒂戈尔德及其同事（Stickgold et al., 2000）让人们玩7个小时的电脑游戏"俄罗斯方块"，随后在他们入睡后的第一个小时内反复叫醒他们，结果发现有四分之三的人报告自己体验到游戏中下落方块的影像。
- 生活在狩猎—采集社会的人们经常会梦到动物；而生活在城市中的日本人却很少做这样的梦（Mestel, 1997）。音乐家报告的关于音乐的梦是非音乐家报告的两倍之多（Uga et al., 2006）。

在睡觉时，我们的双通道意识对周围环境继续进行着监控。感觉刺激——特殊

> 我不相信我在做梦，但我也无法证明我没做梦。
> ——哲学家罗素
> （1872—1970）

> 你觉得那些天生的盲人会做梦吗？在法国、匈牙利、埃及和美国进行的研究都发现盲人会梦见使用非视觉的感觉通道——听觉、触觉、嗅觉和味觉（Buquet, 1988; Taha, 1972; Vekassy, 1977）。

> 日有所思，夜有所梦。
> ——雅典戏剧家米南德
> （公元前342—前292），
> 残篇

100 迈尔斯普通心理学

一个流行的有关梦的传说：如果你梦见自己正在下落并且掉到地上（或者如果你梦到死亡），你就会死。（不幸的是，能够证实这一说法的人现在大概已经离开了这个人世。但是确实有一些人曾经做过这样的梦，但是他们现在还活着，而且能够报告自己的梦。）

追逐你的梦，除了那些你光着身子上班的梦。
——演员汉尼·扬曼如是说

的气味或者电话铃声——可能会立即被富有想象力地编织到梦里的故事情节中。在一项经典研究中，德门特和沃尔珀特（Dement & Wolpert, 1958）将凉水轻轻地喷洒到做梦者的脸上。与没有受到凉水喷洒的做梦者相比，这些人更容易梦见水——关于瀑布、屋顶漏水，甚至是被人喷水。

那么，我们能否通过在梦中听录音而学习外语呢？只要可以实施，要是这么简单就好了。睡眠中我们可以学习将一种声音和轻微的电击联系起来（并且根据声音做出反应）。但是我们记不住酣睡中放给我们听的信息（Eich, 1990; Wyatt & Bootzin, 1994）。实际上，我们睡前5分钟内所发生的任何事情通常都会从记忆中消失（Roth et al., 1988）。这可以解释为什么睡眠呼吸暂停患者经常会因喘不过气而反复地醒来，随后又会很快地入睡，但是他们回忆不起这些事件。这还可以解释为什么那些曾使我们短暂地惊醒的梦到了早晨绝大部分都被忘记了。要记住一个梦境，你需要起床并且保持几分钟的头脑清醒。

我们为什么做梦

> 3-10：梦有什么功能？

梦的理论研究者对于我们为什么做梦提出了一些解释，包括以下五种：

满足我们自己的愿望。弗洛伊德在他1900年出版的标志性著作《梦的解析》中写道："这是我所有非常有幸获得的发现中最有价值的一个。"他认为梦可以通过实现愿望，卸下个体无法接受的情感，给人提供一种精神上的安全感。根据弗洛伊德的说法，梦的**显性内容**（manifest content）是其**隐性内容**（latent content）经过检查以后的符号化译本。隐性内容指的是：如果我们将其直接表现出来那可能会带来很大威胁性，例如无意识的驱力和愿望。虽然大多数的梦中没有明显的性幻想，弗洛伊德还是相信大多数成年人的梦境能够"通过对性渴望的分析进行追溯"。比如，在弗洛伊德看来，一把枪可能是对阴茎的掩饰性表征。

弗洛伊德将梦比作理解我们内部心理冲突的钥匙。但是，其批评者则认为弗洛伊德的理论本身实际上就是一个科学的噩梦，到了该从其梦论中觉醒的时候了。基于目前积累的科学知识，"没有理由相信弗洛伊德对于梦及其目的的特定主张"，梦的研究者威廉·多姆霍夫（Domhoff, 2003）评论道。一些研究者主张，即使梦是象征性的，那也可以按照人的愿望对其进行不同的解释。而另一些人认为梦并没有掩饰什么，关于枪的梦就是关于枪的梦。至于所产生的联想，就算是爱抽雪茄的弗洛伊德也曾经说"有时候，雪茄就是雪茄而已。"弗洛伊德梦的愿望实现理论已经在很大程度让位于其他理论了。

人们将（梦境）解释为有意义的，并且随后兜售那些解释，这是骗子行径。
——睡眠研究者
艾伦·霍伯森（1995）

把记忆进行归档。信息加工观点认为，梦可以帮助我们将记忆中白天的经历进行筛选、分类和巩固。一些研究支持这个观点。在学习一个任务一天后进行测试，那些被剥夺了慢波睡眠和快速眼动睡眠的人在新任务中不如睡眠不受干扰的人做得好（Stickgold et al., 2000, 2001）。在另一些实验中，要求人们在睡觉前听一些不常见的短语或者学习寻找一些隐蔽的视觉图像。如果每次都在其进入快速眼动睡眠时被叫醒，那么与在其他睡眠阶段被叫醒相比，他们在第二天早上记住的东西更少（Empson & Clarke, 1970; Karni & Sagi, 1994）。

脑成像证实了快速眼动睡眠和记忆之间的联系。大鼠学习走迷宫，或者人类学习完成一项视觉辨别任务时，工作的脑区在随后的快速眼动睡眠期间也会被激活（Louie & Wilson, 2001; Maquet, 2001）。这些激活模式是如此精确，以至于研究者可以指出如果大鼠正处于清醒状态下，它会站在迷宫的哪个位置上。然而，这些研究没有说服另一些研究者，他们提出记忆巩固可能也发生在非快速眼动睡眠期间（Siegel, 2001; Vertes & Siegel, 2005）。看来一个晚上的巩固睡眠（和做梦）确实在我们的日常生活中占有很重要的位置。睡眠可能是为了记忆。

研究者斯蒂戈尔德（Stickgold, 2000）认为，对学生来说，这的确是一个很重要的信息。很多学生都患有一种睡眠饥饿症，他们会在周末拼命补觉。但是他警告："如果在学习新东西之后缺乏足够高质量睡眠的话，你还是无法把这些新知识有效地整合到记忆中去。"这也许可以帮助我们解释为什么分数较高的高中生比成绩不如他们的同班同学平均每晚多睡25分钟（Wolfson & Carskadon, 1998）。

发展和维护神经通路。也许梦——或者说是与快速眼动睡眠相关的大脑活动——具有某种生理功能，可以给睡眠中的大脑提供周期性的刺激。这种理论从发展的角度讲得通。就像我们将在第4章讲到的一样，刺激体验能够维护和扩展大脑中的神经通路。

对神经静态赋予意义。其他理论认为，梦是由于从脑干弥散上行的神经激活而产生的（Antrobus, 1991; Hobson, 2003, 2004, 2009）。根据其中一种说法，梦是大脑试图对随机的神经活动赋予意义的表现。就像神经外科医生能够通过刺激病人大脑皮层的不同位置而让他们产生幻觉，从大脑内部自发产生的刺激也可以。这些内部刺激激活加工视觉图像的大脑区域，但并非那些接受眼睛传来的自然输入的视觉皮层区。就像弗洛伊德曾经预期的那样，在快速眼动睡眠期间，和情绪相关的边缘系统会变得活跃起来，而负责抑制和理性思维的额叶区域却没有任何活动，这可以解释为什么我们的梦会比生活中的我们更少抑制（Maquet et al., 1996）。将边缘系统的情绪基调和大脑的视觉脉冲加在一起——瞧！我们做梦了。如果边缘系统或者是在梦中被激活的视觉中枢受损的话，那么做梦的这个过程可能就会受损（Domhoff, 2003）。

反映认知发展。有些梦的研究者不赞同弗洛伊德主义和激活整合理论，他们把梦看作是大脑成熟和认知发展的一部分（Domhoff, 2010, 2011; Foulkes, 1999）。比如，在9岁以前，儿童做梦似乎更像是放映幻灯片，很少包含以做梦者为主角的生动故事。梦与清醒时的认知有所重叠，而且以连贯的言语为特征。它们通过借用我们的概念和知识来模仿现实。它们涉及的大脑网络在做白日梦时也是活跃的。与梦是来自于自下而上的大脑激活的观点不同，认知观点强调意识对梦的内容的自上而下的控制（Nir & Tononi, 2010）。

表 3.2 比较了主要的梦理论。尽管睡眠研究者对梦的功能意见不一——有些研究者对梦具有功能持怀疑态度——但是他们都同意一点：我们需要快速眼动睡眠。通过被反复叫醒而剥夺这种睡眠之后，人们在入睡后会越来越快地回到快速眼动睡眠。当最后允许他们不被打扰地睡觉时，他们的睡眠就像婴儿一样——快速眼动睡眠增多，这个现象被称为**快速眼动反跳**（REM rebound）。停止服用抑制快速眼动睡眠的药物也可以增加快速眼动睡眠，但是会伴随有梦魇。

大多数其他的哺乳动物也会经历快速眼动睡眠和快速眼动反跳。动物对快速眼动睡眠的需要提示我们这种原因和功能在很大程度上是生物性的。快速眼动睡眠会出现在哺乳动物而不是出现在行为较少受学习影响的动物（如鱼）身上，这符合梦

快速眼动还可以搅动眼角膜后面的液体；这可以将新鲜的氧气输送到眼角膜细胞，以防止它们窒息。

问题：辛辣食物会让一个人做更多的梦吗？
答案：任何使你容易醒来的食物都让你更有可能回忆起一个梦（Moorcroft, 2003）。

表 3.2 梦的理论

理 论	解 释	批评意见
弗洛伊德的愿望满足	梦提供了一个"心理安全阀"——表达无法接受的情感，包含外显内容（记忆中的）和深层次的隐性内容（隐藏的含义）。	缺乏科学证据；梦可以通过许多不同的方式来解释。
信息加工	梦帮助我们筛选白天的事件和巩固记忆。	但是为什么我们有时会梦到未曾经历过的事情？
生理功能	快速眼动睡眠提供周期性的刺激，有助于发展和维护神经通路。	这可能是真的，但是它不能解释为什么我们会做有意义的梦。
神经激活	快速眼动睡眠引发的神经活动唤起随机的视觉记忆，并且由睡眠中的大脑编排成故事。	个体的大脑编排故事，但这仍然向我们透露了与做梦者有关的内容。
认知发展	梦的内容反映了做梦者的认知发展——他们的知识和理解力。	不能反映梦的神经科学。

的信息加工理论。

那么这是否意味着由于梦具有生理功能并扩展了正常的认知，它们就缺乏心理上的意义呢？不一定。每种在心理层面上的有意义的体验都会涉及活跃的大脑。所有这些再一次告诉我们一个基本原则：对行为的生物学和心理学解释是互补的，而不是竞争的关系。

梦是一种奇妙的、被更改的意识状态。但梦并不是唯一被改变的意识状态。催眠和药物也可以改变意识觉知。

提取一下

● 哪五个理论解释了我们为什么会做梦？

答案：(1) 弗洛伊德的愿望满足理论（梦提供了一个"心理安全阀"），(2) 信息加工（梦筛选白天的事件和巩固记忆），(3) 生理功能（梦为神经发展提供行使锻炼），(4) 神经激活（快速眼动睡眠引发随机的神经活动，并由大脑编排故事），(5) 认知发展（梦反映做梦者的认知发展）。

催 眠

3-11：什么是催眠？催眠师对于被催眠的个体拥有什么力量？

想象你自己正在接受催眠。催眠师引导你进行放松休息，让你注视墙上的一个点，要求你全身处于放松状态。在一片静寂中，你的耳边响起了催眠师低沉的声音："你的眼睛越来越疲倦……眼皮也越来越沉重……现在更加沉重了……你的双眼正在开始合上……你变得越来越放松……现在你的呼吸越来越深入并且变得越来越有规律……你的肌肉也开始越来越放松。你的整个身体开始感觉像铅一样重。"

在这样的催眠引导几分钟后，你很可能已经闭上了双眼，并且也许已经进入了**催眠**（hypnosis）状态。当催眠师暗示"你的眼皮闭得很紧，不管怎么努力都睁不开"

时，你的眼皮可能真的会一直紧闭着并且似乎你自己无力控制它的睁开与否。当要求你忘掉数字 6 时，你可能会很奇怪自己为什么会有 11 个手指头。给你氨水却暗示你会闻到甜美的香味，你可能真的会欣喜地流连于它刺鼻的味道。当暗示你看不到某一特定的物体，比如一把椅子时，你可能真的报告说你没看到有椅子，但是在行走的时候你会避开它（这正是心理天生能够进行双重加工的写照）。

催眠状态真的是一种被改变的意识状态吗？我们首先从那些经常被问到的问题开始。

关于催眠的常见问题

催眠师没有神奇的控制心灵的力量，他们仅仅能够促使人的精力集中于某一特定的图像或者行为（Bowers, 1984）。但我们对暗示的接受性有多高？

- **每个人都能体验到催眠状态吗？** 在一定程度上，几乎每个人都是可以被暗示的。当直立者闭上眼睛，并告知他们正在来回旋转时，绝大多数人真的会旋转一点。实际上，位置旋转是斯坦福催眠感受性量表中的一个项目，这个量表是用来评估个体的催眠感受性。能够对催眠做出反应的人当缺乏催眠暗示时，他们也会做出相应的反应（Kirsch & Braffman, 2001）。

  那些催眠感受性高的人——例如，20% 能够接受暗示的人，闻不到鼻子前面的氨水，或者对此不做出任何反应——经常被想象中的行为深深吸引（Barnier & McConkey, 2004; Silva & Kirsch, 1992）。很多研究者把催眠"感受性"看作一种被催眠的能力，即全神贯注于某一项任务，幻想被它吸引，并完全沉浸于想象中。

- **催眠能促进对遗忘事件的回忆吗？** 大多数人错误地相信（第 8 章会给出解释），我们的经历都原封不动地"在那里"，就是说有关我们的所有事情都在大脑中进行了编码，只要突破我们自己的防御就一定能够回忆出所有的一切（Loftus, 1980）。但 60 年的记忆研究结果反驳了这种观点。我们不会编码所有周围的事物。我们总是只存储某些经验，而且可能无法提取一些已经存储的记忆。

  "催眠中被更新的"记忆是事实和虚构的混合体。1980 年以来，数以千计的人报告被 UFO 劫持，但大多数此类报告都来自于那些原先就相信有外星人存在、具有较高的催眠感受性以及经历过催眠的人（Newman & Baumeister, 1996; Nickell, 1996）。由于人们没有意识到发生了什么，催眠师的暗示——"你听到响声了吗？"——能够植入一些想法并成为被试的虚假记忆。

  那么催眠状态下得到的证词在法庭上可以采纳吗？美国、澳大利亚和英国的法院认为不应当采纳。它们一般禁止使用被催眠的目击证人的证词（Druckman & Bjork, 1994; Gibson, 1995; McConkey, 1995）。

- **催眠能迫使人们做出和意愿相违的行为吗？** 研究者奥恩和伊文斯（Orne & Evans, 1965）指出，被催眠的人可以被诱导做出明显的危险行为。被试按要求将一只手迅速地放入冒着烟的"酸"中，随后将"酸"甩到了一名研究助手的脸上。当一天以后进行访谈时，他们对自己的行为没有任何记忆，并且极力否认自己曾经听从命令做出过这样的行为。

  催眠是否赋予催眠师一种特殊的力量来控制被催眠者做出违背其意愿的行

> 催眠不是心理事实的来源，它恰恰是灾祸之源。
> ——研究者
> 肯尼思·鲍尔斯（1987）

关于人们如何建构错误记忆的更进一步的讨论参见第 8 章。

这并不是我希望发生的。但事实就是事实，如果已经证实了是错误的，那你就必须有耻辱感并且一切重新开始。

——阿加莎·克里斯蒂作品中的马普尔小姐

舞台上的催眠者

为？为了寻找答案，奥恩和伊文斯使出了对付许多虚幻信念的杀手锏——控制组：奥恩让一些人假装他们也被催眠了。实验助手没有意识到控制组的个体并没有被催眠，而是给予所有人相同的对待。结果如何呢？所有未被催眠的参与者（也许认为实验室情境保证了安全性）做出了和催眠被试相同的行为。

- 催眠可以帮助人们治愈或缓解疼痛吗？催眠师试图帮助病人利用他们自身所具有的治疗力量（Baker, 1987）。**催眠后暗示**（posthypnotic suggestion）已经帮助人们有效地缓解了头痛、哮喘以及与压力有关的皮肤问题。

对 18 项研究的数据分析发现，那些采用催眠作为辅助治疗手段的来访者的好转情况要大于 70% 的接受其他治疗的来访者（Kirsch et al., 1995, 1996）。催眠似乎对治疗肥胖特别有效。但是，吸毒者、酗酒者和吸烟成瘾者对催眠的反应并不好（Nash, 2001）。在控制性研究中，催眠可以加速肿瘤的消失速度，但是非催眠状态下的相同的积极暗示具有同样的治疗作用（Spanos, 1991, 1996）。

催眠可以缓解疼痛（Druckman & Bjork, 1994; Jensen, 2008）。当未被催眠者将手臂放到结冰的容器里时，他们在 25 秒内能感觉到强烈的疼痛。暗示被催眠者不会感到疼痛，然后他们在做出同样的行为时，确实报告几乎感觉不到任何疼痛。就像一些牙医了解的那样，仅仅是轻微的催眠就可以缓解恐惧心理，并且减轻对疼痛的敏感性。

催眠抑制与疼痛有关的大脑活动。在外科实验中，催眠过的病人需要更少的药物，复原更快，比未催眠的控制组更早出院，这都是抑制疼痛相关的脑活动的结果（Askay & Patterson, 2007; Hammond, 2008; Spiegel, 2007）。将近 10% 的人能够被深度催眠，甚至于不需要麻醉就可以实施大的外科手术。我们中有一半的人可以通过催眠至少在一定程度上缓解疼痛。在欧洲，催眠在外科中的应用非常活跃，一个比利时的医疗团队通过结合使用催眠、局部麻醉和中效镇静剂完成了 5 000 多例外科手术（Song, 2006）。

提取一下

- 什么时候使用催眠具有潜在的危害，什么时候使用催眠能够带来帮助？

答案：如果舞台上的催眠者让人们做出一些他们羞愧的事情，这可能带入潜意识中带来危害。催眠在治疗一般性疾病和缓解疼痛方面可能会带来益处。

催眠状态的解释

3-12：催眠是正常意识状态的延伸，还是一种被改变的状态？

我们已经看到，催眠与暗示感受性高有关。我们还看到催眠过程并不能赋予一个人特殊的力量，但有时可以帮助人们克服与压力有关的小毛病，并且能够帮助缓解疼痛。那么，到底什么是催眠呢？

催眠是一种社会现象

我们的注意焦点和解释方式能强烈地影响我们的普通知觉。催眠现象是否反映了正常意识的工作方式以及社会影响的力量呢（Lynn et al., 1990; Spanos & Coe, 1992）？催眠的社会影响理论的支持者相信确实是这样。

这意味着人们在有意识地假装体验催眠吗？不，就像那些被角色感染的演员一样，他们开始用催眠状态下人物角色的方式去感觉和行动。他们越喜欢和相信催眠师，并且感觉自己愿意完成催眠行为，他们就越会表现出这样的行为（Gfeller et al., 1987）。巴伯（Barber, 2000）解释说，催眠师的主意变成了被试的想法，而被试的想法产生了催眠的体验和行为。如果要求被试当听到单词心理学时就抓一下自己的耳朵，被试只有在认为实验仍在继续进行时才会这么做。如果研究者消除了他们表现出被催眠的动机（告诉他们催眠只是其"易上当性"的一种表现），被试就会变得毫无反应。此类研究结果支持了这个观点，即催眠现象是正常的社会和认知过程的延伸。

这些观点说明了第13章强调的一条原则：合法情境中的权威人士能够诱导人们——无论是否被催眠——做出一些不可能的行为。正如催眠研究者斯帕诺思所指出的（Spanos, 1982）："催眠对象的古怪行为在正常限制的范围之内。"

催眠是一种分离的意识状态

其他催眠研究者认为催眠不仅仅是诱导某个人扮演"好被试"的角色。他们问到，我们如何解释为什么催眠中的个体有时候会表现出暗示的行为，甚至在知道没人观察自己时也是如此（Perugini et al., 1998）？为什么催眠时伴随有特殊的脑活动（Oakey & Halligan, 2009）？在一个实验中，要求深度催眠中的人想象一种颜色，他们脑区的激活就像真正看到了这种颜色一样。对于催眠个体的大脑来说，单纯的想已变成了一种令人信服的幻觉（Kosslyn et al., 2000）。

这些结果对于著名的研究者希尔加德（Hilgard, 1986, 1992）来说并不意外，他认为催眠不仅涉及社会影响，而且涉及一种特殊的双重加工的**分离**（dissociation）状态——意识的不同层面的分离。希尔加德将催眠分离看作是一种日常心理分离的生动形式，类似于在听讲座时信手乱画或者在交谈时敲入一个句子的结尾。例如，希尔加德认为，当催眠中的人们把手放到冰水中（如**图3.14**），催眠会将疼痛刺激的感觉（被试仍然可以意识到）与定义疼痛体验的情绪痛苦分离开来。因此冰水感觉很冰——非常冰——但不令人疼痛。

另一种形式的双通道加工——选择性注意——也能在催眠带来的疼痛缓解中发挥作用。PET扫描显示，催眠减少了疼痛刺激加工脑区的活动，但感觉皮层的活动没有减少，后者接受原始的感觉输入（Rainville et al., 1997）。催眠没有阻碍感觉输入，而是阻碍我们对这些刺激的注意。这可以解释为什么在比赛中受伤的运动员在比赛结束前几乎感觉不到疼痛。

尽管催眠的意识分离理论存在争议，但有一点似乎很清楚：我们的思维和行为

> 所有可能的意识也许被分割成不同的部分，它们同时存在但是彼此相互忽视。
> ——威廉·詹姆士，
> 《心理学原理》，1890

图 3.14
分离还是角色扮演？
希尔加德对这个被催眠的女性进行了测试，当她把手放到冰水中时没有表现出疼痛。但如果让她在某个身体部位感觉到疼痛时按键，她却按了。对于希尔加德来说，这是分离或意识分离存在的证据。社会影响理论的支持者坚持认为，人们做出这样的反应是在扮演"好被试"的角色。

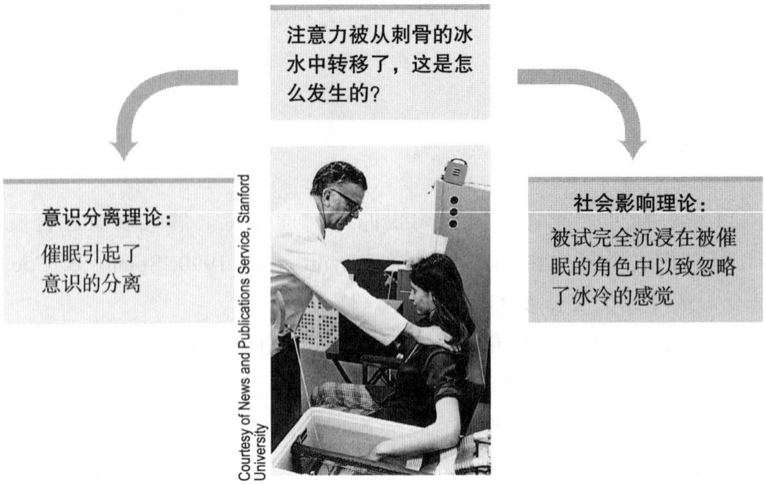

注意力被从刺骨的冰水中转移了，这是怎么发生的？

意识分离理论：
催眠引起了意识的分离

社会影响理论：
被试完全沉浸在被催眠的角色中以致忽略了冰冷的感觉

图 3.15
催眠的分析水平
研究者通过生物心理社会途径，从互补的角度探索催眠。

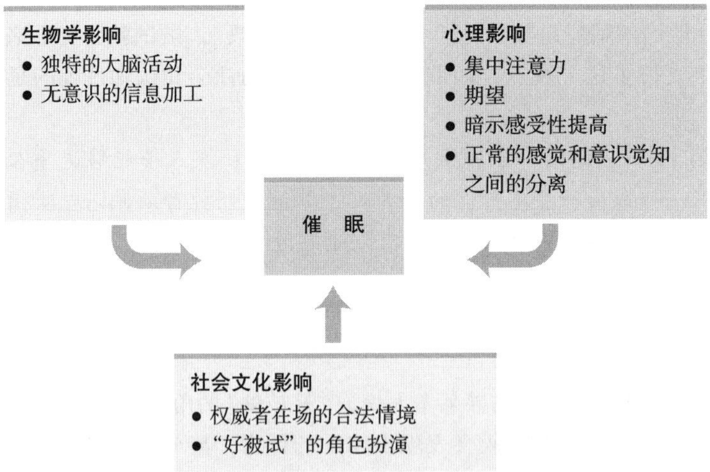

生物学影响
- 独特的大脑活动
- 无意识的信息加工

心理影响
- 集中注意力
- 期望
- 暗示感受性提高
- 正常的感觉和意识觉知之间的分离

催眠

社会文化影响
- 权威者在场的合法情境
- "好被试"的角色扮演

无疑远多于我们所能意识到的。我们的信息加工从选择性注意开始，可以同时划分为意识领域和无意识领域。催眠就像在生活中一样，我们的许多行为是自动发生的。我们具有双通道意识（图 3.15）。

* * *

对于催眠是否以某种独特的方式改变个体的意识这个问题一直存在争论，但是对于某些药物能够改变意识则很少争议。

提取一下

- 希尔加德认为，催眠涉及一种被称为_____的意识状态。他的观点受到了一些研究者的质疑，他们认为参与其中的是_____影响。

答案：分离；社会

药物与意识

让我们想象一个合法药物服用者一天的生活。早晨醒来，先来一杯拿铁提提神。中午，在赴约去整容医生那里注射肉毒杆菌除皱之前，来几支香烟能够镇定疲惫的脑神经。晚餐前的减肥药丸有助于降低食欲，而且其刺激效果正好可以被睡前饮料和两片泰诺安所抵消。如果想表现得更好，B-阻滞剂可以让舞台表演者镇定，中年男性可服用伟哥，女性可用释放激素的"力比多贴片"，希望集中注意力的学生们可服用"阿德拉"（苯丙胺盐）。在进入快速眼动期被抑制的睡眠之前，我们想象中的药物服用者对电视里大学生分享和吸食毒品的新闻感到惊愕。

大多数人能够适量地使用一些非处方药物，且不会对生活产生干扰。但有一些人发展出了自我伤害的药物相关障碍。在这些情况中被使用的药物是**精神活性药物**（psychoactive drugs），这种化学物质能够改变知觉和心境。药物的整体作用不仅依赖于其生理作用，同时在心理上会受到服用者期望的强烈影响，这在不同社会和文化背景中存在差异（Ward，1994）。如果一种文化认为某种特定的药物能够引起愉悦感（或者攻击或者性唤起）而其他一种文化并不这样认为的话，那么每一种文化都能实现自己的预期。接下来，我们将考察在特定精神活性药物的使用和滥用中这些力量之间的相互作用。首先，我们来看看我们的身体是如何对持续使用精神活性物质做出反应的。

耐受、依赖与成瘾

3-13：什么是耐受、依赖和成瘾，我们对于成瘾有哪些常见的误解？

为什么一个很少喝酒的人喝了一罐啤酒就醉了，而长期喝酒的人喝了12罐还没什么反应？答案是**耐受**（tolerance）。由于持续使用酒精和一些其他药物（大麻除外），使用者大脑的化学成分适应并抵消了药物作用（这个过程称为神经适应）。所以，使用者需要越来越大剂量的药物来体验药物效果（**图3.16**）。例如，长期酗酒者的大脑、心脏和肝脏都遭受到其过度服用的酒精的破坏。大多数精神活性药物一旦提高剂量后就会对健康造成严重的威胁，并导致**成瘾**（addiction）：尽管某种物质有害，一个人仍然渴求和使用这种物质。（见批判性思考：成瘾。）世界卫生组织（WHO，2008）曾报告，全世界有9 000万人遭受到与酒精和其他药物相关的此类问题。

> **提取一下**
>
> • 导致药物耐受的过程是什么？
>
> 答案：神经适应，药物的效果反复产生后，需要重复更高剂量的药物才能感到药物效果。

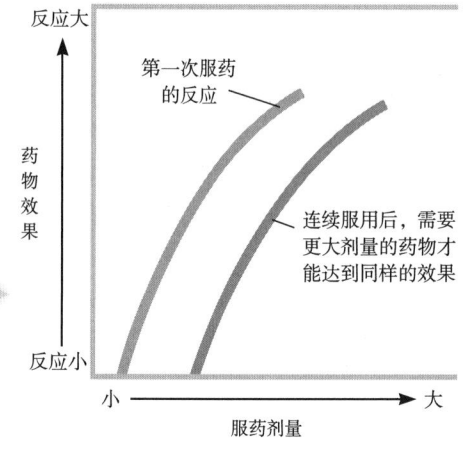

图3.16
药物耐受

突然停止服用精神性药物的个体可能会体验到**戒断**（withdrawal）的令人不快的副作用。随着身体对药物缺失的强烈

批判性思考

成　瘾

在近来的通俗心理学中，成瘾所产生的据称无法抗拒的诱惑包括了很多以前被认为是坏习惯甚至罪恶的行为。这个概念是不是太宽泛了？成瘾真的如一般人想象的那样难以抗拒吗？让我们来考虑以下三大问题：

1. **药物成瘾恶化的速度快吗？** 例如，用来缓解疼痛的吗啡会导致海洛因成瘾吗？一般来说不会。那些使用吗啡缓解疼痛的人很少会像那些将吗啡用作改变情绪的药物的个体那样形成毒瘾（Melzack, 1990）。在使用精神药物之后，有些人——大概10%——确实需要很长一段艰苦的时间来减少服用或者停用。但是，更多人是有控制力的，偶尔服用酒精或者大麻的人并没有成为瘾君子（Gazzaniga, 1988; Siegel, 1990）。罗宾逊和贝里奇（Robinson & Berridge, 2003）报告说，"就算是对于非常容易成瘾的药物，例如可卡因来说，也只有15%~16%的人在首次使用之后的10年内会成瘾。"

2. **克服成瘾需要治疗吗？** 成瘾的作用是强大的，一些成瘾者确实能从治疗或团体支持中受益。酒精匿名协会已经帮助很多人战胜了酒精依赖。但是治疗与非治疗组的戒断成功率之间的差异比一般人想象的要小。而且，将成瘾看作一种无法控制的疾病会削弱成瘾者的自信心并挫伤其意志，即如果没有治疗"自己将无法战胜药物成瘾"。批评者认为这种看法令人遗憾，因为很多人没有通过治疗而自愿停止了使用药物。美国有4 100万以前吸烟的人靠自己的力量戒掉了烟瘾。

3. **我们可以将成瘾的概念扩展，使其不仅仅包括药物依赖，还包括所有反复的、寻找快乐的行为吗？** 我们能够做到这一点并且已经这么做了，但是我们应该这样吗？人们建议把将成瘾视作疾病并且需要治疗的观点应用于多种过量的动机行为，包括吃东西、购物、锻炼、性行为、赌博和工作。不是将其用作一种比喻（"我是一名科幻小说上瘾者"），而是当成现实，成瘾就可以变成一种通用的借口。另外，给一种行为贴上标签并不能对其做出解释。批评者说，如在泰格·伍兹的案例中，将连续通奸归因于"性成瘾"并不能解释性冲动（Radford, 2010）。

有时候，类似赌博、视频游戏或者上网冲浪的行为确实能够变成强迫性行为，并且可能会引起功能障碍，就像药物滥用一样（Gentile, 2009; Griffiths, 2001; Hoeft et al., 2008）。例如，一些互联网使用者确实表现出无力抗拒登录和停留在网页上，即使过度使用对他们的工作和人际关系造成损害也是如此（Ko et al., 2005）。但将成瘾的概念扩展到包括上述社会行为合适吗？请继续关注，关于成瘾是否为疾病的争论还在继续。

尝试不同药物后上瘾的可能性：

烟草	32%
海洛因	23%
酒精	15%
大麻	9%

资料来源：National Academy of Science, Institute of Medicine (Brody, 2003).

反应，使用者可能会感到身体疼痛难忍以及强烈的渴望，表现出对药物的**生理依赖**（physical dependence）。特别是对于那些缓解压力的药物，人们还会形成**心理依赖**（psychological dependence）。虽然这些药物可能不会在生理上成瘾，但是它们却成为

使用者生活中一个十分重要的组成部分,并经常被用作排解消极情绪的方式。无论是形成生理依赖还是心理依赖,使用者主要关注的可能是获得和使用药物。

精神活性药物的类型

三类主要的精神活性药物分别是抑制剂、兴奋剂和致幻剂,它们都在大脑的突触部位发挥作用。它们刺激、抑制或者模拟神经递质这种脑化学信使的活动。

抑制剂

3-14:什么是抑制剂,它们有何作用?

抑制剂(depressant)是诸如酒精、巴比妥酸盐(镇静剂)以及鸦片这类镇定神经活动和减缓身体机能的物质。

酒精 是对是错?在小剂量使用时,酒精起兴奋剂的作用。错。小剂量的"酒精"也许真的能够让喝酒者活跃起来,但那是通过作为抑制剂——减缓大脑控制判断和抑制性的活动来做到这一点的。酒精降低了我们的抑制力,减缓了神经加工活动,影响记忆形成和降低自我觉知(Lynn, 1988)。它还提高了伤害他人的倾向,比如性唤起的男性更可能进行性侵犯。

酒精 + 性 = 完美风暴。男性和女性在饮酒时都更容易发生随意性行为(Cooper. 2006; Ebel-Lam et al., 2009)。你在清醒时觉到的冲动更容易在喝醉时付诸行动。

减缓神经加工 低剂量的酒精能够通过减弱交感神经系统活动而让饮酒者放松下来。大剂量使用时,酒精能够令人反应迟缓,语言含糊,技能性表现变差。和剥夺睡眠相伴随时,酒精会成为一种强有力的镇静剂。这些生理反应与较低的抑制相结合,其结果可能是致命的。全世界范围内每年有几十万人在与酒精有关的事故和暴力犯罪中丧生。随着血液中酒精含量的上升,人们的道德判断变得越来越不成熟,他们对于酒后驾车的担忧也越来越小。在实验中,几乎所有的饮酒者都在清醒时坚持他们不会酒后驾车,但最终所有人都会从酒吧直接驾车回家,就算是经过呼吸测试并且告知他们已经处于醉酒状态(Denton & Krebs, 1990; MacDonald et al., 1995)。在一次中度饮酒之后接着重度饮酒,酒精还会危及生命,因为这样会抑制呕吐反应。人们在饮酒过量时会使自己中毒,而此时身体在正常情况下会产生呕吐反应。

干扰记忆 酒精会干扰记忆形成,重度饮酒对于脑和认知的影响可以是长期的。在大鼠中,在与人类青春期相应的发展阶段,大量饮酒减少神经细胞的形成,损害突触连接的生长,并导致神经细胞的死亡(Crews et al., 2006, 2007)。在人类中,重度饮酒会导致短暂昏厥,饮酒者回忆不起来他们前一天晚上遇见的人或者醉酒时说了或做了什么。这部分是因为酒精抑制快速眼动睡眠,而快速眼动睡眠有助于将一天的经历载入永久记忆中。

"这可不是高效能人士的7个习惯之一。"

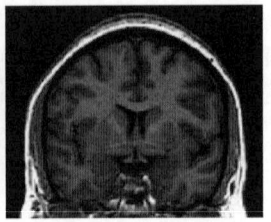

酒精依赖（alcohol dependence）以长期和过度饮酒为特征，它会造成大脑萎缩（图3.17）。女孩和年轻女性（用于消化酒精的酶较少）比男孩和年轻男性会更快对酒精上瘾，她们在更低的吸收水平上就可能造成肺、脑和肝损伤（CASA, 2003; Wuethrich, 2001）。

图 3.17
酒精依赖会使大脑萎缩
MRI扫描结果发现，酒精依赖女性的大脑（左侧）比控制组女性的大脑（右侧）明显萎缩。

降低自我觉知和自我控制　在一项实验中，那些摄入酒精（而不是安慰剂饮料）的人在阅读任务期间更容易走神，也更不容易注意到他们走神了（Sayette et al., 2009）。酒精不仅降低自我觉知，还会产生一种"短视"，因为个体只关注某种当前的情境（例如挑衅）而不会去注意正常的抑制和将来的后果（Giancola et al., 2010; Hull et al., 1986; Steele & Josephs, 1990）。

自我觉知的降低可以帮助解释，为什么与那些对自己满意的人相比，希望抑制自己对失败或者缺点觉知的人更容易饮酒。商业交易、比赛或者恋爱上的失败有时候会使人大醉一场。

预期效应　就像服用其他药物一样，预期也会影响行为。当人们相信酒精会以某种特定的方式影响人的社会行为，并且相信（不论正确与否）自己一直在饮酒，那他们就会表现出相应的行为（Moss & Albery, 2009）。在一项经典研究中，研究者给那些志愿参加一项"酒精与性刺激"研究的鲁特格斯大学男生提供含有酒精或不含酒精的饮料（Abrams & Wilson, 1983）。（两种饮料都含有能够盖住酒精气味的强烈味道。）每一组中，半数的参与者以为他们喝的是酒，而另外一半以为他们喝的不是酒。当看过一段色情电影片断之后，那些以为自己喝过酒的人更可能报告自己产生了强烈的性幻想且没有任何负疚感。将性反应归因于酒精可以释放他们的压抑——无论他们实际上是否喝过酒。酒精的作用在一定程度上是由于强有力的性器官——精神在起作用。

巴比妥酸盐　巴比妥酸盐（barbiturate），或称镇静剂，和酒精的作用相似。因为能够抑制交感神经系统的活动，所以巴比妥酸盐如戊巴比妥钠、速可眠（西可巴比妥）和异戊巴比妥钠有时候会作为处方药来诱发睡眠或者减少焦虑。大剂量服用时，它们会损害记忆和判断能力。和酒精一起服用时，比如晚上在大量饮酒后服用安眠药，对于机体功能的整体抑制作用可能是致命的。

阿片类　阿片类（opiate）——阿片及其衍生物吗啡和海洛因——也能抑制神经活动。服用后瞳孔收缩，呼吸减慢，幸福喜悦代替了疼痛和焦虑，服用者变得昏昏欲睡。但是这种短时的快感却需要付出长期的代价，对于海洛因服用者来说，他们会迫切地渴望下次的服用，其剂量日益增加，戒断会带来极端的痛苦。当反复大量摄入人工阿片时，大脑最终停止产生内啡肽，这是大脑自身的阿片。如果之后戒掉人工阿片，大脑就失去了正常水平的具有镇痛作用的这些神经递质。对那些无法忍受或选择不再忍受这种状态的人来说，最终的代价是：因大剂量服用而死亡。

第 3 章　意识与心理的双通道　111

提取一下

- 酒精、巴比妥酸盐和阿片类都属于一类被称为_____的药物。

答案：抑制剂（倒排版）

兴奋剂

3-15：什么是兴奋剂，它们有何作用？

兴奋剂（stimulants）能够刺激神经活动和加快身体功能。兴奋剂会导致瞳孔放大、心跳和呼吸频率加快、血糖水平上升和食欲下降。精力和自信也会提升。

兴奋剂包括咖啡因、尼古丁、**苯丙胺**（amphetamine）、可卡因、甲基苯丙胺（"speed"）和摇头丸。人们服用兴奋剂来保持头脑清醒、减肥，或者提升心境和竞技表现。不幸的是，兴奋剂是会成瘾的，你如果每天从咖啡、茶、汽水或能量饮料中摄入咖啡因就会知道这一点。如果中止你的日常使用，你会感到疲劳、头痛、易怒和沮丧（Silverman et al., 1992）。中等剂量咖啡因的作用一般会持续 3 到 4 个小时，如果晚上摄入的话足以影响睡眠。

尼古丁　成瘾性最强的一种兴奋剂是**尼古丁**（nicotine），它出现在香烟和其他烟草制品中。假如吸烟是无害的，除了每 2.5 万包中会偶然有 1 包表面无辜，但里面装的却是炸药。被炸掉脑袋的风险并不是很高。然而，根据世界范围内 2.5 亿包香烟的日消耗量，每天的预期死亡人数超过 1 万人（每天和每一天的死亡人数都是"9·11"灾难的 3 倍还多）！无疑，这足够能让任何一个地方都实行戒烟。

因这些装入炸药的香烟而死亡的人数，与目前实际吸烟引起的死亡人数接近。一个从青少年时期终身吸烟的人，有 50% 的可能是死于这一嗜好，每年香烟会杀死其全世界 13 亿顾客中的大约 540 万人（相当于恐怖分子每天击落 25 架坐满乘客的巨型喷气式飞机的暴行）。到 2030 年，每年的死亡人数预期将增至 800 万，那意味着 21 世纪将会有 10 亿人死于烟草（WHO, 2008）。不吸烟比任何其他预防措施都可能延长寿命。

对尼古丁成瘾的人会发现戒烟很难，这是因为香烟和海洛因、可卡因一样会使人快速成瘾。甚至在刚开始吸烟的几周之内，停止吸烟的尝试都会以失败告终（DiFranza, 2008）。和其他的成瘾一样，吸烟者对香烟有依赖性，也会形成耐受性。停止吸烟会引起戒断症状，包括渴望抽烟、失眠、焦虑、易怒和分心（DiFranza, 2008）。被剥夺尼古丁的吸烟者如果试图专注于一个任务，他们走神的几率会高出三倍（Sayette et al., 2010）。当他们不对香烟产生渴求时，他们往往低估这种渴求的作用（Sayette et al., 2008）。

要减轻这些让人厌恶的症状，只需一支烟（一个便携式尼古丁自动售货机）。7 秒内，尼古丁就会给中枢神经系统发出释放大量神经递质的信号（图 3.18）。肾上腺素和去甲肾上腺素使胃口减小，警觉性和心理效率提高。多巴胺和鸦片能平复焦虑，降低对疼痛的敏感性（Nowak, 1994; Scott et al., 2008）。

这些奖赏让人们无法停止吸烟，即使 10 个吸烟者中有 8 个希望能戒烟（Jones, 2007）。每年，7 个希望戒烟的吸烟者中只有不到 1 个能够抗拒吸烟。即使那些人知

Vasca/Shutterstock

吸一支香烟，你的寿命会减少 12 分钟——讽刺的是，这正好是你吸一支烟的时间（Discover, 1996）。

幽默作家戴夫·巴里（1995）回忆他为什么会在 15 岁那年的夏天吸第一支烟："反对吸烟的理由：'上瘾是令人讨厌的，它虽然缓慢但一定会让你变成一个气喘、皮肤暗淡、肿瘤缠身的病人，从你仅剩的一个肺中咳出大量褐色的有毒废物。'支持吸烟的理由：'其他青少年都在吸烟。'好了！点上吧！"

图 3.18
"有烟的地方……":尼古丁的生理效应

尼古丁 7 秒内就能到达大脑,比静脉注射海洛因快两倍;几分钟之内,血液中的尼古丁含量剧增。

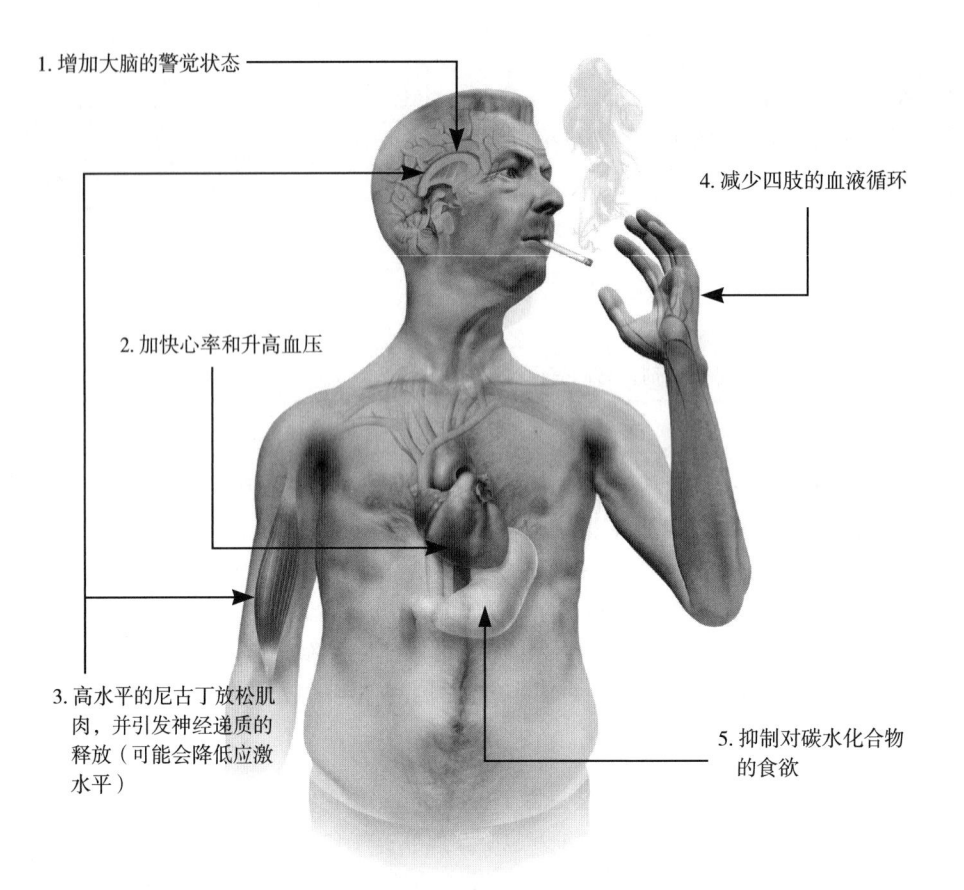

1. 增加大脑的警觉状态
2. 加快心率和升高血压
3. 高水平的尼古丁放松肌肉,并引发神经递质的释放(可能会降低应激水平)
4. 减少四肢的血液循环
5. 抑制对碳水化合物的食欲

道自己是在慢性自杀,他们也无法戒烟(Saad, 2002)。当被问到"如果你不得不从头再来,你会开始吸烟吗",超过 85% 的成年吸烟者回答"不会"(Slovic et al., 2002)。

不过,反复尝试戒烟多少会带来益处。所有曾经吸烟的美国人中有一半已经戒烟了,有时是在尼古丁替代药物以及在电话咨询者或支持团体的鼓励之下。吸烟者突然戒烟或逐步戒烟的成功可能性相差无几(Fiore et al., 2008; Lichtenstein et al., 2010; Lindson et al., 2010)。对那些经得起考验的人来说,急迫的渴求和戒断症状会在忍耐 6 个月后逐渐消失(Ward et al., 1997)。戒烟一年后,只有 10% 的人会在下一年复吸(Hughes et al., 2010)。这些不再吸烟的人不仅更加健康,生活得也更加快乐。吸烟与高比率的抑郁、慢性失能和离婚相关(Doherty & Doherty, 1998; Vita et al., 1998)。健康的生活似乎不仅让生命更长久,也让生命更充实。

提取一下

• 为什么烟草公司如此努力地让客户们从青少年就开始上瘾?

答案:尼古丁极难戒掉。青春且叛逆、那些在结识新朋友之地经常感到孤独的人可能准准止使用尼古丁了,年龄都随着长大。捆有了终身客户。

可卡因让你焕然一新。而那个崭新的人想要的第一件东西是更多的可卡因。

——喜剧演员乔治·卡林
(1937—2008)

可卡因 可口可乐最初的配方中包含古柯植物的提取物,它为疲倦的老年人带来了一种可卡因补品。从 1896 年到 1905 年,可口可乐确实是"真材实料"。但如今不再是这样了。今天人们通过鼻吸、注射或烟吸摄入可卡因。它能快速进入血液循环,产生一种"突如其来"的欣快感,并耗尽大脑内多巴胺、5-羟色胺以及去甲肾上腺

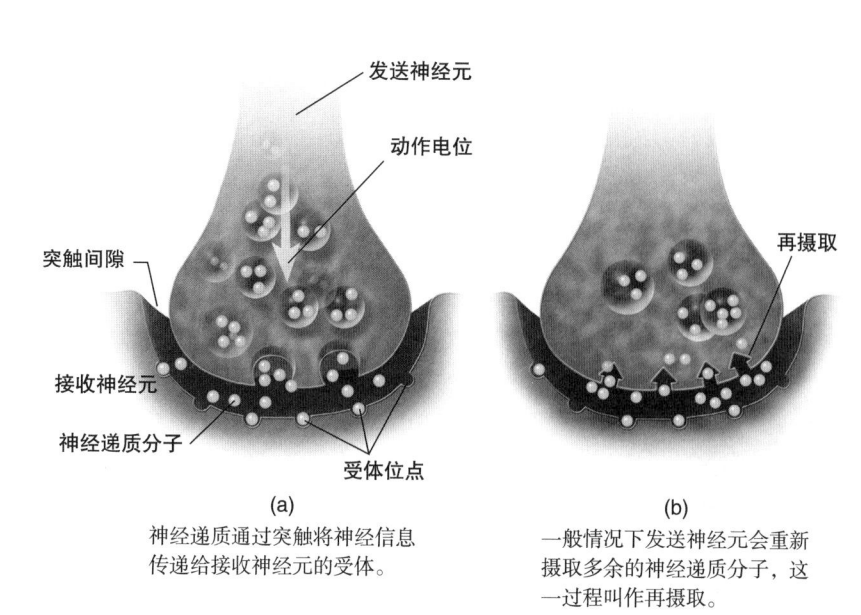

图 3.19
可卡因产生的欣快感和痛苦

(a) 神经递质通过突触将神经信息传递给接收神经元的受体。

(b) 一般情况下发送神经元会重新摄取多余的神经递质分子，这一过程叫作再摄取。

(c) 可卡因通过占据再摄取的神经递质分子的位置，阻断了对多巴胺、血液中的5-羟色胺以及去甲肾上腺素的再摄取（Ray & Ksir, 1990）。于是过剩的神经递质分子就在突触中残留，加强了其正常的改变心境的作用，并且会带来突然的欣快感。当可卡因的阻断停止时，这些神经递质的缺乏就会给个体带来痛苦。

图中标注：发送神经元、动作电位、突触间隙、接收神经元、神经递质分子、受体位点、再摄取、可卡因

素的供应（**图 3.19**）。一个小时之后，随着药效的消失，将伴随有巨大的沮丧失望情绪。许多定期使用可卡因以得到快感的人会逐渐成瘾。在实验室中，对可卡因成瘾的猴子会通过按压 12 000 余次杠杆来获得一次可卡因注射（Siegel, 1990）。

在那些引发攻击性的情境下，摄取可卡因可能会增加攻击行为。笼养的大鼠在足部受到电击时会进行反抗，而当其摄入可卡因后，这时再对其足部实施电击，它们的反抗更为强烈。类似地，在实验室环境下，与摄入安慰剂的人相比，摄入大量可卡因的人会对自己的竞争对手实施强度更大的电击（Licata et al., 1993）。使用可卡因还会导致情绪混乱、多疑、痉挛、心脏停止跳动或者呼吸衰竭。

在全国性调查中，3% 的美国高中毕业班学生和 6% 年龄介于 18 到 24 岁的英国人报告自己在过去的一年中曾经尝试过可卡因（ACMD, 2009; Johnston et al., 2011）。大概有一半的人报告他们曾经吸食过快克（crack，强效纯可卡因），一种结晶状的可卡因。快克的作用甚至更快，虽然其快感持续的时间非常短暂，但快感的体验却更为强烈，之后的痛苦也更为剧烈。渴望吸食更多可卡因的欲望在几小时后会减弱，但是在几天后又会重新燃起（Gawin, 1991）。

可卡因的心理效应不只依赖于剂量和吸食的形式，个体的期望、人格以及情境也会起作用。服用安慰剂后，那些认为自己服用的是可卡因的可卡因使用者经常会有类似服用了可卡因的体验（Van Dyke & Byck, 1982）。

甲基苯丙胺 甲基苯丙胺（methamphetamine，俗称冰毒）在化学结构上与它的原型药物苯丙胺有关（NIDA, 2002,

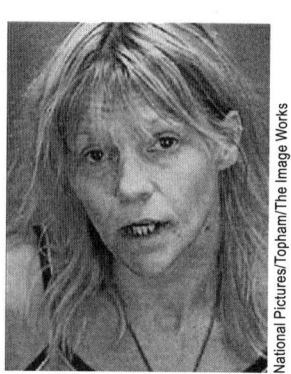

药物引起的巨大衰退 对甲基苯丙胺的成瘾使这个女子的外貌发生了明显变化。她的衰退在这两张照片中显而易见，左图摄于她 36 岁时，右图摄于她成瘾 4 年后，时年 40 岁。

2005），但效力更强。甲基苯丙胺引发神经递质多巴胺的释放，刺激脑细胞以提升精力和情绪，作用可持续 8 小时左右。它的后效包括易怒、失眠、高血压、痉挛、社会隔绝、抑郁和偶尔的激烈爆发（Homer et al., 2008）。随着时间的推移，甲基苯丙胺会降低多巴胺的基础水平，导致使用者功能降低。

摇头丸 摇头丸（ecstasy），**MDMA**（methylenedioxymethamphetamine）的别名，既是兴奋剂也是轻微的致幻剂。作为苯丙胺的一种衍生物，它能够引发神经递质多巴胺的释放。但是它最主要的作用是释放储存的 5-羟色胺，并且阻断它的再摄取，使其大量存在于体内的时间延长（Braun, 2001）。大概从服用摇头丸半个小时后开始，一直到服药后的 3~4 个小时，服用者通常会体验到充沛的精力和情绪上的亢奋，并且如果是处于一定的社会情境下，他们会感受到自己与周围人的相互联系（"我爱每一个人"）。

亲密药物 MDMA 即俗称的"摇头丸"，能产生一种欣快感和亲密感。但重复使用会破坏产生 5-羟色胺的神经元，使人情绪沮丧并损害记忆。

20 世纪 90 年代，摇头丸作为一种"俱乐部药物"在夜总会和通宵狂欢中风靡一时（Landry, 2002）。它的流行范围超出了美国，在英国每年消耗的摇头丸估计多达 6 000 万片（ACMD, 2009）。然而，我们仍然有许多不为摇头丸着迷的理由。其一是它的脱水效应，当与长时间的舞动结合在一起时，可能会引发热度过高、血压升高和死亡的危险。其二是大脑中的 5-羟色胺的长时间反复渗出会破坏制造 5-羟色胺的神经元，使得 5-羟色胺含量下降，从而增加情绪永久性抑郁的危险性（Croft et al., 2001; McCann et al., 2001; Roiser et al., 2005）。另外，摇头丸还会抑制对抗疾病的免疫系统，损害记忆，使思维变得缓慢，并通过影响 5-羟色胺对昼夜节律的控制而干扰睡眠（Laws & Kokkalis, 2007; Pacifici et al., 2001; Schilt et al., 2007）。摇头丸会使人夜晚亢奋而到了白天却无精打采。

致幻剂

3-16：什么是致幻剂，它们有何作用？

致幻剂（hallucinogens）歪曲知觉，在没有感觉输入的情况下也能产生感觉形象（这是此类药物还被称为迷幻剂的原因，意为"心灵显现"）。有一些是天然物质，例如轻度致幻剂大麻。另外一些则是人工合成的，例如 LSD（麦角酸二乙酰胺）和 MDMA（摇头丸）。

LSD 1943 年 4 月的一个周五下午，化学家阿尔伯特·霍夫曼——**LSD**（lysergic acid diethylamide）的创造者——意外地摄入了一些这种药物之后，报告说他看到了"一系列不间断的奇妙图像，不同寻常的形状，五花八门的色彩"，这使他想起了一个童年时的神秘体验，那曾让他一直渴望再次感受"神奇的、强烈的、高深莫测的现实"（Siegel, 1984; Smith, 2006）。

LSD 之旅的情绪体验从愉悦变成漠然再到恐慌。就像服用所有的药物一样，个体当前的心境和预期会影响 LSD 的情绪体验，但服用者知觉的扭曲和幻觉却具有某些共性。心理学家西格尔（Siegel, 1982）报告说，无论你是由于缺氧、极度的感觉剥夺还是药物引起了大脑的幻觉，其表现方式通常是相同的。这种体验一般由简单的几何图形开始，例如格子、蜘蛛网或者螺旋。下一阶段包括更有意义的图像；有一些可能是隧道或者漏斗影像的层叠，另外一些可能会重放以前的情绪体验。当幻觉体验达到高峰时，人们经常会感到自己与身体相分离并体验到梦幻般的情景——如此真实以至于服药者变得惊惶失措或者伤害自己。

这些感觉与**濒死体验**（near-death experience）惊人地相似，从心脏骤停中苏醒过来的病人中有 15% 报告了这种被改变的意识状态（Agrillo, 2011; Greyson, 2010）。许多人描述了隧道般的景象（**图 3.20**）、明亮的光线或光的世界、过去记忆的回放以及脱离身体的感觉（Siegel, 1980）。由于已知缺氧和大脑的其他损害会引起幻觉，人们很难不去猜测是压力之下的大脑制造了濒死体验。颞叶的癫痫发作之后，病人会报告相似的神秘体验。孤独的水手和极地的探险者长时间在持续单调、与世隔绝以及寒冷的条件下也曾经有过这种灵魂出壳的感觉（Suefeld & Mocellin, 1987）。

图 3.20

幻觉还是濒死视觉？

心理学家罗纳德·西格尔（Siegal, 1977）报告说，在致幻药物影响下的个体经常会"在视野中心看到一个明亮的光点……这种光点的位置创造出了类似隧道视角的感觉"。这与濒死体验非常相似。

大麻 人类种植大麻的历史长达 5 000 年，用以从中获取纤维。这种植物的叶子和花含有 **THC**（四氢大麻酚）（delta-9-tetrahydrocannabinol），作为大麻出售。无论是通过吸入（大约 7 秒内进入大脑）还是食用（食用引起的幻觉到达顶峰的时间较慢，并且无法预测）摄取，THC 都会产生一种混合的效果。

大麻是一种难以归类的药物。它是一种中度的致幻剂，增强对颜色、声音、味道和气味的感受性。但像酒精一样，大麻会使人放松，减少抑制，并且可能产生一种欣快的高峰体验。大麻和酒精都会损害运动协调能力、知觉技能和安全驾驶汽车或者操作其他机器所必需的反应时间。"THC 会使动物对事件做出错误判断，"西格尔（Siegel, 1990, p. 163）报告说，"鸽子对那些提示它们在短时间内可以吃食的蜂音器提示或者灯光信号的反应变得太慢了；而且大鼠在迷宫中也找不到正确的路径。"

大麻和酒精也有所不同。机体在几小时内就能完全把酒精代谢掉，而 THC 及其副产品会在体内滞留一个月或更久，这意味着定期的使用者可能比偶尔的使用者需要较少剂量就能达到相同的效果。这一点与一般的耐受性发展过程相反。

像其他药物一样，大麻服用者的体验也与情境有关。如果个体感到焦虑或者抑郁，那么吸食大麻可能会增强这些感觉。个体越经常使用大麻，尤其是在青少年时期，发生焦虑或抑郁的风险也越大（Bambico et al., 2010; Hall, 2003; Murray et al., 2007）。日常使用带来的后果会比很少使用更严重。

大麻还会破坏记忆功能，干扰对仅仅几分钟前所学信息的回忆。大麻对认知的影响在停止吸食之后依然存在（Messinis et al., 2006）。成年人重度使用超过 20 年与加工记忆和情绪的脑区萎缩有关（Yücel et al., 2008）。胎儿因为母亲使用而接触到大麻，这会损害胎儿的大脑发育（Berghuis et al., 2007; Huizink & Mulder, 2006）。

美国的某些州和其他一些国家通过了相关法律，允许大麻在医学上被用于缓解 AIDS 和癌症引起的疼痛和呕吐（Munsey, 2010; Watson et al., 2000）。在这些情况下，

表 3.3　部分精神活性药物指南

药　物	类　型	引起快感的效果	不利影响
酒精	抑制剂	伴随放松和抑制解除，最初快感较高	抑郁，丧失记忆，损害器官，反应迟钝
海洛因	抑制剂	迅速达到快感，缓解疼痛	生理抑制，戒断痛苦
咖啡因	兴奋剂	增强警觉和唤醒	焦虑，困乏，大剂量服用时容易失眠，戒断不适
甲基苯丙胺	兴奋剂	欣快，警觉，精力充沛	易怒，失眠，紧张，疾病发作
可卡因	兴奋剂	迅速达到快感，自信，有活力	心血管压力过大，多疑，突然感到心情抑郁
尼古丁	兴奋剂	唤醒和放松，幸福感	心脏病，癌症
摇头丸（MDMA）	兴奋剂；轻度致幻剂	情绪提升，抑制解除	脱水和过热，抑制心境和认知功能
大麻（THC）	轻度致幻剂	感觉增强，缓解疼痛，对时间的认知扭曲，放松	学习和记忆受损，心理障碍风险增加，吸食会损害肺部健康

医药机构推荐使用医疗吸入器来导入 THC。与香烟一样，大麻的烟雾是有毒的，并且会导致癌症、肺部损伤和妊娠并发症。

* * *

尽管它们之间存在差异，但表 3.3 列出的精神活性药物都具有一个共同的特点：它们能够引发抵消即刻积极效果的消极副作用，且重复使用会使这种副作用变得越来越强烈。这有助于解释耐受和戒断。在这种此消彼长的对立过程中，需要摄入越来越大的剂量来产生预期的快感体验（耐受），这种消极的副作用会恶化缺乏药物时的生理反应（戒断）。这反过来又产生了一种要摄入更大剂量的药物以消除戒断反应的需要（可能导致成瘾）。

提取一下

"被人们称作快乐的东西看起来是多么奇怪！而它与人们所认为的对立面即痛苦之间的联系又是多么令人好奇！……无论其中一个在哪里，另外一个一定紧紧相随。"

——柏拉图，《裴多篇》，公元前 4 世纪

- 这段关于快乐和痛苦的描述如何适用于重复使用精神活性药物？

答案：精神活性药物最初改变大脑化学物质以产生快乐。重复使用这些药物后，大脑各部分适应，因而使用者需要越来越多的药物来获得相同的效果。最终，使用者可能会发现药物带来的痛苦远远超过最初的快乐。

药物使用的影响因素

3-17：为什么一些人经常性地使用改变意识的药物？

北美年轻人的药物使用率在 20 世纪 70 年代开始增加。随着越来越多的药物教育以及媒体对药物使用的更加现实和去理想化的描述，药物使用率又大幅下降。

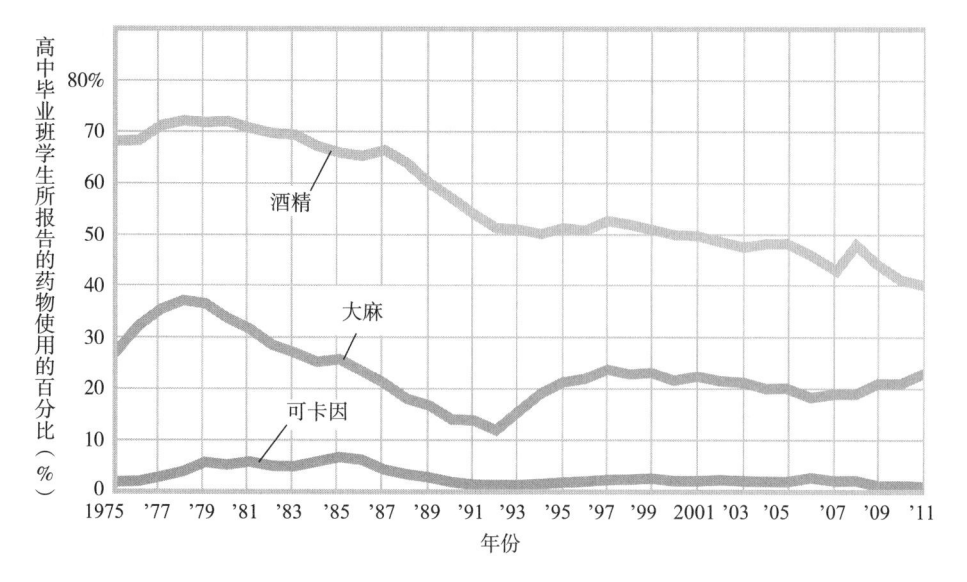

图 3.21
药物使用的趋势
报告曾在过去的 30 天内服用过酒精、大麻或者可卡因的高中毕业班学生百分比从 20 世纪 70 年代后期到 1992 年间下降，但在之后的几年里又有所上升。（资料来源：Johnston et al., 2012）

20 世纪 90 年代早期之后，反对药物的呼声开始变得柔和起来，所以在某些音乐和电影中药物又一度成为魅力的象征。请看以下的药物使用趋向：

- 一项密歇根大学对 15 000 名美国高中毕业班学生进行的年度调查发现，认为经常吸食大麻存在"巨大风险"的人数比例从 1978 年的 35% 上升到 1991 年的 79%，然后又降到了 2010 年的 47%（Johnston et al., 2011）。
- 1978 年达到顶峰后直到 1992 年，这个年龄群体的大麻使用率一直在下降，之后回升，但近些年又开始逐渐降低（图 3.21）。在加拿大 15~24 岁的人群中，23% 的人报告每月、每周或每天使用大麻（Health Canada, 2012）。

对一些青少年来说，偶尔服用药物是寻求刺激的表现。但是，为什么有些青少年会变成经常性的药物使用者呢？为了回答上述问题，研究者进行了生物学、心理学和社会文化水平上的分析。

生物学影响

有些人可能在生理上就具有对某些药物的易感性。例如，有证据表明，遗传会影响物质滥用问题的某些方面，尤其是那些出现在成年早期的问题（Crabbe, 2002）：

- 如果同卵双生子（而不是异卵双生子）中有一个人有酗酒问题，那么另一个人出现酗酒问题的风险升高。在大麻使用上，同卵双生子彼此之间也比异卵双生子更加相似（Kendler et al., 2002）。
- 6 岁时易激惹、冲动以及胆大的（都是受遗传影响的人格特质）男孩在十几岁时更可能会吸烟、喝酒及使用其他药物（Masse & Tremblay, 1997）。
- 研究者已经在有酒精依赖先天倾向的人和动物身上发现了二者共同存在的基因，且他们正在寻找促成香烟成瘾的基因（NIH, 2006;

尼古丁少年 在度过脆弱的青少年时期之后几乎就没人开始吸烟了。香烟公司将目标锁定为青少年，是想让这些客户成瘾，从而接下来的很多年都有利可图。对当红演员（如电影《记住我》中的罗伯特·帕丁森）吸烟的展现，会诱使青少年进行模仿。

Nurnberger & Bierut, 2007）。这些基因似乎使大脑自发的多巴胺奖赏系统产生某种缺陷。这些成瘾性药物通过引发多巴胺的释放而产生短暂的愉悦，但是也会干扰正常的多巴胺平衡。关于药物如何重组脑的奖赏系统的研究让我们看到了发现抗成瘾药物的希望，这些药物可以阻断或减弱酒精和其他药物的作用（Miller, 2008; Wilson & Kuhn, 2005）。

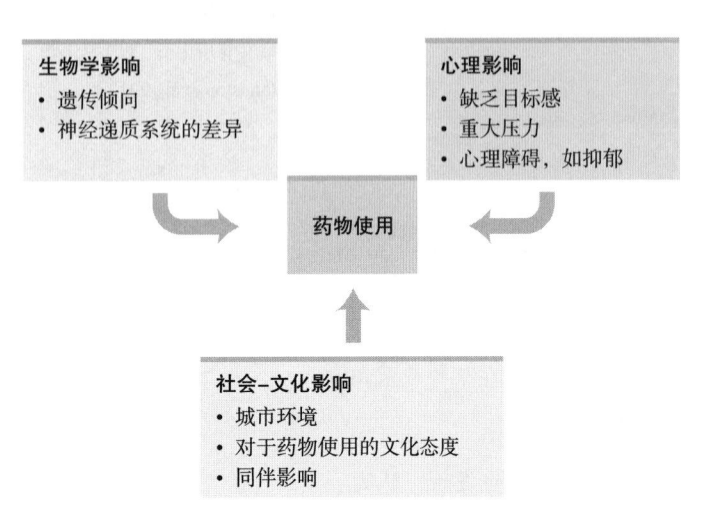

心理和社会－文化影响

贯穿全书，你将看到生物、心理和社会文化的影响因素相互作用，共同导致行为的产生。药物使用也不例外（**图 3.22**）。在纽科姆和哈洛（Newcomb & Harlow, 1986）关于个体的少年和成年早期的研究中，他们发现了一种心理上的因素，即感觉自己的生命毫无意义而且没有方向。这是退学学生普遍具有的感受，他们没有工作能力，没有特权，也没有什么生存希望。

心理影响有时是显而易见的。酒精、大麻和可卡因的许多重度使用者经常体验到明显的压力和挫败感，并且感到心情抑郁。曾有过抑郁、进食障碍、性虐待或身体虐待史的女孩有物质成瘾的风险。那些正在经历学校过渡或街区过渡的年轻人也是如此（CASA, 2003; Logan et al., 2002）。尚未获得明确身份认知的大学生的风险也更高（Bishop et al., 2005）。通过暂时性地缓解自我觉知的痛苦，精神活性药物可能提供了一种避免面对压抑、愤怒、焦虑或者失眠的方法。（就像第7章所解释的，行为通常更多地受到即时的而非后期效果的控制。）

吸烟通常开始于青少年早期。（如果你是大学生，香烟制造商还没有使你成为他们的忠实顾客，那么以后也几乎肯定不会。）青少年自我意识较强，经常认为世界正在观察他们的每一个举动，容易经不起吸烟的诱惑。他们第一次吸烟可能是为了模仿富有魅力的名人，让自己看起来更成熟或者获得被其他吸烟者接纳的社会奖赏（Cin et al., 2007; Tickle et al., 2006）。正是注意到这些趋势，香烟公司通过对年轻人有吸引力的主题来树立吸烟的榜样：世故、独立、寻求冒险和社会认可。一般来说，有朋友吸烟的青少年也会开始吸烟，他们的朋友会告诉他们吸烟的乐趣并提供香烟给他们（Rose et al., 1999）。如果青少年的父母以及最好的朋友都不吸烟，那么他们吸烟的概率接近 0（Moss et al., 1992; 也见**图 3.23**）。大多数青少年饮酒者也是出于社会原因饮酒，而不是作为应对问题的方式（Kuntsche et al., 2005）。

药物使用的比例在不同文化和种族群体之间差异很大。对 35 个欧洲国家的 100 000 名青少年的调查发现，在罗马尼亚和瑞典，过去 30 天大麻使用的比例在 0 到 1% 之间，英国、瑞士和法国在 20% 至 22% 之间（ESPAD, 2003）。美国政府关于家庭药物使用的独立调查发现，非裔青少年饮酒、吸烟和使用可卡因的比例都很低（Johnston et al., 2007）。酒精和其他药物的成瘾率在安曼教派（Amish）、门诺派教徒（Mennonites）、摩门教徒（Mormons）以及保守的犹太教徒中是非常低的（Trimble, 1994; Yeung et al., 2009）。相对"无毒"的小镇和乡村地区往往限制了药物使用的遗传倾向（Legrand et al., 2005）。主动的父母监督也能限制药物使用（Lac & Crano,

图 3.22
药物使用的分析水平
生物心理社会取向使得研究者可以从互补的角度对药物使用进行研究。

生物学影响
- 遗传倾向
- 神经递质系统的差异

心理影响
- 缺乏目标感
- 重大压力
- 心理障碍，如抑郁

社会–文化影响
- 城市环境
- 对于药物使用的文化态度
- 同伴影响

→ 药物使用

文化与酒精
每周饮酒一次或以上者所占的比例：
美国　　30%
加拿大　40%
英国　　58%
（Moore, 2006）

2009）。对于那些易受遗传倾向驱使而使用物质的人来说，城市提供了更多的机会，而且监督更少。

无论是在城市还是乡村，同伴会影响个体对药物的态度。他们还举行聚会并提供（或不提供）药物。如果某个青少年的朋友都使用药物，他（她）多半也会这么做。如果其朋友们从未使用过药物，那么对他或她来说可能都没有使用药物的机会。来自幸福家庭、15 岁之前没有开始饮酒以及成绩优异的青少年很少使用药物，这在很大程度上是因为他们很少接触药物使用者（Bachman et al., 2007; Hingson et al., 2006; Odgers et al., 2008）。

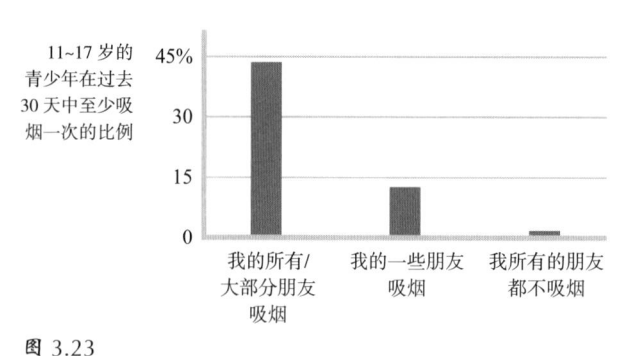

同伴的影响不仅仅包括朋友们做什么和说什么。青少年的期待——认为他们的朋友正在做什么以及喜欢什么——也会影响他们的行为（Vitória et al., 2009）。一项对美国 22 个州的六年级学生的调查发现，14% 的人认为他们的朋友曾经吸食过大麻，而只有 4% 的人承认自己有过这种行为（Wren, 1999）。大学生中也有这样的错误知觉：社交场合大都离不开酒，这在一定程度上是由于大学生们过高地估计了同伴对于酒精的欢迎度（Prentice & Miller, 1993; Self, 1994）（**表 3.4**）。当学生对其同伴饮酒的高估得到纠正时，酒精使用通常会减少（Moreira et al., 2009）。

如果个体是在同伴的影响下开始使用药物，当朋友停止使用药物或社交圈子发生变化时，他们更容易停用（Kandel & Raveis, 1989）。对 12 000 名成人跟踪超过 32 年的一项研究发现，吸烟者往往是成群结队地戒烟（Christakis & Fowler, 2008）。在一个社交圈子中，当配偶、朋友或同事停止吸烟时，个体戒烟的可能性增加。类似地，大多数在越南战争中对药物成瘾的士兵回家后就停止使用药物了（Robins et al., 1974）。

正如相关关系那样，朋友的药物使用行为和自己的药物使用行为之间的关系可能是双向的：我们的朋友会影响我们，社交圈子也有影响，但是我们也可以选择那些与我们喜好相同的朋友。

关于药物使用的这些发现对于药物预防和治疗计划有什么启示呢？以下三个影响途径似乎是可行的：

图 3.23
同伴影响
如果年轻人的朋友不吸烟，他们就不吸烟（Philip Morris, 2003）。一个相关—因果问题是：青少年吸烟与其朋友吸烟之间的密切联系是否反映了同伴影响？青少年寻求相似的朋友？还是两者都有可能？

快照

表 3.4 关于"高等"教育的一些事实

大学生比非大学生的同伴饮酒更多，物质滥用的比率也比一般人群高 2.5 倍。
大学男生联谊会和大学女生联谊会的成员中大量饮酒的比率比非会员高出几乎 2 倍。
自 1993 年以来，大学中吸烟的比率有所下降，酒精使用的比率趋于稳定，阿片类处方药、兴奋剂、镇静剂和安定药的滥用比率在上升，大麻使用也在上升。

资料来源：NCASA，2007.

- 让年轻人了解为获得药物的暂时性快感而需要付出的长期代价。
- 帮助年轻人找到其他方式来提升自尊和生活目标。
- 努力改变同伴关系或者通过训练"拒绝技能"来"教会"年轻人抗拒同伴压力。

如果人们理解为此可能会付出何种生理和心理上的代价，对自己目前的状态以及生活前进的方向满意，并且生活在一个不赞成使用药物的同伴群体中的话，他们很少会使用药物。这些教育学、心理学以及社会文化因素可以帮助我们解释为什么美国高中退学学生中有 26% 的人吸烟，而大学生中这个比例却只有 6%（CDC, 2011）。

> **提取一下**
> - 研究发现，十来岁就开始饮酒的人，相比 21 岁或以后才开始饮酒的人，对酒精产生依赖的可能性要大得多。对于早期使用和后来的滥用之间的相关，可能的解释有哪些？
>
> 答案：可能的解释包括 (a) 回答者早年时期使用和之后酒精使用之间的相关性，(b) 有酗酒倾向的人早年化就会喝酒，(c) 持续存在的长期使用的习惯。然而，没有因果关系。

本章复习

意识与心理的双通道

学习目标

回答以下学习目标问题来测试一下你自己（这里重复了本章中的问题）。然后翻到附录的完整章节复习，核对你的答案。研究表明，试着自主回答这些问题将增进你对这些概念的长期记忆（McDaniel et al., 2009）。

脑与意识

3-1： 意识在心理学史中处于什么地位？

3-2： 当今的认知神经科学所揭示的"双重加工"是什么？

3-3： 我们同时能够有意识地注意多少信息？

睡眠与梦

3-4： 我们的生物节律如何影响我们的日常机能？

3-5： 睡眠和做梦阶段的生物节律是什么？

3-6： 在我们的睡眠模式中生物和环境如何相互作用？

3-7： 睡眠的功能是什么？

3-8： 缺少睡眠如何对我们产生影响？主要的睡眠障碍有哪些？

3-9： 我们会梦到什么？

3-10： 梦有什么功能？

催眠

3-11： 什么是催眠？催眠师对于被催眠的个体拥有什么力量？

3-12： 催眠是正常意识状态的延伸，还是一种被改变的状态？

药物与意识

3-13：什么是耐受、依赖和成瘾，我们对于成瘾有哪些常见的误解？

3-14：什么是抑制剂，它们有何作用？

3-15：什么是兴奋剂，它们有何作用？

3-16：什么是致幻剂，它们有何作用？

3-17：为什么一些人经常性地使用改变意识的药物？

术语与概念

测试自己对以下术语的理解，试着用自己的语言写下这些术语的定义，然后翻到提到术语的那一页核对你的答案。

意识
认知神经科学
双重加工
盲视
选择性注意
非注意盲视
变化盲视
昼夜节律
快速眼动睡眠
α 波
睡眠
幻觉

δ 波
视交叉上核
失眠症
发作性睡病
睡眠呼吸暂停
夜惊
梦
显性内容
隐性内容
快速眼动反跳
催眠
催眠后暗示
分离
精神活性药物
耐受
成瘾
戒断

生理依赖
心理依赖
抑制剂
酒精依赖
巴比妥酸盐
阿片类
兴奋剂
苯丙胺
尼古丁
甲基苯丙胺
摇头丸（MDMA）
致幻剂
麦角酸二乙基酰胺（LSD）
濒死体验
四氢大麻酚（THC）

发展心理学的主要问题

胎儿期的发育和新生儿
受孕
胎儿发育
有能力的新生儿

婴儿期和儿童期
生理发展
认知发展
特写：自闭症与"心盲"
社会性发展
对天性和教养的反思

青少年期
生理发展
认知发展
社会性发展
批判性思考：父母应该得到多少
　赞扬或责备？
成人初显期
对连续性和阶段性的反思

成年期
生理发展
认知发展
社会性发展
对稳定性和变化性的反思

第 4 章

毕生发展

人生是一段从子宫到坟墓的旅程。对我来说如此，对你来说亦是如此。我们的故事都开始于一枚受精卵，携带着来自父母的 20 000 多个基因，最终发育成为一个独特的人。这些基因以令人惊叹的精确程度对蛋白质结构进行编码，从而构成我们的身体，并赋予我们先天的特质倾向。我的外祖母遗传给我母亲一种罕见的听力损伤疾病，而我的母亲又将这种疾病传给了我。我的父亲性格和蔼外向，而我有时候也会滔滔不绝。童年期我曾说话结巴，非常痛苦，后来在西雅图公立学校接受了言语治疗。

除了来自父母的先天遗传外，我还接受了他们的后天教养。和你一样，我出生在特定的家庭和文化中，其中包含看待世界的方式。我的家里总是充满欢声笑语，宗教文化方面强调爱和公正，学术环境则鼓励批判性思维（比如，提问"你是什么意思？""你是怎么知道的？"），我的价值观受到这些家庭文化的影响。

我们受到自身基因和所处环境的塑造，因此，每个人都是独特的个体。但在很多方面，我们又和其他人有相似之处。作为人类，我们都有归属的需要。从 4 岁开始，我的心理视频库中充满了各种社会性依附的场景。随着年龄增长，我对父母的依恋逐渐减弱，而对同伴友谊的依恋不断增强。经过对约会缺乏信心的高中后，我在大学时爱上了一位同学，并在 20 岁时结婚。自然选择赋予我们生存和保存自身基因的本能。确实，两年后我们的家庭中迎来了一位新成员，孩子的出世让我体验到一种全新的爱，那种感觉非常强烈，我自己都觉得吃惊。

但是，生活充满了变化。这个孩子现在生活在三千多公里之外，我的另外两个孩子中有一个生活在南非。父母与子女之间曾经紧密的纽带已经变得松散，你的可能也是如此。

变化性也是大多数职业生活的特点。青少年期的我曾在家庭保险代理机构工作，后来读医科大学预科，主修化学，做过医院助手，再后来（中途放弃医学院申请后）成为一名心理学教授和作者。我预言，十年后你也会做着和现在的预想不同的工作。

稳定性也是我们发展的特点。揽镜自照，我看到的不是曾经的我，但我的感受依然如故。曾经的那个少年爱打篮球，遇到了自己的爱人，如今的我还是同一个人。半个世纪之后，我依然打篮球，依然爱（少了激情，但多了安全感）自己的生活伴侣，和她分享生活中的苦辣酸甜。

我们的自我体验是连续的，但那个自我分为不同的阶段——长大，抚养子女，享受职业生涯，直至最终走到生命的终点。在这场从生到死的轮回过程中，我意识到生命的旅程是一个连续的发展过程，始于先天遗传的种子，受到后天教养的塑造，因为爱而欢愉，因为工作而专注，开始是天真的好奇，最终（对于那些幸运的高寿者来说）则是平和与永不熄灭的希望。

我们的一生从新生儿长大成学步儿，从学步儿到青少年，再从青少年到成年人。在生命旅程的每个阶段都有其生理、认知和社会性的发展里程碑。我们就从最初开始讲起。

发展心理学的主要问题

4-1：发展心理学家关注的三个问题是什么？

发展心理学（developmental psychology）研究人类整个生命历程中的生理、认知和社会性发展，主要集中在以下三个方面：

1. 天性与教养：遗传（我们的天性）和经验（我们受到的教养）的相互作用如何影响我们的发展？天性和教养对你的人生有怎样的影响？
2. 连续性与阶段性：发展的哪些部分像乘电梯一样是逐渐、连续的过程？哪些部分像爬梯子般是突然变化的不同阶段？
3. 稳定性与变化性：我们的哪些特质会保持一生？随着年龄增长我们会如何变化？

在本章中，我们将探讨这三个发展问题。

> 天性是个体出生时所带来的一切，而教养是他出生后所受到的一切影响。
> ——高尔顿，
> 《英格兰科学人物》，1874

胎儿期的发育和新生儿

4-2：胎儿发育经历怎样的过程？致畸物对胎儿发育有怎样的影响？

受孕

一个物种的生殖繁衍是再自然不过的事情，然而，它又是那么奇妙。人类的这一过程始于女性的卵巢释放出一个成熟的卵子——一个与这句话结尾处的句号差不多大小的细胞（英文句号——编者注）。就像空间漫游者朝着一个巨大的行星靠近一样，2亿多精子逆流而上，向一个大小相当于它们自身85 000倍的细胞靠近。只有很少的

已知迈克尔·菲尔普斯最早的照片（如果顽皮的漫画家要揭示其中的真相，还会有第二支箭也瞄准那颗携带菲尔普斯另一半基因的卵子。）

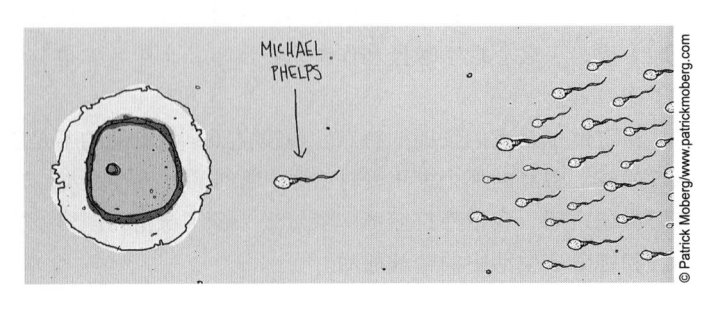

图 4.1

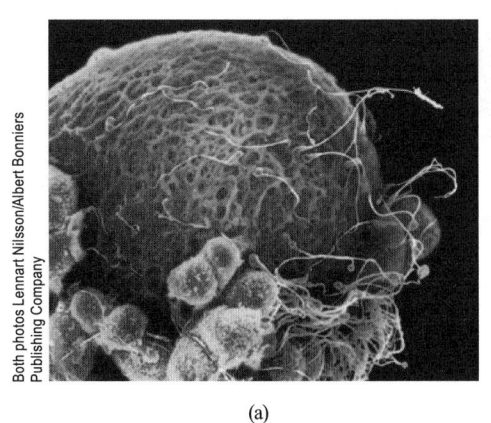

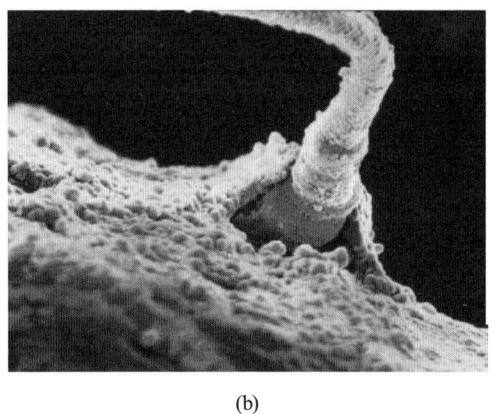

生命通过性传递

（a）精子围绕在卵细胞周围。（b）当一个精子穿透卵细胞的胶状外层保护膜，会发生一系列的化学事件，使精子和卵细胞结合成一个细胞。如果一切进展顺利，该细胞将会不断进行分裂，9个月后将会发育成一个拥有100万亿细胞的人类个体。

精子最后能够到达卵子，它们可以分泌分解酶以消融卵子的保护性外壳，最终穿透它（图 4.1a）。当一个精子刚刚穿透卵子的外壳并被其所接纳（图 4.1b），卵子的表面就会将其他精子拒之门外。不到半天时间，卵细胞的核与精子的核就可以合二为一。

这是你最幸运的时刻了。在2亿多个精子中，创造你的那个精子在与一个特定卵子结合的竞赛中获胜。而在我们的先辈中，同样的过程已经发生了无数次。如果我们祖先中的任何一个人受孕时是另一颗精子或卵子，或者在受孕前就死亡，或者没有碰巧遇到这一个配偶，或者……难以想象，正是这些不太可能的、完整的一系列事件才产生了你和我。

胎儿发育

受精卵又称为**合子**（zygotes），只有不到半数的受精卵的存活期可以超过两周（Grobstein, 1979; Hall, 2004）。而你我就是比较幸运的个体。一个细胞变成两个，而后四个——每个细胞都与第一个相同——直到细胞分裂在第一周内形成大约100个完全相同的细胞。然后，这些细胞就开始分化（在结构和功能上专门化）。完全相同的细胞如何做到这一点，就好像细胞在决定"我来做脑细胞，你来做肠细胞"一样，正是生物学家正在着手解决的科学难题之一。

受孕后10天左右，继续分化的细胞依附在母体的子宫壁上，开始了大约37周人与人之间最亲密的接触。合子的内部细胞形成**胚胎**（embryo）（图 4.2a）。合子的外部细胞形成胎盘（placenta），这一生命纽带负责将营养和氧气从母体运送到胚胎。在接下来的6周中，器官开始形成并发挥作用，心脏开始跳动。

受孕9周后，胚胎看上去明显地像一个人了（图 4.2b）。它现在是一个**胎儿**（fetus）（拉丁语的意思是"后代"或"子女"）。到第6个月末，诸如胃这样的器官已得到了充分的发育，它从功能上足以给予早产胎儿生存的机会。

在胎儿期的每一个阶段，遗传和环境因素都会影响个体的发展。6个月后，胎儿已经能够对声音作出反应。从子宫内提取的微音器记录显示，胎儿已经能够感受到母亲的声音，虽然从体内听来是那么低沉、含混不清（Ecklund-Flores, 1992; Hepper, 2005）。与其他女性的声音和父亲的声音相比，刚一出生的婴儿更喜欢母亲的声音（Busnel et al., 1992; DeCasper et al., 1984, 1986, 1994）。他们也喜欢听母亲所讲的语言。如果母亲在孕期说两种语言，婴儿会对这两种语言都表现出兴趣（Byers-Heinlein et

图 4.2
胎儿发育
（a）胚胎迅速发育和生长。约40天时，可见脊柱，胳膊和腿也开始发育。（b）在第二个月末，即胎儿期开始时，面部特征、手和脚开始形成。（c）当胎儿进入第四个月时，重约85克，恰好与你的手掌一般大。

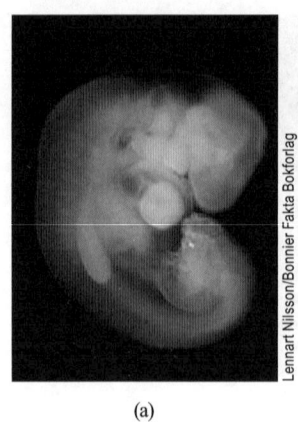

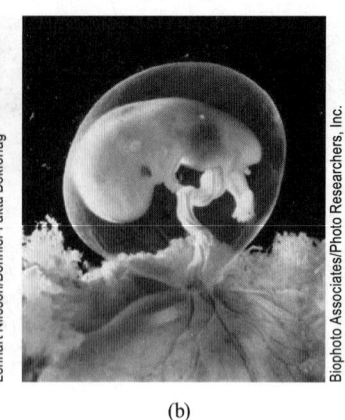

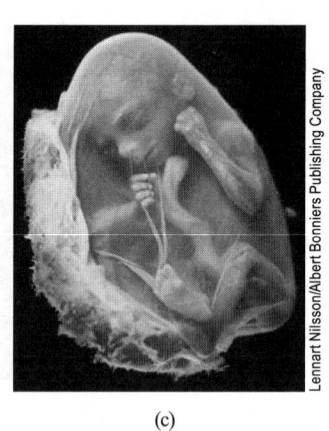

(a)　　(b)　　(c)

al., 2010）。出生初期，新生儿哭声的升降旋律就秉承了母亲母语的音调特征（Mampe et al., 2009）。讲法语的母亲所生的婴儿哭声往往是法语的升调；而讲德语的母亲所生的婴儿哭声则是德语的降调。语言的学习早在子宫中就开始了。这一点你猜到了吗？

在出生前的两个月，胎儿表现出其他的学习方式。将一个震动鸣笛装置放在母亲腹部，胎儿会逐渐适应（Dirix et al., 2009）。就像人们会适应家附近火车的声音一样，胎儿也会对鸣笛习以为常。此外，4周后，胎儿还记得这种声音（证据是与先前没有呈现过的其他声音相比，他们对这种声音无动于衷）。

声音并非胎儿在子宫中可接触到的唯一刺激。母体由胎盘向胎儿输送营养和氧气，同时屏蔽很多潜在的有害物质，但有些物质，如**致畸物**（teratogens）（毒素、病毒、药物等有害物质），仍会顺利通过。这是建议孕妇禁止饮用酒精饮料的原因之一，因为孕妇并非一个人在喝酒。一旦酒精进入到女性和胎儿的血液循环，就会抑制其中枢神经系统的活动。孕妇酗酒也将导致其子孙后代酗酒，可能将后代置于青少年期酗酒和酒精依赖的风险中。实验表明，如果怀孕的母鼠喝酒，那么它们的后代也表现出对酒精的嗜好（Youngentob et al., 2007, 2009）。

即便轻微饮酒或偶尔狂饮也会影响到胎儿的大脑发育（Braun, 1996; Ikonomidou et al., 2000; Sayal et al., 2009）。持续大量饮酒，胎儿会有先天缺陷、行为问题、多动和智力低下的风险。每800个新生儿中就有1个患有这种**胎儿酒精综合征**（fetal alcohol syndrome，FAS），主要症状表现是头部很小、与身体比例不协调以及终身大脑异常（May & Gossage, 2001）。酒精会产生我们在第2章讲过的表观遗传效应，在DNA上留下化学标记，从而造成基因的异常开闭，因此会对胎儿造成伤害（Liu et al., 2009）。

胎儿发育
合子：受孕到2周
胚胎：2周到8周
胎儿：9周到出生

你将怀孕，生个儿子。所以请不要喝酒和刺激性强的饮料。
——《士师记》, 13:7

提取一下

- 出生前发育的最初2周是_____期。_____期是从受精后9周到出生。处于这两个阶段之间的阶段是_____期。

答案：合子；胎儿；胚胎

第 4 章 毕生发展　127

有能力的新生儿

> 4-3：新生儿具备哪些能力？研究者如何探索婴儿的心智能力？

新生儿的神经硬盘中预装了很多软件。成功存活下来的新生儿已经具有对生存再合适不过的各种自动反射反应。我们会迅速地缩回四肢以回避疼痛。如果一块布蒙在脸上妨碍呼吸，我们会左右摇头并挥手拍打它。

刚做父母的人往往会惊讶于孩子吃东西时表现出的一系列协调的反射行为。当有东西触到婴儿面颊的时候，他们会转向那个方向，张嘴快速找寻乳头。找到后，他们会自动靠近并开始吮吸，这本身需要协调舔、吞咽和呼吸等一系列动作。如果得不到满足，饥饿的婴儿会哭闹——父母对此感到非常烦恼不安，并为能止住婴儿哭闹而感到非常满足。

美国心理学的先驱威廉·詹姆士认为，新生儿会感到世界充斥着嘈杂，一片混乱。直到 20 世纪 60 年代，几乎没人表示异议。然后科学家发现其实婴儿会告诉你很多信息——只要你会问。如果要问，你就必须利用婴儿能做到的那些行为——凝视、吮吸、转头。于是，配备了眼动仪和连有电动装置的橡皮奶嘴后，研究者们开始回答父母们长久以来一直想知道的问题：我的宝贝能看到什么、听到什么、闻到什么以及在想什么？

想想研究者是如何利用**习惯化**（habituation）——随着刺激的重复出现，个体对刺激的反应会降低——来研究的。前面我们讲过，胎儿会对放在母亲腹部的震动并发出响声的装置产生适应。当第一次呈现时，新奇的刺激会引起个体的注意。但是，当该刺激被多次呈现后，个体对此做出的反应会减弱。这种看似厌烦熟悉刺激的现象给我们提供了一种询问婴儿看见了什么和记住了什么的方法。

事实上，即使是新生儿，我们天生就偏好那些促进社会回应的图像和声音。我们会朝着有人声的方向转头。我们对类似人脸的图形会凝视更长时间（图 4.3）。我们更喜欢看距离自己 20~30 厘米远的物体，

> 我感觉自己像一个被困在女人身体里的男人。然后，我出生了。
> ——喜剧演员
> 克里斯·布利斯

准备好喂养和进食　动物有对后代寻求食物的哭声做出回应的倾向。

图 4.3
新生儿对面孔的偏好
当给新生儿呈现两个由相同要素组成的刺激物时，意大利新生儿大约会花两倍的时间盯着图中像人脸的那个图像（Johnson & Morton, 1991）。加拿大新生儿——在一项研究中新生儿的平均年龄为 53 分钟——同样表现出对人脸的先天偏好（Mondloch et al., 1999）。

这刚好是哺乳时婴儿离母亲眼睛的距离（Maurer & Maurer, 1988）。

在刚出生后的几天里，我们的大脑神经网络留有母体的嗅觉印记。在出生一周的婴儿两边分别放置自己母亲和另一个哺乳期母亲的胸罩垫，他通常会转向带有自己母亲气味的那个（MacFarlane, 1978）。而且，这种气味偏好会持续存在。一项实验发现，在一家法国医院的产房中，有些哺乳妈妈会使用洋甘菊香膏来预防乳头疼痛（Delaunay-El Allam, 2010）。21个月后，她们已长大到学步儿的孩子仍偏爱带有洋甘菊香味的玩具！而那些在母乳喂养时没有闻过这种香味的婴儿则没有表现出这样的偏好。（这让我们怀疑：婴儿期在洋甘菊香味和母亲的乳房之间形成关联的婴儿，成年后是否也会迷上喝洋甘菊茶呢？）

婴儿期和儿童期

> 关注人之出生、发展以及灵魂深处最初无助的挣扎是一种难得的特权。
> ——安妮·沙利文，摘自海伦·凯勒《我的生活》，1903

花朵按照它的遗传蓝图绽放。我们同样也要经历一系列有序的生物发育过程，这被称为**成熟**（maturation）。成熟决定了我们的许多共性，从先学会站立然后学会走路，到先学会用名词再学会用形容词。严重的剥夺或虐待行为会阻碍儿童发展，而遗传的成长趋势是先天的。成熟（先天性）为发展制定了基本路线，同时也会受到经验（教养）的调整。我们再一次看到了基因和环境的交互作用。

生理发展

4-4：在整个婴儿期和儿童期，大脑和运动技能是如何发展的？

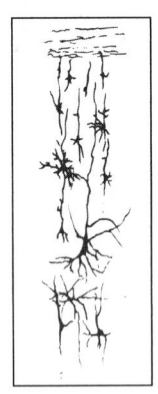

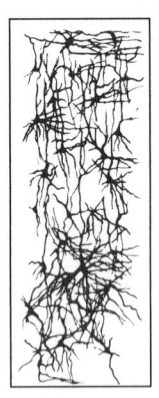

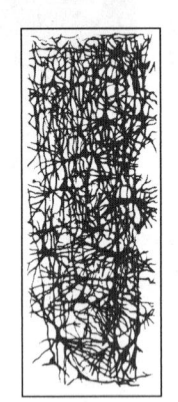

大脑的发展

由于胚胎在子宫内的产前环境不同，与天性共同作用的形成性"教养"在受精时就开始了。然后教养在子宫之外继续发挥作用，我们的早期经验能够促进脑的发育。

当生活在母体的子宫内时，你的身体以爆炸性速度形成神经细胞——约每分钟25万个。从婴儿期开始，我们的大脑和心智——神经硬件和认知软件——一起发展。出生时你就拥有一生中数量最多的脑细胞。然而，这个时候这些细胞之间的连接——你的神经系统——还不成熟：出生后，最终控制你走路、说话、记忆的神经网络将飞速生长（**图 4.4**）。

3~6岁，脑神经网络在额叶区发展最快，这一区域能够制定合理的计划。在那几年，儿童控制注意和行为的能力快速发展（Garon et al., 2008; Thompson-Schill et al., 2009）。

额叶发育会一直持续到青少年期及以后。与思维、记忆和语言关系密切的联合区是最后发育的大脑皮层。随着大脑皮层的发育，心理能力迅速发展（Chugani & Phelps, 1986; Thatcher et al., 1987）。支持言语和动作敏捷性的神经通路会一直发育到青春期，随后"用进废退"的修剪过程会关闭多余的神经连接，同时加强其他的神

出生时　　3个月时　　15个月时

图 4.4
人类大脑皮层的局部示意图
人类刚出生时大脑还不成熟。随着儿童逐渐发育成熟，神经网络也变得越来越复杂。

经连接（Paus et al., 1999; Thompson et al., 2000）。

我们的基因确定了所有的大脑构造，更确切地说就像确定了涂色书的线条，但是经验填充其细节（Kenrick et al., 2009）。那么早期的经验是如何在大脑中留下"痕迹"的呢？罗森茨韦格和克雷奇饲养了一些大鼠，其中有一些是在贫乏的环境中单独隔离饲养的，另一些则是模拟自然环境群体饲养的。后来对大鼠的大脑分析发现，饲养环境中玩具最多的大鼠大脑发育得最好。生活在丰富环境下的大鼠的大脑皮质通常更重、更厚（图 4.5）。

罗森茨韦格对这个发现感到十分惊讶，于是在发表这些发现之前，他又重复了几次实验（Renner & Rosenzweig, 1987; Rosenzweig, 是 1984）。结果非常明显，即使仅仅观看简短的视频片段，你也能从大鼠的活动和好奇行为中判断出它的喂养环境贫乏还是丰富（Renner & Renner, 1993）。当大鼠在丰富环境中喂养了 60 天后，大脑重量增加了 7%~10%，神经突触的数量迅速增长了约 20%（Kolb & Whishaw, 1998）。

这些研究结果已经推动人们改善实验室、农场、动物园等场所的环境——同时也改善机构内孩子们的生活环境。触摸和按摩刺激有益于幼鼠和早产婴儿（Field et al., 2007）。"经过抚触的"幼鼠和早产婴儿的体重增加更快，神经发育更迅速。通过对早产儿进行按摩治疗，新生儿重症监护室帮助他们更早回家（Field et al., 2006）。

天性和教养共同雕琢我们的神经突触。成熟的大脑提供了丰富的神经连接，我们的经验——景象、气味、触摸和拖曳等——激活并强化了一些神经通道，而那些没有被使用的神经通道则被削弱。就像森林中的道路那样，行人不多的小路会慢慢消失，而行人众多的小路则渐渐拓宽。其结果是，到了青春期，大量未使用的神经连接消失了。

这样，天性与教养的交汇点就是儿童早期学习的生物学现实。在儿童早期——额外的神经连接仍然可以随时建立——他们最容易掌握另一种语言的语法和口音。我们掌握某些技巧似乎存在**关键期**（critical period）。如果在青少年阶段之前缺乏对某种语言的接触（口语、书面语或手语），那他们就永远不能掌握好任何一种语言（见第 9 章）。同样，如果早年缺乏视觉经验，那么去除白内障而复明后也永远不能获得正常的视知觉（详见第 6 章）。如果没有受到刺激，本应分配给视觉的大脑细胞将会在精简的过程中死亡或转作他用。大脑的成熟似乎受到一条规律的支配——用进废退。

虽然早期正常的刺激很关键，但是大脑的发育并非随着儿童期的结束而结束。如同我们在第 2 章讨论脑的可塑性时所看到的，在人的一生中神经组织一直在发生

趁早锻炼神经元回路 与 12 岁以后才开始学习弦乐的人相比，12 岁前开始学习演奏的弦乐乐手控制负责按音的左手手指的神经回路更大、更复杂（Elbert et al., 1995）。

基因和经验不过是做同一件事的两种方式：建立突触。
——约瑟夫·勒杜，
《突触的自我》，2002

图 4.5

经验影响大脑发育

罗森茨韦格和克雷奇将一些大鼠单独养在没有玩具的环境中，而把另外一些大鼠养在每天都有新玩具的丰富环境中。16 次重复实验中有 14 次表明，在丰富环境中生长的大鼠的大脑皮质显著多于（相对于大脑的其他组织而言）生长在贫乏环境中的大鼠。

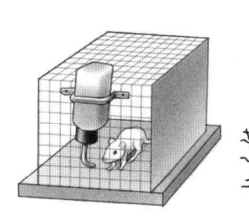

贫乏的环境　　贫瘠的大鼠脑细胞　　丰富的环境　　发达的大鼠脑细胞

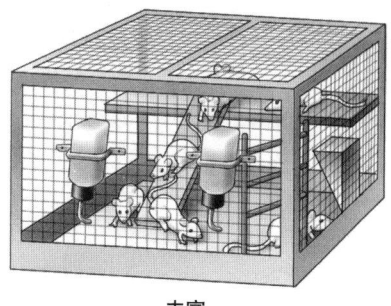

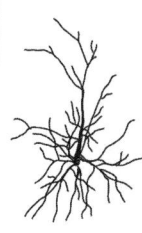

图 4.6

受过训练的大脑（见彩插）一个熟练掌握的手指敲击任务会激发更多的运动皮质神经元（右图橙色区域），而受训前（左图）同一区域活跃的神经元较少。（Karni et al., 1998）

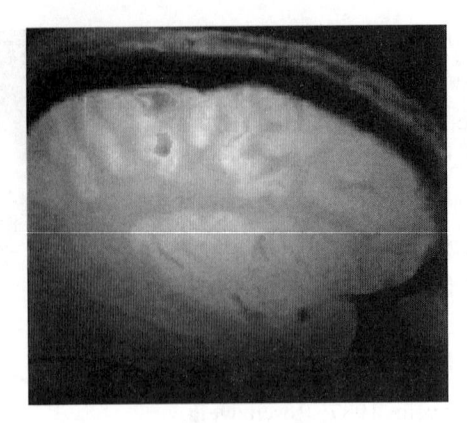

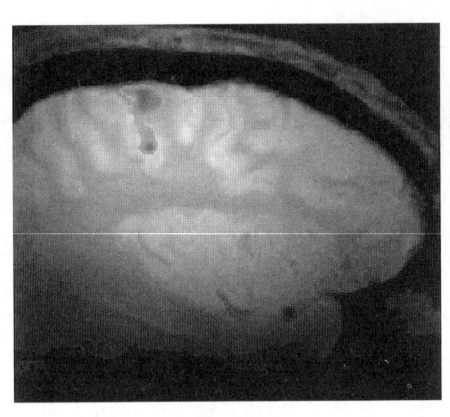

变化，新的神经细胞也一直在产生。如果训练一只猴子在一天内用一个手指拉杠杆几千次，那么控制该手指的大脑组织就会发生改变以反映这一经验。人脑的运作也一样（图 4.6）。在学习用键盘打字或溜冰时，做这些事的技巧随着大脑对学习的整合而得以提高（Ambrose, 2010）。

动作的发展

大脑的不断发育也使身体变得越来越协调。随着婴儿肌肉和神经系统的发育成熟，他们会表现出更多的复杂技能。除了偶尔的例外情况，人类身体（动作）发展的序列是基本一致的。婴儿先会翻身，然后才能不靠支撑自己坐立起来，通常先会用四肢爬行，然后才学会走路（图 4.7）。这些行为反映的不是模仿，而是神经系统的成熟，因为失明儿童也会爬行和走路。

自 1994 年美国仰睡教育运动发起后的八年中，俯卧睡眠的婴儿比例从 70% 减少到 11%，而婴儿猝死综合征（SIDS）导致的死亡也减少了一半（Braiker, 2005）。

然而，上述一系列动作发展的时间进程存在个体差异。例如，在美国，25% 的婴儿在 11 个月左右学会走路，50% 的婴儿在 1 岁生日后 1 周内学会，而到 15 个月时 90% 的婴儿已经学会走路（Frankenburg et al., 1992）。推荐让婴儿仰卧睡（即让婴儿仰躺在床上，减少婴儿在床上因窒息而猝死的风险），这种睡眠姿势与之后婴儿学习爬行有一定关系，但与之后的学习走路无关（Davis et al., 1998; Lipsitt, 2003）。

基因影响着动作发展。典型的情况是，同卵双生子几乎在同一时间内学会坐立和走路（Wilson, 1979）。生理成熟（包括小脑的迅速发育）为我们 1 岁左右学会走路做好了准备。这之前，经验的影响作用非常有限。其他身体技能也同样如此，包括对肠和膀胱的控制。毫无疑问，在相应的肌肉和神经系统发育成熟之前，恳求或惩罚都不会令孩子成功地养成如厕习惯。

图 4.7

生理发展

从世界范围来看，坐、爬、走和跑，这些动作发展里程碑的发展顺序是相同的，尽管儿童会在不同的年龄掌握这些动作。

提取一下

● 被称为_____的生物发育过程解释了为什么大多数孩子都在约 12 到 15 月龄时开始走路。

大脑成熟和婴儿记忆

你还记得自己第一天上幼儿园或过 3 岁生日时的情景吗？我们很少有 3 岁之前的记忆。我们在一组学前儿童中看到这种婴儿期遗忘的现象，他们曾经经历了因爆米花引起火灾而被紧急疏散的事件。如果事件发生时他们是 4~5 岁，那么 7 年后他们仍能回忆起警报和事故原因。而 3 岁时经历这件事的孩子却已经不记得事情的起因，并通常在回忆中错误地认为当大家都被疏散到外面以后警报才响（Phillemer, 1995）。其他研究证实，最早的有意识记忆的平均年龄是 3.5 岁（Bauer, 2002, 2007）。随着儿童不断成熟，从 4 岁到 6 岁再到 8 岁时，婴儿期遗忘已经逐渐消退，记忆的能力越来越强，对自己的经历能记一年的时间或者更长（Bruce et al., 2000; Morris et al., 2010）。进入青少年期后，与记忆有关的大脑区域，如海马和额叶，会不断发育成熟（Bauer, 2007）。

尽管 4 岁前我们的有意识记忆会很少，但是我们的记忆已经开始加工信息。1965 年，在完成其博士工作时，卡罗林·科利尔考察了婴儿的记忆。她也是一位母亲，有一个 2 个月大的孩子本杰明。移动婴儿床上的风铃能让本杰明安静。厌倦了敲击风铃后，科利尔用一根布带将风铃与本杰明的脚连起来。很快，本杰明就踢脚来牵动风铃。科利尔思索着这一无意中的家庭实验，她意识到，与那时流行的观点相反，婴儿具有学习的能力。为了知道自己的孩子并非神童，她又在其他婴儿身上重复了该实验（Rovee-Collier, 1989, 1999）。不出所料，在绑上风铃后这些婴儿的踢腿次数也会立刻增加，不仅在实验时如此，实验后的第二天也是如此。婴儿能够掌握踢腿和风铃晃动之间的联系。然而，科利尔也发现，当第二天换了一个不同的风铃后，学习并未发生。婴儿的动作表明，他们记得之前的风铃，认出了新旧风铃之间的差异。并且，一个月后再给婴儿呈现最初的风铃，他们仍然记得这种联系，并开始踢腿（见**图 4.8**）。

被遗忘的童年时的语言痕迹也可能持续存在。有研究对一些讲英语的英国成人进行测试，他们曾在幼年时讲过印地语或祖鲁语，但成年后对此没有有意识的记忆。然而，直到 40 岁，他们仍可以再学会这些语言中细微的语音对比，而其他人则学不会（Bowers et al., 2009）。一些我们的意识中并不知道、也无法用语言表达的信息，我们的神经系统以及双通道意识都会以某种形式记得。

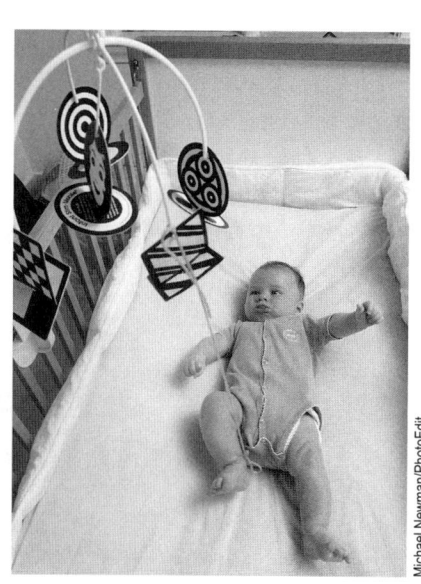

图 4.8
工作中的婴儿
仅 3 个月大的婴儿就能学会用脚踢动悬挂物——他们能记住这种联系长达 1 个月。（摘自 Rovee-Collier, 1989, 1997。）

认知发展

4-5：根据皮亚杰、维果斯基的观点和今天的研究结果，儿童的认知是如何发展的？

认知（cognition）是指与思维、理解、记忆和交流相关的所有心理活动。在生命旅程的某个阶段，你的意识开始出现。意识是什么时间出现的？此后你的心智获得了怎样的发展？发展心理学家让·皮亚杰终其一生都在探索这些问题的答案。他的兴趣始于 1920 年在巴黎编制儿童智力测验问卷的时候。在实施测验时，儿童的错误答案激发了皮亚杰的兴趣，某一相同年龄阶段的儿童所出现的错误通常非常相似。

图 4.9
尺度误差

心理学家报告说，18~30个月大的孩子在试图进行不可能的活动时，可能还不知道考虑物体的尺寸（DeLoache, DeLoache & Rosengren, 2004）。图中，21个月大的孩子试图从玩具滑梯上坐着滑下来；24个月大的孩子打开小汽车的车门试图走进去。

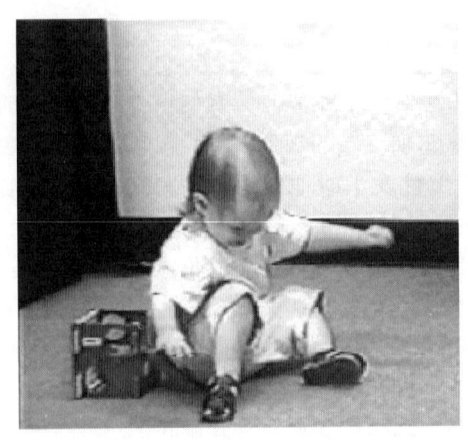

让·皮亚杰（1896—1980）

"如果我们对个体或全人类的智力发展进行测试，就会发现人类的心理发展经过一定数量的阶段，每个阶段都各不相同"（1930）。

尽管别人认为这些是错误，但皮亚杰却看到了智力所起的作用。

对儿童长达半个世纪的研究终于使皮亚杰确信，儿童的心理并非成人心理的缩小模板。部分归功于皮亚杰的工作，现在我们知道，儿童的推理方式与成人不同，"毫无逻辑，而这些问题的解决方法对于成人来说是不证自明的"（Brainerd, 1996）。

皮亚杰进一步认为，一个儿童的心理发展需要经历一系列阶段，从新生儿的简单反射，到成人的抽象推理能力，呈逐渐上升的发展趋势。因此，8岁儿童可以理解3岁儿童不能理解的问题。一名8岁儿童可以掌握诸如"灵感的闪现就像在你头脑中点亮一盏明灯"这样的类比，或者知道滑梯模型太小不能滑，汽车模型太小进不去（见图 4.9）。

皮亚杰的核心思想是，智力发展的动力是我们一直在坚持不懈地努力解释自己的人生经历。因此，发育成熟过程中的大脑建构**图式**（schemas），它们是我们注入经验的概念或心理模具（图 4.10）。一直到成年阶段，我们建构了无数诸如从猫、狗到爱的概念图式。

为了解释我们怎样使用和调整图式，皮亚杰提出两个概念。首先，我们会**同化**（assimilate）新的经验，即用我们现有的理解（图式）解释它们。例如，学步儿脑中

图 4.10
不可能存在的物体

请仔细观察右边这个"魔叉"。然后，转移视线——不，还是再多看一下——再转移视线，然后把它画下来……没有那么容易，对吧？因为这个魔叉是一个不可能存在的物体，你头脑中没有这一图形的图式。

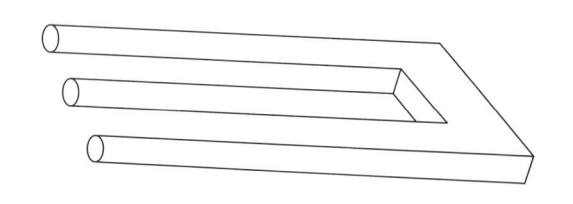

会有一个狗的图式，他会管所有的四足动物叫狗。但是我们也会有所调整，或**顺应**（accommodate），从而使图式整合新经验提供的信息。儿童不久便会认识到先前狗的概念图式过于宽泛，并会进一步对这些范畴加以区分。

皮亚杰的理论和当前的观点

皮亚杰认为，儿童是在与世界的互动中建构对世界的理解的。他认为儿童的认知以这样一种方式发展，即经历一次巨变后会是一段相对稳定的时期，就像从一个发展平台向下一个更高层次的平台移动。每个平台都具有各自与众不同的特点，使某种类型的思维过程得以发展。**表**4.1 总结了皮亚杰理论的4个阶段。

感知运动阶段 **感知运动阶段**（sensorimotor stage）是指婴儿从出生到大约2岁左右，通过自己的感觉和运动（看、听、触摸、吮吸、抓）来理解这个世界。当他们的手和四肢开始移动时，就开始学着做事情。

很小的婴儿好像只是生活在当前：看不到的东西便在他的心智之外。在皮亚杰的一个测验中，他给婴儿呈现一个很有吸引力的玩具，然后将他的贝雷帽忽然扣在玩具上。小于6个月的婴儿表现得好像这个玩具不存在了一样。年龄较小的婴儿缺乏**客体永久性**（object permanence）概念——即物体不会因为感知不到而不存在。到8个月时，婴儿开始表现出对看不见的东西的记忆。如果你把一个玩具藏了起来，婴儿会立即去寻找它（见**图**4.11）。在接下来的一两个月内，即使在被阻止几秒钟之后，婴儿也会去寻找它。

客体永久性概念确实在孩子8个月大时出现吗？就像到了春天郁金香就会开花？今天的研究者们并不这么认为。他们认为客体永久性概念是逐渐获得的，并且与皮亚杰相比，他们认为发展更像一个连续的过程。甚至更小的婴儿也会到玩具刚刚被藏起来的地方去寻找（Wang et al., 2004）。

研究者们认为皮亚杰及其追随者们低估了婴儿的能力。让我们看几个简单的实验：

表4.1 皮亚杰的认知发展阶段

典型的年龄范围	对发展阶段的描述	发展现象
出生到2岁左右	感知运动 通过感觉和运动感受世界（看、触摸、咀嚼、抓握）	● 客体永久性 ● 陌生人焦虑
大约2到6或7岁	前运算 前运算用词语和映象表征事物；用直觉而不是逻辑推理	● 假装游戏 ● 自我中心
大约7到11岁	具体运算 对具体事物的逻辑思维；掌握具体类推并能够进行数学运算	● 守恒 ● 数学转换
大约12岁到成年期	形式运算 抽象推理	● 抽象逻辑 ● 成熟的道德推理的潜力

假装游戏

图 4.11

客体永久性

小于 6 个月的婴儿很少能理解看不见的物体会继续存在。但是对于这个婴儿来说，看不见的物体仍然存在于其大脑中。

- **宝宝物理**：就像成人用难以置信的目光盯着一个神奇的戏法一样，婴儿也会对一些出乎意料的现象注视更长的时间，如一辆车好像要穿过某个物体，一只皮球停留在半空中，或一个物体神奇地消失而违反了客体永久性等（Baillargeon, 1995, 2008; Wellman & Gelman, 1992）。
- **宝宝数学**：卡伦·温（Wynn, 1992, 2000）给 5 个月大的婴儿呈现一个或两个物体（图 4.12a）。然后她将物体藏在一个屏障后，让婴儿亲眼看到拿走或增加一个物体（图 4.12d）。当她拿开屏障后，当呈现物体的数量有误时，婴儿有时会犹豫，注视的时间更长（图 4.12f）。但他们是对物体数量的多或少反应，还是对数量的改变作反应呢（Feigenson et al., 2002）？后来的实验证实婴儿对数的感知能力可延伸至更大的数量、比例，还有诸如敲鼓声和动作上（Libertus & Brannon, 2009; McCrink & Wynn, 2004; Spelke & Kinzler, 2007）。如果婴儿已经习惯于一个笨鸭子玩偶在舞台上跳三次，那么当它只跳两次时婴儿会表现出惊奇的表情。

很明显，婴儿比皮亚杰所认为的更聪明。即使是婴儿，也已经知道很多东西。

前运算阶段　皮亚杰认为在六七岁前，儿童一直处于**前运算阶段**（preoperational stage），还不能进行心理运算，比如想象一种动作并对其进行心理旋转。对一个 5 岁的孩子而言，把牛奶盛在一个又高又细的玻璃杯里看起来"太多"而不能接受，若

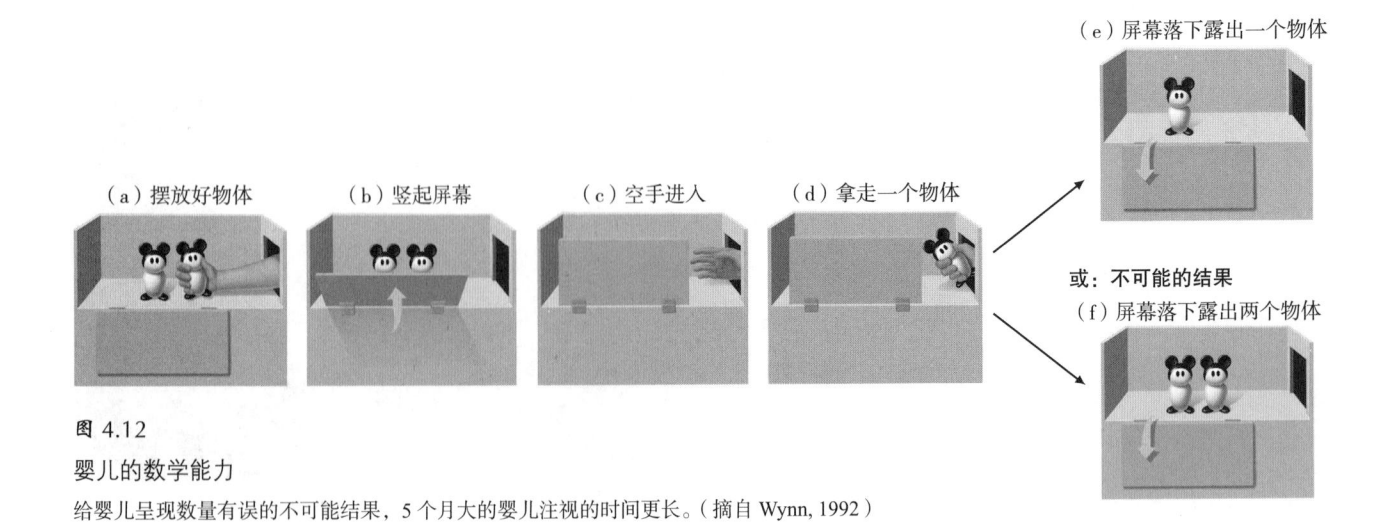

(a) 摆放好物体　(b) 竖起屏幕　(c) 空手进入　(d) 拿走一个物体

(e) 屏幕落下露出一个物体

或：不可能的结果

(f) 屏幕落下露出两个物体

图 4.12

婴儿的数学能力

给婴儿呈现数量有误的不可能结果，5 个月大的婴儿注视的时间更长。（摘自 Wynn, 1992）

倒入一个又矮又粗的玻璃杯里就变得可以接受了。这是因为儿童只关注了高度这一个维度，并且不能执行将牛奶倒回去的心理运算。皮亚杰认为，在大约 6 岁之前，儿童缺乏**守恒**（conservation）的概念，即尽管形状改变了，但量却保持不变的原则（图 4.13）。

图 4.13
皮亚杰的守恒测验
前运算阶段的儿童还不能理解物质守恒的原理。当牛奶从一个矮且宽的玻璃杯倒入一个高且窄的玻璃杯后，牛奶看起来好像"多"了。图中的这个 5 岁小女孩大约一年后就能明白两杯牛奶的量是相同的。

假装游戏　能够进行心理操作的儿童已经具备符号化思维的能力，因此开始喜欢假装游戏。当代研究者发现符号化的思维比皮亚杰预计的要出现得早。研究者德洛克（DeLoache, 1987）给儿童呈现一个房间模型，并将一个微型玩具狗藏在微型的睡椅后面，结果发现两岁半的儿童很容易就能记住到哪去找这些玩具，但他们不会利用模型在一间真实的屋子里寻找藏在睡椅后面的真实的玩具狗。3 岁的孩子（只比两岁半的孩子大 6 个月）却通常可以在真实屋子里找到玩具动物，表明他们可以将那个模型作为屋子的符号表征进行思考。皮亚杰并不认为各发展阶段的过渡是突然转变的。即使如此，他可能也会惊叹于儿童这么早就表现出符号化思维。

自我中心主义　皮亚杰认为学龄前儿童是**自我中心**（egocentrism）的：他们不能从别人的观点认识事物。妈妈对两岁的加布里埃拉说"给妈妈看看你的画"时，她会拿起画对着自己。3 岁的格雷用手蒙住自己的眼睛，认为这样别人就看不到自己了，因为他认为如果他看不到祖父母，那他们也不会看到他。从与儿童的对话中也可以看出他们的自我中心，如一个小男孩这样回答问题（Phillips, 1969, p. 61）：

"你有兄弟吗？"
"有。"
"他叫什么？"
"吉姆。"
"吉姆有兄弟吗？"
"没有。"

"太晚了，罗杰。他们已经看到我们了。"
罗杰还没有超越童年早期的自我中心。

正如加布里埃拉那样，看电视时，如果学龄前儿童在你前面挡住了你的视线，他们会认为，因为他们能看到电视，所以你也能看到。这仅仅是因为他们尚未发展出站在他人立场看问题的能力。即使是我们成人也会高估他人了解我们观点和想法的程度，这一特点称为知识偏差。我们会假设如果我们清楚一件事，他人也会清楚这件事，或者邮件接收者能够"听出"我们"只是开个玩笑"（Epley et al., 2004; Kruger et al., 2005）。幼儿更易受这种自我中心的影响。

心理理论　当小红帽意识到"外婆"实际上是一匹狼时，她立即修正了自己对那家伙意图的看法，然后逃跑了。虽然学龄前儿童仍然是自我中心的，但他们开始形成**心理理论**（theory of mind）（这一术语由心理学家戴维·普雷马克和盖伊·伍德拉夫 [Premack & Woodruff, 1978] 首次提出，用来描述黑猩猩似乎能够读懂他人的意图）时，他们推断他人心理状态的能力开始发展。

随着理解他人观点的能力逐步发展，学龄前儿童开始理解为什么玩伴会生气、什么时候兄弟姐妹会与自己分享，还有怎样才能让父母给自己买玩具。幼儿开始嘲笑和说服他人，发展出同理心。例如，在大约3岁半到4岁半时，全世界的儿童都开始认识到别人可能持有错误信念（Callaghan et al., 2005; Sabbagh et al., 2006）。研究者詹金斯和阿斯廷顿（Jenkins & Astington, 1996）给多伦多儿童呈现一个创可贴的盒子，问他们里面有什么。孩子们自然认为里面是创可贴，所以当他们发现里面装有铅笔时感到很惊奇。如果问3岁儿童，其他没有看到盒子里面是什么的儿童看到盒子时，会认为里面有什么呢？3岁孩子的典型回答是"铅笔"。到四五岁时，儿童的"心理理论"已经向前发展了一大步，他们预料到朋友们会错误地认为盒子里装有创可贴。患有自闭症的儿童（参考特写：自闭症与"心盲"）很难理解他人的心理状态与自己不同。

具体运算阶段　皮亚杰说，儿童到六七岁时进入**具体运算阶段**（concrete operational stage）。给他们提供具体的材料，他们开始能够掌握守恒的概念。理解了形状的变化并不代表量的变化，他们能够在心理的层面上将牛奶倒入和倒出不同形状的玻璃杯。他们也很喜欢听与守恒知识有关的笑话：

> 琼斯先生走进一家餐馆吃晚饭，点了一份比萨饼。当服务生问他要切成6块还是8块时，琼斯先生说："啊，你最好把它切成6块，我根本吃不了8块！"（McGhee, 1976）

皮亚杰说，在具体运算阶段中，儿童完全获得了理解数学转换和守恒的心理能力。当我的女儿劳拉6岁时，我对她糟糕的数学运算能力感到吃惊。问她，"8加4等于多少？"她需要用5秒钟才能得出"12"，还要再用5秒钟才能算出12减4的得数。到8岁时，她能够立刻回答出第二个问题。

形式运算阶段　到12岁时，我们的推理可以从纯具体的思维方式（包括实际经验）发展到抽象的思维方式（包括想象的现实和符号）。皮亚杰指出，随着儿童进入青少年期，很多人变得能够更像科学家那样思考。他们能够解决假设命题和推论因果关系：如果这样，那么会那样。系统化推理，也就是皮亚杰称之为**形式运算**（formal operational）的思维，现在已经在他们的掌握之中了。

尽管成熟的逻辑和推理要等到青少年期才具备，但形式运算思维的出现早于皮亚杰提出的年龄。考虑这样一个简单问题：

> 如果约翰在学校，那么玛丽也在学校。约翰在学校，对于玛丽我们能得出什么结论呢？

具备形式运算思维能力的个体能够毫无困难地正确回答。但是大多数7岁的孩子也能答对这个问题（Suppes, 1982）。

另一种观点：利维·维果斯基与社会文化发展理论

在皮亚杰建立认知发展理论的同时，俄国心理学家利维·维果斯基（1896—1934）也在对儿童的思维和学习进行研究。他提出，到7岁时，儿童运用词语进行思维和解决问题的能力逐渐增强。维果斯基认为，儿童的这些能力是通过内化他们所处文化中的语言获得的，并依赖于内部言语（Fernyhough, 2008）。父母边说"不行"边拨开孩子伸向蛋糕的手，这是教给孩子一种自我控制的工具。当孩子以后需要抵制某种诱惑时，他可能也会对自己说"不行！"做数学题时自言自语的二年级学生在上三年级时数学成绩更好（Berk, 1994）。不论出声与否，自言自语都有助于儿童控制自己的行为和情感，也有利于掌握新的技能。

皮亚杰强调儿童的心理怎样在与物理环境的互动中获得发展，而维果斯基则强调儿童的心理怎样通过与社会环境的互动获得发展。如果说皮亚杰眼中的儿童是一个小科学家，那么维果斯基眼中的儿童就是一名小学徒。通过对儿童进行指导，教给他们新的词语，父母和其他人为儿童提供了暂时的脚手架，儿童可以利用这些脚手架达到更高的思维水平（Renninger & Granott, 2005）。维果斯基（与皮亚杰同龄，但因肺结核英年早逝）提出，语言是社会性指导的重要构成要素，为思维提供了基本材料。

利维·维果斯基（1896—1934） 俄国发展心理学家维果斯基与女儿的合影。维果斯基研究了儿童思维如何通过社会互动的语言获得发展。

对皮亚杰理论的反思

关于儿童心理，皮亚杰有什么观点保留下来了呢？皮亚杰能成为1999年《时代》杂志评选出的20世纪20位最有影响的科学家和思想家之一，并在英国心理学家的一个调查中被认为是上个世纪最伟大的心理学家之一（*Psychologist*, 2003），说明他肯定留下了一笔重要的文化遗产。皮亚杰确立了认知发展的重要里程碑，并在世界范围内引起人们对心理发展的研究兴趣。他并不太强调儿童达到特定里程碑的一般年龄，他强调的是这种发展序列。后来世界各地，从澳大利亚土著集居地到阿尔及利亚再到北美的研究显示，人类的认知发展与皮亚杰所描述的序列基本吻合（Lourenco & Machado, 1996; Segall et al., 1990）。

然而，和皮亚杰相比，今天的研究者往往把发展看作更连续的过程。他们发现各种思维类型均会在更小的年龄出现，由此揭示出皮亚杰所忽视的一些概念能力。此外，他们认为形式逻辑在认知中所占的比重并不像皮亚杰所说的那么大。今天，作为我们自身认知发展的一部分，我们正在对皮亚杰的理论进行调整，以适应新的研究发现，对此皮亚杰应该不会感到惊讶。

对父母和教师的启示 未来的父母和教师们请记住：幼儿不具有成人的逻辑。挡住他人看电视的学龄前儿童只是还没有学会采择他人的观点。对你来讲简单又显而易见的事情，比如突然从跷跷板上下来会让另一端的朋友摔下来，一个3岁的孩子可能难以理解。同时也请你记住，儿童并非被动地等待老师来给自己填充知识。教师要在儿童已知事物的基础上进行更好的建构，给他们提供具体例证并引导他们自己思考。最后，接受儿童的认知不成熟是一种适应的过程。最自然的方法是让儿童接近给自己提供保护作用的成人，并给他们足够的时间学习和进行社会化（Bjorklund & Green, 1992）。

> 评价皮亚杰对发展心理学的影响，就像评价莎士比亚对英国文学的影响一样。
> ——发展心理学家 亨利·贝林，1992

> 儿童有其自身观察、思考和感觉的方式，最愚蠢的事莫过于试图把我们的方式强加给儿童。
> ——哲学家 让·雅克·卢梭，1798

> 特 写

自闭症与"心盲"

自闭症（autism）是一种以社交缺陷为特征的障碍，越来越多的人被诊断为自闭症。过去的自闭症患病率为每 2 500 名儿童中有一名，现在自闭症或相关障碍在美国的患病率为每 110 名儿童中就有一名，而在英国为每 100 名儿童中就有一名（CDC, 2009; Lilienfeld & Arkowitz, 2007; NAS, 2011）。被认为有"认知缺陷"或"学习障碍"的儿童有所减少，抵消了自闭症患儿的增多，这显示了对儿童障碍的重新标定（Gernsbacher et al., 2005; Grinker, 2007; Shattuck, 2006）。耗资高达 67 亿美元的美国儿童研究项目现在已经启动，旨在让来自 105 个国家的 10 万名孕妇进行注册，对她们的孩子进行追踪研究直至 21 岁。研究人员希望该研究能够帮助我们解释日益增高的自闭症患病率，以及越来越多的早产、儿童肥胖和哮喘（Belluck, 2010; Murphy, 2008）。

自闭症症状的根本原因似乎是由于各脑区之间缺乏沟通，正常人的脑区会协同工作，从而让我们能够理解他人的观点。因此，自闭症患者的心理理论受损（Rajendran & Mitchell, 2007; Senju et al., 2009）。他们无法推断他人的想法和情绪，无法领会玩伴和父母可能有与自己不同的观点。大部分正常人能够靠直觉（这张脸在假笑还是嘲笑？）进行的读心对于自闭症患者来说非常困难。大多数儿童能够理解另一个孩子撅嘴表示悲伤，眨眼表示开心或恶作剧。自闭症儿童无法理解这些信号（Frith & Frith, 2001）。抱着治愈的希望，绝望的父母有时会让孩子接受无效的治疗（Shute, 2010）。

自闭症谱系障碍这一术语涵盖了一系列变异，阿斯伯格综合征是其中

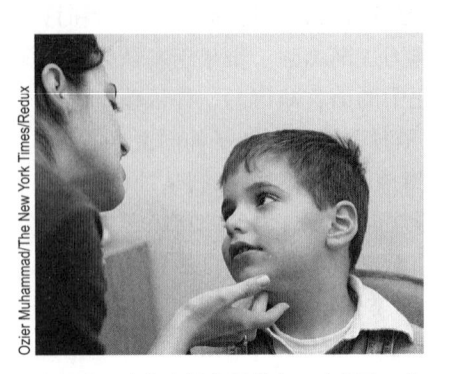

自闭症 这位言语病理学家正在帮助一名自闭症患儿学习发音和词语。自闭症的男女比例为 4:1，其特征是社会交往缺陷和无法理解他人的心理状态。

的一种，这是一种高功能的自闭症。阿斯伯格综合征的特点是智力正常，通常在特定领域有杰出的技能或天赋，但社交和沟通技能存在缺陷，并存在因无关刺激而分心的倾向（Remington et al., 2009）。

自闭症患儿的男女比例为 4:1。羊水分析发现，胎儿期睾丸素偏高的儿童会发展出更多的男性特质和自闭症特征（Auyeung et al., 2009）。心理学家西蒙·巴伦-科恩（Simon Baron-Cohen, 2008, 2009）提出，自闭症是一种"极端男性大脑"的表现。他声称，女孩天生具备"同理心"倾向，她们更擅长解读面部表情和手势，但使用睾丸素后这种能力会减弱（van Honk et al., 2011）。理解面部表情对自闭症患者来说是具有挑战性的任务。巴伦-科恩认为，尽管性别间存在重叠，但男孩是更好的"系统化者"，更擅长理解有规律或规则的事物，比如数学和机械系统。

巴伦-科恩提出推论："如果父母都是'系统化者'，那么孩子患自闭症的风险将会增加"。而且，由于选型交配的存在，人们倾向于选择与自己有相同兴趣的配偶，因此，两个系统化者确实经常会结婚。巴伦-科恩解释说，"我并没有否认环境因素的影响，我只是说，不要忽略生物学的影响。"

双生子研究和同胞研究为生物学影响提供了一些证据。如果同卵双生子中有一个被诊断为自闭症，那么另一个也患自闭症的概率为 50%~70%（Lichtenstein et al., 2010; Sebat et al., 2007）。自闭症患儿的弟弟或妹妹患自闭症的风险也较高（Sutcliffe, 2008）。产生精子的细胞发生的随机基因突变对自闭症也有影响。随着男性年龄的增大，这类突变逐渐增多，这有助于解释为什么 40 岁以上的父亲所生的孩

第一例自闭症案例 1943 年，唐纳德·格雷·特里普利特，一个有着与众不同的天赋和社交缺陷的"古怪"孩子，成为第一个被诊断为自闭症的人，这种情况在此之前并无报告，后由精神病学家利奥·坎纳命名。2010 年，格雷 77 岁，仍住在原来的家里，在密西西比州的一个小镇，在那里他经常打高尔夫球（Donvan & Zucker, 2010）。

子出现自闭症的风险高于 30 岁以下的父亲（Reichenberg et al., 2007）。研究人员正在探寻自闭症谱系障碍在大脑突触和灰质中的预警信号（Crawley, 2007; Ecker et al., 2010; Garber, 2007）。

脑功能研究也显示了生物学因素对自闭症的影响。没有自闭症的人在看到别人打呵欠时通常也会打呵欠。当他们观察并模仿别人微笑或皱眉时，能够在一定程度上体会对方的情绪。自闭症谱系障碍患者则没有这种情况，他们模仿性较差，而且反映他人动作的脑区激活程度很低（Dapretto et al., 2006; Perra et al., 2008; Senju et al., 2007）。比如说，当自闭症患者看到他人的手部动作时，其脑部会显示非正常的动作镜像（Oberman & Ramachandran, 2007; Théoret et al., 2005）。科学家正在对自闭症患者的大脑继续进行探索。有一种观点认为，自闭症患者的大脑是一面"破损的镜子"，科学家对这一观点存在激烈的争论（Gallese et al., 2011）。

巴伦-科恩和剑桥大学的同事（2007; Golan et al., 2010）一起，与英国国家自闭症协会及一家电影制作公司合作，试图"对同理心进行系统化"。他们得知有车辆的电视节目很受自闭症患儿欢迎，于是制作了以玩具车辆为角色的动画片，并给这些有轨电车、火车和拖拉机画上能表达情绪的面孔，这些车辆都放在一个模拟的男孩卧室里（图 4.14）。男孩去上学后，这些车辆都活了过来并且有了一些体验，使角色展示出各种情绪。令人惊奇的是，观看动画片的儿童能够将他们在动画片中刚刚学到的东西推广到新的真实的情境中。到干预结束时，他们先前存在缺陷的识别真人面部表情的能力已经达到了无自闭症儿童的水平。

> **提取一下**
>
> ● 心理理论与自闭症有什么关系？
>
> 答案：心理理论的重点在于我们推断自身和他人心理状态的能力。自闭症患者在这方面的能力有缺陷。

"邻居家的狗以前咬过人。它正在朝路易丝狂叫。"

请指出哪张脸表达了路易丝的感受。

图 4.14
进入情感世界
（a）剑桥大学自闭症研究中心的一个研究团队将玩具车辆的体验和展示出的情绪介绍给自闭症儿童。（b）观看动画片 4 周后，儿童的情绪识别能力显著提高，不仅能够更好地识别玩具车辆的面部表情，也能够更好地识别真实人脸的表情。

（a）画在玩具火车上的能表达情绪的面孔。

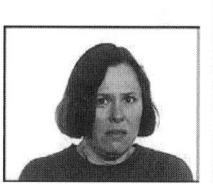

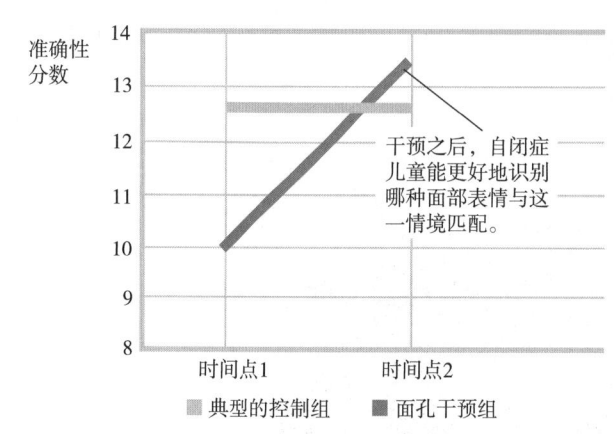

干预之后，自闭症儿童能更好地识别哪种面部表情与这一情境匹配。

■ 典型的控制组　■ 面孔干预组

（b）儿童将正确的面孔与故事进行匹配（上图显示了两个试验的数据）。

140 迈尔斯普通心理学

> **提取一下**
>
> - 客体永久性、假装游戏、守恒和抽象逻辑分别是皮亚杰认知发展阶段论中哪个阶段的发展里程碑?
>
>   答案:客体永久性是感知运动阶段的,假装游戏是前运算阶段的,守恒是具体运算阶段的,抽象逻辑是形式运算阶段的。
>
> - 将发展现象 (1~6) 与认知发展阶段 (a~d) 进行正确匹配。
>
>   a. 感知运动　　b. 前运算　　c. 具体运算　　d. 形式运算
>
>   1. 对抽象概念进行思考,如"自由"。
>   2. 喜欢假想游戏(如装扮)。
>   3. 理解当物体形状发生变化时其物理性质保持不变。
>   4. 能够进行反向数学操作。
>   5. 理解当某物不在视线中时并没有彻底消失,就像妈妈在浴帘后"不见了"一样。
>   6. 无法采择他人的观点(比如挡着别人看电视)。
>
>   答案:1.d,2.b,3.c,4.c,5.a,6.b

社会性发展

4-6:母婴依恋关系是如何形成的?

婴儿从一生下来就是社会的产物,会与照料者形成一种亲密的情感联系。婴儿不久便开始偏好熟悉的面孔和声音,后来当得到父母的关注时,他们会发出咕咕和咯咯的声音。大约在 8 个月大以后,在婴儿形成客体永久性概念并能够开始活动身体后不久,就会发生一件有趣的事情:他们出现了**陌生人焦虑**(stranger anxiety)。他们见到陌生人时会哭闹并靠近自己熟悉的照料者,"不!不要离开我!"他们似乎在伤心地说。大约在这个年龄,儿童会形成熟悉面孔的图式;当他们不能将新面孔同化到这些记住的图式中时,他们就会变得异常焦虑(Kagan, 1984)。这再次揭示了一条重要原则:大脑、心理和社会情绪行为共同发展。

陌生人焦虑 这种新出现的能力可将人们评估为不熟悉和可能存在威胁,有助于保护 8 月龄以上的婴儿。

依恋的起源

1 岁大的婴儿在受到惊吓或预期到分离时会紧贴着父母。分离后重聚时,他们会冲父母微笑并拥抱他们。任何社会行为都没有这种强烈和相互的亲子关系更引人注目。所谓**依恋**(attachment),就是一种使婴儿靠近照料者的强烈的生存冲动。婴儿会逐渐对那些令人舒适、熟悉的人形成依恋(一般是他们的父母)。多年以来,发展心理学家发现婴儿会对那些满足自己照料需求的人产生依恋。这的确很有道理。但一个偶然的发现打破了这一解释。

身体接触 20 世纪 50 年代期间,威斯康星大学心理学家哈洛夫妇为了进行学习的研究而饲养猴子。为了使猴子经历相同,并且避免生病,它们一生下来就不得不和自己的母亲分开,分别养在干净的笼子里,里面还有一张粗棉布毛毯(Harlow, 1971)。令人惊奇的是:毛毯被拿出来清洗时,猴子就会表现得很沮丧。

哈洛认识到猴子对毯子的依恋现象与依恋源自养育的理论观点不符。但他应该如何更有说服力地解释这一现象呢？为平衡食物源与舒适毯子的吸引力，哈洛制作了两个人工母亲。一个是木头脑袋的金属圆筒和一个附加的奶瓶，另一个圆筒上覆有绒布。

当一个可哺乳的金属筒妈妈和一个无法哺乳的绒布妈妈同时用于养育小猴子时，小猴子显著偏好于舒适的绒布妈妈（**图 4.15**）。就像人类婴儿紧依自己的母亲一样，猴子焦虑时也会依偎绒布妈妈。当对环境进行探索时，它们会把绒布妈妈当作安全基地，好像两者之间有一根看不见的橡皮筋相连接，会把小猴子拉回去一样。研究进一步发现其他的品质——温暖、摇动、喂养——使得布妈妈更具吸引力。

人类婴儿同样会对柔软温暖、摇动、喂养、轻拍他的父母产生依恋。很多母婴之间的情感交流都是通过触摸发生的（Hertenstein et al., 2006），触摸既可以是安抚性的（依偎），也可以是唤起性的（挠痒）。而且当个体沮丧失落时，人类的依恋可以为个体提供一个安全港湾和探索世界的安全基地。当我们长大成人后，安全基地和安全港湾也会改变——由父母转到朋友、伴侣（Cassidy & Shaver, 1999）。但不论年纪多大我们都是社会的产物。他人的支持——无论语言还是行动——都会使我们从中获得力量。"我会一直在你身边。我对你很感兴趣。无论发生什么，我都会支持你"（Crowell & Waters, 1994）。

熟悉性 接触是形成依恋的关键因素之一。另一个因素是熟悉性。在很多动物中，基于熟悉性的依恋形成于关键期——必须发生某些事件以促进其正常发展的最佳时期（Bornstein, 1989）。正如前文提到的，人类似乎有语言的关键期。小鸡、小鸭或小鹅形成依恋的关键期称为**印刻**（imprinting），通常发生在紧随孵化后的几小时内。它们出生后第一眼看到的活动物体一般来说就

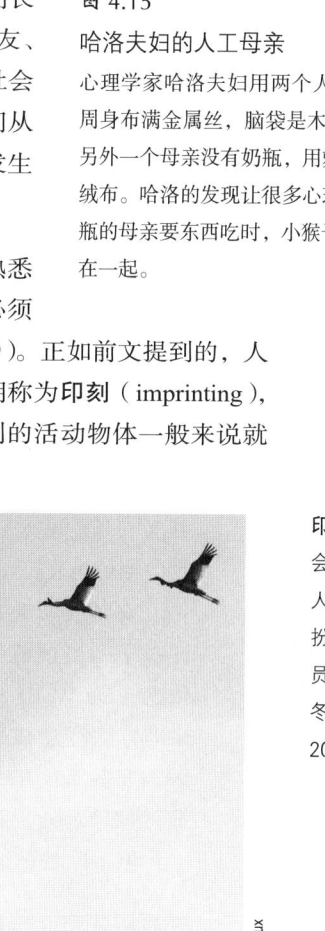

图 4.15
哈洛夫妇的人工母亲
心理学家哈洛夫妇用两个人工母亲喂养猴子，一个是周身布满金属丝，脑袋是木头做的带喂养奶瓶的母亲，另外一个母亲没有奶瓶，用塑料泡沫制成，包着厚厚的绒布。哈洛的发现让很多心理学家惊讶：即使当向带奶瓶的母亲要东西吃时，小猴子仍喜欢和"绒布"母亲待在一起。

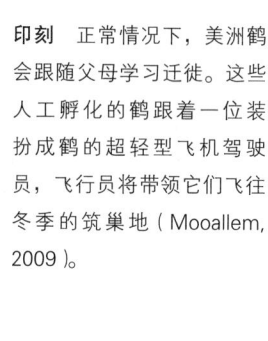

印刻 正常情况下，美洲鹤会跟随父母学习迁徙。这些人工孵化的鹤跟着一位装扮成鹤的超轻型飞机驾驶员，飞行员将带领它们飞往冬季的筑巢地（Mooallem, 2009）。

是它们的妈妈。从那时起，小家伙便跟着妈妈，而且只跟着妈妈。

洛伦兹（Lorenz, 1937）研究了这种严格的依恋形成过程。他很想知道：如果小鸭看到的第一个活动物体是他会发生什么事情呢？结果，小鸭始终跟着他：无论他去哪里，鸭子们一定会跟着。实验进一步发现，尽管小鸟对自己同类的印刻效应最明显，它们也会对各种各样活动的物体形成印刻——如其他动物、有轮子的盒子、跳动的皮球等（Colombo, 1982; Johnson, 1992）。而且印刻一旦形成，就很难消除。

儿童——与小鸭不同——不会形成印刻。但是，他们会对熟悉的事物形成依恋。仅仅接触人和一些事物就会培养他们的喜爱之情（见第 13 章）。孩子们喜欢反复阅读同一本书，看同一部电影，反复表演家庭的传统项目。他们喜欢吃熟悉的食物，住在熟悉的社区，和熟悉的老朋友一起上学。熟悉是安全的标志。熟悉使他们满足。

提取一下

- 印刻和依恋的区别是什么？

答案：你也许是我们与重要他人也使得依恋有时会发生这样情况，它们形成依恋的方式不尽相同。

依恋的差异

4-7：心理学家是如何研究依恋差异的？他们有哪些收获？

儿童的依恋存在差异，其原因是什么？为了回答这个问题，安斯沃斯设计了陌生情境实验（Ainsworth, 1979）。她先是对出生 6 个月以内的婴儿和母亲在家中进行观察。后来她在陌生环境中（通常是实验室中的游戏室）观察了这些已经 1 岁大的婴儿。这些研究显示，60% 的婴儿会表现出安全型依恋。母亲在场时他们快乐舒适地探索新环境。母亲离开时他们会显得沮丧失落。母亲一回来，孩子就会急着跟妈妈重聚。

也有些婴儿会回避依恋或表现出不安全型依恋，显示出对信任关系的焦虑或回避。他们并不积极探索周围环境，甚至紧紧抓住母亲不放。当母亲离开时，他们或大声啼哭，或一直沮丧，或对母亲的行动漠不关心（Ainsworth, 1973, 1989; Kagan, 1995; van Ijzendoorn & Kroonenberg, 1988）。

安斯沃斯和其他研究者发现，敏感的、反应性高的母亲，即那些时刻关注孩子的当前行为，而且对孩子做出适当回应的母亲，其孩子表现出安全型依恋（De Wolff & van IJzendoorn, 1997）。迟钝、回应不及时的母亲只在想起来时才去注意孩子，其孩子会表现出不安全型依恋。哈洛对猴子的研究显示，因为实验室中的人工母亲无法做出反应，所以当小猴子被放到陌生环境时会显得惊恐万分（图 4.16）。

但不同的依恋类型是养育方式的结果吗？或其他因素也在起着作用？

气质和依恋 气质（temperament）是指一个人特有的情绪反应性和强度。气质对依恋类型有怎样的影响？气质是受遗传影响的。出生不久之后，就可以看到有些婴儿是"困难型"的——易怒、紧张，难以预测。而有些婴儿是"容

Harlow Primate Laboratory, University of Wisconsin

图 4.16
社会剥夺与恐惧
由人工母亲饲养的猴子被放置在一个没有替代性母亲的陌生环境中时，小猴子会感到非常惊恐。（今天，人们都更加关注动物的生存与健康，因此类似的灵长类研究已经不再进行了。）

易型"的——快乐、随和，可预测进食和睡眠需要（Chess & Thomas, 1987）。

遗传效应表现在生理差异上。焦虑、受到抑制的婴儿其心率通常比较高且不稳定，而且其神经系统反应性强，在面对新情境或陌生情境时生理唤醒更高（Kagan & Snidman, 2004）。调节神经递质 5- 羟色胺的一种基因形式倾向于产生恐惧型气质，与非支持性的照料共同作用，儿童就会成为抑制型气质（Fox et al., 2007）。

气质差异是持久的，让我们来看看以下发现：

- 情绪反应最强烈的新生儿到 9 个月大时情绪反应也往往最为强烈（Wilson & Matheny, 1986; Worobey & Blajda, 1989）。
- 特别拘谨和胆小的 2 岁儿童，到 8 岁时通常仍比较腼腆，其中有一半会成为性格内向的青少年（Kagan et al., 1992, 1994）。
- 情绪最紧张的学龄前儿童刚成年时也往往相对比较紧张（Larsen & Diener, 1987）。在一项对 900 多名新西兰人进行的追踪研究中，情绪反应强烈、易冲动的 3 岁儿童，在 21 岁时表现得比其他人更容易冲动，更具攻击性，更易发生冲突（Caspi, 2000）。

这些证据进一步证明了以下结论：具有生物学根源的气质，有助于形成我们持久的人格（McCrae et al., 2000, 2007; Rothbart et al., 2000）。

哈里斯说，如果不考虑先天差异，教养研究就像是"把在狗舍里长大的猎狐犬和在公寓里长大的贵宾犬进行比较"（Harris, 1998）。为了区分先天和后天对依恋的影响，我们需要在控制气质的同时考察不同的养育方式。（停下来想一想，如果你是研究者，你会如何实现这点呢？）

荷兰研究者范登布蒙的解决办法是将 100 个 6~9 个月大的气质上属于难养型的婴儿随机安排到母亲受过敏感反应训练的实验组和母亲未受过训练的控制组。12 个月大的时候，实验组中 68% 的婴儿形成了安全依恋，但在控制组安全依恋型婴儿的比率仅为 28%。另一项研究证实，干预项目能够提高父母的敏感性，并在较小程度上提高婴儿依恋的安全性（Bakermans-Kranenburg et al., 2003; Van Zeijl et al., 2006）。

正如以上例子所揭示的，研究者更多地研究母亲的关爱而不是父亲的关爱，但父亲不仅仅只是精子库。尽管普遍的观点认为，"成为父亲"意味着令女性受孕，"成为母亲"则意味着养育子女，但全世界范围内有将近 100 项研究显示，父亲的爱和接纳对预测后代的健康和幸福可以与母亲的爱相提并论（Rohner & Veneziano, 2001）。英国的一项大型研究对 7 259 名婴儿进行了追踪，从他们出生直至成年。那些父亲在养育过程中投入最多（带孩子外出、讲故事、对孩子的教育感兴趣）的孩子往往在校表现更好，即使控制如父母受教育程度和家庭财产等其他因素后，结

"他很可爱，这很好，但是他的脾气就像汽车报警器。"

全职爸爸 财务分析师沃尔特·克兰福德和他的一对双胞胎宝宝。克兰福德是越来越多的全职爸爸中的一员。他说全职爸爸的经历让他体会到了这份工作的不易："工作时你有时候还可以暂时停下来，但看孩子你必须一刻不停地忙碌。"

在信任与不信任的冲突之中，婴儿萌生了希望，这是逐渐形成的成人信任的最初形式。

——埃里克·埃里克森，1983

果仍是如此（Flouri & Buchanan, 2004）。父亲非常重要。

无论孩子生活在单亲家庭还是双亲家庭，待在家里还是去日托中心，生活在北美还是危地马拉，或是在卡拉哈里沙漠，他们和父母的分离焦虑都是在13个月左右时达到顶峰，然后逐渐减少（图4.17）。这是否意味我们对他人爱的需要也逐渐减少呢？并非如此。我们爱的能力在增长，我们触摸和拥抱那些我们爱的人所得到的快乐从未停止。早期对依恋需求的减少，使我们得以在更广阔的空间自由活动，自由地和陌生人交往，并且当我们与所爱的人有距离时，能与他们保持情感上的联系。

依恋类型与未来的人际关系 发展心理学家埃里克·埃里克森（1902—1994）及其妻子琼·埃里克森（Erikson & Erikson）都认为，依恋关系牢固的婴儿以一种**基本信任**（basic trust）感面对生活——一种世界可预期和可依赖的感觉。埃里克森没有将这种感觉归结为个体周围持续的积极环境或天生的性格，而将其归因于早期养育。他的理论认为：被敏感且充满爱的父母养大的孩子会形成终生的信任感，而非恐惧。

尽管争论还在继续，但现在许多研究者相信，我们的早期依恋是我们成年关系形成的基础（Birnbaum et al., 2006; Fraley, 2002）。对成人来说，我们的浪漫之爱既可以表现出安全与信任的依恋，也可以表现出不安全-焦虑型依恋，或是不安全-回避型依恋（Feeney & Noller, 1990; Rholes & Simpson, 2004; Shaver & Mikulincer, 2007）。例如，童年期对他人的依恋感觉不安全的人，到成年期可能会形成两种主要的人际关系形式（Fraley et al., 2011）。一种是焦虑，这类个体会不断渴求获得接纳，但对可能的拒绝信号保持警惕。另一种是回避，这类个体在接近他人时会感到不适，采取回避的策略与他人保持距离。

父母的依恋类型也会影响与孩子的关系。回避型个体对亲密的不适感会造成养育过程压力更大，更不满意（Rholes et al., 2006）。但也有人为不安全依恋的个体（全人类几乎有一半是不安全依恋个体）辩护称：焦虑或回避倾向有助于我们的群体探测或躲避危险（Ein-Dor et al., 2010）。

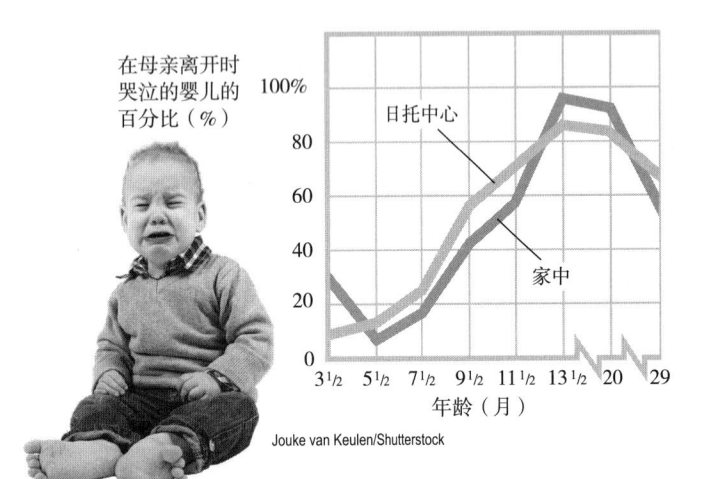

图4.17 与父母分离给婴儿带来的焦虑

在一项实验中，母亲们将孩子放在一个陌生的房间里。对两组婴儿来说，都是在13个月左右大时，母亲离开会让他们哭得最厉害。而婴儿是否入托对此并没有太大影响。（资料来源：Kagan, 1976.）

依恋剥夺

4-8：童年期忽视或虐待如何影响儿童的依恋？

如果安全依恋可以孕育社会信任，那么当环境阻止孩子建立依恋关系时会出现什么结果呢？在各种各样的心理学研究中，再也没有比这更令人难过的研究文献了。被锁在家里遭受虐待或极端忽视的儿童通常会变得退缩、害怕，甚至丧失语言能力。在某些公共福利机构里，得不到固定照料者的刺激和关爱的儿童也是如此，那些20世纪70和80年代罗马尼亚孤儿院的孩子就是这种悲剧性的例子。在认识到贫穷国家的经济增长需要更多的人力资本后，当时的罗马尼亚领导人宣布避孕

从摇篮中学到的东西，能够一直带到坟墓。

——法国谚语

不合法，禁止流产，并向少于 5 个孩子的家庭征税。通过这一系列措施，罗马尼亚的出生率暴增。但是，由于无力抚养，许多家庭将孩子遗弃在政府经营的孤儿院，而这里的工作人员都没有受过专业培训，工作量也都超负荷。幼儿 - 照料者比率通常在 15∶1，导致这些儿童与至少一名成人形成健康依恋的机会被剥夺。到了 90 年代，有关部门对这些孤儿进行测试，结果显示他们的智力评分低于高质量养育机构中的孩子，出现焦虑症状的比例是后者的 2 倍（后者为 20%）（Nelson et al., 2009）。来自 19 个国家的大量研究显示，在家庭中抚养的孤儿往往会在后期的智力测验中表现更好，尤其是年幼时就在家庭中抚养的孤儿（van IJzendoorn et al., 2008）。

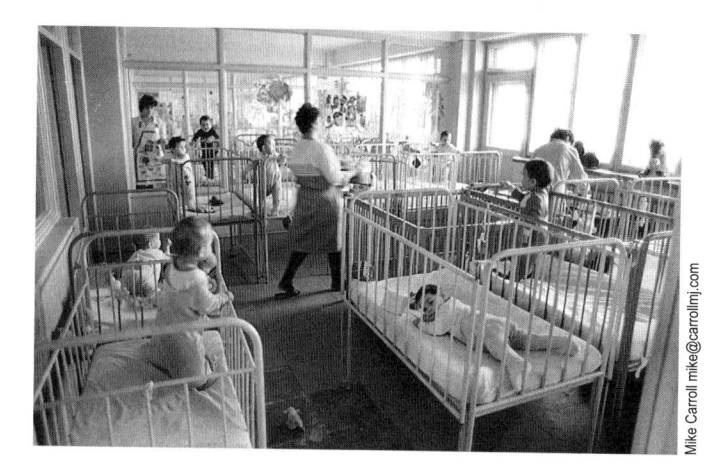

依恋剥夺 在这家罗马尼亚孤儿院中有 250 名 1~5 岁的孩子，而照料者的人数只有孩子的十分之一。

大多数在逆境中成长的儿童（以及大屠杀中幸存的儿童）是能复原的；他们会成长为正常的成人（Helmreich, 1992; Masten, 2001）。哈佛大学研究者苏珊·克莱西（Clancy, 2010）提出，大部分童年期遭受性虐待的人也可以复原，但她强调，与儿童发生性行为是令人厌恶的，而且这并不是受害者的过错。

但是另一部分人则无法轻易复原，尤其是那些没有彻底摆脱被虐待的过往经历的人。哈洛研究中的猴子如果生活在完全隔离甚至没有人工母亲的环境中，遭受的精神创伤会伴随一生。如果将在这种环境下长大的成年猴和其他同龄的猴子放在一起，它们会因害怕而颤抖，或是表现出带有攻击性的张牙舞爪。当它们到了性成熟的年龄，大部分猴子无法顺利交配。即使人工受孕，母猴也会冷漠无情，或表现出虐待行为，甚至杀掉第一胎。另一项灵长类研究证实，在恒河猴中存在虐待滋生虐待的现象：16 只曾遭受母亲虐待的母猴中，有 9 只会虐待自己的小猴，而没被母亲虐待过的母猴则没有这种现象（Maestripieri, 2005）。

人类也是如此。得不到关爱的人通常不会去关爱他人。很多虐待子女的父母——以及很多被定罪的杀人犯——说他们在儿时曾遭受过忽视或被殴打（Kempe & Kempe, 1978; Lewis et al., 1988）。30% 受过虐待的人会虐待他们的孩子——这一比率比灵长类研究中发现的要低，但比全美儿童平均虐待率高 4 倍（Dumont et al., 2007; Kaufman & Zigler, 1987）。

虽然大多数受虐儿童日后并不会成为暴力罪犯或虐待子女的父母，但极端的早期创伤会在大脑中留下印记。受虐儿童对愤怒表情会表现出超敏反应（Pollak, 2008）。成年后，他们表现出更强的惊吓反应（Jovanovic et al., 2009）。正常情况下很温顺的金仓鼠如果在幼年遭受反复的惊吓与攻击，长大后如果和个头相同的仓鼠关在一起时显得胆小懦弱，而一旦和弱小的仓鼠关在一起时又会变得恃强凌弱（Ferris, 1996）。这些动物大脑中的化学物质 5- 羟色胺发生了变化，而这种物质可以抑制攻击性冲动。在那些后来成为有攻击性的青少年和成人的受过虐待的孩子身上发现了一种类似的 5- 羟色胺反应迟缓。虐待行为研究者马丁·泰歇（Teicher, 2002）认为，应激可引起激素的连锁反应，使孩子们大脑的神经通路发生永久性的改变，以应对充斥着恶意的世界。

这些发现有助于解释为什么那些遭受严重或长期躯体虐待、儿童性虐待或战时暴行的儿童，出现健康问题、心理障碍、药物滥用和犯罪行为的风险都较高（Freyd et al., 2005; Kendall-Tackett et al., 1993, 2004; Wegman & Stetler, 2009）。如果虐待的受害者携带刺激应激激素分泌的基因变异，出现抑郁的风险就会相当高（Bradley et al., 2008）。我们将会一次又一次地看到，行为和情感是特定环境和特定基因相互作用的产物。

当依恋关系受到破坏时成人也会痛苦不堪。无论是由于死亡还是分离，失去伴侣会引起一系列的反应。先是焦灼不安、头脑中充斥着关于刚刚失去的伴侣的一切，接着是深深的痛苦，最后是情感分离，回归正常生活（Hazan & Shaver, 1994）。即使那些刚离婚但已很久没有感情的夫妇，有时也很惊讶于他们想接近前妻或前夫的愿望。我们不太可能在短短的一瞬间破坏那种亲密长久的依恋关系。解除依恋是一个过程，而不只是一个事件。

日　托

4-9：日托对儿童有何影响？

许多发展心理学家的研究成果表明，母亲外出工作对儿童的发展、依恋和成就没有什么太大的影响（Friedman & Boyle, 2008; Goldberg et al., 2008; Lucas-Thompson et al., 2010）。

当前的研究主要集中在不同质量的日托对不同类型和不同年龄的孩子产生的影响上（Vandell et al., 2010）。斯卡尔（Scarr, 1997）认为：在全世界范围内，"高质量的儿童看护是在安全、健康、丰富的环境中，儿童得以和成人进行温暖而又充满支持的交流。劣质看护则单调，对儿童的需求不敏感。"即使管理良好的孤儿院，也能培养出健康茁壮的孩子。在亚洲和非洲，艾滋病和其他疾病使得越来越多的孩子失去了父母，这里的孤儿院通常不算太差，而那些生活在高质量孤儿院中的孩子发展得和生活在社区的孩子一样（Whetten et al., 2009）。

孩子可以在各种不同类型的回应性照料下茁壮成长。西方文化下依恋的特点是只包括一两个照料者及其后代。而在其他文化中，如扎伊尔的俾格米人，主要模式是多人抚养（Field, 1996; Whaley et al., 2002）。甚至在新妈妈抱自己刚出生不久的孩子之前，新生儿就已经被多个女性抱过。在接下来的数星期中，新生儿会被其他哺乳期妇女照顾和喂养。结果就会形成强烈的多方依恋。

美国正在对10个城市中的1 100个儿童进行追踪研究，这项研究从他们一个月大时就开始进行。研究者发现，4岁半到6岁的孩子中，那些曾经大多数时间待在日托中心的孩子在语言和思维上稍占优势，虽然他们的攻击行为和反叛行为也较多（NICHD, 2002, 2003, 2006）。但是，孩子的气质类型、父母的敏感性、家庭的经济条件和教育水平，对攻击性的影响比日托的时间长短要重要得多。

每天9小时待在人手不足的托管中心的孩子应该得到更好的照顾，对这一点基本没有分歧。每个孩子都需要与自己

高质量日托的示例　研究表明，如果幼儿在一个安全且刺激丰富的环境中活动，那么其社会性和智力水平都会得到很好的发展。这种模式通常要求平均一个照料者照顾三四个儿童。

学着去信任的人建立持续的、温暖的关系。芬兰心理学家莉·普基尼恩（Pulkkinen, 2006）研究发现，这种关系的重要性会延伸至学龄前阶段之外。普基尼恩在一项贯穿其职业生涯的追踪研究中，对285名个体进行了观察，从他们8岁直至42岁。她发现，成人对儿童的监管能够预测有利的结果。在此基础上，她在芬兰议会的支持下承担了一项全国性的项目，让小学一年级和二年级的儿童在成人指导下进行各种活动（Pulkkinen, 2004; Rose, 2004）。

教养方式

4-10：三种教养方式分别是什么？这些教养方式与儿童的特质有什么关系？

有些父母打骂孩子，有些父母会跟孩子讲道理。有些父母严格，有些父母宽容。有些父母冷漠，有些父母会从容地亲吻拥抱孩子。这些教养方式的差异会影响孩子吗？

一直以来，对父母教养行为研究最多的是家长会怎样以及在何种程度上试图控制孩子。研究者提出了三种不同的父母教养方式：

1. 专制型（authoritarian）的父母强调规则，希望服从。"不准插嘴"，"一定要让自己的房间保持干净"，"不准在外面待到很晚，否则你会被禁足"，"为什么？因为我说了算。"
2. 放纵型（permissive）的父母一味服从孩子的愿望，很少要求，很少惩罚。
3. 权威型（authoritative）的父母既有要求也有回应。他们通过制定规则来控制孩子，尤其对稍大的孩子会鼓励公开讨论，也允许有例外。

太严、太松、正好，这些教养方式曾被如此冠名。研究发现，那些自尊和自立程度最高、社交能力最强的孩子，通常拥有温和、关切、权威的父母（Baumrind, 1996; Buri et al., 1988; Coopersmith, 1967）。专制型父母的孩子往往社交技能较差，自尊较低；放纵型父母的孩子往往侵略性更强，不成熟。尽管大多数研究针对中产阶级白人家庭，但是其他种族和世界范围内200多种不同文化的研究也肯定了这种充满爱和权威型的父母教养方式（Rohner & Veneziano, 2001; Sorkhabi, 2005; Steinberg & Morris, 2001）。例如，两项涉及数千德国人的研究发现，与放纵型父母的孩子相比，父母实行宵禁的孩子在成年早期表现出更好的调节能力，取得的成就也更高（Haase et al., 2008）。

请注意：某种教养方式（严格但开放）和孩子的某种表现（社交能力强）之间的联系仅仅是相关。相关并不代表存在因果关系。可能还存在其他对抚养-能力之间关系的解释。

当家长面对各种相互矛盾的建议而不知所措时，应该谨记，所有的建议反映的都是建议者的价值观。

文化差异 每个地方的父母都关爱自己的子女，但如何养育和保护孩子却依赖于他们所处的文化。纽约的父母会将孩子带在身边。在苏格兰奥克尼岛的斯特洛姆斯镇上，社会信任让父母放心地把婴儿车放在商店外面。

父母参与促进发展 任何文化中的父母都帮助孩子探索世界，但是在他们认为重要的方面存在文化差异。亚洲文化比北美文化更加强调学校和努力学习。这有助于解释为什么日本和中国儿童在数学成就测验中分数更高。

对于那些强调孩子要无条件服从或孩子生活在危险环境中的人，专制型教养方式可能会起到预期的作用。对那些强调孩子的社会能力和自立能力的人，严格但开放的权威型教养方式才是可取的。

文化与儿童养育 儿童养育的实践不仅反映了个人价值观，也反映了受不同时空影响的文化价值观。你是希望你的孩子有很强的独立性，还是希望你的孩子唯命是从呢？如果你生活在西方文化中，那么你可能会选择前者。"你应对你自己负责"，西方的家庭和学校都是这样教育儿童的。"问心无愧，善待自己，发掘潜能，按个人需求思考。"但是，半个世纪之前，西方的父母们更强调顺从、尊敬他人，以及对他人的敏感性（Alwin, 1990; Remley, 1988）。他们教育孩子："善待你的传统，忠诚于你的家族和祖国，尊敬父母和长辈。"文化是不断变化的。

不同时空的孩子都能在不同的儿童养育体系下茁壮成长。现在很多美国父母会让孩子自己睡并将他们送进日托。英国上层阶级的父母，传统上会把孩子的日常照料交给保姆，然后在孩子10岁左右时把他们送去寄宿学校。一般来说，像他们的父母和寄宿学校的同学一样，这些孩子长大后会成为英国社会的支柱。

许多亚洲和非洲文化对独立的关注较少，这些文化强调的是强烈的"家族自我感"——即认为自己的耻辱必定会令家庭蒙羞，而能给家庭带来荣誉的也必定给自己带来荣誉。这些文化也重视情感联系。婴儿和学步儿一般跟母亲睡觉，并且每天与一名家庭成员保持紧密的联系（Morelli et al., 1992; Whiting & Edwards, 1988）。在非洲古斯族人社会，婴儿可随时吃母乳，但白天大多数时候是在母亲背上度过的——有大量的身体接触，却几乎没有面对面接触和语言交流。如果母亲再次怀孕，刚学会走路的孩子就会断奶并由另一个人照管，通常是年长的哥哥或姐姐。西方人或许想探究这种缺乏言语交流的方式所带来的不良影响，但反过来，非洲古斯族人也想知道西方的母亲们怎么就把婴儿放在婴儿车里推着走，并把婴儿单独留在游戏围栏里（Small, 1997）。

儿童养育方式的多样性给我们提出警示，不要妄言只有我们文化中的养育方式才是唯一成功的方式。但有一点可以肯定：不论我们处于何种文化，养育孩子是一项长期投入，其中不仅有欢乐和爱意，也有忧虑和恼怒。而对于大多数为人父母者，孩子是一个人生物性和社会性的遗传，是我们对人类未来的投资。套用心理学家卡尔·荣格的话来说，我们回首自己的父母，再展望自己的孩子，并通过孩子的孩子望向更遥远的未来，那里是我们永远无法看到但因此不得不关心的。

> 父母是孩子成长的推动力。
> ——纪伯伦，
> 《先知》，1923

提取一下

- 三种教养类型被称为"太严，太松，正好"。哪种是"太严"，哪种是"太松"，哪种是"正好"？为什么？

答案：专制型是太严，放任型是太松，权威型是正好。因为孩子在开明的父母的教养下，具有自尊和社交能力。

对天性和教养的反思

母方的卵细胞吞没了父方的精子而建立的独特的基因组合有助于我们成为个体。基因决定着人们共有的人性和个体差异。

但经验也在塑造着我们。在子宫内，在家庭里，在同伴社会关系中，人们学会了思考和行动。甚至由天性引发的一些差异也可能因教养而放大。我们并不是天性或教养的产物，两者的相互作用塑造了我们。生物、心理和社会-文化力量相互作用相互影响。

然而，我们只注意到了他人与我们的不同，却常常忽略由于共同的生物性造成的相似性。不论我们身处怎样的文化，人类都有着相同的生命周期。我们对婴儿说话的方式相似，对他们的咕咕声和哭声给予相似的回应（Bornstein et al., 1992a, b）。在世界范围内，与惩罚、拒绝型父母的孩子相比，温暖支持型父母的孩子自我感觉更好，敌意更少（Rohner, 1986; Scott et al., 1991）。尽管拉美裔、亚裔、黑人和白种美国人在学业成绩和违法犯罪方面都存在差异，但这种差异只是表面的。家庭结构、同伴影响和父母受教育水平对各种族行为的预测程度相同。相比于组内的个体差异，组间差异很小。

青少年期

4-11：青少年期如何定义？生理变化对发育中的青少年有哪些影响？

许多心理学家认为我们的人格特质是在童年期形成的。今天的发展心理学家认为发展是一个贯穿一生的过程。随着这种毕生发展观点的出现，心理学家开始研究成熟和经验如何不仅成功地塑造我们的婴儿期和童年期，而且还影响到青少年期以及未来的发展。**青少年期**（adolescence）是从童年到成年的过渡期。它开始于性成熟期，到获得独立的成年人地位为止。在有些文化中，十几岁的孩子要自力更生，这意味着青少年期基本不存在。

霍尔（Hall, 1904）是最早描述青少年期的心理学家之一，他认为生理成熟与社会依赖之间的紧张状态导致一段"狂飙期"。的确，在强调个性独立的西方文化中，许多30岁以后的成年人不愿再次体验他们的青春生活。在飞扬的青春时光中，同龄人的社会认同必不可少，生活的方向变幻不定，与父母的关系日渐疏远（Arnett, 1999; Macfarlane, 1964）。

但是对很多人来说，青少年期也是这样一个时期：充满活力，没有成人的烦恼，注重友谊，崇尚理想主义，越来越体会到生命有无限可能性。

10年后你将如何看待自己的生活？你是否正在做出一些日后回想起来会令你颇为满意的选择？

在高中毕业五年的聚会上，曾经最好的朋友可能会惊讶地发现彼此存在很大的分歧。十年或更多年以后，他们可能连维持谈话都有困难。

生理发展

青少年期始于**青春期**（puberty），即我们性成熟的时期。青春期伴随激素的大量分泌，会令个体的情绪多变，并引发身体的一系列变化，第 5 章"性别与性"将对这些变化进行概述。

如同人生之初的生理变化一样，青春期生理变化的顺序（例如乳房发育和阴毛出现早于初潮——首次月经期）要比出现时间容易预测。有些女孩的生长突增始于 9 岁，而有些男孩却迟至 16 岁。尽管这些差异对成年的身高没有影响，但却可能会对个体的心理产生影响：不仅仅在于我们何时成熟，也在于他人对我们的生理发展作何反应。

对男孩来说，早熟的影响有利有弊。早熟男孩在青少年早期比同龄人更强壮，更擅长运动，通常也更受欢迎，更自信，也更独立。但同时也更有可能去冒险尝试酒精、违法行为和不成熟的性行为（Conley & Rudolph, 2009; Copeland et al., 2010; Lynne et al., 2007）。但早熟对女孩来说却可能是一大挑战（Mendle et al., 2007）。如果一个女孩的身体和激素水平和她的情绪成熟不同步，并且和她朋友的生理发育和经验也不同步，她有可能开始和更大的青少年交往，或可能会受到讥讽和性骚扰（Ge & Natsuaki, 2009）。

青少年的大脑也在发育之中。青春期之前，脑细胞联系增多，就像树枝不断长出新的枝叶一样。然后在青少年期，大脑开始选择性地清除那些很少会用到的神经元和联系（Blakemore, 2008）。用进废退。

随着青少年的成熟，他们的额叶也在继续发育。髓鞘是在轴突周围形成的脂肪组织，可加快神经传递速度，髓鞘化使各脑区之间可以更好地沟通（Kuhn, 2006; Silveri et al., 2006）。这些发育使得个体具有更好的判断力、冲动控制以及长期计划能力。

然而，额叶的成熟似乎迟于与情绪有关的边缘系统的发育。青春期激素激增以及边缘系统的发育可以帮助解释青少年偶尔的易冲动、冒险行为与情绪爆发——摔门、大声放音乐（Casey et al., 2008）。毫无疑问，青少年早期（额叶尚未成熟，还不具备长期计划和抑制冲动的能力）常常会染上烟瘾，大多数吸烟的成人会告诉青少年"你将来会后悔"。实际上青少年并没有低估吸烟、超速驾驶或无保护性行为的危害，他们只是根据自己的直觉作出判断，高估了眼前的利益（Reyna & Farley, 2006; Steinberg, 2007, 2010）。他们追求刺激和回报，却还无法控制自己的冲动。

因此，当青少年鲁莽驾驶或自毁学业时，父母是否应该自我安慰说"他也是情不自禁，他的额叶还没有发育成熟"？父母至少抱有希望：到青少年期结束时孩子的大脑会和刚进入这一时期时有所不同。酗酒会让青少年更容易冲动和成瘾，并导致大脑发育缓慢。正常情况下，额叶会在 25 岁左右发育成熟（Beckman, 2004; Crews et al., 2007）。

2004 年，美国心理学协会与另外七家医疗和心理健康协会一起向美国最高法院上书，不赞成对 16~17 岁的青少年执行死刑。文件列举了青少年"负责决策的大脑区域"的不成熟。心理学家劳伦斯·斯坦伯格和法学教授伊丽莎白·斯科特建议，对十几岁的孩子应该"因处在青少年期而从轻量刑"（Steinberg & Scott, 2003; Steinberg et al., 2009）。2005 年，在 5 票赞成 4 票反对的情况下，美国最高法院宣布青少年死刑违反宪法。

"年轻人，乖乖待在房间里，等你的大脑皮层成熟了再出来。"

如果一把枪是在一个受了伤害、渴望复仇的 15 岁少年的前额叶皮质控制之下，且目标指向了某个人，那么扳机很可能会被扣响。
——美国国立卫生研究院脑科学家丹尼尔·温伯格，"未发育成熟的大脑很难做出理智的判断"，2001

认知发展

> 4-12：皮亚杰、柯尔伯格和后来的研究者是如何描述青少年的认知和道德发展的？

青少年早期，个体的推理常常会表现出自我中心。青少年往往认为他们自身的经历是独一无二的。他们认为家长不能理解他们的感受："但是，妈妈，你真的不知道谈恋爱的感觉"（Elkind, 1978）。当青少年开始能够思考自己和他人的观点时，他们也开始考虑别人在如何看待他们（如果青少年知道他们的同龄人也都专注于自我，他们或许不会那么担心别人如何看待自己）。不过，大部分青少年会逐渐地开始更加抽象地推理。

当飞行员告诉我们弯下身抓住自己的脚踝时，我首先想到的是我们看起来一定很可笑。
——杰里迈亚·罗林斯，12岁，在文奥瓦州苏城空难发生之后

推理能力的发展

当青少年达到智力发展的顶峰，即皮亚杰所说的形式运算阶段时，他们开始将新形成的抽象推理工具运用到周围的世界中。他们可能会开始考虑什么是理想的可能性，并将其与社会、父母甚至自身的不完美的现实进行对比。他们可能会争辩人性、善恶、是非与公正。他们对公平的理解发生了变化，从最初简单的平等到与付出成比例（Almas et al., 2010）。脱离了童年早期的具体形象思维，他们现在正在找寻更深刻的关于上帝与存在的概念（Elkind, 1970; Worthington, 1989）。假设性地推理和演绎结果也可以使他们发现别人推理中的不一致和虚伪，有时这会导致他们和家长发生激烈争吵，默默发誓永不忘记自己的理想（Peterson et al., 1986）。

"本刚上高一，他怀疑一切正确的事物。"

道德发展

儿童期和青少年期的两项主要任务就是辨别是非对错以及个性发展——控制冲动的心理力量。要成为一个有道德的人就是要用道德方式去思考并且做出相应的行动。皮亚杰和柯尔伯格提出，道德推理引导道德行为。最近出现了一种新的观点，这种观点建立在改变心理学游戏规则的新认识上，认为我们的很多机能并非在深思熟虑的有意识思维这样的"大路"上运行，而是发生在无意识的自动化思维这样的"小路上"。

推理能力展示 虽然在移民政策上观点对立，但这些十几岁的年轻人在这些抽象话题上展示出逻辑思维能力。根据皮亚杰的观点，他们正处于认知发展的最后阶段，即形式运算阶段。

道德推理 皮亚杰（Piaget, 1932）认为，儿童的道德判断建立在认知发展的基础之上。柯尔伯格（Kohlberg, 1981, 1984）同意他的观点，并且试图描述道德推理的发展，即我们判断是非对错时的思维。柯尔伯格设计了一种道德两难困境（例如，一个人是否应该为救他心爱的人去偷药），分别去问儿童、青少年、成人这种行为是对还是错。他分析了他们的回答，并以此提出了三个道德思维的基本水平：前习俗、习俗和后习俗（表 4.2）。柯尔伯格认为这些阶段构成了道德阶梯。如同所有的阶段理论，这种发展顺序都是不变的。我们从底部开始，逐渐上升，发展到不同的高度。批评家认为，柯尔伯格的后习俗阶段存在文化局限，通常出现在那些信奉个人主义的人中（Eckensberger, 1994; Miller & Bersoff, 1995）。

道德推理 2010 年海地地震的幸存者面临着道德的两难困境：他们应该偷拿家庭生活必需品吗？尽管他们的行为相似，但他们的推理可能反映了不同的道德思维水平。

道德直觉 心理学家海特（Haidt, 2002, 2006, 2010）认为，我们的大部分道德根植于道德直觉——"快速的本能感觉，或受感情左右的直觉。"在这种直觉论的观点下，大脑可以迅速而自动地做出道德判断，正如我们做出审美判断那样。我们看到无耻行为和反人类行为会觉得恶心。即使是嘴里的一种恶心的味道，也会提高人们对各种背离道德的行为的厌恶（Eskine et al., 2011）。当我们看到有人表现得慷慨大方、富有同情心或勇气时，我们会感到他很崇高，那是一种温暖而炽热的情感蕴含在我们胸中的感觉。海特认为这种感觉反过来也会激发道德推理。

一位妇女回忆起自己和三个年轻人在雪地开车时的情景："一个铲雪的老妇人出现在我们的视线里，当后座的一个年轻人要求下车之前，我没有什么特别的想法……当我看到他从车上下来并走向那位老妇人时，我吃惊地张大了嘴，因为我意识到他要去帮那位老妇人清扫路上的积雪。"这一出乎意料的善行激发了崇敬的心理："我恨不得马上从车里跳出来，并紧紧拥抱这位年轻人。我多想一边唱一边跑，一边跳一边笑。我要赞美人们"（Haidt, 2000）。

"人的道德真的受制于道德情感吗，而道德推理只是趾高气扬地假装一切尽在掌控中？"海特对此感到疑惑。让我们思考一下惩罚的欲望。实验游戏表明，对坏事进行惩罚的欲望并非主要由理性（比如"惩罚能够阻止犯罪"这样的客观考虑）所驱使，而是由情绪反应（比如道德愤怒）驱动（Darley, 2009）。先有情绪反应的事实，

表 4.2
柯尔伯格提出的三个道德思维发展水平

水平（大概年龄）	焦点	示例
前习俗道德（9 岁前）	利己主义；为避免惩罚或得到实际的奖励而遵守规则。	"如果你挽救垂危的妻子，你将是一个英雄。"
习俗道德（青少年早期）	为了得到社会认同或维持社会秩序而维护法律和规则。	"如果你为她偷药，大家就会认为你是罪犯。"
后习俗道德（青少年期及之后）	行为反映出对基本权利的信念和自我界定的道德原则。	"人们有活着的权利。"

然后才是道德推理。道德推理是我们头脑中的新闻秘书，目的在于使我们自己和他人确信我们的直觉是有道理的。

对道德两难问题的一项研究支持道德的直觉观。请想象一辆因失控而冲向五名行人的电车。如果你扳动道岔，把电车引到另一轨道上，这样有一个人就会死去。但如果不采取这一行动，那五个人都会死。你会扳动道岔吗？大多数人说"会"。牺牲一个人，可以救五个人嘛。

现在想象一个相同的困境，只不过你挽救那五人的方法是把一个陌生人推向轨道，他会被电车撞死，但尸体却可以阻止电车。死一个，救五个？虽然逻辑是一样的，但是大多数人会拒绝后者。为了找寻原因，普林斯顿一个由约书亚·格林（Greene, 2001）领导的研究小组，运用脑成像技术探索人们面对此类道德困境时的神经反应。只有当面临类似推人的道德两难问题时，人们的大脑情绪区域才会活跃。尽管逻辑完全相同，个人道德两难问题牵涉到的情绪改变了道德判断。

尽管新的研究表明，道德直觉在很多方面胜过道德推理，但也有其他研究再次肯定了道德推理的重要性。例如，阿米什人的宗教和道德推理塑造了他们宽恕、集体生活和谦逊的习惯（Narvaez, 2010）。乔舒亚·格林把我们的道德认知比作一架照相机（Greene, 2010）。通常情况下我们都使用全自动的傻瓜模式，但有时我们需要使用理性来手动调整相机的自动模式。

道德行为 我们的道德思维与感受会影响我们的道德对话。但有些时候对话是随意的，情绪也转瞬即逝。道德是做正确的事情，而做什么也要受社会影响。政治理论家汉纳·阿伦特（Arendt, 1963）观察到，"二战"时许多纳粹集中营的守卫曾经都是正常人，但后来却被邪恶的环境腐化了。

当代的品格教育项目更多关注道德的整个范畴——思想、感受以及做正确的事情。研究表明，随着儿童的思维逐渐成熟，他们的自私行为也会减少，会更有同情心（Krebs & Van Hesteren, 1994; Miller et al., 1996）。品格教育也教孩子对他人的情绪产生同理心，教他们用自律来抑制冲动——为了以后能得到更大的回报，而延迟眼前的小满足。那些学会延迟满足的人变得更有社会责任感，学业有成，也更有社会价值（Funder & Block, 1989; Mischel et al., 1988, 1989）。在服务学习项目中，青少年们为社区提供建议、清扫街区和帮助老人，在服务胜任感和意愿增加的同时，他们的旷课和辍学率也降低了（Andersen, 1998; Pilliavin, 2003）。道德行为滋养了道德态度。

"这可能是不道德的。对各位是个问题吗？"

> 言行一致是一种令人愉悦的和谐。
> ——蒙田 (1533—1592)

提取一下

- 柯尔伯格认为，_____道德着眼于遵守法律和社会规范，_____道德关注自身利益，_____道德的核心在于自我界定的道德原则。

答案：前习俗；习俗；后习俗

社会性发展

> 4-13：青少年期面临的社会任务和挑战是什么？

在10~13岁之间的某个点（取决于他们吃的牛肉含有多少激素），儿童进入了青少年期，也称为"去可爱化(the de-cutening)"。
——乔恩·斯图尔特等，《地球》，2010

理论家埃里克森（Erikson, 1963）认为，生命每一阶段都有要完成的心理社会任务，一个亟待解决的危机。年幼儿童要解决信任问题，接着是自主（独立），然后是主动性。学龄儿童努力追求胜任感，觉得自己有能力且富有成效。青少年的任务是整合过去、现在和未来的可能性，以对自己有更加清晰的认识（表4.3）。青少年经常思索这样的问题："作为一个人，我是谁？我的人生目标是什么？我的生活应遵循什么样的价值观？我的信仰是什么？"埃里克森把青少年的这种探索叫做"寻求同一性"。

同一性形成

为了形成自我同一性，生活在个人主义文化下的青少年经常在不同情境下尝试做不同的"自我"——可能在家是一个样子，和朋友在一起是另一个样子，在学校和工作时又是一个样子。如果两个情境有重叠——比如一个年轻人带朋友回家——不适感会是相当大的。年轻人会问："我该做哪个自我？哪一个是真实的自我呢？"这种角色困扰通常通过形成一种自我定义得到解决。这种定义将各种各样的自我整合到一起，从而使个体产生一种协调一致而且舒适的自我感觉，即**同一性**（identity）。

表 4.3
埃里克森的心理社会发展阶段

阶段（大概年龄）	问 题	任务描述
婴儿 （1岁以内）	信任对不信任	如果需要得到满足，婴儿则形成基本的信任感。
学步儿 （1到3岁）	自主对羞愧和怀疑	学步儿开始学习按自己的意愿做事情，否则他们会怀疑自己的能力。
学龄前儿童 （3到6岁）	主动对内疚	学龄前儿童学着发起任务和实施计划，或对自己试图独立的努力感到内疚。
小学生 （6岁到青春期）	勤奋对自卑	儿童开始意识到全身心投入到任务中的乐趣，否则他们会感到自卑。
青少年 （十几岁到20多岁）	自我同一性对角色混乱	十几岁的孩子通过检验角色、然后将这些角色整合成一个单一的同一性来提炼自我感，否则他们会对自己是谁感到迷惑。
青年 （20多到40岁出头）	亲密对孤独	年轻人力图形成密切的关系及获得亲密爱情的能力，否则他们会产生被社会孤立的感觉。
中年 （40多岁到60多岁）	繁殖对停滞	中年人找到对世界作出贡献的感觉，通常是通过家庭和工作，否则他们会感到缺少目标。
老年 （将近70岁及以上）	自我整合对绝望	当对一生进行反思时，老年人会产生满足感或失败感。

勤奋对自卑

亲密对孤独

对青少年和成人来说，群体同一性形成于我们与周围人的差异程度。在英国生活时，我更会意识到我是一个美国人。当和我的女儿在非洲度假时，我会更加意识到自己是白种人。当身处女性群体中时，我会意识到自己的性别。对于外国留学生、少数族裔群体、残疾人士或某个团队的成员来说，**社会同一性**（social identity）经常是围绕着他们的与众不同之处形成的。

埃里克森注意到有些青少年接受了父母的期望和价值观，很早就形成了自我同一性（传统的、不太强调个人主义的文化教育青少年他们是谁，而不是鼓励他们自己决定）。另一些年轻人可能会形成与某个特定的同伴团体一致的认同——大学运动员，预科生，极客[1]，哥特族[2]，等等。

大多数年轻人对自己的生活感到满意。询问美国青少年一系列表述中哪个符合他们自己，81%的人同意"我会选择现在的生活"，其余19%的人同意"我希望过另一种生活"（Lyons, 2004）。在思考自己的存在时，75%的大学生说，他们与朋友"讨论宗教、灵性"，"祷告"，同意"我们都是灵性的存在"和"追寻生命的意义或目的"（Astin et al., 2004; Bryant & Astin, 2008）。斯坦福大学心理学家威廉·戴蒙及其同事（Damon et al., 2003）对这一结果早有预期，他们提出，青少年的关键任务是实现一个目标：渴望达到某种具有个人意义的目的，并对外界环境产生影响。

几项全美范围的调查显示，美国青少年的自尊在青少年早期到中期比较低落，对于女孩来说，抑郁得分通常会升高。但到青少年晚期和20岁左右，自我形象却会反弹（Erol & Orth, 2011; Robins et al., 2002; Twenge & Nolen-Hoeksema, 2002）。青少年晚期也是随和性和情绪稳定性增加的时期（Klimstra et al., 2009）。

在工业化国家中，这几年是很多人探索新机会的开始，不论是通过上大学还是参加工作。很多大学高年级学生比刚上大学时有更清晰的同一性和更积极的自我概念（Waterman, 1988）。获得清晰同一性的大学生更少酗酒（Bishop et al., 2005）。

埃里克森认为，在青少年期同一性形成阶段（延续到成年期）之后，紧接着就是在成年早期发展**亲密**（intimacy）能力即形成情感上的亲密关系的能力。浪漫关系往往是一种强烈的情感，在北美17岁的青少年中，约三分之二的人报告说拥有浪漫关系，但在集体主义国家中这一比例较低（Collins et al., 2009; Li et al., 2010）。与家人和朋友关系良好（亲密，支持）的个体在青少年期往往也有同样高质量的浪漫关系，这为健康的成人关系打好了基础。对我们大多数人来说，这样的关系是快乐的源泉。

> 自我意识是生物体对自身作为"自我"的认识，没有与自身以外的"他人"进行对比就（不可能）存在自我意识。
>
> ——C.S. 刘易斯，
> 《痛苦的奥秘》, 1940

今天我应该是谁？ 通过改变他们的外表，青少年努力表达不同的"自我"。尽管我们最终会形成稳定一致的同一性，但是我们会根据不同的情境来改变自我。

---

1 指一些对某种现代科学产物（如键盘）有特殊爱好的人。——译者注
2 身着黑衣、留着染黑的长发、喜爱摇滚乐且看起来有些离经叛道的年轻人群体。——译者注

与父母和同伴的关系

> 4-14：父母和同伴如何影响青少年？

在西方文化中，未成年人为寻求形成他们的自我同一性，开始疏远父母（Shanahan et al., 2007）。以前整天粘着妈妈的学龄前儿童，到 14 岁时一下子变成了死活不和妈妈拉手的孩子。这种变化是逐渐发生的（图 4.18），但在这段时期，父母的影响通常在减弱，而同伴的影响在加强。

正如亚里士多德很久以前就已经认识到的，我们人类是"社会性动物"。在所有年龄段，特别是儿童和青少年，我们都试图融入群体，并且受到群体的影响（Harris, 1998, 2000）：

- 一个孩子在家里听到的是一种英语口音，而邻里之间和学校讲的又是另一种口音，那么他肯定总是选择学同伴的口音，而不是父母的口音。口音（和俚语）会反映文化，"儿童从同伴中获得文化，"哈里斯指出（Harris, 2007）。

"她说，她在过去给了你生命，抚养你长大，为你牺牲了一切，让你拥有你想要的任何东西。"

- 十几岁就开始抽烟的孩子一般都有作为抽烟榜样的朋友，这些朋友向孩子暗示了吸烟的快乐，还会为其提供香烟（J. S. Rose et al., 1999; R. J. Rose et al., 2003）。这种同伴相似性的部分原因可能是"选择效应"，孩子会寻找观点和兴趣与自己相似的人作为同伴，抽烟的人可能会选择抽烟的人做朋友，不抽烟的可能会选择不抽烟的人做朋友。

> 一个人与时代的相似性大于与父亲的相似性。
> ——古代阿拉伯谚语

- 研究者（Csikszentmihalyi & Hunter, 2006）用蜂鸣器对美国青少年的日常体验进行抽样，发现青少年在独处时最不开心，和朋友在一起时最开心。

到了青少年期，父母和孩子经常发生争吵，通常是为了一些琐事——家务活、作息时间、作业（Tesser et al., 1989）。在向青少年期的过渡中，家里头生的孩子通常比排行第二的孩子与父母冲突更多，且孩子与母亲的冲突比与父亲的多（Burk et al.,

图 4.18

亲子关系的变化

对加拿大家庭的全国性大规模访谈研究发现：学龄前儿童与父母之间通常是一种亲密、温暖的关系，但随着儿童年龄的增长，亲子关系会逐渐淡化。（数据来源：Statistics Canada, 1999。）

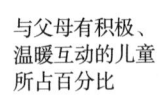

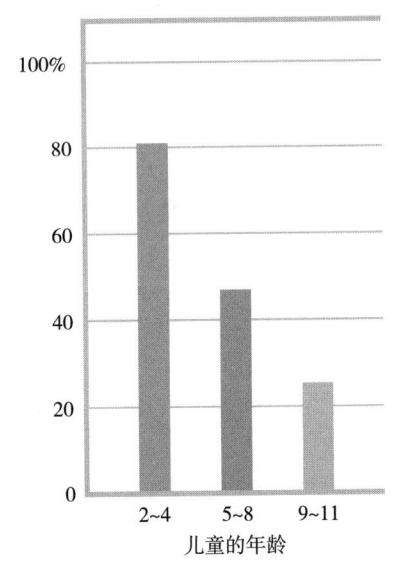

2009; Shanahan et al., 2007）。

一小部分的父母及其处于青少年期的子女，会因彼此之间的差异而导致关系的疏远和紧张（Steinberg & Morris, 2001）。但是对大多数的父母和子女而言，争吵和观点的分歧并不是破坏性的。一项对10个国家（包括澳大利亚、土耳其、孟加拉等）6 000多名青少年的研究发现，大多数人喜欢他们的父母（Offer et al., 1988）。"我们通常会相处得很好，但是……，"青少年通常这样报告（Galambos, 1992; Steinberg, 1987）。

积极的亲子关系会带来积极的同伴关系。那些最有人缘的高中女生和母亲的关系也最亲密（Gold & Yanof, 1985）。感觉自己和父母关系亲密的孩子一般更健康乐观，学习成绩也更好（Resnick et al., 1997）。当然，我们可以这样解释：行为不良的学生更有可能与父母和其他成人关系紧张。

虽然遗传对形成个体的气质和人格差异起着非常重要的作用，但父母和同伴会影响青少年的行为和态度（见批判性思考：父母应该得到多少赞扬或责备？）。

大多数年轻人是群居动物，他们谈话、穿衣、行为更像同伴而不像自己的父母。朋友是什么样的，他们通常就会变成什么样，他们常常会做"大家"都在做的事。在打热线电话咨询的年轻人中，朋友关系是最热门的话题（Boehm et al., 1999）。2008年的一项尼尔森研究显示，13~17岁的美国青少年平均每月收发超过1 700条短信（Steinhauer & Holson, 2008）。很多青少年被社交网络所吸引，有时甚至沉迷其中，导致"社交疲劳"。网络交流会激发亲密的自我表露，这样做有利（支持性团体）也有弊（网络侵犯者和极端主义团体）（Subrahmanyam & Greenfield, 2008; Valkenburg & Peter, 2009）。

那些感觉自己受排斥的青少年会体验到强烈的痛苦。社会心理学家阿伦森（Aronson, 2001）观察到，"大多数高中的社会氛围是由有害的小圈子主导的，而且他们非常排外。"多数被排斥的"学生默默地忍受……只有一小部分学生用暴力来对抗自己的同学。"当这些被排斥的学生放弃反抗时，他们很可能变得孤独、低自尊、抑郁（Steinberg & Morris, 2001）。同伴的认可非常重要。

青少年往往认为他们的父母在其他方面的影响更大，如塑造他们的宗教信仰和行为，选择大学和职业（Emerging Trends, 1997）。一项盖洛普青年调查显示，多数人会持与父母一致的政治观点（Lyons, 2005）。

加德纳（Gardner, 1998）总结了父母和同伴对儿童发展的互补作用：

> 当提及教育、行为准则、责任心、整洁有序、仁慈心以及与权威人士的交往方式时，父母显得更为重要。而对于学习合作、寻找受欢迎的途径以及创造与同龄人的交往风格，同伴则显得更为重要。年轻人可能觉得同伴更有趣，但是当考虑自己的未来时，他们会求助于父母。而且，（通

"恰恰是你不理解我——我也曾经15岁，但你却从来没到过48岁。"

我爱你们。
——2006年，艾米丽·凯斯在科罗拉多校园枪击事件中离世前，留给父母的临终遗言。

十之八九都与同伴压力有关。

同伴的力量 在我们的成长过程中，我们与同伴一起玩耍，结成配偶或伙伴。难怪儿童和青少年对同伴的影响非常敏感，且积极响应。

批判性思考

父母应该得到多少赞扬或责备？

在生育小孩时，女人和男人首先要洗基因这副牌，然后把可以形成生命的一手牌分发给未来的孩子，之后，孩子受到的无数影响则在父母的控制之外。尽管如此，父母依然总是为孩子获得的成功而感到无比骄傲，也为孩子的失败而感到内疚或羞愧。当孩子因获奖而得到别人的祝贺时，父母会眉开眼笑。如果孩子常常被叫到校长办公室，孩子的父母就想知道问题到底出在哪里？弗洛伊德派精神病学和心理学鼓励这种想法，例如，把从哮喘到精神分裂症都归咎于"照料不周"。社会则强化了对父母的这些责备，认为父母应该且能够把孩子当成陶器模子里的黏土来塑造。人们很容易因孩子的美德而赞扬其父母，因孩子的恶习而批评其父母。流行文化无休止地宣扬"有毒的"父母给脆弱的孩子造成的心理伤害。难怪生养孩子看似是一件如此有风险的事。

但是，父母是否真的会因为（从"有毒的"父母清单中选项）：过度纵容或漠不关心，执意强求或放任自流，过度保护或有意疏离，制造出儿时遭受心理创伤的人吗？儿童内心真的那么容易受到伤害吗？如果是这样，那么人们是否应该为自己的失败而责备父母，或是否因孩子的失败而责备自己呢？过多地讨论父母犯的一般错误对脆弱孩子的伤害，是否会淡化真正虐待孩子的残暴性呢？

父母当然重要。父母的影响力在这些极端情形下表现得最为清晰：受虐待的儿童变得虐待他人，被忽视的儿童变得忽视他人，备受宠爱但家教严的儿童变得自信且社交能力强。乘船外逃的越南和柬埔寨孩子在学业上和工作中成就卓著，表现了家庭环境的力量——他们的成就可以归因于联系密切、相互支持甚至苛求的家庭（Caplan et al., 1992）。

然而在人格测量中，自母体开始的共享环境的影响通常只能解释儿童间差异的不到10%。用行为遗传学家普洛闵和丹尼尔斯（Plomin & Daniels, 1987; Plomin, 2011）的话来说，"同一家庭中的两个孩子之间的差异（除了共享的基因）与从人群中任意挑出的两个孩子之间的差异一样大。"在发展

"说实话，警官，我的父母从来没设过限制。"

心理学家斯卡尔（Scarr, 1993）看来，这句话意味着"我们不应该因为一个人获得成功而过多赞扬其父母，也不应该因为一个人没有成就而过多责备其父母"。如果认识到孩子不是那么容易受到父母教养的影响，父母或许能稍稍放松一下，爱真实的他们。

"如果我将所有的事情归咎于你——那又是谁的错？"

如果你想因为自己成年期的问题而责备父母，那你可以怪他们遗传给你的基因，但不能责怪（基于任何我知道的事实）他们对待你的方式……我们都不是自己过去经历的囚犯。

——马丁·塞利格曼，《认识自己，接纳自己》，1994

即使在黑猩猩中，当一只小黑猩猩被另一只小黑猩猩伤害时，它的母亲也常常会攻击冒犯者的母亲（Goodall, 1968）。

常是）父母选择居住区和学校，这决定了孩子的同伴类型。

这种选择孩子的居住区和学校的权力使得父母有能力影响塑造子女同伴团体的文化。因为周围邻居的影响很重要，所以父母可能想要参与针对年轻人的干预项目，干预的目标是整个学校或居住的地区。如果有害的氛围渗入儿童的生命，那么需要改变的是氛围本身——而不仅仅是这个儿童。即便如此，同伴依然只是文化影响的

第 4 章　毕生发展　159

媒介之一。正如一句非洲谚语："养育孩子的是整个村庄。"

提取一下

- 什么是选择效应？在青少年决定参加学校的体育队这件事上，选择效应有什么影响？

答：青少年通常追求喜欢与自己相似的人。参与自己喜欢的活动，对于一名青少年和其他更少从事该活动的人一样，并不一定可取。

成人初显期

4-15：什么是成人初显期？

在现代西方世界中，青少年期大致是指十几岁这一阶段。而在更早以前，以及现今世界上一些其他的地方，这一生命阶段的范围更小（Baumeister & Tice, 1986）。在性成熟后不久，年轻人就要承担成年人的责任和身份。步入成人要经过精心准备的庆祝仪式——成人礼。刚成年的人在此之后就开始工作、结婚和生子。

当很多西方国家将上学列为义务时，独立也就延迟到了毕业后。从欧洲到澳大利亚，青少年现在花费更多的时间来使自己成为一个成人。比如在美国，人们第一次婚姻的平均年龄与 1960 年相比推后了 4 年（男性 28 岁，女性 26 岁）。在 1960 年，四分之三的女性和三分之二的男性到 30 岁时完成了学业，离开了父母，实现了经济独立，结婚并有了第一个孩子。今天，在 30 岁的群体中，只有不到一半的女性和三分之一的男性完成了这 5 个里程碑（Henig, 2010）。

独立的延迟和性成熟的提早同时发生了。两者结合在一起拓宽了生理成熟和社会性独立之间曾经短暂的间隔（图 4.19）。在当今这个繁荣的社会，从 18 岁到 20 多岁是一个未定型的时期，现在有时被称为**成人初显期**（emerging adulthood）（Arnett, 2006, 2007; Reitzle, 2006）。

"我在你这个年龄时已经是个大人了。"

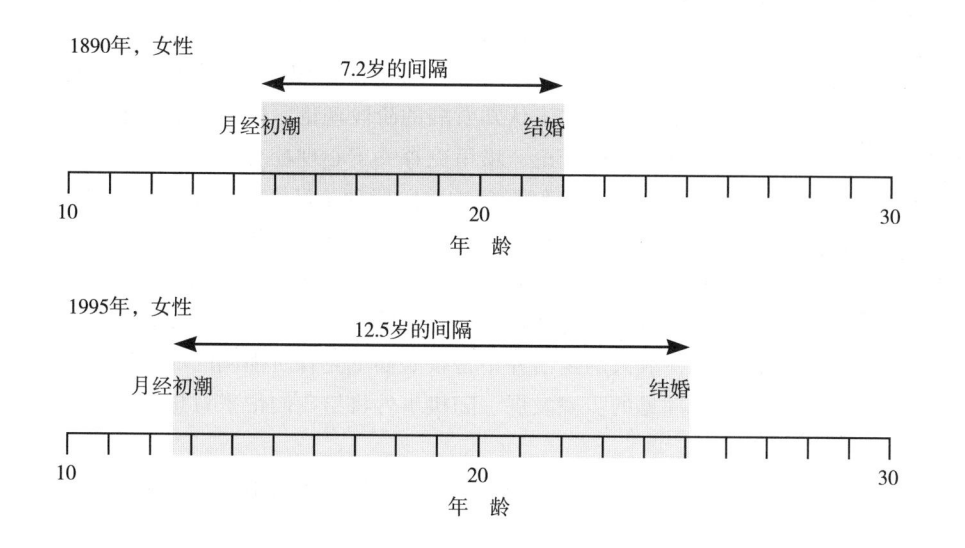

图 4.19

向成年期的过渡正在向两端延伸

19 世纪 90 年代，女性月经初潮和结婚之间的平均时间间隔是 7 年左右，这也是向成年期过渡的典型标志；而在今天的西方工业化国家，这种时间间隔大约为 12 年（Guttmacher, 1994, 2000）。虽说许多成年人未婚，延迟结婚加之教育时间延长与月经初潮提前，导致了向成人期过渡时间的延长。

初入成年期的个体已不再是青少年，但仍不能像成人那样承担自己的责任并且也未完全独立，感觉"夹在中间"。高中毕业后，进入就业市场或继续读大学的年轻人可能对自己的时间和事情的优先顺序有了前所未有的控制权。但他们可能还和父母住在一起，因为无力负担自己的住所，可能在感情上也仍然依赖父母。认识到现今成人初显期的逐渐延长，美国政府将父母健康保险中所包括的尚未独立的子女的年龄延至26岁（Cohen, 2010）。

> **提取一下**
>
> - 请将以下心理社会发展阶段（1~8）与埃里克森认为的每个阶段亟待解决的危机（a~h）匹配。
>
> 1. 婴儿　　　　　4. 小学生　　　　7. 中年
> 2. 学步儿　　　　5. 青少年　　　　8. 老年
> 3. 学龄前儿童　　6. 青年
>
> a. 创建对停滞　　　　e. 自我同一性对角色混乱
> b. 整合对绝望　　　　f. 勤奋对自卑
> c. 主动对内疚　　　　g. 信任对不信任
> d. 亲密对孤独　　　　h. 自主对羞愧和怀疑
>
> 答案：1.g, 2.h, 3.c, 4.f, 5.e, 6.d, 7.a, 8.b

对连续性和阶段性的反思

现在让我们暂停一下，反思在本章开篇提到的第二个发展问题：连续性和阶段性。成人和婴儿的差别是像巨大的红杉及其树苗那样——一种由逐渐的累积成长而造成的差异？还是像蝴蝶和毛毛虫——一种明显的阶段差异？

总的来说，强调经验和学习的研究者将发展看作是缓慢而连续的塑造过程。而那些强调生理成熟的研究者则将其看作是一系列由基因预先决定的阶段或步骤；尽管每个阶段的发展有快有慢，但每个人都会经历相同的发展步骤。

是否真的存在那种泾渭分明的心理发展阶段，就像会走之前要先会爬一样？我们已经考虑过以下几个阶段理论：皮亚杰关于认知发展的阶段理论，柯尔伯格关于道德发展的阶段理论，埃里克森关于心理社会发展的阶段理论（图4.20）。我们看到这些阶段理论已经受到了诸多批评：年幼孩子就具有的一些能力，而皮亚杰却将它们归之于更晚的年龄阶段。柯尔伯格的工作反映了个人主义的观点，而且过于强调理性而不是情感。并且，在下一部分你将读到，成人的生活并不是按照埃里克森所强调的那种固定的可预见的步骤发展。随机事件将给我们带来意想不到的影响。

尽管研究结果质疑那种人生按照清晰的、与年龄相关

生命周期的各个阶段

第 4 章 毕生发展　161

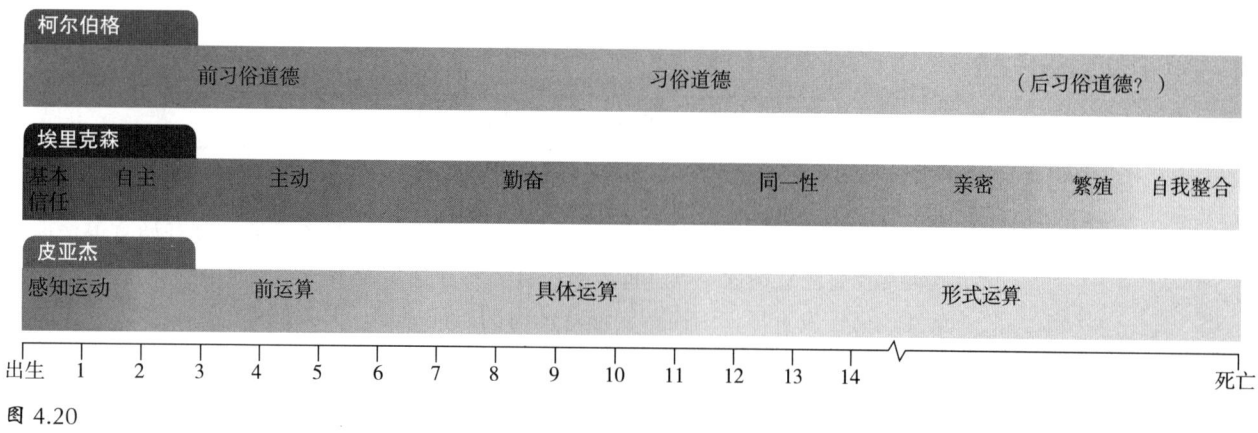

柯尔伯格			
前习俗道德	习俗道德	（后习俗道德？）

埃里克森							
基本信任	自主	主动	勤奋	同一性	亲密	繁殖	自我整合

皮亚杰			
感知运动	前运算	具体运算	形式运算

出生　1　2　3　4　5　6　7　8　9　10　11　12　13　14　　　　　　　　　　　　　　死亡

图 4.20
阶段理论的对比
（感谢马斯基根社区学院的 Sandra Gibbs 博士，他激发了这一图示的灵感。）

的阶段发展的理论，但阶段这一概念仍然很有用。童年期和青春期个体的大脑飞速发育并达到成熟，这与皮亚杰的阶段论相符（Thatcher et al., 1987）。而且阶段理论给我们提供了一种有关整个生命周期的发展性视角，它会告诉我们某个年龄段的人将如何思考和行动。

提取一下

- 哪些心理学发现支持发展的阶段论？哪些发现对阶段论提出挑战？

答案：皮亚杰（认知阶段）、柯尔伯格（道德阶段）和埃里克森（心理社会阶段）的工作支持阶段论，但有些研究表明，变化是逐渐发生的，且儿童的能力被低估了；"首先突破阶段对应的年龄限制。

成年期

成年期的演变持续终生。与人生早期相比，对成年阶段的发展进行概括似乎变得更加困难。如果你知道詹姆斯 1 岁而贾马尔 10 岁，针对这两个孩子你都能说出很多东西。而对于年龄相差悬殊的成人就难说了。老板可能 30 岁，也可能 60 岁；马拉松选手可能 20 岁，也可能 50 岁；一名 19 岁的青年可能已为人父母，也可能仍需父母的庇护。尽管如此，我们的人生过程在某些方面还是很相似的。在生理、认知尤其是社会性方面，50 岁的我们和 25 岁的我们有所不同。在接下来的讨论中，我们将认识这些差异，并用到三个术语：成年早期（约 20~30 岁），成年中期（30~65 岁）和成年晚期（65 岁以后）。在每个阶段中，个体的生理、心理和社会性发展都会有很大差异。

"我只是不知道在大学毕业后尚未进入社会保险前自己该干什么。"

生理发展

> 4-16：在成年中晚期，个体的生理会发生哪些变化？

正如夏至后衰减的日光，我们的生理能力，包括肌肉力量、反应时、感觉敏锐度以及心脏的输出量等，均在二十五六岁时以察觉不到的速度开始衰退。运动员常常首先注意到这一点。世界级田径和游泳选手在20岁出头时就达到巅峰。由于女性比男性发育早，因而达到巅峰的时间可能更早。但我们中的大多数人，尤其是日常生活中不要求表现出强体力的人，很难觉察到早期的衰退征兆。

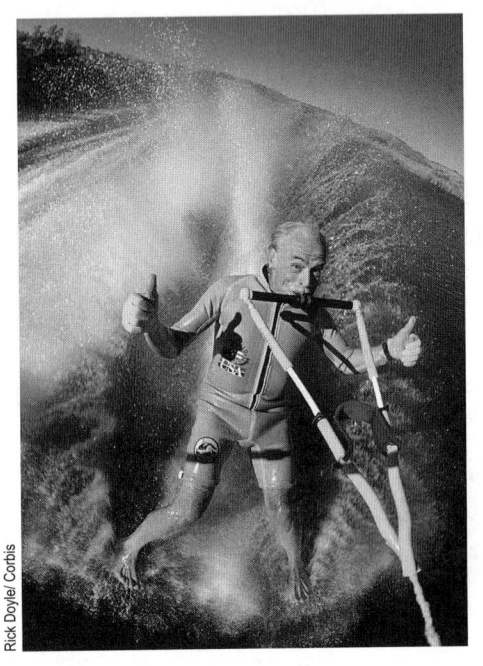

成年人的能力差别很大 97岁的老人：不要尝试这个。2002年，乔治·布莱尔成为世界上年龄最大的赤脚滑水者，仅仅几天后就是他的87岁生日。他在2012年97岁时又做了一遍！

"幸福的40岁。我将拿走你上臂的肌肉张力、你少女般的声音、你对咖啡因惊人的耐受力，以及你对炸薯条的消化能力。其余的你都可以保留。"

中年期的生理变化

40多岁的运动员都知道力量衰退会逐渐加速。在成年早期和中期，比起年龄，生理活力似乎与人的健康状况和锻炼习惯关系更大。现在很多身体硬朗的50岁的人可以轻松跑完4英里，而习惯于久坐的25岁年轻人爬两层楼就累得气喘吁吁。

老化使得生育能力也逐渐减弱，尤其是对女性而言。35~39岁的女性中，因一次性交而受孕的可能性是19~26岁女性的一半（Dunson et al., 2002）。男性的精子数量、睾丸激素水平、勃起和射精速度都在逐渐下降。女性会经历**更年期**（menopause），即月经周期的结束，一般出现在50岁左右。预期和态度会影响绝经对情绪的影响。它是女性失去魅力和衰老的迹象？还是从月经和对怀孕的恐惧中得到了解放？对于男性来说，同样如此，预期会影响人们的看法。有些男性会因活力和体力衰退而产生抑郁。但多数男性衰老时并不会出现这些问题。

随着年龄增大，性活动减少。不过，大多数男性和女性仍有能力进行满意的性活动，大多数人对自己的性生活表示满意。这一比例在被调查的加拿大人（40~64岁）中占70%，芬兰人（65~74岁）中占75%（Kontula & Haavio-Mannila, 2009; Wright, 2006）。在另一项调查中，75%的被调查者回答将保持性活动到80多岁（Schick et al., 2010）。一项美国退休人员协会的性活动调查显示，直到超过75岁后，大部分女性和近一半男性才报告自己没有性欲（DeLamater & Sill, 2005）。如果健康状况良好并有喜欢的伴侣，欲望的火焰虽然有所减弱，但却仍在燃烧。就像亚历克斯·康福特（Comfort, 1992, p. 240）戏言的，"随着年纪越来越大，让你无法享受性生活的原因实际上和你不能再骑自行车的原因完全相同（健康状况差；觉得这样看起来很傻；没有自行车）。"

老年的生理变化

老年"比死亡更可怕吗"（朱文纳尔式讽刺）？抑或当生命"在走下坡路时，是最令人愉悦的"（塞内加，道德书简）？变老会是什么样子？

力量与耐力 虽然在成年早期身体就开始走下坡路，但实际上直到晚年生活时我们才能清醒地意识到这种变化，那时我们发现台阶变得陡峭，字变小了，别人说话似乎都含糊不清。肌肉力量、反应时间和耐力在成年晚期都会下降。作为一个打了一辈子篮球的人，我发现自己追上飞出去的球越来越困难。精力虽然有所下降，但却不影响正常活动。此外，锻炼可以减慢衰老的速度。活跃的老年人往往思维也更敏捷。体育运动不仅可以强化肌肉、骨骼和精力，还有助于预防肥胖和心脏病，同时也可以刺激脑细胞发育和神经连接，这可能是因为运动可以增加氧气和营养的供应（Erickson et al., 2010; Pereira et al., 2007）。

感觉能力 随着年龄的增长，视敏度下降，距离知觉和对光强变化的适应减弱。瞳孔收缩，晶体变得越来越浑浊，从而减少了到达视网膜的光线量：65岁老人所接收到的光量仅占20岁年轻人所接收光量的三分之一（Kline & Schieber, 1985）。因此当和青年人一起阅读或开车时，老年人需要三倍的光量，这也是为什么老年人要买无色挡风玻璃的车的原因。也是因为这一点，老年人总会对年轻人说："难道你不需要更亮的灯光吗？"

嗅觉和听觉也都有所衰退。在威尔士，为了驱赶青少年在便利店附近闲逛，人们会安装一种能发出令人厌恶的尖锐声音的设备，而这种声音30岁以上的人几乎都听不到（Lyall, 2005）。有些学生也会利用这种声音作为手机铃声，这样老师就听不到了（Vitello, 2006）。

健康 对老年人而言，健康的信息喜忧参半。坏消息是：身体免疫力下降，使老年人更易患威胁生命的疾病，如癌症和肺炎。好消息是：在一定程度上要感谢抗体的积累，老年人较少患短期疾病，如普通感冒和流感。有研究发现，每年65岁以上老年人感染上呼吸道疾病的可能性是20岁年轻人的一半，是学前儿童的五分之一（National Center for Health Statistics, 1990）。

老化的大脑 从出生直到青少年期，我们加工处理信息的速度越来越快（Fry & Hale, 1996; Kail, 1991）。和青少年及青年人相比，老年人会花更多时间做出反应，解决感知觉问题，甚至记住名字（Bashore et al., 1997; Verhaeghen & Salthouse, 1997）。当任务变得复杂时，问题解决速度明显降低（Cerella, 1985; Poon, 1987）。玩视频游戏时，大多数70岁的人不是20岁青年的对手。

神经处理速度的降低和感觉能力的退化使得事故的风险增高。如图4.21所示，每英里致命交通事故率在75岁后明显上升。85岁后的事故率超过了16岁青少年的水平。但是，由于很少开车，老年司机造成的交通事故只占总数的不到10%（Coughlin et al., 2004）。

个体在衰老的过程中，大脑的记忆功能开始衰退（Schacter, 1996）。成年早期，我们开始逐渐损失少量的脑细胞，到80岁时大约会丧失占整个脑重5%的脑细胞。前面我们讲过，成熟较晚的额叶帮助青少年抑制冲动。进入老年期后，负责抑制的额叶开始萎缩，这似乎能够解释为什么老年人偶尔会直言不讳（"你发福了吧？"）（von Hippel, 2007）。

就像前面讲过的，运动有助于抵消一些大脑老化带来的影响。运动可以刺激神经连接的建立，促进海马中的神经发生，即新的神经细胞的形成，从而有助于记忆。随机安排一些久坐不动的老年人参加有氧运动，他们的记忆力得到提高，判断

出于某些原因，也许是为了节省墨水，餐馆开始使用细菌大小的字母印制菜单。
——戴夫·巴里，
《戴夫·巴里50岁了》，
1998

老年人摔落楼梯事故大多数是在最高一层楼梯上发生的，那通常是人们从有灯光的走廊转入比较黑暗的楼梯时（Fozard & Popkin, 1978）。我们可以利用人类衰老的知识设计环境，以减少这类危险事故的发生（National Research Council, 1990）。

一个人到多大年纪时你会觉得他老了？这取决于你提问的对象。18~29岁的人认为67岁就老了。而60岁以上的人则认为76岁才算老（Yankelovich, 1995）。

图 4.21
年龄和致命交通事故
反应迟缓增加了 75 岁及以上老人发生交通事故的风险，并且他们的脆弱增加了事故发生时的死亡风险（NHTSA，2000）。你还赞同驾照考试只是基于成绩表现，而不是年龄，来筛选出那些因反应迟缓或感觉障碍而增加事故风险的人吗？

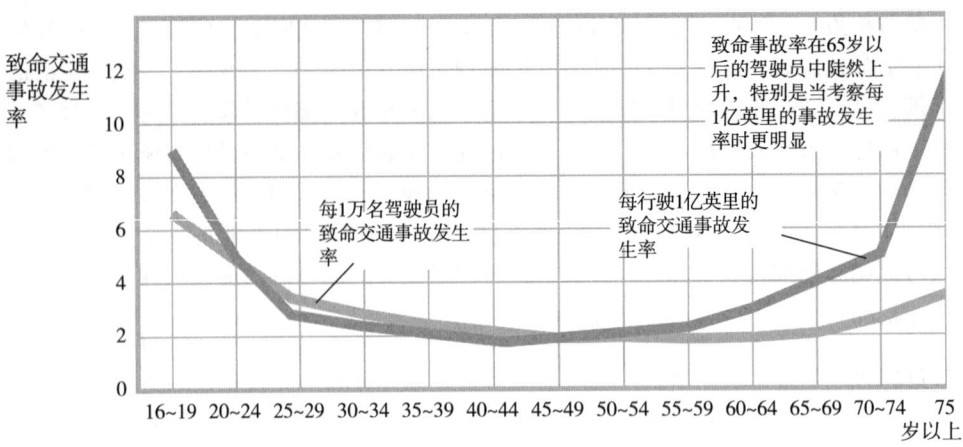

致命交通事故发生率 纵轴（0–12）；横轴 年龄：16~19、20~24、25~29、30~34、35~39、40~44、45~49、50~54、55~59、60~64、65~69、70~74、75 岁以上

每 1 万名驾驶员的致命交通事故发生率

每行驶 1 亿英里的致命交通事故发生率

致命事故率在 65 岁以后的驾驶员中陡然上升，特别是当考察每 1 亿英里的事故发生率时更明显

力更敏锐，且患痴呆的风险降低（Colcombe et al., 2004; Liang et al., 2010; Nazimek, 2009）。

运动还有助于维持端粒，而端粒可以保护染色体末端（Cherkas et al., 2008; Erickson, 2009; Pereira et al., 2007）。随着年龄增长，端粒会磨损，就像鞋带末端的磨损一样。吸烟、肥胖或压力会加重这种磨损。当端粒变短时，衰老的细胞可能会死亡，无法由完好的基因副本来代替（Epel, 2009）。

给老年人的信息很明确：我们更多的是因为不用而生锈，并非由于过度使用而磨损。

> 我仍在学习。
> ——米开朗琪罗，
> 1560，85 岁时

认知发展

4-17：记忆是如何随年龄增长而变化的？

发展心理学中最有趣的问题之一就是成年人的认知能力，如记忆、创造性和智力是否和生理机能一起逐渐衰退。

随着年龄的增长，有些事我们会记得很清楚。当要求人们回忆过去 50 年中最重要的一两件事时，他们倾向于回忆自己在十几岁或二十几岁时所发生的事（Conway et al., 2005; Rubin et al., 1998）。无论个体在这期间经历了什么事——"9·11"事件、民权运动、第二次世界大战——这些都会变得很重要（Pillemer, 1998; Schuman & Scott, 1989）。青年时代我们会经历许多值得回忆的"第一次"：第一次约会，第一份工作，第一次上大学，第一次见伴侣的父母，等等。

成年早期确实是某些形式的学习和记忆的发展顶峰。在一个实验中，克鲁克和韦斯特（Crook & West, 1990）邀请 1 205 个人记忆一些名字。14 个录像带上的陌生人以一种非常普通的方式报出了他们自己的名字："你好，我叫兰瑞。"然后同一个人再次出现并提供更多细节，比如"我来自费城"——以此提供记忆此人名字的声音和视觉线索。如图 4.22 所示，在重放两或三遍后，每个人都能记住更多的名字，但年轻人显然比老年人记得好。

40 岁以上的人中，大概有三分之二的人认为自己的记性不如 10 年前了，也许这并不让人惊讶（KRC, 2001）。事实上，老年人记忆得如何取决于任务类型。在另一

图 4.22

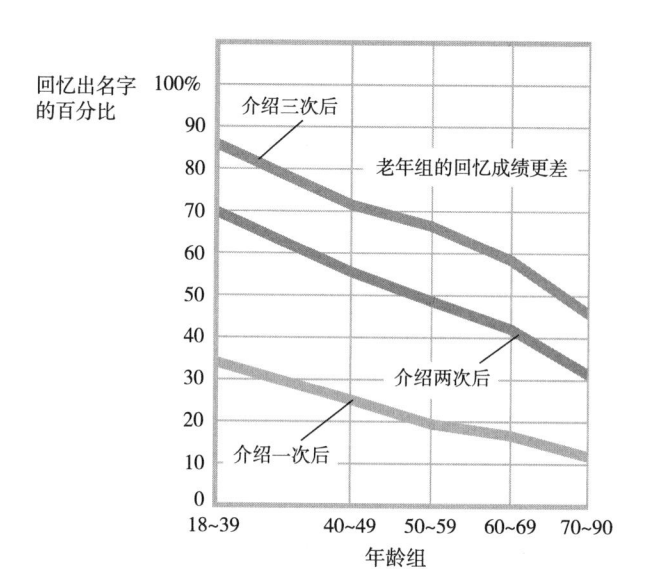

回忆测试

对年轻人来说，回忆曾经被介绍过一次、两次或三次的新名字要比老年人容易。（摘自 Crook & West, 1990。）

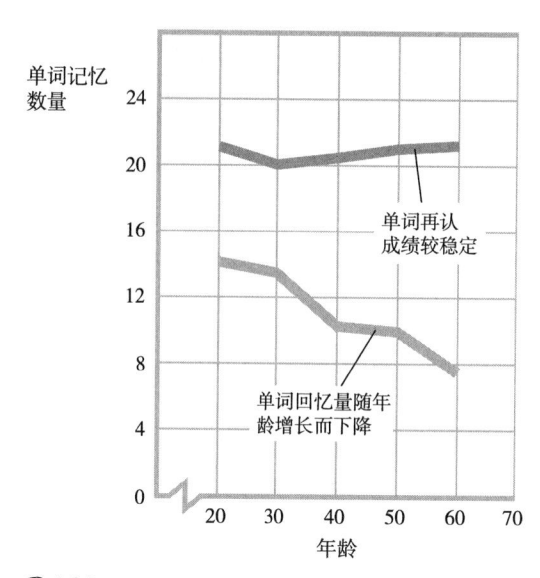

图 4.23

成年人的回忆和再认

在这个实验中，回忆新信息的能力在成年早期和中期都有所下降，而再认新信息的能力却没有下降。（摘自 Schonfield & Robertson, 1966。）

个实验中（Schonfield & Robertson, 1966），当要求参与者再认 24 个他们之前记忆过的单词时，他们表现出很小的记忆衰退。当要求参与者在没有线索的情况下回忆信息时，他们表现出更大的记忆衰退（**图 4.23**）。

我们学习和记忆的能力与其他发展领域一样，彼此不同。年轻的成人在学习和记忆的能力上存在差异，但 70 岁的人则相差更大。牛津大学研究员帕特里克·罗比特（Rabbitt, 2006）报告称，"70 岁的人中能力最好的和最差的差距远大于 50 岁的人"。有些 70 岁的人的成绩表现几乎不如所有 20 岁的人，但也有些 70 岁的人达到或超过了 20 岁个体的平均水平。

无论我们遗忘的速度是快或慢，记忆似乎还取决于我们要提取的信息类型。如果要求个体记忆无意义信息，如无意义音节或不重要的事件，那么年龄越大的人出错越多。但是，如果信息是有意义的，那么年龄较大的人拥有丰富的信息网，这会帮助记忆。但他们要花费更长的时间来生成自己知道的词语和事件：快速思维游戏的获胜者通常是年轻人或中年人（Burke & Shafto, 2004）。老年人学习和记忆技能的能力比回忆词语的能力衰减得更慢（Graf, 1990; Labouvie-Vief & Schell, 1982; Perlmutter, 1983）。

第 9 章"思维、语言与智力"探讨了认知发展的另一个维度：智力。我们将会看到，**横断研究**（cross-sectional study）（对不同年龄的人作比较）和**纵向研究**（longitudinal study）（在不同时间对同样的人群进行重复研究）揭示了随着年龄增长，有些心智能力会变化而有些则不会。告诉我一个人距离死亡有 8 个月还是 8 年，不论他的实际年龄是多大，我都得到了关于这个人心智能力的线索。尤其是在生命的最后三到四年，认知能力通常会加速衰退（Wilson et al., 2007）。研究者将这种临近死亡时的衰退称为"末期衰退"（Backman & MacDonald, 2006）。

如果你正值 20 岁左右（上下不超过 5 岁），去年的什么经历令你难以忘怀？（这可能是你 50 多岁时记得最牢的生活时期。）

社会性发展

> 4-18：从成年早期到死亡的社会之旅中，有哪些标志性的主题和影响？

年轻的和年老的成人之间的许多差异是由重要的生活事件造成的。新工作意味着新的关系、新的期待和新的要求。婚姻带来了亲密的快乐以及与伴侣一起生活的压力。孩子出生前后的三年带给大多数父母生活满意度的上升（Dyrdal & Lucas, 2011）。一个所爱的人去世会给个体带来无法替代的失落感。这些成人生活中的事件是否带来了一系列的生活变化？

成年期的年龄和阶段

> 在我们生命旅程的中途，直路消失了，我发现自己迷失在一片漆黑的森林中。
> ——但丁，《神曲》，1314

40岁以后，人们开始向中年期过渡，此时他们意识到生命即将过半。许多心理学家认为"中年转换期"是一场危机，一个竞争激烈的时期，伴随着后悔感，甚至还会产生被生活击倒的感觉。中年危机的流行形象是一个40岁出头的男人，为了一个更年轻的女朋友和跑车而抛弃了家庭。事实上，对大样本的调查显示，不幸福、对工作和婚姻不满、离婚、焦虑以及自杀行为在40岁出头时并没有激增（Hunter & Sundel, 1989; Mroczek & Kolarz, 1998）。例如，离婚在20多岁时最常见，而自杀行为在七八十岁的人中最为常见。对将近10 000个情绪不稳定的人进行的研究表明，"没有任何证据表明"中年人的压力最大（McCrae & Costa, 1990）。

四分之一的成年人报告说他们经历过危机，其关键因素不是年龄，而是诸如生病、离婚或失业等重大事件（Lachman, 2004）。有些中年人称自己是"三明治一代"，要同时照顾年迈的父母和成人初显期的子女或者孙辈（Riley & Bowen, 2005）。

生活事件引发人们在不同的年龄向新生活阶段转变。**社会时钟**（social clock）是对各种"时机"的界定，包括离开家庭、找工作、结婚、生育、退休，在各种文化下和不同时代中都是有所不同的。西方女性一度严格的生活次序——从学生到职员到妻子到全职母亲再到职员——如今已经变得十分松散了。现代女性可以按任何一种顺序或者同时来承担这些社会角色。虽然社会时钟依旧存在，但人们对与其不同步感到更加自由。

> 一个人生活中的重要事件是一系列高度偶然事件的产物。
> ——约瑟夫·特劳布，"特劳布定律"，2003

其实偶然事件也会对我们的人生产生持续的影响，因为它们通常会令我们选择这一条而不是另外一条人生道路（Bandura, 1982）。班杜拉（Bandura, 2005）回忆了一则非常巧合的真实故事，故事的主人公是一位图书编辑，他来参加班杜拉"关于偶遇和生活道路的心理学"的演讲，最后与碰巧坐在他旁边的女士结婚了。导致我写作本书（这并不是我自己的想法）的一系列事件开始于我在一次国际会议中认识了坐在旁边的一位杰出的同事。偶然事件可以改变我们的生活。

成年期的承诺

我们的成年生活主要由两个基本方面组成。埃里克森称之为亲密（形成亲密关系）和繁衍（富有成效和支持

后代）。研究者们选用了不同的术语——亲和（affiliation）与成就（achievement），依恋（attachment）与生产力（productivity），联结（connectedness）和胜任（competence）。弗洛伊德（Freud, 1935）说得更简单：健康的成年人，是可以同时爱和工作的个体。

爱 我们表达爱意，坠入情网，结婚——一次只与一个人。"一夫一妻是人类社会的标志，"人类学家费希尔（Fisher, 1993）如是说。从进化论的观点来看，一夫一妻制的确很有道理：那些养育子女到成熟的父母比不这样做的父母更有可能将基因传给后代。

这样一种爱最令人满意也最持久：建立在相似的兴趣和价值观、情感分享和物质支持以及亲密的自我表露基础上的爱（见第13章）。情侣用承诺保证爱情，（在佛蒙特州的一项研究中）异性情侣通过婚姻，同性情侣通过民事结合的方式，这样的关系往往更长久（Balsam et al., 2008）。夫妻双方都受过良好教育且在20岁以后结婚的婚姻关系更持久。在西方国家，与50年前相比，人们受教育程度更高，结婚更晚。但具有讽刺意味的是，离婚率居然是那时的两倍。（美国和加拿大每两起婚姻就有一起离婚，在欧洲，离婚率只是略低一些。）离婚率在一定程度上反映了女性在经济上对男性依赖的降低，以及双方越来越高的期望值。我们现在不仅希望建立一种持久的情感依恋，而且希望我们的配偶既能挣钱，又会照顾人；既是亲密的朋友，又是温柔和充满激情的恋人。

在"试婚"中尝试一起生活是否会将离婚率降到最低？在2001年盖洛普的一项调查中，62%的20多岁的美国人认为这是可行的（Whitehead & Popenoe, 2001）。实际上，欧洲、加拿大和美国的研究都表明，婚前同居者的离婚率更高，婚姻中出现的障碍也更多（Jose et al., 2009）。在订婚前就开始同居的人面临的风险似乎是最高的（Goodwin et al., 2010; Rhoades et al., 2009）。

在美国，未婚同居者的子女遭遇父母分手的可能性是婚生子女的五倍（Osborne et al., 2007）。原因主要有两个。首先，同居者最初并未憧憬理想化的长久婚姻。其次，他们在同居生活中变得愈加不赞成结婚。

但婚姻制度仍然会持续存在下去。据联合国报道，全球九成的男异性恋者会结婚。婚姻可以预测幸福感、性生活满意度、收入以及身心健康（Scott et al., 2010）。自1972年以来，对将近50 000多个美国人的调查发现，40%的已婚者报告自己"非常幸福"，而未婚者只有23%。女同性恋伴侣也报告自己的幸福感要高于那些单身者（Peplau & Fingerhut, 2007; Wayment & Peplau, 1995）。另外，结婚率较高的社区发生如犯罪、行为不良、儿童情绪障碍等社会问题的比率更低（Myers & Scanzoni, 2005）。

持久的婚姻关系并非总是没有冲突。有些夫妻会吵架，但也会向对方表达浓浓的爱意。有些夫妻从不大声说话，但也很少相互赞扬或爱抚。两种类型的婚姻关系都能持久。在观察了2 000对夫妇之间的互动后，戈特曼（Gottman, 1994）提出了一个预测成功婚姻的指标：积极与消极互动之间的比率至少要达到5:1。稳定婚姻有五倍以上的微笑、接触、欢笑和称赞，而不是挖苦、批评和冒犯。所以，如果你想预测哪对新婚夫妇会一起生活更久，请不要过分注意他们的爱多么有激情。那些避免贬低对方的夫妻通常更能保持婚姻的长久。为避免消极情绪的扩散，成功的夫妇应学会彼此之间公平地争论（表达感情而不伤害对方），学会避免冲突，比如"我知道

爱 亲密，依恋，承诺——不论爱以什么名义出现——都是成年期健康与幸福的核心。

你持什么样的观点？婚姻与幸福感相关是因为婚姻的支持和亲密感可以引发快乐，还是幸福的人更可能结婚并且维持婚姻，或二者皆有可能？

我们对孩子的爱不同于任何其他的人类情感。我那么快就爱上了自己的宝宝，而且非常深切，几乎与他们的独特品质完全无关。20年后，我（或多或少）快乐地看着他们离开——我不得不快乐地看着他们离开。在他们小时候，我们全身心地为他们付出，等他们长大后，我们能期待的最大回报就是他们对我们有困惑且宽容的爱。

——发展心理学家
艾莉森·高普尼克，
"婴儿至上"，2010

如果你离开了家，你的父母是否会患上"空巢综合征"——一种因失去了目的和关系而带来的沮丧感？他们会仅仅因为失去了在周六凌晨倾听你归来的脚步声的快乐而感到悲伤吗？还是他们似乎发现了一种新的自由，放松，并且（如果在一起的话）重新对自己的婚姻关系感到满意？

不是你的错"或"这会儿我安静地听你说"。

通常，爱的结晶是孩子。对大多数人而言，拥有孩子是生活中最持久的变化，这是一件幸福的事。在一次全美范围的调查中，93%的母亲说，"我感到一种巨大的对孩子的爱，这是以前对任何其他人都从未体验过的"（Erickson & Aird, 2005）。很多父亲有同样的感受。在我的第一个孩子出生几周后，我突然意识到："我的父母当年对我也是这样的感觉吗？"

当孩子开始耗费时间、金钱和感情精力时，夫妻对婚姻本身的满意度也会下降（Doss et al., 2009）。这在已婚的职业女性中最常见，因为她们要负担比想象中还要沉重的家务。因此，努力创造一种平等的婚姻关系可产生双重功效：婚姻满意度提高，而这有助于培养更好的亲子关系（Erel & Burman, 1995）。

虽然孩子是爱的结晶，但孩子最终还是要离开家。这种分离也是一个重要的事件，有时甚至是困难的事情。但空巢对大多数人来讲仍是快乐的地方（Adelmann et al., 1989; Gorchoff et al., 2008）。很多人会经历"空巢后的蜜月"，尤其是那些和孩子保持着密切关系的父母（White & Edwards, 1990）。就像丹尼尔·吉尔伯特（Gilbert, 2006）所说："唯一已知的'空巢症状'就是微笑增多了。"

工作 对于大多数成年人而言，"你是谁"的答案在很大程度上取决于"你做什么工作"。对于男性和女性而言，选择一条职业道路都很困难，尤其是在经济不景气的时代。即使是在最好的时代，也很少有学生能在大学的前两年预测自己将来的职业。

最后，幸福就是找到既符合自己的兴趣又能给自己带来胜任感和成就感的工作。幸福就是有一个可以给自己提供支持的亲密伴侣（Gable et al., 2006）。对某些人来说，幸福也包括拥有爱你的孩子，你也爱他们并为之感到骄傲。

提取一下

- 弗洛伊德定义的健康成人是能够_____和_____的人。

答案：爱和工作

当你出生时，你啼哭而世界欣喜。善度你的一生，使得你离世的时候，世界为你哭泣而你为之欣喜。
——印第安谚语

毕生的幸福

4-19：自信心和生活满意度是否会随生活阶段而变化？

我们都会变老。此刻的你就是自己曾经最老的时刻，也是你从今往后最年轻的时刻。这意味着我们可以满足或失望地回忆往事，充满信心或忧虑地展望未来。当人们被问及如果自己能再活一次会做些什么时，最常见的回答是："更认真、刻苦地学习"（Kinnier & Metha, 1989; Roese & Summerville, 2005）。其他的遗憾——"我该告诉爸爸我爱他"，"我后悔自己从未去过欧洲"——也更集中于没有做成的事情，而不是做错的事情（Gilovich & Medvec, 1995）。

从青少年到中年，人们通常会体验到越来越强的同一性、自信心和自尊（Huang, 2010; Robins & Trzesniewski, 2005）。到了晚年，挑战越来越多：收入减少、没有工作、身体衰老、记忆力减退、精力不济、家人和朋友去世或搬走，而最大的敌人——死亡，越来越近。对于进入衰退阶段末期的个体，随着死亡的临近，生活满意度确实会降低（Gerstorf et al., 2008）。

大多数人认为晚年时幸福感会降低，这不足为奇（Lacey et al., 2006）。但盖洛普研究人员发现，从世界范围来看，多数人认为 65 岁以上的人并没有明显地感到不快乐（图 4.24）。如果有什么不同的话，由于情绪控制力的提高，中年期之后积极情绪增加，而消极情绪减少（Stone et al., 2010; Urry & Gross, 2010）。老年人会更多地使用表达积极情绪的词语（Pennebaker & Stone, 2003），他们对消极信息的关注会越来越少。比如说，与年轻人相比，老年人对消极面孔的觉察速度降低，更留意积极消息（Carstensen & Mikels, 2005; Scheibe & Carstensen, 2010）。老年人社会关系的问题也更少（Fingerman & Charles, 2010），他们较少体验到强烈的愤怒、紧张和忧虑（Stone et al., 2010）。

大脑老化可能有助于滋养这些积极情感。对老年人的大脑进行扫描发现，作为情绪的神经处理中心，杏仁核对消极事件的反应不积极（但对积极事件不会），而且它与海马（大脑的记忆加工中心）的相互作用减少（Mather et al., 2004; St. Jacques et al., 2009; Williams et al., 2006）。对消极图像的脑电波反应也随着年龄增大而减弱（Kisley et al., 2007）。

此外，不论哪个年龄段，与消极事件有关的坏情绪都比与积极事件有关的好情绪消退更快（Walker et al., 2003）。这使得大多数老年人觉得，总体来看生活大多是美好的。鉴于变老是活着的结果（大部分宁愿变老也不愿早亡），人们晚年对生活中积极一面的关注令人欣慰。由于生理、心理和社会文化的影响，越来越多的人晚年生活丰富多彩（图 4.25）。

> 20 多岁时我们担心别人怎么看我们。到了 40 多岁，我们已不在乎别人怎么看我们。到了 60 多岁时，我们发现他人完全不在乎我们怎么样。
> ——佚名

> 活到 100 岁最大的好处就是不会有同伴压力了。
> ——刘易斯·W. 库斯特，《在 100 岁时》，2005

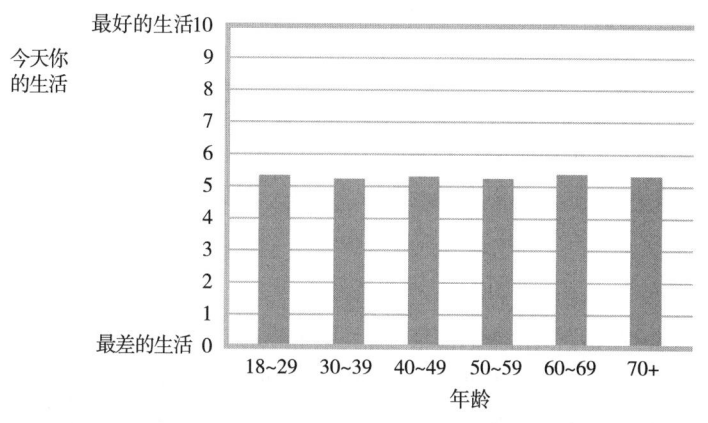

图 4.24

年龄和生活满意度

盖洛普组织对全世界的 142 682 人进行了调查，让被调查者对自己的生活进行评分，从 0（"最差的生活"）到 10（"最好的生活"）。结果显示，年龄无法预测生活满意度（Crabtree, 2010）。

图 4.25

生物心理社会因素对成功老化的影响

很多生物、心理和社会文化因素会影响我们变老的方式。有了良好的遗传基因，如果我们保持心态积极，精神和身体都保持活跃，并与家人和朋友保持联系，就有很大机会实现成功老化。

生物影响：
- 没有可导致老年痴呆或其他疾病的基因
- 适当的营养

心理影响：
- 乐观的心态
- 身体和精神生活活跃

社会文化影响：
- 来自家人和朋友的支持
- 尊老的文化
- 安全的生活条件

→ 成功老化

170 迈尔斯普通心理学

> **提取一下**
>
> - 变老带来的最大的挑战和回报是什么？
>
> 答案：接近、积极情感逐渐增多、愤怒、焦虑和社会关系方面的问题减少。回报：变老带来死亡和残障；随着时间的流逝，悲伤愈演愈烈。

死亡与临终

4-20：所爱之人离世会引发哪些反应？

警告：如果你开始读下面的段落，你将会死亡。

爱情——为什么，我来告诉你什么是爱情：爱情就是你75岁，她71岁，互相听着对方在隔壁房间的脚步声，都害怕突然的安静和突然的叫声，那意味着一辈子的交谈就此结束。

——布赖恩·穆尔，《金杰·科菲的运气》，1960

但是，当然了，如果你没读这段话，死亡仍将如期而至。死亡是我们必然的结局。大多数人都将经历亲朋好友死亡带来的痛苦。通常最痛苦的离别来自配偶——女性所体验到的痛苦是男性的五倍。如果就像通常所发生的那样，死亡在人生晚期如期而至，人们的哀伤会相对短暂一些。

如果所爱之人早于社会时钟的预期时间突然死亡，它所带来的哀伤尤其强烈。突发疾病或意外事故造成45岁的配偶或子女死亡的话，会引发长达一年或更久的满载回忆的哀痛，最终消退为轻度抑郁（Lehman et al., 1987）。

但是，对有些人来说，悲痛是无法承受的。丹麦的一项长期研究对超过100万人进行调查发现，其中约17 000人经历过18岁以下子女的死亡。在此后的五年中，他们中有3%的人第一次在精神科住院治疗。这一比例比未经历过子女死亡的父母高67%（Li et al., 2005）。

想想吧，朋友，当你从我的墓碑前走过，你现在的状态，我也曾经有过。而我现在的状态，你也将会面对。所以，做好跟随我的准备吧。

——苏格兰墓碑上的碑文

即便如此，个体间对所爱之人去世的反应差别之大，超出很多人的想象。有些文化鼓励公开的哭嚎，而有些文化却鼓励隐藏哀伤。在同一种文化中，个体的反应又有所不同。即使经历类似的不幸，有些人会经历长久而强烈的哀伤，而有些人的哀伤会缓和一些（Ott et al., 2007）。但是，与大众所持的错误观念相反：

- 绝症患者和丧亲的人不一定都会经历否认、愤怒等一系列可预测的相同阶段（Friedman & James, 2008; Nolen-Hoeksema & Larson, 1999）。但是，耶鲁大学一项研究对233位刚刚失去亲人的个体进行追踪发现，对所爱之人的怀念在其离世后4个月时达到顶峰，愤怒通常在此后一个月时达到最高点（Maciejewski et al., 2007）。
- 那些将最强烈的哀伤马上表达出来的人并不能更快消除这种哀伤（Bonanno & Kaltman, 1999; Wortman & Silver, 1989）。
- 居丧治疗和自助团体能够提供支持，但时间流逝、朋友的支持以及支持和帮助他人也有相似的治愈力量（Baddeley & Singer, 2009; Brown et al., 2008; Neimeyer & Carrier, 2009）。那些经常和其他人谈话聊天或接受哀伤咨询的生者与那些私底下暗自哀伤的人调节得差不多一样好（Bonanno, 2004; Stroebe et al., 2005）。

到70岁时，我会说这个年龄的优势是你能够更加平静地面对生活，你知道"这也会过去的"！

——埃莉诺·罗斯福，1954

我们应当庆幸，讳言死亡的态度正在逐渐消退。坦诚和有尊严地面对死亡，有助于人们怀着生命是富有意义的并且完整的感觉来完成人生历程——他们的存在曾经那么美好，而且生死都是生命周期中的组成部分。尽管死亡不受人欢迎，但是生命本身即使在死亡时都是值得赞美的。对于那些带有埃里克森所谓的整合感（一种认为生命有意义和价值的感觉）而不是绝望地回顾自己一生的人更是如此。

对稳定性和变化性的反思

现在是时候来探讨第三个重大的发展问题：随着时光的流逝，我们是更多地稳度不变，还是不断变化？如果和阔别已久的小学同学再见，我们是否会立即意识到"这还是原来的安迪"？抑或在生命某一时期的朋友，在另一时期变得像陌生人？（至少有一个我的熟人会选第二个选项。在大学毕业 40 周年聚会上，他就没认出以前的一个同学。目瞪口呆的同学最后指出，她是他从前的第一任妻子。）

研究揭示我们既体验着稳定，也经历着变化。正如我们所看到的，我们的一些特征，如气质，是非常稳定的：

- 有研究对 1 000 名新西兰人进行追踪，从他们 3 岁时开始。那些在学龄前责任心和自控力得分较低的人在 32 岁时更容易健康欠佳、滥用药物、被拘捕或成为单身父母（Moffitt et al., 2011）。
- 另一个研究团队对一些成年人进行访谈，这些人在 40 年前也接受过调查，当时让小学老师在健谈、冲动性和谦逊三方面对他们进行评价（Nave et al., 2010）。在极大程度上，他们的特质保持了稳定。

犹太谚语说，"7 岁看到 70 岁"。在童年和大学照片中笑得最开心的人经年之后也是那个最可能享受长久婚姻的人（Hertenstein et al., 2009）。大学时就不怎么笑的人离婚率为四分之一，而大学时笑得开心的人离婚率只有二十分之一。随着年龄增长，个体的人格逐渐趋于稳定（Ferguson, 2010; Hopwood et al., 2011; Kandler et al., 2010）。今天的奋斗可以为明天更幸福奠定基础。

然而，我们无法在生命的早期准确地预测个体最终的人格特质（Kagan et al., 1978, 1998）。有些特质，如社会态度，就远远没有气质稳定（Moss & Susman, 1980）。年龄大一些的儿童和青少年会学习新的应对方式。尽管不良少年出现工作问题、药物滥用和犯罪的比率较高，但很多受困扰的青少年最终会成长为成熟的、成功的成年人（Moffitt et al., 2002; Roberts et al., 2001; Thomas & Chess, 1986）。真为他们感到高兴，生命是一个变化的过程。

我们都会随年龄的增长而在某些方面发生变化。很多害羞胆小的幼儿到 4 岁左右会变得开朗，而到青少年期后我们大多数人会变得更尽责，更坚定，更易与人相处，也更自信（Lucas & Donnellan, 2009; Roberts et al., 2003, 2006, 2008; Shaw et al., 2010）。很多 18 岁的小混混到 40 岁时也会成为商业或文化领袖（如果你是前者，你也

成年人逐渐变老的过程中，自我存在着连续性。

微笑可预测婚姻稳定性 在一项对 306 名大学毕业生的研究中，毕业留念册中的表情如左图的人后来有四分之一离婚了，而像右图一样微笑的人离婚率只有二十分之一（Hertenstein et al., 2009）。

还有机会）。变化也可能是在不改变自己在同龄群体中的相对位置的情况下发生。如一个勤奋的年轻人后来会变得更柔和，但即使到了老年，他相对来讲还是一个勤奋的老年公民。

人生既需要稳定也需要变化。稳定使我们具有同一性。它使我们能够依靠他人，关注我们生活中孩子们的健康发展。相信我们的能力会变化，这让我们对光明的未来充满憧憬，促使我们关注当前的影响，还帮助我们在经验中适应与成长。

提取一下

- 哪些心理学发现支持人格在一生中保持稳定的观点？哪些发现对这一观点提出挑战？

答案：有特质层，如气质，使发展在时间和气质的影响方面表现出稳定性。但是，我们的态度和其他方面在发生变化，如我们作为孩子和年轻人时所具有的。

本章复习

毕生发展

学习目标

回答以下学习目标问题来测试一下你自己（这里重复了本章中的问题）。然后翻到附录的完整章节复习，核对你的答案。研究表明，试着自主回答这些问题将增进你对这些概念的长期记忆（McDaniel et al., 2009）。

发展心理学的主要问题

4-1： 发展心理学家关注的三个问题是什么？

胎儿期的发育和新生儿

4-2： 胎儿发育经历怎样的过程？致畸物对胎儿发育有怎样的影响？

4-3： 新生儿具备哪些能力？研究者如何探索婴儿的心智能力？

婴儿期和儿童期

4-4： 在整个婴儿期和儿童期，大脑和运动技能是如何发展的？

4-5： 根据皮亚杰、维果斯基的观点和今天的研究结果，儿童的认知是如何发展的？

4-6： 母婴依恋关系是如何形成的？

4-7： 心理学家是如何研究依恋差异的？他们有哪些收获？

4-8： 童年期忽视或虐待如何影响儿童的依恋？

4-9： 日托对儿童有何影响？

4-10： 三种教养方式分别是什么？这些教养方式与儿童的特质有什么关系？

青少年期

4-11：青少年期如何定义？生理变化对发育中的青少年有哪些影响？

4-12：皮亚杰、柯尔伯格和后来的研究者是如何描述青少年的认知和道德发展的？

4-13：青少年期面临的社会任务和挑战是什么？

4-14：父母和同伴如何影响青少年？

4-15：什么是成人初显期？

成年期

4-16：在成年中晚期，个体的生理会发生哪些变化？

4-17：记忆是如何随年龄增长而变化的？

4-18：从成年早期到死亡的社会之旅中，有哪些标志性的主题和影响？

4-19：自信心和生活满意度是否会随生活阶段而变化？

4-20：所爱之人离世会引发哪些反应？

术语与概念

测试自己对以下术语的理解，试着用自己的语言写下这些术语的定义，然后翻到提到术语的那一页核对你的答案。

发展心理学
合子
胚胎
胎儿
致畸物
胎儿酒精综合征（FAS）
习惯化
成熟
关键期

认知
图式
同化
顺应
感知运动阶段
客体永久性
前运算阶段
守恒
自我中心
心理理论
具体运算阶段
形式运算阶段
自闭症
陌生人焦虑

依恋
印刻
气质
基本信任
青少年期
青春期
同一性
社会同一性
亲密
成人初显期
更年期
横断研究
纵向研究
社会时钟

性别发展
我们有哪些相似之处？有哪些不同之处？
性别的天性：我们的生物基础
性别的教养：我们的文化

人类的性
性生理学
性心理学
特写：女孩的情色化

性取向
环境与性取向
生物学与性取向

人类性的进化论解释
性的性别差异
自然选择与择偶偏好
对进化论解释的批评

对性别、性和天性–教养交互作用的反思

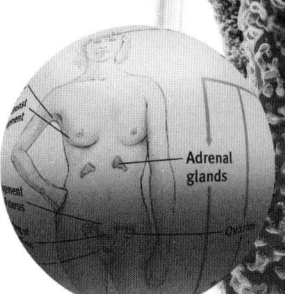

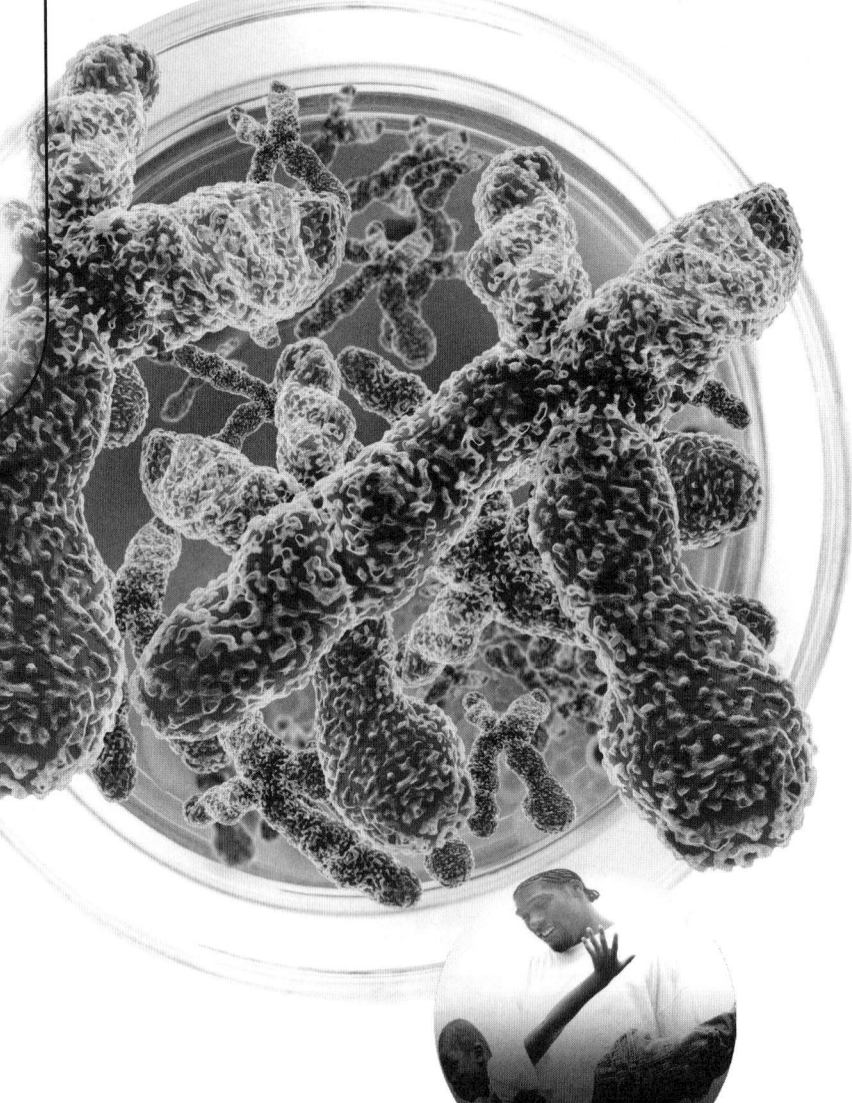

第 5 章

性别与性

1972年，作为心理系年轻的系主任，我自豪地宣告：我们已经完成了寻找新同事的任务。我们找到了要找的人——她是一位聪明、温暖、热情的女性，即将获得发展心理学博士学位。投票表决一致通过，但我们的老校长阿拉斯反对我们的推荐人选。"作为一个学龄前儿童的母亲，"他说，"她应该在家里带孩子，而不是全职工作。"无论我们如何恳求或争辩（例如，在养育孩子的同时工作是可能的）都不能让他改变主意。因此，我只能满心沉重地驱车到她所在的城市，面对面地解释我只能给她提供一个临时职位的困窘。

这件事的结果是皆大欢喜。她接受了临时职位，很快成为一个深受喜爱、有终身职位的同事，并接下来创办了我们学院的女性研究项目。如今，我们俩都对我们文化中性别观念的迅速转变感到震惊。在一段短短的时间里，我们对于男性和女性"恰当"行为的观念发生了极大的变化。我们现在认为男性和女性都"完全能够有效地承担任何层次的组织角色"（Wood & Eagly, 2002）。雇用女性来做以前男性做的工作，或者雇用男性来做以前女性做的工作，这样的情况越来越多。我们对于"男性化"和"女性化"的认识也随之发生了改变，同样改变的是我们的择偶标准（Twenge, 1997）。

在本章中，我们将看到天性和教养的交互作用如何塑造作为男性和女性的我们。研究者将告诉我们，男性和女性有多少相似之处，有多少不同之处以及为什么。在这个过程中，我们将仔细探察人类的性，并且我们将看到进化心理学家如何解释我们的性。

让我们从思考性别是什么及其如何发展开始。

性别发展

文化规范彼此相异及发生变化的另一个例子是粉色和蓝色的婴儿服。"人们普遍认同的规则是粉色给男孩，蓝色给女孩，" 1918 年 6 月，名为《恩肖婴儿部门》的出版物如此宣称（Maglaty, 2011）。"原因是粉色更坚定、更强有力，比较适合男孩，而蓝色更加精致漂亮，适合女孩。"

我们将在第 9 章看到，人类有一种强烈的、不可抗拒的欲望，想要把世界组织成简单的类别。在我们将人进行分类（比如高矮胖瘦，聪明愚笨）的各种方式中，有一种方式是显而易见的，即在你出生的时候，每个人都想知道，"是男孩还是女孩？"从那时起，你的性（你的生物状态，由染色体和解剖学特征决定）帮助决定了你的**性别**（gender），性别是由社会建构的角色和特征，你所处的文化依据性别来定义男性和女性。

我们有哪些相似之处？有哪些不同之处？

5-1：男性和女性在攻击性、社会权力和社会联结方面有何异同？

因为一直面对着相似的适应性挑战，我们在很多方面都是相似的。如果你告诉我你的性别，那么关于你的词汇量、智力和幸福感，或者你看、听、学习和记忆的机制，我并没有得到任何线索。你的"相反"性别实际上与你非常相似。受孕的时候，你分别从父亲和母亲那里得到 23 条染色体。在这 46 条染色体当中，有 45 条是不分性别的——对男性和女性来说都一样。（本章后文会再次谈到这 46 条染色体。）

不过男性和女性的确有差异，并且这些差异吸引了大量的注意力——激发了 18 000 多项研究（Ellis et al., 2008）。一些经常被提及的性别差异实际上并不显著，珍妮特·希伯利·海德（Hyde, 2005）用图表展示出来的多个研究中自尊得分的性别差异就说明了这一点（图 5.1）。另一些差异则更为惊人。与一般男性相比，一般女性进入青春期的时间要早 2 年，寿命要长 5 年。她的脂肪含量比一般男性多 70%，肌肉少 40%，身高矮 13 厘米。她能够更自由地表达情绪，能够嗅到更微弱的气味，更经常帮助他人。她在性高潮之后能够更快地再次产生性唤醒。她产生抑郁和焦虑的风险是一般男性的 2 倍，她患进食障碍的可能性比一般男性高 10 倍。然而，一般男性自杀或产生酒精依赖的风险比一般女性高约 4 倍。他也更可能在童年时被诊断出自闭症、色盲、注意缺陷多动障碍，更可能在成年以后被诊断出反社会人格障碍。不同的性别有不同的弱点。

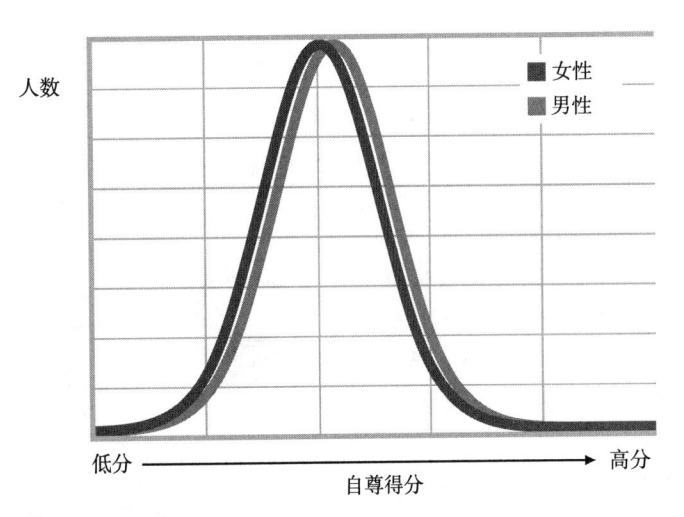

性别差异贯穿本书。现在，让我们思考一下攻击性、社会权力和社会联结方面的一些性别差异。

图 5.1
自尊小差异的大麻烦
将所有可获得的样本进行平均，这两个正态分布的差别在于自尊的性别差异的近似值（Hyde, 2005）。此外，该比较显示了一般男性和女性之间的差异。女性个体之间的变化远远超过了这一差异，男性个体之间也是如此。

性别和攻击性

在调查中，男性承认自己比女性更具**攻击性**（aggression）。攻击性的这种性别差异主要指造成伤害的身体攻击，而不是间接或言语的关系攻击，如排斥或散布谣言。

正如约翰·阿彻（Archer, 2004, 2006, 2009）指出的，基于大量研究的统计摘要，女性实施关系攻击行为稍多于男性，如散布恶意的谣言。这一差异出现在各个年龄段，也出现在不同文化的日常生活中，尤其是性别不平等的文化（Archer, 2009）。

男性倾向于做出更具攻击性的行为，在实验中可以看到，男性会给予他们认为更加疼痛的电击（Card et al., 2008）。暴力犯罪率所显示的性别差异甚至更加令人震惊。例如，因谋杀被逮捕的男性和女性的比率在美国是 9:1，在加拿大是 8:1（FBI, 2009; Statistics Canada, 2010）。在世界范围内，搏斗、战争和打猎主要是男性的活动（Wood & Eagly, 2002, 2007）。男性也会更多地表达对战争的支持。例如，相比美国女性，伊拉克战争一直得到更多美国男性的支持（Newport et al., 2007）。

致命的关系攻击 这个纪录片讲述了 14 岁的唐-玛丽·韦斯利的悲伤故事。她在受到校园欺凌者长达数月的关系攻击后自杀。

性别和社会权力

闭上眼睛，想象两个成年人肩并肩站着。左边的人处于支配地位，强大有力，独立自主。右边的人处于服从地位，养育后代，具有社会联结。

你是否把左边的人看成男性，而把右边的人看成女性？如果是的，那么不止你一个人这样想。

从尼日利亚到新西兰，全世界的人们都能感知到这种社会权力的性别差异（Williams & Best, 1990）。事实上，在大部分社会里，男性都更重视权力和成就，并占据社会统治地位（Schwartz & Rubel-Lifschitz, 2009）。当团体形成的时候，不论是陪审团还是公司，男性总会成为领导者（Colarelli et al., 2006）。在支付报酬的时候，传统的男性行业薪资更高。被选举出来的政治领袖通常是男性，在 2011 年，男性占据全世界执政议会 80% 的席位（IPU, 2011）。如果女性被认为贪图政治权力（因此违背了性别规范），她会比男性更多地遭到选民的强烈抵制（Okimoto & Brescoll, 2010）。男性追求权力通常更在人们的预料之中，也更为人们所接受。

2011 年国会中女性代表的比例范围从阿拉伯国家的 11% 到斯堪的纳维亚的 42%（IPU, 2011）。

作为领导者，男性倾向于发号施令，甚至专制独裁。女性则大多更加民主，更欢迎下属参与决策（Eagly & Carli, 2007; van Engen & Willemsen, 2004）。在交流的时候，男性更多地说出观点，女性则更多地表达支持（Aries, 1987; Wood, 1987）。在日常行为中，男性倾向于像强权人物那样行动：他们说话更武断，更可能打断别人，发起接触，凝视对方。他们较少微笑和道歉（Leaper & Ayres, 2007; Major et al., 1990; Schumann & Ross, 2010）。这类行为助长了社会权力的不平等。

性别和社会联结

女性比男性更加相互依赖，这一差异很早就会显现出来。在儿童游戏中，男孩一般是一大群人一起玩。男孩的游戏往往是活跃和充满竞争性的，他们很少私下讨论（Rose & Rudolph, 2006）。研究发现，女孩在玩耍的时候通常形成比较小的群体，女孩常常和一个朋友一起玩。她们的游戏竞争性较弱，更多的是对社会关系的模仿（Maccoby, 1990; Roberts, 1991）。

成年以后，女性更喜欢面对面的交谈，她们也更常用谈话来探索人际关系。男

是人各为已，还是照料与结盟？ 交流方式的性别差异在年龄很小的时候就出现了。

性喜欢肩并肩地一起活动，并倾向于用谈话来沟通解决方案（Tannen, 1990; Wright, 1989）。这种交流差异在学生的电子邮件中表现得很明显：在新西兰的一项研究中，人们正确猜出邮件作者性别的概率是三分之二（Thomson & Murachver, 2001）。

性别差异同样出现在利用电话进行的交流中。在美国，十多岁的女孩平均每天要发出和回复80条信息；男孩平均是30条（Lenhart, 2010）。在法国，女性拨打了63%的电话，并且如果是跟女性交谈的话，电话的持续时间（7.2分钟）也比男性与其他男性打电话的持续时间（4.6分钟）更长（Smoreda & Licoppe, 2000）。

全世界女性的兴趣和职业取向都更多地趋向人而不是物（Eagly, 2009; Lippa, 2005, 2006, 2008）。一项研究分析了50多万人对各种兴趣调查表的回答，结果显示"男性更喜欢与物打交道的工作，而女性更喜欢与人打交道的工作"（Su et al., 2009）。进入大学时，表示对计算机科学有兴趣的美国男性是女性的8倍，并且男性贡献了维基百科87%的文章（Cohen, 2011; Pryor et al., 2011）。在工作场所，女性较少受到金钱和地位的驱动，她们会更多地选择减少工作时间（Pinker, 2008）。在家里，宣称对孩子负主要照顾责任的女性是男性的5倍（*Time*, 2009）。

女性对关心体贴的重视有助于解释另一个有趣的发现：虽然有69%的人说他们与父亲关系亲密，但有90%的人说他们与母亲关系亲密（Hugick, 1989）。当希望得到他人的理解或希望与他人共同承担忧虑和伤害时，男性和女性往往都会求助于女性，两者都报告他们与女性的友谊更加亲密、愉快和具有滋养性（Rubin, 1985; Sapadin, 1988）。在应对自身压力时，女性比男性更多地向其他人寻求支持——即照料与结盟。

社会联结、社会权力及其他特质的性别差异在青少年晚期和成年早期达到顶峰——人们对这一阶段做了最多的研究（也是约会和择偶的阶段）。在青少年期，女孩日益变得犹疑不定和卖俏调情；男孩则变得更加刚愎自用、不愿表达。生下第一个孩子之后，父母（尤其是母亲）在与性别有关的态度和行为上变得更加传统（Ferriman et al., 2009; Katz-Wise et al., 2010）。但研究显示，到50岁时，与为人父母的身份有关的性别差异就渐渐消失了。男性变得更有同理心，而不那么专横；女性，尤其是在外工作的女性，则变得更加坚定和自信（Kasen et al., 2006; Maccoby, 1998）。

是什么造成了我们的差异？性别在多大程度上受到生物学的影响？文化对我们的塑造又达到了什么程度？生物心理社会观点认为两者都很重要，正是由于生物倾向、成长经历和当前环境的交互作用，才造就了今天的我们（Eagly, 2009）。

在漫长的岁月里他们长得越来越像；男人变得更女人，女人变得更男人。
——阿尔弗雷德·罗德·丁尼生，《公主》，1847年

> 提取一下
>
> - _____（男性/女性）更可能实施关系攻击，而_____（男性/女性）更可能实施身体攻击。
>
>   答案：女性；男性
>
> - 全世界_____（男性/女性）的个人兴趣和职业兴趣都更多地指向人而不是物。
>
>   答案：女性

性别的天性：我们的生物基础

5-2：我们的生物性别是如何决定的？性激素如何影响胎儿期发育和青少年期发育？

在面临相似挑战的领域，如用排汗调节体温，逐渐形成对身体有益的口味，在皮肤受到摩擦的地方生出老茧，等等，两种性别几乎没有什么不同。甚至在描绘理想的配偶时，男性和女性都会首先列出"善良""诚实"和"聪明"等特质。但进化心理学家认为，无论是大象还是海象、乡村农民还是公司总裁，在某些与交配相关的方面，雄性的行为都类似（Geary, 2010）。我们的生物基础会在两个方面影响性别差异：从遗传学上讲，性别间的这些差异源于不同的性染色体；从生理学上讲，这些差异源于性激素的不同含量。

胎儿期性发育

正如前文所述，雄性和雌性是同一种生物形式的不同类型——在46条染色体中，45条是男女都有的。怀孕第7周时，在解剖学上一个人的性别是难以区别的。此后基因激活了生物学上性的产生。是男性还是女性，你的性别是由父亲对你第23对染色体的贡献决定的。这对染色体中，其中一条来自母方，称为 **X 染色体**（X chromosome）。来自父方的另一条染色体并不是男女不分的——这条染色体要么是 X 染色体，使你成为女性；要么是 **Y 染色体**（Y chromosome），使你成为男性。

Y 染色体中含有一个基因，大约在怀孕第7周时，开始控制睾丸发育并产生雄性激素，即**睾丸素**（testosterone）。睾丸素开始激发男性外部性器官的发育。女性也有睾丸素，只是含量更少。

性别差异形成的另一个重要阶段是出生前的第四和第五个月。此时，性激素影响胎儿的大脑和神经分布。男性和女性的不同模式在睾丸素和卵巢激素的作用下分别开始发育（Hines, 2004; Udry, 2000）。

青少年期性发育

更明显的生理差异出现在青少年期，男孩和女孩进入**青春期**（puberty）并开始性成熟。伴随激素的大量分泌，他们进入了为期两年的快速生理发育期，通常女孩始于 11 岁，男孩始于 13 岁。但是，在此之前的一两年，男孩和女孩通常第一次感受到被异性吸引（McClintock & Herdt, 1996）。

性成熟时，男孩比同龄女孩长得高（图 5.2）。在这期间，**第一性征**（primary sex characteristics）（生殖器官和外生殖器）发育非常迅速，**第二性征**（secondary sex characteristics）（女性的乳房与臀部，男性的胡须与低哑的嗓音，两性都有的腋毛和阴毛）的发育同样也非常明显（图 5.3）。

在各个国家，女孩的乳房发育都比以前早（有时早于 10 岁），也比以往更早达到性成熟。这一现象可以在不同程度上归因于身体脂肪、类激素化学物质以及家庭破裂相关压力的增加（Biro et al., 2010）。

男孩的性成熟标志是首次射精（首次遗精），通常发生在 14 岁左右。女孩的性成熟标志是首次月经来潮（**月经初潮 [menarche]**），通常在 12 岁半上下一年内（Anderson et al., 2003）。因父爱缺失、性虐待或不安全的依恋关系而承受压力的女孩，其月经初潮时间平均会早几个月（Belsky et al., 2010; Vigil et al., 2005; Zabin et al., 2005）。对初潮有所准备的女孩通常将其看作自己人生积极的转折点。研究显示，几乎所有成年女性在回忆自己的初潮时都会记起当时那种混合的情感：骄傲、激动、窘迫、害怕（Greif & Ulman, 1982; Woods et al., 1983）。同样，多数男性都能回忆起自己的首次射精，通常是梦遗（Fuller & Downs, 1990）。

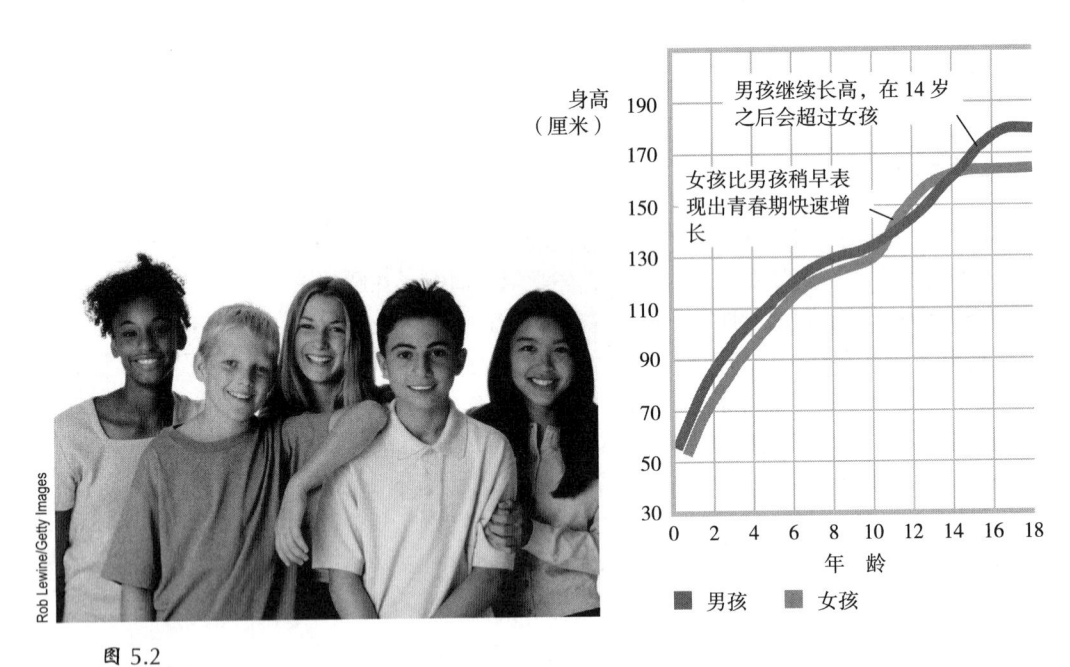

图 5.2

身高差异

在童年期，男孩与女孩的身高相当。刚进入青春期时，女孩一度在个头上高于男孩，但男孩在 14 岁时，身高普遍会超过女孩（Data from Tanner, 1978）。最近的研究表明，性发育和发育高峰期的起始时间要早于半个世纪前的情况（Herman-Giddens et al., 2001）。

图 5.3

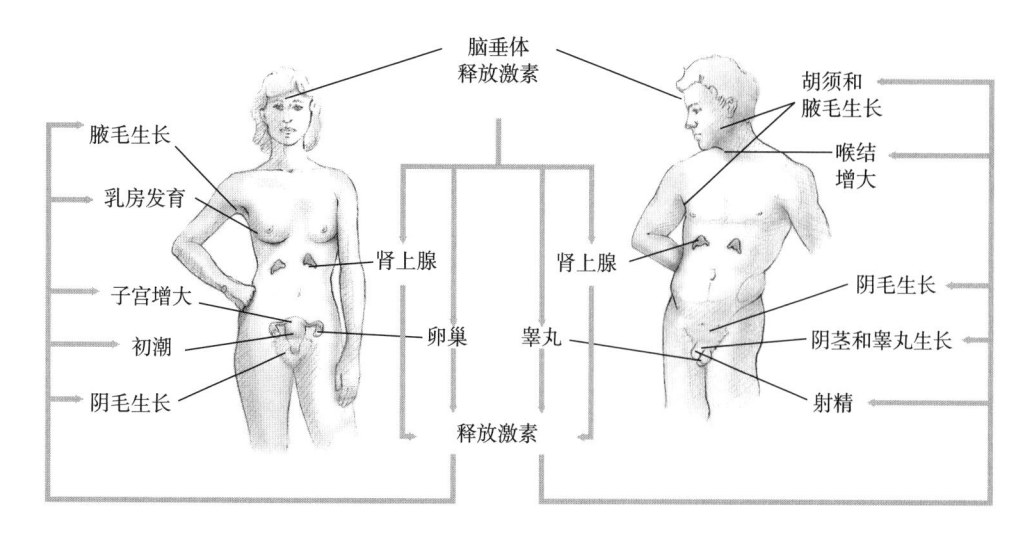

青春期的身体变化

女孩在 11 岁左右，男孩在 13 岁左右，由于激素的大量分泌，会导致身体发生一系列变化。

提取一下

- 青少年期的标志是_____的开始。

答案：青春期

性发育的变异

有时自然会使男性和女性之间的生物学界线变得模糊不清。非典型激素暴露或过敏都可能导致胎儿发育异常。间性人天生处于两性身体特征的中间地段或混合状态。例如，基因型为男性，具有正常的男性激素和睾丸，但没有阴茎或阴茎很小。

直到现在，儿科医生和其他医学专家往往建议通过外科手术来为这些儿童创造女性身份。一项研究回顾了 14 个男孩的案例，他们都接受了早期变性手术并作为女孩抚养长大。在这些案例中，有 6 个人后来宣称自己是男性，5 个人以女性的身份生活，还有 3 个人性别认同混乱（Reiner & Gearhart, 2004）。

有一个小男孩虽然不是天生间性，却因失败的包皮环切术而失去了阴茎。他成了一个著名的案例，表明变性手术存在的问题。他的父母听从了一位精神病专家的建议，把他当成女孩而不是受伤的男孩养育。唉，"布兰达"·赖默跟大部分其他女孩都不一样。"她"不喜欢洋娃娃。她在打闹游戏中将裙子撕得破破烂烂。青春期时，她不想亲吻男孩。最后，布兰达的父母告诉了她发生的事情，于是这个年轻人当即拒绝了被分配的女性身份。他剪短了头发，选择了一个男性的名字，大卫。他后来跟一个女人结婚，并成了继父。令人遗憾的是，他最后自杀了（Colapinto, 2000）。

"性很重要，"美国国家科学院（National Academy of Sciences, 2001）下结论说。与性别相关的基因和生理，与环境结合在一起，"造成了男性和女性在行为和认知上的差异。"天性和教养是共同作用的。

成为焦点的性别 南非田径明星卡斯特尔·塞门亚的赛跑成绩的巨大提高促使国际田径联合会在 2009 年实施了性别检测。据说塞门亚是间性人——具有男性和女性的身体特征——尽管她得到官方的澄清并继续作为女性参赛。塞门亚宣称，"是上帝让我成为现在的样子，我接受我自己。我就是我"（YOU, 10 September 2009）。

性别的教养：我们的文化

> 5-3：性别角色和性别形成是如何影响性别发展的？

对大部分人来说，生物学上的性和他们的性别是紧密联系的。生物引发性别，文化则强化性别。

性别角色

你也许能回想起来，在第1章中，文化是一个群体所共享的一切，也是代代相传的。我们也能看到文化对塑造**性别角色**（gender role）——对男性和女性行为方式的社会期望——的影响力。（就如同戏剧中那样，心理学上的**角色**[role]是指一组规定的行为——即对处于特定社会地位的人的行为期待。）

性别角色随时空不同而变化。在北美，传统上男性首先发起约会、驾车、付账单；女性装饰房屋，为孩子买衣服，照料孩子，挑选结婚礼物。到了20世纪90年代，妈妈（约90%的美国双亲家庭是这种情况）待在家里照顾生病的孩子，安排人看孩子，或打电话叫医生（Maccoby, 1995）。即使在最近几年里，美国的男性雇员比女性雇员每天多花约1.5小时工作，而少花1个小时做家务和照料家人（Amato et al., 2007; Bureau of Labor Statistics, 2004; Fisher et al., 2006）。同样，在澳大利亚，女性在没有报酬的家务事中投入的时间比男性多54%，在照料孩子上投入的时间比男性多71%（Trewin, 2001）。

其他社会对性别角色有着不同的期望。在采集食物的游牧社会中，劳动力分工的性别因素很小，男孩与女孩接受几乎一样的养育。然而，在农耕社会中，女性在家周围的田地里做农活，男性行动通常更为自由，放牧牛羊。这样的社会一般有利于儿童的社会化，从而具有明显的性别角色（Segall et al., 1990; Van Leeuwen, 1978）。

在工业化国家，性别角色和态度存在广泛的差异。澳大利亚和斯堪的纳维亚国家是性别最平等的，而中东和北非国家是性别最不平等的（Social Watch, 2006）。考虑一下：你同意"当工作机会稀缺时，男人更有权利得到工作"这一说法吗？在美国、英国和西班牙，每8个成年人当中有1个人赞同上述说法。在尼日利亚、巴基斯坦和印度，每5个人中就有4个人赞同（Pew, 2010）。我们是同一个物种，却如此不同。

我们可以通过妇女的选举权来看性别角色态度是如何随时间发生变化的。20世纪初只有一个国家（新西兰）赋予妇女选举权（Briscoe, 1997）。到20世纪60年代末70年代初，女性在很多国家成为了投票站和职场的一支重要力量。在美国，现在将近50%的雇员是女性，女性大学生的比例在40年里从36%上升到54%（Fry &

"性让我们走到一起，但性别又使得我们分开。"

海啸的性别化 在斯里兰卡、印度尼西亚和印度，工作的性别划分可以解释为什么2004年的海啸中大量的女性死亡。在一些村子里，80%的死者是女性，她们大都待在家，而男性大都去海上捕鱼或在户外劳作（Oxfam, 2005）。

Cohn, 2010）。在今天的后工业化经济中，在未来几年里，预计增长最快的是那些吸引女性的工作——那些不需要身材高大强壮，只需要社会智能、坦诚沟通、能够坐得住和集中注意力的工作（Rosin, 2010）。这些是在历史上一段短暂的时间里，性别方面发生的巨大变化。

性别角色能理顺许多社会关系，避免整天不厌其烦地讨论谁应该修车，谁应该买生日礼物。但是做出这些快速而简单的假设要付出代价：如果偏离了这些传统，我们可能会感到焦虑。

我们如何学习成为男性或女性？

性别同一性（gender identity）是一个人作为男性或女性的感觉。**社会学习理论**（social learning theory）认为，儿童通过观察和模仿他人与性别有关的行为来获得这种同一性，通过奖励和惩罚儿童学会了以这种方式行动（"妮科尔，你真是玩具娃娃的好妈妈"；"男子汉不哭，亚历克斯"）。但是，有些批评家提出了反对，他们认为父母对男女差异的示范与奖惩不足以解释**性别形成**（gender typing），有些孩子似乎比另一些孩子更容易适应传统的男性或女性角色（Lytton & Romney, 1991）。事实上，即使在不鼓励传统性别形成的家庭，孩子们也会组织自己的"男孩世界"和"女孩世界"，并均有一些规则指导男孩该做什么，女孩又该做什么。

认知（思维）也很重要。在你自己的童年时代，你形成了各种图式或概念，帮助你理解你的世界。其中之一就是你的性别图式，是你组织男孩-女孩特征的框架（Bem, 1987, 1993）。这种性别图式成了你看待自己经历的一面透镜。

性别图式在生命早期就形成了，社会学习有助于性别图式的形成。1岁前儿童开始区分男性和女性的声音和面孔（Martin et al., 2002）。2岁后，语言促使孩子以性别为基础来组织自己的世界。例如，英语使用代词 he（他）和 she（她）；其他语言把物体分为阳性（"le train"火车）或阴性（"la table"桌子）。

年幼的儿童是"性别侦探"（Martin & Ruble, 2004）。一旦发现有两种人存在——并且他们属于其中的一种——他们就会寻找与性别有关的线索。他们在语言、衣着、玩具和歌曲中找到了线索。他们会决定，有长头发的人是女孩。将人类世界分成两半以后，3岁的儿童更喜欢与自己同一类的人，并找他们一起玩。儿童把自己与自己的性别概念加以比较，并相应地调整自己的行为（"我是男性——应该阳刚，健壮，并且有攻击性"；或"我是女性——应该温柔，恬美，并且乐于助人"）。这些僵化的男孩-女孩刻板印象在大约五六岁时达到顶峰。如果一个新邻居是男孩，一个6岁的女孩可能会假定他跟自己没有共同的兴趣。对幼儿来说，性别日益凸显。

对一些人来说，将自己与所处文化中的性别概念进行比较会带来困惑和矛盾的感觉。**跨性别**（transgender）者的性别同一性（他们作为男性或女性的感觉）或性别表达（通过行为或外表传达的性别同一性）不同于他们出生性别的典型特征（APA,

性别的社会学习 儿童将父母作为榜样来观察和模仿。

> 别人越是像女人一样对我，我就变得越像女人。
>
> ——简·莫里斯，
> 由男变女的变性者

跨性别市长 当斯图·拉斯穆森被选为俄勒冈州锡尔弗顿市的市长时,他还是个穿裤子的男人。再次当选时,他公开了跨性别者的身份,在就职仪式上穿着裙子并且化了妆。

2010)。一个人可能具有女性的身体和男性的意识,或者具有男性的身体和女性的意识。变性者就是如此。变性者作为(或希望作为)与出生性别相反的性别成员生活,通常在支持性别转换的医学治疗的帮助之下。注意性别认同与性取向(个体受到性吸引的方向)无关。跨性别者可以是异性恋、同性恋、双性恋或无性恋。

一些跨性别者会打扮得像典型的另一生物性别的人,以此来表达他们的性别认同。大部分易装癖是生物学意义上的男性,其中大多数人为女性所吸引(APA,2010)。

> **提取一下**
>
> - 什么是性别角色?关于学习能力和适应能力,性别角色的不同向我们说明了什么?
>
> 答案:性别角色是指社会为男女所期待的行为。性别角色随着时间和各种文化的不同而发生变化,这显示了人们能够学习并适应其所处的环境。

人类的性

你可能已经注意到,在谈论性别的时候,我们几乎无法回避性的话题。对于除了极小一部分无性者之外的所有人来说,青春期开始后,约会和择偶就成为了当务之急。生理和心理因素影响着我们对性的感受和行为。

性生理学

性和饥饿不同,因为性不是实际的需要(没有性,我们可能会觉得快要死了,但我们并不会死)。但性是生活的一部分。如果你所有的祖先不是如此的话,你现在也不会读这本书。性动机是大自然驱使人们生儿育女的一种巧妙方式,使我们的种族能够繁衍下去。当两个人感到相互吸引时,他们不会想到自己是受基因的影响。我们在饮食中享受的乐趣是大自然使我们身体获得营养的方法,同样,性的乐趣是基因保存和自身繁衍的方法。生命通过性得以传递。

在英国的一项涉及 18 876 人的调查中,有 1% 的人似乎是无性者,"从未感觉受到任何人的性吸引"(Bogaert, 2004, 2006b)。

这是一个近乎普遍的经验,个体出生证明上的隐形条款规定,到发育成熟时,他将感到参与某种活动的冲动,这种活动往往与发出更多的出生证明有关。
——科学作家 纳塔莉·安吉尔,2007

激素和性行为

5-4:激素如何影响人类的性动机?

性激素是驱动性行为的力量之一。正如我们之前已经看到的,主要的男性性激素是睾丸素。主要的女性性激素是**雌激素**(estrogens),如雌二醇。我们在生命周期中的许多时间点都受到性激素的影响：

- 在胎儿期，性激素直接影响我们作为男性或女性的发育。
- 在青春期，性激素的激增将我们带入了青少年期。
- 从青春期之后到进入成年晚期，性激素激发了性行为。

大部分哺乳动物的性和繁殖天生就能巧妙地同步发展。在雌性排卵时，雌激素水平达到顶峰，此时雌性就有性接受能力（即有性欲冲动）。在实验中，研究者通过给雌性动物注射雌激素来刺激其接受能力。相对而言，雄性激素水平更加稳定，研究者不能通过注射激素来轻易操纵雄性动物的性行为（Feder, 1984）。不过，阉割过的雄鼠——已失去制造雄性激素睾丸素的睾丸——虽对接受雌性逐渐丧失兴趣，但如果注射睾丸素，它们会逐渐重拾这种兴趣。

激素对人类性行为确实有影响，但是以一种松散的方式。在排卵期，有伴侣的女性的性欲仅比其他时候稍微高一些（Pillsworth et al., 2004）。一项研究邀请有伴侣且没有怀孕风险的女性记录性活动。（这些女性或者使用子宫内避孕器，或者接受了避孕手术。）在排卵前后，性交频率提高了24%（Wilcox et al., 2004）。

其他研究发现，处于排卵期前后的女性会更多地幻想与心仪伴侣发生性行为，穿着更具性吸引力的衣服，说话的音调也微微提高（Bryant & Haselton, 2009; Pillsworth & Haselton, 2006; Sheldon et al., 2006）。与不在排卵期的女性相比，嗅闻处于排卵期的女性穿过的T恤后，男性的睾丸素水平更高（Miller & Maner, 2010, 2011）。一项研究调查了5 300名脱衣舞夜总会的脱衣舞娘，与月经期间相比，脱衣舞娘的每小时小费在排卵期前后几乎翻了一番（Miller et al., 2007）。

与其他雌性哺乳动物相比，女性对体内睾丸素水平感应性更高（van Anders & Dunn, 2009）。你可以回忆一下，女性也有睾丸素，尽管其水平低于男性。如果妇女自身的睾丸素水平降低，比如切除了卵巢或肾上腺，那么她的性兴趣可能会衰减。然而正如对数百名因手术停经或自然停经的女性的控制实验所显示的，睾丸素替代疗法往往能够恢复性活动、性唤起和性欲望（Braunstein et al., 2005; Buster et al., 2005; Petersen & Hyde, 2011）。

在睾丸素水平异常低下的男性中，睾丸素替代疗法往往能提高性欲、精力和活力（Yates, 2000）。但不同男性之间以及不同时间段睾丸素水平的正常波动对性驱力基本没有影响（Byrne, 1982）。事实上，雄性激素的波动有时是对性刺激的应答。在一项研究中，澳大利亚滑板运动员在面对迷人的女性时睾丸素激增，导致他们做出更危险的动作和更多的坠落式着陆（Ronay & von Hippel, 2010）。因此，性唤起既可以是睾丸素水平提高的原因，也可以是其结果。在择偶连续谱的另一端，北美和中国的研究都发现有子女的已婚男性的睾丸素水平低于单身汉和无子女的已婚男性（Gray et al., 2006）。

激素的大量增加或减少对男性和女性的性欲确实会有影响。这些改变大都发生在生命周期中的两个可预测的时间点，有时则发生在意料之外的第三个时间点：

1. 正如我们所看到的，性激素的激增引发了青春期性别特征的发展。一个人对约会和性刺激的兴趣通常在这

"给汽车加点睾丸素。"

一时期增加。如果激素的激增受到阻碍——就像17和18世纪，为了演唱意大利歌剧，青春期前的男孩们被阉割以保留最高音部的嗓音——那么正常的性别特征和性欲都不会产生（Peschel & Peschel, 1987）。

2. 在晚年，雌激素水平下降，女性会经历更年期（第4章）。随着性激素水平的降低，性幻想和性交的频率也会降低（Leitenberg & Henning, 1995）。

3. 对一些人来说，手术或药物可能导致激素变化。在被阉割的成年男性中，随着睾丸素水平的降低，性驱力相应地下降（Hucker & Bain, 1990）。当服用一种名为醋酸甲羟孕酮（能使雄性激素水平降至青春期前男孩水平）的药时，男性性犯罪者会失掉大部分性冲动（Bilefsky, 2009; Money et al., 1983）。

总结：我们可以把人类性激素，尤其是睾丸素比作汽车的燃料。没有燃料，汽车将不能行驶。但是，如果燃料已经足够，那么再往油箱里增加燃料也不会改变汽车的行驶方式。这种类比可能并不恰当，因为激素和性动机的交互作用是双向的。然而，这种类比正确地表明，生物学是对人类性行为的一种必要而非充分的解释。激素燃料是必不可少的，但是那些打开引擎、让它一直转动并把它调到高速挡位的心理刺激也很重要。

提取一下

- 主要的男性性激素是_____。主要的女性性激素是_____。

答案：睾丸素；雌激素。

性反应周期

5-5：什么是人类的性反应周期？性功能失调和性欲倒错有何不同？

在20世纪60年代，妇产科医生马斯特和他的合作者约翰逊（Master & Johnson, 1966）记录了志愿者来实验室手淫或性交时的生理反应，这成了轰动一时的新闻。在382名女性和312名男性志愿者的帮助下——从某种程度来说是一个非典型的样本，由那些能够而且愿意在被观察的实验室中展露性唤起和性高潮的人组成——马斯特和约翰逊监测或记录了1万多次性"周期"。他们的**性反应周期**（sexual response cycle）都可分为4个阶段：

1. 兴奋期：生殖区域充血，使男子的阴茎勃起，女子的阴蒂膨胀，阴道扩张并分泌润滑液体，乳房和乳头增大。

2. 高原期：随着呼吸、脉搏和血压持续增加，兴奋达到顶峰。阴茎完全充血，一些液体——时常包含足以导致怀孕的鲜活精子——可能出现在阴茎顶端；阴道分泌物继续增加，阴蒂缩回，感到性高潮即将来临。

3. 性高潮：全身肌肉收缩，伴随着呼吸急促、脉搏加快和血压进一步升高。女性的性唤起和性高潮有利于受孕：它能推动男性射出精子；使子宫处于易于接收精子的位置；吸引精子进一步深入，从而增加精子的留存时间（Furlow &

"我喜欢只有两种性别的观念，你呢？"

Thornhill, 1996)。显然，性释放的快感对于两性来说基本是相同的。在一项研究中，一组专家并不能清楚地把男性和女性对性高潮的描述区分开来（Vance & Wagner, 1976）。在另一项研究中，PET 扫描显示男性和女性在高潮期间激活了同样的皮层下脑区（Holstege et al., 2003a, b）。对热恋中的人进行 fMRI 扫描，同时让他们观看恋人或陌生人的照片，男性和女性的大脑对伴侣的反应十分类似（Fisher et al., 2002）。

4. 消退期：随着充血的生殖器血管释放积聚的血液，身体逐渐恢复到非唤起状态。如果高潮已经发生，则相对迅速，否则相对缓慢（就像是如果你打了喷嚏鼻痒就会迅速过去，不然会慢些）。男性随后进入了一个**不应期**（refractory period），持续时间从几分钟到一天甚至更长，在此期间他不能再次达到性高潮。女性的不应期比这短得多，如果在消退期内或过后不久重新受到刺激，可能会再次达到高潮。

一个不吸烟的 50 岁男性每小时患心脏病的概率约为百万分之一。在性活动后的两小时内（包括性活动的时间），这种危险只会增加到百万分之二（经常锻炼的人并无增加）。与极度劳顿或生气造成的危险相比（见第 11 章），这种危险并不值得人们为此失眠（或放弃性爱）（Jackson, 2009; Muller et al., 1996）。

性功能失调和性欲倒错

马斯特和约翰逊不仅试图描述人类的性反应周期，而且还试着理解和治疗无力完成这一过程的人。**性功能失调**（sexual dysfunctions）是指持续损害性唤起和性功能的问题。有些涉及性动机，尤其是缺乏性能量和性唤起能力。其他的障碍对于男性而言包括早泄和勃起障碍（无法勃起或无法维持勃起状态），对于女性而言则可能是疼痛或性高潮障碍（很少或从未体验过性高潮）。在对 3 000 名波士顿妇女和 32 000 名其他美国妇女进行的两个独立的调查中，每 10 个人中约有 4 个人报告存在性方面的问题，如性高潮障碍或性欲低下，但是每 8 个人中只有 1 个人报告这些问题使个人感到苦恼（Lutfey et al., 2009; Shifren et al., 2008）。大多数女性认为她们体验到的性苦恼与她们在性活动期间与伴侣的情感关系有关（Bancroft et al., 2003）。

治疗可以帮助性功能失调的男性或女性。例如，在行为取向的治疗中，男性可以学会如何控制射精冲动，女性则被训练如何使自己达到性高潮。从 1998 年引入伟哥开始，对勃起障碍的常规治疗就是服药。

性欲倒错的情况更为复杂，个体的性唤起与社会不认可的行为有关。如果个体的性冲动、性幻想或性行为涉及人以外的对象、自己或他人受折磨，和/或非自愿的人，则美国精神医学学会将其归类为障碍。性欲倒错的例子包括暴露癖、恋物癖和恋童癖。

性传染疾病

5-6：如何预防性传染疾病？

性传染疾病（sexually transmitted infections, STIs; 也称为**性传播疾病**［sexually transmitted diseases, STDs］）感染率逐年上升，三分之二的新发病例发生在 25 岁以下的人群中（CASA, 2004）。由于生理发育尚未成熟，保护性抗体水平较低，十几岁的少女们似乎更容易感染性传染疾病（Dehne & Riedner, 2005; Guttmacher, 1994）。来自疾病控制中心的一项研究显示，14~19 岁已有性经验的美国女性中有 39.5% 的人患有性传染疾病（Forhan et al., 2008）。

为了理解性传染疾病的数字，想象以下情境：在一年内，帕特和 9 个人发生了性关系，这些人中的每个人在同一时期内又和另外 9 个人有性行为，而他/她们再同其他 9 个人发生性关系。那么帕特有多少个"无形"的性伙伴（性伙伴的前任性伙伴）？实际数字——511——是一般学生所估计数字的 5 倍多（Brannon & Brock, 1993）。

避孕套对某些肌肤接触性传染病提供的保护很有限，比如疱疹，但它确实能降低其他的风险（Medical Institute, 1994; NIH, 2001）。当泰国推行性工作者 100% 使用避孕套时，效果非常明显。在 4 年内，随着避孕套的使用率从 14% 上升到 94%，细菌性性传染疾病的年度患病人数从 410 406 人减少到 27 362 人（WHO, 2000）。

在已有的研究中，使用避孕套也有 80% 的概率可以防止已感染的性伴侣的艾滋病毒（人类免疫缺陷病毒——导致**艾滋病**[AIDS]的病毒）传播（Weller & Davis-Beaty, 2002; WHO, 2003）。尽管艾滋病也可以通过其他方式传播，如使用毒品时共用针头，但性传播是最普遍的方式。女性的艾滋病患病率增长最为迅速，部分原因是男性将病毒传播给女性的情况要比女性传播给男性的情况多得多。相比女性的阴道和宫颈分泌物，男性的精子能够携带更多的病毒。感染艾滋病的精液也能在女性的阴道和宫颈停留好几天，从而增加了女性接触病毒的时间（Allen & Setlow, 1991; WHO, 2004）。

美国的大部分艾滋病患者是中年人或更年轻的人——从 25 岁到 44 岁（U.S. Centers for Disease Control and Prevention, 2011）。考虑到艾滋病的潜伏期长，这意味着这些年轻人中有很多在十几岁时就被感染了。2009 年，全世界有 180 万艾滋病人死亡，留下无数悲痛不已的伴侣和数百万孤儿（UNAIDS, 2010）。三分之二的艾滋病毒感染者生活在撒哈拉以南的非洲地区，对濒死者的医疗和照料消耗了这个地区的大部分社会资源。

很多人以为口交属于"安全的性行为"，但最近的研究显示，口交和性传染疾病如人乳头瘤病毒（human papilloma virus, HPV）的传播有显著的相关关系。性伴侣的数量越多，风险也越高（Gillison et al., 2012）。在性接触前接种疫苗可以预防大部分人乳头瘤病毒。

提取一下

- 不能完成性反应周期可考虑为_____。暴露癖被认为是_____。

  答案：性功能失调；性欲倒错

- 从生物学观点来看，艾滋病更容易被女性传染给男性，而不是被男性传染给女性。对还是错？

  答案：错。艾滋病更容易由男性经由性接触传染给女性。

性心理学

5-7：外部的和想象的刺激对性唤起有何影响？

生物学因素极大地影响着我们的性动机和性行为。然而，不同时间、不同地点和不同个体之间的巨大差异也证明了心理因素的重要作用（图 5.4）。因此，尽管性动机具有共同的生物学基础，但人们说出的 281 个发生性行为的理由（根据最新统计）范围很广——从"更接近上帝"到"让我男朋友闭嘴"（Buss, 2008; Meston & Buss, 2007）。

图 5.4

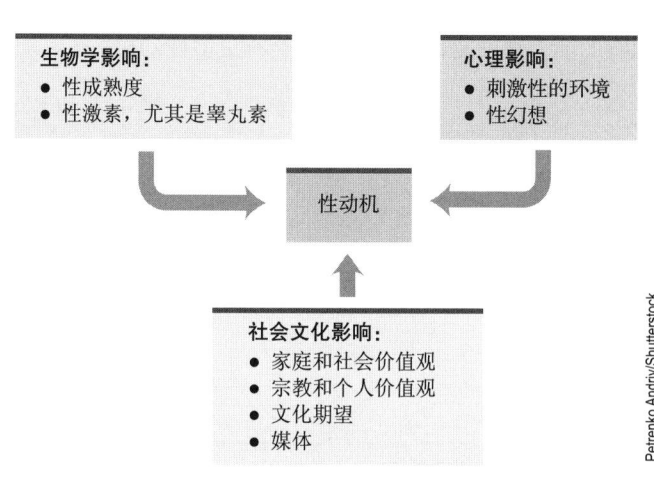

性动机的分析层次

我们的性动机受到生物学因素的影响，但是心理和社会文化因素起到了更大的作用。

外部刺激

当男人和女人们看到、读到或听到色情材料时他们会被唤起（Heiman, 1975; Stockton & Murnen, 1992）。在 132 项实验中，与女性相比，男性对性唤起的感觉与其（更明显的）生殖器的反应关系更为紧密（Chivers et al., 2010）。

人们对性唤起可能会感到高兴或不安。（那些感到不安的人经常限制自己接触这些材料，就像那些希望控制饥饿的人限制自己面对诱人的食物一样。）随着色情刺激的反复呈现，人们对任何色情刺激的情绪性反应通常都会减轻，或习惯化。在 20 世纪 20 年代，当西方妇女的裙子底边刚刚减短至膝盖处时，露出来的腿便是轻微的色情刺激。

接触露骨的色情材料会有不良影响吗？研究者认为可能有。对妇女被强暴——并且表现出享受的样子——的描述会增加观众对妇女喜欢强奸这一错误观点的接受度，也会增加男性观众伤害妇女的意愿（Malamuth & Check, 1981; Zillmann, 1989）。对有性吸引力的女人和男人的想象也可能导致人们贬低自己的伴侣以及与伴侣之间的关系。当男性大学生看完电视或杂志上对有性吸引力的女性的描写后，他们常觉得一个普通女人或自己的女朋友、妻子吸引力下降了（Kenrick & Gutierres, 1980; Kenrick et al., 1989; Weaver et al., 1984）。观看少儿不宜的色情电影也会减少人们对自己性伴侣的满意度（Zillmann, 1989）。阅读或观看色情书刊或许会使男性和女性产生不切实际的期望。

想象的刺激

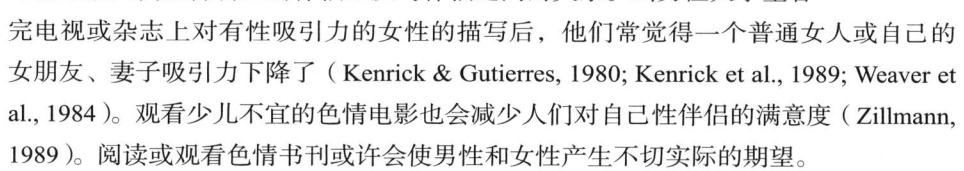

人们常说，大脑是我们最重要的性器官。我们头脑内部的刺激——我们的想象——能影响性唤起和性欲。那些由于脊柱损伤而无生殖器官感觉的人仍然能感觉到性欲（Willmuth, 1987）。

清醒的人不仅可以通过对先前性活动的记忆，还可以通过幻想达到性唤起。大约 95% 的男人和女人都说他们有过性幻想。但是男人们（无论是同性恋者还是异性恋者）对性爱的幻想更频繁、更实际、更缺乏浪漫，而且喜欢书中或录像中不太涉及私密、快节奏的性内容（Leitenberg & Henning, 1995）。性幻想并不表示有性方面

的问题或对性不满意。如果说有的话，那就是性活跃的人们会有更多性幻想。

> **提取一下**
>
> - 哪些因素影响着我们的性动机和性行为？
>
> 答案：影响我们性动机和性行为的因素有：内部因素（如激素和性唤起）、外部刺激因素以及想象的刺激（如性幻想）。此外还有生理因素和心理因素以及家庭和文化中性的价值取向。

青少年怀孕

5-8：哪些因素影响了青少年的性行为和避孕用品的使用？

与欧洲青少年相比，美国青少年的性传染疾病和青少年怀孕的比率均较高（Call et al., 2002; Sullivan/Anderson, 2009）。助长青少年怀孕的环境因素是什么呢？

> 应当在每个可能怀孕的场合都使用避孕套。
>
> ——佚名

关于节育的交流极少　与父母、伴侣以及同龄人讨论避孕问题令许多青少年觉得很不自在。那些能与父母自由交谈、有专一伴侣且能与之坦率交流的青少年，更有可能使用避孕工具（Aspy et al., 2007; Milan & Kilmann, 1987）。

对性行为的负罪感　在一项调查中，性活跃的12~17岁美国女孩中，有72%的人说她们后悔发生性行为（Reuters, 2000）。性压抑或矛盾情绪会限制性行为，但如果激情战胜了理智，这种心态反而可能会降低节育措施的使用（Gerrard & Luus, 1995; MacDonald & Hynie, 2008）。

酒精的使用　性活跃的青少年往往是酒精消费者（Zimmer-Gembeck & Helfand, 2008）。另外，做爱前喝酒的人较少使用避孕套（Kotchick et al., 2001）。通过压抑控制判断、抑制和自我意识的大脑中枢，酒精使人打破正常的约束，这一现象为有性强迫行为的男性所熟知。

无保护措施乱交的大众媒体标准　媒体帮助写下影响我们感知和行为的"社会脚本"。那么今天的媒体在我们的头脑中写下了什么样的性脚本呢？美国3个主要广播电视网的黄金时段电视节目平均每小时包含大约15次性行为、性言辞和性暗示。几乎所有的情节都涉及未婚的情侣，先前没有恋爱关系，很少交流对节育或性传染疾病的关注（Brown et al., 2002; Kunkel, 2001; Sapolsky & Tabarlet, 1991）。青少年观看的色情内容越多（甚至在控制了早期性活动的其他预测因素后），就越可能认为他们的同伴也是性活跃的，并发展出对性的宽容态度，较早地体验性交（Escobar-Chaves et al., 2005; Martino et al., 2005; Ward & Friedman, 2006）。（见特写：女孩的情色化。）

一项对美国12 000名青少年健康状况的纵向研究发现了几个约束性行为的因素：

- **高智力**　智力测验分数高于平均数的青少年常常推迟性爱行为。部分原因是由于他们意识到性爱行为可能的消极后果，并且与此时此地的乐趣相比，他们更加注重未来的成功（Halpern et al., 2000）。
- **参与宗教**　积极地信仰宗教的青少年更倾向于把性爱推迟到成年期（Lucero et al., 2008）。
- **父亲的存在**　对数百名新西兰和美国5~18岁女孩的跟踪研究发现，没有父亲的

第 5 章　性别与性　191

陪伴与 16 岁之前的性行为和青少年怀孕有关联（Ellis et al., 2003）。这种关联甚至在控制其他不利的因素（如贫困）之后仍存在。紧密的家庭依恋关系——家人一起用餐，父母了解他们青少年子女的活动和朋友——也预示着初次性行为会发生得比较晚（Coley et al., 2008）。

- **参加服务性的学习项目**　在几个实验中，那些自愿做辅导员或老师的助手或参加社区活动的青少年，与随机分配作为控制组的青少年相比，怀孕率更低（Kirby, 2002; O'Donnell et al., 2002）。研究者也不确定其中的原因，是因为服务性的学习项目能提高个人胜任感、控制感以及责任感吗？它能鼓励更多面向未来的思考吗？或者它只是简单地减少了没有防护措施的性爱机会？

***

我们已经考察了一些关于人类的性的生物学或心理学方面的研究。但重要的是记住，对人类的性进行科学研究的目的不是定义性在我们自己生活中的个人意义。我们可能了解关于性的所有已知事实——如男性和女性在高潮时最初的痉挛以 0.8 秒的间隔发生，女性的乳头在性唤起高峰时扩张 10 毫米，心脏收缩压升高约 60 个点并且呼吸频率为每分钟 40 次——却不理解性亲密对人类的意义。

当然，性亲密的意义之一是表达我们深刻的社会性。一项近期研究询问了 2 035 个已婚人士初次性行为的时间（控制了受教育程度、宗教参与度和关系持续时间）。那些给予彼此郑重承诺的人报告了更高的关系满意度和稳定性——以及更好的性生活（Busby et al., 2010）。性是具有社会意义的行为。男性和女性可以独自获得高潮，

过度情色化的新动态　对 60 个卖得最好的电子游戏进行分析发现，489 个角色中 86% 是男性（大部分游戏玩家也是男性）。与男性角色相比，女性角色更常被"过度情色化"——部分赤裸或衣着暴露，并且胸大腰细（Downs & Smith, 2010）。
Eidos Scripps Howard Photo Service/Newscom

> 特　写

女孩的情色化

你肯定已经注意到，电视、互联网、音乐视频和歌词、电影、杂志、体育媒体以及广告往往把女性甚至女孩刻画为性物品。美国心理学协会（APA, 2007）特别工作组和苏格兰议会（Scottish Parliament, 2010）认为，其结果往往会损害她们的自我意象，并造成性发育不健康。

情色化发生在以下情况：

- 女孩被引导用性吸引力来判断自己的价值。
- 女孩将自己与狭隘的美的标准进行比较。
- 女孩将自己视为满足他人性需求的存在。

美国心理学协会特别工作组报告说，在实验中，通过穿泳衣等方式让女孩对自己的身体感到难为情，会打断她们在进行数学计算或逻辑推理时的思考。情色化也会导致进食障碍和抑郁症，以及对于性的不现实的期望。

意识到当今媒体的情色化，美国心理学协会给出了几个抵抗这些信息的建议。父母、老师和其他人可以教女孩"根据人的本质而不是他们的外表来判断他们的价值"。他们可以教男孩"将女孩当成朋友、姐妹和女朋友，而不是性物品"。并且他们可以帮助男孩和女孩发展"媒体意识技能"，使他们能够识别和抵抗这样的信息，如女性是性物品，纤瘦、性感的外表最重要等。

© T. Arroyo/JPegFoto/PictureGroup via AP Images

然而大部分人在与爱人性交和高潮后会感到更加满足——并且与性满意度和性满足有关的催乳素增长也更迅猛（Brody & Tillmann, 2006）。对人类来说，性的最佳状态就是生命的结合和爱情保鲜。

接下来，我们将探讨两个主题：性取向（性兴趣的指向）以及进化心理学对性动机的解释。

提取一下

- 下列5个因素中，哪3个是导致青少年计划外怀孕的因素？
  a. 饮酒
  b. 更高的智力水平
  c. 无知
  d. 大众媒体榜样
  e. 关于选择的更多交流

答案：a、c、d

爱的分享 对大部分成年人来说，性关系不仅满足了生理需要，而且还满足了一种对亲密的社会需求。

Image Source/Getty Images

性取向

5-9：性取向的研究对我们有什么启示？

我们用**性取向**（sexual orientation）来表示性兴趣的指向——我们持久的性吸引指向同性成员（同性恋取向）或异性成员（异性恋取向），或两性成员（双性恋取向）。据我们所知，所有文化和所有时代中都是异性恋占优势（Bullough, 1990）。一些文化曾谴责同性关系。（在肯尼亚和尼日利亚，98%的人认为同性恋是"永远没有正当理由的"[Pew, 2006]）。另一些文化则已经接受了同性的结合。但在两种情况下，都是异性恋盛行和同性恋持续存在。

有多少人是纯同性恋呢？同性恋的比率是大众媒体推测的10%吗？还是如一般美国人在2011年的一项盖洛普调查中所估计的，接近25%（Morales, 2011）？根据在欧洲和美国进行的十几项全国性调查，情况并非如此（这些调查都是匿名进行的）。最精确的数据似乎是约3%的男性以及1%或2%的女性是同性恋者（Chandra et al., 2011; Herbenick et al., 2010a）。不到1%的调查对象——例如，在一次调查中，7 076个荷兰人中有12个（Sandfort et al., 2001）——报告说他们是活跃的双性恋者。更多的成年人——在美国国家卫生统计中心的一项调查中，有13%的女性和5%的男性——报告说他们有过一些同性性接触（Chandra et al., 2011）。更多的人说，他们曾偶尔有过同性恋幻想。

在异性恋文化中，作为一个"奇怪的另类"会有什么样的感觉？如果你是异性恋者，理解这一点的方法之一是，想象一下假如你由于公开承认或表示对某个异性的感情而受到社会孤立。假如你无意中听到人们开有关异性恋者的粗俗玩笑，或者假如大部分电影、电视剧和广告描写（或隐含）同性恋你会作何反应？假如你的亲人恳求你改变你的异性恋生活方式而进入同性恋婚姻你会作何回答？

面对这些反应，同性恋者经常与他们的性取向抗争。他们最初可能试图忽视或否认他们的欲望，希望这些欲望离去，但这些欲望并没有消失。然后他们试图通过心理治疗、意志力或者祈祷来改变。但这种感情通常依然持续，就像那些异性恋者一样，他们也无法变成同性恋（Haldeman, 1994, 2002; Myers & Scanzoni, 2005）。

当今的大部分心理学家认为性取向既不能任意选择，也不能任意改变。"改变性取向很难成功，并且可能造成伤害，"美国心理学协会在 2009 年的一份报告中宣称。美国精神医学学会于 1973 年把同性恋从"心理疾病"的名单中删除了。世界卫生组织于 1993 年、日本和中国的精神病学会分别于 1995 和 2001 年也把同性恋排除在"心理疾病"之外。一些人指出，男女同性恋者患抑郁和试图自杀的比例都较高。然而很多心理学家认为，这些症状是他们受到欺凌、骚扰和歧视的结果（Sandfort et al., 2001; Warner et al., 2004）。"同性恋本身与精神障碍、情绪或社交问题无关，"美国心理学协会宣称（APA, 2007）。

因此，性取向在某些方面就像利手：大多数人是右利手，一些人是左利手。还有极少的人双手都非常灵活。无论如何，这些都是持久稳定的。

这一结论对男性更加适用。女性的性取向没有男性性取向的感觉强烈，而且可能更易变（Chivers, 2005; Diamond, 2008; Peplau & Garnets, 2000）。男性较差的"性向可塑性"（性的可变性）在很多方面都很明显（Baumeister, 2000）。成年女性的性驱力和兴趣比成年男性更加灵活多变。比如，女人比男人更喜欢几乎不分时段地更替高性欲活动期。她们在某种程度上也比男性更能感受到两种性别的吸引，并采取行动（Mosher et al., 2005）。

被迫自杀 2010 年，罗格斯大学学生泰勒·克莱门蒂和另一名男子的同性恋行为被曝光，之后他从桥上跳河自杀。报道随后披露了被嘲笑后做出类似悲剧性反应的其他同性恋青少年。

环境与性取向

因此，性取向是我们不能选择（尤其对男性来说）而且表面看来不能改变的东西，那么这些偏好来自何方？首先让我们来看看可能影响性取向的环境因素。下列问题来自几百个研究，试着回答"是"或"否"，看看你能否预测到结论：

1. 同性恋是否与亲子关系有关，例如盛气凌人的母亲和不称职的父亲，或占有欲强的母亲和怀有敌意的父亲？
2. 同性恋是否涉及对异性的害怕或仇恨，导致个体把他们的性需求指向同性成员？
3. 性取向是否与当前血液中的性激素水平有关？
4. 在儿童期，多数同性恋者是否受到同性骚扰、引诱或者受到成年同性恋者的性侵害？

所有这些问题的答案似乎都是"否"（Storms, 1983）。为了找出性取向潜在的环境影响因素，金西研究所对将近 1 000 名同性恋者和 500 名异性恋者进行了访谈。调查者评估了几乎每一种可想象的同性恋的心理原因——与父母亲的关系、儿童时期的性经历、同伴关系以及约会的经历等（Bell et al., 1981; Hammersmith, 1982）。他们的调查结果是：同性恋者并不比异性恋者更可能被母爱窒息，或被父亲忽视。再细想一下：如果"疏远的父亲"更可能导致儿子同性恋的话，那么，生长在父亲缺失家庭中的男孩们难道不更可能成为男同性恋者吗？（他们并不是这样。）这类家庭

应当指出：科学的问题不是"什么导致了同性恋"（或"什么导致了异性恋？"），而是"什么导致了不同的性取向？"为了寻求答案，心理科学比较了不同性取向者的背景和他们的生理差异。

与对其他形式性行为的影响相比，个人价值观对性取向的影响较小 例如，与很少参加宗教仪式的人相比，那些定期参加宗教仪式的人婚前同居的可能性是前者的三分之一，并且报告说他们的性伙伴较少。但是（若是男性）他们是同性恋的可能性与前者相同（Smith，1998）。

数目的增长难道不会导致男同性恋人数的显著增长吗？（不会。）由同性恋双亲养育的孩子大部分成长为异性恋，并且能够很好地适应社会（Gartrell & Bos，2010）。

半个世纪的理论和研究得出的结论是：如果存在着影响性取向的环境因素，那么我们现在对这些因素仍然一无所知。

生物学与性取向

导致同性恋的环境因素缺乏证据支持，这使得研究者致力于探索可能的生物学影响。他们考察了：

- 动物中的同性恋证据
- 同性恋–异性恋的大脑差异
- 基因
- 出生前激素水平

动物中的同性吸引

在波士顿的公共花园，看管者解开了一个谜：为什么深受喜爱的天鹅夫妻的蛋从来没有孵化。因为两只天鹅都是雌性。在纽约的中央公园动物园，企鹅希罗和罗伊作为专一的同性伴侣相处了好几年。数百种动物物种中都至少存在偶尔的同性关系（Bagemihl，1999），包括灰熊、大猩猩、猴子、火烈鸟以及猫头鹰。比如，大约有 7%~10% 的公羊（即牧场主眼中的"废物"）表现出同性间吸引，它们避开母羊，试图爬上其他公羊进行交配（Perkins & Fitzgerald，1997）。一定程度的同性恋行为似乎是动物世界的部分自然现象。

两只"朱丽叶" 波士顿一对深受人们喜爱的天鹅，"罗密欧与朱丽叶"，实际上与许多其他的动物伴侣一样，是同性伴侣。

同性恋–异性恋的大脑差异

研究者利维（LeVay，1991）研究了已故同性恋和异性恋者的部分下丘脑区域（与情绪有关的脑结构）。作为一名男同性恋者，利维想要做"一些与我的同性恋身份有关的事情"。为了避免造成偏差，他采用了"双盲法"原理，即并不知道哪些捐献者是同性恋。在通过显微镜对似乎大小不同的下丘脑细胞团进行了 9 个月的认真观察之后，他查阅了捐献者的记录。他发现，异性恋男子的细胞团比女子和同性恋男子的更大。利维说："我几乎处在一种震惊的状态中……我独自在海崖上散步。我坐了半个小时，只是在想这可能意味着什么"（LeVay, 1994）。

性取向不同，大脑也不同，这一点并不会使我们感到惊奇。回想一下：任何心理现象都有相应的生理基础。关键问题是：这种大脑差异是什么时候开始的？在受孕时？在儿童期还是青少年期？是经历造成的还是基因或出生前激素水平（或基因通过出生前激素水平）造成的？

利维没有把这个细胞团看作性取向的"开关按钮"。相反，他把它看作参与性行为的神经通路的一个重要部分。他赞同性行为模式可能会影响大脑的解剖结构的观点。（我们大脑中的神经通路会随着使用而得到强化。）在鱼、鸟、鼠和人类中，大脑结构随着经历不同而不同——包括性爱经历（Breedlove, 1997）。但是，利维认为更可能是大脑解剖结构影响性取向。他的预感似乎可以从这个发现中得到证实，即受同性吸引的雄性绵羊（占总数7%~10%）和受异性吸引的雄性绵羊（占90%以上）之间存在相似的下丘脑差异（Larkin et al., 2002; Roselli et al., 2002, 2004）。此外，这类差异似乎在出生后不久就开始形成，或许甚至在出生前（Rahman & Wilson, 2003）。

在利维的发现之后，其他研究者也报告了更多的同性恋－异性恋脑活动的差异。其中之一是控制性唤起的下丘脑的一个区域（Savic et al., 2005）。让异性恋女性闻从男性汗液中提取的气味（含有微量的雄性激素），她们的这个脑区变得活跃。同性恋男性的大脑对这种男性的气味有类似的反应。异性恋男性的大脑则没有。他们只对雌性激素样本表现出唤起反应。在一个类似的研究中，同性恋女性的反应也不同于异性恋女性（Kranz & Ishai, 2006; Martins et al., 2005）。

> 同性恋男子只是没有对女人感兴趣的脑细胞而已。
> ——美国著名神经解剖学家西蒙·利维，《性爱大脑》，1993

基因影响

有三方面的证据表明基因对性取向的影响。

家庭研究 布赖恩·穆斯坦斯基和迈克尔·贝利指出，"同性恋确实具有家族遗传性"（Mustanski & Bailey, 2003）。考虑到同性伴侣不能自然地生育后代，研究者对"同性恋基因"一直留在人类基因库中的可能原因进行了推测。一个可能的答案是亲缘选择。回忆一下第2章中来自进化心理学的提示：我们的很多基因同样存在于我们的血亲身上。那么，同性恋者可能通过支持他们的侄儿侄女及其他亲人（携带着大量同样的基因）的生存和繁衍而保存自己的基因。一个关于萨摩亚人的研究提出，同性恋男性是慷慨的叔伯（Vasey & VanderLaan, 2010）。

另一个"生育力强的女性"理论认为母亲的基因可能也起了作用（Bocklandt et al., 2006）。同性恋男性往往拥有更多的母系同性恋亲属而不是父系同性恋亲属（Camperio-Ciani et al., 2004, 2009; Zietsch et al., 2008）。而他们的母系亲属也会比异性恋者的母系亲属生育更多的后代。或许使女性强烈地被男性吸引从而生育更多孩子的基因，也使一些男性被男性吸引（LeVay, 2011）。

> 研究表明，男同性恋更可能是来自家庭中母亲一方的遗传。
> ——普洛闵、德弗里斯、麦克林和拉特，《行为遗传学》，1997

双生子研究 双生子研究也表明，基因影响性取向。同卵双生子（基因相同）在一定程度上比异卵双生子（基因不同）更可能都是同性恋（Alanko et al., 2010; Långström et al., 2008, 2010）。然而，因为很多同卵双生子的性取向都不同（尤其是女性双生子），其他因素肯定也起了作用。

果蝇研究 在对果蝇的实验室研究中,人们改变了一个单独的基因,从而改变了果蝇的性取向和行为(Dickson, 2005)。在求偶期间,雌性果蝇的行为像雄性果蝇(追求其他雌性果蝇),而雄性果蝇的行为像雌性果蝇(Demir & Dickson, 2005)。对于人类而言,性取向可能是多个基因以及基因与其他影响因素交互作用的结果。为了寻找这样的遗传标记,一项得到美国国立卫生研究院资金支持的研究正在对1 000多名同性恋兄弟的基因进行分析。

出生前影响

双生子不仅基因相同,出生前环境也相同。两组研究发现显示产前环境会对性取向产生影响。

首先,对于人类,大脑发展的关键期似乎处于怀孕后第2个月中期和第5个月中期之间(Ellis & Ames, 1987; Gladue, 1990; Meyer-Bahlburg, 1995)。如果在这个时期暴露于女性胎儿通常生存的激素环境中,那么这个人(不管是女性还是男性)在以后的生活中易于被男性吸引。假如怀孕的母羊在妊娠关键期中被注射了雄性激素,那么生出来的母羊会表现出同性恋行为(Money, 1987)。

其次,母亲的免疫系统也会影响性取向的发展。有兄长的男性在某种程度上更可能是同性恋——每多一个兄长,同性恋的可能性就增长约三分之一(Blanchard, 1997, 2008; Bogaert, 2003)。如果长子是同性恋的可能性约为2%,那么次子就上升到接近3%,第3个儿子则是4%,依此类推(见**图5.5**)。这个令人惊奇的现象被称为兄长效应或兄弟出生顺序效应,人们并不清楚它的原因,但似乎确实与生物学有关。在收养关系的兄弟中间不存在该效应(Bogaert, 2006)。研究者怀疑母亲的免疫系统可能会对男性胎儿分泌的物质产生防御反应。每孕育一个男性胎儿,母亲的抗体可能就会变得更强,从而可能阻碍胎儿的大脑以典型的男性模式发育。

同性恋-异性恋特质差异

在若干特质上,同性恋个体介于异性恋男性和女性之间(**表5.1**;也见 LeVay, 2011; Rahman & Koerting, 2008)。同性恋男性往往比异性恋男性个子矮,体重轻——这种差异甚至在出生的时候就出现了。同性婚姻中的女性大部分在出生时的体重高于平均水平(Bogaert, 2010; Frisch & Zdravkovic, 2010)。20项研究的数据也揭示了利手差异:同性恋者非右利手的可能性要高出39%(Blanchard, 2008; Lalumière et al., 2000)。

同性恋和异性恋的空间能力也有差异。在诸如**图5.6**所示的心理旋转任务中,异性恋男子一般要优于女性,但男同性恋和女同性恋的得分处在异性恋男女得分的中间(Rahman et al., 2003, 2008)。但在记忆物体的空间位置时,例如在某些记忆游戏中,异性恋女性和同性恋男性的成绩都优于异性恋男性(Hassan & Rahman, 2007)。

***

大脑、基因和胎儿期研究结果的一致性已使钟摆摇向了性取向的生物学解释

现代科学研究表明性取向……部分取决于遗传,但更确切地说是取决于子宫里的激素活动。

——《天生同性恋:性取向的心理生物学》,Wilson & Rahman, 2005

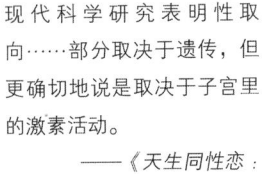

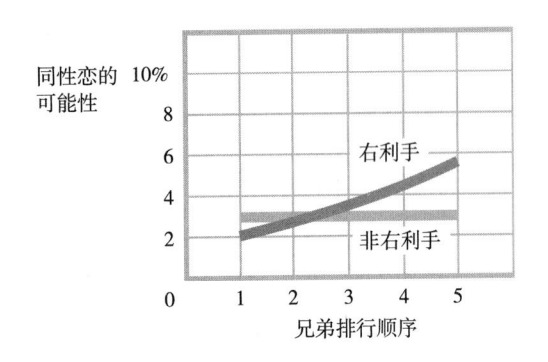

图 5.5
兄弟出生顺序效应
研究者布兰查德(Blanchard, 2008)绘制了这些近似曲线,用于描述男子成为同性恋的可能性与家中兄弟排行的关系。数个研究都发现了这种相关,但它只存在于右利手的男子中(10个男子中有9个)。

表 5.1
性取向的生物学相关

同性恋 – 异性恋特质差异
性取向属于一系列特质的一部分。研究（有些还需要重复验证）显示同性恋和异性恋在以下生物和行为特质上有差异：

- 空间能力
- 指纹螺纹数
- 听觉系统发展
- 利手
- 职业偏好
- 手指相对长度
- 性别错位
- 男性青春期开始的年龄
- 男性体型大小
- 睡眠时长
- 身体攻击性
- 走路方式

平均而言（男性的证据最强），男女同性恋的各种特征介于异性恋的男性和女性之间。三种生物影响——大脑、基因和出生前环境——可能促成了这些差异。

大脑差异
- 女性和同性恋男性的一个下丘脑细胞团比异性恋男性的小。
- 同性恋男性的前连合比异性恋男性的大。
- 同性恋男性的下丘脑对性相关激素的气味的反应和异性恋女性一样。

基因影响
- 同卵双生子中性取向相同的可能性比异卵双生子高。
- 可通过基因操纵果蝇的性吸引。
- 男同性恋更可能来自家庭中母亲一方的遗传。

出生前影响
- 出生前激素环境的改变可能会使人类和其他动物成为同性恋。
- 拥有数个同胞兄长的男子更可能是同性恋，可能是由于母亲免疫系统的反应。

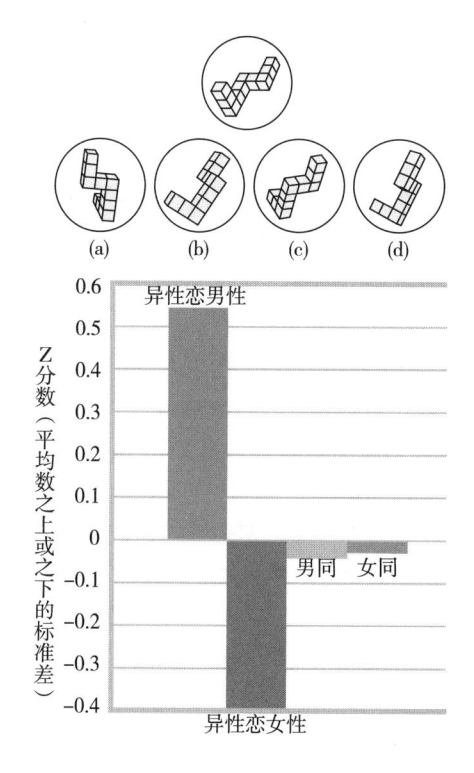

图 5.6
空间能力与性取向
四个图形中的哪个经过旋转可与上方的目标图形相匹配？异性恋男性一般比异性恋女性觉得任务更容易，而男同性恋和女同性恋则居中。（摘自 Rahman et al., 2003，每组参与者均为 60 人。）

答案：图 b 和 d。

没有可靠的科学证据表明性取向能够改变。

——英国皇家精神科医学院，2009

（LeVay, 2011; Rahman & Koerting, 2008）。西蒙·利维（LeVay, 2011, p. xvii）总结说，尽管"还有很多东西有待发现"，但"我们的身体和大脑作为男性或女性的生物学发展所涉及的同一过程也参与了性取向的发展"。

提取一下

- 研究者已经发现下列5个因素中的哪3个对性取向有影响？
  a. 专横的母亲
  b. 下丘脑中某些细胞团的大小
  c. 出生前的激素接触
  d. 疏远或软弱的父亲
  e. 对男性来说，有多个同胞兄长

答案：b、c、e

人类性的进化论解释

5-10：进化心理学家会如何解释性和择偶偏好的性别差异？

在整个历史上，男性和女性面临了很多类似的挑战，并采取了类似的方式去适应。不论男性还是女性，我们都吃同样的食物，躲避同样的掠食者，用相似的方式感知、学习和记忆。进化心理学家说，在有些领域我们面对着不同的适应性挑战——最明显的就是与繁殖有关的行为，只有在这些领域中，我们是不一样的。

性的性别差异

"今晚不行，亲爱的，我脑震荡了。"

我们确实有差异。我们来思考一下男性与女性的性驱力。哪种性别的人渴望更频繁的性活动，更多地想到性，手淫更频繁，更主动地发起性爱，为得到性会做出更多的牺牲呢？答案都是男性、男性、男性、男性还是男性（Baumeister et al., 2001）。毫无意外，英国广播公司（BBC）对53个国家超过20万人的调查显示，所有地区的男性都更强烈地同意"我有很强的性驱力"以及"我很容易性兴奋"（Lippa, 2008）。

在性方面还有其他的性别差异（Hyde, 2005; Petersen & Hyde, 2010; Regan & Atkins, 2007）。对289 452名刚入学的美国大学生的调查发现，有58%的男生而仅有34%的女生赞同："如果两个人真正彼此喜欢，那么即使相识时间很短也可以发生性行为"（Pryor et al., 2005）。对4 901名澳大利亚人进行的一项调查则显示，48%的男性和12%的女性赞成"我能想象出与不同的伴侣发生'随意的'性行为时，我会感到舒适并且很享受"（Bailey et al., 2000）。因此，在一项研究中，大学男生更喜欢随意勾搭一个对象，而女生则更喜欢经过事先计划的约会（Bradshaw et al., 2010）。随意、冲动的性行为在具有传统的大男子主义观念的男性中最普遍（Pleck et al., 1993）。

在一些调查中，与女同性恋者相比，男同性恋者（正如异性恋男性）报告，他们对不受约束的性行为更感兴趣，对视觉上的性刺激更敏感，更关心性伙伴身体上的吸引力（Bailey et al., 1994; Doyle, 2005; Schmitt, 2007）。

另一项对美国 18~59 岁的人进行的调查发现，48% 的女性但仅有 25% 的男性认为爱情是他们发生第一次性行为的原因。想到性的频率有多高呢？19% 的女性和 54% 的男性承认"每天都想"或"一天想几次"（Laumann et al., 1994）。加拿大人也同样，11% 的女性和 46% 的男性报告"一天想几次"（Fischtein et al., 2007）。

并不是男同性恋者性欲过剩；他们只是以男性的欲望来试探其他男性的欲望，而不是试探女性的欲望。

——史蒂文·平克，
《大脑如何运作》，1997

自然选择与择偶偏好

进化心理学家用自然选择来解释为什么世界各地的女性常以关系的方式来对待性，而男性则更多地是以娱乐的方式（Schmitt, 2005, 2007）。人类的自然渴望就是基因得以自我繁殖的方式。进化心理学家戴维·巴斯（Buss, 1995）说，"人是活化石——是在先前自然选择压力下促成的各种机制的集合"。

对此可以这样解释，大多数女性一次只能孕育和照顾一个婴儿。但是男性会通过与其他女性交配把他的基因传递下去。在人类祖先的发展历史中，女性通常是通过明智地选择配偶来传递基因，而男性通常是通过广泛地配对来传递基因。因此，异性恋女性更喜欢守在身边的孩子父亲，而不是可能的无赖男人。她们会被那些看上去成熟、有地位、勇敢、富裕的男性吸引，这些男性有可能成为长期配偶并为他们共同的后代投资（Gangestad & Simpson, 2000; Singh, 1995）。威尔士的一项研究调查了数百名路人，其中男性认为坐在廉价的福特嘉年华上的女性和坐在豪华宾利车上的女性具有同样的吸引力，而女性觉得坐在豪车上的男性更有吸引力（Dunn & Searle, 2010）。从进化的角度看，这些特征暗含着男性具有供养和保护家庭的能力（Buss, 1996, 2009; Geary, 1998）。

对于异性恋男性来说，具有吸引力的某些特征，如女性年轻的外貌，可以跨越时空（Buss, 1994）。进化心理学家认为，男性喜欢健康、看起来生育力强的女性——光滑的皮肤和年轻的体型意味着还有很多年可以养育子女——这样男性就能更好地把基因传递下去。的确，腰围（天生或整形）比臀围窄三分之一的女性最吸引男性，这种比例的身材是有生育力的标志（Perilloux et al., 2010）。此外，正如进化心理学家所预测的，处于远古时期的生育高峰年龄（排卵时间晚于现代）的女性对男性最具吸引力（Kenrick et al., 2009）。因此，十几岁的男孩对比他们自己大几岁的女性最感兴趣。二十五岁左右的男性偏爱与他们年龄相同的女性，而年龄较大的男性偏爱年轻的女性。从欧洲的征友广告、印度的征婚广告，到北美、南美、非洲和菲律宾的婚姻记录，这种模式都一直存在（Singh, 1993; Singh & Randall, 2007）。

进化心理学家说，在这里起作用的是一个法则：自然选择那些有利于个体基因传递下去的行

择偶游戏 进化心理学家并不意外，不只是 70 岁的哈里森·福特（照片中与 48 岁的妻子卡莉斯塔·弗洛克哈特在一起），年老的男性往往偏爱看起来有生育力的年轻女性。

为。作为行走的基因体，人们天生就偏好曾对人类祖先有用的任何东西。祖先们天生就倾向于以能留下子孙后代的方式来行动。如果不是那样的话，也就没有现在的我们了。作为祖先基因遗产的载体，我们也倾向于像祖先那样行动。

对进化论解释的批评

5-11：对人类性的进化论解释的最关键的批评是什么？进化心理学家是如何回应的？

批评者并没有质疑对提高基因生存的特质的自然选择，而是看到了进化心理学在解释择偶偏好时出现的一些问题。其中一个问题是进化心理学通常从结果入手（如男女两性的性差异），然后反过去提出解释。他们邀请我们想象一个不同的结果，并反过来去推理。如果男性都一样忠诚于配偶，难道就没有理由认为：负责任又能赡养家庭的父亲所养育的孩子能更好地生存下来以传递他们父亲的基因？男性只与一位女性相守难道不是既可以提高原本很低的受孕机会，又可以让女方远离其他男性竞争对手？难道仪式化的纽带——婚姻——不是可以使女性免受男性不断的性骚扰吗？这些看法实际上都从进化的角度解释了为什么人类倾向于实行一夫一妻制（Gray & Anderson, 2010）。人们的事后解释当然很少出错，古生物学家古尔德（Gould, 1997）说，那仅仅是"鸡尾酒会模式下的推测与猜测"。

一些批评家担心进化心理学思路可能带来的社会后果。它是否意味着基因是宿命？是否暗示着任何改造社会的努力都是徒劳的（Rose, 1999）？是否会削弱人们的道德责任（Buller, 2005, 2009）？是否会让"社会地位高的男人可以娶多个年轻、有生育力的女人"合理化（Looy, 2001）？

另一些人认为，进化论解释模糊了基因遗产和社会文化传统之间的界线。文化期望也会影响社会化。如果社会要求男性重视一生的承诺和责任，那么男性可能只有一个性伴侣；如果社会要求女性接受随意性行为，那么女性可能愿意拥有许多性伴侣。

文化期望也会影响择偶的性别差异。如果给伊格利和伍德（Eagly & Wood, 1999; Eagly, 2009）展示一种性别不平等的文化，即男性养家、女性料理家务，那么他们向你展示的是这样一种文化，其中男性强烈希望得到年轻、擅于操持家务的配偶，而女性则追求拥有社会地位和赚钱能力的配偶。如果给伊格利和伍德展示一种性别平等的文化，他们则会向你展示另一种文化，其中择偶偏好上的性别差异较小。

进化心理学家同意，我们是谁在很大程度上并非生来如此。一个研究团队坚持认为，"进化有力地反对遗传决定论"（Confer et al., 2010）。进

文化的重要性 正如圣地亚哥人类博物馆中的这个展览所显示的，孩子们会学习他们的文化。婴儿的脚可以迈入任何文化之中。

San Diego Museum of Man, photograph by Rose Tyson

化心理学家提醒我们，男性和女性曾面临着相似的适应问题，他们之间的相似性远大于差异。他们强调，人类拥有学习和促进社会进步的巨大能力。确实，无论生活在极地冰屋还是丛林树屋，自然选择使我们具有灵活地调整并对多变的环境做出反应以及适应和生存的能力。

进化心理学家承认他们还难以解释一些特质和行为，例如同性吸引和自杀（Confer et al., 2010）。不过他们要求我们记住进化心理学做出的可检验的预测。进化心理学家预测并证实了，人们偏爱那些与自己有共同基因的人，或者那些能够在以后回报我们的帮助的人。他们预测并证实了，人类的记忆应当特别适合记住与生存有关的信息（如食物的位置，这一点女性表现出优势）。他们预测并证实了各种各样其他的男性和女性的择偶策略。

进化心理学家也提醒我们，对人类演变过程的研究无需对人们应该如何发号施令。有时，了解我们的天性本身就有助于克服它们。

提取一下

- 进化心理学家如何解释性的性别差异？

  答案：进化心理学家提出这种观点，在择偶策略上男性有较大的随意倾向，因为女性择偶与孕育有关的代价较大，而男性来源于对生殖器贡献要求的较小。

- 对人类性行为的进化论解释的三点主要批评是什么？

  答案：(1) 它只能事后分析；(2) 不够谨慎的解读可以使用来自过去的猜想解释我们当下的行为；(3) 这种解释忽略了文化期望和其文化的影响力。

对性别、性和天性–教养交互作用的反思

先祖的历史有助于我们作为一个物种的形成。只要存在着变异、自然选择和遗传，就存在着进化。我们的基因塑造着我们，这是关于人类本质的伟大的真理。

但是我们的文化和经验同样塑造着我们。如果基因和激素使男性倾向于比女性更具身体攻击性，文化可能通过鼓励男性的大男子气概和鼓励女性变得更友善、温柔而放大了这种性别差异。如果男性被鼓励去扮演需要身体力量的角色，而女性扮演养育的角色，他们各自可能都会做出相应的行动。担当这类角色的人有一些被预期的行为，通过展示这些行为，他们形成了自己的特质。随着时间推移，总统越来越有总统气派，而仆人越来越卑躬屈膝。性别角色对我们的塑造也与此相似。

现在在很多文化中，性别角色逐渐趋同。权力和地位越来越与蛮力无关（想一想比尔·盖茨和希拉里·克林顿）。从1960年到进入21世纪，美国的医学生当中，女性的数量从6%激增到50%（AMA, 2010）。在20世纪60年代中期，美国已婚女性在家务上花费的时间是其丈夫的7倍；到2003年，这个差距已经缩小到2倍（Bianchi et al., 2000, 2006）。这种快速的变化表明生物学不能固化性别角色。

如果天性与教养共同塑造了我们，那么我们"只不过是"天性与教养的产物吗？我们是被严格地决定了吗？

我们是天性与教养的产物，但我们同时也是一个开放的系统。例如，基因的影响无处不在，但基因并非万能；人们可能选择独身生活来拒绝生儿育女。同样，文

化的影响无处不在，但也不是万能的；人们可能会不顾来自同伴的压力，所作所为与社会期待背道而驰。如果为失败找借口而指责先天遗传和后天教养，那么这恰恰就是哲学家兼作家让－保罗·萨特所说的"自欺"（bad faith，也译作"错误信念"）——把命运的责任归咎于遗传基因或不良影响。

在现实中，人类既是世界的产物，又是世界的创造者。有关我们的很多方面——包括性别认同和择偶行为——都是基因和环境的产物。我们当前的选择是塑造未来的一连串因果关系中的一环：今天的决策设计了明天的环境。人的思想很重要。人类的生存环境并不像天气那样，只是自动发生的事情。我们是环境的建筑师。我们的希望、目标和期望影响着我们的未来。这使得文化能够多样性并快速变化。

本章复习

性别与性

学习目标

回答以下学习目标问题来测试一下你自己（这里重复了本章中的问题）。然后翻到附录的完整章节复习，核对你的答案。研究表明，试着自主回答这些问题将增进你对这些概念的长期记忆（McDaniel et al., 2009）。

性别发展

5-1： 男性和女性在攻击性、社会权力和社会联结方面有何异同？

5-2： 我们的生物性别是如何决定的？性激素如何影响胎儿期发育和青少年期发育？

5-3： 性别角色和性别形成是如何影响性别发展的？

人类的性

5-4： 激素如何影响人类的性动机？

5-5： 什么是人类的性反应周期？性功能失调和性欲倒错有何不同？

5-6： 如何预防性传染疾病？

5-7： 外部的和想象的刺激对性唤起有何影响？

5-8： 哪些因素影响了青少年的性行为和避孕用品的使用？

性取向

5-9： 性取向的研究对我们有什么启示？

人类性的进化论解释

5-10： 进化心理学家会如何解释性和择偶偏好的性别差异？

5-11： 对人类性的进化论解释的最关键的批评是什么？进化心理学家是如何回应的？

术语与概念

测试自己对以下术语的理解，试着用自己的语言写下这些术语的定义，然后翻到提到术语的那一页核对你的答案。

性　别
攻击性
X染色体
Y染色体
睾丸素
青春期
第一性征
第二性征
月经初潮
性别角色
角　色
性别同一性
社会学习理论
性别形成
跨性别
雌激素
性反应周期
不应期
性功能失调
艾滋病（获得性免疫缺陷综合征）
性取向

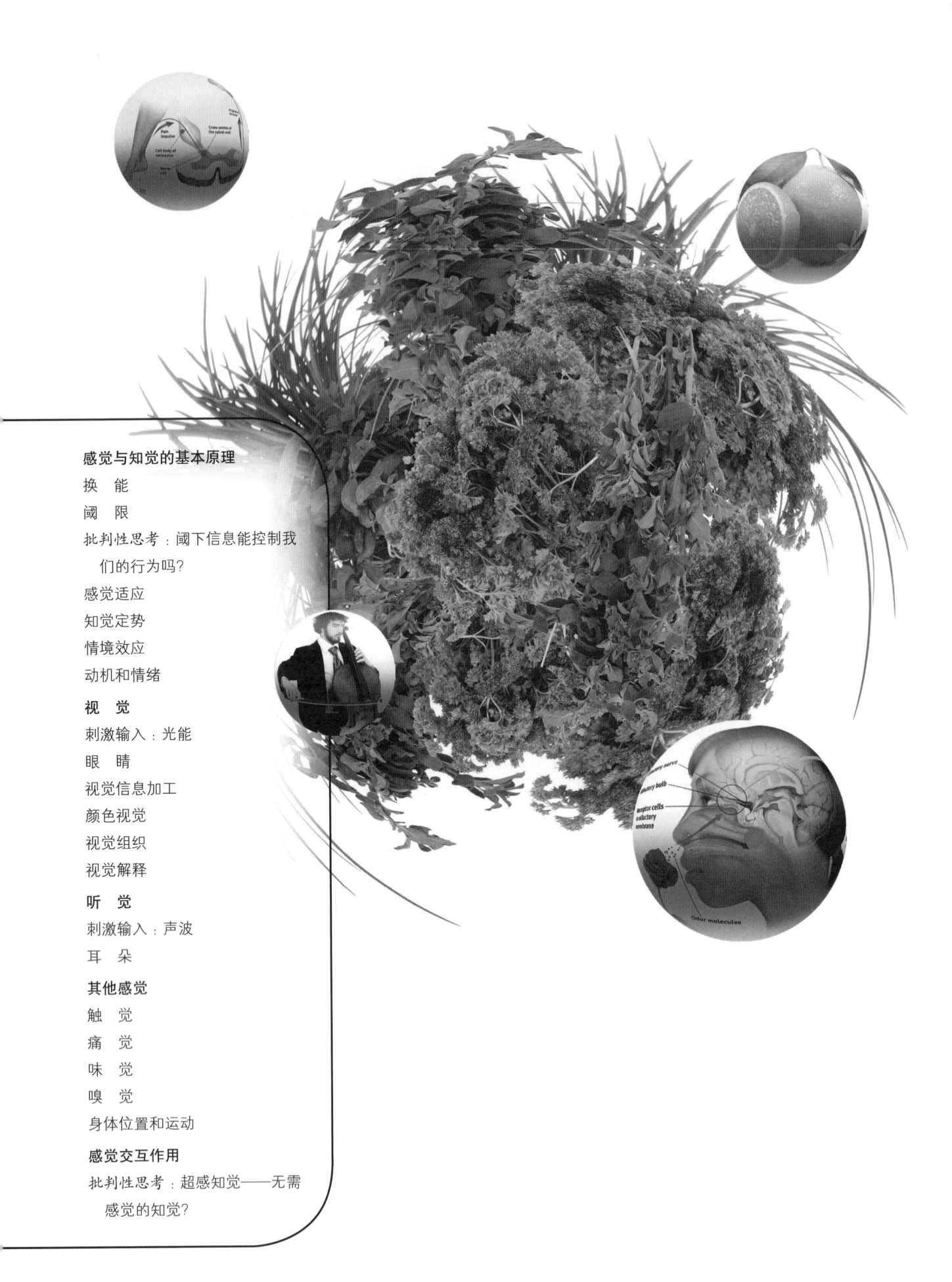

感觉与知觉的基本原理
换　能
阈　限
批判性思考：阈下信息能控制我
　们的行为吗？
感觉适应
知觉定势
情境效应
动机和情绪

视　觉
刺激输入：光能
眼　睛
视觉信息加工
颜色视觉
视觉组织
视觉解释

听　觉
刺激输入：声波
耳　朵

其他感觉
触　觉
痛　觉
味　觉
嗅　觉
身体位置和运动

感觉交互作用
批判性思考：超感知觉——无需
　感觉的知觉？

第 6 章

感觉与知觉

"**我**有完美的视觉,"我的同事希瑟·塞勒斯说。她是一位广受赞誉的作家和老师。她的视力可能完好,但是知觉却存在问题。在她的自传《你看起来不像我认识的任何人》中,塞勒斯(Sellers, 2010)讲述了她持续一生的面孔失认症(脸盲)所导致的尴尬时刻。

> 上大学时,我与人在一家意大利面馆约会,当我从洗手间返回时,我在另一张桌子前坐下,对面并不是和我约会的人。我的约会对象(对我来说是一个陌生人)与我对面的人搭讪几句,然后怒气冲冲地走出面馆,此时我仍未意识到对面的人并不是和我约会的人……我不能认出照片或 DV 视频中的自己。我认不出与我搭讪足球话题的继子;在聚会、购物中心或超市中,我也认不出谁是我的丈夫。

无法识别面孔有时让人觉得她很势利或冷漠。"为何从我眼前走过不跟我打招呼?"邻居过后可能会问她。与失聪者在老套的社会交谈中会假装能够听见对方类似,塞勒斯有时也会假装认识人。在路过他人面前时,她经常会面带微笑,以防她认识他们,或者她会假装认识正在跟她谈话的人。(为了逃避与这类知觉失败有关的压力,严重失聪或面孔失认的人经常表现得害羞而远离喧嚣的社会情境。)但也有好的一面:即使遇见之前曾经激怒过她的人,她通常也不会感受到敌意,因为她根本没认出此人。

与塞勒斯不同,大多数人在大脑右半球下方有一个功能区,帮助我们能够在探测到一张熟悉的人类面孔之后只用 1/7 秒的时间就能识别出来(Jacques & Rossion, 2006)。这种能力说明了一个更广泛的原理。大自然所赋予的感觉馈赠使得每一种动物都能获得必要的信息。下面是一些例子:

- 以飞行昆虫为食物来源的青蛙,眼睛中的感受细胞只对小而黑的活动物体做出反应。青蛙会在没膝深的静止不动的苍蝇堆中饿死。但是一旦一只苍蝇快速地从青蛙的眼前飞过,青蛙的"昆虫探测器"细胞就会突然醒来。
- 雄性蚕蛾的嗅觉感受器可以探测到一英里外的雌性蚕蛾每秒所释放的 10 亿分之一盎司的性引诱剂。这就是蚕蛾为什么能大量繁殖的原因。
- 人类的耳朵对包括人类的声音,特别是婴儿哭声等的声音频率最敏感。

在本章中,我们将更加详细地回顾一下心理学家对于我们如何感知周围的世界有什么认识。我们从一些基本的原理开始。

当你吃苍蝇时，时间很有趣。
——大青蛙科米

感觉与知觉的基本原理

6-1：感觉和知觉是什么？我们所说的自下而上和自上而下的加工是指什么？

"完美视觉"和脸盲症同时存在于塞勒斯身上，这个令人好奇的现象说明了感觉和知觉之间的区别。当她看到一个朋友时，她的**感觉**（sensation）是正常的：她的感受器探测到的信息与你相同，同时她的神经系统把信息传导至大脑。而她的**知觉**（perception）——她的大脑组织和解释感觉输入的过程——几乎也是正常的。因此，她也许能根据除面孔之外的头发、步法、声音和体形来识别他人。她的经历很像我们艰难地识别一只特定的企鹅。

在我们的日常经验中，感觉和知觉结合在一起成为一个连续的过程。在本章中，我们将感知觉过程放慢以学习它的各个部分。在真实的生活中，我们的感觉和知觉过程共同帮助我们解读周围的世界：

- **自下而上加工**（bottom-up processing）开始于感受器并逐步发展到高级加工。
- **自上而下加工**（top-down processing）利用我们的经验和期望从感觉输入中构建知觉。

当我们的大脑吸收**图 6.1** 中的信息时，自下而上的加工能让我们的感觉系统探测到线条、棱角和颜色，这些组成了花和叶子。我们使用自上而下的加工解释我们的感官所探测到的信息。

但我们是怎么做的呢？我们的身体每天 24 小时都会面对来自外界的大量感觉刺激，我们如何从中创造意义？同时，在一个寂静、柔软的内部世界中，你的大脑完全漂浮于黑暗中。它自身看不到任何东西，听不到任何东西，也感觉不到任何东西。那么，外部世界如何进入我们的头脑里？这个问题在科学上的表达方式是：我们如何构建对外部世界的表征？闪烁的火焰、噼啪声和烟味如何激活神经连接？我们又如何根据神经化学活动，产生对火焰的跳动和温度以及芳香和美丽的有意识的体验？为了回答这些问题，我们来看看遍布我们所有感觉系统的一些过程。

图 6.1
这里发生了什么？
我们的感觉和知觉过程共同帮助我们辨别复杂的图案，如普雷特（Sandro Del-Prete）的画作《盛开的爱情》中隐藏的情侣。

换 能

6-2：所有感觉系统的三个基本步骤是什么？

每一天的每一秒钟，我们的感觉系统都在表演惊人的技艺：它们把一种形式的能量转换成另一种。视觉加工光能。听觉加工声波。我们所有的感觉：

- 接收感觉刺激，通常使用特化的感受器细胞。
- 把刺激转换成神经冲动。
- 把神经信息传送到大脑。

把一种形式的能量转换成大脑能够使用的另一种能量，这个过程被称为**换能**

(transduction)。在本章的后面，我们会集中介绍各个感觉系统。我们如何看？听？感觉疼痛？闻？尝？保持平衡？对于每一种感觉，我们都会介绍这三个步骤——接收、转换和把信息传送至大脑。

首先，让我们探讨在各种能量组成的广袤海洋中，我们在探测和解释刺激的能力上的一些优势和劣势。

提取一下

- 怎么粗略地区分感觉和知觉？

答：感觉是自下而上的加工，它通过感受器接收和表征刺激。知觉是自上而下的加工，它通过大脑加工和解释感觉信息来组织和解释感觉信息。

阈 限

6-3：绝对阈限和差别阈限分别是什么？绝对阈限下的刺激对我们会有影响吗？

此时此刻，你我正受到 X 射线和无线电波、紫外线和红外线以及高频和低频声波的冲击。我们既不能看到也不能听到所有这些事物。有着不同需求的其他动物所觉察的世界超出我们的经验。迁徙的鸟类在体内磁性指南针的帮助下保持方位。蝙蝠和海豚利用声呐从物体上反射的回声来定位猎物。蜜蜂在阴天通过探测我们看不到的偏振光来导航。

感觉的屏幕只打开了一道很小的缝隙，使得我们对这个广袤的能量海洋的觉察是有限的。但对我们的需求来说，这已经足够了。

绝对阈限

我们对某些刺激是极为敏感的。在一个完全黑暗、晴朗的夜里，大多数人站在山顶上可以看到 30 英里外另一座山顶上的烛光。我们可以感觉到蜜蜂的翅膀飞落到我们的脸颊上。我们甚至还可以闻到三居室里一滴香水所散发的气味（Galanter, 1962）。

德国科学家和哲学家古斯塔夫·费希纳（Gustav Fechner, 1801—1887）研究了我们对这些微弱刺激的觉察，并称其为**绝对阈限**（absolute thresholds）——有 50% 的概率探测到某一特定刺激（光、声音、压力、味道、气味）所必需的最小刺激量。为了检测你对声音的绝对阈限，听觉专家分别给你的两只耳朵呈现不同声级的声音（图 6.2）。对于每种声调，听觉测试都会确定一个点，此时你有一半的次数能探测到声音，一半的次数不能探测到声音。对于每种感觉，这个 50-50 的点就是你的绝对阈限。

探测一个微弱的刺激或者信号不仅依赖于信号的强度（例如听觉测试中的声调），也取决于我们的心理状态——我们的经验、期望、动机和警觉水平。**信号检测论**（signal detection theory）预测了我们何时将检测到微弱的信号（测量的是"击中"和"虚报"的比率）。在快速约会活动中，那些孤独、焦虑的人往往对一个较低的阈限做出反应，因而不加选择地达成可能的约会（McClure et al., 2010）。信号检测理论家想要了解为

208 迈尔斯普通心理学

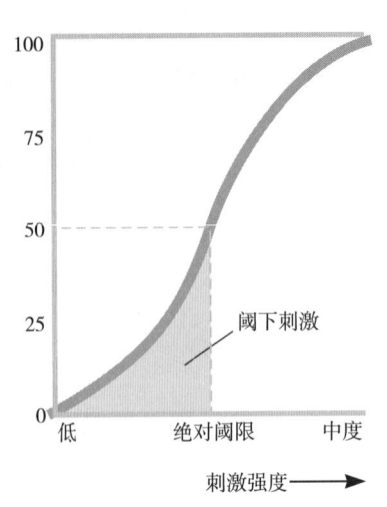

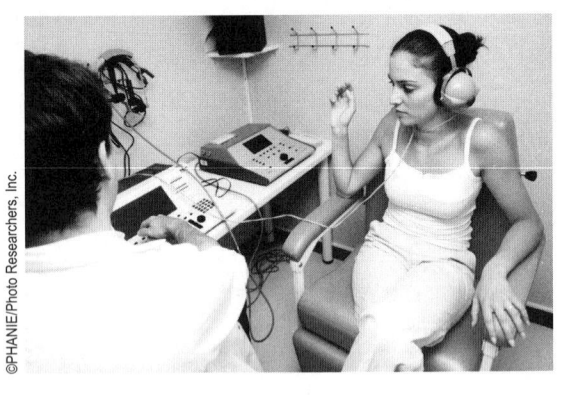

图 6.2
绝对阈限
我能听到这个声音吗？绝对阈限是指刺激在一个人有一半的次数能检测到时的强度。听觉测试用来确定不同频率水平的阈限。

什么人们会对同样的刺激做出不同的反应，为什么同一个人的反应会随环境的变化而改变。

信号检测

> 心自有其道理，非理性所能知晓。
> ——帕斯卡，《沉思录》，1670

图 6.3
隐藏的心理
裸体男人或女人的图片闪现在某一侧后，在被知觉到之前就被掩蔽，人们的注意被无意识地吸引到图片上的方式反映了他们的性取向（Jiang et al., 2006）。

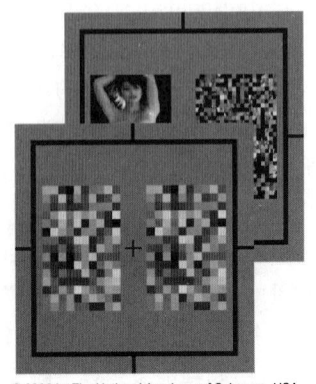

提取一下

- 哪三个因素让你更有可能觉察到来短信了？

答案：（1）你正期待一条短信；（2）看到别人回复短信让你来说很重要；（3）你处于警觉状态。

阈下（subliminal）刺激是你不能在 50% 的次数里探测到的刺激——低于你的绝对阈限（见图 6.2）。在某些情况下，某些刺激如此微弱以至于你在意识上没有注意到，但这些刺激也能影响你。一个没有注意到的图像或词语能够到达你的视皮层，并短暂启动（prime）你对随后问题的反应。在一个典型的实验中，快速闪现图像或词语，然后用一个掩蔽刺激取代，在意识感知前干扰大脑的加工（Van den Bussche et al., 2009）。一个这样的实验说明了性取向的深层现实。研究者让人们注视屏幕的中央，然后在一侧闪现裸体照片，另一侧闪现这张照片的乱码形式（Jiang et al., 2006）。由于图像马上被一个彩色的棋盘格掩蔽，志愿者只能看到闪现的颜色，而无法猜测裸体出现在哪里。然后研究者在一侧闪现一张几何图形，接着是掩蔽刺激，然后要求志愿者给出图形的角度（图 6.3）。当几何图形出现在裸体女人之前出现的位置时，男异性恋者的答案更加准确。当几何图形替换的是裸体男人时，男同性恋者和女异性恋者的猜测更加准确。其他实验证实，即使我们无法在意识上觉察到一个刺激，我们仍然能够对其做出评价——甚至当时我们没有意识到我们的评价（Ferguson & Zayas, 2009）。

我们对那些不知道或无法描述的东西会作何感受或反应？一个短暂得无法感觉到的刺激通常会引发微弱的反应，这能够被脑成像检测到（Blankenburg et al., 2003; Haynes & Rees, 2005, 2006）。只有当一个刺激在多个脑区引发同步活动时，它才能到达意识层面（Dehaene, 2009）。我们再次看到双通道心理的作用：

我们的大部分信息加工是自动发生的，无法看见，也不在我们意识心理的雷达屏幕上。

那么我们会受到阈下信息的控制吗？关于这个问题的更多内容见批判性思考：阈下信息能控制我们的行为吗？

差别阈限

为了有效地发挥作用，我们需要足够低的绝对阈限以探测到重要的景象、声音、质地、味道和气味。我们也需要探测刺激间的微小差异。音乐家在给乐器调音时必须能够探测到音调的微小差异。父母必须能在其他孩子的声音中分辨出自己孩子的声音。即使在苏格兰生活两年之后，羊的咩叫声在我听来仍然都一样。但在母羊听来却不是这样，我曾经观察到，在一群羊羔不安的咩叫声中，剪完毛的母羊径直向它们的羊羔飞奔而去。

差别阈限（difference threshold）（也称作最小可觉差）是一个人在 50% 的次数里可以觉察到的两个刺激间的最小差别。差别阈限会随着刺激量的增加而增加。因此，如果在 100 克重量上加上 10 克，你可以探测到差异；但在 1 千克重量上加 10 克，你可能探测不到差异。

19 世纪，韦伯（Ernst Weber）注意到一个如此简单又应用如此广泛的原则，我们至今仍称其为**韦伯定律**（Weber's law）。这个定律提出，一个普通人要能感觉到差异，两个刺激之间的差异必须是固定百分比（而不是固定的数量）。这个精确的百分比是依照刺激的种类而变化的。例如，两束光的强度差要达到 8%，两个物体的重量差要达到 2%，而两个音调的频率只需要有 0.3% 的差异（Teghtsoonian, 1971）。

差别阈限 在这个计算机生成的《诗篇》第 23 篇的文本中，每一行的字体发生微小的变化。你需要几行才能感觉到最小可觉差？

> **提取一下**
>
> • 利用声音作为例子，说明以下概念之间的区别：绝对阈限、阈下刺激和差别阈限。
>
> 答案：绝对阈限是在 50% 的次数里能探测到声音（比如我们接听到人行道上正在接近的自行车）所需要的最小刺激量。阈下刺激是我们的意识察觉不到的较弱的刺激（比如低于工程师设定的阈限）时，阈下刺激就发生了。差别阈限是我们能探测到的声音大小之间的最小差异（比如我们能听出小号的声音变高或变低了）。

感觉适应

6-4：感觉适应的功能是什么？

进入邻居家的客厅时，你闻到了一股难闻的气味。你很惊讶他们怎么能忍受这种臭味，但是几分钟以后你就不再注意到这种气味了。解救你的是**感觉适应**（sensory adaptation）。当我们持续感受某个不变的刺激时，由于我们的神经系统放电频率降低，我们就不怎么觉察到它了。（为了体验感觉适应，请把你的手表在手腕上移动一英寸：你能感觉到手表——但这仅仅是一小会儿的时间。）

> 我们首先需要了解变化；没有人想要或需要别人每天 16 个小时提醒他，他的鞋还穿在脚上。
>
> ——神经科学家戴维·休布尔（Hubel, 1979）

> **批判性思考**

阈下信息能控制我们的行为吗？

为了使各种信息渗透到我们的潜意识中，商人们提供了音频和视频节目来帮助我们减肥、戒烟或改善记忆。舒缓的海浪声可能掩盖了我们无法有意识地听到的信息，例如"我很瘦""烟味不好闻"或者"我在测验中表现不错，我能回忆起所有信息"。这些说法做了如下两个假设：（1）我们可以无意识地感觉到阈下（或称"阈限下"）刺激；（2）在人们意识不到的情况下，这些刺激拥有特别强大的暗示能力。我们能感觉到吗？阈下刺激有这么强大的作用吗？

我们已经看到，阈下感觉是事实存在的。请记住，"绝对"阈限仅仅是我们有一半的次数觉察到某个刺激的那个点。位于这个阈限的刺激或者稍微低于这个阈限的刺激，有时我们依然可以觉察到。

但这意味着阈下说服也是真实存在的吗？研究者几乎一致持否定观点。实验室研究揭示出微妙而短暂的影响。口渴的人被阈下单词"渴"启动后，在一个短暂的时间里，解渴饮料广告可能会对其更具说服力（Strahan et al., 2002）。同样，用立顿冰茶来启动口渴的人，可能会增加他们选择这种启动品牌的次数（Karremans et al., 2006; Veltkamp et al., 2011; Verwijmeren et al., 2011a, b）。但阈下信息的鼓吹者却提出了不同的说法：阈下信息对行为具有强大而持久的作用。

为了测试阈下录音是否具有持久的作用，格林沃尔德及其同事（Greenwald et al., 1991, 1992）将大学生随机分配为每天听那些声称能提高自尊或记忆的阈下广告信息，共持续5周。但研究者开了一个玩笑，把一半的标签换了。一些学生以为收到的是对自尊的肯定，而实际上听到的是增强记忆的信息。其他人收到了自尊的信息，但以为他们的记忆正在得到提高。

这些录音有效吗？学生们在实验开始前和5周后都测试了自尊和记忆得分，没有发现任何作用。但学生们感觉自己得到了他们期待的益处。那些认为自己听了记忆录音的人相信他们的记忆改善了。那些以为听了自尊录音的人相信他们的自尊增强了。（阅读这个研究，我们仿佛听到了这类产品广告中重复播出的证言。有些顾客在购买了本未打算让他们听到的录音[实际上也没有听到！]之后，提供了类似这样的证言：

阈下说服？ 尽管阈下刺激能够对人们产生微妙的影响，但实验证明阈下广告和自我提升的尝试是徒劳的。（这里的俏皮信息实际上并非阈下刺激——因为你很容易感知到。）

我的确知道你的录音在给我的头脑重新编程上是无价的）。

十余年来，格林沃尔德开展了16项双盲实验来评估阈下自助录音。他的结果是一致的：没有一个录音能带来比安慰剂更多的益处（Greenwald, 1992）。你可能还记得，安慰剂能发挥作用只是因为我们相信它们有作用。

那么，为什么当我们目不转睛地注视某个物体时，它不会从我们的视线中消失呢？这是因为我们没有注意到，眼睛始终是运动的（图6.4）。这种持续不断的从一个点到另一个点的眼动可以保证对眼睛感受器的刺激不断变化。

但是如果我们能够控制眼睛的运动会发生什么现象呢？视觉会像气味一样消失吗？为了探讨这个问题，心理学家设计了一台巧妙的仪器，它可以使视网膜上的图像保持不动。假设我们给志愿者玛丽安装了一台这样的仪器——镶嵌在隐形眼镜上的微型投影仪（图6.5a）。当玛丽的眼睛运动时，来自投影仪的图像也跟着移动。这样一来，玛丽看向哪里，图像就会出现在哪里。

如果我们用这样的仪器投射图像，玛丽会看到什么呢？首先，她会看到完整的

图 6.4
跳跃的眼睛
我们的注视点大约每三分之一秒就从一个点跳跃到另一个点，眼动追踪装置显示了一个人观看爱丁堡王子街公园照片的过程（Henderson, 2007）。圆圈代表视觉注视点，数字表示用毫秒表示的注视时间（300 毫秒 =3/10 秒）。

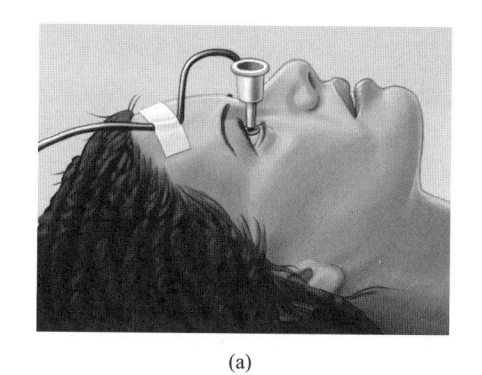

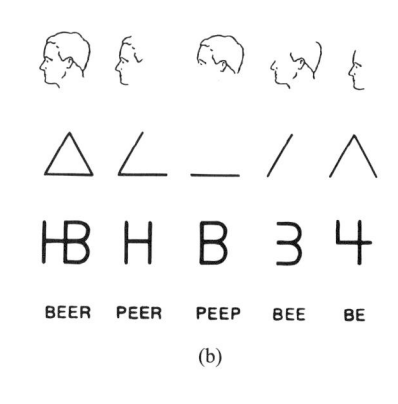

图 6.5
感觉适应：你一会儿看见了，一会儿又看不见了！
（a）在隐形眼镜上安装一个放映机，使投影画面随着眼睛移动。（b）一开始这个人能看到稳定的画面，但很快她看到有些部分消退然后又出现。（资料来源："Stabilized images on the retina," by R. M. Pritchard. Copyright © 1961 Scientific American, Inc. All rights reserved.）

图像。但是在几秒之后，当她的感受系统开始疲劳时，事情就变得很有趣了。图像一点点地消失了，一会儿再出现然后又消失——通常是以碎片的形式（图 6.5b）。

尽管感觉适应降低了我们对恒定刺激的敏感性，但是这对我们是有利的：它可以使我们关注环境中的信息变化，而不会被背景噪声分心。臭气熏天或喷了很多香水的人注意不到他们的气味，这是因为他们跟我们一样适应了恒定的刺激，而只能探测到变化。我们的感受器对新奇的事物很警觉；重复会令它们感到厌烦，这使我们可以将注意转移到更重要的事物。我们又一次看到了这个基本原理：我们不是按照世界的原貌来认识它，而是按照它对我们的作用来认识它。

我们对变化刺激的敏感性有助于解释电视为何能吸引人的注意。镜头切换、剪辑、变焦、摇摄和突然的噪声都需要人们的注意。这个现象甚至对于电视研究者来说也是无法抗拒的。一位研究者提到，即使在轻松有趣的交谈中，"我也会情不自禁地偶尔扫两眼电视屏幕"（Tannenbaum，2002）。

感觉适应和感觉阈限是我们感知周围世界的两个要素。我们所感知的大部分内容不仅来自于"那里"有什么，也来自于我们眼睛的后面以及两耳之间（的大脑）。

212　迈尔斯普通心理学

> **提取一下**
>
> • 为什么穿了鞋一会儿之后你就不再注意到鞋子了（直到类似这样的问题把你的注意拉回到鞋子上）？
>
> 答案：精于适应了鞋子的刺激，能将注意力反应到生活中其他手变化的刺激。

知觉定势

6-5：我们的期望、环境、情绪和动机如何影响知觉？

每个人都知道，眼见为实。但我们没有完全认识到，所见即所信。经验会让我们对某些结果产生期望。这些期望可能会为我们提供一种**知觉定势**（perceptual set），即一系列心理倾向或假设，自上而下地影响我们所听到的、尝到的、感受到的和看到的。

思考一下：**图 6.6** 中间的图片是一个吹萨克斯管的男子，还是一张女人的面孔？我们会把这张图片知觉成什么，取决于我们第一眼看到的是意义明确的两个图片版本中的哪一个（Boring, 1930）。

每天都会出现大量知觉定势的例子。1972 年，一家英国报纸刊登了一张未经处理的真实照片，这是一张苏格兰尼斯湖"水怪"的照片，该报称"这是迄今最惊人的照片"。如果这个信息会使你形成与大多数读者相同的期望的话，你也可以从**图 6.7** 的照片中看出这个水怪。但当一个心存怀疑的研究者带着不同的期望来观察这张照片时，他看见了一个弯曲的树干——就像当天拍下的许多其他照片一样（Campbell, 1986）。带着这种不同的知觉定势，你现在可能注意到一个物体静静地漂浮在水面上，它周围的水面没有任何波纹，很难看出它是一个活灵活现的水怪。

知觉定势同样可以影响我们的听觉。例如，在飞机起飞的过程中，待人友善的驾驶员看到副驾驶员一副沮丧的样子，可能会说："Cheer up（打起精神来）"，而副驾驶员可能会听成"Gear up（请加速）"，在飞机离开地面之前就迅速收起落架（Reason & Mycielska, 1982）。

知觉定势也会影响味觉。一项实验邀请酒吧的常客免费品尝啤酒（Lee et al.,

当人们看到这个短语：
"Mary had a
a little lamb"
很多人知觉到他们所期望的，但忽略了重复的单词。你呢？

图 6.6
知觉定势
向你的朋友展示左边或右边的图片。然后展示中间的照片，问："你看到了什么？"你的朋友说看到的是吹萨克斯的男人还是女性面孔，取决于他先看到的是哪张图片。这两张图片含义明确，而这会建立知觉期望。

图 6.7
所见即所信
你看到了什么？是尼斯湖水怪还是树干？

2006）。当研究者在某种品牌啤酒中加入几滴醋时，品尝者更喜欢这种啤酒了——除非告诉他们喝的是加了醋的啤酒。然后他们预期味道变差，而且通常也体验到了。在另一项实验中，7个学龄前儿童中有6个觉得装在麦当劳包装袋里的炸鸡比纯白色包装袋里的更加美味（Robinson et al., 2007）。

是什么决定着我们的知觉定势呢？正如第4章所解释的，我们通过经验形成概念或图式，它们帮助我们组织和解释我们所不熟悉的信息。我们头脑中先前就有的一些图式，如吹萨克斯管的男子和女性面孔、怪物和树干等，都会影响我们用自上而下的加工方式对模糊的感觉信息做出解释。

在日常生活中，对于性别的刻板印象（另一种知觉定势）也会影响知觉。如果没有粉红色或蓝色作为线索，人们可能弄不清楚该称这个新生儿为"他"还是"她"。如果一个婴儿名叫"戴维"，人们（尤其是儿童）可能会觉得"他"要比被叫"戴安娜"的同一个婴儿更大、更强壮（Stern & Karraker, 1989）。某些性别差异似乎仅仅存在于旁观者的眼中。

我们只听到和理解我们已经略知一二的东西。
——梭罗，《日记》，1860

情境效应

一个刺激可能会引发截然不同的知觉，部分原因是我们拥有不同的知觉定势，但也有可能是因为当时所处的情境。请看下面一些例子：

文化与情境效应 这个女人的头上方是什么？在一项研究中，几乎一半的东非人被问到时说，这个女人正在用头顶着一个金属盒子或金属罐，她的家人在一棵树下坐着。对西方人来说，用头携带东西不是那么常见，而盒状的建筑结构更常见，他们更可能认为这家人在室内，这个女人坐在窗户下。（资料来源：Gregory & Gombrich, 1973。）

- 假设在一个噪音中间插入 "*eel is on the wagon*"（鳗鱼在马车上）。你很可能将第一个单词实际知觉为 "*wheel*（轮子）"。如果在噪音中间插入 "*eel is on the orange*"（鳗鱼在橙子上），那么你可能会听成 "*peel*（果皮）"。理查德·沃伦发现了这种有趣的现象，表明大脑有时也可以逆向工作，即根据后来的刺激确定对前面刺激的知觉。情境会形成期望，自上而下地影响我们的知觉（Grossberg, 1995）。
- 在图 6.8 中，正在追赶的怪物看起来是否凶猛呢？被追赶的一模一样怪物看起来是否害怕呢？如果是这样，那么你所体验到的就是情境效应。
- 图 6.9 中的矮运动员有多高？情境在这里再次产生了期望。

图 6.8
情境和情绪知觉之间的相互作用
情境让这个正在追逐的怪兽看起来比被追逐的怪兽更凶猛。但事实并非如此。

图 6.9
大和"小"
图中的"小个子"身高 2 米 05，是霍普学院篮球的前中锋，他远远高于大多数人。但当他在一场半职业比赛中与世界最高的篮球运动员——身高 2 米 36、来自中国的孙明明成为对手时，看起来像是矮个子球员。

动机和情绪

知觉也会受到动机和情绪自上而下的影响。

人们想得到的物体，比如口渴时的一瓶水，看起来似乎离得更近（Balcetis & Dunning, 2010）。这种知觉偏差促使我们去得到它。我们的动机也会指导我们对模糊图像的知觉（图 6.10）。

愤怒的人更多地把中性物体感知为枪（Baumann & DeSteno, 2010）。研究者（Proffitt, 2006a, b; Schnall et al., 2008）通过其他巧妙的实验证明了情绪的力量，实验表明：

- 对于那些因为之前的练习而疲惫的人来说，走路时的目的地看起来离得更远。
- 对于那些背着沉重背包的登山者或者听了悲伤、沉重的古典音乐而不是欢快的轻音乐的人来说，山看起来更陡峭。与很多的生活挑战一样，在那些有朋友陪伴的人看来，山不那么陡峭。
- 向某个目标扔重物的人比扔轻的物体的人觉得这个目标更远。

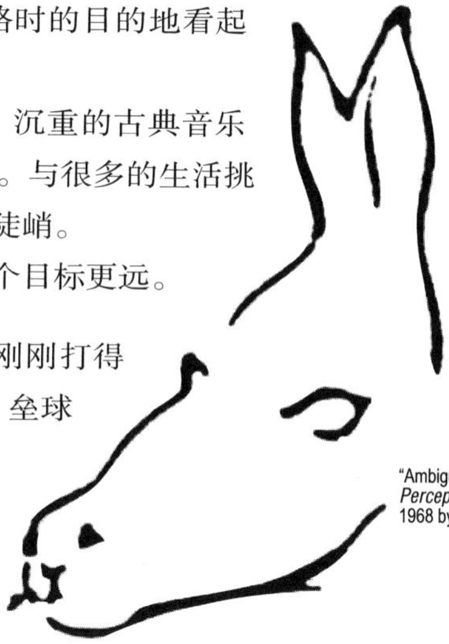

研究者（Witt & Proffitt, 2005）让球员选择他们刚刚打得好或不好的垒球大小，他们发现当你垒球打得好时，垒球甚至看起来变大了。

情绪也能影响我们的社会知觉。如果夫妻感觉彼此相爱和欣赏，那么他们在充满压力的婚姻事件中感知到的威胁更少——"他只是过了糟糕的一天"（Murray et al., 2003）。如果告诉一名职业裁判某个足球队有攻击行为的历史，那么在观看犯规的录像时会给出更多的罚牌（Jones et al., 2002）。

图 6.10
模棱两可的马/海豹图形
当诱导人们知觉家畜时，大约十分之七的人会立即知觉为马。当诱导人们知觉海洋动物时，大约十分之七的人知觉为海豹（Balcetis & Dunning, 2006）。

"Ambiguity of form: Old and new" by G. H. Fisher, 1968, *Perception and Psychophysics*, 4, 189–192. Copyright 1968 by Psychonomic Society, Inc.

> 当你正在击球时，向你飞来的球看起来像西柚。当你没在击球时，球看起来像豌豆。
> ——前美国职业棒球联盟球员乔治·斯科特

提取一下

- 在感觉与知觉的语境中，"看见你所相信的"这句话的意思是什么？

答案：由于知觉定势的存在，我们的经验、假设和期望会影响我们感知的事物。

- 知觉定势涉及自上而下还是自下而上的加工？为什么？

答案：它涉及自上而下的加工，利用我们已有的经验、假设和期望。

视 觉

我们的眼睛接收光能量，将其转换（换能）为神经信息，然后大脑将这些信息加工为我们在意识上看到的事物。如此神奇的事情是怎么发生的呢？

刺激输入：光能

6-6：我们所看见的可见光是什么能量？

当你看到一朵红色的郁金香时，射入你眼睛里的不是红色粒子而是你的视觉系统知觉为红色的电磁能脉冲。我们能看到的可见光其实只是电磁能量光谱上很窄的一部分，而整个光谱的范围是从短波长且不可见的 γ 射线到长波长的无线电波（图 6.11）。其他有机体对光谱上不同的部分敏感。例如，蜜蜂虽然看不到红色但是却可以看到紫外线。

我们对光和声的感觉体验取决于它们的两个物理特性。光的**波长**（wavelength）——相邻两个波峰之间的距离（图 6.12a）——决定光的**色调**（hue）（我们体验到的颜色，比如郁金香的红色花瓣或绿叶）。**强度**（intensity），即光波能量的

图 6.11

我们所能看见的波长（见彩插）

我们所能看见的光只是电磁光谱中很窄的一段，这个宽广光谱的范围从波长只有原子直径那么短的 γ 射线到超过一英里长的无线电波。人眼可见的狭窄波段（放大显示的部分）是从波长较短的蓝紫光到波长较长的红光。

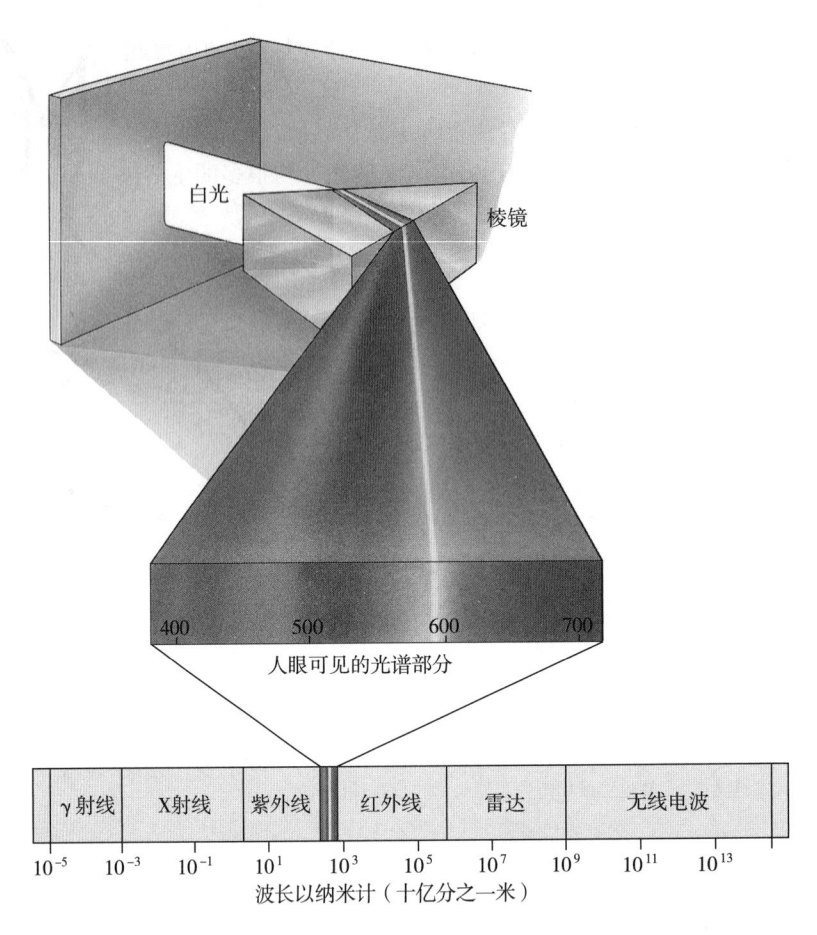

图 6.12

波的物理特性

（a）不同波的波长（两个连续波峰之间的距离）是不同的。频率（即在一定时间内通过某一点的完整波长的数量）取决于波长。波长越短，频率越高。（b）不同波的振幅（即波峰到波谷的高度）也是不同的。波的振幅决定颜色的强度。

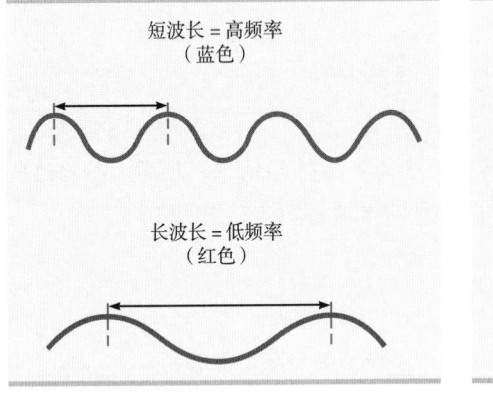

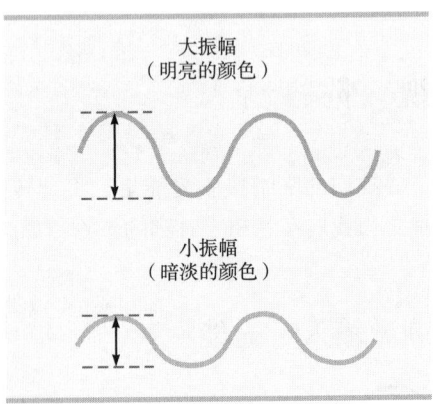

大小（取决于光波的振幅即高度）会影响光的亮度（图 6.12b）。要想了解我们如何把物理能量转化成颜色和意义，首先需要了解我们的视觉之窗——眼睛。

眼 睛

6-7：眼睛如何将光能转换为神经信息，眼睛和大脑如何加工这些信息？

光线通过角膜进入眼睛，角膜有保护眼睛和聚焦光线的作用（图 6.13）。然后光线会通过瞳孔，它是一个可调节的开口，周围被虹膜环绕，这种有色肌肉通

图 6.13

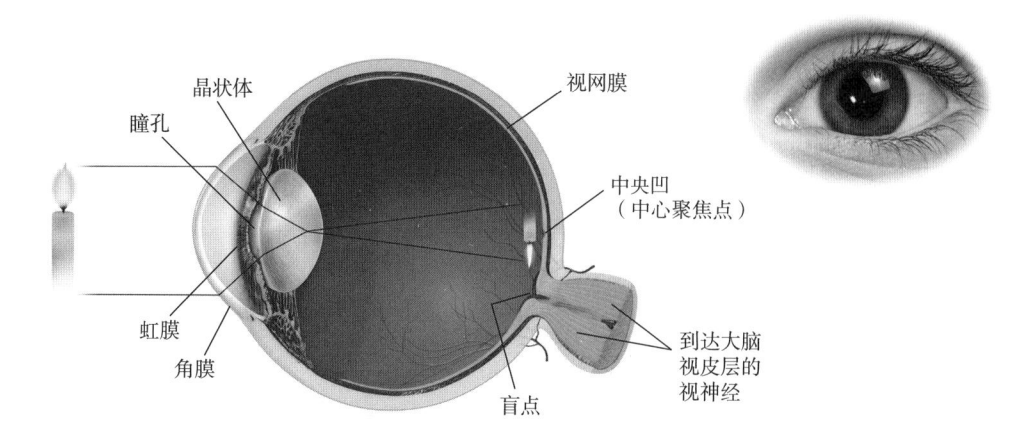

眼睛

蜡烛反射的光线会通过角膜、瞳孔和晶状体。晶状体通过改变曲率和厚度把近处或远处的物体聚焦在视网膜上。蜡烛顶端发出的光线到达视网膜底部，而蜡烛左侧的光线到达视网膜右侧。蜡烛在视网膜上形成的像因此是上下左右颠倒的。

过舒张和收缩来调节光量，对光强甚至内部情绪做出反应。（当我们体验到爱意时，放大的瞳孔和黑色的眼球会泄露我们的心事。）每个虹膜的独特性使得虹膜扫描仪能够确认我们的身份。

瞳孔后面就是透明的晶状体，它可以把进入的光线聚焦到**视网膜**（retina）上成像。视网膜是眼球内部表面上对光具有敏感性的多层组织。晶状体通过改变曲率和厚度来聚焦光线，这个过程被称为**调节**（accommodation）。

几个世纪以来，科学家已经发现当蜡烛的图像经过一个小孔成像时，在后面黑暗的墙壁上出现的是蜡烛倒置的镜像。如图 6.13 所示，如果视网膜接收的是完全颠倒的图像，那么我们怎么能看到正向的世界呢？答案最终变得清晰了：视网膜并没有"看到"整个图像。它的上百万个感受器细胞会把光能粒子转换为神经冲动并传送给大脑。在那里，神经冲动被重新组合成感知为正立的图像。

视觉信息加工

如果你能够跟着一个光能粒子到达眼睛的后部，你会首先穿过视网膜的外层细胞到达深层的感受器细胞，即**杆体细胞**（rods）和**锥体细胞**（cones）（图 6.14）。你在那里会看到光能引发化学变化从而激发神经信号，激活邻近的双极细胞，而双极细胞再依次激活邻近的神经节细胞。神经节细胞的轴突会像一缕绳子那样汇聚成**视神经**（optic nerve）。视神经携带信息至大脑，在那里你的丘脑准备好分配信息。视神经可以通过将近 100 万条神经节细胞纤维同时传送近 100 万条信息。（负责听觉的听神经通过它仅有的 3 万条纤维传送少得多的信息。）在视神经离开眼睛的地方没有感受器细胞——形成**盲点**（blind spot）（图 6.15）。但是你闭上一只眼睛并不会看到一个黑洞。你的大脑不需征得你的同意就填上了这个洞。

提取一下

- 在视神经离开眼睛的地方没有感受器细胞。这形成了视觉中的盲点。为了说明这个现象，先闭上你的左眼，注视下一页图 6.15 中间的圆点，然后前后移动这一页，与你的脸保持一定距离，直到两辆车中的一辆消失（你预测会是哪辆车？）。再闭上你的右眼，注意现在另一辆车会消失。你能解释为什么吗？

答案：你的眼睛位于每个小视网膜的鼻子一侧，这就是为什么你的鼻侧视网膜接受的是太阳穴侧的物体的影像。因此，当你闭上右眼时，右边的车的影像会落到你左眼的盲点上。

图 6.14
视网膜对光的反应

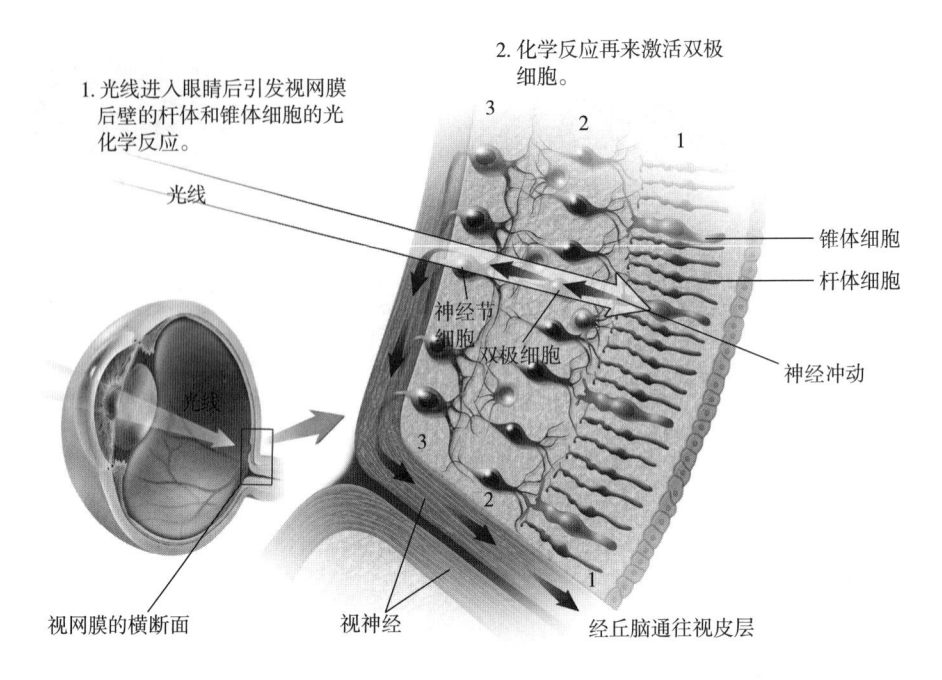

1. 光线进入眼睛后引发视网膜后壁的杆体和锥体细胞的光化学反应。

2. 化学反应再来激活双极细胞。

光线

视网膜的横断面

神经节细胞

双极细胞

视神经

锥体细胞

杆体细胞

神经冲动

经丘脑通往视皮层

3. 双极细胞接着激活神经节细胞,神经节的轴突会聚形成了视神经。这条神经把信息经丘脑传递到大脑的视皮层。

图 6.15
盲点

杆体细胞和锥体细胞在位置和作用上有所不同(**表 6.1**)。锥体细胞分布在**中央凹**(fovea)周围,位于视网膜中心聚焦的区域(见图 6.13)。很多锥体细胞有其到达大脑的专线,大脑用一个很大的区域来接受来自中央凹的输入。这些直接连接有利于保存锥体细胞的精确信息,使它们能更好地检测细节。

杆体细胞没有这样的专线;它们与其他杆体细胞共用双极细胞,发送整合后的信息。为了体验锥体细胞和杆体细胞在细节敏感性上的差异,不妨从这个句子中挑出一个词,一直注视它,那么这个词的像就会聚焦在中央凹的锥体细胞上。注意到周围的单词变得越来越模糊吗?这是因为周围其他单词的视像激活了更多视网膜外围杆体细胞分布的区域。因此,当你开车或骑车时,你在感知到一辆汽车的细节之前就能在外周视野中觉察到汽车。

锥体细胞也让你感知到颜色。如果光线变暗的话,锥体细胞变得失效,你就看

表 6.1 人眼中的感受器:杆状的杆体细胞和锥形的锥体细胞

	锥体细胞	杆体细胞
数 量	600 万	1.2 亿
视网膜上的位置	中央	外围
暗光中的敏感性	低	高
颜色敏感性	高	低
细节敏感性	高	低

不到颜色了。杆体细胞形成黑白视觉，在弱光下仍保持敏感性。多个杆体细胞可以把暗光的微弱能量会聚后输入同一个双极细胞。因此，锥体细胞和杆体细胞分别具有不同的敏感性——锥体细胞对细节敏感，而杆体细胞对弱光敏感。

当你进入一个黑暗的剧院或在夜晚关灯时，你的眼睛会进行调整适应。你的瞳孔放大以使更多光线到达视网膜，但人眼通常需要 20 分钟或更长时间才能完全适应。你可以演示暗适应，把一只眼闭上或盖住至少 20 分钟。然后把屋里的灯光调低，使得睁开的那只眼睛刚刚能够看清书上的字。现在睁开已经暗适应的那只眼睛，这时阅读起来很容易。这段暗适应的时间与从太阳落山到天黑间自然的黄昏过渡过程相对应。我们的身体是多么神奇啊！

在从丘脑到视觉皮层的通路上，视觉信息的抽象水平不断增加。在初始水平，视网膜的神经层不仅传导电脉冲，也会帮助编码和分析感觉信息。例如，青蛙眼睛中的第三层神经中包含"昆虫探测器"细胞，这种细胞只会对类似苍蝇的移动刺激物放电。每一个视网膜区域将其信息传递给视觉皮层（位于大脑后部的枕叶）上相应的位置（图 6.16）。

同样的敏感性使视网膜细胞能够发射信息，也能导致它们误射，你可以演示这一点。请把你的视线左移，闭上眼睛，然后用指尖轻轻地摩擦右眼皮的右侧。你会发现左侧的光斑在跟着你的手指移动。为什么你能看到光？为什么在左边出现呢？

视网膜细胞的反应性很强，即使压力也能触发其做出反应。但是大脑会把这种触发解释为光。而且，它会解释光线是来自左侧的——当激活视网膜右侧时光线通常射入的方向。

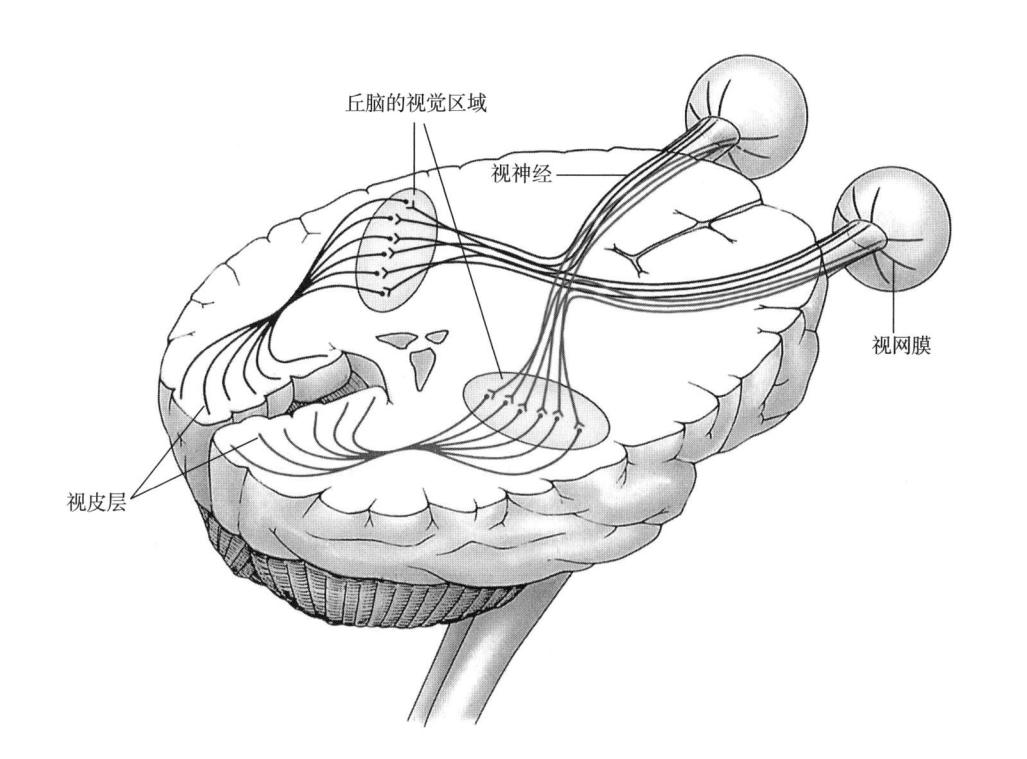

图 6.16

眼睛到视皮层的通路（见彩插）

神经节轴突形成视神经通向丘脑，在那里它们与通向视觉皮层的神经元形成突触。

提取一下

- 一些夜间活动的动物拥有令人惊叹的夜视觉，如蟾蜍、小鼠、大鼠和蝙蝠，这是因为它们的视网膜上_____（杆体/锥体细胞）比_____（杆体/锥体）多得多。这些生物的_____（颜色/黑白）视觉可能非常差。

答案：杆体；锥体；黑白

- 猫的_____能比我们打开得更大，这使得更多的光线进入它们的眼睛，因而它们在晚上的视觉更好。

答案：瞳孔

特征觉察

休布尔和威塞尔（Hubel & Wiesel，1979）因他们对**特征觉察器**（feature detector）的研究而获得诺贝尔奖。这些位于枕叶视皮层的特殊神经元从视网膜中的单个神经节细胞中接收信息。特征觉察器细胞的得名是因为它们能够对场景中特定的视觉特征——特殊的边缘、线条、角度和运动做出反应。这些细胞将这些信息传递给其他皮层区域，那里的细胞团（超级细胞簇）对更复杂的模式做出反应。我们之前提到，位于右耳后面的一个颞叶区域（图 6.17）能够帮助你知觉面孔，并且借助一个特殊的神经网络，你能够识别不同视角下的面孔（Connor, 2010）。如果这个区域受损，你可能会像塞勒斯那样无法识别熟悉的面孔，但是却可以识别其他物体。当研究者利用磁脉冲短暂干扰大脑加工面孔的区域时，人们无法识别面孔。

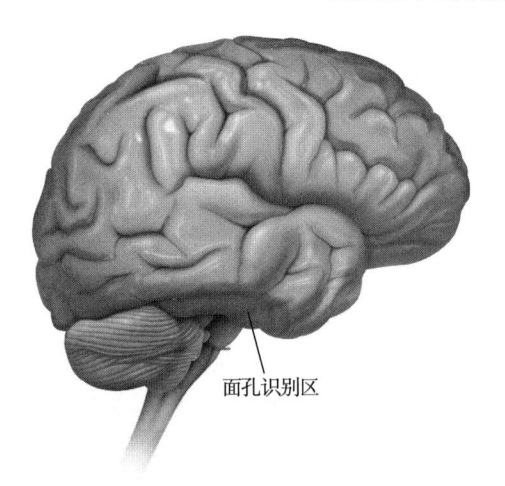

然而，他们能够识别房子，这是因为大脑的面孔知觉与对其他物体的知觉是分离的（McKone et al., 2007; Pitcher et al., 2007）。因此，fMRI 扫描发现，当人们观察不同的物体时，大脑的不同区域会激活（Downing et al., 2001）。大脑的活动如此具有特异性（图 6.18），以至于一位研究者（Haxby, 2001）指出，在脑扫描的帮助下，"我们可以根据大脑的活动模式来了解一个人是正在看一只鞋、一把椅子还是一张脸。"

研究显示，猴子的大脑（当然我们的大脑也同样如此）对具有生物学重要性的物体和事件有着一部"浩瀚的视觉百科全书"，以专门化细胞的形式分布于大脑（Perrett et al., 1988, 1992, 1994）。这些细胞只对某一类型的刺激做出反应，如特定的注视、头的角度、姿势或身体运动。其他超级细胞簇会整合这些信息，并且只有在很多线索共同表明某人注意或接近的方向时才会放电。这一快速的分析有利于我们祖先的生存，也可以帮助足球守门员预测即将发生的射门的方向，还可以帮助司机

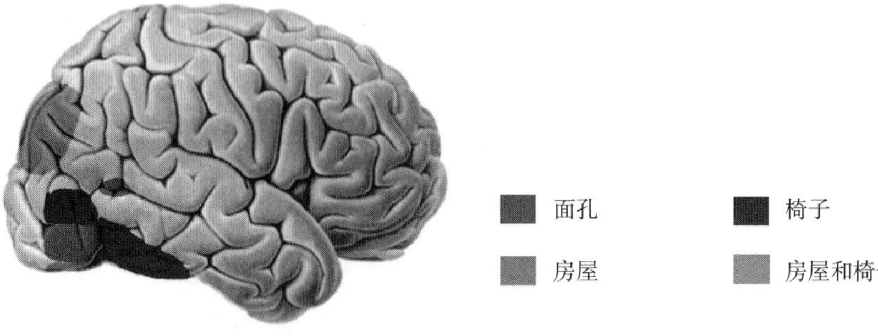

图 6.17
面孔识别加工
在人类等社会性动物中，一个专门的大脑系统（图中显示的是右侧的大脑）为面孔识别这个十分重要的任务分配了大量的神经带宽。

图 6.18
泄密的大脑（见彩插）
看到面孔、房屋和椅子激活不同的脑区。

■ 面孔 ■ 椅子
■ 房屋 ■ 房屋和椅子

发育良好的超级细胞 在一场 2007 年的女子足球世界杯比赛中，巴西队的队员马尔塔瞬间加工了澳大利亚队后卫和守门员（梅尔萨·巴比尔利）的位置和运动的视觉信息，设法将球绕过他们并射入球门。

预测行人的下一个动作。

平行加工

我们的大脑通过**平行加工**（parallel processing）的方式来完成上述这些以及其他非凡的技艺，这意味着我们可以同时做很多事情。大脑会把一个视觉场景划分为各个子维度，例如颜色、深度、运动和形状，同时加工各个方面（Livingstone & Hubel, 1988）。然后我们整合不同视觉组的独立工作来构建知觉，而这些视觉组是平行工作的（图 6.19）。

为了识别面孔，大脑整合视网膜投射到几个视皮层区域的信息，与储存的信息进行比较，使得你能够认出面孔：祖母！科学家们正在争论，这些储存的信息是包含在单个细胞中还是分布在一个网络中。一些超级细胞——"祖母细胞"——似乎确实非常有选择性地只对 100 张面孔中的一两张做出反应（Bowers, 2009）。整个面孔识别过程需要大量的大脑能量——30% 的大脑皮层（是用于听觉的大脑区域的 10 倍）。

破坏视觉子任务的某个神经工作站或使其失效，结果奇怪的事情发生了，就像发生在"M 夫人"身上的那样（Hoffman, 1998）。自从中风损害了她的大脑两侧后部附近的区域，她就变得不能感知运动。房间里的人似乎"突然出现在这里或那里，但我没看见他们动了。"把茶倒进杯子里对她来说是个挑战，因为水看起来凝固了——她不能感知到杯子里的水面在上升。

图 6.19
平行加工
对脑损伤病人的研究指出，大脑把对颜色、运动、形状和深度的加工分配在不同的区域。在把场景分成不同的维度后，大脑将这些子维度整合为知觉到的图像。大脑是如何做到这一点的？对该问题的解答是视觉研究的"圣杯"。

因外科手术或中风而大脑视皮层受损的人，可能会体验到盲视（我们在第 3 章讲到的一种现象）。在盲视区域呈现一系列条状物，他们报告说看不到任何东西。但是当要求他们猜测条状物是垂直还是水平时，他们的视觉通常会在直觉上给出正确的反应。当被告知“你都答对了”时，他们大吃一惊。似乎存在第二个“头脑”——一种不可见的平行加工系统。这些分离的负责知觉和运动的视觉系统证明了双重加工即双通道心理的存在。

***

想一想视觉加工的神奇之处。当你看着动物园的老虎时，进入眼睛的信息被转换成数百万个神经冲动，并传送给大脑。不同的脑区负责老虎图像的不同方面。最后，以某种神秘的方式，这些不同的工作组将它们的工作汇聚在一起产生有意义的图像。你把这个图像与过去储存的图像进行比较并识别出这是一只老虎（**图 6.20**）。

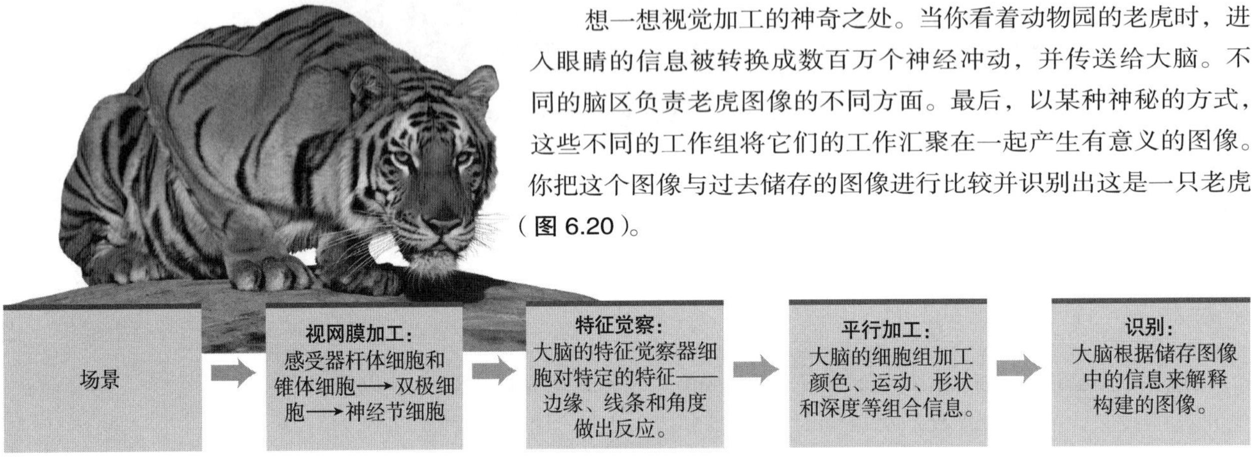
场景
视网膜加工：感受器杆体细胞和锥体细胞⟶双极细胞⟶神经节细胞
特征觉察：大脑的特征觉察器细胞对特定的特征——边缘、线条和角度做出反应。
平行加工：大脑的细胞组加工颜色、运动、形状和深度等组合信息。
识别：大脑根据储存图像中的信息来解释构建的图像。

图 6.20
视觉信息加工的简要概述

再想一想你在读这一页时发生了什么。印刷的线条通过折射的光线投射到你的视网膜上，然后将没有形状的神经冲动传送到大脑的一些区域，在那里整合信息和解读意义，从而完成从我的头脑到你的头脑的跨时空的信息转移。所有这一切都发生在转瞬之间，不需要付出努力，并且持续不断，这确实是令人惊叹的。正如斯佩里（Sperry, 1985）所评论的：“科学知识增加而不是减少了敬畏、尊重和崇敬的理由。”

我的受造，奇妙可畏。
——*大卫，《诗篇》139:14*

提取一下

- 当你看到并认出一个朋友时，迅速发生了哪些一系列事件？

答案：光波从这个人身上反射出来并进入你的眼睛，视网膜中的感受器细胞将光波的能量转换成神经冲动发送至你的大脑。你的大脑加工视觉输入的不同维度——包括颜色、深度、运动和形状，这些维度是分开加工但同时进行的。大脑根据之前储存的信息和你的期望来解释这一信息，形成你对朋友有意识的知觉。

颜色视觉

6–8：哪些理论有助于我们理解颜色视觉？

我们说起话来好像物体都是有颜色的：“番茄是红色的。”也许你思考过这样一个古老问题，“如果森林中的一棵树倒了，但是没有一个人听到，那么它发出声音了吗？”我们可以就颜色提出相同的问题：如果没有人看到过番茄，那它还是红色的吗？

答案是否定的。首先，番茄是红色之外的所有颜色，因为它排斥（反射）红色长波。

其次，番茄的颜色只是我们的心理构建。正如牛顿（1704）所指出的，"（光）线是没有颜色的。"与所有的视觉特性一样，颜色不是位于物体上而是位于我们大脑的剧场里，正如我们梦中的颜色所证明的。

视觉最基本也是最有趣的神秘之处是我们如何看到五彩斑斓的世界。大脑怎样从到达视网膜的光能中构建我们对（如此之多的）颜色的体验？我们对颜色的差别阈限如此之低，以至于我们可以区分100万种不同的颜色变化（Neitz et al., 2001）。至少大部分人都能区分出来。50个人中有1个人在视觉上有颜色缺陷，而且这些人通常是男性，因为这种缺陷是伴性遗传的。

现代对颜色视觉之谜的探索始于19世纪，当时赫尔姆霍兹（Hermann von Helmholtz）对英国物理学家托马斯·杨（Thomas Young）的观点进行了发展。他们了解到任何一种颜色都可以用红、绿和蓝三原色光波混合来产生，因此他们推测眼睛必定有三种相应类型的感受器。多年以后，研究者测量了不同锥体细胞对不同颜色刺激的反应，证明了**杨－赫尔姆霍兹三原色理论**（Young-Helmholtz trichromatic [three-color] theory），这个理论提出感受器是以三个为单位来施展颜色魔法的。实际上，视网膜上有三种类型的颜色感受器，每种感受器分别对三原色中的一种特别敏感。这些颜色就是红色、绿色或蓝色。当我们同时刺激这些锥体细胞时，我们便会看到其他颜色。例如，我们虽然没有对黄色特别敏感的感受器，但同时刺激对红色和绿色敏感的锥体细胞时，我们就会看到黄色。

大多数有色觉缺陷的人并不是完全的"色盲"。他们只是缺乏对红色或绿色敏感的锥体细胞，或者有时是同时缺乏。他们的视觉是单色或双色的，而不是三色的，这使得他们无法辨别如**图 6.21** 中的红色和绿色。狗同样缺乏对红色波长敏感的感受

> 只有心灵具有视觉和听觉；其他一切都既聋又盲。
> ——埃庇卡摩斯，《片段》，公元前 550 年

图 6.21
色觉缺陷（见彩插）
下面的照片显示了有红绿色盲的人所看到的场景。

图 6.22
视觉后效（见彩插）
注视彩旗中央一分钟，然后把视线转移到旁边空白部分的黑点上。你看到了什么？（在你的神经元对黑色、绿色和黄色反应疲劳后，你会看到它们的互补色。）注视一面白墙，注意彩旗的大小是如何随投射距离而增大的！

器，这使它们只能形成有限的二色色觉（Neitz et al., 1989）。

但是那些红绿色盲者为什么经常也能看到黄色呢？为什么黄色作为一种纯色出现而不是红色和绿色的混合，就像红色和蓝色混合会产生紫色一样？正如埃瓦德·赫林（Ewald Hering）所指出的，三原色理论仍然留下了颜色视觉的部分未解之谜。

生理学家赫林在视觉后效中发现了线索。当你注视一个绿色的正方形一段时间后，再看一张白纸时，你会看到红色，即绿色的互补色。如果注视黄色的正方形，之后你会在白纸上看到黄色的互补色即蓝色（试试看**图 6.22**中的彩旗体验一下）。赫林推测还有另外两个颜色加工过程，一个加工过程负责红－绿知觉，另一个加工过程负责蓝－黄知觉。

一个世纪之后，研究者证实了赫林的**拮抗加工理论**（opponent-process theory）。视网膜上的三组拮抗加工——红－绿、蓝－黄以及黑－白共同产生了颜色视觉。视网膜和丘脑（来自视网膜的冲动传递到视皮层的中间站）的某些神经元会被红色"启动"而被绿色"关闭"。而其他的神经元会被绿色启动而被红色关闭（DeValois & DeValois, 1975）。就像红色和绿色大理石在一条狭窄的管道中传送，"红色"和"绿色"信息无法同时运送。红色和绿色是拮抗色，我们看不到带红色的绿色。但红色和蓝色在不同的通道中传送，因此我们能够看到带红色的蓝色，即紫红色。

那么我们如何解释诸如彩旗演示中的视觉后效现象呢？注视绿色让我们对绿色的反应疲劳。之后，当我们注视白色（白色包含所有颜色，包括红色）时，只有绿－红配对中的红色部分可以被正常激活。

因此，目前对色觉之谜的解释大致是这样的：颜色加工发生在两个阶段。视网膜的红色、绿色、蓝色锥体细胞对不同颜色的刺激会做出不同程度的反应，正如杨-赫尔姆霍茨三原色理论所提出的。之后，它们的反应被拮抗加工细胞来加工，正如赫林的理论所提出的。

提取一下

- 颜色视觉的两个关键理论是什么？它们相互矛盾还是相互补充？请解释。

答案：杨－赫尔姆霍茨三原色理论指出，视网膜上具有红色、绿色和蓝色的感受器，每种感受器对于它的颜色的刺激做出反应。（2）拮抗加工理论指出，在视网膜和丘脑中神经对对比色——红、黄－蓝，白－黑——的拮抗加工活动。两个理论是相互补充的，描述了颜色视觉的两个阶段的加工。

视觉组织

> 6-9：格式塔心理学家是如何理解知觉组织的？图形－背景和分组原则是如何帮助我们知觉物体的？

理解我们如何看到形状和颜色只是视觉的一个方面。我们如何组织和解释那些看见（或者听见、闻见、尝到）的事物，使得它们成为有意义的知觉（比如正在开放的花朵、熟悉的面孔、日落）呢？

早在 20 世纪，德国的一些心理学家就注意到，当人们获得一组感觉时，总是将它们组织成一个**格式塔**（gestalt），这是一个德语单词，它的意思是一个"形状"或一个"整体"。例如，看一看**图 6.23**。注意这个被称为尼克尔立方体的图形，它的每个单元只是 8 个蓝色圆圈，每一个圆圈中都包含三条汇聚的白线。但当我们从整体上观察它们时，我们看到的却是一个立方体，有时方向会翻转。这个现象很好地阐明了格式塔心理学家喜欢说的一句话：在知觉中，整体大于部分之和。

这些年来，格式塔心理学家证明了很多我们用来把感觉组织成知觉的原则。而所有这些原则背后都是一个基本的事实：我们的大脑不仅仅只是登记外部世界的信息。知觉不是像打开照相机的快门那样让图像自己印在大脑上。我们还会对信息进行过滤并建构知觉。心理也很重要。

图 6.23
尼克尔立方体
你看到的是带白线的圆还是立方体？如果你注视立方体，你可能发现它的位置会翻转，中间的小 x 从前边移到后边。有时，立方体似乎飘浮在纸上，圆圈在后面。有时，圆圈变成了纸上的洞，透过这些洞的立方体似乎飘浮在纸后面。知觉远不止眼睛所看到的。（摘自 Bradley et al., 1976。）

形状知觉

设想一下，如果要设计一种像你的眼－脑系统那样能够一眼就辨认出人脸的视频－计算机系统，这个系统需要具备哪些能力呢？

图形和背景 首先，这个视频－计算机系统必须能够从背景中区分出人脸。就像我们的眼－脑系统一样，我们第一个知觉任务就是从所处环境（背景）中感知出物体（图形）。你在聚会上听到很多声音，你所注意到的那个声音就是图形，其余的声音则成为背景。当你读书时，字词是图形，白纸是背景。有时，相同的刺激能产生不止一种知觉。在**图 6.24** 中，**图形－背景**（figure-ground）之间的关系不断反转，但我们总能将刺激组织成图形使之从背景中突显出来。

分组 在将图形从背景中区分出来之后，我们（以及我们的视频－计算机系统）还必须能够将图形组织成一个有意义的形状。我们能够对场景中的某些基本特

图 6.24
两可图形与背景

征进行迅速而又自动化的加工，如颜色、运动和明暗对比等（Treisman, 1987）。我们的大脑将按照某种规则把刺激**分组**（grouping），从而为刺激赋予次序和形状。格式塔心理学家发现了这些规则，甚至连婴儿也会运用这些规则，这些规则阐明了知觉到的整体与部分之和有何不同（Quinn et al., 2002; Rock & Palmer, 1990）。下面是三个例子：

接近性 我们把邻近的图形知觉为一组。我们这里看到的不是六条单独的线段，而是每组包含两条线段的三组线段。

连续性 我们知觉到的图形模式是平滑连续的，而不是离散间断的。这个图形可能是一系列交替的半圆，但我们却把它知觉成两条连续的线：一条波浪线和一条直线。

封闭性 我们会填充缺口以形成一个完整的图形。因此，我们假设左边的圆圈是完整的，但是被想象中的三角形切断了。只需加上一些短线就可以使圆圈封闭，你的大脑也不再构建出一个三角形了。

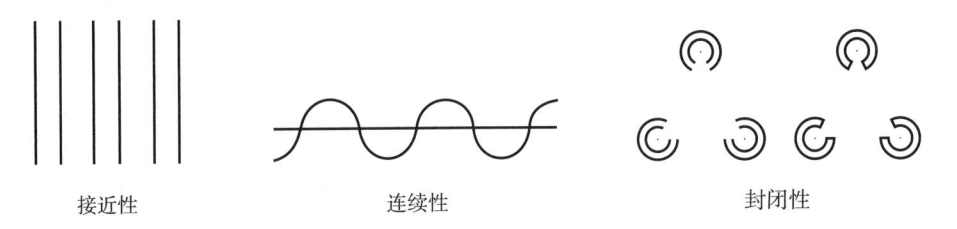

接近性　　　　　　连续性　　　　　　封闭性

这些组织原则通常可以帮助我们构建现实世界。然而，有时它们也会误导我们，比如当我们看到图 6.25 中的狗舍时。

图 6.25
分组原则
这个不可能的狗舍隐藏了什么秘密？你可能将这个狗舍知觉为一个格式塔——一个完整的（但不可能的）结构。实际上，你的大脑将这种完整感强加在图片上。如后面的图 6.29 所示，在此起作用的格式塔分组原则是封闭性和连续性。

提取一下

- 用知觉的术语来说，乐队中的主唱会被认为是_____（图形 / 背景），而其他音乐家会被认为是_____（图形 / 背景）。

答案：图形；背景

- 当我们说在知觉中"整体大于部分之和"时，所指的意思是什么？

答案：格式塔心理学家使用这句话来描述我们的大脑组织感觉信息形成有意义的整体的倾向。

深度知觉

> 6-10：我们如何利用单眼线索和双眼线索来感知三维世界？

虽然落在我们视网膜上的是两维图像，但我们却可以把它组织成三维知觉。**深度知觉**（depth perception）使我们能够对某个物体与我们的距离进行估计。例如，我们扫一眼便能判断正开过来的汽车的距离或者房屋的高度。这种能力在一定程度上是天生的。吉布森和沃克（Gibson & Walk，1960）用带有下落区（被坚固的玻璃覆盖）的视崖模型发现了这种能力。吉布森对于这种**视崖**（visual cliff）的灵感是他在大峡谷的边缘野餐时产生的。她想知道：一个初学走路的孩子在从边缘俯视并感知到下落的危险时会往后退吗？

回到康奈尔大学的实验室后，吉布森和沃克把6~14个月大的婴儿放到安全的"峡谷"边缘上，让婴儿的母亲不断哄着他们爬到玻璃上（**图6.26**）。大多数婴儿拒绝这样做，这表明他们能够知觉到深度。

婴儿的感知深度是学习的吗？学习似乎是答案的一部分，因为爬行（无论何时开始）似乎增加了婴儿对于高度的警惕（Campos et al., 1992）。但研究者观察到，刚出生能活动的动物就准备好感知深度了。即使几乎没有视觉体验——包括小猫、刚出生一天的山羊、新孵出的小鸟等——它们也不会冒险越过视崖。因此，生理成熟使我们倾向于对高度警惕，并体验到这种恐惧的放大。

我们是如何做到的？我们如何把二维的视网膜像转换成单个的三维知觉呢？

双眼线索 试一试：睁开双眼，拿住两只钢笔或铅笔，并让笔尖接触在一起。现在闭上一只眼睛再做一遍。这时任务似乎明显变得更加困难了，这说明，**双眼线索**（binocular cues）在判断近处目标时很重要。双眼要好于单眼。

由于我们双眼相距约6.3厘米，因而双眼的视网膜接收到的外界图像存在微小的差别。大脑通过比较这两个图像来判断一个物体与你的距离。它们之间的差别即**视网膜像差**（retinal disparity）越大，物体就越近。伸出两根食指，指尖相距1.2厘米左右，在鼻子的正前方，双眼视网膜上形成的是两个非常不同的图像。如果你交替闭上左眼和右眼，你就能发现不同。（你还可能产生如**图6.27**所示的手指香肠现象）。如果距离再远一些——比如说当你伸直手臂竖起食指时——视网膜像差就会变小。

图 6.26
视崖
吉布森和沃克设计了这种下落区有玻璃覆盖的小型视崖，证明了婴儿和刚出生的动物都能知觉到深度。即使母亲在一旁哄劝，婴儿也不愿冒险爬上玻璃视崖。

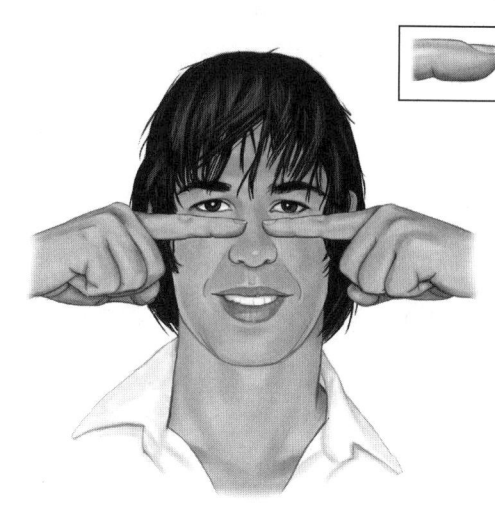

图 6.27
飘浮的手指香肠
把双手食指放在双眼前5英寸处，两指尖相距半英寸。现在从手指上方看过去，你会发现奇怪的结果。手指向远处移开一些，视网膜像差以及手指香肠就会缩小。

我们很容易把这个特征引入视频－计算机系统。电影制作者通过使用相距数英寸的两个镜头来拍摄某个场景，从而模拟或放大视网膜像差。当我们戴上眼镜观看电影时，左眼只接收来自左侧镜头的影像，而右眼只接收来自右侧镜头的影像。3D电影的影迷都知道，由此产生的 3D 效果可以模拟或放大正常的视网膜像差。类似地，将飞机上的双镜头拍摄的地面照片进行合成就可以得到 3D 地图。

单眼线索　我们如何判断一个人是在 10 米之外还是 100 米之外呢？此时视网膜像差无法帮助我们，因为双眼的视网膜成像没有什么差异。在这样的距离下，我们依靠的是**单眼线索**（monocular cues）（每只眼睛能独立利用的深度线索）。图 6.28 列举了一些例子。

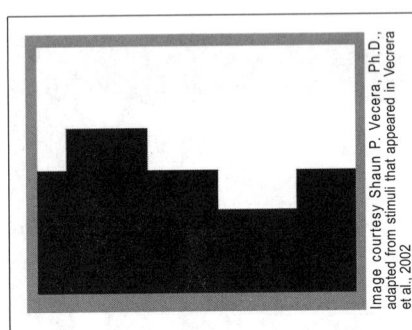

相对高度　视野中较高的物体往往被知觉得更远。由于我们把图形—背景中较低的图案知觉得更近些，所以我们会把它知觉为图形（Vecera et al., 2002）。如果将上图上下颠倒，你就会发现，黑色部分就会变成背景，就像夜晚的天空。

相对大小　如果我们假设两个物体大小相似，那么，大多数人会把视网膜像较小的那一个知觉得更远。

插入（重叠）　如果一个物体挡住了另一个物体的一部分，我们会将前者知觉得更近一些。插入提供的深度线索产生了这个不可能的场景。

相对运动　当我们运动时，原本静止的物体看上去似乎也在运动。如果坐在公交车上注视某一个物体，如一座房子，那么，比房子（注视点）远的物体似乎随你一起运动。比注视点近的物体似乎在向后运动。而且物体越远，运动速度似乎越快。

线条透视　平行线似乎会在远处会聚。会聚的角度越尖锐，知觉到的距离就越远。

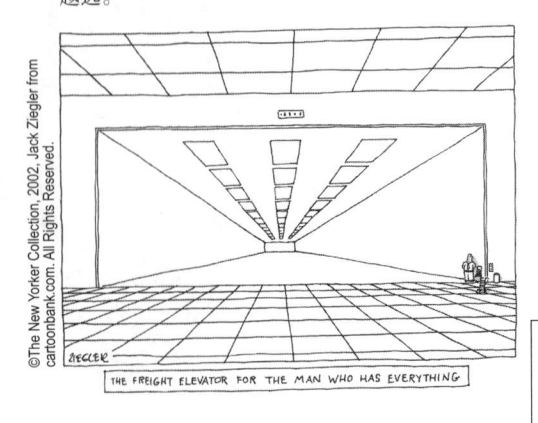

光线和阴影　阴影提供的深度线索与我们假设光线来自上方相一致。把图形颠倒一下，凹陷的部分就变成了一座小山。

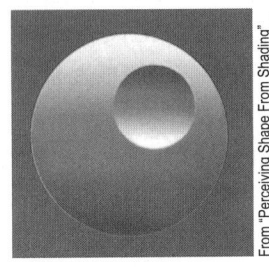

图 6.28
单眼深度线索

第 6 章 感觉与知觉 **229**

提取一下

- 我们通常如何感知深度？

答案： 我们推断物体的远近通过结合了双眼线索和单眼线索，如果当物体从上到我们靠近我们时，它会有每种的视觉图像，相对大小。我们会不经意地、来确定物体的远近和它的运动。

知觉恒常性

6-11：知觉恒常性如何帮助我们将感觉组织为有意义的知觉？

到目前为止，我们已经看到，我们要设计的视频-计算机系统必须能够像我们人类一样知觉物体——每个物体有其独特的形状和位置。它的下一个任务就是识别物体，不被其大小、形状、亮度或颜色所欺骗。这个自上而下的过程被称为**知觉恒常性**（perceptual constancy）。我们能够在转瞬之间识别人和物体，而不会受到观察角度、距离和照明的影响，这个技能甚至对于高级计算机也是挑战，几十年来一直激发着研究者的兴趣。这是对视频-计算机系统的巨大挑战。

颜色和明度恒常性 我们对颜色的体验依赖于物体的背景。如果你通过一个纸管观察单个的西红柿，它的颜色似乎会随着光而变化，因此它的表面反射的波长也发生了变化。但如果你在一碗新鲜蔬菜中观察那个西红柿，它的颜色会在照明变化时基本保持恒定。这种对恒定颜色的感知被称为**颜色恒常性**（color constancy）。

尽管我们认为颜色恒常性是理所当然的，但这种能力的确是不同寻常的。室内光照射下的蓝色扑克筹码所反射的波长，与阳光照射下的金片所反射的波长相当（Jameson, 1985）。然而把一只蓝知更鸟带进屋子，它看起来不会像金翅雀。颜色不在于鸟的羽毛。我们看到的颜色是大脑对物体相对周围物体所反射的光的计算结果。图 6.30 生动地说明了一个蓝色物体在三种不同情况下似乎显得非常不同。但我们很容易把这些盘子看成是蓝色的。

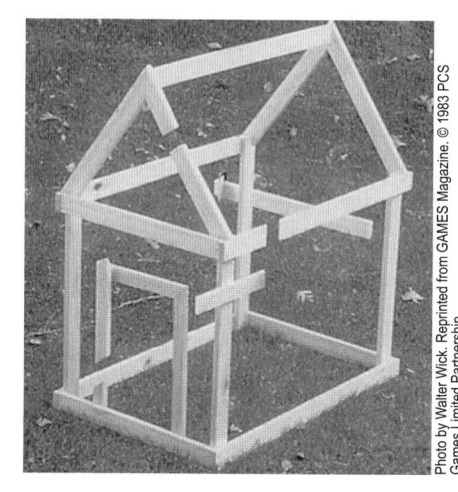

图 6.29

谜底

从另一个视角看图 6.25 中不可能的狗舍，揭开了错觉的秘密。从图 6.25 的照片角度来看，分组的封闭性原则使我们将木板知觉为连续的。

> 从这里到那里，从那里到这里，到处都有好玩的事情。
> ——瑟斯博士，《一条鱼，两条鱼，红色的鱼，蓝色的鱼》，1960

图 6.30

颜色依赖于背景（见彩插）
信不信由你，三个蓝色圆盘的颜色是完全相同的（a）。移除周围的背景就会看到结果（b）。

(a)　　　　　　　　(b)

图 6.31
相对明度（见彩插）
A、B 两个方块的颜色相同，信不信由你。（如果不信，你可以复印图片，将两个方块剪下来进行对比。）但由于其周围背景，我们通常觉得 B 的颜色淡一些。

类似地，明度恒常性（也称为亮度恒常性）也依赖于背景。即使当物体的照明发生变化时，我们知觉到的物体的明度并没有改变。知觉到的明度取决于相对亮度，即相对于周围环境而言，物体所反射的光线数量（图 6.31）。白纸能够反射 90% 的光线，而黑纸只能反射 10% 的光线。在太阳光下，黑纸反射的光线是室内白纸的 100 倍，但黑纸看上去仍然是黑色的（McBurney & Collings, 1984）。如果你通过一根细管（这样你看不到其他东西）来观察阳光照射下的黑纸，那么它看起来是灰色的，因为在明亮的阳光下黑纸能够反射相当数量的光线。拿掉细管再来观察时，它又变成了黑色，因为它比周围其他物体反射的光线少。

这个原则——我们不是单独地感知物体而是在它们的环境背景下感知物体——对艺术家、室内设计师和服装设计师来说很重要。我们对一面墙或画布上颜料条纹的颜色和明度的感知不仅是由油漆罐中的颜料决定的，同时也是由周围的颜色决定的。你得到的启示是：对比控制了我们的知觉。

形状和大小恒常性 有时一个真实形状无法改变的物体看起来会随着视角的不同而变化（图 6.32）。在大多数情况下，正是由于形状恒常性的存在，虽然视网膜像会发生变化，但我们对熟悉物体的形状知觉仍然能保持恒定，如图 6.33 中的门。我们的大脑能够做到这一点要归功于视觉皮层的神经元，它们能够快速学习把不同视角下的某个物体联系起来（Li & DiCarlo, 2008）。

由于大小恒常性的存在，即使当物体距离发生变化时，我们仍能知觉到物体的大小不变。尽管当我们从两个街区以外的距离看到一辆车时会感觉它很小，但大小恒常性却能够使我们假设其大小足以载人。这个假设也说明了物体的距离知觉和大小知觉之间存在密切关系。对物体的距离知觉可以为其大小提供线索。同样，知道了它的大小——如一辆汽车——也可以为我们提供其距离线索。

即使在大小-距离判断中，我们也会考虑物体的背景。虽然图 6.8 中的两个怪物投射在视网膜上的像相同，但我们的大脑利用线条透视作为线索（见图 6.28），假设后面追赶的那个怪物离我们更远。因此，我们便把它知觉得更大。但它并没有更大。

大小知觉和距离知觉二者之间的这种相互关系可以帮助我们解释几个众所周知的错觉，包括月亮错觉：地平线附近的月亮比天空中的月亮看起来大将近 50%。你能想象为什么吗？学者们对这个问题的争论已持续了至少 22 个世纪（Hershenson,

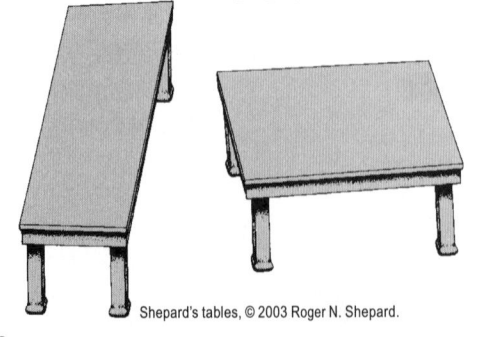

图 6.32
形状知觉
这两个桌面的长宽相同吗？似乎是不同的。但它们是相同的，信不信由你。（量一量看。）我们根据观看的角度来调整对桌子的知觉。

图 6.33
形状恒常性
当门打开时，它在视网膜上的像逐渐变成了梯形，但我们仍然将它知觉为长方形。

图 6.34
对女孩缩小和放大的错觉
这个变形的房间是阿德尔伯特·艾姆斯设计的。如果单眼从窥视孔往里看，房间的形状看起来是正常的长方形。右边角落里的女孩看起来大得不成比例，这是因为我们是根据一个错误假设来判断的，即她和远处角落里的女孩离我们一样远。

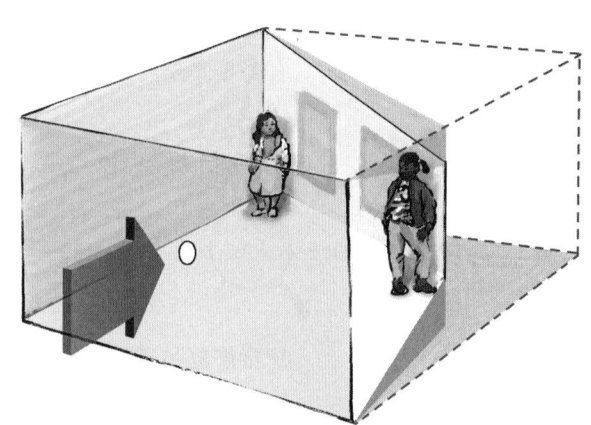

1989）。其中一个原因是，物体的距离线索使地平线上的月亮——就像图 6.8 中远处的怪物——看起来更远。如果它更远，那么我们的大脑就会假设它一定比夜空中的月亮更大（Kaufman & Kaufman, 2000）。如果去掉这些距离线索，通过纸筒看地平线上的月亮（或每个怪物），那么物体立刻就变小了。

大小 - 距离关系也可以解释为什么**图 6.34** 中相同年龄的女孩为什么看上去身高如此不同。示意图显示，两个女孩其实身高是基本相同的，但房间被扭曲了。用一只眼通过窥视孔观看艾姆斯房间的梯形墙壁时所看到的画面，与你用双眼看到正常矩形房间的画面是一样的。当我们用一只眼睛看时，大脑会做出这样合理的假设：房间是正常的，因此每个女孩与我的距离相等。如果你的视网膜上两个女孩成像的大小不同，那么你的大脑计算的结果就是两个女孩的身高非常不同。

知觉错觉强化了一个重要的启示：知觉只是世界向我们大脑的投射。我们的感觉被分解成信息碎片，我们的大脑将这些碎片重新组合成它自身对外部世界的功能模型。在这个重组过程中，我们的假设——例如距离和大小之间通常的关系——会将我们引入歧途。我们的大脑构建我们的*知觉*。

***

形状知觉、深度知觉和知觉恒常性说明了我们如何组织视觉体验。知觉组织也可以应用于我们其他的感觉。听到一种陌生的语言，我们很难听到一个词语何时停止以及下一个何时开始。听到我们自己的语言，我们会自动地区分不同的单词。这也反映了知觉组织。但这些还不足以解释为什么我们把一串字母——THEDOGATEMEAT——组织成词语进而组成一个可以理解的短语，这个短语更可能是"The dog ate meat"而不是"The do gate me at"（McBurney & Collings, 1984）。这个过程不仅包括我们已经讨论过的组织，还涉及解释——从知觉中分辨意义。

视觉解释

哲学家一直在为我们的知觉能力应该归功于先天还是后天争论不休。我们的知觉在多大程度上是学会的？德国的哲学家康德（1724—1804）认为，知识来自于以先天方式组织而成的感觉经验。我们的确生来就具有加工感觉信息的能力。但是英国哲学家约翰·洛克（1632—1704）却认为，我们通过经验同样可以学会知觉外部

> 让我们假设心灵是一张白纸，上面没有一个字母，没有任何观点：它是如何装饰起来的呢？在我看来，答案只有一个词，"经验"。
>
> ——约翰·洛克，
> 《人类理解论》，1690

世界。我们的确也学会了如何把物体的距离和其大小联系在一起。因此，经验到底有多重要呢？它是怎样从根本上形成我们的知觉解释的？

经验与视知觉

6-12：视觉恢复、感觉限制和知觉适应等方面的研究，揭示了经验对知觉有哪些影响？

视觉恢复和感觉限制 威廉·莫利纽克斯（William Molyneux）在写给约翰·洛克的信中提出这样一个疑问：一个天生的盲人，到成年时只是教给他用触摸的方法去区分立方体和圆球，如果他能看见了，他能否在视觉上区分立方体和圆球呢？洛克的回答是否定的，因为这个人从来就没有学习用视觉区分不同的物体。

后来的研究者对莫利纽克斯所假设的情况在几十个成年人身上进行了检验，这些先天盲人到成年后又获得了视觉（Gregory, 1978; von Senden, 1932）。大多数人出生时就有白内障，浑浊的晶状体让他们只能看到弥散的光线，就像你透过一个切成两半的乒乓球看到的模糊景象。在白内障手术之后，患者可以从背景中区分图形，并且能感觉颜色，这说明知觉的这些方面是天生的。但是像洛克所设想的那样，他们常常不能通过视觉辨认出曾经触摸过的熟悉物体。

为了寻求获得比临床个案更多的控制，研究者给幼猫和幼猴戴上护目镜，使它们只能看到未成形的弥散光（Wiesel, 1982）。幼年期后，当它们的护目镜被取下时，这些动物表现出知觉局限性，这与先天性白内障患者很相似。它们可以辨别颜色和亮度，但不能区分方形和圆形。它们的眼睛并没有退化，视网膜仍然可以将信号传递给视觉皮层。但由于缺乏刺激，皮层细胞间的正常联系没有得到发展。因此，动物依然不能识别形状。经验对脑的神经组织起到指导、支持和维持的作用，使得我们能够知觉。

不论是人还是动物，如果在成年之后再施加类似的感觉限制，都不会造成永久性的损害。研究者把成年动物的眼睛蒙上几个月，在去掉眼罩后其视觉并不会受到影响。通过手术去除成年晚期形成的白内障，大多数人都因恢复正常视觉而激动不已。

关于幼年的猫、猴和人类的感觉限制效应表明，正常的感觉和知觉发展存在一个关键期（第 4 章）。教养会雕琢我们的天性。它以一种不太强烈的方式持续影响我们的一生。尽管我们担忧动作视频游戏会带来社会成本（详见第 13 章），但这些游戏可以锻炼空间技能，比如视觉注意、眼手协调和速度以及追踪多个物体（Spence & Feng, 2010）。

知觉适应 如果戴上一副新眼镜，我们会感觉有些分不清方向，甚至头晕目眩。一两天之内我们就适应了。我们对视觉输入变化的**知觉适应**（perceptual adaptation）使这个世界看上去又恢复了正常。但是，如果我们戴上一副奇特的新眼镜，其中一只镜片会使景物向左偏离 40 度，会出现什么情况呢？当你第一次戴上这副眼镜将球传

学会看 3 岁时，迈克在一次爆炸中失明。几十年后，他的右眼通过新的角膜恢复了视力，第一次看到了妻子和孩子。尽管信号进入了他的视皮层，但他缺乏经验来解释信息。如果没有诸如头发等特征，迈克就无法识别表情或面孔。但他能够看到运动的物体，学会了确定自己在世界中的位置和方向，为诸如阳光中飘浮的尘埃等事物而感到不可思议（Abrams, 2002）。

给一个同伴时，它会偏向左边；走过去和一个人握手时，你也会转向左边。

你能适应这个变形的世界吗？小鸡无法适应。当给它们装上这种眼镜时，它们会在似乎有谷子的地方啄个不停（Hess, 1956; Rossi, 1968）。但是，人类却能够很快适应这种变形的眼镜。在几分钟之内，你就能准确地传球，准确地走向目标。摘掉眼镜后，你还能体验到一种视觉后效：一开始你会将球错误地传到相反的方向，偏向右侧；但几分钟之后，你又重新适应了。

事实上，甚至还有一种更加奇特的眼镜——一副让真实世界上下颠倒的眼镜——戴上后你仍然能够适应。心理学家斯特拉顿（Stratton, 1896）发明了一种左右和上下颠倒的眼镜，他戴了 8 天，成为第一个在站立时体验到视网膜像颠倒的人。地在上面，天在下面。

刚开始，斯特拉顿想要行走时，他要先找自己的双脚，因为它们现在在"上面"；吃东西几乎是不可能的。他感觉恶心和压抑。但是斯特拉顿坚持住了，到了第 8 天，他能轻松地正确判断物体的方向，走路时也不会撞到其他物体。当斯特拉顿最后摘掉眼镜时，他又很快重新适应。

在后来的实验中，人们甚至可以戴着这种视觉装置驾驶摩托车、在阿尔卑斯山滑雪和驾驶飞机（Dolezal, 1982; Kohler, 1962）。他们周围的世界似乎仍旧在他们头顶上或在错误的一侧。但通过在这个颠倒的世界中四处地积极活动，他们能够适应周围环境并学会协调自己的运动。

知觉适应 "哎呀，错过了，"当研究者休伯特·多尔扎尔通过反转的护目镜来观看这个世界时这么想。然而，信不信由你，小猫、猴子和人类都能适应反转的世界。

听　觉

> 6-13：我们以声音的形式听到的空气压力波具有哪些特征？耳朵如何将声能转换成神经信息？

和我们的其他感觉一样，我们的**听觉**（audition，或 hearing）也具有高度的适应性。我们能听到的声音范围很广，但对那些处于人类声音频率范围的声音最敏感。听觉正常的人对微弱的声音极为敏感，因为这明显有益于我们祖先的生存，当他们在狩猎、被追捕或觉察小孩的抽泣声时需要这种敏锐性。（如果我们的耳朵再敏锐一些，我们可能会听到空气分子运动连续发出的嘶嘶声。）

我们也对声音的差别非常敏感。我们很容易在朋友在电话里说"你好"的瞬间就从数千种人声中识别出她的声音。在这类事件刺激耳朵感受器的瞬间之后，几百万个神经元已同时行动起来，相互协调以获得其基本特征，并与过去经验进行比较，从而识别这个刺激（Freeman, 1991）。像对于视觉一样，我们也想知道：我们是如何听到声音的？

刺激输入：声波

拉动小提琴的琴弓，你就会释放声波能量。空气分子相互碰撞，空气因压缩和

音乐之声 小提琴的高频短波产生高音调，大提琴的低频长波产生低音调。波的不同高度即振幅也能产生不同的音量。

膨胀而产生波，就像把石头扔进池塘所产生的波纹。当我们在空气分子的海洋中遨游时，我们的耳朵能探测这些短暂的空气压力变化。

与光波一样，声波也有各种形状。声波的振幅决定了声音的响度。它们的波长或**频率**（frequency）决定了我们听到的**音调**（pitch）。长波的频率低，音调也低。短波的频率高，音调也高。小提琴产生的声波比大提琴或低音吉他产生的声波要短得多和快得多。

我们以分贝来测量声音，0 分贝代表听觉的绝对阈限。每增加 10 分贝的声音相当于声音强度增加了 10 倍。因此，普通谈话声（60 分贝）比 20 分贝的低语声要强烈 10 000 倍。我们暂时可以忍受的地铁列车开过所发出的声音是 100 分贝，这比可觉察到的最微弱的声音要强烈 100 亿倍。

耳 朵

空气振动被转换成神经冲动，大脑进而解码为声音，这个复杂过程开始于声波进入外耳之时。人的耳朵通过一系列精巧的机械链反应来实现这个功能，我们所能看见的外耳先通过耳道将声波传送至鼓膜，使这个紧绷的膜振动（图 6.35）。然后，**中耳**（middle ear）通过由三块听小骨（锤骨、砧骨和镫骨）组成的活塞把鼓膜的振动传送到**内耳**（inner ear）中类似蜗牛形状的细管即**耳蜗**（cochlea）中。传入的振动会使耳蜗内膜（卵圆窗）振动，并推动细管中的液体。这一运动会造成基底膜的波动，并使与基底膜表面相连的毛细胞弯曲，就像风将麦田里的麦子吹弯一样。毛细胞的运动会触发邻近神经细胞的冲动，这些细胞的轴突聚集在一起形成听神经，将神经信息（经过丘脑）传送给大脑颞叶的听皮层。从空气振动到活塞运动再到液体波动，然后变成电冲动最后到达大脑：瞧！我们听到了。

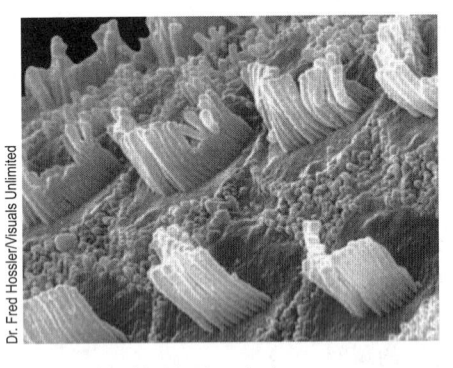

在我看来，听觉过程最精巧的部分是毛细胞："这些颤动的纤毛束让我们能够听见"，要归功于它们"极高的敏感性和极快的速度"（Goldberg，2007）。一个耳蜗有 16 000 个毛细胞，如果不与我们一只眼睛所包含的大概 1.3 亿个光感受器相比，这听起来也是很多的。让我们再来看看毛细胞的敏感性。将毛细胞尖端细小的纤毛偏转一个原子

善待你内耳的毛细胞 当对声音做出摆动反应时，图中排列在耳蜗上的毛细胞产生一个电信号。

的宽度——相当于把埃菲尔铁塔的顶部移动半英寸——敏感的毛细胞会引发一个神经反应，这要归功于毛细胞顶部的一种特殊蛋白质（Corey et al., 2004）。

耳蜗毛细胞的感受器或相连的神经受损会导致**感觉神经性听觉丧失**（sensorineural hearing loss）（也称为神经性耳聋）。（较为少见的是**传导性听觉丧失** [conduction hearing loss]，是由传导声波到耳蜗的机械系统损伤导致的。）有时疾病会导致感觉神经性听觉丧失，但更为常见的原因是与遗传、变老和持续暴露于震耳欲聋的噪声或音乐有关的生物学变化。

毛细胞可以被比作地毯纤维。在它们上面走，它们会弹回并快速清扫一下。但在地毯上放置沉重的家具时，它们可能永远不会弹回。一般说来，如果我们的说话

(a) 外耳　中耳　内耳

半规管
中耳的骨
骨
听神经
声波
耳蜗
鼓膜
听管
卵圆窗（镫骨附着的地方）

颞叶的听皮层

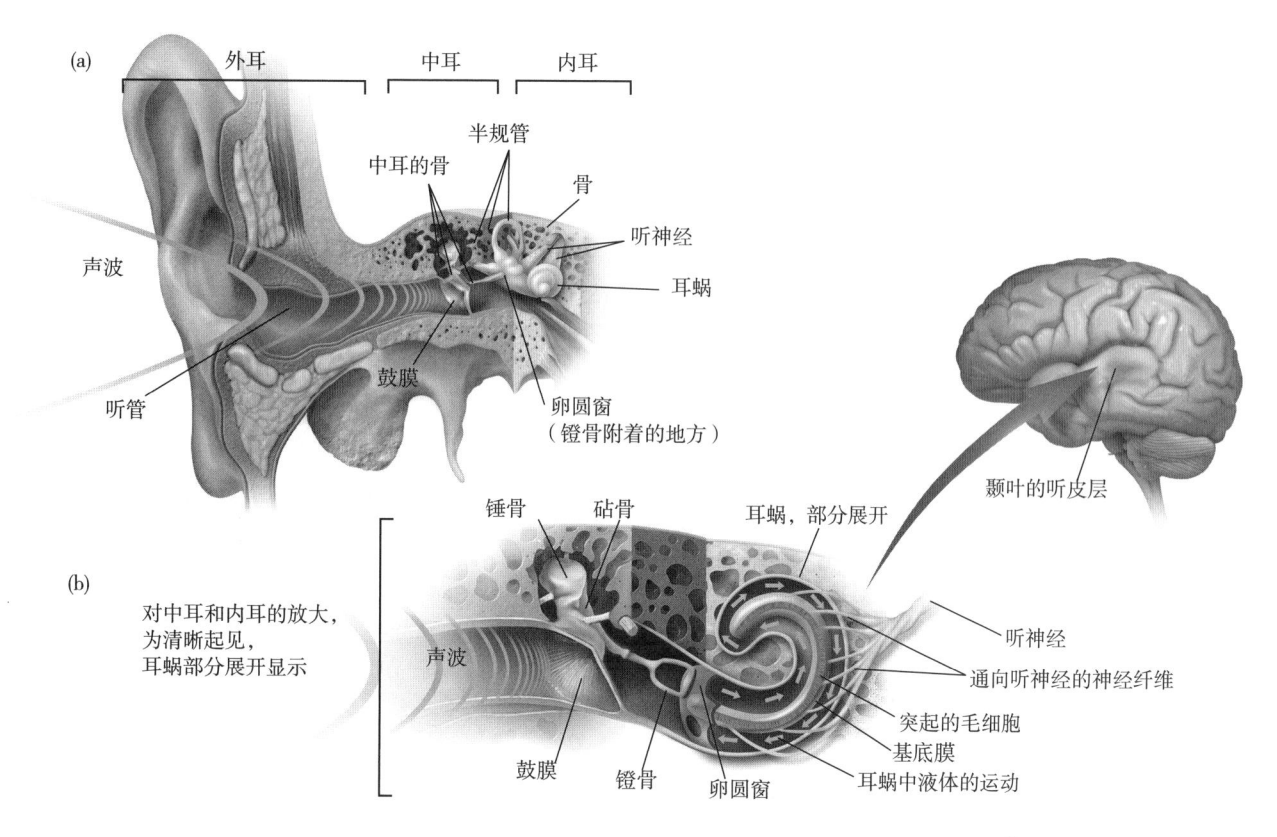

(b) 对中耳和内耳的放大，为清晰起见，耳蜗部分展开显示

锤骨　砧骨　耳蜗，部分展开
声波
鼓膜　镫骨　卵圆窗
听神经
通向听神经的神经纤维
突起的毛细胞
基底膜
耳蜗中液体的运动

声不能盖过噪音，那么噪音就是有潜在伤害的，尤其是持续而重复的噪音（Roesser，1998）。当声音超过100分贝时，这样的情况很常见，比如在人声鼎沸的比赛现场或苏格兰风笛乐团的舞台现场，或者iPod播放接近最大音量时（**图6.36**）。听到嘈杂的机器声或音乐之后，如果耳朵出现了鸣叫声，就表明我们对毛细胞造成了伤害。如同疼痛让我们警惕对身体的潜在伤害，耳鸣声也让我们警惕潜在的听觉损伤。这相当于听觉的流血。

目前，青少年中听觉损伤的比例是1/5，自从20世纪90年代早期以来上升了1/3（Shargorodsky et al., 2010）。青少年男孩比女孩或成人更多地长时间开大音量（Zogby, 2006）。男性比女性接触更多的噪声，这有助于解释为什么男性的听觉不如女性敏锐。但无论是男性或女性，如果需要长时间地待在喧闹的夜店、使用电动割草机或电钻，都应该戴上耳塞。"要么使用安全套，要么节欲更安全，"性教育者说。"要么戴上耳塞，要么走开，"听力教育者如是说。

对于神经性耳聋的人来说，现在恢复听觉的唯一方法是植入一种仿生学的耳朵——**人工耳蜗**（cochlear implant），至2009年为止，全世界共有188 000人接受了人工耳蜗（NIDCD, 2011）。这种电子装置将声音转换成电信号，并与耳蜗的神经相连，把关于声音的信息传送给大脑。耳聋的小猫或婴儿在接受了人工耳蜗之后，似乎"唤醒了"相关的脑区（Klinke et al., 1999; Sireteanu, 1999）。人工耳蜗能够帮助儿童变得擅长口头交流（尤其是如果他们

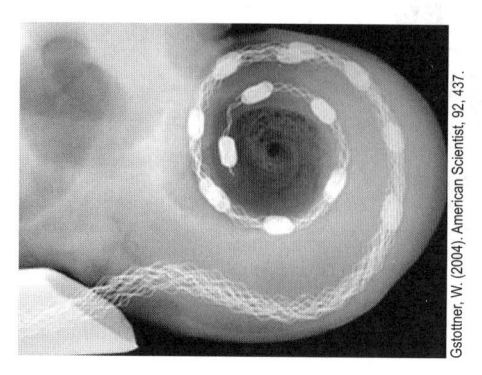

图 6.35
我们如何把声波转换为大脑能够解释的神经冲动
（a）外耳将声波传送到鼓膜。中耳的听小骨（锤骨、砧骨和镫骨）通过卵圆窗放大鼓膜的振动并传递到充满液体的耳蜗。（b）如中耳和内耳的结构图所示，耳蜗内液体压力的变化引起基底膜的波动，使其表面的毛细胞发生弯曲。毛细胞运动触发神经细胞底部的冲动，这些神经细胞的纤维汇聚形成听神经。听神经将神经信息传送到丘脑，再发送给听皮层。

听力的硬件 X射线影像显示人工耳蜗的导线阵列通向听觉神经上的12个刺激部位。

图 6.36
一些常见声音的强度

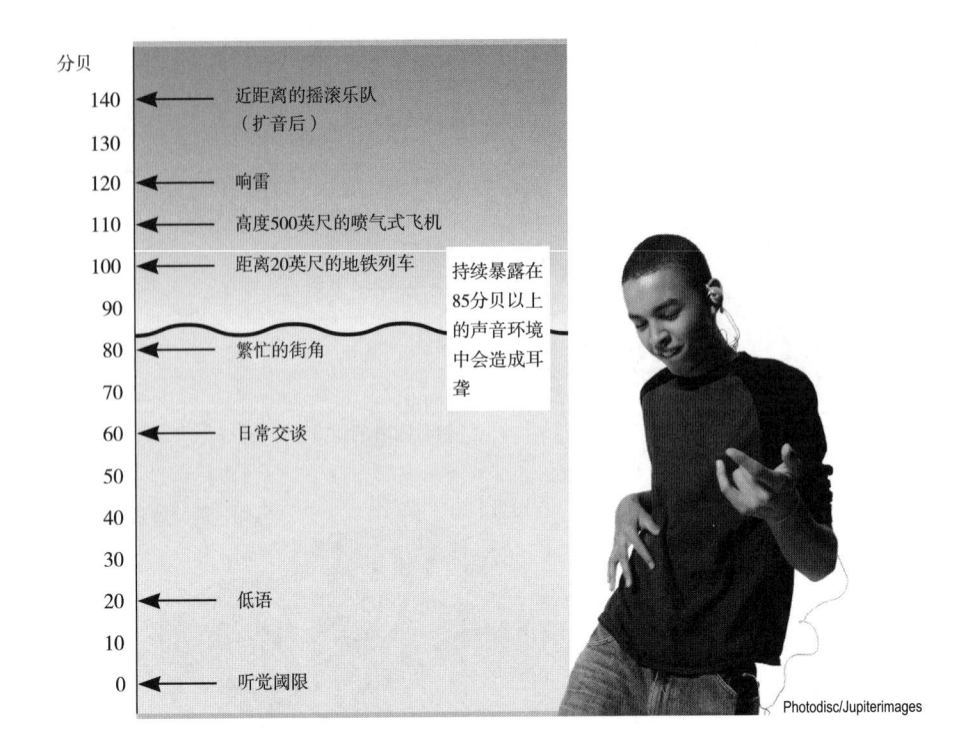

分贝	
140	← 近距离的摇滚乐队（扩音后）
130	
120	← 响雷
110	← 高度500英尺的喷气式飞机
100	← 距离20英尺的地铁列车
90	
80	← 繁忙的街角
70	
60	← 日常交谈
50	
40	
30	
20	← 低语
10	
0	← 听觉阈限

持续暴露在85分贝以上的声音环境中会造成耳聋

在学龄前甚或 1 岁前接受了耳蜗植入）（Dettman et al., 2007; Schorr et al., 2005）。

最新的人工耳蜗也能帮助大多数成人恢复听觉。然而，人工耳蜗不能使成人恢复正常听觉，因为他们的大脑在儿童期没有学会处理声音。相似地，出生时耳聋的猫在发育完全后接受人工耳蜗也不能恢复听觉，而 8 周大的小猫能够恢复听觉（Ryugo et al., 2010）。

那样贝伦会听见 当赢得超级碗的四分卫德鲁·布利斯在一片喧嚣声中庆祝 2010 年新奥尔良的胜利时，他给儿子贝伦戴上了耳罩以保护脆弱的毛细胞。

> **提取一下**
> - 声音的振幅决定了我们对_____（响度 / 音调）的知觉。
> - 声音的波长越长，频率越_____（低 / 高），音调越_____（高 / 低）。

知觉响度

我们如何觉察响度呢？与我的猜测不同，响度不是来自于毛细胞反应的强度。相反，一个轻柔的纯音只能激活数量很少的几个与其频率相协调的毛细胞。当声音响度增大时，邻近的毛细胞也会做出反应。因此，大脑可以通过激活毛细胞的数量来解释响度。

如果一个毛细胞失去了对轻柔声音的敏感性，它仍然可能对响亮的声音做出反应。这有助于解释另一个令人惊讶的现象：不论人们的听觉是否正常，真正响亮的声音都是同样响的。作为一个听力减退的人，我过去想知道响亮的音乐对于听觉正常的人来说听起来是怎样的。现在我明白了它听起来是一样的；我们的不同只在于对轻柔声音的感觉。

知觉音调

> 6-14：哪些理论有助于我们理解音调知觉？

我们如何知道一种声音是高频、高音调的小鸟鸣叫声，还是低频、低音调的卡车轰鸣声？与如何区别颜色一样，我们当前对如何区别音调的认识也包括两种理论。

- 赫尔姆霍茨的**位置理论**（place theory）假设：我们之所以听到不同的音调是因为不同的声波会激活耳蜗基底膜不同位置的活动。因此，大脑可以通过识别所接收的神经信号在基底膜上所处的位置来判定一个声音的音调。诺贝尔奖获得者贝克西（Georg von Békésy, 1957）在豚鼠和人类尸体的耳蜗上打孔，用显微镜观察内部结构，结果发现耳蜗对声音会做出振动反应，就像一张抖动的床单。高频声音在耳蜗基底膜的前端附近产生巨大的振动，低频声音在末端附近产生巨大的振动。但这留下了一个问题：位置理论能够解释我们如何听到高音调的声音，但不能解释我们如何听到低声调的声音。低声调声音产生的神经信号在基底膜上的定位并不那么整齐紧凑。
- **频率理论**（frequency theory）提出了另一种解释：大脑通过监控神经冲动在听神经中传送的频率来读取音调。整个基底膜随着传入的声波振动，并引发神经冲动以与声波相同的频率传送至大脑。如果声波的频率是每秒 100 次，那么每秒就有 100 个冲动传到听神经。但是，这个理论同样也存在问题：单个神经元的放电频率每秒不会超过 1 000 次。那么，我们如何听到频率超过每秒 1 000 次的声波（钢琴上部大约三分之一的琴键）呢？
- 让我们来看一下齐射原理：像士兵轮流开火一样，一些人装弹药时其他人可以开火，神经细胞也可以轮流放电。通过快速连续的放电，它们可以实现每秒超过 1 000 次的联合频率。因此，位置理论更好地解释了我们如何知觉高音调，频率理论则更好地解释了我们如何知觉低音调，位置理论和频率理论的结合似乎可以用于解释中间范围的音调。

提取一下

- 音调知觉的哪个理论更好地解释了交响乐的听众聆听高音调的短笛？低音调的大提琴呢？

答案：位置理论；频率理论

定位声音

> 6-15：我们如何定位声音？

为什么我们不是只有一只大耳朵——也许就在我们的鼻子上面？"这样可以更好地听到你的声音，"大灰狼对小红帽说。就像两只眼睛的位置能使我们产生深度视觉一样，两只耳朵的位置能使我们形成立体（"三维"）听觉。

两只耳朵比一只耳朵好的理由至少有两个。如果你右边的一辆汽车鸣喇叭，你

图 6.37
我们如何定位声音
声波到达一只耳朵的时间比另一只早，强度也更大。我们敏锐的大脑会利用这一信息计算声音的位置。你也许会猜到，如果一只耳朵失去听觉，人们通常就难以定位声音。

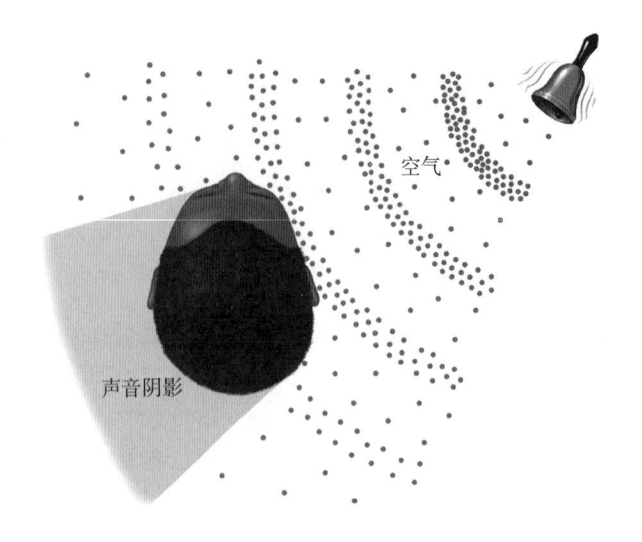

的右耳会比左耳稍早接收到更强的声音（图 6.37）。因为声音以每小时 750 英里的速度传播，而我们的耳朵相距只有 6 英寸，所以这种强度差异和时间间隔是极小的。对于来自某一方向的两个声源的最小可觉差相当于只有 0.000027 秒的时间差！幸运的是，我们超级敏感的听觉系统确实可以觉察到这种微小差异（Brown & Deffenbacher, 1979; Middlebrooks & Green, 1991）。

其他感觉

尽管我们的大脑把皮层组织优先分配给视觉和听觉，但我们其他四种感觉——触觉、味觉、嗅觉以及身体位置和运动——也是令人不可思议的。鲨鱼和狗有着超常的嗅觉，因此嗅觉占较大的大脑区域。如果我们没有触觉、味觉、嗅觉以及对身体运动和位置的感觉，人类将是严重残疾的，我们享受世界的能力也会大打折扣。

触 觉

珍贵的触觉 正如威廉·詹姆士在他的《心理学原理》（1890）一书中所写到的，"触摸是爱的全部内容。"

6-16：我们如何感知触觉？

尽管触觉不是我们想到的第一种感觉，但是触觉是至关重要的。从出生开始，触觉对我们的发展就必不可少。被剥夺了母鼠理毛的幼鼠，其分泌的生长激素减少，新陈代谢也更低——这种方式可以使幼鼠活到母鼠回来，但如果时间延长就会阻碍生长。允许母猴看、听和闻但不能触摸幼猴，幼猴会变得沮丧和不快乐；那些被有孔的屏幕隔开，但允许被触摸的幼猴就没有那么痛苦。我们在第 4 章提到，如果用手按摩刺激早产儿，他们的体重增加更快，更早回家。作为恋人，我们渴望触摸——亲吻、抚摸、依偎。即使是被幕帘隔开的陌生人，只通过触摸另一个人的前臂就能高于随机水平地传达愤怒、恐惧、厌恶、喜爱、感激和同情（Hertenstein et al., 2006）。

幽默作家戴夫·巴里或许是对的，他开玩笑说，你的皮肤"可以防止别人看透你的身体，而且可以避免你的器官掉到地上"。但是皮肤的作用还不止于此。用柔软的毛发、温暖或冰冷的金属丝和针尖接触皮肤上的不同点，结果发现有些点对压力特别敏感，有些点对温敏感，有些点对冷敏感，还有一些点对疼痛特别敏感。我们的"触觉"事实上混合了至少四种不同的基本皮肤感觉，其他的皮肤感觉都是压力、温、冷和疼痛的变化形式：

- 轻抚邻近的压力点让人发痒。
- 反复轻抚疼痛点引起发痒的感觉。
- 触摸邻近的冷点和压力点会产生湿润的感觉，触摸干燥、冰冷的金属时也可以体验到这种感觉。

然而，触觉所包含的不仅仅是触觉刺激。自己搔痒所产生的躯体感觉皮层激活要少于由物体或其他人的搔痒所产生的皮层激活（Blakemore et al., 1998）。（大脑很聪明，它对不可预知的刺激极其敏感。）

痛 觉

6-17：我们如何最恰当地理解和控制疼痛？

我们要感谢偶尔的疼痛。疼痛是身体告诉你发生了问题的一种方式。一旦你注意到烧伤、骨折或扭伤，疼痛就会要求你立即改变自己的行为——"不要用扭伤的脚踝走路！"极少数的人出生时就没有感觉疼痛的能力，他们可能会受到严重的伤害甚至在成年前夭折。如果我们觉察不出让我们不时变换位置的不适，关节就会过度疲劳，而没有疼痛的预警，那些无法察觉的感染和伤害的影响会累积起来（Neese, 1991）。

更多的是那些忍受慢性疼痛折磨的人，就好像有永远关不掉的警报。长期或反复遭受背痛、关节炎、头痛以及癌症相关疼痛折磨的人，提出了两个问题：疼痛是什么？我们如何控制它？

理解疼痛

我们的疼痛体验千差万别。女性对疼痛比男性更敏感（Wickelgren, 2009）。个体的疼痛敏感性依赖于基因、生理学、经验、注意和所处文化（Gatchel et al., 2007; Reimann et al., 2010）。因此，我们的疼痛体验同时反映了自下而上的感觉和自上而下的认知。

生物学影响 触发疼痛的不是一类刺激（如同光触发视觉）。相反，存在不同的痛觉感受器——探测令人疼痛的温度、压力或化学物质的感受器（**图 6.38**）。

尽管没有一种痛觉理论可以解释所有的发现，但心理学家梅尔扎克和生物学家沃尔（Melzack & Wall, 1965, 1983）提出的经典的**门控理论**（gate-control theory）仍然提供了一个有用的模型。脊髓中较小的神经纤维传导大多数痛觉信号，较大的神经纤维传导大多数其他感觉信号。梅尔扎克和沃尔提出，脊髓中包含一个神经"闸门"。当组织受伤时，小神经纤维会被激活并打开闸门，你就会体验到疼痛。大神经纤维活动会关闭闸门，阻断痛觉信号并阻止它们到达大脑。因此，一种治疗慢性疼痛的方法是刺激（按摩、电刺激或针刺）大神经纤维做出"关闭闸门"的反应（Wall,

没有疼痛而困难重重的生活
图中是阿什林·布洛克（右）和她的妈妈及妹妹，她有一种罕见的遗传障碍。她既感觉不到疼痛，也感觉不到极端的热和冷。她必须经常检查是否给自己造成了意外伤害，而她自己无法感觉到。"有些人说（感觉不到疼痛）是件好事，"她的妈妈说。"但根本不是这样。疼痛的存在是有原因的。它让你的身体知道出了问题，需要修补。为了让她感觉到疼痛，我愿意付出一切"（摘自 Bynum, 2004）。

图 6.38

痛觉回路

感受器（痛觉感受器）对潜在的伤害刺激做出反应，发送一个冲动给脊髓，脊髓将信息传递给大脑，大脑将信号解释为疼痛。

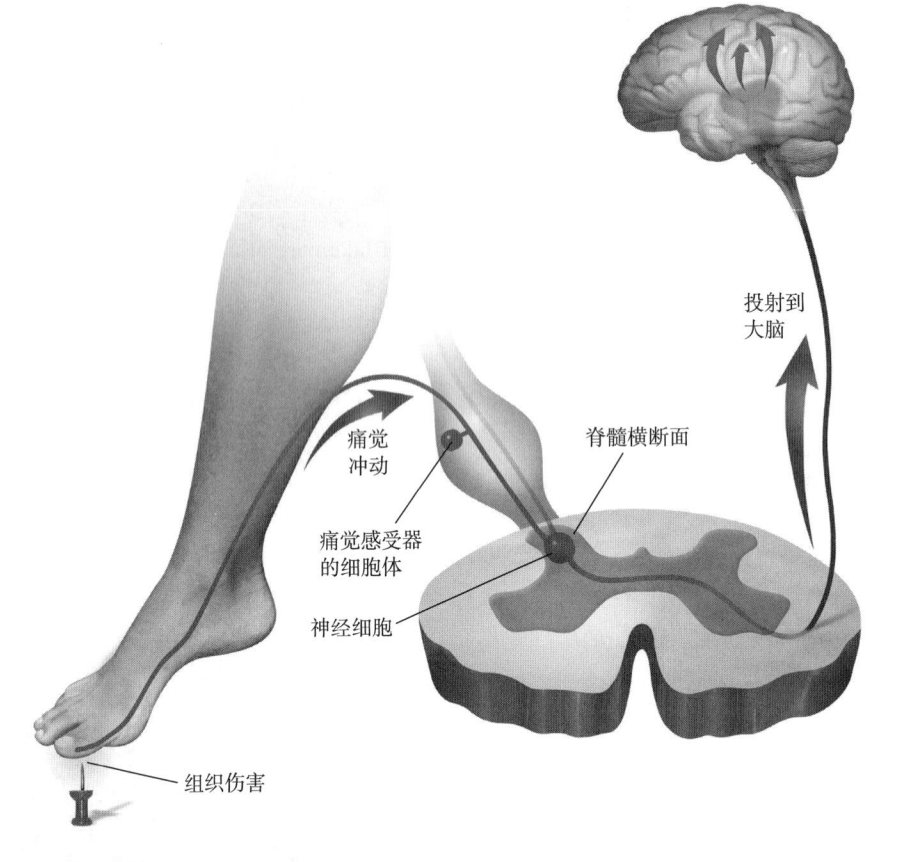

投射到大脑

痛觉冲动

脊髓横断面

痛觉感受器的细胞体

神经细胞

组织伤害

带着疼痛比赛 在 2010 年的超级碗决赛中，维京人队的四分卫布瑞特·法弗的踝关节严重受伤，无法正常行走。他被抬离球场，但很快又回来带着疼痛打完比赛，直到比赛结束才重新注意到疼痛。

2000）。

但痛觉不只是受伤的神经发送冲动至特定脑区的一种生理学现象，就像一拉绳子铃就响。梅尔扎克和沃尔认为，从大脑到脊髓的信息也能关闭闸门，这有助于解释疼痛的一些显著影响因素。当我们的注意力从疼痛（心理影响）转移开来，并通过内啡肽（生物学影响）这种自然止痛药的释放而平静下来时，我们的疼痛体验大为减少。运动过程中发生的伤痛可能直到赛后淋浴时才被注意到。有些人具有促进内啡肽可利用性的基因，他们更少受到疼痛的烦恼，他们的大脑对疼痛的反应性较低（Zubieta et al., 2003）。还有一些人具有干扰疼痛神经回路的基因，他们很少体验到疼痛（Cox et al., 2006）。这些发现为模拟这些基因作用的新型疼痛药物指明了方向。

大脑也会制造疼痛，这让有些人在截肢后体验到幻肢感。他们的大脑可能误解了没有正常感觉输入时自动发生的中枢神经系统活动：正如做梦者闭着眼睛也能看到一样，10 个截肢者中有 7 个人可以感觉到不存在的肢体疼痛或运动（Melzack, 1992, 2005）。（有些人也会尝试用幻肢下床或用幻手拿起茶杯。）即使那些出生时就缺胳膊少腿的人，有时候也会知觉到来自并不存在的胳膊或腿的感觉。梅尔扎克（Melzack, 1998）推测，大脑已经准备好预期"它会从有四肢的身体得到信息"。

其他感觉也会发生类似的现象。失聪者经常听到寂静中的声音：幻听——耳朵中鸣叫的感觉，称为耳鸣。因为青光眼、白内障、糖尿病或黄斑变性而失去视觉的人，会体验到幻视——无威胁性的幻觉（Ramachandran & Blakeslee, 1998）。有些神经受损的人有幻味，比如冰水似乎是甜腻的（Goode，1999）。还有一些人体验到幻闻，比如不存在的腐败的食物。要记住的一点是：我们用大脑来感觉、看、听、尝和闻，但大脑能够感觉到没有正常功能意义的感觉。

心理影响　分心的心理效应在专注于赢得比赛而不顾疼痛的运动员身上显而易见。我们似乎也会编辑我们对疼痛的记忆，这些记忆常常不同于我们对疼痛的真实体验。在实验或医疗程序结束后，人们会忽略疼痛持续的时间。他们的记忆记录了两个因素：最疼痛的时刻（这能够导致他们将变化的疼痛回忆为更严重的疼痛［Stone et al., 2005］）以及结束时他们感到有多疼。

在一个实验中，研究者让人们把一只手浸入让人产生疼痛的冷水中，持续 60 秒，然后另一只手也在让人同样疼痛的冷水中浸泡 60 秒，接着在引发较轻疼痛的冷水中再浸泡 30 秒（Kahneman et al., 1993）。你预测哪种体验让人回忆起来是最疼的？有趣的是，当问这些人更愿意重复哪个任务时，大多数人都更喜欢时间较长的那次，而这次总的疼痛体验更多——但是结束时的疼痛较轻。医生在接受结肠检查的病人身上运用了这个原理——延长不适感一分钟，同时减少不适的强度（Kahneman, 1999）。尽管延长的轻度不适增加了病人总的疼痛体验，但相比那些疼痛突然结束的病人，那些体验到疼痛逐渐减少的病人后来回忆的疼痛更轻。（在让人痛苦的根管治疗结束时，如果牙医问你愿意回家还是多留几分钟经历轻度的不适，这是有理由的。）

社会文化影响　我们对疼痛的知觉也会随着我们的社会情境和文化传统发生变化。当别人似乎也在体验疼痛时，我们倾向于感知到更多的疼痛（Symbaluk et al., 1997）。这可能有助于解释疼痛其他显而易见的社会层面，比如 20 世纪 80 年代中期，很多澳大利亚键盘操作员在从事打字或其他重复性工作时会遭受严重的疼痛发作——但没有检查出任何身体异常（Gawande, 1998）。有时候，关节扭伤的疼痛其实主要来自于大脑。当对他人的疼痛产生同理心时，某个人的大脑活动可能部分映射了另一个人疼痛时的大脑活动（Singer et al., 2004）。

因此，我们对疼痛的知觉是一种生物心理社会现象（图 6.39）。以这种方式看待疼痛能帮助我们更好地理解如何应对和治疗疼痛。

控制痛觉

如果痛觉是身体和心理的综合体验——既是生理现象也是心理现象——那么我们就应该同时在生理和心理上进行治疗。根据病人症状的类型，疼痛控制门诊会选择一种或多种治疗方法，包括药物、手术、针灸、电刺激、按摩、锻炼、催眠、放松训练和思维转移。

即使安慰剂也能带来帮助，作用方式是通过抑制中枢神经系统对痛觉体验的注意和反应——模拟止痛药（Eippert et al., 2009; Wager, 2005）。在一个实验中，给一些男性往下巴处注射让人感觉刺痛

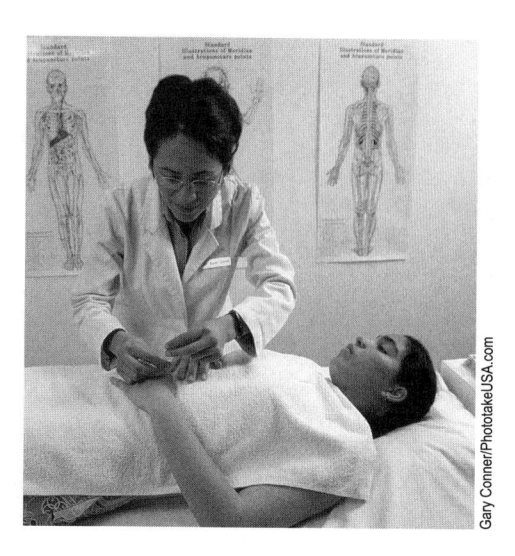

针灸　针灸师通过用针扎病人手上的位点来帮助这位女性减轻背部疼痛。

疼痛在受到注意后会增强。
——达尔文，《人类和动物的情感表达》，1872

图 6.39
疼痛的生物心理社会取向
我们的疼痛体验不仅仅是发送给大脑的神经信息。

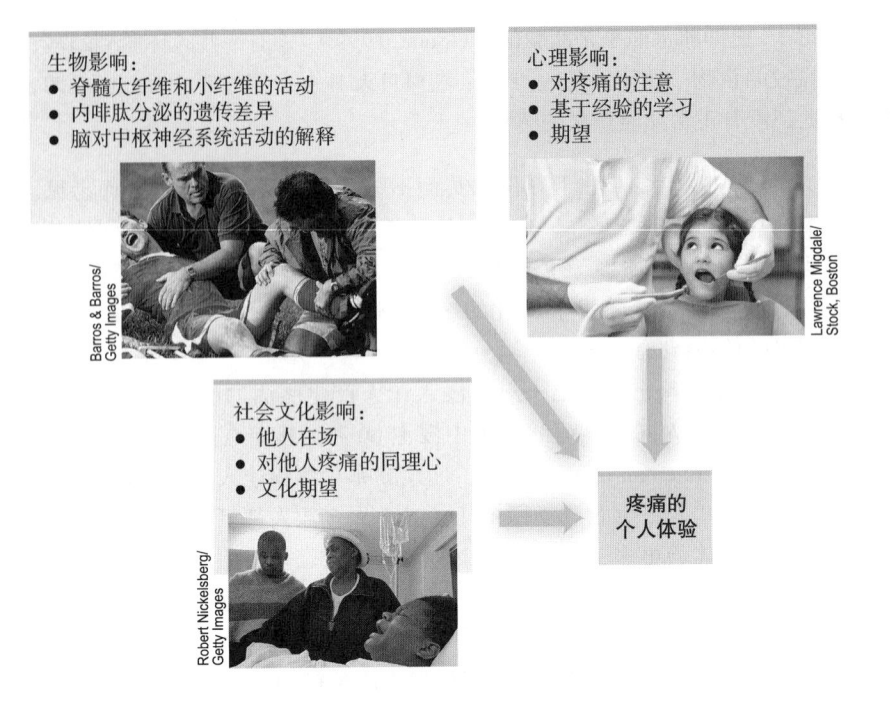

生物影响：
- 脊髓大纤维和小纤维的活动
- 内啡肽分泌的遗传差异
- 脑对中枢神经系统活动的解释

心理影响：
- 对疼痛的注意
- 基于经验的学习
- 期望

社会文化影响：
- 他人在场
- 对他人疼痛的同理心
- 文化期望

→ 疼痛的个人体验

的盐水溶液，然后再给予号称止痛的安慰剂，他们立刻感觉好多了。一个释放自然止痛鸦片物质的脑区活动显示，给予假的止痛药会导致大脑分配真正的止痛药（Scott et al., 2007; Zubieta et al., 2005）。一个评论者说，"你所相信的变成了现实"，好比"心理与身体合二为一"。

分心也会起作用。呈现令人愉快的画面（"想象一个温暖、舒适的环境"）或者将注意从疼痛刺激上转移开（"递减3倒数"），在激活疼痛抑制回路和增加疼痛耐受力上尤其有效（Edwards et al., 2009）。一个训练有素的护士会和害怕打针的病人聊天或让他们在打针时看别的地方。烧伤者在接受极度痛苦的伤口护理时，一个更加有效的分心方式是沉浸在计算机创造的3-D世界中，如**图6.40**中的雪景。fMRI扫描发现，玩虚拟现实游戏减少了与疼痛有关的大脑活动（Hoffman, 2004）。因为痛觉位于大脑中，所以转移大脑的注意会减轻疼痛。

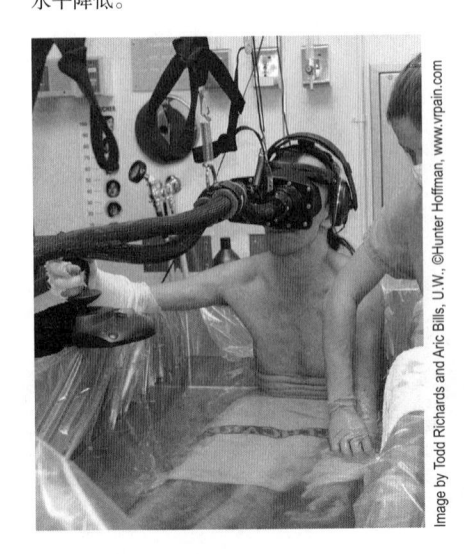

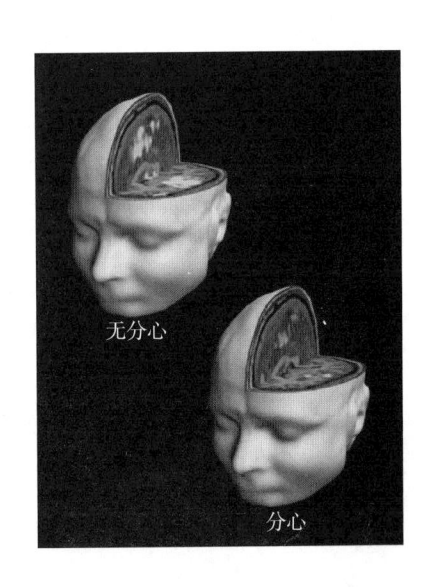

图 6.40
虚拟现实的痛觉控制
烧伤者在经受痛苦的皮肤修复时，躲进虚拟现实能够有效地转移注意，因此减少疼痛以及大脑对疼痛刺激的反应。右边的fMRI扫描显示，当病人转移注意时疼痛反应水平降低。

无分心

分心

> **提取一下**
>
> - 下面哪个选项未被证明能减少痛觉？
>   a. 分心　　b. 安慰剂　　c. 幻肢感　　d. 内啡肽
>
> 答案：c。

味　觉

6-18：我们如何体验味觉和嗅觉？

和触觉一样，我们对味道的感觉包括几种基本感觉。味道的感觉一度被认为是甜、酸、咸和苦，其他所有味觉都是这四种感觉的混合（McBurney & Gent, 1979）。在研究者寻找这四种味觉的专门化的神经纤维时，他们发现了第五种味觉的感受器，我们现在知道这种味觉是像肉味的鲜味，鲜味剂谷氨酸钠尝起来最具鲜味。

味觉更多是为我们的乐趣而存在的（**见表 6.2**）。令人快乐的味觉让我们的祖先喜欢富含能量或蛋白质的食物，这些食物促进他们的生存。令人厌恶的味觉让他们避开可能有毒的新食物。我们在今天 2~6 岁的小孩身上看到了这种生物智慧的传承，他们通常都挑食，尤其是给他们新的肉类或苦味蔬菜的时候，比如菠菜和甘蓝（Cooke et al., 2003）。肉类和植物毒素都是我们祖先尤其是儿童发生食物中毒的潜在危险来源。然而，反复给儿童少量不喜欢的新食物，儿童通常会开始接受它们（Wardle et al., 2003）。

表 6.2　基本味觉的生存功能

味觉	表明的含义
甜味	能量源
咸味	生理过程必需的钠元素
酸味	可能有毒的酸性物质
苦味	可能的有毒物质
鲜味	生长和修复组织必需的蛋白质

（摘自 Cowart, 2005。）

味觉是一种化学感觉。在你的舌尖和舌头侧面的每个小突起中有 200 个以上的味蕾，每个味蕾都有一个小孔用来接收食物中的化学物质。在每个味蕾小孔内有 50 到 100 个味觉感受器细胞，它们伸出像天线一样的绒毛来感觉这些化学分子。有些感受器主要对甜味分子反应，其他感受器对咸、酸、鲜或苦味分子反应。不需要很强烈的刺激就可以引发反应，并让你的大脑颞叶注意到。如果水流过你的舌头，只要在 1/10 秒内加入浓缩的咸味或甜味就可以引起你的注意（Kelling & Halpern, 1983）。当一个朋友想"尝尝"你的饮料时，你可以很快挤一下吸管就行了。

味觉感受器每周或每两周就更新自己，因此，如果你不小心被滚烫的食物烫伤了舌头，这没有什么关系。然而，随着年龄的增长，味蕾的数量逐渐减少，味觉敏感性也同样逐渐降低（Cowart, 1981）。（成人喜欢口味较重的食物，而儿童却抗拒这类食物，也就不足为奇了。）抽烟和喝酒也会加速这种衰退。那些失去味觉的人报告说食物尝起来像"稻草"而难以下咽（Cowart, 2005）。

味蕾很重要，但味觉不只是与舌头相遇。期待也能影响味觉。当被告知香肠卷是"素食"时，实验中的人们非常肯定地觉得它不如标为"肉"的相同食物味道好（Allen et al., 2008）。在另一个实验中，人们被告知一瓶酒的价格是 90 美元，而实际的价格是 10 美元，这让酒的味道更好了，而且对快乐体

Lauren Burke/Jupiterimages

验做出反应的脑区活动也增加了（Plassmann et al., 2008）。

嗅 觉

吸气，呼气。吸气，呼气。呼吸总是成对出现——从出生开始，到死亡结束。每天，你会呼气和吸气将近 20 000 次，呼吸维持生命的空气，让你的鼻孔沐浴在充满气味分子的气流中。由此产生的嗅觉体验是你的亲密伴侣：你会吸入任何人或任何物体的气味。

和味觉一样，嗅觉也是一种化学感觉。当空气中的物质分子到达鼻腔顶部的 500 多万个感受器细胞簇时，我们就闻到了气味（图 6.41）。这些嗅觉感受器细胞像暗礁上的海葵那样摇摆，对烘焙蛋糕的香气、一缕烟或朋友身上的香水味选择性地做出反应。它们会迅速通过其轴突纤维让大脑注意到。

研究显示，即使是看护中的婴儿，他们与其母亲之间的关系也有化学上的吸引力（McCarthy, 1986）。在嗅觉的帮助下，海豹母亲在回到挤满了幼仔的海岸时可以找到自己的孩子。我们人类的嗅觉不像视觉和听觉那样敏锐。观赏花园的景色时，我们会看到花园精细的形状和颜色，听到各种鸟叫声，但是如果我们不把鼻子探进花丛中，我们就闻不到花香。

气味分子的形状和大小多种多样——事实上如此之多，以至需要很多不同的感受器来探测它们。一个大基因家族设计出了 350 个左右的受体蛋白，用来识别特定的气味分子（Miller, 2004）。巴克和阿克塞尔（Buck & Axel, 1991）在其获得 2004 年诺贝尔奖的工作中发现，这些受体蛋白嵌入鼻腔神经元的表面。就像钥匙插入锁孔一样，气味分子也会插入这些受体蛋白中。但是我们似乎不是对每一种可辨别的气

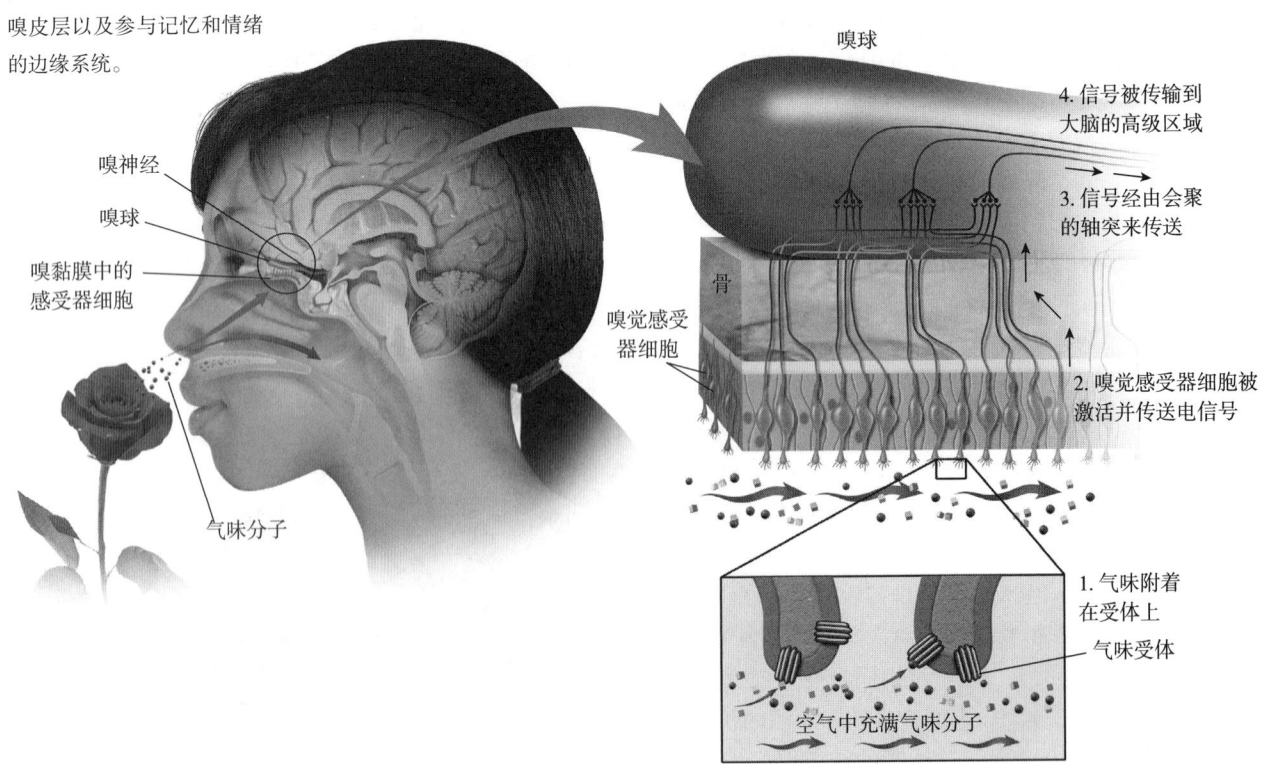

让你的朋友记住你知道的新词：失去视觉的人被称为失明（blindness）。失去听觉的人被称为失聪（deafness）。失去嗅觉的人被称为失嗅（anosmia）。

图 6.41
嗅觉
如果你要闻花的香味，那么空气中的香味分子必须到达你鼻腔顶部的感受器。嗅闻让空气旋转上升到达感受器，使香味增强。感受器细胞发送信息给大脑的嗅球，然后向前传递到颞叶的初级嗅皮层以及参与记忆和情绪的边缘系统。

味都有独特的感受器。这说明一些气味可以触发一组感受器，由嗅觉皮层来解释感受器的组合模式。如同英文字母表中的 26 个字母可以组成很多单词一样，气味分子也可以形成不同的感受器排列，并激活不同的神经元模式，使得我们能够辨别新鲜煮制的咖啡和放了几个小时的咖啡（Zou et al., 2005）。

对于人类来说，气味的吸引力依赖于习得的联结（Herz, 2001）。婴儿对母亲乳房气味的偏好是随着哺乳建立起来的。其他的联结也是如此。美好的体验总是跟特定的气味联系在一起，人们才变得喜欢这种气味，这有助于解释为什么美国人比英国人更喜欢冬青的气味，在美国，冬青总是跟糖果和口香糖联系在一起，而在英国，冬青常常与药物联系起来。在气味唤起不愉快情绪的另一个例子中，研究者让布朗大学的学生在一间充满气味的房间里玩受到操控的电脑游戏，让他们变得沮丧（Herz et al., 2004）。之后，让他们暴露在相同的气味中，同时完成一个言语任务，这些学生再次变得沮丧，并且比暴露于其他气味或没有气味的人更快放弃。

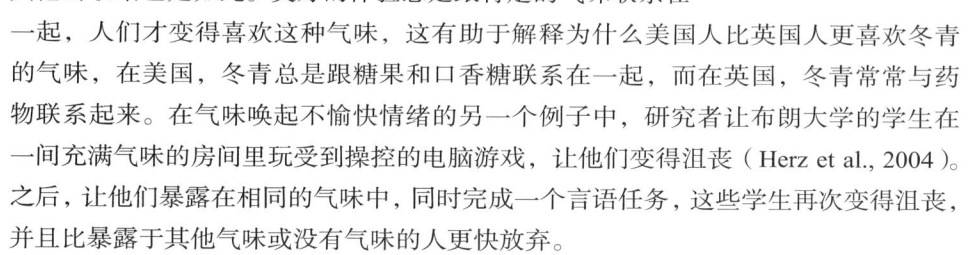

尽管我们很难回忆出气味的名字，但是在识别遗忘很久的气味以及与之相联系的事件时，我们会表现出非凡的能力（Engen, 1987; Schab, 1991）。大海的气味、香水的香味或者最喜欢的某个亲人的厨房飘出的香味让我们心旷神怡。英国旅行代理连锁店 Lunn Poly 深知这个心理现象。为了唤起游客对阳光明媚、温馨怡人的海滩之旅的记忆，这家公司曾经将椰子防晒油的香味用管道输送到它的各个分店里（Fracassini, 2000）。

我们的大脑回路有助于解释气味如何唤起情感和记忆（**图 6.42**）。在从鼻腔接收信息的大脑区域与大脑古老边缘中心之间存在一个专门通道，而后者与记忆和情绪有关。因此，人们在恶臭熏天的房间里待过一段时间之后，对不道德行为（如撒谎或者留着捡到的钱包）的判断更严厉，对男同性恋者的态度更负面（Inbar et al., 2011; Schnall et al., 2008）。

鼻子知道 人类有 1 千万到 2 千万个嗅觉感受器。猎犬有大约 2 亿个（Herz, 2001）。

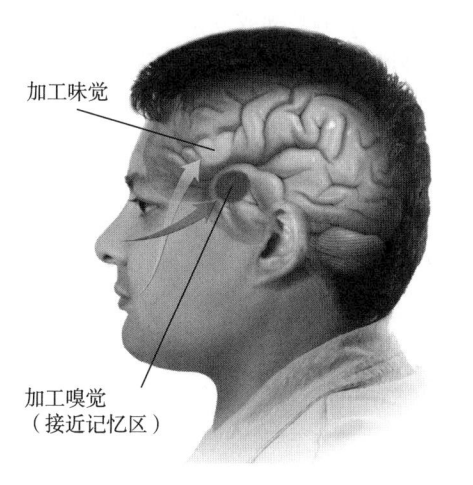

图 6.42
味觉、嗅觉和记忆（见彩插）
来自味蕾的信息（黄箭头）到达大脑顶叶和颞叶之间的一个区域。登记信息的区域与大脑接收嗅觉信息的区域很近，且后者与味觉相互作用。大脑的嗅觉环路（红色圆圈）还与参与记忆储存的区域连接，这有助于解释为什么气味可以触发记忆。

> **提取一下**
>
> - 我们的嗅觉系统与视觉、触觉和味觉系统有什么区别?
>
> 答案:我们有地地地地地地地地地地地地地地地地地地地地地,相反,系统作为天脑的意识是更多地地地地地地地地地地地地地,这些地地地地地地地地地地地地地地地地地地1万种不同的气味。

身体位置和运动

6-19:我们如何感觉身体的位置和运动?

你的关节、肌腱和肌肉中有着重要的传感器,让你产生**动觉**(kinesthesis)——你对身体部位的位置和运动的知觉。闭上眼睛或堵住耳朵,你可以暂时想象没有视觉和声音的世界。但没有触觉或动觉的生活——你在晚上醒来时感觉不到四肢的位置——会是什么样呢?英国汉普郡的伊恩·沃特曼知晓这样的生活。

1972年,19岁的沃特曼感染了一种罕见的病毒,神经受到损害,导致他无法感觉到轻微的触碰以及身体位置和运动。患有这种疾病的人报告感觉与身体分离,好像他们的身体死了,不真实,不是他们自己的(Sacks, 1985)。经过长时间的练习,沃特曼学会了走路和进食——通过在视觉上专注于他的四肢并给予相应的指导。但是如果灯灭了,他就会瘫倒在地上(Azar, 1998)。即使对于我们来说,视觉与动觉也会交互作用。站立时把你右脚的脚后跟放在左脚脚趾前。这很容易。现在闭上眼睛,你可能就站不稳了。

前庭觉(vestibular sense)监控你头部(以及身体)的位置和运动。这种平衡感的生物陀螺仪位于你的内耳中。半规管看起来就像是三维的蝴蝶脆饼(一种小麦粉制成的蝴蝶形饼干——译者注)(图6.35a),连接耳道和耳蜗的前庭囊中充满液体,当你的头部转动或倾斜时,其中的液体也会流动。这种运动刺激毛状的感受器,发送信息给大脑后方的小脑,从而使你能够感觉到身体的位置并维持平衡。

空中的身体 这些高中啦啦队的队员应该感谢内耳提供的信息,她们的大脑才得以如此熟练地监控身体的位置。

如果你转圈时突然停下来,半规管中的液体和动觉感受器不会立即恢复中性状态。眩晕的后效让你的大脑误以为你还在旋转。这阐明了错觉背后的一个原理:某些机制在正常情况下给予我们对外界的正确体验,但在特殊情况下会欺骗我们。理解我们为何受到欺骗,有助于了解我们的感觉系统是如何运作的。

> **提取一下**
>
> - 动觉和前庭觉感受器位于哪里?
>
> 答案:动觉感受器位于关节、肌腱和肌肉中。前庭觉感受器位于内耳中。

感觉交互作用

> 6-20：我们的感觉如何交互作用？

我们的感觉——视觉、听觉、触觉、味觉和嗅觉——并不是完全分开的信息通道。在理解这个世界时，我们的大脑将这些感觉输入混合在一起。想一想，当你捏住鼻子，闭上眼睛，让别人喂你不同的食物时，你的味觉会发生什么变化。你可能分辨不出吃的是一片苹果还是一块生土豆。一块牛排可能尝起来和纸板一样。没有气味，你很难分辨出一杯冰咖啡和一杯红酒。为了分辨一种味道，我们常常通过鼻子来闻气味——这就是当你患重感冒时吃东西了无乐趣的原因。嗅觉还可以改变味觉：饮料中的草莓气味可以增强我们对其甜度的知觉。甚至触觉也能影响味觉。根据口感的不同，薯片"尝起来"是新鲜的或是过期的（Smith, 2011）。这是**感觉交互作用**（sensory interaction）在起作用——一种感觉可以影响另一种感觉的原理。嗅觉＋口感＋味觉＝风味。

视觉和听觉也会发生类似的交互作用。一个几乎无法觉察的闪光与一个短促的声音同时出现时，变得更加容易看见了（Kayser, 2007）。一个声音与视觉线索同时出现时，也变得更容易听见。如果我（听觉减退的人）观看带字幕的视频，听到我正在看的词语对我来说不是难事（并且可能因此以为我不需要字幕了）。如果之后我关掉字幕，我会马上意识到我确实需要字幕。眼睛能够指导耳朵（图 6.43）。

但如果眼睛和耳朵发生分歧，你认为会发生什么呢？如果我们看到一个人说了某个音节，但我们听到了另一个音节，将会怎么样呢？让人惊讶的是，我们可能会感知到混合两个输入的第三个音节。看到嘴唇发出"ga"的口型，同时听到"ba"，我们可能知觉为"da"。这个现象被称为麦格克效应，以其发现者心理学家哈里·麦格克及其助手约翰·麦克唐纳的名字来命名（McGurk & MacDonald, 1976）。

触觉也与我们的其他感觉发生交互作用。在探测事件时，大脑能同时整合触觉和视觉信号，这是由于神经元从躯体感觉皮层投射回视皮层（Macaluso et al., 2000）。触觉甚至与听觉交互作用。在一个实验中，研究者向人们的脖子或手上吹气（比如

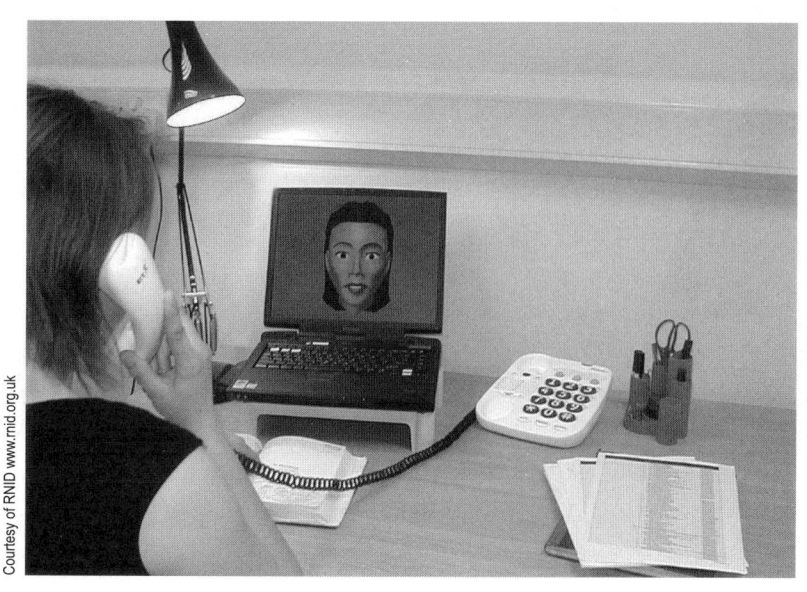

图 6.43
感觉交互作用
当听力有困难的人看到动画面孔在电话另一端发出词语的嘴形时，词语变得更容易理解（Knight, 2004）。

我们的嘴巴在说"pa"和"ta"时吹气),同时人们听到这些声音或吹气较少的声音如"ba"或"da"。让我出乎意料的是(也出乎你的意料吗?),当人们接触到一阵微弱的空气时,更常把"ba"或"da"误听为"pa"或"ta"(Gick & Derrick, 2009)。由于感觉的交互作用,他们正在用皮肤来听。

大脑甚至把我们的触觉和社会判断混合起来:

- 当握着一杯热饮料而不是冷饮料时,人们更容易把某个人评价为热心的,感觉与他们更亲近,行为更慷慨(Ijzerman & Semin, 2009; Williams & Bargh, 2008)。身体上的温暖会产生社会性的温暖。
- 在实验中,与那些受到热情款待的人相比,受到别人冷遇的人认为房间更冷(Zhong & Leonardelli, 2008)。社会排斥确实让人感觉更冷。
- 手里拿着重的写字夹板让求职者看起来更加重要。拿着粗糙的物体使社交似乎变得更加困难(Ackerman et al., 2010)。
- 当身体靠向左侧时——坐在向左倾斜的椅子上,用左手挤捏握力器,或者用左手操作鼠标——人们表达的政治态度更左倾(Oppenheimer & Trail, 2010)。

这些**具身认知**(embodied cognition)的例子说明了加工我们身体感觉的大脑回路与负责认知的大脑回路是如何联系的。

因此,感觉是交互作用的:当我们试图解读所处的世界时,我们的大脑结合了多个通道的输入。一种气味,也许是薄荷或巧克力味,会唤起很多人的味觉(Stevenson & Tomiczek, 2007)。而对于少数一些人来说,他们的感觉联合在一起,这种现象被称为联觉,即一种类型的感觉(如听到声音)会产生另一种感觉(如看到颜色)。因此,听音乐可能激活对颜色敏感的皮层区域,并产生颜色的感觉(Brang et al., 2008; Hubbard et al., 2005)。看到数字 3 可能引发味觉(Ward, 2003)。

***

表 6.3 总结了我们的感觉系统。感觉、认知和情绪共同汇入知觉的河流。这就是为什么我们需要从生物、心理和社会文化层面进行分析的原因。

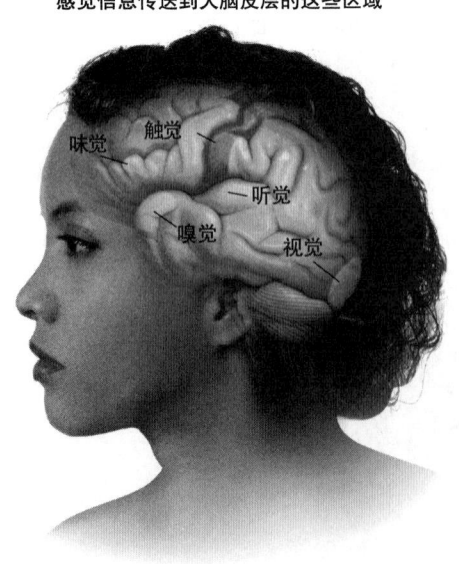

感觉信息传送到大脑皮层的这些区域

表 6.3 各种感觉的总结

感觉系统	来源	感受器
视觉	进入眼睛的光波	视网膜的锥体细胞和杆体细胞
听觉	进入外耳的声波	内耳的耳蜗毛细胞
触觉	皮肤上的压力、冷热	探测压力、冷热和疼痛的皮肤感受器
味觉	嘴里的化学分子	舌头上对甜、酸、咸、苦、鲜的基本感受器
嗅觉	鼻子吸入的化学分子	鼻腔顶部的上百万个感受器
身体部位的位置/运动——动觉	某个身体部位位置的任何改变,与视觉相互作用	关节、肌腱和肌肉的动觉感受器
头部的位置/运动——前庭觉	头部/身体运动引起的内耳液体的流动	半规管和卵圆窗的毛状感受器

如果知觉是这三种来源的产物,我们如何描述超感知觉呢?在超感知觉中,知觉能够在没有感觉输入时发生。关于这个问题的讨论,参见批判性思考:超感知觉——无需感觉的知觉?

***

我们只需了解我们的知觉系统是如何将无形的神经冲动转换为多彩的视觉、生动的声音以及唤起记忆的气味,就会为生命感到敬畏、神奇和深深的尊敬。正如莎士比亚笔下的哈姆雷特所认识到的:"霍拉旭,天地之间有很多事情,是你的睿智所无法想象的。"我们看似平常的感觉和知觉体验蕴藏了很多非比寻常的事情——这肯定远远超出心理学的想象。

批判性思考

超感知觉——无需感觉的知觉?

6-21:有哪些超感知觉的说法?大多数从事研究的心理学家在对这些说法进行检验之后得出了什么结论?

如果没有感觉输入,我们是否能够进行**超感知觉**(extrasensory perception, ESP)?真的有人能够看透心理、看穿墙壁、预测将来吗?接近一半的美国人相信存在超感知觉(AP, 2007; Moore, 2005)。

最容易加以检验且与本章最为相关的超感知觉是以下这些说法:

- 心灵感应:心灵之间的沟通。
- 超感视觉:感知遥远的事件,比如另一个州的房子着火了。
- 预知:感知未来事件,比如下个月某个人的意外死亡。

与上述观点紧密相联的是意念致动(psychokinesis),即"对事物的控制",例如使桌子在空中飘浮或影响骰子的转动。(我们可以用一个请求来揶揄这种观点:"所有相信意念致动的人,请把我的手举起来?")

如果超感知觉是真的,我们就需要推翻一种科学认识:作为生物,我们的心理与生理上的脑紧密相关,我们对世界的知觉体验建立在感觉之上。有时,新的证据确实推翻了科学上的成见。正如我们将在本书中看到的,科学带给了我们各种意外——关于无意识心理的范围,情绪对健康的影响以及什么能够治愈人们,什么不能,等等。

大多数从事研究的心理学家和科学家——包括96%的美国国家科学院的科学家都对超自然现象的存在表示怀疑(McConnell, 1991)。但在许多地区的一些著名大学,包括英国、荷兰和澳大利亚,**超心理学**(parapsychology)的研究者通过开展科学实验来探索可能存在的超感知觉和其他超自然现象(Storm, 2010a, b; Turpin, 2005)。在了解他们如何研究超感知觉之前,我们来看看一些流行的观念。

预言还是自吹自擂?

通灵者能够预测未来吗?尽管有人希望通灵术能够预测股票,但即使"顶级的通灵者"做出的预测也不怎么准确。在20世纪90年代,通俗小报上的通灵者对意外事件的预测都是错误的。(麦当娜没有成为福音歌手,自由女神像没有在恐怖主义爆炸中失去双臂,伊丽莎白女王没有退位进入修道院)。通灵者错过了对近年一些重大新闻事件的预测。在9月10日那天我们需要他们的时候,这些通灵者都去哪儿了?为什么尽管提供了5000万美元的悬赏,他们还是没能在"9·11"之后帮助找到本·拉登的位置,或者进一步预测2008年即将来临的股市崩溃？30 年来，各种不寻常的预测几乎都没实现，通灵者事实上从未预测到任何年度的头条事件（Emery, 2004, 2006）。2010 年，当 33 名矿工因矿井塌陷而受困时，有报道称智利政府咨询了四名通灵者。他们的结论？"所有矿工都死了"（Kraul, 2010）。但 69 天之后，33 人全部都获救了。

此外，为警察部门提供的数百个通灵分析说明，其预测准确性与其他人的猜测并无差异（Nickell, 1994, 2005; Radford, 2010; Reiser, 1982）。但他们做出了大量的预测，这的确增加了偶然猜对的可能性，于是通灵者便把这些预测公之于众。警察部门对所有这些都心知肚明。当研究者询问美国 50 个最大城市的警察部门是否使用过通灵术时，65% 的警察部门说从未使用（Sweat & Durm, 1993）。而那些使用过的警察部门也没有一个觉得它是有用的。

当通灵者模糊的预测在事后被解释（"向后匹配"）为与事件匹配时，这些预测有时听起来是准确的，这提供了一种"理解"预测的知觉定势。诺查丹玛斯（占卜者）是 16 世纪法国的通灵者，他曾在失去戒备时解释说，他的模糊预言"只能在事件发生之后并且通过事件来理解"。

人们日常自然产生的"幻象"是否更准确呢？比如，梦是否像东西方文化中人们常常相信的那样能够预测未来呢——一些人在梦到飞机坠毁之后不愿坐飞机（Morewedge & Norton, 2009）？或者只是因为我们根据已经发生的事情来回忆或重建梦境而使得梦看似能预测未来呢？在著名飞行员查尔斯·林德伯格的儿子被绑架和杀害之后，尸体被发现之前，两位哈佛大学的心理学家检验了梦的预测力（Murray & Wheeler, 1937）。研究者邀请 1 300 名预言家报告他们所做的关于这个孩子的梦。有多少个梦能够准确地预知这个孩子已经死了呢？只有 5%。其中有多少个梦又能够准确预知孩子尸体埋在树林中的位置呢？1 300 个梦中只有 4 个。虽然这个比例肯定不高于随机水平，但这 4 个人能够准确地预知肯定曾显得不可思议。

每天世界上都会发生数以亿计的事件，只要有足够的天数就一定会发生某些惊人的巧合。根据一项严谨的估算，只需偶然性就能预测地球上每天这样的事会发生一千多次：某个人想到另一个人并在 5 分钟内得知这个人的死讯（Charpak & Broch, 2004）。因此，当解释某个令人震惊的事件时，我们应该"给偶然性一个机会"（Lilienfeld, 2009）。有了足够的时间和人数，不太可能发生的事情也会成为必然。

用实验来检验超感知觉

当我们面对诸如读心术、灵魂出壳或与死人交流等传闻时，怎样将这些奇怪的想法与那些看似奇怪实则真实的想法区分开呢？从科学本质上来说，答案很简单：对它们进行检验，看看它们是否成立。如果成立，不如接受这些想法；如果不成立，我们的怀疑就更有理由了。

这种科学态度使得相信和怀疑超心理学的人达成了一个共识：超心理学需要可重复的现象以及解释该现象的理论作为支持。超心理学家雷亚·怀特（White, 1998）对此说道："超心理学在我脑海中的印象，是一架从 1882 年起就在实证科学机场的跑道上不停滑行的小飞机……它的滑动偶尔中断，从地面上抬起几英尺但又再次撞回地面。它从未起飞并持续飞行。"

我们如何在控制严密、可重复的实验中检验超感知觉的观点呢？实验不同于舞台表演。在实验室中，研究

为了确保击中目标，先射击，然后再将你击中的任何东西称为目标。
——作家、艺术家阿什利·布里连特
（1933—）

一个喋喋不休的人总有时候是对的。
——西班牙谚语

科学的核心是两种看似相互矛盾的态度之间的紧张状态——一种对新思想开放，无论它们多么古怪或违背直觉，另一种怀疑并最严格地审视所有新旧观点。
——卡尔·萨根（Sagan, 1987）

魔术师哈里·胡迪尼在用伪通灵戏法欺骗了柯南道尔之后说："现在我请求你。阿瑟爵士，不要只是因为你无法解释某些事物就贸然断定它们肯定是"超自然的"或者是"灵魂"的杰作。
——威廉·卡鲁什和拉里·所罗门引述，
《胡迪尼的秘密人生》，2007

者控制"通灵者"的视听；而在舞台上，通灵者控制观众的视听。

达里尔·贝姆是一位备受尊敬的社会心理学家，曾经是舞台通灵术的怀疑论者；他曾经嘲笑说"通灵者只是扮演通灵者角色的演员"（Bem，1984）。然而，9项实验提供了可重复的证据，似乎表明人们能够预测未来事件，这让他重新燃起了希望（2011）。在其中一项实验中，当一个色情场景即将出现在屏幕上的两个随机位置之一时，康奈尔大学的参与者猜对的次数是53.1%（虽然只是略高于50%但是在统计上边缘显著）。在另一项实验中，人们观看一系列单词，对这些单词进行回忆测试，然后从中随机选择一部分单词进行复述。人们对那些复述的单词记得更好——尽管复述发生在回忆测试之后。即将到来的复述——未来事件——显然影响了他们回忆单词的能力。

虽然这些研究经过一家顶级期刊的严格评审后得以发表，但有一些批评者发现研究方法"漏洞百出"（Alcock, 2011）或统计分析"有偏差"（Wagenmakers et al., 2011）。"一个结果——尤其是如此重要的结果——要在科学上可信，必须被持怀疑态度的独立研究者在检验中重现多次，"天文学家戴维·赫尔方（Helfand, 2011）评论说，"贝姆教授的实验不会通过这个检验，对此我毫不怀疑。"

正是由于预见到这样的怀疑态度，贝姆向所有希望重复他的研究的人公开了计算机材料，重复实验正在进行当中（重复贝姆结果的三次尝试

在英国民众中测试通灵的力量 赫特福德郡大学的心理学家理查德·怀斯曼设计了一个"心灵机器"来测试人们是否能够影响或预测投硬币的结果。全国各地的节日游客有四次机会来猜硬币的正反面。由计算机利用随机生成的数字来决定结果。到2000年1月实验结束时，接近28 000人预测了110 972次扔硬币的结果——正确率是49.8%。

见Ritchie et al., 2012）。无论结果如何，科学都完成了自己的使命。它对挑战其世界观的发现保持了开放，然后通过后续研究来评估其是否正确。这就是科学筛选那些看似疯狂的观点的方式，其中的大多数被扫入历史的垃圾堆中，虽然偶尔让我们大吃一惊。

魔术师詹姆士·兰迪是一位怀疑论者，他提供了一项高达100万美元的长期奖励，给予"任何能够在适当的观察条件下证明真正的通灵能力的人"（Randi, 1999; Thompson, 2010）。法国、澳大利亚和印度的团体也提供了高达20万欧元的类似奖励（CFI, 2003）。尽管这些金额巨大，但科学证明的价值要大得多。要反驳那些说不存在超感知觉的人，只需要找到一个人能够演示一个可重复的超感知觉事件。（为了反驳猪不能说话的观点，只需要找到一头说话的猪。）迄今为止，这样的人还没有出现。

提取一下

- 研究超感知觉（ESP）说法的学科领域是什么？

感觉与知觉

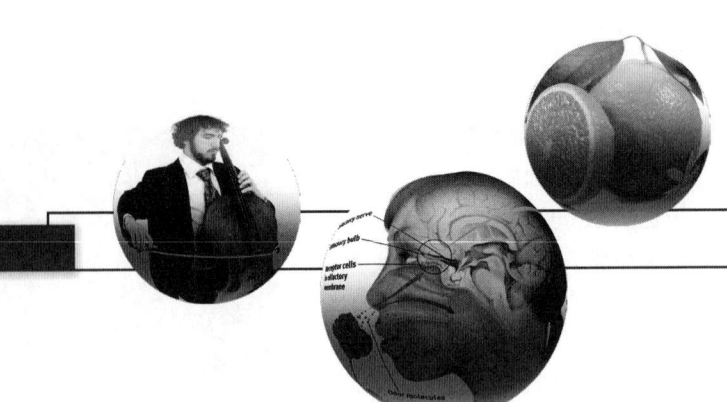

本章复习

学习目标

回答以下学习目标问题来测试一下你自己（这里重复了本章中的问题）。然后翻到附录的完整章节复习，核对你的答案。研究表明，试着自主回答这些问题将增进你对这些概念的长期记忆（McDaniel et al., 2009）。

感觉与知觉的基本原理

6-1： 感觉和知觉是什么？我们所说的自下而上和自上而下的加工是指什么？

6-2： 所有感觉系统的三个基本步骤是什么？

6-3： 绝对阈限和差别阈限分别是什么？绝对阈限下的刺激对我们会有影响吗？

6-4： 感觉适应的功能是什么？

6-5： 我们的期望、环境、情绪和动机如何影响知觉？

视 觉

6-6： 我们所看见的可见光是什么能量？

6-7： 眼睛如何将光能转换为神经信息，眼睛和大脑如何加工这些信息？

6-8： 哪些理论有助于我们理解颜色视觉？

6-9： 格式塔心理学家是如何理解知觉组织的？图形-背景和分组原则是如何帮助我们知觉物体的？

6-10： 我们如何利用单眼线索和双眼线索来感知三维世界？

6-11： 知觉恒常性如何帮助我们将感觉组织为有意义的知觉？

6-12： 视觉恢复、感觉限制和知觉适应等方面的研究，揭示了经验对知觉有哪些影响？

听 觉

6-13： 我们以声音的形式听到的空气压力波具有哪些特征？耳朵如何将声能转换成神经信息？

6-14： 哪些理论有助于我们理解音调知觉？

6-15： 我们如何定位声音？

其他感觉

6-16： 我们如何感知触觉？

6-17： 我们如何最恰当地理解和控制疼痛？

6-18： 我们如何体验味觉和嗅觉？

6-19： 我们如何感觉身体的位置和运动？

感觉交互作用

6-20： 我们的感觉如何交互作用？

6-21： 有哪些超感知觉的说法？大多数从事研究的心理学家在对这些说法进行检验之后得出了什么结论？

术语与概念

测试自己对以下术语的理解，试着用自己的语言写下这些术语的定义，然后翻到提到术语的那一页核对你的答案。

感　觉
知　觉
自下而上加工
自上而下加工
换能
绝对阈限
信号检测论
阈　下
启　动
差别阈限
韦伯定律
感觉适应
知觉定势
波　长
色　调
强　度

视网膜
调　节
杆体细胞
锥体细胞
视神经
盲　点
中央凹
特征觉察器
平行加工
杨－赫尔姆霍茨三原色理论
拮抗理论
格式塔
图形－背景
分　组
深度知觉
视　崖
双眼线索
视网膜像差
单眼线索
知觉恒常性
颜色恒常性

知觉适应
听　觉
频　率
音　调
中　耳
耳　蜗
内　耳
感觉神经性听觉丧失
传导性听觉丧失
人工耳蜗
位置理论
频率理论
门控理论
动　觉
前庭觉
感觉交互作用
具身认知
超感知觉（ESP）
超心理学

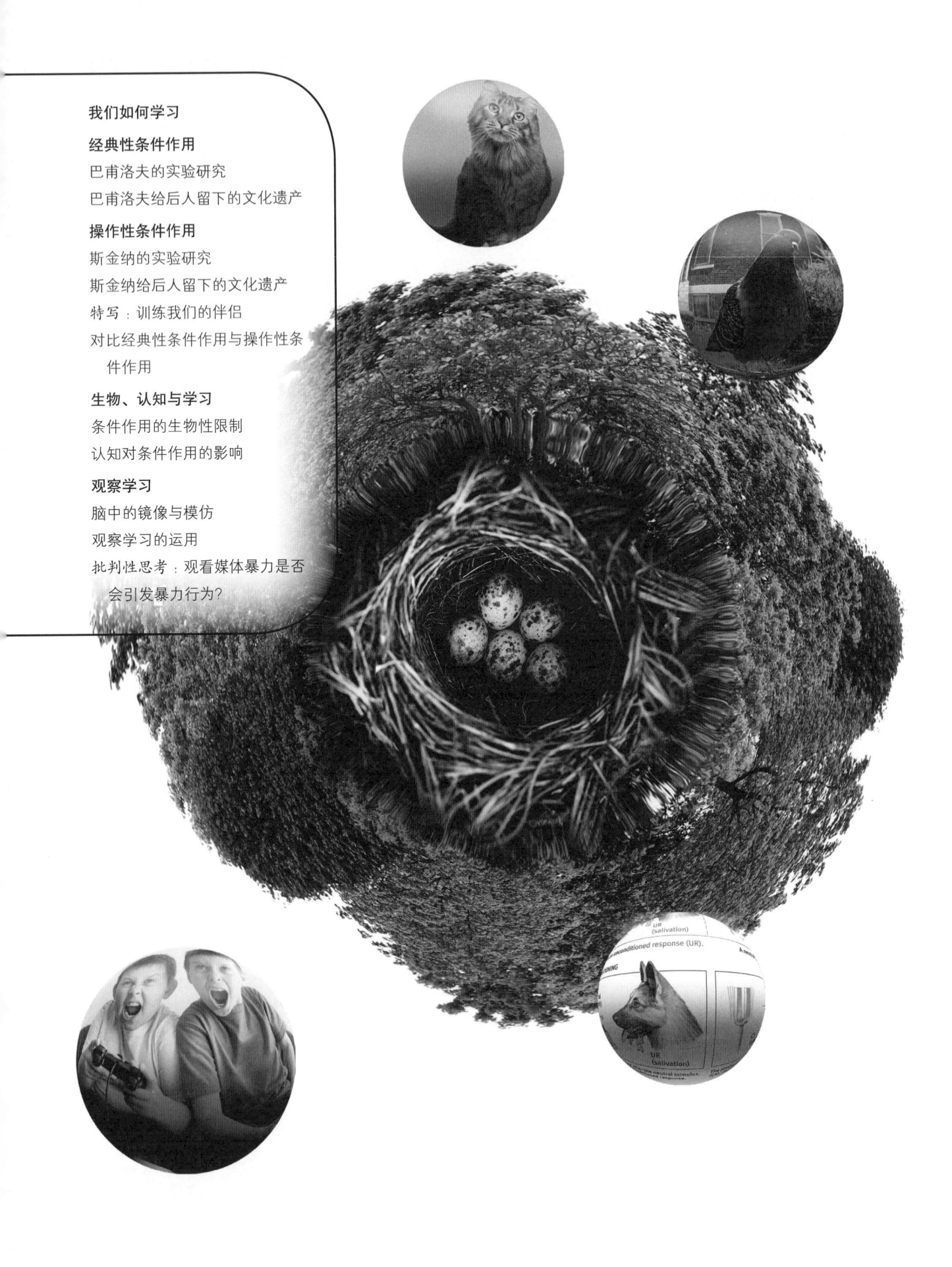

我们如何学习

经典性条件作用

巴甫洛夫的实验研究

巴甫洛夫给后人留下的文化遗产

操作性条件作用

斯金纳的实验研究

斯金纳给后人留下的文化遗产

特写：训练我们的伴侣

对比经典性条件作用与操作性条件作用

生物、认知与学习

条件作用的生物性限制

认知对条件作用的影响

观察学习

脑中的镜像与模仿

观察学习的运用

批判性思考：观看媒体暴力是否会引发暴力行为？

第7章

学 习

当契努克鲑鱼刚刚从位于河底沙砾层的卵里孵出时，它的基因便为它提供了生活所需要的大量行为指导。它本能地知道怎样游泳，吃什么食物以及怎样避开食肉动物的捕食。凭借本能，小鲑鱼开始了游向大海的艰难旅程。几年后，成熟的鲑鱼会以某种方式，跋涉数百英里，再次回到它的出生地。在祖先产卵的场所，鲑鱼会寻找到一处温度、沙砾、水流等条件适宜、便于繁殖的地方。然后与异性交配，完成其一生的使命，而此时的它也已走到了生命的尽头。

跟鲑鱼不同，我们出生时并没有带着规划人生的基因蓝图，我们的大多数行为是从经验中学到的。虽然我们努力寻找生活的方向而鲑鱼生来就有，但学习却给了我们更大的适应性。我们能学会怎样搭建草房或雪篷，怎样建造潜水艇或太空站，因而我们几乎能适应任何环境。实际上，自然赋予我们的最大恩赐也许就是我们的适应性——我们学习新行为的能力，使我们能够应对变化着的环境。

学习孕育希望。一个令所有家长、教育者、教练和驯兽师振奋的事实就是，我们可以去教个体所能学会的一切。咨询、心理治疗、康复计划的一个基本假设是，我们能通过新的学习改变已学到的一切——无论我们是多么的不幸福、失败或无爱心，这都是可以改变的。

没有一个话题比学习更接近心理学的核心部分。学习是获得新的和相对持久的信息或行为的过程。学习可以获得信息，并将其存储在记忆（下一章的主题）中。在前面的章节中，我们探讨过睡眠模式、性别角色和视知觉的学习。在后面的章节中，我们将探讨我们如何通过学习来形成我们的思维、情绪、人格和态度。本章将研究三类学习的核心过程：经典性条件作用、操作性条件作用和认知学习。

我们如何学习

> 7-1：什么是学习？学习有哪些基本形式？

学习（learn）的一种方式是通过联想（association）。我们的心理会将相继出现的事件自然地联系起来。设想看到和闻到刚出炉的烤面包后，你忍不住尝了一下，然后觉得味道真的很棒，那么，下一次当你看到和闻到刚出炉的面包时，先前经验会使你期待再次品尝这种美味的食品。声音也是同样。当你把某一声音与令人恐惧的情景联系起来后，那么你的恐惧感可能会因这种声音本身而产生。正如一个4岁小孩在看了电视剧中某个人物遭抢劫后所说的，"假使我听到了那种音乐，我就不会去那个拐角处了！"（Wells, 1981）。

习得的联想可以培养我们的习惯性行为（Wood & Neal, 2007）。我们一次又一次在特定的环境中重复某种行为——在床上以特定的姿势睡觉，在校园里走特定的路线，在电影院吃爆米花——这些行为就会与特定环境形成联结。下次处于这种环境时就会唤起我们的习惯性反应。多久可以形成这样的习惯呢？为了找到答案，一个英国研究小组让96名大学生选择一些健康行为（比如晚饭前跑步或午餐吃点水果），每天都做，坚持84天，然后记录是否感觉这些行为已经自动化（不假思索就会做某事，感觉很难不做）。一般来说，行为成为习惯需要66天左右（Lally et al., 2010）。（你是否想让某事成为日常生活的一部分？只要每天做这件事，坚持两个月或稍微更长一点的时间，你就会发现自己形成了新的习惯。）

其他动物也能通过联想来学习。当被水喷射后，海兔（Aplysia）会保护性地缩回它的腮部。若继续喷射，它可能会感觉自己就像在波涛汹涌的大海中一样，缩回反应大大减少（海兔的反应"习惯化"）。但若恰在喷射后立即反复地对其实施以电击，那么它对喷射的缩回反应又会增强。它们把喷射与即将来临的电击联系起来了。

高级动物可以学会将自己的行为与该行为的结果建立联系。水族馆里的海豹为让人们给自己抛鲱鱼，它们会不停地拍掌和咆哮。

海兔和海豹所表现出的都是**联想学习**（associative learning），即把临近发生的事件联系起来。海兔把喷射和即将来临的电击联系起来，海豹把拍掌、咆哮与获得鲱鱼联系起来。在这两个例子中，动物学会了对生存有利的重要本领：预测紧接的将来。

这一联想学习的过程即条件作用，主要有两种形式：

- 在经典性条件作用中，我们可以学会把两个刺激联系起来，从而期待某事件的出现。（**刺激**[stimulus]即唤起反应的任意事件或情境。）我们知道闪电后会是隆隆的雷声，于是，当闪电一出现，我们就开始紧张（图7.1）。
- 在操作性条件作用中，我们学会把一个反应（我们的行为）与它的结果联系起来，于是，我们（和其他动物）学会重复那些受到奖赏的行为（图7.2），而避免那些被惩罚的行为。

为便于理解，我们将单独讨论这两种类型的联想学习，虽然它们常一起出现在同一情境中。据说一位聪明的日本牧人通过给牛群装配起呼叫作用的电子寻呼机来放牧。一周后，牛群就学会了把两个刺激——身上传呼机的嘟嘟响与食物的到来联

我们中的大多数人可能说不出自己最喜欢的唱片或播放列表中歌曲的顺序。然而听见一首歌的末尾提示你对下一首歌的期待（通过联想）。同样，当你唱国歌时，你把每一句的末尾与下一句的开头联系起来。（在中间抽一句出来，看看回忆此前一句有多么困难。）

两个相关事件:

刺激1:
闪电

＋

刺激2:
雷声
BOOM!

→

反应:
受惊的反应;
退缩

重复后的结果:

刺激:
我们看到闪电

→

反应:
我们会退缩,因为料到紧接着会打雷

图 7.1
经典性条件作用

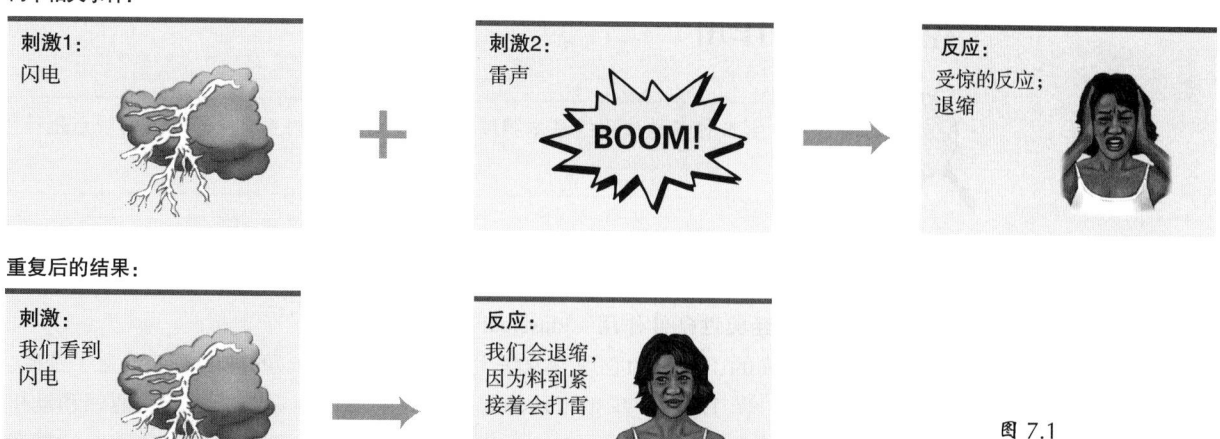

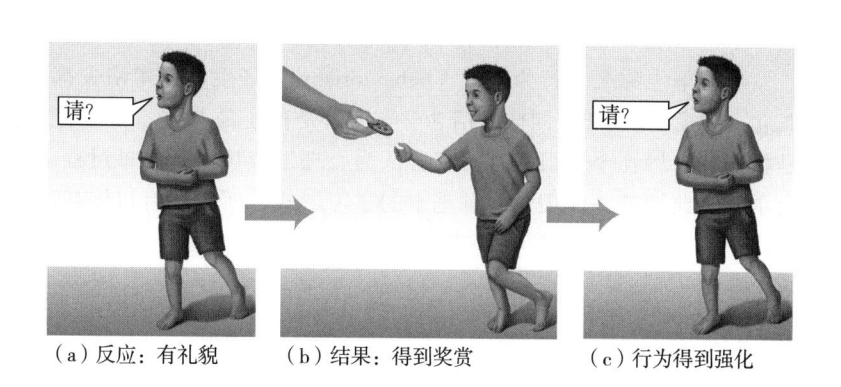

（a）反应：有礼貌　（b）结果：得到奖赏　（c）行为得到强化

图 7.2
操作性条件作用

系起来（经典性条件作用），同时也学会了把推挤饲料槽与吃的快乐联系起来（操作性条件作用）。

条件作用不是学习的唯一形式。通过**认知学习**（cognitive learning）我们可以获得心智信息来指导自己的行为。观察学习是认知学习的一种形式，使我们可以从他人的经验中学习。例如黑猩猩有时仅通过观察另一只黑猩猩怎么做就可以学会一些行为。若一只动物通过观察另一动物而学会解决一道难题并得到一块食物作为奖赏，那么，这只动物会更快地找到窍门。人类也是一样：我们通过观察进行学习。

通过学习，人类学会了适应环境。我们学习预期并为某些重要事件如食物或痛苦的来临做准备（经典性条件作用）。我们也学会重复那些能带来有利结果的行为而避免那些带来不利结果的行为（操作性条件作用）。通过观察事件和他人，我们学会新的行为，而且，借助语言，我们也可以学会我们既没有经历过又没有观察过的事情（认知学习）。

提取一下

- 习惯为什么很难打破？比如咖啡要配甜点。

答案：习惯把我们生活中许多行为联系起来了。因此，习惯性地喝咖啡就会触发，例如，我们经常就着咖啡吃的甜点，要享受几杯咖啡的同时会引起要吃甜点的欲望（经典性条件作用）。

经典性条件作用

> 7-2：经典性条件作用的基本组成成分是什么，行为主义关于学习的观点是什么？

对许多人来说，巴甫洛夫（1849—1936）这个名字听起来很熟悉。他20世纪早期的实验——如今心理学最著名的研究——非常经典，他所探索的现象，我们恰如其分地将其称作**经典性条件作用**（classical conditioning）。

巴甫洛夫的工作也为心理学家华生（John B. Watson）的理论观点奠定了基础。为探求内在学习规律，华生（1913）鼓励其同事抛弃对内部思维、情感和动机等心理过程的探讨。他认为，心理科学应该研究有机体如何对环境中的刺激作出反应。"这一理论的目标是预测和控制行为。在其研究方法中内省形式并不重要。"简言之，心理学应该是基于可观察行为的客观科学。

这一理论观点曾在20世纪对美国心理学产生了长达半个世纪之久的影响，华生称之为**行为主义**（behaviorism）。华生和巴甫洛夫都不屑于"精神的"概念（如意识），都持同样的信念——不管是狗还是人类，所有动物的基本学习规律是相同的。尽管今天很少有研究者认为心理学应该避开心理过程，但几乎所有人都会承认经典性条件作用是一种基本的学习形式，所有的有机体都通过它来适应其环境。

伊万·巴甫洛夫 "实验研究……今后应成为真正的心理科学之基础"（1927）。

巴甫洛夫的实验研究

巴甫洛夫的研究热情一生都在驱使着他的研究工作。在放弃了跟随父亲成为一名俄国东正教神甫的最初计划后，巴甫洛夫在33岁时获得了医学学位，并在接下来的20年里研究消化系统。这一工作使他在1904年成为俄国获诺贝尔奖的第一人。他在人生后30年全身心地致力于学习问题的新奇实验，而这确立了他在历史上的地位。

巴甫洛夫研究工作的新方向源于他那富有创新精神的头脑的一个偶然的观察。在研究狗的唾液分泌之后，他知道当把食物放到狗的嘴巴里时，狗总是会分泌唾液。而且，这只狗不仅会对食物的味道分泌唾液，也会对与食物相关联的刺激分泌唾液——仅仅是看到食物或者食物盘子，或者送食物的人，甚至是那个人到来的脚步声。一开始巴甫洛夫将这些"心理性的分泌"看成是一种烦恼——直到他意识到这

种分泌可能预示着一种简单而又重要的学习形式。

起先，巴甫洛夫和助手试图想象狗在流着口水期待食物的过程中，究竟在思考和感受着什么。这让他们陷入毫无结果的争论。因此，为更客观地探索这一现象，他们开始做实验。为消除无关刺激的可能影响，他们把狗单独关到一间小房间里，给它系紧绳子，并带上一种装置，使它的唾液分泌朝向测量装置。他们从隔壁房间提供食物——先是用食物碗滑入，后来是在确定的时间将肉粉吹到狗的嘴巴里。然后他们将不同的**中性刺激**（neutral stimuli, NS）——狗能看到或听到但与食物没有关联的事物——与送到狗嘴巴里的食物进行配对。如果某一景象或声音有规律地预示食物的到来，狗会把这两个刺激联系起来吗？如果是这样，它会在期待食物的过程中对中性刺激分泌唾液吗？

反复实验证明，答案是肯定的。恰恰在把食物放入狗的嘴巴内以使其分泌唾液之前，巴甫洛夫敲出一个声音。在声音和食物成对出现几次之后，在期待肉粉的过程中，狗开始单独对声音分泌唾液。运用这一程序，巴甫洛夫也采用了其他刺激来进行狗分泌唾液的实验——蜂鸣器[1]、灯光、对腿部的触摸，甚至是看见一个圆环。（这样的程序对人类也起作用。以饥饿的伦敦青年为被试，在闻到花生酱或香草的香味之前呈现一些抽象图形，被试的大脑很快就会对单独呈现的抽象图形产生反应，表现出期待 [Gottfried et al., 2003]。）

因食物在口中而分泌唾液是无需学习的。食物在嘴里会自动地、无条件地引起狗分泌唾液（图 7.3），因此巴甫洛夫称之为**无条件反应**（unconditioned response, UR），并且，巴甫洛夫称这一食物刺激为**无条件刺激**（unconditioned stimulus, US）。

然而对声音也能分泌唾液则是狗对食物与声音联结的条件化学习。今天我们称

---

[1] 蜂鸣器大概是巴甫洛夫设想的钟状物——一个小电铃（Tully, 2003）。

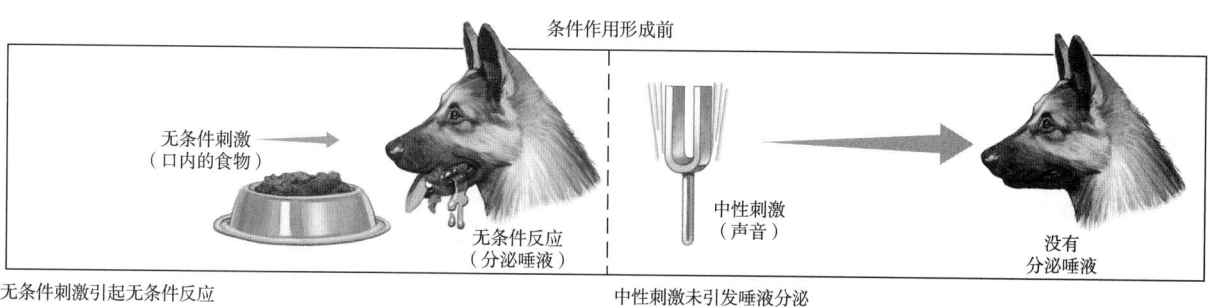

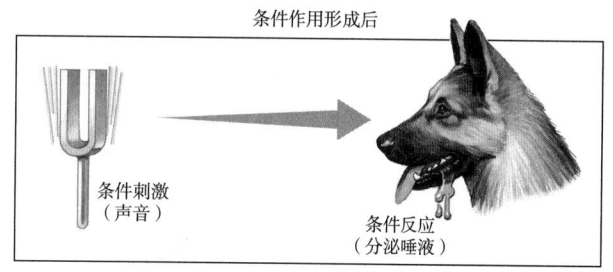

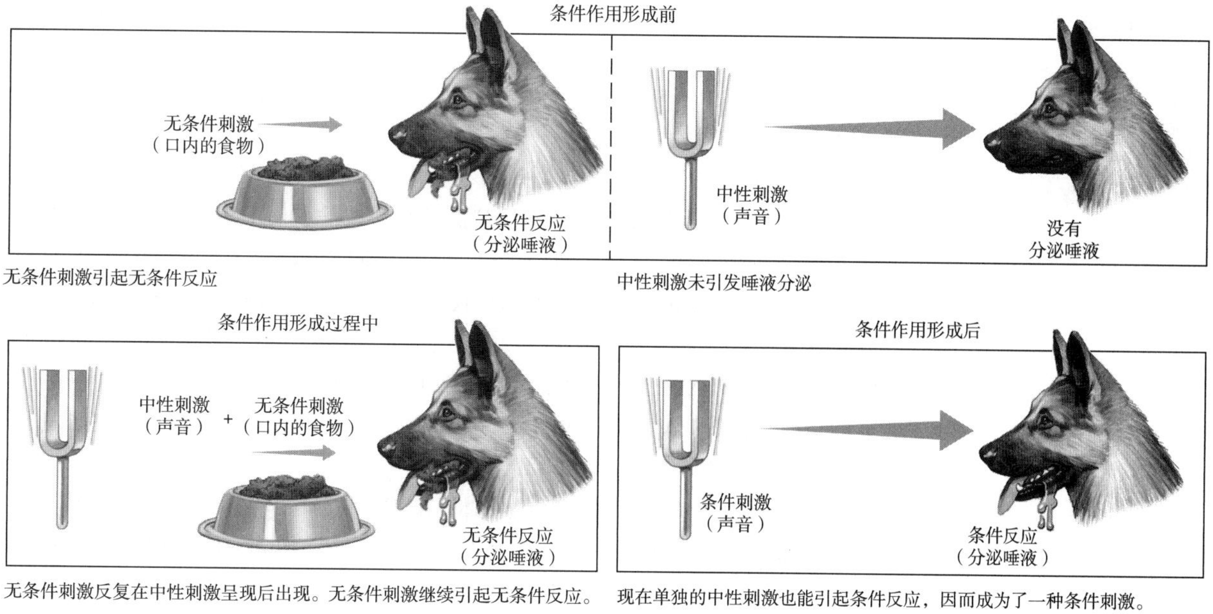

图 7.3
巴甫洛夫的经典实验
巴甫洛夫恰在呈现无条件刺激（口内的食物）之前呈现一中性刺激（声音）。这个中性刺激后来会变成一种条件刺激，产生一种条件反应。

这一习得的反应为**条件反应**（conditioned response, CR）。先前的中性刺激（在此案例中，先前无意义的声音现在能引起条件性的分泌）我们称之为**条件刺激**（conditioned stimulus, CS）。区分这两种刺激和反应十分简单：条件的 = 学习的；无条件的 = 不需要学习的。

如果巴甫洛夫对于联想学习的证明如此简单，那他在随后的 30 年里做了些什么呢？他的研究室发表的 532 篇关于唾液分泌条件作用的论文报告了哪些发现（Windholz, 1997）？他和他的助手探索了五种主要的条件作用过程：习得、消退、自然恢复、泛化和分化。

提取一下

- 实验人员在对着你的眼睛吹气之前先呈现一个音调。重复几次后，你就会在音调单独呈现时也眨眼。这个实验中，中性刺激（NS）、无条件刺激（US）、无条件反应（UR）、条件刺激（CS）和条件反应（CR）分别是什么？

答案：NS = 音调并预期的吹气；US = 吹气；UR = 对吹气的眨眼；CS = 习得预期的音调；CR = 对音调的眨眼

习 得

7-3：在经典性条件作用中，习得、消退、自然恢复、泛化和分化的过程是怎样的？

习得（acquisition）是形成联结的最初的学习形式。巴甫洛夫及其助手首先不得不面对有关时间的问题：中性刺激（声音、光、触摸）的呈现和无条件刺激（食物）之间需要间隔多长时间？在多数案例中，并不需要太长的时间——半秒钟比较合适。

假若食物（US）呈现在声音（CS）之前而不是之后，你认为会发生什么结果？会出现条件作用吗？答案是几乎不大可能。尽管会有例外，但条件作用很少发生在条件刺激呈现在无条件刺激之后的情况下。记住，经典性条件作用具有生物适应性，因为它有助于有机体为有利的或不利的事件作准备。对于巴甫洛夫的狗来说，声音信号（CS）预示了重要的生物事件——食物（US）的到来。对森林中的鹿而言，嫩枝噼啪作响的声音（CS）可能预示着周围有食肉动物（US）。如果有利的或不利的事件已发生，那么，这一条件刺激将不能帮助动物作好准备。

近期对日本雄鹌鹑的研究说明了条件刺激如何预示另一个重要的生物事件（Domjan, 1992, 1994, 2005）。在给雄鹌鹑呈现一个可接触的雌鹌鹑前，研究者首先会亮起红灯。随着时间的推移，由于红灯继续预示雌鹌鹑的出现，它使雄鹌鹑变得兴奋。它们形成了对笼子中红灯区的偏好，而且当雌鹌鹑出现时，会迅速与其进行交配，释放更多的精液和精子（Matheus et al., 2007）。总之，鹌鹑经典性条件作用的能力给它提供了一个繁殖上的优势。

人类也一样，与性愉悦紧密相联的物体、气味、景象——在一个实验中甚至是几何图形——都能成为性唤起的条件刺激（Byrne, 1982）。洋葱的气味通常不会引发性唤起。但是多次与富有激情的拥吻成对出现时，它也能变成一种起情欲作用的条件刺激（图 7.4）。这告诉我们条件作用有一个功能：它有助于动物的生存和繁殖——通过对有关线索的反应，帮助它们获得食物、避免危险、打败竞争对手、找到伴侣以及繁殖后代（Hollis, 1997）。

Eric Isselée/Shutterstock

记住：
NS = 中性刺激
US = 无条件刺激
UR = 无条件反应
CS = 条件刺激
CR = 条件反应

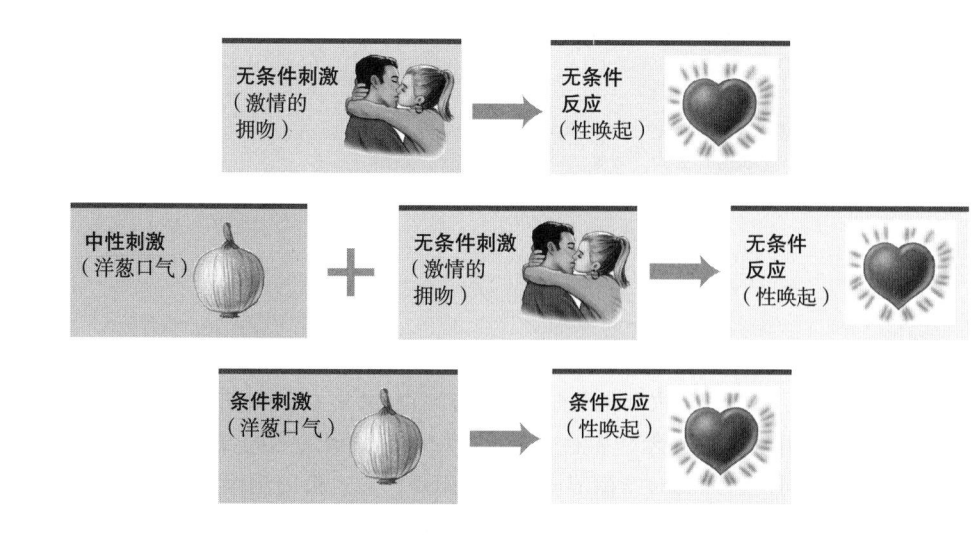

图 7.4

出乎意料的条件刺激

心理学家蒂雷尔（Tirrell, 1990）回忆：“我第一个女朋友喜欢洋葱，因而我逐渐把洋葱口气与接吻联系起来。不久之后，洋葱口气给我全身兴奋的感觉。哦，这是怎样的一种感觉啊！"

提取一下

- 在恐怖片中，唤起性欲望的女性影像有时会与对女性的暴力行为同时出现。基于经典条件作用原理，这种配对会有什么影响？

答案：如果观众未建立联系（一个无条件刺激），能够引起性唤起（无条件反应），那么长长不暴力刺激与一个新的刺激（暴力）相联结将使这种条件刺激也可以诱发性唤起这一条件反应。

消退与自然恢复

巴甫洛夫想知道条件作用形成后，若多次呈现条件刺激随后却并不呈现无条件刺激会出现什么结果？如果声音信号一再呈现而不呈现食物时，声音会继续引起唾液分泌吗？答案是复杂的。狗分泌的唾液越来越少，这一反应被称为**消退**（extinction），即当条件刺激（声音）不再预示即将到来的无条件刺激（食物）时，个体的行为反应会大大减少。然而，巴甫洛夫发现，如果他间隔几个小时后再呈现声音信号，那么狗对声音分泌唾液的行为又会重新出现（**图 7.5**）。这一**自然恢复**（spontaneous recovery）——短暂的停顿后（减弱的）条件反应重新出现——向巴甫洛夫暗示消退只会抑制而不能完全消除条件反应。

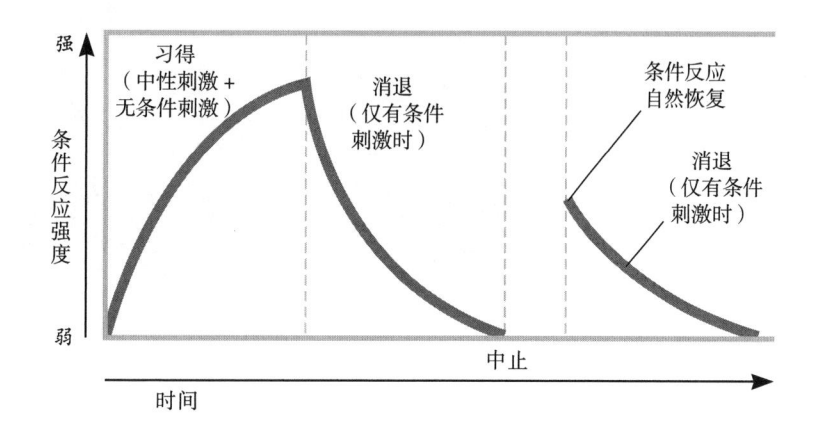

图 7.5

习得、消退和自然恢复的理想曲线

上升的曲线表明，随着中性刺激与无条件刺激多次结合，它逐渐变为一种条件刺激（习得），条件反应越来越强，而当只呈现条件刺激时反应就越来越弱（消退）。短暂的停顿后，条件反应又会重新出现（自然恢复）。

> **提取一下**
>
> - 经典条件作用的第一步,当一种中性刺激变成条件刺激时,称为_____。当一种无条件刺激不再跟随有条件刺激时,条件反应减弱,这是_____。
>
> 答案:习得；消退

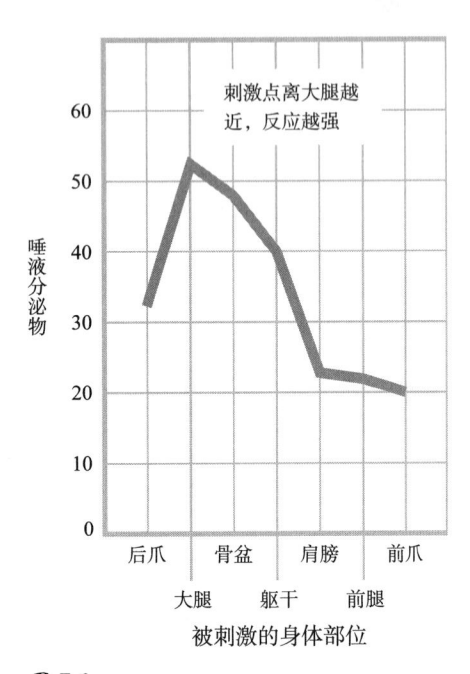

泛化

巴甫洛夫和他的学生注意到当狗对某一个音调的声音形成条件作用后,它也会对其他从未与食物成对呈现的不同音调作出某些反应。同样,当狗对摩擦形成条件作用后,它也会因刮擦(Windholz, 1989)或对身体不同部位的触摸而分泌唾液(图7.6)。这种对与条件刺激相似物所表现出的反应倾向称为**泛化**(generalization)。

泛化具有适应性,比如当你教导刚学走路的儿童当心马路上的小汽车时,他们也会对卡车和摩托车做出同样的反应。恐惧的泛化会持久存留。一名经历过酷刑折磨的阿根廷作家一看到黑色鞋子仍然恐惧畏缩——当行刑者第一次进入牢房时,他第一眼看到的就是黑鞋子。焦虑反应的泛化已被比较曾被虐待和未被虐待儿童的实验室研究所证实(图7.7)。在屏幕上呈现一副生气的面孔,被虐待儿童的脑波反应明显更加强烈和持久(Pollak et al., 1998)。

通过联想,那些与自然就令人厌恶的事物相似的刺激,也能引起一定程度的厌恶感。通常令人食欲大增的食物,如奶油软糖,当以狗屎的样子呈现时,便会失去其吸引力了(Rozin et al., 1986)。研究者还发现,相比不喜欢的人,如果陌生人与我们熟知的喜欢的人长得像,则我们会更喜欢他(Verosky & Todorov, 2010)。(通过将我们已知的某个喜欢或不喜欢的人的面部特征巧妙地加工到一个新面孔上,研究者得出这一结论。)以上例子中,人们都将对某个刺激的情绪反应泛化到了相似的刺激。

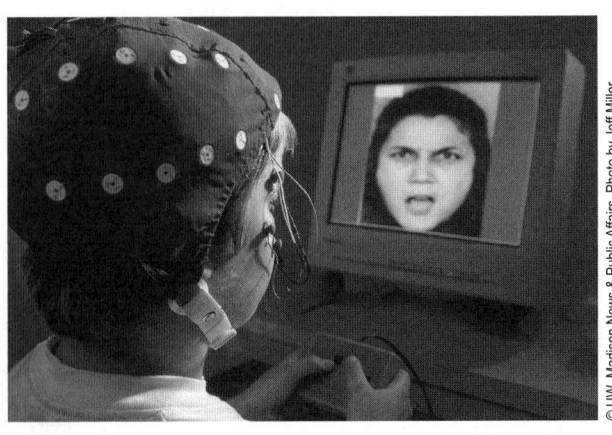

图 7.6
泛化
巴甫洛夫通过在狗身上的各个部位系上微型的振动器证实了泛化现象。当对大腿上的刺激建立条件分泌后,他也会刺激其他的区域。刺激点离大腿越近,条件反应越强。(资料来源:Pavlov, 1927)

图 7.7
虐待儿童会在大脑中留下痕迹
研究表明受虐儿童敏感的大脑在看到生气的面孔时反应更强烈(Pollak et al., 1998)。这种焦虑反应的泛化反应可能有助于解释为什么受虐儿童产生心理障碍的风险更高。

分 化

巴甫洛夫的狗也可以学会对某种特定的声调而不是其他声调做出反应。**分化**（discrimination）是指能够区分条件刺激（可以预示无条件刺激的出现）与其他无关刺激的能力。能辨别差异具有适应性。极小的刺激差异有时导致的是巨大的结果差异。面对一只警卫犬时，你可能会心跳加快；但当面对一只导盲犬时，可能就不会出现这种反应。

提取一下

- 哪种条件作用原理在影响蜗牛的情感？

答案：分化

"我不在乎她是不是一个胶带分割器。我爱她。"

巴甫洛夫给后人留下的文化遗产

7-4：巴甫洛夫的工作为什么仍然如此重要？他的工作在人类的健康和福祉方面有哪些应用？

那么，巴甫洛夫的思想都给我们留下了什么？很多。大多数研究者都认为经典性条件作用是学习的基本形式。用今天的认知加工与生物倾向的知识评判，巴甫洛夫的观点并不完全正确。但如果说我们比巴甫洛夫看得更远，那是因为我们站在了他的肩膀上。

为什么巴甫洛夫的研究工作至今仍如此重要？如果他仅告诉我们老狗可以学习新技巧，他的实验可能在很早以前就被世人遗忘了。人们为什么关心狗会对声音形成条件作用并分泌唾液呢？其重要性首先在于：对许多其他的有机体来说，他们都可以对许多其他刺激形成条件作用——事实上包括实验过的每一种生物，从蚯蚓、鱼、狗、猴子到人类（Schwartz, 1984）。因此，实际上经典性条件作用是几乎所有生物学习适应其生存环境的一种方式。

其次，巴甫洛夫向我们展示了如何客观地进行研究，如怎样客观地研究学习。巴甫洛夫为自己所用的研究方法感到自豪和骄傲，在他研究狗的思维意识时，并没有掺入任何的主观判断和猜测。分泌唾液的反应是明显可以测量的行为，如分泌多少立方厘米。因此巴甫洛夫的成功提示着年轻的心理学应该怎样朝科学的模式前进——将复杂行为分离成基本的行为元素并采用客观的实验室研究程序。

提取一下

- 如果烤蛋糕的香味让你流口水，那么，其中的无条件刺激、条件刺激和条件反应分别是什么？

答案：蛋糕（及其吃起来的味道）是无条件刺激。烤蛋糕的香味是条件刺激。对该香味流口水是条件反应。

经典性条件作用的应用

本书的其他章节——关于意识、动机、情绪、健康、心理障碍以及治疗——展示了巴甫洛夫的原理可对人类的健康和福祉产生何种影响。如以下两个例子：

- 当先前吸食毒品的个体再次进入吸毒的环境——遇到与先前药物使用时欣快体验相关的人或地点时——常会萌生吸食的强烈欲望。因此，药物咨询师建议成瘾者应避开可触发这些欲望的相关人或情境（Siegel, 2005）。
- 经典性条件作用甚至对体内的抗病免疫系统起作用。当某种特定味道与影响免疫反应的药片同时出现时，这种味道本身就可能产生免疫反应（Ader & Cohen, 1985）。

约翰·布罗德斯·华生 华生（1924）承认，自己的名言——"给我一打健康的婴儿，一个由我支配的特殊的环境，让我在这个环境里养育他们。我可担保，任意选择一个，不论他的天资、嗜好、倾向、能力、职业及其祖先的种族如何，我都可以按照我的意愿把他们训练成为任何一类专家——医生、律师、艺术家、大商人，甚至乞丐或小偷"——有点"言过其实"。
Brown Brothers

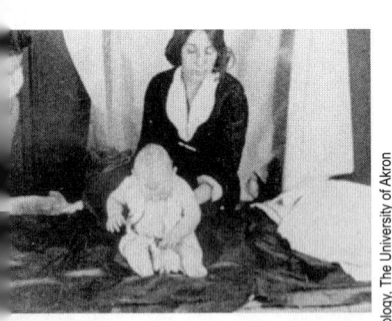

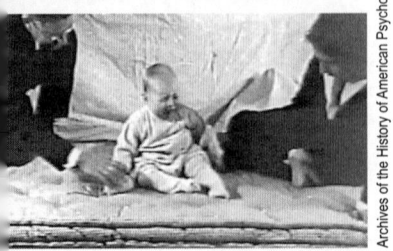

巴甫洛夫的工作也为华生（1913）的观点奠定了基础，后者认为人类的情绪和行为虽然受生物倾向影响，但主要是大量的条件反应。在一个著名的研究中，华生和雷纳（Rayner, 1920; Harris, 1979）在一名 11 个月大的婴儿身上，演示了个体如何对某种恐惧形成条件作用。像许多婴儿一样，"小阿尔伯特"害怕大的吵闹声但不怕大鼠。华生和雷纳在他面前放了只大鼠，当小阿尔伯特去摸它时，立即在其脑后用锤子重击一钢板条。当重复 7 次看到大鼠之后马上便会听到恐怖声音后，阿尔伯特一看到大鼠便大哭起来。5 天以后，阿尔伯特出现了对兔子、狗、山羊泛化的恐惧反应，但对完全不同的物体如玩具却并未表现出泛化的恐惧反应。

人们很想知道，多年后小阿尔伯特变成了什么样。直到 2009 年，心理学侦探才确认他就是道格拉斯·梅里特，他妈妈是一名校医室乳母，当年让孩子参加实验获得一美元的报酬。让人难过的是，阿尔伯特在 6 岁时离世，他短暂的一生都在遭受先天性脑积水的折磨，后来因脑膜炎使得病情恶化。脑损伤肯定影响了他在华生和雷纳实验中的行为（Beck et al., 2009, 2010; Fridlund et al., 2012a, b）。人们也想知道华生后来怎么样了。因与雷纳（后来二人结成夫妇）恋爱，他失去了约翰·霍普金斯大学的教授职位，后来他成为沃尔特·汤普森（J. Walter Thompson）广告公司的常驻心理学家。在那里华生用他的联想学习知识设计了许多成功的活动，包括为麦斯韦尔设计的"咖啡时间"，并因此使其成为美国的一种习俗（Hunt, 1993）。

以今天的标准，小阿尔伯特的研究是有悖伦理道德的。同时，一些心理学家注意到婴儿的恐惧习得并不迅速，他们难以重复华生和雷纳的研究。尽管如此，关于小阿尔伯特的研究工作使得许多心理学家思考是否我们每个人都是一个条件化情绪的活动仓库。如果是，能否通过应用消退程序或建立新的条件反应，来帮助我们改变对引发情绪的刺激物产生的不想要的反应？一个治疗者告诉一个 30 年来一直害怕单独乘坐电梯的患者每天强迫自己一个人单独乘坐电梯 20 次。10 天之内，他的恐惧感几乎消失了（Ellis & Becker, 1982）。在第 14 章和第 15 章中，我们将看到更多心理学家如何运用行为技术治疗情绪障碍和促进个人成长的例子。

> **提取一下**
>
> - 在华生和雷纳的实验中，在反复经历白鼠出现时伴随巨大的声音后，"小阿尔伯特"习得了对白鼠的恐惧。在这个实验中，无条件刺激、无条件反应、中性刺激、条件刺激和条件反应分别是什么？
>
> 答案：无条件刺激是巨大的声音；无条件反应是害怕对噪声的反应；中性刺激是与巨大的声音配对前的白鼠，条件刺激是与巨大的声音配对后的白鼠；条件反应是害怕白鼠。

操作性条件作用

> 7-5：什么是操作性条件作用？操作行为是如何被强化和塑造的？

教狗对声音分泌唾液，或教一个小孩当心马路上的车，是通过经典性条件作用；教大象用后腿走路，或教会孩子说请，则是通过操作性条件作用。

经典性条件作用与操作性条件作用都是联想学习的形式，然而二者之间的区别也是显而易见的：

- 经典性条件作用是在刺激（条件刺激与它所预示的无条件刺激）之间形成联想。它也包含应答行为（respondent behavior）——对某些刺激自发表现出的行为（如对肉粉表现出分泌唾液的反应以及后来对声音分泌唾液的反应）。
- **操作性条件作用**（operant conditioning）中，有机体将自身行为及其结果联系起来。有强化物跟随的行为会增加；而被惩罚跟随的行为通常会减少。操作于环境以产生奖赏或惩罚刺激的行为称为操作行为（operant behavior）。

> **提取一下**
>
> - 通过_____条件作用，我们学习不为自己所控制的事件之间的联系。
>   通过_____条件作用，我们学习自身行为与结果事件之间的联系。
>
> 答案：经典性；操作性。

斯金纳的实验研究

斯金纳（B.F. Skinner, 1904—1990）是英语专业的大学生，也是有抱负的作家，他为了寻找新方向，成为心理学专业的研究生。后来他成为现代行为主义最具影响和争议的人物。斯金纳详细阐述了关于生命的一个简单事实，心理学家桑代克（Thorndike, 1874—1949）称之为**效果律**（law of effect）：得到奖赏的行为很可能会再次出现（图 7.8）。以桑代克的效果律为起点，斯金纳提出了一套行为控制的"行为技术"。这些原理帮助他训练鸽子表现出一些非本能行为，如走 8 字路、打乒乓、通过啄屏幕上的目标来保持子弹的正确方向。

为了进行这些先驱性的研究，斯金纳设计了**操作箱**（operant chamber），即有名的斯金纳箱（图 7.9）。其内部配有一根扣栓棒或钥匙以使动物按压或叼啄而得到食

Eric Isselée/Shutterstock

图 7.8

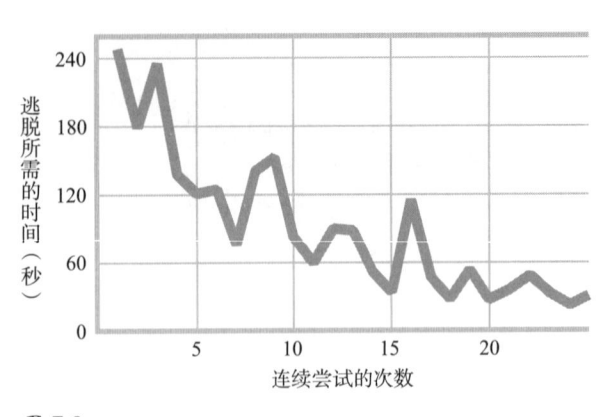

迷宫箱中的猫

桑代克用鱼作为奖赏鼓励猫通过不断练习从迷宫箱子（右图）中逃脱。猫的表现随尝试次数的提高而越来越好（左图），证实了桑代克的效果律（改编自 Thorndike, 1898）

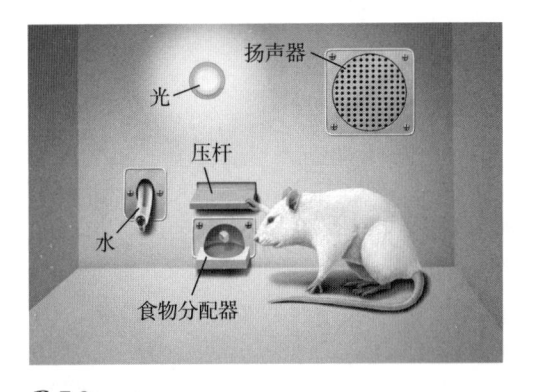

图 7.9

斯金纳箱

在箱子内，大鼠通过按压扣栓棒以得到食物奖赏。而在箱子外，则有一测量装置（未在图中展现）记录动物的累积反应。

物或水的奖赏，以及一个记录这些反应的装置。这一设计创造了一个舞台，大鼠和其他动物可以在里面表现出斯金纳的**强化**（reinforcement）概念：能够巩固（增加频率）先前反应的任何事件。什么具有强化作用取决于动物和环境。对于人来说，强化物可以是赞美、关注或薪水。对于饥渴的大鼠来说，食物和水有很好的效果。斯金纳的实验并不仅仅是教给我们如何让大鼠改变自己的习惯。他们探索出了能够促进高效、持久学习的精确条件。

行为塑造

假设你要训练一只饥饿的大鼠按压扣栓棒。你可以像斯金纳一样，采用**塑造**（shaping）的方式，逐渐引导动物的行动朝向某种预期设定的目标行为。首先，在观察了这只动物的自然行为后，你可以在其现有行为的基础上进行塑造。当大鼠每次接近扣栓棒时你可以给它食物作为奖赏。一旦这只大鼠有规律地接近目标，你可以在提供奖赏前要求它再朝前移动一些，而后再近点；最后，你要求它触及扣栓棒才会给予食物作为奖赏。通过这种连续渐进的学习步骤，你奖赏越来越接近最后目标的行为，同时你忽略其他所有反应。通过对与目标行为相一致行为的奖赏，研究者和动物训练者逐渐塑造了动物的复杂行为。

塑造还可以帮助我们了解不能说话的动物能够感知什么样的刺激。狗能区分红色和绿色吗？婴儿能辨别音调的高低吗？如果我们能使他们对一种刺激而不是对另一种刺激作出反应，那么，很明显他们能感觉到差异。一些实验甚至表明有些动物可以形成概念。当实验强化鸽子对人脸而不是其他图像做出啄的反应时，鸽子的行为表明他们可以辨认人脸（Herrnstein & Loveland, 1964）。在这一实验中，人脸是一个分化刺激。和绿色交通灯一样，分化刺激表示一个反应将得到强化。当训练鸽子分辨事物或物体的种类之后——花、人物、小汽车、椅子——它们常常也能辨认新图像所属的类别（Bhatt et al., 1988; Wasserman, 1993）。得到训练后，鸽子甚至还能学会辨别巴赫与斯特拉文斯基的音乐（Porter & Neuringer, 1984）。

在日常生活中也同样如此，斯金纳说，我们不断地奖赏和塑造他人的行为，虽然这可能不是我们的本意。有时我们也会不知不觉地奖赏那些令人讨厌的行为。例如，比利经常哭叫，而父母为此非常恼火，请看看他们是怎样处理这种事情的。

比利：你能帮我系鞋带吗？
父亲：（继续读报纸。）
比利：爸爸，我要系鞋带。
父亲：哦，嗯，等一会。
比利：爸——！给我系鞋带！
父亲：我说了多少次了以后不要再哭叫了？好了，先系哪一只鞋？

比利的哭叫得到了强化，因为他得到了自己想要的东西——爸爸的注意。父亲的反应也得到了强化，因为他摆脱了儿子令人讨厌的行为——哭叫。

我们再来看看老师的强化方式。在墙上的挂图上，老师会在那些拼写测验中获满分的儿童名字后贴上小五角星。所有儿童参加的是同样的测验。对此，我们能看出，有些儿童始终做得很好很容易得到满分。另一些儿童，可能比学业上的小明星更加努力却得不到奖赏。最好建议这位老师运用操作性条件作用原理——强化所有逐渐进步的拼写者（逐渐接近他们认为富有挑战性的完全正确的拼写）。

不同环境有不同的强化物 对一种动物（一只寒冷的猫鼬）有强化作用的东西（一盏加热灯）对另一种动物（一个过热的孩子）可能就没有这种作用。在一种情况下（悉尼塔朗加动物园的寒流）的强化物在另一种情况下（闷热的夏日）可能就不是。

强化类型

7-6：怎样区分积极强化与消极强化？强化物有哪些基本类型？

到目前为止，我们主要讨论了**积极强化**（positive reinforcement），即通过在某行为反应后呈现愉悦的刺激来强化这一反应。但是，如我们在哭叫的比利的故事中所看到的，强化有两种基本的形式（**表 7.1**）。**消极强化**（negative reinforcement）是通过减少或消除令人厌恶的刺激而强化某一反应。比利的哭叫得到了积极的强化，因为他得到了自己想要的东西——爸爸的注意。父亲对哭叫的反应（系比利的鞋带）就属于消极强化，因为他摆脱了令人反感的行为——比利的哭叫。同样，服用阿斯匹林能缓解头痛，按一下静音键可以使令人讨厌的警报器复归安宁。这些受欢迎的

表 7.1
增加行为频次的方法

操作性条件作用术语	描述	例子
积极强化	添加一种令人愉快的刺激	当狗听到你的呼唤过来时给它爱抚；向粉刷你家房子的人付钱。
消极强化	消除一种令人厌恶的刺激	吃止痛药避免疼痛；系紧安全带避免发出嘟嘟的声音。

结果提供了消极强化，并且增加了你将来重复这些行为的可能性。对于毒品成瘾者，结束戒断痛苦的消极强化可能是复吸的强有力的理由（Baker et al., 2004）。注意，消极强化不是惩罚。（友情提示：默默重复最后八个字。）相反的，消极强化是消除一个惩罚（令人厌恶的）事件。

有时候积极强化和消极强化会同时发生，想象一个因游手好闲而学习很差的学生，下决心努力学习以争取下次考个好成绩。这个学生的学习行为可能因降低焦虑而得到消极强化，同时也因取得了好成绩而得到积极强化。不论强化是通过提供令人期望的刺激物还是消除令人厌恶的刺激物而起作用，任何增强行为的结果，都是强化。

提取一下

- 在这幅漫画中，操作性条件作用是怎样起作用的？

答案：如果孩子尖叫从大闹获奖得拎，在将来孩子继续再闹时就停止大哭，他看到孩子哭闹行为的停止就会受到消极强化，而妈妈给孩子拎的行为也得到了积极强化。

一级强化物和条件强化物　饥饿时得到食物或消除剧烈的头痛自然会令人满意。这些**一级强化物**（primary reinforcers）是非习得的。**条件强化物**（conditioned reinforcers），也叫二级强化物，通过与一级强化物习得的联系而产生效力。如果斯金纳箱里的大鼠学会了灯光预示食物的到来，这只大鼠会努力去开灯。灯已变成了与食物相联的二级强化物。我们的生活中充满了潜在的二级强化物——金钱、好成绩、愉悦的声音、一句表扬的话——其中的每一种都与更基本的奖赏相联。

即时强化物和延迟强化物　让我们再回到假想的行为塑造实验，实验的目标是要求一只大鼠对按压扣栓棒形成条件作用。在表现出这一"想要的"行为之前，饥饿的大鼠忙于表现出一系列"不需要的"行为——抓、嗅、到处跑动。这些行为中无论哪一种只要立即得到食物的强化，都将可能再次出现。但是，如果大鼠在你不注意的时候按压扣栓棒，而你延迟给予强化物，会发生什么呢？如果你延迟超过30秒才对按压扣栓棒的行为进行强化，而让其他偶然的行为——嗅和跑动——介入并对其强化，那么按压扣栓棒的学习将不会出现。

与大鼠有所不同，人类能对延迟性的强化物进行反应，如周末支票、学期末的好成绩、季节末的奖品。确实，为了使活动更有效，我们必须学会为更长远的回报而延迟即刻的奖赏。在实验室测试中，一些4岁儿童表现出这种能力。在选择糖块时，他们宁愿选择明天得到一块大的而不是现在获得一块小的。走向成熟的一步大跨越——以及要获得最满意的人生——就是要学会延迟满足、控制自己的冲动以获得更有价值的奖赏

"哦，还不错。灯一亮我按下扣栓棒，他们就签给我一张支票。你怎么样啊？"

(Logue, 1998a, b）。难怪做出这种选择的儿童长大后，更可能表现出较强的社会能力并取得更高的成就（Mischel et al., 1989）。

但对我们不利的是，小而及时的结果（例如，熬夜欣赏某一个电视节目的满足感）有时比大而延迟的结果（明天一天头脑清醒）更诱人。对许多青少年来说，激情时刻危险的、无防护措施的性爱所带来的眼前的满足，要胜过安全且有防护措施的性爱所能给予的延迟的满足。并且对于很多人来说，现在的耗油车辆、航空旅行和空调带来的即时回报都超越了将来更大的代价——全球气候变化、海平面升高和极端天气。

强化程式

7-7：不同的强化程式如何影响行为？

在我们的大多数例子中，对期望出现的反应每次都进行了强化。这就是**连续强化**（continuous reinforcement）。但是**强化程式**（reinforcement schedules）有多种。连续强化是掌握一项行为最好的选择，因为学习过程会很快出现——但是消退也会很快出现。当强化停止——当我们在老鼠按压扣栓棒后不再提供食物——此行为很快停止。如果一个通常可信的糖果机连续两次都没送出糖果，我们就不会再放钱进去（尽管一周后我们可能表现出再试一次的自然恢复）。

现实生活很少会提供这种连续的强化。商人不会每次都交易成功，他们之所以会坚持是因为他们的努力偶尔会得到强化。这种坚持不懈在**部分（间歇）强化**（partial [intermittent] reinforcement）程式中很典型，反应有时会得到强化，有时则得不到强化。在间歇强化下，最初的学习速度通常比较慢，但间歇强化可以产生更大的坚持性——比通过连续强化所建立的行为更能抗拒消退。设想一只鸽子已经学会了啄钥匙以获得食物。如果实验员逐渐停止提供食物至偶尔一次，且食物的提供无法预测，那么，在无奖赏的情况下鸽子可能会啄 150 000 次（Skinner, 1953）。赌博机以大致相同的方式奖赏赌徒——偶尔以及无法预测。正如鸽子一样，他们会一直尝试下去，一次又一次。因为间歇强化，所以希望永远都在。

父母的经验教训：部分强化对孩子也起作用。为了一时的安宁与平静而偶尔对小孩子的无理取闹妥协投降，这在无形中间歇地强化了这种无理的行为。这是使某种行为持续的最好方式。

斯金纳（1961）及其合作者研究比较了四种不同的部分强化程式。有些是严格的固定程式，有些则是不可预测的变化程式。

固定比率程式（fixed-ratio schedule）在一定数量的反应后强化某种行为。咖啡店会在我们每购买十次后回报我们一次免费咖啡。实验室的动物可能按某一固定的比率得到强化，如每三十个反应给予一个食物丸。一旦形成条件作用，动物可能仅在得到强化物后暂停一小会儿，然后会回到高反应率的状态（**图 7.10**）。

不定比率程式（variable-ratio schedule）在不定量的反应后提供强化刺激。这就是赌博者和钓鱼者的经历——不可预测的强化——也是赌博和钓鱼行为很难消退的原因，甚至当二者都一无所获时。因为强化物随反应的次数而增加，不定比率程式会带来高反应率。

固定间隔程式（fixed-interval schedule）在某一固定时段后强化第一个反应。在

Vitaly Titov & Maria Sidelnikova/Shutterstock

图 7.10
间歇强化程式

斯金纳实验室里的鸽子对四种强化程式分别形成了这些反应模式。(斜纹线代表强化物。)如同鸽子一样,与反应次数相关的强化(比率强化程式)比与时间流逝相关的强化(间歇强化)使人类表现出更高的反应率。但是奖赏的可预见性也很重要。一个不可预测的(不定)强化程式比一个可预测的(固定)强化程式产生更一致的响应。

改编自 "Teaching Machines" by B. F. Skinner. Copyright © 1961, Scientific American, Inc. All Rights Reserved.

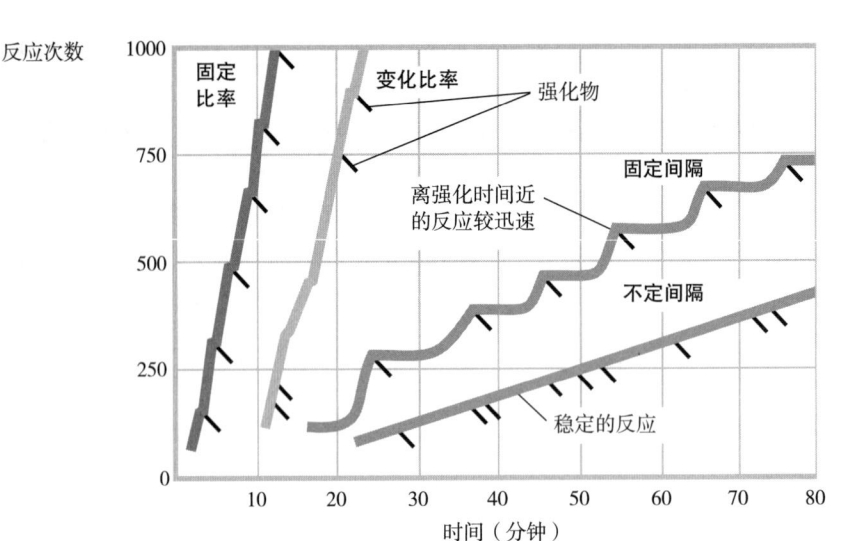

> 钓鱼的魅力就在于它是一种难以捉摸但会有所回报的追求,一系列不断的偶然产生了希望。
> ——苏格兰作家约翰·巴肯(1875—1940)

这一程式下,当预期的奖赏时间临近时,动物倾向于更频繁地反应。随着投递时间的邻近,人们会更频繁地查看邮件,饥饿的孩子更频繁地摇晃吉露果子冻,看它是否已凝固。当期待的奖赏快要来临时,鸽子会更快速地啄钥匙(见图 7.10)。

不定间隔程式(variable-interval schedule)在不同的时间间隔里强化第一个反应。正如终于得到的信息奖赏了你在查看脸书或电子邮件上的坚持,不定间隔程式通常会产生缓慢而稳定的反应。这是有意义的,因为我们不知道什么时候等待会结束(表 7.2)。

总的来说,当强化与反应的次数相关联(比率程式)而不是与时间(间隔程式)相关联时,反应的比率更高。但是,与强化可预期时(固定间隔程式)相比,当强化不可预期时(不定间隔程式)反应的一致性更高。虽然动物行为有所不同,但斯金纳声称(1956)操作性条件作用的强化原理是非常普遍的。他说,什么反应、什么强化物或以哪种动物进行实验并不重要。强化程式的效果几乎一致:"鸽子、大鼠、猴子,

表 7.2
强化程式

	固定的	变化的
比率	每隔数次时:每几次行为后给予强化,比如每购买 10 次咖啡可以获得 1 次免费咖啡,或按照生产的产品单位数来付款。	在不定的次数后:在随机次数的行为后给予强化,就像玩老虎机或抛投游戏时。
间隔	间隔时间固定:在固定的时间间隔后对行为强化,比如每周二打折。	间隔不定:对行为的强化间隔时间随机,就像检查脸书的回复。

提取一下

● 电话推销员受哪种程式的强化?人们检查烤炉看饼干是否做好又属于哪种强化程式?航空公司的飞行常客计划会在每旅行 25 000 英里后提供一次免费航班,这又是运用了哪种强化程式?

答案:电话推销员(在打了多少次电话后)会以不定比率程式来强化;检查烤炉看曲奇是否做好会以固定间隔程式来强化;飞行常客计划使用的是固定比率来强化。

对它们分别各用了哪一种强化，这并不重要……因为其行为表现出惊人的相似。"

惩罚

> 7-8：惩罚与消极强化有何不同？惩罚是如何影响行为的？

惩罚（punishment）的效果与强化相反。强化可以增加行为反应频次，而惩罚则会减少行为反应频次。惩罚物是降低之前行为发生频率的任何后果（见**表7.3**）。迅速而确定的惩罚物能有力地约束不受欢迎的行为。老鼠在触碰到禁止靠近的物品后被电击，孩子在碰到炉子时被烫到，他们都会学到不再重复这样的行为。有些惩罚虽然不是有意的，但会非常有效：如果主人把因听到电开罐器的声音而跑过来的狗抓到了地下室，那么它将不会再对这种声音感兴趣。

很多犯罪行为都是冲动性的，迅速而确定的惩罚比重刑判决的威胁对犯罪行为的影响更大（Darley & Alter, 2011）。因此，当亚利桑那州对首次醉酒驾驶实施极其严苛的处罚时，醉驾率的变化微乎其微。而当堪萨斯城的警察开始在犯罪率高的地区巡逻，增加了惩罚的迅速性和确定性时，该城市的犯罪率大幅度降低。

我们怎样将惩罚研究的成果应用到家庭教养实践中呢？许多心理学家和非暴力式家庭教养方式的支持者认为，体罚有四大缺点（Gershoff, 2002; Marshall, 2002）：

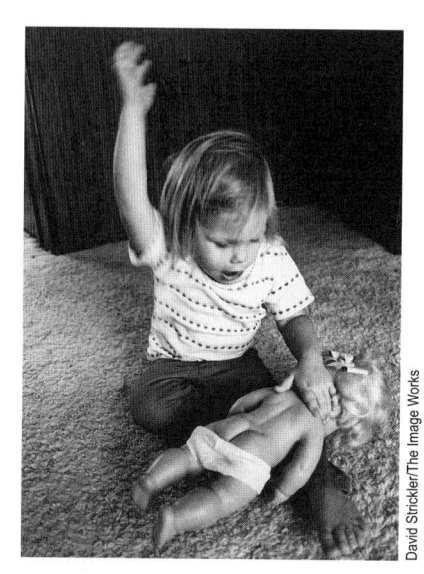

儿童看到，就会去做？ 经常受到体罚的儿童更可能会表现出侵犯行为。

1. 被惩罚的行为并未被遗忘，它只是被压抑了。这一暂时性的压抑可能会（消极地）强化父母的惩罚行为。当孩子骂人时，父母会责打他，于是父母以后再也没听到孩子骂人，然后他们会觉得这一惩罚对制止儿童骂人是有效的。难怪打屁股会受到那么多3~4岁幼儿父母的欢迎——超过90%的父母承认打过自己的孩子（Kazdin & Benjet, 2003）。
2. 惩罚教会儿童对不同的情况区别对待。在操作性条件作用中，当有机体认识到特定的反应会得到强化，其他反应却没有强化时，就形成了分化。惩罚是否有效地消除了儿童的骂人行为？或者儿童仅仅学会了不能在家里骂人而在其他地方却没有问题？
3. 惩罚会产生恐惧。在操作性条件作用中，当有机体对相似刺激的反应也得到强化时，就形成了泛化。被惩罚的儿童可能会不仅将恐惧与那些不受欢迎的行为联系起来，而且会与惩罚他的人和惩罚发生的地点联系起来。因而儿童可能会害怕爱体罚学生的老师，并想逃学，或者可能变得更加焦虑（Gershoff, et al., 2010）。出于这些原因，欧洲大多数国家以及美国大多数州禁止在学校和儿童养

表7.3
减少行为的方式

惩罚类型	描述	例子
积极惩罚	提供一个令人厌恶的刺激	向狂吠的狗泼水；给超速的人交通罚单
消极惩罚	撤销一个令人想要的刺激	消除青少年的驾驶特权；收回不付罚金的人的图书卡

育机构殴打儿童。有 29 个国家进一步以立法的形式指出父母亲打骂儿童是违法行为，就像将保护配偶进行立法一样。

4. 体罚把攻击作为一种解决问题的方式，会起示范作用，从而导致攻击性增加。研究发现，挨打的儿童攻击行为（和抑郁及低自尊）有增高的风险。例如，我们知道，很多攻击性行为不良少年和虐待孩子的父母都来自虐待型家庭（Straus & Gelles, 1980; Straus et al., 1997）。有研究人员指出这一逻辑存在一个问题。他们说，是的，被体罚的儿童可能会有更多的攻击性，同样的原因，接受过心理治疗的人更可能患抑郁症——因为他们先前就存在可引发相应治疗的问题（Larzelere, 2000, 2004）。哪个是鸡，哪个是蛋？相关性并不能为我们提供答案。

如果想去调整已经存在的反社会行为，那么对 2 岁到 6 岁行为不端的儿童偶尔体罚一两次看来似乎更有效（Baumrind et al., 2002; Larzelere & Kuhn, 2005）。如果满足其他两个条件则更是如此：

1. 体罚仅作为温和的纪律策略的备用方式使用，例如，当暂停策略（让儿童离开强化环境）失败时。
2. 体罚要与大量的说理和强化结合使用。

其他研究人员持怀疑态度。在控制先前的不良行为这一变量后，他们报告称，对幼儿的高频率体罚可预测他们将来的攻击性（Grogan-Kaylor, 2004; Taylor et al., 2010）。

不良少年的父母通常不知道除了尖叫和打骂外，他们怎样才能使孩子的行为称心如意（Patterson et al., 1982）。针对这些父母的训练方案可以帮助他们将可怕的威胁（"马上清理好你的房间否则不许吃饭！"）变为积极的激励（"清理好你的房间后我们都欢迎你来吃饭"）。当你静下来想想，你会发现许多惩罚的威胁是不是也很有力？但如果是积极措辞，可能会更有效。因此，"如果你没有做完家庭作业，将不能玩小汽车"可以这样表达……

这一办法也可以用于课堂教学。在对试卷进行反馈时，老师可以说"不，但是试试这个……"和"是的，就是这样！"这样的反应可减少不受欢迎的行为，同时强化了更可取的替代方案。记住：惩罚告诉我们的是不要做什么；而强化告诉我们的是要做什么。

斯金纳说，惩罚通常教给我们怎样避开它。多数心理学家现在更注重强化。

提取一下

● 用下列术语填空：积极强化（PR），消极强化（NR），积极惩罚（PP）和消极惩罚（NP）。我已经给出了第一个答案（PR）。

刺激类型	给予	消除
期望的（例如青少年开车）：	1. PR	2.
不期望的/令人厌恶的（例如辱骂）：	3.	4.

答案：1. PR（积极强化）；2. NP（消极惩罚）；3. PP（积极惩罚）；4. NR（消极强化）

斯金纳给后人留下的文化遗产

> 7-9：斯金纳的理论为何会引起争议？操作性条件作用的原理可以如何应用到学校、运动、工作和家中？

他一再坚持外部影响（而非内部思维和感情）可以塑造行为，并激励人们在学校、工厂和家中运用操作原理影响自己和周围人的行为，他因此而捅了"马蜂窝"。斯金纳说，若认识到行为是由其结果塑造而成，我们应在各个方面运用好奖赏以得到更多想要的行为。

斯金纳的批评者说，斯金纳忽视个人自由并试图控制人的行动，而这会使人失去人性。斯金纳反驳说：外部结果已随意控制人们的行为，我们为什么不为人类更好的生活而管理好这些结果？代替家中、学校和监狱里惩罚的滥用，强化物不是更具人性吗？如果认为我们的历史塑造了我们是件令人羞愧的事，那么这个想法也带给了我们塑造未来的希望。

伯尔赫斯·弗雷德里克·斯金纳 "有时有人会问我，'你考虑自己时也像你考虑你所研究的有机体一样吗？'答案是肯定的。至今，任何时刻我的行为都是我的基因馈赠、我个人的历史以及当前环境的产物。"（1983）
Bachrach/Getty Images

操作性条件作用的应用

在后面章节里，我们将继续看到心理学家如何运用操作性条件作用原理来帮助人们降低血压和获取社会技能。强化技术也被运用到了学校、运动、工作场所和家庭中（Flora, 2004）。

在学校中 在至少一代人以前，斯金纳展望有一天教学机器和教材可以采用小步子的教学方式，并能对学生的正确反应做出及时强化。斯金纳相信这种机器和教材将引起教育变革，并使教师得以全力关注于学生的特殊需要。

为阐释斯金纳的观点，请想象有这样两位数学教师，每位老师各带了一个学生学习水平参差不齐的班级。教师 A 给整个班级提供同样的课程，并知道有些学生可能很容易地掌握一些概念，而另一些学生学起来可能会有些费力。面对类似的班级，教师 B 按每一个学生的学习进度实施教学，能同时对反应快和反应慢的学生提供及时的积极强化。像斯金纳一样思考，你将怎样实现教师 B 的个性化指令？

计算机是斯金纳最后的希望。"好的教学需要两个条件，"他说，"必须立即告诉学生结果而不管他做得对或错，如果他们做得对，再引导其进入到下一步。"如此，计算机就是教师 B——按学生的学习进度推进教学，通过小测验发现理解的差距，提供及时的反馈，并保持无差错的记录。在斯金纳的晚年，他仍相信（1986, 1988, 1989）这个理想是能实现的。但他所预期的教育变革没有出现，部分原因是早期的教学机器常常训练机械学习而非深层加工。随着在线测验系统越来越完善，以及越来越多可使用的互动学生软件和网络资源，我们比以前更接近斯金纳的理想。

在运动中 强化原理也能用于提高运动员的能力。再次强调，在运动成绩方面行为塑造的关键，是首先强化小的成功，然后逐渐增

操作性条件作用也可以有效地应用于行为矫正治疗（也称为应用行为分析）。这一主题的更多内容参见第 15 章。

计算机辅助学习 计算机可以帮助实现斯金纳的个性化指令和及时反馈的目标。

Lauren Burke/Getty Images

加挑战。高尔夫学员从短距离入洞开始。当基础牢固之后，他们越击越远，直到用全力击球。同样，新棒球手在一个超大型的场地上，先设定 10 英尺的距离为限，从半步摆动开始，让他们及时体验击球的快乐。随着击球手因成功而建立自信，并且熟练掌握每一水平的技能后，投手逐渐往后退——首先是 15 英尺，然后 22 英尺、30 英尺、40.5 英尺——最后引入标准的棒球和投球距离。与接受传统教育方法的孩子相比，那些接受行为方法训练的孩子，技能提高更快（Simek & O'Brien, 1981, 1988）。

在工作中　了解到强化物能够影响生产率，许多公司现已使他们的雇员参与到分红及公司所有权中。另一些则注重强化出色完成的工作。当期望取得的成绩被很好定义并有实现的可能性时，奖赏对生产率的提高尤为有效。这对管理者意味着什么？那就是要奖赏具体的行为，而不是含糊地定义"优点"。

即时强化也是一种明智之举。IBM 公司的传奇人物托马斯·沃森深谙此道。当他亲眼看到某项成绩时，他会当场给职员开一张支票（Peters & Waterman, 1982）。但奖赏不必一定是物质的，或是奢华的。一个有影响力的经理可能仅仅是在车间内巡逻并真诚地肯定那些出色完成工作任务的员工，或为一项已完成的工程项目留下一张欣赏感激的致谢信。正如斯金纳所说，"如果日常生活中的强化物更有效地汇集到高效率的工作上，那么整个世界会变得多么富有！"

在家中　父母训练研究者指出，父母也可以从运用操作性条件作用原理的实践中获益。研究者提醒我们，父母对孩子说"准备上床睡觉"，之后又向孩子的抗议和挑衅屈服，那么他们恰恰强化了这种行为（Wierson & Forehand, 1994）。最后，他们被激怒了，对孩子叫喊或威胁地用手比划着，在一定程度上儿童因害怕而导致的顺从反应反过来强化了父母的生气行为。长此以往，一种具有破坏性的亲子关系就建立起来了。

为打破这种恶性循环，家长应谨记行为塑造的基本规则：留意好的行为，并给予肯定。当儿童表现得好时对他们进行关注并提供其他的强化物。确定一个具体的行为目标，并对其进行奖赏，然后观察这种行为的增加。如果儿童不礼貌或挑衅反抗，不要对他们叫喊或打他们。只要向他们解释这种不好的行为并让他们到角落里思过反省。

最后，我们可以在自己的生活中运用操作性条件作用原理（参见"特写：训练我们的伴侣"）。要想强化我们自己想要的行为（可能是多锻炼）和消除那些不想要的行为（例如戒烟），心理学家建议采用以下程序：

1. 确定目标，用可以量化的词语表述，并且使你的目标公开化。例如，你计划每天增加一小时的学习时间，同时对一些支持你的好友宣布这个目标。
2. 监控自己是否会经常在做你所期望的行为。你需要制订一个学习日志，记录自己在哪种条件下学习了，哪种条件下没学习。（当我开始写这本教科书时，我标记下自己所用的时间，结果吃惊地发现我浪费了好多时间。）

> **特 写**
>
> **训练我们的伴侣**　　　　　　　　　　　　　　　　　　　　　　　　作者：埃米·萨瑟兰
>
> 为了我当时正在写的一本关于珍奇动物驯兽师学校的书，我开始在缅因州和加利福尼亚州之间奔波。在那里，我成天看着学生们在做似乎不可能做到的事：教鬣狗根据指令以脚尖点地旋转，让美洲狮伸出爪子剪指甲，教狒狒玩滑板。
>
> 我全神贯注地听专业驯兽师解释如何教海豚翻跟头和教大象画画。最后，我突发奇想，同样的技巧用在顽固却可爱的物种——美国丈夫身上，也可能起作用。
>
> 我从珍奇动物驯兽师那学到的重要经验就是：我应该奖赏我喜欢的行为，无视我不喜欢的行为。毕竟，要让一只海狮学会用鼻尖顶球，唠唠叨叨是没用的。对我那美国丈夫也一样。
>
> 回到缅因州后，要是斯科特把一件脏衬衣扔进脏衣篮我开始对他说谢谢。如果扔两件，我会亲吻他。同时，我会跨过地板上的脏衣服，绝不说刺耳的话，尽管有时我会把它们踢到床底下。不过当他感受到了我对他的欣赏，堆在地上的脏衣服变得越来越少了。
>
> 我用的是驯兽师称为"渐进法"的技巧——奖励学习全新行为过程中的每一个小进步。……一旦我开始这样想，就停不下来了。在加利福尼亚的驯兽师学校，我会快速记下如何溜鸸鹋或让狼接受你成为它们中的一员，但是我会想，"我迫不及待地想在斯科特身上试试……"
>
> 经过两年的珍奇动物训练，我的婚姻生活更平顺了，我的丈夫更可爱了。我曾经认为他犯错是针对我的，他扔在地板上的脏衣服是对我的有意冒犯，是他不够关心我的表现。但当我把他当作一个外来物种时，我能够保持必要的距离来更客观地考虑我们之间的差异。
>
> 经授权后节选自 Sutherland, A. (2006, June 25). What Shamu taught me about a happy marriage, *New York Times*.

3. 强化预期的目标行为。为增加你的学习时间，只有在完成额外一小时的学习后才给自己奖赏（零食或其他一些你喜爱的活动）。与你的朋友达成一致，只有在你完成了每周学习目标后才能参加他们的周末活动。

4. 逐渐减少奖赏。当你的新行为变得越来越习惯化时，给自己一个精神上的奖赏而不是一块饼干。

提取一下

- 伊桑在幼儿园时常有不当行为，尽管老师反复斥责他。为什么伊桑的不当行为会一直持续？老师该怎样做来终止他的不当行为？

答案：如果斥责是在关注，老师对他的斥责强化可能是在鼓励他，老师可以不对他的每一次不当行为有所反应（忽略），并在他行为好的时候奖赏他（正强化）。当他做出不当行为时，老师可以让他和其他小朋友一起[暂停]。

对比经典性条件作用与操作性条件作用

7-10：经典性条件作用与操作性条件作用有何不同？

经典性条件作用和操作性条件作用都是联想学习的形式，两者都包含了习得、消退、自然恢复、泛化和分化。但这两种形式的学习也有所不同。通过经典性（巴甫洛夫）条件作用，有机体能够把它不能控制的不同刺激联系起来，并做出自动化

表 7-4
经典性条件作用与操作性条件作用的比较

	经典性条件作用	操作性条件作用
基本理念	有机体将事件联系起来	有机体将行为与结果事件联系起来
反应	无意的、自动的	有意的、操作于环境
习得	事件的相互联系；中性刺激与无条件刺激相配对成为条件刺激	将反应与其结果（强化物或惩罚）联系起来
消退	当反复只呈现条件刺激时条件反应会减少	当强化停止时反应会减少
自然恢复	经过一段时间的停顿后，一个已经消退的条件反应再次出现	经过一段时间的停顿后，一个已经消退的反应再次出现
泛化	对与条件刺激相似的刺激也作出反应的倾向	有机体对相似刺激的反应也得到强化
分化	学会区分条件刺激和不预示无条件刺激的其他刺激	有机体知道特定反应可以得到强化，而其他反应则不能

> 哦！学习，多么奇妙啊。
> ——莎士比亚，
> 《驯悍记》，1597

的反应（**应答行为**[respondent behaviors]）（**表 7.4**）。通过操作性条件作用，有机体可以把它表现出的**操作行为**（operant behaviors）——那些作用于其环境后能得到奖赏或惩罚刺激的行为——与结果联系起来。

正如我们接下来将了解的，认知过程和生物倾向对经典性条件作用和操作性条件作用都有影响。

提取一下

- 听到与食物相配对的声音会产生分泌唾液的反应，这是一种_____行为；按压杠杆获得食物是一种_____行为。

答案：应答；操作

生物、认知与学习

从流涎的狗、奔跑的鼠、啄食的鸽子那里，我们已经知道了许多关于学习的基本过程。但仅仅是条件作用原理还不能告诉我们关于学习的整体情况。当今的学习理论认识到我们的学习是生物、心理和社会文化影响交互作用的产物（**图 7.11**）。

条件作用的生物性限制

> 7-11：生物性限制如何影响经典性条件作用和操作性条件作用？

自达尔文提出进化论以来，科学家们就假定所有的动物具有共同的进化史，所以它们在构造与功能上具有一定的共性。例如，巴甫洛夫和华生相信，所有动物的基本学习规律在本质上是相似的。因此，研究鸽子还是人类几乎没有什么差别。而且，似乎任何本能的反应都能与任何一种中性的刺激形成条件作用。

对经典性条件作用的限制

1956年，学习研究者格雷戈里·金布尔（Gregory Kimble）宣称，"有机体的任何活动都能被条件化……这些反应能与有机体所能感知的任何刺激建立条件联系"（p.195）。25年后，他虚心地承认"500"份科学报告证明他是错的（Kimble, 1981）。早期行为主义者还没意识到，动物的条件作用能力受其生物学特性的限制。每一物种的生物倾向已经为它们学会特定的联系做好了准备，这有助于提高它们的生存能力。环境并不能决定一切。

对先前流行的观点——所有联系都能学得一样好——提出挑战的人中，有一位是约翰·加西亚（John Garcia）。在研究辐射对实验室动物的影响时，加西亚和凯尔林（Garcia & Koelling, 1966）注意到大鼠开始避免从辐射室的塑料瓶中喝水，他们想知道这是否是经典性条件作用所致。也许大鼠把有塑料味的水（条件刺激）和由辐射（无条件刺激）引发的恶心感（无条件反应）联系了起来？

为证实这种预感，加西亚和罗伯特给大鼠提供某种特定的气味、景物或声音（条件刺激），随后也给它们提供引起恶心和呕吐（无条件反应）的辐射或药物（无条件刺激）。这样就出现了两个令人惊讶的结果：首先，当大鼠闻过某种特定的异常气味后，即使在相隔数小时后才使它体验到恶心，大鼠此后也会避开这一气味。这与普遍持有的观点相违背，即要形成条件作用，无条件刺激必须立即伴随条件刺激出现。

第二，感到恶心的大鼠对这种气味反感而不对景物或声音反感。这与行为主义者所提出的任何可以感知的刺激都能被用作条件刺激的观点矛盾。但它也具有适应的意义，因为对大鼠来说，辨别食物是否腐坏的最容易的办法是品尝；如果品尝了某种新食物后感到恶心，它们从此会避开这一食物。这一反应被称为味觉厌恶（taste aversion），它将导致我们很难用鼠药大量消灭"对诱饵害羞"的大鼠。

人类似乎也在生物学上做好了学习某些知识而非其他知识的准备。如果你吃了被污染的蚌类4小时后感到强烈不适，你很可能一闻到蚌味就心生反感，而不是一看到相关的餐馆、碟子、与你在一起的人或听到当时的背景音乐就反感。（相比之下，依靠视觉捕食的鸟类则似乎具有对被污染食物的视觉形象产生厌恶的先天生物学倾向[Nicolaus et al., 1983]。）

加西亚和凯尔林的味觉厌恶研究仅仅是一个例子，即心理学实验以某些动物的难受不适开始，但结果换来了其他许多动物的生存发展。在一个味觉厌恶条件化的研究中，郊狼和灰狼被引诱食用掺有毒药的羊肉，食用后会出现呕吐反应，结果它们就形成了厌恶羊肉的饮食习惯。后来当把一只活绵羊与两只狼关在一起时，狼似乎特别

生物影响：
- 遗传倾向
- 非条件性反应
- 适应性反应
- 镜像神经元

心理影响：
- 以前的经历
- 联系的可预言性
- 泛化
- 分化
- 期待

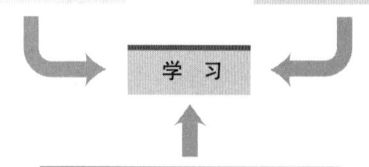

↘ 学 习 ↙
↑

社会文化影响：
- 从文化中习得的偏好
- 动机，被在场的其他人影响
- 模仿

图 7.11

生物－心理－社会因素对学习的影响

我们的学习不仅是环境经验的结果，而且受到认知和生物因素的影响。

约翰·加西亚 作为一名美国加利福尼亚州农场工人的儿子，加西亚童年时只能在农闲时去学校上学。他在快30岁时进入专科学院，快50岁时获得博士学位，之后他"因对条件作用和学习的高度新颖、原创性的研究"获得了美国心理学会的杰出科学贡献奖。他还被选入美国国家科学院。

Courtesy of John Garcia

味觉厌恶 如果在吃了蚌类后大病一场，你可能就很难再吃蚌类。它们的气味和味道会变成一种让人恶心的条件刺激。这一学习之所以能迅速发生，是因为我们具备学会对有毒食物产生味觉厌恶的生物准备。

Antonio S./Shutterstock

动物味觉厌恶 一些牧场主在羔羊肉中加入药物，使捕食绵羊的灰狼和郊狼对羊肉产生厌恶感，从而代替杀死这些动物。

害怕绵羊（Gustavson et al., 1974, 1976）。这些研究不仅可以从郊狼口中挽救绵羊，同样郊狼也可免于被怒气冲冲的牛仔和农夫所捕杀。类似的应用阻止了狒狒洗劫非洲花园，浣熊攻击小鸡，乌鸦偷吃鹤蛋以及墨西哥狼捕食绵羊——这可以帮助保护食肉动物和其猎物，它们都占据着重要的生态位（Dingfelder, 2010; Garcia & Gustavson, 1997）。

这样的研究支持了达尔文的理论主张，即自然选择青睐那些有助于物种生存的特征。当我们的祖先习得味觉厌恶，便不会再去吃同样的有毒食物，因而更可能生存下来，并留下后代。所有糟糕的感觉感受，从恶心到焦虑到疼痛，都有一定的生存价值。它们就像汽车仪表板上的低油量指示灯，每一种都对身体有警示作用（Neese, 1991）。

有机体倾向于学习为自然选择所青睐的行为，这有助于解释为什么人类似乎天生就倾向于学习红色和性之间的联系。雌性灵长目动物在排卵前身体发红，而人类女性在遇到调情或性兴奋时会因血流增加而脸红。红色和性之间的频繁配对——如情人节红心、红灯区、红色唇膏——是否使女性对男性来说更具吸引力？艾利奥特和尼斯塔的实验（**图 7.12**）验证了这一观点，尽管男人们意识不到，但事实的确如此（Elliot & Niesta, 2008）。

将条件刺激与紧随其后且可预见的无条件刺激联系起来的遗传倾向具有适应性：原因通常就在结果之前。通常，但不全是，就像我们在味觉厌恶研究中所看到的。在这种情况下，先天倾向会欺骗我们。癌症病人在接受化疗一个多小时后才开始有恶心感、呕吐，经过一段时间之后，病人可能会在恶心呕吐（有时是焦虑）和与诊所相联系的景象、声音和气味之间形成经典性条件作用（Hall, 1977）（**图 7.13**）。仅仅是回到诊所的候诊室内或看到护士，就能引起恶心呕吐的感觉（Burish & Carey, 1986; Davey, 1992）。而通常情况下，这种对令人恶心的刺激的厌恶具有适应性。

> 一朝被蛇咬，十年怕井绳。
> ——诺索尔，
> 《民间谚语》，1894

> 所有动物都在经历一场时间旅行，驶向有利于自身生存的未来，避开威胁生命的未来。快乐和痛苦是他们控制驾驶方向的准星。
> ——心理学家
> 丹尼尔·T. 吉尔伯特和
> 蒂莫西·D. 威尔逊，
> "Prospection: Experiencing the Future," 2007

图 7.12

罗曼蒂克红（见彩插）
在控制各种其他因素（如亮度）的一系列实验中，男性认为红色相框中的女性更性感、更具吸引力（Elliot & Niesta, 2008）。

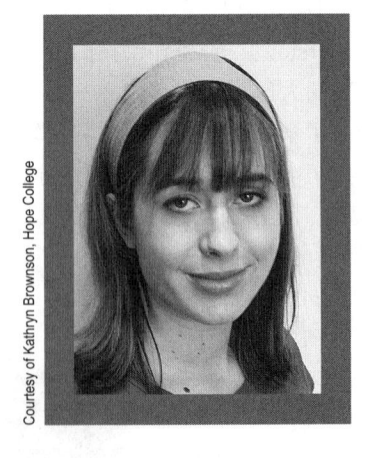

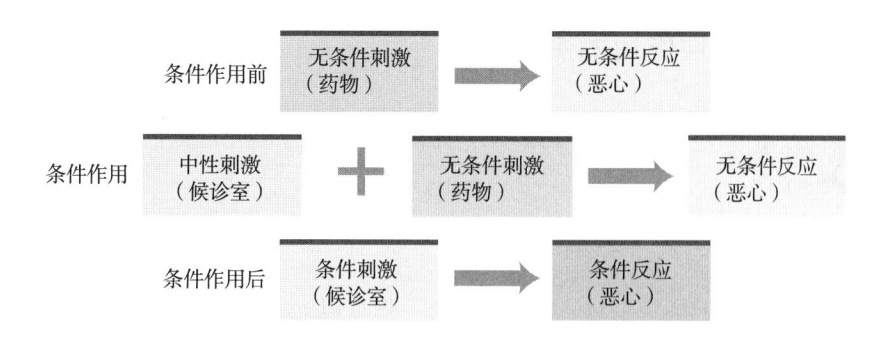

图 7.13
癌症患者中恶心的条件作用

条件作用前	无条件刺激（药物） → 无条件反应（恶心）
条件作用	中性刺激（候诊室） + 无条件刺激（药物） → 无条件反应（恶心）
条件作用后	条件刺激（候诊室） → 条件反应（恶心）

提取一下

- 加西亚和凯尔琳的味觉厌恶研究怎样帮助反驳格雷戈里·金布尔先前的观点，"有机体能够进行的任何活动都可以与有机体能够感知的任何刺激形成条件作用"？请解释。

答案：加西亚和凯尔琳的研究表明，人侦可以习得某些厌恶事件，因为它们能够威胁生存。而对其他事件却没有那么容易。

对操作性条件作用的限制

与经典性条件使用一样，大自然也对每个物种操作性条件作用的能力设立了限制。马克·吐温（1835—1910）说得好："永远也别想教猪唱歌，那会浪费你的时间，也会令猪生气。"

能够反映我们生物倾向的行为是最容易习得并保持的。当用食物强化仓鼠的行为时，你能很容易地使它对挖掘、暴跳的行为形成条件反应，因为这些行为都在其觅食的本能行为范围内。但很难通过食物强化仓鼠使它形成这样的一些行为——如洗脸——与食物或饥饿通常没有任何联系的行为（Shettleworth, 1973）。同样，鸽子很容易学会扇动翅膀以避免被电击以及轻啄来获取食物：靠翅膀逃离和用喙进食是鸽子的自然行为。然而它们很难学会轻啄以避免被人捕捉或拍翅以获取食物（Foree & LoLordo, 1973）。生物性限制使有机体趋向于学习具有天然适应性的联系。

在 20 世纪 40 年代早期，明尼苏达大学研究生玛丽安·布里兰和凯利特·布里兰在与导师斯金纳一起工作时目睹了操作性条件作用的力量（1961; Bailey & Gillaspy, 2005）。斯金纳的研究结果给布里兰夫妇留下了深刻的印象，他们开始训练狗、猫、鸡、长尾小鹦鹉、火鸡、猪、鸭子和仓鼠。其他的都众所周知了。他们成立的公司在接下来的半个世纪中，为电影拍摄、巡回演出、游乐场、企业和政府训练了 140 个物种超过 15 000 只动物。在这一过程中，布里兰夫妇也为其他人提供指导，其中包括海洋世界的第一任训练指导。

布里兰夫妇先前认为操作原理几乎能对任何动物的任何反应有效。结果他们发现，生物性限制比他们预先想象的似乎更重要。某个表演中，他们训练猪衔起大大的木制"美元"并存放到猪银行里。然而，学会这一行为后，这些动物还会再退回到它们本能的行为方式中。它们会扔下硬币，就像猪通常所表现出的行为那样用鼻子拱，再次衔起它，而后会重复这一系列行为——延迟了食物强化。当动物退回到它们的生物倾向模式时，"本能回归"就出现了。

天生的运动员 动物可以利用自身的生物倾向很容易地习得并保持一些行为，如狗用全部四肢来移动和保持平衡的先天倾向。
Marina Jay/Shutterstock

要了解动物行为的更多信息，请参见罗宾·福克斯（Robin Fox）和莱昂内尔·泰格（Lionel Tiger）的书（我可没有编造作者的名字）。

认知对条件作用的影响

> 7-12：认知过程如何影响经典性条件作用和操作性条件作用？

认知和经典性条件作用

巴甫洛夫和华生对"心理"概念（如意识）的排斥让他们不仅低估了生物限制的重要性，也低估了认知过程（思维、感知、期望）的影响。早期的行为主义者认为大鼠和狗的习得行为都能变成无须动脑的机制，因此没有必要去考虑认知。但瑞思考勒和瓦格纳（Rescorla & Wagner，1972）的研究表明，动物可以习得一个事件的可预测性。如果一种声音总是预示着一次电击，而后有时一束灯光会伴随这一声音，那么大鼠会害怕声音而不是灯光。尽管灯光后总会有电击，但它并没有增加新的信息；而声音更能预示即将到来的电击。联系越具有预示性，条件反应就越强烈。这就好像动物学会了一种期望，一种对无条件刺激出现可能性的察觉。

> 所有的大脑，本质上都是期待机器。
> ——丹尼尔·丹尼特，
> 《意识的解释》，1991

忽视认知的经典性条件作用治疗常常难以获得完全的成功。例如，在酗酒者接受治疗的过程中，我们有时会为其提供掺加了催吐性药物的酒。那么他们会把酒精与恶心联系起来吗？如果经典性条件作用仅仅是在刺激间制造联系的问题，我们当然可以希望如此，而且在某种程度上，这确实会发生（正如我们将在第15章看到的）。然而，那些酗酒者可能会这样认为，这都是那讨厌的药物造成的，而不是酒精。这一认知常常会削弱酒精与恶心感之间的联系。因此，即使在经典性条件作用中，也并不仅仅是简单的条件刺激—无条件刺激之间的联系在起作用（尤其是人类），认知也会产生影响。

认知和操作性条件作用

斯金纳承认行为的生物学基础及个体思维过程的存在。但许多心理学家批评他忽视了认知的重要性。

在斯金纳因白血病去世的8天前，他（1990）还在美国心理协会大会上抵制认知过程在心理科学甚至在我们理解条件作用中的重要地位。在他看来，"认知科学"是后退到20世纪早期的内省主义。他把思维和情感也视为行为，与其他行为一样都遵从同样的规律。

然而认知加工的种种证据无法被忽视。例如，在固定间隔强化程式中，当离获得强化物的时间越来越近时，动物的反应会越来越频繁。尽管一个严格的行为主义者会反对谈论"期待"，但动物的行为就好像它们期待重复的反应会很快产生回报。

从大鼠走迷宫的研究中也可以得到认知过程在其中起作用的证据。大鼠在没有明显奖赏的情况下探索迷宫，似乎会形成一个**认知地图**（cognitive map），即迷宫的心理表征。当实验员随后在迷宫的目标盒里放上奖励时，这些大鼠就会像那些之前

"浴室？当然知道，只要出了大厅向左拐，朝右走几步，左拐，再右拐，一直向前走，然后再左拐两次，然后右拐，你会发现你就在你右手边第三个走廊的最里头。"

通过食物强化走迷宫的大鼠一样表现得很好。就像人们在一个新城市驾驶一样，在探索的初期，大鼠的经历似乎就是一种**潜伏学习**（latent learning）。只有在某种动机的激发下，这种学习过程才会表现出来。儿童也会通过观察学会父母的行为，但只有在以后需要时才会表现出习得的行为。要记住的一点是：学习不仅仅是将反应与结果联系起来，这其中也包括认知。在第9章中我们将看到动物在解决问题和运用语言方面所表现出的惊人的认知能力。

认知观点向我们展示了奖赏的局限性：对个体本身喜欢的任务给予奖赏会适得其反。提供太多奖赏会削弱**内部动机**（intrinsic motivation）——因活动本身而有效地执行某种行为的愿望。在实验中，要求一些儿童解决趣味疑难题或玩玩具，并承诺对这种活动提供奖赏。结果，这些儿童比没有这种承诺的儿童此后玩的次数更少（Deci et al., 1999; Tang & Hall, 1995）。同样，用玩具或糖果来奖赏儿童的阅读会导致他们的阅读时间减少（Marinak & Gambrell, 2008）。似乎儿童是这样想的，"如果你贿赂我来做这件事情，那么它本身一定不值得我这么做。"

潜伏学习 和人类一样，动物也可以通过经验进行学习，不论是否有强化。在一项经典实验中，一组老鼠对迷宫反复进行探索，结束后总能获得食物作为奖赏，而另一组老鼠则在探索迷宫时没有食物奖赏。但是，一旦在结束后给予食物奖赏，第二组老鼠此后在迷宫中跑得和一直给予食物奖赏的老鼠一样快（甚至更快）。（资料来源：Tolman & Honzik, 1930.）

为理解内部动机与**外部动机**（extrinsic motivation）（表现为驱使个体寻求外部奖赏并避免可能的惩罚）的区别，你可以反思自己对这门课程的体验。当要求你在限定时间内读完此书时，你会产生压力感吗？担心自己的学习成绩吗？渴望通过好好表现而得到奖赏吗？如果答案是肯定的，那你是由外部动机推动（在一定程度上讲，几乎所有的学生都是这样）。同时你是否也发现课本内容很有趣？学习会令你感到自己更有能力吗？如果成绩不是问题，你会因对学习内容本身的好奇而想学习本书吗？如果答案是肯定的，内部动机也激发着你的刻苦努力。

如果青少年体育教练的目标是让运动员对某项活动保持持久的兴趣，而不是仅仅给运动员施加获胜的压力，就应注重运动及实现个人潜能所带来的内部快乐（Deci & Ryan, 1985, 2009）。给个体提供选择的机会也可以提高其内部动机（Patall et al., 2008）。尽管如此，当奖赏意味着工作完成得很好（而不是用来贿赂和控制某人），奖赏也会有效（Boggiano et al., 1985）。例如，"进步最大运动员"奖项可以提高人们的胜任感，增加运动的乐趣。若能使用恰当，奖赏能够激发高成就和创造力（Eisenberger & Aselage, 2009; Henderlong & Lepper, 2002）。那么外部奖赏（如通常由好成绩所带来的入学奖学金和工作）此时就可以保留。**表 7.5** 对比了生物倾向和认知过程对经典性条件作用和操作性条件作用的影响。

表 7.5
生物倾向和认知过程对条件作用的影响

	经典性条件作用	操作性条件作用
生物倾向	先天倾向限制了哪些刺激和反应比较容易形成联系。	有机体最易习得与其自然行为相似的行为；非自然行为会本能地向自然行为回归。
认知过程	有机体形成预期——条件刺激表示无条件刺激将要出现。	有机体形成预期——某种反应会获得强化或惩罚；没有强化，他们也表现出潜伏学习。

提取一下

- 本能回归和潜伏学习是哪种重要观点的例子?

答案：描述性的条件作用以及生物学和认知的影响，如潜伏学习和本能回归。

观察学习

7-13：什么是观察学习？一些科学家认为镜像神经元在其中起什么作用？

那些更高级的动物，尤其像我们人类，学习并不一定需要亲身经历。**观察学习**（observational learning），即我们观察和模仿他人的过程，认知在其中发挥着很大的作用。当一个小孩亲眼看到姐姐被火炉烫伤了手指，他会从中得知火炉是不能随便摸的。我们通过观察和模仿学习母语及多种其他特定行为，这一过程被称为**模仿**（modeling）。

现在让我们一起来看看观察学习研究的先驱班杜拉（Albert Bandura）所设计的著名实验（Bandura et al., 1961）。一个学前儿童正在画画。一位成人在房间的另一处搭建组装玩具。然后这位大人站起来，在接下来的近10分钟，朝一个充气的大Bobo洋娃娃又踢又打，将其满屋子乱扔，同时还发出这样的喊叫，"打他的鼻子……打倒他……踢他"。孩子在一旁看着。

观察完这种发泄后，这个小孩被带到另一房间里，那儿有许多吸引人的玩具。很快实验员就打断了小孩的玩耍并解释说她想把这些好的玩具收起来"给另外一些儿童"玩。然后实验员把这个受挫的小孩带到隔壁房间，房间内也有几个玩具，包括Bobo玩偶，让他一个人待在那，这个小孩会做什么呢？

与那些没有看到成人示范的儿童相比，那些观察过成人发泄怒气的儿童更有可能猛击这个玩偶。显然，观察成人榜样击打玩偶大大降低了他们的抑制性。但也有比降低抑制更重要的因素在起作用，那就是这些儿童在极力模仿他们所看到的行为，使用他们所听到的言辞（图7.14）。

什么因素可以决定我们对榜样的模仿行为呢？班杜拉认为其中有多种强化和惩罚的作用，通过观察，我们学会了期待各种情境下的行为结果。我们尤其倾向于模仿那些与我们相似的人的行为，也倾向于模仿成功者或令人羡慕者的行为。功能磁共振成像扫描显示，当人们观察到某人赢得奖赏时（尤其是获奖者讨人喜欢且与自己相似时），自己脑部的奖赏系统也会激活，就像自己赢得奖赏一样（Mobbs et al., 2009）。当我们认同某人时，就会间接体验到他的结果。切斯特菲尔德（Chesterfield, 1694—1773）提出这样一个观点："我们有一半以上的行为正是通过模仿形成的。"

阿尔伯特·班杜拉 "Bobo玩偶与我如影随形。它的照片在每一本心理学导论教科书中都能见到，而几乎每个本科生都会读心理学导论。不久前我入住一家华盛顿酒店，服务台工作人员问我，'您是那位做Bobo玩偶实验的心理学家吧？'我答道，'那恐怕要成为我的遗产了。'他回答，'它值得给您的房间升级。我给您安排一个安静的套间'"（2005）。

Courtesy of Albert Bandura, Stanford University

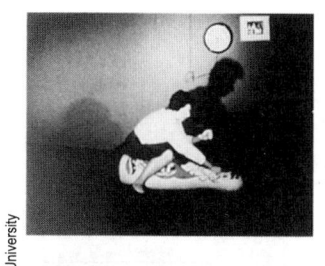

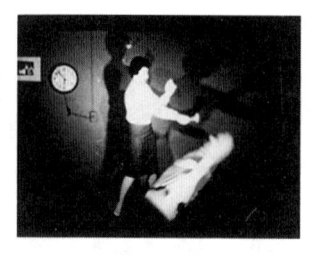

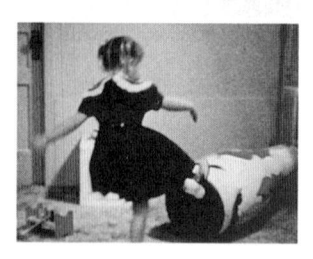

图 7.14
著名的 Bobo 玩偶实验
注意儿童的行为是如何直接模仿成人的。

脑中的镜像与模仿

1991年，意大利帕尔马一个炎热的夏日，一只实验用猴在等研究人员午餐回来。研究人员在它的运动皮层旁的额叶脑区植入了电线，该脑区负责计划和执行动作。这个监控装置会提醒研究人员注意猴子大脑中那个区域的活动。例如，当猴子把一颗花生往嘴里放时，设备会发出嗡嗡声。那天，当一名研究人员拿着冰激凌蛋卷进入实验室时，猴子直盯着他。在研究人员举起蛋卷舔食时，猴子的监控设备发出嗡嗡声——就像静止不动的猴子自己在动似的（Blakeslee, 2006; Iacoboni, 2008, 2009）。

同样的情况以前也出现过，当猴子看到人类或其他猴子把花生放进嘴里时，设备也会嗡嗡响。这让贾科莫·里佐拉蒂（Rizzolatti, 2002, 2006）带领的研究团队非常吃惊，他们认为自己偶然发现了一种以前未知的神经元。这些假定的**镜像神经元**（mirror neurons）可能为日常模仿和观察学习提供神经基础。当猴子在完成一项任务如抓、抱或撕时，这些神经元就会活跃起来。当一只猴子观察另一猴子做同样的事情时，这些神经元也会活跃起来。当一只猴子观察时，它的神经元映射出另一只猴子正在做什么。

镜像神经元在工作？

"你的背让我疼死了！"

模仿在人类中普遍存在。我们的口头禅、衣服下摆的长度、仪式、食物、传统、恶习和时尚都是由一个人复制另一个人来传播的。模仿甚至可以塑造非常小的幼儿的行为（Bates & Byrne, 2010）。出生不久的婴儿可能会模仿成人伸舌头。8~16个月大时，婴儿模仿各种新奇的姿势（Jones, 2007）。12个月大时（**图 7.15**），他们随着成人的视线移动自己的视线（Meltzoff et al., 2009）。14个月大时，他们模仿电视里的动作（Meltzoff, 1988; Meltzoff & Moore, 1989, 1997）。甚至到2岁半，当幼儿的很多心智能力接近成年黑猩猩时，他们在模仿他人解决问题之类的社会性任务中的表现就会超过黑猩猩（Herrmann et al., 2007）。儿童看，然后做。

人类通过观察学习成人行为的倾向非常强，2~5岁的幼儿甚至会出现过度模仿（overimitate）。无论生活在澳大利亚的都市还是非洲的农村，幼儿甚至会模仿不相干的成人行为。如果幼儿之前观察到成人用一根羽毛拂过罐子，他们就会在拿出装在

批评与榜样相比，儿童更需要榜样。
——约瑟夫·儒贝尔
《沉思录》，1842

图 7.15
模仿

这个 12 个月大的婴儿看到成人看向左边，便立刻跟随她的视线（来自 Meltzoff et al., 2009）。

塑料罐中的玩具前先用羽毛拂过罐子（Lyons et al., 2007）。或者他们会模仿成人先用棍子在盒子上挥舞，然后才用棍子推动盒子上的旋钮打开盒子——而他们需要做的仅仅是推动旋钮（Nielsen & Tomaselli, 2010）。

和猴子一样，人类的大脑也支持同理心和模仿。研究人员无法在人脑中植入实验电极，但可以通过功能磁共振成像扫描来观察与个体做出和观察行为时有关的大脑活动。那么，人类模仿他人行为和共享他人经验的能力是因为专门的镜像神经元，还是因为分布的大脑网络呢？这一问题目前还没有定论（Gallese et al., 2011; Iacoboni, 2008, 2009; Mukamel et al., 2010）。不管怎样，儿童的大脑让他们能够产生同理心，能够推测他人的心理状态，这种能力称为心理理论（theory of mind）。

观察他人时大脑产生的反应使情绪具有感染性。通过神经系统回波，我们的大脑对所观察的事物进行模仿和间接体验。这些心理即时重放非常真实，以至于我们有时会错将看到的行为记成自己做过的行为（Lindner et al., 2010）。但是，通过这些动作再现，我们可以理解他人的心理状态。在观察他人的姿势、表情、声音和书写风格时，我们会无意识地进行同步——从而帮助我们体验对方的感受（Bernieri et al., 1994; Ireland & Pennebaker, 2010）。我们会在别人打呵欠时打呵欠，在别人笑时也笑。

当看到电影角色吸烟时，吸烟者的大脑会自发地模仿，这帮助我们解释吸烟者想吸烟的渴望（Wagner et al., 2011）。看到爱的人遭受痛苦时，我们的表情会反映对方的情绪。但如**图 7.16**所示，我们的大脑也会这样。在这一功能磁共振成像扫描中，一个有同理心的浪漫伴侣所想象的疼痛引发了一些与实际经历疼痛的一方相同的大脑活动（Singer et al., 2004）。由于我们对书中所描写的情感和行为进行心理模仿（和间接感受），阅读小说甚至也能产生这样的大脑活动（Mar & Oatley, 2008; Speer et al., 2009）。总之：大脑活动是我们强烈社会属性的基础。

图 7.16
实际经历的疼痛和想象的疼痛在大脑中的反映

与实际疼痛有关的大脑活动（左）会反映在相爱的观察者（右）的脑区。大脑中的同理心表现在情感脑区，而非接收身体疼痛刺激的躯体感觉皮质区。

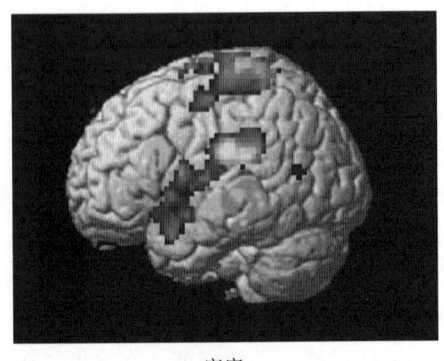

疼痛　　　　　　　　　同理心

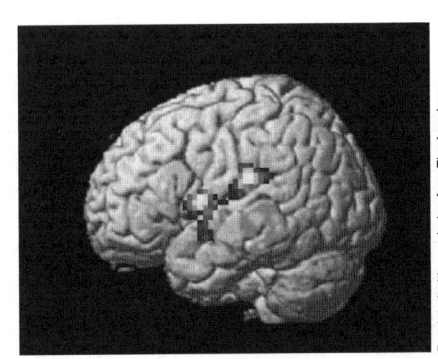

观察学习的运用

班杜拉的研究以及镜像神经元给我们带来的重大消息是，我们观察，并进行心理模仿，从而产生学习。榜样——在家庭、邻里或电视屏幕上——可能产生或好或坏的效果。

亲社会效果

7-14：亲社会榜样和反社会榜样有哪些影响？

好消息是**亲社会**（prosocial）（积极的、助人为乐型的）榜样能产生亲社会效果。很多商业组织会有效利用行为模仿（behavior modeling）帮助新员工学习沟通、销售和客户服务技巧（Taylor et al., 2005）。当受训者观察经验丰富的工作人员（或演员模仿工作人员）进行技能的有效示范时，能够更快获得这些技能。

非暴力、助人为乐的榜样个体也有利于他人形成类似的行为。印度的圣雄甘地和美国的马丁·路德·金是两个强有力的榜样人物，他们以非暴力的行为方式积极促成了伟大的社会变革。父母也是有力的榜样。那些冒着个人的生命危险从纳粹的魔爪下拯救犹太人的欧洲基督教徒，通常至少与父母的一方有着非常亲密的关系，而后者显示了对道德和人道主义的高度关注。在美国20世纪60年代的民权运动活动家中，情况也同样如此（London, 1970; Oliner & Oliner, 1988）。对道德行为的观察学习开始很早。社会性回应好的学步儿更易模仿父母行为，他们到学龄前时往往有较强的内化的道德心（Forman et al., 2004）。

言行一致的榜样最有说服力。然而，有时榜样者会出现言行不一的情况。要鼓励儿童阅读，只需读书给他们听，然后将其置身于有书和有读书人的读书氛围中。为了增加子女遵从你的宗教信仰的可能性，请与他们一起做礼拜并参加宗教活动吧。许多父母似乎遵循这样一条原则："按我说的做，而不要按我做的做。"实验表明儿童会从言行两方面进行模仿学习（Rice & Grusec, 1975; Rushton, 1975）。当把儿童放到伪善者面前时，他们也会模仿这种伪善性——做榜样做过的行为，说榜样说过的话。

给予的榜样 男孩和父亲一起志愿参加社区复兴项目，像他这样的儿童从生活中的亲社会榜样身上学习积极的行为和态度。正如16世纪的谚语所说，"身教胜于言教。"

> **批判性思考**
>
> ### 观看媒体暴力是否会引发暴力行为?
>
> 1993年,两个10岁的英国小孩谋杀了一个2岁的孩童,审理这一案件的法官是否可以推测其中一种可能的影响因素是暴力影像节目中大量出现的攻击犯罪镜头?美国媒体有理由认为哥伦拜恩高级中学里杀害13个同学的两个青少年杀手是受反复观看电影《天生杀人狂》以及频繁地玩血腥游戏如Doom的影响吗?为回答观看暴力节目是否会导致暴力行为,研究者已进行了大约600项相关性研究及实验研究(Anderson & Gentile, 2008; Comstock, 2008; Murray, 2008)。
>
> 相关性研究支持观看暴力节目与暴力行为之间的联系:
>
> - 在美国和加拿大,杀人率在1957~1974年间成倍增长,这与电视的传入和普及发展一致。而且,那些电视普及较晚的地区其杀人率的增长也相应推迟一些。
> - 南非白人在1975年开始接触电视。一个类似的接近成倍增长的杀人率在1975年后出现(Centerwall, 1989)。
> - 经常观看媒体暴力(通过电视、录像和电子游戏)的小学儿童也往往有更多的打斗行为(**图7.17**)。和青少年一样,这些儿童的暴力行为风险也较高(Boxer et al., 2009)。
>
> 但是正如我们在第1章中所了解的,相关并不意味着因果关系的存在。因此这些相关研究并不能证明观看暴力节目会导致攻击行为(Ferguson, 2009; Freedman, 1988; McGuire, 1986)。也可能是攻击型的儿童更喜欢暴力节目。可能虐待型或忽略型的父母所生养的孩子既更富攻击性又更经常坐在电视机前。也可能暴力节目只是反映而不影响暴力趋势。
>
> 为弄清原因,研究者随机安排一些人观看暴力节目,而另一些人看非暴力的娱乐节目。那些看暴力节目的人在被激怒时其反应会更残酷吗?在某种程度上是这样的。当一个有魅力的人实施看似合情合理、现实的暴力,却没有受到惩罚,也没有造成明显的痛苦或伤害时,情况尤其如此(Donnerstein, 1998, 2011)。
>
> 暴力观看效应似乎源于至少两种因素,其一是模仿(Geen & Thomas, 1986)。14个月大的孩子会模仿他们在电视里观察到的行为(Meltzoff & Moore, 1989, 1997)。在他们观看的同时,大脑会对行为进行模仿,经过这样的内部演练后,儿童更可能将这些行为外化。因此,某研究组观察到在儿童刚看了"恐龙战队"(Power Rangers)之后,暴力游戏呈7倍速增长(Boyatzis et al., 1995)。正如Bobo玩偶实验中所发生的,儿童常常能准确地模仿榜样的暴力动作——此例中即电视人物的空手道飞踢动作。
>
> 长时间观看暴力电视节目也会使观看者越来越不敏感;以后不管是在电视里还是真实生活中,他们看到争斗场景时会变得更加冷漠无情(Fanti et al., 2009; Rule & Ferguson, 1986)。在一个实验中,当连续3个晚上观看

反社会效果

坏消息是,观察学习可能会有反社会效应(antisocial effects)。这有助于我们理解为什么辱骂型的父母可能会有攻击性比较强的小孩,为什么许多殴打妻子的男人有一个打老婆的父亲(Stith et al., 2000)。批评家指出,攻击性可通过父母的基因传递。但对于猴子,我们知道这可能是环境造成的。数项研究均发现,那些在哺乳期和母亲分离且遭受了大量攻击行为的小猴子,长大后也会成为攻击行为的实施者(Chamove, 1980)。小时候所学的东西长大后很难忘却,这有时也能从后辈身上反映出来。

电视是观察学习的强大来源。在观看电视节目时,儿童可能会"记住"欺凌是控制他人的有效方法,自由放纵的性爱只会给你带来快感而不会带来随后的痛苦或疾病,或者男性就应该坚强而女性则应该温柔。他们有大把的时间来学习诸如此类的内容。在他们生命历程中的第一个18年,发达国家的大多数儿童花在电视机前的

性暴力电影后，男性观众表现出越来越不受强奸和暴行的困扰。与没有看这些电影的研究参与者相比，他们对家庭暴力受害者更少同情，对受害者的伤害评定也更不严格（Mullin & Linz, 1995）。同样地，常看电影的人如果刚看过暴力电影，那么他们帮一位受伤的女士捡起拐杖的可能性比刚看过非暴力电影时要小（Bushman & Anderson, 2009）。

基于这些发现，美国儿科学会（2009）向儿科医师建言，"媒体暴力会导致攻击性行为、对暴力不敏感、噩梦和害怕受到伤害"。的确，一个邪恶的心理学家要想让人们对各种残酷暴行冷漠无情的最好的方法似乎就是让他们观看一系列限制级或成人级电影中的场景，从打架、杀人到碎尸（Donnerstein et al., 1987）。观看残酷的场景会使人变得越来越冷漠无情。

> 花30秒去赞颂一块肥皂会使肥皂热销，而花25分钟去颂扬暴力则是在贩卖暴力。
>
> 美国参议员保罗·西蒙，*Remarks to the Communitarian Network*, 1993

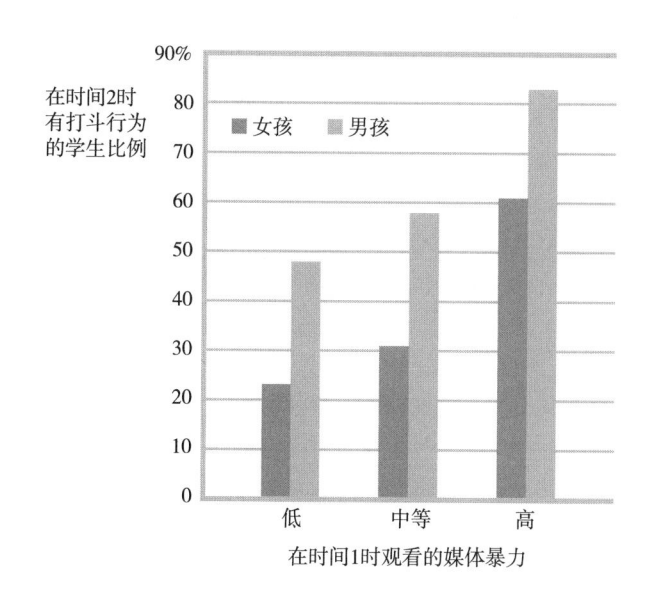

图 7.17
长时间观看媒体暴力可预测将来的攻击性行为
研究人员对超过400名三至五年级的学生进行了研究。在控制已有的敌意和攻击性的差异后，研究者报告称，经常观看暴力性电视、录像和电子游戏的儿童攻击性增高（Gentile et al., 2004）。

时间比花在学校的时间都多。在美国，九成的青少年每天都看电视，一个活到75岁的个体有9年的时间花费在电视的显像管前（Gallup, 2002; Kubey & Csikszentmihalyi, 2002）。青少年看电视的时间平均每天超过4小时，成人则是每天3小时（Robinson & Martin, 2009; Strasburger et al., 2010）。随着美国有线电视新闻网（CNN）覆盖212个国家，以及音乐电视网（MTV，全球最大音乐电视网）采用33种语言广播，电视创造了一种全球流行文化。

电视观众从一个相当奇特的故事讲述者那里了解生活，而这个讲述者反映的是文化中的神话而非现实。20世纪后期，平均而言，每个儿童在小学毕业前居然看过8 000个电视谋杀镜头和10万个其他暴力镜头（Huston et al., 1992）。据报道，1998年到2006年间，黄金时段播出的暴力镜头又增加了75%（PTC, 2007）。如果将有线电视节目和录像租借也算在内，那么暴力镜头的数量还要升级。对1996—1997年度3 000多个网络和有线电视节目的分析显示，近六成含有暴力内容，而暴力事件中74%没有受到惩罚，58%没有呈现受害者的痛苦，近一半的事件涉及"合理的"暴

> 电视的问题在于人们必须坐下来并把眼睛紧紧地粘到屏幕上：一般的美国家庭没有时间看电视。因此屏幕上的那些表演者们确信……电视永远不会成为（无线）广播的真正竞争者。
>
> ——《纽约时报》，1939

力，近一半事件的罪犯都很有魅力。这些简直就是很多研究描述过的暴力观看效应（violence-viewing effect）的配方（Donnerstein, 1998, 2011）。想更多地了解这一效应，可参看批判性思考：观看媒体暴力是否会引发暴力行为？

提取一下

- 贾森的父母和年长的朋友都吸烟，但他们都告诫贾森不要吸烟。胡安的父母和朋友都不吸烟，但他们没有说过任何防止贾森吸烟的话。贾森和胡安谁可能吸烟？

答案：答案可能各不相同，因为我们往往会模仿他人的做法，儿童往往会重复学习到的东西。

***

电视的最大效果可能根源于它是什么的替代物。那些一天看 4 小时电视的儿童和成人用于积极追求聊天、学习、玩耍、阅读或与朋友交往的社会活动时间不到 4 小时。你都在业余时间里做些什么活动？如果你从未看过电视，你因此会有怎样的不同之处？

我们关于学习原理的知识来自数千名研究者的工作。这一章集中讨论了少数几个先驱研究者的理论观点——巴甫洛夫、华生、斯金纳和班杜拉。他们的经历证明了全心全意致力于少数几个明确的问题和观点所能产生的影响。这些研究者界定了问题，并使我们看到了学习的重要性。正如他们给世人留下的文化遗产所证明的，文化历史经常是由那些敢于冒险把自己的观点推到极限的人们创造的（Simonton, 2000）。

提取一下

- 将例子（1-5）与恰当的基本学习原理（a-e）进行匹配：

    a. 经典性条件作用　　　d. 观察学习
    b. 操作性条件作用　　　e. 生物倾向
    c. 潜伏学习

    1. 在黑暗中知道从床边到卫生间的路线
    2. 你的弟弟们在观看暴力动作电影后参与打架
    3. 闻到烤箱里布朗尼蛋糕的香味你会流口水
    4. 吃了红辣椒几小时后生了大病，此后讨厌红辣椒的味道
    5. 到家时你的狗跑出来欢迎你

答案：1.c, 2.d, 3.a, 4.e, 5.b

本章复习

学 习

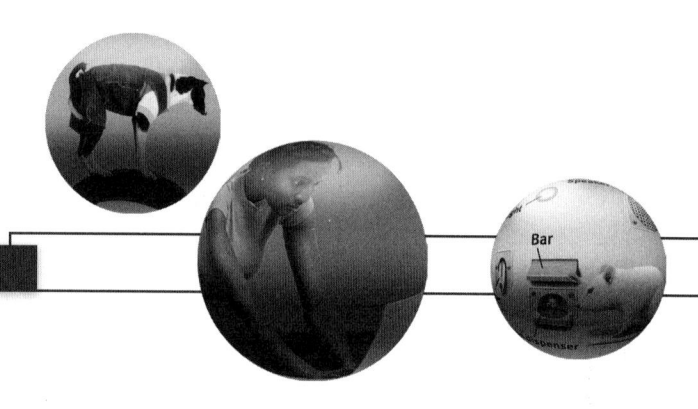

学习目标

回答以下学习目标问题来测试一下你自己（这里重复了本章中的问题）。然后翻到附录的完整章节复习，核对你的答案。研究表明，试着自主回答这些问题将增进你对这些概念的长期记忆（McDaniel et al., 2009）。

我们如何学习
7-1： 什么是学习？学习有哪些基本形式？

经典性条件作用
7-2： 经典性条件作用的基本组成成分是什么，行为主义关于学习的观点是什么？

7-3： 在经典性条件作用中，习得、消退、自然恢复、泛化和分化的过程是怎样的？

7-4： 巴甫洛夫的工作为什么仍然如此重要？他的工作在人类的健康和福祉方面有哪些应用？

操作性条件作用
7-5： 什么是操作性条件作用？操作行为是如何被强化和塑造的？

7-6： 怎样区分积极强化与消极强化？强化物有哪些基本类型？

7-7： 不同的强化程式如何影响行为？

7-8： 惩罚与消极强化有何不同？惩罚是如何影响行为的？

7-9： 斯金纳的理论为何会引起争议？操作性条件作用的原理可以如何应用到学校、运动、工作和家中？

7-10：经典性条件作用与操作性条件作用有何不同？

生物、认知与学习
7-11：生物性限制如何影响经典性条件作用和操作性条件作用？

7-12：认知过程如何影响经典性条件作用和操作性条件作用？

观察学习
7-13：什么是观察学习？一些科学家认为镜像神经元在其中起什么作用？

7-14：亲社会榜样和反社会榜样有哪些影响？

术语与概念

测试自己对以下术语的理解，试着用自己的语言写下这些术语的定义，然后翻到提到术语的那一页核对你的答案。

学 习
联想学习

刺 激
认知学习
经典性条件作用
行为主义
中性刺激（NS）
无条件反应（UR）
无条件刺激（US）

条件反应（CR）
条件刺激（CS）
习 得
消 退
自然恢复
泛 化
分 化

操作性条件作用	连续强化	操作行为
效果律	强化程式	认知地图
操作箱（斯金纳箱）	部分（间歇）强化	潜伏学习
强化	固定比率程式	内部动机
塑造	不定比率程式	外部动机
积极强化	固定间隔程式	观察学习
消极强化	不定间隔程式	模　仿
一级强化物	惩　罚	镜像神经元
条件强化物	应答行为	亲社会行为

研究记忆

记忆模型

构建记忆：编码

双通道记忆：有意识加工与自动
　加工
自动加工和内隐记忆
有意识加工和外显记忆

记忆储存

信息在大脑中的保持
突触变化

提取：信息的获取

对记忆保持的测量
提取线索

遗　忘

遗忘和双通道意识
编码失败
储存消退
提取失败

记忆建构错误

错误信息和想象效应
来源遗忘
辨别真实记忆与错误记忆
儿童目击证人的回忆
压抑或建构的受虐记忆?

改善记忆

第 8 章

记 忆

第 9 版中关于记忆的章节是我与贾妮·威尔逊共同撰写的,她是美国佐治亚南方大学心理学教授,心理学教学协会负责规划的副主席。

感谢我们拥有记忆!我们对此不以为然,只有当记忆系统出错时,我们才会意识到它的存在。但正是我们的记忆解释了时间,定义了我们的人生;是它让我们认得家人,讲我们的语言,知道回家的路并找到生存所必需的食物和水;是它让我们能够享受一段美好时光,并在内心对此重演和再次回味;是我们的记忆让我们偶尔对那些曾经冒犯过我们的人怀恨在心,甚至难以释怀。

在很大程度上,我们是我们自己记忆的产物。没有了记忆——我们积累学习的宝库——便无法品味过去的欢乐时光,更不会产生悔恨之心,当然也不可能对痛苦的往事耿耿于怀。相反,我们将会生活在无穷无尽的当下中,每个瞬间都是崭新的。但是,每个人都将是陌生的,每句话都是外语,每一项任务——穿衣、烹饪、骑车——都是崭新的挑战。你甚至感觉自己也是陌生的,没有了持续的自我感觉来连接你的过去和现在。

研究记忆

> 8-1：什么是记忆？如何测量记忆？

记忆（memory）是长期持续的学习；是已被获取、存储并可以被提取的信息。对于心理学家来说，学习结果得以保留的证据包括三种对记忆保持的测量，我们将在本章后面进行探讨：

- **回忆**（recall）——对不在当前意识觉知中但以前曾学习过的信息进行提取。填空题可测试你的回忆。
- **再认**（recognition）——识别出先前学过的项目。多选题可测试你的再认。
- **再学习**（relearning）——当你第二次学习或以后再学习某些东西时可以学得更快。当你复习期末考试内容或学习童年时用过的语言时，会比第一次学习时更容易记住所学材料。

对记忆极端情况的研究帮助了我们理解记忆是如何工作的。我父亲在92岁时罹患轻微中风，这种病对他的记忆产生了一种奇特的影响。他仍能像以前一样活动自如。他和蔼可亲的性格没有改变。他还记得我们，喜欢看家庭相册并追忆他过去的点点滴滴。但是，他却失去了存储近期日常对话和生活片段的能力。他不知道今天是星期几，或者他中午吃了什么。虽然反复多次告诉他舅父已经去世，但他每次听到时仍是一副惊讶并且难过的表情。

另一种极端情况是那些可能会在奥林匹克记忆大赛上获金奖的人。俄国记者谢瑞舍乌斯基，或称S，仅靠听觉就能记住其他记者需要借助纸和笔才能记下的内容（Luria, 1968）。一般人只能复述由大约7个（甚至可能9个）数字组成的字符串。如果这些数字或字母在一间安静的房间里以每个间隔3秒的速度读出，S最多能复述出70个数字或字母。甚至，他还能像正向回忆那样轻松地进行逆向回忆。此外，他记忆的准确性也令世人瞠目，即使是在回忆15年前的一个列表。他可能会说："是的，是，这就是在你房间里，你给我的那个列表……你坐在桌子旁边而我坐在摇椅里……你穿着灰色的西服，这样看着我……"

神奇吗？是的，那么请想一下你自己不凡的记忆：你记住了无数的嗓音、声音、歌曲、味道、气味、质地、面孔、场所以及事件。请再想象一下：你现在正在观看2 500多张印有面孔和场景的幻灯片，每一张的呈现时间只有10秒钟。之后，我们会给你看其中的280张，将它们与你从未看过的幻灯片配对呈现。实际的实验参与者能辨认出90%（Haber, 1970）。在后续的实验中，给人们呈现2 800张图片，每张仅呈现3秒，他们辨认重放幻灯片的正确率达82%（Konkle et al., 2010）。

或者，假设你正在看图8.1这样的图像碎片，假设你曾在17年前看过几秒钟完整的图片。这同样是个真实的实验，那些17年前看过完整图片的人相比控制组中从来没有看过完整图片的人，更容易认出碎片中的形象（Mitchell, 2006）。而且，图片记忆甚至出现在那些回忆不起在很久以前参与过实验的人身上。

这些记忆奇迹是怎样发生的？我们的大脑是如何从周围世界提取

信息，并将其储藏以备日后使用的？我们能记起那些尘封多年的往事，但却会轻易忘记几分钟前刚刚见过的人的名字，这是怎么回事？记忆是怎样存储在大脑中的？在学完本章之后，为什么你可能会错误地回忆这个句子："愤怒的暴乱者朝窗户扔石头"？在本章中，我们将考虑这些有趣的问题以及更多其他问题，包括提高记忆力的技巧。

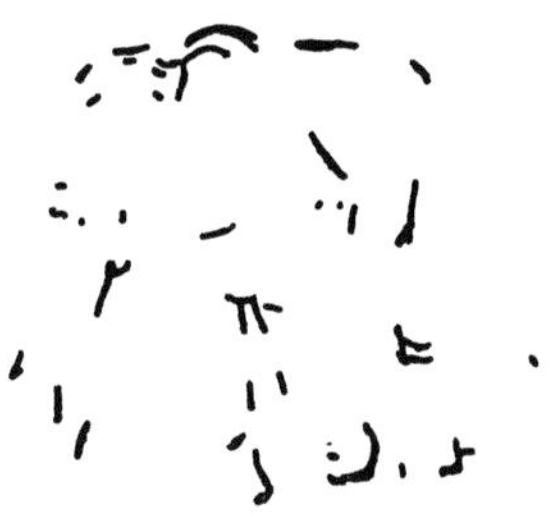

图 8.1
这是什么
17 年前看到过完整图片的人（见图 8.4）更容易认出此碎片图，即使他们已经忘记过去曾经看见过。（Mitchell, 2006）

记忆模型

8-2：心理学家如何描述人类记忆系统？

建筑师会制作微型房屋模型，帮助顾客想象自己未来的家是什么样。同样，心理学家建立记忆模型帮助我们理解大脑是如何形成和提取记忆的。信息加工模型将人类记忆与计算机操作进行类比。因此，为了记忆某个事件，我们必须

- 让信息进入大脑，这一过程被称为**编码**（encoding）。
- 保存信息，这一过程被称为**储存**（storage）。
- 日后读取信息，这一过程被称为**提取**（retrieval）。

和所有的类比一样，计算机模型也有它的局限性。我们的记忆，并不像计算机那样是逐字逐句的，也更加脆弱。此外，计算机的信息加工大都是顺序进行的，即使是在不同的任务间切换。我们的双通道大脑却可以通过并行处理的方式同时（有些是无意识地）加工多个任务。

为了聚焦于这一复杂的同时加工过程，一个信息加工模型——联结主义——将记忆看作互相联结的神经网络的产物。特定记忆源于这些网络内部的特定激活模式。每当你学习新东西时，大脑的神经连接会发生变化，形成并强化某些神经通路，使你能够与持续变化的环境互动并从中学习。

为了解释我们的记忆形成过程，阿特金森和谢夫林（Atkinson & Shiffrin, 1968）提出了另一个模型，将记忆的产生分为三个阶段：

1. 我们首先将那些需要被记住的信息记录为瞬时的**感觉记忆**（sensory memory）。
2. 之后，我们对信息进行加工使其进入**短时记忆**（short-term memory），在此我们通过复述对信息进行编码。
3. 最后，信息进入**长时记忆**（long-term memory），以备日后提取。

其他的心理学家更新了这一模型（图 8.2），纳入了重要的新概念，包括工作记忆和自动加工。

工作记忆

阿特金森和谢夫林认为，短时记忆是对当前想法和经验进行存储的一个容量小且短暂的存储空间，艾伦·巴德利和其他人（Baddeley, 2001, 2002; Engle, 2002）对

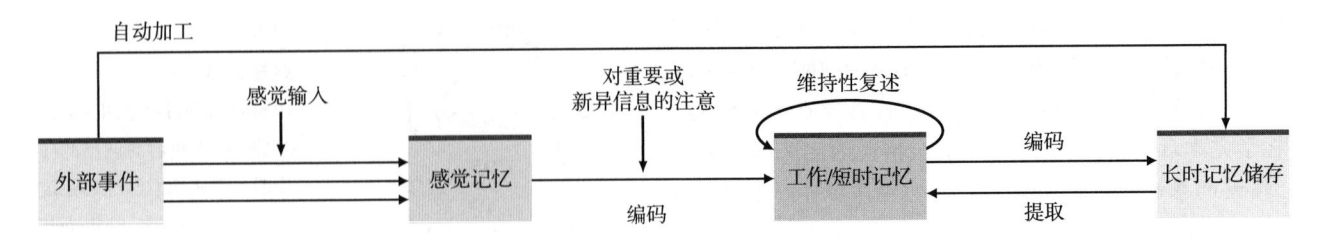

图 8.2
修正后的记忆三级加工模型
阿特金森和谢夫林经典的三级模型有助于我们理解记忆的加工过程，但如今研究者认为长时记忆的形成还有其他途径。比如，有些信息会经由"后门"进入长时记忆，而不会引起人们有意识的注意（自动加工）。在短时记忆阶段会发生许多主动的加工，以至许多学者现在都喜欢用工作记忆一词。

此提出了挑战。研究表明，这一阶段并不仅仅是对进入的信息进行存储的临时书架。它是一个活跃的桌面，你的大脑在这里处理信息、理解新输入的信息并将其与长时记忆联系起来。我们是否会把 eye-screem 错听成 "ice cream" 或 "I scream" 取决于上下文和已有经验如何引导我们对听到的声音进行理解和编码。为了强调这一中间阶段发生的主动的信息加工过程，心理学家使用了**工作记忆**（working memory）这一术语。此时此刻，你正在使用工作记忆把正在阅读的信息与先前存储的信息联系起来（Cowan, 2010; Kail & Hall, 2001）。

你正在阅读的这一页可能会通过视觉进入工作记忆。你也可以通过听觉复述来对这些信息进行重复。在将这些记忆整合输入到已有的长时记忆时，你的注意力是集中的。巴德利（Baddeley, 2002）提出，中央执行系统操控这一聚焦处理过程（图 8.3）。

图 8.3
工作记忆
艾伦·巴德利（Baddeley, 2002）的工作记忆模型（这里进行了简化）包括对新信息的视觉和听觉复述。假设的中央执行系统（管理者）会集中注意力，并从长时记忆中提取信息以帮助我们理解新信息。

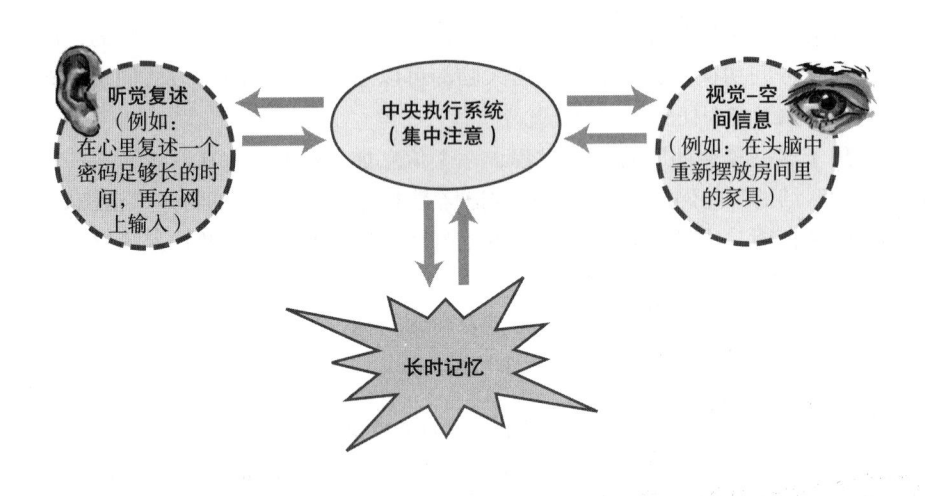

图 8.4
现在你知道了
17年前看过这张完整图片的人更容易认出图 8.1 中的碎片。

如果注意不集中，信息通常会很快消退。在一项实验中，人们阅读并键入随后需要的一些新信息，如"鸵鸟的眼睛比脑大"。如果他们知道信息可以在网上查到，就会投入较少的精力去记忆，并且对细枝末节的记忆较差（Sparrow et al., 2011）。有时候，Google 代替了复述。

> **提取一下**
>
> - 哪两个新概念更新了经典的阿特金森-谢夫林三阶段信息加工模型?
>
> 答案:(1)我们没有为了形成某些记忆,例如长期的一些事件知识而有意注意,这一新概念对信息的加工强调,我们接受不在有持有持有持有持有信息的。(2)工作记忆的两个基本功能是什么?
>
> - 工作记忆的两个基本功能是什么?
>
> 答案:(1)对输入的视觉和听觉信息进行主动加工,(2)集中我们的注意力。

构建记忆:编码

双通道记忆:有意识加工与自动加工

8-3:外显记忆与内隐记忆有何区别?

在看这本书的过程中,我们的记忆会通过两条通道发挥作用:

- 阿特金森-谢夫林模型关注我们如何加工**外显记忆**(explicit memories)——我们能够意识到并可以陈述的事实和经历(因此也称为陈述性记忆)。我们通过有意识的**有意识加工**(effortful processing)编码外显记忆。
- 在阿特金森-谢夫林模型的阶段之外,其他信息在后台跳过有意识编码通道,直接进入记忆。这种**自动加工**(automatic processing)发生在我们的意识之外,产生**内隐记忆**(implicit memories)(也称为非陈述性记忆)。

自动加工和内隐记忆

8-4:我们会自动加工哪些信息?

我们的内隐记忆包括对自动化技能(比如怎么骑自行车)的程序性记忆,以及由经典性条件作用形成的刺激之间的联结。去看牙医时,由于你已在牙医办公室与钻牙的疼痛之间建立了条件联结,所以你会发现自己手心冒汗。你到牙医办公室时并不想这样,这一切都是自动发生的。

不需要意识努力,你还可以自动加工以下信息:

- 空间。在学习时,你通常会对页面中特定材料的位置进行编码;当后期需要提取(例如有关自动加工的)信息时,你会视觉化本页中这一信息的位置。
- 时间。你会无意识地记下一天中所发生事件的顺序。后来当你发现外套不知道丢在哪儿时,先前脑中自动编码的事件顺序可以帮助你回忆起一天经过的路线。
- 频率。你可以自动记录事件发生的次数,正如你突然意识到"这是我今天第三次遇见他了"。

我们的双通道信息加工效率惊人。在一条通道自动存储很多日常细节的同时,另一条通道可以空出来专注于有意识的、需要努力的加工。这强化了第 6 章所描述的并行处理的一个重要原则：诸如视觉、思维和记忆等心智能力看似是单一的能力，但实际上并非如此。更确切地说，是我们将信息分解为不同的成分并同时加工。

有意识加工和外显记忆

自动加工不仅不需意志努力，而且它一旦发生还很难停止。当你看到一个母语单词时，可能是在货车侧面，你会情不自禁地去读并记下它的意思。学习阅读不是自动的。你可能还记得当初努力将字母组合起来，并将其与特定发音相联系。但有了经验和练习后，你的阅读会变得越来越自动化。设想一下，现在来学习读一个倒序的句子：

化动自为变可工识意有

起初，这是需要意志努力的，但经过足够练习后，你也能够较为自动化地完成这一任务。我们的很多技能都是通过这样的方式获得的。我们努力学习驾驶、发短信或说一种新的语言，但这些任务后来都自动化了。

感觉记忆

> 8-5：感觉记忆是如何工作的？

感觉记忆（回忆图 8.2）是我们活跃的工作记忆的基础，记录短暂的场景图像或声音的回声。如果这一页的呈现时间比闪电还短，你能感觉并回忆出多少内容？在一项实验中（Sperling, 1960），研究者向人们呈现每行 3 个共计 3 行的字母，每个字母的呈现时间为 1/20 秒（图 8.5）。结果发现，当这 9 个字母从屏幕上消失后，他们只能回忆出其中的一半字母。

这是为什么呢？是因为他们没有足够的时间来看清楚这些字母吗？答案是否定的。研究者斯珀林通过巧妙的实验设计最终揭示出，他们实际上能够看见并回忆出全部字母，但这一切只发生在一瞬间。在斯珀林的实验中，他并没有让人们回忆这 9 个字母，而是在字母闪现之后马上呈现一个高、中或低音。这一线索旨在提示参与者只需分别对相应的首行、中间或最后一行字母进行报告即可。结果发现，此时参与者很少会遗忘任何一个字母，表明瞬间之内全部 9 个字母都可供回忆。

斯珀林的实验表明，我们对视觉刺激拥有一种瞬时的感觉记忆，可称为**映象记忆**（或图像记忆，iconic memory）。在几百毫秒之内，我们的眼睛可以对一个场景进行精确记录，并且我们对其中任何一部分的细节都拥有惊人的回忆能力。但是如果斯珀林将声音信号延迟 500 毫秒以上，映象记忆便开始消退，参与者的回忆再一次降到只有半数字母的水平。随着新图像不断叠加在旧图像之上，我们的视觉屏幕刷新得很快。

K	Z	R
Q	B	T
S	G	N

图 8.5
瞬时图像记忆
当斯珀林以 1/20 秒的时间快速呈现一组简单的字母时，人们只能回忆出其中一半的字母。但是当字母消失之后马上提示人们回忆其中特定的一行字母时，他们则完成得相当好。

第 8 章 记 忆 299

同样我们也拥有一种对声音刺激的完美的瞬时记忆，称为**回声记忆**（或声像记忆，echoic memory）（Cowan, 1988; Lu et al., 1992）。想象一下，日常生活中的你，可以一边聊天一边观看电视节目，当你突然受电视节目的吸引而忽视对方时，他可能会恼怒地问你"我刚才说什么了？"你似乎仍能从大脑的回音中想起最后那几个单词。这种回音似乎可以保持 3 或 4 秒钟的时间。

工作记忆和短时记忆的容量

8-6：短时记忆和工作记忆有多大的容量？

乔治·米勒（Miller, 1956）提出短时记忆能存储约 7 小段（上下加减 2）信息。其他研究者证实，不被分心的情况下，我们能够回忆大概 7 个数字或 6 个字母或 5 个单词（Baddeley et al., 1975）。为了弄清楚短时记忆的消退速度，劳埃德·彼得森和玛格丽特·彼得森（Peterson & Peterson, 1959）要求人们记住诸如 CHJ 的三辅音字母组合。实验时为防止人们对字母进行复述，他们要求人们额外完成一些诸如从 100 开始，出声连续减 3 的任务。结果发现，3 秒钟之后人们回忆出字母的概率只有一半，12 秒之后几乎什么都记不得了（**图 8.6**）。由此可知，在没有主动加工的情况下，短时记忆只能维持非常有限的一段时间。

工作记忆能力因年龄和其他因素而不同。与儿童和老年人相比，年轻人的工作记忆容量更大，因此，他们能够更高效地使用自己的心理工作空间。这意味着他们的多任务处理能力相对更好。但不论年龄大小，在没有分心的情况下，一次专心完成一个任务时我们都做得更好，工作效率更高。总之：一边看电视，一边给朋友发短信，还一边写心理学论文可能是个坏主意（Willingham, 2010）！

神奇的数字 7 已经成为心理学对一长串神秘 7 的贡献。世界七大奇迹、七大洋、七宗罪、七色光、七个音阶和每周的七天，七个神奇的 7。

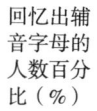

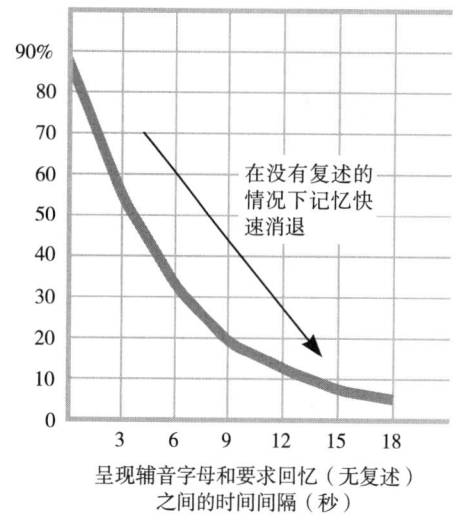

图 8.6
短时记忆的消退
在没有复述的情况下，言语信息很快就会被忘记。（资料来源：Peterson & Peterson, 1959; 也参见 Brown, 1958.）

有意识加工策略

8-7：有哪些可帮助我们记忆新信息的有意识加工策略？

研究表明，有一些有意识加工策略能够提高我们形成新记忆的能力。当后期我们尝试提取记忆时，这些策略可以决定我们能否成功。

组块法 快速浏览**图 8.7** 的第一行，然后移开视线试着在脑海中重现你刚刚看到的内容。这似乎有些难度，是吗？但你却能很容易地回忆起复杂程度相当的第二行。同样，我猜你可能会发现第四行比第三行更容易记，虽然它们包含相同的字母。你还会发现第六组比第五组更容易记忆，虽然它们包含相同的单词。这说明，对信息进行**组块**（chunking）——把项目组织成熟悉、易管理的单元——使我们回忆起来更容易。尝试记忆 43 个单独的数字和字母。这将是不可能的，除非我们对其进行组块，比如说组成七个有意义的小块 "Try remembering 43 individual numbers and letters"。

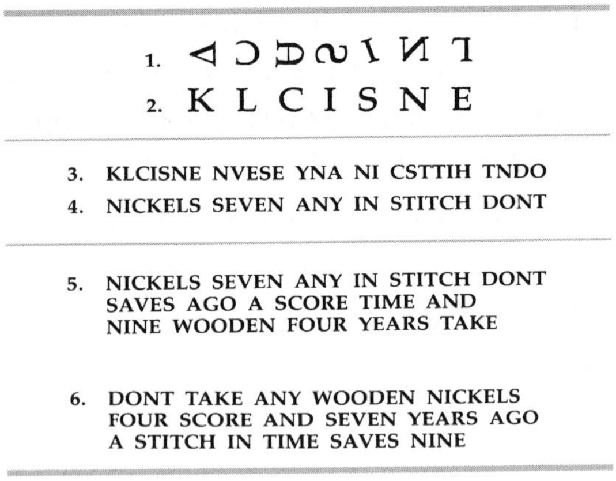

图 8.7
记忆的组块效应
如果我们把信息组织成有意义的单元，比如字母、单词和短语等，那么我们回忆起来便会轻松得多。（资料来源：Hintzman, 1978）

1. ᴅG∩ᴎⱮ
2. KLCISNE
3. KLCISNE NVESE YNA NI CSTTIH TNDO
4. NICKELS SEVEN ANY IN STITCH DONT
5. NICKELS SEVEN ANY IN STITCH DONT SAVES AGO A SCORE TIME AND NINE WOODEN FOUR YEARS TAKE
6. DONT TAKE ANY WOODEN NICKELS FOUR SCORE AND SEVEN YEARS AGO A STITCH IN TIME SAVES NINE

图 8.8
组块的例子——给懂中文的人
在看过之后，你能精确地在脑中重现出来吗？如果能，那说明你肯定懂中文。

春夏秋冬

通常，组块是在我们不知不觉中自然发生的。如果你的母语是英语，你可以正确无误地回忆图 8.7 第六项中组成三个短语的约 150 个小片段。这个结果会令不熟悉英语的人非常震惊。同样，我对中国读者也心存敬畏，他们瞥一眼图 8.8，就能回忆出里面的所有笔画。还有，一位大学篮球队的运动员，在比赛时瞥上 4 秒钟就能记住每个球员的位置（Allard & Burnett, 1985）。这是因为，人们把信息按其理解组织成有意义的单元时记得最牢固。

记忆术　为了帮助对冗长的文章和演讲稿进行编码，古希腊学者和演说家也发明了**记忆术**（mnemonics）。很多记忆辅助方法都利用生动形象的图像，因为我们尤其擅长记忆心理图形。较之那些抽象的词来说，我们对具体的、具象的词的记忆效果要好得多。（我等一下考你时，下面的词语中你最容易回忆起哪三个？"自行车""空虚""香烟""与生俱来""火焰"和"过程"。）如果你还能想起"扔石头的暴乱者"那句话，可能不仅仅是因为你进行了语义编码，还因为你能通过这个句子勾画出一种视觉表象。

字钩系统（peg-word system）利用了我们高超的视觉表象技能。这个记忆术要求你记住一首韵律诗"*One is a bun; two is a shoe; three is a tree; four is a door; five is a hive; six is sticks; seven is heaven; eight is a gate; nine is swine; ten is a hen.*"不需要多少努力，你就可以用"字钩"而不是数字来数数：*bun*、*shoe*、*tree*……然后，把这些字钩与记忆内容形象地联系起来。这一切完成之后，你就可以向购物清单发起挑战啦。胡萝卜？把它插在想象中的小圆面包（bun）上；牛奶？装在鞋子（shoe）里；纸巾？用它搭在树枝（tree branch）上。想一下"*bun*、*shoe*、*tree*"，你会看到与其相联系的形象：胡萝卜、牛奶、纸巾。采用这种记忆术，你能够以任何顺序回忆出这些项目，说出任一给定项目代表什么，且很少会出错（Bugelski et al., 1968）。记忆高手认识到了这套系统的强大。一项对世界记忆锦标赛明星的研究显示，他们并非拥有杰出的智力，而是非常擅长利用记忆策略（Maguire et al., 2003）。

组块和记忆术相结合是针对不熟悉材料的强大记忆辅助方法。想按波长的顺序记住彩虹的颜色吗？想到记忆术"ROY G.BIV（*r*ed、*o*range、*y*ellow、*g*reen、*b*lue、*i*ndigo、*v*iolet）"就可以了。需要回忆美国五大湖的名字？只需记住"HOMES（*H*uron、*O*ntario、*M*ichigan、*E*rie、*S*uperior）"就可以了。在各个例子中，通过造词（首字母缩略词）我们把需记忆的信息组织成更熟悉的形式。

层级法　当人们对某个领域已经精通的时候，在加工信息的过程中，不仅可以进行

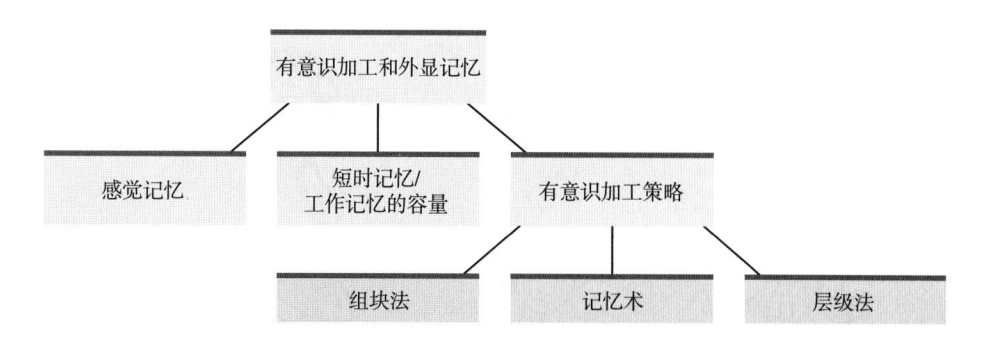

图 8.9
层级有助于提取
就像这里呈现的本章中的一些概念，较之随机呈现的单词或概念，我们更容易记住那些我们按层级组织的单词或概念。

组块，还可以运用层级。层级由几个概括性的概念组成，这些概念可以分割或更进一步分割成几个更为具体的概念和事实。例如本节的目的是帮助你组织有关记忆的概念（**图 8.9**）。

利用层级法组织知识，可以帮助我们有效提取信息，正如鲍尔及其同事（Bower et al., 1969）通过对一些词进行随机或分类呈现所证实的。实验结果发现，分类呈现组的回忆量是随机呈现组的 2~3 倍。由此可见，组织一下你所学的知识——特别注意每章的目录、标题、标有数字的学习目标问题以及提取一下等，将对你的学习大有裨益。总之，听课和看书时以提纲形式记笔记——一种层级组织法——也可能会令你的学习富有成效。

分散练习

当我们在一段时间内对信息（如同学名字）进行分散编码时，记忆效果更好。上世纪有超过 300 项实验一致揭示了这一**间隔效应**（spacing effect）的优势（Cepeda et al., 2006）。集中练习（填鸭式死记硬背）能够快速形成短时记忆，让人很有信心。但用记忆研究先驱赫尔曼·艾宾浩斯（Ebbinghaus, 1885）的话说，"记得快忘得也快"。分散练习能够产生较好的长时回忆。在你已经学习足够长的时间并掌握材料后，再进一步学习就变得效率低下（Rohrer & Pashler, 2007）。最好将额外的复习时间延后——如果你需要在 10 天后回忆，可以在学习后的第二天进行复习；或者如果你需要在 6 个月后回忆，就在一个月后复习（Cepeda et al., 2008）。

将你的学习分散在几个月中，而不要集中在短期内，这样可以帮助你终身保持对信息的记忆。在一个持续时间长达 9 年的实验中，哈里·巴瑞克一家四口（Bahrick et al., 1993）在限定的次数内练习翻译外语单词，练习的间隔时间为 14~56 天不等。结果他们一致发现：练习间隔的时间越长，5 年后的保持效果越好。

分散练习的一种有效方式是重复自测，研究者（Roediger & Karpicke, 2006）将这种现象称为**测试效应**（testing effect）。例如，在本书中，提取一下就是分散练习的机会。通过提取进行练习（就像很多考试要求的一样）好过单纯对材料进行重复阅读（这种方式可能会使你产生错误的掌控感）。

记忆要点：间隔学习和自测胜过填鸭式死记硬背和重复阅读。

用很长时间学会的东西忘记很慢。
——古罗马哲学家塞内加（公元前 4 年—公元 65 年）

测试效应 要想获得如何在学习中运用测试效应的建议，你可以观看这个 5 分钟长的动画：

加工水平

8-8：加工的水平有哪些？加工水平对编码有什么影响？

记忆研究者已经发现，我们对言语信息进行不同水平的加工，加工的深度影响我们的长时记忆保持程度。**浅层加工**（shallow processing）在非常基础的水平上进行编码，如构成单词的字母，或者在更中级的水平进行加工，如单词的发音。**深层加工**（deep processing）则是在单词意思的基础上进行语义编码。加工水平越深（更有意义），记忆效果越好。

在一项经典的实验中，研究者克雷克和塔尔文（Craik & Tulving, 1975）向参与者快速地呈现单词，然后通过提问来引导参与者使用不同的单词加工编码方式。若想亲自体验一下该实验任务，那么请快速回答下列问题：

诱导加工的问题：	闪现的单词	是	不是
1. 这个单词是大写的吗？	CHAIR	____	____
2. 这个单词和"train"押韵吗？	brain	____	____
3. 这个词能填入下面的句子中吗？ 这个女孩子把_____放在桌子上	doll	____	____

上述哪种加工方式能使你稍后的再认效果最好？在克雷克和塔尔文的实验中，由问题三引导的深层语义加工产生的记忆效果远远好于问题二引导的稍浅层的加工或问题一引导的非常浅层的加工。

赋予材料个人意义

如果新信息没有意义或与我们的经验无关，我们就很难对其进行加工。设想一下你自己就是布兰斯福德和约翰逊（Bransford & Johnson, 1972）研究的一名参与者，实验要求你记住下面这段话：

程序实际上很简单。首先，你需要把它们分成不同的组。当然，也许分成一堆就足够了，这取决于量的多少……这一程序结束后，再重新进行分组，并把它们安置在合适的位置上。最后，你还会再次用到它们，并再次重复整个过程。然而，这就是生活的一部分。

在无上下文提示时，对于上述这段话，学生们所记甚少。但是，当告诉他们这是关于洗衣服的（加入附加意义）一段话时，他们就能记住其中的大部分内容了。你不妨也来试试！

你能回忆起本章开头那个关于暴乱者的句子吗？（"愤怒的暴乱者……"）也许，你会像布鲁尔（Brewer, 1977）实验中的参与者那样，不是按照原句（"暴乱者把石头扔向窗户"）回忆，而是按照编码后的意义（"暴乱者把石头扔进窗户里"）回忆。鉴于这种心理上的错误匹配，鲍尔和莫罗（Bower & Morrow, 1990）把我们的大脑比作戏剧导演，它会运用丰富的想象力对原始的剧本进行加工，使之丰满起来，以完成舞台上的演出。当后来被问到听到或读到了什么时，我们回忆的并非原封不动的文本，而是我们编码后的内容。因此，考试复习时，你所记住的可能只是课堂笔记，而不是课堂内容本身。

> 这里有一个句子"鱼袭击了游泳的人"，我稍后再向你提问题。

将你所听或所读的内容重新表述为有意义的词语，可以避免此类不匹配。艾宾浩斯从他本人的实验中估算出，与学习无意义的材料相比，学习有意义的材料只需付出十分之一的努力。正如记忆研究者威克尔格伦（Wickelgren, 1977, p.346）所指出的，"学习新东西时，花些时间去思考你所阅读的材料并将其与以往所学的内容相联系，大概是你可以采用的最佳策略。"

由海尔格·诺伊斯和托尼·诺伊斯（Noice & Noice, 2006）组成的心理学家–演员团队描述了演员是如何注入意义来完成"背台词"这一艰巨任务的。他们首先要理解台词的含义："演员将半页对话分为三部分（意图）：'奉承'、'引诱他说话'和'减轻他的恐惧'"。通过这样在头脑中形成有意义的顺序，演员更容易记忆台词。

我们对能与自己联系起来的信息回忆效果非常好。如果被问及那些用于描述他人的形容词时，我们经常记不起来；但当被问及与自我评价有关的形容词时，我们却记得非常牢固——这种倾向称为自我参照效应，在西方个体主义文化成员身上尤为强烈（Symons & Johnson, 1997; Wagar & Cohen, 2003）。"与我相关"的信息既容易被深度加工，也容易被提取。因此，花些时间去找寻学习材料中的个人意义的确是大有裨益的。

记忆要点：记忆量不仅取决于学习时间的长短，还取决于你赋予材料意义进行深层加工的程度。

提取一下

- 自动加工与有意识加工有什么区别？请分别举例。

   答案：如你所喜爱的爱好和重要的观点（自动化的），相对一个中文中的重要的词条和较复杂的数学问题的解决（有意识的）。你也许可以想到其他例子。

- 映象记忆和余音记忆发生在阿特金森–谢夫林记忆三阶段中的哪个阶段？

   答案：感觉记忆。

- 哪些策略有助于长时记忆的保持：死记硬背和重复阅读材料，还是在一段时间内分散学习，并反复进行自我测试？

   答案：虽然死记硬背可以在短期内有效，但分散学习和反复自我测试则对长期记忆的保持效果更好。

- 如果要赋予学习材料个人意义，你进行的是浅层加工还是深层加工？哪种水平的加工记忆效果更好？

   答案：当学习材料被个人意义深入加工时，你的记忆效果更好。即你正在进行上的是深层加工。深层加工的记忆效果更好。

记忆储存

> 8-9：长时记忆的容量有多大？储存在哪？

柯南·道尔在他的小说《血字的研究》中，借福尔摩斯之口说出了一种比较流行的对记忆容量的看法。

"我认为人脑最开始就像空荡荡的小阁楼，你得用自己选择的家具来装饰它……认为这个阁楼的墙壁是有弹性的、能任意扩大的，是一种错误的看法。因此，要学习新知识，你就不得不把过去记住的东西忘掉。"

然而，事实正与福尔摩斯的"记忆模型"相反，长时记忆的储存量的确是无限的。我们的大脑并不像塞满东西的小阁楼，它没必要非得抛弃一些旧东西才能储存新东西。

> 我们的记忆是灵活多变并能不断叠加的，就像一块随时可添加内容的全景黑板，并配有取之不尽用之不竭的粉笔和板擦。
> ——伊丽莎白·洛夫特斯和凯瑟琳·凯查姆，《被压抑的记忆之谜》，1994

信息在大脑中的保持

我的老岳母是一位退休的钢琴师和风琴手，她可太让我吃惊了！她在88岁时，眼睛已经失明了，再也不能看乐谱了。但是让她坐在钢琴前面，她能非常完美地弹奏几百首圣歌中的任何一首，而且其中有几首是她最近20年间连想都没有想过的！大脑将这些成千上万有序的音符储存在何处呢？

有一段时期，一些外科医生及记忆研究者们惊叹于患者那些貌似鲜活的记忆，这是在外科手术中刺激大脑时所发现的。这是否可以证明，不仅是熟练的乐曲，过去的一切都完整地储存在大脑里，我们所需要的只是对它们的重新激活？进一步分析发现，所谓的过去经历似乎并不是再次激活的旧记忆，而是虚构出来的（Loftus & Loftus, 1980）。进一步的证据显示，记忆不存在于任何单一的特定区域中。心理学家拉什利（Lashley, 1950）训练大鼠学走迷宫，接着便切除大鼠的部分皮层并再次检查大鼠对迷宫的记忆。但不管他切除皮层的哪一部位，大鼠都至少能保留对迷宫问题的部分记忆。

记忆要点：尽管大脑有着巨大的储存能力，但不同于图书馆分散、精确定位的藏书方式，我们在对组成记忆的信息进行编码、储存和提取时，很多脑区相互作用。

外显记忆系统：额叶和海马

> 8-10：额叶和海马在记忆储存中起什么作用？

与涉及知觉、语言和情绪等多个心理过程一样，记忆需要整个大脑网络协同工作。事实和片段的外显记忆的加工和储存涉及的大脑网络包括额叶和海马。当你对过去的经验进行心理重演时，很多脑区将输入信息传递到额叶进行工作记忆加工（Fink et al., 1996; Gabrieli et al., 1996; Markowitsch, 1995）。左右额叶分别加工不同类型的记忆。例如，回忆密码的同时将其保持在工作记忆中，会激活左侧额叶；情景回忆则可能会激活右侧额叶。

海马（hippocampus）是一个位于边缘系统的颞叶神经中心。认知神经学家发现，海马相当于大脑对外显记忆的"保存"按钮（**图 8.10**；Anderson et al., 2007）。通过对大脑活动的扫描（例如 PET 扫描个体回忆单词），或解剖遗忘症患者的大脑，我们发现对人名、图像、事件等的新的外显记忆储存于海马（Squire, 1992）。

因此，海马受损会影响外显记忆的回忆。美洲山雀和某些鸟类不仅能将食物储藏在几百个不同的地点，而且还能在几个月后找到这些未经标记的储食仓库。但是其海马一旦被切除，它们就不再能完成上述活动（Kamil & Cheng, 2001; Sherry & Vaccarino, 1989）。左侧海马受损的个体在言语记忆方面存在困难，但对视觉模式和空间位置的回忆不受影响；而右侧海马受损时的情况则刚好相反（Schacter, 1996）。

海马各分区也有着不同的功能。如一部分在个体学习将名字与面孔配对时处于活跃状态（Zeineh et al., 2003）。另一部分在记忆冠军们使用空间记忆术时处于活跃状态（Maguire et al., 2003b）。伦敦出租车司机在迷宫一样的街道驾驶时间越长，加工空间记忆的后部区域就变得越大（Maguire et al., 2003a）。

记忆并非永久储存于海马，相反，海马似乎是一个信息的聚集地。大脑在这里登记并暂时储存记忆片段中的各种因素，如味觉、感受、声音及地点等。但是接下来，就像将旧文件转移到地下储藏室一样，记忆也将被转移到别处。

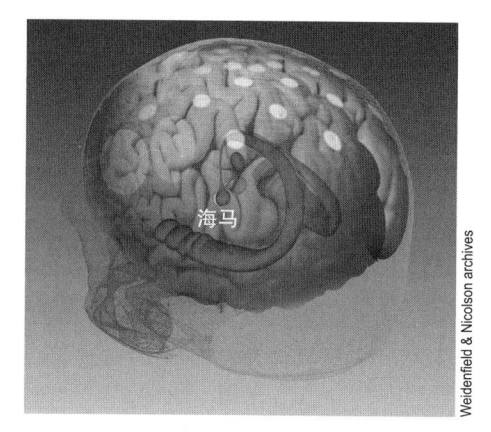

睡眠有助于巩固记忆。在深度睡眠时，海马会对记忆进行加工，以便以后提取。在一项训练结束后，睡眠时海马的活跃程度越高，第二天的记忆效果越好（Peigneux et al., 2004）。研究者观察到，海马和大脑皮层在睡眠时显示同步的活动节律，犹如在进行对话一样（Euston et al., 2007; Mehta, 2007）。他们猜想大脑是在重现白天的经历，将其转入大脑皮层进行长时记忆储存。海马周围的皮层区帮助加工和储存外显记忆（Squire & Zola-Morgan, 1991）。

内隐记忆系统：小脑和基底神经节

8-11：小脑和基底神经节在我们的记忆加工中起什么作用？

海马和额叶是外显记忆的加工地。但由于自动加工的存在，没有它们你仍可以保留对各种技能或条件联结的内隐记忆。道克斯（LeDoux, 1996）曾讲述过一位大脑受损伤的遗忘症患者的情况。她不能认出自己的主治医生，因此医生每天都要跟她握手并做自我介绍。有一天，当她和医生握手时，猛然将手缩了回来，因为医生手中的大头针扎疼了她。之后当医生再做自我介绍时，她都拒绝和医生握手，虽然她也说不清这是为什么。由于形成了经典条件作用，她就是不肯和医生握手。

图 8.10

海马

对事实和情节的外显记忆先是在海马中进行加工，然后再转移到别的脑区进行储存。

海马英雄 在动物界，记忆冠军的有力竞争者是一种鸟的大脑——克拉克星鸦——这种鸟能在冬季和春季找到自己之前埋藏的多达 6 000 处松子贮藏地（Shettleworth, 1993）。

小脑在形成和储存由经典条件作用产生的内隐记忆方面起着关键作用。小脑受损，人们将不能建立特定的条件反射，如将音调与即将喷出的气流建立联结——因此也不会因对气流的预期而眨眼（Daum & Schugens, 1996; Green & Woodruff-Pak, 2000）。当研究人员通过外科手术破坏了兔子小脑中的不同通道的功能时，兔子就无法建立眨眼的条件反应（Krupa et al., 1993; Steinmetz, 1999）。内隐记忆的形成需要小脑（图 8.11）。

基底神经节是参与运动的深层脑结构，能够促进我们形成各种技能的程序性记忆（Mishkin, 1982; Mishkin et al., 1997）。基底神经节接收大脑皮层的信息输入，但不会再将信息返回到大脑皮层进行有意识的程序性学习。如果你学过骑自行车，就要感谢你的基底神经节。

我们的内隐记忆系统，部分由于小脑和基底神经节的作用，有助于解释为什么婴幼儿期所学习的反应和技能可以保持到其后的人生发展阶段。但我们在成年后，对生命中头三年的有意识记忆却是一片空白，这种经历被称为婴儿期遗忘。在一项研究中，幼儿在 3 岁时经历并和母亲讨论过的事件到 7 岁时还记得 60%，但到 9 岁时只记得 34%（Bauer et al., 2007）。婴儿期遗忘受两个因素影响：第一，外显记忆的大部分内容都是由词汇索引的，而尚未学会说话的幼儿那时尚未掌握词汇。第二，海马是最后成熟的脑结构之一。

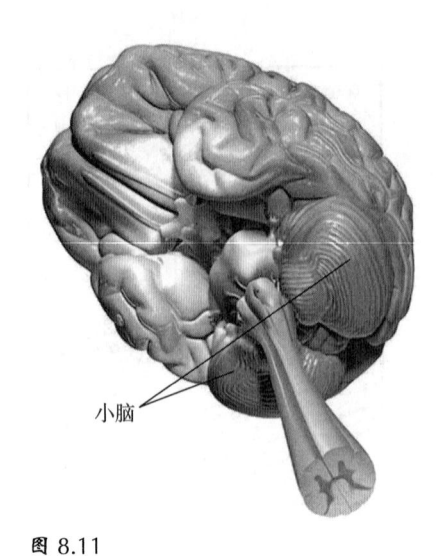

图 8.11
小脑
小脑在我们形成和储存内隐记忆时有着非常重要的作用。

提取一下

- 大脑的哪些部分在内隐记忆加工中起重要作用？哪些部分在外显记忆加工中起关键作用？

  答案：小脑和基底神经节对于内隐记忆非常重要，海马和额叶对于外显记忆起关键作用。

- 你的朋友在一次事故中遭遇脑损伤。他记得怎么系鞋带，却很难记住交谈中对方说过的话。这是为什么？

  答案：我们的记忆（事实和图片等）与关于技能和程序的记忆分别位于大脑不同的区域。他的外显记忆系统受损了，但内隐记忆仍在正常工作。

杏仁核、情绪和记忆

8-12：情绪如何影响记忆加工？

我们的情绪会诱发应激激素分泌，而应激激素会影响记忆的形成。当我们兴奋或紧张时，激素的大量分泌会使葡萄糖分解，进而为大脑活动提供更多能量，向大脑发出有重要事情发生的信号。此外，应激激素能够刺激杏仁核（两侧边缘系统，情绪处理中枢），在额叶和基底神经节启动记忆追踪，并促进形成记忆的脑区的激活（Buchanan, 2007; Kensinger, 2007）（图 8.12）。结果呢？情绪唤起能将某些事件烙印在大脑深处，但会干扰对同时发生的中性事件的记忆（Birnbaum et al., 2004; Brewin et al., 2007）。

情绪经常在我们没有意识到诱因的情况下持续存在。在一项精心设计的实验中，让海马损伤（造成他们无法形成新的外显记忆）的患者先观看一部伤感的电影，然后再看一部欢快的电影。观看结束后，他们无法有意识地回忆出电影的内容，但悲伤或欢乐的情绪却仍然存在（Feinstein et al., 2010）。

强烈的应激事件可以形成难以磨灭的记忆。遭受过战时伏击、房子起火、被强奸等创伤性事件后，那些鲜活的恐怖回忆会一次又一次侵袭。这些事件就像印了在脑海中："情绪体验越强烈，个体所形成的记忆就越强烈、越牢固"，詹姆士·麦克高夫指出（McGaugh, 1994, 2003）。这具有适应意义。记忆可以帮助我们预测未来，并警告我们潜在的危险。反之，更微弱的情绪则意味着更微弱的记忆。人们在服用抑制应激的激素类药物后更难以记住一个令人沮丧的故事的细节（Cahill, 1994）。

情绪触发的激素变化有助于解释为什么令人兴奋或震惊的事件总是让我们念念不忘，比如我们的初吻或听闻爱人离世时身处何处。在 2006 年的皮尤调查中，95% 的美国成年人能清晰地回忆出他们第一次听到"9·11"袭击事件的新闻时所在的地点或者正在做的事情。对令人震惊的重大事件的记忆如此清晰，以至于被一些心理学家称为**闪光灯记忆**（flashbulb memories）。就好像大脑在命令"记住这个！"

经历过 1989 年旧金山大地震的人正是如此。在一年半之后，他们仍能清晰地回忆出他们当时在哪里以及正在做什么事情（就像他们已经把地震发生的那一两天都刻录下来了一样）。而那些只是听说过这场地震的人，对当时自己所处环境的记忆则出现了更多的错误（Neisser et al., 1991; Palmer et al., 1991）。

闪光灯记忆的显著特点是生动形象，而且我们在回忆时非常自信。但当我们重温、复述和谈论这些记忆时，记忆可能会出错，掺杂进一些错误信息（Conway et al., 2009; Talarico et al., 2003; Talarico & Rubin, 2007）。

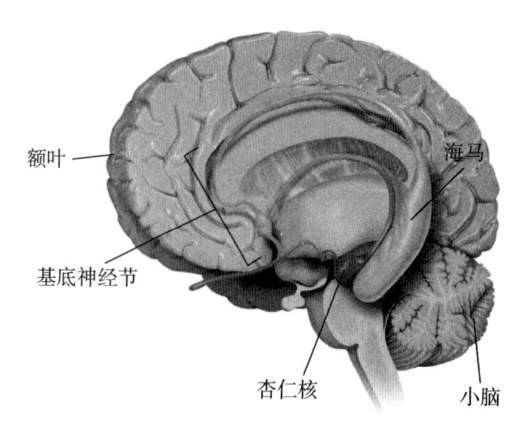

图 8.12
回顾大脑中的关键记忆结构
额叶和海马：外显记忆形成
小脑和基底神经节：内隐记忆形成
杏仁核：与情绪有关的记忆的形成

哪个更重要——体验还是对它们的记忆？

突触变化

8-13：突触水平的变化对记忆加工有什么影响？

在你阅读本章，思考并学习关于记忆的特征和过程时，你的大脑正在发生变化。由于特定通道上的活动增加，神经之间的互相连接正在形成和加强（见第 4 章）。

对记忆生理基础（信息是如何嵌入到脑中的）的探索激发了对突触交汇处的研究，神经元在此处通过神经递质相互联系。坎德尔和施瓦茨（Kandel & Schwartz, 1982）观察了低等动物海兔（一种加利福尼亚海蛞蝓）在学习过程中突触前膜的变化。海兔仅有的 20 000 个左右的神经细胞有着异常大的体积，并且很容易接触到，这使得研究者可以观察到学习过程中突触所发生的变化。在第 7 章中我们曾描述海兔如何将电刺激与喷射的水流联系起来。形成经典条件作用之后，再向其喷水时它们会反射性地缩回自己的腮部。这很像一个受过炮弹惊吓的士兵，在听到树枝折断声时会吓得不由自主地跳起来。通过观察形成条件作用前后海兔的神经连接情况，坎德尔和施瓦茨精确地指出了其间所发生的改变。当学习活动发生时，海兔会释放出更多的神经递质 5-羟色胺，从而使得神经突触间的信息传递更加高效。

从科学上说，心理的生物学对于这个新世纪，就如同基因的生物学对于 20 世纪一样重要。
——2000 年诺贝尔奖得主埃里克·坎德尔的获奖词

海兔 神经科学家埃里克·坎德尔研究这种加利福尼亚海蛞蝓长达 45 年，提升了我们对学习的神经基础的认识。

Marty Snyderman/Visuals Unlimited, Inc.

在人类实验中，快速刺激特定的记忆环路可使其在几个小时甚至几周内保持较高的敏感性。此时神经元只需较少的刺激就能释放神经递质，同时神经元之间的连接也增多（图 8.13）。这种潜在神经放电效率的增强被称为**长时程突触增强**（long-term potentiation，LTP），它为学习和记忆联结提供了神经基础（Lynch, 2002; Whitlock et al., 2006）。以下证据证实 LTP 是记忆的生理基础：

- 抑制 LTP 的药物会干扰学习（Lynch & Staubli, 1991）。
- 突触发生突变的小鼠因为缺少 LTP 所需要的酶而记不住走出迷宫的路径（Silva et al., 1992）。
- 给大鼠注射能增强 LTP 的药物，它们在学习走迷宫时所犯的错误只有通常情况下的一半（Service, 1994）。
- 给大鼠注射阻碍 LTP 保持的药物，会清除新近的学习成果（Pastalkova et al., 2006）。

在长时程突触增强发生后，给脑部通电不会干扰以前的记忆，但是电流会抹掉最近的记忆。这就是实验室动物和接受电抽搐治疗的重度抑郁者所体验到的（见第 15 章）。脑部受到撞击也可能出现类似的情况。遭受瞬间击打而暂时失去意识的足球运动员和拳击手回忆不出被击倒前一刻所发生的事情（Yarnell & Lynch, 1970）。他们的工作记忆来不及将信息巩固为长时记忆。

一些记忆生物学研究者协助创立了公司，争相研发改变记忆的药物。记忆增强药物的目标市场包括数以百万计的阿尔茨海默氏症者，数以百万计的通常会发展为阿尔茨海默氏症的轻度认知损伤者，以及无数想要逆转因年龄引起的记忆衰退的人。增强记忆可能带来巨额利润。

在有生之年，你能否用到安全合法的药物来增强自己日渐衰退的记忆，并且没有严重的副作用，也不会被那些最好可以忘记的琐事充满你的记忆？这个问题还有待回答。但同时，大学校园中就有一个现成的安全免费的记忆增强物：有效的学习技巧及充足的睡眠！（你可以在第 1 章和本章结尾部分以及第 3 章有关睡眠的部分找到学习技巧。）

图 8.14 总结了内隐（自动）记忆和外显（有意识）记忆的大脑双通道记忆加工和储存系统。

图 8.13
受体位点加倍
电子显微镜图像（a）显示，发生长时程突触增强（LTP）之前只有一个受体位点（下方灰色部分）伸向发送神经元，图像（b）显示发生了 LTP 之后受体位点加倍。这意味着接收神经元提高了敏感度，以便更好地探测由发送神经元释放的神经递质分子（资料来源：Toni et al., 1999）。

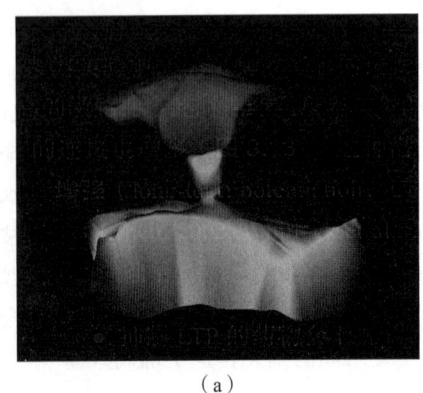

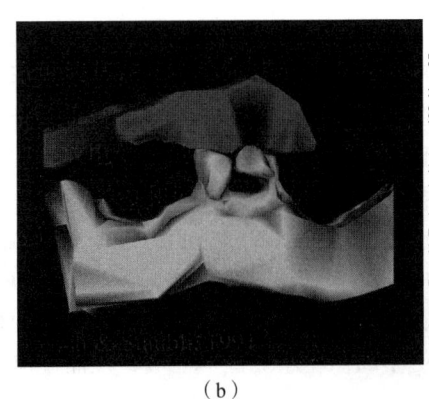

(a)   (b)

Both photos: From N. Toni et al., Nature, 402, Nov. 25, 1999. Courtesy of Dominique Muller

图 8.14
我们的两个记忆系统

```
                        记忆加工
                   ┌───────┴───────┐
                  自动            有意识
                   │               │
               内隐记忆          外显记忆
              （非陈述性的）     （陈述性的）
             没有有意识的回忆   存在有意识的回忆
                   │               │
               由小脑及           由海马及
             基底神经节加工      额叶加工
           ┌───────┼───────┐   ┌───┴───┐
        空间、时间、 运动和认知技能 经典条件作用  事实和一般知识   个体经历的事件
         频率（你昨晚  （骑自行车）  （对牙医办公室  （本章的概念）   （家庭度假）
         在哪吃的晚饭）              的反应）
```

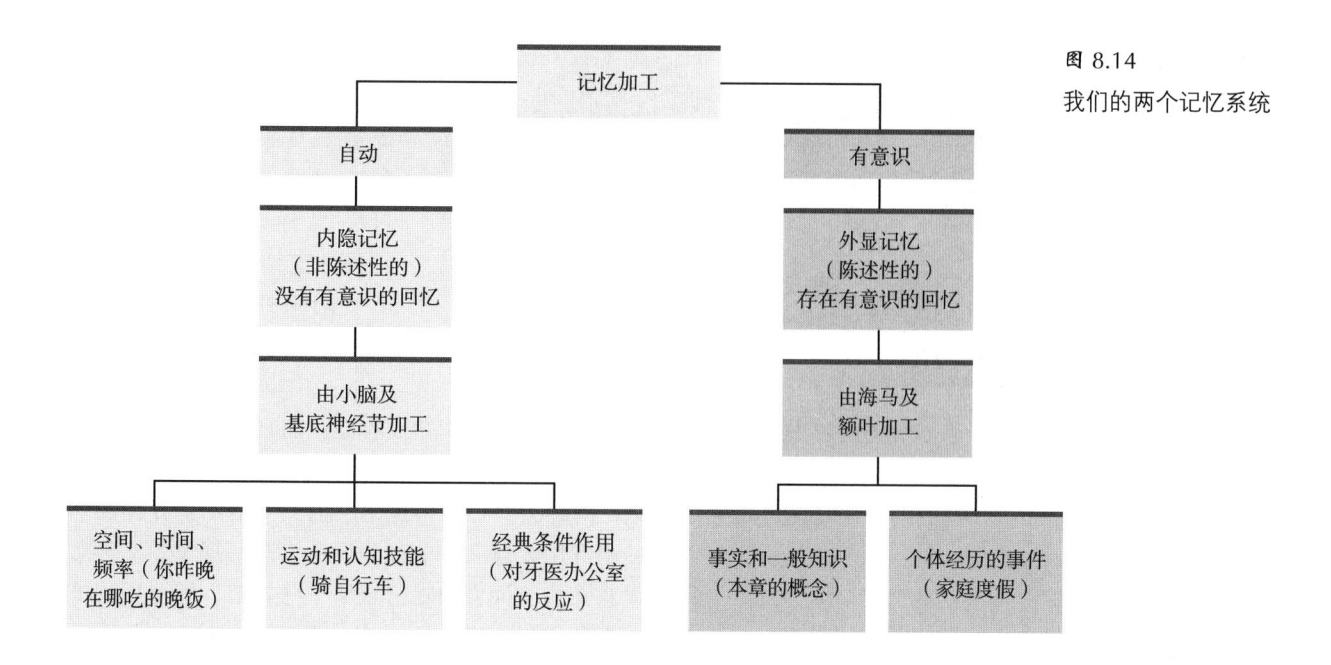

提取一下

- 哪个脑区对应激激素作出的反应是帮助形成更强的记忆？

  答案：杏仁核

- 这种存在于记忆回路连接中突触处的学习和记忆的神经基础是由短暂快速的刺激所激发的。它被称为 _____。

  答案：长时程增强效应（LTP）

提取：信息的获取

8-14：外部线索、内部情绪和呈现顺序如何影响记忆的提取？

在经过不可思议的大脑编码和储存后，我们还有一项艰巨的任务：提取信息。什么会激发记忆的提取？心理学家如何研究这一现象？

对记忆保持的测量

为了测量记忆的保持，心理学家会对回忆、再认或再学习的速度进行测量。你在很久之前就不能回忆起大部分的高中同学了，但你也许还能从毕业纪念册的集体照上将他们一一认出并能从名单上找出他们的名字。在一项实验中，毕业 25 年后人们似乎很难回忆起大多数读书时的老同学，但却能够再认其中 90% 的同学照片和名字（Bahrick et al., 1975）。如果你和大多数学生一样，你也可能对白雪公主和七个小矮人故事中小矮人名字的再认多于回忆（Miserandino, 1991）。

再认的速度之快、容量之大都令人惊叹。"你朋友穿着一身新套装，还是不合

对过去事件的记忆 即使奥普拉·温弗瑞和布拉德·皮特没有出名,他们的高中同学仍然很可能在毕业纪念册的照片中认出他们。

时宜的旧套装?""旧套装!""这个5秒钟的电影画面剪辑是来自某一部电影,你看过这部影片吗?""看过!""你以前见过这个人吗——这种同样的老年人特征(两只眼睛,一个鼻子等等)的微小变化?""没有"……事实上,在成百上千个诸如此类的答案脱口而出之前,我们的大脑就知道答案,而且清楚地意识到自己知道。

我们的再学习速度也揭示了记忆的存在。一个多世纪之前艾宾浩斯就在他的学习实验中利用无意义音节词表展示了这一现象。艾宾浩斯从无意义音节词表中随机选取一些音节,练习后测试自己。为了体验一下他的实验,请你快速大声地朗读下列音节8遍,然后看向别处,再试着回忆所读过的音节(资料来源:Baddeley, 1982):

JIH, BAZ, FUB, YOX, SUJ, XIR, DAX, LEQ, VUM, PID, KEL, WAV, TUV, ZOF, GEK, HIW.

在学习后的第二天,艾宾浩斯能够回忆起的音节很少。但它们并没有被完全忘记。如**图 8.15**所示,第一天他大声重复音节表的次数越多,第二天再学习时需要重复的次数就越少。额外的复述(过度学习)能增加保持量,尤其在一段时间内分散练习时。

记忆要点:再认测试或再学习时所用时间的测试,都揭示出我们所记住的远远多于我们所能回忆出的。

图 8.15
艾宾浩斯的记忆保持曲线 艾宾浩斯发现,第一天他学习无意义音节的次数越多,第二天他需要重复的次数就越少。再学习速度是记忆保持的一种测量方式(资料来源:Baddeley, 1982)。

提取一下

● 多项选择题测试我们的
  a. 回忆   c. 再学习
  b. 再认   d. 感觉记忆

答案:b

● 填空题测试我们的_____。

答案:回忆

● 如果你要确保记住你为即将到来的考试所学习的内容,采用回忆还是再认的方式来检测你的记忆更好?为什么?

答案:回忆(比如用填空题来自我测试),而不是再认(比如用多项选择题)。对你来说更为困难的东西,因此,如果你能够回忆起该素材,你在考试中就很有可能已经掌握了。

提取线索

想象一只蜘蛛悬挂在蛛网中央，由向各个方向延伸到不同点的很多蛛丝支撑着。如果你要沿着一条路径追踪到蜘蛛所在的位置，你首先要建立一条从其中一个定位点出发的路线，然后顺着这条蛛丝到达蛛网中央。

对记忆的提取过程遵循相似的原理，因为记忆通过联结组成的网络进行储存，信息之间相互关联。当你将一条目标信息（比如班里坐在你旁边的同学的名字）编码入记忆时，你会将这条信息与其他信息建立联系，如你所处的环境、心境、座位位置等等。这些信息可以在日后获取信息时作为提取线索。你拥有的提取线索越多，找到通往目标记忆通路的可能性就越大。

> 记忆不像是一个逐渐被填满的容器，而更像是一棵不断生长的树，我们所有的记忆都挂在它的树枝上。
> ——心理学家彼德·拉塞尔，《大脑之书》，1979

启 动

最好的提取线索来自于我们编码记忆信息时所建立的联结，例如味觉、嗅觉和视觉，它们常常能激活我们对相关的人物或事件的回忆。在试图回忆某件事时，为了唤起视觉提取线索，我们可以在心理上将自己置身于事件发生时的原始环境中。对于英国神学家赫尔（Hull, 1990, p. 174）来说，失明后的他似乎很难回忆出这样的细节，他是这样描述的：

> "我知道自己去过某个地方，也知道自己和谁在一起，都做了些什么，但是在哪儿呢？我无法将对话……放入情境当中。没有背景，没有可用来确定地点的特征。通常，你对一天中和自己聊天的人的记忆是储存在一个结构中的，而这个结构是包括背景信息的。"

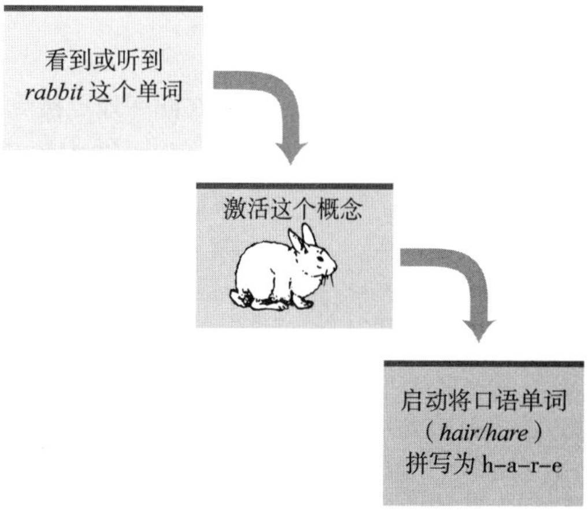

联结的激活通常是不需要意识觉察的。我们称这一过程为**启动**（prime），哲学家和心理学家威廉·詹姆士认为，启动是一种"联结的激活"。看到或听到"rabbit"（兔子）一词将启动对"hare"（野兔）的联结，即使你很可能忘记了自己曾看到或听到"rabbit"这个词（**图** 8.16）。

启动通常是"没有记忆的记忆"，即一种看不见的记忆，没有意识觉知。如果在经过走廊时，你看到了一则关于儿童失踪的启事，那么无意识的启动可能会促使你将成人与儿童之间的模糊关系解释成绑架（James, 1986）。虽然你并没有特意去记住那则启事，但启动却造成了这种解释倾向。

启动还可以影响行为。在一项研究中，受到与金钱相关的词启动的参与者在他人请求帮助时，帮助他人的可能性更小（Vohs, 2006）。在这个例子中，金钱可能启动了我们的物质主义和自私自利，而非鼓励我们乐于助人的社会规范（Ariely, 2009）。

图 8.16

启动 – 唤醒联结

在看到或听到"rabbit"这个词之后，我们更可能在以后说话时用"hare"这个词。联结的扩散可以无意识地激活有关的联结，这种现象被称为启动。（改编自 Bower, 1986）

情境依赖性记忆

重新置身于经历过的情境有助于我们提取相关的回忆。如**图** 8.17 所示，让潜水者在两种不同的环境下倾听一张单词表（分别是在水下 3 米深处或坐在沙滩上），当潜水

图 8.17

记忆的情境效应

在水下听到的单词在水下回忆时的效果最好；而在陆地上听到的单词则在陆地上的回忆效果最好。（改编自 Godden & Baddeley, 1975）

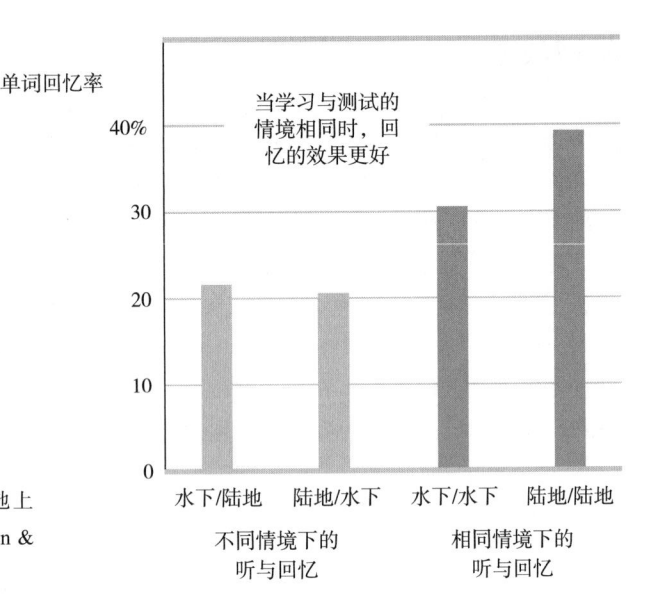

问你朋友两个简单的问题：拼成 S-H-O-P 的单词读音是什么？碰到绿灯时你应该怎么办？如果你朋友回答第二个问题时说"stop"，那么这就是一种启动。

者在同一地点接受再测时，他们能回忆出更多的单词（Godden & Baddeley, 1975）。

你可能也体验过上述情境效应。想一下这样的情节：在做本书的笔记时，你发现需要削一下铅笔。于是你站起来走到另一个房间，此时你却忘了自己要做什么。你又回到书桌旁，猛地想起"我要削铅笔！"为什么会出现这种让人郁闷的事呢？在一种情境下（书桌，读心理学教材），你意识到自己的铅笔需要削一下。当走到另一个房间，情境发生变化后，你就几乎没有线索想起刚才的想法了。当你再次返回书桌旁时，你又回到了对想法进行编码（"铅笔钝了"）时的那个情境。

洛维-科利尔（Rovee-Collier, 1993）在他的一系列实验中发现，熟悉的情境甚至可以激活三个月大婴儿的记忆。当婴儿发现用脚踢可以使挂件玩具移动（通过脚脖上所拴的带子起作用）之后，与不同情境相比，在围有相同围垫的同一张婴儿床上时，他踢的次数更多。

状态依赖性记忆

与情境依赖性记忆密切相关的是状态依赖性记忆。我们在一种状态下——无论醉酒还是清醒——学会的东西，往往也是在同样的状态下更容易回忆起来。在酒醉状态下学会的东西，在任何状态下似乎都很难回忆得出（酒精会干扰储存）。但若再次在酒醉状态下进行回忆时则效果稍好些。有些人在酒醉时藏钱，可能直到下次喝醉酒时才能想起来。

我们的心境状态是记忆的状态依赖性的一个例证。伴随积极或消极事件的情绪成为提取线索（Fiedler et al., 2001）。因此，我们的记忆或多或少**与心境一致**（mood congruent）。如果你度过了糟糕的一晚——约会被放了鸽子，你的托莱多沼泽鸟棒球帽不见了，电视机在节目的最后 10 分钟坏了——你的沮丧心境可能会促使你想起更多糟糕的过往。通过启动消极的联结，抑郁状态会使记忆蒙上阴影，然后我们又会以此来解释自己此刻的心境。在许多实验中，欢快心境中的人们——无论是由催眠还是日常事件（在一项研究中，德国队在世界杯足球赛中获胜）引发的——他们以乐

观的眼光回忆世界（DeSteno et al., 2000; Forgas et al., 1984; Schwarz et al., 1987）。这时他们觉得自己是积极的、有效率的，觉得别人是和蔼可亲的，觉得每天似乎都有喜事发生。

在最近的一些研究中，那些目前正处于抑郁状态中的个体，在对他们父母的回忆中，常常充斥着拒绝、惩罚和内疚等。相反，那些先前经历过抑郁心境的个体，对父母的描述却与那些从未体验过抑郁的人的积极描述相似。在了解了心境和记忆之间的这种关系后，对此你也就不足为奇了（Lewinsohn & Rosenbaum, 1987; Lewis, 1992）。与此相似，青少年对父母温暖的评价，与他们6周后的评价几乎没有关联（Bornstein et al., 1991）。十几岁的孩子在情绪低落时，会觉得父母冷酷无情；而当情绪高涨时，父母的形象似乎又从魔鬼变为天使。对此，你我可能都会点头称是。然而，问题在于，记忆随心境而变化，但我们却坚持将自己的判断、记忆和理解归因于现实。在消极的心境下，我们会觉得别人在怒视自己；而在积极的心境下，我们却会把相同的目光解读为关注。激情会夸大我们的知觉与感受。

心境对信息提取的影响可以帮助我们解释心境的持久性。高兴时回忆高兴的事，所以世界看起来是如此美好，这有助于维持一种愉悦的心境。抑郁时回忆悲伤的事，这会让眼前的事情看起来更糟糕。对于那些有抑郁倾向的人来说，这往往会导致抑郁的恶性循环。

> 当感情到来时，人们会觉得它永远都不会消失；而当感情消失时，人们会觉得它从不曾到来过；一旦感情回来时，人们会觉得它仿佛从未离开。
>
> ——乔治·麦克唐纳，
> *What's Mine's Mine*, 1886

系列位置效应

另一个记忆提取的怪异之处是**系列位置效应**（serial position effect），它让我们疑惑为什么我们对一系列新近事件的记忆会存在很大的漏洞。想象一下你第一天去新单位上班，主管给你介绍同事。从一开始，每见到一个人，你都默默地复述对方的名字。当最后一个人向你微笑转身离开后，你深信自己第二天可以在打招呼时叫出新同事的名字。

可别指望这个。因为你在最初几个名字上所花的复述时间一定多于后面的。因此，第二天，你更可能回想起前面几个人的名字。此外，你对最初几个名字的记忆还会干扰对后面名字的记忆。在实验中，研究者向人们呈现一系列项目（单词、名字、日期、气味等），然后让他们立刻以任意顺序回忆这些项目。结果发现，人们在试图回忆时经常会表现出系列位置效应（Reed, 2000）。他们短暂地表现出对最后几个项目快速且完整的回忆（近因效应），也许是因为最后的项目仍然保存在工作记忆中。但在延迟条件下，当人们把注意力从最后的项目上移开后，反而对最先的项目回忆得最好（首因效应；见图8.18）。

提取一下

- 什么是启动？

  答案：激活对特定联想（通常是无意识的）。

- 在我们刚看过一列单词后立即进行测验，我们往往对最前面和最后面的词记得最好，这被称为_____效应。

  答案：系列位置

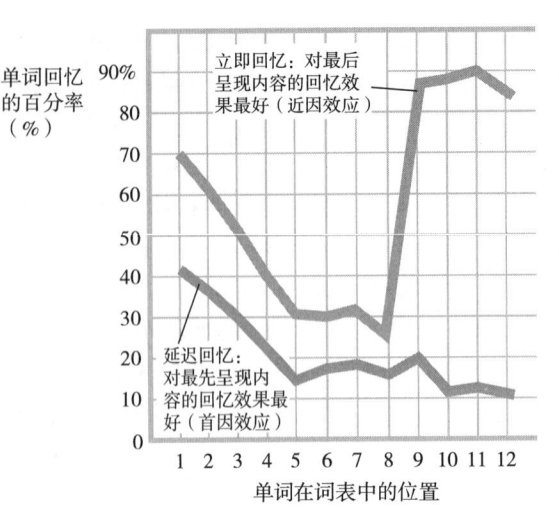

图 8.18

系列位置效应

在新婚的威廉王子和凯特·米德尔顿刚穿过特别嘉宾的迎宾列队时，他们可能对最后几个人的名字记得更好。但一段时间后他们可能对最前面几个人的名字记得最好。

（图表：单词回忆的百分率（%），纵轴 0–90%，横轴为单词在词表中的位置 1–12。

立即回忆：对最后呈现内容的回忆效果最好（近因效应）

延迟回忆：对最先呈现内容的回忆效果最好（首因效应））

遗 忘

> 当遗忘症慢慢地渗入大脑的缝隙中，遗忘症也就痊愈了。
> ——乔伊斯·卡罗尔·奥茨，
> "Words Fail, Memory Blurs, Life Wins", 2001

无法遗忘的女人 "A. J." 本名吉尔·普莱斯，作家巴克·戴维斯在 2008 年为其出版了传记，讲述了她的故事。普莱斯记得自己 14 岁以后的每一天，细节清晰，其中既有开心的事，也有难以忘怀的伤害。

8-15：我们为什么会遗忘？

在为记忆欢呼喝彩时——为探索记忆而竭尽努力，为提高记忆能力而著书立说——有谁赞美过遗忘呢？威廉·詹姆士（1890, p. 680）曾说过："如果我们把一切都记住，那么最可能出现的情况就是我们被自己的记忆所困扰，再也记不住任何东西！"抛弃无用或过时的信息——昨天把车停在哪儿了、弃之不用的旧电话号码以及吃饭时已经上过的菜——的确也是一件好事。本章开头提到的俄国记忆高手 S 就经常被自己的无用记忆所困扰。这些记忆占据着他的意识，致使他很难进行抽象思维——概括、组织、评价。读过一则故事后，他能够背诵，但却很难概括故事的主旨。

近年来一个生活被记忆所累的例子是"A. J."，其经历已得到加州大学欧文分校研究团队的研究和证实（Parker et al., 2006）。A. J. 自称吉尔·普莱斯，她把自己的记忆比作"永不停止的电影放映。它就像一个分裂的屏幕。我正在和别人说话的同时还看到其他东西……每当我在电视上（或在任何地方）看到一个日期闪过，就会自动回到那一天，想起当时我在哪，在做什么，它是什么日子，等等。它不间断，不可控，让我彻底筋疲力尽。"好的记忆力的确很有用，但遗忘能力同样也很重要。如果真的有提高记忆力的药，药效最好不要过于好。

然而，更常见的情况是，我们不可预测的记忆带给我们的是沮丧和挫折。记忆很古怪。以我自己为例，我能轻而易举地想起与心上人初吻时的情景、伦敦至底特律的飞行里程数等等诸如此类的琐事。但是，当我发现我无法编码、储存或提取一位学生的名字或者我的太阳镜放在了哪里时，记忆却又抛弃了我。

遗忘和双通道意识

英国小说家和评论家 C.S. 刘易斯描述了困扰我们所有人的遗忘。我们

> 每一秒都被各种感觉、情感和想法狂轰……其中 90%〔我们〕必须直接忽略。过去〔是〕数十亿这样的瞬间组成的狂流：任何一个瞬间都太复杂而无法完全把握，其总和超乎想象……在时钟的每一个滴答声中，在世界上每一个有人居住的地方，大量难以想象的丰富多彩的"历史"从世界上消失，完全被遗忘。

对某些人来说，记忆损伤是严重且永久性的。看看亨利·莫莱森（人称"H. M."，1926—2008）。为了阻止严重的癫痫发作，莫莱森接受了脑外科手术，在之后的 55 年中，他无法形成新的有意识记忆。和手术前一样，他依然聪明并且每天玩填字游戏。但神经科学家苏珊妮·科金（Corkin, 2005）称，"我 1962 年就认识莫莱森了，而他依然不知道我是谁。"在交谈的过程中，在大约 20 秒内他可以记得一些事。当注意力被转移时，他就会忘了刚才说了什么或发生了什么。因此，他一直都弄不清怎么用电视遥控器（Dittrich, 2010）。

莫莱森患有**顺行性遗忘**（anterograde amnesia）——他可以回忆自己过去的经历，但却无法形成新的记忆。（那些无法回忆过去经历——储存在长时记忆中的旧信息——的人患有**逆行性遗忘**〔retrograde amnesia〕）。

神经学家萨克斯（Sacks, 1985, pp.26-27）曾描述过另一个名叫吉米的患者，他有因脑损伤引起的顺行性遗忘。在 1945 年大脑受损之后，吉米便失去了记忆，他也感觉不到时间的流逝。

当吉米称自己只有 19 岁时，萨克斯把镜子摆到他面前，问他"仔细看镜子。告诉我你看见了什么，镜子里的人像是只有 19 岁吗？"

吉米的脸色变得苍白起来，他一边紧抓椅子，一边开始咒骂，接着疯狂地喊道："这是什么？出了什么事？我这是在做噩梦吗？我是不是疯了？开玩笑吧？"但当他把注意力转向几个玩篮球的小孩时，他的惊恐突然消失了，完全忘记那可怕的镜子了。

萨克斯给吉米看一张《国家地理》上的图片，问他："这是什么？"

吉米回答说："这是月亮。"

萨克斯说："不，不是的。这是从月球上拍摄到的地球照片。"

"医生，你开玩笑吧？果真如此的话，那非得有人把照相机放到月亮上不可！"

"自然啊。"

"见鬼！你算了吧！你怎么才能做到？"吉米觉得不可思议，就像是一个 70 年前的年轻人误入"未来世界"后的那种惊奇反应。

仔细考察这些奇特的人，你还会发现一些更为奇怪的现象：虽然无法回忆新的事件和最近的经历，但莫莱森、吉米和其他情况类似的人仍然能进行非言语任务学习。向他们呈现很难被发现的隐藏人物（电视剧《威利在哪里！》中的人物）照片，过后他们能很快地把每个人物指认出来。尽管他们无法告诉你卫生间在哪儿，但他们能够找到卫生间。他们能学会辨认镜像文字以及玩拼图游戏，甚至还能学会一些

大提琴演奏家马友友将一把具有 266 年历史、价值 250 万美元的大提琴忘在了纽约的一辆出租车上（后来他又失而复得）。

"服务员，我要点餐，除非我已吃过了，吃过的话就把账单拿来。"

更为复杂的职业技能（Schacter, 1992, 1996; Xu & Corkin, 2001）。当然，他们也能形成经典条件作用。但是，他们在做这些事情时觉察不到自己曾学习过。

莫莱森和吉米丧失了形成新的外显记忆的能力，但他们的自动加工能力仍完好无损。就像阿尔茨海默氏症患者一样，他们失去对陌生人和新事物形成外显记忆的能力，但他们可以形成新的内隐记忆（Lustig & Buckner, 2004）。他们能学会怎样做某件事，但他们可能对学习新技能没有意识回忆。这些让人难过的案例都证明，我们有两种不同的记忆系统，分别由大脑的不同部分控制。

对大多数人来说，遗忘是一个比较缓和的过程。我们来看看遗忘的原因。

对著名大脑的研究 加利福尼亚大学的雅各布·安尼斯和其他科学家在圣地亚哥脑观测台保存了亨利·莫莱森的脑，以造福后代。他们细心工作的成果将被用于建立一个免费在线脑图谱。

编码失败

很多我们感觉自己从未注意到以及那些没有进行编码的信息，我们永远不会记得（图 8.19）。年龄因素会影响编码效率。在对新信息进行编码时，年轻人的脑区马上就会开始活动，而同一脑区的活动在老年人身上则相对较弱。老年人的编码较慢，这有助于解释为什么记忆随年龄而衰减（Grady et al., 1995）。

图 8.19
编码失败造成的遗忘
我们无法想起从未进行过编码的信息。

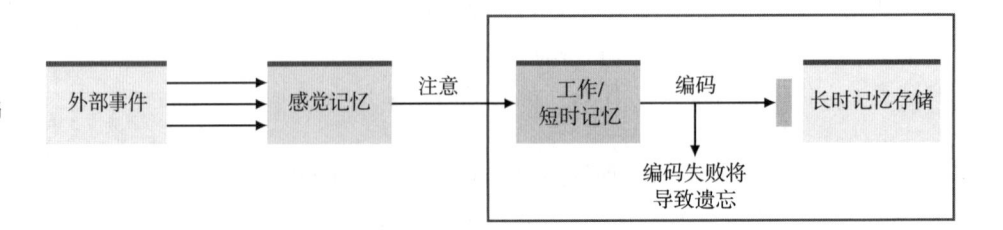

外部事件 → 感觉记忆 →（注意）→ 工作/短时记忆 →（编码）→ 长时记忆存储
编码失败将导致遗忘

但是不论我们有多年轻，当面对不断涌向我们的不计其数的声音和影像时，我们也只能选择性地注意其中很小的一部分。在课堂上发短信的学生可能无法对老师所讲的一些细节进行编码，而注意力更集中的同学则对这些下周要考试的信息进行了编码。如果没有有意加工，很多记忆是无法形成的。

储存消退

即使编码非常完善，我们有时仍会遗忘。为了研究存储中的记忆所能保持的时间，艾宾浩斯（Ebbinghaus, 1885）在前面提到的基础上学习了更多自创的无意义音节表，之后又分别在 20 分钟到 30 天不等的时间后测量了自己再学习每一张音节表时的保持量。结果他绘出了著名的艾宾浩斯遗忘曲线，并得到后续实验的证实：遗忘的速度最初会很快，之后会随着时间而减缓下来（图 8.20；Wixted & Ebbesen, 1991）。哈里·巴瑞克（Bahrick, 1984）发现了类似的在学校学习西班牙语词汇的遗忘曲线。与

赫尔曼·艾宾浩斯
Bettmann/Corbis

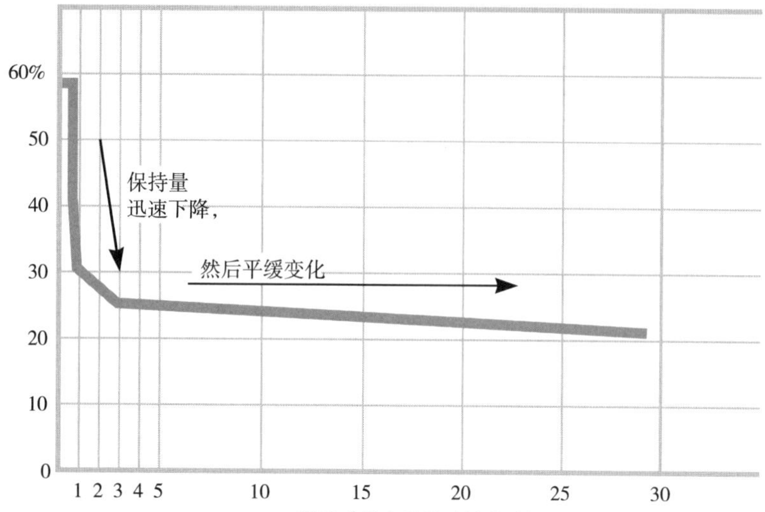

图 8.20
艾宾浩斯遗忘曲线
在学过无意义音节表后，艾宾浩斯检查了自己在 30 天内的保持量。结果他发现对新信息的记忆呈现先快后慢的消退趋势。（改编自 Ebbinghaus, 1885）

那些刚刚修完高中或大学西班牙语课的人相比，已经毕业 3 年的人几乎忘掉了所学内容的大部分（图 8.21）。但他们在 3 年之后还记得的内容，在经过 25 年甚至更长的时间后还会记得。他们的遗忘已经趋于平稳。

有一种解释认为这些遗忘曲线是由于生理记忆痕迹的逐步消退。认知神经科学家距离解开记忆存储机制的奥秘越来越近，并且在不断提高我们对记忆储存消退机制的理解。就像你在学校图书馆找不到某些书一样，记忆无法获取也有多种原因。有些是因为根本没有获得（没有编码），有些是因为被丢弃了（已储存记忆的消退），还有些则是因为我们无法提取造成的。

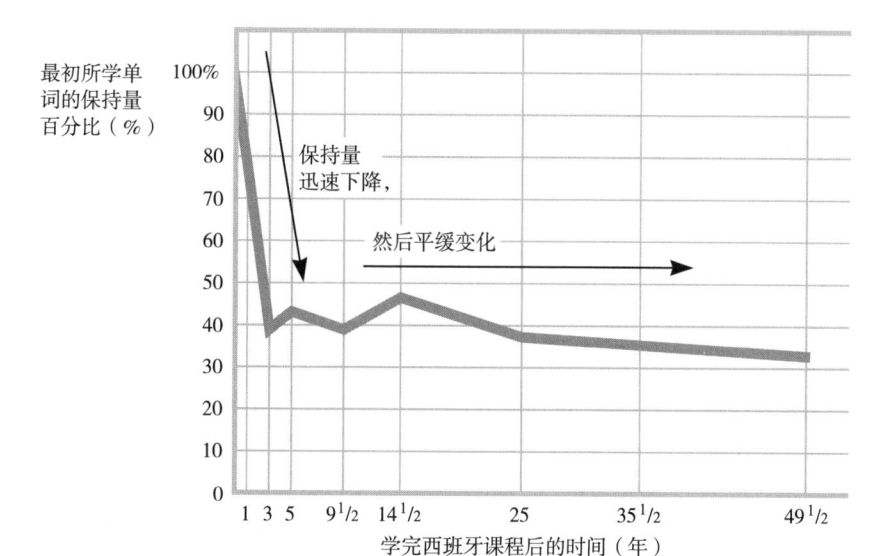

图 8.21
在学校所学西班牙语的遗忘曲线
与刚完成西班牙语课程的人相比，那些已经学完这门课 3 年的人所能回想起的内容要少得多。但是与学完这门课 3 年的人相比，那些更早之前学过这门课的人却并没有忘掉更多的内容。（改编自 Bahrick, 1984）

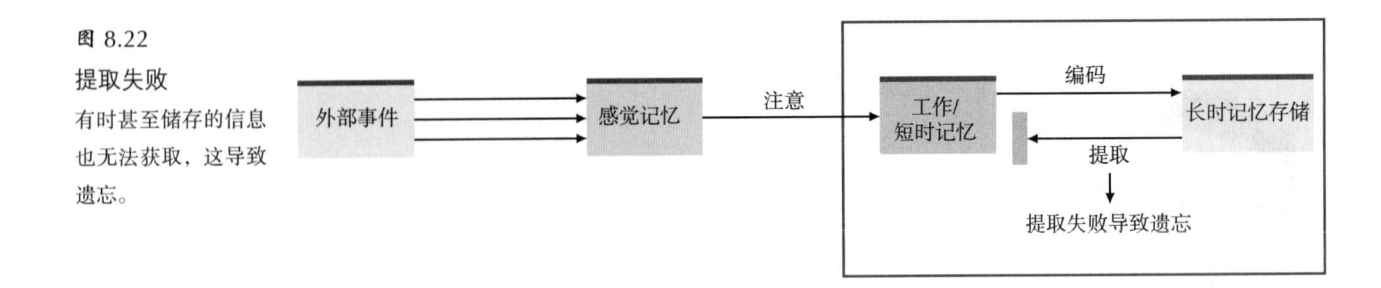

图 8.22
提取失败
有时甚至储存的信息也无法获取，这导致遗忘。

提取失败

手语流利的聋哑人会出现类似的"指尖"现象（Thompson et al., 2005）。

通常情况下，遗忘并非记忆的消退，而是无法提取。我们将重要信息或经过复述的信息储存在长时记忆中。但有时我们试图提取储存在记忆中的重要事件时会失败（图 8.22）。就像某个名字已经到了嘴边，可你却怎么也想不起来。如果这时提供相关的提取线索（如"名字以 M 开头"），那么我们会很容易回想起来。提取问题会导致老年人偶尔出现记忆失败，他们更常受到话到嘴边现象的困扰（Abrams, 2008）。

你能回忆起我让你记忆的第二句话的主旨是什么吗？如果不能，那么"鲨鱼"这个词能否作为一种提取线索？实验表明，"鲨鱼"一词（可能是你想象的）比句中实际出现的"鱼"这个词更有助于提取记忆图像（Anderson et al., 1976）。（这句话是"鱼袭击了游泳的人。"）

但提取问题偶尔是由于干扰造成的，也可能是由于动机性遗忘造成的。

干　扰

随着收集的信息越来越多，虽然心理阁楼不会被装满，但其中一定会杂乱不堪。有时杂乱的信息会产生干扰，因为新学习的信息与原有信息会发生冲突。当前面所学的东西干扰了新信息的记忆时，**前摄干扰**（proactive [forward-acting] interference）就发生了。背得滚瓜烂熟的脸书密码可能会干扰你新学习的复印机代码的提取。

在回忆先前所学的旧信息时，新信息所产生的干扰作用被称为**倒摄干扰**（retroactive [backward-acting] interference）。如果有人用一首老歌的曲调来唱新的歌词，你可能会想不起原来的歌词。这就像第二颗石子投入池塘后激起的波纹会干扰第一颗石子的波纹。

睡前一小时出现的信息不会受到倒摄干扰，因为干扰事件出现的概率被降到最低（Diekelmann & Born, 2010; Nesca & Koulack, 1994）。研究者约翰·詹金斯和卡尔·戴伦巴克（Jenkins & Dallenbach, 1924）在一项如今成为经典的实验中首先发现了这一点。实验中，两名参与者日复一日地学习一些无意义音节，然后分别在不超过 8 小时的清醒和睡眠状态后努力进行回忆。如图 8.23 所示，遗忘在保持清醒状态并进行其他活动的时候发生得更快。他们猜想，"遗忘不是旧印象的消退，而是新印象对旧印象的干扰、抑制和覆盖"（1924, p. 612）。

睡前一小时是信息进入记忆的一个好时段（Scullin & McDaniel, 2010），尽管睡前几秒的信息很少能记住（Wyatt & Bootzin, 1994）。如果你考虑在睡梦中进行学习，

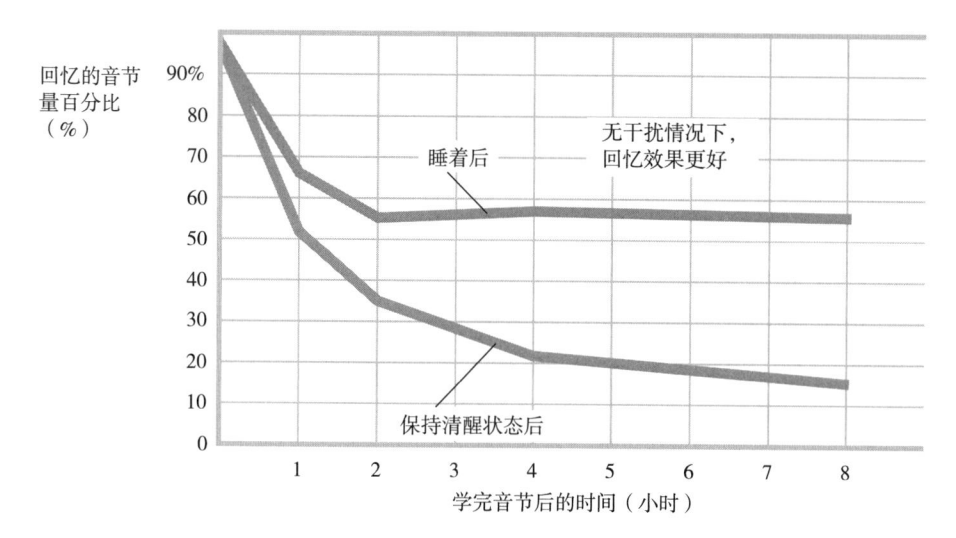

图 8.23
倒摄干扰
人在保持清醒并学习许多其他新材料的情况下会出现更多的遗忘。（资料来源：Jenkins & Dallenbach, 1924）

别想了。我们对睡着后房间里大声播放的信息几乎没有记忆，尽管我们的耳朵对这些信息进行了感觉登记（Wood et al., 1992）。

当然，新旧信息不总是互相竞争的。原先学习的信息（拉丁文）也会促进我们对新信息（法文）的学习。这种现象被称为正迁移。

动机性遗忘

我们记住过去其实常常是修正过去。多年前，我家厨房的大曲奇罐里塞满了新鲜出炉的巧克力曲奇；而在柜子的架子上，还有更多的巧克力曲奇正在冷却。24小时后，架子上却连一点碎末也没留下。是谁拿走了饼干？在那段时间里，屋内只有我、妻子和三个孩子。因此，趁记忆还清晰，我做了一个小小的记忆测试。安迪承认自己狼吞虎咽地吃了20块饼干，皮特承认吃了15块。劳拉猜想她那6岁的肚子塞了15块。我的妻子卡洛尔回忆起她吃了6块，而我记得自己吃了15块，此外又拿了18块饼干到办公室。我们很保守地承认自己吃了89块饼干，但仍然没有接近真实数字——160块。

为什么记忆会欺骗我们？正如卡罗尔·塔夫瑞斯和埃利奥特·阿伦森所指出的，部分原因在于记忆是一个"不可靠的、自我服务的历史学家"（Tavris & Aronson, 2007, p. 6）。思考这样一个实验，研究者告诉部分参与者经常刷牙的益处。结果这些人（比其他人更多地）回忆到自己在之前的两周内经常刷牙（Ross et al., 1981）。

图 8.24 提醒我们，在加工的过程中，我们会对信息进行过滤和改变，或遗失大量内容。那么，为什么我和家人估算的各自所吃饼干的数目与真实数目差距如此之大？这是编码的问题吗？（我们仅仅是没有注意自己吃了几块吗？）这是存储的问题吗？（莫非我们对饼干的记忆，会像艾宾浩斯对无意义音节的记忆那样快速地消失吗？快得就如饼干不见了一样？）或者信息仍然完好，只是我们无法提取，因为它会让我们感觉非常尴尬？[1]

弗洛伊德提出，我们的记忆系统实际上会对那些信息进行自我审查。为了保护我们的自我概念并减少焦虑，我们可能会**压抑**（repress）令人痛苦或无法接受的记

---
[1] 当年狼吞虎咽大吃饼干的儿子在数年后读到他父亲的这本著作时，承认自己撒了"一点儿"小谎。

图 8.24

我们什么时候会遗忘？

遗忘可以发生在记忆的任一阶段。当我们加工信息时，信息可能会被过滤、改变或丢失。

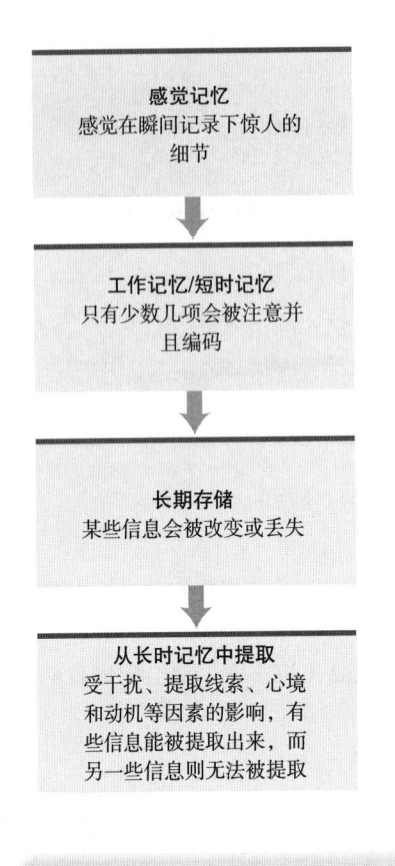

```
感觉记忆
感觉在瞬间记录下惊人的
细节
         ↓
工作记忆/短时记忆
只有少数几项会被注意并
且编码
         ↓
长期存储
某些信息会被改变或丢失
         ↓
从长时记忆中提取
受干扰、提取线索、心境
和动机等因素的影响，有
些信息能被提取出来，而
另一些信息则无法被提取
```

信息量

忆。但是，那些被压抑的记忆仍然会继续存留，他相信这些记忆可能会在后来的一些线索或治疗的帮助下被提取出来。压抑是弗洛伊德精神分析理论的核心（更多内容可参考第 12 章），是 20 世纪中期及其后心理学中的流行观念。在一项研究中，九成的大学生同意"创伤性经历的记忆有时会被压抑到无意识中"的说法（Brown et al., 1996）。心理治疗师通常会做这种假设。不过如今越来越多的记忆研究者认为，即使存在压抑，那也是非常罕见的。有意地遗忘中性材料的努力通常能够成功，但当想要遗忘的材料带有情绪性时则并非如此（Payne & Corrigan, 2007）。因此，我们可能会有创伤性经历的闯入性记忆，而这是我们最想遗忘的。

提取一下

● 遗忘的三种形式是什么？分别是怎样发生的？

答案：(1) 编码失败：未被注意或信息未被输入记忆系统；(2) 储存衰退：信息从记忆中逐渐消失；(3) 提取失败，无法准确获得已储存的信息，有时是由于干扰或动机性遗忘。

记忆建构错误

8-16：错误信息、想象和来源遗忘是如何影响我们的记忆建构的？我们如何分辨记忆是真实的还是错误的？

记忆并不准确。就像科学家根据恐龙的遗骸推测其外表一样，我们也根据记忆中储存的信息再加上后来的想象、期望、所见及所闻来推测我们的过去。我们并不仅仅是提取记忆，还会对其进行重新组织。丹尼尔·吉尔伯特（Gilbert, 2006, p. 79）指出："事件发生之后获得的信息会改变我们对之前事件的记忆。"我们通常通过编码来建构记忆，我们每次"重演"记忆时，都会对原始版本进行略微修改（Hardt et al., 2010）。（记忆研究者称之为重新巩固。）因此，约瑟夫·勒杜（LeDoux, 2009）说，从某种意义上说，"你的记忆实际上只是与你上一次的记忆不相上下。你用得越少，记忆越能保持最初的样子。"这意味着，在某种程度上，"所有的记忆都是错误的"

(Bernstein & Loftus, 2009）。下面来检查一下我们重写过去的一些方式。

错误信息和想象效应

在涉及20 000多人次的200余项实验中，伊丽莎白·洛夫特斯发现，一场犯罪活动或事故过后，目击证人重构记忆的方式竟是如此惊人地相似。在一项实验中，让两组参与者观看一段有关交通事故的影片，然后就他们的所见进行提问（Loftus & Palmer, 1974）。结果发现，如果问题表述成"车辆撞毁时的速度有多快？"参与者往往估计的车速更高；而如果问题表述成"车辆碰撞时的速度有多快？"参与者估计的车速则相对较低。一周后，当参与者被问到是否记得在影片中看到碎玻璃时，之前提问时听到"撞毁"的参与者回答看到碎玻璃的比例是另一组参与者的两倍多（**图8.25**）。事实上，影片中根本就没有出现碎玻璃。

图 8.25

记忆建构

当观看车祸事故影片的观众被问及某个引导性问题时，他们回忆的车祸会比实际的目击情况更严重。（资料来源：Loftus & Palmer, 1974）

在很多的后续研究中，参与者都是目睹某一事件，接收或不接收误导性信息后进行记忆测试。结果无一例外地发现了**错误信息效应**（misinformation effect）：接收了误导性信息之后，我们往往记错。让路标志变成停车标志，锤子变成螺丝刀，可口可乐罐变成花生罐，早餐的麦片粥变成鸡蛋，把一个胡子刮干净的人回忆成满脸胡子的人（Loftus et al., 1992）。错误信息效应如此强大，甚至能够影响人们以后的态度和行为（Bernstein & Loftus, 2009）。

仅仅是听到对某事生动的复述就可以植入错误记忆。在一项实验中，给一些杜克大学的学生虚假暗示，说他们小时候因为吃了变质的鸡蛋沙拉而生过病（Geraerts et al., 2008）。在接收这样的暗示后，不少参与者吃鸡蛋沙拉三明治的可能性减少了，刚听说和四个月后都是如此。

甚至反复想象那些事实上根本就不存在的动作和事件也会形成错误记忆。美国和英国的大学生们被要求想象自己的童年曾经历了某些事，比如用手打破玻璃或从手指上切除皮肤样本。四分之一的人之后把这些想象的事件回忆成曾发生过的事情（Garry et al., 1996; Mazzoni & Memon, 2003）。

数码处理过的照片也会产生这样的想象膨胀。在实验中，研究者对家庭相簿中的照片进行修改，显示一些家庭成员正在乘坐热气球。看过这些照片（而不是仅仅呈现热气球的照片）后，儿童会报告更多的错误记忆，且表现出对这些记忆的高度自信。几天后再次进行访谈时，他们甚至会报告出更丰富的错误记忆

记忆是脆弱的。事物总在不断地替换它。快照既能巩固你的记忆，也能摧毁你的记忆……除了那些快照，你无法回忆起旅途中的一切。

——安妮·迪拉德，
To Fashion a Text, 1988

> 这并不令人吃惊,我能记住的东西数量和我记着不是这样的东西数量一样多。
> ——马克·吐温
> (1835—1910)

细节(Strange et al., 2007; Wade et al., 2002)。

在英国和加拿大大学的调查中,近四分之一的学生报告的自传体记忆,他们之后都意识到并不准确(Mazzoni et al., 2010)。我也有同感。几十年来,我珍藏的最早记忆是父母从一辆公交车上下来朝家里走来,抱着刚从医院回来的小弟弟。直到中年,我和父亲分享这段记忆时,父亲向我保证他们没有搭乘西雅图的公交带新生的弟弟回家。人类的记忆似乎自带内置图片处理软件。

来源遗忘

> 在讨论记忆术时,我给了你们六个单词,而且告诉你们以后会对这些词进行提问。这些单词你现在还能回忆几个?其中几个是高意象词,几个是低意象词?(你可以对着下面六个颠倒的词核对一下。)
>
> Bicycle, void, cigarette, inherent, fire, process

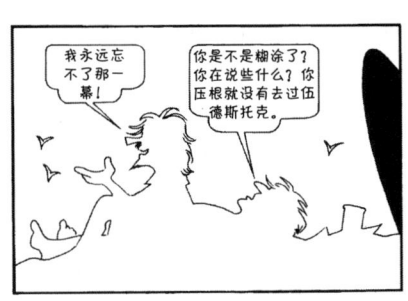

记忆最脆弱的部分就是关于它的来源。我们可能会认得某人但却不知道曾在哪儿见过他。我们可能曾幻想过或梦到过一件事,而后又不确定它是不是确实发生过。我们会记错自己是怎么知道某件事的(Henkel et al., 2000)。即便是心理学家似乎也难以避免这一问题。著名的儿童心理学家皮亚杰成年后才惊讶地发现,他关于保姆诱拐自己的生动细致的童年记忆完全是错误的。皮亚杰显然是在反复听到这个故事时建构了他自己的记忆(后来该保姆在经过一次宗教皈依后承认这件事从未发生)。皮亚杰表现出了**来源遗忘**(source amnesia,也称来源错误归因),他将记忆的来源归结为自己的经验而不是保姆讲的故事。错误归因是很多错误记忆的本质。作家和歌曲作者有时会受其困扰。他们认为某个想法来自自己的创造性想象,而事实却是他们无意中抄袭了以前读过或听过的文字或歌曲。

普尔和林塞(Poole & Lindsay, 1995, 2001, 2002)证实了学龄前儿童的来源遗忘。他们让儿童直接跟"科学先生"进行交流。交流过程中,"科学先生"让他们参加一些活动,例如通过小苏打和醋来给气球充气。三个月后,这些孩子的父母连续三天给他们读关于他们与科学先生的故事。在这个故事里,父母们描述了一些孩子们经历过和没经历过的事情。当一个陌生的访谈者问这些儿童,他们和科学先生在一起做过些什么时——"科学先生用绳索拉动过机器吗?"——十个孩子中有四个会情

不自禁地回想起科学先生做过只在故事里发生的事情。

来源遗忘还有助于解释**幻觉记忆**（déjà vu）（法语，意为"似曾相识"）。三分之一的人都曾有过这种转瞬即逝的奇怪感觉，即"我从前一定经历过这个情景"。这种现象在受教育程度高、想象力丰富的年轻人身上最为常见，尤其是疲劳或紧张时（Brown, 2003, 2004; McAneny, 1996）。有些人想知道"明明是第一次经历这个情景但为什么会有一种似曾相识的感觉呢？"其他人可能会想到"轮回"（即"我上一辈子一定经历过这个情景"）或者"预知"（即"在经历此情景之前，我的心灵已经看到这一幕了"）。

幻觉记忆的特点是似乎对某个刺激非常熟悉，但又不清楚以前在哪儿遇见过（Cleary, 2008）。通常情况下，我们会在有意识地记忆细节（由于海马和额叶加工）之前产生熟悉感（由于颞叶加工）。当这些功能（及脑区）不同步时，我们可能会在并无有意识回忆的情况下体验到一种熟悉感。我们神奇的大脑会设法解释这种不太可能的情况，于是就产生了正在重温以前生活的怪异感觉。毕竟，所处的情境非常熟悉，尽管我们不知道为什么会这样。来源遗忘迫使我们去尽力理解这些古怪的时刻。

辨别真实记忆与错误记忆

由于错误信息效应和来源遗忘发生在意识之外，所以从大量真实记忆中筛选出这些没有根据的想法几乎是不可能的（Schooler et al., 1986）。当你在向朋友叙述某一次童年经历时，你可能会在记忆的断层里加入一些看似合理的猜想和假设。经过多次重述之后，这些猜想的细节就会被一再地回忆起来，结果我们便自然而然地将其纳入到记忆中，就好像我们确实经历过一样（Roediger et al., 1993）。就像错觉看起来可能像真正的知觉一样，不真实的记忆似乎也感觉像是真实的记忆。

错误记忆相当顽固。想象一下我正在大声朗读一张单词表，如糖果、糖、蜂蜜以及味道等。接下来，我要求你在一张更大的词表中再认出那些先前呈现过的单词。如果你跟罗迪格和麦克德莫特（Roediger & McDermott, 1995）所测试过的参与者一样的话，那么四次中有三次会出错，比如可能会错误地记住一个从未出现过的相似单词如"甜"。和词语本身相比，我们更容易记住其主旨。

在后来经过 DNA 检测被证明无罪的 200 人中，79% 是由于目击证人的错误指认而被误判，而记忆建构有助于解释为什么会出现这种误判（Garrett, 2008）。"经催眠恢复的"有关犯罪的记忆容易出错，其中有些是因为催眠师的引导性问题（如"你听到嘈杂的声音了吗？"）导致了记忆建构。为什么热恋中的人往往高估了对彼此的第一印象（"一见钟情"），而分手的恋人却又会低估对自己从前恋人的喜欢程度（"我们从来没有真正地合拍过"），这些都可以用记忆建构来解释（McFarland & Ross, 1987）。人们今天的感受往往是回忆起来的自己一直以来的感受（Mazzoni & Vannucci, 2007；回忆一下第 1 章中我们的后见之明偏差倾向）。正如乔治·瓦利恩特（Vaillant, 1977, p. 197）长期追踪成年人的生活后所指出的，"毛毛虫变成蝴蝶后声称自己小时候是小蝴蝶，这简直是司空见惯的。成熟让我们每个人都成了说谎者。"

你是否有过完全陌生（法语，vujà dé）的奇怪感觉？不是似曾相识（déjà vu），而是完全陌生（vujà dé）。这是一种独特的感觉，莫名地觉得刚刚发生的事情以前从未发生过，似乎没有什么是熟悉的，然后这种感觉又突然消失了。完全陌生。"

——乔治·卡林 (1937—2008), in Funny Times, December 2001

儿童目击证人的回忆

> 8-17：年幼儿童的目击证人描述有多大的可信度？为什么对压抑和恢复的记忆的报告有如此激烈的争论？

如果记忆既可能是真实的也可能是虚假错误的，那么儿童有关性虐待的记忆究竟是真还是假呢？切奇（Ceci, 1993）认为，"对罪大恶极的虐童事件置若罔闻是万万要不得的！"然而，切奇和布鲁克（Ceci & Bruck, 1993, 1995）多年来对儿童记忆的研究也让他们敏锐地觉察到了儿童的记忆多么容易受到影响。在一项研究中，他们让3岁儿童在一个模拟人体生理解剖结构的玩偶身上指出儿科医师都触摸了他们身体的什么部位。结果发现，在未接受过生殖器检查的儿童中有55%的人都指了生殖器或肛门的位置。

在另一些实验中，研究人员研究了暗示性访谈技术所产生的影响（Bruck & Ceci, 1999, 2004）。在一项研究中，儿童从一堆卡片中抽出一张，然后一位成人读出卡片上注明的可能会发生的事情。比如"请努力回想一下，告诉我这是否曾经发生在你身上。你能记起自己手指曾被捕鼠器夹到而去过医院吗？"在访谈中，由同一位成年人反复要求儿童想象一些真实的和虚构的事件。这样进行10周后，再由另一位成年人来问他们相同的问题。结果确实非常令人震惊，高达58%的学龄前儿童编造出了虚假的（常常是生动的）故事，这些故事所涉及的内容是一件或更多他们从未经历过的事情（Ceci et al., 1994）。下面的报告是其中一个故事：

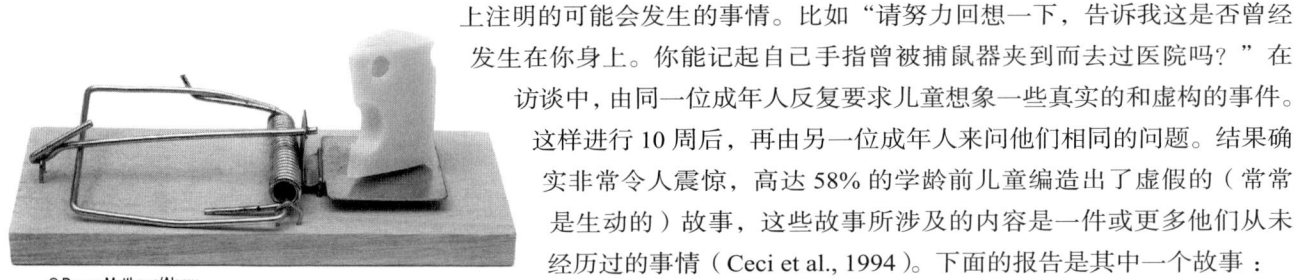

我哥哥科林要从我这里拿走布雷克（玩具人偶），我不给他，结果他就把我推进了木柴堆里。那里面有捕鼠器，进去后我的手指就被夹住了。接着我们去了医院，是妈妈、爸爸和科林把我带到那儿的，是坐我们家的货车去的，因为路太远了。到医院后，医生用绷带包扎了我的手指。

面对如此细致的讲述，即使是一位擅长儿童访谈的心理学专家也很难可靠地分辨真假记忆。孩子们自己也不能。事实上，当我们一再地提醒上面这个孩子，父母跟他说过多次，捕鼠器事件从没发生过，是他自己想象出来的。但他抗议道，"确实发生过，我记得！"在另一项实验中，学龄前儿童仅仅是无意中听到一句错误的言论，说魔术师在教室里丢了一只兔子。后来，当对儿童进行暗示性询问时，78%的儿童回忆说自己确实看到了那只兔子（Principe et al., 2006）。"研究让我担心出现错误指控的可能性。如果证据偏向一边，而我们仍采取中庸之道，那么这显然不符合科学的公正性。"切奇这样说道（Ceci, 1993）。

这是否意味着儿童不可能成为准确的目击证人？答案是否定的。当用儿童能够理解的中性话语提问时，他们一般能准确回忆发生了什么事情以及是谁做的（Goodman, 2006; Howe, 1997; Pipe, 1996）。当访谈者使用较少暗示性、更有效的方法时，即使是4~5岁的儿童也能够提供更准确的回忆（Holliday & Albon, 2004; Pipe et al., 2004）。如果访谈之前儿童未与涉及的成人交谈，并且他们的表露是在第一次访谈时由中立者采用非引导性问题的情况下做出的，那么孩子们的回忆尤为准确。

压抑或建构的受虐记忆？

来源遗忘及错误信息效应的研究，引发了对于在治疗师引导下"恢复的"记忆的担忧。两类悲剧与成人对童年时遭受虐待的回忆有关。一类是虐待幸存者讲述童年秘密时没有人相信，另一类是无辜者遭到错误控告。

一些出于善意的治疗师对患者说："被虐待的人经常有你的症状，所以你可能受过虐待。让我们来看看如果借助于催眠或药物，或帮助你挖掘或想象你所经历过的创伤，你是否能想起来。"接受这些治疗技术的患者慢慢地可能会真的自以为是受害者。并且，随着进一步的视觉化，曾经被迫害过的感觉也越来越逼真，结果患者会倍感震惊和气愤，以至于打算去直面或起诉他记得的施虐者。他们的父母或亲人同样感到震惊和气愤，极力否认这些控诉。

批评者并非在质疑大多数治疗师的专业水准，也不是要质疑控告者的真诚，即便控告是错误的，他们的记忆也是由衷的。批评者的指控明确指向一些临床医生，他们使用所谓的"记忆工作"技术来恢复记忆，如"引导想象"、催眠和释梦等方法。"成千上万的家庭被残忍地撕裂"，因为"以前爱意满满的成年女儿"突然提出对父亲的指控（Gardner, 2006）。盛怒的临床医生反驳说，有些人主张恢复的有关虐待的记忆实际上根本没有发生过，他们是在受虐者的伤口上撒盐，也正中那些儿童性骚扰者的下怀。

为了寻求一种共同的理论基础以解决这一心理学界的"记忆之战"，美国医学会、美国心理学协会、美国精神病学协会、澳大利亚心理学会、英国心理学会和加拿大精神病学协会等专业组织进行了不懈的努力，已经召集了研究小组并发表了公共宣言。这些组织已经就保护受虐待儿童和受到不公平指控的成人达成了如下共识：

- 性虐待是存在的。并且比我们之前预想的要多。尽管性虐待会使受害者有发生从性功能障碍到抑郁等一系列问题的风险（Freyd et al., 2007），但不存在典型的"幸存者综合征"——没有一组症状可以让我们找出性虐待受害者（Kendall-Tackett et al., 1993）。
- 不公正是存在的。一些无辜成人受到了错误指控；而一些罪犯却通过质疑原告陈述的真实性而逃脱了罪责。
- 遗忘是存在的。许多事实上被虐待的人或者因为当时太小了根本就记不住所发生的事，或者即使记住了也不理解它是怎么一回事儿，在这些情况下遗忘是普遍存在的。在日常生活中，遗忘常常会把过去的事件隔离开来，不论是积极的还是消极的。
- 记忆恢复是司空见惯的。经由评论或某种体验的提示，我们可以恢复对那些尘封往事的记忆，不论是快乐的还是悲伤的。心理学家们的争论主要围绕着两点：无意识是不是有时会强行压抑我们的痛苦经历？如果是这样，这些被压抑的记忆是否可以通过某些治疗师辅助的技术提取出来呢？（自然出现的记忆更可能被证实 [Geraerts et al., 2007]。）
- 3岁之前的记忆是不可靠的。人们无法可靠地回忆起他们3岁之前所发生的任何事情。前面我们提过，这种婴儿期遗忘的出现是由于我们的大脑通路尚未发育完全，不足以形成长大才有的那类记忆。因此大多数心理学家——包括很多临床和咨询心理学家——对"恢复"出来的婴儿期性虐待记忆持怀疑态度（Gore-

如果个体长期遭受遗忘症的困扰，就算能够恢复记忆，特别是通过某种特殊的治疗手段，那么恢复后的这些记忆也很有可能是错误的。

——致力于恢复儿童
性虐待记忆的皇家学院
精神病学家工作组
（Brandon et al., 1998）

Felton et al., 2000; Knapp & VandeCreek, 2000）。儿童遭受性虐待时的年龄越大，遭到的虐待越严重，记得这些事的可能性越大（Goodman et al., 2003）。

- 在催眠或药物影响下所"恢复"的记忆尤其不可靠。那些受到催眠的人们，常常会把各种暗示加入到自己的记忆中，甚至是"前世"的记忆。
- 无论是真实记忆还是错误记忆都可能给个体造成情绪困扰。单纯由于暗示形成的刺痛人的记忆，就像实际发生的创伤一样，会导致躯体应激，受害者和被指控者都将遭受痛苦（McNally, 2003, 2007）。一些在事故中失去知觉对事故没有记忆的人对此深有体会。他们会由照片、新闻报道和朋友的描述来构建出对事故的记忆，并产生应激障碍（Bryant, 2001）。

那么，对威胁性记忆的压抑是否会发生？还是这个概念——弗洛伊德理论以及很多通俗心理学的理论基石——具有误导性？在第 12 章，我们将再次回到这个有争议的热点话题上。目前看来，这一点似乎是相当肯定的：对创伤经历（亲眼目睹所爱之人被杀，受到抢劫犯或强奸犯的威胁，在自然灾害中失去一切）的最常见反应并不是把经验驱逐到无意识中；相反，这样的经历是铭刻在心的，并会成为栩栩如生、挥之不去的永恒记忆（Porter & Peace, 2007）。正如罗伯特·克拉夫特（Kraft, 2002）在谈到那些纳粹死亡集中营幸存者的经历时所说的，"恐怖将记忆烙刻在脑海里，留下……对暴行的强烈记忆。"

提取一下

- 考虑到来源遗忘的共性，假如我们记得所有清醒时的经历和所有梦，我们的生活会是什么样？

答案：现实生活的经历和梦境混淆一起时，我们可能难以确定自己是在回忆真实的事件还是梦中的事。因此，现实生活会变得更加复杂和混乱。

改善记忆

8-18：你如何利用记忆研究成果在本课程及其他课程中学得更好？

就像医学受益于生物学的研究发现，农业受益于植物学的研究发现一样，关于记忆的心理学研究也让教育受益。为了便于参考，我们概括了一些基于研究的建议，当你需要时可以帮助你记忆信息。曾在第 1 章中介绍过的 SQ3R 学习技巧，即浏览（Survey）、提问（Question）、阅读（Read）、提取（Retrieve）和复习（Review），就包含了下列一些策略：

- 反复复述。要掌握学习材料，可使用分散（间隔）练习的方式。要学习一个概念，给你自己一些独立的学习片段。充分利用生活中的小空隙——坐车时、在校园中散步时、课前的几分钟。新记忆比较薄弱，通过练习可以加强记忆。为了记忆特定的事件或数字，托马斯·兰道尔（Landauer, 2001）提出了这样的建议："为了记住一个人名或号码，你可以在心中复述几次，过几秒钟再复述一次，间隔稍长时间后再复述一次，然后再间隔更长的时间再复述。间隔时间在不遗忘信息的前提下尽可能地长。"阅读复杂的材料而复述的次数很少时保持量也很少。复述和批判性反思更为有益。积极主动地学习有很多好处。

- **赋予材料意义**。你可以通过用自己的语言做读书和课堂笔记来建立一个提取线索的网络。将概念运用到生活中。建立一种表象。将材料信息同你已经知道或经历过的东西联系起来。就像威廉·詹姆士（James, 1890）所建议的："将新东西与已获得的东西编织在一起。"用自己的语言来解释概念。机械地重复别人的话无法增加你的提取线索。在考试时，当问题的措辞不同于你记忆的词语时，你可能就会卡壳。
- **激活提取线索**。在头脑里再造出最初学习时的场景和心境。让一个想法提示下一个，从而唤起你的记忆。
- **使用记忆术**。把项目同字钩联系起来。编一个故事，融入项目的生动表象；把信息组织成缩写词的形式。创造有节奏的韵律（"i before e, except after c"）。
- **使干扰最小化**。在睡前学习。学习可能会互相干扰的主题时，注意间隔时间不要太近，例如学习西班牙语和法语。
- **多睡觉**。在睡眠中，大脑会对信息进行重组和巩固，使其进入长时记忆。睡眠剥夺会干扰这一过程。
- **进行自我测试**，这既是一个复述的过程，又可以帮你诊断出自己未掌握的知识内容。不要被你的信息再认能力所麻痹而过于自信。通过每章"提取一下"的题目以及章末复习栏目中带有编号的学习目标问题来测试你对学习内容的回忆。在空白页上列出章节提纲。先对章节最后的术语和概念进行定义，然后再翻回去看书中的定义。做练习测试；很多教材附有一些网站和学习指南，这些都是此类测试很好的来源。

思考和记忆 在阅读过程中积极思考，通过对观点进行复述和建立联系，以及赋予学习材料个人意义，从而达到最佳记忆效果。

提取一下

- 你刚刚阅读的内容中推荐了哪些记忆策略？

答案：反复复习以促进长时记忆；以一定间隔复习；把更多的时间花在对材料进行主动思考而不是被动阅读上；通过亲身经历重建原来的情境和心境、用自己的语言来概括材料以及使用记忆术，使材料变得有意义；计划好充足的睡眠；最后——也许是最为关键的一点——进行自我测试。

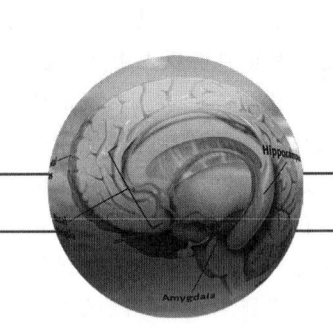

本章复习

记 忆

学习目标

回答以下学习目标问题来测试一下你自己（这里重复了本章中的问题）。然后翻到附录的完整章节复习，核对你的答案。研究表明，试着自主回答这些问题将增进你对这些概念的长期记忆（McDaniel et al., 2009）。

研究记忆

8-1：什么是记忆？如何测量记忆？

8-2：心理学家如何描述人类记忆系统？

构建记忆：编码

8-3：外显记忆与内隐记忆有何区别？

8-4：我们会自动加工哪些信息？

8-5：感觉记忆是如何工作的？

8-6：短时记忆和工作记忆有多大的容量？

8-7：有哪些可帮助我们记忆新信息的有意识加工策略？

8-8：加工的水平有哪些？加工水平对编码有什么影响？

记忆储存

8-9：长时记忆的容量有多大？储存在哪？

8-10：额叶和海马在记忆储存中起什么作用？

8-11：小脑和基底神经节在我们的记忆加工中起什么作用？

8-12：情绪如何影响记忆加工？

8-13：突触水平的变化对记忆加工有什么影响？

提取：信息的获取

8-14：外部线索、内部情绪和呈现顺序如何影响记忆的提取？

遗 忘

8-15：我们为什么会遗忘？

记忆建构错误

8-16：错误信息、想象和来源遗忘是如何影响我们的记忆建构的？我们如何分辨记忆是真实的还是错误的？

8-17：年幼儿童的目击证人描述有多大的可信度？为什么对压抑和恢复的记忆的报告有如此激烈的争论？

改善记忆

8-18：你如何利用记忆研究成果在本课程及其他课程中学得更好？

术语与概念

测试自己对以下术语的理解，试着用自己的语言写下这些术语的定义，然后翻到提到术语的那一页核对你的答案。

记　忆	长时记忆	海　马
回　忆	工作记忆	闪光灯记忆
再　认	外显记忆	长时程突触增强（LTP）
再学习	有意识加工	启　动
编　码	自动加工	心境一致性记忆
储　存	内隐记忆	系列位置效应
提　取	映象记忆	顺行性遗忘
感觉记忆	回声记忆	逆行性遗忘
短时记忆	组　块	前摄干扰
	记忆术	倒摄干扰
	间隔效应	压　抑
	测试效应	错误信息效应
	浅层加工	来源遗忘
	深层加工	幻觉记忆

思　维
概　念
问题解决：策略和障碍
形成正确和错误的决策与判断
批判性思考：恐惧因素——为什么
　我们害怕错误的事情
创造性思维
特写：培养你的创造性
其他物种也有和我们一样的认知技
　能吗？

语　言
语言结构
语言发展
大脑与语言
其他物种是否有语言？

思维与语言
语言影响思维
意象思维

智　力
智力是什么
智力评估
衰老与智力
特写：智力的极端情况
遗传与环境对智力的影响
智力测验分数的群体差异

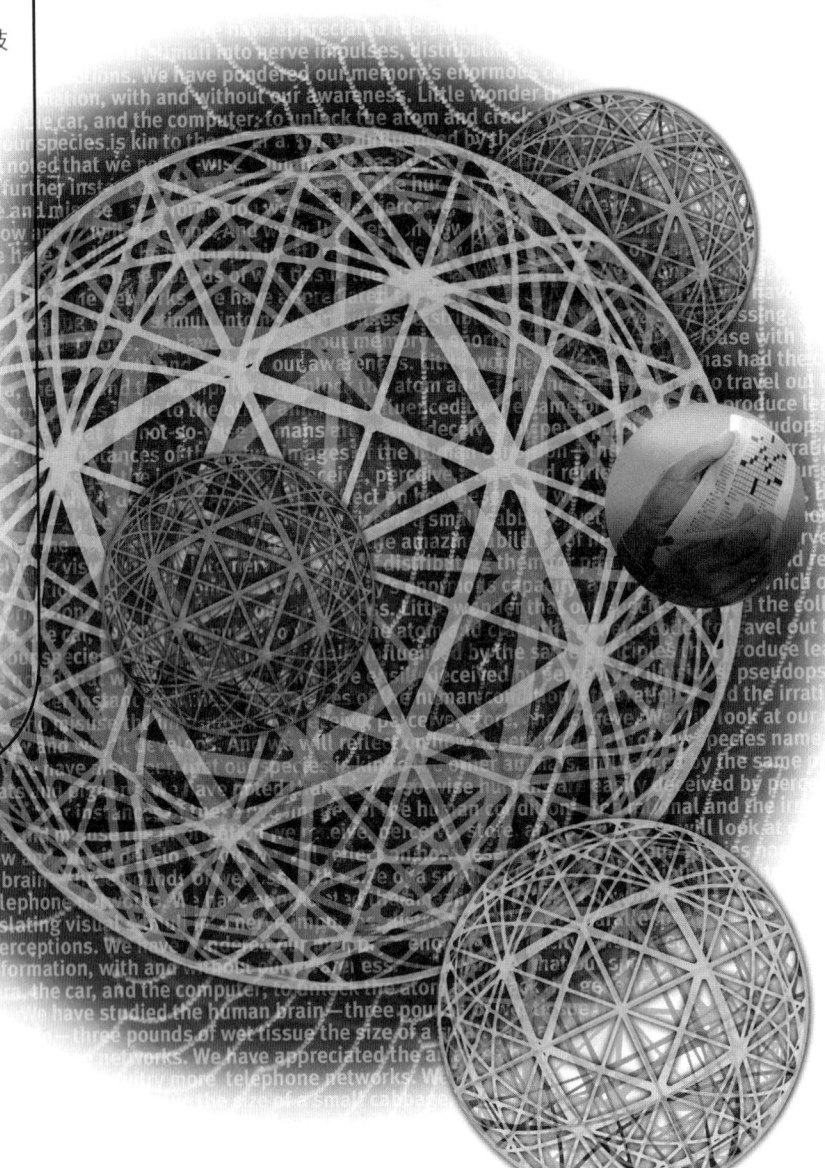

第 9 章

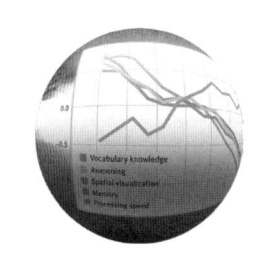

思维、语言与智力

纵观历史，我们人类一直为自己的愚蠢而痛心疾首，为我们的智慧而欢呼雀跃。诗人艾略特因为"空心人……头盔里填满了稻草"这一诗句，内心受到强烈的震撼。而莎士比亚借由自己笔下的哈姆雷特，歌颂着人类有"多么高贵的理性！多么无穷的智慧！……有着神一般的见识！"在前面的章节中，我们同样不仅为自己的能力而感叹，也为自己犯的错误而诧异。

我们已经研究了人脑——那 3 磅重、小卷心菜大小却有着惊人的复杂沟回的湿润组织。我们赞赏了新生婴儿的惊人能力。我们惊叹于人类的感觉系统，它将视觉刺激分解成神经冲动，并将这些神经冲动分散开来以进行平行加工，然后在大脑里把它们重新组合为彩色的知觉。我们也曾思索我们的记忆容量为何如此庞大，以及我们的双通道心理如何轻松自如地在意识水平和无意识水平加工信息。因而，我们人类利用集体的天赋，发明了照相机、汽车和计算机，揭开了原子的奥秘，破译了基因密码，既能遨游太空，又能深入我们的大脑，也就不足为奇。

然而，我们也清楚地知道，人类与其他动物有着亲缘关系。在学习上，我们与大鼠和鸽子一样，受相同法则的影响。我们已经注意到，我们作为并不那么聪明的人类，很容易受到那些错觉、伪心理学言论和错误记忆的欺骗。

在这一章里，我们将遇到更多有关人类两面性的事例——理性的和非理性的。我们将思考人类是如何使用（以及误用）我们所接收、理解、存储和提取的信息。我们将研究我们在语言和智力上的天赋。我们还将反思我们如何才能配得上智人（*Homo sapiens*）——具有智慧的人类这一物种名称。

思 维

概 念

> 9-1：什么是认知？概念的功能是什么？

研究**认知**（cognition）的心理学家，重点关注的是与思考、理解、记忆和交流信息相关联的心理活动。其中一种心理活动是形成**概念**（concept）——相似的物体、事件、想法和人在头脑中形成思维集合。椅子这一概念，就是我们对婴儿椅、躺椅和牙科手术椅等许多同类物品的概括。

概念简化了我们的思维。想想看，如果没有概念，生活会是什么样。我们得为世界上每一个人、每一件事、每一件东西和每一种想法逐一命名。我们不能叫一个孩子"把球扔掉"，因为没有扔或者球这样的概念。当我们发现有人在生气，我们不会说"他们生气了"，而不得不去描述他们的面部表情、感情强烈程度和言语。所以，诸如球和生气这样的概念使我们不需要多少认知努力便获得了大量的信息。

"大家注意！我要介绍一位最新的家庭成员。"

戏谑我们的原型 将智能汽车（Smart Car）定义为真实的汽车需要花费稍长的时间，因为它看起来更像玩具，而不像我们关于汽车的心理原型。

我们经常通过发展**原型**（prototype）来形成概念，即拥有该类别事物所有特征的心理意象或最佳实例（Rosch, 1978）。相对于"企鹅是鸟"而言，人们会更快地赞同"知更鸟是鸟"。因为，在大多数人看来，知更鸟的特征更像鸟，更接近鸟的原型。与某个概念的原型越接近——鸟或车——就越容易被认为是这一概念的实例。

一旦我们将事物归入某个类别，之后我们对它的记忆就转向类别原型，就像比利时学生观看族裔混合的面孔时一样。例如，观看一张混血面孔，其中 70% 是白种人特征，30% 是亚洲人特征，学生将面孔归类为白种人（**图 9.1**）。然后，由于他们的记忆转向白种人的原型，他们更可能回忆出一张 80% 白种人特征的面孔，而非实际上看到的 70% 白种人特征的面孔（Corneille et al., 2004）。同样，如果呈现 70% 亚洲人特征的面孔，他们后来回忆出的是更典型的亚洲面孔。对于性别也是一样：当人们观看具有 70% 男性特征的面孔时会归类为男性（这不意外），并且后来会错误地将这些面孔回忆为更典型的男性面孔（Huart et al., 2005）。

远离原型，类别边界会变得模糊。西红柿是水果吗？17 岁的女性是女孩还是女人？鲸鱼是鱼还是哺乳动物？因为鲸鱼与我们的哺乳动物原型不匹配，所以我们认识到它是一种哺乳动物的过程更慢。类似地，如果我们生病时的症状与疾病的原型

图 9.1
对面孔的归类会影响回忆 呈现一张 70% 白种人特征的面孔，人们倾向于将其归类为白种人，并且回忆出比实际图片更典型的白种人面孔。（资料来源：Corneille et al., 2004）

CA：白种人；AS：亚洲人

| 90% CA | 80% CA | 70% CA | 60% CA | 50%/50% | 60% AS | 70% AS | 80% AS | 90% AS |

不匹配，我们就不能很快认识到自己生病了（Bishop, 1991）。有些心脏病人的症状（气短，疲惫，胸闷）与心脏病原型（胸部剧烈疼痛）不匹配，他们很可能不会去看医生。如果某种行为与我们的歧视原型——白人歧视黑人、男性歧视女性、年轻人歧视老年人——不匹配，那么，这种偏见通常会被我们忽略。男性歧视女性很容易被觉察出来，而女性歧视男性或女性之间的相互歧视却不易被人觉察（Inman & Baron, 1996; Marti et al., 2000）。概念可以加速和引导我们的思维，但却并不总是让我们明智。

问题解决：策略和障碍

> 9-2：辅助问题解决的认知策略有哪些，哪些障碍阻碍问题解决？

问题解决技能是我们理性的一个体现。遇到交通堵塞时如何选择最好的路线？对朋友的批评该怎样回答？钥匙弄丢了又该如何进屋？

有些问题我们是通过试错来解决的。托马斯·爱迪生在发现适用的灯丝前，曾尝试过数以千计的灯丝。对另一些问题，我们可以采用**算法**（algorithm），即通过按部就班的程序使问题得以解决。但按部就班的算法会耗时费力和令人恼火。如果要我们用 SPLOYOCHYG 中的这 10 个字母来组合成一个单词，我们可以把每一个字母逐一换位来进行尝试——共 907 200 种排列。大自然并不是赋予你一个有如沙滩球大小的、精于计算的大脑，而是借助于**启发法**（heuristic）——一种更简便的思维策略。因此，你可能会将经常一起出现的字母（CH 和 GY）组合在一起，排除很少见的字母组合（如两个 Y 在一起），从而减少 SPLOYOCHYG 示例中选项的数量。通过使用启发法，而后再应用试错的方式，你可能会碰巧找到答案。你猜到答案了吗？¹

有时我们对某一难题苦苦思索不得其解，然后，突然间所有碎片汇聚成为闪现的**顿悟**（insight）——一种突然的、看似真实的且通常令人满意的解决办法（Topolinski & Reber, 2010）。10 岁的约翰尼·阿普尔顿的顿悟解决了一个困扰建筑工人的难题：如何解救一只掉进水泥砌块墙中约 1 米深的窄洞里的小知更鸟。他采用的办法是：缓缓地往小洞里填入沙子，让小鸟有足够的时间慢慢地站在逐渐升高的沙堆顶端（Ruchlis, 1990）。

有研究团队已经发现了与顿悟突然闪现有关的大脑活动（Kounios & Beeman, 2009; Sandkühler & Bhattacharya, 2008）。他们给出一个问题：想出一个词，该词能够与另外三个词（例如 pine, crab 和 sauce）分别组成一个复合词或短语，并在得出答案时按铃。（如果你需要一个提示：这个词是一种水果。²）脑电图（EEG）或功能性磁共振成像（fMRI）揭示了问题解决者的大脑活动。在第一个实验中，大约一半的问题是通过突然的顿悟得到解决的。在顿悟出现前，问题解决者的额叶（与注意集中有关的脑区）非常活跃，耳朵上方的右侧颞叶活动激增（图 9.2）。

启发式搜索 为了找到番石榴汁，你可以搜索超市的每一条通道（算法），或者查看瓶装饮料、天然食品和农产品区（启发法）。启发法通常更快，但算法式搜索可以确保你最终能够找到番石榴汁。

1　SPLOYOCHYG 字谜的答案：PSYCHOLOGY。
2　这个词是 apple: pineapple, crabapple, applesauce。

334 迈尔斯普通心理学

图 9.2
顿悟时刻（见彩插）
猜词问题的顿悟解决伴随着右侧颞叶脑电活动的激增（Jung-Beeman et al., 2004）。红色的圆点表示脑电图仪的电极。白色线条显示了伴随顿悟出现的高频脑电活动的分布。与顿悟相关的脑电活动集中在右侧颞叶（黄色区域）。

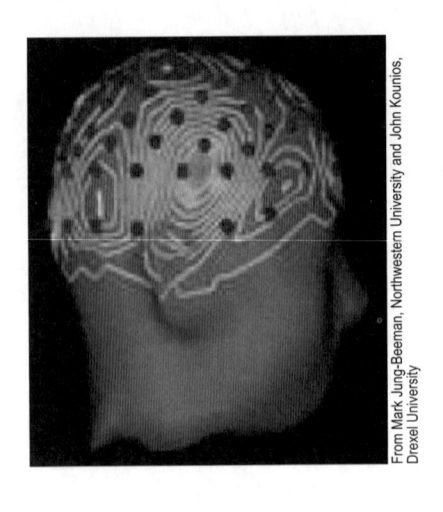

顿悟是突然出现的，之前没有"预热"感或接近答案的感觉（Knoblich & Oellinger, 2006; Metcalfe, 1986）。当答案闯入脑海时（*apple*！），我们会有快乐的满足感。相似地，笑话带来的欢乐在于我们对出乎意料的结局或双关含义的突然领会："You don't need a parachute to skydive. You only need a parachute to skydive twice."（跳伞不需要降落伞，只有当你还想跳第二次跳伞时你才需要降落伞。）

尽管我们富有洞察力，但其他认知倾向可能会让我们误入歧途。例如，我们更热衷于寻找能证实自己观点的证据，而不是寻找能反驳它的证据（Klayman & Ha, 1987; Skov & Sherman, 1986）。在一项经典的实验中，皮特·沃森（Wason, 1960）论证了这一被称为**证实偏见**（confirmation bias）的倾向。实验中沃森给英国大学生一个由 3 个数组成的序列 2-4-6，并要求学生们去猜想他设计这一数列所采用的规则。（规则很简单：任意 3 个按升序排列的数。）在提交答案之前，学生要给出他们自己生成的 3 个数的数列，并且每次沃森都会告诉学生他们的数列是否与他的规则相符合。一旦他们确信已经找到了这种规则，就可以公布出来。结果呢？很少对，但从不怀疑。大多数学生形成了错误的看法（"也许这个规则就是在前一位上加 2"），随后只是（通过验证 6-8-10，100-102-104，等等）寻找证实这种错误看法的证据。

> 任何一种主张一经提出……，人类的理解（方式）便是强迫所有其他东西为其添加新的证据并加以确认。
>
> ——弗朗西斯·培根，
> 《新工具》, 1620

沃森（Wason, 1981）说道："普通人回避实情，变得前后不一，或者系统地保护自己免受与问题有关的新信息的威胁。"因此，人们一旦形成了一个观点——疫苗会导致自闭症，奥巴马总统出生于肯尼亚，枪支控制能够（或不能）拯救生命——就会偏爱那些证实他们信念的信息。结果可能很严重。美国对伊拉克的战争就是因为美国相信萨达姆·侯赛因拥有大规模杀伤性武器（WMD），造成了直接威胁。当这一假设被证明是错误的，两党联立的美国参议院情报委员会（2004）确认这一错误的部分原因在于证实偏见：政府分析人士"倾向于接受那些支持（他们的假设）的信息……而非与假设相矛盾的信息"。否认此类武器存在的消息人士被视为"要么撒谎，要么不了解伊拉克的问题"，而报告了正在进行的大规模杀伤性武器活动的消息人士则被看作"提供了非常有价值的信息"。

一旦问题被以错误的方式表达，就很难重新建构起它的解决方法。如果**图 9.3** 的解决方法使你茫然不解，那么你可能正在经历**固着**（fixation）——不能从新的视角去看待和观察问题。（解决方法见**图 9.6**）

固着的一个典型例子是**心理定势**（mental set），即我们倾向于采用过去奏效的思维模式来解决问题。的确，那些过去奏效的方法在解决新问题时也常常起作用。请思考下列问题：

假定某一序列为 *O-T-T-F-?-?-?*，那么，最后三个字母会是什么？

大多数人很难认识到后面三个字母分别是 F(ive), S(ix) 和 S(even)。不过，解决了这个问题可能会使下一个问题变得容易一些：

假定某一序列为 *J-F-M-A-?-?-?*，那么，最后三个字母会是什么？（如果找不到答案，那就问问自己现在是几月份。）

图 9.3
火柴棍问题
怎样将 6 根火柴排列成 4 个等边三角形？

第 9 章 思维、语言与智力　　**335**

如同知觉定势使我们先入为主地对事物进行感知一样，心理定势也会使我们先入为主地去思考问题；有时候这会成为解决问题的障碍，因为我们基于过去对火柴的经验所形成的心理定势，会使我们先入为主地对火柴进行平面二维排列。

形成正确和错误的决策与判断

> 9-3：什么是直觉？启发法、过度自信、信念保持以及框架对我们的决策和判断有何影响？

我们每天都要做出数百个判断和决策（不嫌麻烦带上雨伞值得吗？我能相信这个人吗？我是该投篮呢，还是把球传给那个手热的队员？）这些时候，我们很少耗时费力地进行系统的推理，而仅仅是跟随自己的**直觉**（intuition），即我们快速、自动、无理性的感觉及想法。在对一些政界、商界和教育界的决策者进行采访后，社会心理学家欧文·贾尼斯（Janis，1986）得出了这样的结论：他们"常常并不使用反思性的问题解决方式。那么，通常情况下他们是怎样做出决策的呢？如果要追问，他们可能会这样告诉你……大多数情况下都是凭感觉"。

易得性启发法

那些被认为是心理捷径的启发法，的确可以让我们做出快速判断。由于心理的自动信息加工，直觉判断往往会在瞬间产生，并且通常是有效的。但认知心理学家特韦尔斯基和卡尼曼（Tversky & Kahneman，1974）的研究显示了这些通常有帮助的捷径是怎样使哪怕最聪明的人

"问题是，我分不清来自宇宙的极为英明的直觉暗示与我自己的那些傻瓜想法有何区别！"

"在设计这些问题时，我们的出发点并非是想要作弄人。所有这些问题同样也曾愚弄过我们自己。"
——阿莫斯·特韦尔斯基，1985

"启发法大多时候很好……可有时候这样的思维习惯会给我们带来麻烦。"
——丹尼尔·卡尼曼，2005

336 迈尔斯普通心理学

> 卡尼曼及其同事和学生改变了我们关于人类思维方式的看法。
> ——美国心理学协会主席，沙伦·布雷姆，2007

做出愚蠢决策的。[3] 当我们依据心理上的易得性来估计事件的可能性时，**易得性启发法**（availability heuristic）就会起作用了。赌场用铃声和灯光——使其生动难忘——来表示赌博者小小的胜局，以引诱他们继续赌博；与此同时，却悄然无声地隐藏着他们巨大的输局。

易得性启发法也会歪曲我们对他人的判断。任何使得信息"突然出现"在脑海中的东西——它的生动性、新近性或独特性——都会让它显得司空见惯。如果来自某个族裔的人实施恐怖主义行动，就像 2001 年的"9·11"事件，我们对这一重大事件的记忆很容易获得，这可能会塑造我们对整个群体的印象。

即使是在那令人恐惧的一年里，恐怖主义活动造成的死亡人数也相对较少。然而，当现实中在统计学上具有更大危险的事件（图 9.4）与一个生动的事件相较量时，令人难忘的事件获胜：富于情绪色彩的恐怖主义画面加重了我们的恐惧（Sunstein, 2007）。

我们常常会害怕错误的事情。我们害怕坐飞机，因为我们头脑中放映着关于空难的老电影。我们害怕让子女走路上学，因为我们看到头脑中儿童被诱拐和虐待的景象。我们害怕在海水中游泳，因为我们担心自己成为电影《大白鲨》中的受害者。甚至路过的人咳嗽打喷嚏都会提高我们对各种健康风险的知觉（Lee et al., 2010）。由于这些影像画面随处可见，我们会害怕极其罕见的事件。戏剧般的后果让我们倒吸一口气，而事件发生的可能性则难以把握。（参见批判性思考：恐惧因素。）

> 不要相信你所有的想法。
> ——汽车保险杠贴纸

同时，由于全球气候变化（一些科学家称之为"世界末日的慢镜头"）缺乏相对易得的图像，所以大多数人对此漠不关心（Pew, 2007）。近期当地天气寒冷的一天，其生动性就降低了人们对长期的全球变暖的关注，淹没了不容易记忆的科学数据（Li et al., 2011）。

到 2012 年，约有 40 个国家尝试利用生动、易记的图像的积极力量，在香烟包装上印制醒目的警示和形象的照片（Wilson, 2011）。在其他方式均以失败告终后，这项运动可能奏效。正如心理学家保罗·斯洛维奇（Slovic, 2007）所指出的，我们在

---

[3] 特韦尔斯基和卡尼曼对决策的合作研究获得了 2002 年的诺贝尔奖。但遗憾的是，获此殊荣时只有卡尼曼还健在。

图 9.4
2001 年美国各种原因造成死亡的风险
（数据由多种政府资料汇编，Marshall et al., 2007）

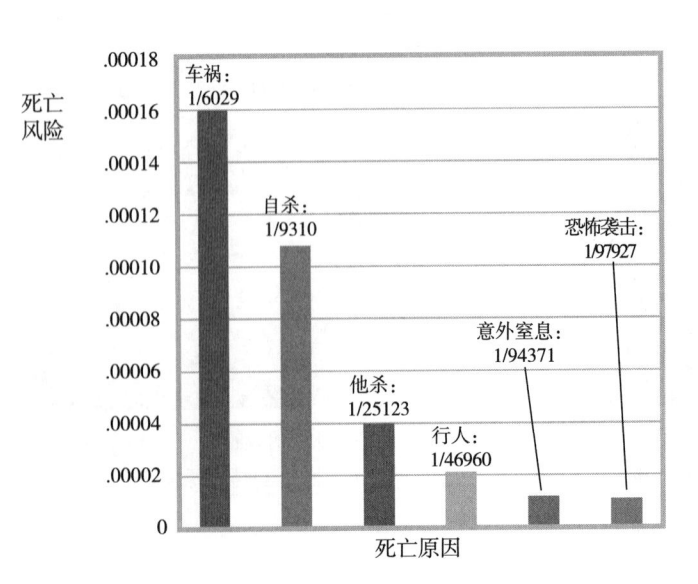

车祸：1/6029
自杀：1/9310
他杀：1/25123
行人：1/46960
意外窒息：1/94371
恐怖袭击：1/97927

死亡风险 / 死亡原因

> 批判性思考

恐惧因素——为什么我们害怕错误的事情

在"9·11"事件后,许多人更害怕乘飞机而不是驾车。在2006年的盖洛普调查中,只有40%的美国人报告称"根本不害怕"乘飞机。但是,从2005年到2007年,按照同样里程来看,汽车或皮卡车交通事故致死的可能性是定期航班的170倍(National Safety Council, 2010)。仅2009年一年就有33 808美国人死于机动车交通事故——平均每周650人。而2009年(和2007年、2008年一样)定期航线的事故死亡人数为零。

在2001年末的一篇文章中我曾估算,如果(由于"9·11"事件)我们乘坐飞机减少20%,用开车替代减少的一半里程,那么这一年在"9·11"事件后死亡人数将会增加800人(Myers, 2001)。德国心理学家歌德·吉仁泽(Gigerenzer, 2004, 2006)后来将这一估计值与实际交通事故数据进行了核对。(我为什么没有想到呢?)在2001年最后三个月,美国的交通事故死亡人数确实有显著增加(图9.5)。吉仁泽估计,到2002年底,已有1 600名美国人"为了避开乘飞机的风险而在路上丧命。"尽管我们更害怕乘坐飞机,但对大多数人来说,乘飞机的最大危险是开车去机场的路上。

为什么我们会害怕错误的事情?为什么我们会判断恐怖主义的风险大于意外事故?心理学家确定了四种可以造成恐惧并导致我们忽略更高风险的影响因素:

1. 我们害怕人类历史上大家都害怕的东西。人类的情绪在石器时代就经历过检验。旧脑让我们准备好害怕过去的风险:蛇、蜥蜴和蜘蛛(现在这些动物造成的死亡人数加在一起与现代威胁——如汽车和香烟——造成的死亡相比微乎其微)。昨天的风险会先入为主地使我们在受到限制或处于高空时产生恐惧,故而害怕乘坐飞机。
2. 我们害怕自己无法控制的东西。驾驶,我们可以控制;而飞行,我们却不能控制。
3. 我们害怕会立即发生的事。乘飞机的危险主要集中在飞机起飞和降落的时刻,而驾车的危险却贯穿在汽车行驶过程中的分分秒秒,也许每时每刻都隐藏着潜在的危险。
4. 由于易得性启发法,我们害怕那些最易从记忆中浮现的东西。生动、令人震撼的画面,就像美联航175航班插入世贸中心的恐怖情景,助长了我们对风险的判断。而另一方面,数以千次的安全旅程早已消除了我们对驾车的种种顾虑和不安。同样,我们牢记(且惧怕)影响面广的灾难(飓风、龙卷风、地震),这些灾难可在短时间内造成大量人员伤亡。但我们对那些不够引人注目、无声无

图 9.5

恐惧让人驶入致命高速公路
与美国各航空公司在2002年及之后的数百万次无伤亡航班相比,"9·11"事件的画面在美国人心里刻下了更深的印象。重大事件对记忆来说是易得的,它们会塑造我们对风险的知觉。"9·11"事件后的三个月中,这些错误知觉导致更多的美国人驾车出行,并且其中一些死于交通事故。(改编自 Gigerenzer, 2004.)

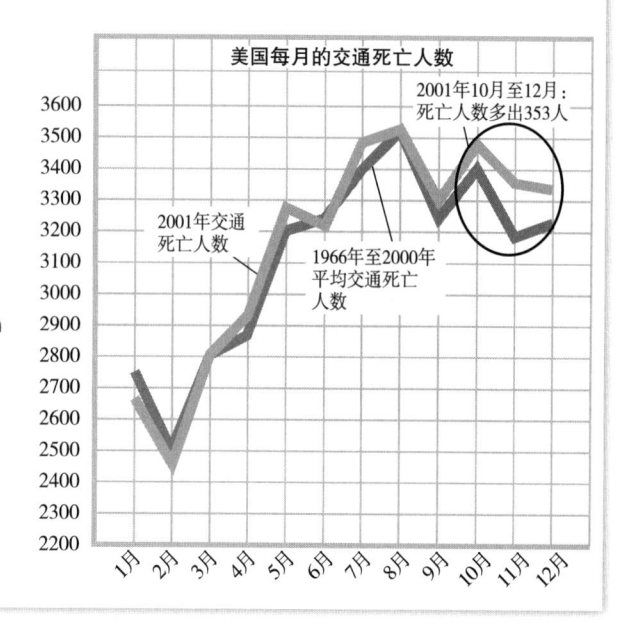

息地逐个夺去生命的威胁并不十分惧怕，也不畏惧那些远在未来而非眼前的威胁。比尔·盖茨曾指出，全世界每年有 50 万儿童死于轮状病毒，相当于每天有 4 架满载儿童的波音 747 客机坠毁，但我们却对此毫不知情（Glass，2004）。

新闻报道和我们自身的难忘经历会使得我们对极微小的风险产生不成比例的恐惧。正如一位风险分析师所解释的那样，"如果是在新闻报道中发生的事，大可不必为之担忧。新闻的定义正是'一些不常发生的事'"（Schneier，2007）。虽然人们害怕死于遭到恐怖袭击的飞机上，但过去十年中，恐怖分子试图劫持的航班只占 1040 万分之一，不足我们之中任何一人被雷电击中的概率的二十分之一（Silver，2009）。

记忆要点：人们害怕仇家故意的施暴行为，这完全正常。如果恐怖分子再度袭击我们，我们都会感到恐惧。然而，善于思考的聪明人会把恐惧与事实相对照，抵制那些企图制造恐惧文化的人。这样，我们便可以解除恐怖分子惯用的武器，即夸大的恐惧。

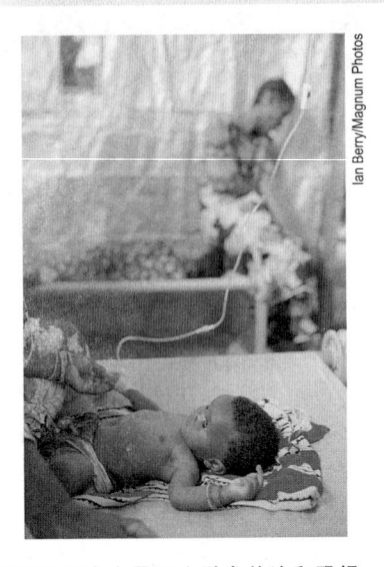

惨烈的集中大量死亡引发关注和恐惧
2010 年海地大地震造成约 250 000 人丧生，这个令人难忘的事件引起了合理的关注。与此同时，根据世界卫生组织的数据显示，与贫困相关的疟疾这场悄无声息的地震每四个月就杀死相同数量的人，其中大多数是非洲人。

> 恐惧的人依赖性更强，更易被操纵和控制，更易受看似简单、强大、粗暴的措施和强硬姿态的影响。
> ——媒体研究者乔治·格布纳，1981

推理时感情用事，忽略事情发生的概率。我们重感觉而轻思考。在一项实验中，当把一个饥饿的 7 岁女孩的照片单独呈现，而不是与有关数以百万计的非洲饥饿儿童的统计数字放在一起时，获得的捐赠物更多（Small et al.，2007）。据说特蕾莎修女曾经说过，"如果我看到有那么多人，我根本不会采取行动。如果我看着这个人，我会施以援手。"斯洛维奇（Slovic，2010）指出："死的人越多，我们越不在乎。"

过度自信

有时我们的判断和决策出现偏差仅仅是由于我们太过自信。在各行各业中，都会有人过高地评价自己的表现（Metcalfe，1998）。当回答诸如"absinthe（苦艾酒，一种甘苦味的烈性酒）是烈性酒还是宝石？"这种只有 60% 的人能正确回答的问题时，回答者平均感觉有 75% 的信心答对（Fischhoff et al.，1977）。这种过高估计自己的知识和判断准确性的倾向即**过度自信**（overconfidence）。

在钻井平台爆炸导致石油泄入墨西哥海湾之前，是英国石油公司的过度自信使得他们对安全不够重视，然后低估了泄漏量级（Mohr et al., 2010; Urbina, 2010）。尽管证券经纪人和投资商们相信自己在把握股票的时机上比市场平均水平要高明得多，但大量证据表明实际情况恰恰相反（Malkiel，

图 9.6
火柴棍问题的解答
要解答这个问题，必须打破仅限于在二维平面上的思维固着。

2004）。在购买某一股票时，买方的经纪人判断是时候买进并推荐购买，而这时卖方也判断是时候卖出了。在通常情况下，买进和卖出是持平的。虽说他们都很自信，可买方和卖方不可能都正确。

学生们常常在完成作业和论文的时间上表现出过度自信，他们总是指望能提前完成任务（Buehler et al., 1994）。而实际上，完成任务的时间往往是他们预计时间的两倍。

我们也会高估未来的闲暇时间（Zauberman & Lynch, 2005）。我们预期下个月会完成更多，所以愉快地接受了邀约和任务分配，最后却发现日子一天天过去我们还是那么忙。我们相信明年会有更多钱，所以办了贷款或刷了信用卡。尽管我们过去做预测时存在过度自信的问题，但我们下一次预测时仍会过度自信。

过度自信的确具有适应价值。犯了过度自信错误的人要比别人活得快乐，他们觉得更容易做出艰难的决策，这些人还会让人感到更加可靠（Baumeister, 1989; Taylor, 1989）。而且，当我们得到及时清晰的反馈时——就像天气播报员在每天的天气预报之后得到的反馈——我们能够学会如何实事求是地评价判断的准确性（Fischhoff, 1982）。正所谓：智者知之何时为知，何时为不知，智慧出自经验。

预测你自己的行为 你将在什么时候读完本章？

信念保持现象

我们做出决策时的过度自信令人吃惊，同样惊人的是我们在面对与自己信念相反的证据时仍然要固执己见的倾向。**信念保持**（belief perseverance）往往会激发社会冲突。一项经典研究通过研究对死刑持对立观点的人揭示了这一现象（Lord et al., 1979）。意见双方都仔细研究了两个据称最新的调查结果，一方支持死刑可以制止犯罪的主张，而另一方则驳斥这一主张。每一方都对支持各自信念的研究印象更深刻，并随时准备反驳对方的研究结论。如此一来，把混杂在一起的相同的证据出示给支持和反对死刑的两组人，竟然加大了他们的意见分歧。

如果你想控制信念保持现象，有一个简单的方法：仔细思考对方的观点。当相同的研究者重复死刑问题的研究时，他们要求一组参与者在思考问题时"尽可能客观，不带偏见"（Lord et al., 1984）。然而这一要求无法减少评价证据时的偏见。他们要求另一组参与者考虑"无论你对这个研究结论的评价是高还是低，都存在与之结论相反的研究"。在想象和思考了相反的发现后，这些人的偏见就少多了。

我们越是认识到为什么自己的信念可能是正确的，就越发固执己见。一旦我们向自己解释了为什么认为一个孩子"有天赋"或"学习能力低下"，或者为什么候选人 X 或候选人 Y 会成为更好的总司令，或者为什么值得拥有 Z 公司的股票，我们就往往忽视那些削弱这些信念的证据。偏见依然存在。一旦信念形成并得以论证，那么改变信念就需要比创造信念更有说服力的证据才行。

> 知之为知之，不知为不知，是知也。
> ——孔子（公元前551—前479），《论语》

"我很高兴地说，我对案件的最后判决总是与我的预断一致。"

框架效应

框架（framing），即我们呈现问题的方式，会影响我们的决策和判断，并且可以成为强有力的说服工具。谨慎提出的选项能够促使人们做出有利于自身或整个社会的决策（Thaler & Sunstein, 2008）：

- 生与死。假设两位外科大夫在解释手术风险时，一位外科大夫说手术死亡率为10%，而另一个大夫说手术成功率为90%。他们所给出的信息是等价的，效果却大相径庭。在调查中，就病人和医生双方而言，听到有10%的死亡率，他们似乎都会感到更大的风险（Marteau, 1989; McNeil et al., 1988; Rothman & Salovey, 1997）。

- 为什么是否选择捐献器官取决于你生活在哪里。同美国一样，在很多欧洲国家，人们在更新驾照时可以决定是否捐献器官。在一些国家，默认选项为"是"，但人们可以选择"否"。在这些国家，人们几乎100%同意捐献。在美国、英国和德国，默认选项为"否"，但人们可以选择"是"。在这些国家，只有约25%的人同意捐献（Johnson & Goldstein, 2003）。

- 怎样帮助员工决定为退休存钱。2006年美国的养老金法案验证了框架效应的存在。在该法案出台之前，想要参加401(k)退休计划的员工通常只能选择较低的实得工资，而大部分人是不愿意这样的。现在，公司可以自动为员工注册加入该计划，但允许员工自己选择退出（这样可以提高雇员的实得工资）。在两种计划中，是否参加退休计划都由雇员来决定。但是，一项对340万员工的分析显示，这项新的"退出"安排将雇员的退休计划参加率从59%提升至86%（Rosenberg, 2010）。

记忆要点：框架影响决定。

直觉的危险和力量

9-4：聪明的思考者如何利用直觉？

直觉的危险——非理性的恐惧、模糊的判断、不合逻辑的推理——能够滋生直觉上的恐惧和偏见。即使当提供额外的报酬要求人们聪明地思考时，当人们被要求证明自己的答案时，当他们是专业的医生时，非理性思维都会持续存在（Shafir & LeBoeuf, 2002）。那么，我们的头脑中其实都是稻草吗？

在本书中你会看到聪明直觉的例子。简而言之，

- 直觉是"冻结成习惯"的分析（Simon, 2001）。它是内隐知识——我们已经习得但无法完全解释的知识，如国际象棋大师在"快棋赛"中所展示的内隐知识，他们只需瞄一眼就直觉地知道正确的下法（Burns, 2004）。在经验丰富的护士、消防员、艺术评论家、汽车机械师和曲棍球运动员身上，我们都可以看到这种知识。在你身上同样可以看到，在那些你发展了特殊专长的领域。在每种情况下，瞬间的直觉其实是一种能够对情况作出迅速判断的后天能力。

- 直觉通常具有适应性，能够让你迅速作出反应。迅速而节省的启发法使得我们

直觉地假设看起来模糊的东西离我们较远——通常确实如此，除了在多雾的早晨。我们习得的联想以直觉的形式出现，无论是对是错：看到一个陌生人，若他与以前伤害或威胁过我们的人相似，我们可能会自动作出谨慎的反应。

- **直觉很强大。**今天的认知科学提供了很多无意识自动影响我们判断的例子（Custers & Aarts, 2010）。想想看：大多数人认为，选择越复杂，理性决策就越比直觉决策聪明（Inbar et al., 2010）。事实上，荷兰心理学家的研究显示，在做复杂决策时，让大脑围绕某一问题工作但不对其思考，是对我们有益的（Strick et al., 2010）。在一系列实验中，他们给三组参与者呈现（关于公寓楼、室友、艺术海报或足球赛的）复杂信息。要求一组参与者在读完关于四个选项的信息后立即作出选择。允许第二组参与者对信息进行几分钟的分析，他们作出的决策比第一组稍显聪明。但多次研究显示，最明智的是第三组参与者，他们的注意力会被暂时分散，使得他们的大脑能够对复杂信息进行自动的无意识加工。该研究的批评者提醒我们，有意识的仔细思考也是聪明思考的一部分（Gonzáles-Vallejo et al., 2008; Lassiter et al., 2009; Newell et al., 2008; Payne et al., 2008）。不过，让一个问题"酝酿"，同时我们转向其他的事情，可能会有好处（Sio & Ormerod, 2009）。当面临涉及很多事实的困难决策时，我们要收集尽可能多的信息，然后说，"给我一些时间，先不想这个问题"，这样才是明智之举。通过"把问题留到第二天解决"，我们让无意识心理机制继续运转，并等待这一自动加工的直觉结果。

概要：我们的双通道心理和谐共存，聪明的批判性思维聆听我们巨大的无形心灵的创造性低语，而后对证据进行评估，对结论进行检验，并制定未来的计划。

冻结成习惯的分析 1998 年，跳棋世界冠军罗恩·金（Ron King）在 3 小时 44 分钟里同时与 385 名选手下棋，创造了新的纪录。因此，他的对手们通常有数小时的时间来思考如何下棋，而金对每局棋只能投入大约 35 秒。然而，他还是赢了所有的 385 局棋！

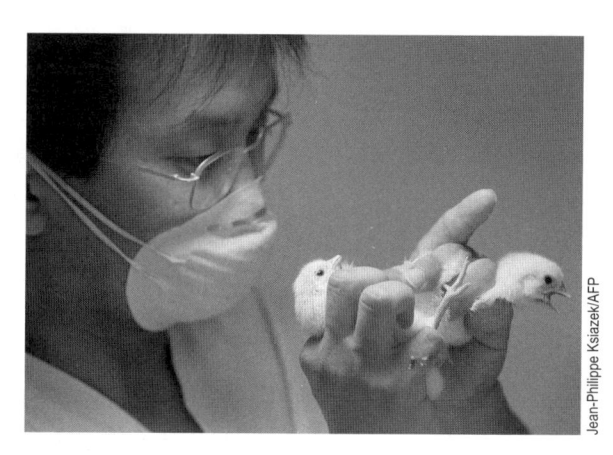

小鸡性别辨别 正如经验丰富的小鸡性别辨别师一样，当习得的专业知识变成自动的习惯时，就会感觉像一种直觉。只需一瞥，他们就能知道小鸡的性别，但却无法轻易地说清楚是怎么知道的。

创造性思维

> 9-5：什么是创造性？如何培养创造性？

创造性（creativity），是指产生既新颖而又有价值的思想的能力（Hennessey & Amabile, 2010）。思考一下普林斯顿大学的数学家安德鲁·怀尔斯不可思议的创造性一刻。皮埃尔·费马是 17 世纪的一位顽皮天才，他向当时的数学家们提出挑战，让他们来比试一下对各种数论难题的解法。他最著名的挑战——费马的最后定理——使那些最伟大的数学家感到困惑，甚至在 1908 年悬赏 200 万美元（折算为现价）后依然无果。

怀尔斯对这个问题思索了30多年，甚至已经到达了解法的边缘。一天早上，他突然获得了"不可思议的意外发现"。"解法美妙得难以形容，它是如此简单、如此巧妙，我简直不知道自己过去怎么错失了它……这是我工作生涯最重要的时刻"（Singh, 1997, p.25）。

像怀尔斯这样的创造性需要一定水平的能力倾向（aptitude）（学习能力）作为基础。例如，13岁时在定量能力倾向测验中得分特别高的人更可能获得科学和数学学位，创造出的作品获得出版或专利（Park et al., 2008; Robertson et al., 2010）。但创造性不仅仅是学业成绩，它需要一种不同类型的思维：

- 能力倾向测验有唯一正确的答案，如SAT（学业能力倾向测验），需要**聚合思维**（convergent thinking）。
- 创造性测验（你能想到砖块有几种用途？）则需要开阔的**发散思维**（divergent thinking）。

罗伯特·斯滕伯格及其同事认为创造性有五种不同成分（Sternberg, 1988, 2003; Sternberg & Lubart, 1991, 1992）：

1. *专业知识*——一个良好的知识基础，提供我们用作心理建构模块的想法、图像和短语。路易斯·巴斯德说："机遇只偏爱有准备的头脑。"我们拥有的模块越多，我们就越有机会以新的方式把它们组合起来。怀尔斯所具有的良好的知识库使他能够随心所欲地支配自己所需的定理和方法。
2. *富有想象力的思维技巧*会给个体提供以新的方式看待事物、识别模式和建立联系的能力。在掌握了一个问题的基本元素之后，我们会以新的方式重新界定或探索这个问题。哥白尼首先建立了关于太阳系及其行星的专业知识，然后创造性地将其定义为绕太阳而非地球旋转的系统。怀尔斯富有想象力的解法将两种不完整的解法组合在了一起。
3. *冒险性人格*能够容忍模糊和风险，面对困难能够坚持不懈，寻求新的经验而不是随大流。怀尔斯说，他埋头苦干，几乎远离数学界，在一定程度上是为了集中精力、免于分心。这样的决心是一种持久的品质。萨利·赖斯曾提出，创造性卓越的女性年轻时通常"聪明、勤奋、富有想象力且意志坚定"（Reis, 2001）。
4. *内部动机*更多是由本身的兴趣、满足感和挑战所推动而不是受外部压力所驱使（Amabile & Hennessey, 1992）。创造性人才更多关注工作本身的乐趣和挑战，而较少关注赶在最后期限之前完成任务、哗众取宠或赚钱等外部动机。据说，在牛顿被问及他是如何解决那么困难的科学问题时，他回答道："我每时每刻都在思考它们。"怀尔斯的说法如出一辙："我对这个问题着迷了，从早上醒来到晚上睡觉，我时时刻刻都在思考它"（Singh & Riber, 1997）。
5. *创造性环境*激励、支持和提炼创造性想法。怀尔斯是站在他人的肩上，和他以前的一位学生合作研究。西蒙顿（Simonton, 1992）在研究了2 026位著名的科学家和发明家后指出，他们当中的最杰出者都得到了同事的指导、挑战和支持。培养创造性的环境支持创新、团队建设和沟通（Hülsheger et al., 2009），也支持沉思冥想。乔纳斯·索尔克在一所修道院中解决了一个脊髓灰质炎疫苗研制中

第 9 章 思维、语言与智力 **343**

的关键问题之后，设计了索尔克研究所，提供冥想空间，科学家可在其中工作而不被打扰（Sternberg，2006）。

如果你想要促进创造性过程，可参见特写：培养你的创造性。

特 写

培养你的创造性

创造性成就来自富有创造性的个体和环境。为了培养你的创造性，

- 学习专业知识。问问自己关注什么，最喜欢什么。追随自己的热情，成为某个领域的专家。
- 留出时间来酝酿。在获得足够多的知识来建立新颖联系后，在一段时间内将注意力从问题上移开（"第二天再说"），让无意识加工来形成联想（Zhong et al., 2008）。努力思考问题，然后放在一边，过段时间再回到该问题。
- 留出时间让思维自由驰骋。抽出时间远离吸引注意力的电视、社交网络和电子游戏。去慢跑、徒步或沉思。
- 体验不同的文化和思维方式。国外生活促进创造性思绪的流动。即使在控制其他变量后，有国外生活经历的学生也更擅长创造性地解决问题（Leung et al., 2008; Maddux et al., 2009, 2010）。多种文化体验让我们能够接触不同的观点，促进灵活思维。

一个创造性的环境

想象性思维　漫画家经常表现出创造性，因为他们以新的方式看待事物或建立独特的联系。

"仁慈的主啊，这房间里有医生吗？"

当戴维把乳酪卷抛向天花板上的风扇时，每个人都情不自禁地举起了自己手里的饼干。

> **提取一下**
>
> - 将下列（1–10）的过程或策略与描述进行匹配。
>   1. 算法   5. 固着   8. 框架
>   2. 直觉   6. 证实偏见   9. 信念保持
>   3. 顿悟   7. 过度自信   10. 创造性
>   4. 启发法
>
>   a. 无法从新的角度看问题；可使思维集中，但会阻碍创造性地解决问题。
>   b. 系统的规则或程序，能够确保问题解决，但需要时间和努力。
>   c. 基于经验的迅速、自动且毫不费力的感觉和想法；强大而具有适应性，但会导致我们过分依赖感觉而忽视思维。
>   d. 简单的思维捷径，让我们能够迅速高效地行动，但存在犯错的风险。
>   e. 立即领悟问题解决方案的突然的顿悟反应。
>   f. 寻找支持自己观点的证据而忽略与自己观点相矛盾的证据的倾向。
>   g. 忽略证明我们观点错误的证据；不接受新的思想。
>   h. 高估自己观点和判断的准确性；能够让我们开心，更容易做决定，但使我们面临犯错误的风险。
>   i. 对问题或陈述进行措辞，从而引发想要的反应；能够影响他人的决定，产生误导性的结果。
>   j. 产生新颖的、有价值的想法的能力。
>
>   答案：1.b, 2.c, 3.e, 4.d, 5.a, 6.f, 7.h, 8.i, 9.g, 10.j。

其他物种也有和我们一样的认知技能吗？

9-6：对于动物的思维，我们了解什么？

动物比我们通常认为的更聪明。正如心理学先驱玛格丽特·弗洛伊·沃什伯恩在其 1908 年的著作《动物的心智》中所解释的：从动物的行为可以推断出它们的意识和智力。

使用概念和数字　即使鸽子——仅仅是鸟的大脑——都能够对物品（汽车、猫、椅子、花的图片）进行种类或概念的归类。呈现一张从未见过的椅子的图片，鸽子会准确地啄代表椅子的按键（Wasserman, 1995）。类人猿也能够形成概念，如猫和狗。在学习这些概念后，类人猿大脑额叶的特定神经元会对新的"像猫"的图片作出反应，另一些神经元则对"像狗"的图片作出反应（Freedman et al., 2001）。

亚力克斯是一只非洲灰鹦鹉，2007 年死亡，它能够对物品进行归类和命名（Pepperberg, 2006, 2009）。它最惊人的数字能力是最多能够理解到 6。它可以说出物品的数量，将两小组物品相加后说出总数，可以指出两个数字哪个更大。给亚力克斯呈现几组物品，它可以给出正确答案。如，问它"四是什么颜色？"（意思是"数量为四个的物品是什么颜色？"）它可以说出答案。

顿悟表现　心理学家沃尔夫冈·苛勒（Köhler, 1925）表明，我们并非唯一有顿悟表现的物种。他在黑猩猩苏丹（Sultan）的笼子外够不到的地方放置水果和一根长木棍。在笼子里放一根短木棍，苏丹可以用它尝试够取水果。在几次尝试失败后，他放下木棍，似乎在对情境进行研究。然后，苏丹突然跳起来，就好像突然顿悟，再次拿

起短棍。这次他用短棍够到了长棍，然后用长棍够到了水果。类人猿甚至表现出预见性，将能用的工具保存起来第二天再用它够取食物（Mulcahy & Call, 2006）。

使用工具和传播文化 像人类一样，许多其他物种能够创造行为，并将文化模式传递给同伴和后代（Boesch-Achermann & Boesch, 1993）。住在森林中的黑猩猩会根据目的选择不同的工具——用粗木棍来挖洞，用柔软的细木棍来钓白蚁（Sanz et al., 2004）。他们折取芦苇或树枝，剥光叶子，带到白蚁丘边，将树枝进行旋转，小心地移动。用白蚁做午餐！（对于一只黑猩猩来说，这非常厉害！）一位人类学家尝试模仿黑猩猩巧妙的钓白蚁动作，惨遭失败。

研究人员已经发现了至少 39 种与黑猩猩使用工具、理毛和求偶有关的地方性风俗（Whiten & Boesch, 2001）。一群黑猩猩会直接从木棍上啜食白蚁，另一群则把白蚁一只一只拿下来吃。一群黑猩猩用石锤敲碎坚果，另一群则使用木槌。这些种群差异以及不同的沟通和狩猎方式是黑猩猩版本的文化多样性。

其他动物也表现出惊人的认知能力（图 9.7）。测验表明，大象具有自我意识，表现出学习、记忆、气味辨别、同理心、合作、教学和自发使用工具的能力（Byrne et al., 2009）。作为一种社会性生物，黑猩猩表现出利他主义、合作和群体攻击。和人类一样，它们也会杀死邻居获得领地，也会为亲属死亡而悲痛（Anderson et al., 2010; Biro et al., 2010; Mitani et al., 2010）。

毫无疑问，其他物种表现出许多非凡的认知能力。但仍有一个巨大疑问：它们是否也和人类一样使用语言？首先我们来看看什么是语言以及语言是如何形成的。

(a)

(b)

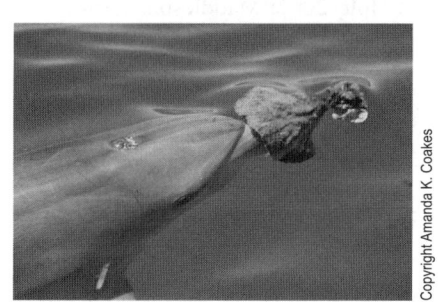

(c)

图 9.7
会使用工具的动物
（a）克里斯托弗·伯德和内森·埃默里（Bird & Emery, 2009）的研究发现，新喀里多尼亚乌鸦能很快学会向水中扔石头来升高管中的水位并捉住漂浮的蠕虫。其他乌鸦会使用细枝来探测昆虫，并且会弯曲金属条来够取食物。（b）瑞典富鲁维克动物园的一只雄性黑猩猩每天早上会捡一小堆石子，然后当作子弹来向游客投掷（Osvath, 2009）。（c）海豚会组成联盟，合作狩猎，相互学习使用工具（Bearzi & Stanford, 2010）。西澳大利亚沙克湾的宽吻海豚属于一个小群体，它们可以利用海绵在探测海底鱼群时作为保护鼻子的防护装置（Krützen et al., 2005）。

346 迈尔斯普通心理学

语 言

想象一下，一个外来物种，仅仅通过彼此之间的空气分子振动就可以相互传递思想。或许这些奇怪的生物会出现在斯皮尔伯格未来的某部电影中？

事实上，这种生物就是我们。当我们说话时，大脑和声音器官会变出空气压力波，撞击对方的耳膜，于是思想就从我们的头脑中传递到了对方的头脑。正如认知科学家平克（Pinker, 1998）所说，有时，你一坐就是好几个小时，"听别人发出嘈杂的喧闹声，因为那些唏嘘声和尖叫声中包含着信息。"正是由于人们的大脑用我们发出的空气压力波创造出的那些有趣的声音，我们得到他人的注意，让他人做事，并维持我们的关系（Guerin, 2003）。你会得到一巴掌还是一个吻，取决于你开口后让空气产生怎样的振动。

但**语言**（language）不仅仅是振动的空气。在我创作这一段落的过程中，手指在键盘上产生电子二进制数，转换成为你面前弯曲的短线。当通过反射光传入你的视网膜时，这些曲线会触发无形的神经冲动，投射到不同的脑区，进行信息整合，与已经存储的信息进行对比，并编码信息的意义。由于语言的存在，信息得以从我的头脑传递到你们的头脑中。猴子基本可以理解看到的事物。由于有语言（口头的、书面的或手语），我们可以理解从未见过的事物，以及我们的远古祖先从不知道的事物。

研究者莱拉·博格迪特斯基建议，如果你只能保留一种认知能力，那么你要保留语言（Boroditsky, 2009）。没有视觉或听觉，你依然可以拥有朋友、家人和工作。但如果没有语言，你还可以拥有这些吗？"语言是我们经验的基础，是作为人类如此重要的一部分，难以想象没有语言的生活会是什么样。"

语言结构

> 9-7：语言有哪些结构成分？

想一想，如果让我们来创造一种语言，我们该怎样进行呢？对于口头语言，我们需要三大构建模块：

- **音素**（phoneme）是语言中最小的可区别的语音单位。比如要说 bat，我们发出的语音中就含有音素 b, a 和 t（音素不同于字母。chat 也含有三个音素——ch, a 和 t）。语言学家们对近 500 种语言进行了调查，鉴别了多达 869 种不同的音素，但没有一种语言使用了全部的音素（Holt, 2002; Maddieson, 1984）。英语大约有 40 个音素，其他语言中音素的数量介于英语的一半到两倍之间。一般来讲，辅音音素比元音音素承载着更多的信息。比如：*The treth ef thes stetement shed be evedent frem thes bref demenstretien.*（从中我们可以看出，所有的元音音素都被人为地扭曲了，但辅音音素却完好无损。因此，试读原句，我们仍然可以得到这样的信息：The truth of this statement should be evident from this brief demonstration——译者注）

- **词素**（morpheme）是传递意义的最小语言单位。英语中，有的词素同时也是音素，

例如人称代词 *I* 和冠词 *a*。但是大多数词素都是由两个或两个以上的音素组成的。有些词素，如 *bat*，本身就是单词。而另一些词素只是单词的一部分，如 *preview* 中的前缀 *pre-* 或者 *adapted* 中的后缀 *-ed*。

- **语法**（grammar）是一套能使我们与他人交流的规则系统。语法规则引导我们从语音中引申出一定的意义（词法 [semantics]）并引导我们连词成句（句法 [syntax]）。

就像生命本身是由基因密码的简单排序所构成的一样，语言也是由简单构成的复杂体。例如，在英语中，40 个左右的音素就能组合成超过 10 万个词素，这些词素本身或组合起来生成的单词在《牛津英语词典》（*Oxford English Dictionary*）中就收录了 616 500 个。然后我们就可以用这些词创造出无穷多个句子，其中大多数句子（就像我写的这一句一样）都是原创的。

"让我先搞清楚。你是要建牛仔裤（jean）工厂还是基因（gene）工厂？
（译者注：两个单词读音相同）"

提取一下

- 单词 *cats* 中有几个词素？几个音素？

答案：2 个词素——cat 和 s，4 个音素——c, a, t 和 s

语言发展

9-8：语言发展过程中有哪些里程碑？我们是如何获得语言的？

请马上估算一下，从你一岁生日到高中毕业这段时间内，学了多少个单词？虽然你仅仅使用 150 个单词就能表达出大概一半你所说的话，但你这些年可能学了约 60 000 个母语单词（Bloom, 2000; McMurray, 2007）。平均下来（2 岁后）每年学会近 3 500 单词，或平均每天学会 10 个单词！这一点你是怎样做到的呢——这 3 500 个单词为何能超过学校老师每年有意识传授给你的 200 个左右的单词这么多——这就是人类的伟大奇迹之一。

你可以讲出所有句法规则吗（将单词连成句子的正确方式）？大多数人都做不到。然而，在能够做 2+2 的运算之前，你就已经开始用自己原创的合乎语法规则的句子说话了。作为一个学龄前儿童，你对语言理解和说话技能的这种自如运用，使那些为学外语而煞费苦心的大学生们羞愧难言。

我们人类在语言学习上具有令人惊叹的才能。我们能以惊人的效率，选择性地从储存在记忆中的数以万计的单词中提取所需的单词，然后用近乎于完美的句法毫不费力地将它们迅速组合起来，并以每秒 3 个单词的速度滔滔不绝地表达自己的思想（Vigliocco & Hartsuiker, 2002）。我们很少先在脑中形成句子然后再说出来。相反，我们边说边飞速地组织句子。在这一过程中，我们还会让自己的表达方式适合所处的社会和文化环境。考虑到有多少种方式会让我们出错，我们能掌握这一交际舞真是令人惊奇！那么，这一切是何时以何种方式发生的？

我们什么时候学会语言

接受性语言 儿童的语言发展反映了语言从简单到复杂的建构过程。婴儿生下来是不会使用语言的（in fantis 的意思就是"不会说话"）。然而到 4 个月大时，婴儿就能够区分出不同的语音（Stager & Werker, 1997）。他们还能从嘴唇的动作来理解语义：他们喜欢注视那些在说话的面孔，由此我们得知，他们能够识别"ah"这个声音来自嘴唇大大张开的口型，"ee"这个音来自嘴角靠后的口型（Kuhl & Meltzoff, 1982）。这标志着婴儿接受性语言（receptive language）发展的开端，即理解别人对他们说的话以及关于他们的内容的能力。7 个月以后，婴儿逐渐获得将语音分割成单个词语的能力，这是你我在听一种陌生语言时都感到很难做到的一点。

产出式语言 产出式语言（productive language）是指生成单词的能力。婴儿产出式语言的成熟晚于接受性语言。在后天教养塑造他们的言语之前，天性就在**咿呀语期**（babbling stage）赋予了他们发出各种可能的声音的能力。咿呀语期始于 4 个月大左右。许多这些自然的咿呀声都是些成对的辅音加元音的组合，是通过在口腔前部翘起舌尖发音而形成的（如 da-da，na-na，ta-ta），或者通过嘴唇发音而形成（如 ma-ma），这两类音都是婴儿为了进食而自然发出的声音（MacNeilage & Davis, 2000）。婴儿咿咿呀呀的发声并不是在模仿成人说话，因为在婴儿的咿呀语里含有各种语言的声音元素，甚至包括一些在家庭中没有讲过的语言。如果单靠早期的咿呀语，是无法鉴别出婴儿是哪国人的，比如说是法国人、韩国人，或者埃塞俄比亚人。失聪的婴儿观察到同样失聪的父母使用手语后，更多地以双手来表达他们的咿呀语（Petitto & Marentette, 1991）。

婴儿长到约 10 个月时，他们的咿呀声已经发生了很大变化，这种变化使得那些受过训练的人一听便可鉴别出这个家庭使用的是哪种语言（de Boysson-Bardies et al., 1989）。如果不接触其他语言，婴儿就会丧失听懂和产生母语以外的其他语音和语调的能力（Meltzoff et al., 2009; Pallier et al., 2001）。因此，在成年前只讲英语的人是不能辨别出某些日语音素的。同样，没有受过英语训练的日本人也不能分辨出英语中的 r 和 l 这两个音素的区别。对一个日本成年人来说，"la-la-ra-ra"可能听起来就是同一音节的重复。

"产生想法。更好地交谈。组合单词。形成句子。"

在 1 岁左右，大多数幼儿会进入**单词语期**（one-word stage）。他们已经知道声音会传递意义，比如说，如果反复训练他们将"鱼"与一张鱼的图片相联系，一岁的孩子就会在研究人员说"鱼，鱼！看鱼！"时看着鱼的图片（Schafer, 2005）。他们现在开始用声音来交流意义——通常只有一个勉强可辨认的音节，如 ma 或 da。但是，家庭成员很快就会懂得如何去理解幼儿的语言，而且他们的语言会逐渐与家庭语言趋于一致。在全世界，幼儿最初的词语通常都是指代物品或人的名词（Tardif et al., 2008）。在单词语期，一个变形词可以等于一个句子，比如，"狗狗！（Doggy！）"可能是在说"看！那边有条狗！"

大约在 18 个月大时，幼儿的词语学习开始突飞猛进，从每周一个词语到每天一个词语。通常情况下，到 2 岁时，多数幼儿已经进入**双词语期**（two-word stage）（表 9.1）。他们开始讲双词的**电报式言语**（telegraphic speech）。如同现在的短信或者以前按字收费的电报一样——"TERMS ACCEPTED. SEND MONEY（意思是"接受条件，

表 9.1 语言发展一览表

月龄（近似值）	阶 段
4	咿呀发出许多言语声音
10	咿呀声显露出家庭语言
12	单词语期
24	双词、电报式言语
24+	语言迅速发展而形成完整句子

汇款"——译者注）"，2 岁幼儿的言语主要由名词和动词组成（如 "Want juice"）。（儿童知道名词和动词的区别——表现在他们对位置错误的名词或动词的反应——早于他们说出用名词和动词组成的句子 [Bernal et al., 2010]。）2 岁孩子的言语也遵循句法规则，话语中的单词都按合理顺序排列，这点也与电文类似。讲英语的儿童在说话时，通常将形容词置于名词之前，例如说 white house，而不是说 house white。西班牙语的语序相反，比如 "casa blanca"。

经过了双词语阶段，儿童的话语中就会很快地出现较长的短语（Fromkin & Rodman, 1983）。如果儿童较晚开始学习某种语言，比如做了人工耳蜗植入或被其他国家的家庭领养，那么他们的语言发展仍遵照相同的顺序，尽管发展速度常常会更快（Ertmer et al., 2007; Snedeker et al., 2007）。到小学低年级，儿童就已经能够理解比较复杂的句子，并能开始欣赏带有双重含义的幽默句子——"You never starve in the desert because of all the sand-which-is there.（你永远不会在沙漠里挨饿，因为那里有那么多沙子 / 所有的三明治都在那里。因为 sand-which 与 sandwich 发音相同，语带双关——译者注）"。

> **提取一下**
>
> - 接受性语言和产出式语言有哪些区别？幼儿通常会在何时达到这些语言发展的里程碑？
>
> 答案：婴儿通常在 4 月龄左右开始获得接受性语言能力（理解所听到的语言的能力）。然后他们通常会在出生后约 10 个月开始发展出产出式语言能力（生成语言和表达意图的能力）。

语言发展解读

全世界约有 7 000 种语言，其结构有很大差异（Evans & Levinson, 2009）。行为主义心理学家斯金纳（Skinner, 1957）认为，我们可以用常见的学习原理来解释语言的发展，比如：（听到词语就产生与之相对应事物的视觉）联想；（对他人使用的词语和句法模式的）模仿；以及（当儿童说对了时，用微笑和拥抱来对他加以）强化。语言学家诺姆·乔姆斯基提出，所有的语言都有着相同的元素，他称之为普遍语法。所有的人类语言都具有相同的语法建构模块，如名词、动词和形容词。此外，乔姆斯基还说，我们人类天生具备学习语法规则的禀赋，这可以解释为什么学龄前儿童能够轻松获得语言并很好地使用语法。这一切发生得如此自然——如同鸟儿学飞那样自然——训练鲜有帮助。

但是，我们并非天生具备某种内置的特定语言。像欧洲人与澳大利亚和新西兰

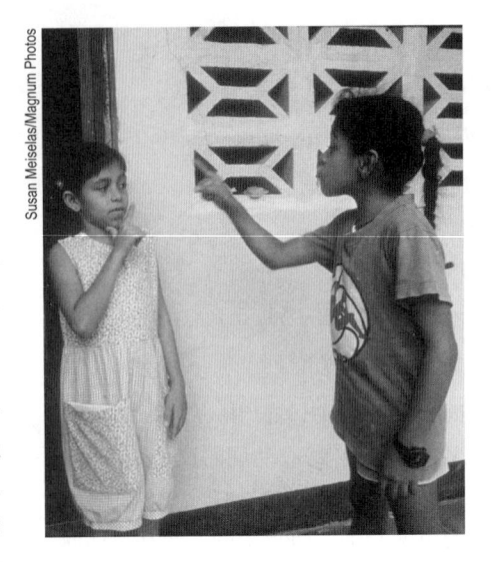

创造语言 一群尼加拉瓜失聪儿童在一个与世隔绝的孤岛上（实际上是一所学校）一起长大，他们在较长的一段时间后创造了自己的尼加拉瓜手语，这套手语具有完整的词汇和复杂的语法。我们在语言上的先天生物条件不会使我们在真空环境下创造语言，但是，先天因素和后天教养一旦被社会环境所激活，就会创造性地共同发挥作用（Osborne, 1999; Sandler et al., 2005; Senghas & Coppola, 2001）。

童年期就是语言期，这是毋庸置疑的。孩子的年龄越小就越擅长学习语言；学习语言对他们来讲就像玩耍一样轻松自如。不过，对于人类这个物种来说，这份礼物仅此一次！

——刘易斯·托马斯，《脆弱的物种》，1992

当地人，尽管他们在地理上分开了50 000年，但仍可以无困难地学习彼此的语言（Chater et al., 2009）。不论我们在童年时接触过何种语言，不管是口语还是手语，我们都可以轻松地学会其特有的语法和词汇（Bavelier et al., 2003）。但不论学习何种语言，我们最开始会说的几乎都是名词，而非动词和形容词（Bornstein et al., 2004）。生物因素和后天经验共同起作用。

关键期 童年期似乎代表着一个在语言学习之窗关闭前掌握语言某些方面的关键期（或敏感期）（Hernandez & Li, 2007）。那些学习第二语言的成年人在讲这种语言时，往往带有母语口音，并且他们在学习新语法时也很困难。一项实验对一些在美国的韩国和中国移民进行了一次语法测试，要求他们识别276个英语句子中的每一个句子（如 "Yesterday the hunter shoots a deer"）在语法上正确与否（Johnson & Newport, 1991）。这些接受测试的人中，每一个人在美国居住的时间都在10年左右：有的人在童年早期就移居到了美国，有的则是成年后才移居的。正如图9.8所揭示的那样，那些年幼时就开始学习第二语言的人，学得最好。移居到新国家的时间越晚，个体学习当地语言和接纳其文化就越困难（Cheung et al., 2011; Hakuta et al., 2003）。

学习语言的窗户在儿童早期逐渐关闭。比正常时间晚一些（2岁或3岁）接触语言的儿童，他们会释放出大脑中闲置的语言能力，突然生成大量的语言。但是，到7岁左右，如果个体既没有接触口头语言也没接触手语，就会逐渐丧失掌握任何语言的能力。

有些学语前失聪儿童的父母听力正常，不使用手语。在这些儿童中，超过90%在语言学习上明显地显示出早期经验的影响。他们通常没有早期的语言经验。那些

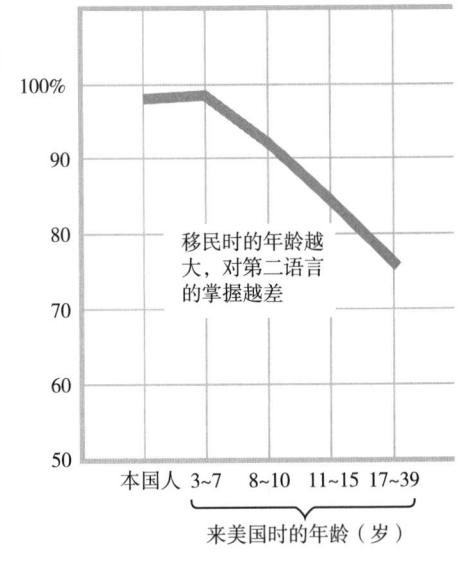

图 9.8
随着年龄的增长，学习一种新语言的难度增大
幼儿学起语言来得心应手。一些亚洲人在移居美国10年之后参加了一次语法测试，结果显示：那些在8岁前就来到美国的亚洲人对美国英语语法的理解和美国人一样好；而那些晚些时候才移居来的人则没那么好。（摘自 Johnson & Newport, 1991）

移民时的年龄越大，对第二语言的掌握越差

本国人　3~7　8~10　11~15　17~39
来美国时的年龄（岁）

在 9 岁以后开始学习手语的先天失聪儿童，与那些 9 岁以前学过口头语言（如英语）而以后才失聪的儿童相比，其手语永远没有后者学得好。他们在英语学习上也永远赶不上其他先天失聪但在婴儿期就学过手语的儿童（Mayberry et al., 2002）。那些在青少年时期或成人后才学习手语的人，就像在童年期以后才开始学习英语的移民一样：他们能够掌握基本的语言词汇，并学会如何将这些词汇排列成句，但是在生成和理解细微的语法差异上，他们永远也做不到像手语是母语的人那样流畅（Newport, 1990）。正如花儿离开了营养就会枯萎一样，儿童如果在语言习得的关键期被置于语言环境之外，对语言的反应就会变得迟钝。

不管你怎么说，不许就是不许！失聪而使用手语的父母所生的失聪儿童，与正常父母所生的正常儿童有很多共同之处。他们语言技能的发展速度几乎一样，而且在反抗父母的意愿和实现自我需求的方式上，其效力也十分相似。

提取一下

- 斯金纳和乔姆斯基对语言发展的解释有什么根本分歧？

  答案：斯金纳认为，人类学习语言和其他行为一样，都是通过强化来进行的；而乔姆斯基则主张，所有的语言都有一种深层语法，人类有天生的学习语法的能力。

- 成年期学习一种新的语言为什么那么困难？

  答案：我们的大脑学习语言的关键期结束在青春期前，这一过程要经历几年甚至几十年，过了这一个时候，大脑学习的语法的能力就会衰退。

大脑与语言

9-9：哪些脑区参与语言加工和言语？

我们认为，不论是说和读、写和读还是唱和说，都仅仅是语言这种一般能力的不同表现形式。但是，想想这一奇怪的发现：几个大脑皮层区中任何一个的损伤都有可能导致**失语症**（aphasia）——一种语言损伤。更奇怪的是，一些失语症者能够流利地说话，但无法阅读（尽管视力良好）；另一些失语症者则能够理解阅读材料，但却无法说话。还有一些失语症者能够书写但无法阅读，能够阅读但无法书写，能够阅读数字但无法阅读字母，或者能够唱歌但无法说话。这些案例都说明语言是复杂的，不同的脑区负责不同的语言功能。

确实，法国医生保罗·布洛卡于 1865 年报告称，左侧额叶的某一区域（后称为**布洛卡区**［Broca's area］）损伤后，患者会出现言语困难，但仍能够唱熟悉的歌曲，能够理解讲话。

1874 年，德国研究者卡尔·威尔尼克发现，左侧颞叶某一区域（**威尔尼克区**［Wernicke's area］）损伤后，患者只能说出无意义的词语。让患者描述一幅图画，图中两个男孩在一个妇女背后偷饼干。一个患者回答："妈妈要出去工作她的工作让

图 9.9
听词和说词时的大脑活动
（见彩插）

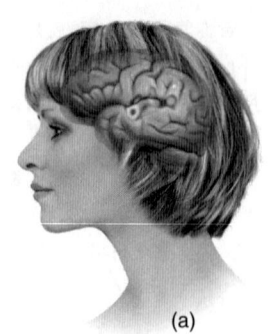

(a) 听词（听觉皮层和威尔尼克区）
(b) 说词（布洛卡区和运动皮层）

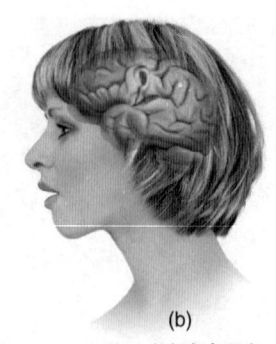

> 系统间相互作用并形成动态相互依赖的方式真是令人惊叹，除非一个人丧失了全部的惊奇感。
> ——西蒙·康威·莫里斯，"博伊尔讲座，"2005

她更好，但是当她看两个男孩时看着其他地方。她要换个时间再工作（Mother is away her working her work to get her better, but when she's looking the two boys looking the other part. She's working another time）"（Geschwind, 1979）。威尔尼克区损伤也会影响言语理解。

当今的神经科学已经证实了语言加工时布洛卡区和威尔尼克区的大脑活动（图 9.9）。但语言功能也分布在其他脑区。功能性磁共振成像扫描显示，尽管我们感觉语言是一种连续的、不可分割的经验流，但实际上不过是细化的信息加工冰山露出来的一角。名词和动词（或物品和动作）、不同的元音、阅读关于视觉或运动经验的故事书，都会激活不同的神经网络（Shapiro et al., 2006; Speer et al., 2009）。如果你是通晓两种语言的人，母语和第二语言所使用的神经网络也不相同（Perani & Abutalebi, 2005）。

记忆要点：与其他形式的信息加工一样，在语言加工过程中，大脑的运行是通过将心理功能——言语、知觉、思维和记忆——分解为子功能。阅读本页的有意识经验看似是整体的，但你运用了大脑中很多不同的神经网络来推断每个单词的字形、发音和意义（Posner & Carr, 1992）。在第 6 章关于视觉的讨论中，我们也看到了这一点，大脑参与专门的视觉子任务（识别颜色、深度、运动和形状）。

提取一下

● _____是大脑的一部分，如果损伤则可能造成言语能力受损。如果损伤_____，可能导致理解语言的能力受损。

答案：布洛卡区；威尔尼克区

其他物种是否有语言？

9-10：其他动物有和我们一样的语言能力吗？

长久以来，人类都自豪地宣称：语言让我们超越了其他所有动物。乔姆斯基（Chomsky, 1972）声称，"学习人类语言时，我们正在接近某些人可能称之为'人类本质'的东西——到目前为止我们所知的（人类）独有的心理特质。"

如果我们人类对语言的使用，就像那些赞美诗作者很久以前称颂的那样，"仅次于上帝"，那么，其他动物又该被置于何等地位呢？它们"仅次于人类"吗？

动物表现出惊人的理解力和交流能力。长尾黑颚猴在遇到不同的食肉动物时发出不同的警报尖叫声：发出咆哮声时，表示有豹子；发出咳嗽声时，表示有老鹰；发出噼啪声时，表示有蛇。听到有豹子的警报声，其他的猴子就会立即飞快地爬到树上；听到有老鹰的警报声，它们就会一头钻进灌木丛中躲起来；听到有蛇的警报声，它们就会即刻直立起来，不住地环视附近的地面（Byrne, 1991）。为了表明这些威胁的类型——老鹰、豹子、倒下的树木或是邻近的群落——猴子会将 6 种不同的叫声组合成一种多达 25 声的叫声序列（Balter, 2010）。但是，这是语言吗？这一问题引发了大量关于黑猩猩的研究。

20世纪60年代末，心理学家艾伦·加德纳和比阿特丽克斯·加德纳（Gardner & Gardner, 1969）在黑猩猩用肢体沟通的自然倾向基础上，教一只叫沃秀（c. 1965–2007）的黑猩猩使用手语，这激起了科学界和公众的巨大兴趣。四年后，沃秀会使用132个手势；到她生命结束时，她的手语词汇量达到245个（Metzler et al., 2010; Sanz et al., 1998）。

20世纪70年代，随着有关猿类使用语言的报告日益增多，似乎它们确实"仅次于人类"了（图9.10）。一位《纽约时报》的记者曾随他的聋哑父母学过手语，他去探望沃秀后惊呼："我突然意识到，我在和另一个物种的成员使用母语进行交谈。"一些黑猩猩会把词语串联起来组成一些浅显易懂的句子，例如沃秀的手语中就有"你我出去，请"这样的句子。甚至还会创造性地组合词汇——把天鹅称为"水鸟"或是把橙子称为"橙色的苹果"（Patterson, 1978; Rumbaugh, 1977）。

到了20世纪70年代末，一些心理学家提出了质疑。黑猩猩是语言冠军？抑或研究者是傻瓜？质疑者提出，我们应该考虑以下问题：

- 猿类的词汇和句子十分简单，就像2岁儿童的水平。猿类获得的词汇极其有限，而且掌握起来非常困难，它们根本无法与能说话或能使用手语的儿童相提并论，这些儿童能在一周之内轻松自如地吸收几十个新词语（到成年时词汇量达6万个）（Wynne, 2004, 2008）。说猿类能比划几下手势就能算作学习语言，就像说因为人会跳，所以就能飞啦！
- 为了得到奖赏，黑猩猩能够做出一些手势符号或按顺序按键。但是，为了得到谷物犒赏，鸽子也能按顺序啄击多个按键（Straub et al., 1979）。猿类比划的许多手势，只不过是依样画葫芦地模仿训练者的手势而已，并且知道特定的手臂运

图 9.10
会说话的手

黑猩猩使用手语的基础是它们天生的肢体词汇（如，手伸出来表示"我要"）。在野生黑猩猩中，研究人员已经确定了66种不同的手势（Hobaiter & Byrne, 2011）。人类语言似乎是从肢体交流中演化而来的（Corballis, 2002, 2003; Pollick & de Waal, 2007）。直到今天，手势仍然与自发的言语保持着自然的联系，尤其对具有空间内容的言语来说更是如此。不论是肢体交流还是言语交流，当二者传递的信息相同（比如在棒球比赛中的手语）时，我们可以更快、更准确地理解（Hostetter, 2011; Kelly et al., 2010）。棒球外野手威廉·霍伊是第一个参加美国职业联盟的失聪球员（1892），他创造了表示"好球！""安全上垒！"和"出局！"的手势信号（Pollard, 1992）。现在所有运动的裁判都使用手势信号，而且球迷们也能流利地使用运动手语。

- 动可以产生奖励（Terrace, 1979）。
- 知觉定势（第6章）的研究表明，当面对模棱两可的信息时，人们会倾向于看到他们想要看到或希望看到的东西。把黑猩猩的手势说成是语言的这种做法，可能只不过是训练者的一厢情愿而已（Terrace, 1979）。当沃秀在比划出水鸟的手势时，她也许是在对水和鸟分别命名。
- 像"Give orange me give eat orange me eat orange……"这样的句子，与3岁儿童优美的句法相比，简直相差太远了（Anderson, 2004; Pinker, 1995）！对于儿童来说，"you tickle"（你搔痒）和"tickle you"（搔你痒痒）表达的完全是两个意思！黑猩猩缺乏人类的句法，或许会用同一顺序的手势来表达两个短语的意思。

争论能激发进步，在本例中，不同的观点触发了更多关于黑猩猩拥有思维和交流能力的证据。一项令人惊讶的发现是，沃秀训练养子劳力斯使用它学过的手势。沃秀的第二个幼仔死后，当被告知"Baby dead, baby gone, baby finished（宝宝死了，宝宝不在了，宝宝终结了）"时，它变得非常消沉。两周后，照看它的研究人员福茨（Fouts, 1992, 1997）用手语告诉它有好消息："I have baby for you.（我给你带来了宝宝。）"沃秀即刻表现出异常的激动和兴奋，毛发竖了起来，神气十足、气喘吁吁地不停比划着手势："Baby, my baby.（宝宝，我的宝宝。）"养母和婴儿花费好几个小时才彼此熟识，于是，沃秀比划着手势率先打破了沉默，"Come baby!（过来，孩子！）"，并一下把劳利斯搂在怀里。在随后的数月里，劳利斯在没有人类帮助的情况下，只是通过观察沃秀和其他三只受过语言训练的黑猩猩，就很快学会了68种手势。

更令人目瞪口呆的是，一项报告称一只名为坎兹的倭黑猩猩词汇量达384个，能够理解英语口语的句法（Savage-Rumbaugh et al., 1993, 2009）。当问它"Can you show me the light?（把灯指给我看好吗？）"或"Can you bring me the [flash] light?（把[闪光信号]灯给我拿过来好吗？）"或"Can you turn the light on?（把灯打开好吗？）"的时候，坎兹都能恰当回应。如果事先给它准备一些动物玩具，然后要求它——注意它是头一次这么做——"Make the dog bite the snake（让狗去咬蛇）"，它会把玩具蛇放进玩具狗的嘴里！

那么，我们该如何理解这些研究呢？人类是唯一使用语言的物种吗？如果语言是指有复杂语法的言语或手语表达，那么，大多数心理学家现在都同意人类是唯一拥有语言的物种。如果语言仅仅指通过有意义的符号序列进行交流的能力，那么，猿类确实拥有语言能力。

有一点是肯定的：对动物语言和思维的研究让心理学家更加欣赏

了解犬类 博德牧羊犬里科的人类词汇量达200个。如果让它去取一个从未听过名字的玩具，里科会从一堆熟悉的东西中带回一个新玩具（Kaminski et al., 2004）。当四周后第二次听到这个名字时，里科往往带回同一个玩具。另一只博德牧羊犬凯撒创下了动物界的记录——学会了1022个物品名称（Pilley & Reid, 2011）。就像一个3岁的幼儿，它还可以根据功能和形状对物品进行分类。它能够"衔回球（ball）"或"衔回玩具（doll）"。

但是，这是语言吗？ 黑猩猩能够使用美国手语（American Sign Language, ASL）进行表达，这一现象引发了关于语言本质的问题。图中训练者问，"这是什么？"黑猩猩用手语回答"宝宝"。它的回答能否被视为语言？

其他物种，不仅仅因为它们拥有一些与我们一样的特质，还因为它们自身非凡的能力。过去，很多心理学家怀疑其他物种是否能够制订计划、形成概念、计数、使用工具、表达同情或使用语言（Thorpe, 1974）。现在，由于诸多的动物研究，我们对这些问题有了更深入的了解。人类的确是唯一能够使用复杂句式的物种。此外，2 岁半的幼儿表现出的某些认知能力，如顺着表演者的目光看向目标，就算是黑猩猩也无法企及（Herrmann et al., 2010）。尽管如此，其他物种确实展示了顿悟、家庭忠诚、相互交流、彼此照顾和代际文化传递等能力。弄清这些发现对其他动物的道德权利意味着什么，还是一项尚未完成的任务。

* * *

再回到关于人类是否配得上智人这一称号的争论上来。我们先来发布一张中期报告卡。在决策和风险评估方面，犯错倾向使得我们可能只能评为 C+；在问题解决方面，人类很有创意，但存在一些瑕疵，如固着，我们可能得分稍高，大概可以得到一个 B；在认知效率和创造性方面，我们拥有虽然容易出错但非常迅速的直觉和发散性思维，因此得 A；再看看我们的学习和语言使用能力，令人敬仰的专家也一定会给我们人类一个 A+。

提取一下

- 如果你的狗对着门外的陌生人吠叫，这能否算作语言？如果是以一种信号传递的方式叫，让你知道它需要出去，能否算作语言？

答案：这吠声和摇尾巴一样，也许，如果狗的尾巴摇动和吠声来确实传递了物种内的交流，那么，几乎没有材料表明这是我们所说的语言。

思维与语言

9-11：思维和语言有什么关系？意象思维有什么价值？

思维与语言之间的关系错综复杂。问先有思维还是先有语言是心理学的一个"先有鸡还是先有蛋"的问题。到底我们是先有了思想，然后再等待字词来为它们命名？还是字词使我们的思想得以形成，离开了字词我们就无法思考？

语言影响思维

语言学家本杰明·李·沃夫（Whorf, 1956）坚持认为，语言决定了我们的思维方式："语言本身就能使（一个人的）基本观点成形。"沃夫指出，霍比族（Hopi）的语言中动词没有过去时，因此对霍比族人来说，思考往事不是件容易的事。

沃夫的**语言决定论**（linguistic determinism）太极端了。我们都会对一些没有对应词语的东西进行思考。（你能否想出一种无法命名的蓝色？）而且我们常有非符号化的（没有文字、没有图像）思维，比如某人看到两个人抬着很多砖，便担心这些砖会不会掉落（Heavey & Hurlburt, 2008; Hurlburt & Akhter, 2008）。

然而，在许多讲两种不同语言的人看来（比如英语和日语），一个人的思维方式在不同的语言中可能是不同的，这一点似乎很显然（Brown, 1986）。英语中有丰富的词汇来表达那些专注于自我的情感，如愤怒等，而日语中有许多表示人与人之间情感关系的词语，如同情等（Markus & Kitayama, 1991）。许多会讲双语的人报告说，在使用不同的语言时，他们甚至会产生不同的自我意识（Matsumoto, 1994）。在一系列对以色列阿拉伯双语者（他们既说阿拉伯语也说希伯来语）的研究中，当测验阶段使用不同的语言时，参与者对社会环境会有不同的看法，对阿拉伯人和犹太人会有不同的自动联想（Danziger & Ward, 2010）。

当双语个体用两种语言做同一套人格测试时，他们甚至会表现出不同的人格，正如滑铁卢大学的一些在中国出生的双语学生在用英语或汉语描述自己时所发生的那样（Dinges & Hull, 1992; Ross et al., 2002）。当用英语来进行自我描述时，他们简直就是典型的加拿大人：他们大都表达出积极的自我陈述和心境；而用汉语回答时，他们给出了典型的中国人的自我描述：言谈中反映出来的更多的是那些符合中国人价值观的思想观念，积极和消极的自述与心境几乎各占一半。当双文化、双语的美国人和墨西哥人在与英语和西班牙语相关的两种文化框架之间转换时，也出现了类似的人格变化（Ramírez-Esparza et al., 2006）。捷克谚语说，"学习一门新语言，就得到了一个新灵魂。"

语言可能并不决定思维，但的确会影响思维（Boroditsky, 2011）。我们用语言来形成类别。在巴西，与世隔绝的毗拉哈人有代表数字 1 和 2 的词语，但超过 2 的数字都被称为"很多"。因此，如果将 7 个坚果以一排呈现，他们很难排出同样的数量（Gordon, 2004）。

语言也会影响我们的颜色思维。不论我们生活在新墨西哥、新南威尔士还是新几内亚，我们看到的颜色基本一致，但我们会使用各自的母语对颜色进行分类和记忆（Davidoff, 2004; Roberson et al., 2004, 2005）。假设你参加了一项研究，看到三种颜色，其中有两种被美国人称为"黄色"，另一种称为"蓝色"。如果你会说巴布亚新几内亚北润摩（Berinmo）部落的语言，他们有专门的词语来描述两种深浅不同的"黄色"，你将更快速地认识到并更好地回忆出这两种黄色的差异。但如果你说的是俄语（俄语中对深浅不同的蓝色有不同的名称，如"*goluboy*"和"*sinly*"），那么，你在后期回忆出的黄色就会更相似，而对蓝色的记忆更好。语言决定了这一结果。

当我们对颜色进行不同的命名时，知觉到的差别会变大。在色谱中，蓝色融入绿色，但我们划了一条分界线，将其分为两部分，分别称为"蓝色"和"绿色"。虽然在色谱上的差别是相等的，但颜色名称相同的两个不同项目（比如图 9.11 中对比 B 的两个不同"蓝色"）比名称不同的两个项目（比如图 9.11 中对比 A 的"蓝色"和"绿色"）更难区分（Özgen, 2004）。

文化和颜色　在巴布亚新几内亚，北润摩儿童有专门的词语代表深浅不同的"黄色"，这可能使他们能更快地发现和回忆黄色的差异。不论在哪，"我们说的语言都深刻地影响着我们思维的方式、我们看待世界的方式以及我们生活的方式"，心理学家莱拉·博格迪特斯基指出（Boroditsky, 2009）。

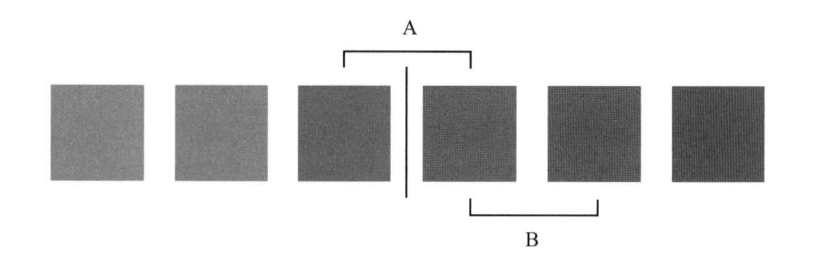

图 9.11

语言和知觉（见彩插）

当人们观察色差程度相同的方块时，那些名称不同的方块会被知觉为差别更大。因此 A 对比组中的"绿色"和"蓝色"会显得比 B 组中两个同样不同的"蓝色"差别更大（Özgen, 2004）。

考虑到词语对思维的微妙影响，我们应该仔细地斟酌词句。我写的是"A child learns language as *he* interacts with *his* caregivers"还是"Children learn language as *they* interact with *their* caregivers"，在意义上会有不同吗？许多研究发现二者确实存在差别。当我们听到通用的"他（*he*）"（比如"the artist and his work［艺术家和他的作品］"）时，人们更可能形成一个男性形象（Henley, 1989; Ng, 1990）。如果 *he* 和 *his* 真的无性别之分，那当我们听到"man, like other mammals, nurses his young（人类，和其他哺乳动物一样，要照看他的幼子）"时，就不该感到心跳漏了一拍了。

扩展语言就是扩展思维能力。在年幼儿童身上，思维与语言共同发展（Gopnik & Meltzoff, 1986）。的确，如果没有语言，对某些抽象观点（如承诺、自由或押韵）进行思考或形成概念会非常困难！并且，对学前儿童来说是正确的东西对每个人来说也都正确：增强词汇能力会使人受益匪浅。这就是为什么大多数的教科书，也包括这本书在内，都要介绍新词汇，其目的就在于传授新的思想观念和新的思维方法。

增强词汇能力有助于解释被麦吉尔大学的研究者兰伯特等人（Lambert, 1992; Lambert et al., 1993）称为双语优势的概念。虽然他们每种语言的词汇量都比只说一种语言的人略小，但双语者善于在使用一种语言时抑制另一种语言。由于他们熟练的语言"执行控制"能力，双语者也更擅长抑制无关信息对注意的干扰（Bialystock & Craik, 2010）。

在加拿大，兰伯特帮助设计了一项研究计划，即让一些说英语的儿童处于法语环境中。（从 1981 到 2007 年，参与该项研究计划的非魁北克儿童的数量从 65 000 增至 300 000［Statistics Canada, 2010］。）在学校前三年的大多数时间，说英语儿童的所有课程完全是用法语来教的；此后，才逐渐转为大量使用英语教学。意料中的是，孩子们很自然地获得了流畅的法语交际能力，而这种语言能力是其他语言教学方法望尘莫及的。而且，与控制条件下能力相近的儿童相比，他们对英语的流畅表达丝毫无损，还提高了能力分数和创造力，并能更好地领会法—加文化（Genesee & Gándara, 1999; Lazaruk, 2007）。

不论我们的语言是少数派还是多数派，语言都让我们彼此联结。语言也将我们与过去和未来连接在一起。诗人乔伊·哈乔曾经说过："要想毁灭一个民族，那就先毁灭他们的语言！"

与两个城市在同一国家或州相比，当两个城市在不同的国家或州时，知觉到的距离也会变大（Burris & Branscombe, 2005; Mishra & Mishra, 2010）。

所有的词语都是用来挂上想法的钉子。

——亨利·沃德·比彻，普利茅斯讲坛箴言，*1887*

> **提取一下**
>
> - 本杰明·李·沃夫提出的有争议的假设被称为_____，该假设认为，没有与概念或想法对应的词汇，我们就无法对这些内容进行思考。
>
> 答案：语言决定论

当我们看到一个人在街上边走边自言自语，我们通常会觉得他精神有问题。但其实我们都在不断地自言自语——只是我们有良好的判断力，能保持不出声……就好像我们在和一位假想的有着无限耐心的朋友交谈。我们在和谁说话呢？
——山姆·哈里斯，"我们陷入沉思中"，2011

意象思维

当你独自一人时，你会自言自语吗？"思维"只是和你自己单独对话吗？言语能传播思想。但有时思想先于言语。要打开浴室的冷水，你是朝哪个方向拧龙头的呢？要回答这个问题，也许你的思维并没有使用言语，而是采用内隐（非陈述性、程序性）记忆——一种有关操作方式的心理图示（见第 8 章）。

的确，我们常用意象来进行思维。艺术家用的就是意象思维（俗称形象思维——译者注），作曲家、诗人、数学家、运动员以及科学家都是如此。爱因斯坦在一份报告中说，他就是先通过视觉意象成功地捕捉到了一些最伟大的灵感和顿悟，然后才将它们诉诸文字的。中国著名的钢琴家刘诗昆就展示了意象思维的价值。他在获得 1958 年柴可夫斯基钢琴大赛第二名的几年后就身陷囹圄。获释后不久，已经整整 7 年没摸过钢琴的他，又重返舞台并巡回演出。音乐评论家们评论说，他的钢琴演奏水平比任何时候都要好。在无法练习的情况下，他是怎样使自己的演奏技艺得以提高和发展的呢？对此，刘诗昆先生说道："我的确在练习。我每天都在排练我所演奏过的每一个乐章，一个音符接着一个音符地练，不是在钢琴上，而是在我脑海里"（Garfield, 1986）。

一支英国研究团队在人们观看录像时对其进行功能性磁共振成像，研究报告称，对于学过某项技能的人（比如芭蕾舞），只是观看这项活动就可以激活大脑内部对该活动的模拟（Calvo-Merino et al., 2004）。同样，想象某种身体体验也会激活与真实体验情况下相同的神经网络（Grèzes & Decety, 2001）。所以，心理训练已经成为奥运项目运动员训练内容的一部分也就不足为奇了（Suinn, 1997）。

一项有关心理训练和罚球投篮的实验，追踪了美国田纳西州立大学女子篮球队的 35 场比赛（Savoy & Beitel, 1996）。在这期间，这个队的自由投命中率从标准体能训练后的大约 52%，上升到心理训练后的 65%。队员们反复地想象在各种情况下罚球，包括被对手"用脏话激怒"。最后出现了戏剧性的结果：田纳西州在加时赛中赢了全美篮球锦标赛，这在一定程度上要归功于罚球投篮。

心理预演也能帮助你完成学业目标。一项研究召集了一些将于一周后参加心理学导论期中考试的学生，并把他们分为两个组（Taylor et al., 1998）。（其他学生不参加任何心理模拟，形成控制组。）第一组学生每天花 5 分钟想象自己浏览邮寄来的成绩单，得分都是 A，喜笑颜开，非常自豪。这种"结果模拟"对他们的考试影响不太大，他们的平均分仅仅高出了 2 分。另一组学生每天花 5 分钟想象自己在高效率地学习——阅读考试的章节，重温笔记，排除干扰，谢绝受邀外出。这种"过程模拟"产生了非常有益的效果：第二组学生很快就进入了学习状态，在学习上花的时间更多，参加考试后的成绩平均分比其他人高出 8 分。

记忆要点：从这些实验中，研究者们得出了这样的结论：把幻想时间用于策划如何达到某种目标比沉迷于想象中的目标本身要好。

* * *

那么，我们应该如何看待思维与语言之间的关系呢？正如我们已经看到的那样，语言的确影响着我们的思维。但是，假如思维反过来不去影响语言，那么我们这个世界再不会出现任何新的词语了。也不会有新词语以及旧词语的新组合来表达新观点了。"灌篮"（Slam dunk）这一篮球术语，就是在这种动作本身已经变得相当普及之后，才创造出来的。所以，请允许我们这样说：思维影响我们的语言，语言又反过来影响我们的思维活动（图 9.12）。

关于思维与语言的心理学研究表明，人的大脑在具有令人惊叹的高智能的同时，也会出现智力上的失误。判断上的失误常见并且可能带来灾难性后果。因此，我们应该充分认识到我们犯错误的倾向。不过，启发法常常对我们很有用。此外，我们在问题解决上所表现出来的惊人的创造性和超凡的语言能力，使得人类几乎可以称得上"能力无穷"。

图 9.12
思维活动和语言的相互作用
思维与语言之间是双向通道——思维影响语言，语言又反过来影响我们的思维活动。

提取一下

- 什么是"心理训练"？它怎样帮助你对即将到来的事件做好准备？

答案：心理训练即视觉化未来的行为与成就。可以演练某件事的所有可能发生的问题区。帮助你提前明白在此情况下应重视什么。

智　力

到目前为止，我们考虑了人类这一物种是如何思考和交流的。但是，我们每个人之间在这些能力上也存在差异。学校委员会、法官和科学家们对于使用测验来评估一个人的多种心理能力以及这种方法的公平性存在着争议。在心理学界,"每个人身上是否都存在一种可以测量并用数字量化的一般智力"是一个最具争议的问题。

本节中,我们将讨论一个世纪以来的一些研究发现。心理学家试图找到以下问题及更多问题的答案:

- 什么是智力?它是一种一般能力,还是多种不同的能力?
- 我们应该如何最佳地评估智力?
- 遗传和经验如何共同编织成智力?

智力是什么

9-12:心理学家如何定义智力?关于 g 因素的争论有哪些?

在很多研究中,智力被定义为智力测验所测量的内容,而智力测验所测的往往是学校智能。智力不同于身高或体重,后者在世界各地、各个时代都有着相同的含义。智力是一个概念,一个人们用来描述在其时代及社会文化中能够成功的那些特质的术语(Sternberg & Kaufman, 1998)。在亚马逊雨林中,智力可能是了解当地植物的药物属性;在北美高中,智力则可能意味着在艰难的课程中掌握难懂的概念。在这两种情形下,**智力**(intelligence)都是从经验中学习、解决问题、运用知识适应新情境的能力。

我们知道,有些人具有科学天赋,有些人擅长人文学科,还有些人在体育、艺术、音乐或舞蹈方面出众。你也许认识一位天才艺术家,但他却可能被最简单的数学问题难倒;或者你认识一位数学成绩优异的学生,但他在文学讨论方面却能力平平。这些人是否都聪明呢?你能否使用单一维度来评估他们的智力?还是你需要多个不同的维度?简言之,智力是单一的总体能力,还是几种特定的能力?

治愈之手 社会建构的智力概念因文化而异。这位秘鲁民间医生通过他关于草药的知识和对救助对象需求的了解展示了自己的智力。

> g 因素是测量行为最可靠、最有效的方式之一……它对教育和职业水平等重要社会性结果的预测力度要远比任何其他特质好。
> ——行为遗传学家
> 罗伯特·普洛闵(1999)

斯皮尔曼的一般智力因素

查尔斯·斯皮尔曼(1863—1945)认为我们具有一种**一般智力**(general intelligence)(通常缩写为 g),它是我们一切智力行为(从航海出行到学业优异)的核心。斯皮尔曼承认人们常常拥有出色的特殊能力,但他还指出,那些在一个方面(如语言智力)得分高的人,往往在其他方面(如空间或推理能力)也会有高于平均值的得分。斯皮尔曼的观点部分起源于他的因素分析工作——一种能够确定相关项目集群的统计方法。

从这种角度来看,心理能力与生理能力非常相似:跑得快的能力迥异于将球投中所需的眼手协调性。然而也有好事集于一身的趋势——跑的速度和投的准度是相关的。在运动能力和智力中，都存在几种不同的能力聚集在一起的趋势，并且其相关性足以定义出一种一般的基础因素。

多元智力理论

9-13：加德纳和斯滕伯格的多元智力理论有何不同？

其他心理学家，尤其是自20世纪80年代中期以来，一直在寻求将智力的定义拓展到学业以外。

加德纳的八种智力 霍华德·加德纳（Gardner, 1983, 2006）认为智力是多种能力的组合。他让我们思考关于脑损伤患者的研究，这些患者可能丧失了一种能力，而其他能力则保存完好。或者想想有**学者症候群**（savant syndrome）的人。尽管他们在某一方面才华出众，但这类人在智力测验上通常得分很低，而且语言能力有限甚至没有语言能力（Treffert & Wallace, 2002）。有些人能够做出不可思议的艺术作品或音乐表演；还有一些人能够像电子计算机那样又快又准地计算数字，或者几乎能够立即确定历史上任何日期是星期几（Miller, 1999）。

五分之四有学者症候群的人都是男性，而且他们中的不少人患有孤独症，一种发展障碍（见第4章）。已故记忆奇才金·皮克（他没有孤独症）是电影《雨人》的灵感来源。在8到10秒内，他可以阅读并记忆一页书。他一生记忆了9000本书，包括莎士比亚戏剧和圣经。他仅学习了电话簿前面的地图，就能够提供美国任何一个主要城市的旅行指导（类似MapQuest一样）。但是，他不会扣纽扣，也几乎没有抽象概念能力。当父亲在餐馆让他"声音小点（lower your voice）"时，他从椅子上滑下去一些以降低自己的喉部（voice box）。问他林肯的葛底斯堡演说（Address），他回答，"西北前街227号。但他只在那待了一个晚上——第二天做了演讲"（Treffert & Christensen, 2005）。

加德纳指出了总共八种相对独立的智力，包括用标准测验所评估的语言和数学才能（图9.13）。因此，计算机程序设计员、诗人、成为狡猾头目的街头少年、篮球

天才孤岛：学者症候群 马特·萨维奇是一位19岁的获奖爵士乐音乐家，他已经发行9张唱片，现在就读于伯克利音乐学院。他的成功来之不易，因为他在童年时被诊断为孤独症，交流困难且最初无法忍受任何声音。

图 9.13

加德纳的八种智力

队的后卫展示出不同类型的智力（Gardner, 1998）。对加德纳来说，一般智力因素的得分就像对一座城市的总体评价——它告诉你了一些信息，但并没有给你关于其学校、街道或夜生活的更多具体信息。

斯滕伯格的三种智力 罗伯特·斯滕伯格（Sternberg, 1985, 1999, 2003）同意加德纳"成功不仅仅是因为传统智力"的观点以及多元智力的观点。但是他的三元理论提出三种而不是八种智力：

- 分析性智力（analytical intelligence）（学校智能；传统学术问题的解决）
- 创造性智力（creative intelligence）（适应新情况以及产生新颖想法的能力）
- 实践性智力（practical intelligence）（街头智慧；在处理意义不确定、往往有多种解决方法的日常任务方面技巧熟练）

斯滕伯格（Sternberg, 2006, 2007, 2010）与一个合作团队开发了新的创造性（例如，为一部卡通片加上标题）和实践性思维测验（例如，想出如何将一张大床抬上曲折的楼梯）。初步结果表明，这些更综合的评估能够更好地预测美国大一学生的成绩，且族裔差异有所降低。

尽管加德纳和斯滕伯格的观点在某些方面并不相同，不过他们在两个要点上达成了一致：多种能力能够助益人生成功，而天赋方面的多样性为生活增添情趣，给教育带来挑战。在加德纳或斯滕伯格的影响下，许多教师已经开始接受培训，以便了解能力的多样性，进而在课堂上运用多元智力理论。

> 如果你对什么擅长的话，那么你必须小心地确保你不认为自己在其他不一定擅长的方面也很擅长……由于我（在软件开发方面）很成功，所以人们就期望我在其他方面也有才智。
> ——比尔·盖茨（1998）

对多元智力理论的批评 如果世界如此公平，某一方面的弱点会被其他方面的天才所补偿，那岂不是很美妙吗？唉，批评者说，世界是不公平的（Ferguson, 2009; Scarr, 1989）。新近研究使用因素分析法证实的确存在一般智力因素（Johnson et al., 2008）：g因素。它预测了个体在多种复杂任务与工作上的成绩（Gottfredson, 2002a,b, 2003a,b）。一项研究显示，青少年期的智力测验得分与其成年后的收入相关（图9.14）。当栏杆设在离地只有一英尺的高度时，跳跃能力无法预测跳高成绩，但当栏杆高度增加时就可以预测。与此类似，极高的认知能力得分可以预测杰出的成就，如博士学位及出版物的数量（Kuncel & Hezlett, 2010）。

尽管如此，"成功"并非一个单一成分的配方。智力高可能有助于你进入一项职业（通过学校教育和培训计划），但却无法保证你就此成功。成功是天赋和磨砺的综合结果：那些成就卓然的人往往也非常尽责，善于交往，精力充沛。研究人员提出了一个"10年法则"：在国际象棋、舞蹈、体育、计算机编程、音乐和医学等领域，专家级表现的共同要素是"大约10年刻苦的每日练习"（Ericsson, 2002, 2007; Simon & Chase, 1973）。

街头智慧 这个在巴西玛瑙斯（巴西北部城市）街头卖糖果的孩子小小年纪就在发展实践性智力。

蜜蜂、小鸟、黑猩猩和其他物种都需要时间和经验才能达到诸如觅食等技能的顶峰（Helton, 2008）。和人类一样，其表现往往在中年时期达到顶峰。

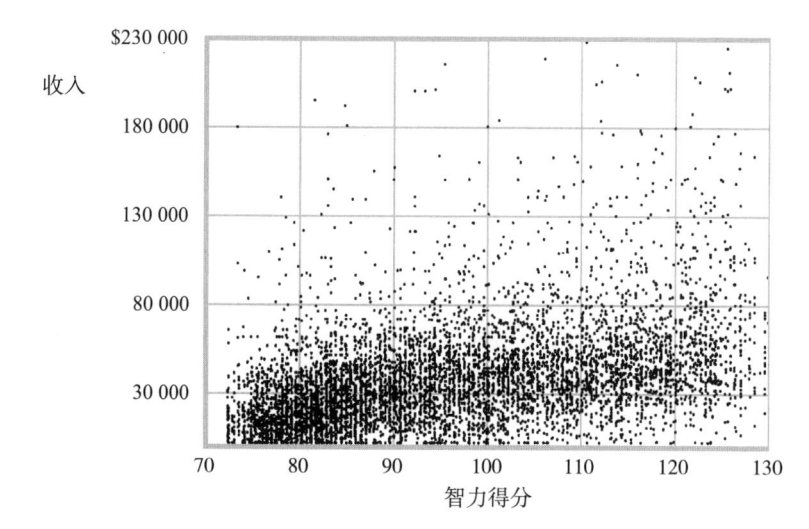

图 9.14

聪明且富有？

扎戈尔斯基（Zagorsky, 2007）追踪了全美青少年纵向调查中的7 403人长达25年之久。正如散点图所示，人们的智力得分与其后来的收入呈微弱但显著的正相关（.30）。每个点表示一个青少年的智力测验得分和成年后的收入。

提取一下

• 学者症候群的存在如何支持了加德纳的多元智力理论？

答案：学者症候群患者的整体心理能力低下，但却拥有一种极为杰出的特殊能力，加德纳认为，这一现象是他的多元智力理论支持的有力证据。

"你很聪明，但你缺乏大树智慧。"

情绪智力

> 9-14：哪四种因素组成了情绪智力？

你与他人和谐相处是否也是一种智力的标志，区别于学术智力？一些研究人员说，答案是肯定的。他们将社会智力定义为在理解社会情境和成功的自我管理过程中所涉及的专门技能（Cantor & Kihlstrom, 1987）。社会智力高的人对社会情境的理解堪比娴熟的足球运动员对防守的理解或航海家对天气的理解。这一概念由心理学家爱德华·桑代克于1920年首次提出，他指出，"由于缺乏社会智力，工厂里最好的技工可能并不能胜任领班职位。"（Goleman, 2006, p. 83）

有些研究对社会智力的一个具体方面——**情绪智力**（emotional intelligence）进行了探索，它由四种能力组成（Mayer et al., 2002, 2008）：

- 知觉情绪（识别面部表情、音乐和故事中的情绪）
- 理解情绪（预测情绪及情绪的变化和混合）
- 管理情绪（知道在不同的情境中怎样表达情绪）
- 使用情绪进行适应性思维或创造性思维

情绪智力高的人，社会意识和自我意识都很强。那些在情绪管理上得分高的人与朋友的互动质量也较高（Lopes et al., 2004），他们避免为极度的抑郁、焦虑或愤怒所累。他们能够理解他人的情绪线索，懂得怎样用语言来抚慰朋友的悲伤、给予同事鼓励和处理冲突。

这些情绪智力得分高的人在工作中也表现更好（Joseph & Newman, 2010; Van Rooy & Viswesvaran, 2004; Zeidner et al., 2008）。不论是工作中还是工作之外，他们都能够为了长远的回报而延迟满足，不会屈服于当下的冲动。简言之，他们在情绪方面很聪明。因此，他们常常能在职场、婚姻和子女教养等情境中取得成功，而很多在学术上更聪明（但情绪智力较低）的人则常在这些情境中失败（Cherniss, 2001a, b; Ciarrochi et al., 2006）。

然而，一些学者却担心情绪智力将智力的概念延伸得过远了（Visser et al., 2006）。霍华德·加德纳（Gardner, 1999）将个人智力和人际智力作为他八种多元智力形式中的两种。但是他承认，我们也应当把情绪敏感性、创造性和动机视为重要但不同的东西。把智力这个词语延伸到我们所珍视的一切内容，这将使它失去本来的意义。

> 我对这样的（智力）定义感到忧虑：打着有益于人类的幌子，将人的认知能力压缩成测试。
> ——霍华德·加德纳，"对智力概念的再思考"，2000

* * *

表 9.2 总结了斯皮尔曼、加德纳和斯滕伯格的理论。

智力评估

智力测验（intelligence test）使用数值评分来评估个体的心理能力，并与他人进行比较。我们如何设计这些测验，如何保证其信度？想想心理学家为什么要创造心理能力测验以及他们如何使用这些测验。

表 9.2 几种智力理论的对比

理论	总结	优势	其他考虑
斯皮尔曼的一般智力（g）理论	一种基本智力可预测我们在各个学业领域的能力。	不同的能力（如语言和空间能力）确实存在某种相关趋势。	人类的能力多种多样，无法用单一的一般智力因素进行概括。
加德纳的多元智力理论	我们的能力最好分为 8 种相互独立的智力，其中包括传统学校智能之外的广泛的技能。	智力不仅仅是言语和数学技能。其他能力对人类的适应性同样重要。	我们所有的能力都应该被看作智力吗？其中一些不应该被称为非关键天赋吗？
斯滕伯格的智力三元理论	我们的智力最好分为 3 个领域，它们可预测真实世界的成功：分析性、创造性和实践性。	这 3 个领域都能可靠地测量。	1. 这 3 个领域的独立性可能比斯滕伯格认为的稍弱，可能确实存在一种基础的 g 因素。 2. 有必要进行更多的测验，以判断这些领域能否可靠地预测成功。

智力测验测什么？

9-15：智力测验是何时出现的？创造智力测验的原因是什么？现今的测验与早期的智力测验有哪些区别？

一个世纪以前，心理学家开始设计测验来评估人的能力。有些测量**能力**（aptitude）（学习的能力），另一些测量**成就**（achievement）（已经掌握的内容）。

阿尔弗雷德·比奈：预测学业成就　现代智力测验始于 20 世纪早期的法国，当时一项新的法案要求所有儿童都必须上学。法国官员知道一些儿童，包括许多新到巴黎的孩子，需要特殊的课程。然而，学校应该如何客观地甄别儿童的学习潜力呢？教师可能会将之前没有接受过教育的儿童评定为学习缓慢者。或者他们可能会根据儿童的社会背景对其进行分班。为了使偏差最小，法国教育部部长于 1904 年任命阿尔弗雷德·比奈（Binet，1857—1911）和其他一些人包括西奥多·西蒙（Théodore Simon）来研究这个问题。

比奈和西蒙假设所有的儿童都遵循相同的智力发展过程，但是有些儿童会发展得更快。因此，一个"迟钝"儿童的表现就像一个典型的年幼儿童那样，而一个"聪明"儿童的表现就像一个典型的年长儿童那样。这样，比奈和西蒙明确了目标：他们要测量每个儿童的**心理年龄**（mental age），即其与某一实际年龄的典型特点相关的表现水平。例如，一名普通 8 岁儿童的心理年龄是 8 岁。低于平均心理年龄的 8 岁儿童（例如表现为典型的 6 岁儿童水平），在面对 8 岁这个年龄的正常作业时，毫无疑问会遇到麻烦。

比奈和西蒙给比奈的两个女儿测试了多种推理和问题解决的题目，然后测验了巴黎的"聪明"学生和"迟钝"学生。他们开发的最终测验项目可预测法国儿童能够掌握学业的程度。比奈希望他的测验能够用来促进儿童的教育，不过，他也担心测验会被用来给儿童贴标签，从而限制他们的发展机会（Gould，1981）。

阿尔弗雷德·比奈 "有一种可悲的结论认为，个体的智力是一个固定数值，是无法增长的。近期一些哲学家在道德上赞同这种观点。我们必须对此提出抗议，并采取行动反对这种非理性的悲观主义。"（Binet, 1909, p. 141）

National Library of Medicine

发明 IQ 测验是为了预测学业成就，除此之外，别无他图。如果我们需要一些能够预测人生成功的工具，那就不得不重新发明另外的测验。

——社会心理学家罗伯特·扎荣茨（1984b）

提取一下

- 比奈希望通过确定儿童的心理年龄实现什么目的？

答案：比奈希望用更加客观的测量方法（与儿童基础水平相比较的方法）来识别学校教育中能力较差的儿童。

刘易斯·推孟：先天智商　1911年比奈去世不久后，其他研究者对他的测验进行了修订，以便进行更广泛的应用。其中之一是斯坦福大学教授刘易斯·推孟（Lewis Terman，1877—1956）。推孟发现以巴黎儿童为常模编制的年龄标准不适合加利福尼亚的学生。因而，推孟修订了这个测验。他保留了一些比奈原来的题目，同时加进了一些新题目，建立了新的年龄常模，并将测验的年龄上限从青少年扩展到"优秀的成人"。推孟把他修订的测验叫作**斯坦福－比奈**（Stanford-Binet）测验，这个名称沿用至今。

　　德国心理学家威廉·斯特恩（William Stern）对智力测验的贡献是提出了著名的**智商**（intelligence quotient，IQ）概念。IQ就是一个人的心理年龄除以实际年龄，再乘以100以去掉小数点。

　　因此，一个心理年龄（8）和实际年龄（8）相同的普通儿童，其IQ是100；如果一个8岁儿童回答问题的水平与典型的10岁儿童一样，其IQ则是125：

$$IQ = \frac{心理年龄（10）}{实际年龄（8）} \times 100 = 125$$

　　原始的IQ公式适用于儿童却不适用于成人。（一个40岁的人，在测验中表现得同一个20岁的普通人一样好，那他的IQ只有50吗？）现今的大多数智力测验，包括斯坦福—比奈测验，都不再计算一个IQ分数了（尽管"IQ"作为"智力测验分数"的简写形式依然保留在日常用语中）。相反，今天的智力测验表示的是被测者的表现与其他同龄人的平均表现之比。现代的测验亦把100作为平均值，这样一来，总体人口中约有2/3的人得分在85和115之间。

提取一下

- 当一个单一的职位有大量求职者时，雇主会想要测量每个求职者的潜能，作为选择过程的一部分。此时，她会使用_____（成就/能力）测验。当她希望测验一项新的在职培训项目的有效性时，使用_____（成就/能力）测验比较明智。

答案：能力；成就

- 一个4岁儿童，其心理年龄为5岁，他的IQ是多少？

答案：125（5÷4×100=125）

戴维·韦克斯勒：独立的能力采用独立的分数　使用最广的智力测验是**韦氏成人智力量表**（Wechsler Adult Intelligence Scale，WAIS），它由心理学家戴维·韦克斯勒编制。他还编制了一种适用于学龄儿童的测验版本（韦氏儿童智力量表 [Wechsler Intelligence Scale for Children, WISC]）和一种适用于学前儿童的测验版本。WAIS（2008版）由15个分测验组成，分为"言语"和"操作"领域，包括以下项目：

- 相似性——想想两个物品或概念有哪些共同点，例如"羊毛和棉花有哪些相似之处？"
- 词汇——对图片中的物品命名，或定义一些词语（"什么是吉他？"）
- 积木拼图——视觉抽象加工，例如，"用四块积木拼成这个样子。"
- 字母－数字排序——听一系列数字和字母，先按照升序复述其中的数字，

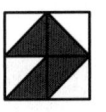

匹配模式　积木拼图测验测试视觉抽象加工能力。韦克斯勒分项智力测验有不同的形式，分别适用于成人和儿童。

再按照字母表的顺序复述字母："R-2-C-1-M-3。"

韦氏成人智力量表既可以得出总体智力分数，也可以得出言语理解、知觉组织、工作记忆和加工速度上的独立分数。分数之间的明显差异能够提供一些认知能力强弱的线索。例如，一个人的言语理解分数低而其他分测验分数高，这可能意味着阅读能力缺失或语言能力缺失。其他比较可以帮助治疗师为中风病人制订康复计划。通过这些方式，这些测试有助于实现比奈的目标：确认改进的机会，以及教师和其他人可帮助进一步提高的强项。

"好"测验的三个考验

> 9-16：什么是正态曲线？说一项测验是标准化的，并且是可信的、有效的，是什么意思？

心理测验要想得到广泛的接受和认可，就必须做到标准化、可信和有效。斯坦福－比奈智力量表和韦氏智力量表都具备这些必要条件。

测验是标准化的吗？ 你在一项智力测验中正确回答的问题数量几乎没有告诉你任何信息。要评估你的表现，我们需要一些可以对比的基础。这就是为什么测验编制者首先要把测验施测于一个代表性样本。这个预先测试组的得分就成为了以后对比的基础。如果之后采用同样的程序施测，那么把你的分数与他人的分数进行对比就具有意义了。这一过程称为**标准化**（standardization）。

如果我们建立被测者分数的曲线图，这些分数通常会形成钟形图案，称为**正态曲线**（normal curve）。不管我们测量的是什么（人们的身高、体重或心理能力等），其分数都趋于形成一个大致对称的"钟形曲线"。最高点为中点或平均分。在智力测验中，我们把这个平均分定为 100（**图 9.15**）。当由平均分向外移动时（无论向左还是向右），我们会发现人数越来越少。在使用斯坦福－比奈智力量表和韦氏智力量表时，一个人的得分可表明其表现是高于还是低于平均水平。成绩高于总体 98% 的人，则其智力分数为 130，分数低于总体 98% 的人，则其智力分数为 70。

测验是否可信？ 除非测验具有**信度**（reliability），否则，即使将你的测验分数与标

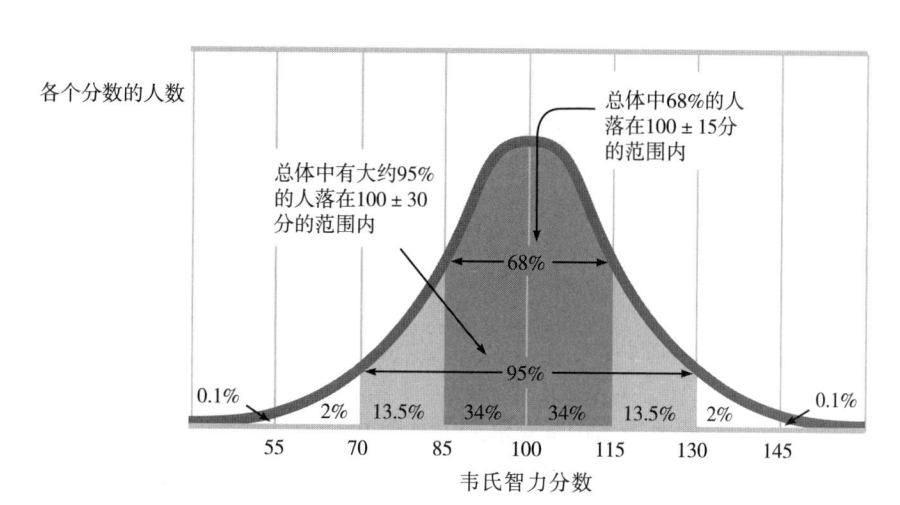

图 9.15

正态曲线

能力测验分数倾向于形成一个正态（或称钟形）曲线。例如，韦氏量表把平均分数定为 100。

我们已经从第1章了解到，最低的相关（-1.0）表示两组分数之间的变化趋势完全相反，即一组分数上升时，另一组分数则下降。相关为0表示没有关系。最高的相关（+1.0）表示变化趋势完全一致，即一组分数上升时，另一组分数也上升。

准化样本的分数作了比较也仍然不能说明你的情况如何。无论何人或何时参加测验，一项可靠的测验会给出一致的分数。为了考查一项测验的信度，研究者通常对人们进行多次测验。研究者通常采用同一测验，或把一项测验分成两半，看看奇数题与偶数题的得分是否一致。如果两次的分数大致相同或者相关，那么这项测验就是可信的。两次分数之间的相关越高，该测验的信度就越高。迄今为止我们所探讨的测验——斯坦福-比奈智力测验、韦氏成人智力量表和韦氏儿童智力量表均有+0.9左右的信度。当进行重测时，人们的分数通常都与其第一次的分数很相近。

测验是否有效？ 高信度并不能保证一项测验的**效度**（validity）——一项测验对它承诺所要测量内容的实际测量或预测程度。如果你用一个不准确的卷尺来测量人们的身高，那么你报告的身高具有很高的信度。不论你测量多少次，人的身高都是一

特写

智力的极端情况

9-17：智力极高或极低的人有哪些特点？

快速了解某个测验效度和意义的一种方式是比较那些得分处在正态曲线两端的人。这两组人应当差别明显，事实也的确如此。

低端情况

正态曲线的一个极端是那些智力测验分数异常低的人。美国智力和发育障碍协会（The American Association on Intellectual and Developmental Disabilities）指南列出**智力障碍**（intellectual disability）（以前称为精神发育迟滞）的两项诊断标准：

1. 测验分数显示表现低于98%的被测者（Schalock et al., 2010）。对于中间值为100的智力测验，分数约为70或70以下。
2. 难以适应独立生活的正常要求，表现在三个方面：
   - 概念技能（如语言、读写能力以及钱、时间和数字的概念）。
   - 社会技能（如人际交往技能、社会责任以及遵守基本规则和法律并免受伤害的能力）。
   - 实践技能（如日常个人护理、职业技能、出行及医疗保健）。

智力障碍是一种18岁前表现明显的发育障碍，有时有明确的生理原因。例如，**唐氏综合征**（Down syndrome）是由个体多出一条21号染色体造成的智力与身体严重程度不同的障碍。

思考一下其中的一个原因：为什么现在那些被诊断为轻度智力障碍的人——分数略低于70分的人，现在可能比数十年前（被送入收容机构时）能够更好地独立生活。测验已定期重新标准化。因此，在之前的测验中分数接近70的个体，其测验分数突然降低了6分左右。由于施测时间不同，两个能力在同一水平的人可能因此被分到不同的类别（Kanaya et al., 2003; Reynolds et al., 2010）。由于智力障碍的分界线发生了变化，所以符合特殊教育和社会保障金条件的人增多。在美国（少数有死刑的工业化国家之一），现在被执行死刑的人变少了：美国最高法院2002年规定，对智力障碍

智利的主流化 大多数患唐氏综合征的智利儿童会进入专为有特殊需要的儿童设置的学校。但是这个男孩是阿尔塔米拉学校的一名学生，在这所学校中，不同能力的儿童都在一起学习。

患者执行死刑是"残忍且不寻常的惩罚"。对那些得分接近70的人来说，智力测验是他们孤注一掷的生存竞赛。比如特雷莎·刘易斯，一名智力有限的具有"依赖性人格"的女性，2010年在弗吉尼亚州被执行死刑。报告称，刘易斯的智力测验分数为72，据说她与另外两人同谋杀害了丈夫和继子，以得到人寿保险赔偿金（Eckholm,

样的，但你的结果却不是有效的——你无法获得期望的信息——真实身高。

针对相关行为或效标（criterion）的测验具有**内容效度**（content validity）。在路上试车对驾照考试来说是具有内容效度的，因为它是对一名司机经常面对的各种任务进行取样。如果课程考试评估个体对相关课程内容的掌握情况，那么它们也是具有内容效度的。但是我们期望智力测验具有**预测效度**（predictive validity）：它们应该能够预测未来的成就，并且它们在某些程度上确实可以。（参见特写：智力的极端情况）

能力测验的预测效力在低年级是相当强的，但随后就变弱了。过去的成绩既反映了能力也反映了动机，是未来成绩更好的预测指标。

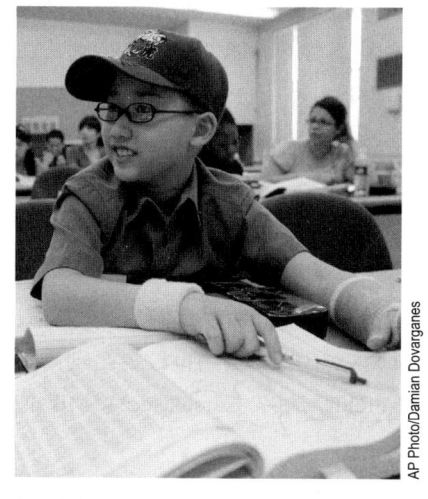

智力的极端情况 10岁的摩西·卡伊·卡维林梦想成为一位天体物理学家，他是东洛杉矶学院的一名大二学生，平均成绩达到A+。图为他在一堂统计课上。

2010）。若她的测验分数是69分，将是另一个结局。

高端情况

在1921年开始的一项著名课题中，刘易斯·推孟研究了1 500多名IQ超过135的加利福尼亚学生。推孟研究的高分儿童（所谓的"白蚁"[Termites]）都很健康，适应良好，并且在学业方面特别成功（Koenen et al., 2009; Lubinski, 2009a; Stanley, 1997）。接下来70年里的研究发现，他们中的大多数人都接受了高水平的教育（Austin et al., 2002; Holahan & Sears, 1995）。这一群体中出了很多医生、律师、教授、科学家和作家，不过，并没有诺贝尔奖获得者。（两位后来的诺贝尔物理学奖获得者在推孟的测验中分数都没能超过他的天才样本分界线[Hulbert, 2005]。）

一项更近的研究发现，13岁时在数学学业能力倾向测验（SAT）中的佼佼者（分数在同龄群体排名前1%的学生中的前四分之一），他们在33岁时获得专利权的可能性是排名前1%学生中后四分之一者的两倍（Wai et al., 2005）。与数学佼佼者相比，13岁时在语言能力上得高分的学生更可能成为人文学科教授或小说作家（Park et al., 2007）。约1%的美国人获得博士学位。但12岁或13岁时SAT分数在10 000人中排名前1%的人中，超过半数获得博士学位（Lubinski, 2009b）。

这些神童使我们想起了皮亚杰，他在15岁时就开始发表软体动物方面的科学论文，后来又成为20世纪最著名的发展心理学家（Hunt, 1993）。有超常学术天赋的儿童有时会更孤独和内向，他们往往生活在自己的世界里（Winner, 2000）。但大多数茁壮成长。

加入门萨（Mensa）意味着你是个天才……我过去担心录取线定在132是随意的，直到我碰见一位IQ为131的人，老实说，他在领悟方面确实有点儿迟缓。

——喜剧演员史蒂夫·马丁，1997

提取一下

● 为什么心理学家不会仅仅依据个体的智力测验分数来诊断智力障碍？

答案：智力测验分数只是衡量个体功能能力的一个指标，考虑过去或现在有其他能力障碍的证据，才能做出诊断。

> **提取一下**
>
> - 心理测验必须满足哪三个标准才能够被广泛接受？分别解释。
>
> 答案：心理测验必须是标准化的（对一个相似的群体进行测试的）、可信的（能得出一致的测试的）、且有效的（测量的是测量的意义）。

衰老与智力

9-18：衰老对晶体智力和液体智力有怎样的影响？

随着年龄增长，我们的智力会增长、衰退还是保持不变？答案取决于我们测量的是哪种类型的智力表现：

- **晶体智力**（crystallized intelligence）——人们在词汇和类比测验中反映出来的累积知识——增长会持续到老年期。
- **液体智力**（fluid intelligence）——快速抽象推理的能力，如分析解决新异的逻辑问题——从二三十岁开始缓慢下降，到 75 岁左右，衰退的速度加快，特别是在 85 岁以后（Cattell, 1963; Horn, 1982; Salthouse, 2009）。

我们是怎么知道的？发展心理学家使用纵向研究（在同一人群一生中的不同时间对他们进行重复测验）和横断研究（在同一时间对不同年龄的人进行比较）来研究智力和其他特质是如何随衰老而变化的。衰老让我们有得也有失。我们损失了回忆和加工速度，但获得了词汇和知识（图 9.16）。老年人的液体智力会下降，但他们的社会推理能力增强，表现出从多种角度看问题的能力、领会知识局限性的能力以及对社会冲突提供有用的智慧的能力（Grossman et al., 2010）。决策也较少受到诸如焦虑、抑郁和愤怒等消极情绪的影响（Blanchard-Fields, 2007; Carstensen & Mikels, 2005）。

年龄相关的认知差异有助于解释为什么老年人较难接受新技术（Charness &

知识是知道西红柿属于水果；智慧是不把它放进水果沙拉里。
——无名氏

图 9.16
衰老让我们有得也有失
蒂莫西·索尔特豪斯（Salthouse, 2010b）的研究数据显示，虽然液体智力各维度随着年龄增长而衰退，但词汇能力随年龄而增长。

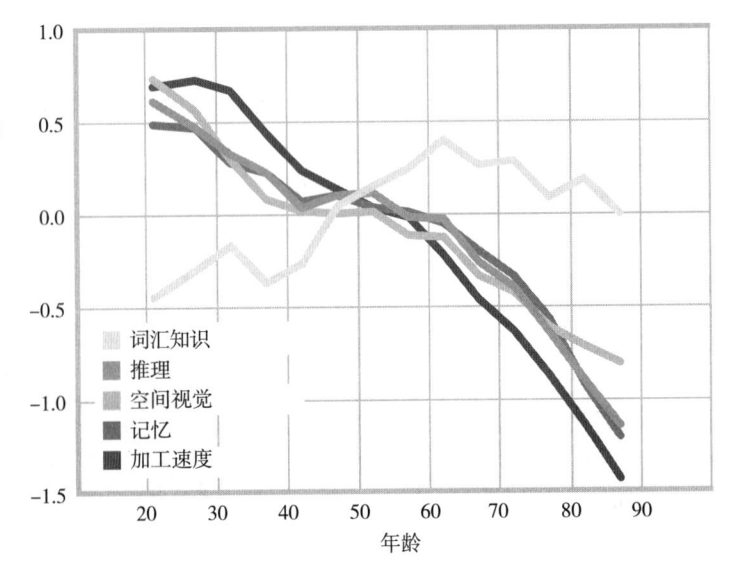

Boot, 2009）。2010 年，65 岁及以上的美国人中，只有 31% 的人家里装有宽带互联网，而相比之下，30 岁以下的成年人中 80% 家里有宽带（Pew, 2010）。这些认知差异也有助于解释为什么许多科学家和数学家的大多数最具创造性的工作是在他们 20 大几和 30 出头时做出的，此时液体智力处于巅峰。但在文学、历史和哲学界，最好的作品却产生于 40 来岁、50 来岁甚至年纪更大的时候，也就是个体积累了足够多的知识以后（Simonton, 1988, 1990）。例如，诗人（依赖于液体智力）比散文家（需要更深的知识积累）会更早到达他们的发展巅峰。这一发现适用于每一个主要的文学传统，无论是现在使用的还是已经废弃的语言。

> 年轻时我们学习，年老时我们明白。
> ——玛丽·冯·艾伯纳－艾森巴克，《格言》，1883

遗传和环境对智力的影响

9-19：什么证据揭示了遗传和环境对智力会产生影响？什么是遗传力？

智力存在家族遗传现象。但这是为什么呢？我们的智能主要是由遗传得来的吗？或者它们是由环境塑造的？心理学中鲜有问题能激起人们如此多的热情。我们来检验一些证据。

双生子和收养研究

基因相同的个体也会表现出相同的心理能力吗？从综合了许多研究的**图 9.17** 可以看出，答案显然是肯定的。

一起长大的同卵双生子的智力测验分数，很像是对同一个人在同一项测验上施测了两次（Haworth et al., 2009; Lykken, 1999）。（只有一半共同基因的异卵双生子，其智力测验分数的相似性要低一些。）即使是分开由两个不同家庭抚养的同卵双生子也有非常相似的分数。智力**遗传力**（heritability）——智力测验分数的差异在多大程度上可归因为遗传因素——变化范围大概为 50% 到 80%（Johnson et al., 2009; Neisser et al.,

"我告诉父母，如果分数如此重要，他们当初就该找一个更聪明的卵子捐赠者。"

图 9.17
智力：天性与教养
遗传基因最相似的人，其智力分数也最相似。请牢记：1.0 表示完全相关，0 表示完全不相关。（数据来源：McGue et al., 1993）

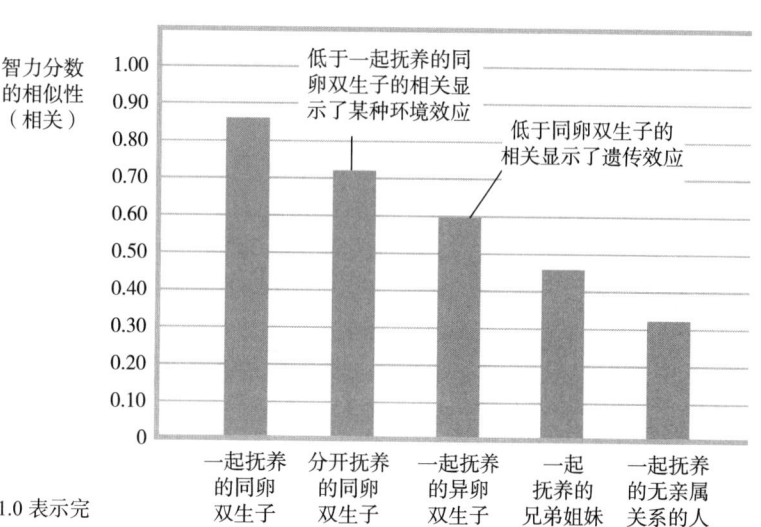

1996; Plomin, 2003）。同卵双生子在具体天赋上也表现出大量的相似性（和遗传力），如音乐、数学和体育（Vinkhuyzen et al., 2009）。

大脑扫描显示，同卵双生子有相似的灰质和白质容量。此外，他们大脑中与语言和空间智力相关的区域也几乎是一样的（Deary et al., 2009; Thompson et al., 2001）。在完成心理任务时，他们的大脑也显示出相似的活动（Koten et al., 2009）。

尽管基因很重要，但现在还没有已知的"天才"基因。智力似乎是多基因的，涉及多个基因，其中每个基因对个体差异的贡献远低于1%（Butcher et al., 2008）。因此，智力就像身高一样，温迪·约翰逊（Johnson, 2010）提出：研究表明，54种特定的基因差异合起来可以解释我们身高5%的个体差异，其余部分尚待解释。

其他证据指向环境的额外影响。在环境差异较大时，就像父母受教育程度较低的孩子所面对的情况，环境差异对智力分数有更好的预测性（Rowe et al., 1999; Tucker-Drob et al., 2011; Turkheimer et al., 2003）。异卵双生子在遗传上的相似性程度并不比其他任何兄弟姐妹高——但是，由于他们年龄相同，所以受到的待遇更相似——却会在智力分数上比其他兄弟姐妹更相似。其他研究也表明，收养受虐待或被忽视的孩子可以提高他们的智力分数（van IJzendoorn & Juffer, 2005, 2006）。

那么我们是否应该预期，在生物学上没有关系的儿童被同一家庭收养后会有相似的能力呢？为了弄清遗传与环境的作用，研究者还对比了那些收养的孩子与其家庭成员的智力测验分数。家庭成员包括他们的亲生父母（基因提供者），他们的养父母（家庭环境提供者），以及收养家庭的兄弟姐妹（家庭环境共享者）。童年期，收养的兄弟姐妹测验分数呈中等相关。随着时间推移以及收养儿童融入其收养家庭，你觉得会出现怎样的情形？你是否会认为，家庭环境效应将随个体成长而增大，遗传效应将随个体成长而减小？

如果你是这样认为的，那么行为遗传学家会让你大吃一惊。随着年龄的增长，收养儿童与其收养家庭之间的心理相似性逐渐减少，到成年时，其相关大致为零（McGue et al., 1993）。遗传的影响——而不是环境影响——随着我们生活经验的积累变得更加明显。例如，同卵双生子的相似性会持续至80多岁，甚至还会有所提高（Deary et al., 2009）。一项以四个国家的11 000对双胞胎为参与者的大样本研究显示，童年中期g因素的遗传力为41%，青少年期增加至55%，成年早期增加至66%（Haworth et al., 2010）。与此类似，随着年龄的增长，收养儿童的语言能力变得更像其亲生父母了（图9.18）。谁猜到了这样的结果？

图9.18
在语言能力上，收养儿童与他们的亲生父母类似
随着他们在收养家庭里生活的年头增加，儿童的语言能力分数变得与其亲生父母的分数更相似了。（改编自Plomin & DeFries, 1998）

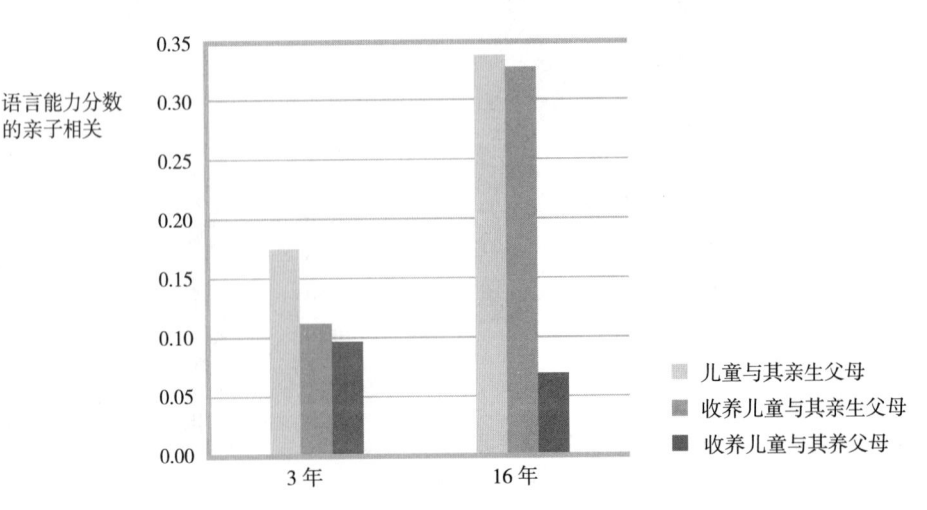

第 9 章 思维、语言与智力 373

提取一下

- 检查你对遗传力的理解：如果环境变得更相似时，智力的遗传力将会：
  a. 增加　　　b. 减少　　　c. 不变

答案：a（如果环境差距减小，遗传力——遗传的影响可以解释的差异——将会增加。）

环境影响

9-20：证据表明环境对智力有怎样的影响？

我们已经看到生物因素和后天经验相互交织。这一点在最绝望的人类环境中表现最为明显。约瑟夫·亨特（Hunt, 1982）在观察一所穷困的伊朗孤儿院时发现，严重的剥夺会在大脑中留下印记。他在那里见到的典型的儿童 2 岁时没有帮助还不能坐起来，或者 4 岁时还不会走路。在这里婴儿得到的照顾甚少，而且不是对他们哭闹、咕咕地叫或其他行为的回应。因此，他们没有发展出对自己环境的个人控制感。相反，他们变成了被动的"阴郁的笨蛋"。极端的剥夺生活制约了先天的智力——其他一些对孤儿院中儿童的研究也证实了这一发现（Nelson et al., 2009; van IJzendoorn et al., 2008）。

注意到早期经验和早期干预的影响，亨特开始了一个针对照料者的培训计划，教他们和 11 个婴儿做语言培养游戏。他们学着模仿婴儿的咿呀学语，引导婴儿口头上跟着学。最后，他们开始教婴儿波斯语的发音。结果令人振奋。这些婴儿到 22 个月大时，能够说出 50 多种物品和身体部位的名字。这些孩子非常吸引收养者，大多数都被收养了——这是该孤儿院空前的成功。

因此，极端条件——营养不良、感觉剥夺和社会隔离——会阻碍大脑的正常发育。反过来是否也成立？"丰富"的环境能否赋予普通儿童超常的智力呢？大多数专家持怀疑态度（Bruer, 1999），但是一些家长却不同意。当他们给自己 12~18 月龄的宝宝播放诸如《小小爱因斯坦系列》等教育 DVD 后，认为他们观察到了孩子词汇量的增加。为了确定这些认知发展是观看 DVD 的结果，还是仅仅是婴儿自然的语言爆发，两个研究小组将婴儿分为观看 DVD 组和控制组（DeLoache et al., 2010; Reichert et al., 2010）。他们都发现：两组的词语学习并无差异。

所有婴儿都应该正常接触视觉刺激、声音和言语。除此之外，斯卡尔（Scarr, 1984）的论断依然被广为接受："那些非常热衷于给自己的孩子提供特殊教育课程的父母是在浪费时间。"并不存在将一个普通婴儿快速转变为天才的环境秘方。

然而，之后的学校教育的确可以带来智力分数的红利。学校教育和智力相互作用，并且它们都能增加以后的收入（Ceci & Williams, 1997, 2009）。但是，我们在基因和经验的基础上能达到怎样的成就还取决于我们的信念和动机。一项对 72 431 名大学生的分析显示，与能力和以前的成绩相比，学习动机和学习技能可以更好地预测学

"选择性生育已经赋予我在法律领域的天分，但我仍然喜欢把死鸭子从冰水里叼回来。"

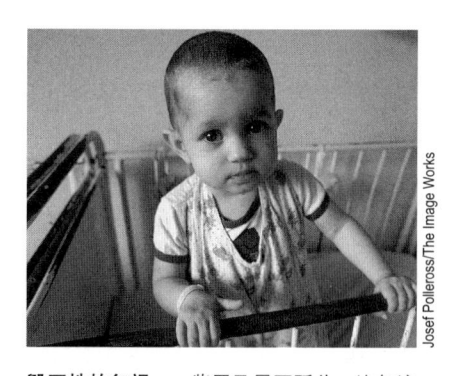

毁灭性的忽视　一些罗马尼亚孤儿，比如这个 1990 年在 Lagunul Pentro Copii 孤儿院的孩子，与照料者几乎没有互动，他们的发育都延迟了。

高 IQ 和地铁票都只能让你进城。
——心理学家理查德·尼斯贝特（引自迈克尔·巴尔特），2011

业成就（Credé & Kuncel, 2008）。动机甚至可以影响智力测验的表现。40多项研究表明，当向青少年承诺如果他们表现好就可以获得钱时，他们在这些测验中的分数会更高（Duckworth et al., 2011）。

> 是我们的选择……而不是我们的能力，更多地展示了真实的自我。
> ——在J.K.罗琳的《哈利波特与密室》中，邓布利多教授对哈利波特说，1999

智力测验分数的群体差异

如果能力分数没有群体差异，那么心理学家就可以在他们的象牙塔里彬彬有礼地争论遗传和环境的影响。但是，确实存在群体差异。那群体差异是什么呢？我们又该如何理解它们呢？

性别的相似性与差异性

9-21：不同性别群体在心理能力得分上有何不同？为什么？

在科学上，就像在日常生活中那样，差异性而非相似性能够引起大家的兴趣。与男女之间在解剖和生理上的相似性相比，我们的差异相当细微。例如，1932年的一项研究测验了年龄为11岁的苏格兰孩子们，女孩的平均智力分数为100.6，男孩为100.5（Deary et al., 2003）。就g因素而言，男孩和女孩，男人和女人都属于同一物种。

但是，大多数人发现差异更具有报道价值。女孩更擅长拼写，语言更流畅，定位物品的能力更强，更易察觉情绪，对触觉、味觉和颜色更敏感（Halpern et al., 2007）。在空间能力和复杂数学问题测验中，男孩的表现超过女孩，但在数学计算和整体的数学能力上，男孩和女孩几乎没有差异（Else-Quest et al., 2010; Hyde & Mertz, 2009; Lindberg et al., 2010）。男性的智力测验分数也比女性更分散。因此，在世界范围内，位于正态曲线极低端和极高端的男孩人数都超过女孩（Machin & Pekkarinen, 2008; Strand et al., 2006; 也见**图9.19**）。例如，在特殊教育的课堂上，男孩更常见。SAT数学分数极高（超过700分）的12~14岁儿童中，男孩是女孩的4倍（Wai et al., 2010）。

图9.19

性别和差异性

1932年，近90 000名11岁的苏格兰儿童进行了一次智力测验，男孩和女孩的平均IQ分数基本一致。但与其他研究发现一样，男孩处于最高端和最低端的人数更多。（改编自Johnson et al., 2008）

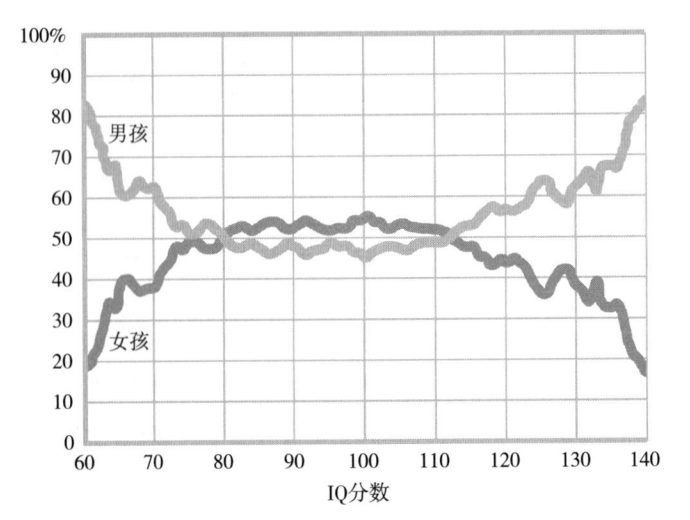

右边哪两个圆圈中的物体与左边圆圈内的标准物体完全相同?

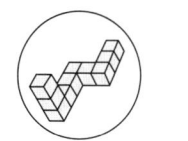

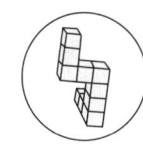

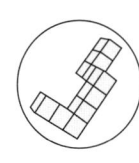

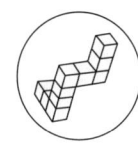

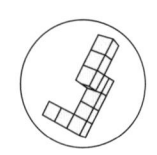

标准　　　　　　　　　旋转后

图 9.20

心理旋转测验

这是一项空间能力测验。(来自 Vandenberg & Kuse, 1978。)答案见下面颠倒的文字。

答案：第 1 个和第 4 个 圆圈。

最可信的男性性别优势表现在如**图 9.20** 所示的空间能力测验中。解决方案要求个体在心理上迅速旋转三维物体（Collins & Kimura, 1997; Halpern, 2000）。如今，这种空间能力在把衣箱装入汽车行李箱、下围棋或在解决某些几何问题时很有用。从进化的角度来看，这种空间技能有助于我们的男性祖先追踪猎物并找到回家的路（Geary, 1995, 1996; Halpern et al., 2007）。我们女性祖先的生存可能更受益于对可食植物位置的敏锐记忆——这一馈赠使今天的女性对物体及其位置有着出众的记忆。

但经验很重要。有实验发现玩动作类电子游戏可以提高空间能力（Feng et al., 2007）。在美国大学生中，报告每周玩电子或电脑游戏的时间在 6 小时或 6 小时以上的男生数量（23%）是女生（4%）的 6 倍。对这一结果你可能并不感到意外（Pryor et al., 2010）。

社会期望和机会也有影响。在性别平等的文化中，如瑞典和冰岛，人们表现出的数学性别差异小于性别不平等的文化，如土耳其和韩国（Guiso et al., 2008）。

种族和族裔的相似性与差异性

9-22：不同种族和族裔群体在心理能力得分上有何不同？为什么？

让群体差异的争论火上浇油的是下面两个令人不安但人们一致同意的事实：

- 不同的种族和族裔群体在智力测验平均分数上存在差异。
- 得分高的个体（及群体）更可能获得高水平的教育和收入。

平均智力测验分数存在很多群体差异。欧裔新西兰人的得分高于新西兰土著毛利人，以色列犹太人的分数高于以色列阿拉伯人，大多数日本人的得分高于大多数部落民，后者是被污名化的日本少数族裔。那些具有听力的人比天生失聪的人得分更高（Braden, 1994; Steele, 1990; Zeidner, 1990）。美国白人分数高于黑人。近些年来，黑人与白人之间的差异已经略有降低，尤其是儿童（Dickens & Flynn, 2006; Nisbett, 2009）。这些群体差异并不能作为判断个体的基础。从世界范围来看，女性的寿命比

图 9.21
群体差异与环境影响
即使一个群体中成员之间的变异反映了遗传差异,但群体之间的平均差异却可能完全是由于环境。设想把同样的混合种子播撒到贫瘠和肥沃的土壤里。虽然组内的高度差异可能是遗传导致的,但是,组间的高度差异则可能是由环境造成的。(来自 Lewontin, 1976)

男性长 4 年,但只知道你是男性或女性并不能告诉我们你能活到多少岁。

我们已经知道,遗传影响智力的个体差异。但某种可遗传特质的群体差异则可能完全是环境性的。考虑一个自然实验:让一些孩子听着他们文化中的主流语言成长,而天生失聪的其他孩子则听不到。然后对他们施测一项以该语言为基础的智力测验,(毫不奇怪)那些具有该语言专长的人将获得最高的分数。尽管个体表现的差异在很大程度上可能是遗传性的,但群体差异却并非如此(图 9.21)。

种族差异同样可能是由环境造成的吗?考虑如下研究结果:

大自然本身的变异 大自然并没有在种族间划出明确的界限,全世界各种族都是逐渐融合的。但是,由于人类热衷于分类,将自身进行社会定义,分为不同的种族类别,成为包含身体特征、社会身份和国籍等的笼统标签。

© Paul Almasy/Corbis; © Rob Howard/Corbis;
© Barbara Bannister; Gallo Images/Corbis;
© David Turnley/Corbis; © Dave Bartruff/Corbis;
© Haruyoshi Yamaguchi/Corbis;
© Richard T. Nowitz/Corbis;
© Owen Franken/Corbis;
© Paul Almasy/Corbis;
© John-Francis Bourke/zefa/Corbis

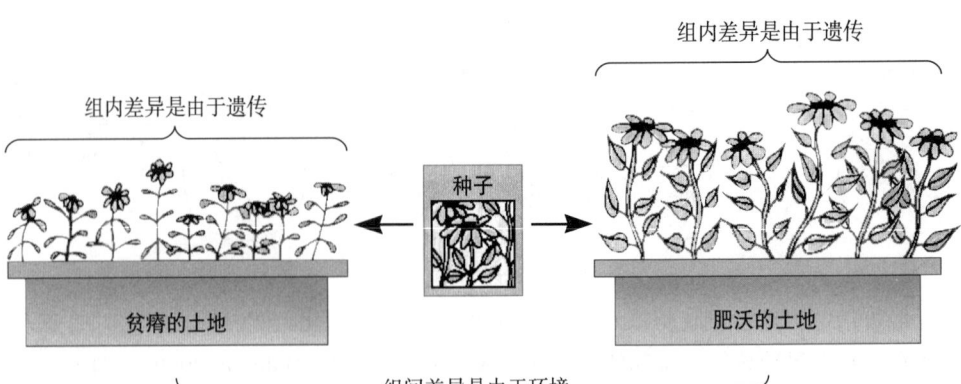

- 遗传学研究显示,除了肤色,全世界各个种族颇为相似。两名冰岛村民之间的平均遗传差异或两名肯尼亚人之间的平均遗传差异,要大大超过冰岛人与肯尼亚人之间的群体差异(Cavalli-Sforza et al., 1994; Rosenberg et al., 2002)。此外,相貌会欺骗我们。浅肤色的欧洲人和深肤色的非洲人在遗传上要比深肤色的非洲人和深肤色的澳洲土著人更接近。

- 种族并不是一个定义明确的生物学分类。许多社会科学家认为种族主要是一种社会建构,没有清晰的物理边界,因为每一种族都与其地理上的邻居融合在一起(Helms et al., 2005; Smedley & Smedley, 2005)。血统不同的人可能将自己归入同一种族。此外,随着血统的日益混杂,越来越多的人反对单一的种族分类,并且自我认同为多种族(Pauker et al., 2009)。

- 现今人们的饮食营养更好、所受教育更好、测验准备更充分,其智力测验表现超过 20 世纪 30 年代的人——其幅度大于现今白人在平均智力测验分数上领先黑人的幅度。一篇研究综述指出,现在的撒哈拉以南非洲居民的平均智力测验表现与 1948 年的英国成人水平相同,并且由于营养、经济发展和教育等的改善,还可能继续提高(Wicherts et al., 2010)。谁也不会把这种代际群体差异归为遗传所致。

- 当黑人和白人拥有或接收到相同的相关知识时,他们表现出相似的信息加工能力。"研究数据支持这样一个观点,即(智力测验表现中的)种族差异可能源于信息提供的文化差异,"研究人员约瑟夫·费根和辛西娅·霍兰(Fagan & Holland, 2007)报告称。

- 学校和文化很重要。在经济上贫富差距悬殊的国家往往在智力测验分数上也存在巨大的贫富间差距(Nisbett, 2009)。此外,诸如幼儿园入学、学校纪律和每年的教学时间等教育政策都可以预测智力和知识测验上的国家差异（Rindermann & Ceci, 2009）。数学成就和能力测验的差异反映的更可能是尽责性而非能力。在此类测验上比北美学生得分更高的亚洲学生，上学的时间要多 30%，并且在校内校外学习数学的时间也更多（Geary et al., 1996; Larson & Verma, 1999; Stevenson, 1992）。

- 不同的种族曾在不同的时期经历过黄金时代——取得非凡成就的时期。2 500 年前是希腊人和埃及人的时代，接着是罗马人的时代。在公元 8、9 世纪里，天才似乎属于阿拉伯世界。500 年前，是阿兹台克印第安人和北欧人的时代。今天，人们惊叹于亚洲的技术天才和犹太人的文化成功。不同的文化在这些世纪里盛衰起伏，基因却不会这样。这个事实告诉我们，不能把一种自然优势归给任何种族。

> 不要从不列颠买奴隶，因为他们很笨，并且什么都学不会。
> ——西塞罗
> （公元前106—前43）

提取一下

- 与农民和贵族的社会相比，机会均等的社会中智力分数的遗传力更大。为什么？

答案：在机会均等的社会中，遗传力应该接近100%的最大值，因为环境因素在此被排除了。

偏差问题

9-23：智力测验是否存在不恰当的偏差？

如果人们认为种族是一个有意义的概念，关于种族差异的争论就分为三个阵营（Hunt & Carlson, 2007）：

- 智力存在先天遗传的种族差异。
- 智力存在社会影响的种族差异。
- 智力测验分数存在种族差异，但测验是不恰当的或有偏差的。

我们已经从前两种角度考虑了组间差异。现在来看第三种观点：智力测验是否存在偏差？其答案取决于对偏差的界定以及我们对刻板印象的理解。

偏差的两种含义　偏差的科学含义取决于测验的效度——测验是否只能预测某些测验群体未来的行为。例如，如果 SAT 能够准确预测女性而不能预测男性的大学成绩，那么这项测验就是有偏差的。在该术语的统计意义上，心理学家最大的共识是（就像美国国家能力测验研究委员会和美国心理学协会智力专项工作组所总结的那样），美国主要的能力测验没有偏差（Hunt & Carlson, 2007; Neisser et al., 1996; Wigdor & Garner, 1982）。测验的预测效度对女性和男性，对各个种族，对富人和穷人是大致相同的。如果一项智力测验分数为 95，预测结果为稍低于平均等级，那么这种大致的预测通常同等地适用于各个群体。

但是，如果一个测验不仅以智力的固有差异为基础进行预测，还以过

> 现在几点？（在过度自信部分）我让你估计一下多久能看完本章时，你低估还是高估了自己的速度？

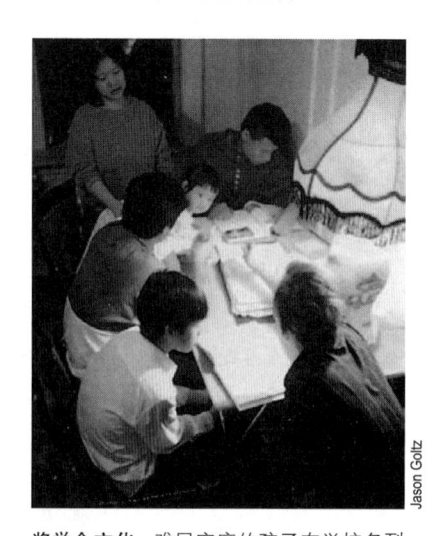

奖学金文化　难民家庭的孩子在学校名列前茅（Caplan et al., 1992）。工作日的晚饭后，全家人会收拾干净桌子，然后开始写家庭作业。他们很重视家庭合作，哥哥姐姐会帮助弟弟妹妹。

去的文化经验为基础，那么我们也可以认为这项测验是有偏差的。这在 20 世纪初的东欧移民中确实发生过。由于缺乏经验无法回答关于新文化的问题，很多移民被归入弱智类别。从这个通俗的意义上来说，智力测验是有偏差的。它测量的是你后天发展的能力，后者部分反映了你所接受的教育和过去的经验。

你可能见过基于中产阶级假设的智力测验条目的例子（例如，茶杯和茶碟搭配）。这样的条目会产生对不使用茶碟的人不利的偏差。这样的问题能否解释测验表现上的文化差异？在这种情况下，测验可能成为歧视的工具，将有潜能的儿童（其中一些可能说不同的母语）安排到无出路的班级和工作中。因此，一些智力研究者建议设计文化中立的问题——比如评估人们学习新词语、格言和类比的能力——从而形成文化公平的能力倾向测验（Fagan & Holland, 2007, 2009）。

所以，测验编制者的期望会将偏差带入智力测验。这与你在本文中观察到的一致：我们的期望和态度会影响我们的知觉和行为。对于接受测验的人来说也是如此。

提取一下

● 存在文化偏差的测验与效度存在偏差的测验有什么区别？

答案：如果有特定文化经验的分数较高，这种测验可能存在文化偏差。同样它能够准确预测重要的期望，则它存在效度偏差。例如，SAT 可能存在文化偏差，有助于预测美国学校的表现（学业成绩），但它仍然能准确预测美国大学生表现的努力。

刻板印象威胁 在参加智力测验或考试时，如果你担心自己所处的群体或"类别"常常表现不好，这种自我怀疑和自我监控就可能会妨碍你的工作记忆，损害你的表现（Schmader, 2010）。这种"自己会被基于负面观点评估"的自我证实忧虑称为**刻板印象威胁**（stereotype threat），它会损害你的注意力和学习（Inzlicht & Kang, 2010; Rydell, 2010）。

斯潘塞及其同事（Spencer et al., 1997）对能力相同的男女学生实施了一项高难度的数学考试，结果发现男生比女生得分更高——除非事先引导女生，使之具有女生在这种考试上通常和男生做得一样好的预期。否则，女生会明显感到忧虑，这会影响她们的成绩。与克劳德·斯蒂尔和约书亚·阿伦森一起，斯潘塞再次观察到刻板印象威胁。在言语能力测验即将开始时提醒黑人学生他们的种族，结果这些学生的表现更差（Steele et al., 2002）。后续实验证实，存在消极刻板印象的少数族裔和女性拥有未实现的学术潜能（Nguyen & Ryan, 2008; Walton & Spencer, 2009）。

有批评者指出，刻板印象威胁并不能完全解释黑人和白人在能力测验分数上的差异（Sackett et al., 2004, 2008）。但这有助于解释为什么黑人学生由黑人施测时比由白人施测时得分更高（Danso & Esses, 2001; Inzlicht & Ben-Zeev, 2000）。它让我们了解为什么在没有男性被测者时女性的数学测验分数更高，为什么当女棋手想着自己正在对战男性时她们的比赛成绩会大幅度下降（Maass et al., 2008）。它也可以解释"奥巴马效应"——研究发现，在观看当时的总统候选人贝拉克·奥巴马接受提名的演讲（该演讲挑战刻板印象）后立即接受测验，或在奥巴马 2008 年成功当选总统后测验，非裔美国成人的言语能力测验成绩更好（Marx et al., 2009）。

斯蒂尔（Steele, 1995, 2010）得出结论说，如果你告诉学生他们可能不会成功（就像有时补救性"少数族裔援助"项目所暗示的那样），这会被当作刻板印象而影响他

数学课真难！
——"青少年物语"
会说话的芭比娃娃
（1992 年 2 月推出，
1992 年 10 月被召回）

们的表现。少数族裔学生在那些使他们相信自己的潜力或相信智力是可塑的而非一成不变的大学课程里,取得了明显更好的成绩,且辍学率降低(Wilson, 2006)。

这些观察发现支持了心理学家卡罗尔·德韦克的研究(Dweck, 2006, 2007, 2008)。她报告说,认为智力可以改变的信念能够培养成长型心智模式,这种模式关注学习和成长。拥有成长型心智模式的大学生往往能够快乐地蓬勃发展(Howell, 2009)。为了培养这种模式,德韦克开发了干预手段,使青少年懂得大脑就像肌肉一样,神经元连接因不断使用而增长,大脑随之变得更强。的确,正如前面讲过的,从体育到科学再到音乐,各个领域的杰出成就都源于一丝不苟的努力和持续的练习(Ericsson et al., 2007)。相信我们的学习能力,持之以恒地付诸努力,我们就可能实现自己的潜能。

* * *

那么,我们的心理能力测验的目标或许应该分为三部分。

- 我们应该实现阿尔弗雷德·比奈所预见的作用——使得学校能够识别那些可能从早期干预中获益最多的个体。
- 我们必须对比奈的担心保持警惕,即智力测验分数可能被误解为对个体价值和潜能的书面测量。
- 我们必须牢记一般智力测验所测的能力很重要;没有此类测验,那些招生或招聘的决策者将更多地依靠其他根据,如他们的个人意见。但这些测验仅仅反映出个人能力的一方面。我们的实践智力和情绪智力也同样重要,其他形式的创造性、才能和性格亦是如此。

记忆要点:获得成功的方式有很多:我们的差异实质是人类适应性的变化。生命的重大成就不仅源于"能做"的能力,还源于"要做"的动机。能力 + 勤奋 → 成就。

生活的一切快乐之事几乎都在 IQ 测验之外。
——玛德琳·英格,
《沉默的周期》,1972

(爱因斯坦)表明,天才等于大脑加韧性的平方。
——沃尔特·艾萨克森,
"爱因斯坦的最终追求",
2009

本章复习

思维、语言与智力

学习目标

回答以下学习目标问题来测试一下你自己（这里重复了本章中的问题）。然后翻到附录的完整章节复习，核对你的答案。研究表明，试着自主回答这些问题将增进你对这些概念的长期记忆（McDaniel et al., 2009）。

思 维

9-1： 什么是认知？概念的功能是什么？

9-2： 辅助问题解决的认知策略有哪些，哪些障碍阻碍问题解决？

9-3： 什么是直觉？启发法、过度自信、信念保持以及框架对我们的决策和判断有何影响？

9-4： 聪明的思考者如何利用直觉？

9-5： 什么是创造性？如何培养创造性？

9-6： 对于动物的思维，我们了解什么？

语 言

9-7： 语言有哪些结构成分？

9-8： 语言发展过程中有哪些里程碑？我们是如何获得语言的？

9-9： 哪些脑区参与语言加工和言语？

9-10： 其他动物有和我们一样的语言能力吗？

思维与语言

9-11： 思维和语言有什么关系？意象思维有什么价值？

智 力

9-12： 心理学家如何定义智力？关于 g 因素的争论有哪些？

9-13： 加德纳和斯滕伯格的多元智力理论有何不同？

9-14： 哪四种因素组成了情绪智力？

9-15： 智力测验是何时出现的？创造智力测验的原因是什么？现今的测验与早期的智力测验有哪些区别？

9-16： 什么是正态曲线？说一项测验是标准化的，并且是可信的、有效的，是什么意思？

9-17： 智力极高或极低的人有哪些特点？

9-18： 衰老对晶体智力和液体智力有怎样的影响？

9-19： 什么证据揭示了遗传和环境对智力会产生影响？什么是遗传力？

9-20： 证据表明环境对智力有怎样的影响？

9-21： 不同性别群体在心理能力得分上有何不同？为什么？

9-22： 不同种族和族裔群体在心理能力得分上有何不同？为什么？

9-23： 智力测验是否存在不恰当的偏差？

> **术语与概念**

测试自己对以下术语的理解，试着用自己的语言写下这些术语的定义，然后翻到提到术语的那一页核对你的答案。

认　知
概　念
原　型
算　法
启发法
顿　悟
证实偏见
心理定势
直　觉
易得性启发法
过度自信
信念保持
框　架
创造性

聚合思维
发散思维
语　言
音　素
词　素
语　法
咿呀语期
单词语期
双词语期
电报式言语
失语症
布洛卡区
威尔尼克区
语言决定论
智　力
一般智力（g）
学者症候群
情绪智力
智力测验

能力测验
成就测验
心理年龄
斯坦福 – 比奈
智商（IQ）
韦氏成人智力量表（WAIS）
标准化
正态曲线
信　度
效　度
内容效度
预测效度
晶体智力
液体智力
智力障碍
唐氏综合征
遗传力
刻板印象威胁

动机及相关概念
本能与进化心理学
驱力与诱因
最佳唤醒
动机的层次

饥饿
饥饿生理学
饥饿心理学
肥胖与体重控制
特写:腰围管理

归属需要
归属的益处
被排除在外的痛苦
联结与社交网络
特写:管理你的社交网络

成就动机

情绪:唤醒、行为与认知
历史上的情绪理论
沙克特－辛格的双因素理论:生理
　　唤醒＋认知标签＝情绪
扎荣茨、勒杜和拉扎勒斯:认知总是
　　先于情绪吗?

具身情绪
基本情绪
情绪与自主神经系统
情绪的生理学
批判性思考:测谎

情绪的表达和体验
觉察他人情绪
性别与情绪
文化与情绪
面部表情的作用

第 10 章

动机与情绪

2003年春季一个不幸的星期六之后，经验丰富的登山运动员亚伦·拉斯顿深刻地理解了动机是如何激发和指引行为的。拉斯顿几乎征服了科罗拉多地区所有的高峰，也独自徒步穿越了一些峡谷，似乎都能有惊无险，平安顺利地到达终点，以至于出发之前他都不屑于告诉任何人自己要去哪里。在犹他州狭窄的蓝约翰峡谷里，距上面最终的绳索下降点只有137米，拉斯顿正在攀爬一块近千斤重的巨石，突然灾难发生了：巨石发生松动，压住了他的右腕和右前臂。正如他的自传书名所示——《在岩石与困境之间》（又译《进退两难》——编者注）。

意识到根本不会有人来营救自己，拉斯顿用尽所有的力气试图移开巨石。根本没有任何效果。随后他拿出不太锋利的小折刀试图凿碎岩石。同样徒劳无功后，他用绳索套住巨石试图抬起它。哎呀，还是没有任何效果。一个小时接一个小时，一个寒冷的夜晚接一个寒冷的夜晚，他被困住了。

到了星期二，拉斯顿已经用光了食物和水。在星期三，因为饥饿和干渴的折磨，他开始储存和饮用自己的尿液。利用自带的摄影机，他准备向亲朋好友道别，他现在感到对他们强烈的爱："再一次表示对你们每个人的爱。请为了我，把爱、和平、幸福和美丽的生命带入这个世界。谢谢你们，我爱你们。"

在星期四，惊奇地发现自己依旧活着，拉斯顿对未来的家庭生活产生了一种似乎神圣的领悟：独臂人环抱学前小子的景象。在这种灵感的激励下，他唤起了坚强的求生意志，集中了所有剩余的力气，在接下来的一个小时主动折断了自己的骨头，随后用小折刀切断了自己的胳膊。他压上止血带，切断最后一丝肌肤，在被困127小时之后重获自由。他用流着血的半条胳膊抓住绳索降下20多米深的悬崖，在遇到人之前徒步跋涉了8千米。用他自己的话说，他完全陷入"一种欣快状态……感觉已经死亡，站在自己的坟墓前，留下我最后的遗愿和遗嘱，墓碑上刻着'息止安所'，所有这一切，突然消失了，我又活过来了。这无疑是我曾经体验过的最美好的时刻"（Ralston, 2004）。拉斯顿的饥渴，他对他人的归属感以及求生的意志凸显了动机——激发行为并使之指向某一目标的需要或欲望——的力量。他强烈的爱和快乐的情绪体验表明了我们的感情，或情绪，与动机行为之间的密切关系。在本章，我们将讨论这两种人类力量。

动机及相关概念

> 10-1：心理学家如何定义动机？他们从哪些视角审视动机行为？

现今心理学家把**动机**（motivation）定义为激发行为并使之指向某一目标的需要或欲望。我们的动机来自天性（生理上的"推动力"）和教养（认知和文化上的"牵引力"）的相互作用。

心理学家从4种视角来理解动机行为：

- 本能理论（现在为进化观点所代替）侧重遗传上预先设定的行为。
- 驱力降低理论强调我们如何对内部推动力做出回应。
- 唤醒理论强调寻找最佳刺激水平。
- 亚伯拉罕·马斯洛的需要层次理论则描述了我们不同需要的优先顺序。

"你怎么认为……我们是否应该启动这项动机研究？"

本能与进化心理学

20世纪初，随着达尔文进化论影响力的扩大，把各种行为归类为本能成为一种时尚。如果人们自责，那是由于他们的"自卑本能"；如果人们自吹自擂，那就反映了他们"自信的本能"。一位社会学家浏览了500多本书后，竟从中罗列出5 759种可能的人类本能！但不久以后，由于自身缺陷，这股为本能命名之风衰退了。这些早期的本能理论家们不是去解释人类行为，而仅仅是简单地给行为命名，这就像通过给儿童贴上"后进生"的标签来"解释"一个聪明儿童的低分一样，仅仅给行为命名并不是解释这种行为。

某种复杂行为要成为**本能**（instinct），必须在整个物种里具有固定的模式，并且

相同的动机，不同的回路 神经系统越复杂，有机体的适应性就越强。人类和织巢鸟都能满足各自安居的需要，只不过方式上反映了不同的遗传的能力。人类的行为很灵活，他们能学习建造房屋所需的任何技能。织巢鸟的行为模式则刻板，它们只能建造这种鸟巢。

无需学习（Tinbergen, 1951）。这样的行为在其他物种中很普遍（回忆一下第 4 章鸟类的印刻现象和第 7 章大马哈鱼的回游行为）。人类的行为也显示出某些无需学习的固定模式，如婴儿天生的觅食和吮吸反射，但人类更多的行为是生理需要和心理欲望共同指引的结果。

尽管本能理论没能成功地解释大多数的人类动机，但是，基因预先设定物种典型行为仍然是进化心理学的基本假设。我们在第 7 章讨论过生物易感性对条件作用的局限，第 9 章讨论过人类的语言，都是基因预先设定行为的例子。本章后面部分我们将讨论味觉偏好如何帮助我们生存下来。我们还会讨论进化可能如何影响我们的助人行为和浪漫邂逅（第 13 章），还有我们的恐怖症（第 14 章）。

驱力与诱因

当最初的动机本能理论衰落后，它被**驱力降低理论**（drive-reduction theory）所取代。这种理论认为，生理需要（食物、水等）引起唤醒、激发的状态（一种驱力，比如饥饿或口渴），从而驱使有机体通过吃或喝来减少需要（图 10.1）。当生理需要增加时，心理驱力也在增加，鲜有例外。

驱力降低的生理目标是**体内平衡**（homeostasis）——维持稳定的内部状态。体内平衡（英文 "homeostasis" 的字面意思就是 "保持不变"）的一个例子就是身体的温度调节系统，它的工作原理与房间里的恒温器一样，都是通过反馈环路发挥作用：传感器把室内的温度传送给控制装置，如果室内温度很低，控制装置将接通火炉。同样，如果体内温度很低，血管会收缩以保持温暖，我们就会受到驱动多穿衣服，或者寻找一个更暖和的环境。

需要（如食物，水）→ 驱力（如饥饿，口渴）→ 降低驱力行为（如吃，喝）

图 10.1
驱力降低理论
驱力降低理论来源于体内平衡的观点——有机体具有维持内部状态稳定的先天倾向。因此，如果我们缺水，口渴会驱动我们饮水以恢复身体的正常状态。

我们不仅受降低驱力的需要的推动，而且也受**诱因**（incentive）——引诱或排斥我们的正、负刺激——的拉动。这是一种个体过去的学习经验影响动机的方式。依据我们的学习经验，美食的香味，无论是炸花生还是烤蚂蚁，都能激发我们的行为。看到有吸引力或危险的事物也一样能激发我们的动机。

需要和诱因并存时，我们会感到强烈的驱动力。久未进食的人闻到烤面包的香味时会感到一种强烈的饥饿驱力。在这种驱力面前，烤面包成了具有强烈吸引力的诱因。所以，对于每种动机，我们都可以问："动机是如何被我们先天的生理需要所推动，又是如何被环境中的诱因所拉动的？"

最佳唤醒

然而，体内平衡系统并非全部。一些动机激发的行为实际上增强了唤醒。吃饱喝足的动物会离开它们的栖身之所探索四周的环境，获取信息，却似乎没有任何的基于需要的驱力。好奇心驱使猴子们四处胡闹，试图搞清如何打开一把不通向任何

受好奇心的驱使 幼猴和小孩都着迷于他们以前从未接触过的东西。他们探索相对陌生事物的驱力也是并非为了满足任何即时的生理需要的动机之一。

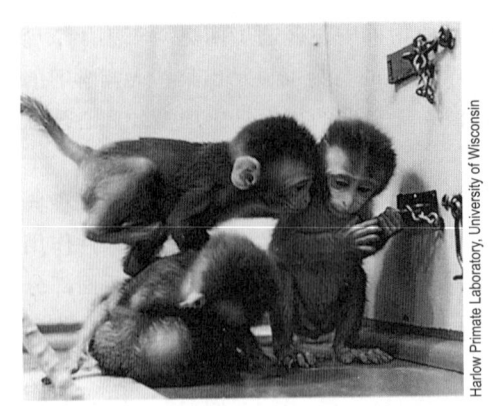

地方的门闩，或如何打开一扇能让它们看到屋外的窗户（Butler, 1954）。好奇心也驱使 9 个月大的婴儿去探察房间内每个可能的角落。好奇心驱使我们在这里讨论的那些科学家们进行科学研究。同样，好奇心也驱使亚伦·拉斯顿和乔治·马洛里等探索者和冒险家去探索未知世界。有人问乔治·马洛里（第一个登上珠穆朗玛峰的人）为何想去攀登珠峰，他回答说："因为它在那里。"像马洛里和拉斯顿一样，那些喜欢高度唤醒的人也很可能喜欢强劲的音乐、新奇的食物和危险的行为（Zuckerman, 1979, 2009）。他们是"刺激寻求者"。

因此，人类动机的目标并不是要消除唤醒，而是要寻求最佳唤醒水平。在所有的生理需要得到满足之后，我们仍会感到体验刺激和渴求信息的驱力。正如神经科学家毕德曼和瓦索（Biederman & Vessel, 2006）在发现奖励信息获取的脑机制之后所言，我们都是"信息迷"。刺激缺乏，我们会感到无聊，并且会寻找提高唤醒达到最佳水平的方法。然而刺激太多，压力也会随之而来，于是我们又会寻找降低唤醒的方法。

20 世纪早期的两位心理学家研究了唤醒与表现之间的关系，发现了我们现在称为**耶基斯－多德森定律**（Yerkes-Dodson law）的规律，即适度唤醒能产生最佳表现（Yerkes & Dodson, 1908）。例如，在参加考试时，适度唤醒较为有利——保持警觉但又不会紧张到发抖。我们已经知道，最佳唤醒水平还取决于任务，较难的任务需要较低的唤醒水平才能有最佳表现（Hembree, 1988）（**图 10.2**）。

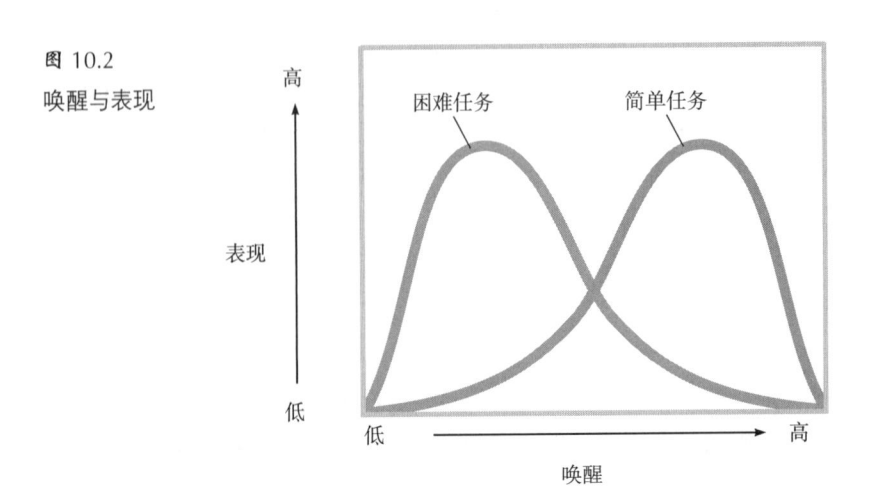

图 10.2
唤醒与表现

> **提取一下**
>
> - 困难任务在唤醒水平较低时表现最佳，而简单任务或熟练任务则在唤醒水平较高时表现最佳。（1）这一现象对跑步者可能会有什么影响？（2）这一现象对参加一项困难考试的焦虑应试者可能会有什么影响？（3）放松训练对焦虑学生的表现可能会有什么影响？
>
> 答案：（1）引起赛事的跑步者的紧张程度往往表现得好。（2）考其阻的焦虑程度会干扰应试者的表现。（3）放松训练应海有助于我们如何放松能够让他们表现更好（Hembree, 1988）。

动机的层次

某些需要优先于其他需要。此时此刻，你对空气和水的需要得到了满足，其他动机——例如你对成就的渴望——就会激发并指引你的行为。若你对水的需要得不到满足，那么渴就会盘踞在你的心头。不信问问亚伦·拉斯顿。但是，如果你被剥夺了空气，那么渴就会消失。

亚伯拉罕·马斯洛（Maslow, 1970）把这些需要的先后顺序描述为**需要的层次**（hierarchy of needs）（图10.3）。在这个金字塔的底层是生理需要，比如对食物和水的需要。只有这些需要得到满足，我们才被激励去满足安全的需要，然后再去满足人类特有的需要：给予和接受爱，享受自尊。此外，马斯洛（Maslow, 1971）说，人类还有最高级的需要：发挥全部潜能的自我实现需要。（关于自尊和自我实现的更多内容见第12章。）

马斯洛在晚年还提出，有些人还能达到自我超越的层次。在自我实现的层次上，人们会寻求实现自我的潜能。而在自我超越的层次，人们会努力寻找超越个人和自我的意义、目的和交流共享（Koltko-Rivera, 2006）。

> 饥饿是贫穷最急迫的形式。
> ——终结饥饿联盟，2002

图 10.3

马斯洛的需要层次理论

一旦较低层次的需要得到满足，我们就会产生更高层次的需要（Maslow, 1970）。2011年，灾难性的龙卷风席卷美国中西部和东南部，对于幸存者来说，满足最基本的对水、食物和安全的需要已成为首要之事。这种情境下，马斯洛层次上更高等级的需要（如尊重、自我实现等）往往变得不太重要。

金字塔层次（从上到下）：
- **自我超越的需要**：寻找超越自我的意义和同一性的需要
- **自我实现的需要**：实现一个人最充分而独特的潜能的需要
- **尊重的需要**：自尊、成就、竞争和独立的需要；获得来自他人的认可和尊重的需要
- **归属与爱的需要**：爱与被爱的需要，归属与被接受的需要；避免孤独和疏远的需要
- **安全需要**：感到世界是有组织的和可预测的需要；感到安全、可靠和稳定的需要
- **生理需要**：满足饥渴的需要

马斯洛的需要层次理论有些主观臆断，这些需要的顺序并非一成不变。有人会为了政治宣言绝食。文化的影响也很重要：在推崇个人主义的国家里，自尊显得尤为重要，所有焦点都集中在个人成功上，而不是家庭和社会的认同（Oishi et al., 1999）。而且，在同意马斯洛基本需要层次的同时，今天的进化心理学家指出，吸引并留住配偶和养育后代也是普遍的人类动机（Kenrick et al., 2010）。

不过，有些动机比另一些动机驱力更强的朴素观点为思考动机提供了一个框架。对全世界的生活满意度的调查也支持了这个基本观点（Oishi et al., 1999; Tay & Diener, 2011）。在那些缺钱购买食品和住房的贫穷国家里，经济上的满意度更加强烈地预示着主观幸福感；在富有的国家里，大部分人的基本需要都能得到满足，所以家庭生活的满意度就显得更加重要。

现在，我们来思考一下3种具体的动机，从最基本的生理水平上的饥饿开始，然后到更高层次的归属需要和成就需要。在每个层次上，我们都能看到诱因（心理"拉力"）与生理需要（生理"推力"）是如何相互影响的。

> **提取一下**
>
> - 本能理论、驱力降低理论和唤醒理论对我们理解动机行为有哪些贡献？
>
>   答案：本能理论化的只是描述而非解释行为。驱力降低理论集中在生理需要和驱力是如何驱使我们降低这些驱力的（如饥饿驱动我们进食来降低饥饿水平）。唤醒理论着重考虑我们为何要追求最佳的唤醒水平的动机。
>
> - 在一个陌生的城市中独自行驶了数小时后，你终于看到了一个小饭馆，虽然它看上去非常冷清，阴森恐怖，但你非常饥饿，所以你还是停了下来。马斯洛的需要层次理论如何解释你的行为？
>
>   答案：根据马斯洛的理论，我们必须首先满足我们基本的生理需要，你将忽略所有的担心去吃饱肚子。

饥 饿

科学家基斯（美军 K 级口粮的发明者）和他的同事（Keys et al., 1950）做的一个如今看来也堪称经典的半饥饿研究，生动地展示了生理需要的力量。研究者挑了36名男性志愿者（都是战时基于道德原因而拒绝服兵役者）参与实验。他们一开始让参与者吃只够维持最初体重的食物；后来的6个月，在这个水平上再减去一半的食物。结果很快就显现出来，这些参与者下意识地开始储存能量，他们显得迟钝和沉闷。他们的体重迅速下降，最后逐渐稳定在最初体重的75%左右。

正如马斯洛可能会猜测的那样，这些人变得痴迷于食物。他们谈论食物，做关于食物的白日梦；收集食谱，阅读烹饪书籍，眼睛总盯着那些美味的但被禁止食用的食物。同时，他们对性和社会活动都失去了兴趣。那些未被满足的基本需要始终盘踞在他们的心头。正如一个实验参与者所说："如果让我们看一场表演，最让人感兴趣的部分莫过于人们吃饭的场景。世界上最滑稽的画面也不会让我觉得好笑，爱情戏也索然无味。"

半饥饿状态的人对食物的专注说明，已激发的动机的力量可以控制我们的意识。正如新闻记者多罗西娅·迪克斯（1861—1951）所观察到的，"饥饿时没有人想接吻。"我们饥饿、口渴、疲劳或性唤醒时，其他事情都显得不太重要。当你没有这些需要时，

> 大自然常常为生命的必需品——性、食物和养育——提供内在的满足。
>
> ——弗兰斯·德·瓦尔，
> "没有神灵的道德？"，2010

"不要在饥饿时打猎。"

食物、水、睡眠或性在你的生活里就根本不是什么重要的事物,永远都是这样。

诺格伦等人(Nordgren et al., 2006, 2007)的研究发现,处在动机"热"状态(缘于疲劳、饥饿或性唤醒)的人很容易记起过去类似的感受,并认为这是其他人行为的驱力。(你或许会回忆起第 8 章曾提及,我们当前或好或坏的情绪对记忆的平行效应。)饿着肚子走进食品店,你更可能认为那些果酱甜甜圈一直是你的所爱,并且明天还会想要。动机非常重要。

饱汉不知饿汉饥。
——爱尔兰谚语

饥饿生理学

10-2:哪些生理因素导致饥饿?

基斯的实验中,被剥夺了正常的食物供给后,处于半饥饿状态的志愿者明显感到饥饿。然而,严格来讲,到底是什么引发了饥饿?是胃空的痛苦吗?从坎农和沃什伯恩(Cannon & Washburn, 1912)的研究来看,似乎是这样。沃什伯恩吞下了一个气囊,这个气囊连接着记录装置(图 10.4)。他们给胃里的气囊充气,气囊就把

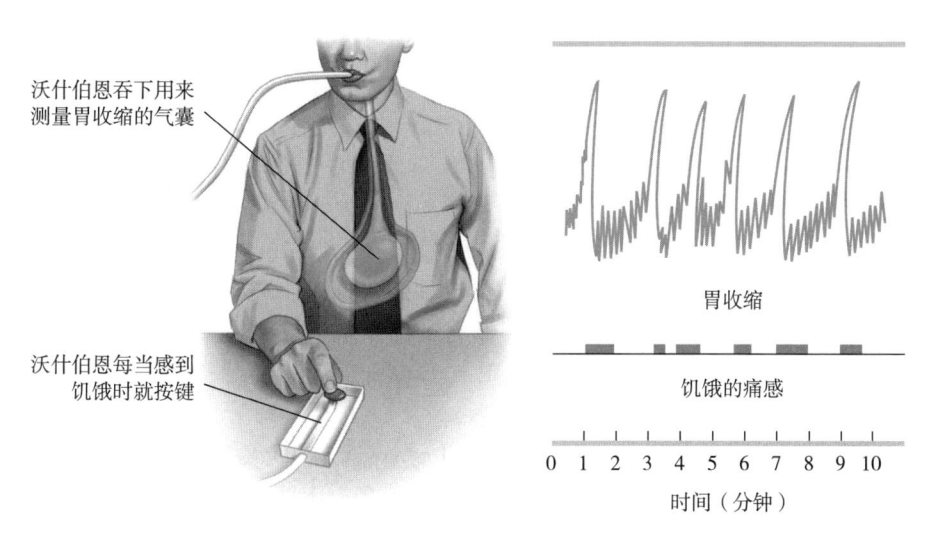

图 10.4

监测胃收缩

应用这个程序,沃什伯恩发现,胃收缩(由胃中气囊传递)伴随着饥饿感(通过按键显示)(Cannon, 1929)。

沃什伯恩吞下用来测量胃收缩的气囊

沃什伯恩每当感到饥饿时就按键

胃收缩

饥饿的痛感

0 1 2 3 4 5 6 7 8 9 10
时间(分钟)

胃收缩的信号传递给记录装置。他的胃一直受到监控，每次感到饥饿，他都按键一次。结果发现，无论他什么时候感到饥饿，实际上都有胃收缩的反应。

没有了胃空的痛苦，饥饿是否还会持续？为了回答这个问题，研究者把几只老鼠的胃切除掉，并把它们的食道和小肠连接到一起（Tsang, 1938）。老鼠会继续进食吗？事实上它们会的。有些人患溃疡或癌变的胃被切除后，饥饿也会同样存在。如果胃空的痛苦不是饥饿的唯一根源，那还有什么会引发饥饿呢？

体内化学物质和脑

你的身体在某处以某种方式一直监控着摄入的和可利用的能量。如果不是这样的话，你就没法保持稳定的体重。你的身体能量的主要来源之一是**血糖**（glucose）。如果你的血糖水平降低了，你意识不到这种变化，但是你的胃、肠和肝脏会向大脑发出信号，以激发进食行为。你的大脑在自动监控着血液中的化学物质和身体的内部状态，接着你的大脑会引发饥饿。

大脑是如何整合这些信息并发出饥饿警报的呢？多个神经区域参与这项工作，一些神经区域位于大脑深处的下丘脑（图 10.5）。这一神经通路交叉路口包括影响进食的脑区。例如，一个神经弧（称为弓状核）有一个中心可分泌刺激食欲的激素，另一个中心可分泌抑制食欲的激素。对这一神经区域和其他区域的探查显示，当用电刺激一个食欲增强中心时，吃饱的动物还会开始进食；如果那个区域遭到破坏，即使是饥饿的动物也对食物毫无兴趣。相反，如果食欲抑制中心受到刺激，动物将停止进食。破坏这一区域，动物会变得异常肥胖（Duggan & Booth, 1986; Hoebel & Teitelbaum, 1966）（图 10.6）。

血管为下丘脑提供原料，从而使它能够对我们目前的血液化学成分以及有关身体状态的传入神经信息作出反应。下丘脑的任务之一是监控身体食欲激素的浓度，比如饥饿素，即由空胃分泌的饥饿唤醒激素。严重肥胖的人做了绕道手术，部分胃被封闭。剩余的胃所分泌的饥饿素大为减少，从而降低了食欲（Lemonick, 2002）。其他食欲激素包括胰岛素、瘦激素、增食欲素、酪酪肽；图 10.7 描绘了这些激素是如何影响你的饥饿感的。

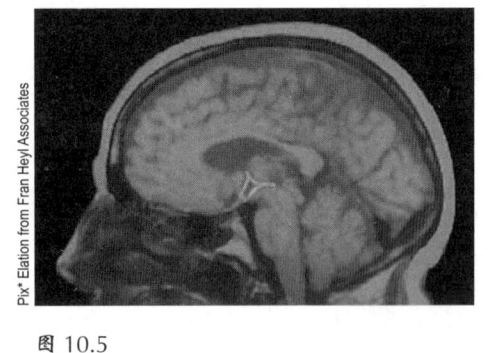

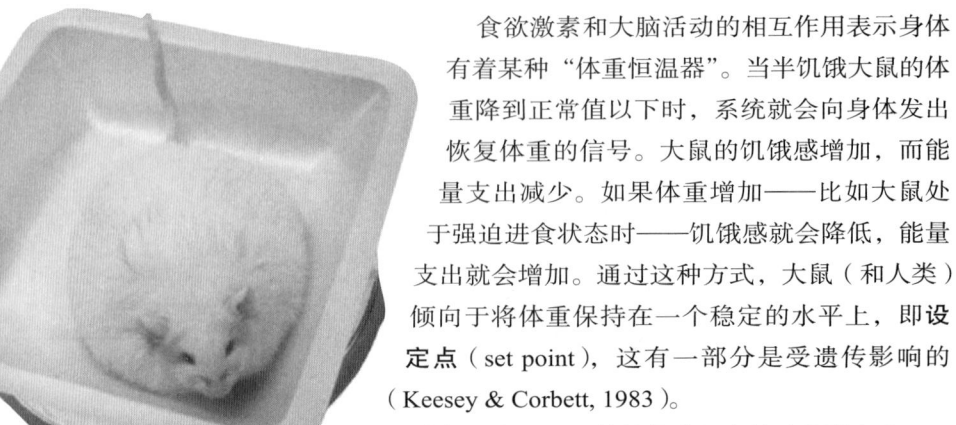

食欲激素和大脑活动的相互作用表示身体有着某种"体重恒温器"。当半饥饿大鼠的体重降到正常值以下时，系统就会向身体发出恢复体重的信号。大鼠的饥饿感增加，而能量支出减少。如果体重增加——比如大鼠处于强迫进食状态时——饥饿感就会降低，能量支出就会增加。通过这种方式，大鼠（和人类）倾向于将体重保持在一个稳定的水平上，即**设定点**（set point），这有一部分是受遗传影响的（Keesey & Corbett, 1983）。

我们人类（以及其他物种）在**基础代谢率**（basal metabolic rate）上各有不同。基础代谢率是指身体在休

图 10.5
下丘脑（见彩插）
正如我们在第 2 章中所看到的，下丘脑（红色区域）执行各种身体维持功能，包括饥饿控制。

图 10.6
大脑控制进食的证据
破坏下丘脑中一个食欲抑制区域导致这只老鼠的体重增至三倍。

第 10 章 动机与情绪 **391**

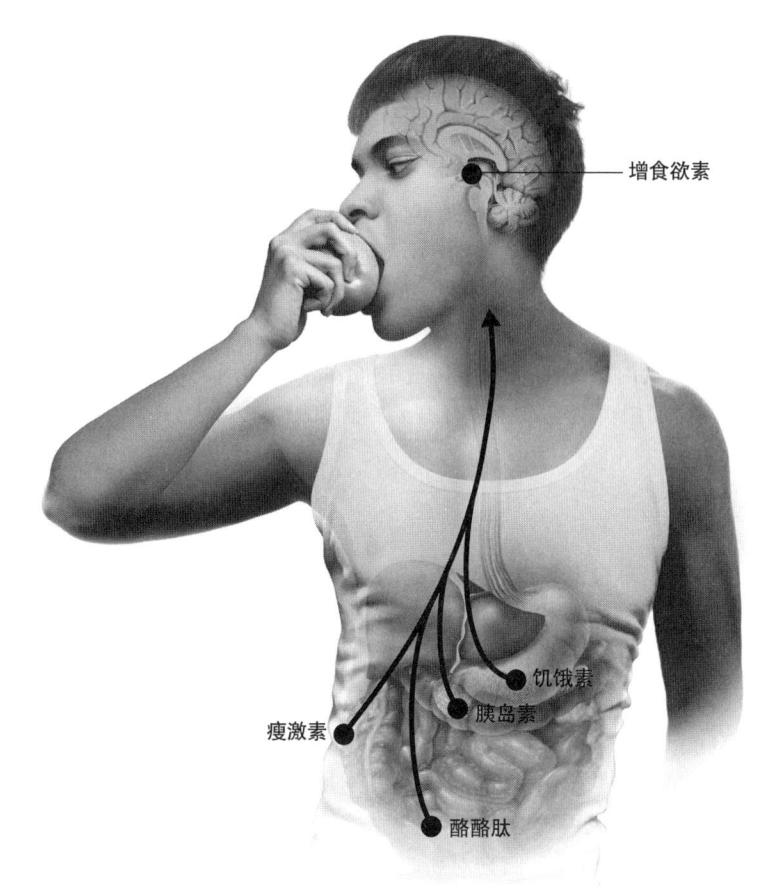

图 10.7
食欲激素
- 胰岛素：由胰腺分泌的激素；控制血糖。
- 饥饿素：由空胃分泌的激素；向大脑发送"我饿了"的信号。
- 瘦激素：由脂肪细胞分泌的蛋白质激素；当含量高时，向大脑发出加快新陈代谢并且减少饥饿感的信号。
- 增食欲素：由下丘脑分泌的触发饥饿的激素。
- 酪酪肽：消化道激素，向大脑发送"我不饿"的信号。

"不要在喝醉和饥饿时去文身。"

息状态时维持身体基本功能的能量消耗。但我们对食物摄入减少有着共同的反应：我们的基础代谢率降低，就像基斯实验中的参与者一样。当 24 周的半饥饿状态结束时，参与者的体重一直稳定在正常体重的 3/4 处，而在此过程中他们的进食量始终只有过去的一半。他们的身体是如何实现这一节食者的噩梦的？他们减少了能量消耗，部分原因是不太活跃，但部分原因是他们的基础代谢率下降了 29 个百分点。

一些研究人员认为，生物学的固定设定点的观点过于生硬，有些情况无法解释。它没有解决的一个问题是，体重的持续缓慢变化能够改变一个人的设定点（Assanand et al., 1998）。另外一点是，当我们可以无限制地享用各种各样的美味时，我们往往会吃得过多，体重增加（Raynor & Epstein, 2001）。并且设定点也不能解释为什么心理因素会影响饥饿。因此，一些人更喜欢用较宽泛的术语稳定点，来表示一个人的体重随热量摄入和能量使用而稳定在某一水平。接下来我们将看到，这些因素受到环境和生物学的影响。

接下来的 40 年你大约会吃掉 20 吨的食物，如果你每天的食物摄入量超过身体能量所需 0.3 克，那么你会增重 11 公斤（Martin et al., 1991）。

提取一下

- 当血糖_____（低/高）和饥饿素_____（低/高）时会出现饥饿。

答案：低；高

饥饿心理学

> 10-3：影响饥饿的文化和情境因素有哪些？

我们的进食欲望由体内化学变化和大脑活动所推动。然而饥饿并不仅仅是满足胃的问题。罗津和他的同事测试了两个患有遗忘症的病人，这两个病人对发生在1分钟前的事情毫无记忆（Rozin et al., 1998），如果在吃完正常午饭后的20分钟，再给他们提供一顿饭，他俩都很乐意吃完它……并且在第2顿饭结束后20分钟通常还有第3顿。这意味着对进食时间的知晓部分源于我们对上一顿饭的记忆。上次吃饭后经过一段时间，我们会期望再次吃东西并且开始感到饥饿。

味觉偏好：生物与文化

体内化学变化和环境因素不仅共同影响我们何时感到饥饿，而且还影响我们饥饿时想吃什么，即味觉偏好。当你感到紧张或抑郁时，你是否想吃富含碳水化合物的淀粉类食物？碳水化合物（如意大利面、薯条和糖果）有助于提高有镇静作用的神经递质5-羟色胺的水平。当感到紧张时，甚至连大鼠都会觉得奥利奥是额外的奖励（Artiga et al., 2007; Boggiano et al., 2005）。

我们对甜和咸的偏好是遗传且普遍的，但是条件作用会强化或改变这些偏好。如果给人吃含盐量很高的食物，就可能会发展成一种对过量盐的喜好（Beauchamp, 1987）。因吃了某种食物而恶心生病，人们会对所吃的东西产生一种厌恶感（儿童疾病的频繁发生为他们提供了许多机会，让他们学会避免某些食物）。

所处的文化会教给我们有些食物是可以接受的，而有些则不能接受。游牧于沙漠中的阿拉伯人喜欢吃骆驼的眼睛，而大部分北美人会对此反感。大多数北美人和欧洲人不吃狗肉、鼠肉和马肉，而这些东西在别的地方被奉为极品。

但我们的很多口味偏好都体现了生物智慧。环境可以对影响我们饮食和口味的人类遗传学产生影响。例如，在生产牛奶的农耕地区，生存模式更青睐乳糖耐受的个体（Arjamaa & Vuorisalo, 2010）。由于气候炎热的地方食物坏得更快，那里烹饪通常都会加入能抑制细菌生长的调味品（图10.8）。在印度，每种肉类食谱中平均有约10种调味料，而芬兰则为2种。孕期的食物厌恶和恶心也与之相关，这种味觉厌恶的高峰发生在第10周左右，这时正是发育中的胚胎最易受毒素伤害的时候。

大鼠倾向于回避不熟悉的食物（Sclafani, 1995）。我们也一样，尤其是动物类食物。这种新奇恐怖症（对不熟悉事物的厌恶）对我们的祖先来说确实具有适应意义，它能保护他们远离那些可能的有毒物质。然而，随着时间的推移，大多数反复品尝新奇的水果饮料或民族特色食物的人们开始欣赏新口味（Pliner, 1982; Pliner et al., 1993）。

习得的口味 世界各地的人都会学着享用自己文化中常见的油腻、苦味或辛辣食物。对尤皮克阿拉斯加土著（左图）来说，akutaq（有时称为"爱斯基摩冰激凌"），传统上由驯鹿脂肪、海豹油和野生浆果做成，是一种美味佳肴，但对大多数其他北美人来说并非如此。对秘鲁人来说，烤豚鼠（右图）也同样美味。

第 10 章 动机与情绪　**393**

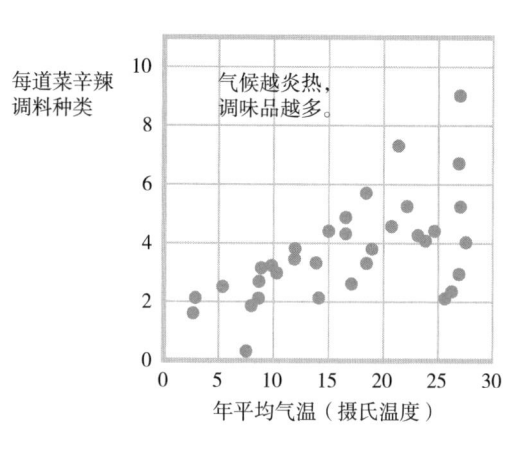

图 10.8

热带文化钟爱辛辣调料

进食的情境影响

令人惊讶的是，情境也可以控制我们的进食——这种现象被心理学家称为进食的生态学。下面 3 种情况你可能注意到了，但低估了其影响程度：

- 和其他人一起吃饭时你是否吃得更多？大多数人如此（Herman et al., 2003; Hetherington et al., 2006）。聚会结束后，你可能会意识到自己吃多了。这是因为他人在场往往会放大我们的自然行为倾向。（第 13 章将对社会助长进行更多阐述。）
- 单位偏差发生在类似的不经意间。与法国国家科学研究中心的研究人员一起工作时，安德鲁·盖尔和同事（Geier et al., 2006）探索了为什么法国人的腰围小于美国人的一种可能解释。从苏打饮料到酸奶的容量，法国食物的分量都比较小。这有关系吗？（我们也可以点两份小的三明治当一份大的。）为了找到答案，研究人员向人们提供各种免费零食。例如，在一个公寓的大堂里，他们放置了整块或半块的椒盐卷饼，大块或小块的蛋卷，或一大碗巧克力豆，里面放大勺或小勺。他们得出一致的结果：标准分量超大，人们会吃掉更多的卡路里。在其他研究中（Wansink, 2006, 2007），与小碗相比，当提供大碗时，甚至营养专家也会给自己多拿 31% 的冰淇淋；用大勺会比用小勺多盛 15% 的冰淇淋。分量大小很重要。
- 食物多样化也会刺激进食。与被要求从最喜欢的甜点中选择一份时相比，我们在吃甜点自助餐时吃得更多。对我们的早期祖先来说，这些行为具有适应性。当食物丰富多样时，多吃可以提供更多种维生素和矿物质，并形成可在寒冷的冬天或饥荒时为他们提供保护的脂肪。当没有大量丰盛的食物时，少吃可以延长食物供应，直到冬天或饥荒结束（Polivy et al., 2008; Remick et al., 2009）。

提取一下

- 在没有食物的情况下徒步 8 小时后，你期待已久的最喜欢的食物就在面前，你的口水会先流出来。这是为什么？

答案：你已经习得了对食物的征兆性唾液反应，这些征兆包括食物的味道和上菜的时间了，也可能包括（电视糖）和心理期待（对美味的预期）都会增加你的饥饿感。

肥胖与体重控制

> 10-4：哪些因素让一些人容易变得肥胖，并保持肥胖？

肥胖可能对社会交往有不利影响，它会影响别人如何对待你以及你的自我感觉。肥胖与心理健康水平低（尤其是女性）和抑郁风险增加有关（de Wit et al., 2010; Luppino et al., 2010; Mendes, 2010）。6~9岁的肥胖儿童更可能受到欺凌（Lumeng et al., 2010）。而且，后面我们将会看到，肥胖还会增加躯体疾病的风险。然而，在减肥大战中获胜的超重者却寥寥无几。为什么？为什么吃同样多的东西，有些人会长胖，而有些人却一斤都不会长？

肥胖的生理学

我们的身体储存脂肪的理由很充分。脂肪是一种理想的能量储存形式，一种可以支撑身体挨过食物匮乏期的高卡路里燃料储备，而食物匮乏在我们史前祖先的生活中屡见不鲜。难怪在今天的许多发展中国家（和早期的欧洲一样）人们认为胖人有魅力：肥胖象征着富有和社会地位（Furnham & Baguma, 1994; Swami et al., 2011）。

现在，在世界上食物和糖果供应丰富的地方，那条曾适合我们饥饿的远古祖先的规则——当你发现高热量的脂肪和糖时，吃下去！——已经失去了作用。在几乎所有能读到本书的地方，人们都面临着一个日益严重的问题。世界卫生组织（WHO, 2007）估计，全世界有超过10亿人超重，以世界卫生组织定义的体重指数（body mass index, BMI）大于等于30为标准，其中3亿人为临床肥胖（体重指数＝体重［千克］÷身高［米］的平方）。在美国，过去40年间成人肥胖率翻了一番还多，达到34%，儿童青少年肥胖已经翻了两番（Flegal et al., 2010）。

> 美国人报告的平均体重为80千克，但他们想要的体重是73千克。
> ——伊丽莎白·曼德斯，
> www.gallup.com，2010

严重肥胖会增加糖尿病、高血压、心脏病、胆结石、关节炎和某些癌症的风险，从而导致医疗费用增加且预期寿命缩短（de Gonzales et al., 2010; Jarrett et al., 2010; Sun, 2009）。近期的研究发现女性肥胖与其晚年的认知衰退风险有关，包括阿尔茨海默症和脑组织损失（Bruce-Keller et al., 2009; Whitmer et al., 2008）。一项实验发现，严重肥胖者在做过减肥手术体重显著下降12周后，记忆力有所提高。那些没有接受手术的人显示出进一步的认知衰退（Gunstad et al., 2011）。

肥胖的生理学研究对"严重超重的人都是意志薄弱的贪食者"的刻板印象提出了挑战。

设定点与新陈代谢　一旦我们变胖，维持体重所需的食物比增加体重所需的要少。脂肪的代谢率低于肌肉——需要较少的食物能量就可以保持。当超重者的体重低于之前的设定点（或稳定点）时，他的饥饿感就会增加，新陈代谢降低。因此，身体通过减少消耗卡路里来应对饥饿。

瘦人似乎也天生喜欢四处走动。与常常久坐不动保存能量的超重者相比，瘦人消耗的卡路里更多（Levine et al., 2005）。这些处于休息状态时新陈代谢的个体差异，有助于解释为什么两个身高、年龄和活动水平相同的人，即使其中一个比另一个吃得少得多，却可以保持同样的体重。

遗传因素　是我们的基因使我们坐立不安或久坐不动吗？研究确实揭示了遗传对体重的影响。考虑以下两个例子：

- 尽管在家吃同样的饭，但领养的兄弟姐妹间体重彼此不相关，与养父母的体重也不相关。相反，人们的体重与生物学父母相似（Grilo & Pogue-Geile, 1991）。
- 即使分开抚养，同卵双生子的体重也非常接近（Hjelmborg et al., 2008; Plomin et al., 1997）。综合多项研究的结果发现，他们的体重相关系数平均为 +0.74。异卵双生子的体重相关系数只有 +0.32，说明基因可以解释我们体重差异的三分之二（Maes et al., 1997）。

食物与运动因素　基因对肥胖有重要影响。但环境因素的影响也同样巨大。

欧洲、日本和美国的研究显示，睡眠不足的儿童和成人更容易肥胖（Keith et al., 2006; Nedeltcheva et al., 2010; Taheri, 2004a, b）。由于睡眠剥夺，瘦激素（将身体脂肪信息报告给大脑）的水平降低，且饥饿素（刺激食欲的胃部激素）水平升高。

社会影响是另一个因素。一项对 12 067 人长达 32 年的研究发现，当有朋友变肥胖时，个体最有可能变胖（Christakis & Fowler, 2007）。如果非常亲密的朋友变胖，则个体肥胖的可能性几乎增加 3 倍。此外，朋友间体重的相关性不仅仅是人们选择相似的人做朋友的问题。朋友有重大影响。

环境影响体重最强有力的证据来自我们越来越胖的世界（**图 10.9**）。这一日益严重的问题原因何在？食品消费和活动水平的改变在起作用。我们吃得越来越多，活动越来越少，生活方式越来越接近那些饲养场（农民把不活动的动物喂肥）的动物。在美国，需要中等强度身体活动的工作从 1960 年的 50% 下降到 2011 年的 20%（Church et al., 2011）。

"底"线：新的体育场、剧院和地铁车厢——但不包括飞机——都加宽座位来适应人们腰围的增长（Hampson, 2000; Kim & Tong, 2010）。华盛顿州立渡轮废除了一项使用了 50 年的标准："18 英寸（约 46 厘米）的臀部是过去的事情了"（Shepherd, 1999）。面临"大苹果臀"这一大问题的纽约，用无靠背座位替换了几乎所有的 17.5 英寸靠背式地铁座（Hampson, 2000）。归根结底，今天的人们需要更多的空间。

请注意这些发现如何强化了第 9 章智力研究的一个熟悉的问题：在遗传不能解

> 我们把快餐放在每个角落，把垃圾食品放在学校，我们取消［体育课］，我们把糖果和苏打水放在每个你能想到的零售店的收款台。结果出来了。它奏效了。
> ——哈罗德·格尔德斯坦，加利福尼亚公共卫生倡导中心执行主任，2009，《当想象一项大型全国性实验以鼓励增重》

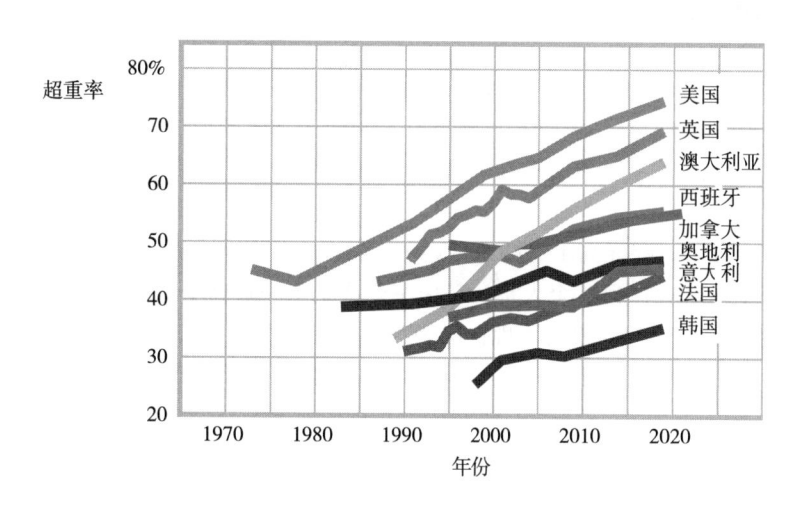

图 10.9
过去和预计的超重率，数据来自经济合作与发展组织（OECD）
（见彩插）

特写

腰围管理

你或许在摇头："我变瘦并保持苗条的希望非常渺茫。"与肥胖作斗争的人寻求医学评估和指导的做法是明智的。对另一些希望略微减轻体重的人，研究人员给出了一些建议。

只有当你觉得有动力且能自律时才开始。对大多数人来说，永久减肥需要将保持苗条作为一项事业——终生调整饮食习惯同时增加运动量。

做运动，保证充足的睡眠。不活动的人常常会超重（图 10.10）。特别是保证每晚 7~8 小时的睡眠时，运动可以清空脂肪细胞，增加肌肉，加速新陈代谢，并有助于降低身体的稳定点（Bennett, 1995; Kolata, 1987; Thompson et al., 1982）。

尽量少接触诱人的食物线索。只在吃饱后去食品店。不在屋里放诱人的食物，并把其他吸引人的食物存放在看不见的地方。

限制食物种类，吃健康食品。食物种类多时，人们就会吃得更多；吃有全谷类、水果和蔬菜的简单饭菜。健康脂肪，比如橄榄油和鱼类脂肪，有助于调节食欲和堵塞动脉的胆固醇（Taubes, 2001, 2002）。绿色蔬菜好过甜甜圈。

减少分量。用较小的碗、盘和其他器具盛放食物。

不要饿一天，晚饭时又吃一顿大餐。这种在超重人群中常见的进食模式会降低新陈代谢。此外，有均衡早餐的人上午晚些时候更清醒，疲乏感较少（Spring et al., 1992）。

谨防放纵狂欢。特别是对男性来说，细嚼慢咽可以减少食量（Martin et al., 2007）。在那些有意识地限制进食的人中，喝酒或感到焦虑、沮丧会解除对进食冲动的约束（Herman & Polivy, 1980）。

在和其他人一起吃饭之前，先决定你要吃多少。和朋友一起吃饭会分散注意力，减弱你对自己进食的监控（Ward & Mann, 2000）。

记住，大多数人都会偶尔犯错。一次犯错，并不会导致满盘皆输。

与支持团体建立联系。与他人合作，面对面或通过网络都可以，分享彼此的目标和进展（Freedman, 2011）。

图 10.10
美国式懒散：沙发土豆当心——看电视与肥胖相关。
随着生活方式变得越来越久坐不动，看电视时间增多，英国、加拿大和美国的超重人口比例也越来越高（Pagani et al., 2010）。让加利福尼亚儿童参加减少看电视的教育项目，他们看电视的时间减少，体重也降低了（Robinson, 1999）。不看电视？还要当心其他让你马达空转的屏幕放映时间。

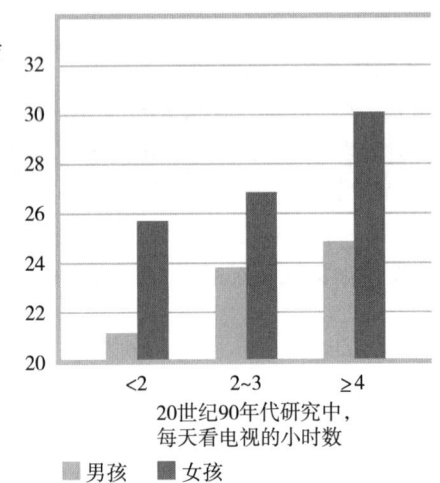

皮褶厚度脂肪测量（毫米）

20世纪90年代研究中，每天看电视的小时数

■ 男孩　■ 女孩

释群体差异的情况下，也可以存在高水平的遗传力（遗传对个体差异的影响）。基因主要决定了为什么一个人现在比另一个人重。环境主要决定了为什么今天的人比 50 年前的人们重。我们的饮食行为也表明了现在已为我们所熟悉的生物、心理和社会文化因素之间的相互作用。关于如何摆脱多余的体重，参看特写：腰围管理。

> **提取一下**
>
> - 以下 5 种策略中哪 3 种有助于防止不受欢迎的体重增加？
>   a. 良好睡眠　　　d. 和朋友一起吃饭
>   b. 规律运动　　　e. 加入支持团体
>   c. 晚餐吃得最多
>
> 答案：a, b, e。

归属需要

10-5：有何证据表明我们人类有归属需要？

与肥胖有关的社会耻辱可能会让超重的人烦恼，甚至超过对健康问题的担心。为什么？我们是亚里士多德所说的"社会性动物"。与朋友或亲人隔离——入狱，独自到一所新学校，生活在异国他乡——的大多数人都会对与重要他人失去联系感受深刻。这种深切的归属需要似乎是一种基本的人类动机（Baumeister & Leary, 1995）。我们有与他人交往的需要，甚至在持久、亲密的关系中强烈地依恋某些人。人格理论家艾尔弗雷德·阿德勒主张，人类有"归属社会的强烈需要"（Ferguson, 1989, 2001, 2010）。我们的心理需要驱动适应性行为，当心理需要得到满足时，我们的心理幸福感就会提升（Sheldon, 2011）。

归属的益处

社会联系提高了我们祖先的生存率。那些形成了依恋的成年人更可能走到一起生育后代，并一起把子女养育成人。依恋关系有助于儿童与照料者待在一起，保护他们远离许多威胁。确实，"悲惨"（wretched）这个词按其起源（在中世纪英语中是"wrecche"）来看，其字面意思就是"身边没有亲属"。

合作也增强了生存能力。在单独搏斗中，我们的祖先并非最凶恶的猎食者。但是作为捕猎者，他们知道人多力量大。作为食物采集者，他们成群结队地出没，以作为对掠夺者和四足猛兽的防御。那些感受到归属需要的人是生存和繁衍最成功的人，他们的基因也会占据主导地位。我们是天生的社会性动物。地球上每一个社会里的人都属于某个群体（就像第 13 章所解释的一样），人们更喜欢和偏爱"我们"而非"他们"。

你是否有亲密的朋友——可以无拘无束地向其倾诉你的起起落落的人？有人和我们分享好消息会让我们对好消息的感觉更好，也会让我们对友情感觉更好（Reis et al., 2010）。归属需要似乎比其他任何需要都更丰富。一项研究发现，非常快乐的大学生区别于他人的不是金钱，而是"丰富而令人满意的亲密关系"（Diener & Seligman, 2002）。

归属需要为我们的思想和情感涂上了色彩。我们花费大量时间来考虑我们实际的和期望中的关系。当关系形成时，我们常常感到快乐。双双坠入爱河的人们，因情不自禁地咧嘴大笑而感到双颊疼痛。若问，"什么是你幸福的必要条件？"或"什

> 我们必须彼此相爱，否则只有死路一条。
>
> ——W.H. Auden,
> "1939 年 9 月 1 日"

么使你的生活有意义？"大多数人会回答——排在最前面的是——与家庭、朋友或伴侣有亲密、满意的关系（Berscheid，1985）。幸福与家庭紧密相连。

思考一下：过去一周中你最满意的时刻是什么？研究人员让美国和韩国大学生回答这一问题，然后要求他们评估这一时刻对不同需要的满足程度（Sheldon et al., 2001）。在两个国家，峰值时刻都是对满足自尊需要和关系–归属需要作出的贡献最大。当我们对关系需要获得与其他两个基本心理需要——自主（个人控制感）和胜任——同等的满足时，我们就会体验到深深的幸福感，我们的自尊也会高涨（Deci & Ryan, 2002, 2009; Milyavskaya et al., 2009; Sheldon & Niemiec, 2006）。确实，自尊是我们所感受到受重视和被接纳程度的计量器（Leary et al., 1998）。

我们大部分社会行为的目的在于增加归属感，这是不是很让人惊讶？为了避免遭到拒绝，我们一般会遵守团体标准。我们监控自己的行为，希望留下好印象。我们花大量的钱在衣服、化妆品、饮食以及健身器材上——所有这一切都由我们寻求爱和接纳所驱使。

通过在"我们"周围画一个界限分明的圆圈，归属需要不仅满足了深深的依恋，也形成了恐吓威胁。归属需要不但使我们形成有爱的家庭、忠诚的友谊及团队精神，也使我们形成青少年帮派、种族敌对以及狂热的民族主义。

不管是好还是坏，我们都努力建立并维持我们的关系。熟悉引起喜爱而非鄙视。在学校、职场、龙卷风避难所等场合，人们聚在一起，表现得就像磁铁一样，彼此靠近，建立纽带。分离会使我们感到痛苦。我们许诺会打电话、写信以及重聚。

这其中的部分原因是爱的感觉可以激活大脑的奖赏和安全系统。在一项涉及接触高温的实验中，当看着爱人的照片（而非看着其他人的照片，或用词语任务分散注意）时，沉醉在爱中的大学生感觉到的疼痛明显减轻（Younger et al., 2010）。爱人的照片还可以激活与安全感有关的脑区——前额叶皮层——抑制身体的疼痛感（Eisenberger et al., 2011）。爱是一种天然止痛药。

即使恶劣的关系破裂时，人们也会感到痛苦。在一项跨16个国家的调查中，分居和离婚的人可能只有一半与已婚者一样说他们"很幸福"，这一结果在美国的重复调查中也出现了（Inglehart, 1990; NORC, 2010）。在这样的分离之后，孤独感和愤怒——有时甚至有种奇怪的想去接近前伴侣的欲望——徘徊不散。对于那些处于虐待关系中的人来说，因孤独而致的害怕似乎比情绪或身体所遭受的痛苦更糟糕。

建立关系的需要 来自菲律宾的妇女在154 000个香港家庭中一周六天当"家庭佣人"。星期日，她们成群聚在商业中心区吃饭、跳舞、唱歌、交谈、大笑。"这是人性展现出的最大的幸福，"一名观察者报道说（*Economist*, 2001）。

那些穿行于一连串领养家庭或反复经历家庭搬迁的儿童深深了解孤独的恐惧。刚建立起的依恋关系一次又一次地中断，可能使他们在形成深层依恋方面有一定困难（Oishi & Schimmack, 2011）。在一些极端情况下——成长在未与任何人形成归属感的环境中的儿童，或被锁在家里受到严重忽视的儿童——证据最为明显。太多儿童变得退缩、惊恐和沉默寡言。童年时对他人的不安全依恋感会持续到成年期，主要有两种形式（Fraley et al., 2011）。一些人表现为不安全焦虑型依恋，不断寻求接受，但对可能的拒绝信号时刻保持警惕；另一些人则受困于不安全回避型焦虑，接近他人时感到不舒服，从而采取回避策略来保持距离。

不论我们早期的安全感建立得有多好，在面对威胁或社会关系破裂时我们都会体验到焦虑、孤独、嫉妒或内疚。就像亲密关系开始时——交到新朋友、坠入爱河、有了宝宝——是生命中最美好的时刻一样，亲密关系结束时是生命中最糟糕的时刻（Jaremka et al., 2011）。丧失关系时，我们感到生活空虚无望。即使是远离家乡在大学校园里生活的头几周，对许多学生来说也是痛苦的。

当移民和难民单独搬迁到新的地方时，压力和孤独可能使人沮丧。把这样的家庭单独安置在被隔绝的社会团体中数年之后，美国移民政策开始鼓励连锁移民（Pipher, 2002）。在城镇中定居下来的第二批苏丹难民家庭，通常要比第一批难民更容易适应。

社会隔绝会使我们处于智力降低和不健康的风险中（Cacioppo & Hawkley, 2009）。但如果接纳感和联结感增加，自尊、积极情感和帮助他人而非伤害他人的愿望都会增加（Blackhart et al., 2009; Buckley & Leary, 2001）。

被排除在外的痛苦

你能否回忆起被排斥、被忽视或被回避的感觉？可能你曾被沉默对待；可能人们都躲着你，或对你视而不见，甚至在背后嘲笑你。如果你和其他人一样，即使处于一个讲不同语言的群体中，你也会感到被排斥，成为语言上的局外人（Dotan-Eliaz, 2009）。在一项模拟访谈研究中，相比于使用包容性（*his or her*）或中性（*their*）语言，如果访谈者使用性别排除的语言（*he, his, him*），被访谈的女性会感到更多的排斥（Stout & Dasgupta, 2011）。

这些经历都是被排斥的例子——社会排斥（Williams et al., 2007, 2009）。在世界范围内，人类利用各种形式的排斥——流放、监禁、单独拘禁——进行惩罚，进而控制社会行为。对儿童来说，即使一次短暂的孤立也是惩罚。让人们讲述一次感觉特别糟糕的人生片段，约80%的人会讲述一次关系困难（Pillemer et al., 2007）。孤独感也会像疾病一样通过社交网络从一个人传染到另一个人（Cacioppo et al., 2009）。

被回避——受到冷落或沉默对待，或别人避开你的目光——将使一个人的归属需要受到威胁（Williams & Zadro, 2001）。"社会排斥是你能对一个人所做的最卑鄙的事情，尤其是当你知道他们不能还击时。我真不应该来到这个世上。"莉说，她是受母亲和祖母冷遇的终身受害者。像莉一样，人们常以抑郁的情绪对排斥作出反应，起初努力去重建他们对自己的接纳，接着就是退缩。理查德在受其雇主两年冷遇之后说："我每天晚上回来就哭。我瘦了25磅，没有自尊，而且感到自己没有任何价值。"

经历排斥会感觉到真正的疼痛，就像社会心理学家基普林·威廉斯及其同事在网络排斥研究中的惊人发现（Gonsalkorale & Williams, 2006）。（你可能记得在社交网站中没有朋友或粉丝，在聊天室被忽略或发出的短信、电子邮件石沉大海。）他们发现，这些排斥会产生负面影响：它会引起一些脑区的活动增加，如前扣带皮层，这一脑区在躯体疼痛时也会激活（Kross et al., 2011; Lieberman & Eisenberger, 2009）。这有助于解释另一项令

忍耐排斥的痛苦 在美国军事学院西点军校，白人学员多年来一直排斥亨利·福里泊，希望他退学。他想方设法抵制住了他们的残忍行为，在1877成为第一个非裔西点军校毕业生。

社会接纳与拒绝 在真人秀《幸存者》中，成功的参与者结成联盟并获得同伴的接纳。其他人受到终极社会惩罚，被"投票表决驱逐出岛"。

注意：研究人员后来向参与者公开了实验的意图，并对他们进行了安抚。

人惊讶的发现：止痛药对乙酰氨基酚（泰诺和安乃近中含有）可以缓解社会的以及身体的疼痛（DeWall et al., 2010）。在各种文化中，人们都使用相同的词语（例如伤害、压垮）来形容社会疼痛和生理疼痛（MacDonald & Leary, 2005）。在心理上，我们体验到的社会疼痛似乎和生理疼痛有同样的不愉快感。

疼痛，不论来源如何，都会吸引我们的注意，并激发纠正行为。被拒绝而又无法改变现状时，人们可能会寻找新的朋友或通过坚定的宗教信仰来缓解压力（Aydin et al., 2010）。否则人可能会变得很险恶。在一系列实验中，研究者（Baumeister et al., 2002; Twenge et al., 2001, 2002, 2007）告诉人们（根据一项人格测试），他们是"一类可能独自终老一生的人"，或是"他们曾结识的一些人不想让他们参加一个正在形成的群体"。研究者告诉其他参与者，他们将"一辈子都拥有令人满意的人际关系"，或者说"每个人都选择你作为他们想要与之合作的人"。那些被排斥的人更可能采取自我挫败的行为，且在能力倾向测试中表现不佳。拒绝也会干扰他们对他人的同理心，并使他们更可能对曾经排斥过他们的人进行毁谤或攻击（例如，用噪音对他们进行攻击）。研究小组指出："如果聪明、适应良好、成功的学生在一个小型社会排斥实验室实验中都变得具有攻击性，那么，在现实社会生活中，由长期被渴望加入的团体排斥而引起的攻击倾向，仅仅想象一下都让人觉得不安。"的确，正如威廉斯（Williams, 2007）所观察到的，排斥"贯穿在一次又一次校园暴力事件中"。

> **提取一下**
>
> - 让学生在研究中感觉到被拒绝和多余，他们作出了怎样的反应？怎样解释这些结果？
>
> 答案：这些学生表现出了更多的自我挫败行为，他们出现了更多的反社会行为，在能力倾向测验中表现不佳，并用较少的同理心和较多的敌意对待他人。

联结与社交网络

10-6：社交网络对我们有什么影响？

作为社会性动物，我们生活即是为了建立联系。研究人员乔治·维兰特（Vaillant, 2009）从 20 世纪 30 年代开始对 238 名哈佛大学生进行研究，直至他们去世。如果问乔治收获了什么，他会回答，"对生活真正有影响的唯有你与他人的关系。"一句南非祖鲁谚语道出了真谛：Umuntu ngumuntu ngabantu——"一个人通过其他人而成人。"

移动网络与社交媒体

看看周围，人们通过各种方式进行联系：交谈、短信、发帖、聊天、社交游戏、电子邮件。我们联系方式的变化非常迅速且巨大：

- 手机是历史上最迅速采用的技术。2010 年底，全世界有 69 亿人，有 53 亿手机用户（ITU, 2010）。亚洲和欧洲领先。在印度，有 6.18 亿人使用手机——几乎是卫生间使用人数 3.66 亿的 2 倍（Harper's, 2010）。但美国青少年正在赶上世界的脚步：15~18 岁的青少年中，85% 的人是手机使用者（Kaiser, 2010）。
- 短信和电子邮件一直在取代电话通话，后者目前在美国移动网络流量中占不到一半（Wortham, 2010）。现在，在加拿大和其他地方，电子邮件也在没落，短信、脸书和其他通信技术正在取而代之（IPSOS, 2010a）。快速发短信并不是真正的书写，约翰·麦克沃特（McWhorter, 2012）评论称，而是一种新的交谈形式——"手指语"。
- 90% 的美国青少年都发短信，而 2006 年这一比例只有 50%。其中半数（大部分是女孩）每天发短信超过 50 条；三分之一的人每天发 200 条（Lenhart, 2010）。对许多人来说，它就像是朋友，不论是好还是坏，它始终存在。
- 我们有多少人正在使用社交网站，比如脸书？在 2010 年的美国大学新生中，这一比例为 94%（Pryor et al., 2011）。你的"临界数量"的朋友都在某个社交网络中，其诱惑让人难以抵挡。这就是我们对归属感的需要。要么注册登录，要么失之交臂。

社交网络的社会效应

通过将志同道合的人联结在一起，互联网发挥了一个社会放大器的作用。它也充当了在线约会媒人（更多关于这些主题的内容在第 13 章）的角色。随着电子通信成为"新常态"的一部分，研究人员正在探索这些变化如何影响我们的关系。

社交网站减轻还是加重了我们的社会隔绝？ 在互联网使用的最初几年，聊天室和社交游戏中的在线交流几乎都发生在陌生人之间，花很多时间上网的青少年和成人与朋友交流的时间都少了（Kraut et al., 1998; Mesch, 2001; Nie, 2001）。因此，他们的线下人际关系受损。即使是今天，孤独的人上网的时间也超过平均水平（Bonetti et al., 2010; Stepanikova et al., 2010）。社交网络使用者认识现实生活中邻居的可能较小，而且"他们依靠邻居帮忙照顾自己或家人的可能性比非互联网使用者低 64%"（Pew, 2009）。

虽然互联网导致邻里关系疏离，但它使我们的社交网络多样化。（我现在正连接着世界各地的其他听力技术倡导者。）社交网络也加强了我们与已经认识的人之间的联系（DiSalvo, 2010; Valkenburg & Peter, 2010）。如果你的脸书网页帮助你与朋友联系、与亲戚保持接触或在面临困难时获得支持，那么，你并不孤单（Rainie et al., 2011）。不过，对很多人来说，孤独并不是问题。如果你和其他学生一样，两天

> 在我心里，对于通信革命的核心——人类对联系的渴望——没有任何疑问。
> ——Skype 总裁
> 乔希·西尔弗曼，2009

的脸书剥夺后会过度使用脸书，就像禁食两天后狼吞虎咽吃饭一样（Sheldon et al., 2011）。社交网络将我们联系在一起，但它也可能成为一种耗费大量时间和注意力的消遣。关于一些基于研究的策略，请参见特写：管理你的社交网络。

电子交流能否促进健康的自我表露？ 就像我们在11章将要讲到的，信赖他人是一种应对日常挑战的健康方式。与面对面交流相比，电子交流时，我们通常较少关注他人的反应，较少害羞，因此也就较少受到压抑。我们更愿意分享欢乐、忧虑和软弱。有时这也会走向极端，比如一些发送色情短信的青少年会发自己的裸照，或者一些"网霸"会借此骚扰受害者，或者仇恨团体发送消息煽动偏执或犯罪行为。但是，更多时候，自我表露增加可以加深友谊（Valkenburg & Peter, 2010）。

尽管电子网络为我们带来很多好处，但大自然为我们设计的是面对面的交流，后者似乎能够更好地预测生活满意度（Killingsworth & Gilbert, 2010; Lee et al., 2011）。虽然发短信和发电子邮件都有益处，但与家人和朋友的眼神交流更是如此。

社交网络的个人资料和帖子是否反映了一个人的真实人格？ 我们都听说过网络大鳄隐藏在虚假的人格、价值观和动机背后的故事。但是，一般来说，社交网络揭示了人们的真实人格。在一项研究中，参与者两次完成某个人格测验。在一次测试中，他们描述自己的"真实人格"；另一次测验中，他们描述"理想自我"。然后志愿者们使用参与者的脸书资料来创建一套独立的人格评价。基于脸书资料的评价更接近参与者的实际人格，而非他们的理想人格（Back et al., 2010）。在另一项研究中，在脸书网页中最可爱的人似乎在面对面接触时也最可爱（Weisbuch et al., 2009）。你的脸书个人档案可能确实反映了真实的你！

社交网络是否会助长自恋？ 自恋是扭曲的自尊。自恋的人妄自尊大、自我聚焦且自吹自擂。一些人格测验使用类似"我喜欢成为关注的焦点"的题目来评估自恋。鉴于我们不断地进行社会比较——我们通过与他人的比较来衡量自己——很多脸书用户不可控制地去比较各自的朋友数量。（平均为125人左右——接近150，即进化心理学家罗宾·邓巴［Dunbar, 1992, 2010］所估计的我们可以与之保持有意义的、相互支持的关系的朋友的数量［这也是一个部落村庄的典型规模］。）

那些自恋得分高的个体在社交网络中特别活跃。他们会结交关系比较肤浅的"朋友"，发刻意安排的有魅力的照片。而且，毫不奇怪，看了他们网页的陌生人似乎也认为他们更自恋（Buffardi & Campbell, 2008）。

对自恋者来说，社交网站不单单是一个聚集地，还是一个喂食器。一项研究对大学生进行随机安排，一些学生对"我的空间（美国社交网站——译者注）"网页进行15分钟的编辑和解释，另一些用同样的时间研究并解释一条谷歌地图路线（Freeman

第 10 章 动机与情绪 **403**

> **特 写**

管理你的社交网络

在当今社会，我们每个人都面临挑战：在花时间与现实世界中的人们相处和在线共享之间找到合理的平衡。在中国台湾和美国，过度的在线社交和游戏都与学习成绩较低有关（Chen & Fu, 2008; Kaiser Foundation, 2010）。在美国的一项调查中，使用互联网和其他媒体最多的学生中，47% 的人成绩多数是 C 或更差，而使用互联网最少的学生中这一比例只有 23%（Kaiser Foundation, 2010）。除了睡觉时，过度使用互联网的人几乎一直在线。

如果你力图在在线连接和真实世界的职责之间保持合理的平衡，专家给出了以下实践建议：

- 监控你的时间。记录你的时间是如何使用的。然后问问自己，"我的时间使用是否反映出了事情的优先次序？我的上网时间是否超出了预期？我的上网时间是否妨碍了学习或工作绩效？家人或朋友有没有对此评论过？"

- 监控你的情感。再次问自己，"全神贯注于上网是否分散了我的情感？当我下线去参加其他活动时，感觉如何？"

- "隐藏"让你太分心的网友。在你自己的帖子里也践行这一黄金法则。在发帖之前问问自己，"如果其他人发这样的贴，我会去关注阅读吗？"

- 试着关闭你的手持设备，或把它们放在其他地方。选择性注意——你心灵的手电筒——每次只能关注一个地方。认知心理学家丹尼尔·威林厄姆（Willingham, 2010）解释说，"头脑最顽固不化的现象之一就是，当你同时做两件事时，任何一件都不如一次只做一件时做得好。"当你想要富有成效地学习或工作时，就要抵制住查看短信、帖子或电子邮件的诱惑。还要禁用声音提示和弹出窗口。在你努力集中注意时，这些分心物会干扰你的工作，劫持你的注意力。

- 尝试一次脸书斋戒（为期一小时、一天或一周）或限时社交媒体节食（只有在作业完成后或午休时才可以登录）。记录你在新"节食法"中的得与失。

- 用林中散步来恢复你的注意力。密歇根大学的研究人员报告称，在树林中散步不同于在繁忙的街头散步，林中漫步可以恢复我们的注意集中能力（Berman et al., 2008）。一次安静的散步可以修复疲惫的注意，之后人们会学得更好。

解决办法不是去哀叹技术，而是找到自我控制的策略，就像我们面对生活中一切其他诱惑时一样。

——心理学家史蒂芬·平克，"用心灵控制大众媒体"，2010

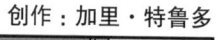

& Twenge, 2010）。任务完成后，对所有学生进行测验。谁会在自恋测验中得分更高呢？是那些花时间关注自己的人。

> **提取一下**
>
> - 社交网络往往会_____（加强/削弱）你与认识的人的关系，_____（增加/减少）你的自我表露，并_____（揭示/隐藏）你的真实人格。
>
> 答案：加强；增加；揭示

卡勒姆之路：要怎样的毅力才能完成 一辈子住在苏格兰拉赛岛，耕种巴掌大的一块地，守护岛上的灯塔，捕鱼，马尔科姆（"卡勒姆"）·麦克劳德（Malcolm ["Calum"] MacLeod, 1911—1988）感到极度痛苦。当地政府多次拒绝修建一条公路，让卡勒姆可以开车前往他所在的最北端的岛屿。这个曾经人口众多的岛屿如今只剩两个人——麦克劳德和他的妻子——他作了一个很英勇的决定。1964年春天的一个早晨，时年50多岁的麦克劳德带了一把斧子、一把砍刀、一把铲子和一辆独轮推车。他开始用自己的双手将现有的小路改建成2.8千米的公路（Miers, 2009）。

曾经的一位邻居解释说，"他希望有了公路，可以让后人们重返最北边的拉赛岛"，恢复它的文化（Hutchinson, 2006）。日复一日，他在崎岖的山坡、危险的悬崖和泥炭沼泽中工作。10年后，他终于取得了至高无上的成就。这条政府后来铺设了路面的公路，仍然是一个显而易见的例子，即愿景加上坚定的决心能够实现怎样的目标。它让我们每个人思考：未来我们通过不懈努力将会走出怎样的"道路"，获得怎样的成就？

天才是1%的灵感加99%的汗水。

——托马斯·爱迪生，1847—1931

成就动机

10-7：什么是成就动机？

动机的生物学观点——生理需要驱动我们去满足需要——只能部分解释是什么激励并指引着我们的行为。饥饿和归属需要既有社会性成分，也有生物学成分。此外，还有一些动机似乎没有明显的存在价值。亿万富翁可能想赚更多的钱，电影明星想变得更加出名，政治家想获得更多权力，冒险家想寻求更大的刺激。这些动机在获得满足时似乎并未减弱。我们得到的越多，想要的可能也越多。

想一下某个你认识的人，这个人通过在任何可评估的任务中都表现出色来力求成功。再想想某个缺乏动机的人。心理学家默里（Murray, 1938）把第一种人的**成就动机**（achievement motivation）定义为一种对获得显著成就、掌握技能或观念、控制、迅速达到高标准的欲望。

正如你可能从他们的执着和对现实挑战的渴望中料想的那样，具有高成就动机的人的确成就更多。一项研究跟踪调查了智力测验分数在前1%的1528名加利福尼亚儿童的生活情况。40年后，研究者们对比了那些事业上成就最大和成就最小的人，发现存在动机差异。那些最成功的人更有雄心，精力充沛，坚持不懈。在儿童时代，他们有更多积极的业余爱好；成人后，他们参加更多的团体活动，喜欢参与体育活动而不是只做一名观众（Goleman, 1980）。有天赋的儿童学习能力更强。有成就的成人是坚韧的实干家。在一个项目刚开始和快结束时，大多数人都是精力充沛的实干家。你有没有注意到？最容易出现的是"卡在中间"，而此时高成就者则会继续前进（Bonezzi et al., 2011）。

其他一些既针对中学生也针对大学生的研究发现，与智力分数相比，自律可以更好地预测学校表现、出勤和毕业荣誉。如果再加上积极的热情，持续的、坚韧不拔的努力也可以预测教师的成功——他们所教的学生学习成绩取得很大进步（Duckworth et al., 2009）。研究者总结道："自律超过才能"（Duckworth & Seligman, 2005, 2006）。

纪律也可以锤炼人才。那些顶级小提琴家在20岁出头时就已经积累了约一万小时的练习时间，这是那些想当老师的小提琴学生练习时间的两倍（Ericsson, 2001, 2006, 2007）。西蒙（Simon, 1998），一位获得诺贝尔经济学奖的心理学家，总结了在第9

章中称为十年定律的规律：一个领域中的世界级专家通常已经投入了"至少10年的努力工作——每年50周，每周40小时"。一项对杰出的学者、运动员和艺术家的研究发现，这些人上进心强，自律，愿意每天把时间花在他们追求的目标上（Bloom, 1985）。这些超级成功者与他人的明显不同并不在于其非凡的先天才能，而是在于他们日常的非凡自律。

达克沃斯和塞利格曼指出，极其成功的个体与同等才华的同龄人之间的区别在于坚韧——对长期目标的热忱奉献。尽管智力是正态分布的，然而成就却并非如此。这告诉我们，成就涉及的不仅仅是原始能力。这也是为什么组织心理学家努力寻找吸引和激励做着普通工作的普通人的方法。这也是为什么对学生进行"顽强"——压力下的韧性——训练可以提高学习成绩（Maddi et al., 2009）。

情绪：唤醒、行为与认知

10-8：唤醒、认知和外显行为在情绪中如何相互作用？

动机行为通常与强烈的情绪有关。我的归属需要在某一天受到了难以忘怀的挑战。有一天，我带着刚学会走路的大儿子彼得去一个大商场冲洗胶卷，当我放下孩子准备付账签单时，一个行人提醒说："你最好小心点，别把孩子丢了！"我把胶卷放进槽里后转过身来，仅仅一会儿工夫，彼得就不见了。

一开始我只是有点着急，在柜台的一头四处寻找，没有看到彼得。我心里有些急了，又去柜台另一头寻找，还是没有。现在，我的心跳加快了，开始在附近的柜台来回地找，仍然没有看到彼得。此时，焦急变成了恐慌，我开始在商场的通道上来回奔跑，还是没有找到他。得知我丢了孩子，商场经理用广播请求顾客帮助寻找。过了一会儿，我碰到刚才提醒我的那位顾客，他责怪我说："我警告过你，你会丢了孩子的！"想象着孩子已经被拐走（陌生人通常喜欢漂亮的孩子），我不得不承认，可能是我的疏忽导致我弄丢了自己的孩子，我爱他胜过一切。而最为可怕的是，我不得不独自回家面对我的妻子，我弄丢了我们唯一的孩子。

但过了一会儿，当我再次经过顾客服务台时，孩子已经在那儿了，某个好心的顾客将他找到并送回！顷刻间，恐惧转换为狂喜。我抱紧儿子，泪流满面；我已经无法表达自己的谢意，高兴得跌跌撞撞地冲出了商店。

这些情绪从何而来？为什么我们会有这些情绪？它们是由什么构成的？情绪的存在不仅仅是为了让我们享受有趣的经历。情绪是我们身体的适应性反应，可以提高我们的生存几率。当我们面临挑战时，情绪使我们的注意力集中，使我们的行动充满力量（Cyders & Smith, 2008）。我们的心跳加剧，步伐加快，所有的感官都处于高度警觉状态。获悉意想不到的好消息，我们的眼里会噙着泪水，我们会欢快得手舞足蹈，并感到精力充沛、信心百倍。

就像上述我焦急地寻找彼得的故事所描绘的，**情绪**（emotion）是一个混合物，由三个部分所组成：

Courtesy of David G. Myers

不仅仅是情绪，大多数心理现象（视觉、睡眠、记忆、性等等）都可以从这三个方面来解释，即生理上的、行为上的和认知上的。

- 生理唤醒（心跳加快）；
- 外显行为（步伐加快）
- 意识体验，包括思维（"这是拐骗吗？"）和情感（惊慌、恐惧和喜悦）。

心理学家所面临的困惑是：这三个部分是怎样结合在一起的？为了解决这一难题，我们需要回答两个重大问题：

1. 先有鸡还是先有蛋的争论：你的生理唤醒先于还是晚于你的情绪体验？（我是先注意到心跳加速或步伐加快，然后才感到焦虑恐慌呢？还是我先感到恐惧，再引发心脏和腿的反应？）
2. 思维（认知）与情感是如何相互影响的？认知总是先于情绪吗？（我是在情绪反应之前想到绑架的吗？）

历史上的情绪理论与新近研究都在探寻这些问题的答案。

历史上的情绪理论

詹姆斯–兰格理论：生理唤醒先于情绪体验

常识告诉我们大多数人，我们哭是因为伤心，猛打是因为生气，发抖是因为害怕，即先有意识觉察，再有情感。但心理学先驱威廉·詹姆斯却认为，这种关于情绪的常识刚好把顺序弄反了。根据詹姆斯的观点，"我们感到难受是因为我们哭泣，感到气愤是因为我们打斗，感到害怕是因为我们颤抖"（James, 1890, p. 1066）。丹麦生理学家卡尔·兰格也提出了类似的观点，所以这一理论被称为**詹姆斯–兰格理论**（James-Lange theory）。詹姆斯和兰格可能揣测，我注意到自己心跳加速，然后吓得发抖，感受到了情绪的瞬间变化——即身体反应之后紧接着出现恐惧感。

坎农–巴德理论：生理唤醒和情绪体验同时发生

生理学家沃尔特·坎农（Walter Cannon，1871—1945）不赞同詹姆斯和兰格的观点。心跳加速是恐惧、愤怒或爱的信号吗？坎农认为，躯体的反应——心率、排汗、体温——太相似了，改变得太慢了，不会引发不同的情绪。坎农和之后的另一位生理学家菲利普·巴德一致认为，生理唤醒和我们的情绪体验是同时发生的。因此，根据**坎农–巴德理论**（Cannon-Bard theory），在我体验到恐惧的同时心也在剧烈跳动。唤起情绪的刺激传至交感神经系统，导致机体的唤醒。同时又到达大脑皮层，引起了主观的情绪体验。我的剧烈心跳并没有导致恐惧的感受，我的恐惧感也没有导致剧烈的心跳。躯体反应和情绪体验是相互独立的。

有人对脊髓严重受损的人进行了研究，其中包括一项对25名在"二战"中脊髓损伤的士兵的调查（Hohmann, 1966）。这些研究对坎农–巴德理论提出了挑战。那些脊髓低端受损的，即仅仅失去腿部知觉的士兵，报告说他们的情绪强度几乎没有改变；而那些高位脊髓受损的，颈部以下丧失知觉的士兵则报告其情绪的强度有改变，某些反应比受伤前明显减弱了。有一个士兵

欢乐的表达 根据詹姆斯–兰格理论，我们欢笑不仅是因为我们分享了队友的欢乐。因为我们与队友一起欢笑，所以我们也分享了快乐。

坦言，愤怒的情绪"已不像过去那样激烈，它仅仅是一种内心的愤慨"。但是他们对主要由颈部以上身体部位表达的情绪感受却更强烈。这些人报告，他们在与人告别、做礼拜或看感伤电影时，流泪、喉咙哽咽和阻塞的情况都增多了。有研究者认为，这类证据证实了我们的感受主要是我们身体反应和行为的"影子"（Damasio, 2003）。

但是，现在大多数研究者认为我们的情绪体验也有认知的参与（Averill, 1993; Barrett, 2006）。我们是否会对漆黑的大街上走在我们后面的人感到恐惧，完全依赖于我们把他的行为解释为威胁还是友好。

提取一下

- 坎农-巴德理论认为，(a) 对刺激的生理反应（例如，心咚咚跳）和 (b) 我们体验到的情绪（例如，恐惧）是_____（同时/相继）发生的。詹姆斯-兰格理论认为，(a) 和 (b) 是_____（同时/相继）发生的。

答案：同时；相继（先有生理反应，然后才有情绪体验）

沙克特-辛格的双因素理论：生理唤醒 + 认知标签 = 情绪

沙克特和辛格（Schachter & Singer, 1962）提出第三种理论：我们的生理反应和思维（知觉、记忆和诠释）共同引发了情绪。他们提出的**双因素理论**（two-factor theory）认为情绪有两个成分：生理唤醒和认知评价。按照他们的观点，情绪体验需要对生理唤醒的有意识解读。

思考一下，我们对一个事件的唤醒是如何溢出到下一事件的。想象一下，你兴高采烈地跑回家后得到一个消息，你得到了渴望已久的工作。比起在睡眼惺忪之时得到这个消息，你是否觉得伴随着跑步所带来的生理唤醒，你会更兴奋呢？

为了考察情绪的外溢效应，沙克特和辛格给大学生志愿者注射了肾上腺素，使他们处于唤醒状态。假定你也是他们中的一员：注射结束后，你去了等候室，发现还有一个人在那儿（实际上是实验者的助手），这个人或者表现得很高兴或者很气恼。你在观察这个人时，开始觉得心跳加快、身体发热、呼吸越来越急促。如果事先被告知这是注射肾上腺素后产生的生理反应，你会有怎样的感觉？实验的志愿者几乎没有产生什么情绪体验——因为他们将这种唤醒归因于药物的作用。但是如果事先被告知注射药物不会产生任何影响，你又会有什么感觉？可能你会像另一组参与者的反应一样，被等候室里的那个人的情绪所"左右"——如果他表现得高兴你就会开心，如果他表现得气恼你就会焦躁。

一种唤醒状态可以被体验为两种完全不同的情绪，这依赖于我们怎样对这种唤醒进行解释和标定，这一发现已经在很多实验中被验证（Reisenzein, 1983; Sinclair et al., 1994; Zillmann, 1986）。正如丹尼尔·吉尔伯特（Gilbert, 2006）所指出的："一个人在悬崖峭壁前理解为恐惧的情绪，在面对轻薄的女衫时也可能被解释为欲望。"

请牢记这点：唤醒激起情绪，认知引导情绪。

外溢效应 足球比赛中的唤醒可以点燃愤怒，这可能会导致骚乱或其他暴力冲突。

> **提取一下**
>
> - 按照沙克特和辛格的理论，引起我们情绪体验的有两种因素：(1)生理唤醒和(2)_____评价。
>
> 答案：认知

扎荣茨、勒杜和拉扎勒斯：认知总是先于情绪吗?

但是，感情总是服从于理智吗？要产生情绪体验，我们就必须先对唤醒贴标签吗？扎荣茨（Zajonc, 1980, 1984a）争辩说，实际上我们有许多情绪反应与对情境的解释无关，甚至先于对情境的理解。或许你会回想起立刻喜欢上某件东西或某个人，却不知道为什么。

在前面的章节中我们提到，当人们重复观看那些快速呈现但来不及去解释的刺激时，他们变得偏向于这些刺激。尽管他们没有意识到曾经见过这些刺激，但他们却倾向于偏好这些刺激。我们拥有一个非常敏感的自动雷达来处理重要的情绪信息，即使一个潜意识里闪过的刺激，也可使我们对接下来的刺激产生更好或更坏的感觉（Murphy et al., 1995; Zeelenberg et al., 2006）。在实验中，让口渴的人观看一个阈下闪现（因此未被觉察）的人脸，然后给一杯果味饮料。那些观看了开心面孔的人比观看中性面孔的人多喝了50%的饮料（Berridge & Winkielman, 2003）。那些观看了愤怒面孔的参与者饮料喝得很少。

神经科学家正在绘制"自下而上"和"自上而下"的情绪神经通路（Ochsner et al., 2009）。我们的情绪反应可以遵循两种不同的脑通路。一些情绪（尤其是较复杂的情绪，像爱和恨）走"高级通道"。走这条通路的刺激会（经由丘脑）到达大脑皮层（图10.11a）。刺激在那里得到分析和标定，然后再经过杏仁核（情绪控制中枢）下达命令，作出反应。

但有时我们的情绪（尤其是简单的喜欢、不喜欢和恐惧）会走约瑟夫·勒杜

图 10.11
情绪的大脑通路（见彩插）在双通道的大脑里，感觉刺激可以通过(a)大脑皮层（经由丘脑）进行分析，然后发送到杏仁核；或者(b)直接将感觉刺激发送到杏仁核（经由丘脑）以便作出紧急的情绪反应。

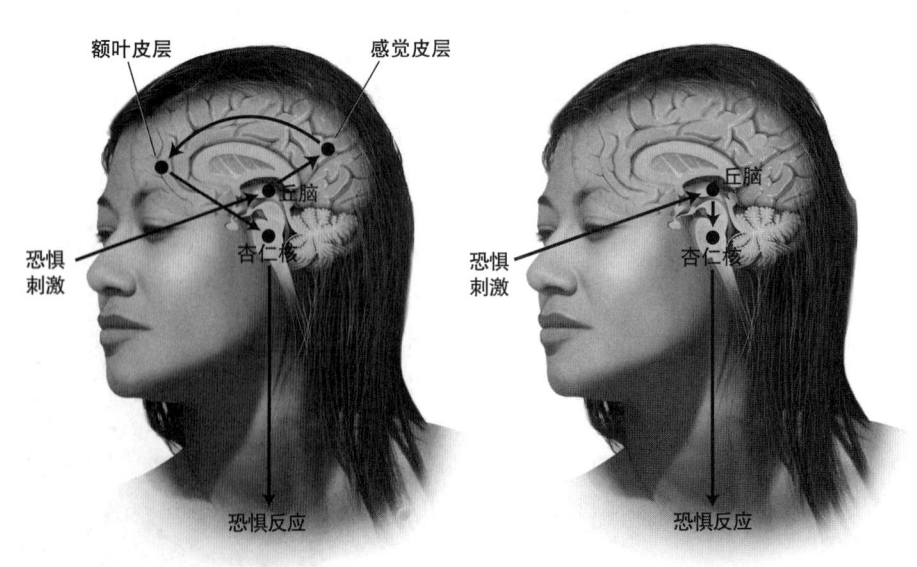

(a) 思维高级通道　　(b) 快速低级通道

（LeDoux, 2002）所说的"低级通路"，一条绕过大脑皮层的神经捷径。顺着低级通路，一个引起恐惧的刺激会从眼睛或耳朵（还是经由丘脑）直接进入杏仁核（图10.11b）。这条捷径绕开大脑皮层，让我们能在思维介入之前作出神速的情绪反应。就像绕过大脑思维皮层进行的快速反射一样，杏仁核反应非常迅速，我们可能都没意识到发生了什么（Dimberg et al., 2000）。

杏仁核发送到皮层区域的神经信息多于它从大脑皮层接受的信息，这使情感对思维的制约比思维对情感的控制更容易（LeDoux & Armony, 1999）。因此，在森林里，我们被附近沙沙作响的叶子吓了一跳，之后才由皮层决定这个声音是由蛇发出的还是由风引起的。这样的经历支持了扎荣茨的观点，他认为我们的某些情绪反应不包括谨慎的思考。

情绪专家拉扎勒斯（Lazarus, 1991, 1998）承认我们的大脑可以在没有意识到的情况下对大量的信息进行加工和反应，也相信某些情绪反应不需要有意识的思维。我们的很多情绪体验都是经由自动的快速低级通道发生的。然而，他指出，如果我们并没有在某种程度上对情境作出评价，我们怎么知道正在对什么作反应呢？这种评价可能是不需要意志努力的，我们可能意识不到，但它仍然是一种心理功能。为了判断一个刺激是好是坏，大脑必须了解这个刺激是什么（Storbeck et al., 2006）。因此，拉扎勒斯认为，当我们评价一件事对我们健康的利害关系时，情绪就产生了，而不管我们是否真的知道它的利弊。我们把树叶沙沙作响的声音评价为威胁出现，之后才知道那"仅仅是风"。

因此，如扎荣茨和勒杜所证明的，一些情绪反应——特别是简单的喜欢、不喜欢和恐惧——不涉及有意识的思维（**图 10.12**）。我们可能害怕大蜘蛛，即使我们"知道"它是无害的，但我们很难通过改变我们的思维来改变这种反应。我们可能无意识地更喜欢某个人。如果我们在投票时（像很多人一样）投了一位喜欢的候选人，而非表达的立场更接近我们的候选人，那这种即时的吸引力甚至会影响我们的政治决策（Westen, 2007）。

但是，正如拉扎勒斯、沙克特和辛格所预测的，我们关于政治的情感也受记忆、预期和解释的影响。此外，高度情绪化的人，其强烈的情绪体验部分是因为他们的解释。他们将事件个人化，就好像这些事件是指向他们的，而且他们还会将单一事件过分夸大，以此来概括自己的全部经历（Larsen et al., 1987）。因此，学会更积极地思考会使我们感觉更好。尽管情绪的低级通路自动运行，但思维高级通路为我们夺回了一些情感生活的控制权。自动化情绪与有意识的思维共同构成了我们的情感生活。（**表 10.1** 对以上情绪理论进行了总结。）

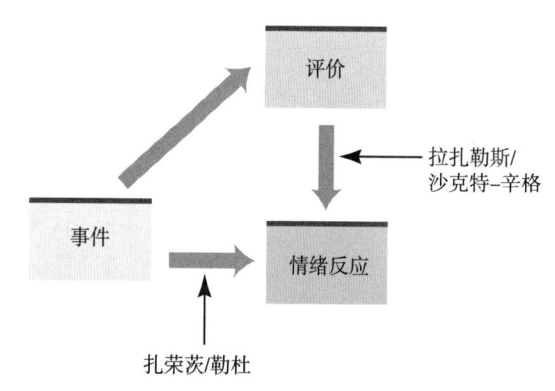

图 10.12

双加工的另一个例子：情绪产生的两种路径

扎荣茨和勒杜强调，一些情绪反应是即刻的，它们先于任何意识评价而出现。拉扎勒斯、沙克特和辛格则强调，我们对事件的评价和标签也决定我们的情绪反应。

提取一下

- 情绪研究人员对于情绪反应是否在认知过程缺席的情况下发生存在分歧。你将如何描述以下每个研究人员的观点：扎荣茨、勒杜、拉扎勒斯、沙克特和辛格？

答案：扎荣茨和勒杜认为，在未有任何有意识的情感加工以前，我们可以体验到某些情绪。拉扎勒斯、沙克特和辛格则认为，我们对事件的评价和标签在情绪中是很重要的。

表 10.1
情绪理论总结

理论	对情绪的解释	举例
詹姆斯－兰格	我们觉察到对情绪唤醒刺激的特定躯体反应，从而产生情绪。	我们注意到自己在遇到威胁时心跳加速，然后感到恐惧。
坎农－巴德	情绪唤醒刺激引起我们的躯体反应，同时产生主观体验。	我们感到恐惧的同时心跳加速。
沙克特－辛格	我们的情绪体验取决于两个因素：一般的唤醒和有意识的认知标签。	我们会把唤醒解释为恐惧还是兴奋，取决于所处的情境。
扎荣茨；勒杜	一些外显的反应瞬间发生，并无有意识的评价。	在将其标定为威胁之前，森林中的声响就让我们不自觉地吓一跳。
拉扎勒斯	认知评价（"是否有危险？"）——有时我们意识不到——定义情绪。	刚才的声音"只是风声"。

具身情绪

无论你正身陷爱河，还是在因某人过世而哀伤，你无疑会承认这些情绪都牵涉到机体活动。没有身体活动的感受就像没有肺的呼吸一样。有些生理反应很容易被注意到，但有些情绪反应根本意识不到。在考察特定情绪的生理反应之前，我们先考虑一个重要问题：有多少种不同的情绪？

基本情绪

10-9：基本情绪有哪些？

> 恐惧为他的双脚插上了翅膀。
> ——古罗马诗人维吉尔，《埃涅伊德》，公元前 19 年

伊扎德（Izard, 1977）分解出 10 种基本情绪（喜悦、兴趣－兴奋、惊讶、悲伤、愤怒、厌恶、轻视、恐惧、羞耻和内疚），其中大多数在婴儿期就已出现（图 10.13）。其他人（Tracey & Robins, 2004）认为自豪也是一种独特的情绪，其标志是轻微的笑容，头部稍微后倾和开放的姿势。爱也可能是一种基本情绪（Shaver et al., 1996）。伊扎德认为其他情绪都是这 10 种情绪的混合，比如，爱就是一种喜悦和兴趣－兴奋的混合体。但这些情绪有生物学上的区别吗？

情绪与自主神经系统

10-10：情绪唤醒与自主神经系统有何关联？

我们在第 2 章中已经知道，面临危机时，正是你自主神经系统（autonomic nervous system，ANS）的交感神经调动身体做出动作（图 10.14）。它刺激肾上腺，以分泌应激激素肾上腺素和去甲肾上腺素。为了提供能量，肝脏会将额外的糖注入

第 10 章 动机与情绪　411

(a) 喜悦（嘴唇张开形成笑容，面颊上抬，眼睛闪烁）

(b) 愤怒（眉毛向下皱在一起，眼睛盯视，抿着嘴）

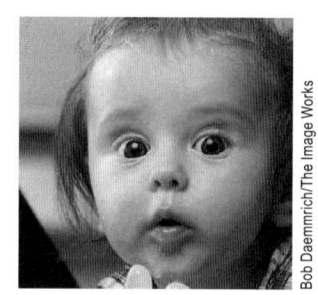

(c) 兴趣（眉毛上扬或皱眉，嘴巴略呈圆形，嘴唇可能皱起）

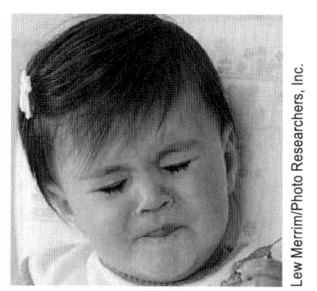

(d) 厌恶（鼻子皱起，上嘴唇上扬，舌头向外推）

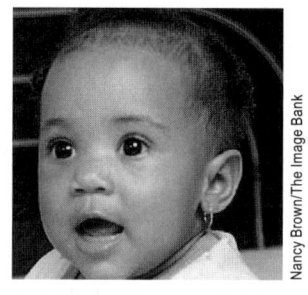

(e) 惊讶（眉毛上扬，眼睛变大，嘴巴呈椭圆形）

(f) 悲伤（眉毛内侧上扬，嘴角下拉）

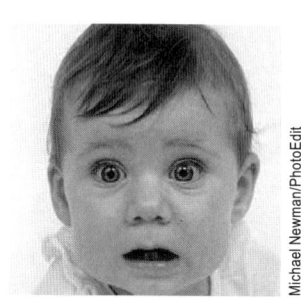

(g) 恐惧（眉毛拉平，向中间皱紧且眉头上扬，上眼睑提升，嘴角缩进）

图 10.13
婴儿自然发生的情绪
为识别出生就具有的情绪，伊扎德分析了婴儿的面部表情。

血液。为了帮助燃烧这些糖，你的呼吸量会增加，以供给所需的氧气。你的心率加快、血压升高。你的消化减慢，血液从内脏转移到肌肉。随着血糖进入大肌肉，跑步变得更容易。你的瞳孔扩大，让更多的光进入。为了冷却激动的身体，你会出汗。如果受伤，你的血液会更快地凝结。

危机过去时，随着应激激素缓慢地离开血液，自主神经系统的副交感神经逐渐让身体平静下来。在下一次遭遇危机后思考一下：在没有任何意识努力的情况下，

图 10.14
情绪唤醒
自主神经系统就如危机控制中心，在危机发生时唤醒身体，而危机过去时则让身体平静下来。

自主神经系统控制生理唤醒

交感神经系统（唤醒作用）		副交感神经系统（镇静作用）
瞳孔扩张	眼睛	瞳孔收缩
减少	唾液分泌	增加
排汗	皮肤	干燥
增加	呼吸	减少
加快	心跳	减缓
抑制	消化	活跃
分泌应激激素	肾上腺	减少应激激素的分泌
减弱	免疫系统功能	增强

你的机体对危险的反应惊人地协调并具有适应性——使你随时做好战斗或逃跑的准备。那么，不同的情绪是否具有不同的唤醒特征呢？

情绪的生理学

10-11：不同的情绪是否会激活不同的生理和大脑反应模式？

设想做一个实验来测量情绪的生理反应。在4个房间里，你分别让人看不同的电影：第1个房间，一部恐怖电影；第2个房间，一部能激起愤怒的电影；第3个房间，一部能引起性唤起的电影；第4个房间，一部令人厌倦的电影。在控制中心，你能监视每一个人的生理反应，测量出汗、呼吸和心率的变化。你认为你能否通过这些生理指标辨别出谁是害怕的？谁是愤怒的？谁是性唤起的？谁是厌倦的？

经训练，你可能找得出那位感到厌倦的看片者。但是要辨别恐惧、愤怒和性唤起之间的生理变化差异是非常困难的（Barrett, 2006）。不同的情绪并没有生理指标的显著差异。

它们所涉及的大脑区域也无明显不同。想想脑岛（脑内深处的一个神经中枢）的广泛情感组合。当我们经历各种各样的社会情感，比如性欲、自豪和厌恶时，脑岛就会被激活。在脑部扫描中，当人们吃到一些恶心的食物、闻到同样恶心的食物、想到咬一口令人作呕的蟑螂或者对利用一位圣洁的寡妇进行的肮脏交易感到道德厌恶时，脑岛就会变得活跃（Sapolsky, 2010）。

然而，尽管这些情绪有着相似之处，对于你我来说，恐惧、愤怒和性唤起的感觉是不同的；对其他人来说，它们常常看起来也不一样。人们可能表现为"被吓瘫了"或"要爆炸了"。研究者发现在不同的情绪之间，存在某些真实却又微小的生理差异。例如，伴随着恐惧和狂怒而产生的手指温度和激素分泌确实是不同的（Ax, 1953; Levenson, 1992）。尽管恐惧和喜悦都可以引起相似的心率加快，但是它们刺激了不同的面部肌肉。恐惧时，眉头肌肉变得紧张；喜悦时，脸颊和眼下部的肌肉会形成微笑的表情（Witvliet & Vrana, 1995）。

> 没有人曾告诉我悲伤竟与恐惧如此相像。我并不害怕，但这种感觉就像害怕。同样的胃壁紧缩，同样的不安，同样的打哈欠。我一直在忍受着。
> ——C. S. 刘易斯，
> 《卿卿如晤》，1961

有些情绪所涉及的大脑回路也有所不同（Panksepp, 2007）。观看（并巧妙模仿）恐惧面孔的人与观看愤怒面孔的人相比，前者杏仁核（情绪控制中心）的脑电活动更强（Whalen et al., 2001）。脑部扫描和脑电图记录显示，情绪也会激活大脑皮层的不同区域。当人们体验到负性情绪（如厌恶），其右侧前额皮层比左侧显示出更多的脑电活动。有抑郁倾向以及具有一般性的消极人格的个体也显示出更多的右额叶活动（Harmon-Jones et al., 2002）。

正性情绪往往激发左侧额叶皮层的活动。有积极人格的个体——充满活力的婴儿和机敏、热情、精力旺盛、持之以恒的成人，其

情绪唤醒 兴高采烈与惊慌失措涉及类似的心理唤醒。这让我们可以在这两种情绪之间快速切换。

第 10 章 动机与情绪   413

左额叶比右额叶显示出更多的脑电活动（Davidson, 2000, 2003; Urry et al., 2004）。

总而言之，我们无法从心率、呼吸和排汗轻易地看到情绪的差异。但是不同情绪的面部表情和大脑活动存在差别。那么，我们是不是像匹诺曹一样，在说谎的时候泄露了一些蛛丝马迹呢？有关这个问题的更多信息，请参见批判性思考：测谎。

批判性思考

测　谎

10-12：多导仪利用身体状态来检测谎言效果如何？

测谎仪——**多导仪**（polygraph）——能识别谎言吗？多导仪并不直接检测谎言，而是测量伴随情绪的几种生理反应，如呼吸的改变、心血管活动和出汗。如果你在做测试，审查人员会检测你回答问题时的这些生理反应。她可能会问，"在过去20年里，你是否曾经拿过不属于你的东西？"这是一个控制问题，意欲使任何一个人都觉得有点紧张。如果你撒谎，作否定的回答（像大多数人那样），多导仪将会检测到唤醒。这一反应将作为基线，是你对关键问题反应的有效对比（如"你是否曾从你以前的雇主那里偷过东西？"）。如果你对关键问题的生理反应比对控制问题的反应弱，审查人员就推断你在说实话。

批评者提出了两个问题：第一，从一种情绪到另一种情绪，我们的生理唤醒大抵相同——焦虑、恼怒和内疚都会激起相似的生理反应。第二，很多无辜的人面对关键问题所提及的指控时会表现出高度紧张（图 10.15）。很多强奸受害者在测试中也有类似的"失误"，诉说强奸者的真相时，她们的反应都很情绪化（Lykken, 1991）。

2002 年美国国家科学院报道，"用多导仪没有抓获过一个间谍"。原因并不在于缺乏尝试。美国联邦调查局（FBI）、中央情报局（CIA）和国防部花了数百万美元测验了成千上万名雇员，多导仪在欧洲的使用也在增加（Meijer & Verschuere, 2010）。但其间，奥尔德里奇·埃姆斯却从未被多导仪识别出来，他就是埋伏在 CIA 的俄国间谍。罗伯特·帕克（Park, 1999）提到，埃姆斯"做了很多测谎测试，但都通过了。没人想去调查他财富暴发的原因——毕竟，他通过了所有的测谎测试。"

更为有效的测谎方法使用犯罪知识测试，用只有警方和犯罪人才知道的犯罪场景细节来评价嫌疑人对此的生理反应（Ben-Shakhar & Elaad, 2003）。比如，假如照相机和电脑被偷，只有嫌疑人会对特定的品牌产生强烈的反应。如果这种具体的探察足够多，无辜的人就很少会被错误地指控。

图 10.15

测谎检测出说谎的频率如何？

在一项研究中，多导仪专家对 100 名曾经的盗窃犯罪嫌疑人的测谎数据进行了解释（Kleinmuntz & Szucko, 1984）。其中一半的嫌疑人有罪且已供认不讳；另一半则被证明是清白的。假如测谎专家是法官的话，超过三分之一的无辜者会被判有罪，四分之一的罪犯会被判无罪。

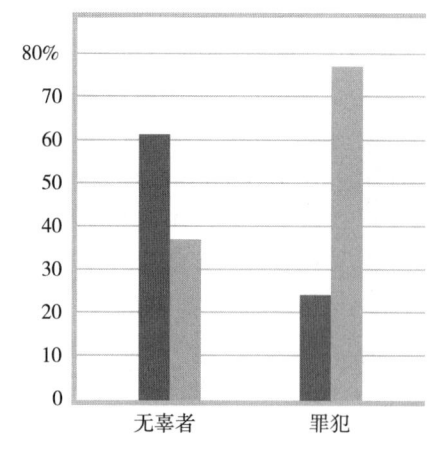

百分比（%）

■ 被多导仪判断为无辜
■ 被多导仪判断为有罪

（柱状图：无辜者 约 60% 被判无辜，约 37% 被判有罪；罪犯 约 24% 被判无辜，约 77% 被判有罪）

414 迈尔斯普通心理学

提取一下

- 自主神经系统的两个分支如何影响我们的情绪反应?

答案:自主神经系统的交感神经分支通过引起我们的心率、血压和血糖水平升高来唤起我们,但当威胁过去时,其副交感神经分支会让我们的身体系统平静下来。

情绪的表达和体验

> 我的主人,你的脸是一本书,人们可以在上面读到奇怪的事情。
> ——麦克白夫人对她的丈夫说,出自莎士比亚的悲剧《麦克白》

人们表现出的行为会揭示他们的情绪。海豚似乎总是面带微笑,看上去很开心。为了破译人们的情绪,我们可以观察他们的身体姿态,听他们说话的语气,研究他们的面部表情。这种非言语的语言是否具有文化差异,抑或普遍存在?我们的表达是否会影响我们的情绪体验?

觉察他人情绪

10-13:我们如何通过非言语渠道沟通?

对西方人来说,有力的握手传达出一种外向、善于表达的个性(Chaplin et al., 2000)。我们可以用凝视、匆匆的一瞥或盯着看来表达亲密、服从或控制(Kleinke, 1986)。热恋的情侣会长时间地凝视着对方的眼睛(Rubin, 1970)。这种亲密的凝视能否在陌生人之间引起这样的情感呢?为了寻求答案,研究者让一些不认识的男、女配对,用两分钟时间一心一意地注视对方的手或眼睛。分开之后,凝视眼睛的双方均报告说有一种彼此吸引和爱慕的兴奋感(Kellerman et al., 1989)。

大多数人都能很好地解读非言语线索。观看快速约会互动结束时的 10 秒视频,人们通常可以发现一个人是否被另一个人吸引(Place et al., 2009)。我们特别善于识别非言语形式的威胁。在一系列阈下闪现词语中,我们更常感知到消极词语的出现,如蛇或炸弹(Dijksterhuis & Aarts, 2003)。在一大堆的面孔中,一张愤怒的脸要比一张快乐的脸更快地"凸现出来"(Hansen & Hansen, 1988; Pinkham et al., 2010)。甚至当我们听另一种语言时,大多数人都能轻易觉察出愤怒(Scherer et al., 2001)。

经验也可以提高我们对特定情绪的敏感性。在观看呈现的一系列面部表情时(**图 10.16**),从愤怒到恐惧(或悲伤),身体上受过虐待的儿童比其他儿童更快地识别出愤怒的信号。呈现一张有 60% 恐惧和 40% 愤怒的面孔,他们将这张面孔识别为愤怒的可能性和识别为恐惧的相同。他们的知觉对一闪而过的危险信号非常敏感,而这是未受过虐待的儿童觉察不到的。

难以控制的面部肌肉泄露了你可能试图隐藏的情绪迹象。仅仅轻轻地上挑眉毛的内侧,一个潜意识的动作,就泄露了你

情绪的无声语言 印度古典舞能利用面孔和身体有效地传达 10 种不同的情绪(Hejmadi et al., 2000)。

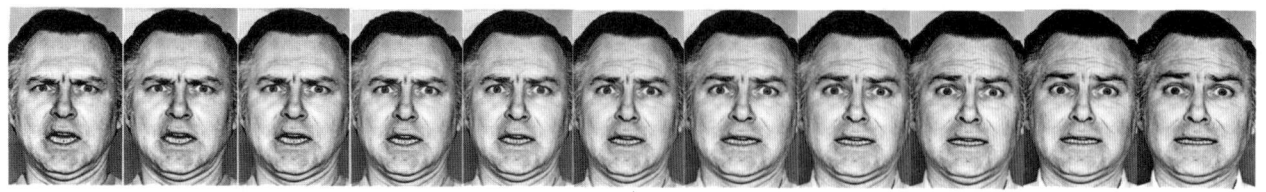

第 10 章 动机与情绪　**415**

图 10.16
经验影响我们对情绪的感知
呈现中间这张由恐惧与愤怒均衡混合的人脸图像，身体受过虐待的儿童比未受过虐待的儿童更容易将它感知为愤怒（Pollak & Kistler, 2002；Pollak & Tolley-Schell, 2003）。

的忧伤和烦恼。眉毛上扬并挤到一块意味着害怕。眼下部的肌肉活动和面颊的上升表达了一个自然的微笑。假笑，就像我们对一个摄影师的微笑，通常会持续 4 或 5 秒以上。到那时，大多数真实的表情都已经消失了。假笑也比真正快乐的微笑来去更为突兀（Bugental, 1986）。

我们的大脑在觉察细微表达方面非常神奇。研究者录制了教师与看不见的学龄儿童谈话（Babad et al., 1991）。仅仅呈现 10 秒钟教师的声音或面孔的录像剪辑，就给年轻和年老的观察者提供了足够的线索，以确定这位教师是否喜欢和欣赏这个儿童。在另一个实验中，甚至只要对一个面孔瞥上十分之一秒，就足以让人判断某人是否有吸引力或值得信赖，或评价政治家的能力并预测他们的选民支持（Willis & Todorov, 2006）。"第一印象……发生速度惊人，"克里斯托弗·奥利弗和亚历山大·托多罗夫指出（Olivola & Todorov, 2010）。

尽管我们的大脑具有情绪觉察能力，但要觉察欺骗性的表情却很困难（Porter & ten Brinke, 2008）。对 206 项识别事实和谎言的研究总结发现，人们识别的准确率只有 54%——勉强比掷硬币好点（Bond & DePaulo, 2006）。而且，与之前宣扬的专家能识别谎言的观点相反，已有的研究一致表明，事实上没有人（或许除了高风险情境中的警方专业人员）比机遇水平好多少（Bond & DePaulo, 2008; O'Sullivan et al., 2009）。说谎者和说实话者之间的行为差异对大多数人来说都是转瞬即逝，无法察觉的（Hartwig & Bond, 2011）。

但是，有些人对身体线索更加敏感。在一项研究中，数百人被要求对所观看的简短电影片段中的情绪命名。这些电影片段是关于人们面部表情或体态的，有时还加上一些混乱不清的声音（Rosenthal et al., 1979）。比如，一个场景中只露出一个心烦意乱的女人的面孔，将其呈现两秒之后，研究者会问参与者这位妇女是在批评迟到的人还是在谈论她的离婚问题。面对这些"片段"，在觉察情绪方面一些人要强过另一些人。内向的人能较好地解读他人的情绪，而外向者的情绪更容易被他人觉察（Ambady et al., 1995）。

手势、面部表情和语调能传达重要的信息，但这些在书面交流中是不存在的。从一项研究中可以清楚地看到这种差别。一组参与者听 30 秒钟的录音，录音中的人在谈论分居问题。另一组参与者阅读录音

保罗·艾克曼的微笑，哪个是伪装的，哪个是真实的？
右边的微笑具有自然微笑的面部肌肉活动。

明显的情绪 图画小说的作者使用面部表情和其他设计元素来表达情感，减少了解释角色感情的需要。

的脚本。那些听录音的参与者能够更好地预测分居者现在和未来的调整状态（Mason et al., 2010）。在电子通信中，情绪表现力的缺失可能会使其产生模糊性和歧义性。为了部分弥补不足，我们有时会在短信、电子邮件和帖子中加入可见的情绪线索（如 ROFL：我笑得满地打滚！——编者注）。声音上的细微差别可以表明一个陈述是严肃的、玩笑的或是讽刺的，缺少了这些，我们容易陷入皮亚杰称为自我中心的危险中，我们没有意识到他人是如何解读我们的"仅仅开个玩笑"的信息的（Kruger et al., 2005）。

性别与情绪

10-14：男性和女性在情绪表达和体验方面存在哪些差异？

女人的直觉是否如许多人所认为的，比男人更好？霍尔（Hall, 1984, 1987）分析了 125 份对非言语线索的敏感性的研究，指出当只给出细微的行为时，在读解人的情绪线索方面女性一般优于男性。在其他的情绪线索评估方面，女性也优于男性，比如，在识别一对男女是真正的情侣还是假冒的一对时，以及在识别照片中的两个人谁是谁的上司时（Barnes & Sternberg, 1989）。

女性的非言语敏感性可以帮助解释她们更高的情感素养。当请男女描述特定情境下他们会有何感受时，男人描述的情绪反应更简单（Barrett et al., 2000）。你也可以自己试试：问一问人们毕业后和朋友告别时的感受。研究表明，你可能更多地听到男人们简单地说："我感觉不好。"而女人会表达出更复杂的情绪："我感到苦乐参半，我既高兴又难过。"

女人擅长辨别他人情绪，这或许也助长了她们的高情绪反应性（Vigil, 2009）。一项对来自全世界 26 个不同文化背景的 23 000 人的研究表明，相对于男性，女性更多地报告她们对情感的开放性（Costa et al., 2001）。这有助于我们解释一种非常强烈的认识：情绪性"更适合于描述女人"——几乎 100% 的 18~29 岁的美国人都表达了这样的看法（Newport, 2001）。

一个例外：请迅速地想象一张愤怒的面孔。这张面孔是男性还是女性？四分之三的亚利桑那州立大学的学生认为是一个男性（Becker et al., 2007）。研究还发现，如果一张性别中性化的面孔显得愤怒，大多数人都会认为它是男性面孔。而如果微笑，则更有可能被人认为是女性（图 10.17）。大多数人认为愤怒是一种更为男性化的情绪。

对女性情绪性的看法使得人们将女性的情绪性归因为性情，而将男性的情绪性归因于所处的环境："她是感性的。他今天过得很糟糕。"这种归因又反过来强化人们对女性情绪性的看法（Barrett & Bliss-Moreau, 2009）。不过，对情绪体验的描述存在一些性别差异。据调查，相对于男性而言，女人把自己描述成有同情心的可能性要高得多。如果你有同理心，你就会认同他人，并换位思考。别人高兴你也高兴，

图 10.17

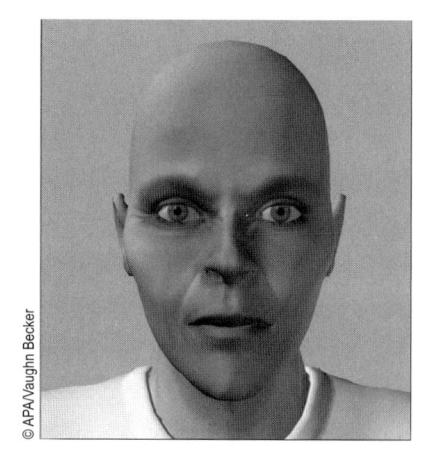

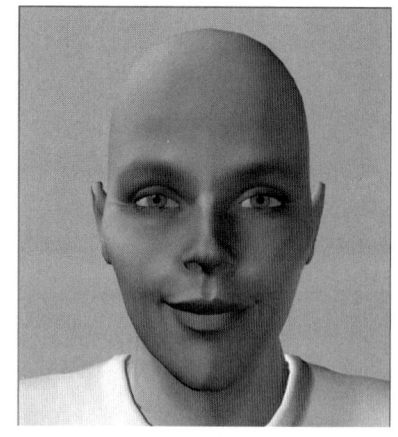

男性还是女性?

研究者（Becker et al., 2007）操控性别中性化的面孔时，如果赋予它愤怒的表情，人们更可能认为它是男性面孔；如果赋予它微笑的表情，人们更可能认为它是一个女性面孔。

别人哭泣你也哭泣。

但是，对同理心的生理测量（比如测量你看到别人悲痛时的心率）也证实了性别差异，虽然比调查中自我报告的要小（Eisenberg & Lennon, 1983; Rueckert et al., 2010）。女人也更可能表达出同理心——当看到别人悲伤时，她们哭泣并说自己也很悲伤。如**图 10.18** 所示，有学者让男性和女性学生观看悲伤（孩子与垂死父母在一起）、快乐（喜剧）或恐怖（一个男人几乎从高楼上摔下）的电影短片，然后把他们的表现拍成录像带进行观察，结果发现了同理心的性别差异（Kring & Gordon, 1998）。女性对情绪事件的体验（比如观看毁尸灭迹的图片）往往更为深刻——对情绪敏感的脑区有更多的激活——三周后对场景的记忆更好（Canli et al., 2002）。

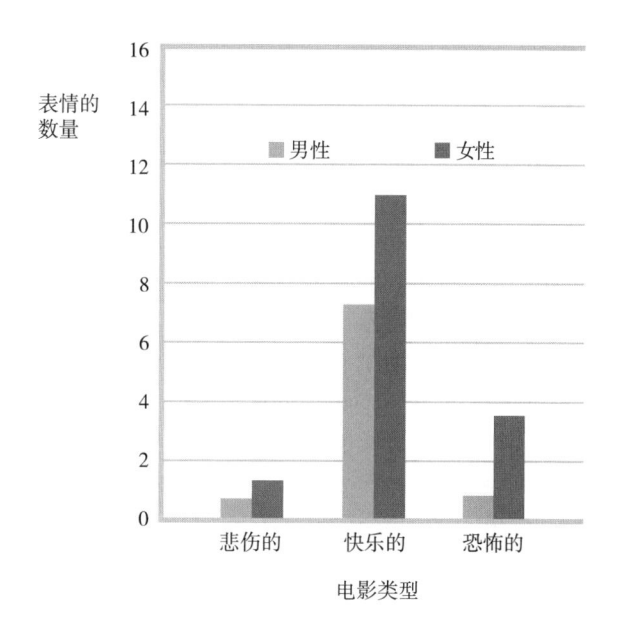

图 10.18

性别与情绪的表达性

男性和女性电影观众在情绪和生理反应的自我报告上没有明显的不同，但女性的面部表现出更多的情绪（资料来源：Kring & Gordon, 1998）

提取一下

- _____（女性/男性）报告的情绪体验更深刻，而且更擅长理解非言语行为。

答案：女性

文化与情绪

10-15：手势和面部表情在所有文化中含义都一样吗？

手势的含义存在文化差异。当美国前总统尼克松在巴西做出在北美表示

图 10.19
这些表情具有文化特定性还是文化普遍性？

作为有着不同文化背景的人，我们的脸是否在说着不同的语言？哪张脸表达了厌恶？愤怒？恐惧？快乐？悲伤？惊讶？（资料来源：Matsumoto & Ekman, 1989）。参见下面颠倒的答案。

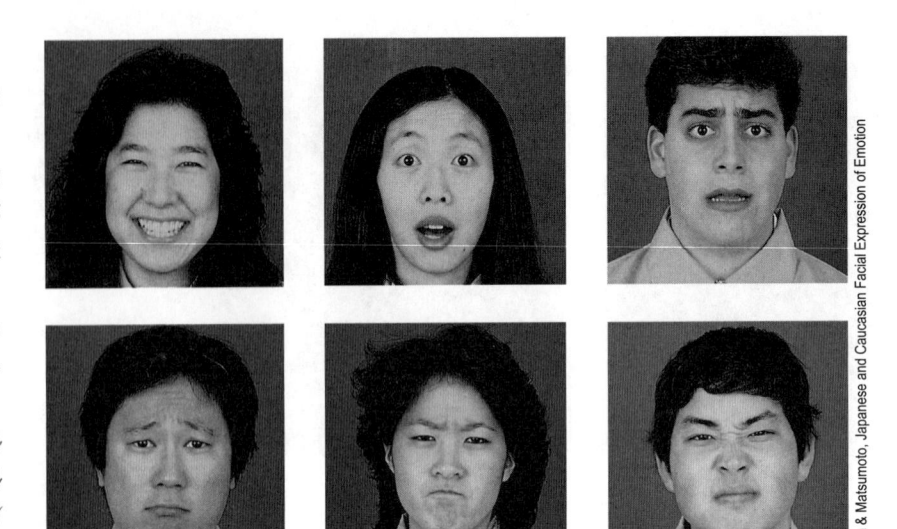

从左到右，自上而下依次为：快乐、惊讶、恐惧、悲伤、愤怒、厌恶。

"很好"的手势时，他并没有意识到这在巴西表示侮辱。手势的文化差异的重要性在1968年再次得到证实。当时朝鲜公布了一组来自被俘美国海军间谍船上的照片，照片上的官兵被认为很快乐。其中有三个男人竖起他们的中指，但他们告诉俘获者这是一种"夏威夷式的好运手势"（Fleming & Scott, 1991）。

在不同的文化中，面部表情也有不同的含义吗？为了找出答案，两个调查小组给来自世界不同地方的人呈现了不同的面部表情照片，并要求他们猜测是哪种情绪（Ekman et al., 1975, 1987, 1994; Izard, 1977, 1994）。你也可以自己试一试，将图 10.19 中的 6 种情绪与 6 张面孔配对。

不管你的文化背景如何，你都会做得非常好。在全世界，微笑和愤怒都是一样的，其他基本表情也相似（Elfenbein & Ambady, 1999）。（当人们快乐时，没有一种文化背景下的人会皱眉。）

面部表情的确带有一些非言语的口音，提供了关于个体所属文化的线索（Marsh et al., 2003）。因此，来自 182 项研究的数据表明，人们判断自己文化中个体的情绪表达时准确度要略好一些（Elfenbein & Ambady, 2002, 2003a, b）。不过，情绪的迹象通常是跨文化的。全世界的孩子都是忧伤的时候哭泣，反抗的时候摇头，愉快的时候微笑。甚至那些从来没有看见过人脸的盲童也是如此（Eibl-Eibesfeldt, 1971）。先天性的盲人也会自动地呈现出与愉快、悲伤、恐惧和愤怒这些情绪相对应的面部表情（Galati et al., 1997）。

情绪的音乐表达也是跨文化的。快乐和悲伤的音乐在全世界都会让人感到快乐和悲伤。无论你住在非洲的村庄还是欧洲城市，快节奏的音乐似乎都是快乐的，节奏缓慢的音乐似乎更悲伤（Fritz et al., 2009）。

这些共享的情绪类别是否反映了共同的文化体验，例如世界各地随处可见的电影和电视广播？但事实明显不是这样。艾克曼及其团队要求居住在新几内亚的与世隔绝者对"假设你的孩子死了"之类的陈述作出各种情绪反应。当北美大学生看到录下来的反应时，他们很容易解读新几内亚人的面部反应。

因此我们说，面部肌肉能传达一种相当普遍的信息。这一发现对达尔文（Charles Darwin, 1809—1882）来说应该不足为怪。他推断在史前时期，在能用语言交流前，

要了解心的秘密，问问脸。
——几内亚谚语

图 10.20
我们在情境中理解面部表情
脸上的泪水（上图）使它的表情显得更悲伤（Provine et al., 2009）。我们把右图中男人的表情理解成厌恶还是愤怒，取决于他的表情出现在哪个身体上（Aviezer et al., 2008）。

愤怒，厌恶，还是害怕？对情绪知觉可变性的研究（Aviezer et al.）。

我们的祖先用面部表情来传达威胁、问候和服从。他们共同的面部表情帮助他们存活下来（Hess & Thibault, 2009）。比如，人类在冲突时的冷笑就保留了动物在咆哮时露出牙齿的特征。表情还能在其他方面提高我们的生存能力。惊奇使我们的眉毛上扬，眼睛睁大，以获得更多的信息；厌恶使鼻子皱起，以避免令人恶心的气味。

微笑既是情绪反射也是社会现象。投球手投球得分时面无笑容——但当他们转向他们的同伴时露出了微笑（Jones et al., 1991; Kraut & Johnston, 1979）。甚至奥运冠军在等候颁奖仪式时也是面无笑容，但当其与奥运官员交流或面对公众和镜头时，他们却笑了（Fernández-Dols & Ruiz-Belda, 1995）。

虽然我们有基本一致的面部语言，但在特定的背景下解释面部表情对我们而言具有适应性（图 10.20）。人们总是把一张恐惧情境中的愤怒表情判断为害怕，而将一张痛苦情境中的恐惧表情判断为痛苦（Carroll & Russell, 1996）。电影导演总是通过创设背景和音响效果来利用这一现象，以提高我们对某些特定情绪的知觉。

尽管在不同文化背景下，基本情绪都有一致的面部语言，但是在情绪表达上表现出程度上的不同。在鼓励个性化的文化中，如西欧、澳大利亚、新西兰和北美，情绪的表现通常是最明显的（van Hemert et al., 2007）。在那些鼓励人们适应他人的文化中，如在中国，个人情绪的外在表现往往较少（Matsumoto et al., 2009b; Tsai et al., 2007）。在日本，人们更多地从周围环境中推断情绪。并且，在北美地区富有表现力的嘴，在日本，传达出的情绪却不及那些泄密的眼睛（Masuda et al., 2008; Yuki et al., 2007）。

文化差异也存在于国家内部。爱尔兰人和他们的爱尔兰美国后裔往往比斯堪的纳维亚人和斯堪的纳维亚美国后裔更富有表现力（Tsai & Chentsova-Dutton, 2003）。这让我们想起一堂熟悉的课：就像大多数心理事件一样，最好将情绪理解为不仅仅是一种生理和认知现象，而且是一种社会文化现象。

由于失重，宇航员的体液移向身体的上部，他们的脸变得肿胀，这使非言语交流变得更困难。特别是在来自不同国家的宇航员之间（Gelman, 1989）。

提取一下

- 不同文化中的人们对面部表情和手势中哪个的理解更可能存在差异？

面部表情的作用

10-16：面部表情如何影响我们的感受？

威廉·詹姆斯（James, 1890）在与抑郁和悲伤情感作斗争时，开始相信我们可以控制情绪，方法是做出我们想要体验的任何情绪的"外部动作"。他建议："要想感觉快乐，请快乐地坐着，快乐地环顾四周，就像你已经感到快乐一样地行动。"

对面部表情情绪功能的研究恰恰揭示出詹姆斯可能曾预期的结果。表情不仅能表达情绪，而且能调整和扩大情绪。达尔文在著作《人和动物的感情表达》（Darwin, 1872）中指出，"自由地表达情绪的外显特征会强化情绪本身……做出暴力的手势会增加愤怒"。

> 只要我感到害怕，就会昂起头，吹一声快乐的口哨。
> ——罗杰斯和哈默斯坦，《国王与我》, 1958

达尔文的观点正确吗？尝试一下：假装露齿而笑，然后再怒形于色。你能感觉到"微笑疗法"的不同吗？在许多实验中，参与者感到了不同。比如，莱尔德和他的同事（Laird et al., 1974, 1984, 1989）让学生"收紧面部肌肉"，"把眉毛聚在一起"，这样就巧妙地使他们做出皱眉的表情（假装是帮助研究者在面部放置电极）。其结果是，学生报告说感觉到有一点愤怒。让人们用面部肌肉模拟其他基本表情时，也能体验到这些情绪。比如，做一个恐惧的表情："眉毛上扬，眼睛睁大，整个头后靠以使你的下巴微微收起，并且让你的嘴放松，同时微微张开"，这时被试报告说感受到更多的是恐惧而不是愤怒、厌恶或悲伤（Duclos et al., 1989）。

这种**面部反馈效应**（facial feedback effect）在很多地方很多基本情绪中都反复出现（图10.21）。放一支笔在牙齿中能激活一种笑肌（而不是用嘴唇夹笔，这样会激活皱眉的肌肉），这就足以使卡通看起来更有趣（Strack et al., 1988）。一个会心的微笑——不仅由嘴产生，而且通过抬起面颊以使眼睛形成皱纹——可增加对一些开心或有趣的事做反应时的积极情感（Soussignan, 2001）。外表笑得温和，你的内心会感觉更好。微笑时你能更快地理解描述愉悦事件的句子（Havas et al., 2007）。你皱眉，那么整个世界都会对你皱眉头。

> 本书作者对你的要求：阅读这本书时请经常保持微笑。

提取一下

- (1) 基于面部反馈效应，在本实验中，当用橡皮筋提升脸颊就像在微笑时，学生会报告有什么感觉？ (2) 当橡皮筋将他们的脸颊向下拉时，他们会报告有什么感觉？

答案：(1) 当他们的脸颊被提升时，大多数学生报告感觉到手足之情的。(2) 当他们的脸颊被朝向下拉时，大多数学生报告感到许多悲伤。

因此，面孔不仅是表现我们情感的展板，它还会助长情感。难怪在眉心注射肉毒杆菌毒素后抑郁症患者会报告感觉好一些，因为注射肉毒杆菌会使皱眉肌麻痹（Finzi & Wasserman, 2006）。治疗两个月后，接受治疗的10名患者中有9名不再抑郁。后续研究发现，皱眉肌的肉毒杆菌麻痹减缓了人们对悲伤或与愤怒相关的句子的理解速度，并减缓了与情绪有关的大脑回路的活动（Havas et al., 2010; Hennenlotter et al., 2008）。通过这种方式，肉毒杆菌可以抚平生活中的情感皱纹。

通过对身体姿势和声音表情的研究，研究人员观察到一种更广泛的行为反馈效应（Flack, 2006; Snodgrass et al., 1986）。你可以重复参与者的体验：拖着脚步小步子

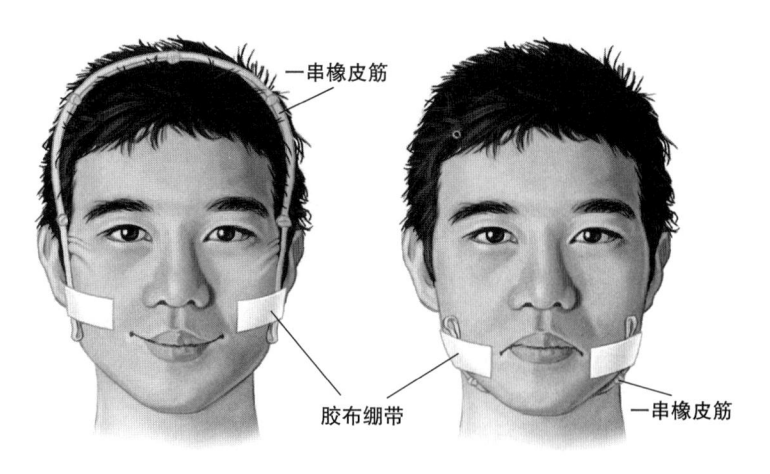

图 10.21

不告诉人们微笑时怎么让他们微笑

就像一雄和秀子（Kazuo & Hideko, 2009）在日本与学生做的实验那样：用胶布绷带把橡皮筋粘在被试脸颊侧面，然后在头上边或下巴下边拉橡皮筋。

走几分钟，保持目光向下。现在摆动双臂大步走走，眼睛直视前方。你能感觉到自己的情绪变化吗？做这些动作可以唤醒你的情绪。

同样，人们对故事中模棱两可的行为的不同理解，取决于阅读故事时哪根手指在上下移动。（据说这是一项关于使用"在运动皮层位于阅读肌肉附近"的手指肌肉效应的研究。）如果参与者在移动中指的同时阅读这个故事，那么故事行为似乎更有敌意。如果阅读时拇指向上，故事看起来更积极。敌意手势刺激了敌对的感觉（Chandler & Schwarz, 2009; Goldin-Meadow & Beilock, 2010）。

你可以利用对反馈效应的理解变得更有同理心：让你自己的脸模仿他人的表情。模仿他人的动作可以帮助我们感受他人的情绪（Vaughn & Lanzetta, 1981）。我们对他人情绪的自然模仿有助于解释为什么情绪是会传染的（Dimberg et al., 2000; Neumann & Strack, 2000）。事实上，失去这种能力会让我们难以建立情感联系，就像一位患有莫比乌斯综合征（一种罕见的面瘫症）的社会工作者在与卡特里娜飓风难民工作时发现的一样：当人们做出悲伤的表情时，"我无法回应。我试着用语言和语气来表达，但没有用。被剥夺了面部表情，情绪就在那里消失，无法共享"（Carey, 2010）。

* * *

我们已经看到，由先天和后天的力量所触发的动机性行为，常常与强烈的情绪反应相伴。同样，我们通常具有适应性的心理情感也配备着生理反应。对重要的会面感到紧张时，我们会感到心里七上八下；对公开发言感到焦虑时，我们会频繁去洗手间；因家庭冲突而倍受煎熬时，我们感到头痛欲裂。消极情绪及伴随的长时间高唤醒会增加身体的负担，危害我们的健康。在第 11 章中我们将介绍更多相关知识。

本章复习

动机与情绪

学习目标

回答以下学习目标问题来测试一下你自己（这里重复了本章中的问题）。然后翻到附录的完整章节复习，核对你的答案。研究表明，试着自主回答这些问题将增进你对这些概念的长期记忆（McDaniel et al., 2009）。

动机及相关概念

10-1： 心理学家如何定义动机？他们从哪些视角审视动机行为？

饥　饿

10-2： 哪些生理因素导致饥饿？
10-3： 影响饥饿的文化和情境因素有哪些？
10-4： 哪些因素让一些人容易变得肥胖，并保持肥胖？

归属需要

10-5： 有何证据表明我们人类有归属需要？
10-6： 社交网络对我们有什么影响？

成就动机

10-7： 什么是成就动机？

情绪：唤醒、行为与认知

10-8： 唤醒、认知和外显行为在情绪中如何相互作用？

具身情绪

10-9： 基本情绪有哪些？
10-10： 情绪唤醒与自主神经系统有何关联？
10-11： 不同的情绪是否会激活不同的生理和大脑反应模式？
10-12： 多导仪利用身体状态来检测谎言效果如何？

情绪的表达和体验

10-13： 我们如何通过非言语渠道沟通？
10-14： 男性和女性在情绪表达和体验方面存在哪些差异？
10-15： 手势和面部表情在所有文化中含义都一样吗？
10-16： 面部表情如何影响我们的感受？

术语与概念

测试自己对以下术语的理解，试着用自己的语言写下这些术语的定义，然后翻到提到术语的那一页核对你的答案。

动　机
本　能
驱力降低理论

体内平衡
诱　因
耶基斯 – 多德森定律
需要的层次
葡萄糖
设定点
基础代谢率
成就动机

情　绪
詹姆斯 – 兰格理论
坎农 – 巴德理论
双因素理论
多导仪
面部反馈效应

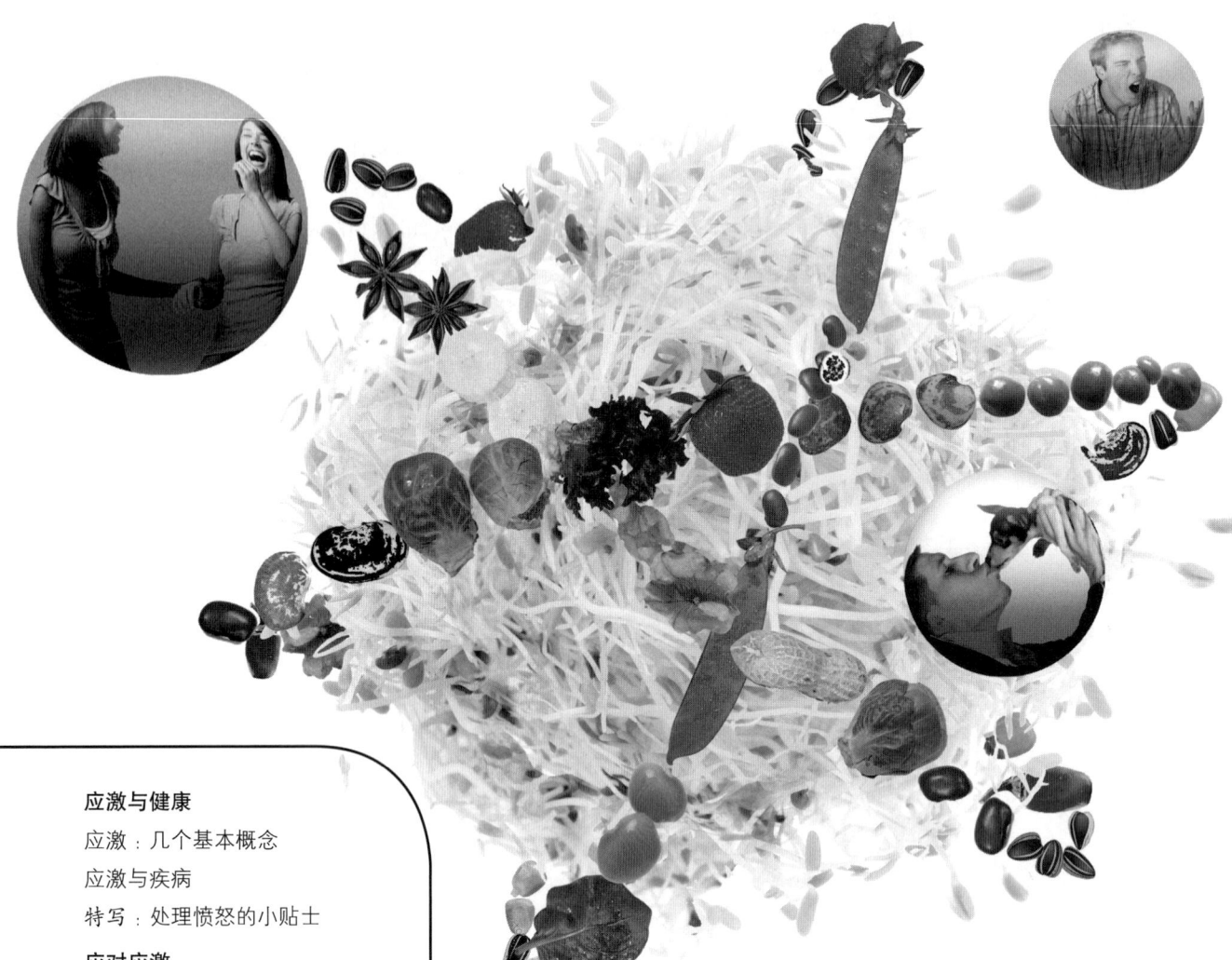

应激与健康
应激：几个基本概念
应激与疾病
特写：处理愤怒的小贴士

应对应激
个人控制
乐观与悲观
社会支持
特写：宠物也是人类的朋友

减少应激
有氧运动
放松与冥想
信仰团体与健康

幸　福
积极心理学
影响幸福感的因素
幸福的预测因子
特写：想要更幸福吗

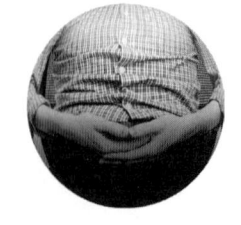

第 11 章

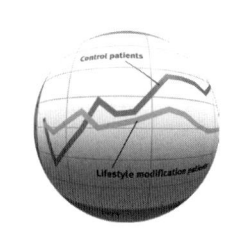

应激、健康与人类丰盛

社会心理学家索尼娅·柳博米尔斯基（Lyubomirsky, 2008）在其著作《幸福多了40%》中回忆了兰迪：

作为一个孩子，（他）承受了很多。12岁时失去了父亲，17岁时失去了最好的朋友，这两位与他亲密的人都是自杀身亡。上五年级时，他的母亲为了和男朋友罗伊一起生活而离开了他的父亲，她将家搬迁到其他州，兰迪因此远离了所有熟识的人。尽管兰迪和母亲的感情仍然亲密，但罗伊看不起兰迪，他们的关系很紧张。（兰迪结婚）太快，太早。他的婚姻困难重重，最后因其发现妻子不忠而结束了这段婚姻。尽管如此，婚姻破裂还是给他造成了极大的伤害，他感到这些死亡和丧失已经超出了自己的承受能力。

如今兰迪是那些幸福人们当中的一员，这些人让身边的每个人都笑口常开。他在离婚后振作精神，搬到另一个城市，找到一份安全工程师的工作，最终再婚。他现年43岁，再婚已经3年，有3个继子。他是怎么做到的？兰迪是个永远的乐天派，他说自己的生存秘诀就是看到"镶在乌云上的银边"。例如，他的一些同事觉得他们的工作充满压力、令人沮丧，他却说工作让他能够"跳出固有思维模式"。此外，他的一个朋友跟继子女们斗得如火如荼，兰迪却因获得"做父亲的机会"而大喜过望（pp. 29-30）。

兰迪的生活正好体现了这一章所要探索的：应激的挑战，我们对事件的解释和应对方式，以及幸福和丰盛生活的可能性。

应激与健康

你在日常生活中体验到应激的频率有多高？从未，很少，有时，还是经常？当民意调查者向其他大学生提出类似的问题时，大约85%的人回想起在过去3个月里体验到了应激，大部分人说应激干扰学业的情况在他们身上至少发生过一次（AP, 2009）。在进入大学时，18%的男生和39%的女生报告说过去的一年里他们曾被必须要做的一切"频繁压垮"过（Pryor et al., 2011）。

应激的到来通常没有预警。想象一下21岁的本·卡朋特在世界上最疯狂、最快速的轮椅上所面临的应激。2007年夏日的一个阳光明媚的午后，本经过一个十字路口，信号灯突然改变。这时一辆大卡车驶来，司机没有看到本，他们撞在一起，轮椅转成了正面朝前，它的把手卡在了卡车的格栅里。司机没有听到本的求救声，加速在离我家约一小时车程的公路上行驶。路边的摩托车骑手看到了这离奇的一幕——卡车以50公里/小时的速度顶着一辆轮椅行驶，于是他拨打了911。（第一个报警者说："你无法相信这一幕，红箭高速路上有一辆卡车顶着一位坐在轮椅上的人快速行驶！"）本是幸运的，其中一位路人是便衣警察。他急忙掉头，跟着这辆卡车到了离出事地点数公里的目的地。他告诉司机有位路人挂在卡车的格栅上。本患有肌肉萎缩症，他说："这太恐怖了！"

极端应激 本·卡朋特的轮椅卡在了卡车的格栅上，这是他经历过的最疯狂的乘车之旅。

在这一章中，我们将深入研究应激及其对健康和幸福的影响。让我们从几个基本概念开始。

应激：几个基本概念

11-1：什么事件会引发应激反应，我们如何对应激做出反应和适应应激？

应激是一个含糊的概念，我们有时非正式地用这个词来描述威胁或者挑战（"本面对着巨大应激"），有时指我们的反应（"本经历了急性应激"）。在心理学家看来，危险的卡车之旅是**应激源**，本的身体和情绪反应是**应激反应**。他与威胁产生联系的过程就是应激。因此，**应激**（stress）是我们评价和应对威胁性或挑战性事件的过程（图11.1）。应激更多地来自个体对事件的评价，而不是事件本身（Lazarus, 1998）。一个人单独待在一幢房子里，如果他没有注意到吱吱嘎嘎的声响，则不存在应激；如果疑心有入侵者，则会处于警觉状态。一些人把新工作当作乐于接受的挑战，而另一些人可能认为它存在失败的风险。

当持续时间短暂，或者被视为挑战时，应激源可产生积极作用。短期的应激能够调动免疫系统抵抗感染和愈合伤口（Segerstrom, 2007）。应激源也能激发并驱使我们解决问题。获得冠军的运动员、成功的企业家、优秀的教师和领导者在挑战的激发下，都会战胜困难并有出色表现（Blascovich et al., 2004）。战胜了癌症或者走出了失业阴影，有些人会有更强烈的自尊感、精神的升华和使命感。的确，年少时的一些应激有益于日后情绪上的韧性（Landauer & Whiting, 1979）。逆境能够促进成长。

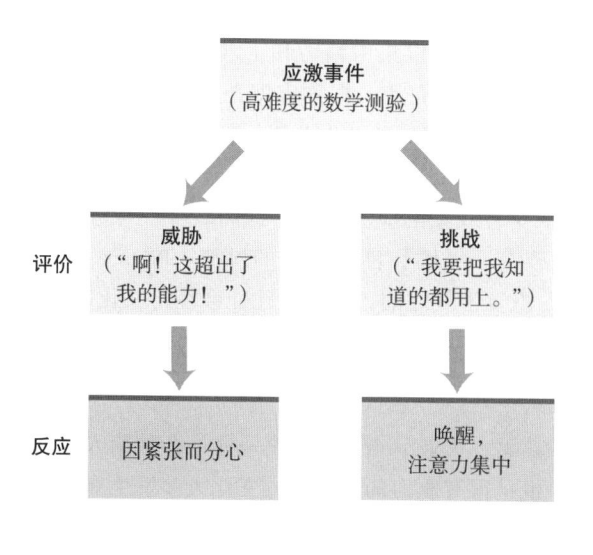

图 11.1
应激评价
我们生活中的事件都要经过心理过滤。我们对事件的评价，会大大影响我们所体验到的应激强度和反应的有效性。

应激事件（高难度的数学测验）

评价：
- 威胁（"啊！这超出了我的能力！"）
- 挑战（"我要把我知道的都用上。"）

反应：
- 因紧张而分心
- 唤醒，注意力集中

　　极端或长期的应激可能会对我们造成伤害。儿童由于经受严重虐待而产生生理反应，这些反应增加了他们日后患慢性疾病的风险（Repetti et al., 2002）。那些对残酷的越战有创伤后应激反应的军人，后来的循环、消化、呼吸和传染性疾病的发病率大大提高（Boscarino, 1997）。失业，尤其是在职业生涯的晚期失业，会增加人们患心脏病和死亡的风险（Gallo et al., 2006; Sullivan & von Wachter, 2009）。

　　因此，我们的头脑和健康之间存在相互作用。这一点并不令人意外。心理状态同时也是生理事件，会影响生理系统的其他部分。只要停下来想一想，当你咬一口橘瓣——甜美浓郁的汁液从柔软的果肉中涌出，在舌上漫溢——这会刺激唾液分泌。我们将简短地探讨这种相互作用，但是首先让我们仔细看看应激源和应激反应。

应激源——按下按钮的那些事物

　　应激源可以分为三大类：灾难、重大的生活变化和日常生活中的小麻烦。这些都可能是有害的。

灾难　灾难是无法预测的大规模事件，例如战争、地震和饥荒。发生这样的事件以后，人的情绪和身体健康会明显受到损害。一项在"9·11"恐怖袭击发生后的3个星期

有害的应激　无法预测的大规模事件，例如2010年的海地大地震，会诱发明显的应激相关疾病。1994年洛杉矶地震当天，因心脏病猝死的人数增加了5倍。其中大多数发生在地震的震中地区和地震后的两小时之内，而且与体力消耗无关（Muller & Verier, 1996）。

内进行的调查显示，三分之二的美国人说他们难以集中精力和正常睡眠（Wahlberg, 2001）。纽约地区的人们尤其可能报告有这样的症状，据称安眠药的处方量上升了28%（HMHL, 2002）。据报道，卡特里娜飓风侵袭后的4个月里，新奥尔良的自杀率增至三倍（Saulny, 2006）。

灾难发生后迁移到其他国家的人承受着双重的应激，既有远离故乡、与家人分别的创伤，也有适应新文化的语言、族裔、气候和社会规范的挑战（Pipher, 2002; Williams & Berry, 1991）。在头半年里，恢复士气之前，新来者往往会经历文化冲击，且幸福感下降（Markovizky & Samid, 2008）。考虑到未来几年的气候变化，这种迁移可能会越来越普遍。

重大的生活变化　　生活转变——离家、离婚、失业、亲人死亡——往往会带给人非常强烈的感受。即使像结婚这样的喜事，也是很有压力的。这样的变化大多发生在成年早期。在一项调查中，调查者询问了15 000名加拿大成人，他们是否"正在试图一次承担太多的事情"，结果发现年轻人的应激水平是最高的。当询问65万名美国人他们"昨天"是否承受了很大压力时，年轻人再次表现出较高的应激水平（**图 11.2**）。

一些心理学家通过一段时间内的跟踪研究来探索生活变化对健康的影响。另一些人则将某些疾病如心脏病的患者回忆起的生活变化与非该病患者回忆起的生活变化进行比较。在这类研究中，那些刚刚丧偶、失业或离婚的人更容易患病（Dohrenwend et al., 1982; Strully, 2009）。芬兰的一项研究包括了96 000名丧偶人士，结果发现在其配偶死亡后的一个星期内，幸存一方的死亡风险增加了一倍（Kaprio et al., 1987）。一连串的危机——失去工作、家园和伴侣会让当事人面临更大的风险。

日常生活中的小麻烦　　并非只有颠覆我们生活的重大事件才会产生应激。应激也可能来自日常生活中的小麻烦，例如高峰期的交通、令人反感的室友、商店里排成长龙的队伍、太多需要做的事情、家庭中的挫败感以及不接电话的朋友（Kohn & Macdonald, 1992; Repetti et al., 2009; Ruffin, 1993）。有些人可以不去理会这些麻烦。而对于另外一些人，这些日常的烦心事会累积，并有损健康和幸福。

很多人面临的则是更重要的日常生活麻烦。2008年至2009年的金融危机使经济触底，美国人最常谈及的应激源是金钱（76%）、工作（70%）和经济（65%）（APA, 2010）。在贫困地区，人们通常要面对低收入、失业、单亲家庭和过度拥挤，这类应激源是他们日常生活的一部分。

图 11.2
年龄与应激
2008年到2009年的一项涵盖65万美国人的盖洛普健康之路调查发现，年轻人的日常应激水平是最高的（Newport & Pelham, 2009）。

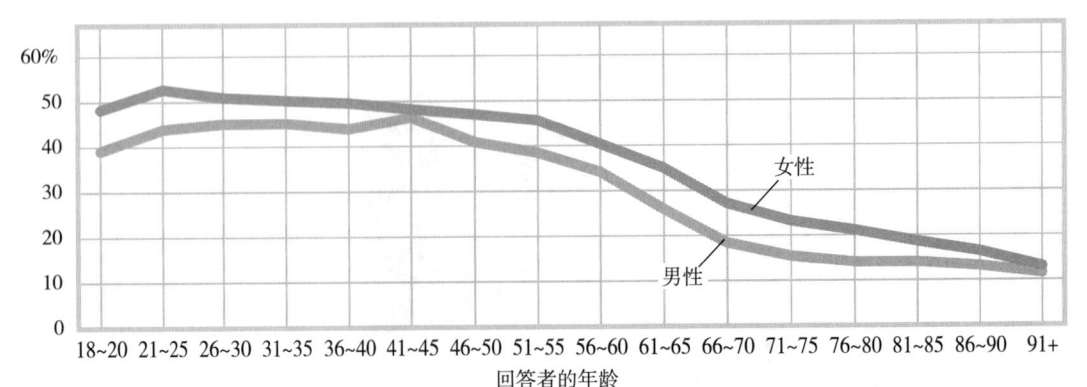

日常的经济压力可能因反同性恋的偏见或种族偏见而进一步加重，这些偏见跟其他的应激源一样，也会造成心理和生理两方面的后果（Pascoe & Richman, 2009; Rostosky et al., 2010; Swim et al., 2009）。想到你每天见到的人中有一些人会不喜欢你、不信任你，或者怀疑你的能力，会让日常生活变得充满压力。若这种情况持续下去，应激就会给我们的健康尤其是心血管系统造成损害。对很多非裔美国人来说，应激使血压升高了（Mays et al., 2007; Ong et al., 2009）。

应激反应系统

医学上对应激的兴趣可以追溯到希波克拉底（公元前460—前377）。20世纪20年代，生理心理学家坎农（Cannon, 1929）证实了应激反应是统一的身心系统的一部分。他观察到严寒、缺氧和情绪唤起事件都能引起肾上腺素和去甲肾上腺素的大量分泌，这些应激激素从肾上腺髓质中释放出来。当众多大脑通路中的任何一个发出警报时，交感神经系统就会增加心跳和呼吸的频率，将血液从消化系统转移到骨骼肌，降低痛感，并释放体内储存的糖和脂肪——这些都为身体采取最佳的适应性反应做好准备，这种反应就是坎农所称的战斗或逃跑（图10.14）。

> 你必须知道何时坚持，何时放手。知道何时轻松漫步，何时奋力奔跑。
> ——肯尼·罗杰斯，
> 《赌徒》，1978

加拿大科学家塞雷（Selye, 1936, 1976）对应激进行了长达40年的研究，扩展了坎农的发现。他关于动物对不同应激源（如电击和手术）的反应的研究，使应激在心理学和医学中都成了一个重要概念。塞雷提出有机体对应激的适应性反应非常具有普遍性，就像无论遭遇何种入侵，警报铃都会响一样。因此，他把这一反应称作**一般适应综合征**（general adaptation syndrome, GAS），并将其视为三个阶段（图11.3）。比如说你正承受着生理或情绪的创伤，在第一阶段，由于交感神经系统的突然激活而产生警戒反应。你的心跳会加快，血液被转移到骨骼肌，你因震惊而感到有些晕眩。

随着资源被调动起来，你现在正准备进入与"挑战"斗争的第二阶段：对抗阶段。在这一阶段，你的体温、血压和呼吸仍然维持在较高水平，肾上腺分泌的激素被泵入你的血液。你全身心投入，调动所有资源来应对这个挑战。

随着时间的推移，如果应激没有减轻，身体的储备日渐减少，你就到了第三阶

图 11.3
塞雷的一般适应综合征
2010年，智利的一个铜金矿发生塌方事故，被困矿工的家人和朋友冲到现场，害怕出现最糟糕的结果。18天后，当他们得到消息说里面的33名矿工全部存活且安好时，很多人在等待和担忧的煎熬下已经几乎筋疲力竭。

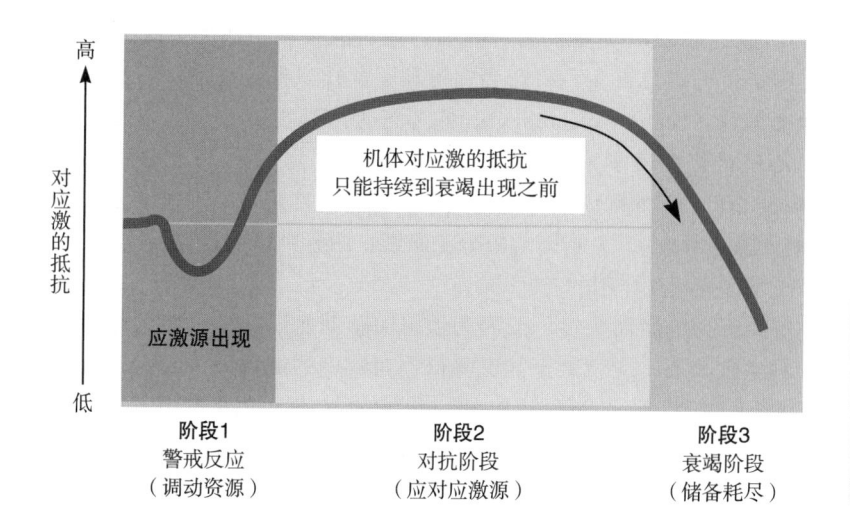

阶段1
警戒反应
（调动资源）

阶段2
对抗阶段
（应对应激源）

阶段3
衰竭阶段
（储备耗尽）

机体对应激的抵抗只能持续到衰竭出现之前

段——衰竭阶段。在这一阶段，由于筋疲力尽，你更容易患上疾病，在极端情况下甚至会崩溃和死亡。

塞雷的基本观点是：尽管人的身体可以很好地应对短暂的应激，但持续性的应激会摧毁它。人们发现，即使是恐惧、紧张的大鼠也会更早地死亡（约 600 天后），而同一批出生但更加自信的大鼠的平均寿命为 700 天（Cavigelli & McClintock, 2003）。

人们还有一些其他的应激处理方式。对亲人死亡的常见反应是：退缩、撤出和保存能量。当面临类似沉船这样极端的灾难时，一些人会因恐惧而无法行动。另一种应激反应是**照料和结盟**（tend-and-befriend），即寻求和给予支持，这种情况尤其多见于女性（Taylor et al., 2000, 2006）。

面对应激事件时，男性往往比女性更可能回避社交，转而沉溺于酒精或变得具有攻击性。女性的应激反应则常常是扶持和抱团。部分原因可能是催产素，它是一种应激调节激素，与动物的配对结合有关。拥抱、按摩和哺乳等人类行为都会释放催产素（Campbell, 2010; Taylor, 2006）。

面临外来威胁时，在战斗或逃跑反应上花费资源往往是有益的。但是我们这样做也是有代价的。如果应激是暂时性的，这个代价很小。如果应激是持续性的，我们可能会付出大得多的代价，对感染和针对身心健康的其他威胁的抵抗力会降低。

提取一下

- **应激反应系统**：当无法控制的消极事件触发我们的警觉时，_____神经系统会将我们唤醒。心率和呼吸_____（加快/变慢）。血液从消化系统转移到骨骼_____。身体释放糖和脂肪。所有这些让身体准备做出_____反应。

答案：交感；加快；肌肉；战斗或逃跑

应激与疾病

11-2：为什么应激使我们更容易生病？

为了研究应激以及健康和不健康行为对健康和疾病的影响，心理学家和医生创立了跨学科的行为医学，将行为知识和医学知识整合起来。行为医学的一个分支是**健康心理学**（health psychology），它为行为医学提供心理学方面的支持。另一个分支是**心理神经免疫学**（psychoneuroimmunology），关注身心之间的相互作用（Kiecolt-Glaser, 2009）。如果说慢一点，这个古怪的名称是可以理解的：想法和感受（心理）影响大脑（神经），大脑影响内分泌激素，激素则影响抵御疾病的免疫系统。该分支就是研究这些相互作用的。

如果你曾经因为应激而头疼，或因为愤怒而感到血压升高，那么你应该同意心理状态会影响生理状态。应激甚至能够降低你对疾病的抵御力，因为你的神经系统和内分泌系统会影响你的免疫系统（Sternberg, 2009）。你可以把免疫系统看作一个复杂的监控系统。当这个系统正常运作时，它通过隔离和摧毁细菌、病毒及其他入侵者来维持你的健康。这些搜寻和摧毁任务的执行者包括四种细胞（图 11.4）。

"你可能患有所谓的满巢综合征。"

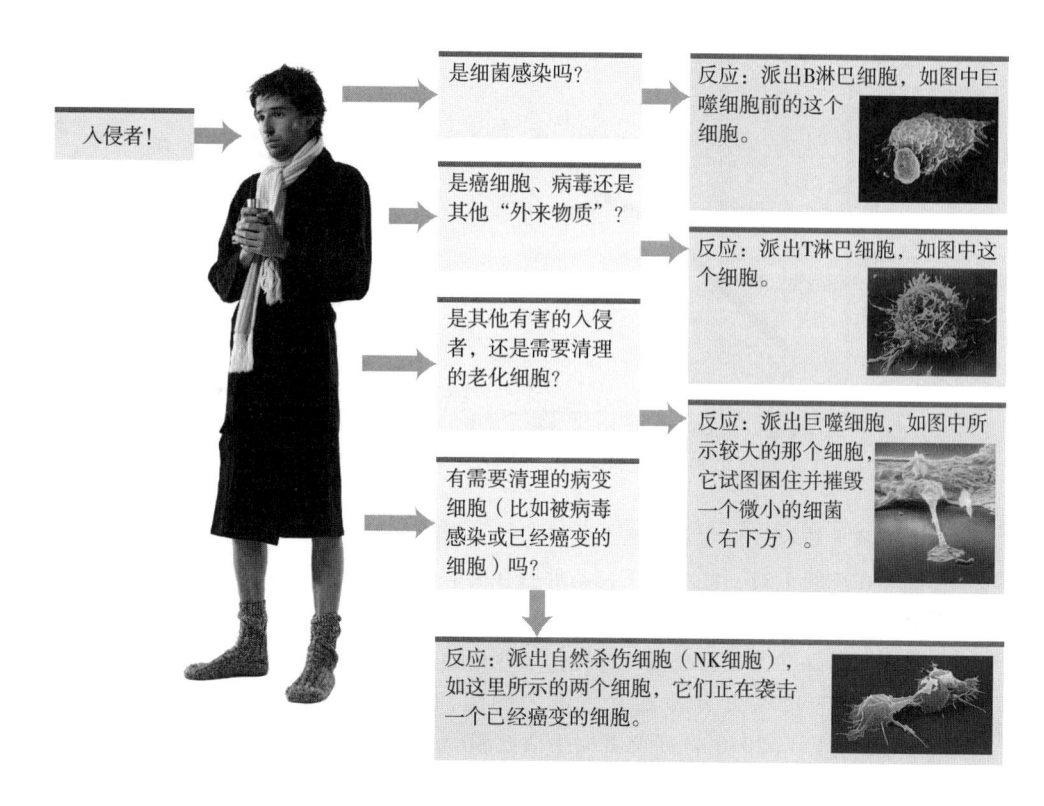

图 11.4
免疫反应的简化视图

- B 淋巴细胞（白细胞）在骨髓中成熟，能释放抵抗细菌感染的抗体。
- T 淋巴细胞（白细胞）在胸腺和其他淋巴组织中成熟，会袭击癌细胞、病毒和外来物质。
- 巨噬细胞（"大胃王"）识别、追踪和吞噬有害的入侵者和老化细胞。
- 自然杀伤细胞（NK 细胞）追踪病变的细胞（如被病毒感染的细胞或癌变的细胞）。

年龄、营养、基因、体温和应激都影响免疫系统的活动。如果免疫系统的功能不正常，则可能在两个方面出错：

1. 反应过强，可能袭击自身的组织，导致过敏反应或自身免疫疾病，如红斑狼疮、多发性硬化或某些形式的关节炎。女性的免疫功能比男性强大，更容易患自身免疫疾病（Morell, 1995; Pido-Lopez et al., 2001）。
2. 反应不足，使得细菌感染加剧，处于休眠状态的病毒爆发，或癌细胞繁殖。在进行器官移植时，受者的免疫系统将移植器官视为外来物质加以排斥，为了保护移植器官，外科医生会有意地抑制患者的免疫系统活动。

应激可通过减少抵御疾病的淋巴细胞而触发免疫抑制。当动物因身体受约束、不可避免的电击、噪音、拥挤、冷水、社会挫折或与母亲分离而产生应激反应时，就会出现这种情况（Maier et al., 1994）。一项为期 6 个月的研究对 43 只猴子的免疫反应进行了监测（Cohen et al., 1992）。一半的猴子处在稳定的群体中。其余的 21 只猴子每月与新室友——三四只新的猴子共处，以此产生应激。在实验结束的时候，经受社会分离的猴子免疫系统较弱。

人类的免疫系统会产生类似的反应。举两个例子：

> 在上帝眼里，或从生物学的角度来看，或者在你看来，女人的存在是一件很重要的事。
> ——免疫学者诺玛·塔拉
> （Talal, 1995）

图 11.5

应激与感冒

实验发现，生活应激分数最高的人在接触实验室的感冒病毒时也最容易患病（Cohen et al., 1991）。

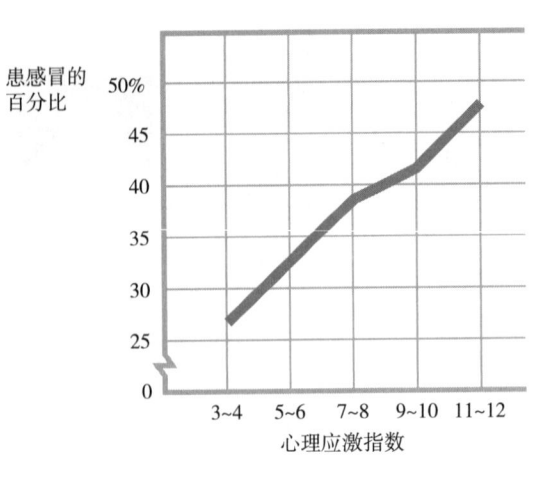

- 处于应激下的人外伤愈合的速度较慢。在一项研究中，牙科专业的学生接受了"穿孔伤（在皮肤上打一些小洞）"，与那些在暑假期间受到同类创伤的学生相比，在重要考试前3天受伤的学生愈合速度慢40%（Kiecolt-Glaser et al., 1998）。在其他研究中，婚姻冲突也会减慢"穿孔伤"愈合的速度（Kiecolt-Glaser et al., 2005）。
- 处于应激下的人更容易感冒。重大的生活应激会增加呼吸道感染的风险（Pedersen et al., 2010）。研究者向生活充满应激的人和相对无应激的人的鼻子滴入感冒病毒，前者有47%的人患上感冒（**图11.5**），后者只有27%的人感冒。跟踪研究发现，最幸福和最轻松的人也明显更少受到实验室感冒病毒的感染（Cohen et al., 2003, 2006）。

应激对免疫力的影响在生理学上也讲得通。搜寻入侵者、产生红肿和维持发热都需要能量。因此，患病时我们的身体通过减少活动和增加睡眠来减少肌肉的能量消耗。而应激正好相反。它建立了竞争性能量需求。在战斗或逃跑反应被唤起时，应激反应将能量从对抗疾病的免疫系统转移到肌肉和大脑（见图10.14）。这增加了你对疾病的易感性。

记忆要点：应激本身并不会使我们生病，但是它能改变我们的免疫功能，降低我们抵御感染的能力。

提取一下

- _____为行为医学提供心理学方面的支持。_____关注身心之间的相互作用，包括心理、神经和内分泌功能对免疫系统和整体健康的影响。

  答案：健康心理学；心理神经免疫学

- 应激对整体健康有何普遍影响？

  答案：应激响应子则通常会正常发挥作用，但图中较高水平的应激一般会导致各种各样的健康危害。

应激与艾滋病

我们知道应激会抑制免疫功能。对于有艾滋病（获得性免疫缺陷综合征，AIDS）的人来说，这意味着什么呢？正如这个病名告诉我们的，艾滋病是一种免疫系统疾病，是由人类免疫缺陷病毒（HIV）引起的。艾滋病已经成为全球第四大死因，在非洲，它是导致死亡的头号杀手。

具有讽刺意味的是，如果一种疾病是通过人际接触（如艾滋病主要是通过精液和血液等体液交换）传播的，如果其致死速度很慢（如艾滋病），那么它对更多的人来说是致命的。HIV 感染者在感染的头几个星期内传染性很强，往往在自己一无所觉的情况下传播病毒。2010 年，全世界有 270 万人在他们毫不知情的情况下感染了 HIV 病毒，其中略多于一半的人是女性（UNAIDS, 2011）。当 HIV 感染者在感染的数年后出现艾滋病症状时，他们已经很难抵抗如肺炎之类的其他疾病了。全球已有超过 2 500 万人死于艾滋病（UNAIDS, 2010）。

应激并不会导致人们罹患艾滋病。但是应激和消极情绪是否会加快感染者从感染 HIV 病毒到患艾滋病的过程？应激是否预示着艾滋病患者的病情会加速恶化？这两个问题的答案似乎都是肯定的（Bower et al., 1998；Kiecolt-Glaser & Glaser, 1995；Leserman et al., 1999）。经历应激事件（如失去伴侣）的 HIV 感染者，表现出更大程度上的免疫抑制和疾病的更快恶化。

降低应激水平是否有助于控制疾病？再一次，答案似乎是肯定的。教育行动、丧失亲人后的支持小组、认知疗法、放松训练、健身计划等能减少应激的方法，均对 HIV 阳性个体有积极的效果（Baum & Posluszny, 1999; McCain et al., 2008; Schneiderman, 1999）。不过与可用的药物治疗相比，这种益处是微弱的。

虽然目前艾滋病的可治疗性比以往都高，但预防 HIV 感染是更好的选择，这也是许多教育项目的焦点，比如 ABC（Abstinence, Be faithful, use Condom；节欲、忠贞和使用避孕套）综合项目的开展似乎在乌干达取得了成功（Altman, 2004; UNAIDS, 2005）。

> 在北美和西欧，74% 的艾滋病患者是男性。在撒哈拉以南的非洲，60% 的艾滋病患者是女性。
> ——UNAIDS, 2010

非洲是艾滋病的归零地（ground zero） 在莱索托、乌干达及其他地区，为预防艾滋病而作出的努力包括"ABC"运动——节欲（Abstinence），忠贞（Be faithful）和使用避孕套（use Condom）。

应激与癌症

应激并不会制造癌细胞。不过在健康的、运作正常的免疫系统中，淋巴细胞、巨噬细胞和自然杀伤细胞会寻找和摧毁癌细胞及因癌症而受损的细胞。如果应激削弱了免疫系统，是否可能会削弱个体抵御癌症的能力？为了探明应激与癌症之间可能存在的联系，研究者将肿瘤细胞或致癌物质注入啮齿类动物体内。结果表明，那些处于应激状态下的啮齿类动物（如给它们施加无法逃避的电击）更容易得癌症（Sklar & Anisman, 1981）。与非应激状态下的啮齿类动物相比，它们体内的肿瘤发展更快并长得更大。

应激和癌症的这种关联是否适用于人类呢？研究结果并不一致。一些研究发现，人们在经历了抑郁、无助或丧失亲人之后的一年内，患癌症的风险有所提高（Chida et al., 2008; Steptoe et al., 2010）。在瑞典的一项大规模研究中，工作场所存在应激的人们与报告没有此类问题的人们相比，前者患大肠癌的风险是后者的 5.5 倍。这一差异与两组人在年龄、吸烟、饮酒和身体方面的差异无关（Courtney et al., 1993）。但有些研究发现应激与人类癌症之间不存在联系（Coyne et al., 2010; Petticrew et al., 1999, 2002）。例如，集中营的幸存者和前战俘患癌症的比率并没有提高。

对情绪和癌症的关系进行大肆宣传的一个危害是，有些患者会对他们的疾病产生自责："我以前要是更乐于表达自己的感情、更轻松一些、对生活抱有更多的希望就好了。"由此产生的另一个危害是健康人中的"健康大男子气概"，他们将"健康的性格"归功于自己，并使生病的人感到内疚："她患了癌症？就是由于她经常控制自己的感情，并且一直表现得那么友善。"因此，死亡成为最终的失败。

我们必须再次强调：应激本身并不制造癌细胞。最坏的情况是，它可能通过削弱身体对恶性细胞繁殖的天然防御而影响癌细胞的生长（Antoni & Lutgendorf, 2007）。尽管轻松和抱有希望的心态能增强这些防御功能，我们仍要清楚，科学与意愿之间还是有一线之隔的。在晚期癌症或艾滋病中起作用的强大的生物学过程，不太可能因为人们避免应激或维持一种放松但坚定的信念就完全改变它原有的发展轨迹（Anderson, 2002; Kessler et al., 1991）。这说明了为什么研究一致表明，心理治疗并不能提高癌症患者的生存率（Coyne et al., 2007, 2009; Coyne & Tennen, 2010）。

> 我没让自己得癌症。
> ——新泽西州普林斯顿市市长芭芭拉·博格斯·西格蒙德（1939—1990）

当无法得知一种疾病的器质性原因时，人们就倾向于创造一种心理上的解释。在导致肺结核的细菌没有被发现以前，对肺结核进行人格方面的解释较为普遍（Sontag, 1978）。

应激与心脏病

11-3：为什么有些人更易患冠心病？

应激与导致北美人死亡的头号杀手冠心病有着更为紧密的联系。在**冠心病**（coronary heart disease）中，给心肌供血的血管逐渐发生了堵塞。高血压和家族病史都会增加患冠心病的风险。许多行为因素（吸烟、肥胖、高脂饮食、缺乏运动）、生理因素（胆固醇水平升高）和心理因素（应激反应和人格特质）也会增加患冠心病的风险。

在一项经典研究中，迈耶·弗里德曼、雷·罗斯曼及其同事检验了他们的一个想法：应激增加患心脏病的风险。他们在一年中的不同时间测量了40名男性税务会计的血胆固醇含量和血液凝结速度（Friedman & Ulmer, 1984）。1月到3月的测量结果完全正常。然后，会计开始忙于在4月15日的截止日期前完成客户的报税表，他们的胆固醇和凝血测量结果随之上升到危险水平。在5月和6月，截止期限过去以后，测量结果又回到正常水平。应激预测了这些人心脏病发作的风险。研究者的预感得到了回报，他们随即启动了一项为时9年、包括3000多名35~59岁健康男性的研究。

研究开始时，研究者对每个人进行了15分钟的访谈，记录了他的工作、饮食习惯、说话方式和其他行为模式。那些反应快、喜欢竞争、做事拼命、缺乏耐心、有时间观念、动机强、言词有攻击性和易怒的人被称作**A型人格**（Type A）。那些更为随和的人被称作**B型人格**（Type B），两者人数大致相等。你认为哪一组更易患冠心病呢？

9年以后，257人经历了心脏病发作，其中69%是A型人格。而且，没有一个"纯"B型人格（该组中最随和、最放松）的人遭遇心脏病发作。

正如科学中常发生的一样，这个令人振奋的发现引起了公众广泛的兴趣。但在初始的蜜月期之后，研究者想要知道更多。这个研究可靠吗？如果果真如此，A型人格的个性特征中的有害成分究竟是什么？时间观念，竞争性，还是易怒性？

目前已有超过700项研究对可能影响心血管健康的心理因素或预测因素进行了探索（Chida & Hamer, 2008; Chida & Steptoe, 2009）。这些研究发现，A型人格中的核心有害特征是负面情绪，尤其是与攻击性反应性格有关的愤怒。当我们受到侵扰

在印度和美国，A型人格的公共汽车司机驾驶较猛：他们刹车、超车、按喇叭的次数均多于较随和的B型人格同事（Evans et al., 1987）。

> 玩火者必自焚。
> ——中国谚语

或挑战时，活跃的交感神经系统将供给内脏的血液重新分配给肌肉。肝脏就是这些内脏之一，它通常的工作是清除血液中的胆固醇和脂肪，而此时它无法完成这份工作。与其他人相比，A型人格的个体往往随时处于"备战状态"。因此，多余的胆固醇和脂肪可能会继续在血液中循环，然后堆积在心脏周围。进一步的应激——有时是因为他们自己脾气暴躁而造成的冲突——可能会诱发心律的改变。对于心脏不够强壮的人来说，这种改变可能导致猝死（Kamarck & Jennings, 1991）。敌意也与其他风险因素相关，例如吸烟、饮酒和肥胖（Bunde & Suls, 2006）。心理状态与心脏之间有着重要的相互作用。

针对青年和中年男性和女性的数百个其他研究已证实，动辄为小事发火的人最容易患心脏病。正如研究者所指出的，怒火"似乎会回击并攻击我们的心肌"（Spielberger & London, 1982）。（见"特写：处理愤怒的小贴士"）

悲观对人也有相似的害处。库布赞斯基和她的同事（Kubzansky et al., 2001）研究了1 306名10年前在测验中表现出乐观、悲观或中性情绪的健康人。10年后，即便排除了吸烟等其他危险因素，悲观主义者患心脏病的可能性仍是乐观主义者的2倍（图11.6）。（在下一部分"应对应激"中，我们将读到更多关于乐观主义和悲观主义的内容。）

抑郁也可能是致命的。快乐的人往往更健康，也比不快乐的人更长寿（Diener & Chan, 2011; Siahpush et al., 2008）。研究者仔细观察了150名美国职业棒球大联盟运动员的照片，这些运动员都曾在1952年的棒球年鉴中出现，并于2009年前去世。研究者发现，即使一个开心的微笑也能预测长寿（Abel & Kruger, 2010）。没有笑的人平均在73岁去世，而发自内心大笑的人则平均在80岁去世。

来自57项研究的证据表明，"抑郁情绪明显地增大死亡风险，尤其是非自然原因和心血管疾病导致的死亡"（Wulsin et al., 1999）。研究者对63 469名女性进行了长达十几年的跟踪研究，发现初始测试得分属于抑郁的人因心脏病发作而死的概率比其他人高一倍（Whang et al., 2009）。在心脏病发作后的几年中，与抑郁得分低的人相比，抑郁得分高的人心脏问题恶化的概率要高4倍（Frasure-Smith & Lesperance, 2005）。抑郁确实会令人"心碎"。

抑郁人群倾向于吸烟更多而锻炼更少（Whooley et al., 2008），但应激本身也是令人沮丧的：

- 研究者对17 415名美国中年女性进行跟踪调查，发现在工作中承受明显应激的人群，其心脏病发作的风险增加了88%（Slopen et al., 2010）。

> 快乐的心情是良药，而消沉的意志是毒药。
> ——圣经《箴言》：17:22

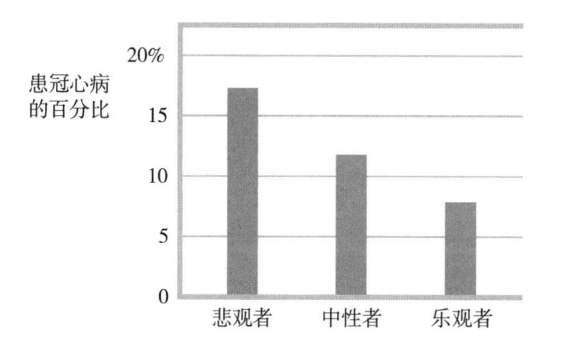

图11.6
悲观主义和心脏疾病
哈佛大学公共卫生学院的一个研究小组发现，悲观的男性10年间患心脏病的风险是乐观者的2倍。（资料来源：Kubzansky et al., 2001）

特 写

处理愤怒的小贴士

11-4：处理愤怒情绪有哪些健康的方式？

行为医学研究让人们再次意识到当代心理学最重要的主题之一：身心交互作用；一切的心理现象同时也是生理现象。当面临威胁或挑战时，恐惧促使我们逃跑，而愤怒促使我们战斗——每一种反应在某些时候都可能是适应性行为。然而，像A型人格所具有的长期敌意，则与心脏病有关。那么，我们如何才能摆脱愤怒呢？

个人主义文化鼓励发泄愤怒，但在集体主义文化背景下，却很少听到这种建议。在集体主义文化中，个体对人际之间的相互依存很敏感，他们把愤怒视为对群体和谐的威胁（Markus & Kitayama, 1991）。比如在塔希提岛，人们学着体谅别人和温和有礼。在日本，从婴儿开始，表达愤怒就不像西方文化那么普遍，而愤怒在最近的西方政界中风靡一时。在西方文化中，"发泄愤怒"的建议是假定我们可以通过攻击性的行为或幻想释放情绪，或**宣泄**（catharsis）。如果表达愤怒不会使我们感到内疚或焦虑，它确实可以使我们暂时平静下来（Geen & Quanty, 1977; Hokanson & Edelman, 1966）。

然而，宣泄通常不能消除一个人的愤怒。更多情况下，表达愤怒会引起更多的愤怒。首先，它可能引起进一步的报复，使小的冲突升级为大的敌对。其次，表达愤怒会扩大愤怒。（回忆第10章的行为反馈研究：发泄怒火会让我们更加愤怒。）

在一项研究中，要求已经被激怒的人重击吊袋，并同时反复去想那个使他们愤怒的人。之后，当他们有机会报复时，他们变得更具攻击性（Bushman, 2002）。尽管"发脾气"可以暂时使我们平静，但同时也具有危险性：这种行为可能被强化并形成习惯。如果充满压力的经理发现训斥雇员可以排解紧张，那么当下次他们感到气恼或紧张时，他们更可能再次大发雷霆。想一想：你下次愤怒时，你可能做出任何曾经减弱过你愤怒情绪的事情。

那么，应对愤怒的最好方法是什么呢？专家提供了两条建议。第一，等待。等待可以降低你愤怒的生理唤醒水平。"事实上身体就像箭，"塔夫里斯（Tavris, 1982）说，"上去后必定会下来。如果你等得够长，任何情绪的唤起都会平静下来。"第二，应对愤怒。方式包括：不要为任何一个小烦恼长期生气，也不要生闷气并复述你的不满。脑子里反复思考愤怒的原因只会增加你的愤怒（Rusting & Nolen-Hoeksema, 1998）。通过做运动、玩乐器，或向一位朋友倾诉让自己平静。

愤怒并不总是坏事。使用得当，则能够表现力量和能力（Tiedens, 2001）。

- 在丹麦，一项包括 12 116 名女护士的研究发现，那些报告工作压力"太大"的人患心脏病的风险增加了 40%（Allesøe et al., 2010）。
- 在美国，一项针对中年工人为期 10 年的研究发现，非自愿失业使其心脏病发作的风险增长了一倍多（Gallo et al., 2006）。一项为期 14 年，包括了 1 059 名女性的研究发现，那些具有 5 个或以上创伤性应激症状的人，其患心脏病的风险是正常情况的 3 倍（Kubzansky et al., 2009）。

当应激引发持续的炎症时，心脏病和抑郁都可能发生（Matthews, 2005; Miller & Blackwell, 2006）。当身体将能量集中于逃跑或击退威胁时，应激激素会促进导致炎症的蛋白质的产生。持续的炎症会导致哮喘或动脉阻塞，并能使抑郁恶化。

※※※

我们可以把应激对人体抗病能力的影响看作是我们为应激的好处付出的代价。应激可以通过唤醒和激励给我们的生活注入活力。毫无压力感的生活是很难富有挑战性或多产的。然而正如我们已经看到的，应激也会伤害我们（图 11.7）。了解这一当我们以促进和解而不是报复的方式表达不满时，它有利于促进人际关系。有所控制地表达愤怒比敌对地爆发或压抑愤怒情绪都更加具有适应性。文明礼貌不仅仅意味着对微小的愤怒保持沉默，也意味着要清楚而肯定地传达重要信息。一种非指责性的情绪表达——也许是想要你的室友知道"当你把脏盘子留给我洗时，我感到气愤"——有助于解决引起愤怒的冲突。

如果他人的行为真正伤害了你，该怎么做？研究者建议可采用传统的方法：宽恕。不要让冒犯者萦绕在你脑中或带来进一步的伤害，宽容可以减轻愤怒，并使身体平静下来。为了探索宽恕的躯体反应，威特伏利特及其合作者（Witvliet et al., 2001）请大学生回忆别人伤害他们的事件。当这些学生在心理上复述宽恕时，他们的消极情感以及出汗、血压、心率、面部紧张，都比复述他们的怨恨时要低。

发泄 我的女儿现在是南非居民。当她在世界杯的足球赛上为其新祖国喝彩时，她经历了一次短暂的宣泄。"每当我对乌拉圭感到生气时，我就吹响呜呜祖拉（一种南非乐器——译者注）并加入不满者的行列，这让我的内心得到一些释放。"

> 用发泄来减少愤怒就像用汽油灭火。
> ——研究者布拉德·布什曼
> （Bushman, 2002）

> 心怀恨意，怒气不消。
> ——佛陀，公元前500年

提取一下

- 下列哪一项是减少愤怒情绪的有效方法？
  a. 口头或肢体上的报复
  b. 等待或"冷静下来"
  c. 用行动或幻想表达愤怒
  d. 默默地回顾自己的不满

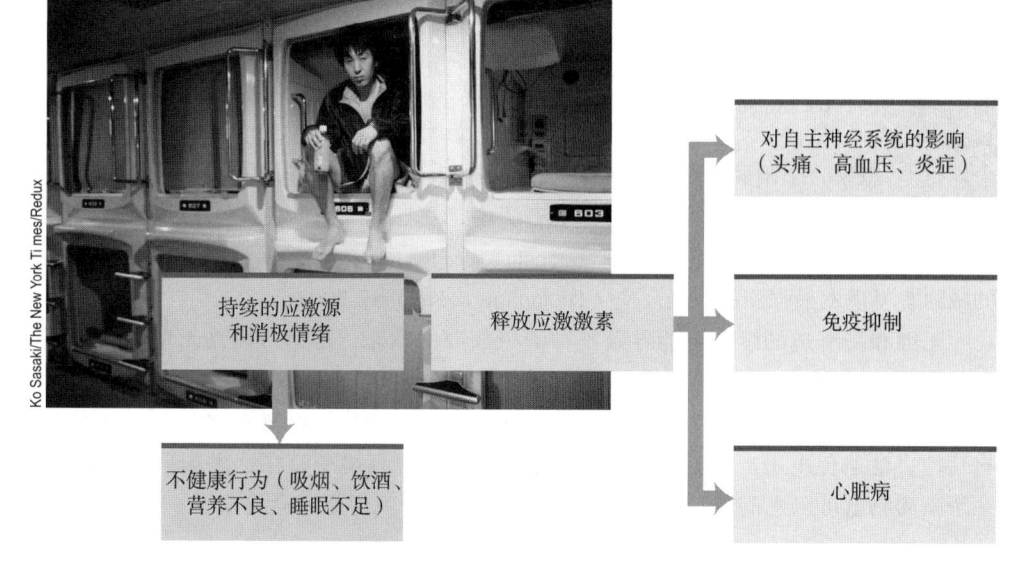

答案：b

图 11.7

应激会造成多种与健康有关的后果

当愤怒、沮丧或焦虑的人经历应激时尤其如此。近期的经济危机导致人们失去工作和收入，使很多人产生了应激，例如这个住在东京"胶囊酒店"里的无业日本男人。

持续的应激源和消极情绪 → 释放应激激素 →
- 对自主神经系统的影响（头痛、高血压、炎症）
- 免疫抑制
- 心脏病

持续的应激源和消极情绪 → 不健康行为（吸烟、饮酒、营养不良、睡眠不足）

点后，我们就可以努力促进和保持我们的健康。

传统上，人们只有在出问题的时候才会考虑自己的健康——寻求医生的诊断和治疗。在健康心理学家看来，这就像忽视汽车保养，只在出故障的时候找修理工一样。健康维护始于策略的执行，即通过减少应激和提升幸福感来预防疾病。

应对应激

> 11-5：人们试图从哪两个方面来减少应激？

应激源是不可避免的。这一点，再加上持续的应激与心脏病、抑郁和免疫力下降相关这一事实，给我们传递了明确的信息。我们必须学会**应对**（cope）生活中的压力，通过情绪、认知和行为的方法来缓解应激。

我们会直接处理某些应激源，即**问题聚焦应对**（problem-focused coping）。比如，由于缺乏耐心导致家庭争吵，我们可以直接去找那个家庭成员解决问题。如果我们感到能控制情境，并认为我们能改变环境或至少能改变自身以更有能力应对，则倾向于采取问题聚焦的应对策略。

如果我们不能（或认为自己不能）改变情境，则会诉诸**情绪聚焦应对**（emotion-focused coping）。如果，即使我们尽了最大的努力也无法与那个家庭成员相处，那么或许我们可以通过向朋友寻求支持和安慰来缓解应激。情绪聚焦策略，比如锻炼或让自己忙于积极的爱好以避免想起恶习，从长远看可使我们更健康。不过情绪聚焦策略也可能对适应不利，比如当学生担心跟不上课堂的阅读节奏时就跑去参加聚会，以将学习抛在脑后。有时问题聚焦策略（努力跟上阅读节奏）能更有效地减轻压力，促进长期的健康和满意度。

如果受到挑战，有些人倾向于使用冷静的问题聚焦应对策略，有些人则更倾向于情绪聚焦应对（Connor-Smith & Flachsbart, 2007）。我们的控制感、解释方式和支持性的社会联系都会影响我们成功应对的能力。

个人控制

> 11-6：失控的感觉对健康有何影响？

想象一个画面：两只老鼠同时受到电击，但是其中一只能够通过踩动轮子来停止电击。那只无助的老鼠变得容易患溃疡，并且对疾病的免疫能力降低，而那只踩轮子的老鼠则没有这些问题（Laudenslager & Reite, 1984）。人类也是，不可控制的威胁容易诱发最强烈的应激反应（Dickerson & Kemeny, 2004）。

无助和受压迫的感觉可能导致一种消极放弃的状态，称为**习得性无助**（learned helplessness）（图11.8）。实验者马丁·塞利格曼（Seligman, 1975, 1991）在很早以前的一些实验中发现了这一点。研究者用挽具将狗束缚住并反复施加电击，而狗没有任何办法避免电击。然后，这些狗被放置到另一个环境中，在这里狗只需要跃过一个障碍物就可以逃避惩罚，然而它们只是蜷缩着，就像是完全绝望了一样。相反，

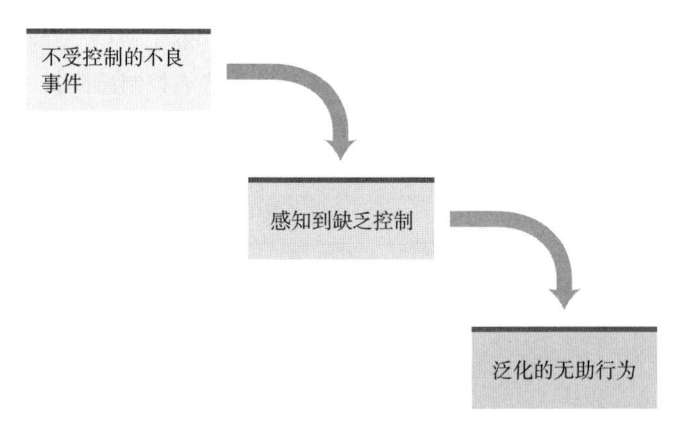

图 11.8
习得性无助
当动物和人们对反复发生的不良事件没有控制时，他们往往会习得无助。

一开始能够逃避电击的动物学会了个体控制，在新环境中轻而易举地逃避了电击。

人类也会产生习得性无助。如果反复面对个体无法控制的创伤事件，人们就会变得无助、绝望和抑郁。

如果觉察到失控，我们会变得更容易生病。一项著名的研究中，那些意识到对自己的活动失去控制的疗养院里的老人，比起那些能较多地控制自己活动的老人，身体机能下降更快，并且会更快死亡（Rodin, 1986）。能够控制工作环境的工人，如可以调整办公用具的摆设、可以避免被打扰和分心，会体验到较少的应激（O'Neill, 1993）。这可能有助于解释为什么英国行政阶层的公务员比文书或体力阶层的公务员长寿；为什么芬兰工作压力小的工人，与那些从事高要求而低控制工作的工人相比，死于心血管疾病（中风或心脏病）的几率要低一半。工人对工作环境的控制力越强，寿命就越长（Bosma et al., 1997, 1998; Kivimaki et al., 2002; Marmot et al., 1997）。

增加自我控制，如允许囚犯移动椅子、控制房间的照明和电视，让工人参与决策，让疗养院的病患选择自己的环境，能明显地改善人们的健康状况和精神面貌（Humphrey et al., 2007; Wang et al., 2010）。在一个关于疗养院病患的案例中，在受到鼓励要对自己的生活施以更多控制的患者中，有93%的人变得更敏捷、活跃和幸福（Rodin, 1986）。就像研究者埃伦·兰格（Langer, 1983, p. 291）所下的结论，"控制感是人类功能的基础。"

控制也有助于解释经济地位和寿命之间已经确立的关联（Jokela et al., 2009）。有一项研究调查了苏格兰格拉斯哥一个古老墓园里的843个墓碑。那些最高大的墓碑（表示最富有），其墓主的寿命往往也是最长的（Carroll et al., 1994）。与此类似，居住在苏格兰最不拥挤和失业率最低的地区的人，寿命也最长。在那里以及其他地方，经济地位高预示着罹患心脏病和呼吸道疾病的风险较低（Sapolsky, 2005）。财富也可以用来预测儿童的健康水平（Chen, 2004）。较高的经济地位意味着低出生体重、婴儿期死亡、吸烟和暴力行为的发生率较低。甚至在其他的灵长类动物中，当接触感冒之类的病毒时，处于社会等级顺序底层的个体也比地位更高的同伴更容易患病（Cohen et al., 1997）。但是高地位也会带来应激：地位高的狒狒和猴子如果需要频繁地以武力维护自己的统治地位，则会表现出高应激水平（Sapolsky, 2005）。

为什么失控的感觉可以预测健康问题？因为失控会诱发应激激素大量释放。当大鼠不能控制电击，或者当灵长类动物或人类感到无法控制他们的环境时，应激激素水平和血压会升高，免疫反应降低（Rodin, 1986; Sapolsky, 2005）。因此，被圈养的动物会比野生动物经历更多的应激，并且更容易患病（Roberts, 1988）。对人类的研究已经证实，人口稠密的社区、监狱和大学宿舍的拥挤现象是造成控制感降低、应激激素水平和血压上升的另一个原因（Fleming et al., 1987; Ostfeld et al., 1987）。

提取一下

- 为了应对应激，当我们觉得自己对这个世界有控制力时，就倾向于采用_____（情绪/问题）聚焦策略；当我们认为自己无法改变环境时，就倾向于使用_____（情绪/问题）聚焦策略。

答案：问题；情绪。

内控制点和外控制点

如果失控的体验是令人紧张和有害健康的，那么总体上对生活有控制感的人会更加健康吗？考虑一下你自己的控制感。你认为生活超出控制了吗？找到好工作的关键是天时地利吗？或者你更坚信发生在自己身上的事情都是自身的原因？成功是努力工作的结果吗？父母对你的控制感有影响吗？文化呢？

数百项研究对具有不同控制感知的人进行了比较。其中一方是那些具有心理学家朱利安·罗特所称的**外控制点**（external locus of control）的人，他们认为命运是由偶然或外部力量决定的。另一方则是具有**内控制点**（internal locus of control）的人，他们认为命运是由自己控制的。在一项又一项的研究中，"内控者"在学业上和工作中都比"外控者"取得了更多的成就，更加独立自主，更加健康，也更少抑郁（Lefcourt, 1982; Ng et al., 2006）。此外，他们在延迟满足和应对包括婚姻问题在内的不同应激源方面，也有更好的表现（Miller & Monge, 1986）。一项为期20年的研究对7 551名英国人进行了跟踪调查，发现在10岁时表现出内控倾向的人在30岁时更少出现肥胖、高血压和痛苦（Gale et al., 2008）。其他研究也发现，信奉自由意志或意志可控的人，工作和学业表现更好，也更乐于助人（Job et al., 2010; Stillman et al., 2010）。

与他们的父辈相比，现在更多的美国人赞同外控制点（Twenge et al., 2004）。这一转变可能有助于解释新一代中抑郁症和其他心理障碍发病率的相应增加（Twenge et al., 2010）。

自我控制的损耗和强化

自我控制（self-control）是控制冲动和为长期奖赏而延迟短期满足的一种能力。在研究中，这一能力预示着良好的适应力、较佳的成绩和社会意义上的成功（Tangney et al., 2004）。能够对每天的活动做出计划并按计划执行的学生，有抑郁症的风险也较低（Nezlek, 2001）。

自我控制水平常常是波动的。就像肌肉一样，自我控制在使用以后会暂时变弱，休息以后得到补充，通过锻炼则会变强（Baumeister & Exline, 2000; Hagger et al., 2010; Vohs & Baumeister, 2011）。对意志力的锻炼会暂时损耗在其他任务中行使自我控制所需的心理能量（Gailliot & Baumeister, 2007）。在一项实验中，如果饥饿的人拒绝了食用巧克力曲奇的诱惑，那么他们会比那些没有拒绝的人更快地放弃一个单调乏味的任务。在实验室任务中消耗了意志力之后，如压抑偏见或说出字的颜色

（例如，即使以红色字体呈现的字是"绿"也要说"红"），人们在面对挑衅时会更难以克制攻击性反应，在性方面也会放纵一些（DeWall et al., 2007; Gaillot & Baumeister, 2007）。

研究者发现，锻炼意志力会消耗血糖和关乎精神集中的神经活动（Inzlicht & Gutsell, 2007）。那么，在自我控制损耗时，故意地提高血糖水平会产生什么效果呢？给予人们增加能量的糖（天然的而不是人工增甜了的柠檬水）产生了甜蜜的效果：它加强了人们努力思考的能力，并减少了他们在金钱方面的冲动（Masicampo & Baumeister, 2008; Wang & Dvorak, 2010）。甚至狗也能体验到自我控制损耗和糖带来的恢复（Miller et al., 2010）。

从长远来看，自我控制需要注意力和能量。通过锻炼身体和学习时间管理，人们增强了自我控制能力，这一点从他们在实验室任务中的表现，以及在进食、饮酒、吸烟和家务方面的自我管理改善上都能看出来（Oaten & Cheng, 2006a, b）。重要的是：我们可以增强意志力的"肌肉"，也就是我们的自我调节能力。但是这样做本身也需要一些（能说句不中听的吗？）意志力。

极端的自我控制 我们的自我控制能力会随着练习而增强，而一些人比另一些人练习得更多！魔术师大卫·布莱恩（左图）在纽约时代广场上做了一个惊人的表演，他在一块冰中站了将近62个小时（冰的中间挖出了一个小空间供他使用）。很多表演艺术家以扮演真假难分的人体雕像为生，这位女演员（右图）正在苏格兰爱丁堡的皇家英里大道上表演。

乐观与悲观

11-7：对生命、社会支持、应激和健康的基本看法之间有什么关联？

我们已经看到，我们的观念——预期能够从这个世界得到什么——会影响我们患心脏病的可能性。观念也会影响我们应对应激的能力和整体健康状况。悲观主义者将糟糕的表现归因于基本能力的不足（"我不会做这个"）或长期无法控制的环境（"我对此无能为力"）。乐观主义者期望拥有更多的控制，能够更好地应对应激事件，享有更好的健康（Aspinwall & Tedeschi, 2010; Carver et al., 2010; Rasmussen et al., 2010）。在学期的最后一个月里，预先被确认为乐观的学生较少报告疲劳、咳嗽和疼痛。在法学院最初几个很有压力的星期里，乐观的学生（"我不太可能会失败"）情绪更好，免疫系统更强（Segerstrom et al., 1998）。同样，乐观者在应对压力时，血压只有很小的上升，他们从心脏手术中复原得更快。

乐观的学生往往成绩也更好，因为他们经常以充满希望的态度来回应挫折，认为努力、良好的学习习惯和自律会起作用（Noel

积极的期望常常能激励最终的成功。

"我们只是拍打得不够用力。"

最年长的大屠杀幸存者如此解释她107年的生命:"总而言之:乐观。我看到事物好的一面。当你放松下来的时候,你的身体就能一直放松。"
——Alice Herz-Sommer,
2010

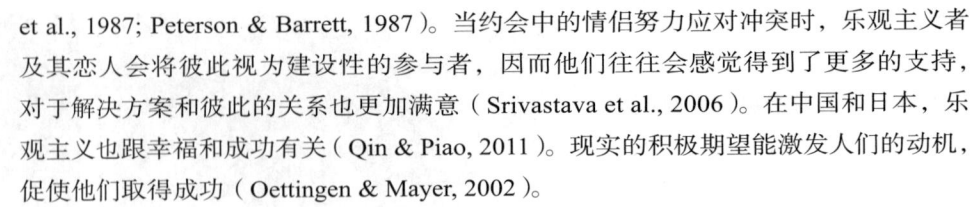

et al., 1987; Peterson & Barrett, 1987)。当约会中的情侣努力应对冲突时,乐观主义者及其恋人会将彼此视为建设性的参与者,因而他们往往会感觉得到了更多的支持,对于解决方案和彼此的关系也更加满意(Srivastava et al., 2006)。在中国和日本,乐观主义也跟幸福和成功有关(Qin & Piao, 2011)。现实的积极期望能激发人们的动机,促使他们取得成功(Oettingen & Mayer, 2002)。

请思考其他几项研究中乐观和积极情绪因素的持续作用和惊人效果:

- 一个研究团队对941名年龄在65至85岁之间的荷兰人进行了近10年的跟踪调查(Giltay et al., 2004, 2007)。将这些人按照乐观程度四等分,其中乐观程度最低的那批人中有57%的人去世,而乐观程度最高的那批人中只有30%的人去世。
- 一项对2 428名中年芬兰男性长达10年的研究发现,那些有着暗淡、失望表情的人在此期间的死亡数量是由乐观者组成的对照组的两倍多(Everson et al., 1996)。美国研究者对4 256名越战老兵的跟踪研究得到了同样的结果(Phillips et al., 2009)。
- 有一项现在很著名的研究跟踪调查了180名天主教修女。这些修女在约22岁时写下了简短的个人自传,从那以后她们的生活方式一直没有什么改变。与那些不苟言笑的修女相比,在自传中表达了幸福、爱和其他积极情感的修女,其平均寿命要长7年(Danner et al., 2001)。到80岁时,在很少表达积极情绪的修女中,大约54%的人已经去世,而心态最积极的修女中只有24%的人去世。

乐观主义具有家族遗传性,因此有些人确实天生就容易拥有阳光、充满希望的观念。对于同卵双生子来说,如果其中一个人是乐观的,另一个人往往也会独立地表现出乐观主义的迹象(Mosing et al., 2009)。催产素与社会关系的建立有关,它的一个受体基因是乐观主义的一个遗传标记(Saphire-Bernstein et al., 2011)。

社会支持

社会支持——觉得受到亲密朋友和家人的喜爱和鼓励——能够让人更加健康和幸福。大量的调查(有些对数千人进行了数年的跟踪研究)显示,亲密关系可以预测健康状况。如果亲密关系是支持性的,人们就不太可能英年早逝(Uchino, 2009)。杨百翰大学的研究者将世界范围内共涉及30多万人的148项研究的数据进行整合,证实了社会支持的巨大影响(Holt-Lunstad et al., 2010)。与社会联系贫乏的人相比,社会联系丰富的人的生存率提高了大约50%。贫乏的社会联系对健康有害,其影响差不多等同于每天吸15支烟或酒精依赖的影响,是不锻炼身体或肥胖的影响的2倍。

人是需要他人的。有些人通过与朋友、家人、同事、宗教团体或其他支持小组的成员建立关系来满足这个需求。另一些人则通过积极、幸福、支持性的婚姻来建立关系。婚姻中冲突较少的已婚者比未婚者寿命更长,也更健康(De Vogli et al., 2007; Kaplan & Kronick, 2006; Sbarra, 2009)。这种相关性不受年龄、性别、种族和收入的影响(National Center for Health Statistics, 2004)。一项长达70年的研究发现,在个体50岁时预测其健康老龄化情况,好的婚姻是比低胆固醇水平更好的预测因素(Vaillant, 2002)。但是已婚和从未结婚的人士在健康方面的差异已经缩小了(Liu, 2009)。

如何解释社会支持与健康之间的联系?是否社会参与程度低的中老年人更可能

吸烟、肥胖和胆固醇高——因此心脏病发作的风险也要高一倍（Nielsen et al., 2006）呢？或者只是健康的人更喜欢交际？研究显示，社会支持本身就对健康有益。

社会支持使我们平静，降低血压和应激激素的分泌。有50多个研究支持这一发现（Graham et al., 2006; Uchino et al., 1996, 1999）。为了看看社会支持是否能平息人们对威胁的反应，一个研究小组让婚姻幸福的妇女躺在fMRI机器上，面对电击脚踝的威胁（Coan et al., 2006）。实验过程中，有些妇女握住丈夫的手。有些握着陌生人的手或者根本不握手。在等待偶尔的电击时，如果妇女握住自己丈夫的手，那么其应对威胁的脑区活动较少。这种安慰效应对于报告婚姻最幸福的妇女最大。支持性的家人和朋友（人类和非人类）能帮助缓冲威胁。在应激事件之后，养有小狗或其他宠物的有医疗保险的人需要看医生的可能性更小（Siegel, 1990）。（参见"特写：宠物也是人类的朋友"）

朋友之间的开怀大笑是一剂良药 笑可以振奋我们的精神，按摩肌肉，让我们感到放松（Robinson, 1983）。幽默（不是充满敌意的讽刺）可以减压，缓解痛苦，增强免疫活动（Ayan, 2009; Berk et al., 2001; Kimata, 2001）。笑口常开的人通常患心脏病的概率也较低（Clark et al., 2001）。

Getty Images/Rubberball

特 写

宠物也是人类的朋友

你是否曾经希望有一位朋友，他能热爱你的一切，不做任何评判，永远支持你，不管你的心情怎样？对于成千上万的人来说，这样的朋友的确存在，它就是忠诚的狗或者友好的猫。

许多人把他们的宠物描述成一个珍贵的家庭成员，能帮助他们感到平静、幸福和有价值。宠物是否也能帮助人们应对压力？如果是这样，宠物是否有疗愈力量？目前依据还不明确，也比较匮乏（Herzog, 2010）。但是阿伦（Allen, 2003）、威尔斯（Wells, 2009）和麦康奈尔及其同事（McConnell et al., 2011）报告，有时宠物能提供社会支持，增加心脏病发作后存活的机会，减轻艾滋病人的抑郁，降低导致心血管疾病的血脂水平。正如医护行业的先驱者南丁格尔（Nightingale, 1860）所预见的："小小的宠物常常是病人的完美伴侣。"阿伦报告说，妇女在最好的朋友（甚至配偶）面前解答困难的数学题时，血压会升高，但有狗作伴时上升幅度则小得多（Allen, 2003）。

那么，宠物对于没有宠物的人是否是一剂良药？为找到答案，阿伦研究了一群单独居住的股票经纪人，他们报告自己的工作充满压力，还有高血压。她随机选择一半人，每人收养动物收容所的一只猫或狗。后来面临压力时，所有参与者都经历了血压的升高。这些新养了宠物的人的血压增幅还不到没有宠物的人的一半。这一效应对于那些缺少社会接触和朋友的人尤甚。她的结论是：要降低血压，宠物不能替代有效的药物或锻炼；但对于那些喜欢动物的人，尤其是独自生活的人，宠物能带来欢乐，带来健康。

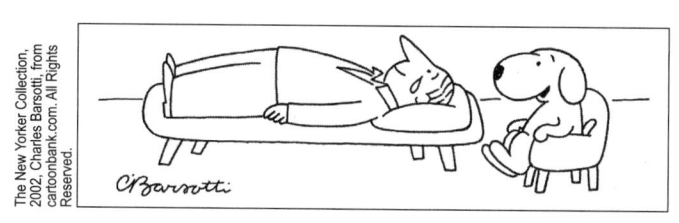

"好吧，我觉得你很棒！"

The New Yorker Collection, 2002, Charles Barsotti, from cartoonbank.com. All Rights Reserved.

社会支持可以增强个体的免疫功能。志愿者在对感冒病毒抵抗力的研究中显示出了这一益处（Cohen et al., 1997, 2004）。健康的志愿者吸入带有感冒病毒的滴鼻液（nasal drop），并被隔离观察5天（在这些实验中，600多名志愿者每人为此得到800美元）。结果发现，社会关系的影响不容忽视。在年龄、种族、性别、吸烟状况及其他健康习惯相同的情况下，社会关系最多的人最不易感冒。即使得了感冒，他们也较少流鼻涕。更多的社会交往意味着对疾病的抵抗力增强。这个冷酷的事实就是：社会关系并非某种我们可以嗤之以鼻的东西！

亲密关系让我们有机会"敞开心扉"，倾诉痛苦的感受（Frattaroli, 2006）。讲述压力事件虽会暂时性地使个体唤起，但从长远的角度看，会使人获得持久的平静，平复边缘系统的活动（Lieberman et al., 2007; Mendolia & Kleck, 1993）。在一项研究中，33名"二战"时期纳粹大屠杀的幸存者用2个小时回忆了自己的经历。许多人写出了他们从未透露过的细节（Pennebaker et al., 1989）。大多数还在随后的几个星期看了他们回忆的录影带，并且把它给朋友和家人们看。14个月之后，那些自我暴露最多的人，健康状况也得到了最大的改善。倾诉有益于身心。另一项研究以自杀者或交通事故死者仍然在世的配偶为对象，其中独自悲伤的人比公开表达哀思的人有更多的健康问题（Pennebaker & O'Heeron, 1984）。

> 灾难往往会降临到那些孤独、堕落而且没有人相助的人头上。
> ——传道书 4:10

压抑情绪会损害我们的身体健康。健康心理学家佩尼贝克在调查了700名大学女生后，发现1/12的人在童年有性创伤经历。与那些有过非性创伤的经历，如父母早逝、离异的女性相比，受过性虐待的女性，尤其是那些将这一经历作为秘密埋藏心底的女性，更多地报告有头痛或胃病等疾病（Pennebaker, 1985）。另一项对澳大利亚437名救护车司机的研究，证实了在目睹创伤事件后压抑自己的情绪会产生不良后果（Wastell, 2002）。

即使将个人的创伤经历写在日记里也是有帮助的（Burton & King, 2008; Hemenover, 2003; Lyubomirsky et al., 2006）。一个实验中的志愿者这样做了，他们在随后的4~6个月里很少出现健康问题（Pennebaker, 1990）。正如一个志愿者所解释的："尽管我没有与任何人谈论过我写的内容，但我终于能够面对和处理它，克服痛苦，而不是试图阻止它。现在我再也不会因为想起它而感到受伤害了。"

如果我们的目标是加强锻炼、减少饮酒、戒烟或达到健康的体重，那么社会联系既可以拖着我们远离目标，也可以拉着我们接近目标。多项研究对数千人的人际网络进行了多年的跟踪调查，结果显示对健康有害或有益的行为可能在朋友之间相互"传染"（Christakis & Fowler, 2009）。例如，肥胖在人际网络中传播的方式似乎不仅仅反映了人们对与自己相似的人的寻求。

第 11 章 应激、健康与人类丰盛 **445**

提取一下

- 一些研究发现，在应激事件发生后，没有宠物的人比拥有友善宠物的人更可能去看医生（Siegel, 1990）。"社会支持对健康有益"的论点如何解释这一发现？

答案：猫狗等宠物能够提供社会支持——加强人们的自尊，帮助人们应对和减缓应激水平。

减少应激

培养控制感、乐观的思维方式以及建立社会支持都能帮助我们减少应激体验，因而有利于健康。此外，这些因素还会相互影响：积极乐观的人往往能建立有益健康的社会联系（Stinson et al., 2008）。但有时候我们并不能减缓应激，这就需要对其进行管理。有氧运动、生物反馈、放松练习、冥想体验和精神上的积极投入都有助于我们激起内心的力量，减少应激的影响。

有氧运动

11-8：通过有氧运动来进行应激管理和提升幸福感的效果如何？

有氧运动（aerobic exercise）是一种持续的耗氧运动，如慢跑、游泳或者骑车，可以增强心肺功能。运动几乎没有什么害处。据有人估计，适量的运动不仅能够延伸生命的长度（平均增加两年），也能提高生命的质量，使精力更充沛，心情更好（Seligman, 1994）。

运动可以强化心脏功能，增加血流量，保持血管舒张，降低血压，缓解应激状态下的血压升高反应，从而有助于对抗心脏病（Ford, 2002; Manson, 2002）。不运动则可能是有害的。常运动的成年人患心脏病的几率是不常运动的成年人的一半（Powell et al., 1987; Visich & Fletcher, 2009）。运动可以使脂肪被肌肉消耗掉，否则脂肪会导致动脉阻塞（Barinaga, 1997）。对芬兰成年双胞胎近20年的追踪研究表明，在其他条件相同时，每天运动健身可以减少43%的死亡风险（Kujala et al., 1998）。在晚年生活中，经常运动也预示着更好的认知功能以及痴呆和阿尔茨海默氏症风险的下降（Kramer & Erickson, 2007）。

运动是否还能使人精神振奋呢？大量研究表明，有氧运动可以缓解应激、抑郁和焦虑。美国人、加拿大人和英国人中，进行了至少三周（每周一次）有氧运动的人比不

改善情绪 当精力不济或心情低落时，没有任何事物能比运动更能重新启动这一天了（正如我可以用自己每天中午打篮球来证实）。有氧运动似乎能够在某种程度上抵消抑郁症的影响，它可以提高唤醒水平（代替抑郁症的低唤醒状态），并且自然地达到百忧解的效果，提高大脑中5-羟色胺的活性。

运动的同辈能够更好地进行应激管理，展示出更强的自信心，精力充沛，且较少感到抑郁和疲劳（McMurray, 2004; Mead et al., 2010; Puetz et al., 2006）。一项针对大学生的涵盖了 21 个国家的调查发现，体育运动是生活满意度的一个"强劲"且具有一致性的预测因素（Grant et al., 2009）。

但我们可以用另一种方式描述这一结果：压力大及抑郁的人较少运动。这些发现是相关性的，而因果关系尚不明朗。研究者为了解决这个问题做了实验。他们将有压力、抑郁或焦虑的人随机分配到有氧运动组或控制组。在一个经典实验中，有轻度抑郁的女大学生被随机分成了三组，三分之一参与到有氧运动组，另三分之一分配到放松训练组，剩下的三分之一组成了无训练组（控制组）（McCann & Holmes, 1984）。如图 11.9 所示，10 周以后，有氧运动组的女大学生抑郁水平有了惊人的下降，甚至可以毫不夸张地说，她们中的大多数已摆脱了烦恼。

许多其他的研究证实运动可以预防或减轻抑郁和焦虑（Conn, 2010; Rethorst et al., 2009; Windle et al., 2010）。强烈的运动会产生即时的情绪兴奋。即使是 10 分钟的散步也可以通过提高能量水平和降低紧张感而使其后的两个小时幸福感增强（Thayer, 1987, 1993）。

一些研究指出，运动不仅和药物一样有效，还可以更好地防止症状的复发（Babyak et al., 2000; Salmon, 2001）。为什么？因为运动在某些方面就像抗抑郁药。它可以提高唤醒水平，从而抵消抑郁症的低唤醒状态。它往往能放松肌肉，带来深度睡眠。它也会命令人体内部的药房分泌更多改善情绪的化学物质，如去甲肾上腺素、5-羟色胺和内啡肽这样的神经递质（Jacobs, 1994; Salmon, 2001）。运动甚至可以促进神经发生。运动会让小鼠的大脑产生一种分子，这种分子会刺激产生新的、具有应激抵御能力的神经元（Hunsberger et al., 2007; Reynolds, 2009; van Praag, 2009）。

在一个简单的层面上，坚持锻炼带来的成就感以及体格和身体形象的改善，可能会提升个体的自我形象，使情绪状态变得更好。每星期运动 5 天或 5 天以上，每天至少半个小时，其效果就像服用了一种可以预防和治疗疾病、增加精力、缓解焦虑、

图 11.9
有氧运动与抑郁
有轻度抑郁的女大学生，在加入有氧运动组一段时间后，与放松训练组和控制组相比，抑郁水平显著下降（资料来源：McCann & Holmes, 1984）。

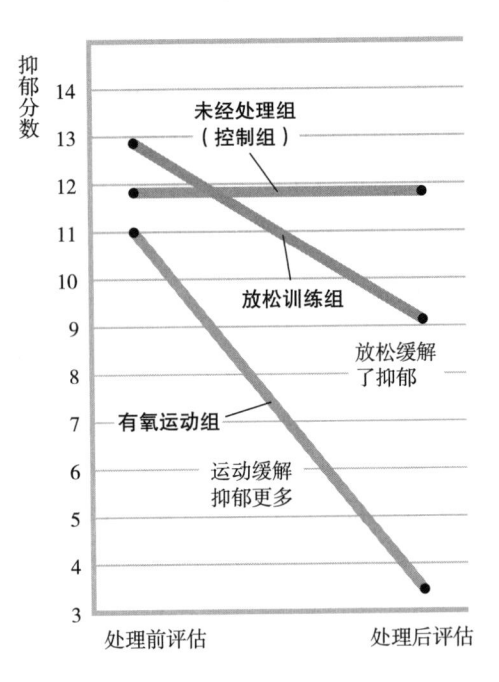

改善情绪的药物一样。一种我们都愿意服用的药物，如果有的话。然而很少有人（每4个美国人中只有1个）能够利用这种"药物"（Mendes, 2010）。

放松与冥想

11-9：放松和冥想可能会以哪些方式影响应激和健康？

了解了应激的破坏性，我们是否可以通过改变我们的思维和生活方式来抵消应激反应呢？20世纪60年代晚期，包括尼尔·米勒在内的一些受人尊敬的心理学家开始做生物反馈实验。生物反馈是一个对细微的生理反应信息进行记录、放大和反馈的系统，其中很多信息受到自主神经系统的控制。生物反馈的仪器就好比一面镜子，反映出一个人自身努力的结果，使这个人能够了解哪些技术可以（或不能）控制某种特定的生理反应。经过10年的研究，人们发现早期关于生物反馈的说法似乎有些言过其实（Miller, 1985）。1995年，美国国家卫生研究院的一个研究小组宣称生物反馈对紧张性头痛最为有效。

简单的放松方法，无需昂贵的医疗设备，可产生许多生物反馈曾经许诺的结果。图11.9指出，有氧运动能够缓解抑郁症。不过你是否注意到，在那张图中，放松治疗组的女性抑郁症状也减轻了？60多项研究发现，放松训练可以缓解头痛、高血压、焦虑和失眠（Nestoriuc et al., 2008; Stetter & Kupper, 2002）。

这样的发现并不会让弗里德曼及其同事们感到惊讶。他们检验了是否A型人格的心脏病患者学会了放松，其心脏病再次发作的危险性就会随之降低。研究者将数百名中年心脏病患者随机分成了两组。第一组病人只接受心脏病专家关于药物、饮食及运动的一般性建议。第二组则在此基础上又接受了帮助他们改变生活方式的建议。他们学习了通过放慢脚步、说话慢条斯理和吃饭细嚼慢咽来放松和放慢生活节奏。他们还学习了笑以待人和自嘲、勇于承认错误、利用时间享受生活以及巩固信仰。训练得到了回报（**图11.10**）。在接下来的三年中，第二组病人的心脏病复发率仅为第一组的一半。正如弗里德曼所说的那样：这一复发率的减少是空前的和惊人的。另一项英国的小规模研究同样将易患心脏病的人分为控制组和生活方式改善组

图 11.10
心脏病的复发与生活方式的改变
旧金山冠心病复发预防项目给心脏病患者提供了专家咨询。那些在指导下改变了A型生活方式的病人，心脏病复发的次数明显减少（资料来源：Friedman & Ulmer, 1984）。

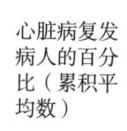

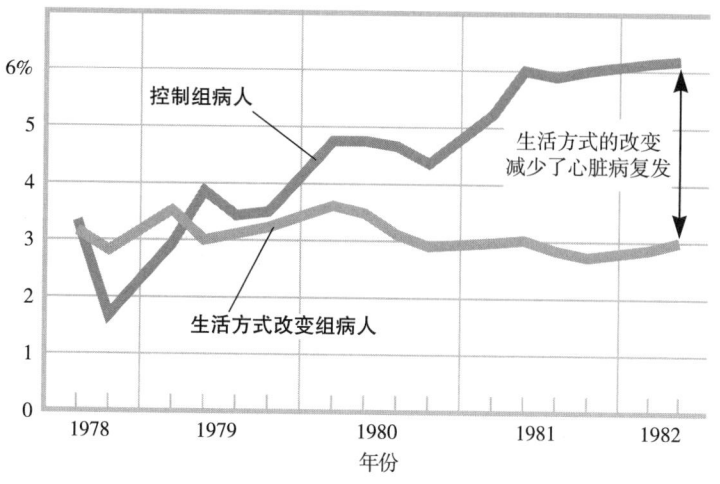

（Eysenck & Grossarth-Maticek, 1991）。结果也发现，在接下来的 13 年中，改变想法和生活方式的人死亡率比对照组低 50%。弗里德曼在 55 岁患上心脏病之后，开始采用他自己的行为治疗——并且活到了 90 岁（Wargo, 2007）。

心脏病专家本森（Benson, 1996）对经验丰富的冥想者可以降低他们的血压、心率、氧气消耗量和提高指尖温度的报道产生了极大的兴趣。本森的研究使他发现了他所称的放松反应，一种以肌肉放松、呼吸和心跳变缓、血压降低为特征的平静状态。其倡导者本森认为，如果每天做一、两次放松训练，就会有持续的减压作用。

要体验放松反应，本森－亨利身心医学研究所建议如下的步骤：以舒适的姿势安静地坐下。闭上你的眼睛。放松你的肌肉，从脚部开始，然后是小腿，再向上经过大腿、肩膀、颈部和头部。缓慢地呼吸。在呼出每一口气时，心中重复默念你专注的字、词或祷告——来自你自己信念系统里的信息。如果有其他想法侵入，不要担忧。只要重新回到你重复的内容上并坚持 10~20 分钟即可。做完之后，继续安静地坐一、两分钟，然后睁开眼睛，再稍坐片刻。

陷入沉思的佛教僧人和专心于祈祷的天主教修女都报告说他们有一种逐渐弱化的自我感和时空感。在他们冥想的过程中，对其大脑的扫描揭示了这种精神感受的神经痕迹：顶叶负责空间定位的部分较平时安静，而额叶负责集中注意的区域格外活跃（Cahn & Polich, 2006; Newberg & D'Aquili, 2001）。另一个差异出现在大脑的左额叶。在有冥想经验的佛教僧侣中，该脑区表现出较高的活动水平，而这种活动通常与积极的情绪有关。

这种活动频率的增加是冥想的结果，还是一个不涉及因果关系的简单相关？为了寻找答案，研究者进行了实验，对志愿者（非训练有素的冥想者）在"之前"和"之后"的脑扫描结果进行比较（Davidson et al., 2003）。首先，他们对志愿者正常水平的脑活动进行基线扫描，然后将他们随机分配到控制组或为期 8 周的正念冥想课程，该课程已被证实能够减轻焦虑和抑郁（Hofmann et al., 2010）。将冥想组成员的表现与控制组及他们自己的基线相比较，发现经过训练后，他们大脑左半球的活动显著增加，其免疫系统功能也得到提高。这样的效果可能有助于解释另一项研究的结果，该研究发现参加冥想练习的高血压患者（与其他治疗组相比）在接下来的 19 年中，心血管疾病死亡率降低了 30%（Schneider et al., 2005）。冥想可以减轻焦虑和改善心境，患者可能因此获得了上述的好处（Hofmann et al., 2010）。

除了运动和冥想，其他方法也可以让人放松。正如我们在前几章看到的，按摩已经被证明对早产儿和忍受疼痛折磨的人均有疗效。一项包括 17 个临床实验的元分析发现了按摩疗法的另一个好处：可以放松肌肉，并且有助于减轻抑郁（Hou et al., 2010）。

信仰团体与健康

11-10：什么是信仰因素，对信仰和健康之间的联系有哪些可能的解释？

大量研究——仅在 21 世纪的头 10 年里就有大约 1800 个——揭示了另一个奇妙的相关：信仰因素（Koenig et al., 2011）。积极参加宗教活动的人倾向于比不参加的人活得更长。其中一项研究比较了两个以色列社区 3900 名居民的死亡率。第

冥想是一种现代现象，却有着漫长的历史：独自静静地坐下来，低下头，闭上眼睛，轻轻地呼气，想象着你正在聆听自己的心声……随着呼气，轻声说："主耶稣，请宽恕我……"努力排除所有的思绪，集中注意力，平静你的心情，耐心地重复上述过程。（Gregory of Sinai, 死于 1346 年）

奥秘派试图利用心灵的力量，实现在不用麻醉剂的情况下补牙。他们的目标是：超越牙科药物。

Dean Mitchell/Shutterstock

一个社区包括 11 个正统的宗教团体聚居点；第二个社区包括 11 个相匹配的非宗教团体聚居点（Kark et al., 1996）。在 16 年时间里，"一种强大的保护效应与从属于某个宗教团体有关"，这无法用年龄或经济差异来解释。对于每个年龄段的人群，宗教团体成员的死亡率大约是非宗教团体成员的一半。这一差异与死亡率的性别差异大致相当。

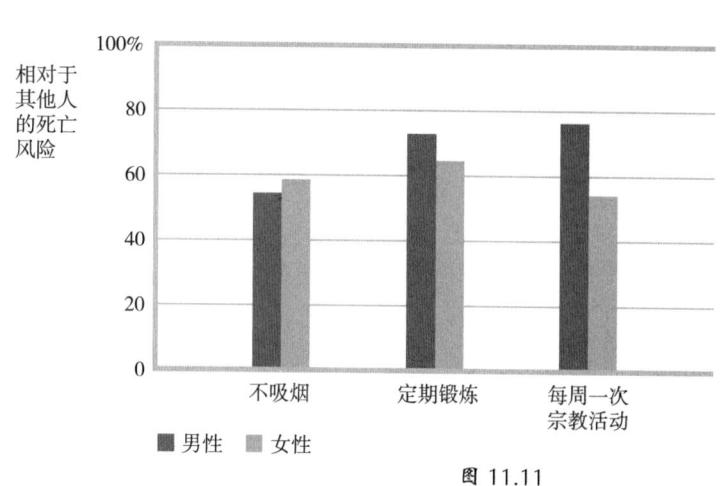

如何解释这些发现？相关并不是因果关系的陈述，而且还有很多因素没有得到控制（Sloan et al., 1999, 2000, 2002, 2005）。还有一个可能的解释：女性比男性更信奉宗教，同时比男性更长寿。或许参加宗教活动仅仅反映了上述性别和寿命的关联？显然并非如此。美国国立卫生研究院在一项为期 8 年的研究中跟踪调查了 92 395 名女性（年龄 50~79 岁）。在控制了很多因素后，研究者发现每周（或更频繁地）参加宗教活动的女性在研究进行期间的死亡风险下降了 20%（Schnall et al., 2010）。除此之外，研究者在男性身上也发现了参加宗教活动和预期寿命的关联（Benjamins et al., 2010; McCullough et al., 2000, 2005, 2009）。一项对 5 286 名加州成人 28 年的跟踪研究发现，在控制了年龄、性别、种族和教育因素后，经常参加宗教活动的人任何一年中的死亡率都比不经常参加者低 36%（图 11.11）。在另一项对 20 000 多人进行的为期 8 年的控制研究中（Hummer et al., 1999），这种影响可以转化成在 20 岁时的预期寿命：经常参加宗教活动的人预期寿命为 83 岁，不经常参加宗教活动的人预期寿命只有 75 岁。

这些相关并不说明，不怎么参加宗教活动的人若开始参加活动，什么都不改变就会多活 8 年。但是该结果确实表明，参与宗教活动和不吸烟、锻炼一样，是健康和寿命的预测因子。

回忆一下，当弗里德曼和罗森曼的研究显示 A 型人格者更容易心脏病发作时，其他研究者希望了解更多。有害的成分是什么？类似地，研究者想知道为什么参加宗教活动可以预测健康和寿命。你能想象有哪些"中间变量"可以解释这种相关吗？研究指出了三种可能的影响因素（图 11.12）：

- 健康的行为：宗教能够促进自我控制（McCullough & Willoughby, 2009），在宗教上活跃的人往往更少吸烟和饮酒，生活方式更健康（Koenig & Vaillant, 2009; Park, 2007; Strawbridge et al., 2001）。在一项包括 55 万美国人的盖洛普调查中，

图 11.11
不吸烟、经常锻炼和有规律地参加宗教活动可以作为长寿的预测因子
流行病学家斯特劳布里奇和他的合作者（Strawbridge et al., 1997, 1999; Oman et al., 2002）对 5 286 名加州成人进行了长达 28 年的跟踪研究。在控制了年龄和教育因素后，发现不吸烟、定期锻炼和参加宗教活动在任何一年都可以预测较低的死亡风险。例如，在具有代表性的研究年份中，每周参加一次宗教活动的女性，其死亡风险是不参加宗教活动者的 54%。

图 11.12
参与宗教活动与健康或长寿间相关的可能解释

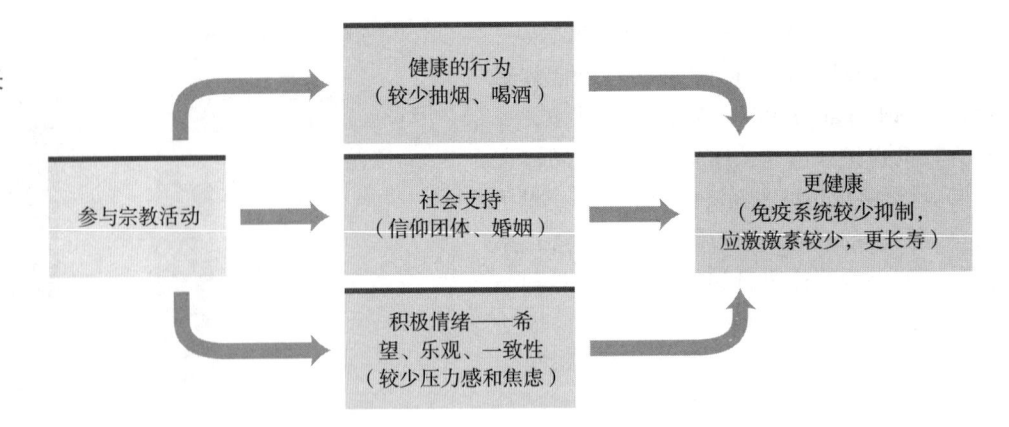

```
                    ┌──────────────────┐
                  ┌▶│  健康的行为       │──┐
                  │ │ (较少抽烟、喝酒) │  │
                  │ └──────────────────┘  │
┌──────────────┐  │ ┌──────────────────┐  │ ┌──────────────────┐
│ 参与宗教活动 │──┼▶│  社会支持        │──┼▶│  更健康          │
└──────────────┘  │ │ (信仰团体、婚姻) │  │ │ (免疫系统较少抑制,│
                  │ └──────────────────┘  │ │ 应激激素较少,更长寿)│
                  │ ┌──────────────────┐  │ └──────────────────┘
                  └▶│ 积极情绪——希    │──┘
                    │ 望、乐观、一致性 │
                    │ (较少压力感和焦虑)│
                    └──────────────────┘
```

虔诚的宗教信仰者中有15%吸烟,而没有宗教信仰的人吸烟率达到28%(Newport et al., 2010)。但这种生活方式的差异不足以解释以色列宗教聚居区中死亡率的大幅下降。在美国的研究中,在统计分析时控制了不锻炼、吸烟等不健康行为后,约75%的寿命差异仍然存在(Musick et al., 1999)。

- **社会支持**:信仰因素可以用社会支持来解释吗(Ai et al., 2007; George et al., 2002)?在犹太教、基督教和伊斯兰教中,信仰是一种公共经验。从属于某个宗教团体就有机会获得支持网络。当不幸发生时,宗教上活跃的人能在那里相互扶持。此外,宗教鼓励婚姻,而婚姻是健康和长寿的另一个预测因素。例如,在以色列的宗教环境中,几乎不存在离婚现象。

- **积极情绪**:即使控制了性别、不健康行为、既往病史和社会支持等因素,死亡率研究仍然发现参与宗教的人拥有更长的寿命(Chida et al., 2009)。因此研究者们推测,宗教上活跃的人可能得益于稳定、一致的世界观,对长远未来的希望,最终的归属感和祷告时的放松冥想或安息日仪式。这些变量也有助于解释近期的一些研究结果,例如经常参加宗教活动者似乎有更强的免疫功能,较少的住院治疗史,而其中的艾滋病人则压力激素水平较低、寿命较长(Ironson et al., 2002; Koenig & Larson, 1998; Lutgendorf et al., 2004)。

提取一下

- 我们可以使用哪些策略来管理无法避免的应激?

答案:有氧运动、放松、冥想、参加宗教活动。

幸 福

11-11:幸福的主要影响有哪些?

人们都渴望并祝福彼此能够健康和幸福。这是有道理的。一个人快乐或不快乐的情绪状态给每件事情都染上了色彩。幸福的人感觉世界更安全,也感到更自信。他们更果断,更具合作性,更宽容。他们对应聘者的评价更好,保留着积极的过往经验而不是惦记着消极的，并且有更多的社会联结。他们过着更健康、更具活力和自我满足的生活（Briñol et al., 2007; Liberman et al., 2009; Mauss et al., 2011）。

当你心情沮丧时，整个生活就显得压抑且毫无意义，你会更加怀疑地思考，更加批判性地关注你的周围环境。让你的心境快乐起来，你的思维会开阔起来，也会变得更有活力和创造性（Baas et al., 2008; Forgas, 2008b; Fredrickson, 2006）。你的人际关系、自我形象和对未来的期待也似乎更有希望。一项研究在1976年调查了数千名美国大学生，并在他们37岁时再次对其进行调查，发现与幸福程度低于平均水平的同伴相比，幸福的学生收入明显更高（Diener et al., 2002）。

此外——这是心理学最一致的结论之一——当我们感到幸福时，我们更愿意做好事。许多研究已证明，良好的情绪体验（找到丢失的钱，在有挑战性的任务中获得成功，回忆一件幸福的事）使人们更容易捐献钱财、拣起别人掉在地上的纸、做志愿者等。心理学家称之为**好心情乐于助人现象**（feel-good, do-good phenomenon）（Salovey, 1990）。（反之亦然：做好事也会让人心情更好。有一些幸福教练对这个现象加以利用，他们让客户每天做一个"随机的善举"并记录结果。）

积极心理学

11-12：什么是主观幸福感？积极心理学研究者探索的主题有哪些？该运动的三大"支柱"是什么？

早在1902年，威廉·詹姆士就写到过幸福的重要性（"[我们]做所有事情的秘密动机"）。到20世纪60年代，人本主义心理学家的兴趣在于增强人类的满足感。到了21世纪，在美国心理学协会前主席马丁·塞利格曼的领导下，**积极心理学**（positive psychology）正在用科学的方法研究人类丰盛。这个年轻的子领域包括对**主观幸福感**（subjective well-being）的研究，后者指幸福的感觉（有时被定义为积极对消极情感的高比率）或者一种对生活的满意感。例如，研究者正在探索：

- **积极情绪** 通过评估以增加人类幸福为目标的练习和干预手段（Schueller, 2010; Sin & Lyubomirsky, 2009）。
- **积极健康** 通过研究积极情绪如何提高和维持身体健康（Seligman, 2008; Seligman et al., 2011）。
- **积极的神经科学** 通过研究积极情绪、韧性和社会行为的生物学基础。
- **积极教育** 通过评估旨在提高学生的参与性、韧性、性格优势、乐观程度和意义感的教学尝试（Seligman et al., 2009）。

马丁·塞利格曼 "积极心理学的主要目的是测量、理解和构建人类力量和公民道德。"

总的来说，对过去感到满意、对现在感到幸福、对未来感到乐观组成了该运动的第一根支柱：积极幸福感。塞利格曼把幸福看作是令人愉快的、积极投入的和充满意义的生活的副产品。

塞利格曼说，积极心理学要建立的不只是令人愉快的生活，它还是应用了个人技能的美好生活，是超越了个人本身的有意义的生活。因此，第二根支柱，积极性格，主要探索和提升创造力、勇气、热情、正直、自控力、领导力、智慧和灵性。

第三根支柱是积极的团体、社区和文化，其目标是培育积极的社会生态。这包括健康的家庭、公共的社区、有效能的学校、有社会责任感的媒体以及公民对话。

塞利格曼及其同事（Seligman et al., 2005）认为，"积极心理学是对积极情绪、积极性格特征和支持性制度的统称。"积极心理学的关注点不同于心理学在第一个百年间的传统兴趣点，当时关注的是理解和减轻消极状态——虐待和焦虑，抑郁和疾病，偏见和贫穷。实际上，从1887年以来，关于某些负面情绪的文章与关于积极情绪的文章的数量之比为17:1。

在过去的年代里，相对和平与繁荣的时期使得文化将注意力从修复弱点和伤害转向促进塞利格曼（Seligman, 2002）所说的"生活的最高品质"。5世纪，繁荣的雅典滋养了哲学和民主。15世纪，繁荣的佛罗伦萨滋养了伟大的艺术。大英帝国的大量物资让维多利亚时期的英格兰极为富足，从而培养出了荣誉、纪律和责任感。塞利格曼认为，在这个千年里，我们有机会创造一门更积极的心理学，作为一座"人道、科学的丰碑"，它不仅关注弱点和伤害，而且关注力量和美德。在塞利格曼的领导下，这一运动开展得如火如荼，从克罗地亚到中国，在77个国家都有支持者（IPPA, 2009, 2010; Seligman, 2004, 2011）。他们对人类丰盛的研究已经让我们洞察到了幸福的多个方面，包括对幸福的预测因素的研究，正如我们下面将要看到的。

影响幸福感的因素

11-13：时间、财富、适应和比较如何影响我们的幸福水平？

短暂的情绪起伏

一周的某几天会比另外几天更快乐吗？社会心理学家亚当·克莱默（应我的请求，并与脸书合作）对"数十亿条"状态更新中的情绪词汇进行了自然观察，这无疑是心理学史上最大的数据样本。在删除一些不合要求的日子（例如假期）后，他按照一周七天的划分来追踪积极和消极情绪词汇的使用频率。在哪些日子里人们的情绪最积极？周五和周六（图11.13）。一项类似的研究分析了5900万条推特信息中的情绪相关词汇，发现周五到周日是一周当中最幸福的日子（Golder & Macy, 2011）。你也是如此吗？

长期来看，我们的情绪起起落落并趋于平衡。甚至在一天当中也是如此。在大多数的日子里，积极情绪在早上到中午的时间里上涨，然后低落下来（Kahneman et al., 2004; Watson, 2000）。应激事件——争论、孩子生病、汽车故障——会诱发坏情绪。这在意料之中。但是到了第二天，沮丧的感觉几乎总是会消散（Affleck et al., 1994; Bolger et al., 1989; Stone & Neale, 1984）。如果有什么差别的话，在经历了糟糕的一天后，第二天人们的情绪往往会恢复到比平时更好的程度。

即使当消极事件使我们较长时间处于沮丧状态时，这种坏心情通常也是会结束的。浪漫关系的破裂会给人以巨大的打击，但最终伤口会愈合。还在争取终身职位的大学教员以为他们的生活会因一个负面决策而一蹶不振。事实上，5年到10年以后，他们的幸福水平与那些获得终身职位的人差不多（Gilbert et al., 1998）。

失去所爱的人的悲痛或严重创伤（如儿童受虐、遭强暴或对战争的恐慌）后的焦虑可能挥之不去。但通常，即使是悲剧也不会永远令人沮丧。后天失明或瘫痪的人通常能恢复到接近正常水平的日常幸福度。那些必须接受肾透析或进行了永久性结肠造口术的人也是（Gerhart et al., 1994; Riis et al., 2005; Smith et al., 2009）。在欧洲的研究中，8~12岁的脑瘫儿童有着正常的心理幸福感（Dickinson et al., 2007）。

大部分人都能很好地应对终身残疾，尽管他们的情绪可能不会完全恢复到从前的水平（Diener et al., 2006; Smith et al., 2009）。严重残疾使人不如一般人快乐，但还是比健全的抑郁症者更快乐（Kübler et al., 2005; Lucas, 2007a, b; Oswald & Powdthavee, 2006; Schwartz & Estrin, 2004）。丹尼尔·卡尼曼（Kahneman, 2005）解释道："如果你是位截瘫患者，你将逐渐学会开始思考其他事物，你思考其他事物的时间越多，你感觉悲惨的时间便越少。"大部分身体完全不能动弹的病人没有说过"想死"，这与多数人所认为的相反（Bruno et al., 2008, 2011; Smith & Delargy, 2005）。

令人惊讶的事实是：我们高估了情绪的持续时间，却低估了我们的韧性。

财富与幸福

"如果你能赚更多的钱你会感觉更幸福吗？"美国盖洛普一项2006年的调查显示73%的美国人会做肯定回答。在经济上变得非常富裕有多重要？新入学的美国大学生有80%回答"非常重要"（**图 11.14**）。

确实，有足够的钱让自己摆脱饥饿和绝望，那你的确能够买到一些幸福（Diener & Biswas-Diener, 2009; Howell & Howell, 2008; Lucas & Schimmack, 2009）。罗伯特·康明斯（Cummins, 2006）用澳大利亚的数据证实，钱增加幸福的威力在低收入者中是显著的，但这一效果随着收入增加而减弱。与一个普通瑞士人相比，每年增加1000美元工资对于一个普通马拉维（一个非洲国家——译者注）人的意义要重大得多。他补充说，这意味着，增加低收入者的收入比增加高收入者的收入更能提升幸福感。

一旦个体所拥有的金钱足以给他提供舒适和安全，积累更多财富的意义就越来

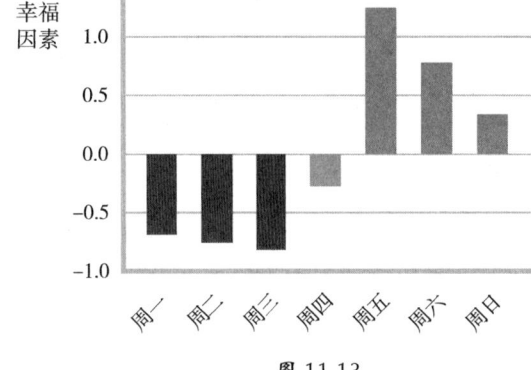

图 11.13
利用网络科学来追踪幸福的日子

亚当·克莱默（Kramer, 个人通信, 2010）追踪了美国脸书使用者从2007年9月7日到2010年11月17日的"数十亿条"状态更新中的积极和消极的情绪词汇。

哭泣可能停留在晚上，但快乐与清晨一起到来。
——圣歌（30:5）

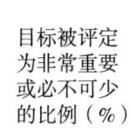

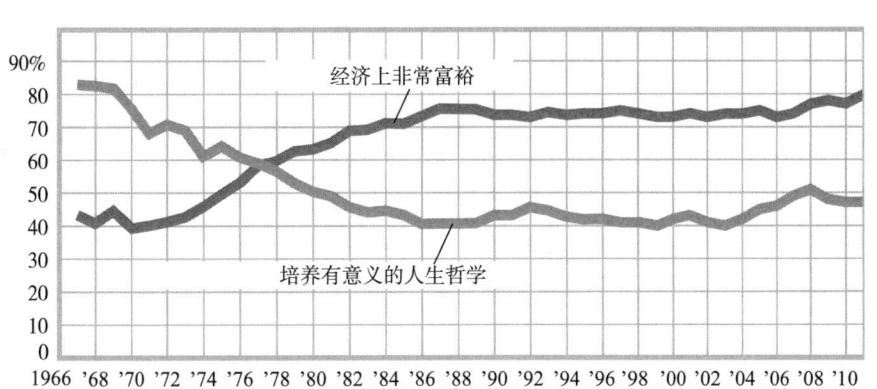

图 11.14
大学新生不断变化的物质观

自1970年以来每年对20万多名美国大学新生的调查发现，他们对财富的渴望不断增加。
（资料来源：*The American Freshman* surveys, UCLA, 1966 to 2011.）

越小了。享受奢华会妨碍我们欣赏生活中更简单的乐趣（Quoidbach et al., 2010）。如果你已经在阿尔卑斯山滑过雪，那附近的小山就显得没意思了。

想一想：在过去的半个世纪里，美国人的平均购买力是以前的近3倍。这种更多的财富——使人均汽车拥有量增加了一倍，更别提笔记本电脑、智能手机和高清电视了——是否也能买到更多的幸福呢？如图 11.15 所示，尽管更加富有了，但平均而言，美国人一点也没有更幸福。1957 年，大约 35% 的人说他们很幸福，2010 年略有下降，只有 29%。欧洲国家、澳大利亚和日本的情况也基本一样，不断增长的财富并没有带来不断增长的幸福感（Australian Unity, 2008; Diener & Biswas-Diener, 2002, 2009; Di Tella & MacCulloch, 2010）。这样的发现对现代物质主义无疑是当头棒喝：富裕国家的经济增长并没有为道德或社会幸福带来明显的推进。

讽刺的是，在每一种文化中，那些为财富而拼命奋斗的人，其幸福感常常都偏低（Ryan, 1999），特别是那些为了证明自己、获得权力或炫耀，而不是为了维持家庭而赚钱的人（Niemiec et al., 2009; Srivastava et al., 2001）。相反，那些为了"亲人、个人成长和对社会作贡献"而奋斗的人，常常体验到更高的生活质量（Kasser, 2002, 2011）。

"但是从积极方面看，金钱并不能买到幸福——所以谁在乎呢？"

澳大利亚人比 20 世纪 50 年代的上辈富三倍，但他们并没有更快乐。

——《幸福宣言》，2005

图 11.15
金钱能买来幸福吗？
金钱肯定能帮助我们避免某些痛苦。但是，从 20 世纪 50 年代以来，尽管购买力成倍增加，但美国人报告的平均幸福水平几乎保持不变。（幸福的数据来自 National Opinion Research Center 的调查报告；收入的数据来自 Historical Statistics of the United States 以及 Economic Indicators。）

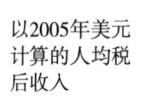

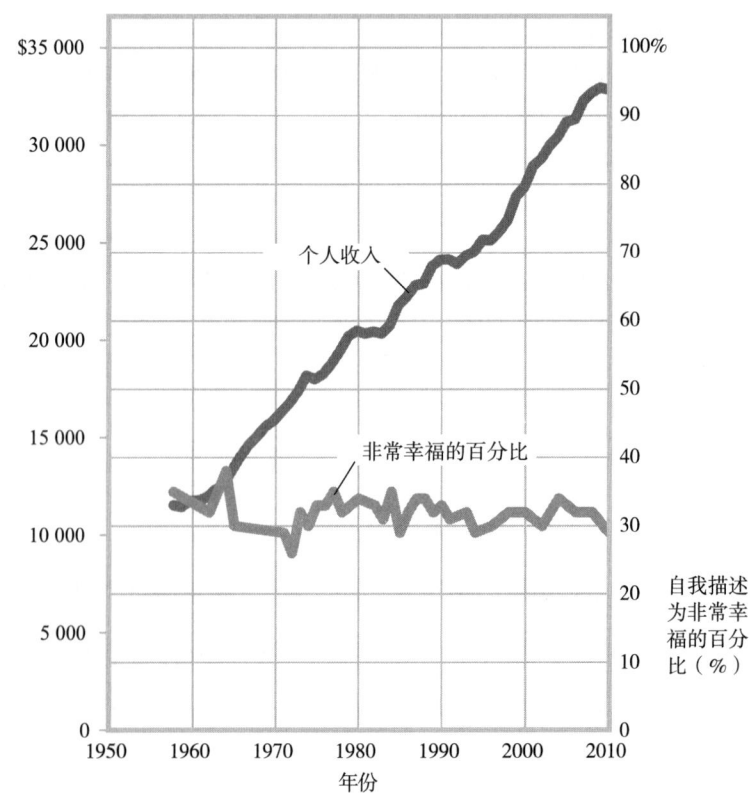

幸福是相对的：适应与比较

两条心理学法则解释了为什么对于不太贫穷的人而言，更多的钱只能带来短暂的快乐，还解释了为什么我们的情绪好像受到了橡皮筋的控制一样，它可以把我们从高或低的情绪状态拉回来。两种原则都以自己的方式表明幸福是相对的。

幸福是相对于自身的经历而言 适应水平现象（adaptation-level phenomenon）是指我们判断各种刺激时倾向于把它与我们先前的经历联系起来。正如心理学家哈里·赫尔森（Harry Helson，1898—1977）所解释的，我们根据经验对我们的中性水平进行调节，在这种水平上，声音既不太强也不太弱，温度既不太热也不太冷，事件既不令人愉快也不令人讨厌。然后，我们注意到在这些水平上下的变化并做出反应。因此，在最初的快乐高涨之后，改善变成了"新常态"，我们需要更好的东西来提升我们的幸福感。

那么，我们能创造出一个永久的社会乐园吗？也许不能（Campbell, 1975; Di Tella & MacCulloch, 2010）。那些刚获得了一笔意外之财（由于彩票、遗产或经济增长）的人通常会感到有些兴奋（Diener & Oishi, 2000; Gardner & Oswald, 2007）。如果明天你在自己的乌托邦醒来，这可能是一个没有账单，没有疾病，成绩优异，会有人毫无保留地爱着你的世界，那么你也会这样。但是一段时间之后，你会逐渐重新校准适应水平，并调整新的中性水平以涵盖这些新的经历。不久以后，你会再次时而觉得高兴（当收获超出预期），时而觉得被剥夺（当成就低于预期），时而觉得正常。请牢记这点：满足和不满足、成功和失败的感觉是我们根据之前的经历作出的判断。如瑞安（Ryan, 1999）所言，满足感"只有短暂的半条命"。失望也是如此，这意味着你从挫折中恢复的速度会比你以为的要快。

幸福是相对于他人的成功而言 我们总是把自己与他人相比。我们感觉是好或坏，都是以他人为参照的（Lyubomirsky, 2001）。只有当其他人表现得精明或机敏时，我们才感觉自己迟钝或愚笨。**相对剥夺**（relative deprivation）是指与他人相比相形见绌的感觉。

当期望远高于实际所获时，结果就会令人失望。因此，一个特定国家的中上等收入者，如果能把自己与相对贫穷的人相比，他们对生活的满意度往往要比那些不那么幸运的同胞高。然而，一旦人们达到中等收入水平，继续增加的财富并不能增加他们的快乐。为什么？因为当人们攀登成功之梯时，他们通常把自己与当地处于或高于他们目前水平的人相比（Gruder, 1977; Suls & Tesch, 1978; Zell & Alicke, 2010）。"乞丐不会嫉妒百万富翁，但他们无疑会嫉妒其他更成功的乞丐，"英国哲学家罗素（Russell, 1930, p.90）曾经指出。因此，"拿破仑嫉妒恺撒，恺撒嫉妒亚历山大，我敢说亚历山大嫉妒从未存在过的大力神赫拉克勒斯（Hercules）。所以很难纯粹通过成功的手段来摆脱嫉妒，因为历史上或者传说中总有人比你更成功"pp.68-69）。

把自己与那些更优越的人相比会产生嫉妒，同样的道理，把自己与那些不幸的人相比时想想我们的幸福会增加我们的满意度。德莫及其同事（Dermer et al., 1979）经研究证明了这一点。实验要求威斯康星州-密尔沃基大学的女生去考虑别人的贫困和痛苦。研究者让她们观看1900年密尔沃基严酷生活的生动描写，并且让她们在想象之后写出各种个人悲剧，如遭遇火灾并被毁容等。结果证明，这些女性对她们自己的生活表达了更高的满意度。同样，当轻度抑郁的人读到更抑郁的人的故事时，

幸福时刻难长久。
——塞涅卡（罗马政治家、哲学家及悲剧作家），
《阿伽门农》，C.E.60

持续的愉悦会逐渐消失……愉悦总是取决于变化，并随着持续的满足而消失。
——荷兰心理学家
尼克·弗里杰达（1988）

我有一条非常自豪的"福饼格言"：生活中没有任何事物如你在想它的时候认为的那般重要。所以，没有什么能让你像你想象的那样快乐。
——诺贝尔奖得主心理学家
丹尼尔·卡尼曼，
盖勒普访谈，
"他们在想什么？" 2005

比较效应有助于解释为什么有一定学业能力的学生，如果在他就读的学校中，大多数同学的学业能力并不是很强，他就倾向于有较高的学业自我概念（Marsh & Parker, 1984）。如果你在中学成绩很好，进入大学后你可能会觉得自卑，因为在大学里班上的每一个同学都很拔尖。

会感觉好一些（Gibbons, 1986）。波斯谚语有云，"我为自己没有鞋子而哭泣，直到我遇到了一个没有脚的人。"

幸福的预测因子

11-14：幸福有哪些预测因子？我们怎样才能更幸福？

幸福的人有很多共性（表 11.1），但为什么一些人通常快乐满怀，而另一些人整天郁郁寡欢呢？就像其他很多领域一样，在这里，答案也存在于先天和后天的交互作用之中。

幸福受基因的影响。对 254 对同卵双生子和异卵双生子的研究表明，人们幸福评分差异的约 50% 是可遗传的——可归因于基因（Lykken & Tellegen，1996）。其他双生子研究发现了遗传程度类似或稍弱的结果（Bartels & Boomsma, 2009; Lucas, 2008; Nes et al., 2010）。分开抚养的同卵双生子也常常有相似程度的幸福感。

不过我们的个人经历和我们的文化也会起作用。正如我们已经看到的，在个体的层面上，情绪倾向于在由经历所确定的某个水平附近达到平衡。在文化的层面上，不同的群体所重视的特质是不同的。自尊和成就对于个人主义取向的西方人很重要，而社会接纳与人际和谐在集体文化（如强调家庭和团体的日本）中比较重要（Diener et al., 2003; Uchida & Kitayama, 2009）。

在基因、对前景的展望和近期经历的基础上，幸福似乎围绕着"幸福设定点"上下波动，这使得一些人总是积极乐观，而另一些人则更消极。但当研究者追踪了数千人长达二十多年的生活经历后，他们发现人们的生活满意度并不是固定的（Lucas & Donnellan, 2007）。幸福有起落，它会受到在我们掌控中的一些因素的影响。一个突出的例子是：对德国人的长期研究表明，已婚的伴侣对生活的满意度就如同卵双生子那般相似（Schimmack & Lucas, 2007）。基因很重要，但正如这项研究所示，人际关系的质量也很重要。（想了解经研究证实

"研究人员说，更富有并不能让我更快乐，但是你知道这些研究人员挣多少钱？"

200 名动物园员工对黑猩猩的评估表明，黑猩猩的快乐也受遗传的影响（Weiss et al., 2000, 2002）。

表 11.1 快乐是……

研究者发现快乐的人倾向于	然而快乐似乎与下述因素关系不大
拥有高自尊（在个人主义取向的国家中）	年龄
乐观、开朗、令人愉快	性别（女性更容易抑郁，但也更容易快乐）
有亲密的朋友或令人满意的婚姻	家长身份（有无子女）
有能施展才华的工作和娱乐活动	外表吸引力
有积极的宗教信仰	
睡眠好和积极锻炼	

资料来源于对以下研究的总结：DeNeve & Cooper (1998); Diener et al. (2003); Headey et al. (2010); Lucas et al. (2004); Myers (1993, 2000); Myers & Diener (1995, 1996); and Steel et al. (2008)。Veenhoven (2009) 提供了一个包含 11 000 多个幸福的相关变量的数据库。

能让你更幸福的小提示，请见"特写：想要更幸福吗？"）

如果我们能够在个体层面上让自己更幸福，那么我们能否利用幸福感研究来重新调整国家的优先事项，使之更注重于提升心理幸福感？很多心理学家认为我们可以。在52个同事的支持下，艾德·迪纳（Diener, 2006, 2009）提出了一些国家可用于测量国民幸福感的方法。迪纳及其同事认为，幸福感研究为评估各种公共政策的影响提供了新的途径。幸福的社会不仅繁荣，它还是一个人们彼此信任、感到自由，并且享受亲密关系的地方（Oishi & Schimmack, 2010）。因此，在讨论经济不平等、税率、离婚法和医疗保健这样的问题时，应该首先考虑人们的心理幸福

"我浪费了这么多年的时间去赚钱，现在才知道我开朗的性格是天生的。一想到这个我就要哭了。"

特写

想要更幸福吗

幸福，就像胆固醇水平一样，受遗传的影响。但正如胆固醇会受饮食和锻炼的影响一样，我们的幸福在某种程度上也受个人的控制（Nes, 2010; Sin & Lyubomirsky, 2009）。这里有一些基于科学研究的建议，可用于改善你的心境，提高你对生活的满意度。

认识到持久的幸福可能并不来自于财富上的成功。我们通过调节自己的期望来适应变化。不论是财富还是我们渴望的其他境况，都不能保证让我们幸福。

管理好你的时间。幸福的人总感到能驾驭自己的生活。为了掌握时间管理，设定目标并将其分解为每天的小目标。尽管刚开始我们会因高估了我们某一天能完成的工作量而感到灰心，但好消息是，我们通常会低估我们一年能取得的成就，只要你每天都取得一点进步。

表现得快乐。正如你在第10章读到的，做出一个微笑的表情，人们会感觉更好。所以要面带笑容。讲话时要显得自信、乐观、开朗。我们常常可以通过这些动作进入一种更快乐的心态。

寻求能施展你才华的工作和娱乐活动。幸福的人常常处于一种被称为"流畅感"（flow，也译为心流、福流）的境界中——热衷并沉醉于具有挑战性的任务。通常，比起园艺、社交、工艺等活动，昂贵奢侈的娱乐方式（如坐在豪华游艇上消遣）提供的"流畅感"反而更少。如果为所期盼、享受和铭记于心的经历花钱，而不是为物质花钱，那么钱也能买到更多的幸福（Carter & Gilovich, 2010）。正如评论家阿特·布赫瓦尔德所说，"生命中最美好的东西不是有形的物品。"

参加"运动"活动。有氧运动能促进健康和提升精力，因此可以缓解轻度抑郁和焦虑。健康的心理寓于健康的身体之中。起来，沙发土豆！

保证足够的睡眠。幸福的人积极活跃，但他们也要留出时间用于睡眠和享受独处。很多人睡眠不足，这会导致身体疲惫、警觉性降低、心情忧郁。

把亲密关系放在首位。亲密的友谊可以帮助你渡过困难时期。信任别人对心灵和身体都是有益的。与不幸福的人相比，幸福的人较少进行肤浅的闲聊，会更多地进行有意义的交谈（Mehl et al., 2010）。培养亲密关系的方法是：不要认为别人对你亲密友好是理所应当的，对待好朋友也要像对待其他人一样友善，还要肯定他们，和他们一起玩耍，一起分享。

关注自我以外的人和事。帮助那些需要帮助的人。幸福会增加助人行为（好心情做好事），而做了好事也会让人感觉好。

细数你的恩福，记录你的感激之情。写感恩日记可以提升幸福感（Emmons, 2007; Seligman et al., 2005）。试着每天暂停下来享受美好时刻，并记录好事是何时以及为什么发生的。表达你对其他人的谢意。

培养精神自我。对于很多人来说，信仰提供了一个支持系统，一个关注自身之外的理由，一种目标感和希望感。这有助于解释为什么活跃在信仰团体中的人所报告的幸福程度高于平均水平，并往往能更好地应对危机。

摘自 David G. Myers, *The Pursuit of Happiness* (Harper)

感——这一点现在已经得到加拿大、法国、德国和英国等政府的肯定。这几个国家都已经将幸福指数提上了国家事务日程（Cohen, 2011; Gertner, 2010; Stiglitz, 2009）。这些指数有助于指导国家制定减少应激和促进人类繁荣的政策。

> **提取一下**
>
> - 下列哪个因素不能预测（自我报告的）幸福？哪些是较好的预测因素？
>   a. 年龄　　　　　d. 性别
>   b. 人格特质　　　e. 投入工作和休闲活动
>   c. 亲密关系　　　f. 活跃的宗教信仰
>
> 答案：年龄和性别（a 和 d）并非有效的预测因素水平。人格特质、亲密关系、投入工作和休闲活动中的"畅流"，以及活跃的宗教信仰（b、c、e 和 f）都是较好的预测因素。

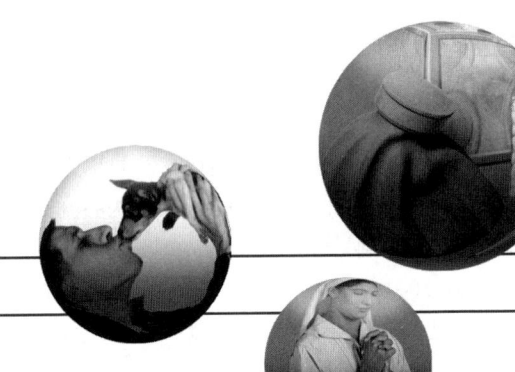

本章复习

应激、健康与人类丰盛

学习目标

回答以下学习目标问题来测试一下你自己（这里重复了本章中的问题）。然后翻到附录的完整章节复习，核对你的答案。研究表明，试着自主回答这些问题将增进你对这些概念的长期记忆（McDaniel et al., 2009）。

应激与健康

11-1： 什么事件会引发应激反应，我们如何对应激做出反应和适应应激？

11-2： 为什么应激使我们更容易生病？

11-3： 为什么有些人更易患冠心病？

11-4： 处理愤怒情绪有哪些健康的方式？

应对应激

11-5： 人们试图从哪两个方面来减少应激？

11-6： 失控的感觉对健康有何影响？

11-7： 对生命、社会支持、应激和健康的基本看法之间有什么关联？

减少应激

11-8： 通过有氧运动来进行应激管理和提升幸福感的效果如何？

11-9： 放松和冥想可能会以哪些方式影响应激和健康？

11-10： 什么是信仰因素，对信仰和健康之间的联系有哪些可能的解释？

幸福

11-11： 幸福的主要影响有哪些？

11-12： 什么是主观幸福感？积极心理学研究者探索的主题有哪些？该运动的三大"支柱"是什么？

11-13： 时间、财富、适应和比较如何影响我们的幸福水平？

11-14： 幸福有哪些预测因子？我们怎样才能更幸福？

术语与概念

测试自己对以下术语的理解，试着用自己的语言写下这些术语的定义，然后翻到提到术语的那一页核对你的答案。

应 激
一般适应综合征
照料和结盟
健康心理学

心理神经免疫学
冠心病
A 型人格
B 型人格
宣 泄
应 对
问题聚焦应对
情绪聚焦应对
习得性无助

外控制点
内控制点
自我控制
有氧运动
好心情乐于助人现象
积极心理学
主观幸福感
适应水平现象
相对剥夺

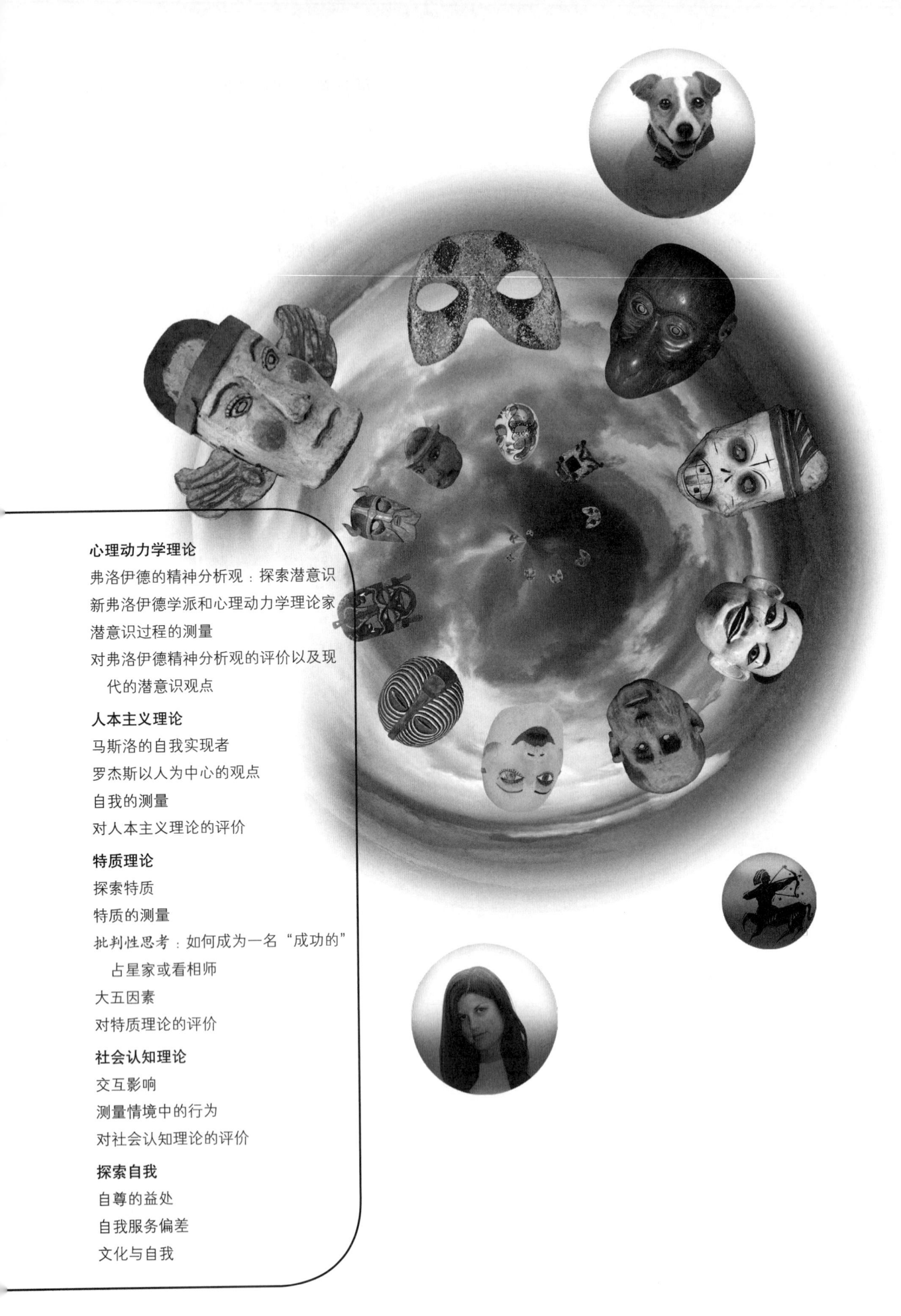

心理动力学理论
弗洛伊德的精神分析观：探索潜意识
新弗洛伊德学派和心理动力学理论家
潜意识过程的测量
对弗洛伊德精神分析观的评价以及现代的潜意识观点

人本主义理论
马斯洛的自我实现者
罗杰斯以人为中心的观点
自我的测量
对人本主义理论的评价

特质理论
探索特质
特质的测量
批判性思考：如何成为一名"成功的"占星家或看相师
大五因素
对特质理论的评价

社会认知理论
交互影响
测量情境中的行为
对社会认知理论的评价

探索自我
自尊的益处
自我服务偏差
文化与自我

第 12 章

人 格

《魔戒》中的霍比特英雄弗罗多·巴金斯知道，在他充满艰险的征程中，总有那么一个人从来不会让他失望，那就是他忠心耿耿、永远快乐的同伴山姆·甘姆齐。在他俩即将启程离开自己深爱的家乡时，弗罗多还提醒山姆说这次征程可能不会一帆风顺：

"山姆，这将会是非常危险的，而且现在已经很危险了。
很有可能咱俩谁都回不来。"

"先生，如果您回不来，那我也就不回来了，这是一定的，"山姆说。"精灵们跟我说'你怎么不离开他！'离开他！我说，我可从不这样想。如果他登上月球，我就跟着他去；如果有强盗想要挡住他的去路，那他们也得先跟我较量。"（J.R.R. Tolkien, *The Fellowship of the Ring*, p. 96）

他俩也的确是这样做的！在故事的后面部分，当弗罗多终于明白自己不得不只身冒险进入可怕的魔多时，山姆依然坚持不管发生什么都要陪伴弗罗多。当弗罗多日渐消沉，正是山姆一路用孩提时代的歌声和故事鼓舞着弗罗多，也正是山姆让弗罗多在累得走不动半步时靠在他身上休息。当弗罗多戴上魔戒，被魔力所征服时，是山姆将弗罗多拯救出来，摆脱魔戒的魔力控制。最后，也是山姆帮助弗罗多成功地到达征程的终点。山姆·甘姆齐——这个快乐、乐观、情绪稳定的人——他的忠诚以及战胜邪恶黑暗势力的必胜信念从未有过丝毫的动摇。

托尔金所刻画的人物山姆·甘姆齐，在他出现伊始以及之后的再次出现，都展现出了其人格的独特性和一致性。**人格**（personality）就是一个人的思维、情感和行为的典型模式。本书前面几章强调了人与人之间的相似之处——我们如何发育成长，如何感知、学习、记忆、思考和感受。本章要强调的是我们每个人的独特之处。

事实上，本书的大部分内容都涉及人格。我们已经在前几章中思考了生物因素对人格的影响、整个人生阶段中人格的发展以及与人格相关的学习、动机、情绪和健康等方面。在后面几章中，我们将学习人格障碍及社会对人格的影响。

两种具有历史意义的理论已经成为我们文化遗产的一部分。弗洛伊德的精神分析理论指出了人们童年期的性和潜意识动机对人格的影响。人本主义学派关注我们成长和自我实现的内在潜能问题。这些经典的理论为理解人类本性提供了宽广的视角，本章后面进行的探索是对这些理论的补充：新近对人格特定方面的科学研究。现在的人格研究者研究人格的基本维度、这些维度的生理基础以及人与环境的互动。他们还研究自尊、自我服务偏差和文化对自我意识的影响。他们研究潜意识心理，发现了一些可能会让弗洛伊德震惊的结果。

心理动力学理论

人格的**心理动力学理论**（psychodynamic theories）将人的行为看作是意识与潜意识动态交互作用的结果，其中包括相关动机和冲突。这些理论来自于弗洛伊德的**精神分析**（psychoanalysis）、人格理论以及对心理障碍的相关治疗技术。弗洛伊德的工作第一次从临床的角度关注了人类的潜意识领域。

弗洛伊德的精神分析观：探索潜意识

12-1：弗洛伊德是如何在对心理障碍的治疗中得出对潜意识的看法的？

斯坦诺维奇（Stanovich, 1996, p. 1）提出，假如让大街上的100个人说出一个已故著名心理学家的名字，那么"西格蒙德·弗洛伊德无疑是赢家"。在大众的眼里，弗洛伊德在心理学史上的地位不亚于猫王之于摇滚音乐史。他的影响遍及文学和电影评述、精神病治疗以及临床心理学领域。在美国大学里，几乎每10门涉及精神分析的课程中就有9门开设在心理学系之外（Cohen, 2007）。我们将会看到，今天的心理科学对弗洛伊德的思想和方法是持怀疑态度的。不过，他在20世纪早期提出的概念渗透到了我们21世纪的语言中。纵然我们不知道这些词汇的来源，我们还是会说自我（ego）、压抑（repression）、投射（projection）、手足之争（sibling rivalry）、弗洛伊德式口误（Freudian slips）和固着（fixation）。那么，弗洛伊德是何许人也？他教给了人们什么？

像我们许多人一样，弗洛伊德也是他所处的那个时代的产物。他生活在维多利亚时代，那是一个科学技术取得突破性进展的时代；然而，正如我们今天所知，那也是一个性压抑和男性占主导地位的时代。男性和女性的角色被明确定义，男性被认为是优越的，并且只有男性的性欲才是被广泛接受的（还得是谨慎的）。

在1873年进入维也纳大学之前，年轻的弗洛伊德已经表现出他的独立和才华。他如此喜欢阅读戏剧、诗歌和哲学，以至于他欠了书店一大笔无力偿还的债务。当他十来岁时，为了不浪费任何学习的时间，他经常在他的小卧室里吃晚饭。弗洛伊德上过医学院，毕业后开设了一家私人诊所，专治神经障碍。然而，没过多久，他发现一些病人的病症找不到神经方面的病因。例如，有个病人的一只手完全没有知觉——没有感觉神经会在受损后只使一只手麻木而对其他部位不造成影响。弗洛伊德努力寻找这些障碍的病因，这让他决心致力于改变人类的自我理解。

某些神经障碍是否可能是心理原因导致的？对病人的观察使得弗洛伊德意识到潜藏于我们意识之下的是巨大的**潜意识**（unconscious），其中有许多不能被接受的想法、愿望、感受和记忆。他推断出手失去知觉可能是出于对生殖器触摸的恐惧，失明和耳聋可能是因为不想见到或听到令自己感到极度焦虑的事物。如何治疗这类障碍

弗洛伊德（1856—1939）
"我独自一人在这片新领域中开拓。"
© Bettman/Corbis

女性……接受了被阉割的事实，同时也承认男性的优越性以及自身的劣等性；但她抗拒这个令人不悦的状态。
——弗洛伊德，
《女性性欲》，1931

图 12.1

弗洛伊德的人格结构观

心理学家用过冰山的画面来描绘弗洛伊德的观点，即大部分心智是隐藏在意识层面之下的。注意，本我完全是潜意识的，但自我和超我在意识和潜意识层面都进行运作。然而，与冰山的各个部分不同，本我、自我和超我之间是相互作用的。

（图示标注：自我（大部分是意识层面的；在本我和超我之间起协调作用）；超我（内化的理想）；本我（潜意识的心理能量）；意识；前意识（在意识之外但能触及）；潜意识）

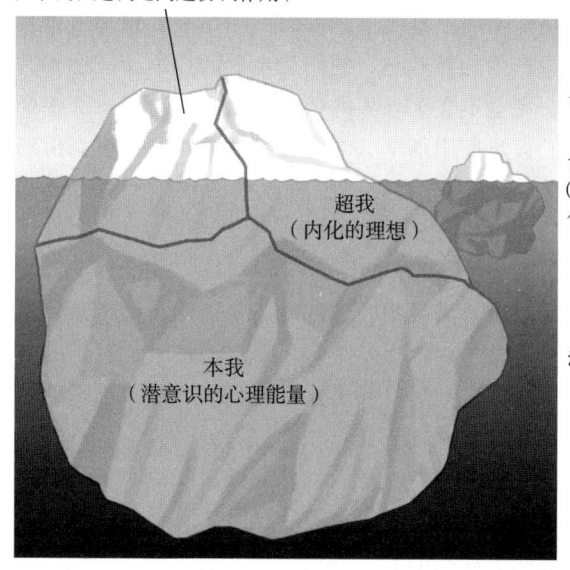

呢？早期他尝试了催眠，然而都失败了。后来他转向了**自由联想**（free association），这种方法要求病人放松，然后说出脑海中出现的任何内容，无需理会这些内容多么令人难堪或者琐碎。弗洛伊德假设有一连串心理的多米诺骨牌，从病人遥远的过去就开始倾倒，一直延续到现在，以致造成麻烦，而自由联想揭示的一系列想法将使他能够追溯到病人的潜意识。那些通常来自童年的痛苦记忆会从潜意识中被提取出来，并进入意识层面。

弗洛伊德的理论基础是他认为人的大部分心理都隐藏起来了（图 12.1）。我们意识到的只是冰山浮在海面上的那一小部分。在我们的意识之下是属于潜意识的更大的区域，包括想法、愿望、感受和记忆。其中有些想法被我们暂时储存在前意识区域，从那里我们可以将它们提取到意识层面。弗洛伊德认为大量冲动和想法由于会令人不安而不被认可，从而受到压抑，或者被强制排除出意识之外。他对这些冲动和想法更感兴趣。他相信，尽管我们意识不到这些会引起麻烦的感受和想法的存在，但它们却依然在强烈地影响着我们。他认为，这些不被我们所认可的冲动会以各种伪装的形式表现出来，如我们所选择的工作、所持有的信仰、日常的习惯以及令人苦恼的症状。

人格结构

12-2：弗洛伊德的人格观点是什么？

弗洛伊德认为，人格——包括情绪和驱力——产生于我们的攻击性和追求快感的生物冲动与控制这些冲动的内在社会规范之间的冲突。他相信人格是我们努力解决这一基本冲突的结果——以一种既能带来满足又不至于产生任何愧疚或招致惩罚的方式来表达这些冲突。为了理解这种冲突中的心理动力，弗洛伊德提出了三

464 迈尔斯普通心理学

个相互作用的系统：本我、自我和超我（图 12.1）。

本我（id）的潜意识心理能量，一直在努力满足个体生存、繁衍和攻击的基本驱力。本我遵循快乐原则：本我追求即时的满足。要想知道本我主导的人是什么样，想一想新生的婴儿吧。他们受本我的操纵，一感到有需要就哭着要求得到满足，完全不在乎外界的条件和要求。再看看那些今朝有酒今朝醉的人吧，他们大量使用烟草、酒精和其他药物，更愿意得到即刻的欢愉而不愿为今后的成功和幸福暂时牺牲眼前的快乐（Keough et al., 1999）。

随着**自我**（ego）的形成，幼儿逐渐学会如何应对现实的世界。自我遵循现实原则，寻求用现实的方式满足本我的冲动，从而给自己带来长期的快乐而不是痛苦和毁灭。（试想如果没有自我，我们任意表达我们的性冲动或攻击冲动，那么结果会怎样？）自我中包含有我们能部分意识到的知觉、思维、判断和记忆。

弗洛伊德的理论认为，大约从四五岁开始，儿童的自我能意识到新出现的**超我**（superego）的要求，那是来自良知的声音，它强制自我不仅要考虑现实更要考虑理想。超我关注我们应该如何行事。超我追求完美，判断一个人行为的好坏，进而产生积极的自豪感或消极的愧疚感。一个超我特别强大的人可能道德高尚但深感内疚；一个超我弱小的人可能自我放纵且冷酷无情。

由于超我的需要总是和本我相对立，自我就得努力协调两者。它是人格的"执行者"，调和来自本我的冲动需要和来自超我的约束性需要以及来自外在世界的现实需要。如果纯洁的珍妮觉得约翰性感迷人，她可能通过加入约翰定期参加的志愿者组织来满足自己本我和超我的需要。

"50 足够了"   "150 吧"

弗洛伊德说，自我努力平衡超我和本我的需求。

人格发展

12-3：弗洛伊德提出了哪些发展阶段？

对病人过去经历的分析使得弗洛伊德相信人格形成于人生的最初几年。他推断，儿童要经历一系列的**心理性欲期**（psychosexual stages），在此过程中本我追求快感的能量集中在对快感敏感的不同身体部位。弗洛伊德将这些部位称为性敏感带（表 12.1）。每个阶段都有各自的挑战，弗洛伊德认为它们是相互冲突的倾向。

弗洛伊德相信，在性器期，男孩寻求生殖器的刺激，他们既对母亲形成潜意识的性欲，同时又对父亲产生嫉妒和憎恨，把父亲当成自己的竞争对手。由于以上的这些情感，男孩既感到羞愧，又感到对惩罚——或许是被父亲阉割——的潜在恐惧。弗洛伊德将这类情感命名为**俄狄浦斯情结**（oedipus complex）。这一名称取自希腊神话中俄狄浦斯的故事，主人公俄狄浦斯在不知情的情况下弑父娶母。一些精神分析师认为女孩也同样要经历类似的恋父情结。

弗洛伊德说，儿童通过压抑自己和认同作为竞争对手的同性父母（试图成为与其一样的人），最终得以应对这些危险的情感。似乎是儿童内在的

"我听说只要我们意识到性冲动，无论是什么，我们都必须把它们隐藏起来。"

表 12.1
弗洛伊德的心理性欲期

阶　段	关注点
口唇期（0~18 个月）	快感集中于口腔——吮吸、咬噬、咀嚼的动作
肛门期（18~36 个月）	快感集中于肠和膀胱的排泄；应对控制的要求
性器期（3~6 岁）	快感带位于生殖器；应对乱伦的性欲
潜伏期（6 岁 ~ 青春期）	性欲休眠期
生殖期（青春期之后）	性欲成熟

什么东西在决定着："如果你不能击败他们（同性父母），那就加入到他们当中。"通过这种**认同**（identification）过程，儿童将父母的价值观整合进来，儿童超我的力量就获得增长。弗洛伊德相信，对同性父母的认同使儿童获得了性别认同，即我们对于自身是男性或女性的认知。弗洛伊德推测，童年早期的人际关系，尤其是与父母和照料者的关系，影响我们正在发展中的同一性、人格和弱点。

在弗洛伊德看来，成年期适应不良的行为来源于早期心理性欲期未解决的冲突。在口唇期、肛门期或性器期的任何时候，强烈的冲突都有可能将人寻求快感的能量锁定或**固着**（fixate）在该时期。口欲被纵容或剥夺（或许是过早的突然断奶）的人可能会固着在口唇期。他认为固着在口唇期的成人要么表现得很被动依赖（就像需要照顾的婴儿那样），要么表现为过分拒绝这种依赖（表现为行为粗野或言辞尖刻）。这些人还有可能通过吸烟和贪吃来寻求口欲的满足。由此，弗洛伊德提出，人格的嫩枝在生命早期就被压折了。

弗洛伊德关于性欲的观点在他身处的时代充满争议。"弗洛伊德被称为思想肮脏的泛性论者和维也纳的浪荡子，"心理学史学者莫顿·亨特说道（Hunt, 2007, p. 211）。今天，弗洛伊德关于恋母情结冲突和阉割焦虑的思想甚至受到心理动力学理论家和治疗师的质疑（Shedler, 2010b）。不过，我们仍然会把这些理论当作西方思想史的一部分来讲述。

"天哪！抽烟吧！"

心理防御机制

12-4：弗洛伊德认为人们是如何防御焦虑的？

弗洛伊德说，焦虑是我们为文明进步所付出的代价。作为社会群体中的一员，我们必须控制我们的性冲动和攻击冲动，不让它们表现出来。但有时由于自我担心掌控不了本我和超我不同需要之间的内部争斗，结果就产生了广泛性焦虑的阴影，它使得我们感到不安又不知为何不安。

弗洛伊德认为，在这种情况下，自我就会运用**防御机制**（defense mechanisms）——通过歪曲现实来减少焦虑或改变焦虑对象的策略——来进行自我保护。所有的防御机制都是间接地和无意识地发挥作用。就像身体无意识地抵御疾病一样，自我也在

表 12.2
六种防御机制

弗洛伊德认为，压抑是最基本的防御机制，它将引发焦虑的冲动排除出去，并使其他防御机制发挥作用，这里列出了其中六种。

防御机制	为避免引发焦虑的想法或感受所使用的无意识过程	例子
退行	退回到一个更幼稚的心理性欲期，有些心理能量仍然固着在那一时期。	在第一天上学的路上，坐在车里的小男孩吮吸拇指以重新获得口腔的舒适感。
反向形成	将不被接受的冲动转变成相反形式。	为了压抑愤怒的感受，一个人表现出夸张的友善。
投射	将具有威胁性的冲动归咎于他人来伪装自己的这些冲动。	"小偷觉得其他人都是小偷"（萨尔多瓦谚语）
合理化	以自我辩解的方式来解释一个人的行为，代替真实的、更具威胁性的潜意识原因。	一个经常饮酒的人说她跟男朋友喝酒"只是为了交际"。
替代	将性冲动或攻击冲动转移到一个更容易被接受或威胁性更小的物体或人身上。	一个小女孩在妈妈让她回自己房间后踢了踢家里的狗。
否认	拒绝相信甚至拒绝觉察到痛苦的现实。	一个男子否认他的爱人出轨的证据。

"早上好，砍头（beheaded）——啊，我说的是亲爱的（beloved）。"

无意识地抵御焦虑。例如，**压抑**（repression）能将唤起焦虑的一些想法和感受从意识中排除出去。根据弗洛伊德的观点，压抑是所有心理防御机制中最基本的机制。不过，因为压抑通常并不完全奏效，被压抑的冲突就会以做梦或是随意交谈中的口误等形式出现。

弗洛伊德认为他可以从一个背负经济压力的患者身上窥见其流露出的潜意识。这个患者不想服用任何大的药片（pills），结果说成了"请不要给我任何账单（bills），因为我无法吞咽"。与之类似，他将玩笑看作是压抑性欲和攻击倾向的表达；把梦看作是"通向潜意识的康庄大道"。他认为能够记住的梦（梦的显性内容）是做梦者潜意识里的愿望（梦的隐性内容）经过删减后的表达。弗洛伊德通过分析梦境寻找患者的内在冲突。

表 12.2 列举了其他六种著名的防御机制。

> **提取一下**
>
> - 根据弗洛伊德关于人格结构由三部分组成的观点，_____遵循现实原则，试图以产生长期快乐而非痛苦的方式平衡需要；_____遵循快乐原则，寻求即时的满足；_____代表我们内在理想（良知）的声音。
>
>   答案：自我；本我；超我
>
> - 在精神分析的观点中，前三个心理性欲期未解决的冲突可能会_____在那个阶段。
>
>   答案：固着
>
> - 弗洛伊德认为我们的防御机制是在_____（意识层面/潜意识层面）上运作的，为我们抵御_____。
>
>   答案：潜意识；焦虑

退行 当面对轻度应激源时，儿童和年幼的猩猩从其照料者那里寻求保护和安慰。弗洛伊德可能会把这些行为解释为退行，即退回到更早期的发展阶段。

新弗洛伊德学派和心理动力学理论家

> 12-5：弗洛伊德的哪些观点是其追随者接受的，哪些是他们不接受的？

弗洛伊德的著作虽然富有争议，但很快就吸引了众多追随者，其中大多是年轻有志的医生。他们形成了一个内部圈子，围绕在他们强有力的领导人周围。这些先驱精神分析师们及其他的一些人，我们经常称其为新弗洛伊德学派，吸纳了弗洛伊德的基本观点：本我、自我和超我的人格结构；潜意识的重要性；童年期的人格塑造；焦虑的动力过程及防御机制。但是他们在两个重要方面与弗洛伊德观点相左。首先，他们更强调意识在解释一个人的经验及环境应对方面的作用。其次，他们对性冲动和攻击性是主导一切的动机表示怀疑；相反，他们倾向于强调更高尚的动机以及社会互动。

例如，阿尔弗雷德·阿德勒和凯伦·霍尼都同意弗洛伊德关于童年期重要性的观点。但他们认为对人格的形成起关键作用的是童年期的社会性张力，而不是性张力（Ferguson, 2003）。阿德勒就是靠自身的努力才克服了童年期的体弱多病和意外事件。他认为，我们的很多行为是为了要努力克服童年期的自卑感，这种自卑感激发我们追求优越和权力。（阿德勒提出了至今仍很流行的"自卑情结"。）霍尼认为童年期焦虑引发我们对爱和安全的渴望。她反对弗洛伊德认为女性的超我较弱并受"阴茎嫉妒"困扰的假设（这些假设产生于弗洛伊德的保守文化），并且试图平衡她在这种大男子主义心理学中发现的偏见。

卡尔·荣格——弗洛伊德的弟子，后来与弗洛伊德产生分歧——较少强调社会因素。和弗洛伊德一样，他认为潜意识具有强大的影响力。但对荣格来说，潜意识不仅包含了我们被压抑的想法和感受。他认为我们还有**集体潜意识**（collective unconscious），一个源自我们这一物种普遍经验的共同的意象库，或原型。荣格说，集体潜意识解释了为什么很多人执着地追求精神上的满足，为什么不同文化背景的人们有着某些共同的神话和意象，比如母亲是养育的象征。（今天大多数心理动力学家反对经验遗传的观点。但是很多心理动力学家及其他心理学理论家的确相信，我

阿尔弗雷德·阿德勒（Alfred Adler）
"只要一个人对他人有用，并能克服自卑感，他就能生活得轻松自在，感受到自己存在的价值。"（《神经症问题》，1964）
National Library of Medicine

凯伦·霍尼（Karen Horney）"认为女人是幼稚而情绪化的动物，且因此不能承担责任、不能独立的观点是降低女人自尊并带有大男子主义倾向的一种论调。"（《女性心理学》，1932）
The Bettmann Archive/Corbis

卡尔·荣格（Carl Jung）"一切有创意的事物都是从本能这座活跃的喷泉中流出的，因此潜意识是创造性冲动的源头。"（《心理结构与心理动力》，1960）
Archive of the History of American Psychology/University of Akron

们人类共同的进化史塑造了人类某些普遍的特质。）

弗洛伊德于 1939 年去世。自那以后，他的一些想法被整合进了心理动力学理论。"大多数当代心理动力学派的理论家和治疗师并不认同性是人格基础这一观点，"德鲁·韦斯滕（Westen, 1996）指出。他们"不谈本我和自我，也不绕着圈子把病人界定为口唇期、肛门期或性器期人格"。他们与弗洛伊德一致认为人们的很多心理活动是潜意识的，这一观点也得到了今天心理科学的很多支持。与弗洛伊德一样，他们也认为童年期塑造我们的人格以及我们与他人形成依恋的方式，而且我们经常会因内心的愿望、恐惧和价值观的冲突而痛苦挣扎。

潜意识过程的测量

12-6：何为投射测验，如何使用它们？它们受到了哪些批评？

人格测量工具对人格研究者和治疗师来说是有用的。基于不同的人格理论，测量工具也各不相同。那么，心理动力学派的临床医生会如何试图测量人格特质呢？

第一个要求是这种测量工具能够通向潜意识，发掘早期童年经验的踪迹，除去表面之下的伪装并揭示隐藏的冲突和冲动。那些客观的测量工具是不适用的，如回答同意与不同意或是与否的问卷，因为这些工具只是简单触及了人的意识表层。

投射测验（projective tests）要求受测者对模棱两可的刺激进行描述或者就此讲述一个故事——其目的是提供一个"心理 X 光"。治疗师假定人们在模棱两可的图案中看到的任何希望、期待和恐惧都是对他们内心感受或者冲突的投射。

使用最为广泛的投射测验是以瑞士精神病学家赫尔曼·罗夏（1884—1922）的名字命名的。在他著名的**罗夏墨迹测验**（Rorschach inkblot test）中，人们描述自己从一片墨迹中看到了什么（图 12.2），这个测验源于其童年时的游戏。他和伙伴们在纸上滴墨水，折起来，然后说他们从墨迹中看到了什么（Sdorow, 2005）。你从墨迹图中看到的是食肉动物或武器吗？或许你具有攻击的倾向。这样的假设合理吗？答案不一而足。

一些临床医生拥护罗夏墨迹测验，甚至建议法官用它来评估罪犯的暴力倾向。其他一些临床医生则将其视为一种获取提示性线索的有用工具，一种打破僵局的手段，或者是一种揭示性访谈的技巧。

批评罗夏墨迹测验的学者认为该测验并非测量情绪的磁共振成像（MRI）。他们认为，在众多的罗夏墨迹分数中，只有少数被证明具有信度和效度，如敌意和焦虑（Wood, 2006）。墨迹测验会将许多正常人诊断为病态（Wood et al., 2003, 2006, 2010）。其他投射测验也好不到哪里去。利连菲尔德等人（Lilienfeld, Wood,

"向前伸出的鹿角表示坚定的人格，但是小太阳表示缺乏自信……"

我们并非客观地看待事物，我们只是看到了自己想看的。
——犹太法典

图 12.2
罗夏墨迹测验
在该投射测验中，人们讲述自己从一系列墨迹中看到了什么。某些使用该测验的人相信，个体对模棱两可的刺激的解释可以揭示其人格的潜意识内容。

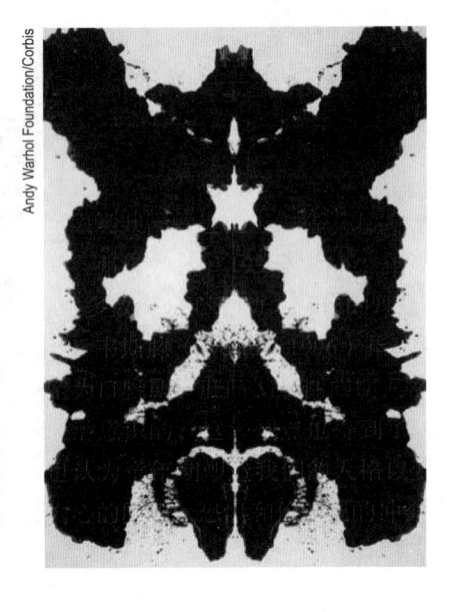

& Garb, 2001）警告说："即使是经验丰富的专家也会被自己的直觉和对这些缺乏有效证据的工具的信赖所欺骗。当大量研究表明已有的直觉不正确时，就应该采用新的思考方式。"

美国人格测量协会（Society for Personality Assessment, 2005）则建议"负责任地使用"这种测验（不能用于推测童年期的性虐待）。并且，为了回应先前对测验分数及其解释的批评（Sechrest et al., 1998），研究者设计了基于研究的计算机辅助工具，目的在于提高评分者的一致性和测验的效度（Erdberg, 1990; Exner, 2003）。

> 罗夏墨迹测验已被证明是不足为信的……我称之为心理测验的恶魔，因为还没有人能完全破坏掉这一邪恶之物。
> ——卡罗尔·黛芙莉丝，
> 《心灵的较量：心理治疗师与科学家之间的心理之战》，
> 2003

对弗洛伊德精神分析观的评价以及现代的潜意识观点

12-7：今天的心理学家如何看待弗洛伊德的精神分析？

现代研究与弗洛伊德的许多观点相矛盾

我们是用 21 世纪初期的视角来批评弗洛伊德，这种视角本身也需要修正。弗洛伊德无法接触到神经递质或 DNA 研究，也无法获得我们现在已经学过的有关人类发展、思维和情感的知识。有些人说，将弗洛伊德的理论与当今的思维做比较，进而批评弗洛伊德的理论，就好像将亨利·福特的 T 型车与现在的雷鸟车相比。（从当下视角去评价一个过去的人，这是多么吸引人。）

无论是崇拜弗洛伊德的人还是批评他的人，都认为近来的研究与弗洛伊德的很多特定观点相矛盾。如今，发展心理学家认为一个人的发展是终生的，并非停滞在童年期。他们质疑婴儿的神经系统是否发达到能承受像弗洛伊德所设想的那样多的情感创伤。有些人认为弗洛伊德夸大了父母对儿童的影响，却忽视了同伴的影响。他们还质疑弗洛伊德所谓五六岁儿童在解决了恋母情结之后就发展出良知、形成性别认同的这一观点。我们在更早的时候就获得了性别认同，而且即使没有同性父母，我们也能变得很有男子气或女人味。而且，他们指出，弗洛伊德关于童年期性欲望的观点来源于他对女病人所讲述的童年期性虐待故事的怀疑。在一些学者看来，这些故事被弗洛伊德归因为病人童年期的性愿望和冲突（Esterson, 2001; Powell & Boer, 1994）。现在我们知道弗洛伊德的提问方式可能会产生关于虐待的错误记忆，我们也知道童年期的性虐待现象的确存在。

正如我们在第 3 章中所学到的那样，关于我们为何做梦的新观点驳斥了弗洛伊德认为梦是对愿望的伪装和为了实现愿望的观点。口误也可以被解释为我们的记忆系统中相似的发音彼此竞争的结果。有人说"我不想那样做——那会很麻烦（bothel）"。他说的"bothel"其实可能只是"bother"和"trouble"的结合（Foss & Hakes, 1978）。研究者很难找到支持弗洛伊德有关防御机制对我们的性冲动和攻击冲动进行伪装的证据（尽管我们的认知技巧的确保护了我们的自尊）。历史也并不支持弗洛伊德的另外一个观点，即性压抑导致心理障碍。从弗洛伊德时代到我们现在所处的时代，性压抑已经不复存在，但心理障碍却依然存在。

同时，心理学家们也批评弗洛伊德的理论缺乏科学性。在第 1

> 弗洛伊德理论的许多方面的确已经过时，也应该过时：弗洛伊德于 1939 年去世，并且他（生前）迟迟没有进一步修正自己的理论。
> ——心理学家
> 德鲁·韦斯滕，1998

章中我们谈到：一个好的科学理论应该能解释所观察到的现象，并且能提出可供检验的假设。弗洛伊德的理论所基于的客观观察比较少，也很少提出一些可供检验的假设。（对弗洛伊德来说，他自己的回忆以及对病人自由联想、梦境和口误的解析，就足以作为证据了。）

弗洛伊德的理论中最严重的问题是什么呢？他的理论对许多特征做了事后解释（如某人吸烟，某人对马感到害怕，或者某人的性取向），却无法预测这些行为或特质。如果你对你母亲的去世感到愤怒，用弗洛伊德的理论来解释，这是因为"你童年期未被解决的依恋需要受到了威胁"。如果你不感到生气，用弗洛伊德的理论也可以解释，那是因为"你在压抑你的愤怒"。霍尔和林哲（Hall & Lindzey, 1978, p. 68）说："这就好像马已经开始赛跑了，而你这时才开始押马。"一个好的理论要能提出一些可供检验的预测。

> 我们这样辩解，就如同一个人这样说："如果椅子上有一只隐形的猫，这把椅子会看上去空空如也；而这把椅子的确看上去是空的；因此椅子上有一只隐形的猫"。
> ——C. S. 刘易斯，《四种爱》，1958

那么，心理学应该对这个古老的理论宣布"允许自然死亡"的命令吗？弗洛伊德的支持者们对此都表示反对。他们说，批评弗洛伊德的理论没有可检验的假设，就好比批评垒球运动为什么不是有氧健身操一样，它本就没想成为那样。弗洛伊德从未声称精神分析是具有预测力的科学。他只是说，通过追溯，精神分析师可以从人们的心理状态中找到意义（Rieff, 1979）。

支持者们还指出弗洛伊德的一些观点是经久不衰的。正是弗洛伊德吸引我们去关注潜意识和非理性，去关注我们应对焦虑的防御机制，去关注人类性欲的重要性，去关注我们的生物冲动与社会福祉之间所产生的紧张。正是弗洛伊德挑战了我们的自以为是，戳穿了我们的伪装，提醒我们自身存在恶的潜能。

现代研究对压抑观点的挑战

精神分析理论基于这样一个假设：人类心理经常压抑冒犯性的愿望，并将它们排除到潜意识当中直到它们再次浮现，就像一本丢失在阁楼上尘封已久的书。只要找回并解决童年期矛盾的愿望，人们情感上的伤痛就会愈合。压抑成为心理学中广为接受的一个概念，被用来解释催眠现象和心理障碍。弗洛伊德心理动力学派的追随者对压抑进行了扩展，用于解释那些明显曾被遗忘而后又得以恢复的童年创伤的记忆（Boag, 2006; Cheit, 1998; Erdelyi, 2006）。在一项调查中，88%的大学生相信痛苦的经历通常会被排挤出意识而进入到潜意识当中（Garry et al., 1994）。

如今的研究者同意，我们有时会通过忽视威胁性信息来消除自我的焦虑（Green et al., 2008）。然而，许多研究者主张，即使的确发生了压抑，它也是人们对痛苦创伤的一种不常见的心理反应。即使是那些见证了父母被谋杀的人或纳粹集中营的幸存者，也依然保留了未被压抑的恐惧记忆（Helmreich, 1992, 1994; Malmquist, 1986; Pennebaker, 1990）。人格研究者约翰·凯尔斯特朗总结道（Kihlstrom, 2006）："数十项正式研究发现，所有关于创伤的文献中都找不到一个有说服力的压抑案例。"

> 在纳粹大屠杀期间，很多儿童……被迫忍受难以忍受的痛苦。对于那些继续遭受痛苦的人来说，许多年之后痛苦依然存在，而且就像发生的那天一样真切。
> ——埃里克·齐尔默等人，《探索纳粹人格》，1995

一些研究者认为极端而持续的应激，比如那些受到严重虐待的儿童所经受的，可能会损伤对加工有意识记忆很重要的海马，从而使记忆遭到破坏（Schacter, 1996）。但更为常见的事实是高度应激及相关的应激激素能增强记忆（见第8章）。事实上，强暴、拷打及其他创伤性事件时常萦绕在幸存者的心头，他们会体验到意愿之外的闪回。这些经历在人们的心灵中留下了深深的烙印。"你会看到那些死去的婴儿，"在大屠杀中幸免于难的萨利（Sally, 1979）说，"你会看到尖叫的母亲们。你会看到那些吊死的人。你坐下来，你看到那些面孔。这些都是你无法忘记的。"

现代的潜意识心理

12-8：现代研究在哪些方面增进了我们对潜意识的理解？

弗洛伊德至少有一点是对的，这是今天心理动力学观点的基础：对于我们头脑中所进行的一切活动，我们能意识到的只是很有限的一部分（Erdelyi, 1985, 1988, 2006; Norman, 2010）。我们的双通道心理有着广阔的视野之外的领域。

然而，现在的许多心理学研究者认为潜意识并非是沸腾的激情和压制性的审查，而是一种发生在我们意识之外的更冷静的信息加工。对这些研究者而言，潜意识还包括：

- 自动控制个体知觉和解释的图式（见第6章）。
- 未被意识到或注意到的刺激所产生的启动效应（见第6章和第8章）。
- 使裂脑病人的左手执行病人无法用语言表达的指令的右半球脑活动（见第2章）。
- 无需意识回忆的内隐记忆，甚至出现在遗忘症患者身上（见第8章）。
- 先于意识分析、即刻激发的情绪（见第10章）。
- 自动地、无意识地影响我们处理他人信息方式的刻板印象加工（见第13章）。

我们往往意识不到，我们坐在自动驾驶的飞机上。我们的生活是由屏幕和视线之外的潜意识信息加工引导的。潜意识是巨大的。这种对潜意识信息加工的认识很像前弗洛伊德时代的观点：自发的行为和创造性想法都来自于潜藏的、不被人注意的思维流（Bargh & Morsella, 2008）。

近期的研究还为弗洛伊德防御机制的观点提供了一些支持。例如，罗伊·鲍迈斯特及其同事（Baumeister et al., 1998）发现人们倾向于在他人身上看到自己的弱点及态度，弗洛伊德称之为投射，而现在的研究者则称之为错误一致性效应，这是一种高估他人与我们拥有一致性信念和行为的倾向。那些偷税漏税者或超速行驶者往往会认为很多人也这样。那些觉得别人看起来愉快、和善和值得信任的人往往正是这样的人（Wood et al., 2010）。

也有证据支持保护自尊的防御机制，诸如反向形成。鲍迈斯特总结说："防御机制背后的动机与其说是弗洛伊德所认为的性和攻击的暗流，不如说是我们保护自我形象的需要。"

提取一下

- 弗洛伊德在精神分析理论方面的工作具有哪三方面的价值？他的工作又在哪三个方面受到批评？

答：弗洛伊德的工作第一次提到：(1)潜意识的重要性；(2)我们为心理防御的使用机制；(3)童年经历对人格和发展的影响。然而，弗洛伊德的工作在以下方面受到批评：(1)关注被忽视的性本能；(2)关于女性的幻想——来自于男性的偏见；(3)他的理论没有得到相应现代研究的支持。

- 今天的心理动力学理论家和治疗师从传统精神分析中汲取了什么要素，他们抛弃最多的要素是什么？

答：今天的心理动力学理论家仍然承认无意识思维的力量，同时倾向于着重简单和其它理论的研究，未摒弃的东西是和童年经历，如恐，他们认为现代生活中心灵体验影响到个体以及成为人格影响。

人本主义理论

> 12-9：人本主义心理学家如何看待人格？他们研究人格的目标是什么？

到了 20 世纪 60 年代，一些人格心理学家已经开始对心理动力学理论只关注动力和冲突以及斯金纳的机械的行为主义心理学变得不满（见第 7 章）。弗洛伊德研究"病态"者的基本动机，而这些**人本主义理论家**（humanistic theorists）则关注"健康"者是如何努力追求自我决定和自我实现的。不同于行为主义的科学客观性，他们通过人们对自身经历和感受的自我报告来进行研究。

人本主义的两大先驱人物——亚伯拉罕·马斯洛（1908—1970）和卡尔·罗杰斯（1902—1987）提出了强调人的潜能的"第三力量"视角。

马斯洛的自我实现者

马斯洛认为，我们的需要层次构成我们的动机（见第 10 章）。如果我们的生理需要得到了满足，我们就开始关心起个人的安全；如果我们获得了安全感，我们就开始寻求爱和被爱，并且爱自己；当我们爱的需要得到了满足，我们就开始寻求自尊。

获得自尊之后，我们最终会寻求**自我实现**（self-actualization，发挥我们潜能的过程）和自我超越（超越自我的意义、目的和共享）。

马斯洛（Maslow, 1970）通过研究健康并富有创造性的人而非临床病人，形成了这一观点。他对自我实现的描述是基于对那些生活丰富而又成就卓著的人如亚伯拉罕·林肯所做的研究。马斯洛报告说这些人具有一些共同点：有自我意识，能自我接纳，开放且主动，富有爱心，关爱他人，不受他人意见的左右。他们能清楚地认识自己，他们的兴趣是以问题为中心而不是以自我为中心。他们能集中精力于某个任务，这个任务通常被看成是他们的人生使命。他们中的大多数都只结交几个至交好友而不是有很多的泛泛之交。他们中的很多人都曾被超越普通意义的精神上的或个人的高峰体验所感动。

马斯洛称这些品质是成熟者的品质，这些品质在那些充满生活阅历，富有同情心，已经从对父母的复杂情感中成长起来，已经找到自己的使命，"有足够的勇气不被接纳，不因坦荡正义而感到愧疚"的人身上才能找到。马斯洛对大学生进行了研究，他推测那些可能成为自我实现者的人是那些受人欢迎，关爱他人，"和那些值得尊敬的长辈关系融洽"以及"在内心深处对年轻人常见的残忍、吝啬和暴烈感到不安"的人。

亚伯拉罕·马斯洛 "任何值得关注的动机理论都必须既涉及健壮者的最高能力，同时也涉及残障者的防御手段。"（《动机与人格》，1970, p.33）
© Bettmann/Corbis

罗杰斯以人为中心的观点

人本主义心理学家卡尔·罗杰斯认同马斯洛的很多想法。罗杰斯认为人性本善，人天生具有自我实现的潜能。除非受到抑制生长的环境的阻碍，我们每个人都像一颗橡子，都渴望成长和有所成就。罗杰斯（Rogers, 1980）认为促进成长的环境必须具备三个条件：

- **真诚**：当人们真诚待人时，他们能够表达内心的感受，抛却伪装的面具，变得透明，能自我袒露。
- **接纳**：当人们接纳他人时，他们会提供**无条件积极关注**（unconditional positive regard）。这是一种仁爱的态度，一种即使知道我们的不足却仍然珍爱我们的态度，这是一种当我们卸下伪装，真实表露出内心最糟糕的感受后，发现我们依然被接纳的释然和宽慰。在幸福美满的婚姻、和睦的家庭生活以及亲密的友情中，我们自由自主，不用担心我们会失去他人的尊重。
- **同理心**：具有同理心的人能够分享和反映我们的感受以及表达出我们想要说明的意思。"我们很少带着真正的理解和同理心去倾听，"罗杰斯说，"而这种独特的倾听，是我所知道的能使他人改变的最重要力量之一。"

同理心的画面 当倾听者表现出真正的理解时，保持开放和说知心话要更容易。在这样的关系中，人们能够放松下来，充分表达出真实的自己。

Dylan Martinez/Reuters

罗杰斯相信，真诚、接纳和同理心就是使人们如同橡树那样蓬勃生长所需要的水、阳光和养分。这是因为"当人们被接纳和获得赞赏时，他们就会以一种更关爱的态度对待自己"（Rogers, 1980, p. 116）。当人们被抱着同理心倾听时，"他们就更有可能倾听他们内心的感受"。

作家特里林（Trillin, 2006）回忆了体现父母的真诚和无条件接纳的一个例子。故事发生在面向患有严重疾病的儿童的夏令营活动中，他的妻子爱丽斯是其中的一名员工。L 是一个"神奇的孩子"，她患有先天性的疾病，只能靠食管进食，并且举步维艰。爱丽斯回忆：

> 有一天，我们正在玩丢手绢的游戏，我坐在她的后面。当轮到她丢手绢的时候，她让我替她保管信件。她环绕一圈需要一会儿，所以我有时间看到最上面一封是来自她妈妈的便条。然后，我做了一件可怕的事……我只是想知道，这个孩子的父母做了什么而让她这么引人注目，让她变成我所遇到过的最乐观、最有热情、最愿意帮助他人的人。我快速扫了一眼便条，视线落在这个句子上："如果上天给我全世界的孩子让我挑选，我只会选择你，L。"在 L 回到她在圆圈上的位置之前，我把便条给坐在我旁边的巴德看。"快，读一下，"我小声说，"这是生活的真谛。"

这是一位没有给予无条件积极关注的父亲：

"记住，儿子，输赢并不重要——但如果你想要得到爸爸的爱，它就很重要。"

The New Yorker Collection, 2001, Pat Byrnes from cartoonbank.com. All Rights Reserved.

马斯洛和罗杰斯或许会报以会意的微笑。对于他们来说，人格的核心特征是个体的**自我概念**（self-concept）——也就是针对"我是谁？"这一问题的所有反应，包括一切想法和感受。如果我们的自我概念是积极的，我们的行为以及对这个世界的看法也倾向于是积极的。罗杰斯说如果自我概念是消极的，如果在我们看来，自我和"理想自我"的差距太大——我们就会感到不满意和不快乐。因此他说，对治疗师、家长、老师和朋友来说，一个有价值的目标就是帮助他人了解和接纳自我，并且做真实的自己。

自我的测量

12-10：人本主义心理学家如何测量一个人的自我感？

人本主义心理学家有时通过让人们填写评估其自我概念的问卷来测量人

格。一份受罗杰斯的启发编制而成的问卷，要求人们描述理想中的自我和现实中的自我。罗杰斯说，当理想自我与现实自我非常相似时，自我概念是积极的。当罗杰斯评估来访者在治疗中的个人成长时，他是在寻找来访者对现实自我和理想自我的评定中连续接近的迹象。

一些人本主义心理学家认为，任何标准化的人格测量，甚至是问卷，都是去个性化的。他们认为访谈和亲密的交谈能更好地了解一个人的独特经历，而不是通过强迫个体回答有限的问卷项目。

对人本主义理论的评价

12-11：人本主义理论对心理学产生了怎样的影响？它面临了怎样的批评？

关于弗洛伊德的一个说法也适用于人本主义心理学家：他们的影响很广泛。马斯洛和罗杰斯的观点影响了心理咨询、教育、儿童养育以及管理等领域。另外，他们还为今天科学的积极心理学奠定了基础（见第 11 章）。

他们也对当今的大众心理学产生了不小的影响（有时并非是有意的）。积极的自我概念是快乐和成功的关键吗？接纳和同理心能培养积极的自我感觉吗？人性本善吗，人能够自我完善吗？对此许多人都回答是。在 1992 年《新闻周刊》的盖洛普民意测验中，90% 的人认为自尊非常重要，因为它"激励一个人努力工作，并获取成功"。今天的北美大学生说，如果可以选择，我宁肯得到一次自尊的提升，比如受到赞扬或者论文得到好的分数，而不是享受一顿大餐或性生活（Bushman et al., 2011）。人们接受了人本主义心理学的观点。

人本主义的盛行也引发了强烈的批评。批评者说，首先，人本主义的概念是模糊且带有主观性的。请考虑一下马斯洛对自我实现者的描述。自我实现者是开放的、自主的、仁爱的、自我接纳的和富有成果的人。这是一个科学的描述吗？这是否只是对理论者个人价值和理想的一种描述呢？布鲁斯特·史密斯（Smith, 1978）指出，马斯洛提供的是他自己对英雄人物的印象。设想一下别的理论者可能会提出另一个不同的英雄形象——也许是拿破仑，约翰·D. 洛克菲勒，或者是唐纳德·特朗普。他可能会将自我实现者描述成"不受他人的需要和观点所影响的""有成就动机的"以及"享受权力的"人。

批评者们还反对罗杰斯提出的"唯一重要的问题是'我的生活方式令我感到深深的满足吗，真实地表达了我自己吗'"（引自 Wallach & Wallach, 1985）这一观点。人本主义心理学强调的个人主义——相信自己的感受并付诸行动，做真实的自己，实现自我——会导致自我放纵、自私和道德约束力减弱（Campbell & Specht, 1985; Wallach & Wallach, 1983）。事实上，那些关注他人的个体更能体验到社会的支持，更能享受生命并有效应对压力（Crandall, 1984）。

人本主义心理学家反驳说，安全、无防御的自我接纳实际上是爱他人的第一步。的确，那些从本性上喜欢自己并接纳自己的人——只因他们本身，而非他们的成就——表现出较少的防御态度（Schimel et al.,

"当你停下来，想到人们本质上是善良的，就感到我们做得很不错。"

2001)。

最后一则批评是，人本主义心理学是天真的，没有考虑到人性向恶的能力（May, 1982）。面对全球变暖、人口过剩、恐怖主义和核武器扩散，以下两种说法都可能使我们变得无动于衷。其一是否定威胁的存在而盲目乐观（"人性本善；一切都会好起来的"）。另一种则是彻底的绝望（"没有希望了；何必要尝试呢？"）。行动需要足够的现实主义来激发担忧，同时也需要足够的乐观主义来提供希望。

> **提取一下**
>
> - 人本主义心理学提出了什么新鲜的视角？
>
>   答案：人本主义心理学将注意力从失调的人身上挪开，引向关心健康的人如何实现自我，寻求爱和成就感，发挥自己的潜能。
>
> - 同理心是指什么？自我实现呢？哪些人本主义心理学家使用这些术语？
>
>   答案：同理心是指我们互相映射他人的感受并回报以关心。当马斯洛用他的"需要层次论"来描述人格时，自我实现是最高目标之一（另一个是自我超越）。

特质理论

12-12：心理学家如何用特质来描述人格？

一些研究者试图通过稳定而持久的行为模式来定义人格，如山姆·甘姆齐的忠诚和乐观，而不是关注潜意识的力量和受挫的成长机会。这个观点可以部分追溯到 1919 年戈登·奥尔波特（Gordon Allport）和弗洛伊德的一次著名的会面，当时的奥尔波特是一个 22 岁、充满了好奇心的心理学学生，他在维也纳拜访了弗洛伊德。奥尔波特很快就发现精神分析的创始人是多么执着于找到人们潜在的动机，甚至是奥尔波特自己在访谈中的行为。那次经历最终使奥尔波特做出了弗洛伊德所未做的——用基本的**特质**（trait），即人们典型的行为和意识动机（如奥尔波特拜见弗洛伊德的真实动机是出于好奇），来描述人格。奥尔波特说，与弗洛伊德的会面，"使我明白（精神分析）尽管有着诸多优点，但它容易陷入太深，心理学家们在探索潜意识之前，最好能充分认识到明显的动机。"奥尔波特开始用可辨识的行为模式来定义人格。他更关注如何描述一个人的特质，而不是解释这些特质。

探索特质

将人分成截然不同的人格类型无法抓住个性的全貌。我们每个人都是多种特质的独特复合体。那么，我们还有别的方法来描述人格吗？我们或许可以从几个特质维度来描述苹果，比较是大还是小，是红还是绿，是甜还是酸。通过同时从几种特质维度上来衡量个体，心理学家就可以描述出不计其数的人格变化（记得在第 6 章中曾提到，只要颜色的三个

史蒂芬·科尔伯特：外向者 诸如外向等特质标签可以描述我们的性格和典型行为。

维度——色调、饱和度和亮度发生变化，就能产生出成千上万种颜色）。

那么，什么样的特质维度能描述人格呢？假设你将和一个陌生人会面，哪些人格特质能让你对这个人有准确的了解呢？奥尔波特及其同事欧德伯特（Allport & Odbert, 1936）从一本足本词典中数出了所有可以用来描述人的形容词。几乎有 18 000 个！那么，心理学家如何才能把这么多的单词归纳成一定数量的特质呢？

因素分析

其中一种技术是因素分析，这个统计程序被用来将考察一种特质（如针对智力有空间能力或言语技能）的基本成分的测验项目聚合成集群（因素）。假设有人描述自己是外向的，往往也会说自己喜欢刺激和恶作剧，而不喜欢安静的阅读。这样一个在统计上具有相关性的行为集群就反映了一个基本的因素或特质——在这个例子中，这个特质就是外倾性。

英国心理学家汉斯·艾森克（Hans Eysenck）和西比尔·艾森克（Sybil Eysenck）认为，我们可以将很多正常的个体差异减少到二至三个维度，包括外倾—内倾、情绪稳定性—情绪不稳定性（图 12.3）。他们所编制的《艾森克人格问卷》（Eysenck Personality Questionnaire）已经测查了世界上 35 个国家的人，从中国到乌干达再到俄罗斯。分析这些人的回答之后发现，外倾性和情绪因素的确以两大基本人格维度出现（Eysenck, 1990, 1992）。他们认为这些因素受遗传影响，并且研究也支持了这一看法。

生物学与人格

利用脑成像设备对外向者的大脑活动进行扫描，研究者发现了更多的特质和心理状态。这些研究表明，外向者寻求刺激是因为他们正常的大脑唤起水平相对较低。正电子发射断层扫描术（PET）的结果表明，外向者涉及行为抑制的额叶区不如内向者的活跃（Johnson et al., 1999）。外向者的多巴胺水平以及与多巴胺相关的神经活动水平通常较高（Wacker et al., 2006）。

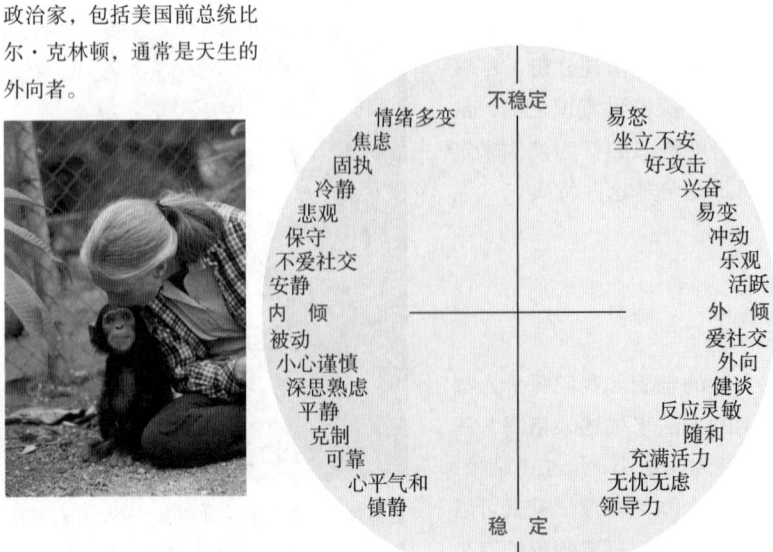

图 12.3
两种人格维度
制图者通过两个轴（南北向和东西向）就能告诉我们很多信息。两种主要的人格因素（外倾–内倾和稳定–不稳定）对于描述人格差异是同样有用的。不同组合就能定义其他更为具体的特质。（资料来源：Eysenck & Eysenck, 1963）。那些天生内向的人，比如灵长类学家珍·古道尔，可能在实地研究中特别有天赋。成功的政治家，包括美国前总统比尔·克林顿，通常是天生的外向者。

生物因素还通过其他方式影响人格。或许你还记得第2章中的双生子和收养研究，基因在很大程度上影响有助于定义人格的气质和行为风格。儿童在害羞和拘谨方面的个体差异可能来自于他们自主神经系统活动性的不同。自主神经系统活跃的儿童在应对压力时会表现得更为焦虑和拘谨（Kagan, 2010）。胆大、好奇的儿童成年后可能会热爱攀岩和飙车。

狗的个性（活力、亲和性、反应性和好奇智力）与人的人格一样差异明显，并且具有持久性（Gosling et al., 2003; Jones & Gosling, 2005）。猴子、黑猩猩、猩猩甚至鸟都有稳定的个性（Weiss et al., 2006）。在大山雀（与美国山雀有亲缘关系的一种欧洲山雀）中，胆大的鸟能更快地去查看新物体和探索树木（Groothuis & Carere, 2005; Verbeek et al., 1994）。通过选择性繁殖，研究者可以培育出胆大的鸟或胆小的鸟。这两种鸟在自然史中都有其重要性。在贫瘠的年份，胆大的鸟更可能找到食物；而在食物充足的年份，胆小的鸟觅食的风险更小。

> **提取一下**
>
> - 汉斯·艾森克和西比尔·艾森克提出的描述人格差异的两个主要维度是什么？
>
> 答案：内倾 – 外倾以及情绪稳定性 – 不稳定性。

特质的测量

12-13：什么是人格调查表？作为人格测量工具，它们有何优点与不足？

如果稳定的、持久的特质指导我们的行为，那么我们是否可以设计可靠、有效的测验来测量它们呢？现有的几种特质测量技术中，一些技术比另一些更有效（见批判性思维：如何成为"成功"的占星家或看相师）。有些技术快速地测量某个单一特质，比如外倾、焦虑或自尊。**人格调查表**（personality inventories）是一份较长的问卷，涵盖范围广泛的感受和行为，同时测量几种特质。

经典的人格调查表是**明尼苏达多相人格调查表**（Minnesota Multiphasic Personality Inventory, MMPI）。尽管 MMPI 测量的是"异常"人格倾向而不是正常的人格特质，但它还是能很好地说明编制人格调查表的方法。其中一位编制者斯塔克·哈撒韦（Hathaway, 1960）将他的工作与艾尔弗雷德·比奈的成就相提并论。你或许还能回想起，比奈通过挑选出能区分法国学校里那些可能难以正常发展的儿童的条目，编制了第一份智力测验量表（第9章）。同样，MMPI 的条目也是由**实证推知的**（empirically derived）：哈撒韦和同事们从大量条目中挑选那些能区分出具有某些特定诊断的群体的条目。然后他们将问题组成 10 个临床量表，包括测量抑郁倾向、男性化 – 女性化、外倾性 – 内倾性的量表。

哈撒韦等人最初给几组心理障碍患者和"正常人"数百个真实 – 虚假的陈述（如"似乎没人能理解我""我得到了我应得的同情""我喜爱诗歌"）。他们保留了任何患者组答案异于正常组的条目，不管这个条目有多荒谬。"报纸上只有漫画能吸引我"听上去没什么意义，但是抑郁者的确很可能回答"是"。如今的 MMPI-2 还增加了测量工作态度、家庭问题和愤怒的量表。

人们曾经用戏仿 MMPI 的条目来搞笑，如"哭泣使我流泪"，"发疯似的尖叫使我紧张"，"我一直待在浴缸里，直到看上去像一颗葡萄干"（Frankel et al., 1983）。

批判性思考

如何成为一名"成功的"占星家或看相师

我们能通过一个人出生时恒星和行星的排列来了解他的特质吗？通过笔迹呢？掌心的纹路呢？

宇航员总是嘲笑占星术的幼稚——自占星家创立他们的预测方式以来，星系在几千年里已经发生了变化（Kelly, 1997, 1998）。幽默大师们对此进行了讽刺。戴夫·巴里（Dave Barry）这样写道："毫无冒犯之意，但如果你把星相当真的话，那你的额叶就只有葡萄干那么大。"心理学家则提出这样一些问题：占星术真的管用吗？给出某个人的出生日期，要求占星家从有限的对人格的不同描述中识别出这个人，他们的胜算率能高于随机水平吗？人们的星相与所预测的特质有相关性吗？

这些问题的答案都是一致否定的（British Psychological Society, 1993; Carlson, 1985; Kelly, 1997; Reichardt, 2010）。通过分析2000万名英格兰和威尔士已婚者的人口普查数据，一位研究者发现"对与任何其他星相的人结婚以及维持婚姻的概率，星相没有丝毫影响"（Voas, 2008）。

那些试图从几页笔迹中预测职业的笔迹学家，成功率也不高于随机水平（Beyerstein & Beyerstein, 1992; Dean et al., 1992）。尽管如此，笔迹学家——以及心理学导论课程的学生——经常会感觉人格与笔迹存在关联，即使事实上并不存在（King & Koehler, 2000）。

如果这些本以为存在的相关在经过仔细推敲之后烟消云散的话，占星家、看相师以及那些能看破水晶球秘密的人又如何说服全世界数百万的人购买他们的服务呢？曾经的看相师、后来转而从事心理学研究的雷·海曼（Hyman, 1981），披露了一些他们吸引人的方法。

第一种伎俩就是"准备好套话"，它基于这样一个发现：任何一个人都在某些方面与众不同，而在另一些方面又和其他人一样。这些对所有人都同样适用的东西就使得这些"预言家"能给出看似极为准确的话："我感觉你担心的事情比你透露出来的要多，甚

不同于主观的投射测验，人格调查表的计分是客观的，以至于计算机就能施测和计分。（计算机还能给出对先前那些做出相似反应的人的描述。）但是，客观性并不能保证效度。在招聘中接受MMPI测试的人为了赢得别人对自己的好印象会给出

至是对你最好的朋友。"几个这样通常正确的陈述就能组合成一份人格描述。假设你做完一个人格测验之后得到如下对你性格的描述：

> 你很渴望他人喜欢并敬佩你。你总是对自己比较苛求……你为自己是一个独立的思考者而自豪，且不接受没有令人满意的证据支持的其他观点。你已经意识到对他人太过坦率地表露自己是不明智的。有时你很外向，和蔼可亲，乐于交往；而有时你则比较内向，小心谨慎，较为保守。你的有些理想往往相当不切实际（Davies, 1997; Forer, 1949）。

在实验中，大学生收到了类似这样的事先准备好的评语。这些评语摘自报摊上出售的占星书中的话。面对这种伪造的普遍适用的反馈，当他们相信评语是专为他们而做出的且是好评时，他们几乎总是将这些描述评定为"好"或"太好了"（Davies, 1997）。即使是那些持怀疑态度的人，当得到出自占星家表示奉承的描述时，也会认为"或许占星术这东西还是有点可信的"（Glick et al., 1989）。这种对老套、积极描述的接纳现象被称为巴纳姆效应，如此命名是为了纪念表演大师P.T.巴纳姆（P.T. Barnum）的名言——"我们为每个人都准备了一些东西"。

有人说，占星家是那个"准备告诉你你对自己看法"的人（Jones, 2000）。他们所用的第二种伎俩就是从我们的衣着打扮、身体特征、姿态以及反应来"读懂"我们。例如，一个女人戴着昂贵的婚戒，穿着黑色的裙子，可能说明这个富有的女人最近丧偶了。

你也能读懂这类线索，海曼说。如果有人找你看相，一开始你就说些表示同情的、万无一失的话："我感到你最近遇到了些问题。你好像不清楚该怎么办。我有一种感觉，这个问题还牵涉到别人。"然后再说些他们想听的话。记住占星术或算命手册上的一些巴纳姆式的话，灵活加以运用。告诉人们他们有责任与你配合，将你所说的话与他们的具体经历相联系。之后他们回忆时就会认为是你预测到这些具体的细节。多采用问句，当你观察到对方做出积极回应时，就更坚定地将要说的话表述出来。最后，做一个好的听众，然后将对方原先跟你讲的内容换一种方式表述出来。如果你能哄得住他们，他们就会来找你。

然而，最好还是要警惕靠这些伎俩欺诈别人的人，他们是骗钱者而非算命人。

"也许你想听听第二种意见？"

一个身材矮小的算命人逃出监狱，那么他就是在逃（at large）的小（small）通灵者（medium）。

——无名氏

社会赞许的答案。但是一旦他们这样做，掩饰量表上的得分也可能会高（比如当人们对普遍真实的陈述，如"有时我会发怒"，回答"否"时）。MMPI的客观性使它得到广泛应用，而且被翻译成100多种语言。

大五因素

12-14：哪些特质对于人格差异能提供最有用的信息？

如今的特质研究者认为简单的特质因素，如艾森克的内倾性—外倾性和情绪不稳定性—稳定性维度，虽然十分重要，但还不够全面。稍加扩展的一系列因素——所谓的大五（Big Five）因素——能更全面地描述人格（Costa & McCrae, 2009）。如果一个测验确定了你在五个维度（尽责性、随和性、神经质、开放性、外倾性，**表12.3**）上的位置，它就已经说明了你的大部分人格。在一项研究中，来自全世界56个国家和29种语言的参与者描述他人人格特征所用的词语，与表格中的基本吻合（Schmitt et al., 2007）。当然，大五也并非人格的定论：一些研究者（Block, 2010; De Raad et al., 2010）报告，基本的人格维度只需要两个或三个因素来描述（例如尽责性、随和性和外倾性）。但迄今为止，"五"仍是人格彩票的中奖数字（Heine & Buchtel, 2009; McCrae, 2009）。大五是目前最佳的人格维度数。这种"人格心理学领域的通用货币"（Funder, 2001），是20世纪90年代初以来最活跃的人格研究课题，研究者关注以下一些问题：

- 大五特质的稳定性如何？对成人来说，大五特质是相当稳定的。在成年早期和中期，某些倾向性会有所减弱（如情绪不稳定性、外倾性、开放性），而另一些倾向性则会增强（如随和性和尽责性）（McCrae et al., 2011; Vaidya et al., 2002）。尽责性的增加主要集中在20多岁，此时我们逐渐成熟并学会管理自己的工作与人际关系。随和性在30多岁时增长最多，且增长一直持续到60多岁（Srivastava et al., 2003）。

表 12.3
"大五"人格因素
（记忆技巧：想象成 CANOE 有助于你记忆）

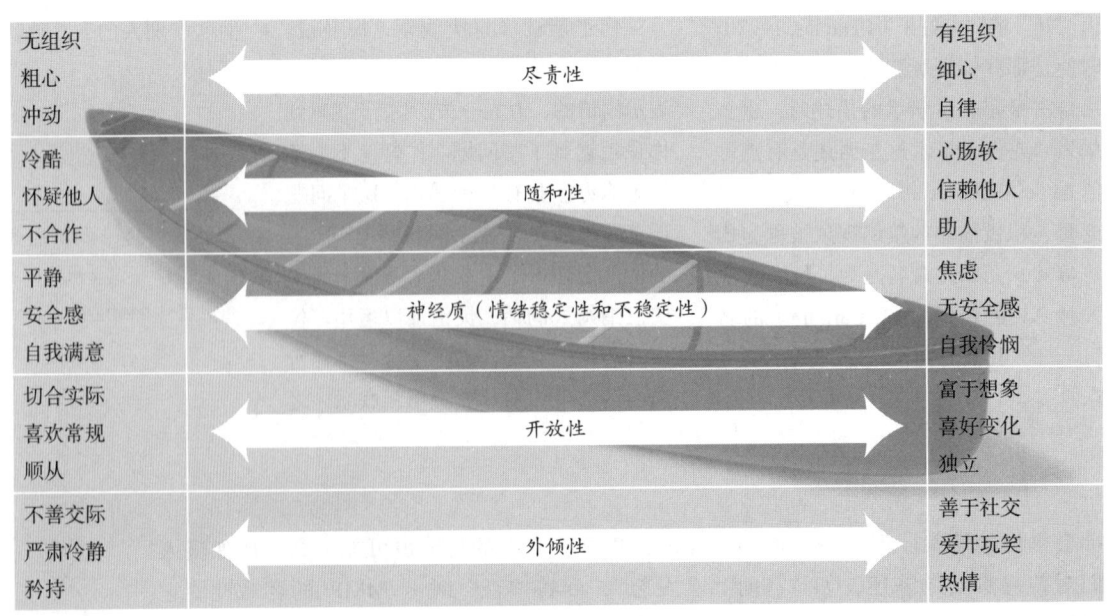

无组织 粗心 冲动	←── 尽责性 ──→	有组织 细心 自律
冷酷 怀疑他人 不合作	←── 随和性 ──→	心肠软 信赖他人 助人
平静 安全感 自我满意	←── 神经质（情绪稳定性和不稳定性）──→	焦虑 无安全感 自我怜悯
切合实际 喜欢常规 顺从	←── 开放性 ──→	富于想象 喜好变化 独立
不善交际 严肃冷静 矜持	←── 外倾性 ──→	善于社交 爱开玩笑 热情

Steve Wisbauer/Getty Images

改编自 McCrae & Costa (1986, 2008)

- 这些特质多大程度上是遗传的？遗传性（即个体差异在多大程度上归因为基因）随研究对象的多样性而变化。一般来说，各维度有50%或更多是受遗传影响的，而且遗传的影响在不同的国家是相似的（Loehlin et al., 1998; Yamagata et al., 2006）。虽然每一个基因都只有很小的效应，但很多基因联合起来共同影响我们的特质（McCrae et al., 2010）。研究者已经发现大脑的某些区域和一些大五人格特质是相关联的，比如额叶对奖赏敏感，并且外倾者的额叶较大（DeYoung et al., 2010）。

- 大五人格特质能预测我们实际的行为吗？是的。大五特质的研究者发现，如果人们报告自己是外向的、尽责的和随和的，那么"他们很可能在讲真话"（McCrae, 2011）。例如，我们的特质会体现在我们的语言模式中。外倾性可以预测人称代词在短信中的使用。随和性可以预测积极情绪词汇的使用。神经质（情绪不稳定性）则可以预测消极情绪词汇的使用（Holtgraves, 2011）。

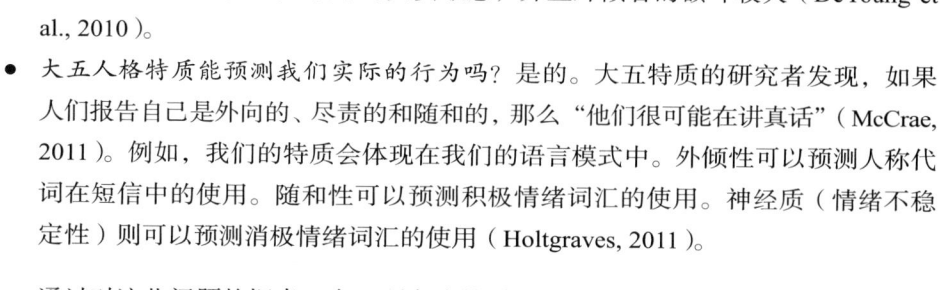

通过对这些问题的探索，大五研究为特质心理学注入了活力，并重新引起人们对人格研究的重视。特质很重要。

提取一下

- 大五人格因素是什么？它们在科学上为什么是有用的？

答案：大五人格因素有尽责性、随和性、神经质、开放性和外倾性（CANOE）。这些因素可以在各种文化上被测评，也适用于生命中的大一半时间内非相对稳定的，由于他们用于人格五大因素兼具描述性和预测性。

对特质理论的评价

12-15：研究证据支持人格特质跨时间和跨情境的一致性吗？

我们的人格特质是稳定持久的？还是我们的行为依赖于我们所处的情境以及所处的人群？托尔金创作了一些人物，像忠诚的山姆·甘姆齐，他的人格特质在不同的时间和地点都是一致的。而意大利剧作家勒维奇·潘安德拉则持不同意见。他认为，人格是不断变化的，随特定的角色和情境而变化。在潘安德拉创作的一个剧本中，兰伯托·劳狄赛向塞雷利夫人这样描述自己："我完全是你要我成为的那样，但亲爱的夫人，这并不妨碍我同时也成为您丈夫、我姐姐、我侄女以及契尼夫人想要我成为的人——因为他们所说的也都是绝对正确的。"对这番话，塞雷利夫人的回应是："换句话说，你对我们每个人来说是不同的人。"

> 我们与自身的差别犹如我们与他人之间那般大。
> ——蒙田，《蒙田随笔集》, 1588

人 – 情境之争

那么，究竟谁能代表典型的人格，是托尔金笔下的那位始终不变的山姆·甘姆齐，还是潘安德拉塑造的那个前后不一的人物劳狄赛？两个都是。因为我们的行为受到我们内在倾向和情境之间相互作用的影响。不过，问题依然存在：哪一个更重要？我们是更像托尔金描绘的那样呢，还是更像潘安德拉想象的那样？

图 12.4

人格的稳定性

随着年龄的增长，人格特质变得越发稳定，这一点可以从七年前后所得的人格特质分数的相关中看出。（数据来源：Roberts & DelVecchio, 2000）

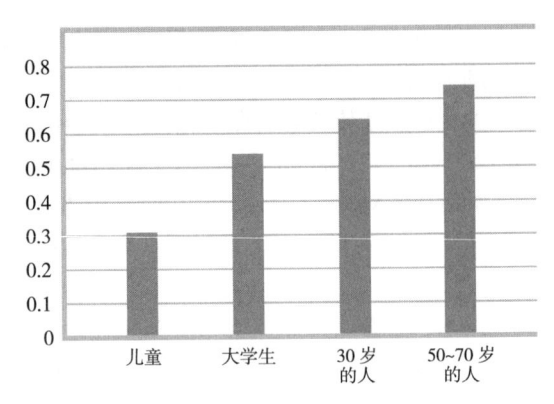

纵轴：七年前后的特质相关系数（0 到 0.8）
横轴：儿童、大学生、30岁的人、50~70岁的人

"我要去法国——在法国我是另外一个人。"

变化和一致性可以共存。如果所有人的害羞程度都随着年龄增长而减轻的话，人格将会发生变化，但也会有相对的稳定性和可预测性。

当我们探讨人－情境之争时，我们寻求的是真正跨时间且跨情境存在的人格特质。是否有些人可靠尽责，而另一些人则不可靠？有些人心情愉快，而另一些人闷闷不乐？有些人是友好而外向的，而另一些人则是害羞的？如果我们认为友善是一种特质，那么友善的人就必须在各个时间和场合都表现得很友善。是这样吗？

在思考那些追踪生命全程发展的研究时，一些学者（尤其是研究婴儿的学者）对人格的变化印象深刻；而另一些学者则惊讶于成年期人格的稳定。如**图 12.4** 所示，来自 152 项长期研究的数据表明人格特质分数与七年后得到的分数是正相关的，而且随着人们年龄增长，人格逐渐稳定。人的兴趣会改变——原来热衷于喂养热带鱼的人后来可能热衷于园艺。人的职业会改变——原来决心做销售工作的人可能会决定做一名社会工作者。人与人的关系会改变——原先敌对的夫妻可能后来各自找到了新伴侣。但大部分人认为他们的特质是他们自身的，迈克雷和科斯塔（McCrae & Costa, 1994）指出，"而他们这样认为是很好的。一个人能意识到他/她的人格必然存在且是唯一的，这是……其一生的智慧巅峰。"

大多数人——包括多数心理学家——都可能倾向于同意托尔金的假设，即人格特质稳定不变。此外，我们的特质具有社会意义。它影响我们的健康、我们的思维以及我们的工作表现（Deary & Matthews, 1993; Hogan, 1998）。许多长期的追踪研究发现，人格特质在预测死亡率、离婚和职业成就上与社会经济地位和认知能力是相当的（Roberts et al., 2007）。

尽管我们的人格特质可能是持久而强大的，但一些具体的行为在不同的情境中的一致性则是另一回事。正如沃尔特·米歇尔（Mischel, 1968, 2009）所指出的那样，人们的行为没有可预测的一致性。米歇尔对大学生的责任心进行了研究，结果表明学生在一种情境下所表现出的责任心（如准时来上课）与另一情境下所表现出的责任心（如准时交作业）只有中等相关。对此，潘安德拉可能不会感到吃惊。如果你发现自己在某些情境下非常外向，而在另一些情境下却比较矜持，你也不必感到吃惊（不过，米歇尔指出，对于某些特质，你可能会准确地评估自己更具有一致性）。

行为上的不一致减弱了人格测验分数对于行为的预测力。例如，人们在外倾性测验上的分数不一定能完全预测人们在任何特

"那边的库格林先生创建了最早的摩托帮之一。"

定场合下的实际社交能力。米歇尔说，如果我们能记住这些结果，那么我们在描述个体和将个体进行归类时就会更加谨慎。自然科学能提前几年告诉我们任何一天的月相。气象学家能提前一天预测天气。而我们则还远远不能预测明天的你会有什么样的心情和行为。

然而，人们在很多情境下的外倾性、快乐或粗心的平均程度是可预测的（Epstein，1983a, b）。在评定某人的害羞或随和性程度时，那些熟识这个人的评定者是大体一致的（Kenrick & Funder, 1988）。研究者通过可穿戴记录设备来收集人们日常经历的片段，发现一般行为具有跨情境的稳定性：外倾性的人确实更健谈（Mehl et al., 2006）。（我已经多次发誓不在中午和朋友打篮球时喋喋不休和讲笑话了。然而，话匣子还是不可避免地一次又一次打开了。）正如我们最好的朋友可以证实的那样，我们的人格特质确实受到遗传的影响。萨缪尔·高斯林（Samuel Gosling）及其同事在一系列的研究中发现，这些特质甚至会潜藏在我们生活的以下方面：

- **音乐偏好**：古典、爵士、蓝调和民间音乐爱好者倾向于对体验持开放态度，并且有较高的言语智力；乡村、流行和宗教音乐爱好者则更加令人愉快、外向和尽责（Rentfrow & Gosling, 2003, 2006）。在初次见面的时候，学生们通常会向对方公开自己对音乐的偏好；这样做的时候，人们就在交换关于人格的信息。
- **宿舍和办公室**：我们的个人空间表明了我们的身份，留下了我们行为的痕迹（在凌乱的洗衣房里或者是整洁的电脑桌上）。这也就解释了为什么只需要对我们生活和工作的环境观察几分钟就可以较为准确地评估我们的尽责性、开放性甚至是情绪稳定性（Gosling et al., 2002, 2008）。
- **个人网站**：我们的个人网站或脸书主页也会成为自我表达的画布吗？抑或是人们以虚假或误导的方式展示自己的机会？更可能是前者（Back et al., 2010; Gosling et al., 2007; Marcus et al., 2006）。来访者可以快速获取有关发布者的外倾性、尽责性和开放性的重要线索。
- **电子通讯**：如果你认为你可以通过对方发来的文字信息判断一个人的性格，那么你对了！！（这是多么激动人心的发现啊！！！）人们只根据电子邮件或者博客对人格做出的评估与人格量表的实际得分是相关的，比如外倾性和神经质（Gill et al., 2006; Oberlander & Gill, 2006; Yarkoni, 2010）。例如，外倾性高的人会更多使用形容词。

在一些陌生的正式场合——比如在来自另一种文化的主人家做客——由于我们对社交线索的处理比较谨慎，我们的一些特质会隐藏起来。但在一些熟悉的非正式场合——比如和朋友闲逛——我们感到的拘束较少，这样我们的特质就会表现出来（Buss, 1989）。在这些非正式情境中，我们的表达方式——散发的活力、说话的方式以及身体的姿势——和我们的特质相当一致。这就是为什么某个人极其微小的行为片段——甚至是某个老师的三段两秒钟的片段——如此具有揭示性（Ambady & Rosenthal, 1992, 1993）。

总之，我们可以说任何时候，眼前的情况对一个人的行为都是有很大影响的。社会心理学家假设，虽然没

房间里的线索 即使完全陌生，人们也能从其他人的网站、宿舍或办公室中察觉出其人格的蛛丝马迹。那么，对得克萨斯大学的研究者萨缪尔·高斯林，你有什么看法？

有太多的证据，当一个"强大情境"有明确要求时，这种影响尤其明显（Cooper & Withey, 2009）。如果要预测司机在红绿灯前的行为，看红绿灯的颜色比看司机的人格对判断其行为更为有效。因而把我们在各种情境下的行为平均起来，的确能揭示出不同的人格特质。特质是存在的，我们是不同的，并且这些不同很重要。

提取一下

● 人格测验分数能在多大程度上预测我们的行为？解释你的答案。

答案：我们的人格测验分数能较好地预测我们在很多情境下的平均行为，但不足以预测我们如何在任何特定情境下的特定行为。

社会认知理论

12-16：社会认知理论家是如何看待人格发展的，他们又是如何探索行为的？

今天的心理科学将个体看作生物心理社会的有机体。**社会认知观**（social-cognitive perspective）由艾伯特·班杜拉（Bandura, 1986, 2006, 2008）最先提出，它强调人与情境之间的交互作用。天性和教养总是共同起作用的，个人和情境也是如此。

社会认知理论家认为我们的很多行为是通过条件作用或者观察和模仿他人而习得的（这是"社会"的部分）。他们还强调心理过程的重要性，认为我们对环境的看法影响我们的行为（这是"认知"的部分）。不像行为主义那样仅仅关注环境对我们的控制，社会认知理论家还关注我们和环境之间的交互作用：我们如何诠释外界事件并且做出反应？我们的图式、记忆和期望又如何影响我们的行为模式？

交互影响

班杜拉（Bandura, 1986, 2006）将人们与环境的交互作用称为**交互决定论**（reciprocal determinism）。他说："行为、内在的个人因素和环境因素相互影响，三者都互为连锁的决定因素"（**图12.5**）。例如，儿童看电视的习惯（过去的行为）影响他们的观看偏好（内在因素），这一个人因素又影响到电视（环境因素）对他们当前行为的影响。这些作用都是相互的。

请考虑个体和环境发生交互作用的三种具体方式：

1. 不同的人选择不同的环境。你上学的学校、你阅读的书籍、你所看的电视节目、你所听的音乐以及你所交往的朋友——这些都是你所选择的环境的一部分，这些选择部分基于你的特质（Funder, 2009; Ickes et al., 1997）。你选择你所处的环境，之后这个环境又塑造了你。

2. 我们的人格特质决定我们如何解释事件并做出反应。例如，焦虑的人对可能的威胁事件非常敏感（Eysenck et al., 1987）。因此，他们会认为这个世界是具威

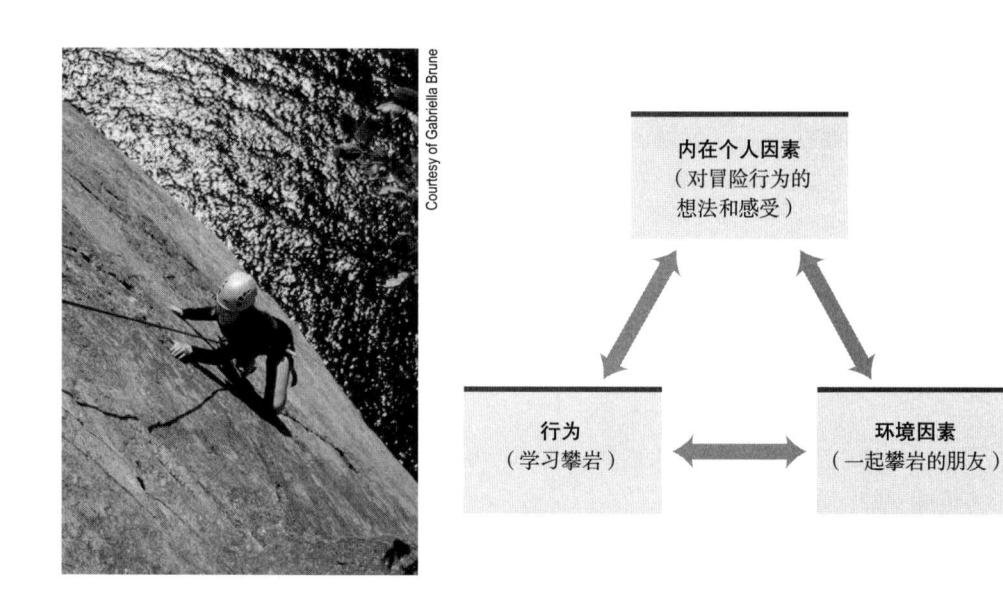

图 12.5

交互决定论

社会认知观认为，我们的人格是由个人特质（包括想法和感受）、环境以及行为之间的交互作用塑造而成的。

胁性的，并做出相应的反应。

3. 我们的人格特质有助于形成我们要应对的环境。我们如何看待和对待他人影响他人如何反过来对待我们。如果我们期望某人对我们生气，我们可以对他表示出冷淡，触发我们期望的愤怒。如果我们性情随和，我们就可能享受到亲密的友谊和支持（Donnellan et al., 2005; Kendler, 1997）。

因此，我们既是环境的产物，也是环境的创造者。

如果说这一切听起来很熟悉，那可能是由于这与心理学及本书普遍存在的一个主题相似，并再一次得到了强调，那就是：行为产生于内外因素的共同作用。沸水能使鸡蛋变硬，却也能使土豆变软。一个具威胁性的环境可以使某个人成为英雄，却也可以使另一个人成为恶棍。外向的人在外向的文化中比在内向的文化中感受到更多幸福感（Fulmer et al., 2010）。在任何时候，我们的行为都受到我们的生物学、社会和文化经验以及认知和性格的影响（图 12.6）。

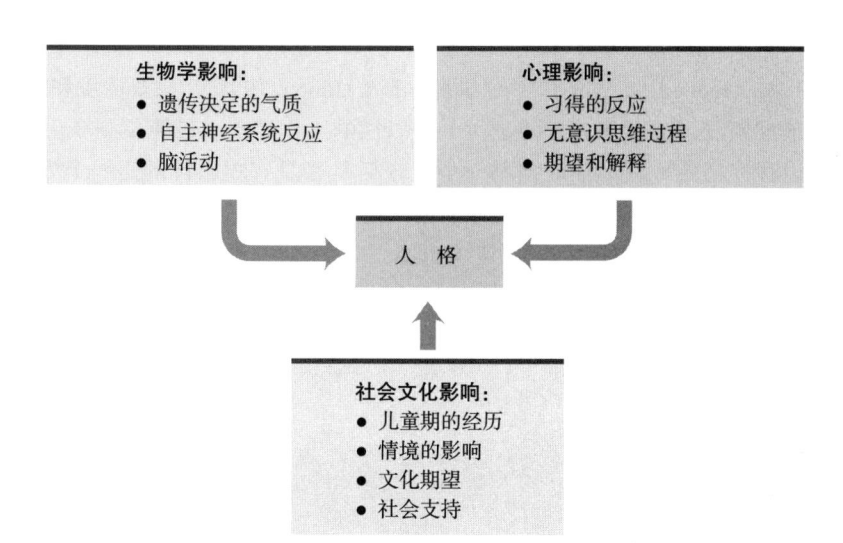

图 12.6

人格研究的生物心理社会取向

与其他心理现象一样，研究者从多个层面对人格进行了卓有成效的研究。

提取一下

- 班杜拉提出了人格的_____观，强调人们与其环境的交互作用。为了描述行为、思维和环境的相互影响，他使用了_____这个术语。

答案：社会认知的；交互决定论

测量情境中的行为

社会认知心理学家考察了人们如何与环境互动。为了预测行为，他们经常观察现实情境中的行为。

此类研究中的一个雄心勃勃的例子，就是第二次世界大战中美国军队选拔间谍时所采用的测量策略。军事心理学家们没有采用纸笔测验，而是将候选人置于一个模拟的秘密情境中。他们考察候选人应对压力、解决问题、保持领导力以及忍受各种审讯而不透露机密的能力。尽管这项研究既耗时又昂贵，但在真实的情境下测量行为的确有助于预测今后实际承担间谍任务时是否会成功（OSS Assessment Staff, 1948）。

军事和教育机构以及很多财富 500 强企业每年都在使用这种策略测试成千上万的人（Bray & Byham, 1991, 1997; Eurich et al., 2009）。美国电报电话公司（AT&T）观察了经理候选人如何进行模拟的管理工作。很多大学通过观察应聘者的教学评估他们的教学能力，通过见习和试讲考察学生的能力情况。军队通过观察军事演练中士兵的表现来评价士兵。大多数人口数量在 50 000 及以上的美国城市都利用测评中心对警官和消防队员进行评估（Lowry, 1997）。

测量情境中的行为 电视真人秀，比如唐纳德·特朗普的《学徒》，可能把"做给我看看"这类工作面试做到了极致，但它们确实说明了一个有效的观点。观察一个潜在的员工在与工作相关的情境中的行为有助于预测他的工作表现。

《纽约时报》对过去 50 年来的 100 个狂暴的杀人犯所做的一项分析表明，经常暴怒的凶手有 55 人，曾威胁使用暴力的有 63 人（Goodstein & Glaberson, 2000）。他们中的大多数人并不是出人意料地"突然一时失控。"

测评中心的模拟练习有一定的局限性。这种方法更能揭示一些可见的维度，如沟通能力，而对另外一些维度如内部成就驱力就不太适用了（Bowler & Woehr, 2006）。不过，这些测评过程利用了这样一个可靠的原则：预测一个人今后行为的最好途径不是人格测验，也不是访谈，而是一个人过去在相似情境中的行为模式（Mischel, 1981; Ouellette & Wood, 1998; Schmidt & Hunter, 1998）。只要情境和人基本保持不变，最能预测今后工作表现的是一个人以往的工作表现；最能预测今后成绩的是一个人以往获得的成绩；最能预测一个人今后是否具有攻击性的是一个人以往的攻击性；最能预测年轻人是否会使用毒品的是过去这个人是否吸过毒。如果你不能考察一个人过去的行为表现，那么你最好创设一种评估的情境，模拟任务要求，这样你就能了解这个人会如何应对情境中的任务要求（Lievens et al., 2009; Meriac et al., 2008）。

对社会认知理论的评价

> 12-17：社会认知理论家所面临的批评是什么？

人格的社会认知理论使得研究者关注情境如何影响个体，又如何被个体所影响。与其他人格理论相比（见**表** 12.4），社会认知理论更基于学习和认知的心理学研究。

但是批评者指责社会认知理论太偏重于情境，以至于不重视人内在的特质。他们指出，人及其情绪在这种人格观中处于什么位置呢？的确，情境引导我们的行为。但批评者说，在很多情况下，我们的潜意识动机、情绪以及无处不在的特质也都在发挥重要的作用。人格特质已被证实能预测工作、爱情和游戏中的行为。我们受生物学因素影响的特质的确在起作用。请看一下珀西·雷·普里琼和查尔斯·吉尔的例子吧。他们面对的情境一样：他们共同赢得 9 000 万美元的彩票大奖（Harriston, 1993）。当普里琼得知中奖号码时，开始不由自主地颤抖，在确认中奖消息时在浴室门后与朋友抱成一团，然后就喜极而泣。而吉尔得知这一获奖消息时，只是告诉了妻子一声就去睡觉了。

表 12.4
主要人格理论的比较

人格理论	主要支持者	假设	对于人格的观点	人格测量方法
精神分析	弗洛伊德	情绪障碍来源于潜意识动力，如未解决的性冲突和其他儿童期的冲突，以及在不同发展阶段的固着。防御机制抵抗焦虑。	人格由追求快乐的冲动（本我）、现实导向的执行（自我）以及一套内化的理想（超我）组成。	自由联想、投射测验、梦的解析
心理动力	荣格、阿德勒、霍妮	潜意识和意识相互作用。儿童期经历和防御机制很重要。	意识和潜意识动机和冲突之间动态的相互作用塑造了我们的人格。	投射测验、治疗会谈
人本主义	罗杰斯、马斯洛	与其考察病人的困难，不如关注健康人追求自我实现的方式。	当我们基本的人类需要得到满足时，我们会追求自我实现。在无条件积极关注的氛围下，我们能够发展出自我意识以及更加实际和积极的自我概念。	问卷、治疗会谈
特质	奥尔波特、艾森克、迈克雷、考斯塔	我们具有某些稳定而持久的特征，并受到遗传倾向的影响。	对于特质的科学研究已经分离出了人格的重要维度，如大五特质（稳定性、外倾性、开放性、随和性和尽责性）。	人格调查表
社会认知	班杜拉	我们的特质和社会情境相互作用共同产生行为。	条件作用和观察学习与认知相互作用，共同创造行为模式。	预测我们在某个情境下的行为的最好方式是考察我们过去在相似情境下的行为。

> **提取一下**
>
> - 根据社会认知观点,预测一个人未来行为的最好方式是什么?
>
> 答案:关注该人过去在相似情境中的行为方式。

探索自我

12-18:为何在心理学中关于自我的研究如此之多?自尊对心理学以及对我们的幸福感有多重要?

心理学对人自我感知的关注至少要追溯到威廉·詹姆士,他在 1890 年出版的《心理学原理》一书中大约花了 100 页的篇幅阐述这一主题。可是到了 1943 年,戈登·奥尔波特就不无惋惜地说,自我已经"消失不见了"。尽管人本主义心理学强调自我,但还是没能激起太多这方面的科学研究,不过这一学派的确为自我概念的复苏作出了贡献。如今离詹姆士的时代已经 100 多年了,自我也已经成为西方心理学中最活跃的研究主题之一,每年都有大量新的关于自尊、自我表露、自我觉察、自我图式、自我监控等方面的新研究出现。甚至神经科学家也在探索自我,他们发现当人们回答有关其特质或者性格的自我反思性问题时,中央额叶区域就会被激活(Damasio, 2010; Mitchell, 2009)。所有这些研究都基于这样一个假设:**自我**(self)是我们思维、情感和行为的组织者,是人格的核心。

举例来说,对自我的一个看法是可能自我的概念,这个概念是由黑兹尔·马库斯及其同事提出的(Cross & Markus, 1991; Markus & Nurius, 1986)。可能自我包括一个人梦想将来可能成为的样子——富裕的我、成功的我、受人爱戴的我。可能自我还包括一个人所害怕成为的样子——失业的我、孤独的我、学业失败的我。这些可能自我为个体展示了具体且需要全力以赴去实现的目标,从而激发起个体的动机。在密歇根大学,参与本科和医学院联合项目的学生,如果明确自己将来要成为一名成功的医生,所取得的成绩就比较好。梦想的确经常孕育成功。

心想事成。
——中国福饼纸条上的话

我们对自我的关注会激励我们,但也容易让我们以为他人正在注意和评价我们。托马斯·吉洛维奇(Gilovich, 1996)展示了这种**聚光灯效应**(spotlight effect),他让康奈尔大学的一些学生分别穿上巴里·马尼洛牌的运动衫,然后和其他同学一起走进教室。由于自我关注,这些穿运动衫的同学猜想当他们走进教室时,会有一半的同学注意到他们身上的运动衫。事实上,只有 23% 的人注意到了。这种不被人注意的情况不仅在我们身着奇装异服或发型糟糕时会发生,在我们感到紧张、发脾气或充满魅力的时候也经常会出现:注意我们的人总比我们想象的要少得多(Gilovich & Savitsky, 1999)。别人也不会如我们所想象的那样注意到我们外表和表现的起伏变化(Gilovich et al., 2002)。即使在犯错(在图书馆中触动警报、出席活动时衣着不当)时,我们也没有想象的那样引人注目(Savitsky et al., 2001)。了解聚光灯效应能够赋予人们力量。帮助演讲者认识到他们自然产生的紧张在观众看来并不明显之后,他们的演讲表现会得到提高(Savitsky & Gilovich, 2003)。

Trinity Mirror/Mirrorpix/Alamy/Timothy Large/Shutterstock

自尊的益处

自尊（self-esteem）——我们对自我价值或高或低的判断——非常重要。同样重要的还有**自我效能感**（self-efficacy），这是我们对某个任务的胜任感。一个高自尊的人会非常同意带有自我肯定的问卷陈述，比如"我很好相处"或者"我有好的主意"。低自尊的人在回应这些问题的时候，总会用一些限定词，比如"一定程度上"或者"有时候"。

高自尊会带来很多好处。自我感觉良好的人会较少失眠。他们也不太会向压力妥协屈服。在困难的任务面前，他们会更加执着；他们较少感到害羞、焦虑和孤独。他们会努力改掉自己的坏脾气，因为他们觉得可以变得更好（Wood et al., 2009）。他们只是单纯地更加快乐（Greenberg, 2008; Orth et al., 2008, 2009）。

但高自尊是马还是马车呢？高自尊真的是"保护儿童的盔甲"，使得他们远离生活中的难题吗（Mckay, 2000）？某些心理学家对此表示怀疑（Baumeister, 2006; Dawes, 1994; Leary, 1999; Seligman, 1994, 2002）。尽管儿童的学业自我效能感（他们对自己能学好某门课的自信）可以预测学业成绩，但整体自我意象却不能（Marsh & Craven, 2006; Swann et al., 2007; Trautwein et al., 2006）。或许自尊仅仅是现实的一种反映。或许自我感觉良好是在表现出色之后。或许感到自尊是由于迎接了挑战而且战胜了困难。或许自尊是一个显示仪，能说明我们与他人关系的状况。如果是这样的话，那么人为地拨高自尊这一显示仪（"你是特别的"）不就类似于将原本显示汽车油量不足的显示仪强行拨到"满"吗？如果困难和失败会导致低自尊，那么增强儿童自尊的最好方法不是反复告诉孩子他们有多棒，而是其自身的有效应对和经过努力取得的成就。

然而，在实验中低自尊的作用的确会显现出来。暂时贬低人们的自我意象（如告诉他们在能力倾向测验上成绩糟糕或者贬损他们的人格），他们就会更多地表现出贬损他人的行为或者更强烈地表达出种族偏见（Ybarra, 1999）。在其他研究中，那些自我感觉消极的人通常过分敏感和武断（Baumgardner et al., 1989; Pelham, 1993）。那些感到不安全的人通常变得特别挑剔，好像是为了给他人留下出色的印象（Amabile, 1983）。这些研究结果与马斯洛和罗杰斯的假设相吻合，即良好的自我意象是有益的。接纳自我，你就会发现接纳他人更容易。轻视自己，你就容易轻蔑他人。更简单地说，那些看不起自己的人也往往看不起他人。一些人"爱邻如己"；另一些人则厌恶自己，也厌恶邻居。

> 当孩子的自我控制水平提高时，他们的成绩就会上升。但孩子的自尊水平提高对成绩没有任何影响。
> ——安吉拉·达克沃斯，
> 在人物访谈中，2009

自我服务偏差

12-19：哪些证据揭示了自我服务偏差？防御型自尊与安全型自尊有何区别？

卡尔·罗杰斯（Rogers, 1958）曾反对过这样的宗教信条：人性问题源于过度自恋和骄傲。他指出，大多数他所了解的人"鄙视自己，认为自己毫无价值，不受人喜欢"。马克·吐温也有类似的观点："没有一个人在其内心深处会真正地尊重他自己。"

事实上，我们大多数人对自己有不错的印象。在自尊研究中，即便是那些得分低的人也是在可能得分的中段做出反应。而且，近年来心理学领域最激动人心并得到广泛支持的一个结论是我们都有强烈的**自我服务偏差**（self-serving bias）——即我们习惯于看到自己好的一面（Mezulis et al., 2004; Myers, 2013）。思考一下：

相对于坏的行为，人们更愿意对好的行为负责；相对于失败，也更愿意对成功负责。运动员经常私下把胜利归于自己的能力，把失败归于运气不佳、裁判不公或对手超常发挥。大部分学生在考试成绩不好时抱怨的是考试而不是自己。司机也常在保险单上用这些话来解释事故："一辆车不知从哪儿突然冒出来，撞上了我的车，逃走了"；"我开车到交叉路口，篱笆窜出来，模糊了我的视线，我就没能看到另一辆车"；"一个行人撞上了我的车，滚到车轮下去了"。我们在遇上麻烦而非成功时经常会问自己这样一个问题："我做了什么会得到这样的报应？"——而在成功时，我们则觉得那是理所当然的。

大多数人觉得自己比一般人强。几乎对任何一个主观评价的、社会期许的平常行为而言都是如此（Myers, 2013）：

- 在美国全国性的调查中，大多数企业主管说他们比一般同行要更恪守商业道德。
- 在几项研究中，90%的业务经理及90%以上的大学教授认为自己的业绩比一般同行要优秀。
- 在一项关于家庭的美国全国性调查中，49%的男性称他们在照料孩子中承担了一半或更多，然而只有31%的妻子或伴侣同意这一点（Galinsky et al., 2008）。
- 在澳大利亚，86%的人评定自己的工作业绩在平均水平之上，只有1%的人评定自己在平均水平之下。

自我服务偏差反映的是我们对自己的高估而非对他人的低估（Epley & Dunning, 2000）。这种现象在亚洲较为不明显，因为亚洲人注重谦虚（Falk et al., 2009; Heine & Hamamura, 2007）。然而，自我服务偏差在世界范围内还是广泛存在的：在荷兰、澳大利亚、中国的学生中，在日本的司机中，在印度的印度教徒当中，在各行各业的法国人中。在所有53个被调查的国家中，人们表达的自尊都高于使用最广泛的量表的中点（Schmitt & Allik, 2005）。

可笑的是，人们甚至认为他们比其他人具有更强的对自我服务偏差的免疫力（Pronin et al., 2007）。这个世界仿佛就是加里森·基勒笔下的沃伯根湖——那里"女人们都很强壮，男人们都很帅气，而孩子们都高人一等"。宠物也是如此，四分之三的宠物主人认为自己的宠物比一般宠物聪明（Nier, 2004）。

自尊受到威胁比低自尊似乎更容易引发攻击。甚至在儿童身上也是如此，高自尊和社会拒绝混杂在一起成了经常打架的配方。攻击性最强的孩子往往自我防御也高，容易被不喜欢自己的孩子戳中要害（van Boxtel et al., 2004）。

当自负的青少年或成年人受到侮辱而感到挫败时，他们可能具有潜在的危险。当自我膨大的人发现自己的自尊受到了威胁时，他们可能做出暴力的反应。"雅利安

> 如果你跟大多数人一样，那么你像大多数人一样，并不知道你跟大多数人一样。科学提供给我们大量关于普通人的事实，而其中最可靠的事实之一就是普通人认为自己并不普通。
> ——丹尼尔·吉尔伯特，
> 《撞上幸福》，2006

人的骄傲"助长了纳粹的暴行。丹尼尔·卡尼曼等人（Kahneman & Renshon, 2007）指出："这些偏见使得战争更容易开始，也更难以结束。"

布拉德·布什曼和罗伊·鲍迈斯特（Bushman & Baumeister, 1998; Bushman et al., 2009）对他们所谓的"高自尊的不利面"进行了实验研究。他们要求540名志愿参加实验的大学生写一段文章，然后由假扮的学生给予他们反馈，或称赞他们（"真是一篇好文章！"）或恶意批评（"这是我所读过的最烂的文章！"）。然后，让写文章的学生和这些给予反馈的学生进行反应时的比赛。比赛获胜者可以用任何强度和持续时间的噪音来惩罚对方。

你能预测结果是怎样的吗？受批评之后，那些自尊高涨的人表现得"相当有攻击性"。他们所施加的声音惩罚是平均自尊水平的人的3倍。"当人们做得不好，却还鼓励他们自我感觉良好"时就会产生问题，鲍迈斯特（Baumeister, 2001）这样总结道。"自欺欺人、认为自己很重要的人对那些戳穿他们自恋泡沫的人总是表现出恶意。"

自我服务偏差在北美有上升的趋势吗？一些研究者认为是这样。从1980年到2007年，流行歌曲的歌词越来越关注自我（DeWall et al., 2011）。从1988年到2008年，美国大学生、高中生特别是初中生的自尊得分有所增加（Gentile et al., 2010）。在一份主要涉及自尊的问卷中，满分是40分，2008名大学生中有51%的人得了35分或更高。

自恋（narcissism）——过度的自爱和自我关注——也在增加，心理学家珍·特温吉报告说（Twenge, 2006; Twenge & Foster, 2010）。她在过去几十年中对自我重要性进行了追踪，发现出生在80年代和90年代的人（她称作Me世代）表达出更多的自恋，更经常同意如下一些说法："如果我统治世界，那么一切将变得更好"或者"我觉得我是一个独特的人"。对这些自恋说法的认同与物质主义、想出名的欲望、过高的期待、缺少承诺的勾搭关系、更多的赌博和欺骗等呈现正相关。

一些自我服务偏差概念的批评者认为，它忽视了那些感觉自己没有价值、不被喜爱的人：如果自我服务偏差果真如此普遍，为什么会有这么多人贬低自己呢？来看下面四条理由：

- 针对自我的贬低具有微妙的策略性：它们会引发人们的宽慰和安抚。跟别人说"没人喜欢我"至少会引出对方说"但不是所有人都见过你！"
- 在某个重大事件如一场比赛或一次考试之前，一些自我贬损的话会为可能到来的失败做好铺垫。那些称赞下一个对手实力更强的教练是在为失败开脱，或者让胜利更有价值。
- "我为何会如此愚蠢"这类自我贬损的话会帮助我们从错误中吸取教训。
- 自我贬损常常与一个人过去的自我有关。请参与者回忆他们做过的坏事，人们想到的都是很久以前的；而他们更容易回忆起最近做过的好事（Escobedo & Adolphs, 2010）。人们更多地批评过去的自我，而不是当前的自我——即使自我没什么改变（Wilson & Ross, 2001）。"18岁的时候，我是一个蠢蛋；今天，我变机灵了。"在他们的眼中，昨天的蠢蛋会变成今日的冠军。

即便如此，我们所有人在某些时候或者有些人在很多时候确实会感到自卑——尤其是当我们与那些社会地位、外貌、收入或能力比我们高出一截或更多的人相比时。这种自卑感越是强烈而频繁地出现，我们就越是不开心，甚至还会感到抑郁。

> 自尊运动的热情主张，大多是从幻想到废话不等。自尊的作用是微小而有限的，而且并非都是有利的。
>
> ——罗伊·鲍迈斯特，1996

> 如果你拿自己和他人比，你可能会变得自大和尖刻，因为总有一些人比你好，而另一些人比你差。
>
> ——马克斯·埃尔曼，《渴望》，1927

但对大多数人来说，思维天然就有积极的偏差。

在认识到自我服务偏差和自尊的不利面的同时，一些研究者更倾向于区分两类自尊的作用——防御型和安全型（Kernis, 2003; Lambird & Mann, 2006; Ryan & Deci, 2004）。防御型自尊是脆弱的。它只关注自身的维持，这让失败和批评成为潜在威胁。这种自我中心主义使人们感知到威胁，从而引发愤怒和障碍（Crocker & Park, 2004）。

安全型自尊没有那么脆弱，因为它不太受外在评价的影响。觉得自己整个人被接受，而不仅是因为我们的外貌、财富或得到的赞誉，能减轻成功的压力，使我们不再只关注自身。重视与他人的关系，追求高于自我的目标，我们就可能获得更加安全的自尊和更高的生活品质（Crocker & Park, 2004）。真正的自豪来自于真实的成就，并为自信和领导力提供支持（Tracy et al., 2009; Williams & DeSteno, 2009）

提取一下

- 只对成功负责而将失败归因为环境或运气差，这种倾向被称为_____。高估他人对我们的外貌、表现和失误的注意和评价，这种倾向被称为_____。

  答案：自我服务偏差；聚光灯效应

- _____（安全型/防御型）自尊与攻击性和反社会行为有关。_____（安全型/防御型）自尊是更健康的自我形象，使得我们不再只关注自我，生活品质也更高。

  答案：防御型；安全型

文化与自我

12-20：个人主义文化和集体主义文化如何影响人们？

我们对人格——即人们思考、感受和行动的典型方式——的讨论将以人们如何思考、感受和行动的文化差异作为结束。如果有人将你的社会关系全都剥除掉，将你独自一人放逐到一个陌生的地方，你的同一性中有多少还能完整地保留下来？

如果我们这位独行侠是**个人主义者**（individualist），那么你的同一性中的很多东西将完好无损，即你存在的核心，"我"的感觉，对个人信念和价值观的意识。个人主义者（通常是北美人、西欧人、澳大利亚人和新西兰人）相对更看重自己的个人目标，更以自己的特质来定义自己的同一性（Schimmack et al., 2005）。他们努力获取个人控制和个人成就。美国文化由于相对地崇尚"自我"，忽略"我们"，因此有85%的人说有可能"大体成为自己想成为的人"（Sampson, 2000）。

个人主义者也有人类的归属需要。他们也会加入群体。但是他们不太看重群体和谐以及在群体中承担责任（Brewer & Chen, 2007）。由于个人主义者较为独来独往，因而更容易加入或退出社会团体。他们感觉相对自由地改变做礼拜的地点、跳槽，甚至离开大家庭并搬到一个新的地方生活。通常只要两个人真心相爱就会结婚。

如果一个**集体主义者**（collectivist）漂泊在异国他乡，可能就会体验到

更多的同一性缺失。与家人、群体、忠实的朋友相脱离，这个人就会失去与他人的联系，而这些联系定义了你是谁。在集体主义文化中，通过和集体的认同，个体获得一份归属感，习得一套价值观，赢得一群关心他人的人，得到一种安全感。反过来，集体主义者对其所属的群体（家庭、宗族或公司）产生更深、更稳定的依附。例如，在韩国，人们不太看重表达稳定、独特的自我概念，更看重传统和习俗（Choi & Choi, 2002）。

重视团结意味着要重视维护集体精神，确保他人不丢面子。人们说话不仅要表达自己的感受（他们内在的态度），而且还要反映在他们看来其他人可能有的感受（Kashima et al., 1992）。为了避免直接冲突、莽撞的诚实和令人不快的话题，集体主义者通常顺从他人的意愿，表现得礼貌甚至是自我贬低的谦恭（Markus & Kitayama, 1991）。长者和上级得到尊敬，家庭责任胜过个人事业和择偶偏好（Zhang & Kline, 2009）。集体主义者在刚融入一个新集体时会表现得害羞，更容易陷入尴尬（Singelis et al., 1995, 1999）。例如，与西方人相比，日本人和中国人在面对陌生人时更害羞，更关注社会和谐和忠诚（Bond, 1988; Cheek & Melchior, 1990; Triandis, 1994）。当文化更注重"我们"而不是"我"时，个人口味的拿铁咖啡——"不含咖啡因，单份，脱脂，热一点"——对一个在咖啡店喝咖啡的北美人来说是很自然的，但在首尔人看来就近乎成了自私的要求（Kim & Markus, 1999）。

当然，文化内部也具有多样性。即使在最个人主义的国家，一些人也表现出集体主义的价值观。在许多国家，文化与一个人信仰的宗教、经济地位和所在地区都有紧密的联系（Cohen, 2009）。在集体主义文化的日本，"北部边境"的北海道岛就崇尚个人主义精神（Kitayama et al., 2006）。但一般来说，处于充满竞争、个人主义文化背景下的个体（特别是男性）拥有更多的个人自由，在地理上较少受到家庭的束缚，享有更多的隐私，对个人成就更加自豪（**表 12.5**）。

集体主义文化 尽管美国文化大体上是个人主义，但许多文化亚群体仍然是集体主义。阿拉斯加土著人便是如此，他们表现出对长者的尊敬，其同一性主要源于他们的集体归属。

> 一个人需要培养"舍小我，为大家"的精神。
> ——中国格言

体贴他人的集体主义者 日本的集体主义价值观，包括对他人和社会和谐的责任，在 2011 年毁灭性的大地震和海啸之后展现出来。几乎没有抢劫事件的报告，民众保持冷静和有序，比如图中的人们在排队等着取饮用水。

表 12.5
个人主义价值观和集体主义价值观之比较

概　念	个人主义	集体主义
自　我	独立（同一性来自于个体特质）	相互联系（同一性来自于归属）
人生使命	发现并表现个体的独特性	维持彼此之间的联系，融洽相处，履行职责
看重什么	我——个人成就和满足；权利和自由；自尊	我们——集体的目标和团结；社会责任和关系；家庭责任
应对方法	改变现实	适应现实
道　德	由个体来确定（基于自我）	由社会网络确定（基于责任）
关　系	很多，通常是暂时性的、随意的；对抗是可接受的	很少，但密切且持久；重视和谐
归因行为	行为反映个体的人格和态度	行为反映社会规范和社会角色

改编自 Thomas Schoeneman (1994) and Harry Triandis (1994).

他们甚至更喜欢不常见的名字，正如心理学家珍·特温吉在为她的第一个孩子起名时发现的那样。久而久之，在美国社会保障局网站每年列出的婴儿名字中，美国最常见的名字变得越来越没有吸引力了。一项研究分析了在 1880 年到 2007 年间出生的 3.25 亿美国新生儿的名字，证实了这一趋势（Twenge et al., 2010）。如图 12.7 所示，以当年最常见的 10 个名字之一来取名的新生儿所占的比例大幅下降，近些年尤其如此。（怪不得我的父母会给我起这样一个普通的名字，因为他们身处的时代还不那么个人主义。）

个人主义者与集体主义者在 2000 年奥运会上获得金牌后的反应是不同的。美国的金牌获得者以及报道他们的美国媒体把功劳更多归功于运动员自己（Markus et al., 2006）。"我想我只是专注于比赛，"游泳比赛金牌获得者海曼如是说。"我向世界展现了我的能力。我很开心能完成这件事情。"日本女选手高桥尚子在马拉松比赛中获得金牌，她有着完全不同的解释："我有世界上最好的教练，最好的经纪人，还有所有支持我的人——所有这一切共同成就了这枚金牌。"甚至在描述朋友的时候，西方人更倾向于使用描述特质的形容词（"她乐于助人"），而东亚人则更喜欢使用描述某个特定情境中的行为的动词（"她帮助她的朋友"）（Maass et al., 2006）。

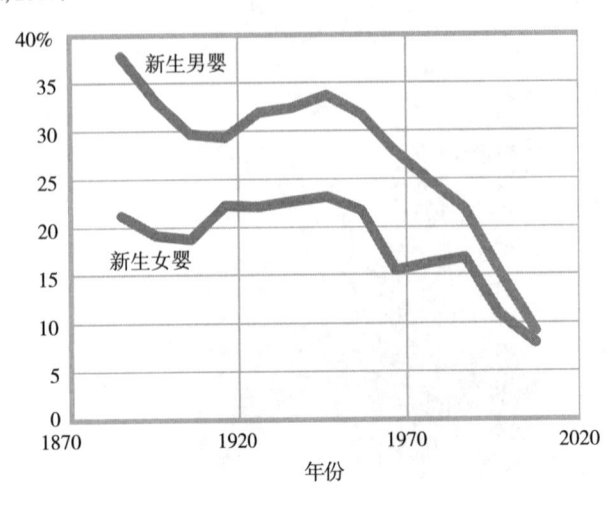

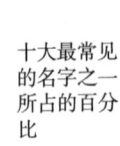

个人主义所带来的益处也是有代价的：孤独的人增多，离婚率和杀人率上升，患有与压力相关疾病的人增多（Popenoe, 1993; Triandis et al., 1988）。个人主义者在婚姻中更需要浪漫和个人实现，这使得婚姻关系面临更大的压力（Dion & Dion, 1993）。在一项调查中，78% 的美国妇女认为"保持浪漫"对婚姻的美满很重要，而只有 29% 的日本妇女这样认为（American Enterprise, 1992）。在中国，情歌总是表达了一生的承诺和情谊（Rothbaum & Tsang, 1998）："从此我们永不分离……永不变心。"

图 12.7
与众不同的孩子
美国的个人主义倾向反映在婴儿名字的选择上。近年来，从年度十大最常见的名字中取名的美国婴儿所占的比例大幅下降。（资料来源：Twenge et al., 2010）

大致来说，人格心理学关注的焦点是那些对行为持久而内在的影响，社会心理学关注的焦点是对行为短暂而外在的影响，我们将在下一章介绍这一领域。实际上，行为总是依赖于人和情境的交互作用。

提取一下

- 个人主义文化和集体主义文化有何不同？

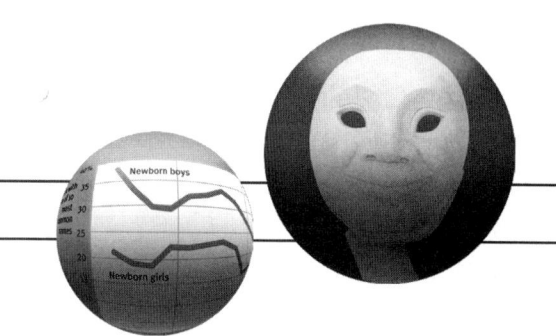

答案：个人主义文化以自己为主要目标，他们倾向于强化他们来自人的独特性。集体主义文化以其他人为主要目标，他们倾向于强调他们对群体的认同感。

本章复习

人 格

学习目标

回答以下学习目标问题来测试一下你自己（这里重复了本章中的问题）。然后翻到附录的完整章节复习，核对你的答案。研究表明，试着自主回答这些问题将增进你对这些概念的长期记忆（McDaniel et al., 2009）。

心理动力学理论

12-1： 弗洛伊德是如何在对心理障碍的治疗中得出对潜意识的看法的？

12-2： 弗洛伊德的人格观点是什么？

12-3： 弗洛伊德提出了哪些发展阶段？

12-4： 弗洛伊德认为人们是如何防御焦虑的？

12-5： 弗洛伊德的哪些观点是其追随者接受的，哪些是他们不接受的？

12-6： 何为投射测验，如何使用它们？它们受到了哪些批评？

12-7： 今天的心理学家如何看待弗洛伊德的精神分析？

12-8： 现代研究在哪些方面增进了我们对潜意识的理解？

人本主义理论

12-9： 人本主义心理学家如何看待人格？他们研究人格的目标是什么？

12-10： 人本主义心理学家如何测量一个人的自我感？

12-11： 人本主义理论对心理学产生了怎样的影响？它面临了怎样的批评？

特质理论

12-12： 心理学家如何用特质来描述人格？

12-13： 什么是人格调查表？作为人格测量工具，它们有何优点与不足？

12-14： 哪些特质对于人格差异能提供最有用的信息？

12-15： 研究证据支持人格特质跨时间和跨情境的一致性吗？

社会认知理论

12-16： 社会认知理论家是如何看待人格发展的，他们又是如何探索行为的？

12-17： 社会认知理论家所面临的批评是什么？

探索自我

12-18：为何在心理学中关于自我的研究如此之多？自尊对心理学以及对我们的幸福感有多重要？

12-19：哪些证据揭示了自我服务偏差？防御型自尊与安全型自尊有何区别？

12-20：个人主义文化和集体主义文化如何影响人们？

> **术语与概念**

测试自己对以下术语的理解，试着用自己的语言写下这些术语的定义，然后翻到提到术语的那一页核对你的答案。

人格
心理动力学理论
精神分析
潜意识
自由联想
本我
自我
超我
心理性欲期

俄狄浦斯情结
认同
固着
防御机制
压抑
集体潜意识
投射测验
罗夏墨迹测验
人本主义理论
自我实现
无条件积极关注
自我概念
特质
人格调查表

明尼苏达多相人格调查表（MMPI）
实证推知的测验
社会认知观
交互决定论
自我
聚光灯效应
自尊
自我效能
自我服务偏差
自恋
个人主义
集体主义

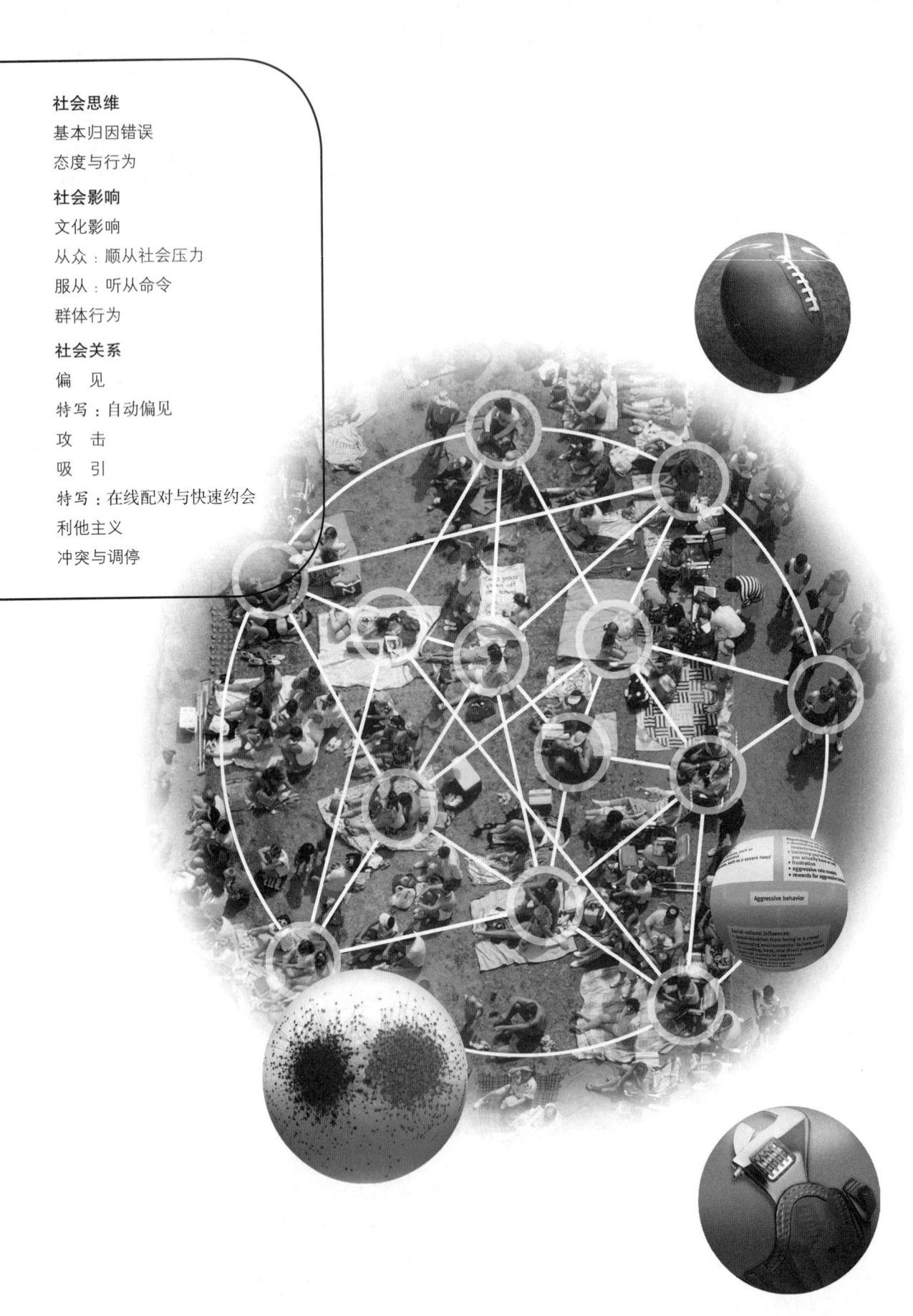

社会思维

基本归因错误

态度与行为

社会影响

文化影响

从众：顺从社会压力

服从：听从命令

群体行为

社会关系

偏　见

特写：自动偏见

攻　击

吸　引

特写：在线配对与快速约会

利他主义

冲突与调停

第13章

社会心理学

德克·威廉斯在1569年面临一个决定。他因身为宗教少数群体成员而受到迫害，面临折磨甚至死亡的威胁，因而他逃出位于荷兰阿斯佩伦的监狱，穿过冰层覆盖的池塘。比他还强壮健康的狱卒在追逐中掉入了冰层之下，爬不出来，只能疾呼救命。

虽然他的前方就是自由，但威廉斯最终选择了无私的帮助。他回去救出了这位狱卒。服从命令的狱卒还是将威廉斯带回了监狱。几周之后，威廉斯被判处火刑烧死。为了纪念这位民间英雄的殉难，如今阿斯佩伦以他的名字命名了一条街（Toews, 2004）。

是什么让人们蔑视少数群体的成员，诸如德克·威廉斯，甚至做出如此恶意的举动？又是什么让威廉斯做出无私的回应，让这么多人为了救他人而付出生命？到底是什么使我们自愿友善和慷慨地对待他人？

正如这些例子所展示的，我们是社会性动物。我们可能假定他人是最好的或者是最坏的。我们可能握紧拳头或者张开臂膀迎接他人。"我们不能只为自己而活，"小说家赫尔曼·梅尔维尔（注：19世纪美国最伟大的小说家、散文家和诗人之一）评论道，"我们的生活存在着千丝万缕的联系。"社会心理学家要科学地研究人们如何看待彼此、如何相互影响以及如何建立关系，从而考察这些千丝万缕的联系。

不同于社会学研究社会和社会群体，社会心理学家更重视个体如何看待和影响彼此。

社会思维

13-1：社会心理学家研究什么？我们倾向于对自己和他人的行为做出怎样的解释？

人格心理学家（见第 12 章）关注个体。他们研究人格特质和维度来解释在某个特定的情境下为何不同的人会有不同的行为，比如威廉斯面临的情境。（你会向掉入冰水的狱卒施以援手吗？）**社会心理学家**（social psychologists）关注情境。他们研究社会影响来解释为何同一个人在不同的情境下会有不同的行为。在不同的环境下，狱卒的行为可能会有所不同吗，比如选择不把威廉斯抓回监狱。

基本归因错误

我们的社会行为来源于我们的社会思维。尤其发生意外时，我们会分析人们为什么那样行动。在研究了人们如何解释他人的行为之后，弗里茨·海德（Fritz Heider）于 1958 年提出了**归因理论**（attribution theory）：我们可以把一个人的行为归因于其稳定、持久的特质（内在倾向归因），或是外在的情境（情境归因）。

例如，在课堂上，我们注意到朱莉极少发言。喝咖啡时，杰克说个不停。如果把他们的行为归因于个性倾向，我们就会断定朱莉很内向，而杰克比较开朗。由于人们确实有稳定的人格特质，这种归因在某些时候是有效的。但是，我们往往会受到**基本归因错误**（fundamental attribution error）的影响（Ross, 1977），高估人格的影响而低估情境的作用。在课堂上，杰克可能和朱莉一样安静。假如在一次聚会上看到朱莉，你可能认不出这就是那个课堂上安静的同学。

纳波利坦和戈瑟尔斯（Napolitan & Goethals, 1979）用一个实验展示了基本归因错误。他们让威廉姆斯大学的学生依次与一位年轻女性交谈，这位女士时而冷漠挑剔，时而热情友好。事先，他们告知其中一半学生，这位女士的行为将是自发的。告知另一半学生真相，即这位女性是被安排表现出友好（或不友好）的。

得知真相影响了学生对这位女士的印象吗？完全没有！如果这位女士表现得很友好，他们则认定她的确是个热情的人。如果她表现得不友好，他们则认定她的确是个冷漠的人。换句话说，即使告诉他们这位妇女的行为是情境性的——也就是说她仅仅是为了实验目的而如此表现，他们仍然将她的行为归因为她的个性倾向。

什么因素会影响我们的归因？

基本归因错误在某些文化中更容易出现。个体主义的西方文化下，人们通常会把行为归因于个人特质。东方文化下的人们则在一定程度上更容易受到情境的影响（Heine & Ruby, 2010; Kitayama et al., 2009）。这种差异在一项实验中体现出来：实验者要求人们观看屏幕，比如一条大鱼在游泳。美国人更关注那条鱼，而日本人则关

荷兰艺术家扬·吕肯（Jan Luyken）关于德克·威廉斯的一幅版画（来自《殉道者之镜》[The Martyrs Mirror, 1685]）。

注整个屏幕（Chua et al., 2005; Nisbett, 2003）。

我们都会犯基本归因错误。想一想，你的心理学老师是腼腆的还是外向的？

如果你的回答是"外向"，请记住你所了解的老师来自于一个特定情境——课堂，这里需要老师有外向的行为。你的老师可能会说："我？外向？这是情境的作用。在课上或者与好朋友在一起我是外向的。但是在专业会议上，我真的很腼腆。"在人们既定的角色之外，教授不再像教授，校长不再像校长，服务员也不再像服务员。

在解释我们自己的行为时，我们对行为如何随着情境产生变化非常敏感（Idson & Mischel, 2001）。[第12章讨论了一个重要的例外：对于我们自己有意的和令人钦佩的行为，我们更多地归因于我们自己的原因而非情境原因（Malle, 2006; Malle et al., 2007）。]当我们解释我们所熟知的人在不同情境中的表现时，我们通常会考虑情境的作用。当一个陌生人行为恶劣时，我们更经常犯基本归因错误。仅仅看到一个红着脸的狂热粉丝在激烈的比赛中冲裁判大喊大叫，我们就会假定他是一个坏人。然而，一旦离开了比赛场，他可能是一个好邻居或者一位好父亲。

我们可以通过采取他人的视角来拓宽自己的思维吗？为了检验这种观点，研究者将行动者与观察者的视角进行了互换。他们先是录制了一些双方的互动，然后让参与者观看从对方角度录制的重放。这改变了他们的归因（Lassiter & Irvine, 1986; Storms, 1973）。从行动者的角度看事物，观察者能够更好地理解情境。（我们在与他人互动时眼睛往外看，我们看到了别人的面孔，而非我们自己的。）而从观察者的角度看事物，行动者也将更好地理解他们的个人风格。

归因会带来哪些结果？

我们解释他人行为的方式，也就是我们的归因——不管是归因于个人还是情境——都会在实际生活中产生重要的影响（Fincham & Bradbury, 1993; Fletcher et al., 1990）。人们要断定对方的示好究竟是爱情还是仅仅为了性。陪审团要断定一次枪击是蓄意谋杀还是自我防卫。投票者必须要断定候选者对其承诺是会遵守还是忘记。一对情侣要断定爱人说话尖酸是反映了糟糕的一天还是其刻薄的性格。

最后，思考一下归因在社会和经济上的作用：你如何解释贫穷与失业呢？英国、印度、澳大利亚和美国的研究人员（Furnham, 1982; Pandey et al., 1982; Wagstaff, 1982; Zucker & Weiner, 1993）指出，保守派倾向于把这种社会问题归因于穷人和失业者本身："人们通常会得到他们应该得到的，那些不工作的人就像是寄生虫，任何一个积极主动的人都能取得成功。"政治自由主义者（以及社会科学家们）更倾向于指责过去和当前的形势："假如你我也不得不生活在缺少教育、缺乏机会和被人歧视的社会环境中，我们的情形会好吗？或者，某种疾病使日常生活变成了一种挑战？"他们认为，为了弄清恐怖袭击事件和在将来阻止类似的恐怖事件再次发生，我们应该对那些可以觉察到的不公平现象和滋生恐怖分子的环境进行思索。

请牢记这点：归因——不管是指向个人的内在倾向或是他们所处的情境——会产生现实的影响。

每10个女大学生中就有7个报告说，有男子将她们的友好行为错误地归因于性诱惑（Jacques-Tiura et al., 2007）。

"奥蒂斯，朝那个男人大喊几声，让他振作起来。"

归因问题 我们把贫穷和无家可归归因为社会环境还是个人天性，影响和反映着我们的政治观点。

态度与行为

> 13-2：态度与行为如何相互作用？

态度（attitude）是指引我们对物体、人和事件做出反应的情感倾向性，常常受到信念的影响。如果我们认为有人威胁到自身了，那么我们可能会感到恐惧和愤怒甚至做出防御行为。我们的态度和行为之间的通道是双向的。态度影响行为，行为也影响态度。

态度影响行为

考虑一下气候变化的争论。一方是气候变化活动者：《科学》杂志报道说，"几乎所有的气候学家都意识到了全球变暖的威胁"（Kerr, 2009）。"这是真的，非常危险，全世界必须马上采取行动了。"而另一方是对气候变化持怀疑态度的人：认为盖洛普调查"普遍夸大了"全球变暖的美国人从 2006 年的 30% 增加到了 2010 年的 48%（Newport, 2010）。

得知公众态度会影响公共政策之后，双方的支持者都致力于说服公众。说服通常有两种形式：

- **外周途径说服**（peripheral route persuasion）不涉及系统性的思考，但当人们对言之无物的暗示（例如名人代言）做出反应并且匆忙做出判断时，确实可以产生快速的结果。一则香水广告可能会用画面中相爱的帅哥美女来吸引我们。
- **中心途径说服**（central route persuasion）提供证据和论证来引发人们产生赞同的想法。当人们天生善于分析或者卷入某个议题时，这种途径就会启动。环境学家会给我们展示各种各样的证据，比如气温升高、冰川融化、海平面上升以及动植物向北迁移。因为这种途径更加具有思想深度而较少流于表面，所以会更加持久。

那些千方百计试图说服我们的人正是通过改变我们的态度来影响我们的行为。但其他因素包括外部情境也会影响行为。强大的社会压力会削弱态度与行为之间的关联（Wallace et al., 2005）。在记名投票时，政客们有时候会投票给支持者要求的内容，尽管他们私下里也并不赞同这些要求（Nagourney, 2002）。在这些情况下，外部压力压倒了态度–行为之间的联系。

然而，当外部影响微弱时以及态度稳定、特别针对某个行为、容易回忆时，态度尤其可能影响行为（Glasman & Albarracin, 2006）。有项实验用生动的、容易回忆的信息说服人们：持续地晒黑皮肤有可能患上皮肤癌。一个月之后，72%的参与者的肤色都更浅，而候补名单上的控制组只有16%（McClendon & Prentice-Dunn, 2001）。劝说改变了态度（关于皮肤癌风险）进而改变了行为（减少晒黑皮肤的次数）。

行为影响态度

现在来思考一个更加令人吃惊的原理：人们不仅会支持他们相信的内容，而且倾向于相信他们已经支持的观点。一系列的事实都证明了这一点，即态度服从于行为（图13.1）。

登门槛现象 如果有人诱导你做违背意志的事情，你会如何反应？在大量的案例中，人们都会调整他们的态度。对人进行"思想控制"的一个关键因素就是有效利用**登门槛现象**（foot-in-the-door-phenomenon）——当人们先接受了一个小的要求后，就更有可能在后来接受一个更大的要求。道理很简单，罗伯特·恰尔迪尼（Robert Cialdini）在1993年说：为了让人们同意大的要求，要"从小的开始，然后逐步升级"。同时，要警惕那些想用此策略来利用你的人。这种行为与态度相互推进的"鸡与蛋"式的螺旋会使人们的行为逐步升级。一个无关紧要的行为使得下一个行为变得更为容易。屈从于一个诱惑后，你会发现下一个诱惑更难抵制。

在许多模仿战犯经历的实验中，人们被诱导做出与他们的态度或道德标准相悖的行为，其结果无非是：大部分人都会使自己的行为合理化，说服自己去相信自己的言行都是正当合理的。当要求人们通过谩骂或电击来伤害一个无辜者后，他们就开始蔑视那些受害者。当要求说出或者写出他们所关心的立场时，他们就相信了自己的那套说辞。

幸运的是，"态度服从于行为"的原理并不只是带来坏的结果。"登门槛"策略有助于慈善捐赠、献血和产品销售。在一个实验中，研究者装扮成安全驾驶志愿者，请求加州人同意在他们家前院竖立一个巨大但不美观的写有"小心驾驶"的招牌，结果仅有17%的人表示同意。而在其他地方，他们先提出一个小的要求：可以放置一个3英寸高的写有"安全驾驶"的招牌吗？结果几乎所有的人都欣然同意。两周后他们再去询问是否可以在其前院竖立一块大而丑陋的招牌时，76%的人表示同意（Freedman & Fraser, 1966）。要想满足更大的要求，通常要让人们踏入门槛：先提小要求，一步一步来。

种族态度同样服从于行为。在废除学校种族隔离制度及1964年人权法案通过后的几年里，美国白人表现出的种族歧视减少了。同时，由于不同地区的美国人在这方面的表现日益接近——多亏全国性的反种族歧视有了更为统一的要求——美国人的想法也日益接近。一系列的实验证明了这一点：道德行为会强化道德信念。

角色扮演影响人们的态度 当你接受了一个新的**角色**（role）——成为一名大学生、结婚或开始一项新的工作——你会努力使自己的行为符合社会规范。起初，你会觉

图 13.1

态度服从于行为

合作行为（比如运动队员的互助）能培养彼此喜爱的情感。这种态度反过来会促进积极的行为。

假如一个君主杀了一个人，那么对君主而言，此人一定是个坏人。

——克伦威尔1960年在博尔特的《四季之人》中这样说

假装下去直到你真的变成这样。
——匿名戒酒会格言

得自己的行为有些做作，因为你在扮演这一角色。在部队里的头几周，你会觉得不自然——仿佛你是假装成一个士兵；结婚后的前几周可能像在"过家家"。但是不久之后，你就不会觉得你的行为是被迫的。研究者通过评估实验室情境和日常生活情境中人们在接受一个新的角色前后的态度（如在获得一份新工作前后的态度），证实了这一效应。

在一个著名研究中，男性大学生自愿在一个模拟监狱中待上一段时间，此时角色扮演变成了真实的生活（Zimbardo, 1972）。心理学家津巴多随机地任命一些人为看守，他给这些人配备了制服、警棍、哨子并指示他们按照一定的规则行使权力。剩下的人扮演犯人，他们被锁在阴暗的房间里并被迫穿上令人感到羞辱的囚服。在开始的一两天，志愿者们有意识地"扮演"了各自的角色。然后，模拟就变成真的了——太真实了。大部分"看守"对"囚犯"产生了蔑视的态度，一些人还设计了残忍卑劣的方法对待"囚犯"。"囚犯"们一个接一个地崩溃、造反或是变得逆来顺受，这使得津巴多在仅仅6天后就取消了这一项研究。

角色扮演可以训练拷问官（Staub, 1989）。20世纪70年代早期，希腊军政府训练了一批人进入这样的角色。首先，受训者站在审讯室外充当警卫——即利用"登门槛"效应。接下来，站在审讯室里面充当警卫，从那时起他们才开始积极参与对犯人的审讯与折磨。我们扮演什么角色，就会逐渐变成什么样的人。

然而，个体是有差异的。在津巴多的斯坦福模拟监狱以及其他引起暴行的情境中，有些人会屈从于情境，但也有人能坚持原则（Carnahan & McFarland, 2007; Haslam & Reicher, 2007; Mastroianni & Reed, 2006; Zimbardo, 2007）。人与环境会相互作用。就像水能溶解盐而不能溶解沙子一样，恶劣的环境会让有些人会变坏，但另一些人则不会（Johnson, 2007）。

认知失调：缓解紧张 我们已经看到，行为可以影响态度，有时可以把犯人变成合作者，把多疑者变成坚信者，或者把不熟悉的人变成朋友。但这是为什么呢？一种解释就是我们倾向于使自己的行为合理化。当我们意识到自己的态度和行为不一致时，我们会感到紧张，这叫作认知失调。根据费斯廷格（Festinger, 1957）的**认知失调理论**（cognitive dissonance theory），为了缓解这种紧张，我们往往会让态度与行为保持一致。

许多实验已经证实，让人们感觉到对那些与自己态度不一致、可预见结果的行为负有责任，就会产生认知失调。作为其中一个实验的被试，你也许会因为两美元

情境的力量 在1972年的斯坦福监狱模拟实验中，菲利普·津巴多创造了一个有害的情境（左图）。那些被分配了看守角色的人很快开始凌辱囚犯。在2004年的现实生活中，美军的一些看守在美国管理的阿布格莱布监狱（右图）虐待伊拉克囚犯。在津巴多（Zimbardo, 2004, 2007）看来，是坏桶而不仅仅是几个坏苹果导致了阿布格莱布的暴行："当普通人置身于一个新的邪恶之地，比如大部分监狱，人们就会被情境打败。"（见彩插）

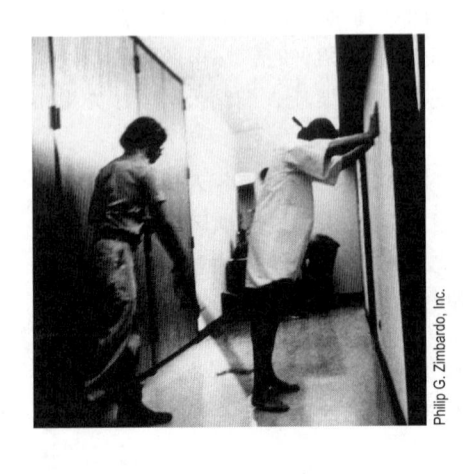

的酬金而同意给研究人员写一篇支持你所不相信的事情（也许是关于提高学费的）的短文。由于感到自己对这种表述负有责任（这与你的态度是不一致的），尤其是想到管理者会看到你的陈述时，你可能感到失调。为了减轻这种不舒服的紧张感，你就开始相信那些假话。这样一来，我们像是合情合理了。"如果我选择去做（或者去说），我必须相信。"对令人不安的行为，我们感到受到的压力越少，越是负有责任，越容易感到认知失调。我们越感到失调，越有动机寻求一致，比如改变我们的态度以解释这种行为。

降低失调的压力可以用来解释美国人对入侵伊拉克的态度变化。在战争开始的时候，政府解释入侵伊拉克是受到了萨达姆大规模杀伤性武器（WMD）的威胁。如果伊拉克没有大规模杀伤性武器，这场战争还是正当的吗？被调查的美国人中只有38%认为是这样的（Gallup, 2003）。接近80%的被调查者认为武器一定会被找到（Duffy, 2003; Newport et al., 2003）。当没有发现大规模杀伤性武器时，许多美国人陷入了认知失调，因为他们意识到战争带来了巨大的经济和人力的损失，不仅让伊拉克变得满目疮痍，而且还激发了世界上一些地区的反美和支持恐怖主义的情绪。

为了减轻失调感，一些人修正了他们对战争合理性的记忆。战争变成了解放受压迫者和促进中东地区民主进程的运动。不久，58%的美国人——大部分人——仍然支持战争，尽管并没有发现大规模杀伤性武器（Gallup, 2003）。

态度服从于行为的原理也有一些积极的意义。虽然我们不能直接控制所有的情感，但我们可以通过改变行为来影响它们。如果感到沮丧，我们可以按照认知治疗师所建议的那样，以积极的、自我接纳的方式而非自我贬低的方式来说话。假如我们不招人喜爱，我们可以通过表现得好像自己受人喜爱的样子，从而使自己变得招人喜爱——比如说做做体贴别人的事情、表达喜爱之情、给予他人肯定等。哈姆雷特曾这样对他的母亲说："假设有一种美德你并不具备，而行动几乎可以改变人的天性。"

请牢记这点：残酷的行为会塑造邪恶的自己。善行也一样能造就好人。像你崇拜的那个人一样行动，不久你就会变成那个人。改变我们的行为，也就可以改变我们对他人的思维和对自己的感受。

"瞧，我也有疑虑，不过除了继续往前跑，还有什么选择？"

> 我们整天沉浸在一种闷闷不乐的心境之中，唉声叹气，对一切事情都没有兴趣，忧郁挥之不去……如果我们期望战胜这些令人不快的情绪，就必须……做一些相反情绪的外部动作，从而培养我们偏好的情绪。
> ——威廉·詹姆士，
> 《心理学原理》，1890

提取一下

- 马克在一个雪天开车去学校，一辆车从他身边开过并且滑过了红灯。"慢下来！真是个糟糕的司机，"他心想。一会儿后，马克自己也滑过了一个十字路口，他惊声尖叫，"哎呀！这些路太可怕了。城市铲雪机需要行动起来。"马克身上体现了什么社会心理学原理？请解释。

答案：他认为其他人的行为是由于自己的糟糕驾驶技术（"这是个糟糕的司机"），但是他自己的行为则归因于情境（路太可怕了）。

- 我们的态度和行为如何相互影响？

答案：我们的态度影响我们的行为方式，一般通过影响我们的意图；而我们的行为也可能改变我们的态度，尤其是当我们相信我们所做的事。

- 当人们的行为方式与其态度不一致，并随之改变他们的态度以适应行为时，_____理论试图解释其原因。

答案：认知失调

社会影响

> 你是否曾经注意到一个榜样——不论好坏——能引起他人效仿?为什么一辆非法停靠的车给了别的车停车许可?一个有关种族的笑话是如何引发其他同样的笑话的?
>
> ——玛丽安·怀特·艾德曼,
> 《衡量成功》,1992

社会心理学中重要的一课就是社会影响的巨大力量。这种影响在我们的从众、服从和群体行为中都可以见到。自杀、炸弹威胁、劫机以及目击不明飞行物等事件都有一种令人们好奇的接连出现的倾向。在校园里,我们穿牛仔裤,在纽约的华尔街或伦敦的邦德街,我们则穿正装。我们只有知道如何行动,如何打扮,如何与人交谈,生活才能正常进行。利用社会影响的原理,广告商、基金募集人、销售人员以及政治活动家试图左右我们的购买、捐赠、选举投票等决定。一些有着相同抱怨的人聚集在一起,反对者可能会逐渐成为造反者,而造反者可能会成为恐怖分子。下面我们将首先探讨文化影响的本质。然后我们将考查社会影响的操纵力量。这些力量有多强呢?它们又是如何发挥作用的呢?

文化影响

13-3:文化规范如何影响我们的行为?

与苍蝇、鱼、狐狸的狭窄发展道路相比,大自然为人类修筑了一条更长更宽的道路,而环境则驱使着人们在这条路上前行。人类这个物种的标志——大自然赋予人的最伟大的礼物——是学习和适应的能力。人天生具有巨大的大脑硬盘驱动器,随时可以接受大容量的文化软件。

文化(culture)是一个大群体中的所有人共享的行为、观点、态度和传统,它能一代又一代地传递下去(Brislin, 1988; Cohen, 2009)。罗伊·鲍迈斯特(Baumeister, 2005)提出,人性似乎是为文化设计的。我们是社会性动物,但不止如此。狼是社会性动物;它们成群生活和捕猎。蚂蚁也总是社会性的,从不单独行动。但"文化是社会化的更好方式",鲍迈斯特提出。狼的表现与10000年前基本一样。你和我享受着很多一个世纪以前的祖先所不知道的事物,包括电、室内管道、抗生素和互联网。

我们应当感谢对语言的掌握,它使我们得以保存变革。另外,文化也使得劳动分工更有效率。尽管只有一个幸运的名字印在了这本书的封面上,但实际上这本书是一个团队通力协作的结果,这是一个人不可能独立完成的。

在不同的文化之间,我们的语言、货币系统、体育项目、用餐使用的叉子都有差异,甚至在马路的哪一侧开车都有所不同。不过,在这些差异之下是我们的相似性——我们的文化能力。文化传递的规则和信念让我们能够相互沟通、用钱买东西、比赛和用餐,还可以让我们以达成一致的规则驾驶而不会撞到对方。

跨文化差异

我们可以从不同信仰、不同价值观的文化差异里,从抚养孩子及安葬方式上,以及从穿着(无论我们穿什么)方式上看到人类的适应性。我总是注意到,这本书中的读者是带有文化差异的,跨度从澳大利亚到非洲,从新加坡到瑞典。

顺着某个自成一体的文化前行如同顺风骑自行车:风带着我们前行,但我们却几乎注意不到它的存在。如果逆风骑车,我们就会注意到风的力量。面对一种不同的文化时，我们开始意识到这股文化之风。驻扎在伊拉克、阿富汗和科威特的欧洲和美国士兵同样会意识到自己祖国的文化多么自由。每一个文化群体都发展了自己的一套**规范**（norms）——可接受的和期望的行为规则。英国人有按先后顺序排队的习惯。许多南亚地区的人只用右手手指吃饭。有时候社会期望看起来很压抑："我穿什么真的很重要吗？"然而，规范是社会正常运行的润滑剂，并能让我们免于过分自我关注。

当文化发生碰撞时，不同文化的不同规范常令人迷惑。当我们同别人打招呼时，我们是应该握手还是亲吻对方的脸颊呢？答案是：这取决于周围的文化。学习如何鼓掌或鞠躬，如何在一家新餐馆点餐，以及什么样的手势和赞美是合适的，将有助于我们避免意外的冒犯和尴尬。

文化在时间维度上的变化

与生物物种一样，文化也具有多样性并为了资源相互竞争，因此也随着时间发生演化（Mesoudi, 2009）。我们来看看文化随时间变化的速度有多快。英国诗人乔叟（1342—1400）与现代英国人相隔不过20代人，但若他们一起交谈会十分困难。自1960年以来的更短的历史时期内，大多数西方文化以惊人的速度在发生变化。中产阶级可以乘飞机去他们原来只是在书上读到的地方，可以通过电子邮件快速发送曾经如蜗牛一般慢的信件，可以在曾经热得汗流浃背的地方打开空调而舒适地工作。他们享受着在线节日购物的便利，可以在任何地方用手机打电话，并且——由于因真正的人均收入加倍而变得富裕——他们外出就餐的次数是1960年代的父辈外出就餐次数的2.5倍。由于有着更大的经济独立性，现代女性更可能因爱而结婚，而不大可能出于经济需要而忍受虐待关系（Circle of Prevention, 2002）。

但是，有一些变化则显得没有那么积极。如果1960年你在美国睡着了并一直睡到现在才醒来，那么你睁开眼所看到的文化中，离婚率和抑郁发生率高了许多。你还会发现，生活在北美的人们——与生活在英国、澳大利亚、新西兰的人们一样，用在工作上的时间更多，睡眠时间更短，与朋友和家人相处的时间更少（BLS, 2011; Putnam, 2000）。

无论是喜欢还是厌恶这些变化，我们都会对其惊人的发生速度印象深刻。这又不能从人类基因库中寻找原因加以解释，因为人类基因库进化太慢，不能解释快速变化的文化变迁。文化变化多样，文化在变迁，文化塑造了我们的生活。

提取一下

- 什么是文化，文化传递如何使我们与其他社会性动物区分开来？

答案：文化存在了我们的行为方式、规范、信仰和传承，如果没有这种方式的跨代传承，我们将必须在每一代重新发明文化。这使得我们的信仰得以传承并使我们的成就得以累积。

从众：顺从社会压力

13-4：什么是自动模仿？从众实验是如何揭示社会影响的力量的？

自动模仿

鱼在水中结伴前行。鸟在空中成群翱翔。人类也一样，总是想与群体保持一致，想其所想，为其所为。行为是可以传染的。大猩猩在看到其他大猩猩打哈欠之后也更可能打哈欠（Anderson et al., 2004）。人类的行为也如此。如果我们当中的某人打哈欠、微笑、咳嗽、盯着天空或者是翻看手机，群体中的其他人很快也会做出相同的行为。就像变色龙适应周围的颜色，人类也会适应周围人语调中的情绪。仅仅是倾听别人以愉快或伤感的语调来读一篇中性内容的文章就会在听众身上产生"心境传染"（Neumann & Strack, 2000）。我们是天生的模仿者，不经意间就模仿了别人的表情、姿势以及音调。

沙特朗和巴奇捕捉到了这种模仿过程，并将之命名为变色龙效应（chameleon effect）（Chartrand & Bargh, 1999）。他们让一些学生与他们的助手在一起工作。不出所料，与摸脸的助手一起工作的被试也会摸自己的脸，与抖动脚的助手一起工作的被试也会抖动自己的脚。

自动模仿可以帮助我们产生同理心——去感受别人的感受。这也解释了为什么我们与快乐的人在一起的时候比与沮丧的人在一起的时候更加快乐。这也解释了为什么关于英国的护士和会计师的研究显示出情绪联结——分享好的或坏的情绪（Totterdell et al., 1998）。那些同理心高的人见到别人打哈欠的时候更容易打哈欠（Morrison, 2007）。带有同理心的模仿会诱发喜爱（van Baaren et al., 2003, 2004）。也许你已经注意到，当有人像你一样点头以及重复你的话时候，你会感到非常和谐融洽。

暗示感受性和模仿有时会带来悲剧。在1999年科罗拉多州的科伦拜恩中学发生枪击暴乱后的8天时间里，除了佛蒙特州外，美国每一个州都受到了盲目模仿暴力行为的威胁。宾夕法尼亚州就记录了60次这样的事件（Cooper, 1999）。社会学家菲

对特立独行的从众 这些学生是在宣扬他们的个性还是对同一微观文化中其他人的自我认同？

> 当我看到同步和模拟时——无论是打哈欠、笑、跳舞还是模仿——我都从中发现了社会联结和纽带。
> ——灵长类学家 弗兰斯·德瓦尔，《同理心本能》，2009

利普斯及其同事（Phillips et al., 1985, 1989）发现，有时候，在一起高度公开的自杀事件之后自杀事件会有所增加。在1962年8月6日玛丽莲·梦露自杀事件的影响下，当月美国的自杀人数比通常的8月要多200人。

是什么导致自杀行为连锁发生呢？是因为人们相互影响而做出相似的举动吗？还是因为他们同时面临相同的事件和环境？为了寻找答案，社会心理学家设计了一些关于群体压力与从众的实验。

从众与社会规范

受暗示性和模仿都是**从众**（conformity）的微妙形式——调整我们的行为或者思维以适应某些群体的标准。为了研究从众，所罗门·阿施（Asch, 1955）做了一个简单的实验。作为研究的参与者，当你按时到达实验地点并坐下来时，其他五个人都已经就座。研究人员问：比较这三条线段，看哪一条与标准的那条一样长。你看得很清楚，答案是第二条，并等着轮到你时就说出答案。当第二组线段对比测试显得同样简单时，你开始对这个实验产生了厌倦。

现在开始了第三组测试，正确的答案似乎非常明显（**图 13.2**）。但是第一个人却给出了一个令人吃惊的错误回答："第三条"。当第二个、第三个和第四个人都给出了同一个错误的答案时，你直起身子斜着眼睛看着他们。当第五个人表示同意前几个人的答案时，你感到心跳加速。这时研究人员看着你要你给出答案。由于你亲眼见到的事实与其他5个人的答案不一致，你感到紧张，并且不像开头那么自信了。你在回答时犹豫了，思考着是否应该因为自己的意见与大家相悖而承受这种不舒服的感觉。在这样的情景下，你会给出什么回答呢？

在阿施的实验中，大学生单独回答这种问题，他们犯错的次数小于1%，而当有其他人（实验者的助手）在场并回答错误的情况下，情况就相当不同了。阿施为这个结果所困扰："聪明而理智"的大学生被试中，超过1/3的人为了与群体保持一致而愿意"颠倒黑白"。

之后的研究虽然并不是总能发现这么多的从众现象，但是实验确实表明在下列情况下从众现象会增加：

- 个体感到力不从心或有不确定感。
- 群体成员至少有3个。
- 群体的意见是一致的（只要有一个人持不同意见，他的支持就会极大地增强其他人做出不从众行为的勇气。）

图 13.2

阿施的从众实验

比较三条线段哪一条与标准线段一样长呢？猜想一下，在听到其他5个人都说是"第3条"的情况下，大多数人会怎么回答？在下面一幅来自阿施实验的照片中，坐在中间的被试由于无法同意其他人（本实验为实验者安排的助手）的答案而表现出严重的不适。

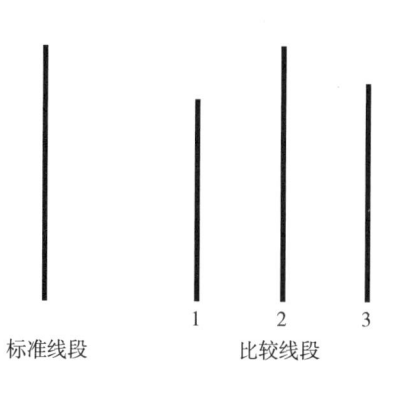

- 个体崇尚群体的地位和吸引力。
- 个体对任何回答都没有做出预先的承诺。
- 个体的举动可以被群体中的其他人看到。
- 个体所处的文化极力倡导人们对社会标准的尊崇。

文身：昨天的特立独行，今天的从众？ 随着文身逐渐被认为是时尚的从众，它们的流行度会下降。

为何我们经常想别人所想和为他人所为呢？为什么大学宿舍中的学生，其态度会变得与周围人相似（Cullum & Harton, 2007）？在课堂上，面对有争议的问题，为何举手回答所给出答案的多样性要比匿名电子作答的低（Stowell et al., 2010）？为何别人鼓掌时我们也会鼓掌，别人吃饭时我们也会吃饭？为何我们会相信别人相信的，说别人说过的，甚至看到别人所看到的？

我们是在对社会心理学家所说的**规范性社会影响**（normative social influence）做出反应。我们对社会规范是敏感的，懂得哪些是被社会接受的规则，哪些是符合社会期望的行为。如果我们表现得与众不同，付出的代价可能会相当惨重。我们需要归属。

其他时候，从众是因为我们想要准确。群体可以提供有价值的信息，只有一个异常愚蠢的人才会永远都不听从他人的劝告。"那些从不收回自己观点的人爱自己超过了热爱真理，"18世纪法国评论家儒贝尔如是说。当我们接受他人关于现实的观点时，我们是在对**信息性社会影响**（informational social influence）做出反应。正如瑞贝卡·丹顿（Danton, 2004）所证明的，有时候假设他人是正确的并跟随他人的引领是值得的。丹顿创造了在英国的分道公路上逆行30英里的记录，期间只有一次很小的擦边，直到快开出高速公路警察才得以刺破车的轮胎。丹顿后来解释说她觉得上百辆冲她开来的车才是逆行（Woolcock, 2004）。

从众是好还是坏？这个答案部分取决于我们受文化影响的价值观。西欧以及许多英语国家的人都以个人主义（文化更注重独立的自我）为荣。在许多亚洲、非洲、拉丁美洲国家，人们更看重对群体标准的尊崇。在一项涉及17个国家的有关社会影响的研究中，个人主义文化的从众率更低（Bond & Smith, 1996）。

"我喜欢你的一点是你与其他人都一样。"

提取一下

- 下面哪项会增强对群体的从众？
  a. 发现群体具有吸引力   c. 来自个人主义文化
  b. 感到安全   d. 已经做出预先的承诺

答案：a

服从：听从命令

> 13-5：关于社会影响的力量，米尔格拉姆的服从实验对我们有什么启示？

社会心理学家斯坦利·米尔格拉姆（Milgram, 1963, 1974），所罗门·阿施的学生，通过研究了解到，人们经常会屈从于社会压力。但是，对于直接的命令，他们将如何做出反应？为了寻找答案，他进行了迄今为止社会心理学研究中最著名同时也是最有争议的实验（Benjamin & Simpson, 2009）。

现在，请把自己想象成米尔格拉姆20项实验的近1 000名参与者之一。看到广告之后，你来到耶鲁大学的心理学实验室参加一项实验。米尔格拉姆教授的助手解释说这项实验是对学习中惩罚的效果进行研究。你和另一个人在一个帽子里抽签决定谁是"老师"，谁是"学生"。因为两个纸条都写的是"老师"，所以你抽到"老师"并被要求坐到一个机器前，上面有许多带有标签的开关。然后，"学生"——一个温和的、看起来顺从的人被带到隔壁的一个房间里，手脚被皮带绑在一把椅子上，这把椅子连着的一条电线穿过墙与另一端的电击控制器相连。你坐在标有不同电压值的控制器前。你的任务是：教学生学习词语配对，并对其学习效果进行检查。如果学生出错，你就对他实施短时电击以示惩罚，实施电击时，从最初的"15伏——轻微电击"开始。以后学生每犯一次错误，你就把电压调高一档。每按一次电键，就会有灯闪亮，并发出电流的嗡嗡声。

斯坦利·米尔格拉姆（1933—1984）
这位已故社会心理学家所做的服从实验如今"属于我们这个时代受过教育的人的自我理解"（Sabini, 1986）。
Courtesy of CUNY Graduate School and University Center

实验开始了，在第一个和第二个错误答案之后，你分别进行了电击。如果你继续，你在按下第三、第四以及第五个电键时听到学生的呻吟声。当你按下第八个电键（上面标有"120伏——中等电击"）时，学生会喊叫说电击很痛。当你按下第十个电键（上面标有"150伏——强烈电击"）时，学生哭叫起来："把我放出去！我不要再参加这个实验了！我拒绝继续进行下去！"当你听到这些恳求，你会犹豫，而这时实验者会指示你："请继续，实验要求你继续！"假如你还是拒绝，他会坚持道："你继续下去是非常重要的！"或者"你别无选择，你必须继续！"

如果你服从，并继续在学生每次犯错后实施更高水平的电击，你会听到学生痛苦的尖叫声。在实施电击的电压超过330伏后，学生便拒绝回答并陷入沉默。这时，实验者仍要你继续，直至最后——450伏的电击，并要求你继续提问，假如学生不能给出正确答案，你便要实施更高水平的电击。

你会听从实验者的命令去电击某人吗？到哪个水平你会拒绝服从？实验开始前，米尔格拉姆进行了调查，大部分人声称他们肯定会在学生第一次说疼痛之后很快停止扮演这一残忍的角色，决不会等到学生痛苦地发出尖叫时才停止。之前，米尔格拉姆曾请40位精神病学家分别对实验结果做出预测，他们的预测结果也是这样的。而当米尔格拉姆在20~50岁之间的男性身上进行实验时，他惊讶地发现，60%以上的人坚持到了最后，直到按下最后一个电键。即使米尔格拉姆开展了一个新的研究，其中有40名新的"教师"，而学生也报告有"轻微的心脏疾病"，结果也是相似的。65%的新教师服从了实验者的每一个指令，直到电压上升到450伏（图13.3）。后来的10项研究有女性参与，结果发现，女性服从的比率和男性相近（Blass, 1999）。

文化是会随着时间改变的。今天的人们就不太可能会服从命令去伤害别人了吗？

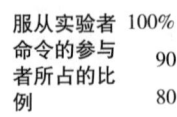

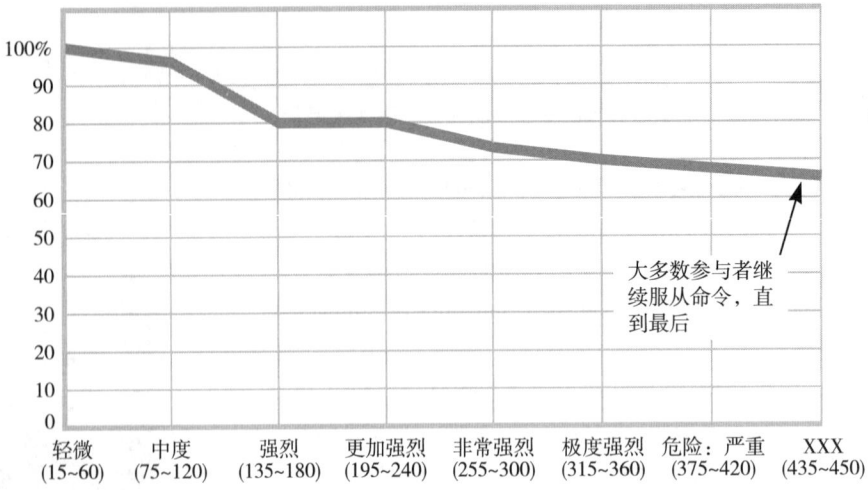

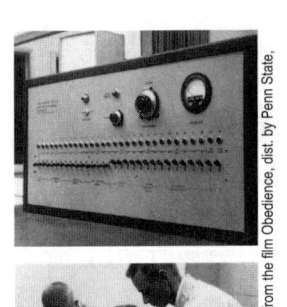

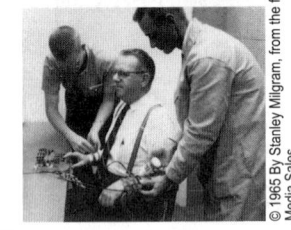

图 13.3
米尔格拉姆服从实验的后续研究

重复早期的实验显示，65%的成年男性"老师"完全服从实验者要求继续的命令，尽管事前"学生们"曾表示自己心脏不适，尽管他们遭受150伏的电击后发出哭喊声，以及在电压增至330伏后发出痛苦挣扎的抗议声，这些"老师"仍然会服从命令。（资料来源：Milgram, 1974）

纵轴：服从实验者命令的参与者所占的比例（0~100%）
横轴：电击强度（伏特）——轻微(15~60)、中度(75~120)、强烈(135~180)、更加强烈(195~240)、非常强烈(255~300)、极度强烈(315~360)、危险：严重(375~420)、XXX(435~450)

大多数参与者继续服从命令，直到最后

为了找出答案，杰瑞·博格（Burger, 2009）重复了米尔格拉姆的研究。70%的参与者服从命令把电压升高到了150伏，这比米尔格拉姆的结果略有降低。在法国一档电视真人秀节目的重复研究中，在观众的欢呼煽动下，80%的参与者选择服从命令，折磨发出尖叫的受害者（de Moraes, 2010）。

是"老师们"发现了真相（其实没有电击）吗？是他们猜到那些学生是实验者的同伙，只是假装自己受到了电击吗？还是他们意识到了这一实验事实上是在检测他们服从命令、实施惩罚的意愿？都不是。这些"老师"在实验过程中表现出真实的痛苦：他们流汗，发抖，神经质地发笑，咬嘴唇。

由于米尔格拉姆的实验使用了欺骗和压力，因此人们对其研究的伦理问题颇有争议。米尔格拉姆为自己辩护说，在参与者了解到骗局的真相及真正的实验目的后，事实上没有一个人对自己的参与表示后悔。那40位曾经承受最大痛苦的"老师"在事后接受一个精神病学家的访谈时，并没有遭受精神创伤的表现。米尔格拉姆说，总的来讲，大学生在这些实验中所承受的压力比其面临重要考试以及重要考试失败所承受的压力要小（Blass, 1996）。

在后续实验中，米尔格拉姆发现情境中的微小细节会对人们造成有力的影响。当他变换情境时，完全顺从者的比例也在0~93%变化，在下列几种情况下服从率最高：

- 发布命令的人就在旁边并且被认为是合法的权威人物。（2005年发生了这样一个例子。天普大学的篮球教练派一名250磅重的替补队员英格拉姆上场，指示他在比赛中"严重犯规"。英格拉姆遵照指示弄断了对方球员的右臂，4分钟后被罚下场。）
- 权威人物受到一个有声望的机构的支持。当米尔格拉姆解除实验与耶鲁大学的关系时，实验中的顺从率便有所降低。
- 受害者被隔离起来或者在一定距离之外，甚至在另一个房间里[同样，在与看得见的敌人战斗时，许多士兵要么不会开枪，要么不去瞄准他们。但是，那些操纵远程武器，比如导弹或战斗机的士兵却很少拒绝杀戮（Padgett, 1989）]。在现代战争中，相比阿富汗和伊拉克战争中的老兵，那些远距离操纵飞行器（"无

"吉姆，从悬崖上开下去，我想自杀。"

人驾驶飞机"）杀人的士兵承受的创伤后应激障碍要少得多（Miller, 2012）。
- 没有违抗命令的角色榜样；也就是说，没有见到其他参与者违抗实验者的命令。

在那些服从命令进行大屠杀或拒绝服从的故事中，合法的、近在咫尺的权威的影响是很明显的。仅服从这一因素很难对大屠杀进行解释；反犹太人的意识形态也在其中起了作用（Mastroianni, 2002）。但是，服从是其中的原因之一。1942年的夏天，大约500名德国中年预备警官被派遣到波兰一个叫爵兹弗的德国占领地。7月13日，看上去心烦意乱的指挥官告诉他的部下（绝大多数是已成家的人），他们得到命令去围捕村里的犹太人，据说这些犹太人在支援敌人。有劳动能力的男性将被送到劳动营中，剩下的所有人就地枪决。

当这些人被告知有一次机会选择拒绝参与执行枪决时，只有大约十几个人当场拒绝。剩下的485名警官在17个小时内枪杀了1 500名手无寸铁的妇女、儿童和老人。这些人被警官从脑袋后面开枪射杀，脸朝下倒在地上。听到受害者的哀求声，看到这可怕的结果，大约有20%的军官最终表示了拒绝，他们设法不瞄准受害者或者跑开并藏起来直到屠杀结束（Browning, 1992）。在现实生活中，正如米尔格拉姆的实验所示，拒绝服从的是少数。

另一个故事发生在一个叫夏邦的法国村庄里，这里的犹太人要被押送到德国，村里的居民公开反对与德国所谓的"新秩序"进行合作，把犹太人藏了起来。这里居民的祖辈们曾遭到迫害，他们的牧师教导他们"任何时候，当敌人提出与圣经教义相悖的命令时，我们一定要进行抵抗"（Rochat, 1993）。当警察要求他们交出一份被藏匿的犹太人名单时，作为首领的牧师树立了违抗命令的榜样："我不知道什么犹太人，我只知道人类！"尽管不知道战争将持续多久以及会变得多么恐怖，也不知道将承受多么严重的惩罚与贫穷，抵抗者们信守他们最初的承诺进行抵抗。他们自身的信念、他们的角色榜样、他们的相互影响以及他们最初的行为都支持着他们把反抗进行到战争结束。

从众与服从研究的启示

阿施与米尔格拉姆的实验教给我们什么启示呢？判断线条的长度与实施电击与我们日常的社会行为有何联系？我们在第1章就提到过，心理学实验的目的不是对原有的日常行为进行再创造，而是要抓住和探索形成那些日常行为的潜在过程。在阿施和米尔格拉姆的实验中，被试要选择是坚持自己的行为标准还是听从于他人，这也是我们经常会遇到的两难情境。

在米尔格拉姆的实验中，被试也会因为不知道该做出什么反应而为难，一边是受害者的恳求，一边是实验者的命令。他们的道德观念警告自己不能去伤害其他人，而同时也是道德观念推动他们服从于实验者以使自己成为一个合格的实验参与者。在善良与服从的冲突中，服从总是胜者。

这些实验表明，强大的社会压力可以使人们服从于错误或屈服于残忍。米尔格拉姆指出："我们的研究最基本的结论是，只是简单地从事自己的工作而没有任何特殊敌意的普通人可以成为一项恐怖破坏活动的参与者"（Milgram, 1974, p. 6）。

如果光看最后的450伏电压，或者某人在现实生活中的欺骗或暴力，我们很难理解这种不人道。但我们忽略了事情怎么发展到了这一步。米尔格拉姆并没有要求

我只是在服从命令。

——阿道夫·艾希曼，把犹太人赶往集中营的纳粹头子

实验参与者直接把电压加大到足以伤害"学生们"的程度，而是利用了"登门槛"效应，让他们以轻微的电压开始，然后逐渐增强。他们的想法是，既然这个小的伤害是合理的，那么下一步的伤害也可以被接受。在夏邦，正如在米尔格拉姆的实验中一样，那些拒绝服从的人一般在较早的时候就拒绝。等到做出服从或拒绝的行为之后，态度就会开始听从于行为，并使其合理化。

因此，人们总是一步步地屈从，逐渐走向罪恶。在任何社会，极大的罪恶均源自人们服从于较小的罪恶。纳粹头子曾担心大部分德国公务人员会拒绝直接枪杀犹太人或用毒气杀死他们，但是他们吃惊地发现这些人愿意处理有关大屠杀的文书工作（Silver & Geller, 1978）。同样，当米尔格拉姆要求40位男性来实施学习测验但由其他人来实施电击时，93%的人都同意了。罪恶行为并不需要穷凶极恶的个性，它所需要的就是把普通人置于一个罪恶的情境之中——这样，普通的学生会听从命令去嘲弄群体中的新成员，普通的雇员会服从安排去生产和销售有害的产品。普通的士兵会服从命令去惩罚甚至折磨囚犯（Lankford, 2009）。

> 对异常情境的正常反应就是异常行为。
> ——詹姆斯·沃勒，《走向邪恶：普通人如何变成种族灭绝和大屠杀的刽子手》，2007

提取一下

- 在心理学最著名的服从实验中，大多数参与者服从权威人物的要求向无辜的他人施加可能威胁生命的电击，这个实验是由社会心理学家＿＿＿＿完成的。

  答案：斯坦利·米尔格拉姆

- 研究者发现什么情境最可能鼓励参与者的服从？

  答案：米尔格拉姆的研究表明，在实施者是权威的情况下，参与者是合作而顺从的，并且没有其他抵抗的命令时，人们最有可能服从命令。

群体行为

13-6：他人在场对我们的行为有何影响？

想象你站在房间里，拿着一枝钓鱼竿。你的任务是尽可能快地转动渔轮。如果你旁边还有一个人做着同样的事情，他的在场会影响你的表现吗？

诺曼·特里普利特（Triplett, 1898）报告称青少年在看到有人在做同样动作时会加快自己转渔轮的速度。这是最早的社会心理学实验之一。尽管现代对数据的重新分析显示差异不太显著（Stroebe, 2012），但是这项研究却激发了后来的社会心理学家去探索他人在场对我们行为的影响。群体影响既可以发生在这样简单的群体中——一个人的旁边有另一个人在场，也可以发生在复杂的群体中。

社会助长

特里普利特的主张——别人在场会加强我们的表现——被称作**社会助长**（social facilitation）。当然，事

社会助长 技能娴熟的运动员在观众面前通常状态很好。如果有人旁观，运动员在自己所擅长的领域表现更好。

实并非如此简单。对于更为棘手的任务，比如说学习无意义音节或解决复杂的乘法问题时，他人在场或一起活动会使人们的表现变差。进一步的研究揭示了为什么他人在场有时会促进、有时却会妨碍人们的表现（Guerin, 1986; Zajonc, 1965）。当其他人注视着我们的时候，我们处于一种被唤醒的状态。这种唤醒强化了我们最可能的反应——完成简单的任务时会做得正确，而在复杂的任务上则会出现失误。迈克尔斯和他的同事（Michaels et al., 1982）发现，专业的射击运动员独自射击时准确率为71%，而有四个人观看的情况下准确率为80%。而水平较差的射击者独自射击时准确率为36%，有他人观看时仅为25%。

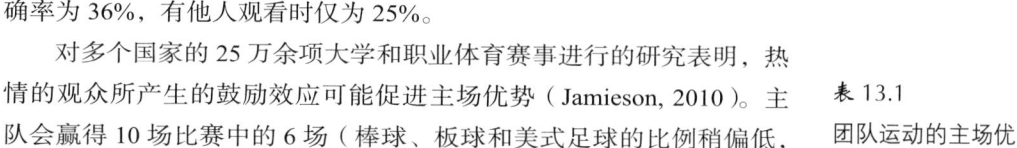

对多个国家的25万余项大学和职业体育赛事进行的研究表明，热情的观众所产生的鼓励效应可能促进主场优势（Jamieson, 2010）。主队会赢得10场比赛中的6场（棒球、板球和美式足球的比例稍偏低，而篮球、橄榄球和足球比赛中该比例相对高些，见**表13.1**）。

社会助长也可以帮助我们解释有趣的拥挤效应。在一个人员密集的屋子里看喜剧表演比在一个人员较少的屋子里看更加有趣（Aiello et al., 1983; Freedman & Perlick, 1979）。戏剧表演者和演员们都知道，一个坐满观众的场地才是一个"好的表演场所"。拥挤也能增强其他反应。在实验中，当参与者彼此坐得很近的时候，他们会更喜欢一个友善的人，更讨厌一个不友善的人（Schiffenbauer & Schiavo, 1976; Storms & Thomas, 1977）。所以，如果你要为一堂课安排教室，或者为一场聚会安排座椅，记住座位刚刚够就好。

请牢记这点：对于你擅长的事情，有观众在场，尤其是友善的观众在场时，你往往会表现得更好；而对于你通常认为困难的事情，在这种情况下做好几乎是不可能的。

表13.1
团队运动的主场优势

运动项目	被研究的比赛场数	主队获胜的百分比
棒球	120 576	55.6%
板球	513	57.0
美式足球	11 708	57.3
冰球	50 739	59.5
篮球	30 174	62.9
橄榄球	2 653	63.7
足球	40 380	67.4

资料来源：Jeremy Jamieson (2010).

社会懈怠

社会助长实验考察了他人在场对完成个人任务时行为表现的影响（比如说射击），而当人们在完成集体任务时又会如何表现呢？比如说，在一支拔河队中，你认为一个人所使的力气与一对一拔河比赛时相比更大，更小，还是一样？为此，马萨诸塞大学的一个研究团队让学生蒙着眼睛"尽自己最大的力气"拉一根绳子。当研究者对学生们谎称同时还有3个人在他后面拉这根绳子的时候，他们使出的力气只相当于他们得知只有自己一个人在拉的时候的82%（Ingham et al., 1974）。考虑一下，当那些蒙着眼睛的人坐在一起，一边听耳机中传来的拍手或喊叫声，一边也尽可能大声地拍手或叫喊时，会发生什么（Latané et al., 1981）。当告知他们有其他人参与时，他们所发出的声音的音量比他们认为没有他人参与时少1/3。

完成群体任务时个人付出的努力更少，为了描述该现象，拉坦和他的同事（Latané et al., 1981; Jackson & Williams, 1988）创造了**社会懈怠**（social loafing）这一术语。在美国、印度、泰国、日本、中国进行的78项实验中，社会懈怠表现在各种任务中，尽管这一现象在个人主义文化的男性身上表现得尤为普遍（Karau

努力工作还是几乎不工作？ 在群体项目中经常发生社会懈怠，个体在他人努力工作时坐享其成。

& Williams, 1993）。是什么造成了社会懈怠？来看三个方面：

- 人作为群体的一员行动时会感到自己责任较少，因而也不大担心别人的看法。
- 他们可能把自己的努力看作是可有可无的（Harkins & Szymanski, 1989; Kerr & Bruun, 1983）。
- 如果不管贡献多少，群体成员都可以平均分享群体福利，一些人就会变得懒散。除非他们的内在动机被高度激发并且强烈认同这个群体，否则他们可能会利用群体中其他成员的努力而免费搭车。

去个性化

我们已经知道他人在场可以对人们起到激发作用（社会助长），或者可以减少人们的责任感（社会懈怠）。但有时他人在场可以同时起到以上两种作用。结果可能会导致一些不受约束的举动，比如在食堂里因为饭菜问题而打架，向一个篮球裁判尖叫，甚至发展到故意破坏或骚乱。放弃正常的约束而服从于群体力量的现象被称为**去个性化**（deindividuation）。当群体参与使个人感到被唤起并处于匿名状态时，去个性化就可能会发生。在一项实验中，纽约大学的女生戴着不能确认个人身份的三K党风格的头巾，这种情况下，她们对"受害者"所实施的电击量相当于身份可以被确认的控制组的两倍（Zimbardo, 1970）。（需要指出的是，所有类似的实验中，"受害者"事实上都没有遭受电击。）

去个性化的产生或好或坏，这取决于不同的情境。那些在脸部涂抹颜料或戴面罩使自己无法被辨认的部落战士比那些露出面部的更有可能对被俘的敌人进行杀戮、折磨和致残（Watson, 1973）。互联网上的流氓和恶霸从不会当面对人说"你是个骗子"，在网上他们作为匿名者隐藏起来。当我们去除自我意识和自我限制时，无论身处人群中、摇滚音乐会、球赛还是在教堂里，我们对群体经验——或好或坏——的反应都会变得更加积极。

去个性化 在英国2011年的骚乱和抢劫中，社会唤起、黑夜以及骚乱者佩戴的头巾和面具去除了他们的抑制。一些人后来被逮捕时对他们自己的行为表达出困惑。

※※※

我们已经考察了他人在场可以：使简单的任务变得更容易，使困难的任务变得更困难，使人们因群体中其他人的努力而偷懒，或者是激励人们更加努力，增强幽默感或引发暴乱。研究表明，群体的相互作用也可以产生好坏两方面的影响。

群体极化

13-7：什么是群体极化和群体思维，作为个体我们有多大的力量？

大学生群体间最初的差异会随着时间的推移逐渐增大。如果某大学的一年级学生倾向于艺术，另一所大学的同年级学生更精通商务，这种差异到高年级时可能变得更加明显。与此类似，麦科比（Maccoby, 2002）指出，通过自己对性别发展长达数十年的观察，女孩间的交流要比男孩间的交流更为亲密，她们在游戏与想象中攻击性较弱——而且由于男孩女孩大部分时间与同性交往，因此随着时间的推移，这些性别差异更大。

在上述例子中，我们带入群体中的信念和态度，随着我们与观点相近的人不断讨论，会得到强化。这个过程被称为**群体极化**（group polarization）。群体极化可以产生有利的结果，它可以增强一种广受欢迎的高尚意识或强化自助群体中的成员的决心。但是，它同时也可能产生不好的结果。比如说，我和乔治·毕晓普的研究发现，当种族偏见强的中学生们讨论了种族问题后，他们就会变得更加具有偏见（图13.4）。（而偏见较弱的学生们则变得更为宽容。）因此，意见分歧+集体商议=群体间的极化。

极化效应同样适用于自杀的恐怖分子。对全球恐怖组织进行分析后发现，恐怖主义思想不是突然产生的，也不是心血来潮（McCauley, 2002; McCauley & Segal, 1987; Merari, 2002）。它的开始通常是缓慢的，产生于一群由于不平等感而聚集在一起的人当中。由于这群人只是孤立地相互作用（有时营地有其他的"兄弟姐妹"），他们的想法变得越来越极端。他们越来越把世界分为相互对立的"我们"和"他们"（Moghaddam, 2005; Qirko, 2004）。臭味相投的回音室效应继续使人们极化，2006年的美国国家情报评估推测："我们估计，来自自我激进化小组的作战威胁将会增加。"

尽管我从社会心理学的群体极化实验中获得了经验，但我从未想象虚拟群体极化中潜在的危险或创造性的可能。电子通讯和社交网络已经创造了一个虚拟的市政厅，在那里人们可以隔绝其他不同的声音。人们阅读那些能够强化他们观点的博客，而这些博客又有许多相关联的博客（图13.5）。由于互联网把想法相似的人联系起来，并把他们的想法集中起来，气候变化怀疑论者、被UFO劫持者以及阴谋论者都会找到对他们共同的观点和怀疑的支持。白人至上主义者可能成为种族主义者。民兵组织成员可能更加具有恐怖主义倾向。

不过，网络作为社会的放大器也有好的一面。类似Facebook一类的社交网站可以帮助我们联系朋友和家人，分享共同的兴趣或处理相似的挑战。调停者、癌症患

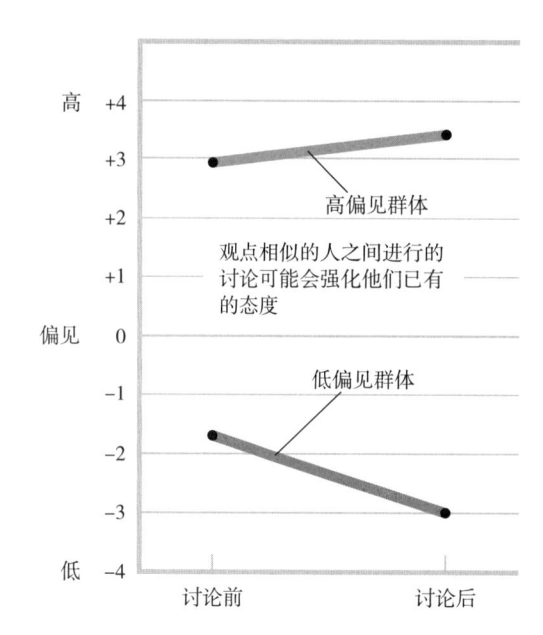

图 13.4
群体极化
如果一个群体由观点相似的人组成，讨论会强化群体内的主导意见。讨论种族问题会强化中学生中高偏见群体的偏见，而减少低偏见群体的偏见（资料来源：Myers & Bishop, 1970）。

什么能解释20世纪30年代法西斯的兴起、60年代学生激进主义的出现以及90年代恐怖主义的发展？将这些统一起来的主题很简单：当人们发现自己所在的群体都是思想相似的人时，他们尤其容易走向极端。这就是群体极化现象。

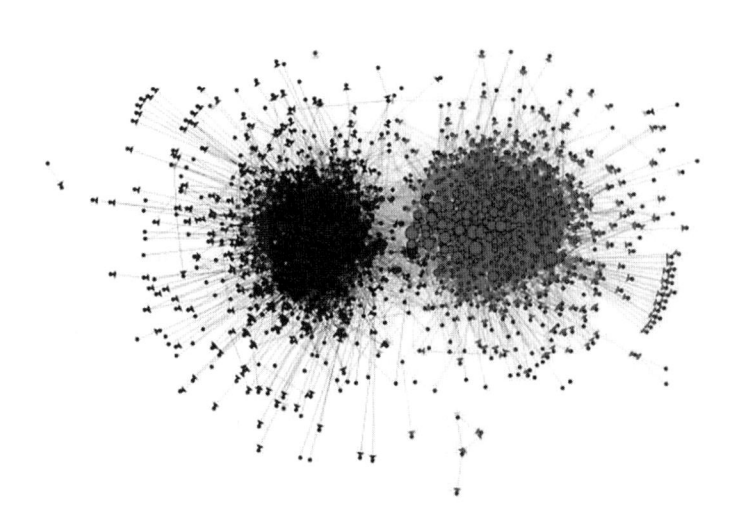

——凯斯·桑斯坦，
《走向极端》，2009

图 13.5
博客圈的思想相似网络（见彩插）
蓝色的自由主义博客彼此之间的链接最多，红色的保守主义博客也是如此。每一个点的大小反映了其他与之链接的博客数量。（资料来源：Lazer et al., 2009）。

者以及丧亲的父母都可以在志同道合的人群中找到安慰与力量。通过放大共同的担忧与想法，互联网增强了沟通，并能够促进社会投资。（我个人是从与其他聋人的社交网络中得知这一点的，因此致力于改善美国的助听技术。）

请记住要点：网络通过联系和放大志同道合者的意愿倾向既能产生非常好的效果，也能产生非常坏的效果。

群体思维

群体互动可以影响我们的个人决定。群体互动会扭曲重要的国家层面的决定吗？考虑一下"猪湾事件"。1961年，肯尼迪总统和他的顾问决定利用1 400名接受过中央情报局训练的古巴流放者入侵古巴。当这些人被轻而易举地俘虏并很快牵连到美国政府后，肯尼迪事后纳闷，"我们怎么会如此愚蠢呢？"

社会心理学家欧文·贾尼斯（Janis, 1982）研究了导致入侵惨败的决策程序。他发现，新当选的总统及其顾问高涨的斗志使他们对这个计划过度自信。为了保持良好的团队感，任何反对意见都被压制或接受自我审查，特别是在总统表达了自己对这一计划的热衷之后更是如此。因为没有人强烈反对，每个人都认为大家意见一致。为了描述这种表面一致却不切实际的群体性思维，贾尼斯把它命名为**群体思维**（groupthink）。

后来的研究发现，受到过度自信、从众、自我辩护以及群体极化等因素的助长，群体思维也造成了其他一些事件的失败。这其中包括未能预测1941年日本偷袭珍珠港；越南战争的扩大；美国政府在水门事件中掩盖行为；切尔诺贝利核电站泄漏事故（Reason, 1987）；美国"挑战者号"航天飞机坠毁（Esser & Lindoerfer, 1989）；基于伊拉克存在大规模杀伤性武器这一错误观念所发起的伊拉克战争（U.S. Senate Intelligence Committee, 2004）。

尽管发生了这样的失误与悲剧，贾尼斯还是明白，对于某些问题，两人的智慧胜过一人，因此他也研究了美国总统及其顾问共同做出有效决策的情况，比如说杜鲁门政府出台的马歇尔计划，该计划对"二战"后的欧洲进行援助。此外还有肯尼迪政府阻止苏联在古巴装备导弹等。贾尼斯认为，在这些事件中以及在企业活动中，假如领导人欢迎各种不同意见，邀请专家们对计划提出批评意见以及指定专人来检查可能出现的问题，群体思维就可以避免。压制不同意见常使群体做出错误的决策，而公开的争论常能形成有效的决策。特别是对于那些多样化的群体来说，这一点尤为重要——不同的观点通常会带来创造性的或者不同凡响的成果（Nemeth & Ormiston, 2007; Page, 2007）。没有人能超越集体的智慧。

个体的力量

在肯定社会影响的力量的同时，我们也不能忽视我们作为个体的力量。社会控制（情境的力量）与个人控制（个人的力量）是相互作用的。人并非桌球，任由摆布。当我们感到被压制时，我们可能会做出与社会期望相反的事情，以此来维护我们的自由感（Brehm & Brehm, 1981）。

立场坚定的个体亦会显示出他们对群体的影响力。社会的历史往往是由那些能改变多数人看法的少数派所创造的。如果不是这样，共产主义可能还只是个模糊的

根据我所读过的历史，白宫面临最大的危险之一是你陷入群体思维，每个人在每一件事上都意见一致，没有讨论和反对意见。
——巴拉克·奥巴马，
2008年12月1日，
新闻发布会

真理源自友好的争论。
——哲学家休谟，
1711—1776

如果你有一个苹果，我也有一个苹果，我们互相交换苹果后，你和我仍然各有一个苹果。但如果你有一个点子，我也有一个点子，我们互相交换点子后，我们每个人都会有两个点子。
——剧作家萧伯纳，
1856—1950

理论，基督教也可能仅仅是中东的一个小教派，罗莎·帕克斯拒绝坐在公车后排的举动也不会引发一场人权运动。科技史同样也经常是由那些战胜多数派的少数创新者所创造的。想当初，修铁路对于许多人而言简直是一个疯狂的想法，有些农民甚至担心火车的鸣叫声会妨碍母鸡下蛋。人们嘲笑富尔顿的汽船是个"富尔顿蠢行"，正如富尔顿后来所说："在我的道路上从未有过鼓励的话语、美好的期望和温暖的祝愿。"人们也是以同样的态度迎接印刷术、电报、白炽灯以及打字机的到来（Cantril & Bumstead, 1960）。

少数派的影响是指一两个人改变多数人的力量（Moscovici, 1985）。研究者考察了一些群体，这些群体中都有一两个人总是表达一种富有争议的态度或是不寻常的知觉判断。结果多次表明，立场坚定的少数派比含糊其辞的少数派更能成功地改变多数派的意见。与少数派意见保持一致并不能使你受大家欢迎，却可以让你具有影响力。当你的自信引起他人考虑你这样做的原因时这一点表现得尤为明显。虽然人们总是公开地与多数人的意见保持一致，而在私下里，他们却可能对少数派意见产生同情。即使少数派意见的影响力还不明显，它也有可能说服一部分多数派成员重新考虑他们的观点（Wood et al., 1994）。社会影响的力量是巨大的，而立场坚定的个体也有这样的影响力。

圣雄甘地 印度民族主义者及精神领袖圣雄甘地的人生经历强有力地证明了，少数派坚定一致的呼声有时可以改变多数派。甘地的非暴力呼吁与禁食推动了印度于1947年从英国的统治下获得独立。

提取一下

- 什么是社会助长，它在什么情况下最可能发生？

  答案： 社会助长指我们在容易完成的任务上表现长进的倾向，且当我们身处他人中时反应可能变得更加明显。

- 人们在与群体一起工作时往往比他们独自工作时付出的努力少，这被称为_____。

  答案： 社会惰化

- 你正在组织一场激烈的政治竞选会。为了增加趣味性，朋友建议把候选者的面具分发给其支持者戴上。这些面具可能会引发什么现象？

  答案： 面具提供了匿名性，与争执性情境相结合可能激发去个性化（人们变得不太自制）。

- 当有同样想法的群体讨论某个议题时，结果是主流观点得到加强，这被称为_____。

  答案： 群体极化

- 当一个群体对和谐的期望凌驾于对其他选择的现实分析之上时，就会发生_____。

  答案： 群体思维

社会关系

我们已经举例说明了我们如何看待以及如何影响彼此。现在讨论社会心理学的第三个主题——我们如何与他人相处。什么导致我们伤害或帮助他人，或者与他人相爱？我们如何从破坏性的冲突走向和平？我们将分别从偏见、攻击、冲突、吸引、利他主义、调停等方面来探讨人们之间联系的好与坏。

偏 见

13-8：什么是偏见？偏见的社会与情感根源是什么？

偏见（prejudice）意指"预先判断"。它是针对一个群体——通常是一个有不同文化、伦理的群体或性别不同的群体——的一种不合理的态度，通常是负面的。就像所有的态度一样，偏见是由下面三部分组成的混合体：

- 信念［这里我称为**刻板印象**（stereotype）］。
- 情绪（例如，敌意或恐惧）。
- 行为倾向性（比如说歧视）。

认为肥胖的人是贪吃的，对肥胖的人感到反感，不愿雇用一个肥胖的人或与其约会，这就是偏见。偏见是一种消极的态度，**歧视**（discrimination）是一种消极的行为。

偏见的程度

为了评估偏见，我们可以观察人们的言行。美国人所表达出来的种族与性别态度在 20 世纪后半叶发生了剧变。1937 年有 1/3 的美国人告诉盖勒普，他们会投票支持合格的女候选人当总统，而 2007 年人数剧增到 89%（Gallup Brain, 2008; Jones & Moore, 2003）。现在，几乎所有人都认为，任何种族的孩子都有权上同样的学校，从事同样工作的女性与男性应该获得一样的报酬。

对各种形式的种族接触（包括跨种族恋爱）的支持也显著增加。在 18 到 29 岁的美国人中，90% 的人表示家庭成员与其他种族的人结婚是可以接受的（Pew, 2010）。

尽管公开的偏见消退了，但是一些微妙的偏见仍然存在。尽管口头上支持跨种族通婚的人增加了，但是许多人承认在一些亲密的社会情境（约会、跳舞、结婚）中，对另一个种族的人还是会感到不适。而且，虽然许多人声称如果某人做出种族主义诽谤自己会感到沮丧，可当他们听到这样的种族歧视言论时却表现得无动于衷（Kawakami et al., 2009）。许多外来工人和难民在 20 世纪末涌入西欧，"现代偏见"——以非种族原因拒绝移民少数群体的求职——已经取代了公开的偏见（Jackson et al., 2001; Lester, 2004; Pettigrew, 1998, 2006）。近来的一些研究表明偏见不仅是微妙的，而且是自动化和无意识的（见特写：自动偏见）。

在世界上的大多数地方，男同性恋与女同性恋都不能愉快地承认自己的性取向以及他们所爱的人。性别偏见和性别歧视也依旧存在。即使两性在智力分数上是相同的，但人们还是认为自己的父亲比母亲更加聪明（Furnham & Wu, 2008）。在沙特阿拉伯，女性仍然不允许开车。在西方国家，我们支付给维护街道的人（通常是男性）的薪水多于照料孩子的人（通常是女性）。从世界范围来看，女性更有可能生活在贫困中（Lipps, 1999），而且她们占成年文盲者的 2/3（CIA, 2010）。

女婴不再被遗弃到山中等死，而这曾经是古希腊人的做法。不过女性的自然死亡率和正常的新生儿男女比率（105-100）很难解释全世界大约1.63亿的"失踪女性"（Hvistendahl, 2011）。在许多地方，人们更看重儿子而不是女儿。在亚洲南部的一些国家，可以借助检测来选择性别进行堕胎，所以这些地方经历过女性新生儿数量的降低（图13.6）。尽管中国已经宣布性别选择性堕胎是违法行为，但是目前的新生儿性别比率仍是118个男孩对100个女孩（Hvistendahl, 2009, 2010, 2011），而且孤儿院里95%都是女孩（Webley, 2009）。由于20岁以下的男性比女性多出3 200万人，许多中国男性将无法找到配偶（Zhu et al., 2009）。

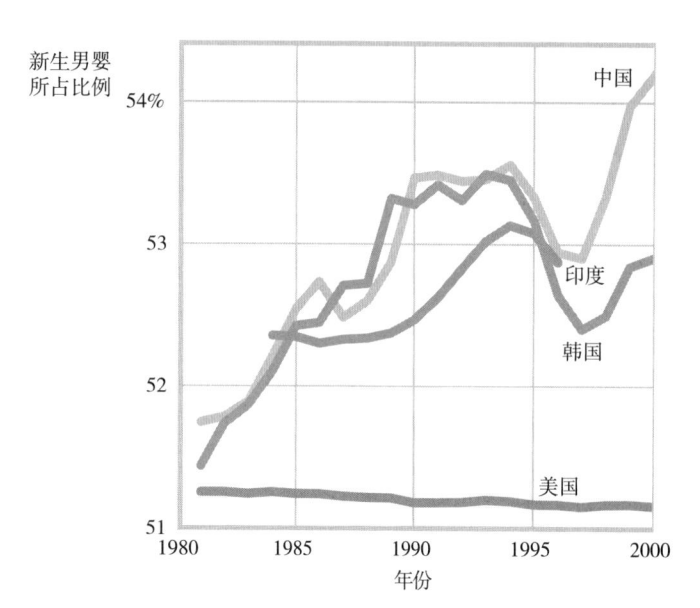

图 13.6

失踪的女孩

在一些亚洲国家，男婴比例偏高（Abrevaya, 2009）。这种男婴超出比例的现象在2009年的中国依然在发生，其中男婴占54.5%，女婴只占45.5%（Hvistendahl, 2010）。

偏见的社会根源

偏见为何会产生？社会不平等以及分化对此负有部分责任。

社会不平等　当一些人拥有了金钱、权力甚至是特权而他人没有的时候，拥有者通常会产生一种态度，以使他们觉得这一切都是正当的。**公正世界现象**（just-world phenomenon）反映了我们通常会教给孩子的一个观念——好人有好报，坏人有恶报。从这种观念到假设成功者一定是好的，受苦者一定是坏的，只是一个很短的飞跃。这样的论证让富人认为他们的财富和穷人的不幸都是公平的。

女性天生是优柔寡断但却敏感的吗？这种普遍观念似乎在说她们很适合照看孩子这一传统工作（Hoffman & Hurst, 1990）。在一个更极端的例子中，奴隶主认为奴隶天生是懒惰的、愚昧的和不负责任的——他们的这些特质使他们理应被奴役。偏见使不平等得以合理化。

受歧视的人会产生自我责备或愤怒（Allport, 1954）。这两种反应都会通过典型的指责受害者效应而为偏见创造新的理由。贫困的环境会使得犯罪率升高吗？如果是这样的话，有些人便会将这种较高的犯罪率作为继续歧视穷人的理由，而这反过来又加深了对社区的偏见。

我们与他们：内群体与外群体　我们继承了石器时代的祖先在群体中生活和爱的归属需要。团结带来安全（那些不团结的祖先留下的后代更少）。无论是打猎、防御还是进攻，10只手总是好过2只手。把世界分成"我们"和"他们"会带来偏见甚至战争，但也带来了群体团结这一益处。因此，我们为自己的群体欢呼，为群体而杀戮和牺牲。的确，我们在一定程度上根据群体来定义自己。通过我们的社会同一性，我们将自己与某个群体联系起来，与其他人进行对比（Hogg,

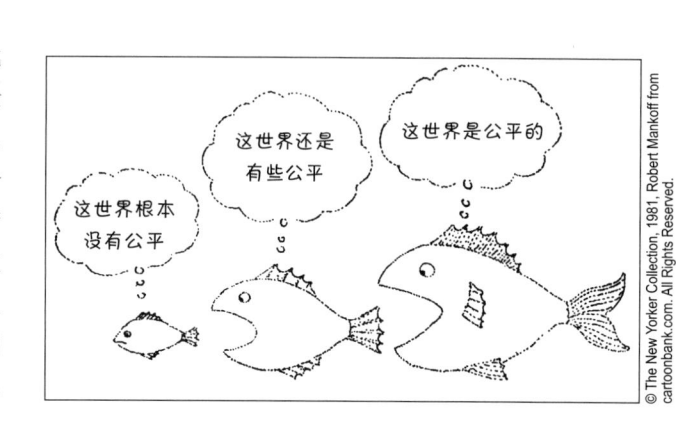

特 写

自动偏见

贯穿全书，我们看到，人类心理对思维、记忆和态度的加工是双通道的。有时加工是外显的——在意识的雷达屏幕上。在更大的程度上，加工是内隐的——在雷达之下，让我们无法意识到我们的态度是怎样影响行为的。现代研究表明，偏见通常是内隐的，是一种自动产生的态度，就像不动脑筋的膝跳反射。考虑以下发现：

内隐的种族关联　通过内隐关联测验，研究者已经证实，即使否认怀有种族偏见的人也可能带有消极的关联（Greenwald et al., 1998, 2009）。（到2011年为止，几乎有500万人参加了这个内隐关联测验，你可以在 implicit.harvard.edu 上做这个测验。）例如，当呈现听起来像是黑人的名字（如拉提莎和达内尔）而非听起来像是白人的名字（如凯蒂和伊恩）时，10名白人中有9人要用更长的时间来认出愉快的单词（如"和平"和"天堂"）是"好的"。此外，把好的事物与白人的名字或面孔关联得越快的人，越容易从黑人面孔中感知出愤怒和表面上的威胁（Hugenberg & Bodenhausen, 2003）。

尽管这个测验可以用来研究自动偏见，但批评者警告不能用它来评估个人或给个人贴上标签（Blanton et al., 2006, 2007, 2009）。支持者驳斥说内隐偏见可以预测行为，范围从友好的简单举动到评估工作质量（Greenwald et al., 2009）。在2008年的美国总统选举中，内隐偏见和外显偏见都预测了投票者对竞选人奥巴马的反应，他的当选随后有助于减少内隐偏见（Bernstein et al., 2010; Payne et al., 2010）。

无意识的屈尊俯就　当大学白人女生评估一篇被说成是由黑人学生写的糟糕作文时，她们会给出明显更高的评级，也从不表达严厉的批评，而她们会严厉批评白人学生写的糟糕作文（Harber, 1998）。这些评价者是根据她们的种族刻板印象来校准她们的评价从而带来标准的降低和屈尊俯就的态度吗？研究者提到，在现实世界的评价中，这样的低预期会导致"过度表扬和批评不足"，并阻碍少数族裔学生取得进步。（为了排除这种偏差，教师应该在不知道作者的情况下阅读作文。）

受种族影响的知觉　我们的预期会影响我们的知觉。1999年，阿马杜·迪亚洛在走近家门时被正在寻找强奸犯的警察搭话。当他拿出钱包时，警察以为是枪，便向他开了41枪，其中19枪打中了他的身体。两个研究团队对这个没有武装的无辜男人惨遭杀害感到好奇，再现了这个情境（Correll et al., 2002, 2007; Greenwald et al., 2003）。他们让观看者迅速按钮以"枪击"或不枪击突然出现在屏幕上的男人。屏幕上的男人有些手里拿着枪。其他人则拿着不会造成伤害的物品，如手电筒或瓶子。人们（在一个研究中包括黑人和白人）更多地枪击拿着无害物品的黑人而不是白人。用闪现的黑人面孔而不是白人面孔作为启动时，人们也更可能把闪现的工具错误地识别为枪（图13.7）。

反射性的身体反应　即使那些没有在意识上表达偏见的人也可能露出蛛丝马迹，他们的身体选择性地对另一个人的种族做出反应。当人们观看白人和黑人面孔时，神经科学家能够探测这些信号。观看者的内隐偏见可能表现在面部肌肉的反应和加工情绪的杏仁核激活上（Cunningham et al., 2004; Eberhardt, 2005; Stanley et al., 2008）。

如果你的自我反省表明有时候你对其他人产生了一些你不想有的感受，记住这一点：关键在于我们对于自己的感受做了什么。通过监控我们的感受和行动，并且用基于新友谊的新习惯来替代一些旧的习惯，我们可以努力使自己摆脱偏见。

图 13.7
种族启动知觉
在佩内（Payne, 2006）的实验中，人们观看一张白人或黑人的面孔，紧接着是一把枪或手动工具，之后是视觉掩蔽。参与者更容易在黑人面孔而不是白人面孔之后把工具错误地识别为枪。

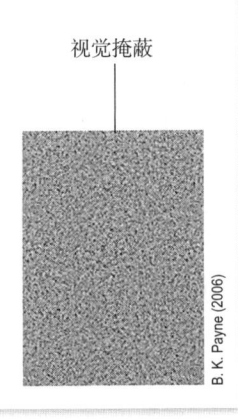

内群体 图中显示，苏格兰著名的足球迷"格仔军团"，在一场与主要对手英格兰的比赛中，球迷共同拥有一种社会认同以定义"我们"（苏格兰的内群体）和"他们"（英格兰的外群体）。

1996, 2006; Turner, 1987, 2007）。当伊恩把自己的同一性定义为一个男人、澳洲人、劳工党党员、悉尼大学学生、天主教徒以及麦戈雷格时，他知道自己是谁。我们也知道自己是谁。

当我们遇到陌生人的时候，进化帮助我们迅速做出判断：朋友抑或敌人？那些来自我们群体的人、那些看起来与我们相似的人以及那些听起来与我们相似、有着相同口音的人，我们立即会对他们产生好感，这从儿童时期就开始了（Gluszek & Dovidio, 2010; Kinzler et al., 2009）。我们在心里画了一个圈来定义"我们"，也就是**内群体**（ingroup）。不过，关于你是谁的社会定义也表明了你不是谁。圈外的"他们"就是**外群体**（outgroup）。**内群体偏见**（ingroup bias）——更偏爱自己所在的群体——随之而来。甚至通过抛硬币人为地建立我们与他们的不同群体也会产生这种偏见。在一些实验中，人们在分配奖励时更偏爱他们自己的群体（Tajfel, 1982; Wilder, 1981）。

区分敌友的强烈愿望使人们容易对陌生人产生偏见（Whitley, 1999）。在古希腊时代，所有的非希腊人都是"野蛮人"。大多数儿童都认为他们的学校比城里其他的学校要好。在中学，学生们经常组成各种小帮派——如运动员、预科生、投石者、溜冰者、强盗、怪人、极客——并且看不起本群体之外的人员。有人发现，即使是黑猩猩，当它与其他群体的黑猩猩接触之后也会把身上被触碰的地方擦拭干净（Goodall, 1986）。它们还对内群体表现出更多的同理心，在看到内群体成员（而非外群体）打哈欠时，它们打的哈欠更多（Campbell & de Waal, 2011）。

内群体偏见解释了政治党派的认知力量（Cooper, 2010; Douthat, 2010）。在上世纪80年代末的美国，大多数民主党人认为，在共和党总统里根的领导下，通货膨胀上升了（实际上是下降了）。2010年，大多数共和党人认为税收在民主党总统奥巴马的领导之下提高了（对于大多数来说，税收减少了）。

偏见的情感根源

偏见不仅来源于社会的分裂，还来源于内心的激情。根据偏见的**替罪羊理论**（scapegoat theory），当事情出错时，找一个人加以指责可以为愤怒找到一个发泄的目标。"9·11"事件之后，一些愤怒的人把气出在那些无辜的阿拉伯裔美国人身上。消灭萨达姆的呼声也在高涨，而此前美国一直在勉强容忍这位伊拉克领导人。菲

> 如果（人们要）从世界上所有的习俗中进行选择的话（他们可能）最后只喜欢自己的。
>
> ——希腊历史学家
> 希罗多德，公元前440年

利普·津巴多（Zimbardo, 2001）曾指出，"恐惧和愤怒引发了敌意，而对于不同民族或种族的敌意引发了种族歧视，而这种歧视转而又会引起新形式的恐怖主义"。在"9·11"过去十年后，反穆斯林依旧在美国存在，比如清真寺被烧以及试图阻止纽约世贸大厦遗址附近的一个伊斯兰教中心的建设。

陷入经济困境的人们偏见程度高，在实验中暂时受挫使偏见加剧，这些都为偏见的替罪羊理论提供了依据。在实验中，遭受失败或缺乏安全感的学生会通过诽谤竞争者所在的学校或另一个人来重建自信（Cialdini & Richardson, 1980; Crocker et al., 1987）。诋毁他人有助于增强我们的身份感，这就是为什么对手的不幸有时会给我们带来快感。相反，那些感到被爱和被支持的人会对与他们不同的人更加开放和宽容（Mikulincer & Shaver, 2001）。

消极情绪会滋生偏见。当人们面对死亡、恐惧威胁或是经历挫折的时候，总是倾向于和内群体或朋友依靠得更紧密。对死亡的恐惧会增强爱国主义，同时对"他们"——威胁世界的人——产生憎恨和攻击性（Pyszczynski et al., 2002, 2008）。缺乏恐惧及相关的杏仁核活动的少数个体——比如有遗传疾病威廉斯综合征的儿童——也会表现出种族刻板印象和偏见的显著减少（Santos et al., 2010）。

偏见的认知根源

13-9：什么是偏见的认知根源？

偏见不仅来自于社会的差别、内心的愤怒，还来自于人们思维的自然运作方式。刻板的观念是我们在认知上简化世界时所产生的副产品。

归类 我们在认知上简化世界的方式之一就是进行归类。化学家把分子划分为有机的与无机的，心理健康专家把心理障碍分为几种类型。我们所有人都会把人分成不同种族，而通常把混血儿归属为他们的少数族群身份。尽管奥巴马总统具有混血儿的背景，并且他还是由白人母亲和白人祖父母抚养长大的，但美国白人还是视他为黑人。研究者认为，之所以会发生这种现象是因为在了解了我们熟悉的种族群体的某些特征之后，观察者会选择性地关注那些我们不熟悉的少数族群的特征。海博斯泰德及其同事（Halberstadt et al., 2011）通过向新西兰人展示中国人－白种人的混合脸证实了这一习得－关联效应。相比华人参与者，新西兰白种人更加倾向于把模棱两可的面孔归类为中国人（见**图 13.8**）。

在把人们分成不同群体时，我们通常会形成刻板印象。我们认识到自己群体中的每一个人都有很大的差别。然而，我们却高估了其他群体中成员的一致性程度。"他们"——其他群体中的成员——相貌和行为都很相似，而"我们"却各不相同（Bothwell et al., 1989）。在同一个种族群体看来，其他种族群体的态度、性格和外貌都很相似，可实际情况却并不是这样。我们能够更好地识别自己所在种族个体的面孔——称为**异族效应**（other-race effect）（也称为跨族效应或者是本族偏差）——在3个月到9个月大的婴儿期就出现了（Gross, 2009; Kelly et al., 2007）。

> 其他人的不幸是蜂蜜的味道。
> ——日本谚语

> 假如台伯河淹到了围墙，假如尼罗河没有上升到田地，假如日月星辰不再移动而地球在移动，假如有饥荒，假如有瘟疫，人们就会马上高呼："都是基督徒的错！"
> ——特图里斯，
> 《为基督教辩护》，
> 公元197年
> （公元2世纪时地心说盛行——译者注）

| 100%中国人 | 80%中国人 20%白人 | 60%中国人 40%白人 | 40%中国人 60%白人 | 20%中国人 80%白人 | 100%白人 |

图 13.8
对混合种族的人进行归类 当新西兰人对104张照片快速进行种族归类时，相比有中国血统的人，那些有欧洲血统的人更经常把模棱两可的面孔归类为中国人（Halberstadt et al., 2011）。

随着努力和经验的增加，人们识别其他群体中个体面孔的能力会越来越好（Hugenberg et al., 2010）。例如，欧洲血统的人在电视上观看了大量篮球赛之后，他们能更准确地识别单个非洲人的面容（Li et al., 1996）。在西方国家生活时间越长的中国人，他们表现出的异族效应越少（Hancock & Rhodes, 2008）。

记住生动的个案 如第9章关于易得性直觉的讨论所示，我们总是依据容易被想起来的事件来判断这个事件的发生频率。在一项经典实验中，研究者向俄勒冈大学的两组学生出示包含50位男性信息的名单（Rothbart et al., 1978）。呈现给第一组的名单包括10个犯有伪造罪等非暴力罪行的人，而呈现给第二组的名单中包括10个犯有袭击等暴力罪行的人。然后，让两组都来回忆他们看过的名单上有多少人犯过任何种类的罪行。第二组的人高估了这一数字。生动的（暴力的）事件更容易被记起，并助长我们的刻板印象（图13.9）。

相信世界是公正的 我们前面已经提到，人们常常通过指责受害者来使他们的偏见合理化。如果世界是公正的，"人们一定会各得其所"。当一个德国市民在"二战"结束后参观伯根－贝森集中营时，他这样说道："这些囚犯做了什么可怕的罪行才会受到这样的虐待。"

事后聪明式偏见在这里也起作用（Carli & Leonard, 1989）。你曾经听到过人们说强奸受害者、受虐待的配偶或者感染艾滋病的病人是罪有应得的吗？在一些国家里，被强奸的妇女被处以重罚，理由是她们犯了通奸罪（Mydans, 2002）。一项实验证明了这种指责受害人的现象。当向人们详细陈述一位妇女在约会中被强奸的事件时，人们认为这位妇女的行为至少在一定程度上应受指责（Janoff-Bulman et al., 1985）。"她应该对情况有更好的了解"（指责受害者掉以轻心，使人们相信这种事不可能发生在自己身上）。而当给另外一些人同样的陈述，只是把关于强奸的结局删掉，这些人便不会认为妇女的行为诱发了强奸。

人们也有一种为自己文化的社会系统辩护的基本倾向（Jost et al., 2009; Kay et al.,

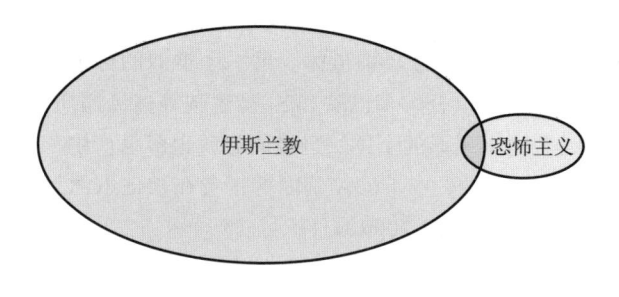

图 13.9
生动的个案会助长刻板印象 "9·11"的穆斯林恐怖主义者在很多人的心里都制造了一种夸大的刻板印象，以为穆斯林都具有恐怖倾向。实际上，美国国家研究委员会恐怖主义研究小组报告说，如图所示，大部分恐怖分子并非穆斯林，绝大多数伊斯兰人与恐怖主义根本没有关系，也不会同情恐怖分子（Smelser & Mitchell, 2002）。

2009）。我们倾向于将事物的现状看成理所当然的。这种自然的保守主义使得很难通过立法的手段带来重大的社会变革（例如医疗保健或气候变化政策）。而一旦这些政策已经就绪，我们的"系统辩护"特性就会倾向于保留它们。

提取一下

- 当带有偏见的判断导致我们找到一个无关的人加以指责时，这个人被称为_____。

答案异：替罪羊

攻　击

13-10：心理学对"攻击"的定义与日常用法有哪些区别？哪些生物学因素使得我们更倾向于彼此伤害？

偏见带来伤害，但是攻击常常带来更多的伤害。在心理学中，**攻击**（aggression）是指任何有意的伤害他人的行为，这些行为可能是出于敌意或精心策划的达到某种目的的手段。自信执着的销售人员没有攻击性。让你疼得皱眉的牙医也没有攻击性。但是，散布关于你的恶意谣言的人、在网络上或当面欺凌你的人以及抢你钱财的人是具有攻击性的。人们的攻击性行为既可以针对陌生人也可以针对有着亲密关系的伴侣。实际上，每 6 对美国已婚或者同居伴侣中就有 1 对报告在过去的一年中至少发生过一次身体上的攻击行为（Schafer et al., 1998）。

攻击行为是生物学因素与经验相互作用的产物。要开枪，必须先扣动扳机；某些人只要有一把一触即发的枪，就很容易扣动扳机伤害他人。让我们首先看一下影响攻击行为发生的生物学因素，然后再看"扣动扳机"的心理因素。

攻击的生物学因素

攻击在不同的文化、时代和个体间差异巨大，因此学界不认为攻击是一种无需学习的本能。然而，生物学因素的确会影响攻击行为。我们可以从三个层面上探寻生物学的影响——遗传层面、生物化学层面及神经层面。

遗传的影响　基因影响攻击性。我们知道这一点，因为我们曾经为了比赛或研究而饲养动物。对双胞胎的研究表明，基因对人类的攻击行为也有影响（Miles & Carey, 1997; Rowe et al., 1999）。假如同卵双生子中的一个承认自己"有暴力倾向"，另一个在独立回答的情况下也常常表示自己"有暴力倾向"。异卵双生子做出相似反应的可能性要小得多。研究人员正在探寻那些对大部分暴力行为起决定作用的遗传标记。有一个是众所周知的，即人类种群的一半所携带的 Y 染色体。另一个类似的标记就是单胺氧化酶 A 基因（MAOA）。这一基因可以分解多巴胺和 5-羟色胺等神经递质，有时被称为"好战基因"。MAOA 基因表达水平低的个体一旦被激怒就很容易产生攻击行为。在一项实验中，低水平（相比于高水平）MAOA 基因携带者在被他人激怒时给了这个人更多难吃的辣椒酱（McDermott et al., 2009）。

在过去的 40 年里，在美国，有 100 多万人在非战争情况下死于枪支（超过美国历史上所有战争的死亡人数总和）。与相同性别、种族、年龄和街区的人相比，那些家里拥有枪支的人（具有讽刺意味的是，这些枪通常是为了自我保护），在家里被家人或熟人杀害的可能性要高出将近 3 倍。每一支在家里用于自卫的枪支平均会引发 4 次意外走火、7 次犯罪性的袭击或行凶，11 次自杀行为（Kellermann et al., 1993, 1997, 1998; 另见 Branas et al., 2009）。

生物化学的影响 我们的基因决定了我们的神经系统,而后者通过电化学机理发挥作用。例如,睾丸素存在于我们的血液中,影响着我们的神经系统进而控制攻击行为。一头性情暴烈的公牛在被阉割而导致雄性激素水平降低之后就会变得温和;被阉割的公鼠也是如此。然而,一旦注射了雄性激素,这些被阉割的老鼠就会恢复攻击性。

人类对激素的变化没有那么敏感。但是随着男性的年龄增大,睾丸素水平和攻击行为都会减少。在激素的控制下,一个17岁具有攻击性的年轻人到了70岁变得平静而温和。同时,那些智力分数低于平均水平、神经递质5-羟色胺水平低并且睾丸激素水平高于平均水平的强壮的年轻男性更有可能实施暴力犯罪(Dabbs et al., 2001a; Pendick, 1994)。

急躁易怒、武断、冲动以及对挫折的低容忍度都与高水平的睾丸素有关,这些特性使人们在一些程度上会对刺激做出更具攻击性的反应(Dabbs et al., 2001; Harris, 1999; McAndrew, 2009)。在少年及成年男性中,行为不良、大量吸食毒品以及对挫折的攻击性反应都与他们较高的睾丸素水平有关(Berman et al., 1993; Dabbs & Morris, 1990; Olweus et al., 1988)。大幅降低睾丸素水平的药物会抑制男性的攻击倾向。

另一种会诱发攻击行为的药物是酒精,有时在血液中循环,使人对挫折产生攻击性的反应。在各种警方数据、监狱调查和实验研究中,有攻击倾向的人更有可能酗酒并会在酒醉后变得暴躁(White et al., 1993)。数据显示,73%的俄罗斯杀人犯和57%的美国杀人犯都受到了酒精的影响(Landberg & Norström, 2011)。酒精既在生物学上也在心理学上影响攻击行为(Bushman, 1993; Ito et al., 1996; Taylor & Chermack, 1993)。只是想象自己喝了酒便能增加攻击行为(Bègue et al., 2009);同样,你无意中摄入掺入饮料的酒精也有同样的效果。除非人们的注意被转移了,否则酒精会让人们把注意力集中到激惹而非抑制线索上(Giancola & Corman, 2007)。酒精还会让人们倾向于将模棱两可的行为(比如在人群中发生碰撞)解释为激惹(Bègue et al., 2010)。

神经系统的影响 大脑中没有一个控制攻击行为的位点,因为攻击是在特定情况下发生的一种复杂行为。动物和人类的大脑都有神经系统,它们受到激惹时会抑制或引发攻击行为(Denson, 2011; Moyer, 1983; Wilkowski et al., 2011)。请思考:

- 笼子里有一群猴子,实验者在那只专横的猴王大脑的某一部位植入由无线电控制的电极,猴脑中该部位受刺激时会抑制攻击行为。当研究人员在笼子里安置能激活电极的按钮时,一只小猴子学会了每次在猴王发火时按这个按钮。
- 神经外科医生为了诊断一种障碍,在一位举止温和的妇女的大脑边缘系统(杏仁核)中植入一个电极。因为大脑没有感觉接受器,所以她无法感觉到刺激,但是当电极通电时,她咆哮道:"快测量我的血压,快!"说着就站起来并开始攻击医生。

精瘦而凶狠的战斗机器——打了雄性激素的母鬣狗 鬣狗独特的胚胎发育过程会将雄性激素注入雌性胎儿身体里。结果造就了杀气腾腾的年轻母鬣狗,它们天性好斗。

> 只要让那些年龄在12~28岁身体强壮的年轻男性低温睡眠,我们就可以避免三分之二的犯罪行为。
> ——戴维·莱肯,
> 《反社会人格》,1995

"那是男人们的事情。"

- 研究发现，暴力犯罪者大脑额叶活动减少，而额叶对于控制冲动有重要作用。如果额叶受损、失活、分离或没有完全成熟，攻击行为就更可能发生（Amen et al., 1996; Davidson et al., 2000; Raine, 1999, 2005）。

攻击的心理和社会文化因素

13-11：哪些心理和社会文化因素可能引发攻击行为？

生物学因素影响到攻击行为是否容易被激发。但是哪些心理及社会文化因素会激发攻击行为呢？

令人厌恶的事件　痛苦有时候可以塑造我们的性格。然而，在实验室实验中，那些遭受痛苦的动物或人也常常使其他动物或其他人感到痛苦（Berkowitz, 1983, 1989）。这一现象被称为**挫折－攻击原理**（frustration-aggression principle）：挫折引发愤怒，而愤怒在有些人身上会导致攻击。对1960年至2004年间美国职业棒球联赛中27 677起重大棒球击人事故的分析发现，在以下三种情况下，投手最有可能殴打对方击球手（Timmerson, 2007）：

- 如果投手受到上轮击球全垒打；
- 本轮击球全垒打；
- 上半场队友被棒球击中的挫败。

其他令人厌恶的刺激——身体疼痛、人身侮辱、恶臭、燥热的天气、香烟的烟雾、他人的不友好等都会引发我们的敌意。在一项实验室实验中，当人们感到燥热时，他们的思维、感受和行为都会变得具有攻击性。仅仅是想想与高温有关的词汇都足以增加敌意思维（DeWall & Bushman, 2009）。在棒球比赛中，触身球的数量随着温度的升高而增加（Reifman et al., 1991；见图13.10）。在世界范围内，暴力犯罪率和配偶虐待率在炎热的年份、季节、月份和日期中都是升高的（Anderson et al., 1997）。通过对已有的数据进行研究，安德森及其同事（Anderson et al., 2000, 2011）推测，在其他条件不变的情况下，全球气温升高4华氏度（约2摄氏度）就会增加成千上万起攻击甚至谋杀事件，这还没包括与气候变化有关的干旱、贫穷、食物短缺以及移民导致的暴力增加。

强化、示范与自我控制　攻击也许是对厌恶事件的自然反应，而学习则可以改变这种自然反应。正如第7章中所解释的，我们在行为得到强化时学习，而且我们也可以通过观察他人来学习。

如果经验告诉我们在某些情形下应该攻击，那么，遇到该情形时，我们就更有可能做出攻击反应。如果孩子们的攻击行为成功地吓住了其他孩子，他们以后就有可能变成欺凌者。那些成功地利用打斗获得食物和配偶的动物会变得越来越凶残。为了形成一个更为友善和文明的世界，我们最好在孩子很小的时候就向他们示范同情心与合作精神，并给予奖励，或许可以通过培训父母不要用暴力手段惩罚孩子来实现。

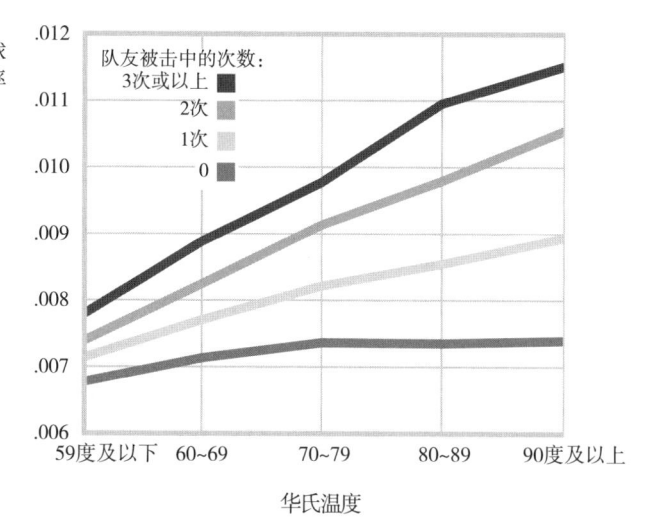

图 13.10
气温与报复行为

为了探究击球手被投手击中的发生率,拉里克及其同事(Larrick et al., 2011)对 1952 年以来 57 293 场美国职业棒球联赛中投手和击球手的 4 566 468 次对决进行了研究。如果投手的一名或多名队友被击中,那么击球手被击中的概率会增加,而且这一概率也随温度升高而增加。

不良行为青少年的父母常常在泪水和坏脾气面前败下阵来。当无法忍受时,便用打骂的方式来教育孩子(Patterson et al., 1982, 1992)。

父母培训计划通常建议,应避免叫喊和打骂,以防起到暴力行为的示范作用。这些计划鼓励父母强化适当的行为,同时使用积极的语言表达(比如,应该说"清洗完盘子后你就可以去玩了",而不是"洗不完盘子,你就别想去玩")。

自我控制能够抑制攻击行为和犯罪行为。不过,精神疲劳、食物短缺以及其他身体上的挑战通常会损耗我们的自我控制能力(Vohs et al., 2011)。想想你在结束一天紧张的学习或工作之后,或者是没吃饭或缺乏睡眠的时候,会是怎样的状态。你会在没有搞清楚发生了什么的情况下就开始指责你的朋友或伴侣吗?一项研究表明缺乏自我控制也是"与犯罪相关度最高的因素之一"(Pratt & Cullen, 2000, p.952)。

一个攻击替代计划的工作对象是少年罪犯、帮派成员及其父母。这一计划教给青少年及其父母怎样控制愤怒,鼓励他们在道德推理时更加深思熟虑(Goldstein et al., 1998)。结果如何?青少年再次被捕的比率降低了。

不同的文化会示范、强化和唤起不同的暴力倾向。例如,与印度、日本和科威特的男性相比,美国男性更不赞成发生在情侣间的男性对女性的暴力行为(Nayak et al., 2003)。在贫富差距大的时间和地区,犯罪率更高,平均幸福水平更低(Messias et al, 2011; Oishi et al., 2011; Wilkinson & Pickett, 2009)。在美国,缺乏父爱的文化与家庭中的人犯罪率较高(Triandis, 1994)。即使在控制了父母的受教育程度、种族、收入和少女妈妈等因素之后,美国男青年由于父亲的缺失而遭拘捕的比例都翻倍(Harper & McLanahan, 2004)。

在同一个国家里,暴力行为也随文化而变化。尼斯比特和科恩(Nisbett & Cohen, 1996)对美国南部城镇中美国白人的暴力行为进行了分析。这些城镇居住的是苏格兰裔与爱尔兰裔的牧人,他们的传统强调"男子汉的荣誉",主张用武力来保护自己的畜群,并且有压迫奴隶的历史。时至今日,与那些居住着传统上更热爱和平的清教徒、教友派信徒以及荷兰农民、手艺人的新英格兰城镇中的白种人相比,这些牧人的后代的杀人率要高出两倍,并且

攻击替代计划 在罗莎·帕克斯中心的密苏里青年服务部,这些青少年罪犯的康复过程包括学习愤怒管理和以和平的方式解决争端。图中的他们"围成一圈"来和平地解决问题。

对体罚儿童、主动挑起冲突以及不加控制地拥有枪支都更为支持。在崇尚"荣誉文化"的州，学生携带武器去学校以及校园枪击的比率都更高（Brown et al., 2009）。这些州对于暴力的接受已经渗透到了城镇的名字当中（比如，枪口，佛罗里达；枪城，密西西比；战争，西弗吉尼亚）（Kelly, 1999）。

暴力的媒体榜样 父母并非攻击行为唯一的榜样。在美国和其他地方，电视、电影和电子游戏中充斥着大量的暴力。不断观看屏幕上的暴力行为教给我们**社会脚本**（social scripts）——文化为我们提供的如何去做的心理档案。当我们身处新的情境中不知所措时，我们会依赖于我们的文化所提供的社会脚本。在看过如此之多的动作电影之后，青少年男孩可能获得社会脚本，当他们面对真实生活中的挑战时就在脑海中播放。当面临挑战时，他们也许会"像一个男子汉一样行动"，消除所面临的威胁。

歌词里也写入了社会脚本。在一系列研究中，德国大学的男生在听过一些仇恨女性的歌词之后，给一个女人提供更辣的辣椒酱，而且回忆了更多的关于女性的负性情绪和信念。同样地，仇恨男性的歌词也能增加女性的攻击行为（Fischer & Greitemeyer, 2006）。

X级电影和色情片有时也对性攻击起到榜样作用。内容分析发现X级电影有时会加入男性强奸女性或对女性进行性剥削的镜头（Cowan et al., 1988; NCTV, 1987; Yang & Linz, 1990）。这些镜头通常包含对强奸谬论（rape myth）的表演——即一些女性想要或者喜欢被强奸并且可以从中得到享受（Brinson, 1992）[事实上，强奸具有很大的伤害性，它常常会损害女性的生理及心理健康（Golding, 1996）。]大部分强奸犯接受这种关于强奸的谬论（Brinson, 1992）。许多看了大量电视的男男女女也接受了这种观点：与很少看电视的人相比，大量看电视的人更能接受这种强奸谬论（Kahlor & Morrison, 2007）。

根据对美国和澳大利亚少年、大学生和年轻人的调查，观看习惯存在着巨大的性别差异：观看X级电影和网络色情的男性是女性的好几倍（Carroll et al., 2008; Flood, 2007; Wolak et al., 2007）。来自全球970亿美元的色情产业的社会脚本，对于观看者的性攻击行为会有什么样的影响（D'Orlando, 2011）？大多数儿童和成人色情作品的消费者没有为人所知的性犯罪（Seto, 2009）。但他们更可能认为强奸谬论是真实的（Kingston et al., 2009）。对于那些大量接触色情作品的人来说，性攻击看起来似乎没有那么严重（Harris, 1994; Zillmann, 1989）。

在一个实验中，大学生在六个星期里每周观看六个直接表现性行为的短片（Zillmann & Bryant, 1984）。控制组在同样的六周时间里观看无色情内容的电影。三周以后，要求两组被试都读一份报纸，上面报道说一个男人因为强奸一个搭便车的女性而被定罪但还未最终判决。要求大学生给这个人建议一个适当的刑期，结果看过色情短片的人建议的刑期只有控制组所建议的一半。

实验不能引发真实的性暴力，却可以对男性伤害女性的意愿进行评估。在实验中，我们经常考察暴力与非暴力色情电影如何影响男性对先前激怒他们的女性施加假想电击的意愿。这些实验表明，并非性欲而更多的是关于性暴力的描述（不管在R级暴力影片或X级影片中）最直接地影响了男性对攻击女性行为的赞同与实施。关于这个问题，21位社会科学家，其中包括许多进行这些实验的研究人员，组织并召开了一次会议，会议中他们达成了共识（Surgeon General, 1986）："色情作品把性攻击描述成受害者所喜欢的事情,这提高了人们对两性关系中强迫行为的接受和赞同。"与很多流行的观点相反,他们认为这些性描述并不能使压抑的冲动得到发泄。相反,"在测量短期影响的实验室研究中,经常观看暴力色情作品会增加对女性的惩罚行为。"

非暴力的色情作品也能在较小的程度上影响攻击行为。在一系列研究中,研究者(Lambert et al., 2011)使用各种手段来探索色情作品对情侣间攻击行为的影响。他们发现,色情作品的消费能预测自我报告的攻击行为和对其伴侣发出的实验室噪音,而且戒除习惯性的色情消费能减少攻击(而戒除他们喜爱的食物没有减少攻击)。

马拉姆斯(Malamuth et al., 1996)的研究表明,性胁迫的男性通常性生活混乱,在他们与女性的关系中充满敌意(图13.11)。有几个因素可以影响男性的性暴力倾向,包括媒体影响、主导动机、酒精造成的自控能力下降及童年受虐史。

暴力电子游戏会传授暴力的社会脚本吗? 北美、西欧、新加坡和日本的实验表明,玩积极的游戏会产生积极的效应(Gentile et al., 2009; Greitemeyer & Osswald, 2010)。例如,疯狂小旅鼠游戏的一个目标是帮助他人,玩这个游戏会增加实际生活中的帮助行为。那么,玩扮演暴力角色的游戏之后也会产生某种效应吗?在十几个地区的青少年似乎模仿了他们经常玩的血腥游戏中的残杀镜头之后,暴力电子游戏成了公众讨论的话题(Anderson, 2004a)。2002年,密歇根大瀑布区域的两个少年和一个20多岁的年轻人在一个夜晚边喝啤酒边玩"汽车大偷盗Ⅲ"(Grand Theft Auto III)游戏。在游戏中,他们用车撞倒模拟的步行者再用拳头打他们,留下一具血淋淋的躯体(Kolker, 2002)。后来,他们出去开了一辆真车,对准一个骑自行车的38岁的成年人,把他撞倒,然后下车对他一阵拳打脚踢,最后又回到家中继续玩游戏。(被打的那个人是3个孩子的父亲,他在6天后死去。)

安德森及其同事(Anderson et al., 2010)综合了包括130 296名参与者的400项研究发现,玩暴力电子游戏确实增加暴力行为。这一结论适用于青少年和成年早期,北美、日本和西欧;且三种研究设计(相关研究、实验研究和纵向研究)结论一致。在2010年为美国最高法院的一个案件提交的声明中,100多名社会学家与安德森一起做出解释:"这类效应背后的心理过程已经很清楚了,包括:模仿、观察学习、认知启动、情绪和行为脚本、生理唤起及情绪去敏感化"(Sacks et al., 2011)。

考虑以下一些证据:

- 玩暴力电子游戏时间最多的大学男生往往身体上的攻击性最强(例如,承认打过或攻击过其他人)(Anderson & Dill, 2000)。
- 玩暴力电子游戏经验丰富的人显示出对暴力的去敏感化,表现为大脑反应减弱;他们也不太可能帮助受伤的受害者(Bartholow et al., 2006; Bushman & Anderson, 2009)。
- 在玩暴力游戏而不是中性或亲社会电子游戏之后,人们变得更有可能不把外来移民群体当人看待(Greitemeyer & McLatchie, 2011)。

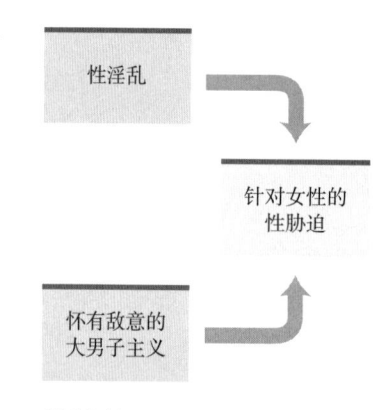

图 13.11
对女性进行性胁迫的男性
针对女性的性胁迫是没有感情的性乱交和怀有敌意的大男子主义的结合。(改编自 Malamuth, 1996)

巧合还是促成因素? 2011年,挪威人布雷维克引爆了一颗位于奥斯陆的政府大楼附近的炸弹,然后去一个青少年营地枪杀了69人,其中大部分是十几岁的孩子。他是一名第一人称射击游戏的玩家,他的"我把MW2(现代战争2)看作我的模拟训练的一部分"的言论激起了争论。玩暴力游戏促成了他的暴力行为,还是只是一种巧合性关联?为了探讨这类问题,心理学家进行了实验。

REUTERS/Andrew Berwick via www.freak.no/Handout

玩大量暴力电子游戏的年龄较小的青少年，把世界看作是更具敌意的。与不玩游戏的孩子相比，他们更多与人争论和打架，成绩更差（Gentile，2009）。但这只是因为天生有敌意的孩子更容易被这类游戏吸引吗？显然不是。对敌意分数低的游戏玩家和非玩家进行比较发现，他们报告的打架次数存在差异：暴力游戏玩家中有38%打过架，而非游戏玩家只有4%。随着时间的推移，非游戏玩家只有当开始玩暴力游戏时才变得更有可能打架（Anderson，2004a）。在德国青少年中，今天玩暴力游戏也能预测未来的攻击行为，但今天的攻击行为不能预测未来玩游戏（Möller & Krahé，2008）。

一些研究者认为，暴力电子游戏对暴力行为和认知的影响甚至比观看暴力电视和电影的影响还要大，一部分原因是玩暴力游戏的主动参与性更高以及对暴力的奖赏（Anderson & Warburton，2012）。有些研究者提出，暴力游戏的影响可以与接触石棉或二手烟的毒害影响相比（Bushman et al.，2010）。"玩暴力电子游戏可能不会让你的孩子变成精神变态杀手，"研究者布拉德·布什曼（Bushman，2011）承认，"但我想知道孩子会怎么对待他们的父母和兄弟姐妹，他们有多少怜悯之心。"

其他研究者则对暴力游戏影响的发现不以为然（Ferguson & Kilburn，2010）。他们提出，从1996年到2006年，电子游戏的销售量在增加，但年轻人的暴力却在减少。另外，一些人指出，对游戏着迷的玩家反应更快更敏捷：他们的反应速度提高了，视觉技能增强了（Dye et al.，2009; Green et al.，2010）。玩游戏的乐趣能够满足竞争感、控制感和社会联结感的基本需要（Przbylski et al, 2010）。而且实际上，2011年最高法院的一项决议推翻了加利福尼亚州禁止向儿童出售暴力电子游戏的法律（于禁止向儿童出售性暴露的材料之后出台）。法庭多数没有被危害证据说服，并且声称，第一修正案对自由言论的保证即便对进攻性游戏也是保护的。因此，争论还在持续。

***

总之，诸如暴力等严重的行为通常有许多决定因素，这就使任何单一的解释都显得过于简单。探寻导致暴力行为的原因，就像探寻导致癌症的原因一样困难。例如，接触石棉确实是引发癌症的一个原因，但仅仅是众多原因中的一个。研究揭示了许多生物的、心理的和社会文化因素对攻击行为的影响。如许多其他心理现象和行为一样，攻击也是一种生物 – 心理 – 社会现象（**图 13.12**）。

还要注意到，很多人在面对个人和社会压力时仍然过着温和甚至有着英雄气概的生活，这再次提醒我们个体的差异性。的确，历史趋势表明，世界正变得越来越不暴力（Pinker, 2011）。关键在于个人。人们随时间和地点发生改变提醒我们，环境也有差异。过去暴虐的维京人如今已经变成了爱好和平的斯堪的纳维亚人。与其他行为一样，攻击行为也产生于个人和情境的相互作用。

> 禁止向13岁的孩子出售带有裸体女人的杂志，同时依然向他们出售互动式的电子游戏，他们可以在虚拟游戏中主动地捆绑女人，堵住她的嘴，然后折磨和杀害她，这有什么意义呢？
> ——美国最高法院法官史蒂芬·布雷耶，反对意见，2011

提取一下

- 有哪些心理、生物和社会文化因素相互作用而产生攻击行为？

答案：我们的攻击倾向——包括怒气和冲动水平——由基因影响（生物因素）。然而，习得的反应、对挫折的知觉和对暴力的接触影响着我们是否会表现出攻击性行为。此外，社会文化背景，比如来自同龄人的压力和媒体的影响，也会影响我们的攻击反应方式。

生物影响：
- 遗传影响
- 生物化学影响，如睾丸素和酒精
- 神经影响，如严重的脑损伤

心理影响：
- 以为你喝了酒（无论你是否真的喝了）
- 挫败
- 攻击角色榜样
- 对攻击行为的奖赏
- 自我控制水平低

社会文化影响：
- 身处人群中的去个性化
- 具有挑战性的环境因素，如拥挤、炎热和直接的挑衅
- 攻击的父母榜样
- 父亲的参与程度极低
- 接触暴力媒体

↓
攻击行为

图 13.12
在生物－心理－社会层面上理解攻击
由于许多因素会导致攻击行为，改变这种行为有很多种方式，包括学习愤怒管理和沟通技能，以及避免接触暴力媒体和电子游戏。

吸 引

请暂停片刻，思考一下你与两个人的关系——一个是你的好朋友，一个是你爱的人。这些特殊的依恋关系帮助我们处理所有其他关系。那么，是什么心理化学物质引起了友谊和爱情呢？社会心理学给出了一些答案。

人际吸引的主要因素

13-12：为什么我们会结交或爱恋某些特定的人？

我们一直想知道怎样才能赢得他人的喜爱，以及是什么导致了我们感情高涨或消退呢？是亲不敬，熟生蔑，还是熟悉会强化我们的感情呢？是"物以类聚，人以群分"呢，还是"相反相吸"呢？美貌只是肤浅的，还是吸引力至关重要？为了探索这些问题，请思考我们彼此喜欢的三个成分：接近性、外貌吸引力和相似性。

接近性　在友谊变得亲密之前，必须得有友谊。接近性——空间上的接近——也许是友谊最重要的推动因素。接近性为攻击提供了可能，但更多情况下会引起喜欢。很多研究表明，人们最有可能喜欢那些住在附近的人，班级里坐在旁边的同学，在同一个办公室里工作的人，共用一个停车场的人，或是在同一个餐厅吃饭的人。人们甚至最可能与这样的人结婚。不妨看看周围。双栖始于相遇。（新科技能将空间上不邻近的人联系在一起，参见特写：在线配对与快速约会。）

接近性产生喜欢一定程度上是因为**曝光效应**（mere exposure effect）。一个新异的刺激反复地呈现——不管它们是无意义的音节、音乐片段、几何图形、汉字、人脸，还是组成我们名字的字母——都会增加我们对它们的喜爱（Moreland & Zajonc, 1982; Nuttin, 1987; Zajonc, 2001）。人们甚至更可能与姓或名和自己相似的人结婚（Jones et al., 2004）。

> ## 特　写
>
> ### 在线配对与快速约会
>
> 如果你在自己的活动范围还没找到恋人，为何不广撒网，加入 1 500 个约会服务网站上每年 3 000 万个使用者呢（Ellin, 2009）？
>
> 关于网络配对服务效果的已发表的研究报告还很少。但研究者已经有了惊人的发现：在互联网上形成的友谊和恋爱关系，平均来说，比私底下形成的关系更可能持续两年以上（Bargh et al., 2002, 2004; McKenna & Bargh, 1998, 2000; McKenna et al., 2002）。在他们的一项研究中，人们向网上结识的人倾诉更多，且更少装腔作势。在网上与人交谈 20 分钟，当事人会觉得比面对面会谈更喜欢对方。甚至网上和真正见面的是同一个人（当事人不知道这一点）时也是如此！网络友谊往往与现实生活中的人际关系感觉一样真实和重要。难怪哈里斯互动调查公司（Harris Interactive, 2010）发现，一个业内领先的线上媒人在美国每天促成 500 多对婚姻。
>
> 快速约会使人们对浪漫爱情的寻找加快。在一位犹太拉比开创的相亲流程中，人们连续与未来可能成为伴侣的人见面，要么面对面，要么借助网络摄像头（Bower, 2009）。人们先交谈 3~8 分钟，然后转向下一个人。（在面对面的见面中，一方——通常是女性——一直坐着，而另一方巡回流动。）那些想要再次见面的人可以安排未来的接触。对于很多参与者来说，4 分钟就足以形成对交谈者的感受，并注意到对方是否喜欢他们（Eastwick & Finkel, 2008a, b）。
>
> 研究者很快意识到，快速约会为研究第一印象的影响因素提供了一个独特的机会。以下是一些近期的发现：
>
> - 男性更容易被看透。人们（男性或女性）观看快速约会接触的录像时，能更准确地识别男性的恋爱兴趣水平（Place et al., 2009）。
> - 如果给予更多的选择，人们的选择会更肤浅。与大量潜在的伴侣见面，导致人们注重那些更容易评价的特征，如身高和体重（Lenton & Francesconi, 2010）。即使研究者控制了与每一方见面的时间也是如此。
> - 男性希望未来与更多的快速约会对象接触；女性往往更挑剔。但如果把传统角色反转过来，即男性一直坐着，女性巡回流动，那么这种性别差异就消失了（Finkel & Eastwick, 2009）。

曝光效应 曝光效应甚至也发生在我们自己身上。因为人类面孔并非完全对称，因此我们看到的镜中面孔与我们朋友看到的面孔并不一样。大部分人都偏爱熟悉的镜中影像，而我们的朋友则喜欢反转的影像（Mita et al., 1977）。我们大家熟悉的是左边的英国前首相卡梅伦。而他每天在镜子中看到的则是右边的面孔，而这张可能才是他偏爱的。

在一定程度上，熟悉会引起喜爱（Bornstein, 1989, 1999）。莫兰和比奇（Moreland & Beach, 1992）通过研究证明了这一点，他们找来四位吸引力大致相等的女性静静地与一个有 200 名学生的班级一起听课，她们听课的次数分别是 0，5，10 和 15 次。最后，向同学们展示这四位女性的幻灯片并让他们对每位的吸引力划分等级。谁最具吸引力呢？是那位被看到次数最多

第 13 章 社会心理学 535

图 13.13
我喜欢有点像我的候选人 研究者（Bailenson et al., 2005）将选民面孔的局部特征加入了 2004 年美国总统候选人乔治·布什（如图所示）和约翰·凯利的面孔里。参与者并没有意识到来自自己的特征，却更可能支持融入了自己局部面孔的候选人。

选民　　乔治·布什　　六四开的混合

的女性。这一现象对于下面这位小伙子来说应该不是什么令人惊讶的事情，他曾写了 700 多封信，恳求女友嫁给他，她最后确实结婚了——新郎是那位邮差（Steinberg, 1993）。

没有谁的面孔比自己的更熟悉了。这有助于解释一项有趣的研究结果（DeBruine, 2004）：人们喜欢那些相貌中包含了自己的面部特征的人。研究者（DeBruine, 2002）让大学生与虚拟的玩家一起玩游戏，如果虚拟玩家的照片加入了大学生自己面孔的一些局部特征，大学生就会更信任虚拟玩家，更愿意合作。我当然信任我自己（也见**图 13.13**）。

外貌吸引力　一旦接近性提供了接触的机会，什么对我们的第一印象影响最大？对方的真诚？智慧？人格？众多的实验表明，是一个比这些都要肤浅得多的因素：外貌。我们常常被教导"美貌是肤浅的"，"外貌具有欺骗性"，因此这些研究结果令我们不安。

在一项早期的研究中，研究者对来自明尼苏达大学的新生进行随机搭配，让他们参加一个欢迎舞会（Walster et al., 1966）。在舞会开始前，研究者对每个学生进行了人格与能力测试，并对他们的外貌吸引力打分。舞会的当晚，在搭档们跳舞和交谈超过了两个小时之后，让他们评价自己的约会。是什么决定他们是否相互喜欢呢？似乎只有一个因素产生关键作用，那就是外貌。男性和女性都最喜欢长相好的搭档。虽然女性比男性更有可能说对方的长相对她们没有影响（Lippa, 2007），但男性的长相确实会影响到女性的行为（Feingold, 1990; Sprecher, 1989; Woll, 1986）。快速约会实验证实，外貌吸引力会影响男女两性对彼此的第一印象（Belot & Francesconi, 2006; Finkel & Eastwick, 2008）。

人们的外貌吸引力有着广泛的影响。它可以预测一个人约会的频率、受欢迎的程度、他人对其人格的最初印象等。我们并不认为有吸引力的人更富有同情心，但实验参与者认为他们更健康、更快乐、更为敏感、更成功和富有社会技能（Eagly et al., 1991; Feingold, 1992; Hatfield & Sprecher, 1986）。具有吸引力且穿着得体的人更有可能给将来的雇主留下好印象，并在工作中取得成功（Cash & Janda, 1984; Langlois et al., 2000; Solomon, 1987）。对收入的分析表明相貌平庸或者肥胖都会减分，而美貌则能加分（Engemann & Owyang, 2005）。

对 100 部从 1940 年到 90 年代的高票房电影进行分析后发现，在

当穴居人坠入爱河时

电影中，外貌富有吸引力的人物被描绘得比那些外貌不富有吸引力的人物精神更高尚（Smith et al., 1999）。但是，好莱坞的角色模式并不能解释为什么从注视的时间来判断，即使是婴儿也更偏爱有吸引力的外表（Langlois et al., 1987）。伯明翰大学教授赫尔（Hull, 1990, p. 23）在失明后发现，上述情况在一些盲人中也会出现。同事对一位美貌女性的评述奇妙地影响了他的知觉。他感到这是"可悲的……但是我仍有这种感觉……眼睛正常的男性对女性的想法对我有什么意义呢……但是，我仍关心他们的想法，我似乎并不能摆脱掉这种偏见。"

有些人认为看重外貌是不公平的，也是不明智的。两个关于吸引力的发现可能会让他们感到安心。首先，令人惊奇的是，人们的吸引力与他们的自尊和幸福无关（Diener et al., 1995; Major et al., 1984）。除非刚刚与那些极具吸引力的人作了比较，否则很少有人认为自己是缺乏吸引力的（Thornton & Moore, 1993）。（这也许多亏了曝光效应，我们大部分人都习惯了自己的长相。）其次，很有吸引力的人有时会怀疑人们对他们工作的赞赏其实是对他们外貌的一种反应。当不是很有吸引力的人被称赞时，他们更可能认为这种赞赏是真诚可信的（Berscheid, 1981）。

美是存在于特定文化之中的——大部分审美标准都受到特定时空的影响和制约。为了看起来具有吸引力，不同文化中的人们穿鼻子、拉长脖子、缠脚、染发或给皮肤涂色、暴饮暴食以增肥或减肥以显得苗条、束紧皮衣使胸部看起来更小，或利用外科手术往乳房里填充硅胶然后穿上丰胸内衣以显得更为丰满。在北美，20世纪20年代轰轰烈烈的追求极瘦的观念被50年代温柔、性感的玛丽莲·梦露形象所代替，而这一形象又被90年代身材苗条但胸部丰满的形象所替代。

如果我们天生没有吸引力，我们也可以试着去购买美貌。美国人目前在美容用品上的花费已经超过了教育和社会服务的总和。即使这样人们还不满足，数百万的人接受整容手术、盖牙术和牙齿美白、注射肉毒素除去皮肤皱纹以及激光除毛术（ASPS, 2010）。

然而，吸引力的某些方面确实能够跨越时空（Cunningham et al., 2005; Langlois et al., 2000）。身体提供了生育力的线索，因而影响性吸引力。如进化心理学家所解释的（见第5章），从澳大利亚到赞比亚，很多文化中的男性认为那些外表看起来年轻、生育能力强的女性更有吸引力，而判断的依据是低腰臀比（Karremans et al., 2010; Perilloux et al., 2010; Platek & Singh, 2010）。女性则认为那些看起来健康的男性，特

外貌的美丽比任何介绍信都更有效。

——亚里士多德，
《格言录》，公元前330年

"经常想到自己外表"的男性和女性的比例：

	男性	女性
加拿大	18%	20%
美国	17	27
墨西哥	40	45
委内瑞拉	47	65

资料来源：Roper Starch survey, reported by McCool (1999).

接受整形手术的人中91%是女性（ASPS, 2010）。女性对他人外貌的记忆也好于男性（Mast & Hall, 2006）。

他人眼中的吸引力 吸引力的概念会因文化而不同。但成年人的某些生理特征，如健康的外貌，似乎在任何地方都是有吸引力的。

极端的美容 在富裕、崇尚美的文化中，越来越多的人通过整形手术来改善他们的外表。如果钱不是问题，你也会这样做吗？

别是那些看起来成熟、有地位和富有的男性具吸引力，在排卵期尤其如此（Gallup & Frederick, 2010; Gangestad et al., 2010）。当然面孔也很重要。当人们分别评价异性的面孔和身体的时候，面孔能更好地预测整体的喜欢程度（Currie & Little, 2009; Peters et al., 2007）。

我们的感受也会影响对吸引力的判断。想想有两个人。第一个人诚实、幽默而且彬彬有礼。第二个人粗鲁、无礼貌且满嘴脏话。哪一个更有吸引力？大多数人认为性格有魅力的人外貌也有吸引力（Lewandowski et al., 2007）。我们认为自己所喜欢的人有吸引力。在罗杰斯和海默斯坦的一部音乐剧中，王子对灰姑娘这样问道，"是因为你美丽我才爱你，还是因为我爱你你才美丽？"很可能两者皆有。随着我们见到所爱之人的次数增多，他们外表的不完美变得不显眼而他们的吸引力却变得更为明显（Beaman & Klentz, 1983; Gross & Crofton, 1977）。莎士比亚在《仲夏夜之梦》中写道："爱不是来自眼中，而是来自心中。"爱上某个人，你就会看到他（她）一天比一天美丽。

相似性 接近性让你接触到某个人，并且你的外貌给对方留下了很好的第一印象。那么现在影响你们能否由熟人转变为朋友的因素是什么呢？比如，随着你对一个人了解的深入，你发现你们有很多不同之处，或者你们有很多相似之处，哪一种情况会使你们更加相互吸引呢？

这是个好故事——非常不同的类型喜欢或热爱彼此。艾诺·洛贝尔书中的青蛙和蟾蜍，《暮光之城》系列中的爱德华和贝拉。这些故事用我们很少经历的事取悦我们，因为在现实生活中，我们往往不喜欢与我们不同的人（Rosenbaum, 1986）。朋友或夫妇比那些随意搭配的人更可能表现出相似的态度、信念和兴趣（还有年龄、宗教信仰、种族、教育水平、智力、吸烟行为及经济地位等）。

而且，人们之间的相似点越多，他们之间的好感也就越持久（Byrne, 1971）。记者沃尔特·李普曼的推测是对的，即"当相爱的人有许多共同的爱好，而不仅仅是互相喜欢时，爱情会持续下去"。相似可以带来满足感。差异通

美感随着曝光次数而增加 米勒家具公司著名的亚伦办公椅（Aeron chair），最初在舒适度上的评分很高，但在美观评价上则糟透了。有人认为它看上去就像"草坪家具"或者"史前的巨型昆虫"（Gladwell, 2005）。但之后它赢得了设计大奖，在媒体上不断曝光，模仿坐椅也不断出现，"丑小鸭"最终成为该公司史上最畅销的坐椅，在美观上重新获得了人们的好评。人也一样，美部分地存在于欣赏者的眼里，随着曝光度的增加而不断变美。

Aeron work chair, courtesy of Herman Miller, Inc.

常会招致讨厌，这可以解释许多异性恋男性为什么看不惯那些与他们在性取向和性别角色上都不相同的同性恋男性（Lehavot & Lambert, 2007）。

接近性、外貌吸引力和相似性并非吸引的全部决定因素。我们也会喜欢那些喜欢我们的人，尤其是当我们的自我意象较低的时候。当我们认为某个人喜欢我们，就会更热情地回应他们，进而使他们更加喜欢我们（Curtis & Miller, 1986）。被人喜欢是一种很有效的奖赏。

的确，一个简单的吸引回报理论就可以解释我们迄今所考虑的所有问题，即我们会喜欢那些行为对我们有奖赏作用的人，并且我们会继续维持回报多于付出的关系。当一个人与另一个人在邻近的空间里生活或工作时，与这个人发展友谊需要花费的时间和努力较少，同时又可以享受友谊所带来的好处。具有吸引力的人可以带给人们美的愉悦，与他们交往可以获得社会性的奖赏。那些与我们有相似观点的人可以为我们提供支持。

提取一下

- 人们往往会与在周围生活或工作的人结婚。这是一个_____起作用的例子。

  答案：接近性。

- 外貌吸引力如何影响其他人的感知?

  答案：外貌吸引力往往会被我们看重得超过一切。人们认为漂亮的人是有吸引力的，而且其他人品质更多的。

浪漫爱情

13-13：浪漫爱情是如何随着时间推移而变化的?

有时候，人们很快地从初次印象发展到友谊，再到更为热烈、复杂和神秘的浪漫之爱的状态。如果爱情持续，短暂的激情之爱会成熟为持久的伴侣之爱（Hatfield, 1988）。

激情之爱 唤起是**激情之爱**（passionate love）的一个关键因素，情绪的两因素理论（见第 10 章）可以帮助我们理解这种对另一个人的强烈而积极的爱意（Hatfield, 1988）。这一理论假设：

- 情绪有两个因素，即身体的唤起和认知评价；
- 由某种原因导致的唤起既可以增强这一种情绪也可以增强另一种情绪，这取决于我们怎样对唤起进行解释和归类。

在一项著名实验中，研究者对横跨英属哥伦比亚险峻的卡皮拉诺河的两座桥上的人进行了研究（Dutton & Aron, 1974, 1989）。一座是摇摇晃晃的吊桥，离下面岩石有 230 英尺；另一座则较矮而且稳固。研究者让一位富有吸引力的年轻女实验助手拦住刚从两座桥上下来的男性，请他们帮忙填写一份简短的问卷，随后给这些男性留了电话，以备他们想对她的项目有更多的了解。那些刚刚走过那座高桥，心还

比尔看着苏珊，苏珊望着比尔。突然间死亡似乎不再是一个可取的选择。这就是一见钟情。

怦怦直跳的男性中有更多的人接受了电话号码，并在后来给这位女性打了电话。当情绪被唤起，并把这种唤起的部分原因与一个合意的人联系起来的时候，便会感受到激情的推动。肾上腺素使两颗心贴得更近。当不断增进的依恋对性欲望加以补充时，就会产生激情之爱（Berscheid，2010）。

伴侣之爱 虽然浪漫爱情中的渴望和依恋常会经久不息，但对对方强烈的关注、浪漫的感觉以及心醉神迷的如同"漂浮在云端"的感觉一般会逐渐消退。这是否意味着法国人说"爱情让时间飞逝而时间让爱情溜走"是正确的呢？或者，友谊与承诺可以在激情消退后让关系更为持久？

证据表明，随着爱情的逐渐成熟，它就变成一种更为稳固的**伴侣之爱**（companionate love）——一种深沉的、真挚的依恋。血液中促进激情的激素（睾丸激素、多巴胺、肾上腺素）会减少，而另一种激素催产素则诱发了信任、冷静以及与伴侣联结的感觉。在最令人满意的婚姻中，吸引和性欲望是持久的，少了早期爱情关系中的痴迷（Acevedo & Aron，2009）。

从激情到依恋可能是一种适应性的智慧（Reis & Aron，2008）。激情之爱常会带来孩子的出生，而父母之间迷恋的逐渐减少有利于孩子的生存。社会心理学家伯奇德及其同事（Berscheid et al.，1984）强调，未认识到短暂的激情之爱的有限性会导致关系破裂。事实上，在意识到激情之爱可能是短暂的迷恋之后，一些社会将这种情感视作结婚的非理性原因。他们认为最好是选择一个与你有相似兴趣和背景的人成为伴侣，或者是被这样的人选择。在非西方文化中，人们认为爱情对于婚姻没那么重要，离婚率的确较低（Levine et al.，1995）。

要建立令人满意且持久的关系，一个关键的因素是**公平**（equity）：双方的获得与付出是相称的。当公平存在时，他们就有很大机会获得持久的和令人满意的伴侣之爱（Gray-Little & Burks，1983；Van Yperen & Buunk，1990）。在一项全国性的调查中，"分担家务"位列人们认为与婚姻成功相关的九件事中的第三位（在"忠诚"和"满意的性关系"之后）。"我喜欢拥抱，我喜欢接吻。但我真正喜欢的是一起洗盘子，"皮尤研究中心总结道（Pew Research Center，2007）。

公平的重要性超越了婚姻的范畴。彼此分享自我和财产，共同做决定，给予和获得感情的支持，提升和关注另一方的幸福是每一种爱的关系的核心和关键（Sternberg & Grajek，1984）。这一点不论对于相爱的人，父母与孩子，还是亲密的朋友都是适用的。

爱的关系的另一个至关重要的因素是**自我表露**（self-disclosure），即吐露内心细微的想法——我们喜欢什么、厌恶什么，我们的梦想与担忧，我们感到骄傲和感到

> 当两个人处于最激烈、最疯狂、最虚妄和最短暂的激情之中时，他们发誓他们会一直维持那种兴奋的、不同寻常的和使人筋疲力尽的状态，直到生命的尽头。
> ——萧伯纳，
> 《结婚》，1908

爱情是古老的现象 2007年，一对5000—6000年前"罗密欧与朱丽叶"式的年轻情侣在罗马附近被发掘出来时保持相互拥抱的姿态。

羞愧的时刻。罗马政治家塞涅卡说："当我和朋友在一起时，我感觉就像独处，可以自由地讲出所想的任何事情。"自我表露促进好感，而好感又会促进自我表露（Collins & Miller, 1994）。当一方表露了一点儿，另一方也会如此；假如一方表露更多，另一方也会一样。如此反复，朋友或爱人就会更加亲密（Baumeister & Bratslavsky, 1999）。

有一项实验就是让成对的学生志愿者进行为时45分钟的逐渐增加自我表露的谈话，谈话内容很广泛，比如："你上次自己唱歌是什么时候？""你上一次在别人面前哭泣是什么时候？""你上一次独自一人哭泣又是在何时？"等等。到实验结束时，那些体验不断上升的亲密感的学生明显地感到与他们的谈话伙伴更为亲近，比那些只在这段时间里相互问了一些无关紧要问题（比如"你们的高中生活怎么样呢？"等）的学生之间的关系要亲近得多（Aron et al., 1997）。自我表露的亲密感和相互支持的公平感会使持久的伴侣之爱成为现实。

除公平和自我表露之外，第三个维系爱的重要因素是积极支持。尽管关系冲突是不可避免的，但我们可以问问自己在沟通中是更经常表达嘲讽还是支持，轻蔑还是同情，嘲笑还是微笑。对于不快乐的伴侣来说，意见不合、批评指责和贬低是家常便饭。而对于关系长久的快乐伴侣来说，积极的互动（赞美、抚摸、微笑）比消极的互动（讽刺、反对、辱骂）至少多5倍（Gottman, 2007; 也见 Sullivan et al., 2010）。

如果用数学公式来表达爱情，那么就是：自我表露的亲密 + 相互支持性的公平 = 长久的伴侣之爱。

提取一下

- 情绪的两因素理论如何解释激情之爱？

答案：请依据以下：（1）生理唤起以及（2）我们对这些唤起在何因的解释，如果有它你的心爱的人在场，你会将唤起为激情。

- 维持伴侣之爱的两个关键要素是_____和_____。

答案：公平；自我表露

利他主义

13-14：什么时候我们最愿意和最不愿意帮助他人？

利他主义（altruism）是对他人利益的无私关注。为了营救他的监狱官，德克·威廉斯表现出利他主义。卢旺达首都基加利的卡尔·威尔肯斯和保罗·路斯沙巴吉那也是如此。威尔肯斯是一名耶稣复临安息日会传教士，1994年他与家人一起生活在基加利，当年胡图族民兵开始屠杀图西族人。美国政府、教会领导以及他的朋友都设法营救他离开。但是他拒绝了。在转移了他的家人，甚至在所有其他美国人都离开基加利之后，他独自一人留下来，与一场800 000人的种族灭绝相抗争。当民兵前来杀害他和他的图西族仆人时,威尔肯斯的胡图族邻居制止了他们。尽管不断面临死亡的威胁,但他每天还是穿越路障给孤儿带去食物和水,谈判、恳求和出生入死,一次又一次拯救生命。他后来解释说(Kristof, 2004),"我只是做了正确的事情而已。"

在基加利的另一个地方,路斯沙巴吉那,一名与图西族人结了婚的胡图族人,管理着一家高档饭店,庇护了1 200多名惊恐不已的图西族人和一些温和的胡图族人。当国际调停者抛弃了这座城市,恶意的民兵在"卢旺达饭店"(2004年拍成了一部电影)威胁他的宾客时,勇敢的路斯沙巴吉那开始动用他的积蓄。他贿赂民兵,给在国外有影响力的人打电话以向当地权贵施压,从而在水火之中解救了饭店里的居住者。威尔肯斯和路斯沙巴吉那都表现出了利他主义,这是一种为了他人利益的无私行为。

在一起特别卑鄙可耻的性暴力事件发生后,利他主义成了社会心理学家们一个主要的关注点。1964年3月13日凌晨三点半的纽约市,一个跟踪者在基蒂·吉诺维斯的公寓外刺了她好几刀,然后强奸了严重受伤的她。"救命啊!救救我!"当吉诺维斯的喊叫声打破了清晨的沉寂时,有窗户打开了,灯也亮了,有38户邻居听到了她的喊叫声。歹徒逃之夭夭,不一会儿又回来了,并又对吉诺维斯砍了8刀,然后再次强奸了她。直到歹徒逃得无影无踪之后才有人做出了报警的举动,这时已经是凌晨3点50分。

为什么会发生大屠杀? 估计有80万人死于1994年的卢旺达大屠杀,当时胡图人杀害了大量的图西人。社会心理学研究帮助我们理解引发大屠杀的一些因素。我们倾向于把世界归类为我们和他们,而且当受到威胁时,对外群体感觉到更大的仇恨。

旁观者干预

对于吉诺维斯被杀事件以及其他类似的悲剧,大部分的评论者都对旁观者的"冷漠"与"无动于衷"感到愤怒。社会心理学家达利和拉坦(Darley & Latané, 1968b)并没有指责旁观者,而是把他们的不作为归因于一个重要的情境性因素——他人的在场。他们推测,在特定的情形下,我们中的大多数人都可能做出类似的行为。

在考察了各种情形下的紧急事件之后,达利和拉坦把他们的发现组建成了一个旁观者介入的决策图式:只有当情境使我们首先注意到事件的发生,然后将其解释为紧急事件并最后确信自己有责任救助之后,我们才会提供帮助(图13.14)。在每一个步骤中,其他旁观者的存在都会使人们偏离提供帮助的轨道。

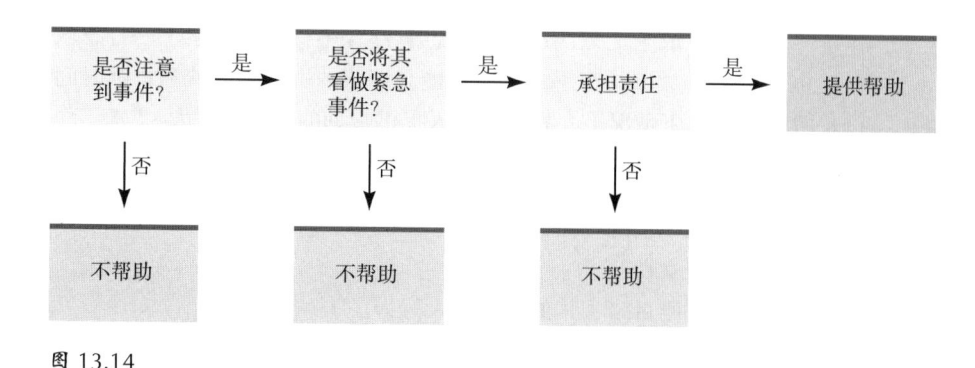

图 13.14
旁观者介入的决策过程
在提供帮助之前,个体必须首先注意到紧急事件,然后对其进行正确的解释,并感到自己有提供帮助的责任。(资料来源:Darley & Latané, 1968b)

图 13.15

对模拟紧急事件的反应

当人们认为只有自己一个人听到癫痫发作者的呼救声时，他们常常会提供帮助，但是当他们认为还有其他 4 个人也听到了呼救声时，只有少于 1/3 的人会采取行动。（资料来源：Darley & Latané, 1968a）

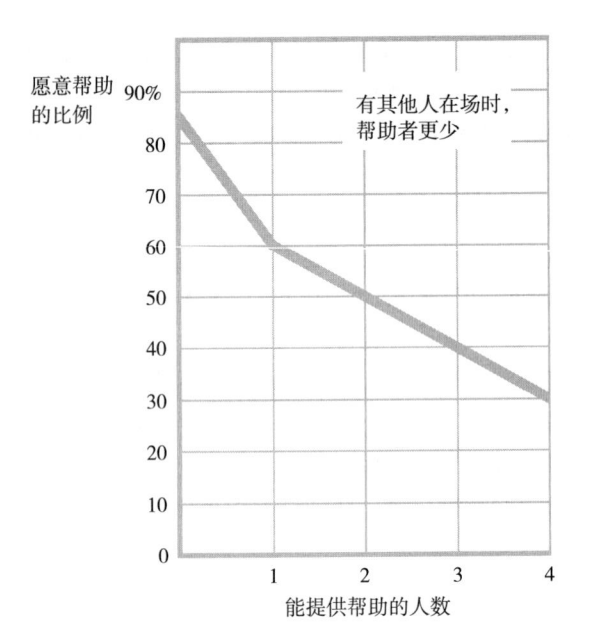

达利和拉坦的结论是在分析了一系列实验的结果之后得出的（Darley & Latané, 1968a）。例如，他们在实验室中模拟了一个紧急事件，让大学生们参加一个内部通话形式的讨论。每个学生单独待在一个小房间里，只有麦克风被接通时自己的声音才能被其他人听到，其中一个学生是实验助手，当轮到他时，他模仿癫痫发作的声音并请求帮助。

其他学生是如何反应的呢？正如**图 13.15**所示，那些认为只有自己才能听到受害人的呼救声的人——因此会认为自己承担着提供帮助的全部责任——通常会提供帮助。而那些认为其他人也能听到呼救声的人则更有可能像吉诺维斯的邻居一样反应。能够承担救助责任的人越多，单个人提供帮助的可能性就越小，这就是责任分散现象。

很多研究都证明了**旁观者效应**（bystander effect）。例如，研究者和助手在三个城市中乘坐了 1 497 次电梯，在其他 4 813 名乘客面前"不小心"掉落了硬币或铅笔（Latané & Dabbs, 1975）。当电梯中只有一个旁观者时，他提供帮助的可能性是 40%，而当有 6 名旁观者时，这一比例只有 20%。

根据对成千上万次这类"紧急事件"中行为的观察——打急救电话以帮助被困的车手、献血、捡起掉落的书本、捐钱和贡献时间等——在以下情况下，我们为他人提供帮助的可能性最大：

- 对方看上去需要帮助且值得我们帮助。
- 这个人在某些方面与我们相似。
- 对方是女性。
- 我们刚刚目睹了其他人的助人行为。
- 我们没有急事。
- 我们在小镇或郊区。
- 当我们感到内疚时。
- 我们在关注他人而不是专注于自己的事情。

- 我们心情好的时候。

最后这一条，即"快乐的人是乐善好施的"，是心理学中最具有一致性的发现之一。正如诗人罗伯特·勃朗宁（Browning, 1868）所说："让我们快乐，我们就会成为好人！"如何让我们快乐并不重要。不管人们是通过什么方式快乐起来的——觉得自己成功、聪明、想到高兴的事情、得到了钱，或者是接受了催眠的暗示——他们都会变得更为慷慨，更乐于助人（Carlson et al., 1988）。

因此，快乐可以滋生助人行为。同时，帮助他人也会带来快乐。慷慨的捐赠行为激活了与奖赏相关的脑区（Harbaugh et al., 2007）。这似乎解释了一个有趣的发现：把钱捐赠出去的人比几乎把钱全部花在自己身上的人要快乐。在一项实验中，研究者给了参与者一个信封，里面装着现金和指导语，要求人们要么把钱花在自己身上要么花在别人身上（Dunn et al., 2008）。在一天结束时，究竟哪一组人更开心呢？答案是把钱花在别人身上的那一组。

提取一下

- 为什么没有人帮助吉诺维斯？这个事件说明了什么社会关系原理？

答案：沒有其他人在场时，个体注意到并了解事件紧急状态之后并且承担起帮助的责任就会施以援手。旁观者的例子证明了其他人的存在会减少每一个个体承担责任的可能性。

助人的规范

13-15：社会交换理论和社会规范如何解释帮助行为？

我们为什么会帮助他人呢？一个普遍的观点是，自我利益是所有人类互动的基础：我们永恒不变的目标是把收益最大化而把成本最小化，会计们称之为成本－收益分析。哲学家称之为实用主义，社会心理学家称之为**社会交换理论**（social exchange theory）。当你在考虑是否要献血的时候，你可能会这样权衡其成本（时间、不舒服和焦虑感）及收益（减少负罪感、获得社会赞同和良好的感觉）。假如你认为提供帮助的收益大于成本，你就会提供帮助。

另一些研究者认为，我们帮助他人是社会化使然，通过规范规定了我们应该怎么做。在社会化过程中，我们学到了**互惠规范**（reciprocity norm），即我们应回报那些帮助我们的人而不是伤害他们。当我们处理自己与其他同等地位的人的关系时，互惠规范迫使我们做到付出（给予帮助、赠送礼物或提出邀请等）与获得一样多。

美国亚利桑那州滕比市的一个无家可归者戴夫·塔里捡到了一名亚利桑那州立大学学生丢失的双肩包，他在包里发现了学生用来买二手车的3300美元，在这之后互惠规范就启动了（Lacey, 2010）。塔里没有将这笔钱用于他所急需的自行车维修、食物和庇护所，而是把双肩包送到他所志愿服务的社会服务机构。为了感谢塔里的帮助，那名学生给了塔里一些钱作为回报。在听说了塔里无私的事迹之后，许多人也给他送来钱并且为他提供工作。

我们也习得了**社会责任规范**（social-responsibility norm），即我们应该帮助那些需要帮助的人，比如年幼的孩子和那些并不能回报同样多的人，即使这样做的成本大于收益。每周都参加宗教服务的人被告诫要实践社会责任规范，他们有时会这样做。在美国的调查中，他们主动为贫穷者和弱者提供帮助的时间比那些极少或从不参加宗教服务的人要多两倍（Hodgkinson & Weitzman, 1992; Independent Sector, 2002）。从2006年到2008年，盖洛普调查抽取了140个国家的30万多人，比较了"高度虔诚"的教徒（报告说宗教在他们的日常生活中占据重要的地位，而且在之前的一周中参加过宗教服务）和不那么虔诚的人。那些高度虔诚的人，即使收入不高，他们报告在上个月捐钱给慈善机构和在某个组织从事志愿工作的可能性也高出大约50%（Pelham & Crabtree, 2008）。

尽管积极的社会规范总是鼓励人们要宽容并促进群体生活，但是冲突却经常让我们分裂。

冲突与调停

虽然自20世纪末以来，西方民主制度逐渐被一些东欧和阿拉伯国家所采纳，但全世界每天仍然要在武器与军队上花费30亿美元，而这些钱原本可以用于住房、营养、教育和健康。既然战争始于人们的思想，心理学家就想弄明白：人们思想中的什么东西导致了破坏性的冲突？我们感觉到的来自社会差异的威胁如何才能够被一种合作精神所取代？

冲突的要素

13-16：社会陷阱和镜像知觉是如何引发社会冲突的？

对社会心理学家来说，**冲突**（conflict）是行为、目标或观念等方面的不相容。从国家间的战争到一个社会中的文化纷争，再到婚姻矛盾中的个人，冲突的因素在各个层面上都非常相似。在每一个情境中，人们都会陷入一个具有潜在破坏性的社会过程，而这个过程可能产生大家都不希望的结果。这些破坏性过程就包括社会陷阱和扭曲的知觉。

社会陷阱 在有些情况下，我们可以通过追求个人利益来促进集体的福祉。正如资本论者亚当·斯密在1776年出版的《国富论》中所写的，"我们所期望的晚餐不是来自屠夫、酿酒者或是面包师的善行或捐款，而是来自于他们对自己利益的关注"。在另一些情况下，参与的各方在追求各自目标时可能会导致相互伤害。这样的情境就是**社会陷阱**（social trap）。

思考图13.16中这个简单的游戏矩阵，这和那些已经有无数人参与的实验中所用的方法相似。在这个游戏中，双方可能都赢或都输，这取决于参与者的个人选择。假如你是1号参与者，另一个人是2号参与者，你们俩单独选择A或B后你们将各自获得如图所示的奖励。（你也可以请某个人和你一起玩这个游戏，由他扮演 2 号参与者）。你会选择哪一个，A 还是 B？

当你思考这个游戏时，你会发现你和 2 号参与者处于一个两难境地。假如你们都选 A，你们都会受益，每个人获得 5 美元；假如你们都选择 B，你们中任何一个都不会受益，因为你们都没赢。不过，在每个单次选择中，你选 B 符合自己的利益，你不会输，并且你可能获得 10 美元。但是，这种情况也同样可以发生在另一个人身上。于是，社会陷阱出现了：只要你们都追求自己眼前的最大利益而选择 B，你们都将一无所获——这是最典型的结果——而你们本来都可以获得 5 美元。

类似地，许多现实生活情境也会造成个人利益与共同利益的冲突。私家车拥有者在想："混合动力和电动汽车更贵，而且也不如我想买的车型漂亮。况且，我用的燃料并不会明显增加温室效应。"当这样想的人非常多的话，产生的共同结果就是灾难的降临——海平面上升和极端天气增多。

社会陷阱给我们提出了挑战，我们需要寻找合适的方法来协调我们追求个人利益的权利与我们为世人造福的责任之间的关系。心理学家因而正在寻找合适的方法说服人们为了共同的发展和提高而相互合作——这些方法有：建立一致同意的规则，进行更有效的沟通，以及提升人们对社区、国家乃至整个人类的责任意识（Dawes, 1980; Linder, 1982; Sato, 1987）。有了这些，不管是在实验条件下还是在现实生活中，人们都更可能相互合作。

敌人知觉 心理学家注意到，处于冲突中的人们倾向于丑化另一方的形象。具有讽刺意味的是，这些扭曲的形象如此相似，我们把它们叫作**镜像知觉**（mirror-image perceptions）。每一方都在丑化另一方：我们把"他们"看作是不值得信任的和邪恶的，同样"他们"也这么看我们。

镜像知觉常常会造成敌意的恶性循环。如果胡安相信玛丽在生自己的气，就可能冷落玛丽，这会导致玛丽相应的行为，从而证明胡安知觉的正确性。个体如此，

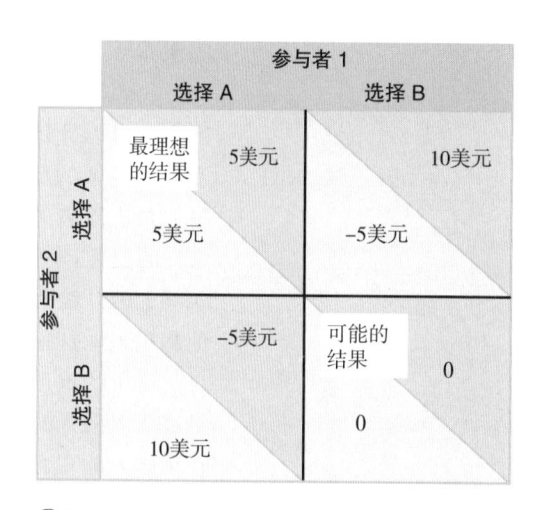

图 13.16

社会陷阱游戏矩阵

追求个人利益而不信任他人会使我们以失败告终。为了阐明这个道理，想象你自己正在玩这个游戏。每个方格深色部分显示了 1 号参与者的结果，而这取决于两个参与者的选择。假如你是 1 号参与者，你将选择 A 还是 B 呢？（这一游戏被称为"非零和博弈"，因为不要求最终结果的总和为零，两方可以共赢或者共输）。

别在我的海里！ 很多人支持替代能源，包括风力涡轮机。但是要在人们生活的周边地区建造风力农场时，却很少得到支持。在马萨诸塞州楠塔基特岛的海岸建造风力机的提议就引发了热议，争论的焦点在于未来清洁能源的益处与改变宝贵的海洋景观的代价，以及还可能改变鸟的迁徙路线。

国家亦然。知觉变成了自我实现的预言。

我们往往会把自己的行为视为对挑衅的反应，而非后续事件的原因。当我们觉得自己是以牙还牙时，往往做出更强烈的回击，正如伦敦大学学院的志愿者在一项实验中所做的那样。他们在感觉到自己手指上的压力后，要使用一台机械设备按压另一位志愿者的手指。虽然他们的任务是回报以相同的压力，但他们按压的力量通常比自己刚刚体验到的压力要多出约 40%。尽管需要做出同等的响应，但他们的做法马上就升级为强烈的按压，就像每个打过一架的孩子所说的："我只是推了他一下，他却狠狠地打我"（Shergill et al., 2003）。

这里的重点并不在于真理必须是两种冲突观点的中间点（一个可能更准确），而是在于对敌人的知觉经常会形成镜像。此外，随着敌人的变化，知觉也会发生变化。在美国人的观念与媒体宣传中，"嗜血的、残忍的、奸诈的"日本人在"二战"以后成为他们"聪明的、勤奋的、自律的、足智多谋的"盟友（Gallup, 1972）。

提取一下

- 为什么球迷在他们的主要竞争球队输掉比赛时会有满足感？在其他场合，为什么这样的感觉会导致冲突的解决更加困难？

答案：球迷可能感觉到自己是内群体的一部分，把自己的球队视为内群体（主要竞争的球队则是外群体）。内群体偏爱会令球迷由此得出一种社会性结论，即我们比他们好。当竞争的球队输了一场比赛时，对他们的内群体的积极评价会强化了。在冲突中，若外群体被描绘得很糟糕（相反的内群体则相对的话），这会阻碍冲突的解决。

促进和平

13-17：我们怎样才能把偏见、攻击和冲突的感受转变为促进和平的态度？

我们怎样才能实现和平？接触、合作、沟通和调解可以把偏见和冲突导致的敌意变成寻求和平的态度吗？研究表明，在某些情况下确实可以。

接触 让冲突的双方紧密接触会有帮助吗？那要看情况。如果这种接触没有竞争性，双方地位平等，比如一起工作的店员，接触往往有帮助作用。原来存有偏见的不同种族的同事，在这种情况下通常会彼此接纳。研究者对 500 多项有关与外群体（比如少数族裔、老年人、残疾人等）面对面接触的研究进行了统计分析，结果证明了上述结论。在研究所涵盖的 38 个国家的 25 万人中，接触与更积极的态度相关，或者在实验研究中，接触有助于形成更加积极的态度（Pettigrew & Tropp, 2011）。举例如下：

- 在跨种族的接触中，南非白人和黑人的态度变得更为接近（Dixon et al., 2007; Finchilescu & Tredoux, 2010）。
- 异性恋者对同性恋者的态度不仅受到他们知道什么的影响，也受到他们认识什么人的影响（Smith et al., 2009;）。在一项全美调查中，家人或好友中有同性恋的人支持同性婚姻的可能性是没有的人的 2 倍——分别为 55% 与 25%（Neidorf & Morin, 2007）。
- 甚至与外群体成员的间接接触（通过读故事或者朋友间的转述）通常也能减少

偏见（Cameron & Rutland, 2006; Pettigrew et al., 2007）。

然而，有时光有接触还不够。在大部分废除种族隔离的学校，不同的种族群体重新在午餐厅和其他学校场所隔离自己（Alexander & Tredoux, 2010; Clack et al., 2005; Schofield, 1986）。每个群体的人通常都认为他们欢迎与别的群体进行更多的接触，但又假定别的群体不会回报己方的良好愿望（Richeson & Shelton, 2007）。"我不会主动与他们接触，因为我不想遭到拒绝；他们也不会主动与我接触，因为他们对我根本不感兴趣。"只有纠正这种镜像式的错误知觉，才可能建立友谊，消除偏见。

合作 为了弄清敌对双方能否克服他们的差异，研究者谢里夫（Sherif, 1966）先故意激起群体的冲突。他把22名俄克拉荷马城的男孩子分到一个男孩侦察营的两个独立区域。然后在两组之间进行了一系列的竞争性活动，并奖励获胜者。没过多久，每个男孩都对自己所在的小组有着强烈的自豪感，而对另一小组充满敌意并形容对方是"鬼鬼祟祟的""卑鄙的"。他们在用餐期间争夺食物并把餐厅洗劫一空，不得不由营地职员来制止斗殴。当谢里夫再把两组人聚集在一起时，除了辱骂与威胁，他们互不搭理。谁都不会想到，几天之后，他们竟然成了朋友。

谢里夫做到这一点是通过给予他们**超级目标**（superordinate goal）——只有通过合作才能达成的共同目标。他安排将营地水源供应中断，所有22个男孩子必须一起努力来恢复供水。在没有在线影片租赁的日子里，租一部电影需要他们把资源聚拢起来。所有的男孩子需要一起又推又拉才能使抛锚的卡车重新发动。谢里夫用分离与竞争使陌生人变为了敌对者，又用共同的困境和目标使敌对者和解并成为朋友。简单的接触并不能降低冲突，合作性的接触才能降低冲突。

一个共同的困境在"9·11"事件后的数周里也起着强大的团结作用。在美国，人们感到"我们"正在遭受袭击，爱国心高涨。盖洛普对"我们的总统"支持率的调查显示，在袭击前一周还是51%的支持率，到袭击后10天就提高到了历史最高点——90%，刚刚超过老布什在1991年海湾战争进入高潮时所达到的89%的支持率这一记录（Newport, 2002）。无论是在聊天室还是在日常对话中，"我们"（相对于"我"而言）这个词的使用频率在"9·11"事件之后急剧增加（Pennebaker, 2002）。

在这些时候，合作解散了人们原先所属的亚群体，使人们将自己看作是一个新的、容纳性更强的群体的成员（Dovidio & Gaertner, 1999）。你可以让两个团体的成员围着桌子坐在一起，而不是相对而坐，给他们一个共同的新名字，让他们一起工作，这样的经历会使"我们和他们"转变为"我们"。"9·11"之后，一个18岁的新泽西州青年这样描述自己社会身份的转换："以前我只是把自己看作是一个黑人，而现在我感觉我是一个美国人，这种感觉比以往任何时候都强烈"（Sengupta, 2001）。在一项真实的实验中，美国白人在读了报纸新闻（即恐怖分子威胁了所有美国人）之后，对黑人的偏见减少了（Dovidio et al., 2004）。

假如对立群体的成员进行合作性的接触有助于形成积极的态度，我们是否可以把这一原理应用于多元文化的学校？我们能否用合作性的课堂情境来代替竞争性的课堂情境并以此来促进不同种族间的友谊？合作学习能否维持甚至提高学生的成绩？对来自11个国家的青少年进行的实验证实，在以上三种情形中，答案都是肯定的（Roseth et al., 2008）。

你无法与握紧的拳头握手。
——英迪拉·甘地，1971

科菲·安南："我们大多数人都有多重身份，这些身份将我们与一些截然不同的群体联合起来。我们可以热爱自己，同时不反感与我们不同的人或事，我们可以在自己的传统中成长，也可以向其他的传统学习和借鉴"（诺贝尔奖演讲，2001）。

在课堂和体育赛事中，不同种族的团体成员为了一些项目一起工作或一同比赛之后，能明显感受到彼此之间的友好。认识到这一点后，数千名教师已经把不同种族间的合作学习运用到他们的教学中。

合作性活动可以化敌为友，这使得心理学家们呼吁增加国际交流与合作。当我们参与到互利互惠的贸易中时，当我们为了共同的命运一起努力来保护这个脆弱的星球时，当我们更加清醒地意识到我们的希望和恐惧是连在一起的时候，我们就可以将那些导致分裂与冲突的错误观念转化为一种建立在共同利益之上的团结一致。

超级目标能克服差异 一起努力以实现共同的目标是打破社会壁垒的有效方法。
Syracuse Newspapers/ The Image Works

沟通 当现实生活中的冲突变得激烈时，一个处于第三方的调停者——婚姻顾问、劳动争议调解人、外交家、社区志愿者——可以促成非常必要的沟通（Rubin et al., 1994）。调停者帮助每一方阐明自己的观点并帮助他们理解另一方的观点。通过引导每一方去考虑另一方的基本需要和目标，调停者试图用一种互惠互利的合作性双赢取向来代替竞争性的非赢则输的取向，从而得到一个双方都受益的解决方案。一个经典的例子是：两个朋友为了一个橘子吵了一架，最后两人决定把橘子分为两半。其中一个人是把他分到的一半拿来榨了果汁，而另一个人只是用他那一半的果皮为蛋糕提味。假如他们俩能事先了解彼此的动机的话，他们完全可以寻找到一个双赢的解决办法：即一个人得到所有的果汁，另一个人得到所有的果皮。

和解 在愤怒或危机出现时，相互理解与合作的解决方法是最为需要的，然而也是最难以做到的（Bodenhausen et al., 1994; Tetlock, 1988）。当冲突加剧时，刻板印象增多，判断更加僵化，沟通更加困难甚至变得不可能。每一方都可能进行威胁、强迫或报复。在海湾战争开始前的几周里，（老）布什总统公开威胁要"萨达姆尝尝厉害"，而萨达姆则同样威胁要让美国人"血流成河"。

在这种情况下，有什么办法可以替代战争或投降吗？社会心理学家奥斯古德（Osgood, 1962, 1980）提出了一个降低紧张关系的分级互惠动议（Graduated and Reciprocated Initiatives in Tension-Reduction）策略，简称为 **GRIT**。在运用 GRIT 的过程中，一方首先声明自己对彼此利益的认识以及缓和紧张关系的意愿；然后主动做出一个或多个小的和解行为。在未削弱自己的报复能力的情况下，这种谦让的开端会为对方做出回应敞开大门。如果对方回报以敌意，一方就要予以回击。如果对方做出任何和解的举动，一方也回报以善意。

在实验室研究中，一个小小的愿意和解的姿态——一个微笑、一次触摸、一句道歉的话语——也能使双方把关系的紧张度降低到安全的级别，从而开始沟通和相互理解（Lindskold et al., 1978, 1988）。在现实世界的国际冲突中，肯尼迪总统停止大气层核试验的表态，开启了一系列相互回应的和解行动，这些行动以在 1963 年达成的禁止在大气层进行核试验条约而告终。

正如致力于共同目标所提醒我们的，我们更为相似而非不同。文明的进步不是依赖冲突和文化隔离，而是把各种文化遗产包括知识、技能、艺术推广到整个人类。索厄尔（Sowell, 1991）指出，多亏了文化共享，每一个现代社会都因为文化融合而变得丰富。我们应该感谢中国的造纸术、印刷术，以及开启了伟大探索事业的磁性指南针；我们还应该感谢埃及的三角学，感谢伊斯兰世界和印度教徒为我们发明了阿拉伯数字。当我们拥有这些文化遗产并为此庆贺时，我们同样也可以对丰富当今社会的多样性表示欢迎。我们可以把自己看作是人类交响乐团中的一件件乐器。这样，我们就可以建立不同文化传统之间交流、理解与合作的桥梁，同时发扬我们自己的文化传统。

提取一下

- 调和冲突并促进和平的方式有哪些？

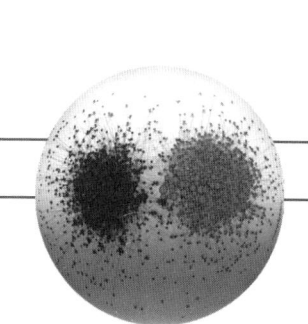

答案：鼓励人们为这四个方面而奋斗：相互往来以发现他们的共同目标（超越着各自的目标，每次一件小事），沟通以减少相互误以及调解。

本章复习

社会心理学

学习目标

回答以下学习目标问题来测试一下你自己（这里重复了本章中的问题）。然后翻到附录的完整章节复习，核对你的答案。研究表明，试着自主回答这些问题将增进你对这些概念的长期记忆（McDaniel et al., 2009）。

社会思维

13-1：社会心理学家研究什么？我们倾向于对自己和他人的行为做出怎样的解释？

13-2：态度与行为如何相互作用？

社会影响

13-3：文化规范如何影响我们的行为？

13-4：什么是自动模仿？从众实验是如何揭示社会影响的力量的？

13-5：关于社会影响的力量，米尔格拉姆的服从实验对我们有什么启示？

13-6：他人在场对我们的行为有何影响？

13-7：什么是群体极化和群体思维，作为个体我们有多大的力量？

社会关系

13-8：什么是偏见？偏见的社会与情感根源是什么？

13-9：什么是偏见的认知根源？

13-10：心理学对"攻击"的定义与日常用法有哪些区别？哪些生物学因素使得我们更倾向于彼此伤害？

13-11：哪些心理和社会文化因素可能引发攻击行为？

13-12：为什么我们会结交或爱恋某些特定的人？

13-13：浪漫爱情是如何随着时间推移而变化的？

13-14：什么时候我们最愿意和最不愿意帮助他人？

13-15：社会交换理论和社会规范如何解释帮助行为？

13-16：社会陷阱和镜像知觉是如何引发社会冲突的？

13-17：我们怎样才能把偏见、攻击和冲突的感受转变为促进和平的态度？

术语与概念

测试自己对以下术语的理解，试着用自己的语言写下这些术语的定义，然后翻到提到术语的那一页核对你的答案。

社会心理学
归因理论
基本归因错误
态　度
外周途径说服
中心途径说服
登门槛现象
角　色
认知失调理论
文　化
规　范
从　众
规范性社会影响

信息性社会影响
社会助长
社会懈怠
去个性化
群体极化
群体思维
偏　见
刻板印象
歧　视
公平世界现象
内群体
外群体
内群体偏见
替罪羊理论
异族效应
攻　击
挫折–攻击原理
社会脚本

曝光效应
激情之爱
伴侣之爱
公　平
自我表露
利他主义
旁观者效应
社会交换理论
互惠规范
社会责任规范
冲　突
社会陷阱
镜像知觉
超级目标
降低紧张关系的分级互惠动议
GRIT

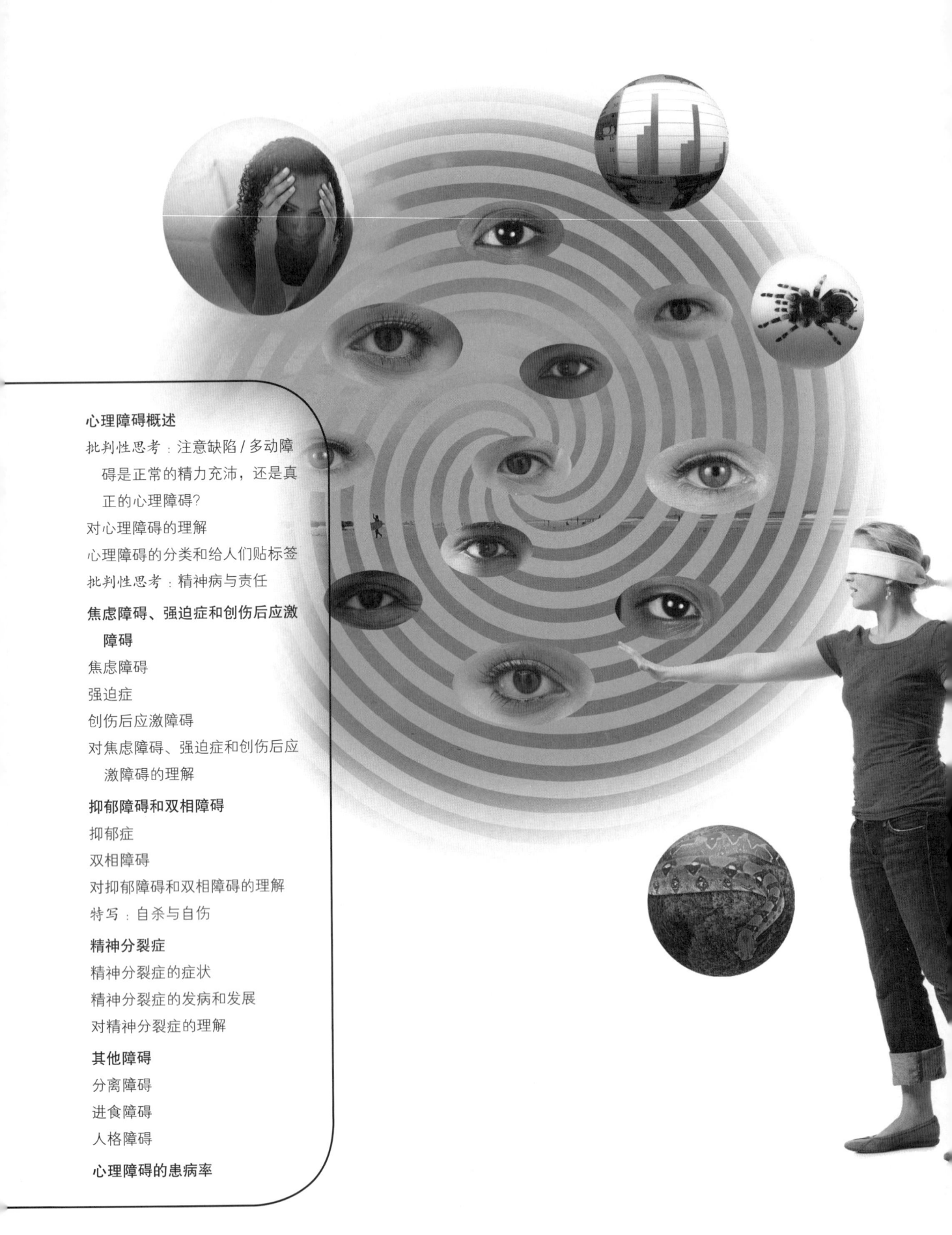

心理障碍概述

批判性思考：注意缺陷/多动障碍是正常的精力充沛，还是真正的心理障碍？

对心理障碍的理解

心理障碍的分类和给人们贴标签

批判性思考：精神病与责任

焦虑障碍、强迫症和创伤后应激障碍

焦虑障碍

强迫症

创伤后应激障碍

对焦虑障碍、强迫症和创伤后应激障碍的理解

抑郁障碍和双相障碍

抑郁症

双相障碍

对抑郁障碍和双相障碍的理解

特写：自杀与自伤

精神分裂症

精神分裂症的症状

精神分裂症的发病和发展

对精神分裂症的理解

其他障碍

分离障碍

进食障碍

人格障碍

心理障碍的患病率

第 14 章

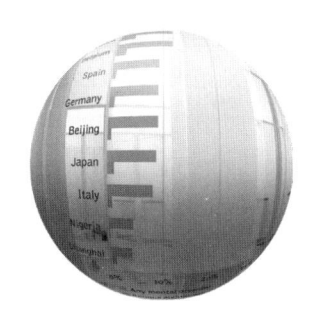

心理障碍

我感觉有打扫房间的必要……还会花上四五个小时来打扫。我会将所有的书从书柜里拿出来，拂去灰尘，然后再放回原处……停不下来。

——马克，被诊断为强迫症（摘自 Summers, 1996）

每次我感到抑郁，都是因为我失去了自我感。我找不到喜欢自己的理由，觉得自己丑陋，认为没有人会喜欢我。

——格里塔，被诊断为抑郁症（摘自 Thorne, 1993, p.21）

我总是听到一阵声音，像是一群人在怒吼。我觉得自己像耶稣一般经受着痛苦的煎熬。

——斯图尔特，被诊断为精神分裂症（摘自 Emmons et al., 1997）

我们都会在某些时候以心理异常之人的常用方式去感受、思考和行事。我们也会感到焦虑、抑郁、怀疑、妄想或退缩，只是表现得更为平和，持续时间也较为短暂。因此，偶尔看到我们处在自己所研究的心理障碍中也就不足为奇了。

通过亲身体验或通过朋友、家人的经历，很多人能感受到由无法解释的身体症状、非理性的恐惧或由生活没有意义感而造成的困惑和痛苦。世界卫生组织（WHO, 2010）报告，全世界约有 4 亿 5 千万人经受着精神或行为障碍的折磨。在世界范围内，由此而致的生命损失年数占由于死亡或残疾而导致的生命损失总年数的 15.4%，稍低于心血管疾病并略高于癌症（Murray & Lopez, 1996）。文化不同，心理障碍的患病率和表现也不同，但任何社会都不能幸免于两种可怕的障碍：抑郁和精神分裂症（Baumeister & Härter, 2007; Draguns 1990a, b, 1997）。本章将对这些以及其他一些障碍进行考察，下一章则考虑如何治疗。不过，我们先要解决几个基本问题。

心理障碍概述

14-1：我们应该如何区分正常行为和心理障碍？

多数人可能都认为，一个心情抑郁且三个月都拒绝下床的家人有心理障碍。但我们又该如何看待一位在孩子去世三个月后仍未恢复正常社会活动的悲伤父亲？我们应该如何区分临床上的抑郁和可以理解的悲伤？怎样辨别荒诞的非理性思维和蹩脚的创造力？如何区分异常和正常？

理论家和临床医生在寻找答案的时候考虑了几个视角：

- 我们该怎样定义心理障碍？
- 我们该怎样理解心理障碍，是需要诊断和治疗的疾病，还是一种对困境的自然反应？
- 我们该如何对心理障碍进行分类？我们能否找出一种分类方法，既帮助了那些受困扰的人，又不会因"贴标签"而对他们造成伤害？

许多心理健康工作者认为**心理障碍**（psychological disorder）是"个体在认知、情绪或行为方面的显著功能失调"。这种功能失调反映了"精神功能背后潜在的心理、生物或发展过程的紊乱"（DSM-5 Task Force, 2012）。

功能失调行为是适应不良的，它们会干扰正常的日常生活。对蜘蛛的强烈恐惧可能是不正常的，但是如果它没有干扰你的生活，它就不是心理障碍。马克的清洁仪式（见本章开头）确实干扰了他的工作和业余生活。如果偶然的悲伤情绪持续下去并使人丧失能力，那么它们就可能标志着心理障碍。

功能失调的行为往往伴随着痛苦。马克、格里塔和斯图尔特显然都因其行为或情绪而感到痛苦。1973 年，美国精神医学学会不再认为同性恋是一种障碍，因为精神卫生工作者开始认为同性吸引本身并非是功能失调或使人痛苦的。另一方面，在 20 世纪 70 年代，人们通常认为精力充沛的儿童只是稍有点"野"的正常孩子。如今，这些儿童则更多地被认为是功能失调，并且被诊断为注意缺陷/多动障碍（ADHD）。（见"批判性思考：注意缺陷/多动障碍是正常的精力充沛，还是真正的心理障碍？"）

对心理障碍的理解

14-2：选用医学模式还是生物 – 心理 – 社会模型会如何影响我们对心理障碍的理解？

我们看待问题的方式会影响我们解决问题的方式。在古代，人们常常以一些神秘力量——星体的运行、神的力量或魔鬼的灵魂——在起作用来解释那些令人不解的行为。假如你生活在中世纪，你也许会说"魔鬼驱使他这样做"。为了驱邪降魔，人们有时会把"疯子"关进笼子，或者给予如下"治疗"：切除生殖器、抽打、拔牙、切除部分肠子或输入动物的血液（Farina, 1982）。

一些改革者如法国的菲利普·皮内尔（Philippe Pinel, 1745—1826）反对这些残

> **批判性思考**

注意缺陷/多动障碍是正常的精力充沛，还是真正的心理障碍？

14-3：为什么注意缺陷/多动障碍存在争议？

8岁的托德总是活力十足。在家里，他说起话来喋喋不休，一会儿干这个，一会儿干那个，很少坐下来读一本书或专注于一个游戏。他在玩耍的时候表现鲁莽，如果同伴撞到他或拿了他的某个玩具，他会做出过度的反应。在学校里，筋疲力尽的老师抱怨坐立不安的托德不听课，不听从指示，不待在座位上，也不做功课。成年后，托德的多动症状似乎消退了，但注意力不集中的问题则一直存在（Kessler et al., 2010）。

如果托德接受心理评估，他可能会被诊断为**注意缺陷/多动障碍**（attention-deficit/hyperactivity disorder, ADHD）。有5%的儿童和3%的青少年表现出至少一个注意缺陷/多动障碍的关键症状（严重的注意力不集中、多动和冲动）（Polanczyk et al., 2007）。研究还发现，有2.5%的成人（虽然人数随着年龄增长而减少）表现出了注意缺陷/多动障碍的症状（Simon et al., 2009）。

对持怀疑观点的人而言，注意力分散、坐立不安和冲动像是单纯由Y染色体上的遗传变异所导致的"障碍"。而被诊断为注意缺陷/多动障碍的男孩的确比女孩多3倍。精力充沛的儿童加上枯燥无趣的学校是否造成了注意缺陷/多动障碍的过度诊断？我们是否把这个标签误贴在了健康学童身上？在更自然的户外环境中，这些儿童可能看起来完全正常。

这正是持怀疑观点者的想法。他们指出，在1987年以后的十年中，接受注意缺陷/多动障碍治疗的美国儿童的数量增加了近3倍（Olfson et al., 2003）。诊断的普遍程度部分取决于教师的做法。有些教师大量介绍儿童接受注意缺陷/多动障碍评估，另一些教师则不这样做。纽约州各个县的注意缺陷/多动障碍患病率相差10倍（Carlson, 2000）。格雷指出，取决于所居住的地区，那些让校方感到"如鲠在喉"的儿童常会被诊断为注意缺陷/多动障碍并给予强效的处方药物（Gray, 2010）。不过他认为问题不在孩子身上，而更多地在于现在的环境，这种不正常的环境强迫儿童长时间坐在椅子上，但进化并没有为他们做这样的准备。

争论的另一方认为现在越来越多的注意缺陷/多动障碍诊断反映了人们对这种心理障碍的认识的提高，尤其是在那些诊断率最高的地区。他们承认这种诊断是主观的并且有时是前后矛盾的，无法像手臂骨折那样被客观定义。尽管如此，世界精神卫生联盟（World Federation for Mental Health, 2005）宣称："国际科学界已经达成重要共识，注意缺陷/多动障碍是一种真正的神经生物学障碍，对其存在与否不应再有争议。"75位研究人员在共识声明中指出，在神经影像研究中，注意缺陷/多动障碍与异常的脑部活动模式有关（Barkley et al., 2002）。

那么，关于注意缺陷/多动障碍的病因，有什么是我们已知的呢？它不是过多的糖分或糟糕的学校导致的。这种障碍往往跟某种学习障碍或反叛和易怒的行为同时存在。注意缺陷/多动障碍具有遗传性，研究人员正在追踪造成问题的基因变异和异常神经通路（Nikolas & Burt, 2010; Poelmans et al., 2011; Volkow et al., 2009; Williams et al., 2010）。注意缺陷/多动障碍可用药物治疗，如利他林（Ritalin）和阿得拉（Adderall）。这些的药物被视为兴奋剂，但有助于减少多动行为，让孩子更坐得住，更能专注于任务，并取得正常的学业进步（Barbaresi et al., 2007）。心理治疗，例如那些着重于在学校和家中进行行为塑造的心理治疗，也有助于应对注意缺陷/多动障碍造成的痛苦（Fabiano et al., 2008）。

重点：极端的注意力分散、多动和冲动会阻碍人们在社会、学业和职业领域取得成就，这些症状可以通过药物或其他疗法来治疗。然而，对于正常的吵闹行为是否过于频繁地被诊断为精神障碍，以及长期使用兴奋性药物来治疗注意缺陷/多动障碍是否会造成损害，争论仍在继续。

忍的做法。疯癫不是邪魔附体的结果，而是一种由沉重的压力和不人道的环境引起的心理疾病。皮内尔认为治愈这个疾病，需要"道德疗法"，包括用打开枷锁和交谈的方式鼓舞病人的士气。他们用温和代替残酷，用各种活动改变病人的孤立状态，用新鲜的空气和阳光取代污秽的环境。

"道德疗法" 受菲利普·皮内尔的影响,医院有时会组织病人跳舞,常被称为"疯狂舞会"。乔治·贝洛斯在其画作(《精神病院中的舞会》)中描绘了上述景象。

医学模式

在 19 世纪,一项医学突破促使了进一步的改革。研究人员发现梅毒(一种性传播疾病)会侵袭大脑并扭曲心智。这一发现诱发了一股去寻找产生障碍的生理原因以及治愈这些病症的方法的热潮。医院取代了精神病院,精神障碍的**医学模式**(medical model)诞生了。反映这一模式的一些词沿用至今。我们会说起精神卫生运动。精神疾病(或心理病理学)需要依据症状加以诊断,而且需要通过疗法(包括在精神病医院的治疗)来治疗。新近的一些发现为医学的观点提供了更多证据。遗传导致的大脑结构和生物化学方面的异常与多种障碍的产生有关。

生物-心理-社会观

将心理障碍称为"疾病",这使研究受到生物学的强烈影响,远离我们的个人历史及社会文化环境的影响。然而,正如我们在本书中已经看到的,我们的生物、心理和社会文化环境的交互作用塑造了我们的行为、想法和感受。作为个体,我们承受的压力大小不同,应对应激源的方式也不同。不同文化产生的应激源和提供的应对方式也是不同的。

我们可以从文化相关的症状上看到环境对心理障碍的影响(Beardsley, 1994; Castillo, 1997)。例如,在不同的文化中,焦虑会以不同的方式表现出来。在马来西亚,可能会出现杀人狂(amok)——突然爆发的暴力行为(短语"run amok"即由此而来)。在拉美文化里,人们可能会表现出惊恐症(susto,又称"惊骇症")症状,显著特征为严重的焦虑、不安和对黑巫术的恐惧。在日本文化中,人们可能会体验对人恐怖症(taijin-kyofusho),表现为对外表感到焦虑,容易脸红,惧怕目光接触,或蛰居族(hikikomori)的极端退缩。进食障碍中的神经性厌食症和神经性贪食症主要发生在北美和其他西方文化中。然而,跟麦当劳和音乐电视一样,这种美国人的心理障碍正在加速向全世界扩散(Watters, 2010)。

其他心理障碍,例如抑郁症和精神分裂症,则在世界范围内发生。从亚洲到非洲,再到美洲,精神分裂症患者往往表现出无理、紊乱的言行。

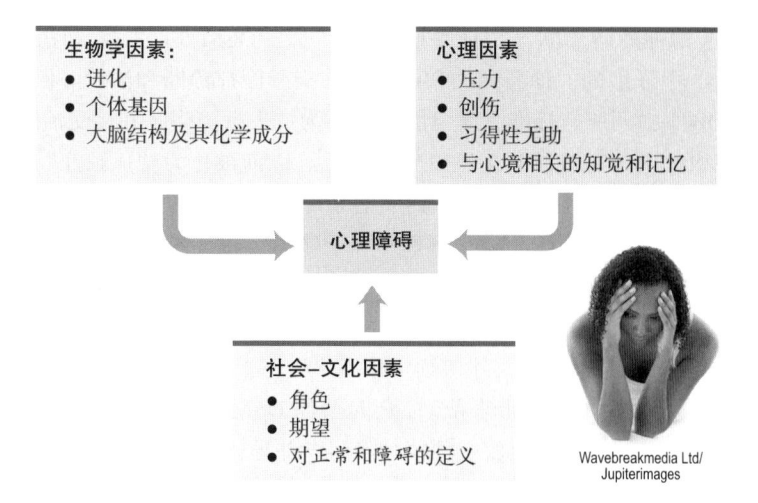

图 14.1

心理障碍的生物－心理－社会观

今天的心理学研究生物学、心理和社会文化因素如何通过相互作用导致特定心理障碍。

看来，心理障碍不仅反映了遗传倾向和生理状况，也反映了心理动力学以及社会和文化环境。生物－心理－社会观认为心理和生理是密不可分的（**图 14.1**）。因此，负面情绪会导致生理疾病，生理异常也可能导致负面情绪。我们通过身体表现出来，并根植于社会之中。

提取一下

- 心理障碍是普遍存在的，还是文化特有的？举例说明。

  答案：某些心理障碍是文化特有的，例如拉丁美洲文化的神经发作。中，但另一些心理障碍在所有文化中都存在，例如抑郁症和精神分裂症。

- 什么是生物－心理－社会观，为什么它对我们理解心理障碍很重要？

  答案：心理障碍是由生物、心理和社会文化因素的相互作用而产生的。这一观点提醒我们，所有行为，无论是健康还是紊乱的，都受遗传和文化环境的影响。

心理障碍的分类和给人们贴标签

14-4：临床医师如何以及为什么对心理障碍进行分类？为什么一些心理学家批评诊断标签的使用？

在生物学中，分类产生秩序，并帮助我们交流。例如，将某种动物归于"哺乳类"传递了大量信息：它有恒定体温、有毛发或皮毛、用乳汁来养育后代等。在精神病学和心理学领域,分类也服务于同一目的。将某个人的障碍划分为"精神分裂症"也能传递大量信息。这意味着他语无伦次、出现了荒诞的想法，表现出情感淡漠或情绪表达不当，或者社会退缩等。"精神分裂症"是描述一套复杂行为的便捷方式。

但是诊断分类不仅是为了对个人的障碍行为进行简略的概述，在精神病学和心理学中，它还试图预测障碍的未来病程，提出恰当的治疗方法，并促进对其成因的研究。的确，要研究某一障碍，我们必须首先对它进行命名和描述。

最常见的用于描述心理障碍和估计其发生频率的工具是美国精神医学学会 2013

本章的很多例子选自 DSM 之前版本的配套案例分析。

年发布的《精神障碍诊断与统计手册》(第 5 版；DSM-5)。医生和精神卫生工作者使用 DSM-5 中详细的"诊断标准和编码"来指导医疗诊断和治疗。例如，一个人如果符合表 14.1 中的所有标准，就可能被诊断为"失眠障碍"并接受治疗。

在 DSM-5 中，一些诊断标签发生了变化。以前被称为"孤独症"和"阿斯伯格综合征"的障碍现在被合并为"孤独症谱系障碍"。"精神迟滞"变成了"智力发育障碍"。还增加了一些新的分类，例如"囤积障碍"和"暴食障碍"。

一些新的或修改后的诊断是有争议的。破坏性心境失调障碍是 DSM-5 针对儿童的一种新诊断，这些儿童"表现出持续的易激惹和频繁发作的行为爆发，每周 3 次或 3 次以上，并持续 1 年以上"。这个诊断会给那些与不稳定的孩子斗争的父母带来帮助，还是会像 DSM 之前版本的主席所警告的那样，"把发脾气变成一种精神障碍"并导致过度用药（Frances, 2012）？

现实世界测试（现场试验）评估了临床医生在使用新的 DSM-5 分类时的一致性（Freedman et al., 2013）。一些诊断，如成人创伤后应激障碍和儿童孤独症谱系障碍，得到了近 70% 的一致性。（如果一名精神科医生或心理学家诊断某人患有其中一种疾病，那么另一名精神卫生工作者独立给出相同诊断的几率为 70%。）还有一些障碍的一致性较差，如反社会型人格障碍和广泛性焦虑障碍。

不过，DSM 也遭到了批评。有人担心它覆盖面过广，"几乎把所有行为都包括到精神病学的范围内"（Eysenck et al., 1983）。有些人现在担心，DSM-5 这张越来越大的网会扩展日常生活的病理化——例如，将孩子气的躁动变成注意缺陷/多动障碍（ADHD），将丧亲之痛变成抑郁症（Frances, 2013）。另一些人则回应说，ADHD 和抑郁症虽然需要仔细定义，但都是真正的障碍——即使抑郁是由重大的生活压力引发的，比如死亡带来的悲伤不肯消失（Kendler, 2011; Kupfer, 2012）。

其他批评者提出了更根本的反对意见，往好了说这些标签是武断的，往差了说则是科学伪装下最糟糕的价值判断。一旦给某人贴上标签，我们就会以异样的眼光来看待他（Bathje & Pryor, 2011; Sadler et al., 2012）。标签让我们非常注意支持自身观点的证据，并可能因此改变现实。当跟老师说某些学生具有"天赋"，老师就会以某种方式行动，而这种方式能产生他们所预期的创造性行为（Snyder, 1984）。如果我们听说有个新同事很难相处，我们就会满腹狐疑地对待他。反过来，他也会像一个难

"我总是这样，我家人想你是否能给我开点温和的镇静剂。"

表 14.1
失眠障碍

• 对睡眠数量或质量的不满（入睡困难，维持睡眠困难，或难以再入睡）
• 睡眠紊乱引起有临床意义的痛苦或损害日常功能
• 每周至少 3 晚出现睡眠困难
• 至少连续 3 个月存在睡眠困难
• 尽管有充足的睡眠机会，仍出现睡眠困难
• 独立于其他睡眠障碍（如发作性睡病）
• 失眠不能归因于物质使用或滥用
• 其他精神障碍和躯体状况不能充分解释失眠

相处的人那样对待我们。标签是可以自我实现的。

标签的偏见作用清楚地呈现在一项经典实验中。戴维·罗森汉（Rosenhan, 1973）与7位合作者一起来到精神病院的门诊室，主诉自己听到有"声音"在说"空""轰""砰"。除了这些主诉并隐瞒真实姓名和职业外，他们按照真实情况回答了其他所有问题。结果这8个正常人都被误诊为有障碍。

我们应该感到惊讶吗？当然不。正如一位精神病学家所说，如果有个人吞下一口血走进急诊室，然后把血吐出来，我们会因医生将其诊断为出血性溃疡而横加指责吗？然而在罗森汉的研究中，诊断后所发生的事情是令人震惊的。在实验中，直到出院（平均19天之后），"病人"都没有表现出其他症状。但是，临床医生在分析了"病人"（相当正常的）生活史后，却能够"发现"障碍出现的原因，比如，对父母的一方有着复杂的情绪。即使是"病人"做笔记之类的日常行为，也常被误解为症状。

在另一项研究中，人们要观看访谈录像。如果被告知录像中的受访者是应聘者，则人们视其为正常人（Langer & Abelson, 1974, 1980）。告诉另一部分观看者，他们正在观看的是精神病人或癌症患者，则他们感到相同的受访者"异于常人"。这就是标签的作用。认为自己正在观看对精神病人的访谈的治疗者们经常会感觉受访者"因自己的攻击冲动而感到害怕"，或是"被动依赖型个体"，等等。正如罗森汉发现的那样，标签也有"生命，且有其自身的影响"。

标签也会影响到实验室以外的地方。对于刚从精神病院出院的人来说，就业或租房是一大挑战。当我们更恰当地将心理障碍理解为大脑疾病而不是性格缺陷时，羞耻感似乎有所减轻（Solomon, 1996）。公众人士通过坦陈他们与抑郁症之类的心理障碍的抗争，促进了公众对心理障碍的理解。人们与有心理障碍的人接触越多，就越容易接纳有心理障碍的人（Kolodziej & Johnson, 1996）。

准确的描述 最近的电影提供了一些关于心理障碍的真实描述。如图所示的《黑天鹅》（2010），描述了一个有妄想障碍的主角。《自闭历程》（2010）将一个克服了自闭症的主角搬上银幕。《单身男子》（2009）描述了抑郁。

某些电影对心理障碍进行了相当准确和富有人情味的描写，这反映了人们对心理障碍越来越了解，但通常有心理障碍的人会被塑造成受嘲讽的对象（《尽善尽美》）、杀人的疯子（《沉默的羔羊》中的汉尼拔）或怪人（Nairn, 2007）。在现实生活中，精神障碍很少导致暴力。在少数做出暴力行为的精神障碍者中，有些人经历着受威胁的妄想，幻觉中的声音命令他们行动；另一些人则有包括物质滥用在内的功能失调问题（Douglas et al., 2009; Elbogen & Johnson, 2009; Fazel et al., 2009, 2010）。在现实生活中，有障碍的人更可能是暴力行为的受害者，而非实施者（Marley & Bulia, 2001）。确实，美国军医局局长办事处（U.S. Surgeon General's Office, 1999, p.7）报告说："陌生人偶尔与有精神障碍的人接触几次，受攻击或被伤害的危险非常小。"（尽管大多数有心理障碍的人不具有攻击性，但那些有攻击性的确实给社会带来了道德困境。更多内容见"批判性思考：精神病与责任"。）

但是，我们也要意识到诊断标签的好处。精神卫生专业人员有充足的理由使用

格纳特说："如果他们不作出回应，名字于他们而言有什么用处呢？"
艾丽丝："对他们没有用处，但我想对那些赋予他们名字的人来说是有用的。"
——刘易斯·卡罗尔，《爱丽丝漫游镜中世界》，1871

标签。诊断标签有助于他们相互交流关于案例的情况，准确理解潜在病因，以及分享有效的治疗方法。诊断定义对于探索心理障碍病因和治疗的研究也有帮助。

提取一下

- 给心理障碍者贴标签有什么价值，有哪些危险？

答案：通过使心理障碍者分类，诊断为沟通其成因以及其未来表现奠定基础，并在研究中其有帮助。一个风险是标签（诊断）本身为人们所利用，使人们以期望该诊断的方式对待行为者，并且此类诊断可能使被诊断者改变自己以期待自己的行为。

批判性思考

精神病与责任

法律认可的精神病辩护始于 1843 年，在有妄想症的丹尼尔·麦纳顿试图暗杀英格兰首相（他认为首相正在迫害他）却误杀了首相助手之后。丹尼尔·麦纳顿和行刺美国前总统里根的约翰·欣克利一样，被送进了精神病院而不是监狱。

对于这两起案件，当时的公众倍感震怒。一条新闻标题宣称"欣克利精神错乱，公众疯了"。1991 年人们又一次被气疯了，当时疯狂的杰弗里·达莫承认杀害了 15 个年轻人并吃掉了受害者的部分身体。1998 年人们再次震怒不已，一名叫基普·金克尔的 15 岁孩子由于"总感觉大脑中有一种声音"而把自己的父母和其他两人杀害，并使另外 25 人受伤。2002 年，在得克萨斯州，一名叫安德烈娅·耶茨的女子受审，她因抗精神病药物被停掉而将自己的 5 个孩子溺死。2011 年，精神不正常的贾里德·洛克耐尔在亚利桑那州一个超市停车场向人群开枪，幸存者包括女议员加布里埃尔·吉福兹。公众对此类事件愤怒至极。这些人被逮捕之后都被送往监狱，而不是精神病院（虽然再次审讯之后，耶茨被转至精神病院）。正如耶茨的命运所揭示的，在精神病辩护成功的人当中，99% 的人都被关进了精神病院，被关押的时间往往跟那些被定罪的罪犯一样长（Lilienfeld & Arkowitz, 2011）。此外，精神病辩护其实很少被采用，有人对 60 432 份起诉书进行分析，其中只有 8 起无争议的案件采用了精神病辩护（Council of State Governments, 2002）。

绝大多数精神障碍者并不暴力。然而，社会应该如何对待那些暴力的精神障碍者呢？很多死囚或已被处决的人，因为智力低下而能力受限或受到了幻觉中的声音刺激。阿肯色州强迫有精神分裂症的谋杀犯查尔斯·辛格顿服用两种抗精神病药物，使他的心智水平恢复到能够对他实施死刑的程度。

耶茨的哪个陪审团的判断是正确的？第一个还是第二个？第一个陪审团认为，做出如此罕见、残忍行为的人应该承担责任。第二个陪审团认为应该将责任归咎于蒙蔽了其双眼的"疯魔"。随着我们越来越理解人们行为的生理和环境基础，从慷慨行为到故意破坏行为，什么时候我们应该让人们为（或不为）他们的行为承担责任？

监狱还是医院？ 贾里德·李·洛克耐尔被指控于 2011 年在亚利桑那州图森市枪杀了 6 个人，并致使另外十多个人受伤，其中包括美国国会前议员加布里埃尔·吉福兹。洛克耐尔过去就有包括偏执信念在内的精神问题，并被诊断为精神分裂症。他的行为在精神分裂症患者中并非典型。只有伴随物质滥用时，该障碍才会与暴力相关联（Fazel et al., 2009）。

焦虑障碍、强迫症和创伤后应激障碍

焦虑是生活的一部分。当面对全班同学发言、从高处向下看或等候参加一场重大比赛时，任何人都可能会感到焦虑。焦虑甚至会使我们避免交谈或眼神交流，我们称之为"害羞"。值得庆幸的是，大多数人的不安并不强烈和持久。然而，我们当中有一部分人会更容易注意到威胁并记住它们（Mitte, 2008）。如果脑内的危险探测系统变得过度活跃，我们就有更大的风险患上焦虑障碍，或者其他包含焦虑的障碍：强迫症（OCD）和创伤后应激障碍（PTSD）。

焦虑障碍

14-5：广泛性焦虑障碍、惊恐障碍和恐怖症有什么区别？

焦虑障碍（anxiety disorders）的特征是令人痛苦、持续的焦虑或功能失调的试图减轻焦虑的行为。让我们看看其中的三种类型：

- 广泛性焦虑障碍：主要表现为个体没有缘由地持续紧张和不安。
- 惊恐障碍：表现为个体体验到惊恐发作——突发的、强烈的恐惧感——并且害怕下次发作不可预测地到来。
- 恐怖症：表现为个体对特定物体、活动或环境的强烈的、非理性的恐惧。

广泛性焦虑障碍

在过去的两年里，27岁的电工汤姆一直被头晕、手心出汗、心悸和耳鸣所困扰。他感到紧张不安，甚至有时发现自己在颤抖。汤姆比较成功地向家人和同事隐瞒了这些症状。然而，从两年前出现这些症状后，他就几乎不参与任何社交活动。有时，他甚至无法继续工作。他的家庭医生和神经病学家都没能发现汤姆有任何器质性问题。

汤姆这种无目标的、无法控制的消极情绪显示出他有**广泛性焦虑障碍**（generalized anxiety disorder）。这种障碍的症状很普通，但其六个月或更长的持续时间，则非同寻常。有广泛性焦虑障碍的人（三分之二为女性）长期担忧，经常紧张不安，烦躁，睡眠不足（McLean & Anderson, 2009）。集中注意力是非常困难的，因为他们的注意力不停地在各种担忧间转换。这种紧张和担忧可能表现为皱眉、眨眼、发抖、冒汗或坐立不安。

人们可能不能确定焦虑发生的原因，因此也无法应付和回避。用弗洛伊德的术语来说，焦虑就是"自由联想"。广泛性焦虑障碍和抑郁常常一起出现，不过即使没有抑郁，该障碍也足以令人失能（Hunt et al., 2004; Moffitt et al., 2007b）。此外，它也可能导致躯体疾病，如高血压。

惊恐障碍

惊恐障碍（panic disorder）是焦虑的龙卷风。它突然爆发，造成严重破坏后，会马上消失。对于有这种障碍的人而言，75 个人中有 1 个人的焦虑程度会突然增强，形成可怕的惊恐发作——出现持续数分钟的高度恐惧，担心某种可怕的事情将发生。伴随惊恐发生的可能是心律不齐、胸部疼痛、呼吸急促、窒息感、颤抖或头晕等症状。

一名女性回忆说，她突然感觉"很热，好像无法呼吸。心跳异常剧烈，我开始出汗和发抖，我确信我将昏倒。然后，我开始感觉到手指麻木和刺痛，一切变得不真实。当时情况十分糟糕，我都怀疑我将会死去，并要求丈夫带我去看急诊。当我到达急诊室时（大约 10 分钟后），最难受的那段时间已经过去，我只觉得自己像是经历了一场浩劫，精疲力竭"（Greist et al., 1986）。

具有讽刺意味的是，就像因失眠而烦恼会导致失眠一样，对焦虑的担心——或许是害怕又一次惊恐发作，或害怕在公共场合因焦虑而出汗——会加剧焦虑症状（Olatunji & Wolitzky-Taylor, 2009）。在几次惊恐发作之后，人们可能会避开先前惊恐发作的场合。这可能会引发广场恐怖症，害怕或回避可能产生恐慌、难以逃离、得不到帮助的场所。有广场恐怖症的人会避免离开家，进入人群，乘坐公共汽车或搭乘电梯。

在 5 年的环球航行之后，查尔斯·达尔文在 28 岁时患上了惊恐障碍。受此影响，他搬到乡村居住，不参加社交聚会，并且只在妻子的陪伴下旅行。不过这种相对的隐居的确使他得以解脱，专心致志地发展进化论。"甚至不佳的健康状况，"他回忆说，"也让我避免了因社交及娱乐活动而分心"（Ma, 1997）。

惊恐发作的症状往往被误认为是心脏病发作或其他严重的躯体疾病。吸烟者有惊恐障碍的风险至少是其他人的两倍（Zvolensky & Bernstein, 2005）。因为尼古丁是种兴奋剂，点烟并不能让我们变得快活。

恐怖症

我们在生活中都有一些害怕的东西。有**恐怖症**（phobias）的人则受到持续的非理性恐惧的折磨，并回避某些物品、活动或场所。例如，28 岁的玛丽莲在其他方面都很健康和快乐，但她非常害怕打雷，只要听到天气预报说未来几天里可能会有暴风雨，她就非常焦虑。如果丈夫不在家，又听到了暴风雨的预告，她可能就会和亲戚待在一起。在风暴出现时，她会远离窗户，把头蒙起来，以免看到闪电。像玛丽莲这样有特定恐怖症的人通常对特定的动物、昆虫、高处、血或密闭空间表现出不合理的恐惧（**图 14.2**）。人们会避免引起恐惧的刺激，如高处。

图 14.2
一些常见和不常见的恐惧 这一全国性的调查确定了各种特定恐惧的普遍性。如果强烈的恐惧使人们产生了逃避所害怕的物体或情境的不可抗拒的、非理性的强烈愿望，就属于恐怖症的范畴了。（资料来源：Curtis et al., 1998）。

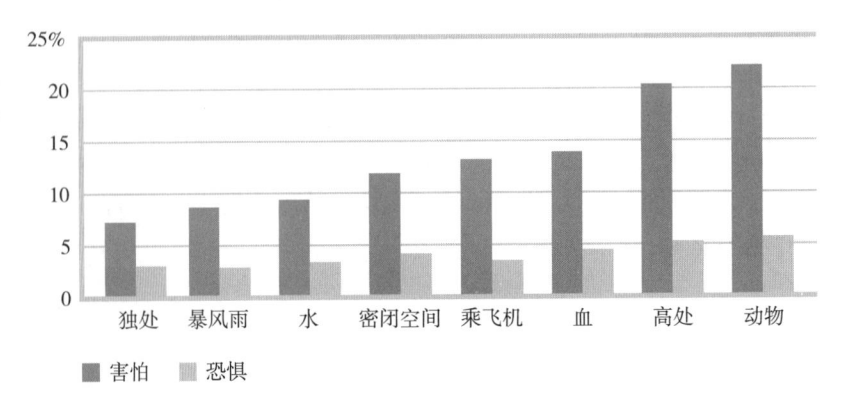

并非所有的恐怖症都有特定的诱因。社交焦虑障碍（之前被称为"社交恐惧症"）是一种极度的害羞，个体害怕被他人评论。他们会避免威胁性的社交场合，如在公共场所发言、到外边去吃东西或参加聚会，否则他们会紧张得出汗或颤抖。

强迫症

14-6：什么是强迫症？

和广泛性焦虑障碍及恐怖症一样，我们也可以在**强迫症**（obsessive-compulsive disorder, OCD）中看到自己某些方面的行为。强迫思维（回忆一下马克对清洁房间的关注）是人们不想要的，并且它会反复出现，似乎永远不会停止。强迫行为是对强迫思维的回应（清洁、清洁、清洁）。

我们都会在某些时候被一些无意义或讨厌的想法占据，挥之不去。你是否发现自己有过强迫行为，也许是客人到来前的严格检查、整理、擦洗，或是在学习之前一定要将自己的书和笔整理成"这样"？在一定范围内，强迫思维和强迫行为都是日常生活的一部分，当其跨越这个界限，干扰到我们的生活方式或给我们带来痛苦时，就会由正常变为异常。检查门锁好没有是正常的，但检查 10 次就不正常了；洗手是正常行为，但过于频繁以至于把皮都洗破就不正常了（**表 14.2** 给出了更多的例子）。在生命发展的某些阶段，特别是 20 岁左右，2% 到 3% 的人从正常的重复和挑剔发展到令人痛苦的障碍（Karno et al., 1988）。尽管个体知道自己是不理性的，但是被焦虑激发的强迫思维非常难以摆脱，强迫行为在不知不觉中浪费大量的时间，使有效的机体功能难以正常发挥。

相比老年人，强迫症在青少年和年轻人中更常见（Samuels & Nestadt, 1997）。一项对 144 名被诊断患有

让一切完美 足球明星大卫·贝克汉姆曾公开谈论过他的强迫倾向，这种倾向驱使他将物品成对地排成一行，或花几个小时将家具排整齐（Adams, 2011）。

表 14.2
有强迫症的儿童和青少年常见的强迫思维和行为

思维或行为	报告症状的百分比
强迫观念（重复思维）	
对灰尘、细菌或毒素的关注	40%
可怕事情的发生（火灾、死亡、疾病）	24%
对称、顺序、精确	17%
强迫冲动（重复行为）	
过度地洗手、洗澡、刷牙或打扮	85%
重复习惯行为（进门或出门，从椅子上起来或坐下）	51%
检查门、锁、电器或汽车刹车、家庭作业	46%

改编自 Rapoport (1989).

强迫症的瑞典人进行的为期 40 年的跟踪研究发现，尽管只有五分之一的人完全摆脱了强迫症，大多数人的强迫思维和行为已随年龄增长逐渐减少（Skoog & Skoog, 1999）。

创伤后应激障碍

14-7：什么是创伤后应激障碍？

作为曾参加伊拉克战争的一名士兵，杰西说："目睹对儿童和妇女的杀戮对任何一个人来说都是残酷的。"他看到有军火被运进一座房子，在呼叫一架直升机袭击这座房子之后，他听到里面传来孩子们的尖叫声。"我真不知道里面还有孩子，"杰西回忆道。回到得克萨斯州的家之后，杰西深受"真实的痛苦闪回"的折磨（Welch, 2005）。

杰西并非个例。一项研究调查了 103 788 名从伊拉克和阿富汗回来的老兵，其中 25% 的人被诊断为有某种心理障碍（Seal et al., 2007）。最常见的诊断是**创伤后应激障碍**（post-traumatic stress disorder，PTSD）。典型的症状包括萦绕不去的记忆和反复出现的噩梦、对社交退缩感到麻木、紧张焦虑以及睡眠问题，且持续时间超过一个月（Hoge et al., 2004, 2006, 2007; Kessler, 2000）。很多经历战火的老兵都被诊断为创伤后应激障碍。事故、灾难以及暴力袭击和性侵犯（包括约三分之二的妓女）的幸存者也会经历这些症状（Brewin et al., 1999; Farley et al., 1998; Taylor et al., 1998）。

在创伤事件中个体体验到的痛苦情绪越强烈，出现创伤后应激障碍的风险越高（Ozer et al., 2003）。在经历了激烈战斗的越战老兵中，有三分之一的人被诊断为有创伤后应激障碍（Centers for Disease Control Vietnam Experience Study, 1988; Dohrenwend et al., 2006）。在从未见过战斗场面的老兵中，有十分之一的人得到了这样的诊断。目击"9·11"恐怖袭击的纽约人中也有相似的比率。世贸中心内部幸存者出现创伤后应激障碍的比例是在世贸中心外部的纽约人的 2 倍（Bonmanno et al., 2006）。创伤事件越频繁，越严重，带来的长期后果越不利（Golding, 1999）。越战后的 30 年里，被诊断为创伤后应激障碍的老兵死亡的概率是正常水平的两倍（Crawford et al., 2009）。

我们当中大约一半的人会在一生中经历至少一起创伤事件。为什么有些人在创伤事件后出现了创伤后应激障碍，而另一些人则没有？有些人可能处理情绪的边缘系统更为敏感，导致应激激素在体内涌动（Kosslyn, 2005; Ozer & Weiss, 2004）。经历创伤事件后的女性（约十分之一）比男性（二十分之一）更可能出现该障碍（Olff et al., 2007; Ozer & Weiss, 2004）。

一些心理学家认为创伤后应激障碍被过度诊断了，一定程度上由于创伤的定义过于宽泛（Dobbs, 2009; McNally, 2003）。一些批评者说，太多的时候，创伤后应激障碍的范围被扩展到将痛苦经历后的正常的痛苦记忆和噩梦也包括在内。在这种情况下，出于好意让人们重温创伤可能会使情绪问题更加严重，并将正常的应激反应病理化（Wakefield & Spitzer, 2002）。例如，幸存者可能会在创伤发生后立即被要求"汇报情

把战争带回家 这位海军上士在伊拉克执行了三次部署，在此期间受了创伤性脑损伤。退役以后，他被诊断为创伤后应激障碍。他定期在妻子的陪伴下花两个小时到贝蒂斯海军医院精神科和内科就诊。

况"，并重温该经历和发泄情绪。这种做法通常是无效的，有时是有害的（Bonanno et al., 2010）。

大部分人，不论男性还是女性，都会展现出一种令人印象深刻的幸存者复原力，或者说在严重应激后恢复的能力（Bonanno et al., 2010）。在第15章中，我们将看到更多关于人类复原力和一些人所经历的创伤后成长的内容。

提取一下

- 无目标的紧张、恐惧和唤起被称为_____障碍。如果个体的焦虑集中指向特定的恐惧对象或场所，则此人可能有_____。那些通过不需要的重复性想法或行动来表达焦虑的人可能有_____障碍。在创伤事件发生后的几个星期里，记忆和噩梦反复出现、社会退缩、失眠，并伴随着焦虑，则可能被诊断为_____障碍。无法预期地经历阶段性的恐怖和强烈的恐惧，并伴随着令人害怕的身体感觉，可能被诊断为有_____障碍。

答案：广泛性焦虑症；恐怖症；强迫；创伤后应激；惊恐

对焦虑障碍、强迫症和创伤后应激障碍的理解

14-8：条件作用、认知和生物学因素对焦虑障碍的典型感觉和想法有何影响？

焦虑既是一种情感，也是一种认知，是对个人安全和社会技能的充满怀疑的评价。这些焦虑情感和认知是如何产生的？弗洛伊德的精神分析观点（第12章）认为，从童年时期开始，个体压抑了那些无法容忍的冲动、念头和情感，而这些被淹没在潜意识中的心理能量，有时会产生一些难以解释的症状，如焦虑。但是，现代心理学家已经很少用这种方式解释焦虑了。大多数人认为三种现代观点更为有用。

条件作用

当糟糕事件在无法预料和控制的情况下发生时，焦虑通常就会出现（Field, 2006; Mineka & Oehlberg, 2008）。研究者用实验展示了经典条件作用如何引起恐惧和焦虑。回顾一下第7章，婴儿学会了惧怕与可怕的噪音相伴的绒毛物体，大鼠因受到不可预料的电刺激而变得焦虑（Schwartz, 1984）。就像被袭击的受害者在回到犯罪现场时报告感到焦虑一样，大鼠在实验室环境里也会烦躁不安。那个环境变成了恐惧的线索。

这样的研究有助于解释容易感到恐慌的人是如何把焦虑和特定的线索联系起来的，以及为什么焦虑的人对可能的威胁会过度注意（Bar-Haim et al., 2007; Bouton et al., 2001）。在一项调查中，58%的社交恐怖症患者说他们的障碍是从一次创伤性事件后开始的（Ost & Hugdahl, 1981）。

条件作用是如何将单一的令人痛苦和害怕的事件放大成全面的恐惧的？部分原因是刺激泛化和强化。

如果某人在经历一次可怕的事件后对类似的事件都产生了恐惧，这就是刺激泛化。一个司机看漏了交通灯的停止信号，撞上了我的车。之后好几个月，只要有车

从边道靠近，我就感到一阵紧张。我的恐惧最终消失了，但对于另一些人来说，恐惧可能会一直存在并且越来越强烈。在一次雷雨中的可怕或痛苦的经历后，玛丽莲的恐怖症（歌手麦当娜也是如此）可能产生了类似的泛化。

恐怖症和强迫症一旦出现，强化作用就会助长这些症状的维持。任何有助于回避或逃离可怕情境的事都可以减轻焦虑，而缓和的感觉能够强化恐惧行为。一个人因惊恐发作而感到害怕时，他可能会回家或待在家里。在感到更加平静的强化后，这个人可能在将来重复适应不良的行为（Antony et al., 1992）。同样，强迫行为降低焦虑感。如果洗手能够缓解你的不安，当不安再次出现时，你可能又去洗手。

认　知

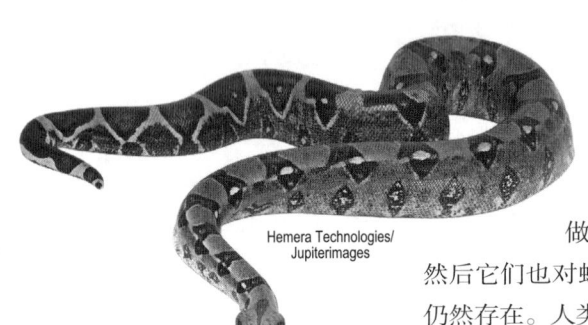

我们的有些惧怕是通过观察他人而习得的。苏姗·明纳卡（Mineka, 1985, 2002）力图解释，为何几乎所有野生的猴子都害怕蛇，而实验室饲养的猴子却不怕。当然，大部分野生的猴子并没有被蛇咬过。它们是通过观察学会害怕蛇的吗？为了找出答案，明纳卡用 6 只野生猴子（全都非常害怕蛇）和它们在实验室里长大的后代（都不害怕蛇）做实验。年轻的猴子们多次看到父母或同伴在有蛇的情况下拒绝去取食，然后它们也对蛇产生了类似的强烈恐惧。3 个月后再次进行测试时，它们习得的恐惧仍然存在。人类也一样，通过观察其他人习得恐惧（Olsson et al., 2007）。

观察学习并非认知影响焦虑的唯一途径。正如下一章中对认知行为疗法的讨论所显示的，我们的解释和预期，不论是理性的还是非理性的，都会影响我们的反应。老房子里的嘎吱声可以解释为风，也可以解释为一个可能的持刀闯入者，这两种解释决定了我们是否会恐慌。焦虑障碍者倾向于过度警觉。对于他们来说，怦怦乱跳的心就是心脏病发作的信号。床边的一只蜘蛛就是大群害虫来袭的排头兵。在日常生活中与伴侣或上级的意见分歧就预示着这段关系的末日。当人们无法切断这种侵入性的想法，并且感到失去控制和无助时，尤其会产生焦虑（Franklin & Foa, 2011）。

生物学

焦虑障碍绝不仅仅是简单的条件作用和认知过程的结果。生物学的观点有助于解释为什么有些人经历创伤后会形成持久的恐怖症而另外一些人却不会，为什么我们更易于习得某些恐惧，以及为什么一些人容易出现焦虑障碍。

基　因　在猴子中恐惧反应是在家族中传递的。如果某只猴子的近亲中有敏感和高度紧张的气质，那么它对应激的反应也较为强烈（Suomi, 1986）。人类也是，一些人生来就更容易焦虑。如果同卵双生子中的一个有焦虑障碍，另一个也可能有（Hettema et al., 2001; Kendler et al., 1992, 1999, 2002a, b）。即使是分开抚养，同卵双生子也会表现出相似的恐怖症（Carey, 1990; Eckert et al., 1981）。例如，一对分开抚养的同卵双生子各自变得非常害怕水，以至于在 35 岁时，她们只能背对着走入海水，而且只让水浸到膝盖。

考虑到基因对焦虑障碍的影响，研究者现在正在寻找可能引起问题的基因组合。在他们的发现中，有 17 个基因变异似乎表达为典型的焦虑障碍症状（Hovatta et al., 2005），另一些则与强迫症有特定关系（Dodman et al., 2010; Hu et al., 2006）。

一些基因通过调节脑部的神经递质水平对焦虑障碍产生作用，例如影响睡眠和心境的5-羟色胺（Canli, 2008），以及影响大脑警报中心活动的谷氨酸盐（Lafleur et al., 2006; Welch et al., 2007）。

基因很重要。有些人的基因让他们像兰花一样脆弱，但是在良好的环境中能够绽放美丽。另一些人则像蒲公英一样强壮，在各种环境下都能茁壮成长（Ellis & Boyce, 2008）。

大脑 经历会改变我们的大脑，形成新的通路。创伤性的恐惧学习经历能够在大脑留下痕迹并在杏仁核内形成恐惧回路（Etkin & Wager, 2007; Kolassa & Elbert, 2007; Maren, 2007）。这些恐惧通路容易产生更多的恐惧体验（Armony et al., 1998）。一些抗抑郁的药物可以抑制恐惧回路的活动以及相关的强迫行为。

广泛性焦虑、惊恐发作、创伤后应激障碍，甚至是强迫思维和强迫行为，都会在生物学上表现出来。当患有障碍者的大脑发现有什么不对劲时，就会产生重复思维或行为的心理呃逆（Gehring et al., 2000）。对焦虑障碍患者的脑部进行扫描，发现与冲动控制和习惯化行为有关的区域活动水平异常偏高。对强迫症患者的脑扫描揭示出，在反复洗手、检查、整理、囤积等强迫行为发生时，大脑某些特定区域的活动水平升高（Insel, 2010; Mataix-Cols et al., 2004, 2005）。如**图14.3**所示，强迫症患者的前扣带回（监控行为和检查错误的脑区）似乎尤其活跃（Maltby et al., 2005）。

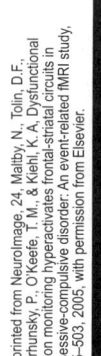

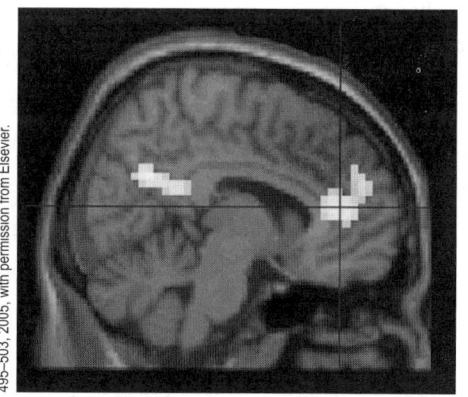

图14.3
一个强迫的大脑（见彩插）神经科学家们（Maltby et al., 2005）用功能性磁共振成像比较了强迫症患者和正常人在完成挑战性认知任务时的大脑。扫描结果显示，强迫症患者额叶区的前扣带回较为活跃（显示在最右边的黄色区域）。

自然选择 无论我们是多么充满恐惧或无所畏惧，由于生物遗传的作用，我们似乎都会恐惧祖先所面临的威胁：蜘蛛和蛇，封闭的空间和高处，风暴和黑暗等。（在远古时期，不害怕这些威胁的人不太可能存活并留下后代。）因此，即使在只有一种毒蛇的英国，人们往往也害怕蛇。并且我们在非常年幼的时候就有恐惧。学龄前儿童能在一个场景中更快地发现蛇而不是花、毛毛虫或青蛙（LoBue & DeLoache, 2008）。石器时代的恐惧刺激容易形成条件作用，并难以消退（Coelho & Purkis, 2009; Davey, 1995; Öhman, 2009）。

现代人的恐惧也可以用进化的观点来解释。害怕坐飞机的现代恐惧也有生物学源头，可能源自对高处和禁闭的恐惧。

此外，我们还要考虑到人们有不去学会害怕某些事情的倾向。第二次世界大战中的空袭很少给人带来持久的恐惧。随着空袭的持续，英国人、日本人和德国人并没有变得更为恐慌，反而对那些不是离自己所在区域很近的飞机更加无动于衷（Mineka & Zinbarg, 1996）。进化并没有将对从空中落下炸弹的恐惧遗传给我们。

我们的恐怖症集中在祖先所面临的危险上。强迫行为往往是那些有助于种族生存行为的夸大升级。理毛具有生存价值，它让我们发现寄生虫和感染；如果失去控制，就变成了强迫性的拔毛。清洗帮助人们保持健康；如果失控，清洗就变成了

无所畏惧 生物学视角帮助我们理解为什么大多数人不敢尝试美国奥林匹克单板滑雪选手怀特·肖恩的技巧。怀特天生不像大多数人那样恐高！

洗手仪式。检查领土的边界有助于抵御敌人，在强迫症中，这变成了反复检查已经锁好的门（Rapoport, 1989）。

提取一下

- 研究者认为焦虑障碍、强迫症、创伤后应激障碍受到条件作用、观察学习和认知的影响。这些障碍还受到哪些生物学因素的影响？

答案：有研究因素的基因上的差异，我们对恐惧的反应的强度和对有关恐惧的事物可能会有不同的遗传下来的反应。

抑郁障碍和双相障碍

14-9：抑郁症、持续性抑郁障碍和双相障碍有何不同？

我们大部分人都对抑郁有些直接或间接的经验。焦虑是对未来损失所形成的威胁的一种反应，而抑郁则常是对过去和现在损失的反应。因极度悲伤事件（如爱人的死亡）而感到难受的反应是与现实相联系的。在这些时候，抑郁就像汽车显示油量过低的指示灯，提醒我们要停下来采取适当的措施。

在过去一年中，你曾有些时候"感到非常抑郁，以至于难以正常生活"吗？如果是，那你的同伴可能比你以为的要多（Jordan et al., 2011）。在一项全美调查中，31%的美国大学生对上述问题给出了肯定的答案（ACHA, 2009）。大学生活令人激动，但也充满了压力。也许你对尽力兼顾学业、工作和家庭责任感到厌倦了。也许有一些社会压力，例如失恋了或感到被孤立，会让你感到孤独或将你推向绝望的深渊。沉浸在这些想法中可能会让你对自己的生活和未来感到气馁。你可能没有力气将事情做完，甚至不能将自己从床上拖起来。你可能无法集中注意力，无法正常地吃饭、睡觉，甚至偶尔会想是不是死了更好。

从进化的角度来看，抑郁是有意义的。正如社会心理学家丹尼尔·吉尔伯特（Gilbert, 2006）所警告的，"如果有人要给你一颗能让你永远快乐的药丸，那你最好跑快点、跑远点。情绪是个指南针，告诉我们该做什么，而一个永远固定在'北'上的指南针是没有用的。"抑郁症帮助我们面对和解决问题。

按照生物学的解释，生活的目标不是幸福，而是生存和繁衍。咳嗽、呕吐和各种形式的疼痛可以保护身体免受危险的有毒物质伤害。同样，抑郁是一种心理上的冬眠：它使我们慢下来，攻击性降低，抛弃无法达到的目标和减少冒险行为（Andrews & Thomson, 2009a, b; Wrosch & Miller, 2009）。暂时停下来，正如当我们感受到威胁或者发现目标远远无法实现时所做的那样，我们有了时间努力思考，并重新考虑我们的选择（Wrosch & Miller, 2009）。在对自己的生活进行重新评估后，我们可能会用更有作为的方式来分配能量（Watkins, 2008）。即使轻度的悲伤也能改善人们的记忆，让他们的眼光更敏锐，帮助他们进行复杂的决策（Forgas, 2009）。受苦是有意义的。但是有时候抑郁会变成严重的适应不良。我们如何分辨正常的心境不佳和异常的抑郁之间的界限呢？

喜悦、满足、悲伤和绝望是一个连续体上的不同点，可以在任何时候被任何人感受到。在听到坏消息后表现出的忧郁心境与抑郁症的区别，就像剧烈跑动后几分钟的喘气与慢性哮喘的差异一样。

在本节，我们将考虑抑郁损害日常生活的三种障碍：

- 抑郁症，一种持续的无望和倦怠的状态；
- 持续性抑郁障碍，患者体验到较轻度的抑郁感受；
- 双相障碍（之前称为躁郁症），患者在抑郁与过度亢奋及过度活跃之间转换。

抑郁症

如果至少有 5 种抑郁迹象持续了两周或更长时间（表 14.3），就出现了**抑郁症**（major depressive disorder，也译作重性抑郁障碍）。为了说明抑郁的感受，有些临床医生建议，可以想象将悲伤的痛苦与通宵熬夜后的疲倦加起来。

尽管恐怖症更为常见，但抑郁却是人们寻求精神卫生服务的首要原因。12% 的加拿大成年人和 17% 的美国成年人会在有生之年的某个时候经历抑郁（Holden, 2010; Patten et al., 2006）。在世界范围内，它是导致人们失能的首要原因。在任何一年中，有 5.8% 的男性和 9.5% 的女性会经历抑郁发作（WHO, 2002）。

双相障碍

在**双相障碍**（bipolar disorder）中，人们从一个情绪极端弹向另一极端。抑郁阶段结束后是精神亢奋、活动过度、过分乐观的**躁狂**（mania）阶段。但是过不了多久，兴高采烈的情绪就会回归正常或一路下跌到抑郁状态。

如果抑郁是慢镜头，躁狂就是快进。在躁狂阶段，个体通常讲话滔滔不绝、过

> 我的生命突然停止了。我还能呼吸、吃喝和睡觉。我的确是不由自主地这样做，但是对我来说，并没有真正意义上的生活。
>
> ——列夫·托尔斯泰，
> 《我的忏悔》，1887

表 14.3
抑郁症的诊断

DSM-5 将抑郁症划分为：在两个星期内表现出下列症状中的至少 5 个（至少包括抑郁心境、失去兴趣或乐趣）（American Psychiatric Association, 2013）。

- 大部分时间处于抑郁心境中
- 大多数时间里对大多数活动的兴趣或乐趣明显减少
- 在未节食的情况下体重明显减轻或增加，或食欲明显减退或增加
- 失眠或嗜睡
- 生理性激越或迟缓
- 几乎每天都感到疲劳或缺乏精力
- 感觉没有价值，或感到无端的内疚
- 思考、集中注意力或决策等方面出现问题
- 反复出现死亡和自杀的念头

演员凯瑟琳·泽塔-琼斯
Kevin Mazur/WireImage

作家弗吉尼亚·伍尔夫
George C. Beresford/Hulton Getty Pictures Library

幽默作家萨缪尔·克莱门（马克·吐温）
The Granger Collection

制片人蒂姆·波顿
Jemal Countess/Getty Images

创造性与双相障碍 历史上许多富于创造力的艺术家、作曲家、作家和演奏家都有双相障碍，马德琳·英格在《沉默的周期》（*A Circle of Quiet*, 1972）中写道："在历史、文学和艺术领域里，所有我最敬佩的人：莫扎特、莎士比亚、荷马、格列柯、圣约翰、契诃夫、尼撒的格里高利、陀思妥耶夫斯基、艾米莉·勃朗特等，没有一个人能符合心理健康的标准。"

度活跃、极度亢奋。他们对睡眠需要很少；性活动没有节制；说话声音大、反复无常，难以被打断；如果受到反对，则易被激怒。他们感到极其乐观，自尊心高涨，觉得劝告令人恼怒。然而，他们需要保护，因为判断力差可能导致鲁莽消费或不安全的性行为。

在较轻度的躁狂状态下，个体的精力和自由奔逸的思维可以激发创造力。乔治·弗雷德里克·亨德尔（George Frideric Handel, 1685—1759）被认为有轻度双相障碍。1742年，他在极富创造力和活力的3个星期里，写下了长达3个小时的《弥赛亚》（Keynes, 1980）。与那些依靠情感表达和生动形象来完成创造的人（如诗人和艺术家）相比，依靠精确和逻辑的专业人士（如建筑师、设计师和记者）有双相障碍的可能性较小（Jamison, 1993, 1995; Kaufman & Baer, 2002; Ludwig, 1995）。

双相障碍比抑郁症少见得多，但表现出更多的功能失调。它在男女性别中发生的概率相同。被诊断为双相障碍的青少年人数正在增加，他们的情绪波动——有时会持续一段时间——的范围可以从狂怒到快活。在美国国家健康统计中心的年度医生调查中，这一趋势十分明显。在1994到2003年间，20岁以下人群中被诊断为双相障碍的人数增长了令人震惊的40倍——从约2万人到80万人（Carey, 2007; Flora & Bobby, 2008; Moreno et al., 2007）。诊断数量的增加，其中三分之二的案例是男孩，对于生产减少情绪波动的处方药的企业是一大福音。

对抑郁障碍和双相障碍的理解

14-10：生物学和社会认知观点如何解释抑郁障碍和双相障碍？

通过数以千计有关心境障碍的病因、治疗和预防的研究，研究者达成了一些共识。抑郁的任何相关理论都必须至少能解释以下现象（Lewinsohn et al., 1985, 1998, 2003）：

伴随抑郁出现的认知和行为改变 陷入抑郁心境中的人不活跃，感觉没有动力。他们对负面的事情敏感（Peckham et al., 2010），会回忆负面的信息，并且有着负面的结果预期（我的球队将失利，我的成绩将下降，我将失去爱）。当心境提升时，这些行为和认知都会消失。在近乎一半的情况下，抑郁者还会有其他障碍的某些症状，

例如焦虑或物质滥用。

抑郁非常普遍 抑郁是世界范围内普遍存在的两种心理障碍之一。这说明抑郁的病因肯定也具有普遍性。

女性患抑郁症的风险是男性的近两倍 2009 年，盖洛普调查向 25 万以上的美国人询问他们是否曾被诊断为抑郁，有 13% 的男性和 22% 的女性回答"是"（Pelham, 2009）。这一性别差异在世界范围内都存在（**图 14.4**）。这种趋势始于青少年期，青少年期前的女孩并不比男孩更容易抑郁（Hyde et al., 2008）。到了青少年期，女孩往往会更多地琢磨她们的身体并为之烦恼。

抑郁症的性别差异符合更广泛的模式：女性通常更容易产生与内在状态有关的心理障碍，如抑郁、焦虑和性欲望的抑制；男性的心理障碍则更倾向于外显，如酒精滥用、反社会行为、对冲动缺乏控制。在悲伤时，女性比男性表现得更为悲伤；在疯狂时，男性比女性表现得更为疯狂。

大多数人的抑郁症发作会自行消失 虽然治疗可以加速康复，但是大多数有抑郁症的人在没有专门治疗的情况下最终也能恢复正常。抑郁的乌云袭来，然而几个星期或几个月后，它会自行消散。其中大约一半人的抑郁最终会复发（Burcusa & Iacono, 2007; Curry et al., 2011; Hardeveld et al., 2010）。大约 20% 的人其症状会转为慢性（Klein, 2010）。

平均来看，现在有抑郁症的人在今后 10 年里有四分之三的时间将处于正常的、不抑郁的状态（Furukawa et al., 2009）。在以下情况下，康复很可能是持久的（Belsher & Costello, 1988; Fergusson & Woodward, 2002; Kendler et al., 2001）：

抑郁之后的生活 作家 J.K. 罗琳公布自己在 25 岁到 28 岁之间有过急性的抑郁，一段伴随着自杀念头的"黑暗时期"。她说，那是"糟糕至极的境地"，但是它的确形成了一个基础，让她能够"以更强大的状态回归"（McLaughlin, 2010）。

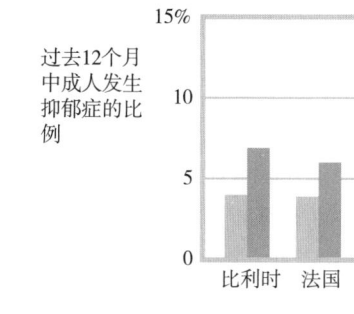

图 14.4

性别与抑郁

对 18 个国家（这里展示了其中的 10 个）的 89 037 名成人的访谈证实了大量小型研究已经发现的结果：女性发生抑郁症的风险几乎达到男性的 2 倍（Bromet et al., 2011）。此处显示的数据来自"发达国家"。"发展中国家"，从巴西到乌克兰，也表现出同样的模式，抑郁的女性和男性总体人数之比为 1.97:1。

- 第一次抑郁发作时年龄较大
- 先前很少发作
- 个体经历的应激很小
- 社会支持充分

抑郁常发生于应激事件之后 家庭成员死亡、失业、婚姻危机或身体伤害等都会增加一个人患抑郁的风险（Kendler et al., 2008; Monroe & Reid, 2009; Orth et al., 2009）。一项对 2 000 人的长期跟踪研究表明，那些在之前的一个月没有经历过应激生活事件的人中，抑郁的患病率不到 1%，而在那些上个月经历过 3 次应激事件的人群中，患病率是 24%（Kendler, 1998）。

> 我把抑郁看成是现代社会的瘟疫。
> ——刘易斯·贾德，美国国家精神卫生研究所前所长，2000

抑郁一代比一代出现得早（现在经常是在青少年后期出现），并影响着更多的人，发达国家的年轻人比例最高 这种现象在加拿大、英国、法国、德国、意大利、黎巴嫩、新西兰、波多黎各和美国等地方都存在（Collishaw et al., 2007; Cross-National Collaborative Group, 1992; Kessler et al., 2010; Twenge et al., 2008）。在一项关于澳大利亚青少年的研究中，12% 的人报告了抑郁症状（Sawyer et al., 2000），但大多数青少年不愿意将自己的抑郁状况告诉父母，这些父母中有 90% 的人认为自己的孩子没有抑郁。在北美，青年人中报告说自己最近或曾经受抑郁折磨的比例是其祖父母的 3 倍。这是事实，尽管祖辈处在风险之中的时间更长。

年轻人抑郁的风险增加了，这在一定程度上是真的，但它也反映了代际之间的文化差异。今天的年轻人更乐于公开谈论他们的抑郁。心理过程也可能在起作用。我们很容易随着时间推移而忘记许多负面经历，因此老一辈人可能会忽略他们年轻时有过的抑郁感受。

男性和女性的情感生活？

生物学的观点

抑郁是整体性的障碍。它涉及遗传倾向、生化失衡、消极想法和忧郁心境。

基因与抑郁 我们已经知道，心境障碍在家族中传递。假如你有抑郁的父母或兄弟姐妹，那么你就更易出现抑郁症（Sullivan et al., 2000）。研究表明，假如同卵双生子中的一个被诊断为抑郁症，那么另一个在某个时候有抑郁症的可能性是 50%；假如同卵双生子中的一个有双相障碍，那么另一个在某个时候有双相障碍的可能性为 70%。而在异卵双生子之间，发生相应情况的概率在 20% 以下（Tsuang & Faraone, 1990）。同卵双生子之间这种更高的相关即使在被分开抚养的情况下也同样存在（DiLalla et al., 1996）。某个研究小组通过总结主要的双生子研究推测出（**图 14.5**），抑郁症的遗传力（个体差异归因为遗传的程度）为 37%。

此外，当那些被收养的个体有心境障碍时，他的血缘近亲中也常有人发生心境障碍、酒精依赖或自杀（Wender et al., 1986）。（"特写：自杀与自伤"报告了其他研究结果。）

情绪是"来自基因的明信片"（Plotkin, 1994）。为了梳理出使人有抑郁风险的基因，研究者们采用了连锁分析的方法。首先,研究者找出在几代人中都出现障碍的家庭,然后分别从受影响和不受影响的家庭成员身上抽取血液进行DNA分析,以便找出差异。连锁分析将他们指向某条染色体及其邻近区域。行为遗传学研究者(Plomin & McGuffin, 2003)指出,"找出问题基因需要挨家挨户的搜查。"连锁研究强化了一种观点,即抑郁症是一种复杂的障碍。许多基因都对它的形成有一些细微的影响,当这些影响结合在一起时,就会使个体抑郁的可能性增大。如果问题基因的变异能够被识别,那么就可能产生更有效的药物治疗。

抑郁的大脑 扫描设备打开了一扇通向抑郁和躁狂状态下的大脑活动的窗户。抑郁阶段,大脑活动水平低;躁狂阶段,活动加强(**图14.6**)。与处于积极情绪中相比,个体在抑郁状态时,大脑左额叶和相邻的奖赏中枢较不活跃(Davidson et al., 2002; Heller et al., 2009)。通过磁共振成像扫描发现,重度抑郁者的大脑额叶比正常人小7%(Coffey et al., 1993)。海马是与大脑的情绪回路相连的记忆加工中心,研究表明,海马易受应激相关事件的影响。

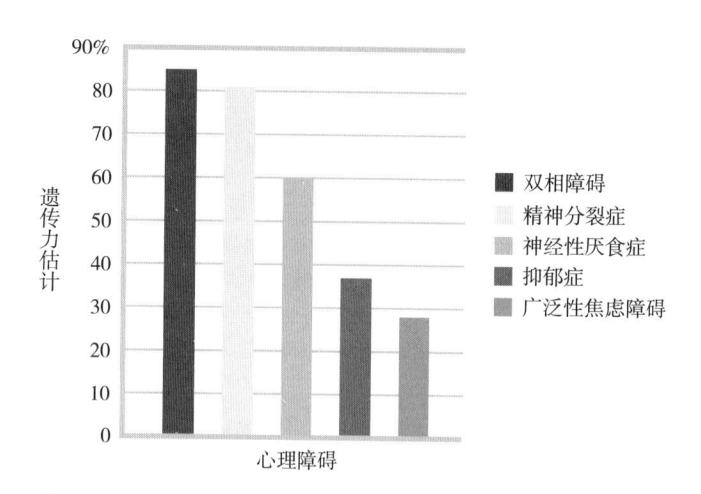

图 14.5

各种心理障碍的遗传性

研究者(Bienvenu, Davydow, & Kendler, 2011)整合了同卵和异卵双生子的研究数据,以评估双相障碍、精神分裂症、神经性厌食症、抑郁症和广泛性焦虑障碍的遗传性。

至少两种神经递质系统对伴随心境障碍的大脑活动水平有影响。第一种是去甲肾上腺素,它是一种提高唤起水平和改善心境的神经递质,当个体处于抑郁状态时,这种激素的含量明显不足。研究表明,大多数有抑郁史的人是习惯性的吸烟者。抑郁者可能尝试通过吸入尼古丁进行自我调节,这样可以暂时提高体内的去甲肾上腺素,改善自己的心境(HMHL, 2002)。但是吸烟也会增加个体未来抑郁的风险(Pasco et al., 2008)。

躁狂时,去甲肾上腺素的含量过多。缓解躁狂症状的药物会减少去甲肾上腺素的含量。抑郁时,体内的5-羟色胺也会含量低或不活跃(Carver et al., 2008)。缓解抑郁的药物倾向于增加去甲肾上腺素和5-羟色胺的含量,这主要是通过抑制对它们的再摄取(就像氟西汀、舍曲林和帕罗西汀对5-羟色胺的作用)或化学分解来实现。经常进行跑步等体育锻炼可以增加5-羟色胺的含量,从而缓解抑郁(Ilardi et al., 2009; Jacobs, 1994)。提高5-羟色胺含量会刺激海马的神经元生长,从而促进个体从抑郁中康复(Airan et al., 2007; Jacobs et al., 2000)。

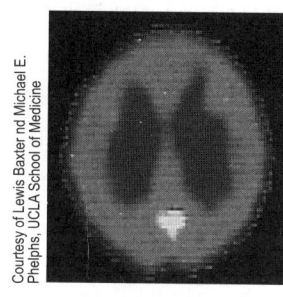

抑郁状态
(5月17日)

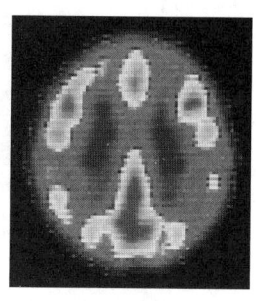

躁狂状态
(5月18日)

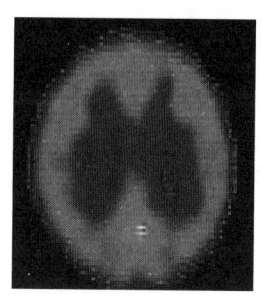

抑郁状态
(5月27日)

图 14.6

双相障碍的起伏(见彩插)

PET(正电子发射断层扫描术)显示,个体大脑能量的消耗随着个体情绪的变化而升高或降低。红色区域是大脑能量快速消耗的区域。

特写

自杀与自伤

14-11：自杀和自伤有哪些影响因素？为防止自杀，我们要注意哪些重要的警示信号？

> 但是生命，如果厌倦了尘世的捆绑，从不缺乏自弃的力量。
> ——莎士比亚，《恺撒大帝》，1599

在世界范围内，每年大约有100万绝望的人因为没能找到有效方法来解决可能只是暂时性的问题而选择永久的了结（WHO，2000）。通过比较不同群体的自杀率，研究者发现：

- **国家差异**：英国、意大利和西班牙人的自杀率只比加拿大、澳大利亚和美国人的一半略多一点；而奥地利和芬兰人的自杀率比加拿大、澳大利亚和美国人还要高（WHO，2011）。在欧洲，自杀率最高的国家（白俄罗斯）和最低的国家（格鲁吉亚）相比，前者自杀率是后者的16倍。
- **种族差异**：在美国，白人和印第安人的自杀率几乎是黑人、拉美裔和亚裔的2倍（CDC，2012）。
- **性别差异**：与男性相比，女性比男性更可能试图自杀（WHO，2011）。但是在自杀成功的人中，男性很可能是女性的2~4倍（有国别差异）。男性更倾向于采用致命的方式，如对准头部开枪自杀。在美国，60%的自杀者都采用了这种方式。
- **年龄差异和变化趋势**：自杀率在成年期晚期增加，在中年及以后达到顶峰。在20世纪下半叶，全球年自杀率几乎翻了一倍（WHO，2008）。
- **其他群体差异**：富人、没有宗教信仰的人、单身、丧偶或离异的人自杀率较高（Hoyer & Lund, 1993; Stack, 1992; Stengel, 1981）。当所面临的环境缺乏支持时，包括家庭或同伴的拒绝，同性恋年轻人尝试自杀的风险增加（Goldfried, 2001; Haas et al., 2011; Hatzenbuehler, 2011）。
- **星期几**：25%的自杀发生在星期三（Kposowa & D'Auria, 2009）。

抑郁者的自杀风险比一般人群高至少5倍（Bostwick & Pankratz, 2000）。抑郁最严重时，由于缺乏精力和主动性，人们很少会自杀。而当他们开始从抑郁中恢复时，因具备了自杀的能力而危险性增大。与无障碍的人相比，酒精依赖者自杀的可能性高出大约100倍；3%左右的酒精依赖者会自杀（Murphy & Wetzel, 1990; Sher, 2006）。

因为自杀常常是出于一时冲动，所以环境障碍（例如在高架桥上设置跳跃障碍，不让人获得装有子弹的枪支）能够减少自杀（Anderson, 2008）。尽管人们通常认为一个下定决心的人会另找一条途径去完成这个行为，但这种限制为自毁冲动的消退提供了时间。

社会暗示也可能引发自杀。在一些高度曝光的自杀事件以及描述自杀的电视节目播放之后，公布于众的自杀不断增多。致命的车祸和私人飞机坠毁也有类似的效果。一项为期6年的研究对20世纪90年代期间居住在斯德哥尔摩市内的120万人中的自杀案例进行了追踪（Hedström et al., 2008）。经历过家人自杀的男性的自杀率比没有过这种经历的男性高8倍。尽管该现象可能在一定程度上与家族遗传有关，但共同的遗传倾向不能解释为什么经历过同事自杀的男性的自杀率比没有过这种经历的男性高3.5倍。

自杀不一定是敌意或报复行为。有些老年人用自杀来代替目前正在或将来可能经受的痛苦。对所有年龄段的人来说，自杀可能是为了结束无法忍受的痛苦，或解除自我感知的给家庭成员造成的负担。"如果两个最基本的需要被打击到完全消失的地步，人们就会想要死亡，"托马斯·乔伊纳（Joiner, 2006, p. 47）指出，"归属或与他人相联结的需要，感到对他人有用或影响他人的需要。"当感到与他人的关系破裂或成为对方的负担时（Joiner, 2010），或者感到被无法逃离的情境击败或困住时，人们通常就会产生自杀冲动（Taylor et al., 2011）。因此，自杀率在经济衰退期有所增加（Luo et al., 2011）。当人们被驱使着去达到某个目标或标准——变瘦、变成异性恋或变得富有——并发现无法做到时，自杀念头也会增加（Chatard & Selimbegović, 2011）。

通过事后回顾，家人和朋友可能

会想起一些本该让他们警醒的信号，包括言语暗示，把个人财产转送给他人，退缩或被死亡的念头占据。从对17个国家的84 850人的调查来看，大约9%的人在一生中的某个时候曾经严肃地考虑过自杀。其中大约30%的人（占这些国家人数的3%）试图自杀（Nock et al., 2008）。在试图自杀的人中，每25个人中只有一人自杀成功（AAS, 2009）。在死去的人中，有三分之一的人以前就试图自杀，并且绝大部分人曾谈论过自杀。因此，如果一个朋友与你谈论自杀，你应该认真倾听他的谈话，并指导他寻求专业帮助。每个威胁要自杀的人至少都在发送一个信号：他感到沮丧或绝望。

非自杀性自伤

自杀不是发出信号或应对痛苦的唯一方式。有些人，尤其是青少年和年轻的成人，会做出非自杀性自伤行为（NSSI）（图 14.7）。这种行为包括切割或烧灼皮肤，击打自己，拔头发，将物体插入指甲或皮肤下面，以及给自己文身（Fikke et al., 2011）。

为什么人们要伤害自己？这样做的人大多难以忍受情绪上的痛苦。他们往往会极度地自我批评，人际沟通和问题解决技能很差（Nock, 2010）。他们做出自伤行为可能是为了：

- 用疼痛来分散注意力，从负面想法中解脱出来。
- 寻求帮助或获得关注。
- 用自我惩罚来缓解内疚。
- 让其他人改变他们的负面行为（欺凌、批评）。
- 融入同伴群体。

非自杀性自伤行为会导致自杀吗？通常不会。实施非自杀性自伤行为的人一般是姿态性自杀者，而不是企图性自杀者（Nock & Kessler, 2006）。姿态性自杀者将非自杀性自伤行为作为一种绝望但并不对生命造成威胁的沟通形式，或者当他们感到被压垮时，他们也会做出该行为。但是非自杀性自伤行为是未来自杀企图的一个风险因素（Wilkinson & Goodyer, 2011）。如果人们没有得到帮助，他们的非自杀性行为可能会升级为自杀念头，以及最终的自杀企图。

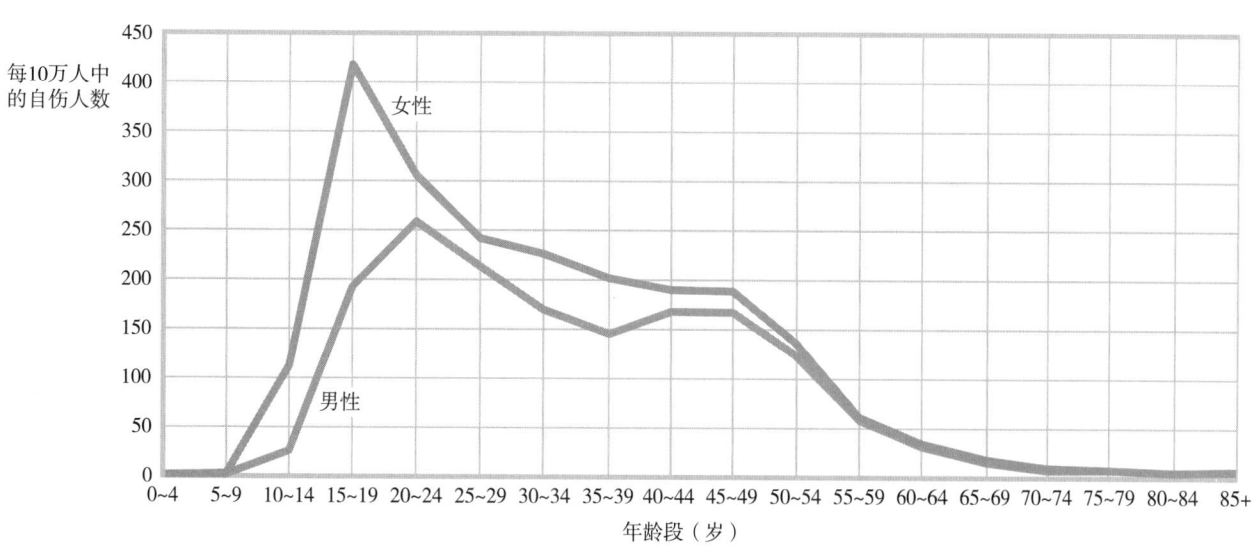

图 14.7

美国的非致命性自伤率
女性的自伤率峰值高于男性（CDC, 2009）。

对心脏有好处的东西对大脑和心理同样有好处。采用有利于心脏健康的"地中海饮食（大量蔬菜、鱼类和橄榄油）"的人发生心脏病、晚年认知衰退和抑郁的风险相对较低，这些疾病都与慢性炎症有关（Dowlati et al., 2010; Sánchez-Villegas et al., 2009; Tangney et al., 2011）。过量饮酒也与抑郁相关，部分原因是抑郁症使饮酒量增加，但主要是因为酒精滥用导致抑郁（Fergusson et al., 2009）。

社会认知观点

生物学因素对抑郁有影响，但在天性和教养的较量中，思考和行动同样会起作用。社会认知观点探索了人们的假设和预期是如何影响他们的感知的。

抑郁人群透过低自尊的黑色眼镜看待生活（Orth et al., 2009）。他们对自己、情境和未来的强烈负面假设导致他们夸大自己的消极经历，弱化自己的积极经历。听听加拿大的诺曼教授是如何回忆他的抑郁体验的：

> 我再次为自己是人类而感到"绝望"。我真切地感受到自己是低等动物，比最低等的害虫还低。而且，我自轻自贱，无论如何也不能理解为什么会有人愿意和我接触。就让我一个人自生自灭吧，不要管我……我觉得自己是一个十足的骗子和冒牌货，我的博士学位、正教授身份名不副实……我不配做研究，我不理解自己怎么会写书和发表文章……我一定骗了很多人（Endler, 1982, pp.45-49）。

正如诺曼在这里表现的，抑郁者预期最差的结果，他们会夸大糟糕的经历而弱化美好的经历。自我挫败信念和消极解释风格会助长抑郁的恶性循环。

消极观念与消极心境相互作用　自我挫败信念源于习得性无助。正如我们在第11章所看到的，狗和人在经历了不可控制的痛苦事件后，都会表现出抑郁、被动和退缩反应。与男性相比，女性更容易感到无助，她们对应激的反应可能更强烈（Hankin & Abramson, 2001; Mazure et al., 2002; Nolen-Hoeksema, 2001, 2003）。你是否同意"我至少偶尔会被必须要做的所有事情压倒？"在一项研究中，38%的女性和17%的男性做了肯定的答复（Pryor et al., 2006）。（你的回答是否符合该模式？）男性报告说他们会把更多的时间花在运动、看电视、聚会等焦虑程度低的活动上，并尽可能回避那些自己无法应对的活动。

为什么女性发生抑郁的概率几乎是男性的两倍？苏珊·诺伦－霍克西玛（Nolen-Hoeksema, 2003）认为这种高风险与女性倾向于过度思考、忧思或反刍思考有关。当反刍思考帮助我们有目的地专注于某个问题时，它是具有适应性的，维持注意力的额叶区的持续放电使这成为可能（Altamirano et al., 2010; Andrews & Thomson, 2009 a, b）。而当它变得没完没了时，自我关注的反刍思考就是适应不良了。它让我们从思考其他生活任务上转移开来，并使我们深陷在消极情绪中（Kuppens et al., 2010）。

虽然如此，为什么生活中不可避免的失败会使某一些人（男性和女性）变得抑郁，而对其他人影响不大呢？这一差异部分在于人们对失败的解释风格，也就是将失败归因于谁或者什么。考虑一下如果考试失利你会作何感想。如果将其归因于其他人，

苏珊·诺伦－霍克西玛　"这种病态冥想的流行是一种疾病，这种病更多地折磨女性而不是男性。女性会反复思考任何事情、每一件事情——我们的外表、我们的家庭、我们的事业和我们的健康。"（*Women Who Think Too Much: How to Break Free of Overthinking and Reclaim Your Life*, 2003）

那么你更有可能感到生气。如果将之归咎于自己，你可能会认为自己很笨，并感到抑郁。

当不好的事情发生时，容易抑郁的人倾向于责怪自己（Mor & Winquist, 2002; Pyszczynski et al., 1991; Wood et al., 1990a, b）。如图 14.8 所示，抑郁的人更喜欢用稳定（我永远都过不去了）、普遍（我什么都做不好）和内化（都是我的错）的语言解释不幸。他们的解释是悲观、过度泛化、自我关注和自责的。结果可能是一种使人抑郁的绝望感（Abramson et al., 1989; Panzarella et al., 2006）。正如马丁·塞利格曼指出的，"先前存在的悲观主义撞上失败，其结果就是重度的抑郁"（Seligman, 1991, p. 78）。

那么对于并不抑郁但表现出悲观解释风格的大学新生，我们可以有什么样的预期呢？劳伦·阿诺伊及其合作者（Alloy et al., 1999）在两年半时间里以每 6 个星期一次的间隔对天普大学和威斯康星大学的学生进行记录。在被确认为具有悲观思考风格的学生中，有 17% 的人经历了抑郁症的首次发作，而在入学时具有乐观思考风格的学生中，只有 1% 的人是这样。

批评者注意到对抑郁的社会认知解释存在鸡和蛋的问题。哪个先发生的？是悲观的解释风格，还是抑郁心境？消极的解释和抑郁心境确实同时发生，而且它们是抑郁的指示器。但它们引起抑郁吗？我们能说汽车的速度是读数为时速 110 千米的速度计引起的吗？在抑郁发生的之前以及之后，个体的观念并不太消极。可能是抑郁的心境导致了消极想法的出现。如果你暂时使人们陷入悲伤或糟糕的心境状态，他们的记忆、判断和期待就会突然变得更加悲观。（见第 8 章的"状态依赖性记忆"。）

文化的力量也会让人们更容易抑郁或更不容易抑郁。塞利格曼（Seligman, 1991, 1995）认为，抑郁在西方国家的年轻人当中是相当普遍的，因为个人主义的上升和对宗教与家庭承诺程度的降低迫使个体在面对失败或被拒绝时要自己承担责任。而在非西方的国家里，亲密的连带关系和相互合作是很普遍的，因而抑郁症并不那么常见，个体也不会因失败而过分自责（WHO, 2004）。例如，在日本，抑郁的人倾向于报告因让他人失望而感到羞愧（Draguns, 1990a）。

抑郁的恶性循环 不论先后顺序如何，拒绝和抑郁都是相互促进的。正如我们所看到的那样，抑郁通常是由扰乱你的身份感和价值感的事情引起的，充满压力的经历有失业、离婚、遭到拒绝、受到身体创伤等。受到扰乱的自我感和价值感反过来会导致忧思，从而滋生了消极情绪。但是退缩、自我专注和抱怨又会引发拒绝（Furr & Funder, 1998; Gotlib & Hammen, 1992）。确实，深受抑郁折磨的人更可能离婚、失业和遭遇其他压力事件。对此人的疲惫、无望态度、无精打采感到厌烦的配偶可能会威胁要离开，或者老板可能会开始怀疑此人是否能够胜任工作。新的丧失和应激会让这个已经抑郁的人落到更加悲惨的境地。悲惨的人可能会喜欢另一个人的陪伴，但是伴侣却未必喜欢另一个人的悲惨。

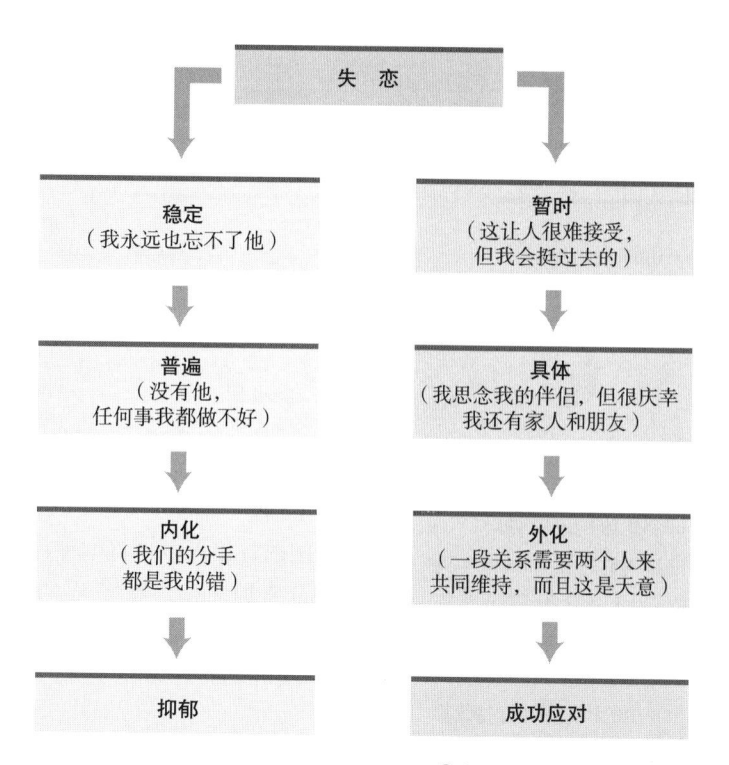

图 14.8

解释风格和抑郁

在经历负面事件后，容易抑郁的人会以消极的解释风格做出反应。

失恋

稳定（我永远也忘不了他）→ 普遍（没有他，任何事我都做不好）→ 内化（我们的分手都是我的错）→ 抑郁

暂时（这让人很难接受，但我会挺过去的）→ 具体（我思念我的伴侣，但很庆幸我还有家人和朋友）→ 外化（一段关系需要两个人来共同维持，而且这是天意）→ 成功应对

有些人无论到哪儿都能带来快乐；有些人只要一走大家就开心了。

——爱尔兰作家
奥斯卡·王尔德
(Oscar Wilde, 1854—1900)

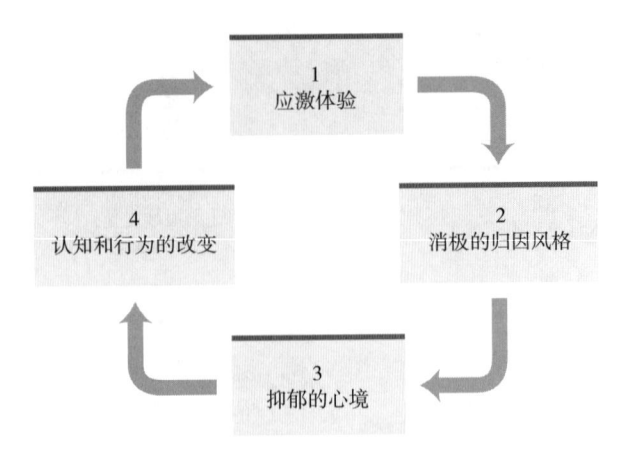

图 14.9
抑郁思维的恶性循环
正如我们将在第 15 章看到的，认知治疗师通过改变抑郁者处理事件的方式，来试图打破这个循环。精神科医生开出的药试图改变持续抑郁心境的生物学根源。

现在我们可以将抑郁的各个环节连接起来（图 14.9）：（1）消极的应激事件通过（2）忧思性的悲观主义归因得到解释，这种归因风格，导致（3）无望、抑郁状态的产生，而这种状态又（4）影响着个体思维和行为方式，这反过来又产生了（1）更多的消极体验。抑郁就像一条吞噬自己尾巴的蛇。

这就是我们都知道的那个循环。当我们感到低落时，我们会消极地思考，并记住糟糕的经历。从好的方面看，如果我们能识别出这个循环，我们就可以打破它。四个环节中的任何一个都有出口。我们可以扭转自责和消极的看法，向外转移注意力，从事更有趣的活动和更得心应手的事情。

英国前首相丘吉尔将抑郁称为定期追逐他的"黑狗"；亚伯拉罕·林肯在年轻时表现得非常退缩和喜欢忧思，以至朋友们担心他会结束自己的生命（Kline, 1974）。正如这些事实告诉我们的，人们能够战胜也的确战胜了抑郁。许多抑郁的人重新获得爱和工作的能力，甚至达到了事业的顶峰。

提取一下

- "抑郁是全身障碍"这句话的含义是什么？

答案：抑郁涉及许多方面的变化，包括生理的和认知的变化，以及它们之间的相互作用。（答案颠倒）

精神分裂症

病情最严重的时候，精神分裂症患者生活在自己的世界里，时常出现的怪异想法和影像占据了他们的头脑。从字面意思来看，**精神分裂症**（schizophrenia）指的是"心理分裂"。这并不是指多重人格分裂，而是指与现实的分离，表现为思维混乱、知觉扭曲、情绪和行为不当等。精神分裂症是**精神病**（psychosis）的主要代表，是一种以非理性、知觉扭曲、脱离现实为标志的心理障碍。

你能想象到，这些特点会对人际关系和工作造成严重的干扰。如果给予支持性环境和药物治疗，40% 以上的精神分裂症患者能够拥有一年甚至更长时间的正常生活经历（Jobe & Harrow, 2010）。还有很多其他人在生活中大部分时间都处于社会退缩和隔离或被拒绝的状态。

精神分裂症的症状

14-12：精神分裂症的思维、感知、情感和行为模式有什么特点？

精神分裂症有不同的形式。有阳性症状的精神分裂症患者可能会体验到幻觉，言语混乱并缺乏真实性，表现出不合时宜的哭、笑或愤怒。而有阴性症状的人说话语调单一，表情麻木，身体僵硬。

混乱的思维 试想一下与马克辛交流。马克辛是一位思维表达没有逻辑的年轻女性。她的传记作者希恩（Sheehan, 1982, p. 25）专门观察了她大声自言自语的情形，"今天早上，我在赫尔塞德（医院）拍电影。我被电影明星们簇拥着……我是玛丽·波平斯。这个房间刷成蓝色是为了让我生气吗？我的外祖母在我 18 岁生日后的第四个星期去世了。"

正如上面这段怪异的独白所展示的，精神分裂症患者的思维不连贯、荒诞，并为虚幻的信念所扭曲，这称为**妄想**（delusion）。马克辛认为自己是玛丽·波平斯。具有妄想倾向的人往往认为他们正在受到威胁或追逐。

混乱的思维可能以"词语杂拌"的形式表现出来，杂乱的想法让其他人摸不着头脑。一个年轻人请求"在治疗中增加一点拍子"，并提出"扩展眼界的解放运动"将"因此在演讲中摄取一些智慧"。

混乱的思维可能源于选择性注意的中断。一般来说，我们都具有很强的选择注意能力，能排除其他感觉刺激而专注于某组刺激（第 3 章）。但精神分裂症患者做不到。因此，微小的无关刺激，如砖上的鹅毛或者声调的抑扬变化都能使他们的注意力从整个场景或说话者的意思中转移开来。正如一名从前的病人所回忆的那样，"我出现了什么问题……毫不相关的刺激使我的注意力从本应注意的对象上移开"（MacDonald, 1960, p. 218）。这种选择性注意困难只是与精神分裂症相关的数十种认知差异之一（Reichenberg & Harvey, 2007）。

歪曲的知觉 妄想是错误的信念。幻觉是错误的知觉，一种没有感觉刺激的感觉体验。精神分裂症患者能够看见、感受到、闻到并不存在的东西。最常见的幻觉是听觉，他们可能听到并不存在的侮辱或命令。这些声音可能告诉这个人她很坏或者她必须用打火机烧自己。如果一个梦进入了你清醒的意识，想象一下你自己的反应。埃蒙斯描述了他的体验：

> 有人让我解释精神分裂症，我告诉他们，就像当你做梦的时候，有时候你自己出现在梦境里，而有些梦感觉就像是真实的噩梦。我的精神分裂症就像是我正在梦中行走一样。但是我身边的每个事物都是真实的。有时，今天的世界显得很无趣，我就想我是否想回到精神分裂的梦中，然后我又会记起来所有可怕的、恐怖的体验（Emmons et al., 1997）。

如果觉得不真实的东西似乎像真的一样，知觉的结果往好里说是怪诞的，而往坏里说就是可怕的了。

不恰当的情绪和行为 精神分裂症患者的情绪表达经常是不恰当的，与现实似乎是分离的（Kring & Caponigro, 2010）。马克辛想起外祖母的死反而开怀大笑。有时，她会在其他人笑时大哭，或者莫名其妙地生气。还有一些精神分裂症患者会陷入没有明显情感的情感淡漠状态。很多精神分裂症患者难以解读其他人的面部

某个精神分裂症患者的绘画作品 在对此类艺术作品进行评论时（摘自 Craig Geiser's 2010 art exhibit in Michigan），诗人和艺术批评家约翰·阿什伯利写道："这些作品都蕴含着很强的诱惑力，但这种不可名状的主题也很可怕。"（见彩插）

大多数精神分裂症患者抽烟，通常烟瘾重。尼古丁显然会刺激有助于集中注意的某些大脑受体（Diaz et al., 2008; Javitt & Coyle, 2004）。

情绪和心理状态（Green & Horan, 2010; Kohler et al., 2010）。

不恰当的动作行为也有很多形式。精神分裂症患者可能表现出无意义的强迫行为，如不停地摇摆或摩擦自己的胳膊。还有一些人则可能几个小时保持不动（这个状况称作紧张症），然后又变得非常愤怒。

精神分裂症的发病和发展

14-13：慢性和急性精神分裂症有何差异？

精神分裂症在人群中的患病率接近1%（其中60%是男性），据估计全世界有2 400万人患有这种可怕的疾病（Abel et al., 2010; WHO, 2011）。精神分裂症通常在即将步入成年期的时候发作。精神分裂症是无国界的。男性倾向于发病时间更早，病情更严重，患病率也略高（Aleman et al., 2003; Picchioni & Murray, 2007）。在对瑞典和丹麦男性的研究中，消瘦且年轻的人群以及非母乳喂养的人群患精神分裂症的风险最高（Sørensen et al., 2005, 2006; Zammit et al., 2007）。

对有些人而言，精神分裂症会突然出现，似乎是对应激的反应。而对其他人而言，例如马克辛，精神分裂症是因长时间缺乏社交和学校表现不佳而逐渐形成的（MacCabe et al., 2008）。这有助于解释为什么那些具有精神分裂症倾向的个体往往社会经济水平低下，甚至无家可归。

一个在世界范围内适用的规律表明（WHO, 1979）：如果精神分裂症是一个缓慢发展的过程（也称慢性或进行性精神分裂症），那就很难恢复。那些患有慢性精神分裂症的个体经常表现出社交退缩等阴性症状（Kirkpatrick et al., 2006）。一般来说，男性精神分裂症的平均发作年龄要比女性早4年，而且男性更多地表现为阴性症状和慢性精神分裂症（Räsänen et al., 2000）。

如果一个先前自我调适良好的个体因对特定应激事件做出反应而迅速发展出精神分裂（也称急性或反应性精神分裂症），那恢复的可能性就大得多。有反应性精神分裂症的人通常表现出对药物治疗有反应的阳性症状（Fenton & McGlashan, 1991, 1994; Fowles, 1992）。

对精神分裂症的理解

精神分裂症不仅是最可怕的心理障碍，而且是被研究得最为深入的一种心理障碍。新近的大多数研究都将精神分裂症与大脑异常及遗传易感性联系起来。精神分裂症就是一种以心理症状的形式表现出来的大脑疾病。

大脑异常

14-14：哪些大脑异常与精神分裂症有关？

大脑中化学成分的失调能解释精神分裂症吗？科学家早就知道，奇怪的行为可能是奇怪的化学因素导致的。你是否听说过"疯得像个做帽子的？"这句谚语可以追溯到英国制帽人的行为，由于他们经常用嘴唇和舌头润湿含有水银的毛毡帽边儿，因而大脑逐渐受到侵害（Smith, 1983）。精神分裂症症状是否也有类似的生物化学因素？科学家正在探索化学物质引发幻觉和其他症状的机制。

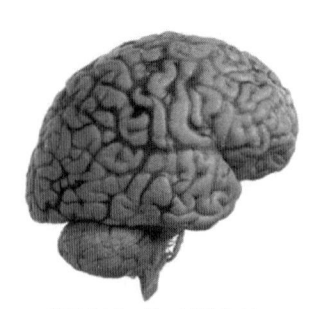

多巴胺活动过度 研究者们在解剖精神分裂患者死后的大脑时发现了一个可能的答案。他们发现了过量的多巴胺受体，其中 D4 多巴胺受体超了 6 倍（Seeman et al., 1993; Wong et al., 1986）。过于敏感的多巴胺系统可能增强了精神分裂症患者大脑中的信号，结果产生阳性症状，如幻想和偏执等（Grace, 2010）。其他一些证据强化了这个观点：阻断多巴胺受体通路的药物可以减轻精神分裂症的症状；而增加多巴胺含量的药物，如安非他明和可卡因等，有时会导致症状加剧（Seeman, 2007; Swerdlow & Koob, 1987）。

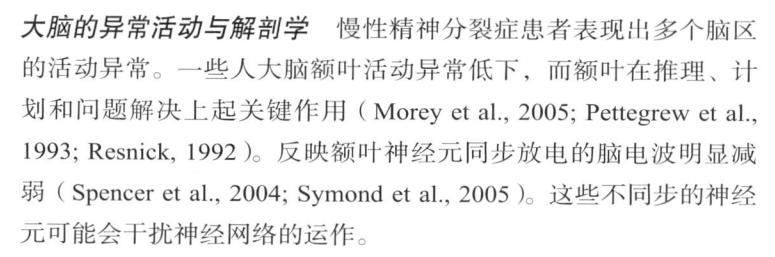

大脑的异常活动与解剖学 慢性精神分裂症患者表现出多个脑区的活动异常。一些人大脑额叶活动异常低下，而额叶在推理、计划和问题解决上起关键作用（Morey et al., 2005; Pettegrew et al., 1993; Resnick, 1992）。反映额叶神经元同步放电的脑电波明显减弱（Spencer et al., 2004; Symond et al., 2005）。这些不同步的神经元可能会干扰神经网络的运作。

一项研究在参与者出现幻觉时对其脑活动进行 PET 扫描（Silbersweig et al., 1995）。当参与者听到某种声音或看见某一事物时，其大脑的若干核心区域变得非常活跃，包括丘脑，该结构过滤传入的感觉信号并将它们传至大脑皮层。另一项针对妄想症患者的 PET 扫描研究发现杏仁核活动增强，而杏仁核是恐惧处理中枢（Epstein et al., 1998）。

许多研究发现，在精神分裂症患者的脑中，有一些膨胀的、充满液体的区域及相应收缩变薄的脑组织（Wright et al., 2000）。研究者甚至在以后可能有精神分裂症的人及其近亲身上也发现了这样的大脑异常（Karlsgodt et al., 2010）。大脑收缩得越厉害，这种思维障碍就越严重（Collinson et al., 2003; Nelson et al., 1998; Shenton, 1992）。

一个收缩变小的部位是大脑皮层。另一个是连接两个大脑半球的胼胝体（Arnone et al., 2008）。丘脑也比正常人的小，这可以解释为什么精神分裂症患者难以过滤输入的感觉信息和集中注意力（Andreasen et al., 1994; Ellison-Wright et al., 2008）。总之，精神分裂症不是某一脑区单独异常的结果，而是若干脑区及其相互连接的问题（Andreasen, 1997, 2001）。

研究精神分裂症的神经生理学 精神病学家福乐·托利收集了数百名已经死亡的、生前有精神分裂症或双相障碍等心理障碍的年轻成人的大脑。托利将制作的脑组织样本提供给全世界研究者使用。

出生前环境与风险

14-15：哪些产前事件与精神分裂症的风险增加有关？

导致精神分裂症患者大脑异常的原因是什么？一些研究者指出可能是胎儿期或分娩时的一些意外（Fatemi & Folsom, 2009; Walker et al., 2010）。精神分裂症风险因素包括出生体重低、母亲糖尿病、高龄产妇、分娩期间缺氧（King et al., 2010）。饥荒也会加大风险。在"二战"时期的荷兰饥荒中怀孕的女性，其孩子后来有精神分裂症的比率是正常情况下的 2 倍（Susser et al., 1996）。

让我们考虑另一个可能的原因。孕期的病毒感染会危害胎儿大脑的发展吗（Patterson, 2007）？为了检验这种胎儿期病毒感染的观点，科学家们提出了以下问题：

- 在胎儿发展的中期，如果所在的国家出现了流行性感冒，那么他们后来患精神分裂症的风险会增加吗？答案是"是的"（Mednick et al., 1994; Murray et al., 1992; Wright et al., 1995）。
- 如果一个地区人口稠密，该地区内的病毒性疾病传播得很快，那么在这里出生的人患精神分裂症的风险更大吗？答案是肯定的，最近一项对 175 万丹麦人进行的研究证实了这一观点（Jablensky, 1999; Mortensen et al., 1999）。
- 在秋冬流感季节之后的冬春季节出生的人患精神分裂症的风险更大吗？回答仍然是肯定的，风险增加 5% 到 8%（Fox, 2010; Torrey et al., 1997, 2002）。
- 在南半球，季节正好和北半球相反，那么高于平均水平的精神分裂症出生月份也同样相反吗？虽然有一些不同，但结论还是肯定的。例如，在澳大利亚，出生于 8 月到 10 月的人患精神分裂症的风险更大。但有一个例外：那些出生于北半球而后移民到澳大利亚的人，如果出生于 1 月到 3 月，则患精神分裂症的风险更大（McGrath et al., 1995, 1999）。
- 母亲在孕期患过流行性感冒，孩子更可能患精神分裂症吗？对近 8 000 名女性的研究表明答案是肯定的。患精神分裂症的风险从一般的 1% 增加到 2%，但前提是感染发生在怀孕后的 4~6 个月（Brown et al., 2000）。母猴在孕期患流行性感冒也会影响胎儿的大脑发育（Short et al., 2010）。
- 如果孩子后来有了精神分裂症，从其怀孕的母亲体内抽取的血液中会含有高于正常水平的抗体（表示存在病毒感染）吗？一项对 27 名女性（她们的孩子后来患上精神分裂症）的研究证明答案是肯定的（Buka et al., 2001）。加利福尼亚的一项大型研究在 20 世纪 50 年代和 60 年代期间从大约 2 万名孕妇那里收集了血液样本，研究结果也支持上述结论（Brown et al., 2004）。另一项研究在接近半数的精神分裂症患者体内发现微量的特异性逆转录病毒（HERV），而在健康人群中则没有发现这种病毒（Perron et al., 2008）。

这些证据集中表明，孕期病毒感染对精神分裂症的形成有一定作用。这一发现也支持了美国政府的建议：那些预计在流感季节里怀孕将超过 3 个月的女性应该打流感疫苗（CDC, 2011）。

为什么怀孕后的 4~6 个月里母亲患流感会增加胎儿得精神分裂症的风险呢？是病毒本身的原因吗？是因为母亲对病毒的免疫反应吗？是因为服用的药物吗（Wyatt et al., 2001）？感冒会削弱大脑胶质细胞的功能从而导致突触连接减少吗（Moises et al., 2002）？答案终有一天会揭晓。

遗传因素

14-16：基因对精神分裂症有何影响？

胎儿感染病毒可能会增加孩子将来发生精神分裂症的可能性。然而，很多女性在怀孕后的 4~6 个月内染上流行性感冒，但其中只有 2% 的人生下的子女得了精神分裂症。为什么产前接触流感病毒让一些孩子有发生精神分裂症的风险，而另一些孩子则没有？是否是因为某些人的遗传倾向让他们更容易得该疾病？证据很明显：答案是肯定的。对于大多数人来说，被诊断为精神分裂症的比率接近1%，而如果父母或兄弟姐妹有精神分裂症，那他被诊断为精神分裂症的比率是约10%；而在同卵双生子中，比率几乎是50%（图14.10）。即使是分开抚养，同卵双生子中的一个有精神分裂症，另一个有精神分裂症的比率仍然为50%（Plomin et al., 1997）。（类似的案例有记载的仅有10多例。）

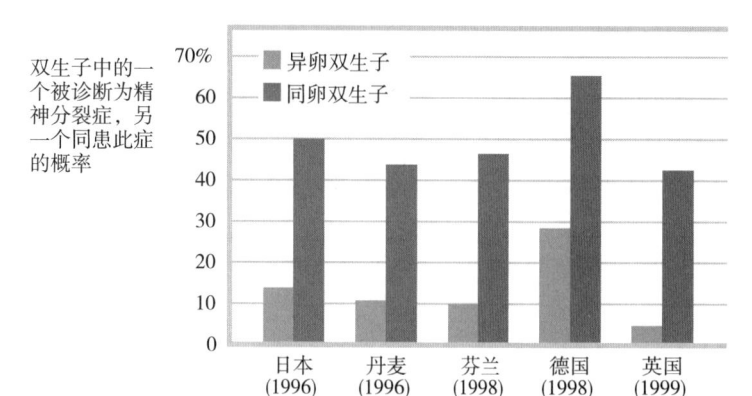

尽管如此，请记住同卵双生子共享的不只是基因。他们也共享着出生前的环境。大约三分之二的同卵双生子共享着同一个胎盘和其所供应的血液。另外三分之一则分别有各自的胎盘。共享胎盘是有影响的。如果同卵双生子在母体内共用一个胎盘，那出生后若一个有精神分裂症，另一个患病的可能性为60%；如果他们不共用胎盘（异卵双生子亦如此），那么另一个患病的可能性仅为10%（Davis et al., 1995a, b; Phelps et al., 1997）。共用一个胎盘的双生子在胎儿期更可能经历相同的病毒感染。因此，相同的病菌可能和相同的基因一样，都能导致同卵双生子的相似性。

收养研究有助于区分遗传和环境的影响。被有精神分裂症的成人收养的儿童，几乎很少会"染上"这种障碍；而如果被收养儿童的亲生父母有精神分裂症，那么他们有精神分裂症的风险会大大增加（Gottesman, 1991）。这是基因的作用。

人们在寻找特定的基因，这些基因通过某种组合可能会导致诱发精神分裂症的大脑异常（Levinson et al., 2011; Mitchell & Porteous, 2011; Vacic et al., 2011; Wang et al., 2010）。（是大脑而不是基因直接控制行为。）其中一些基因影响了多巴胺和大脑中其他神经递质的活性。其他一些基因影响了髓鞘的产生，髓鞘是一种包裹在神经细胞轴突外面的一层脂肪物质，使得神经冲动在神经网络之间快速传递。

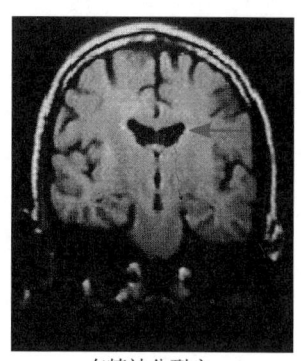

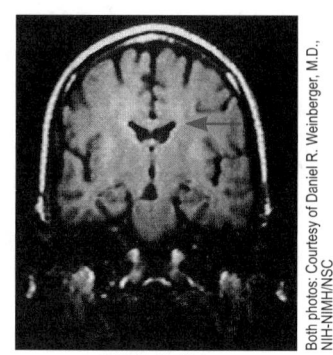

双生子中的一个被诊断为精神分裂症，另一个同患此症的概率

图 14.10

精神分裂症发生的风险

个体一生中患精神分裂症的概率与其亲属是否有这种障碍有关。多个国家的研究表明，如果异卵双生子中的一个有精神分裂症，那么另一个同患此症的概率为10%，但同卵双生子却高达50%。（摘自 Gottesman, 2001.）

同卵双生子中的精神分裂症

当双生子之间存在差异时，通常只是患有精神分裂症的那个人的颅腔（左）会增大，充满液体（Suddath et al., 1990）。双生子之间的差异意味着有一些非遗传因素（如病毒）也在起作用。

有精神分裂症　　无精神分裂症

吉奈恩家四胞胎 随机挑选 4 个人，他们均有精神分裂症的可能性是一亿分之一。但是基因相同的四姐妹诺拉、艾里斯、迈拉、赫斯特都有精神分裂症，其中两个症状比较严重。这一现象表明，不仅生物学因素在起作用，环境因素也起着重要作用。

遗传因素的作用是毋庸置疑的，但其过程并不像眼睛颜色的遗传那么简单。对数千名有精神分裂症和无精神分裂症的个体进行的基因组研究表明，精神分裂症受到许多基因的影响，单个基因的作用非常小（International Schizophrenia Consortium, 2009; Pogue-Geile & Yokley, 2010）。回想一下第 2 章，表观遗传（epigenetic，字面意思是"除基因之外"）因素会影响基因表达。就像热水泡开茶包一样，病毒感染、营养剥夺和孕期应激等环境因素能够"启动"基因，从而增加了一部分人患精神分裂症的风险。同卵双生子在子宫中以及之后的不同经历解释了为什么其中只有一个显示出了不同的基因表达（Walker et al., 2010）。正如我们在这么多不同的情形中所看到的，先天和后天是相互作用的。一个巴掌拍不响。

正是由于我们对遗传和大脑如何影响精神分裂症类疾病有了更广泛的理解，公众越来越多地将精神病性障碍归因于生物学因素（Pescosolido et al., 2010）。

***

大多数人不容易理解精神分裂症中各种怪异的想法、知觉和行为。有时我们的思维会跳跃，但我们很少会说没有意义的话。有时我们会感到自己在不公正地怀疑别人，但我们不会担心全世界的人都密谋加害我们。我们的知觉经常会出现错误，但我们很少会看见或听到不存在的事物或声音。我们在嘲笑某个人的不幸后会感到内疚，但我们听到坏消息时却很少会发笑。我们时常想独处，但我们不会生活在与世隔绝中。然而，全世界仍有上百万的人表现得言语怪异，经受着妄想的折磨，听见并不存在的声音，看到并不存在的事物，在不恰当的时候哭笑，或者退缩到个人的想象世界中。因此，人们一直在寻求解开精神分裂症这个残酷的谜题，而且比以往更为积极。

提取一下

- 具有_____（阳性/阴性）症状的精神分裂症患者可能面无表情，声音单调。这些症状在_____（慢性/急性）精神分裂症中最为常见，并且对药物治疗不太可能产生反应。具有_____（阳性/阴性）症状的精神分裂症患者可能会产生妄想并被诊断为_____（慢性/急性）精神分裂症，更可能对药物治疗产生反应。

答案：阴性；慢性；阳性；急性

- 哪些因素影响精神分裂症的发病和发展？

答案：生物学因素（包括大脑结构和功能异常、遗传倾向性和病毒感染暴露）和心理社会因素，在精神分裂症的发病中都很重要。

其他障碍

分离障碍

> 14-17：什么是分离障碍，为什么它们是有争议的？

罕见的**分离障碍**（dissociative disorder）是最令人困惑的心理障碍之一。个体的意识觉知与痛苦的记忆、想法和感受分离（分开）。个体可能进入一种"漫游状态"，即突然的记忆丧失或身份改变，往往是对无法抵抗的压力情境的反应。其中一个案例是一名越战老兵，他因战友的死亡而心神不宁，在"9·11"袭击发生前不久离开了他位于世贸中心的办公室。某一天他在上班的路上失踪了，6个月后在芝加哥一个无家可归的收容所里被发现，据说他不记得自己的身份或家庭（Stone, 2006）。

分离本身并不罕见。我们任何人都有过一闪而逝的非现实的感觉，与身体分离的感觉，以及像看电影那样观看我们自己的感觉。在**分离性身份障碍**（dissociative identity disorder, DID）中，自我与通常的意识之间产生了巨大的分裂。在不同时间里，有两个或更多不同的身份控制着个体的行为，每一个身份都有各自的表达和行为习惯。因此，个体可能有时显得一本正经、举止恰当，有时又大声喧哗、表现轻浮。一般来说，原本的人格否认对其他人格的任何察觉。

有分离性身份障碍（过去被称为多重人格障碍）的人很少是暴力的，但在有些案例中个体可能分裂出"好的"和"坏的"（或攻击性的）人格——就像罗伯特·路易斯·史蒂文森的小说中闻名后世的杰基尔博士和海德先生的温和版。肯尼思·比安奇是一个不同寻常的案例，他在"山腰绞杀手"案中被指控奸杀了10名加利福尼亚女子。心理学家约翰·沃特金斯（Watkins, 1984）在催眠比安奇时"唤醒"了一个隐藏的人格："我已经和肯谈了不少，但我想可能还存在着另一部分的肯……也许不同于已经跟我交谈过的那个部分……你愿意通过说'我在这里'来跟我说话吗？"比安奇回答"是"，然后自称是"史蒂夫"。

在作为史蒂夫说话的时候，比安奇说他讨厌肯，因为肯是个好人，而他（史蒂夫）在堂兄的帮助下谋杀过女人。他还声称肯对史蒂夫的存在一无所知，对于谋杀是完全无辜的。比安奇的第二人格是否是个诡计，是否只是拒绝为他的行为承担责任的一个方式？事实上，比安奇是一个训练有素的骗子，他在心理学书籍中读过有关多重人格的内容，后来被宣判有罪。

对分离性身份障碍的理解　怀疑者提出了关于分离性身份障碍的一些重要问题。首先，他们发现这一障碍的历史短得可疑。在20世纪30年代到60年代间，在北美人中，每10年里只有2个人被诊断为分离性身份障碍。到了20世纪80年代，《精神障碍诊断与统计手册》收录了这一障碍的首个正式编码，有该障碍的人数暴增到2万多（McHugh, 1995a）。患者表现出来的平均人格数量也迅速增加，从3个增加到12个

多重人格　电影《三面夏娃》及其同名图书讲述了克里斯·塞茨摩尔的故事，在早期将现在被称为分离性身份障碍的心理障碍引入人们的视野。

586 迈尔斯普通心理学

（Goff & Simms, 1993）。

其次，怀疑者指出，分离性身份障碍在北美以外的地方较不普遍，尽管在其他文化中也有人声称被外来灵魂"占据"了身体（Aldridge-Morris, 1989; Kluft, 1991）。在英国，分离性身份障碍十分罕见，一些人认为它是"古怪的美国潮流"（Cohen, 1995）。在印度和日本，基本上是不存在（或者至少没有报告）分离性身份障碍的。怀疑者说，这些发现指向一个文化解释，这是在特定的社会环境中由治疗师创造出来的障碍（Merskey, 1992）。分离性症状不是创伤诱发的，而倾向于在易受暗示、富于幻想的人身上表现出来（Giesbrecht et al., 2008, 2010）。

最后，怀疑者问，分离性身份障碍是否可能是正常人格转换能力的扩展，而不是真正的心理障碍？尼古拉斯·斯帕诺斯（Spanos, 1986, 1994, 1996）让大学生假扮受到指控的谋杀犯并且正在接受精神病学家的检查。给予跟比安奇一样的催眠治疗后，大部分人都自发地表达出第二人格。这一发现让斯帕诺斯感到不解：这些分离的身份是否只是我们正常呈现的各个不同"自我"的极端版本，就像我们在跟朋友出去玩的时候会表现出可笑、吵闹的自我，而在祖父母身边则会表现出顺从、有礼貌的自我一样。批评者说，如果是这样的话，那么发现多重人格的临床医生可能只是激活了富于幻想的那些人的角色扮演能力。毕竟，来访者在开始治疗时并不会说"请允许我介绍多个我"。相反，怀疑者指出，有些治疗师会"钓"出多重人格："你曾感到你的另一部分在做一些你不能控制的事情吗？你的这一部分有名字吗？我可以和你愤怒的那部分对话吗？"一旦来访者同意治疗师指名与"怒言相向的那部分你"对话时，他们就会开始将幻想表演出来。就像演员在角色当中迷失了自己一样，易受影响的患者可能会"变成"他们所扮演的角色。结果可能就是另一个自我的体验。

其他研究者和临床医生认为分离性身份障碍确实是一种心理障碍。他们找到了支持这一观点的证据，不同的人格具有不同的大脑和身体状态（Putnam, 1991）。对分离性身份障碍患者的脑扫描显示，与创伤记忆有关的脑区活跃（Elzinga et al., 2007）。利手有时会随人格转换而改变（Henninger, 1992）。当分离性身份障碍患者转换人格时，能够记录到视敏度和眼肌平衡的变化，但是在控制组成员试图模仿分离性身份障碍的行为时则没有记录到变化（Miller et al., 1991）。

心理动力学和学习观点都把分离性身份障碍的症状解释为应对焦虑的方式。一些心理动力学理论家将其视为对无法接受的冲动所致焦虑的防御。根据这个观点，不道德的第二人格可以让被禁止的冲动得到释放。（这个解释假定存在被压抑的记忆，但受到记忆研究者的质疑；见第 8 章和第 12 章。）学习理论家将分离障碍视为因焦虑减少而得到强化的行为。

一些临床医生建议将分离性身份障碍归到创伤后应激障碍这个大类之下。根据这个观点，分离性身份障碍是一种对童年创伤经历的自然保护性反应（Putnam, 1995; Spiegel, 2008）。很多分离性身份障碍患者回忆在小时候受到过身体虐待、性虐待或情感虐待（Gleaves, 1996; Lilienfeld et al., 1999）。一项研究考察了 12 名被诊断为分离性身份障碍的谋杀犯，其中 11 人在童年时遭遇了严重虐待甚至折磨（Lewis et al., 1997）。一个人曾被父母灼烧身体。另一个人曾被用于拍儿童色情片，并因为被强迫坐在炉子上而伤痕累累。然而，有些

"山腰绞杀手" 图中肯尼思·比安奇正在接受审判。

弄假成真。
——中国谚语

"我能跟付账的那个人格说话吗？"

批评者怀疑这些回忆是否是逼真的想象或治疗师的暗示促成的（Kihlstrom, 2005）。

争论还在继续。一方认为多重人格是人们试图摆脱可怕经历而孤注一掷的努力。另一方的怀疑者认为分离性身份障碍是治疗师和来访者的互动构建出来的状况，并由富于幻想、情感脆弱的人表演出来。精神病学家保罗·麦克休（McHugh, 1995b）预测说，如果怀疑者的观点取胜，那么"这种流行病结束的方式将与猎杀女巫狂潮在塞勒姆结束的方式一样[1]。[多重人格现象]将会被认为是人为制造的。"

> **提取一下**
>
> - 心理动力学和学习观点都认为分离性身份障碍症状是应对焦虑的方式，两者的解释有何不同？
>
> 答案：对分离性身份障碍的心理动力学解释是，它们是对无法接受的冲动所产生的焦虑的防御。学习观点则将其症状视为被强化的行为。

进食障碍

14-18：三种主要的进食障碍是什么？生物、心理和社会文化影响如何让人们更容易患上这些障碍？

我们的身体天生倾向于保持正常的体重，包括储存能量为食物匮乏时期做储备。然而有时心理影响会压倒生物智慧。在三种进食障碍中，这一点尤为明显：

- **神经性厌食症**（anorexia nervosa）一般始于减肥节食。有厌食症的人体重会明显低于标准体重，通常低 15% 或更多（或 BMI 低于 17.0），多见于青少年，并且 90% 为女性。但是他们还会觉得胖，害怕长胖，依然沉迷于减肥，有时会运动过量。大约一半的厌食症患者表现出暴食—清除—抑郁循环。

- **神经性贪食症**（bulimia nervosa）也可能由减肥节食触发，并且节食因狂吃被禁止的食物而中断。在重复发作的循环中，有该障碍的人——大部分是十八九岁到 20 岁出头的女性——会交替进行暴食和清除（通过催吐或使用泻药）（Wonderlich et al., 2007），之后可能会禁食或过量运动。他们为食物所困扰（喜欢甜食或高脂肪的食物），害怕超重，暴食－清除进食者在暴食期间或之后会经历抑郁或焦虑发作（Hinz & Williamson, 1987; Johnson et al., 2002）。但与神经性厌食症不同，神经性贪食症的标志是体重在标准范围之内或之上波动，导致症状不易被发现。

- **暴食障碍**（binge-eating disorder）患者会做出明显的暴食行为，之后会后悔，但

瘦身不要命 神经性厌食症在 19 世纪 70 年代被确认和命名，当时它出现在富裕的青少年女孩当中（Brumberg, 2000）。这张 20 世纪 30 年代的照片显示了身体状况。

---

[1] 中世纪的猎杀女巫狂潮从欧洲大陆开始，扩展到不列颠群岛，最后在美国结束，一共持续了数百年。1692 年发生在美国马萨诸塞州塞勒姆镇的塞勒姆女巫审判案造成 20 多人死亡，另有 200 多人被逮捕或监禁，是历史上著名的冤案之一。从塞勒姆女巫审判案后，美国再也没有发生因巫术受审的事件。——译者注

为什么女人的自尊心那么低？有很多心理和社会方面的复杂原因，我指的是芭比娃娃。

Dave Barry, 1999

他们不会清除、禁食或过量运动，因此可能会超重。

一项由美国国家精神卫生研究所资助的研究报告说，有 0.6% 的人在一生中的某个时候达到神经性厌食症的标准，1% 的人达到神经性贪食症的标准，2.8% 的人达到暴食障碍的标准（Hudson et al., 2007）。那么，我们如何解释这些心理障碍？

对进食障碍的理解

进食障碍并不像有人曾经推测的那样与儿童性虐待有着直接的联系（Smolak & Murnen, 2002; Stice, 2002）。然而家庭环境可能会以另一些方式为进食障碍的形成提供滋生的土壤。

- 有进食障碍女孩的母亲常关注她们自己的体重，同时也关注女儿们的体重和外貌（Pike & Rodin, 1991）。
- 在神经性贪食症患者的家庭中，儿童期肥胖和负面自我评价的发生率高于正常水平（Jacobi et al., 2004）。
- 神经性厌食症患者通常来自竞争性强、成就动机高以及保护性强的家庭（Pate et al., 1992; Yates, 1989, 1990）。

进食障碍患者往往自我评价低，设置完美主义者的标准，因为不能达到预期而烦恼，并且极为在意其他人对他们的看法（Pieters et al., 2007; Polivy & Herman, 2002; Sherry & Hall, 2009）。其中一些因素还可以预测十几岁男孩对不现实的肌肉发达的追求（Ricciardelli & McCabe, 2004）。

遗传也可能影响进食障碍的易感性。同卵双生子比异卵双生子更有可能同时有进食障碍（Culbert et al., 2009; Klump et al., 2009; Root et al., 2010）。科学家正在寻找问题基因，这些基因可能影响人体内可利用的 5- 羟色胺和雌激素（Klump & Culbert, 2007）。

但是这些心理障碍也包含文化和性别成分。不同文化和不同时期的理想体形是不同的。在贫穷的国家，包括非洲的很多地区——丰满意味着富足，而消瘦是贫困或疾病的表现——越胖似乎越好（Knickmeyer, 2001; Swami et al., 2010）。在西方文化中，似乎就不是越胖越好了，从对 14.1 万人进行的 222 项研究来看，20 世纪后半叶，进食障碍患病率的增长，与对体象不满的女性人数的急剧增长是一致的（Feingold & Mazzella, 1998）。

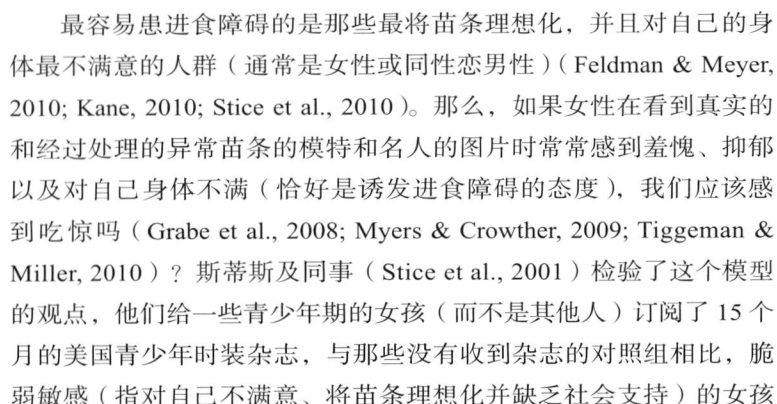

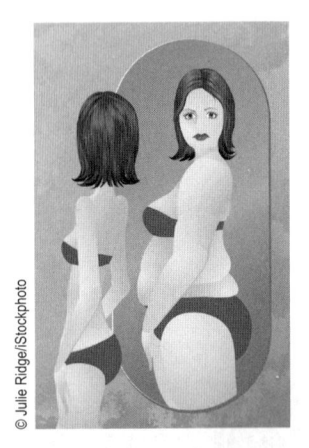

最容易患进食障碍的是那些最将苗条理想化，并且对自己的身体最不满意的人群（通常是女性或同性恋男性）（Feldman & Meyer, 2010; Kane, 2010; Stice et al., 2010）。那么，如果女性在看到真实的和经过处理的异常苗条的模特和名人的图片时常常感到羞愧、抑郁以及对自己身体不满（恰好是诱发进食障碍的态度），我们应该感到吃惊吗（Grabe et al., 2008; Myers & Crowther, 2009; Tiggeman & Miller, 2010）？斯蒂斯及同事（Stice et al., 2001）检验了这个模型的观点，他们给一些青少年期的女孩（而不是其他人）订阅了 15 个月的美国青少年时装杂志，与那些没有收到杂志的对照组相比，脆弱敏感（指对自己不满意、将苗条理想化并缺乏社会支持）的女孩

神经性厌食症的背后是过于肥胖的体象

"谢谢，不过我们不吃。"

们对身体更加不满意并表现出进食障碍倾向。但是，即使那些极其苗条的模特也无法达到经典芭比娃娃那样不可能的标准。身高 5 英尺 7 英寸，三围 32—16—29（按厘米计算是身高 170，胸围 82，腰围 41，臀围 73；Norton et al., 1996）。

似乎很显然，当今进食障碍的弊端部分在于我们过分关注体重的文化，这种文化用无数的方式说"肥胖不好"，促使数以百万计的女性"总在节食"，并且因迫使女性长期生活在半饥饿状态中而助长她们的暴食行为。如果文化习得促成进食行为，那么预防项目会提高人们对自己身体的接纳吗？对预防研究的回顾表明答案是肯定的，尤其当项目是互动性的，并以 15 岁以上的女孩为对象时（Stice et al., 2007; Vocks et al., 2010）。

"走秀的骨架" 一篇报纸文章用了这个标题，旨在批评超瘦模特走秀。这些模特是否会使"让自己挨饿"成为潮流？

提取一下

- _____（神经性厌食症/神经性贪食症）患者即使在体重偏轻的情况下还想要继续减肥。
- _____（神经性厌食症/神经性贪食症）患者的体重倾向于在正常范围之内或之上波动。

答案：神经性厌食症；神经性贪食症

人格障碍

14-19：人格障碍分为哪三个类别？反社会型人格障碍的行为和大脑活动有何特点？

人格障碍（personality disorders）的破坏性、僵化和持久的行为模式会干扰社会功能。这些障碍倾向于形成三个类别，其特征为：

- 焦虑，如倾向退缩的回避型人格障碍对拒绝过分敏感。
- 古怪或奇异的行为，例如分裂样人格障碍的疏离冷漠。
- 戏剧性行为或冲动行为，例如希望引起注意的表演型人格障碍，自我聚焦和自我膨胀的自恋型人格障碍以及反社会型人格障碍。

反社会型人格障碍

最使人苦恼且研究最多的人格障碍是**反社会型人格障碍**（antisocial personality disorder）。你可能听过古老的叫法：社会病态或精神病态。反社会型人格障碍患者通常是男性，表现得毫无良知，甚至对朋友和家人也是如此。当反社会型人格个体具有超常的智力但没有良知时，可能会成为一名聪明且有魅力的行骗高手、一名无情的公司总裁（《西装革履的蛇》是一本关于商业里的反社会行为的书）——甚至更坏。

毫无悔意 丹尼斯·雷德，著名的 BTK 杀手（BTK 指 bind, torture 和 kill, 即绑、虐、杀——译者注），在 30 年时间里杀死了 10 个人，于 2005 年被定罪。雷德完全没有良知，这正是反社会型人格障碍的特征。

"星期四不行。我有陪审员义务。"

很多罪犯跟这个人一样，在生活的其他方面表现出良知和责任感，因此并没有表现出反社会型人格障碍。

该障碍通常出现在 15 岁以前，个体开始撒谎、偷窃、打架，或性行为无节制（Cale & Lilienfeld, 2002）。不是所有这样的儿童都会变成反社会的成年人。那些进入成年后仍有反社会行为的人（约占一半）一般无法保有一份工作，对配偶和孩子不负责任，有暴力或犯罪行为（Farrington, 1991）。尽管他们冷酷，有时候有犯罪行为，但犯罪行为并不是反社会行为的必要成分（Skeem & Cooke, 2010）。此外，很多罪犯并不符合反社会型人格障碍的特征。为什么？因为许多罪犯对自己的朋友和家人是负责任的。

反社会型人格障碍个体行为冲动，几乎没有感受和畏惧（Fowles & Dindo, 2009）。这可能导致骇人听闻的后果，正如亨利·李·卢卡斯案例中那样。卢卡斯 13 岁时杀死了第一名受害者。当时以及事后他都没有一点悔恨。他承认自己在 32 年的犯罪史上，曾经残忍地使用殴打、窒息、刺伤、枪击、断肢等方式，伤害了大约 360 名女子、男子和儿童。在他实施恐怖罪行的最后 6 年里，卢卡斯和埃尔伍德·图尔合伙，后者说自己杀死了 50 名"他认为已失去了生存价值的人"（Darrach & Norris, 1984）。

对反社会型人格障碍的理解 反社会型人格障碍由生物和心理因素交织而成。犯罪等复杂行为不是由哪一个单个基因决定的。然而，分子遗传学家识别了一些特定基因，这些基因在反社会型人格障碍患者身上更为常见（Gunter et al., 2010）。无所畏惧和不受约束的人生也许与某种遗传倾向有关。双生子研究和收养研究表明，与反社会型人格和无情感倾向的人有血缘关系的个体，其反社会行为的风险增加（Larsson et al., 2007; Livesley & Jang, 2008）。使人们有反社会行为风险的基因也会增加酒精及其他物质依赖的风险，这有助于解释为什么这些障碍往往是一起出现的（Dick, 2007）。

遗传影响往往与童年虐待共同作用，助长大脑形成连接（Dodge, 2009）。反社会型人格和无情感倾向个体的遗传易感性导致个体唤起水平低下。在等待电击或噪音等会令大多数人紧张不安的事件时，他们自主神经系统的唤起很不明显（Hare, 1975; van Goozen et al., 2007）。长期研究表明，即使是在他们做出犯罪活动之前的青少年时期，他们的应激激素水平也比同龄人低（图 14.11）。在 3 岁时形成条件化恐惧比较慢的儿童，长大以后更可能犯罪（Gao et al., 2010）。

其他研究发现，在青少年期表现出攻击或反社会倾向的男孩，在学龄前就表现得冲动、不受约束、不关心社会奖赏、焦虑水平过低（Caspi et al., 1996; Tremblay et al., 1994）。如果得到有益的引导，这些特质就可能促使其成为勇敢的英雄、冒险家或体育明星（Poulton & Milne, 2002）。但是，如果缺乏社会责任感，同样的遗传倾向可能会使其成为一名冷酷的骗子或杀手（Lykken, 1995）。

对于反社会行为以及很多其他行为来说，天性和教养相互影响并在大脑中留下它们的印记。为了探索反社会型人格障碍的神经基础，科学家们正在识别反社会型

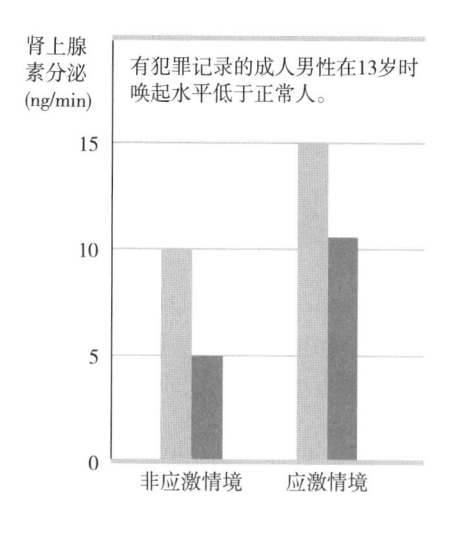

图 14.11
冷血的唤起水平与犯罪风险

对瑞典的两组 13 岁男孩的肾上腺素水平进行测量。在应激条件下和非应激条件下，那些后来（18 岁到 26 岁间）犯罪的儿童都表现出了相对较低的唤起水平。（摘自 Magnusson, 1990。）

罪犯的大脑活动差异。观看能唤起情绪的照片时，例如一个男人把刀子架在一个女人的脖子上，这些罪犯的心率和排汗反应缓慢，并且通常对情绪刺激做出反应的脑区较不活跃（Harenski et al., 2010; Kiehl & Buckholtz, 2010）。他们的多巴胺奖赏系统也显得过度活跃，使他们倾向于在冲动驱使下去做一些能带来奖赏的事情，而不考虑后果（Buckholtz et al., 2010）。一项研究将 41 名杀人犯与同年龄和同性别的正常人的 PET 扫描进行比较，发现杀人犯的大脑额叶活动减少，而额叶有助于控制冲动（Raine, 1999, 2005；图 14.12）。额叶活动的减少对那些冲动杀人的人来说尤其明显。在一项跟踪研究中，研究者们发现，与正常人相比，暴力惯犯的额叶组织比正常人少 11%（Raine et al., 2000）。这就有助于解释为什么反社会型人格障碍患者在思维的许多方面比正常水平落后很多，如计划、组织和控制，而这些都是额叶的功能（Morgan & Lilienfeld, 2000）。这些数据再次提醒我们：心理的每个方面都与生物学有关。

满月会激发一些人内心的"疯狂"吗？詹姆斯·罗顿和 I.W. 凯利（Rotton & Kelly, 1985）考察了来自 37 项研究的数据，这些研究将犯罪、杀人、危机呼叫和精神病院入院与月相联系起来。他们的结论是：没有关于"月狂"的证据。月相跟自杀、攻击、急诊或交通灾难也没有联系（Martin et al., 1992; Raison et al., 1999）。

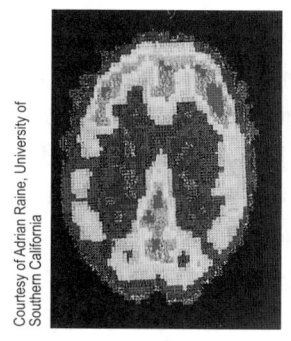

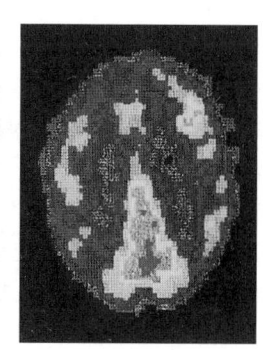

图 14.12
杀人犯的心理（见彩插）

PET 扫描结果表明，杀人犯大脑额叶的活动减少，而这一脑区有助于阻止冲动和攻击性行为。（摘自 Raine, 1999。）

提取一下

- 生物和心理因素如何促成反社会型人格障碍？

答案：这尚不能肯定地得到证明，反社会型人格障碍患者的大脑活动在许多方面不同于常见的那些，但这种差异的来源还不清楚——很难说生物化学上的差异是先天的还是受环境影响的。

心理障碍的患病率

14-20：有多少人目前有或曾经有过心理障碍？贫困是一个风险因素吗？

什么人最容易出现心理障碍？在人生的哪个时期最容易发生？为了回答这些问题，多个国家对由数千名国民组成的有代表性的样本进行了详细的结构化访谈。在问了数百个探查症状的问题（"你曾有两个星期或更长的时间感觉想自杀吗？"）之后，研究者们评估了各种障碍在目前、上一年以及终生患病率。

有多少人现在或曾经有过心理障碍？人数远远高于我们的想象：

- 美国国家精神卫生研究所（U.S. National Institute of Mental Health, 2008，基于Kessler et al., 2005）估计每年有26%的美国成年人患有某种可诊断的精神障碍（表14.4）。

- 世界卫生组织（World Health Organization, 2004）在21世纪的一项研究——基于对60 463人的90分钟访谈，对20个国家或城市上一年度的精神障碍患病率进行了估计。如图14.13所示，精神障碍患病率最低的是中国上海，最高的是美国。此外，来自墨西哥、非洲和亚洲的新移民普遍比他们已成为美国人的同胞心理更健康（Breslau et al., 2007；Maldonado-Molina et al., 2011）。例如，与刚刚移民到美国的墨西哥人相比，在美国出生的墨西哥裔美国人更可能出现精神障碍，这是一种被称为移民悖论的现象（Schwartz et al., 2010）。

什么人最容易产生精神障碍？正如我们已经看到的，不同的精神障碍有不同的答案。贫困是心理障碍的一个预测因子，它跨越了种族和性别的界限。贫困线以下的人群严重心理障碍的发生率是其他人的2倍（Centers for Disease Control, 1992）。和其他很多相关一样，这也提出进一步的问题：是贫困导致障碍还是障碍导致贫困？答案是都有，尽管对不同障碍而言情况并不相同。精神分裂症导致贫困可以理解，但是贫困带来的压力和消沉状态也会导致心理障碍，特别是女性的抑郁和男性的物质滥用（Dohrenwend et al., 1992）。在一项探索贫困和病理学之间关系的自然实验中，研究者在经济发展快速降低社区贫困率的时期，对北卡罗来纳州印第安儿童的行为问题比率进行跟踪。研究开始时，贫困儿童表现出更多的偏差行为和攻击行为。4年以后，经济水平上升到贫困线以上的家庭中，儿童的行为问题下降了40%；家庭经济水平与之前一样（处于贫困线以下或以上）的儿童没有发生变化（Costello et al., 2003）。

心理障碍会在一生中的哪些阶段发生？一般在成年早期。"在我们的样本中，75%以上有某种障碍的人到24岁时已出现第一次症状，"罗宾斯和雷杰说（Robins & Regier, 1991, p.331）。反社会型人格障碍（中位数是8岁）和恐怖症（中位数是10岁）的症状出现得最早。酒精依赖、强迫症、双相障碍和精神分裂症的症状出现的中位数是20岁。抑郁症的症状出现时间稍晚，中位数为25岁。这些结果说明有必要对心理障碍进行研究和治疗，以帮助越来越多有心理障碍的人，特别是青少年和年轻人。

表14.4
美国人报告的过去一年里曾有过的某些心理障碍的百分比

心理障碍	百分比
广泛性焦虑障碍	3.1%
社交焦虑	6.8%
特定情境或物体恐怖症	8.7%
心境障碍	9.5%
强迫症	1.0%
精神分裂症	1.1%
创伤后应激障碍（PTSD）	3.5%
注意缺陷/多动障碍（ADHD）	4.1%
任何精神障碍	26.2%

资料来源：National Institute of Mental Health, 2008.

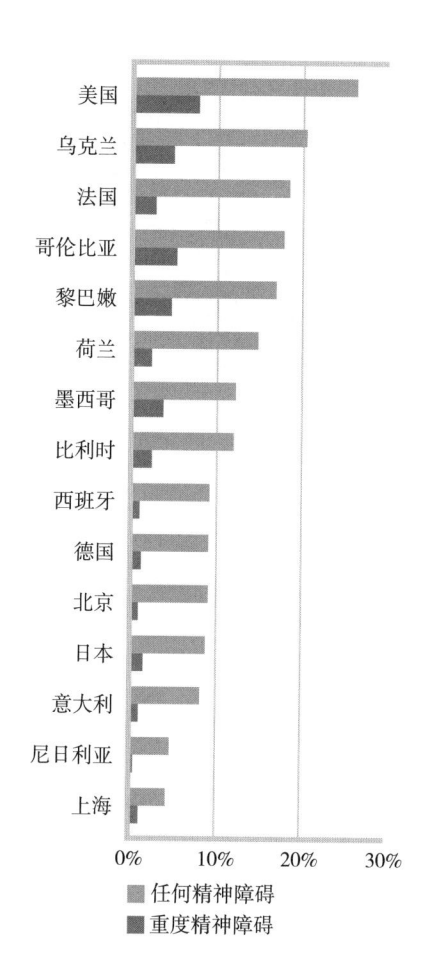

图 14.13
某些国家或城市上一年度的精神障碍患病率

来自世界卫生组织（WHO, 2004）的一项访谈研究，涉及 20 个国家或城市。

国家/城市	
美国	
乌克兰	
法国	
哥伦比亚	
黎巴嫩	
荷兰	
墨西哥	
比利时	
西班牙	
德国	
北京	
日本	
意大利	
尼日利亚	
上海	

■ 任何精神障碍
■ 重度精神障碍

尽管心理障碍是令人痛苦的，但许多平凡或杰出的人让我们深受鼓舞，他们忍受心理障碍的折磨，同时追求辉煌的事业，享受心满意足的人生。心理障碍会导致困惑、恐惧、悲伤，这是事实；但正如第 15 章所讲的，希望也是真实存在的。

提取一下

- 贫困和心理障碍之间有何关系？

答案：与贫困有关的压力为即长心理障碍的出现、以及更多的心理障碍的各种各样图困相关。即使考虑到许多其他因素，也难以忽视这种密切的关系。

本章复习

心理障碍

学习目标

回答以下学习目标问题来测试一下你自己（这里重复了本章中的问题）。然后翻到附录的完整章节复习，核对你的答案。研究表明，试着自主回答这些问题将增进你对这些概念的长期记忆（McDaniel et al., 2009）。

心理障碍概述

14-1： 我们应该如何区分正常行为和心理障碍？

14-2： 选用医学模式还是生物－心理－社会模型会如何影响我们对心理障碍的理解？

14-3： 为什么注意缺陷／多动障碍存在争议？

14-4： 临床医师如何以及为什么对心理障碍进行分类？为什么一些心理学家批评诊断标签的使用？

焦虑障碍、强迫症和创伤后应激障碍

14-5： 广泛性焦虑障碍、惊恐障碍和恐怖症有什么区别？

14-6： 什么是强迫症？

14-7： 什么是创伤后应激障碍？

14-8： 条件作用、认知和生物学因素对焦虑障碍的典型感觉和想法有何影响？

抑郁障碍和双相障碍

14-9： 抑郁症、持续性抑郁障碍和双相障碍有何不同？

14-10： 生物学和社会认知观点如何解释抑郁障碍和双相障碍？

14-11： 自杀和自伤有哪些影响因素？为防止自杀，我们要注意哪些重要的警示信号？

精神分裂症

14-12： 精神分裂症的思维、感知、情感和行为模式有什么特点？

14-13： 慢性和急性精神分裂症有何差异？

14-14： 哪些大脑异常与精神分裂症有关？

14-15： 哪些产前事件与精神分裂症的风险增加有关？

14-16： 基因对精神分裂症有何影响？

其他障碍

14-17： 什么是分离障碍，为什么它们是有争议的？

14-18： 三种主要的进食障碍是什么？生物、心理和社会文化影响如何让人们更容易患上这些障碍？

14-19： 人格障碍分为哪三个类别？反社会型人格障碍的行为和大脑活动有何特点？

心理障碍的患病率

14-20： 有多少人目前有或曾经有过心理障碍？贫困是一个风险因素吗？

术语与概念

测试自己对以下术语的理解，试着用自己的语言写下这些术语的定义，然后翻到提到术语的那一页核对你的答案。

心理障碍
注意缺陷/多动障碍（ADHD）
医学模式
DSM-5
焦虑障碍

广泛性焦虑障碍
惊恐障碍
恐怖症
强迫症（OCD）
创伤后应激障碍（PTSD）
抑郁症
双相障碍
躁　狂
精神分裂症
精神病

妄　想
分离障碍
分离性身份障碍（DID）
神经性厌食症
神经性贪食症
暴食障碍
人格障碍
反社会型人格障碍

心理障碍的治疗

心理治疗

精神分析和心理动力学疗法

人本主义疗法

行为疗法

认知疗法

团体与家庭治疗

心理治疗的评估

心理治疗有效吗

哪种心理治疗方法最有效

替代疗法的评估

心理治疗如何助人

心理治疗中的文化和价值观

特写：心理健康专家的消费者指南

生物医学疗法

药物疗法

脑刺激

精神外科手术

治疗性的生活方式改变

心理障碍的预防

复原力

创造健康的环境

第 15 章

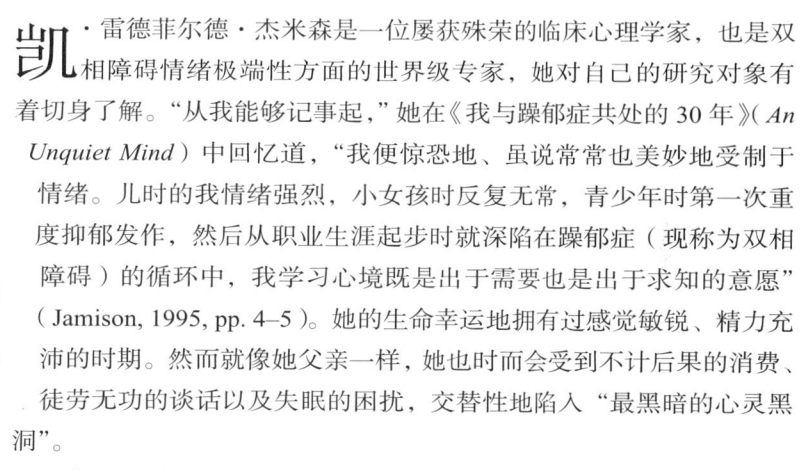

心理障碍的治疗方法

凯·雷德菲尔德·杰米森是一位屡获殊荣的临床心理学家,也是双相障碍情绪极端性方面的世界级专家,她对自己的研究对象有着切身了解。"从我能够记事起,"她在《我与躁郁症共处的 30 年》(*An Unquiet Mind*)中回忆道,"我便惊恐地、虽说常常也美妙地受制于情绪。儿时的我情绪强烈,小女孩时反复无常,青少年时第一次重度抑郁发作,然后从职业生涯起步时就深陷在躁郁症(现称为双相障碍)的循环中,我学习心境既是出于需要也是出于求知的意愿"(Jamison, 1995, pp. 4–5)。她的生命幸运地拥有过感觉敏锐、精力充沛的时期。然而就像她父亲一样,她也时而会受到不计后果的消费、徒劳无功的谈话以及失眠的困扰,交替性地陷入"最黑暗的心灵黑洞"。

然后,"在彻底的混乱之中,"她做了一个明智而意义深远的有益决定。她冒着让职业生涯蒙羞的风险约见了一个治疗师,这是在今后几年中她每周都会拜访的精神病学家:

> 他拯救了我上千次。他看到我经历疯狂、绝望、美妙又可怕的恋爱、幻灭与成功、疾病复发和几乎致命的自杀企图、我深爱的男人的死亡以及职业生涯中的巨大快乐与危机……他非常严厉,同时也很善良。我感到自己的精力、活力和创造力因服药而严重受损。虽然他比任何人都更清楚这一点,但他却总能从整体的角度来看躁郁症对我的损害和对生命造成的威胁……尽管我到他那里是为了治病,但他教会了我……大脑和心灵之间有着千丝万缕的联系(Jamison, pp.87-88)。

"心理治疗使人疗愈,"杰米森说,"它让混乱有了些许意义,压制了可怕的想法和感受,并从中恢复了一些控制、希望和可能性。"

在这一章中,我们将考虑治疗师和向其寻求帮助的人可选择的一些治疗方法。

心理障碍的治疗

15-1：心理治疗、生物医学疗法和治疗的折中取向有何不同？

在致力于治疗心理障碍的漫长历史中，有着各种各样令人困惑的残酷和温和的方法。出于好心的人们会在患者的脑袋上凿洞，束缚他们，给他们放血，或通过击打身体来"将魔鬼驱除出体外"。他们也使用药物和电击。但他们也会让患者洗热水澡，给他们按摩，给他们提供阳光充足的安静环境。他们还会跟患者谈论其童年经历、现在的感受以及适应不良的想法和行为。

菲利普·皮内尔（Philippe Pinel）、多罗西娅·迪克斯（Dorothea Dix）及其他改革者强烈呼吁使用更温和、更人性化的治疗方法，并且建立精神病院。自20世纪50年代以来，由于出现了有效的治疗药物和以社区为基础的治疗计划，大多数医院都被腾空了。

当今的心理治疗可分为两大类，采用何种治疗方法取决于障碍本身以及心理治疗师所受的训练和专业知识。在**心理治疗**（psychotherapy）中，受过训练的治疗师通过心理治疗技术帮助个体克服困难，获得个人成长。**生物医学疗法**（biomedical therapy）提供药物或其他生物学治疗。

一些心理治疗师会联合使用多种技术。杰米森在与她的治疗师会面时接受了心理治疗，并通过药物来控制强烈的情绪波动。实际上，有一半的心理治疗师认为自己采用的是综合的**折中取向**（eclectic approach），使用混合的治疗方法。很多患者在进行心理治疗的同时也接受药物治疗。

首先，让我们看看那些接受"谈话疗法"的患者可以选择哪些心理治疗。

多罗西娅·迪克斯（1802—1887） "我……呼吁你们关注这个国家里那些关在笼子中的精神病人的处境。"
Culver Pictures

治疗的历史 18世纪精神病院的参观者要付费观看患者，就像观看动物园里的动物一样。威廉·贺加斯（William Hogarth, 1697—1764）的画作（左）描绘了人们参观伦敦的伯利恒圣玛丽医院（一般称为疯人院）的场景。本杰明·拉什（Benjamin Rush, 1746—1813）是精神疾病人道治疗运动的发起人，他"为了发狂患者的利益"而设计了右边的椅子。他认为束缚能帮助他们恢复理智。（见彩插）

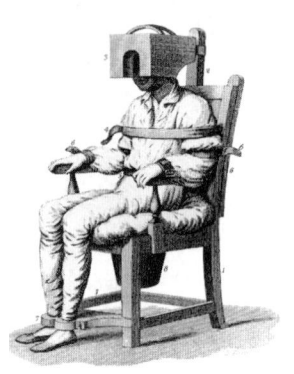

心理治疗

心理治疗的方法有很多，我们将回顾最有影响的一些方法。每一种方法都以一种或多种心理学的主要理论为基础：精神分析、人本主义、行为主义和认知理论。大多数技术都可以在一对一治疗或团体治疗中应用。

精神分析和心理动力学疗法

> 15-2：精神分析的目标和技术是什么？它们是如何适用于心理动力学疗法的？

西格蒙德·弗洛伊德的**精神分析**（psychoanalysis）是最早的心理疗法。如今的临床医生几乎没人会像弗洛伊德那样进行治疗，但是作为心理障碍治疗基础的一部分，他的工作仍然值得讨论。

精神分析的目标

精神分析理论认为，如果人们释放了他们之前用在本我—自我—超我冲突上的能量，他们就有可能生活得更加健康，焦虑更少（见第12章）。弗洛伊德假设我们并不完全了解自己。我们似乎不希望自己知道一些具有威胁性的事物——我们否认或拒绝它们。

弗洛伊德的治疗目标是让被压抑或否认的感受进入意识。通过帮助人们重获无意识的想法和感受并领悟其心理障碍的源头，弗洛伊德帮助他们减轻了阻碍成长的内在冲突。

精神分析技术

精神分析是对过去经历的重构。精神分析理论强调童年经历的塑造力量以及它对成人的影响力。因此，它的目标是挖掘过去，希望解开过去对现在的束缚。在抛弃了催眠这个不可靠的挖掘工具后，弗洛伊德转向了自由联想。

想象自己是一个正在进行自由联想的来访者。首先，你要放松，可能是躺在沙发上。精神分析师坐在你视线以外的地方，你要大声说出想到的任何想法。有时你在叙述一段童年记忆。有时你在描述一个梦或近期的一段经历。这听起来容易，但你很快就意识到，你会在讲话的时候频繁地编辑自己的想法。在说出一个令人尴尬的想法之前，你会有短暂的停顿。你会省略那些琐碎的、无关的或可耻的想法。有时，你的脑子变得一片空白，无法回忆起重要的细节。你或许会开个玩笑，或是转向更不具威胁性的话题。

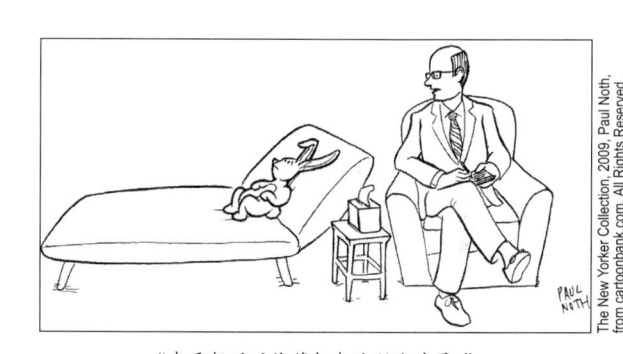

"我更想听听你藏起来的那些鸡蛋。"

对分析师而言，自由联想的中断表示**阻抗**（resistance）。这意味着焦虑就潜伏在这里，你正在压抑敏感的内容。分析师将会让你意识到自己的阻抗，然后解释它们的深层含义。如果时机正确，分析师的**解释**（interpretation）——比如你不想谈论你的母亲——可以说明你正在逃避什么潜在的愿望、感受或冲突。分析师也可能会解释这种阻抗与心理困惑的其他部分的吻合情况，包括那些基于梦境内容分析的部分。

在大量类似这样的会谈中，你的关系模式在互动中开始浮现出来，可能还包括对分析师的强烈的积极或消极情感。分析师可能会提示你正在**移情**（transfer），例如你在与家人或重要他人的早期关系中体验到的依赖感或混合了爱意和愤怒的情感。

在电影《傻瓜大闹科学城》中，伍迪·艾伦从假死状态苏醒过来后说："我有200年没有见到我的分析师了，他是弗洛伊德的忠实信奉者。如果我一直接受他的治疗，我现在可能都快被治好了。"

通过揭露这种情感，你会获得对当前关系的领悟。

现在美国很少有治疗师提供传统的精神分析，因为它的大部分基础理论得不到科学研究的支持（第12章）。分析师的解释既无法被证实也无法被证伪。精神分析需要耗费大量时间和金钱，往往要在数年内每周进行数次昂贵的会谈。现代的心理动力学疗法从精神分析中发展而来，已经解决了其中一部分问题。

提取一下

- 在精神分析中，来访者可能会对他们的分析师产生强烈的情感，这被称为_____。如果来访者围绕敏感记忆设置心理屏障，可以说他们展示出了焦虑——表现出_____。分析师试图通过提供对心理屏障的_____来揭示潜在的焦虑。

答案：移情；抗拒；阐释。

心理动力学疗法

心理动力学治疗师（psychodynamic therapists）并不过多谈论自我、本我和超我。相反，他们关注贯穿于重要关系（包括童年经历和与治疗师的关系）的主题，试图帮助人们理解自己目前的症状。"我们可以对同一个人产生既爱又恨的情感，"而且，"我们可以既渴望某个事物又害怕它，"心理动力学治疗师乔纳森·夏德勒指出（Shedler, 2009）。来访者和治疗师每周会面一次或两次（而不是一周几次），只需要几个星期或几个月（而不是几年）。在来访者对防御性想法和感受进行探索并获取新的视角时，他们不是躺在沙发上并处于治疗师的视线之外，而是与治疗师面对面。

治疗师大卫·夏皮罗（Shapiro, 1999, p.8）讲述了一个年轻人的例子。年轻人告诉女人们他爱她们，但他清楚地知道自己并不爱。他这样说只是因为她们期待这样。然而，妻子也希望他说他爱她，但对妻子，他却发现自己说不出口——"我不知道为什么，但我做不到。"

治疗师：那么你的意思是，如果你能，你会想要这样做？

患者：嗯，我不知道……也许我说不出来，因为我不确定这是不是真的。也许我不爱她。

进一步的互动显示，他无法表达真实的爱，因为那会使人感觉"多愁善感"和"软弱"，因此没有男子气概。夏皮罗指出，这个年轻人处于"与自身的冲突中，并且他与冲突的本质相隔绝（或被隔绝）"。对于这种与自身疏离的患者，心理动力学治疗师"的作用是将他们介绍给他们自己"，夏皮罗补充说，"我们可以恢复他们对自身的希望和感受的意识，并且让他们意识到自己为抗拒这些希望和感受而做出的反应。"

探索过往人际关系方面的困难可以帮助人们理解当前困境的根源。夏德勒（Shedler, 2010a）回想起"杰弗里"抱怨难以与同事和妻子相处，他们认为他太挑剔了。然后，杰弗里"对我的反应，就像我是个不可预测的、愤怒的对手"。夏德勒抓住这个机会帮助杰弗里识别这个关系模式及其根源，它源于他从酗酒的父亲那里受到的攻击和羞辱。在这之后，他逐步领悟并有所改变（修通），放弃了这种对其他人的防御型反应。心理动力学

面对面的心理治疗 在当前的心理动力学治疗中，沙发不见了，但精神分析理论的影响在某些方面还在继续，因为治疗师从来访者那里寻找童年时期的信息，并且帮助来访者意识到无意识的情感。

治疗师并不信奉弗洛伊德理论的所有方面，他们的目标是帮助人们领悟童年经历和潜意识动力。

人本主义疗法

> 15-3：人本主义疗法有哪些基本主题？罗杰斯的来访者中心疗法有哪些具体目标和技术？

人本主义的观点（见第 12 章）强调个体自我实现的内在潜能。毫无疑问，人本主义疗法试图减少阻碍自然发展与成长的内在冲突。为了实现这个目标，人本主义治疗试图向来访者提供新的视角。实际上，由于人本主义疗法与精神分析疗法目标一致，因而通常被称为**领悟疗法**（insight therapies）。

但人本主义治疗师与精神分析治疗师在其他很多方面有所不同：

- 人本主义治疗师通过帮助人们在自我觉知和自我接纳方面成长来促进他们的自我实现。
- 治疗的重点是促进成长而非治愈疾病。因此，将接受治疗的人当成"来访者"或就是"人"，而不是"患者"（这个改变已被其他很多治疗师所接受）。
- 成长的路径是对个人情感和行动直接负责，而不是去揭示隐藏的原因。
- 意识想法比无意识更重要。
- 现在和未来比过去更重要。因此治疗专注于探讨正在发生的感受，而不是探讨导致这种感受的儿童期根源。

以上所有这些主题都广泛应用于卡尔·罗杰斯（Carl Rogers, 1902—1987）所创造的人本主义治疗技术，也就是**来访者中心疗法**（client-centered therapy）。该疗法现在常被称作以人为中心疗法，强调个体有意识的自我觉知。它是非指导性的——治疗师在倾听过程中并不加以评价和解释，避免指导来访者倾向于某些领悟。

罗杰斯（Rogers, 1961, 1980）坚信，大多数人已经拥有成长的资源，他鼓励治疗师表现出真诚、接纳和同理心，以促进这种成长。真诚意味着治疗师要表达自己的真实情感。通过表现出接纳，治疗师可以帮助来访者感到更加自由，对改变更加开放。而通过表现出同理心，感觉和反映来访者的情感，治疗师可以帮助来访者体验更为深刻的自我理解和自我接纳（Hill & Nakayama, 2000）。正如罗杰斯（Rogers, 1980, p.10）所解释的：

> 倾听具有重要意义。当我真正地倾听一个人和那些此时此刻对于他很重要的含义，倾听的不仅仅是他的话，而是他的人，当我让他知道我听懂了他个人私下的含义的时候，许多事情就会发生。首先我看到的是感激的目光。他感到一种解脱。他想告诉我更多他的世界。他感受到一种全新的自由感。他对这种变化过程变得更加开放。
>
> 我常常发现，我对一个人倾听得越深入，这种情形就越可能发生。几乎无一例外，当一个人意识到他被人真正理解，他的眼睛常常会湿润。我想他确实是在为快乐而流泪。那就如同他在说："感谢上帝，有人听懂了我的话。有人知道我的感受。"

对于罗杰斯来说，"倾听"是指**积极倾听**（active listening）。治疗师回应、重述和澄清来访者所表达的内容（言语的和非言语的）。治疗师也会表示注意到了那些被表达出来的情感。积极倾听现在已经被许多学派、学院和诊所的咨询实践所接受。咨询师全神贯注地倾听，只有在需要重述和肯定来访者的情感、接受来访者所说的话或者验证他们的理解时才会打断来访者。在下面的简短摘录中，注意罗杰斯如何试着提供一面心理的镜子，以帮助来访者更清楚地看到他自己：

> 我们有两只耳朵一张嘴，就是为了少说多听。
> ——齐诺，公元前335—前263，第欧根尼·拉尔修记录

罗杰斯：这就是现在的感受，是吗？你对你自己没有用，对任何人也没有用。将来对任何人也没有用。你完全没有价值，是吗？——这些就是糟糕的感受。你感觉自己一点儿用处都没有，是吗？

来访者：是的。（沮丧地低声自语道）这就是那个前两天跟我一起进城的家伙告诉我的。

罗杰斯：跟你一起进城的家伙真的告诉你，你一点儿用处都没有？这是不是你刚才说的？我没有听错吧？

来访者：嗯。

罗杰斯：如果我没有猜错的话，这件事的意思是这个人对你很重要，并且他对你有一些看法？为什么是这样，他告诉你，他认为你一无是处，而他的话给了你沉重的打击。（来访者默默地哭了。）这些话让你流泪了。（20秒的沉默。）

来访者：（有点挑衅地）然而我不在意。

罗杰斯：你告诉自己你一点儿也不在意，但我猜你的某些部分却非常在意。因为你的某些部分在为此哭泣。

（Meador & Rogers, 1984, p.167）

批评者问道，治疗师是否能够成为一面完美的镜子，对所反映的东西不做任何选择和阐释？罗杰斯承认一个人不可能是完全非指导性的。即便如此，他说，治疗师最重要的贡献是接纳和理解来访者。假如给个体一个能够提供**无条件积极关注**（unconditional positive regard）的环境，这个环境是非评价性的和体面优雅的，那么人们甚至能够接纳自身最坏的特性而仍能感受到价值和完整性。

我们如何在自己的关系中通过更加主动地倾听来增强自身的沟通能力？下面三个罗杰斯式的提示或许有帮助：

1. 释意。用自己的话来总结说话者的意思，以验证自己的理解是否正确，而不是

积极倾听 在这个团体治疗会谈中，罗杰斯（右）与一个来访者产生同理心。

说"我知道你的感受"。
2. 请求澄清。如"你说的那一点有什么例子吗?",这样可能会鼓励说话者讲出更多信息。
3. 反映情感。如"它听起来令人沮丧",这样可以反映出你对说话者的身体语言和情感强度的感觉。

行为疗法

15-4:行为疗法的基本假设与心理动力学疗法和人本主义疗法有何不同?暴露疗法和厌恶条件作用使用什么技术?

领悟疗法假设自我意识和心理健康是相辅相成的。精神分析家预期,当人们领悟了自己以前无法消解和从未意识到的紧张时,问题就会消失。人本主义治疗家则预期,当人们了解了自己的内心感受时,问题就会减弱。然而,**行为治疗师**(behavior therapist)却怀疑自我觉知的治疗力量。(你明明知道考试是高度焦虑的原因,但你仍会焦虑。)他们不是深入探究内在原因,而是假定问题行为就是问题本身。他们认为学习原则是消除不想要的行为的实用工具。例如,他们将恐怖症或性障碍视为习得性行为。如果是这样,为什么不利用通过经典或操作性条件作用习得的建设性的新行为取而代之呢?

经典条件作用技术

一系列的行为治疗都是由巴甫洛夫的条件反射实验原理发展而来的(见第7章)。正如巴甫洛夫和其他人的研究所示,通过经典条件反射,我们学会了各种各样的行为和情绪。如果我们被一条狗攻击了,之后我们可能会在别的狗接近时产生条件性恐惧反应。(我们的恐惧泛化了,所有的狗都变成了条件刺激。)

那么,适应不良的症状可以作为条件性反应的例子吗?假如是,重新进行条件化或许是一种解决方案?学习理论家莫勒(O. H. Mowrer)是这样认为的。他成功地研究出了条件作用疗法来治疗慢性尿床症,他将对液体敏感的垫子与警报器相连。如果睡着的孩子弄湿了垫子,这个垫子就会引发警报,并弄醒孩子。经过多次反复作用,膀胱松弛与被叫醒建立联结,这样就消除了尿床习惯。此疗法对四分之三的病例都是有效的,而且治疗的成功提升了儿童的自我形象(Christophersen & Edwards, 1992; Houts et al., 1994)。

新的条件作用能够使我们消除恐惧反应吗?对很多人来说是的。举个例子:对电梯的恐惧通常是对封闭空间刺激形成的习得性厌恶反应。**对抗性条件作用**(counterconditioning)是将触发刺激(电梯的封闭空间)与不能引起恐惧的新反应(放松)配对。行为治疗师已经利用对抗性条件作用成功治疗了很多害怕封闭空间的人。两个利用对抗性条件作用的技术是暴露疗法和厌恶条件作用。这两种技术的目标都是用新的反应来替代不想要的反应。

暴露疗法 设想一个场景：行为主义心理学家玛丽·科弗·琼斯对 3 岁的彼得进行治疗，彼得对兔子和其他有毛的物体会产生恐惧反应。为了消除彼得的恐惧，琼斯计划将引起恐惧的兔子和快乐放松的进食行为联系起来。当彼得开始吃午后点心时，琼斯把关在笼子里的兔子放到大屋子的另一边，彼得正在不停地嚼饼干，一边还喝着牛奶，几乎没有注意到兔子的存在。在接下来的几天，她逐渐让小白兔越来越靠近彼得。还没到两个月，彼得已经能够把小白兔放在膝盖上，甚至可以一边吃东西一边抚摸小白兔。此外，他对其他有毛物体的恐惧反应也消失了，恐惧已经被与其不能共存的放松状态"对抗"或是代替了（Fisher, 1984; Jones, 1924）。

琼斯在 1924 年报告了关于彼得和兔子的故事，那时并没有得到心理学界的认可，这对那些本来有可能通过她的对抗性条件作用而获得帮助的人来讲是不幸的。直到 30 多年以后，精神病学家沃尔普（Wolpe, 1958; Wolpe & Plaud, 1997）改进了琼斯的对抗性条件作用技术，使其成为今天使用的**暴露疗法**（exposure therapy）。这类疗法形式多样，都通过让人们反复接触能诱发不想要的反应的刺激来改变人们的反应。当反复接触通常会回避或逃避（因焦虑减轻而得到强化的行为）的事物时，人们就会适应。我们在日常生活中都经历过这个过程。一个刚搬进新公寓的人可能会因为附近的巨大交通噪声而烦恼，但只会烦恼一段时间。在反复接触的情况下，个体就适应了。对特定事件有恐惧反应的人也是如此。如果反复进入曾经令他们恐慌的场所，他们就能够学会做出不那么焦虑的反应（Rosa-Alcázar et al., 2008; Wolitzky-Taylor et al., 2008）。

常用于治疗恐怖症的一种暴露疗法是**系统脱敏**（systematic desensitization）。你无法同时体验焦虑和放松。因此当你面对能诱发焦虑的刺激时，如果你能不断地放松，那么你的焦虑就会逐渐消除。诀窍是要循序渐进。假如你害怕在公众面前演讲，行为主义治疗师可能首先要求你列一个诱发演讲焦虑的情境清单。该清单的范围从引发轻度焦虑的情境（在一小群朋友中大声说话），到引发恐慌的情境（不得不在很多观众面前演讲）。

下一步，治疗师将利用渐进放松对你进行训练。你要学会一组一组地放松肌肉，直到你进入一种完全放松和舒适的状态。然后治疗师让你闭眼想象一个引发轻度焦虑的环境：你和一群朋友喝咖啡，正在决定是否讲话。如果想象这个场景使你感到有任何一点儿焦虑的话，你就举起手指来表达你的紧张。看到这个信号，治疗师会指导你转换心理想象并回到深层的放松状态。这种想象的场景反复与放松配对，直到你感受不到一丝焦虑。

然后治疗师将进行情境清单上的下一项，并利用放松技术使你对每一种想象中的场景脱敏。在几个疗程以后，个体开始在实际情境下实践那些只在想象中出现过的做法。你将从相对容易的任务开始，然后逐渐过渡到充满焦虑的任务。在真实的情境中战胜自己的焦虑，而不只是在想象中，会提高你的自信心（Foa & Kozak, 1986; Williams, 1987）。最终，你可以成为一名自信的公众发言人。

如果重现引起焦虑的情境太昂贵、太困难或太令人难堪，治疗师可能会建议使用**虚拟现实暴露疗法**（virtual reality exposure therapy）。你可能要戴上头盔式的显示装置，在你眼前投影出三维的虚拟世界。这些栩栩如生的场景会随着你头部的转动而变化，并根据你所恐惧的对象量身打造。人们曾在实验中对飞行、高处、特定的动物和公开讲话等恐惧进行治疗（Parsons & Rizzo, 2008）。如果你害怕飞行，可以在模拟飞机上盯着窗外虚拟的景象，你可以感受到飞机降落在跑道上或起飞时引擎

虚拟现实暴露疗法 在一个房间里，虚拟现实技术让人们暴露在对恐惧刺激的逼真模拟中，例如飞机起飞。（见彩插）

的振动并听到引擎的轰鸣声。控制研究发现，接受了虚拟现实暴露治疗的人，在真实生活中明显地体验到了恐惧的减轻（Hoffman, 2004; Meyerbroëker & Emmelkamp, 2010）。

厌恶条件作用 暴露治疗帮助来访者用放松的积极反应来代替对无害刺激的消极反应。**厌恶条件作用**（aversive conditioning）用消极（厌恶）反应来代替对有害刺激（如酒精）的积极反应。暴露治疗帮助你接受自己应该怎么做。厌恶条件作用帮助你学会哪些不应该做。

厌恶条件作用的程序很简单：将不想要的行为与不愉快的感受联系起来。为了治疗咬指甲行为，可以在指甲上涂一层难闻的指甲油（Baskind, 1997）。为了治疗酒精依赖，厌恶条件治疗师给来访者提供诱人的酒，其中含有令人严重恶心反胃的药物。通过将酒精和强烈的恶心感联系起来（回忆一下第 7 章中用大鼠和狼所做的味觉厌恶实验），治疗师将个体对酒精的积极反应转换成消极反应（图 15.1）。

厌恶条件作用有效吗？从短期看可能是有效的。在一项经典研究中，685 位酒精依赖者在一家医院完成了厌恶治疗项目（Wiens & Menustik, 1983）。第二年，他们又返回医院接受了几项强化治疗，其中酒精与呕吐感配对。那年年末，有 63% 的人成功戒断。但是三年之后，只有 33% 的人保持了治疗效果。

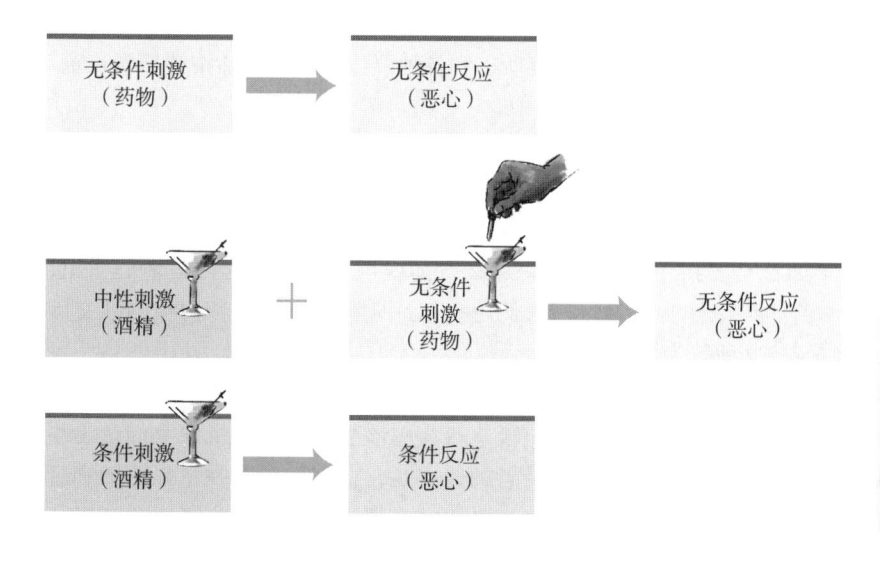

图 15.1
对酗酒者的厌恶治疗
如果反复地在酒里放入会令人感到严重恶心的药物，有些有酒精滥用史的人至少会暂时产生对酒精的条件性厌恶。

提取一下
• 定义 US, UR, NS, CS 和 CR。

答案：US 是无条件刺激，UR 是无条件反应，NS 是中性刺激，CS 是条件刺激，CR 是条件反应。

正如我们在第 7 章所看到的，问题在于认知影响条件反射。人们知道在治疗师的办公室之外，喝酒是不用担心恶心反胃的。个体有区分厌恶性条件环境和其他环境的能力，这无疑会限制治疗的效果。因此，厌恶条件作用通常和其他治疗方法联合使用。

操作性条件作用

> 15-5：操作性条件作用的基本概念是什么？支持和反对它的论据分别有哪些？

操作性条件作用的一个基本概念（第 7 章）是，我们的自主行为会受到其结果的强烈影响。因此，行为治疗师能实施行为矫正，强化被期望的行为。但他们不去强化——或有时惩罚——他们认为不受欢迎的行为。

我们用操作性条件作用来解决特殊行为问题，并从某些看似毫无希望的案例中看到了希望。智力失能的儿童已被教会如何照顾自己；表现为社交退缩的孤独症儿童学会了如何与人交往；精神分裂症患者在医院病房内的行为变得更加理性。在这些例子中，治疗师采用正强化来塑造个体行为。他们通过循序渐进的方式，奖赏那些越来越接近于期望的行为。

在极端情况下，治疗必须很密集。在一个研究中，19 名表现为退缩、寡言少语的 3 岁孤独症儿童参与了历时两年、每周 40 个小时的治疗，由父母来塑造他们的行为（Lovaas, 1987）。他们正强化期望的行为，忽略或惩罚攻击性的、自我贬低的行为，两者的联合使用在一些孩子身上产生了惊人的效果。到了小学一年级，19 个孩子中有 9 个能够成功地适应学校生活，还能表现出正常的智力。而在现实中没有参加这种实验的同类儿童，40 个当中只有 1 个取得类似的进步。（后来的研究关注有效的一面——正强化。）

用于矫正行为的奖赏多种多样，因为对于不同的人而言，强化物也不同。对某些人来讲，关注或者表扬就会产生足够的强化力量。而另一些人则要求物质的奖励，例如食物。在研究机构中，治疗师发明了一种**代币法**（token economy）。当人们表现出受期待的行为时，如起床、洗漱、穿衣、吃饭、有意义地说话、整理房间或在游戏中合作，他们就会获得代币或塑料币。然后，他们可以用一定数额的代币去交换奖励，如糖果、看电视、一日游或更舒适的生活环境。代币法已经被成功地运用到各种机构（家庭、教室、医院、少年犯收容所）和各种群体成员（包括精神异常儿童、精神分裂症患者以及其他心理障碍患者）中。

对于行为矫正，批评者表达了两方面的忧虑。其中之一是现实性：行为可以维持多久？由于个体如此依赖外部奖赏，当强化停止时这种受期待的行为会不会消失？行为矫正的支持者认为，如果治疗师可以使人们摆脱对代币的依赖，而对其他现实生活中的奖赏（如社会支持）产生兴趣，那么行为就可以持续。此外，他们指出，受期待的行为自身也可以作为奖赏。当人们越来越适应社会时，这种内在的社交满足可以帮助他们保持这种行为。

第二种担心是伦理方面的：一个人是否可以控制另一个人的行为？代币法的设定者剥夺了某些别人想要的东西，并决定哪些行为应该受到强化。批评家们认为整个行为矫正过程带有专制的色彩。而支持者的回应是，控制本就存在；强化物和惩罚物已经在维持破坏性行为模式。难道用积极奖赏去强化适应性行为不比收容和惩罚更人性吗？支持者还认为，它的治疗效果及其对生活的有效改善证明了暂时剥夺的合理性。

提取一下

- 领悟疗法与行为疗法有何不同？

答案：领悟疗法——例如精神分析及其后续的心理动力疗法和人本主义疗法——试图通过让人意识到自身的动机和防御来治疗。行为疗法则直接处理行为本身。

- 有些适应不良的行为是习得的。这个事实带来了什么样的希望？

答案：如果某些行为是习得的，也可以被消除或代替，并被更适应性的行为取代。

- 暴露治疗和厌恶条件作用是对_____条件作用的应用。代币法是对_____条件作用的应用。

答案：经典；操作

认知疗法

15-6：认知疗法和认知行为疗法的目标和方法是什么？

行为疗法对特定的恐惧和行为问题有一定作用。但是要怎样修正伴随抑郁症产生的各种行为问题呢？广泛性焦虑障碍的弥散性焦虑并没有明确的焦虑触发情境，又要怎样治疗呢？过去半个世纪以来，认知革命影响了心理学的其他领域，也影响了心理治疗。

认知疗法（cognitive therapy）假定思维会影响情感（**图 15.2**）。在事件和反应之间的是思维。对糟糕事件的自责和过度概括化解释是导致抑郁恶性循环的重要原因之一（第 14 章）。抑郁者把建议看成批评，把不同意见看成不喜欢，把表扬看成拍马屁，把友好看成同情。对这种想法的固着支撑了消极思维。认知治疗师的目标是用新的、更具建设性的思维方式来改变人们的想法。

在日记的协助下用认知疗法治疗进食障碍 认知治疗师指导人们用新的方式来解释他们的好经验和坏经验。通过记录积极事件以及自己是如何促成这些事件的，这名女性可能会变得对自己的自控力有更多的意识，并更加乐观。

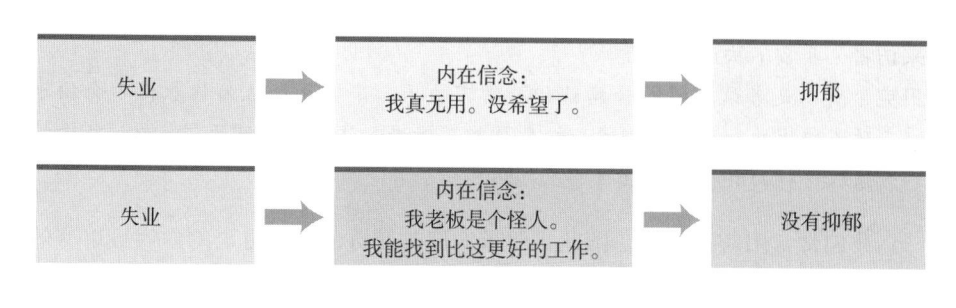

失业 → 内在信念：我真无用。没希望了。→ 抑郁

失业 → 内在信念：我老板是个怪人。我能找到比这更好的工作。→ 没有抑郁

图 15.2
心理障碍的认知观
一个人的情绪产生并不是直接来源于某一事件，而是源于个体对这一事件的认识。

抑郁的贝克疗法

认知治疗师阿伦·贝克（Aaron Beck）最初接受的是弗洛伊德技术的训练，包括梦的解析。他发现，抑郁者报告的梦境通常与丧失、拒绝和抛弃等消极主题有关。这些想法会持续到来访者清醒的时候，甚至出现在治疗中，如当来访者回忆和复述他们的失败经历和最糟糕的冲动时（Kelly, 2000）。贝克及其同事（Beck et al., 1979）想知道：如何扭转来访者对自己、身处情境和未来的消极信念？贝克的答案就是我们现在称作认知治疗的方法。他们力求用温和的提问来帮助人们发现自身的不理性的想法，并试图说服这些人摘掉他们观察生活的墨镜（Beck et al., 1979, pp.145-146）。

来访者：我同意你对我的描述。但我想我并不认为是我的思维方式让我沮丧。

贝克：那你是怎样理解它的呢？

来访者：当做错事时我感到沮丧。比如，没有通过考试。

贝克：没有通过考试怎么让你沮丧呢？

来访者：是这样的，假如我没有通过，我就不能进入法学院。

贝克：所以，没有通过考试对你来说非常糟糕。但是，假如考试失败能让人们有临床的抑郁表现，难道你认为每个不及格的人都会抑郁吗？……每个不及格者都抑郁到需要治疗吗？

来访者：不，但是这取决于考试对每个人的重要程度。

贝克：对，那么谁决定重要性呢？

来访者：我。

贝克：所以，我们需要考察你看待考试的方式，以及它对你进入法学院的可能性的影响。你同意吗？

来访者：同意。

贝克：你认为你理解考试结果的方式会影响你吗？你可能感到沮丧，你可能失眠，没胃口，甚至可能想是否应该放弃。

来访者：我一直在想我可能通不过。是的，我同意。

贝克：现在，考试失败意味着什么呢？

来访者：（眼泪汪汪）我将不能进入法学院。

贝克：这对你意味着什么呢？

来访者：说明我不够聪明。

贝克：还有呢？

来访者：我将永远不会快乐。

贝克：这些想法让你有什么感觉？

来访者：非常不快乐。

贝克：所以是考试失败的含意让你非常不快乐。事实上，认为你永远不会快乐是导致不快乐的一个重要因素，所以，你把不能进入法学院等同于"我永远不会快乐"，通过这样的解释，你让自己陷入困境。

我们常常用言语思考。因此，要求人们改变自己自言自语的内容可以有效地改变他们的思维方式。也许你会与那些考试焦虑的学生产生共鸣，他们在考试前总是用自我挫败的想法把事情搞得更糟："这次考试可能不会通过，其他同学似乎很轻松自信。我希望我准备得更好。总之我太紧张了，我会忘掉所有的内容。"心理学家将

> 生活并非主要或很大程度上由事实和事件组成。生活主要由个人头脑中永不停息的思想风暴组成。
> ——马克·吐温，
> 1835—1910

这种持续不断的、过度概括的自责行为称为灾难化。

为了改变这种消极的自言自语，治疗师训练人们重构自己在压力环境下的思维（Meichenbaum, 1977, 1985）。有时它可能简单到只需对自己说更多积极的话："放松，这次考试可能很难，但它对其他人也一样难。我比其他大多数人都刻苦努力，而且我也不需要得到一个极高的分数。"训练人们对消极想法进行"反驳"是有效的。通过这样的训练，有抑郁倾向的儿童和大学生未来抑郁的比率减半（Brunwasser et al., 2009; Seligman, 2002; Stice et al., 2009）。在很大程度上，想法才是关键。**表** 15.1 列举了认知疗法的常用技术。

认知行为疗法

"大多数疗法的问题在于，"治疗师阿尔伯特·埃利斯（Albert Ellis, 1913—2007）说，"它让你感觉变好了，但其实并没有变好。你得用行动、行动、行动来支持它。"**认知行为疗法**（cognitive-behavior therapy）采用双重方法来治疗抑郁和其他心理障碍。这个应用广泛的整合方法不仅旨在改变人们的思维方式，还要改变人们的行为方式。与其他认知治疗一样，这种方法试图使人们意识到自身非理性的消极思维，并用新的思维方式去代替它。与其他行为治疗一样，这种方法训练人们在日常生活中更多地使用积极思维。

认知行为疗法已经帮助了有破坏性情绪的焦虑和抑郁障碍患者（Aldao & Nolen-Hoeksema, 2010）。在治疗中，人们学会用更真实的评价来替代灾难化思维，并以家庭作业的方式来练习解决问题的行为（Kazantzis et al., 2010a, b; Moses & Barlow, 2006）。抑郁者可能会以日记的方式记录与消极和积极情绪有关的日常情境，并尝试

表 15.1
一些认知疗法技术

技术的目标	技术	治疗师的指导语
揭露信念	质疑你的解释	探索你的信念，揭露错误的假设，如"我必须得到所有人的喜爱"。
	将想法和情绪排序	将你的想法和情绪按照从轻微令人苦恼到极其令人苦恼的顺序进行排列，由此获得新的视角。
测试信念	考察后果	探索困难的情境，评估可能的后果并质疑错误的推理。
	去除灾难化思维	修通你所面临情境的最糟糕的实际后果（往往没有想象的那样糟）。然后决定如何应对你所面临的实际情境。
改变信念	承担适当的责任	质疑全部自责和消极的思维方式，注意你真正需要承担责任的方面以及并非你的责任的方面。
	抵制极端	形成新的思考和感受方式并替代适应不良的习惯。例如，从"我是个彻底的失败者"的想法变为"我这次考试没通过，我可以做出改变，下次通过"。

更多地参与让他们感觉良好的活动。害怕社交场合的人可能会练习接近他人。

在一项研究中，强迫症患者学会重新定义他们的冲动思维（Schwartz et al., 1996）。当产生再一次洗手的冲动时，他们会告诉自己："我正感受到一种强烈的冲动。"然后自己将洗手冲动解释为大脑异常活动的结果，正如他们之前在 PET 扫描中所看到的一样。随后，他们参加 15 分钟的替代性娱乐活动，如练习乐器，散步或园艺，而不是服从于冲动。这有助于大脑转移注意力和活跃大脑的其他部分。他们每周进行一次治疗会谈，并在家中进行重新定义和重新设定注意力的练习，持续 2~3 个月。在研究结束时，大多数参与者症状消失，他们的 PET 扫描显示大脑活动正常。很多其他研究证实了认知行为疗法对有焦虑障碍、抑郁或神经性厌食症的人是有效的（Covin et al., 2008; Mitte, 2005; Norton & Price, 2007）。研究还发现，在互联网上教授认知行为技术以及进行治疗同样有效（Barak et al., 2008; Kessler et al., 2009; Marks & Cavanaugh, 2009; Stross, 2011）。

提取一下

- 人本主义疗法和认知疗法有何差异？

答案：人本主义疗法非常注重帮助个体获得自我意识和自我接受来达到成长，而认知疗法试图通过改变人们的思维方式来帮助他们克服特定的问题。

- 什么是认知行为疗法，这种疗法被用来处理哪些问题？

答案：这种流行的整合性疗法帮助人们改变自我挫败的思维和行为。它已经被证明能有效治疗焦虑、抑郁和神经性厌食症等疾病。

团体与家庭治疗

15-7：团体与家庭治疗的目标和优势是什么？

团体治疗

除传统的精神分析以外，大多数治疗方法还可以在小团体中使用。**团体治疗**（group therapy）不能给每个来访者提供相同程度的心理治疗，然而它却有很多优势：

- 节省治疗师的时间和来访者的金钱，而且效果也不会比个体治疗差（Fuhriman & Burlingame, 1994）。
- 为探索社会性行为和发展社交技巧提供社会实验室。治疗师常常建议有家庭冲突或者因自己的行为给别人带来痛苦的人进行团体治疗。在每周多达 90 分钟的治疗中，治疗师指导他们在讨论问题时彼此互动，并尝试新行为。
- 在来访者尝试新的行为方式时提供反馈。即使你感到焦虑、不自在，听到别人说你看起来沉着冷静也是令人宽慰的。

家庭治疗

家庭治疗（family therapy）是一种特殊类型的团体互动，它假定没有人生来就是一座孤岛。我们在与他人的联系中生活、成长，尤其是我们的家庭，但我们也会寻求家庭以外的认同。这两种相反的倾向可以使个人和家庭产生应激。

大多数心理疗法关注人们的内心世界，而家庭治疗与此不同，治疗师与多个家庭成员一起缓解家庭关系和调动家庭资源。他们倾向于将家庭看作一个系统，其中每个成员的行动都会激发其他成员的反应，并帮助家庭成员找到自己在家庭这个社会系统中的角色。例如，一个孩子的叛逆会影响家庭关系，同时也被其他家庭关系所影响。家庭治疗师也试图——研究表明通常有一定的效果——让家庭成员相互交流，或者帮助他们发现避免争吵或解决争吵的新方法（Hazelrigg et al., 1987; Shadish et al., 1993）。

家庭治疗 这类疗法往往作为一种预防性的心理健康策略来使用。治疗师帮助家庭成员理解他们的相处方式是如何产生问题的。家庭治疗不强调改变个体，而强调改变他们的关系和互动。

自助小组

超过 1 亿的美国人是某些定期会面的宗教、兴趣或自助小组成员——十分之九的人报告小组成员"在情感上相互支持"（Gallup, 1994）。对 14 000 多个自助小组和在线支持小组的分析报告显示：大多数的支持小组针对的是一些受到污名化和难以讨论的疾病（Davison et al., 2000）。艾滋病患者参加支持小组的可能性是高血压患者的 250 倍，那些有厌食症和酒精依赖的人常常会参加支持小组，但有偏头痛和溃疡的人通常就不这么做。

支持小组的先驱，嗜酒者互诚协会（Alcoholics Anonymous, AA）报告它在全球有 114 000 个小组和超过 200 万名成员。它著名的 12 步计划要求成员承认自己的无助，向更强的力量和他人寻求帮助，并且（第 12 步）把这种信息转告给其他需要的人。这种做法已被其他许多自助小组所模仿。对诸如嗜酒者互诚协会这样的 12 步计划的研究发现，它们帮助减少酒精依赖的比率与其他治疗干预手段差不多（Ferri et al., 2006; Moos & Moos, 2005）。一项历时 8 年、花费 2 700 万美元的调查发现，参加

尽管嗜酒者互诚协会在全球有 200 多万成员，但据说"它是地球上最大的没有人愿意参加的组织"（Finlay, 2000）。

嗜酒者互诫协会的人饮酒量急剧降低，与接受认知行为疗法或"动机疗法"的效果一致(Project Match, 1997)。在一项针对2 300名因酒精依赖寻求治疗的老兵的研究中，嗜酒者互诫协会参与程度高的人之后酗酒问题减少了（McKellar et al., 2003）。成员参加集会的次数越多，就越可能戒酒（Moos & Moos, 2006）。

在个人主义时代，随着越来越多的人离群索居，支持小组的盛行——对于成瘾者、丧失亲人者、离异者以及那些只是寻找友谊和成长的人来说——反映了他们对团体和社会关系的渴望。

***

这些现代心理治疗方法的概要见**表15.2**。

表15.2
现代心理治疗之间的比较

治疗	假定问题	治疗目标	治疗技术
心理动力学疗法	源于童年经历的潜意识冲突	通过自我领悟减少焦虑	对来访者的记忆和感受作出解释
来访者中心疗法	自我理解和自我接纳受阻	通过无条件的积极关注、真诚和同理心来促进成长	积极倾听并反映来访者的感受
行为疗法	功能失调行为	重新习得适应性行为，消除问题行为	使用经典条件作用（通过暴露疗法或厌恶疗法）或操作性条件作用（如代币法）
认知疗法	消极、自我挫败的思维	促进更健康的思维方式和自我对话	训练来访者对消极的想法和归因进行辩驳
认知行为疗法	自我伤害的想法和行为	促进更健康的思维方式和适应性行为	训练来访者对抗自我伤害的想法并运用新的思维方式
团体和家庭治疗	紧张关系	关系的疗愈	理解家庭和其他社会系统，对角色进行探索，改善沟通

提取一下

- 哪种治疗技术更关注现在和未来而不是过去，并且包括无条件积极关注和积极倾听？

  答案：人本主义疗法——尤其是卡尔·罗杰斯的来访者中心疗法

- 下列哪一项不是团体治疗的优势？
  a. 治疗师的关注更加集中　　c. 社会性反馈
  b. 不那么昂贵　　　　　　　d. 其他人分享烦恼所带来的安慰

  答案：a

心理治疗的评估

很多美国人都对心理治疗的效果充满信心。专栏作家常常会建议"做个咨询"或"让你的朋友找个治疗师"。1950年以前，提供心理健康帮助的主要是精神科医生。现在，大多数心理治疗由临床和咨询心理学家、临床社会工作者、教牧咨询师、婚姻咨询师、物质滥用咨询师、学校咨询师和精神科护士来提供。

全世界数百万人给予这些治疗师的信任是合理的吗？这个问题尽管简单，却并不容易回答。

心理治疗有效吗

15-8：心理治疗有效吗？由谁决定？

衡量治疗效果不像只需测量体温就能判断是否退烧那样简单。假如你和我要去接受心理治疗，我们怎样评估它的效果呢？是通过我们自己对进展的感觉，还是治疗师的感觉，或者我们朋友家人的感觉呢？又或者是看看我们的行为发生了什么变化？

来访者的看法

假如来访者的证言是判断疗效的唯一准绳，我们就能有力地肯定心理治疗的有效性。考虑一下《消费者报告》的 2 900 名读者，他们报告了自己和心理健康专家的接触经历（*Consumer Reports*, 1995; Kotkin et al., 1996; Seligman, 1995）。有多少人至少"还算满意"呢？接近 90%（就像我们在本章开头看到的凯·雷德菲尔德·杰米森）。在那些回忆起刚开始治疗时感觉还行或非常不好的人当中，九成的人现在感觉非常好、好或至少一般。我们听到了他们的说法，谁又能知道更多呢？

然而来访者的证言并不能让所有人信服。批评者指出了怀疑的理由：

- 来访者可能需要证明他们在时间和精力上的投入是值得的。
- 来访者通常为他们的治疗师说好话。即使问题仍然存在，来访者"仍然会努力地去寻找一些积极的话来说。治疗师非常地理解他们，来访者已经获得了新视角，他学会了更好地沟通，他的内心感到放松，总之任何让他避免说出治疗失败的理由"（Zilbergeld, 1983, p.117）。
- 人们通常在遇到危机时进行治疗。伴随事件的正常起伏，当危机过去后，人们会将他们的好转归功于治疗。

治疗师的看法

假如治疗师的看法能证明治疗效果，我们可能有更多的理由来庆祝成功。成功的个案研究比比皆是。另外，治疗师也像我们一样，很珍惜来访者在离开时或之后向他们表达的感激之情。问题是，来访者来接受治疗时强调的是他们的苦恼，而离开时则是在强调他们感觉良好，并且只有在自己感到满意的前提下才会保持联系。因此，治疗师最了解其他治疗师的失败，这些治疗师的来访者在经历短暂的缓解之后，现在正在寻找新的治疗师来解决自己反复出现的问题。同一个长期被同样的焦虑、抑郁或婚姻问题折磨的人，可能会成为好几个治疗师的"成功"案例。

结果研究

那么，我们应该怎样客观地评估心理治疗的效果？我们可以预期什么结果——哪些类型的人和问题得到的帮助最大，又是通过哪种心理疗法？

为了寻找答案，心理学家开始进行控制研究。这是一条很多人都走过的路。在19世纪，持怀疑态度的医生开始意识到：很多患者能自动好转，而许多流行的治疗方法（放血、净化）并不见效。只有对患者进行跟踪并记录经过或未经过特定治疗之后的结果，才能区分事实与迷信。例如，伤寒症患者常常在被放血后有所好转，这使大多数医生相信这种方法是有效的。然后令人震惊的结果出现了。控制组的患者仅仅是在床上休息，发烧五周后，竟有70%的患者有所好转，表明放血疗法是无效的（Thomas, 1992）。

在20世纪，心理学及其多种多样的治疗选择受到了类似的挑战。英国心理学家汉斯·艾森克（Eysenck, 1952）总结了24项研究中的心理治疗结果，发起了一场激烈的争论。他发现，三分之二因各种障碍（不包括幻想或妄想）而接受心理治疗的人都有明显好转。直到今天，也没有人对这一乐观的估计持有争议。

但是，我们为何仍要为心理治疗是否有效而争论呢？因为艾森克也报告，在未经治疗的患者中也出现了类似的好转，例如那些在等候名单上的人。他说，不管有没有接受心理治疗，大约都有三分之二的人出现明显好转。时间是最好的医生。

艾森克的结论受到了铺天盖地的批评。有些批评指出，他的分析存在错误。另一些则指出，他的观点建立在仅仅24项研究之上。50多年后的今天，这样的研究成百上千。其中最好的是随机化临床试验：研究者随机将等候名单上的人分配为接受治疗或不接受治疗。然后，他们利用对个体是否得到治疗不知情的人所作出的评定数据，对试验参与者进行评估和比较。简而言之，元分析（对大量研究的统计汇总）将为我们提供最终的结果。

第一个对约475个心理治疗结果研究进行的元分析受到了心理治疗师的欢迎（Smith et al., 1980）。它表明，在治疗结束时，处于平均水平的接受治疗的来访者要好于80%在等候名单上未接受治疗的人（图15.3）。这种说法是有保留的——根据定义，大约50%的未接受过治疗的人也要好于处于平均水平的未接受治疗的人。大

创伤 这些女性正在哀悼大地震中失去的生命和家园。经历了类似创伤的人可能会从咨询中获益，尽管很多人会自行康复或得益于家人和朋友的支持。心理动力学治疗师凯伦·霍尼指出，"生活自身仍是一位非常有效的治疗师"（*Our Inner Conflicts*, 1945）。

Feng Li/Getty Images

图 15.3
治疗与不治疗的对比
这里的两条正态分布曲线的数据来源于475项研究，代表接受过心理治疗的来访者和未经治疗的人们的好转情况。接受过治疗的来访者的平均水平超过了80%没有接受治疗的人们。（资料来源：Smith et al., 1980）

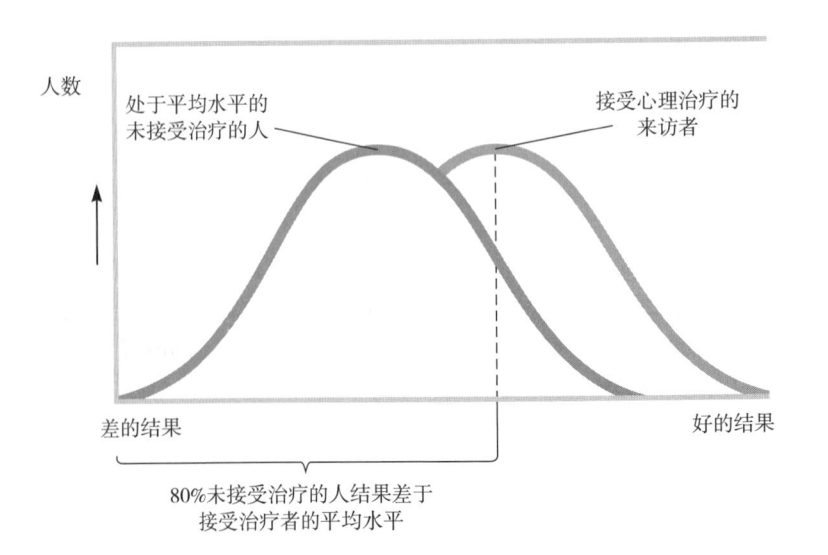

量的后续总结检验了这一问题。它们的结论印证了早期研究的结果：没有接受治疗的人通常能好转，但接受治疗的人更有可能好转，且复发的风险更低。

那么心理治疗是否也具有成本效益？答案也是肯定的。研究表明，当人们寻求心理治疗时，他们对其他医学治疗的需求下降——在一份包含了91项研究的汇总中下降了16%（Chiles et al., 1999）。每年心理障碍和药物滥用（包括犯罪、事故、失业和治疗等）的费用是令人震惊的，因此心理治疗是一项很好的投资，正像对孕期和婴幼儿护理的投入一样，都能减少长期花费。促进员工的心理健康能够减少医药开支，提高工作效率和减少旷工。

但要注意这个说法（心理治疗一般来说多少有些效果）并不特指某一种治疗。正如那些用来安抚肺癌患者的话，对健康问题的药物治疗"一般来说"是有些效果的。人们想要知道的是针对具体问题的某种治疗方法的效果。

哪种治疗方法最有效

15-9：针对具体障碍，某些治疗方法比其他方法更有效吗？

早期的统计总结和调查发现，没有哪种心理疗法总体上好于其他疗法（Smith et al., 1977, 1980）。近期的研究也有类似发现，来访者的治疗结果与临床医生的经验、训练、督导和执照之间几乎没什么联系（Luborsky et al., 2002; Wampold, 2007）。《消费者报告》的调查显示：无论是接受精神病学家、心理学家还是社会工作者的治疗，无论是团体治疗还是个体治疗，无论治疗师所受的训练和经验是丰富还是有限，来访者似乎都同样地满意（Seligman, 1995）。

那么，这是否就像《爱丽丝漫游仙境》里的渡渡鸟所唱的："每个人都能取胜，所有人都应该有奖品"？不完全是。某些治疗方法特别适用于某些特定的问题。行为疗法对于特定的行为问题有着特别好的疗效，如尿床、恐怖症、强迫症、婚姻问题和性障碍（Baker et al., 2008; Hunsley & Digiulio, 2002; Shadish & Baldwin, 2005）。心理动力学疗法在治疗抑郁和焦虑方面已经取得了成功（Driessen et al., 2010; Leichsenring & Rabung, 2008; Shedler, 2010b）。很多研究证明了认知疗法和认知行为疗法在治疗焦虑、创伤后应激障碍和抑郁方面的效果（有些人说是优越性）（Baker et al., 2008; De Los Reyes & Kazdin, 2009; Stewart & Chambliss, 2009; Tolin, 2010）。

此外，问题越明确治疗越有效（Singer, 1981; Westen & Morrison, 2001）。那些经历恐惧或惊恐的人、不自信的人或因性表现而受挫的人有希望得到改善。那些问题不具体的人，比如抑郁和焦虑，通常会在短期内有所改善，但之后会反复。那些具有慢性精神分裂症阴性症状或渴望改变自己整个人格的人，如果只接受心理治疗的话，效果可能不明显（Pfammatter et al., 2006; Zilbergeld, 1983）。问题越具体，希望越大。

但是某些其他疗法并没有获得认可，也几乎或完全没有科学支持（Arkowitz & Lilienfeld, 2006）。因此我们都应该明智地回避操纵人体不可见能量场的能量疗法，旨在揭露早期童年受虐的"被压抑记忆"的记忆恢复疗法（第8章），以及让人们重现所谓出生创伤的重生疗法。

就像某些药物治疗一样，心理治疗可能不仅无效而且还有害——让人们变得更加糟糕或者阻止他们变好（Barlow, 2010; Castonguay et al., 2010; Dimidjian & Hollon,

> 不管治疗效果存在怎样的差异，这种差异看起来还是极其微小的。
> ——布鲁斯·万普尔德及同事（Wampold et al., 1997）

> 不同的溃疡用不同的药膏。
> ——英格兰谚语

2010）。美国国家科学技术委员会认为"少年监狱体验计划"（目的是阻止儿童和青少年犯罪）就是意图很好但被证明无效甚至有害的一个例子。

"哪种疗法可以获奖，哪种不能？"这个评估问题处在一些人所称的心理学内战的核心。科学应该在多大程度上对临床实践以及医疗服务提供者和保险公司为心理治疗付费的意愿进行指导？一方面，研究型心理学家使用科学方法扩展了定义完善且对各种心理障碍有效的疗法清单。他们谴责临床医生"更重视他们的个人经验"（Baker et al., 2008）。另一方面，非科学家型的治疗师将自己的治疗实践更多地视为艺术而不是科学，是无法在手册里描述或用实验来检验的。很多治疗师说，人太复杂，而心理治疗太凭直觉，不适合用科学方法来评估。

科学导向的临床医生处于两派之间，主张循证实践，这一点得到了美国心理学协会、美国医学会和其他机构的认可（2006; Baker et al., 2008; Levant & Hasan, 2008）。持有这种导向的治疗师将现有最好的研究与临床专业技能以及来访者的偏好和特征进行整合（图 15.4）。经过严格评估之后，临床医生会根据自己的技术和每一个来访者的独特处境，选用那些被证明可用的疗法。保险公司和政府对心理健康服务的支持越来越多地要求循证实践。

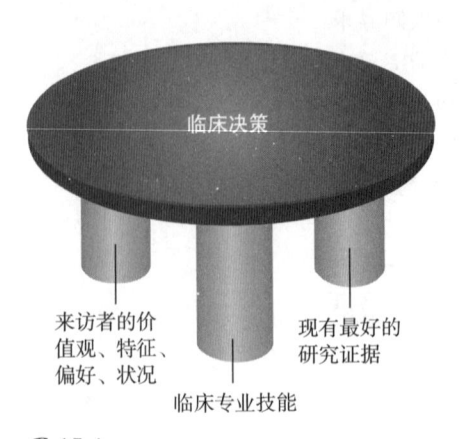

图 15.4
循证实践
理想的临床决策是一个三条腿的凳子，由研究证据、临床专业技能和对来访者的了解所支撑。

提取一下

- 治疗更可能帮助那些问题（最/最不）明确的人。

答案：最

- 什么是循证实践？

答案：使用这种方法时，治疗师向可用的研究证据、临床技能和对来访者的了解整合起来工作做出决策。

替代疗法的评估

15-10：在科学的审视下，替代疗法表现如何？

两种倾向为伪心理治疗提供了肥沃的土壤：

- 很多个体不需要治疗就从异常心理状态恢复到正常状态。
- 仅仅是认为自己正在接受有效的治疗就能振奋精神，放松身体，让自己感到安心。这种安慰剂效应在缓解疼痛、抑郁和焦虑方面有详细的记载（Kirsch & Sapirstein, 1998）。

替代疗法是一种新的、非传统的治疗方法，往往宣称对多种疾病都有疗效。受到倡导者的支持、媒体的宣传、互联网的鼓吹，一些五花八门的治疗法就像野火一样到处蔓延。在美国一项全国调查中，57%有焦虑史的人和54%有抑郁史的人曾经尝试过各种替代疗法，如草药、按摩和精神疗愈（Kessler et al., 2001）。

替代疗法的支持者常常认为他们自身的证言就足以作为证据。但是这些疗法在多大程度上经得起科学的审视呢？大部分替代疗法并没有被证实或证伪。然而，有些疗法曾被作为控制研究的对象，让我们来看其中的两个。正如我们所提倡的，我们需要用科学的态度去粗取精：怀疑而不嘲讽，愿意接受意外发现但不轻信。

眼动脱敏与再加工疗法

眼动脱敏与再加工（EMDR）疗法受到成千上万人的喜爱，也被认为是骗局而被更多的人嗤之以鼻——"用来展示科学和伪科学治疗技术差异的优秀工具"，詹姆斯·赫伯特等人指出（Herbert et al., 2000）。

弗朗辛·夏皮罗（Shapiro, 1989, 2007）在公园散步时发现：当她扫视四周时，焦虑的情绪就消失了。她将这种新奇的焦虑疗法推广给其他人。她让人们想象创伤情境，并在他们眼前晃动手指来引发眼睛的转动，期望人们能够开启并重新加工被尘封的记忆。来自75个国家的数万名心理健康专业人士已接受了这项训练（EMDR, 2011）。自从弗朗兹·安东·麦斯默（Franz Anton Mesmer）发明了催眠（当时称为动物磁性）疗法（也是受到了户外体验的启发）后的两个多世纪以来，还没有哪种新的治疗方法能如此迅速地吸引如此多的热衷者。

眼动脱敏与再加工有效吗？夏皮罗认为答案是肯定的，她引用了四项研究，EMDR对其中84%的单一创伤受害者有效（Shapiro, 1999, 2002）。而且，治疗只需三个疗程，每次90分钟。美国临床心理学协会实证有效治疗特别工作组认为这种治疗对非军事创伤后应激障碍"可能是有效的"（Chambless et al., 1997; See also Bisson & Andrew, 2007; Rodenburg et al., 2009; Seidler & Wanger, 2006）。

令怀疑者感到不解的是，为什么在唤起痛苦时快速转动眼球会有治疗作用。一些人认为眼球运动使来访者放松或分心，因此消除了与记忆相关的情绪（Gunter & Bodner, 2008）。其他人认为，眼睛的转动本身并不是产生疗效的因素。在试验中让人们用手指敲击，或是当治疗师手指晃动时眼睛仍直视前方，也能产生治疗效果（Devilly, 2003）。怀疑者也承认，眼动脱敏与再加工确实比什么都不做的效果好（Lilienfeld & Arkowitz, 2007）。但很多人猜想，这种疗法可能是暴露疗法——反复将创伤记忆与安全舒适的环境联结在一起，在情绪上与创伤经历形成距离——与强大的安慰剂效应相结合所起的作用。理查德·麦克纳利观察到，如果将麦斯默的伪治疗法和完全不治疗相比，它也"可能是有效的"（这是因为积极信念自身会产生疗愈力量）（McNally, 1999）。

光照治疗

在冬天灰蒙蒙的早上或寒冷阴霾的日子里，你是否发现自己睡得太多，体重增加，整天昏昏沉沉的？在昏暗的冬季慢下来并节省能量似乎有利于我们的远古祖先生存。然而对于现代人来说，尤其是妇女和那些生活在远离赤道地区的人，令人厌烦的冬季会

> 研究显示EMDR在眼球固定时同样有效。如果结论是对的，那么对治疗（主要是行为脱敏）有用的东西不是新的，而所谓的新东西是多余的。
> ——Harvard Mental Health Letter, 2002

光照治疗 为了减轻冬季抑郁，有些人会每天早上花时间接受模拟户外自然光线的强烈光照。到了冬季，这些挪威高中生会在学校里定期接受光照治疗。在美国，用于治疗季节性情感障碍的灯箱在保健品店和灯具店都有销售。

使他们出现抑郁，也就是通常所说的季节性情感障碍，简称 SAD。为了消除这种不良情绪，在 20 世纪 80 年代早期，美国国家心理卫生研究所的研究人员提出，每天给予有季节性情感障碍的人定时定量的光照。当然，人们报告感觉变好了。

然而，这会不会是安慰剂效应的又一个愚蠢的例子呢？近期的研究为回答这个问题提供了一些信息。有一项研究让一部分季节性情感障碍者暴露在 90 分钟的亮光下；让另一些季节性情感障碍者接受假的安慰剂疗法——假装用嘶嘶作响的"负离子发生器"治疗，研究人员对此表现出与平时一样的热情（但是发生器其实什么都未产生）。四周后，接受早晨光照治疗的人中有 61% 明显好转，接受傍晚光照治疗的人中有 50% 好转，而接受安慰剂疗法的人中有 32% 好转（Eastman et al., 1998）。其他研究已经发现，暴露在 30 分钟、1 万勒克斯的白色荧光灯下能让半数以上接受早晨光照治疗的人症状减轻（Flory et al., 2010; Terman et al., 1998, 2001）。从 20 多项严格控制的实验中得出的结论（Golden et al., 2005; Wirz-Justice, 2009）是：清晨的亮光照射确实能缓解很多人的症状。而且，它与服用抗抑郁药物或接受认知行为治疗同样有效（Lam et al., 2006; Rohan et al., 2007）。这个效果在脑部扫描中显而易见，光照治疗激发了影响身体唤起和激素的脑区的活动（Ishida et al., 2005）。

> **提取一下**
>
> - 什么是 EMDR 和光照治疗，对于这些疗法的价值我们从控制研究中了解到了什么？
>
>   答案：一些没用的使眼动疗法与其他治疗——给受挫的人以希望以及让治疗师和来访者都有信心——相比并没有显示出差别。光照治疗能帮助季节性情感障碍的人，而这种情况与大脑对冬天较短的日照时间的反应有关（以及随之变化的激素活动）。
>
> - 哪两种倾向会使替代疗法的疗效评估产生偏差？
>
>   答案：(a) 对问题严重性的自然好转的倾向；(b) 安慰剂效应，来访者对治疗的信心可能会使他们感觉治疗是有效的。

心理治疗如何助人

15-11：各种心理治疗的三个共同点是什么？

为什么治疗师的训练和经验似乎对来访者的治疗结果没有影响？答案似乎是因为所有的心理治疗师都能提供以下三点：给受挫的人以希望；对自我和世界的新认识；具有同理心、信任、关怀的良好关系（Frank, 1982; Goldfried & Padawer, 1982; Strupp, 1986; Wampold, 2001, 2007）。

受挫者的希望 寻求心理治疗的人的典型症状是：感到焦虑、抑郁、缺乏自信、缺乏处理事情的能力。而治疗所能做的就是让来访者相信，通过自己的努力，一切都会好起来的。除了专门的治疗技术外，信心本身就能使人振作精神，让人产生自我效能感，从而减轻症状（Prioleau et al., 1983）。

一个新的视角　每种心理疗法都对人们的症状作出解释。治疗是一种新的经历，有助于人们改变自己的行为和对自己的看法。有了一个可信的全新视角，他们可能以新的态度投入生活。

具有同理心、信任、关怀的关系　无论采用何种技术，有效的治疗师都是具有同理心的。他们尽力去理解来访者的体验，传递关心和忧虑，通过礼貌的倾听、宽慰和建议赢得来访者的信任。在 36 位公认的治疗大师的治疗录像中，我们可以清楚地观察到这些品质（Goldfried et al., 1998）。其中有些是认知行为治疗师，有些是心理动力治疗师。不论怎样，他们在各自最关键的环节中都如此相似。在关键时刻，两类具有同理心的治疗师都会帮助来访者评价他们自己，将其生活的某个方面与其他方面联系起来，并提升来访者对自身与他人互动的领悟。治疗师与来访者之间的情感联结——治疗联盟——是有效治疗的一个关键方面（Klein et al., 2003; Wampold, 2001）。美国国家心理卫生研究所对抑郁症治疗的研究表明，最有效的治疗师同理心最强，最关心来访者，并能够与之建立最紧密的治疗联结（Blatt et al., 1996）。

关怀的关系　有效的治疗师与来访者形成信任的纽带。

所有的心理治疗方法都由一个富有关爱之心的人提出看问题的新视角，为来访者带来希望。这些也可以使辅助人员（接受简单培训的照料者）有效地帮助众多深受困扰的人（Christensen & Jacobson, 1994）。这三种共同的元素也是日益增多的自助团体和支持性团体为其成员所提供帮助的一部分。它们也包括在传统医治者所提供的服务中（Jackson, 1992）。医治者是一群特别的人，不论是精神科医生、巫医还是萨满，其他人会向他们表露自己的痛苦，而所有医治者为了理解、感同身受、宽慰、建议、安抚、阐释或解释，都会细心倾听对方的倾诉（Torrey, 1986）。这些品质也解释了为什么在亲密关系中感觉获得了支持的人——那些享受与富有爱心者友谊的人——不太需要治疗或不太会去寻求治疗（Frank, 1982; O'Connor & Brown, 1984）。

***

总之，寻求心理帮助的人通常都能好转。那些未经心理治疗的人也是如此，这要归功于人类自身的智慧和互相关心的能力。虽然治疗师的研究取向和经验看起来不是很重要，但接受过心理治疗的人往往比未经治疗的人好转更多。问题具体而明确的人好转最多。

提取一下

- 接受心理治疗的人比没有接受心理治疗的人_____（更/更不）可能表现出好转。

答案：更

心理治疗中的文化和价值观

> 15-12：文化和价值观如何影响治疗师与来访者的关系？

所有的心理治疗都会带来希望。几乎所有治疗师都努力提高来访者的敏感性、开放性、个人责任感和目标意识（Jensen & Bergin, 1988）。但由于多样性的存在，治疗师们不尽相同，他们与来访者也可能存在差异（Delaney et al., 2007; Kelly, 1990）。

当治疗师和来访者的文化背景不同时，这些差异性就会导致不匹配。比如，在北美、欧洲和澳大利亚，治疗师大多反映的是主流文化的个人主义（重视个人的需求和同一性）。而很多来自亚洲文化的来访者带有集体主义视角，他们可能会假定人们应该多考虑他人的期望。因此当治疗师要求他们只考虑自己的福祉时，他们会感到为难。

这种差异性可用来解释为什么少数族裔的人不愿意接受心理卫生服务并倾向于过早终止治疗（Chen et al., 2009; Sue, 2006）。在一个实验中，将亚裔美籍来访者与具有同样文化价值观的咨询师相匹配（而不是与文化价值观不同的咨询师错位匹配），这些来访者更多地感受到了咨询师的同理心，并且感到与咨询师的联盟更加牢固（Kim et al., 2005）。由于许多心理治疗师认识到与来访者可能在价值观、沟通方式和语言方面存在差异，因此美国心理学协会授权的许多治疗训练项目提供了文化敏感性方面的训练，并招聘一些来自未被充分代表的文化群体的成员。

治疗师和来访者也可能具有不同的宗教观。虔诚的宗教人士可能更喜欢并受益于信仰相似的治疗师（Masters, 2010; Smith et al., 2007; Wade et al., 2006）。他们可能难以与价值观不同的治疗师建立情感联系。

艾伯特·埃利斯是理情行为疗法（rational-emotive behavior therapy，REBT）的拥护者，阿兰·伯金是《心理治疗与行为改变手册》的合编者，他们认为心理治疗师之间有着天壤之别，这些差别影响了他们对健康个体的看法。埃利斯（Ellis, 1980）假设，"没有任何人或任何事是至高无上的"，应该鼓励"自我满足"，而"明确的爱、承诺、奉献……对任何人际承诺的忠诚，特别是对婚姻的忠诚，将导致不良结果"。伯金（Bergin, 1980）的假设却相反，"上帝是至高无上的，因此谦卑、对神圣权威的接纳都是美德"，"自我控制、对爱的承诺以及自我牺牲都应该得到鼓励"，而"对人际承诺的不忠，尤其是对婚姻的不忠，将导致不良后果"。

伯金和埃利斯的价值观相差甚远，但他们都认为：心理治疗师的个人信仰和价值观会影响他们的实践。来访者倾向于采纳治疗师的价值观（Worthington et al., 1996），因此一些心理学家认为治疗师应该更加开放地表达他们的价值观。（关于治疗的选择，见特写：心理健康专家的消费者指南。）

生物医学疗法

心理疗法是治疗心理障碍的途径之一。生物医学疗法是常用于治疗严重障碍的另一种治疗途径。这种疗法利用药物改变大脑的化学成分从而改变其功能，或通过

> **特写**

心理健康专家的消费者指南

15-13：人们选择治疗师时应该关注什么？

每个人的生活都充满了平静与紧张，福与祸，好心情与坏心情。那么，什么时候人们应该寻求心理健康专家的帮助呢？美国心理学协会列出了这些常见的障碍征兆：

- 感到无望
- 长期而严重的抑郁
- 自毁行为，比如酗酒和药物滥用
- 破坏性的恐惧
- 心境突然转变
- 自杀念头
- 强迫性仪式，如洗手
- 性障碍
- 听到其他人听不到的声音或看到其他人看不到的事物

如果你打算找一位心理治疗师，你可以向两三位治疗师进行初步咨询。大学的健康中心通常是一个好的起点，他们会提供一些免费的服务。咨询中，你可以先描述一下自己的问题，获知每个治疗师的治疗方法。你可以问一些关于治疗师的价值观、资历（**表 15.3**）、执照以及收费情况的问题。你可以评价一下自己对每个治疗师的感觉。治疗师和来访者之间的情感联结可能是有效治疗中最重要的因素。

表 15.3
心理治疗师及其所受的训练

类型	描述
临床心理学家	大部分人是拥有 Ph.D. 学位（包括研究训练）或 Psy.D. 学位（专注于治疗）的心理学家，并以督导实习以及（常常还有）博士后训练作为补充。约一半的临床心理学家在各种机构或研究所工作，一半在私人诊所工作。
精神科医生	精神科医生是专门治疗心理障碍的医生。并非所有精神科医生都接受了大量的心理治疗训练，但是他们像 M.D. 和 D.O. 一样可以开具处方。因此他们倾向于治疗最严重的问题，很多人拥有自己的私人诊所。
临床或精神科社会工作者	两年社会工作的硕士研究生项目加上研究生督导使一些社会工作者能够提供心理治疗，其中大部分是面向日常的个人和家庭问题。其中多半是国家社会工作者协会指定的临床社会工作者。
心理咨询师	婚姻与家庭咨询师的专长是家庭关系问题。牧师也为不计其数的人提供咨询。物质滥用（或虐待）咨询师的工作对象是物质滥用者以及配偶和儿童的虐待者及其受害者。心理健康咨询师和其他咨询师可能需要具备两年制的硕士学位。

电流刺激、磁脉冲、精神外科手术影响大脑的神经环路。

药物疗法

15-14：什么是药物疗法？双盲实验如何帮助研究者评估药物的疗效？

迄今为止，应用最广泛的生物医学疗法就是药物疗法。从 20 世纪 50 年代起，**心理药理学**（psychopharmacology）（研究药物对心理和行为的作用）的发现使几种严重障碍的治疗发生了变革。正是由于药物治疗和社区精神卫生计划的支持，美国州立和县立精神病院的住院人数比半个世纪前有了极大的下降。人们致力于尽

"我们的心理药理学家是个天才"

药效还是安慰剂效应 对于很多人来说，服用抗抑郁药时抑郁就减轻了。但是被给予安慰剂的人们也可能体验到同样的效果。双盲临床试验表明，尤其是对严重抑郁者来说，抗抑郁药确实至少具有一定程度的临床疗效。

也许你能猜到 L- 多巴胺偶尔会出现的一个副作用：这种药物能增加帕金森综合征患者的多巴胺水平，但也会使患者出现幻觉。

可能减少非自愿入院的人数，使成千上万的人从医院的禁锢中解放出来。不过，对一些不能自理的人来说，离开医院意味着无家可归。

包括药物治疗在内的许多新疗法在刚面世时，都会因为很多人明显改善而掀起热潮。然而这种热情往往会随着更深入的检验而降低。为了判断新疗法的有效性，我们也需要知道以下两方面的比率：

- 未经治疗者的自然康复
- 因安慰剂效应而康复，即由于患者与心理健康工作者的积极期望而康复

为了控制这些影响，在测试新药的时候，研究者会让一半患者服药；而让另一半的患者服用看上去相似的安慰剂。因为研究者和患者都不知道谁服用的是哪种，因此这被称为双盲程序。值得庆幸的是，通过双盲研究，不少药物被证明对治疗心理障碍是有效的。

抗精神病药

精神病药物治疗的革命开始于一个偶然的发现：用来治疗其他疾病的某些药物居然使一些人的幻觉或妄想（这些患者与现实分裂的一部分）平息下来了。这些**抗精神病药**（antipsychotic drugs），如氯丙嗪（商品名为 Thorazine），能减少患者对无关刺激的过度反应。因此，它们向正在经历精神分裂症阳性症状（如幻听和偏执）的人提供了最大的帮助（Lehman et al., 1998; Lenzenweger et al., 1989）。

最常见的抗精神病药与神经递质多巴胺分子如此相似，以至于会占据多巴胺受体的位置，并阻断其活动。这一发现支持了一个观点，即过度活跃的多巴胺系统是导致精神分裂症的一个因素。

抗精神病药的副作用很大。有些可能引起诸如行动迟缓、震颤、抽搐等跟帕金森病相同的症状（Kaplan & Saddock, 1989）。长期使用抗精神病药能够引起迟发性运动障碍，伴随面部肌肉（如做鬼脸）、舌头和四肢的不自主运动。尽管在控制精神分裂症症状方面没有更好的效果，但很多新一代抗精神病药如利培酮（商品名为 Risperdal）和奥氮平（商品名为 Zyprexa）的上述副作用较少。然而，这些药物可能会增加肥胖和糖尿病的风险（Buchanan et al., 2010; Tiihonen et al., 2009）。

尽管抗精神病药存在缺陷，但它与生活技能项目及家庭支持结合起来，给许多精神分裂症患者带来了新的希望（Guo, 2010）。成千上万的患者离开了精神病院的病房，回归工作并过上了接近正常的生活（Leucht et al., 2003）。

抗焦虑药

抗焦虑药（antianxiety drugs），如阿普唑仑或劳拉西泮，会像酒精一样抑制中枢神经系统的活动（因此这类药物不能与酒精合用）。抗焦虑药往往与心理治疗联合使用。抗生素 D- 环丝氨酸是一种抗焦虑药，作用于受体，与行为治疗联合使用时，有助于消除习得性恐惧。实验表明药物能够提高暴露治疗的效果并帮助缓解创伤后应

激障碍和强迫症的症状（Davis, 2005; Kushner et al., 2007）。

行为疗法受到的一个批评是它没有在减少症状的同时解决根本的问题，尤其是用于持续治疗时。一有紧张的迹象就服用阿普唑仑会导致心理依赖，即刻的放松强化了个体在焦虑时服药的倾向。大量服药也会导致生理依赖。定期服药者在停止使用抗焦虑药后会体验到更强烈的焦虑、失眠和其他退缩症状。

在20世纪的最后十几年里，焦虑障碍的门诊治疗比例翻了将近一番。在此期间，接受药物治疗的精神病患者的比例从52%上升到了70%（Olfson et al., 2004）。针对焦虑障碍的新的标准药物治疗是什么？抗抑郁药。

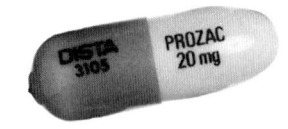

抗抑郁药

抗抑郁药（antidepressant drugs）因为能缓解患者的抑郁症状而得名。直到最近，这都是这类药物的主要用途。这些药物现在越来越多地被用来治疗焦虑障碍，如强迫症。它们通过增加去甲肾上腺素和5-羟色胺水平而起作用。这些神经递质能提高唤起和改善心境，抑郁时会缺乏。

氟西汀也就是百忧解，这种全世界数千万使用者所熟悉的药物，部分地阻止了对突触中过量的5-羟色胺的正常再摄取（**图15.5**）。氟西汀及其类似物舍曲林、帕罗西汀被称作"选择性5-羟色胺再摄取抑制剂"（selective serotonin reuptake inhibitor，SSRI），因为它们减缓（抑制）了突触清空（再摄取）5-羟色胺。（考虑到它们也用于治疗从焦虑到中风的其他障碍，一些专业人士将其称为选择性5-羟色胺再摄取抑制剂而非抗抑郁药 [Kramer, 2011]。）

其他抗抑郁药通过阻断去甲肾上腺素和5-羟色胺的再摄取或分解而起作用。这类药尽管有效，但会产生更多的副作用，例如口干、体重增加、高血压、间歇性昏迷（Anderson, 2000; Mulrow, 1999）。以贴片的形式使用这类药物可以避开肠道和肝脏，

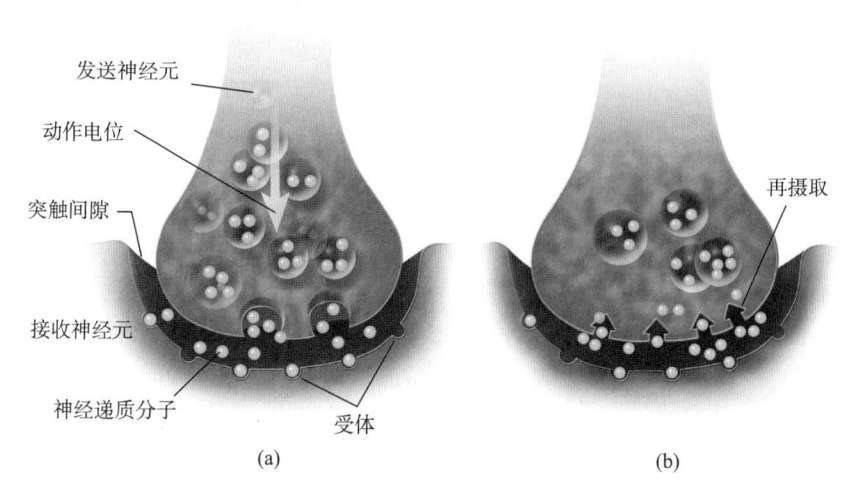

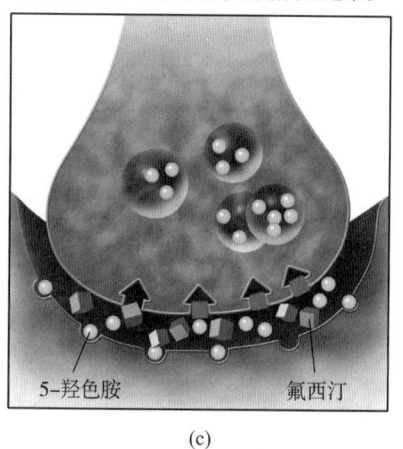

图 15.5
抗抑郁药的生物机制（见彩插）

本图显示的是氟西汀部分阻断5-羟色胺再摄取的过程。

有助于减少副作用（Bodkin & Amsterdam, 2002）。

引入 SSRI 类药物之后，接受药物治疗的抑郁者的比例出现了巨大增长，从 1987 年也就是 SSRI 引入前一年的 70%，提高至 2001 年的 89%（Olfson et al., 2003; Stafford et al., 2001）。从 1996 年到 2005 年，被开具抗抑郁药处方的美国人翻了一番，从 1 300 万到 2 700 万（Olfson & Marcus, 2009）。在澳大利亚，抗抑郁药的使用在 2002 年到 2007 年之间增长了 41%（Hollingworth et al., 2010）。

需要提醒的是，抑郁者不会在开始服用抗抑郁药的第二天醒来时唱道："哦，多么美丽的早晨！"虽然抗抑郁药对神经传递的影响会在几小时内起作用，但全部心理效应的发挥则需要四周时间（可能会有性欲减弱的副作用）。延迟的一个原因可能是，5-羟色胺的增加会促进神经发生，产生新的神经元，来对抗由紧张而导致的神经元损失（Becker & Wojtowicz, 2007; Jacobs et al., 2004）。

抗抑郁药不是提振身体的唯一方法。有氧运动可以让焦虑者冷静下来，为抑郁者提供活力，对于大部分轻度到中度的抑郁者，有氧运动不仅带来和抗抑郁药一样的好处，而且还有其他的积极效果（本章后面会进一步讨论这个主题）。认知疗法可以帮助患者扭转习惯性的消极思维，以促进药物辅助的抑郁缓解，并减少治疗后的复发（Hollon et al., 2002; Keller et al., 2000; Vittengl et al., 2007）。抗抑郁药自下而上地影响情绪形成的边缘系统。认知行为疗法自上而下地改变额叶活动和思维过程。它们共同作用，从上下两个方面对抑郁（和焦虑）发起攻击（Cuijpers et al., 2010; Walkup et al., 2008）。

所有人都承认，服用一个月的抗抑郁药后，抑郁者通常有所改善。但在考虑了自然恢复和安慰剂效应后，药物的作用有多大？有些研究者报告说作用不大（Kirsch et al., 1998, 2002, 2010）。在双盲临床试验中，安慰剂产生的改善作用相当于活性药物效果的 75%。在一篇包含未发表的临床试验的后续综述中，抗抑郁药的作用仍然不太大（Kirsch et al., 2008）。对于重度抑郁者，安慰剂效应的作用较小，这使得药物带给他们某种程度上更大的额外益处。欧文·基尔希下结论说，"考虑到这些结果，似乎没什么理由给重度抑郁者之外的任何人开具抗抑郁药，除非替代疗法已经失败了"（BBC, 2008）。一个新的分析证明，与安慰剂相比，抗抑郁药的优势"对轻度或中度症状的人平均来说是很小或不存在的"。对于那些人，有氧运动或心理治疗往往是有效的。但是对于"非常严重"的抑郁者，药物的优势变得"明显"（Fournier et al., 2010）。

"如果这个不能对你有所帮助，不要担心，它是一种安慰剂。"

没有任何一种扭曲的想法不是源于扭曲的细胞。
——心理学家
拉尔夫·杰勒德

心境稳定剂

除了抗精神病药、抗焦虑药和抗抑郁药，精神病医生还使用心境稳定剂。双丙戊酸钠就是其中的一种，最初被用于治疗癫痫。人们发现它也能够有效地控制双相障碍的躁狂期。另一种心境稳定剂是锂盐，它能够有效地平复双相障碍的情绪起伏。凯·杰米森（Jamison, 1995, pp. 88–89）描述了这种作用："锂盐能够阻止诱人但极具破坏性的情绪高涨，减少抑郁，清除病态思维中的枝枝蔓蔓，让我慢下来，变得温和，阻止我毁掉自己的事业和人际关系，让我远离医院，活着，并让心理治疗成为可能。"

锂盐的疗效是澳大利亚医生约翰·凯德在 20 世纪 40 年代发现的。当时他用锂盐治疗一个有严重躁狂的人，这个患者在不到一周的时间内康复得非常好（Snyder, 1986）。然而我们不了解锂盐为什么起作用。有七成的双相障碍患者得益于长期每日使用这种廉价的药物（Solomon et al., 1995）。

长期服用锂盐的双相障碍患者的自杀率仅是未服用者的六分之一（Tondo et al., 1997）。饮用水中的锂含量与较低的自杀率（涉及18个日本城镇）和较低的犯罪率（涉及得克萨斯州的27个县）相关（Ohgami et al., 2009; Schrauzer & Shrestha, 1990, 2010; Terao et al., 2010）。锂也能保护神经的健康，因此会降低双相障碍患者未来的痴呆发生率（Kessing et al., 2010）。

"首先我认为你应该知道上一季度的销售额受到了我的心境稳定剂的干扰。"

提取一下

- 研究者如何评估某种药物疗法的有效性？

答案：给一部分实验参与者试验药物治疗，另一些参与者接受安慰剂治疗。如果接受药物治疗的参与者比接受安慰剂的参与者有更多改善，那么该药物治疗就是有效的。

- 最常用于治疗抑郁症的药物称为_____。现在最常用来治疗焦虑障碍的药物被称为_____。精神分裂症常用_____药物来治疗。

答案：抗精神病；抗抑郁药（也称为选择性5-羟色胺再摄取抑制剂和三环类药物）；抗焦虑药

脑刺激

15-15：如何使用脑刺激和精神外科手术治疗特定的心理障碍？

电痉挛疗法

另一种生物医学疗法是**电痉挛疗法**（electroconvulsive therapy, ECT），通过电击来操纵大脑。当ECT于1938年被首次引入时，清醒的患者被固定在一张桌子上，接受100伏的电流对其大脑的电击。该程序会产生痛苦的痉挛和短暂的意识丧失，因而给人粗暴的印象。尽管这种印象挥之不去，但ECT已有所改变。现在，患者要接受全身麻醉和肌肉松弛剂以防止痉挛。精神科医生向患者的大脑施加30~60秒的短脉冲电流，有时只对大脑右半球通电（图15.6）。患者会在30分钟内醒来，而且完全不记得治疗中或前几个小时的情况。

一项又一项研究证实了ECT能够有效治疗对于药物治疗没有反应的"抗治疗型"患者的重度抑郁（Bailine et al., 2010; Fink, 2009; UK ECT Review Group, 2003）。患者每周接受3次治疗，2~4周后，80%的患者明显好转。他们对治疗过程表现出一定的记忆丧失，但没有明显的大脑损伤。现代ECT对记忆的破坏小于早期的ECT（HMHL, 2007）。

《美国医学会杂志》在一篇社论中总结道，"ECT对重度抑郁的疗效是医学上所有最积极的治疗效果之一"（Glass, 2001）。ECT能减少自杀的想法，并因挽救了许多

电治疗的历史很悠久，医生把电鳗置于罗马皇帝克劳狄乌斯（公元前10年—公元54年）的太阳穴上来治疗他的头痛。

图 15.6

电痉挛疗法

虽然对 ECT 的争议颇多,但医生常用它来治疗一些对药物疗法无反应的抑郁。"电痉挛"这个词已经不准确了,因为患者现在会服药来防止痉挛。

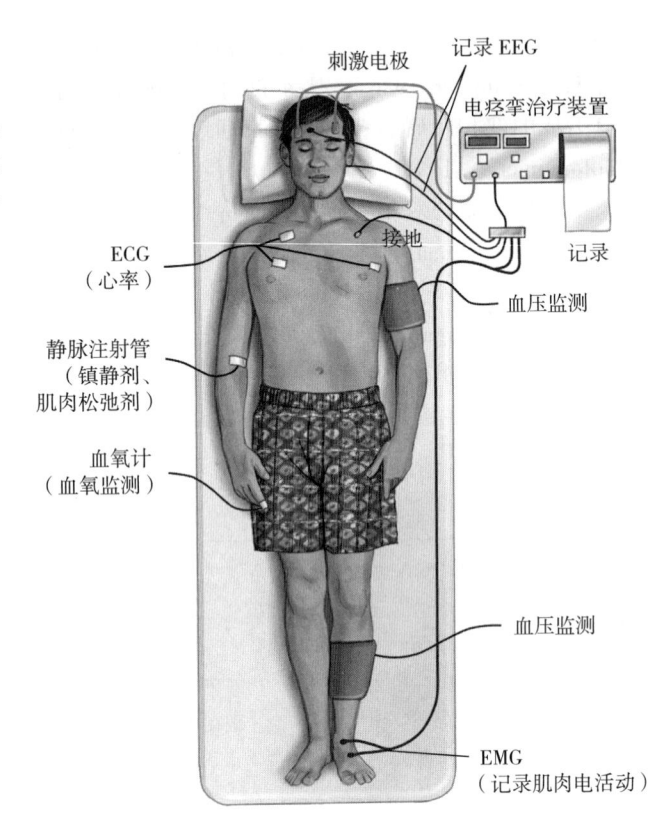

想自杀的人而受到赞扬(Kellner et al., 2005)。

ECT 是如何缓解重度抑郁的? 70 多年后,仍然没有人能说清楚。有人把 ECT 比作天花疫苗,它们都是在人们了解其原理之前就开始挽救生命了。可能是短暂的电流使神经中枢平静下来,因为这些区域的过度活跃会导致抑郁。与抗抑郁药物和锻炼一样,ECT 似乎也能促进新的脑细胞的产生(Bolwig & Madsen, 2007)。

怀疑者提出了另一种可能的解释:ECT 可能激发了安慰剂效应。大部分 ECT 研究都没有加入控制组:随机分配的患者接受同样的全身麻醉并经历模拟的 ECT,但没有受到电击。当患者接受这种安慰剂治疗时,他们对积极结果的预期在没有电击的情况下是有治疗效果的(Read & Bentall, 2010)。尽管如此,美国食品药品监督管理局(FDA, 2011)的一篇研究综述的结论是,ECT 比安慰剂更有效,尤其是在短期内。

不管治疗效果多么令人印象深刻,用电流电击人们的粗暴方式仍然震惊了很多人,尤其是在大家都不知道 ECT 原理的情况下。此外,每 10 个接受 ECT 治疗的人当中,大约有 4 个人在 6 个月内抑郁复发(Kellner et al., 2006)。但在许多精神病学家和患者看来,相比重度抑郁所造成的不幸、痛苦和自杀风险,ECT 造成的伤害更小。正如研究型心理学家诺曼·恩德勒(Endler, 1982)在 ECT 缓解了他自己的重度抑郁后报告的那样,"奇迹在两周后发生了。"

其他的神经刺激疗法

现在有希望通过其他方法来启动抑郁大脑内的神经通路。通过植入胸部的一个电装置,迷走神经刺激会对颈部深处的神经进行刺激。该装置会周期性地向大脑中与情绪相关的边缘系统发送信号（Daskalakis et al., 2008）。

深部脑刺激（deep-brain stimulation）是另一种新的实验程序，由控制植入电极的起搏器实施（Lozano et al., 2008; Mayberg et al., 2005）。这种刺激对增强消极情绪和思维的脑区活动有抑制作用。一些对药物或 ECT 没有反应的抑郁者发现深部脑刺激消除了他们的抑郁。某些神经元能够抑制增强消极情绪的脑区活动，为了在实验中激活这些神经细胞，神经科学家海伦·梅贝格及其同事（Mayberg et al., 2005, 2006, 2007, 2009）使用了有时被用来治疗帕金森病的震颤症状的深部脑刺激技术。在最初被植入电极和起搏器的 20 个患者中，有 12 人体验到缓解，随后保持了 3~6 年（Kennedy et al., 2011）。一些人感到突然变得更加清醒，更加健谈和忙碌；另一些人则只有轻微的改善。后续的研究将探索梅贝格是否发现了能够消除抑郁的开关。其他研究者正在对深部脑刺激能够缓解强迫症的报告进行追踪（Rabins et al., 2009）。

用磁脉冲反复作用于个体的大脑时，抑郁心境似乎也能得到改善。在一种叫作**重复经颅磁刺激**（repetitive transcranial magnetic stimulation，rTMS）的无痛程序中，线圈发射的磁场会穿过颅骨到达大脑（**图 15.7**）。与深部脑刺激不同，电磁波的能量只穿过大脑的表层。与 ECT 不同的是，rTMS 治疗过程不会引起记忆丧失或其他严重的副作用。（可能导致头痛。）患者在清醒状态下每日接受治疗，疗程为数周。

最早的研究已经发现重复经颅磁刺激有"一定程度的"积极作用（Daskalakis et al., 2008; George et al., 2010; López-Ibor et al., 2008）。它起作用的原理还不太清楚。一

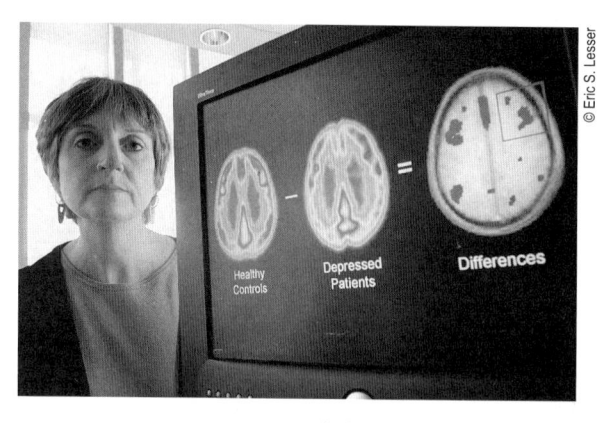

抑郁开关？ 研究者海伦·梅贝格通过比较抑郁者和非抑郁者的大脑，识别了一个在抑郁或悲伤的人身上表现活跃的脑区，通过深部脑刺激能够抑制其活动。（见彩插）

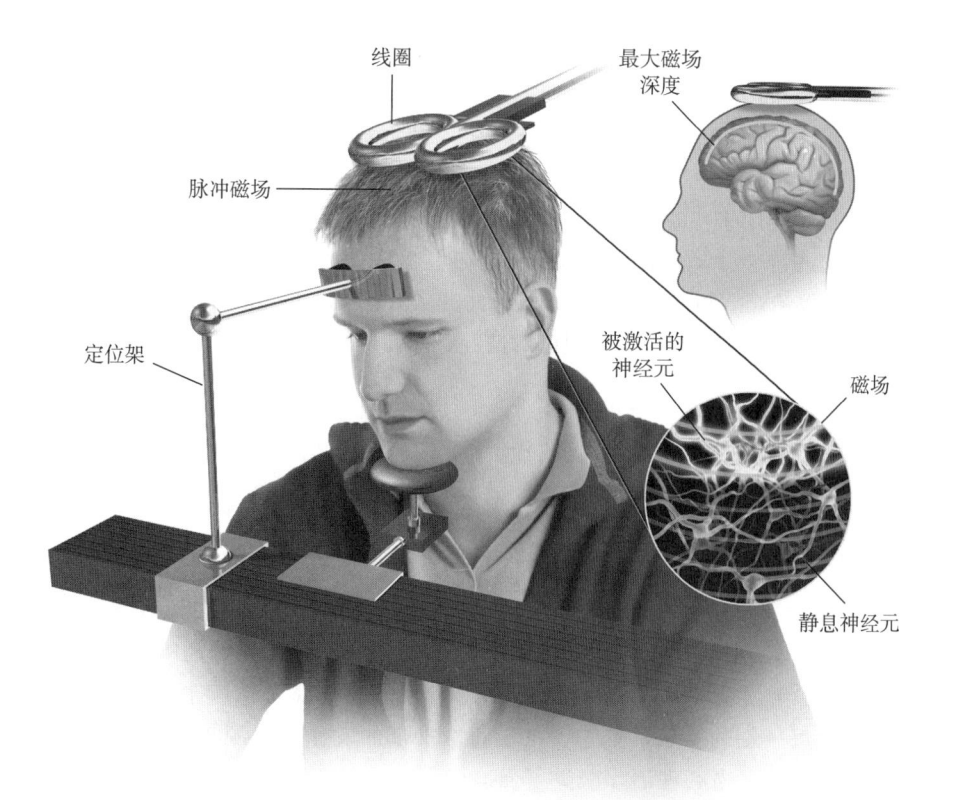

图 15.7
心灵的电磁（见彩插）
重复经颅磁刺激（rTMS）传送无痛的磁场到大脑皮层表面。脉冲波可用于刺激或抑制不同皮层区的活动（资料来源：George, 2003.）

个可能的解释是，刺激使左侧额叶活跃起来，而这个脑区在抑郁期间是相对不活跃的（Helmuth, 2001）。反复的刺激可能通过长时程增强的过程使神经细胞形成新的功能回路。（见第 8 章中关于长时程增强的更多细节。）

提取一下

- 对其他疗法没有反应的重度抑郁可以采用_____来治疗，这种疗法会导致失忆。为减轻抑郁而设计的更温和的神经刺激技术包括_____刺激、_____刺激和_____磁刺激。

答案：电痉挛疗法（ECT）；深度神经；迷走神经；重复经颅

精神外科手术

由于手术结果的不可逆转性，**精神外科手术（psychosurgery）**——摘除或损伤脑组织的外科手术——是在改变思维和行为方面最激烈、使用得最少的生物医学干预。20 世纪 30 年代，葡萄牙医生埃加斯·莫尼兹（Egas Moniz）开创了一项后来非常有名的精神外科手术：**额叶切除术（lobotomy）**，即切断连接额叶和大脑内部情绪控制中心的神经。他这个粗糙但简单便宜的手术只用了 10 分钟。让患者昏迷以后，他（以及后来的其他神经外科医生）将形状类似冰凿的工具从两个眼窝分别钉入大脑，然后摇动工具以切断与额叶的神经联结。在 1936 年至 1954 之间，上万名重度精神障碍患者接受了额叶切除术（Valenstein, 1986）。

虽然手术的目的只是将情绪与思维分离，但结果往往比这严重得多。额叶切除术通常可减轻个体的痛苦或紧张。但是，手术也会导致永久性的倦怠、不成熟、缺乏创造性的人格。到了 20 世纪 50 年代，镇静类药物开始出现，精神外科手术基本被弃用，而至此仅美国就有 35 000 人接受了额叶切除术。这种手术如今已成为历史。更精准的微型精神外科手术有时会用于极端的案例。例如，如果患者有不可控制的癫痫，外科医生可以破坏引起或传递冲动的特定神经束。以磁共振成像为导向的精准手术也偶尔会用来切除回路以治疗严重的强迫症（Carey, 2009, 2011; Sachdev & Sachdev, 1997）。因为手术的不可逆性，医生只在万不得已的情况下才使用。

失败的额叶切除术 这张 1940 年的照片上的人是 22 岁的罗斯玛丽·肯尼迪（中间）和她的哥哥约翰（后来成为美国总统）及妹妹简。一年以后，她的父亲在医生的建议下，同意用额叶切除术来控制她据说剧烈的情绪波动。手术使她的心智变成了婴儿水平，此后她一直待在医院里，直到 2005 年她在 86 岁时去世。

治疗性的生活方式改变

15-16：为什么采用更健康的生活方式可能会缓解抑郁？为什么说这表明我们是生物－心理－社会的系统？

生物医学疗法的疗效提醒我们一个重要的教训：谈论单独的心理和生理的影响很容易，但其实身心是密不可分的。每一个想法和感觉都依赖于大脑的活动。每一个灵感，每一刻的欢乐和恼怒，甚至每次抑郁的发作都来源于大脑的电化学活动。影响是双向的：当心理治疗减少了强迫行为时，PET 扫描会显现出一个更平静的大脑（Schwartz et al., 1996）。

多年以来，我们将自己的身体托付给内科医生，将我们的心理托付给精神科医生和心理学家。这种简单的区分似乎不再合理。应激会影响身体的化学过程和健康。失去化学平衡（不管是何种原因引起）可能会导致心理障碍。焦虑障碍、抑郁症、双相障碍和精神分裂症都是生物事件。正如我们反复看到的那样，人类是一个综合的生理－心理－社会系统。

这一经验被史蒂芬·伊拉德及其同事（Ilardi et al., 2009）应用在促进治疗性生活方式改变的研讨会中。他们指出，人类的大脑和身体是被设计来进行身体活动和社会交往的。我们的祖先成群结队地打猎、采集和建造房屋，没有人因为抑郁而失能。的确，那些生活方式涉及剧烈的身体活动、紧密的群体关系、阳光照射和大量睡眠的人（想一想巴布亚新几内亚的觅食群体或北美的阿米什人农耕群体），几乎不会产生抑郁。对于孩子和成人来说，自然环境中的户外活动——也许是在森林中散步——都可以减轻压力和促进健康（NEEF, 2011; Phillips, 2011）。伊拉德说，"人类从来不是为营养不良、静坐不动、睡眠剥夺、社会隔离、节奏混乱的 21 世纪室内生活而设计的"（2009, p. viii）。

让伊拉德团队同样印象深刻的一项研究发现是，规律性有氧运动的效果可与抗抑郁药物的效果相匹敌，完整的夜间睡眠可以提升情绪和能量。所以他们邀请一些抑郁患者小组接受了一项为期 12 周的训练，目标在于：

- 有氧锻炼，每天 30 分钟，每周至少 3 次（促进健康和增加活力，刺激内啡呔分泌）
- 充足的睡眠，每天晚上睡 7~8 小时（增加能量和保持清醒，增强免疫力）
- 接受光照，每天早上用灯箱照射至少 30 分钟（强化唤起，影响激素分泌）
- 社会接触，减少独处时间，每周至少参加两次有意义的社交活动（满足归属感的需要）
- 抵制反刍思考，识别并重新定位消极思维（提升积极思维）
- 营养补充品，包括每天服用鱼油以补充 ω-3 脂肪酸（维持健康的大脑功能）

在一项包括 74 名参与者的研究中，完成项目训练的人中有 77% 的抑郁症状得到了缓解。相比之下，分配到接受常规治疗的控制组中，只有 19% 的抑郁症状得到了缓解。未来的研究应该寻求重复生活方式改变带来的惊人结果。研究者也要试图确定是治疗的哪个部分起到了治疗效果。但是，我们似乎没有理由来怀疑拉丁谚语中的智慧："健全的心灵寓于健康的体魄"（图 15.8）。

表 15.4 对生物医学疗法进行了总结。

"森林浴" 在几个小型研究中，日本研究者发现在森林中行走有助于降低应激激素水平和血压（Phillips, 2011）。

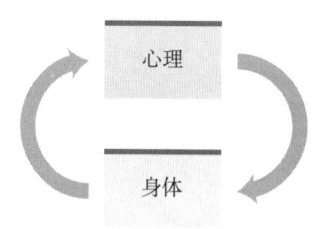

图 15.8
心－身交互作用
生物医学疗法假定心理与身体是一个整体：影响一个，另一个也会受到影响。

表 15.4

各种生物医学疗法的比较

疗法	假定的问题	治疗目标	治疗技术
药物疗法	神经递质功能障碍	控制心理障碍的症状	用药物改变大脑的化学成分
脑刺激	重度、"抗治疗型"的抑郁	缓解对药物治疗没有反应的抑郁	通过电痉挛休克、迷走神经刺激、深部脑刺激或磁脉冲对大脑进行刺激
精神外科手术	脑功能障碍	缓解重度的心理障碍	切除或损毁脑组织
治疗性的生活方式改变	应激和不健康的生活方式	恢复健康的身体状态	通过充足的运动、睡眠或其他变化来改变生活方式

> **提取一下**
>
> - 我们可以通过改变某些生活方式来改善心理健康，请举例。
>
> 答案：有规律的锻炼，获得足够的睡眠，接受充足的光照，改善重要的人际关系，观察消极的思维方式，有助于3－治愈抑郁的症状。

心理障碍的预防

15-17：心理健康预防项目的基本原理是什么？

我们已经看到，改变生活方式能够帮助人们逆转一些心理障碍的症状。**复原力**（resilience）是应对压力和从逆境中恢复的能力。生活方式的改变是否也能通过产生复原力而对某些心理障碍起到预防作用呢？

复原力

面对意料之外的创伤，大部分成年人都会表现出复原力。"9·11"事件之后的纽约人就是这样，尤其是那些享受支持性亲密关系和近期没有经历其他应激事件的人（Bonanno et al., 2007）。尽管"9·11"事件让他们震惊不已、悲痛欲绝，但是90% 以上的纽约人没有产生功能失调的应激反应。到第二年的1月，产生应激反应的人的应激症状也基本消失了（Person et al., 2006）。甚至在产生战斗应激反应的老兵和受尽折磨才活下来的政治叛乱者群体中，大部分人后来都没有产生创伤后应激障碍（Mineka & Zinbarg, 1996）。

心理学家彼得·苏德费尔德（Suedfeld, 1998, 2000）记录了大屠杀幸存者的复原力，其中大部分人后来都过着富有成效的生活。"'那些没有杀死你的东西会使你更强大'，这句话并不总是对的，但它常常是对的，"苏德费尔德说。"那些没有杀死你的东西能让你看到自己到底有多强大。"这是他的经验之谈。苏德费尔德从大屠杀中幸存的时候还是个男孩，但他的母亲没能活下来。他的幸存者同伴埃温·斯托布描述了"由苦难产生的利他主义"（Staub & Vollhardt, 2008）。他报告说，虽然恐怖或迫害的存在是不合理的，但那些承受苦难的人往往会比一般人对苦难更敏感。他们对受苦的人有更多的同理心，更具责任感，更有关怀能力。斯托布自己就是一个活生生的例子。多亏有人英勇干预，斯托布才避免了被送进奥斯维辛集中营的命运。从那以后，他一生的使命就是去理解为什么有的人作恶，有的人旁观，有的人则会伸出援手。

与具有挑战性的危机作斗争也能让人得到创伤后的成长（Tedeschi & Calhoun, 2004）。很多癌症存活者报告说，他们对生命有了更深的领悟，建立了更有意义的人际关系，增强了个人力量，改变了优先事项，过上了更加丰富的精神生活。即使最糟糕的经历也能产生一些好的结果。苦难会带来新的敏感性和力量。

创造健康的环境

我们已经看到，心理治疗和生物医学疗法都倾向于把心理障碍归于个体内部的原因。这些疗法试图通过让人们认识到自己的问题，利用药物让他们获得控制，或者通过改变其思维来治疗心理障碍患者。然而从预防的角度来看，不仅是个体需要治疗，还有个体所处的社会环境。

很多心理障碍是对充满应激和干扰的社会的回应，这种回应是可以理解的。应通过改变不良的环境、增强人们应对社会的能力预防问题，而不是等到问题出现后才去解决它。

> 预防重于治疗。
> ——秘鲁民间格言

从急流中救落水者的故事向我们揭示了预防的重要性：在成功地为第一个溺水者施行急救之后，救助者看到了另一个正在挣扎的人并把她救起；连续救了六个后，救助者突然掉头而去，即使他看到还有人在水中挣扎。旁边的人问他为什么不救了，他会说："我打算到上游看看到底是什么东西把他们推入水的。"

心理保健和预防属于上游工作。它力图通过寻找并清除引起心理问题的原因来起到预防作用。贫困、无意义的工作、无休止的批评、失业、种族歧视、性别歧视和异性恋主义等都会削弱人们对自身能力、自控和自尊的意识。这些应激会增加抑郁、酒精依赖和自杀的风险。

阿尔比（Albee, 1986）认为，如果要预防心理上的伤亡，热心人士就应当支持可以控制或减少应激情境的项目。我们消灭天花并不是靠治疗已感染的人，而是靠给没感染的人接种。我们战胜黄热病是通过对蚊子进行控制。预防心理问题就意味着给无助的人打气，改善滋生孤独感的环境，让破裂的家庭重建关系，促进伴侣之间的沟通训练，提高家长和教师的心理健康教育能力。"改善人们的状况，让人们生活得更加充实、有意义，这被认为是预防心理或情绪困扰的一部分"（Kessler & Albee, 1975, p.557）。

预防工作包括对有抑郁风险的儿童进行认知训练以促进积极思维（Brunwasser et al., 2009; Gillham et al., 2006; Stice et al., 2009）。美国国家研究委员会和美国医学研究院于 2009 年发布的一份报告——《年轻人心理、情绪和行为障碍的预防》，提供了鼓励。这份报告证明，干预措施（大多基于认知行为治疗原则）对儿童和青少年的茁壮成长有明显的促进作用。这些干预措施和健康的生活方式将会使掉进心理障碍急流的人变少。

社区心理学家就是这些上游的干预工作者中的一员，他们很注意人们如何与环境互动。社区心理学家注重创造有利于心理健康的环境，重视研究和社会活动，他们的目标是赋予人们力量，提高他们的竞争力、健康水平和幸福感。

提取一下

- 预防性的心理保健与心理治疗或生物医学疗法有何差异？

答案：心理治疗和物医学疗法都是个人化的治疗，预防性的心理保健则是试图改变人们生活情境以帮助预防心理障碍的发生。

∗ ∗ ∗

如果你刚刚读完了本书，那么你就完成了心理科学的入门。我们的心理科学之旅让我在这些方面受益良多（你呢？）：关于情绪和记忆，关于潜意识的影响范围，关于我们的茁壮成长和奋斗，关于我们如何感知自然世界和人类社会，关于我们的生物性和文化如何反过来塑造我们自身。作为这段旅程中的向导，我希望你分享了一些让我着迷的东西，增强了理解力和同情心，批判性思维也变得更加敏锐。我也希望你享受这段旅程。

祝你在今后的事业中获得成功。

戴维·G. 迈尔斯

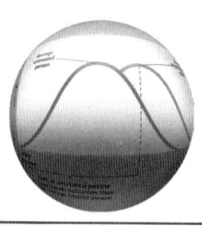

本章复习

心理障碍的治疗方法

学习目标

回答以下学习目标问题来测试一下你自己（这里重复了本章中的问题）。然后翻到附录的完整章节复习，核对你的答案。研究表明，试着自主回答这些问题将增进你对这些概念的长期记忆（McDaniel et al., 2009）。

心理障碍的治疗

15-1： 心理治疗、生物医学疗法和治疗的折中取向有何不同？

心理治疗

15-2： 精神分析的目标和技术是什么？它们是如何适用于心理动力学疗法的？

15-3： 人本主义疗法有哪些基本主题？罗杰斯的来访者中心疗法有哪些具体目标和技术？

15-4： 行为疗法的基本假设与心理动力学疗法和人本主义疗法有何不同？暴露疗法和厌恶条件作用使用什么技术？

15-5： 操作性条件作用的基本概念是什么？支持和反对它的论据分别有哪些？

15-6： 认知疗法和认知行为疗法的目标和方法是什么？

15-7： 团体与家庭治疗的目标和优势是什么？

心理治疗的评估

15-8： 心理治疗有效吗？由谁决定？

15-9： 针对具体障碍，某些治疗方法比其他方法更有效吗？

15-10： 在科学的审视下，替代疗法表现如何？

15-11： 各种心理治疗的三个共同点是什么？

15-12： 文化和价值观如何影响治疗师与来访者的关系？

15-13： 人们选择治疗师时应该关注什么？

生物医学疗法

15-14： 什么是药物疗法？双盲实验如何帮助研究者评估药物的疗效？

15-15： 如何使用脑刺激和精神外科手术治疗特定的心理障碍？

15-16： 为什么采用更健康的生活方式可能会缓解抑郁？为什么说这表明我们是生物－心理－社会的系统？

心理障碍的预防

15-17： 心理健康预防项目的基本原理是什么？

术语与概念

测试自己对以下术语的理解，试着用自己的语言写下这些术语的定义，然后翻到提到术语的那一页核对你的答案。

- 心理治疗
- 生物医学疗法
- 折中取向
- 精神分析
- 阻 抗
- 解 释
- 移 情
- 心理动力学疗法

- 领悟疗法
- 来访者中心疗法
- 积极倾听
- 无条件积极关注
- 行为疗法
- 对抗性条件作用
- 暴露疗法
- 系统脱敏
- 虚拟现实暴露疗法
- 厌恶条件作用
- 代币法
- 认知疗法
- 认知行为疗法

- 团体治疗
- 家庭治疗
- 循证实践
- 心理药理学
- 抗精神病药
- 抗焦虑药
- 抗抑郁药
- 电痉挛治疗（ECT）
- 重复经颅磁刺激（rTMS）
- 精神外科手术
- 额叶切除术
- 复原力

附 录

完整章节复习

第1章 运用心理科学进行批判性思考

什么是心理学

1-1：在心理学发展史上有哪些重要的里程碑？
1879年，威廉·冯特在德国建立了第一个心理学实验室。两个早期的学派是结构主义和机能主义。早期的研究者将心理学定义为"关于精神生活的科学"。20世纪20年代，在华生和行为主义者的影响下，心理学领域的焦点转向了"对外显行为的科学研究"。20世纪60年代，人本主义心理学家和认知心理学家重新唤起了人们对心理过程研究的兴趣。心理学现在被定义为研究行为和心理过程的科学。

当代心理学

1-2：心理学历史上的重大争论是什么？
心理学中最重大、最持久的争论是天性与教养问题，它关注的是基因和经验的相对贡献。今天的科学强调在特定的环境中基因和经验的相互作用。达尔文认为自然选择塑造行为和身体，这是当代心理学的一个重要原则。

1-3：心理学的分析层面以及相关的研究取向是什么？
生物-心理-社会取向整合了来自三个不同而互补的分析层面的信息：生物学、心理学和社会文化。这种取向比仅依靠心理学当前某一种观点（神经科学、进化、行为遗传学、心理动力学、行为、认知和社会文化）通常所能达到的理解都要更全面。

1-4：心理学有哪些主要的分支？
在心理科学中，研究者可以进行基础研究以增加该领域的知识库（通常在生物学、发展、认知、人格和社会心理学中），也可以进行应用研究来解决实际问题（在工业组织心理学和其他领域中）。那些以心理学作为助人职业的人，可以通过成为咨询心理学家（帮助在生活或追求更大幸福感方面有问题的人）或临床心理学家（研究和评估有心理障碍的人，并对他们进行心理治疗）来帮助人们。（精神病学家也研究、评估和治疗有障碍的人，但作为医生，他们除了心理治疗之外还会开药。）积极心理学试图发现并促进帮助人们丰盛的特质。

心理科学的重要性

1-5：后见之明偏差、过度自信以及在随机事件中发现秩序的倾向是如何说明依据科学方法得出的答案比基于直觉和常识的答案更为可靠的？
后见之明偏差（也称为"我早就知道了"现象）是一种倾向，认为在得知了结果之后，我们本应预见到它。我们对自己的判断过度自信，部分原因是我们倾向于寻找证实自己判断的信息。这些趋势，加上我们在随机事件中感知模式的渴望，导致我们高估了我们的直觉。尽管科学探究能解决的问题局限于可检验的问题，但它仍然能够帮助我们克服直觉的偏见和缺点。

1-6：科学态度的三个主要部分与批判性思维各有什么关系？
科学态度使我们在审视相互矛盾的观点或我们自己的发现时，具有好奇、怀疑、谦逊的心态。批判性思维将这种态度带入日常生活中，它通过检验假设、识别隐藏的意义、评价证据和评估结论，从而将想法付诸实践。

心理学家如何提问和作答

1-7：理论怎样推动心理科学的发展？
心理学理论是运用一套整合的原理来组织观察结果和产生假设——可以用来检验理论或产生实际应用的预测。通过检验假设，研究者可以证明、拒绝或修改他们的理论。为了使其他研究者能够重复这些研究，研究者在报告研究时使用精确的操作性定义来描述他们的程序和概念。如果其他人获得了相似的结果，那么对结论的信心就会更大。

1-8：心理学家是如何用个案研究、自然观察以及调查法来观察和描述行为的？为什么随机抽样如此重要？

描述性方法包括个案研究、自然观察和调查法，向我们展示可能发生的情况，它们可以为进一步研究提供思路。概括一个总体的最佳依据是具有代表性的样本；在一个随机样本中，被研究群体中的所有人都有均等的参与机会。描述性方法不能显示因果关系，因为研究者不能控制变量。

1-9：什么是正相关和负相关？为什么利用相关可以预测却不能进行因果解释？

在正相关中，两个因素同时增加或减少。在负相关中，一个因素随着另一个的减少而增加。相关系数可以描述两个变量之间关系的强度和方向，从 +1.00（完美的正相关）到 0（完全无关），再到 -1.00（完美的负相关）。相关性可以表示因果关系的可能性，但它不能证明影响的方向，或者一个潜在的第三个因素是否可以解释相关性。

1-10：实验法的哪些特征可以让我们分离出原因和结果？

为了发现因果关系，心理学家开展实验，操纵一个或多个感兴趣的因素，控制其他因素。通过使用随机分配，他们可以最小化混淆变量，比如实验组（接受治疗）和对照组（给予安慰剂或不同形式的治疗）之间先前存在的差异。自变量是实验人员操纵以研究其作用的因素；因变量是实验人员测量的因素，以发现在操纵后其发生的任何变化。研究可能使用双盲程序来避免安慰剂效应。

心理学的常见问题

1-11：实验室实验能解释日常生活吗？

研究有意在实验室中创造一个受到控制的人工环境，以检验一般的理论原理。这些基本原理有助于解释日常行为。

1-12：人的行为取决于性别和文化吗？

态度和行为可能因性别或文化而有所不同，但由于我们有共同的人类血缘关系，内在的过程和原理更为相似而非不同。

1-13：心理学家为什么要研究动物？以人或者动物作为研究对象时要遵从怎样的伦理准则？

一些心理学家主要对动物行为感兴趣；其他心理学家希望更好地理解人类和其他物种共同的生理和心理过程。政府机构制定了动物照料和居住标准。专业协会和资助机构还制定了保护动物福祉的指导方针。美国心理学协会的伦理规范概述了保护人类参与者福祉的标准，包括获得他们的知情同意，并向他们进行事后解释。

1-14：心理学不受价值判断影响吗？

心理学家的价值观影响着他们对研究主题的选择、他们的理论和观察、行为标签以及专业建议。心理学原理的运用主要是为了造福于人类。

提升你的记忆和成绩

1-15：怎样运用心理学的原理帮助你学习和记忆？

测试效应表明，学习和记忆是通过主动提取来增强的，而不是简单地重读以前学习过的材料。SQ3R学习法——浏览、提问、阅读、提取和复习——应用了源自记忆研究的原则。另外四个技巧是（1）分配你的学习时间；（2）学会批判性思考；（3）主动加工课堂上的信息；（4）过度学习。

第 2 章 行为的生物学

生物学与行为

2-1：为什么心理学家关心人类生物学？

心理学家从生物学的角度研究生物学和行为之间的联系。我们是生物-心理-社会系统，其中生物、心理和社会文化因素相互作用以影响行为。

神经元通讯

2-2：什么是神经元，它们如何传递信息？

神经元是神经系统的基本组成部分，是人体快速的电化学信息系统。神经元通过分支上的树突接收信号，并通过轴突发送信号。一些轴突被髓鞘所包裹，这使得传输速度更快。胶质细胞提供髓磷脂，它们支持、滋养和保护神经元；它们也可能在学习和思考中发挥作用。如果神经元接收到的信号合并后超过了最低阈值，神经元就会通过化学-电过程将电脉冲（动作电位）沿轴突传送。神经元的反应是一个全或无的过程。

2-3：神经细胞之间如何进行信息交换？

当动作电位到达轴突末端（轴突末梢）时，它们会刺激神经递质的释放。这些化学信使通过突触将信息从发送神经元传递到接收神经元的受体位置。发送神经元通常会重新吸收突触间隙中多余的神经递质分子，这个过程被称为"再摄取"。如果传入信号足够强，接收神经元就会产生自己的动作电位，并将信息传递给其他细胞。

2-4：神经递质如何影响行为？

神经递质在大脑中沿着指定的路径传递，并会影响特定的行为和情绪。乙酰胆碱影响肌肉运动、学习和记忆。内啡肽是针对疼痛和运动释放的天然鸦片。药物和其他化学物质会影响突触的大脑化学组成。

神经系统

2-5：神经系统主要分支的功能是什么？神经元的三种主要类型是什么？

中枢神经系统（CNS）——脑和脊髓——是神经系统的决策者。外周神经系统（PNS）通过神经连接中枢神经系统到身体的其他部位，收集信息并将中枢神经系统的决定传送给身体的其他部位。外周神经系统的两个主要分支分别是躯体神经系统（它能自动控制骨骼肌）和自主神经系统（它通过交感神经和副交感神经系统控制非随意肌和腺体）。神经元聚集成工作网络。有三种类型的神经元：(1) 感觉（传入）神经元将来自感觉受体的信息传递到大脑和脊髓。(2) 运动（传出）神经元将信息从大脑和脊髓传递到肌肉和腺体。(3) 中间神经元在大脑和脊髓内以及感觉神经元和运动神经元之间进行沟通。

内分泌系统

2-6：内分泌系统是如何传递信息并与神经系统相互作用的？

内分泌系统是一组腺体，分泌激素进入血液，通过血流在身体中穿行，影响其他组织，包括大脑。内分泌系统的主腺体，垂体，会影响包括肾上腺在内的其他腺体释放激素。在一个复杂的反馈系统中，大脑的下丘脑会影响脑垂体，再影响其他腺体释放激素，进而影响大脑。

脑

2-7：神经科学家如何研究脑与行为和心智之间的联系？

临床观察和损伤揭示了脑损伤的一般影响。电、化学或磁刺激也可以揭示大脑信息处理的各个方面。磁共振扫描（MRI）显示解剖结构。EEG、PET和fMRI（功能性磁共振成像）记录可以揭示大脑功能。

2-8：脑干是由哪些结构组成的，脑干、丘脑和小脑的功能是什么？

脑干是大脑最古老的部分，负责自主生存功能。它的组成部分是延髓（控制心跳和呼吸）、脑桥（帮助协调运动）和网状结构（影响觉醒）。丘脑位于脑干之上，是大脑的感觉开关。小脑与脑干后部连接，协调肌肉运动和平衡，也帮助处理感觉信息。

2-9：边缘系统的结构和功能是什么？

边缘系统与情绪、记忆和驱力有关。它的神经中枢包括海马（处理有意识的记忆）、杏仁核（参与攻击和恐惧反应）、下丘脑（参与各种身体维持功能、快乐奖赏和控制内分泌系统）。下丘脑通过刺激脑垂体（即"主腺体"）触发激素的释放来控制脑垂体。

2-10：大脑皮层的各个区域具有什么功能？

大脑皮层有两个半球，每个半球有四个脑叶：额叶、顶叶、枕叶和颞叶。每个脑叶执行许多功能并与皮层的其他区域相互作用。位于额叶后部的运动皮层控制自主运动。位于顶叶前部的感觉皮层，登记和处理身体触觉和运动感觉。需要精确控制的身体部位（在运动皮层中）或特别敏感的部位（在感觉皮层中）占据了最大的空间。大脑的大部分皮层——这四个脑叶的主要部分——都属于无明确用途的联合区，这些区域整合了与学习、记忆、思考和其他高级功能相关的信息。我们的心理体验来自于协调的大脑活动。

2-11：受损的脑在多大程度上自身可以重组？什么是神经发生？

如果某个大脑半球在生命早期被损伤了，那么另一个半球就会通过重新组织或建立新的通路来恢复它的许多功能。这种可塑性在以后的生活中会减弱。大脑有时通过形成新的神经元来自我修复，这一过程被称为神经发生。

2-12：割裂的大脑揭示了大脑两半球的哪些功能？

割裂脑研究（对切断胼胝体的人进行的实验）证实，在大多数人的大脑中，左半球的语言能力更强，而右半球更擅长视觉感知和情感识别。对大脑完好的健康者的研究证实，每个大脑半球对大脑的整体功能做出了独特的贡献。

行为遗传学：预测个体差异

2-13：什么是基因，行为遗传学家怎样解释个体差异？

基因是构成染色体的遗传的生化单元，染色体是DNA的螺旋状线圈。当基因被"激活"（表达）时，它们就为合成蛋白质（构建我们身体的基础材料）提供了编码。大多数人类性状都受到许多基因共同作用的影响。行为遗传学家试图通过对同卵双胞胎、异卵双胞胎和收养家庭的研究，来量化遗传和环境对我们性状的影响。遗传的个体差异（比如身高和体重等性状）不一定能解释性别或种族差异。共同的家庭环境对人格影响不大。

2-14：遗传和环境如何共同发挥作用？

我们的遗传倾向和特定的环境相互作用。环境可以触发基因活动，而受基因影响的性状可以引发他人的反应。表观遗传学领域研究的是在DNA不发生改变的情况下对基因表达的影响。

进化心理学：理解人类的天性

2-15：进化心理学家如何使用自然选择来解释行为倾向？
进化心理学家试图理解自然选择是如何塑造我们的性状和行为倾向的，因为遗传变异增加了在特定环境下繁殖和生存的几率，而这些遗传变异很可能会遗传给后代。一些变异来自突变（基因复制中的随机错误），另一些变异来自怀孕时的新基因组合。人类共有一种基因遗产，倾向于以促进我们祖先生存和繁衍的方式行事。达尔文的进化论是生物学中的一种组织法则。他预料到了今天进化法则在心理学中的应用。

第3章 意识与心理的双通道

脑与意识

3-1：意识在心理学史中处于什么地位？
自1960年以来，在认知心理学、神经科学和认知神经科学的影响下，我们对自己和环境的认识——我们的意识——已经重新成为研究的一个重要领域。在19世纪，心理学家最初声称意识是其研究领域，但在20世纪上半叶，他们放弃了意识，转而研究可观察行为，因为他们认为意识很难科学地加以研究。

3-2：当今的认知神经科学所揭示的"双重加工"是什么？
研究意识和认知背后的大脑机制的科学家们发现，大脑在两个不同的通道上处理信息，一个在外显的、有意识的层面（有意识的序列加工），另一个在内隐的、无意识的层面（无意识的平行加工）。这种双重加工影响我们的知觉、记忆、态度和其他认知。

3-3：我们同时能够有意识地注意多少信息？
我们选择性地注意和加工非常有限的一部分传入信息，屏蔽了大部分信息，而且我们的注意力经常在不同事物之间转移。专注于一项任务时，我们常常对其他事件表现出非注意盲视，并对周围的变化表现出变化盲视。

睡眠与梦

3-4：我们的生物节律如何影响我们的日常机能？
我们的身体内部有一个生物钟，大致与昼夜24小时的周期同步。这种昼夜节律出现在我们的体温、觉醒、睡眠和清醒的日常模式中。年龄和经验可以改变这些模式，重置我们的生物钟。

3-5：睡眠和做梦阶段的生物节律是什么？
年轻的成年人大约每90分钟就经历四个不同的睡眠阶段（老年人的睡眠周期重复更频繁。）在清醒、放松阶段的α波之后，我们进入非快速眼动睡眠第一阶段（NREM-1）的不规则脑波，通常伴有幻觉，如坠落或飘浮的感觉。非快速眼动睡眠第二阶段（NREM-2，我们花费最多的时间）紧随其后，持续约20分钟，其特征是睡眠纺锤波。然后进入非快速眼动睡眠第三阶段（NREM-3），持续约30分钟，伴随着巨大的、缓慢的δ波。入睡后大约一小时，我们开始快速眼动（REM）睡眠。大多数梦都发生在这个阶段（也被称为矛盾的睡眠），身体内部处于唤醒状态而外部处于瘫痪状态。在正常的夜间睡眠中，NREM-3睡眠缩短，REM和REM-2睡眠延长。

3-6：在我们的睡眠模式中生物和环境如何相互作用？
我们的生物因素——生理节奏、年龄和身体分泌褪黑素（受大脑视交叉上核的影响）——与文化期望和个人行为相互作用，决定我们的睡眠和清醒模式。

3-7：睡眠的功能是什么？
睡眠可能在人类进化过程中起到了保护作用，在潜在的危险时期保证人们的安全。睡眠也有助于恢复和修复受损的神经元。REM和NREM-2睡眠有助于增强建立持久记忆的神经联系。睡眠能促进第二天创造性的问题解决，在深度睡眠时，脑垂体分泌一种生长激素，这是肌肉发育所必需的。

3-8：缺少睡眠如何对我们产生影响？主要的睡眠障碍有哪些？
睡眠剥夺会导致疲劳和易怒，损害注意力、生产力和记忆的巩固。它还会导致抑郁、肥胖、关节疼痛、免疫系统受到抑制、工作效率降低（更容易发生意外事故）。睡眠障碍包括失眠（反复醒来）、发作性睡病（突然无法控制的睡意或进入快速眼动睡眠）、睡眠呼吸暂停（睡眠时停止呼吸；与肥胖有关，尤其是男性）、夜惊（高度唤醒和受到惊吓的样子；主要见于儿童中的NREM-3障碍）、梦游（也主要见于儿童中的NREM-3障碍）以及说梦话。

3-9：我们会梦到什么？
我们常常梦见平常的事情和日常经历，大多包含一些焦虑或不幸。含有任何性内容的梦不足10%（在女性中更少）。大多数梦发生在快速眼动睡眠中。

3-10：梦有什么功能？
研究者对梦的功能有不同的看法。（1）弗洛伊德的愿望实现：梦提供了一种精神上的"安全阀"，其中的显性内容（故事线）是作为隐性内容经过审查的版本（潜在的意思是满足我们潜意识的愿望）。（2）信息处理：梦帮助我们筛选当天发生的事情，并将它们巩固在记忆中。（3）生理功能：有规律的大脑刺激可以帮助发展和保存大脑中的神经通路。（4）神经激活：大脑试图通过将神经静态编织成故事线来赋予其意义。（5）认知发展：梦反映了做梦者的发展水平。大多数睡眠理论家都认为，快速眼动睡眠及其相关的梦起着重要的作用，这一点可以从人类和其他物种的快速眼动睡眠剥夺后出现的快速眼动反跳中看出。

催眠

3-11：什么是催眠？催眠师对于被催眠的个体拥有什么力量？

催眠是一种社会互动，在这种互动中，一个人向另一个人暗示某些知觉、感觉、想法或行为将会自动发生。催眠感受性高的人能够把注意完全集中在一项任务上。催眠不会增强对遗忘事件的回忆（它甚至可能唤起错误的记忆）。它不能强迫人们违背自己的意愿，尽管被催眠的人像未被催眠的人一样，可能会做出不太可能的行为。催眠后暗示帮助人们利用他们自己的治愈力量，但在治疗成瘾方面并不是很有效。催眠可以帮助减轻疼痛。

3-12：催眠是正常意识状态的延伸，还是一种被改变的状态？

许多心理学家认为，催眠是一种正常的社会影响形式，被催眠的人通过服从权威人士的指示来扮演"好被试"的角色。其他心理学家认为催眠是一种分离——一种正常感觉和意识觉知之间的分裂。选择性注意也可能通过阻止对某些刺激的注意而起作用。

药物与意识

3-13：什么是耐受、依赖和成瘾，我们对于成瘾有哪些常见的误解？

精神活性药物能改变知觉和情绪。它们可能产生耐受：反复使用后，达到预期的效果需要更大的剂量。持续使用可能导致身体或心理上的依赖。成瘾是强迫性的药物渴求和使用。三种常见的误解是，成瘾性药物会很快恶化；治疗总是需要克服成瘾；成瘾的概念可以有意义地扩展到化学依赖之外的广泛的其他行为。

3-14：什么是抑制剂，它们有何作用？

抑制剂，如酒精、巴比妥酸盐和阿片类，会抑制神经活动，减缓身体功能。酒精会抑制我们的冲动，增加我们冲动行事的可能性，无论是有害的还是有益的。它还会削弱判断能力，通过抑制快速眼动睡眠来干扰记忆过程，降低自我觉知和自我控制能力。使用者的期望强烈影响酒精的行为效应。

3-15：什么是兴奋剂，它们有何作用？

兴奋剂——包括咖啡因、尼古丁、可卡因、苯丙胺、甲基苯丙胺和摇头丸——会刺激神经活动，加速身体功能，引发能量和情绪变化。兴奋剂都是高度成瘾的。尼古丁的作用使吸烟成为一种难以戒除的习惯，然而美国人中吸烟者的比例却在急剧下降。可卡因能很快给使用者带来快感，在一小时内就会耗竭。它的风险包括心血管压力和多疑。使用甲基苯丙胺可能会永久地减少多巴胺的产生。摇头丸（MDMA）是一种兴奋剂和轻度的致幻剂，能产生欣快感和亲密感。它的使用者可能会受到免疫系统抑制、情绪和记忆的永久损害、身体脱水和体温升高（如在运动中使用）等风险。

3-16：什么是致幻剂，它们有何作用？

致幻剂——比如LSD和大麻——会扭曲人们的感知，并引发幻觉，即没有感觉输入时的感觉形象。使用者的情绪和预期会影响迷幻药的效果，但常见的体验是幻觉和情绪，变化范围从欣快到恐慌。大麻的主要成分THC可能会引发去抑制、欣快、放松、疼痛缓解等感觉以及对感官刺激的强烈敏感性。它还可能增加抑郁或焦虑感，损害运动协调和反应时间，破坏记忆形成，并损害肺组织（因为吸入的烟雾）。

3-17：为什么一些人经常性地使用改变意识的药物？

有些人可能在生理上对某些药物易感，比如酒精。心理因素（如压力、抑郁和绝望）和社会因素（如同伴压力）结合在一起，导致许多人尝试毒品，有时甚至变得依赖毒品。不同的文化和族裔群体中，吸毒率也有所不同。每种类型的影响——生物、心理和社会文化——为药物预防和治疗方案提供了可能的途径。

第4章 毕生发展

发展心理学的主要问题

4-1：发展心理学家关注的三个问题是什么？

发展心理学家研究毕生的生理、心理和社会变化。他们关注三个问题：天性和教养（我们的基因遗传与经验之间的相互作用）；连续性和阶段性（发展是渐进的、连续的还是一系列相对突然的变化）；稳定性和变化性（我们的特质随年龄的增长是持续不变还是发生变化）。

胎儿期的发育和新生儿

4-2：胎儿发育经历怎样的过程？致畸物对胎儿发育有怎样的影响？

生命周期从受孕开始，一个精子与一个卵子结合形成合子。合子的内部细胞形成胚胎，外部细胞形成胎盘。在接下来的 6 周内，人体器官开始形成并发挥作用，到 9 周时，胎儿就可以被辨别为人类了。致畸物是一种潜在的有害物质，可以通过胎盘屏障，损害发育中的胚胎或胎儿，比如胎儿酒精综合症就是这样。

4-3：新生儿具备哪些能力？研究者如何探索婴儿的心智能力？

婴儿出生时就有感觉器官和反射，这有助于他们的生存和与成人的社会互动。例如，他们很快就学会了辨别母亲的气味和声音。研究者使用测试习惯化的技术，如新奇偏好程序，来探索婴儿的能力。

婴儿期和儿童期

4-4：在整个婴儿期和儿童期，大脑和运动技能是如何发展的？

大脑的神经细胞受到遗传和经验的塑造。随着儿童大脑的发育，神经连接变得越来越多，越来越复杂。经验随后触发一个修剪过程，在这个过程中未使用的连接减弱，而大量使用的连接增强。这个过程一直持续到青春期。童年早期是塑造大脑的重要时期，但我们的大脑会随着我们一生的学习而自我调整。在儿童期，复杂的运动技能——坐、站、走——按照可预测的顺序发展，但这个顺序的时间因个体的成熟和文化而有所不同。我们对发生在大约 3½ 岁之前的事件没有有意识的记忆。这种婴儿期遗忘的发生，部分是因为大脑的主要区域尚未成熟。

4-5：根据皮亚杰、维果斯基的观点和今天的研究结果，儿童的认知是如何发展的？

皮亚杰在他的认知发展理论中提出，儿童通过同化和顺应的过程，主动构建和修改他们对世界的理解。他们形成图式来帮助组织他们的经历。从最初两年简单的感觉运动阶段，到他们发展出客体永久性，儿童转向更复杂的思维方式。在前运算阶段（大约 2 到 6 或 7 岁），他们发展了心理理论。（自闭症儿童很难理解他人的心理状态。）在前运算阶段，儿童以自我为中心，无法执行简单的逻辑运算。大约 7 岁时，他们进入了具体运算阶段，能够理解守恒的原则。大约 12 岁时，儿童进入形式运算阶段，可以进行系统化推理。研究支持皮亚杰提出的序列，但它也表明，幼儿比他所认为的更有能力，他们的发展也更连续。维果斯基对儿童发展的研究主要集中在儿童与社会环境互动的方式上。在他看来，父母和照料者提供了临时的脚手架，让儿童能够进入更高的学习水平。

4-6：母婴依恋关系是如何形成的？

在大约 8 个月后，在发展出客体永久性不久之后，孩子和他们的照料者分开会出现陌生人焦虑。婴儿形成依恋并不仅仅是因为父母满足其生理需求，更重要的是，因为他们舒适、熟悉、反应灵敏。鸭子和其他动物有一个更严格的依恋过程，称为印刻，这是在一个关键期发生的。

4-7：心理学家是如何研究依恋差异的？他们有哪些收获？

在陌生情境实验中，心理学家研究了依恋关系，发现有些孩子是安全型依恋，有些孩子是不安全型依恋。婴儿不同的依恋类型既反映了他们的个性气质，也反映了他们的父母和照料提供者的反应灵敏性。成年人的人际关系似乎反映了童年早期的依恋类型，对埃里克·埃里克森的观点提供了支持。

4-8：童年期忽视或虐待如何影响儿童的依恋？

儿童是非常有韧性的，但是那些被父母严重忽视的儿童，或者那些在年龄很小时就不能形成依恋关系的孩子，可能会有产生依恋问题的风险。

4-9：日托对儿童有何影响？

高质量的日托，在安全、刺激性的环境中与儿童互动，似乎不会损害儿童的思维和语言技能。一些研究发现，日托的时间延长，会增加攻击性和反叛性，但其他因素——儿童的气质、父母的敏感性、家庭的经济和教育水平以及文化——也很重要。

4-10：三种教养方式分别是什么？这些教养方式与儿童的特质有什么关系？

父母的教养方式——专制型、放纵型和权威型——反映出不同程度的控制。自尊心强的儿童往往有权威的父母，具有自立能力和社交能力，但这种关系的因果方向尚不明确。儿童养育的实践反映了个人价值和文化价值。

青少年期

4-11：青少年期如何定义？生理变化对发育中的青少年有哪些影响？

青少年期是从童年到成年的过渡时期，从青春期到社会独立。男孩似乎受益于"早熟"，女孩则受益于"晚熟"。大脑的额叶成熟，髓鞘生长在青少年期和20岁出头时增加，从而改善了判断能力、冲动控制和长期计划能力。

4-12：皮亚杰、柯尔伯格和后来的研究者是如何描述青少年的认知和道德发展的？

皮亚杰的理论认为，青少年发展出了一种形式运算的能力，这种能力的发展是道德判断的基础。柯尔伯格提出了一种道德推理的阶段理论，从利己的前习俗道德，到关注维护法律和社会规则的习俗道德，再到（某些人中）普遍伦理原则的后习俗道德。其他研究者认为，道德存在于道德直觉、道德行为和思想之中。一些批评人士认为，柯尔伯格的前习俗水平代表了个人主义、中产阶级的道德观。

4-13：青少年期面临的社会任务和挑战是什么？

埃里克森的理论认为，每个人生阶段都有自己的心理社会任务，而青少年期的主要任务就是巩固自己的自我感，即一个人的同一性。这通常意味着"尝试"多个不同的角色。社会同一性是自我概念的一部分，它来自于一个人的群体成员身份。

4-14：父母和同伴如何影响青少年？

在青少年期，父母的影响会减少，同伴的影响会增加，部分是因为选择效应——倾向于选择其他相似的人。但青少年也会采用同龄人的穿衣、行为和交流方式。父母对宗教、政治、大学和职业选择有更多的影响。

4-15：什么是成人初显期？

从青少年期到成年期的转变现在需要更长的时间。成人初显期是从18岁到20来岁，这段时间里许多年轻人还没有完全独立。但批评人士指出，这一阶段主要出现在当今的西方文化中。

成年期

4-16：在成年中晚期，个体的生理会发生哪些变化？

肌肉力量、反应时间、感觉能力和心输出量在20岁晚期开始下降，并在成年中期（大约40到65岁）和成年晚期（65岁之后）继续下降。女性的生育期在更年期结束，大约在50岁左右；在激素水平或生育能力与年龄相关的急剧下降方面，男性并无相似之处。在成年晚期，免疫系统减弱，增加了对威胁生命的疾病的易感性。染色体末端（端粒）磨损，正常基因复制的几率下降。但对一些人来说，长寿的基因、低压力和良好的健康习惯使他们在老年生活中更健康。

4-17：记忆是如何随年龄增长而变化的？

随着时间的推移，记忆开始衰退，特别是对于无意义的信息，但是识别记忆仍然很强大。发展研究者通过横断研究（比较不同年龄的人）和纵向研究（在几年时间内对相同的人重复进行测试）来研究年龄相关的变化（如记忆）。"末期衰退"描述的是生命最后几年的认知衰退。

4-18：从成年早期到死亡的社会之旅中，有哪些标志性的主题和影响？

成年人并不会经过一系列有序的与年龄相关的社会阶段。偶然事件可以决定人生的选择。社会时钟是一种文化对社会事件（如婚姻、为人父母和退休）的首选时间。成年人最重要的主题是爱和工作，埃里克森称之为亲密感和繁衍感。

4-19：自信心和生活满意度是否会随生活阶段而变化？

自信心会在人的一生中不断增强。调查显示，生活满意度与年龄无关。积极情绪在中年后增加，消极情绪则减少。

4-20：所爱之人离世会引发哪些反应？

人们不会像以前认为的那样，在可预测的阶段经历哀伤。强烈的情感表达不能消除哀伤，居丧治疗也不比没有这些帮助的哀伤更有效。埃里克森认为，成年后的心理社会任务是发展一种整合感（而不是绝望）。

第5章 性别与性

性别的发展

5-1：男性和女性在攻击性、社会权力和社会联结方面有何异同？

性别是某种文化中用来定义"男性"和"女性"的社会建构的角色和特征。由于我们相似的基因构成，我们更相像而非不同——我们看、听、学习和记忆都是相似的。男性和女性在体脂、肌肉、身高、青春期开始的年龄、预期寿命和对某些疾病的易感性等方面确实存在差异。男人承认他们比女人更有攻击性，而且他们更有可能有身体上的攻击性。女性的攻击性更倾向于人际关系。在大多数社会中，男性拥有更多的社会权力，他们的领导风格倾向于发号施令，而女性则更民主。女性更注重社会联结，她们"会照料和结盟"。

5-2：我们的生物性别是如何决定的？性激素如何影响胎儿期发育和青少年期发育？

性染色体和性激素都影响发育。生物性别是由父亲对第23

对染色体的贡献决定的。母亲总是贡献一个 X 染色体。父亲也可能贡献 X 染色体，由此生出女性，也可能是 Y 染色体，通过触发额外的睾丸素释放和男性性器官的发育而生出男性。间性人天生处于两性身体特征的中间地段或混合状态。在青春期，第一性征和第二性征都有发展。与性别相关的基因和生理会影响男女在行为和认知上的性别差异。

5-3：性别角色和性别形成是如何影响性别发展的？
性别角色是对一种文化中的男性和女性行为的期望，在不同的地点和时间都有所不同。社会学习理论提出，我们通过强化、惩罚和观察（就像学习其他东西一样）来学习性别同一性——即我们作为男性或女性的感觉。批评人士认为认知也起了作用，因为示范和奖赏不能解释性别形成。跨性别者的性别同一性或表达与他们的出生性别不同。他们的性取向可能是异性恋、同性恋、双性恋或无性恋。

人类的性

5-4：激素如何影响人类的性动机？
女性雌激素和男性睾丸素对人类性行为的影响不如对其他物种的性行为的影响那么直接。女性的性欲对睾丸素水平的反应比雌激素水平更强烈。睾丸素水平的短期变化在男性中是正常的，这在一定程度上是对刺激的反应。

5-5：什么是人类的性反应周期？性功能失调和性欲倒错有何不同？
马斯特和约翰逊描述了人类性反应周期的四个阶段：兴奋期、高原期、性高潮（男性和女性似乎都有类似的感觉和大脑活动）和消退期。在消退期，男性会经历一段不应期，在此期间不能再次唤起和高潮。性功能失调是持续损害性唤起或性功能的问题。它们通常可以通过行为取向疗法或药物疗法成功治疗。性欲倒错是可以被归类为障碍的一些状况，其中性唤起与社会不良行为有关。

5-6：如何预防性传染疾病？
安全性行为有助于防止性传染疾病。避孕套在预防导致艾滋病的人类免疫缺陷病毒（HIV）传播方面尤其有效。性接触前接种疫苗可以预防大多数的人乳头瘤病毒感染。

5-7：外部的和想象的刺激对性唤起有何影响？
外部刺激可以激发男性和女性的性冲动。在实验中，对胁迫的描写增加了对强奸的接受度。色情材料可能会让人们觉得他们的伴侣相对来说不那么吸引人，并贬低他们的关系。想象的刺激（梦和幻想）也会影响性唤起。

5-8：哪些因素影响了青少年的性行为和避孕用品的使用？
青少年性行为的比率因文化和时代而异。导致少女怀孕的因素包括与父母、伴侣和同伴在避孕方面的沟通很少；与性行为有关的罪恶感；使用酒精；以及大众媒体关于无保护和冲动的性行为的规范。高智商、宗教信仰、父亲的存在以及参与服务学习项目都是青少年性约束的预测因素。

性取向

5-9：性取向的研究对我们有什么启示？
性取向是对自己性别（同性恋性取向）、异性（异性恋性取向）或两性（双性恋性取向）的持久性吸引。性取向不是心理健康的指标。没有证据表明环境影响决定了性取向。生物影响的证据包括在许多动物物种中存在同性的吸引力；异性恋者在身体和大脑特征上的差异；某些家庭和同卵双胞胎的高发生率；在产前发育的关键时期接触某些激素；以及兄弟出生顺序效应。

人类的性的进化论解释

5-10：进化心理学家会如何解释性和择偶偏好的性别差异？
进化心理学家利用自然选择来解释为什么男人倾向于将性行为看成是娱乐，而女人则倾向于看成是关系。他们认为，男性对多个健康、有生育能力的伴侣的吸引力增加了他们广泛传播基因的机会。因为女性要孕育和哺育婴儿，所以她们通过寻找有可能长期投资于他们共同后代的配偶，从而增加自己和孩子的生存机会。

5-11：对人类性的进化论解释的最关键的批评是什么？进化心理学家是如何回应的？
批评者认为，进化心理学家（1）从结果入手，然后反过来解释，（2）免除人们对自己性行为的责任，（3）不承认社会和文化的影响。进化心理学家回应说，理解我们的倾向可以帮助我们克服它们。他们承认社会和文化影响的重要性，但他们也提出，基于进化原理的可检验预测是有价值的。

第 6 章　感觉与知觉

感觉与知觉的基本原理

6-1：感觉和知觉是什么？我们所说的自下而上和自上而下的加工是指什么？
感觉是我们的感受器和神经系统接收和表征来自我们环境的刺激能量的过程。知觉是组织和解释这些信息的过程，

附录　完整章节复习　**643**

使得能够识别有意义的事件。感觉和知觉实际上是一个连续过程的一部分。自下而上的加工是感觉分析，从进入水平开始，信息从感受器到大脑。自上向下的加工是由高级心理过程指导的信息加工，就是我们通过经验和期望来过滤信息从而构建知觉。

6-2：所有感觉系统的三个基本步骤是什么？
我们的感觉（1）接收感觉刺激（通常使用专门的受体细胞）；（2）将刺激转换为神经冲动；（3）将神经信息传送到大脑。换能是把一种形式的能量转换成另一种能量的过程。

6-3：绝对阈限和差别阈限分别是什么？绝对阈限下的刺激对我们会有影响吗？
我们对任何刺激的绝对阈值是指我们在 50% 的时间里有意识地觉知到它所必需的最小刺激量。（低于该阈限的刺激是阈下刺激。）信号检测论预测了我们在背景噪声中如何以及何时检测到微弱的刺激。个体的绝对阈值不同，取决于信号的强度，也取决于我们的经验、期望、动机和警觉性。我们的差别阈限（也叫作最小可觉差，简称 jnd）是我们能在 50% 的时间内分辨出两个刺激的差异。韦伯定律指出，两个刺激之间的差异必须是固定的百分比（而不是固定的数量），才能被感知为不同。启动表明，我们在有意识觉知的绝对阈限之下加工来自刺激的一些信息，但效果太短暂而无法利用阈下信息。

6-4：感觉适应的功能是什么？
感觉适应（我们对持续或常规的气味、声音和触觉的敏感度降低）将我们的注意集中在环境的信息变化上。

6-5：我们的期望、环境、情绪和动机如何影响知觉？
知觉定势是一种心理倾向，它起着透镜的作用，我们通过它来感知世界。我们学习的概念（图式）促使我们以特定的方式组织和解释模糊的刺激。我们的身体和情绪环境以及我们的动机，可以创造期望并影响我们对事件和行为的解释。

视 觉

6-6：我们所看见的可见光是什么能量？
我们所看见的光只是电磁能量广谱中的一小部分。人眼可见的部分是从蓝紫光到红光波长。

6-7：眼睛如何将光能转换为神经信息，眼睛和大脑如何加工这些信息？
光能粒子进入眼睛并被晶状体聚焦后，进入眼睛的内表面即视网膜，对光敏感的杆体细胞和对颜色敏感的锥体细胞将光能转化为神经冲动。我们在光线中感到的色调取决于它的波长，其亮度取决于强度。在眼睛视网膜的双极细胞和神经节细胞加工后，神经冲动通过视神经到达丘脑，然后到达视觉皮层。在视觉皮层中，特征觉察器对视觉刺激的特定特征做出反应。其他关键区域的超级细胞簇对更复杂的模式做出反应。通过平行加工，大脑同时处理视觉的许多方面（颜色、运动、形状和深度）。其他的神经组整合了这些结果，并将它们与存储的信息进行比较从而形成知觉。

6-8：哪些理论有助于我们理解颜色视觉？
杨－赫尔姆霍茨三原色理论提出，视网膜包含三种颜色感受器。当代研究发现了三种锥体细胞，每一种都对光的三原色之一（红、绿或蓝）的波长最敏感。赫林的拮抗加工理论提出了另外三种颜色加工（红－绿，蓝－黄，黑－白）。当代研究已经证实，在通往大脑的路上，视网膜和丘脑中的神经元将锥体细胞中与颜色相关的信息编码成拮抗颜色的配对。这两个理论以及支持它们的研究表明，颜色加工分两个阶段进行。

6-9：格式塔心理学家是如何理解知觉组织的？图形－背景和分组原则是如何帮助我们知觉物体的？
格式塔心理学家寻找规则，通过这些规则，大脑将感觉数据的片段组织成格式塔（德语中"整体"的意思）或有意义的形式。在指出整体可能超过其各部分之和时，他们提出，我们过滤感觉信息并构建我们的知觉。要识别一个物体，我们必须首先把它（把它看成一个图形）与它的周围环境（背景）区分开来。我们通过将刺激组织成有意义的组合来赋予刺激次序和形状，遵循诸如接近性、连续性和封闭性等规则。

6-10：我们如何利用单眼线索和双眼线索来感知三维世界？
深度知觉是我们在三维空间中看到物体和判断距离的能力。视崖和其他研究表明，许多物种在出生后不久就能在三维空间中感知世界。双眼线索如视网膜像差是深度线索，依赖于来自双眼的信息。单眼线索（如相对大小、相互位置、相对高度、相对运动、线条透视、光线和阴影）让我们只通过一只眼睛传递的信息来判断深度。

6-11：知觉恒常性如何帮助我们将感觉组织为有意义的知觉？
知觉恒常性使我们能够感知物体的不变性，尽管它们投射在我们视网膜上的像在变化。颜色恒常性是我们感知物体恒定颜色的能力，即使光线和波长发生了变化。亮度（或明度）恒常性是我们感知物体恒定亮度的能力，即使它的光照（投射在物体上的光）发生变化。我们的大脑通过与周围物体的比较来构建我们对物体颜色或亮度的体验。形状恒常性是我们感知熟悉物体（如打开的门）形状不变的能力。大小恒常性是指尽管物体的视网膜像在变化，但感知到的物体大小是不变的。一个物体的大小给予我们关于距离的线索；它的距离提供了关于大小的线索，但我们有时会误读单眼距离的线索，并得出错误的结论，就像在月亮错觉中那样。

6-12：视觉恢复、感觉限制和知觉适应等方面的研究，揭示了经验对知觉有哪些影响？

经验指导我们的知觉解释。天生失明的人在经过手术获得视觉后，缺乏视觉识别形状、图形和完整面孔的经验。感觉限制研究表明，感觉和知觉发展的某些方面存在一个关键期。没有早期的刺激，大脑的神经组织就不能正常发育。如果给人们戴上一种眼镜，这种眼镜将世界向左或向右稍微偏移甚至是上下颠倒，他们会体验到知觉适应。他们最初迷失了方向，但还是能够适应新的环境。

听 觉

6-13：我们以声音的形式听到的空气压力波具有哪些特征？耳朵如何将声能转换成神经信息？

声波是空气压缩和膨胀所产生的波。我们的耳朵能探测到空气压力的变化，并将它们转换为神经冲动，而大脑则将其解码为声音。声波在振幅上的变化，我们将其感知为不同的响度，而在频率上的变化，我们则感知为不同的音调。外耳是耳朵可见的部分。中耳是鼓膜和耳蜗之间的腔室。内耳由耳蜗、半规管和前庭囊组成。通过一系列的机械事件，声波通过听觉通道在鼓膜中产生微小的振动。中耳的骨头会放大振动，并将其传递到充满液体的耳蜗。耳蜗中液体的压力变化引起基底膜的波动，导致微小的毛细胞运动，触发神经信息（通过丘脑）被传送到大脑的听觉皮层。感觉神经性听力丧失（或神经性耳聋）是由耳蜗毛细胞或相关神经受损造成的。传导性听力丧失是由于传导声波到耳蜗的机械系统受损所致。人工耳蜗植入可以恢复一些人的听力。

6-14：哪些理论有助于我们理解音调知觉？

位置理论解释了我们如何听到高声调的声音，频率理论解释了我们如何听到低声调的声音。（这两种理论的结合解释了我们如何听到中间声调的声音。）位置理论提出，我们的大脑通过解码声波刺激耳蜗基底膜的位置来解释特定的音高。频率理论认为，大脑破解神经冲动从听神经传递到大脑的频率。

6-15：我们如何定位声音？

声波到达一只耳朵的速度比另一只耳朵的速度更快，强度也更大。大脑分析两只耳朵接收到的声音的细微差别，并计算声音的来源。

其他感觉

6-16：我们如何感知触觉？

我们的触觉实际上是几种感觉——压力、温暖、寒冷和疼痛——结合起来产生其他感觉，比如"热"。

6-17：我们如何最恰当地理解和控制疼痛？

疼痛反映的是自下而上的感觉（比如来自痛觉感受器的输入，即检测有害的温度、压力或化学物质的感受器）和自上而下的过程（如经验、注意和文化）。一种关于疼痛的理论是，脊髓的"门"要么打开，让疼痛信号沿着小神经纤维传递到大脑，要么关闭，阻止疼痛信号通过。生物-心理-社会观点认为我们对疼痛的感知是生物、心理和社会文化因素的总和。疼痛治疗常常把生理和心理因素结合起来，包括安慰剂和分心。

6-18：我们如何体验味觉和嗅觉？

味觉和嗅觉是化学感觉。味觉是由五种基本感觉——甜、酸、咸、苦和鲜味——以及与来自味蕾感受器细胞的信息相互作用的芳香组成的。嗅觉没有基本的感觉。我们有大约500万个嗅觉感受器细胞，大约有350个不同的受体蛋白。气味分子触发感受器的组合，其模式由嗅觉皮层解释。感受器细胞将信息发送到大脑的嗅球、颞叶和一部分边缘系统。

6-19：我们如何感觉身体的位置和运动？

通过动觉，我们可以感知身体部位的位置和运动。我们通过前庭觉来监控我们的头部（和身体）的位置和运动，并保持我们的平衡。

感觉交互作用

6-20：我们的感觉如何交互作用？

我们的感觉可以相互影响。例如，当你喜欢的一种食物的气味放大了它的味道时，这种感觉交互作用就发生了。具身认知是指身体感觉、姿势和其他状态对认知偏好和判断的影响。

6-21：有哪些超感知觉的说法？大多数从事研究的心理学家在对这些说法进行检验之后得出了什么结论？

超心理学是研究超自然现象的学科，包括超感知觉（ESP）和意念致动。超感知觉最可检验的三种形式是心灵感应（心灵之间的沟通）、超感视觉（感知遥远事件）和预知（感知未来事件）。怀疑论者认为（1）要相信超感知觉，你必须相信大脑能够在没有感觉输入的情况下进行感知；（2）研究者无法在控制条件下重复超感知觉现象。

第7章 学习

我们如何学习

7-1：什么是学习？学习有哪些基本形式？

学习是获取新的、相对持久的信息或行为的过程。在联想学习中，我们知道某些事件一起发生。在经典性条件作用中，我们学会将两个或更多的刺激联系起来（刺激是唤起反应的任何事件或情境）。在操作性条件作用中，我们学会将反应及其结果联系起来。通过认知学习，我们获得引导我们行为的心理信息。例如，在观察学习中，我们通过观察事件和观察他人来学习新的行为。

经典性条件作用

7-2：经典性条件作用的基本组成成分是什么，行为主义关于学习的观点是什么？

经典性条件作用是一种学习方式，生物体将刺激联系起来。在经典性条件作用中，中性刺激是在条件作用之前不引起反应的刺激。无条件反应是一种自然发生的事件（如唾液分泌），是对某些刺激的反应。无条件刺激是一种自然地、自动地（无需习得）触发无需习得反应的东西（就像嘴里的食物引发唾液分泌一样）。条件刺激是一种先前中性的刺激（如音调），在与无条件刺激（如食物）联系后，会触发条件反应。条件反应是对原本中性（但现在是条件刺激）刺激的习得反应（分泌唾液）。巴甫洛夫对经典性条件作用的研究为行为主义奠定了基础，行为主义认为心理学应该是一门客观的科学，研究行为而不涉及心理过程。行为主义者认为学习的基本规律对所有的物种都是一样的，包括人类。

7-3：在经典性条件作用中，习得、消退、自然恢复、泛化和分化的过程是怎样的？

在经典性条件作用下，习得是将一个中性刺激与无条件刺激联系起来，从而使中性刺激开始触发条件反应。习得最容易发生在中性刺激就在无条件刺激之前呈现（理想情况下，大约半秒之前），有助于有机体为即将到来的事件做好准备。这一发现支持经典性条件作用具有生物适应性的观点。消退是当条件刺激不再预示无条件刺激即将到来时反应的减弱。自发恢复是在休息一段时间后，先前消退的反应重新出现。泛化是对类似于条件刺激的刺激做出反应的倾向。分化是区分条件刺激和其他无关刺激的学习能力。

7-4：巴甫洛夫的工作为什么仍然如此重要？他的工作在人类的健康和福祉方面有哪些应用？

巴甫洛夫告诉我们，重要的心理现象可以被客观地研究，经典性条件作用是适用于所有物种的基本学习形式。经典性条件作用技术被用来在许多领域改善人类健康和幸福，包括对一些类型的心理障碍进行行为治疗。人体的免疫系统也可能对经典性条件作用做出反应。

操作性条件作用

7-5：什么是操作性条件作用？操作行为是如何被强化和塑造的？

在操作性条件作用中，有强化物跟随的行为会增加；而有惩罚物跟随的反应通常会减少。斯金纳和其他人扩展了爱德华·桑代克的效果律，他们发现，将老鼠或鸽子放在操作箱（斯金纳箱）内，其行为可以通过使用强化物来塑造，越来越接近预期设定的行为。

7-6：怎样区分积极强化与消极强化？强化物有哪些基本类型？

强化是增强行为的任何结果。积极强化通过添加一个令人愉悦的刺激来增加某个行为的频率。消极强化通过移除一个令人厌恶的刺激来增加某个行为的频率。一级强化物（例如在饥饿时得到食物或在生病时不再感到恶心）是天生的满足——不需要学习。条件（或二级）强化物（如现金）是令人满足的，因为我们已经学会将它们与更基本的奖赏（如我们购买的食物或药品）联系起来。即时强化物（如购买的食物）提供即时回报；延迟强化物（比如每周的薪水）需要有延迟满足的能力。

7-7：不同的强化程式如何影响行为？

强化程序定义了反应被强化的频率。在连续强化（每次发生时都强化期望的反应）中，学习是快速的，但如果奖赏停止，学习也会消失。在部分（间歇）强化（有时强化反应）中，最初的学习速度较慢，但行为更能抗拒消退。固定比率程式是在一定数量的反应后强化行为；不定比率程式是在不可预知的数量之后。固定间隔程式是在设定的时间间隔后强化行为；不定间隔程式是在不可预知的时间间隔之后。

7-8：惩罚与消极强化有何不同？惩罚是如何影响行为的？

惩罚会导致不良后果（比如打屁股），或者为了减少某个行为的频率（孩子的不听话）而收回一些令人想要的东西（比如拿走一个喜欢的玩具）。负强化（服用阿斯匹林）可以消除令人厌恶的刺激（头痛）。这个期望的结果（摆脱疼痛）增加了重复这种行为（服用阿司匹林止痛）的可能性。惩罚会产生不良的副作用，比如压抑而不是改变不良行为；教会攻击性；创造恐惧；鼓励歧视（使不良行为在惩罚者不在场时出现）；培养抑郁和无助感。

7-9：斯金纳的理论为何会引起争议？操作性条件作用的原理可以如何应用到学校、运动、工作和家中？

斯金纳原理的批评者认为，这种取向忽视了人们的个人自由，试图控制他们的行为，从而使人失去人性。斯金纳回应说，人们的行为已经受到了外部结果的控制，这种强化作为一种控制行为的手段，比惩罚更人道。在学校里，教师可以使用行为塑造技术来指导学生的行为，他们可以使用交互式软件和网站来提供即时的反馈。在体育运动中，教练可以通过奖励小的进步来培养运动员的技能和自信。在工作中，管理者可以通过奖励定义明确、可实现的行为来提高生产力和士气。在家里，父母可以奖励好的行为，但不能奖励不好的行为。我们可以通过设定目标、监控期望行为的频率、强化期望行为、当行为变得习惯化时逐渐减少奖赏来塑造自己的行为。操作性条件作用技术也被用于行为矫正疗法。

7-10：经典性条件作用与操作性条件作用有何不同？

在操作性条件作用中，有机体学会了自己的行为与结果事件之间的联系；这种形式的条件作用涉及操作行为（作用于环境的行为，产生奖赏或惩罚的结果）。在经典性条件作用中，有机体形成了它无法控制的刺激事件之间的联系；这种形式的条件作用包括应答行为（对某些刺激的自动反应）。

生物、认知与学习

7-11：生物性限制如何影响经典性条件作用和操作性条件作用？

我们现在知道，经典性条件作用原理受到生物倾向的限制，因此学习某些关联比学习其他关联更容易。学习是适应性的：每个物种学习有助于生存的行为。生物性限制也对操作性条件作用产生了限制。试图超越生物性限制的训练很可能不会持久，因为动物会恢复到预先设定的模式。

7-12：认知过程如何影响经典性条件作用和操作性条件作用？

在经典性条件作用中，动物可能学会什么时候期待无条件刺激，并且可能觉察到刺激和反应之间的联系。在操作性条件作用中，认知地图和潜伏学习研究表明认知过程在学习中的重要性。其他研究表明，过多的奖赏（驱动外部动机）会破坏内部动机。

观察学习

7-13：什么是观察学习？一些科学家认为镜像神经元在其中起什么作用？

在观察学习中，当我们观察和模仿他人时，我们学会预期行为的结果，因为我们经历了替代强化或替代惩罚。我们的大脑额叶被证实有映射他人大脑活动的能力。（一些心理学家认为是镜像神经元促成了这一过程。）当我们观察其他人做某些动作时（如对疼痛做出反应或做出词语的口型时），同样的脑区会放电，就像我们做这些动作时一样。

7-14：亲社会榜样和反社会榜样有哪些影响？

儿童倾向于模仿榜样所做的和所说的，不管所模仿的榜样行为是亲社会的（积极的、建设性的、有益的）还是反社会的。如果某个榜样的言行不一致，儿童可能会模仿他们所观察到的虚伪性。

第8章 记忆

研究记忆

8-1：什么是记忆？如何测量记忆？

记忆是通过信息的储存和提取而持续的学习。记忆的证据可能是回忆信息，再认，或者在以后的尝试中更容易再学习。

8-2：心理学家如何描述人类记忆系统？

心理学家使用记忆模型来对记忆进行思考和交流。信息加工模型包括三个过程：编码、储存和提取。联结主义信息加工模型将记忆视为相互联结的神经网络的产物。阿特金森-谢夫林模型的三个处理阶段是感觉记忆、短时记忆和长时记忆。近期的研究更新了这个模型，包括两个重要的概念：（1）工作记忆，强调在第二个记忆阶段发生的主动加工；（2）自动加工，加工意识觉知之外的信息。

构建记忆：编码

8-3：外显记忆与内隐记忆有何区别？

通过平行加工，人类的大脑在双通道上同时加工许多事情。

外显（陈述性）记忆——我们对事实和经验的有意识记忆——通过有意识的加工形成，这需要有意识的努力和注意。内隐（非陈述性）记忆——技能和经典性条件作用形成的联结——通过自动加工在无意识的情况下发生。

8-4：我们会自动加工哪些信息？
除了技能和经典性条件作用形成的联结之外，我们还自动加工有关空间、时间和频率的附加信息。

8-5：感觉记忆是如何工作的？
感觉记忆将一些信息输入工作记忆以进行主动加工。映象记忆是对视觉刺激的非常短暂（十分之几秒）的感觉记忆；余音记忆是听觉刺激的三四秒钟的感觉记忆。

8-6：短时记忆和工作记忆有多大的容量？
短时记忆容量大约是七项，上下加减两项，但是这些信息在没有复述的情况下很快会从记忆中消失。工作记忆能力因年龄、智力水平和其他因素而异。

8-7：有哪些可帮助我们记忆新信息的有意识加工策略？
有意识加工策略包括组块法、记忆术、层级法和分散练习。测试效应是指有意识地提取信息，而不是简单地重复阅读，可以增强记忆。

8-8：加工的水平有哪些？加工水平对编码有什么影响？
加工深度会影响长时记忆保持程度。在浅层加工中，我们根据单词的结构或外观对其进行编码。当我们使用深层加工即根据单词的含义对其进行编码时，记忆保持是最好的。我们也更容易记住那些有个人意义的材料——自我参照效应。

记忆储存

8-9：长时记忆的容量有多大？储存在哪？
我们的长时记忆能力基本上是无限的。记忆并不是完整地保存在大脑的单一位置。当我们形成和提取记忆时，大脑的许多部分会相互作用。

8-10：额叶和海马在记忆储存中起什么作用？
额叶和海马是大脑网络的一部分，专门用来形成外显记忆。许多脑区将信息发送到额叶进行加工。海马在周围的皮层区域的帮助下，登记并暂时保存外显记忆的元素，然后将它们转移到其他脑区进行长期储存。

8-11：小脑和基底神经节在我们的记忆加工中起什么作用？
小脑和基底神经节是大脑中专门用于内隐记忆形成的部分。

小脑对于储存经典性条件作用形成的记忆很重要。基底神经节参与运动，有助于形成技能的程序性记忆。我们在头三年学到的许多反应和技能会一直延续到我们成年后的生活中，但我们无法有意识地记住这些联结和技能，心理学家称这种现象为"婴儿期遗忘"。

8-12：情绪如何影响记忆加工？
情绪唤起会引起应激激素的释放，从而导致大脑记忆形成区域的活动。重大的应激事件可以触发非常清晰的闪光灯记忆。

8-13：突触水平的变化对记忆加工有什么影响？
长时程突触增强（LTP）似乎是学习的神经基础。在长时程突触增强中，神经元在释放和感知神经递质的存在方面变得更加有效，神经元之间也形成了更多的连接。

提取：信息的获取

8-14：外部线索、内部情绪和呈现顺序如何影响记忆的提取？
记忆保持的三种测量方法是回忆信息、再认信息，或者在以后的尝试中更容易再学习信息。外部线索激活帮助我们提取记忆的联结；这个过程可能在我们无意识的情况下发生，就像在启动中一样。回到我们形成记忆的物理环境或情绪状态（情绪一致性），可以帮助我们提取记忆。系列位置效应解释了为什么我们倾向于对列表中的最后一个项目（可能仍然在工作记忆中）和第一个项目（我们花了更多时间复述）回忆得最好。

遗　忘

8-15：我们为什么会遗忘？
顺行性遗忘是指无法形成新的记忆。逆行性遗忘是指无法提取过去的记忆。正常遗忘之所以发生，是因为我们从来没有编码信息；因为生理痕迹已经消退；或者因为我们无法提取我们所编码和储存的内容。提取问题可能是由于前摄干扰，因为之前的学习干扰新信息的回忆，或者由于后摄干扰，因为新的学习干扰旧信息的回忆。一些人认为动机性遗忘会发生，但研究者几乎没有发现压抑的证据。

记忆建构错误

8-16：错误信息、想象和来源遗忘是如何影响我们的记忆建构的？我们如何分辨记忆是真实的还是错误的？
在证明错误信息效应的实验中，人们会形成错误记忆，包含误导性的细节，在事件后接收到错误的信息，或者在反复想象和排演一些从未发生过的事情之后。当我们在提取过程中重新组合一个记忆时，我们可能会把它归因于错误的来源（来源遗忘）。来源遗忘可能有助于解释幻觉记忆。错误记忆是感觉像真实的记忆，可以持续存在，但通常仅限于事件的主旨。

8-17：年幼儿童的目击证人描述有多大的可信度？为什么对压抑和恢复的记忆的报告有如此激烈的争论？

儿童容易受到错误信息的影响，但如果用他们能理解的中性语言提问，他们就能准确地回忆起事件和相关的人。这一争论（记忆研究者和一些善意的治疗师之间的争论）集中在儿童早期虐待的大部分记忆是否被压抑，是否可以在治疗过程中通过使用引导问题或催眠的"记忆工作"技术来恢复。心理学家现在同意（1）性虐待是存在的；（2）不公正是存在的；（3）遗忘是存在的；（4）记忆恢复是司空见惯的；（5）3岁之前的记忆是不可靠的；（6）在催眠或药物影响下"恢复"的记忆尤其不可靠；（7）记忆，不管是真实的还是虚假的，都可能让人受到情绪困扰。

改善记忆

8-18：你如何利用记忆研究成果在本课程及其他课程中学得更好？

记忆研究者提出了以下改善记忆的策略：反复学习，使材料有意义，激活提取线索，使用记忆术，使干扰最小化，多睡觉，自我测试以确保你能提取并再认材料。

第9章 思维、语言与智力

思 维

9-1：什么是认知？概念的功能是什么？

认知是指所有与思考、理解、记忆和交流有关的心理活动。我们用概念——相似的物体、事件、想法和人在头脑中形成的思维集合来简化和组织我们周围的世界。我们围绕原型形成大部分的概念，原型是一个类别的最佳示例。

9-2：辅助问题解决的认知策略有哪些，哪些障碍阻碍问题解决？

算法是一种系统的、逻辑的规则或过程（例如，在火灾中对撤离建筑物逐步进行描述），从而保证了解决问题的方法。启发法是一种更简单的策略（比如，如果你闻到烟味就跑向出口），它通常比算法更快，但也更容易出错。顿悟不是基于策略的解决方法，而是解决问题的突然灵感。解决问题的障碍包括证实偏见，它使我们倾向于证实而不是挑战我们的假设；固着，例如心理定势，它可能阻止我们从新

的角度去寻找解决方法。

9-3：什么是直觉？启发法、过度自信、信念保持以及框架对我们的决策和判断有何影响？

直觉是我们经常使用的无需费力的、快速的、自动的感觉或想法，而不是系统的推理。启发法让快速判断成为可能。在使用易得性启发法时，我们根据事物出现在脑海中的容易程度来判断事物的可能性，这常常导致我们害怕错误的事物。过度自信会导致我们高估自己信念的准确性。当我们形成和解释的信念遭到质疑时，信念保持可能会使我们坚持这种信念。对信念保持的一种补救方法是考虑我们如何解释相反的结果。框架是某个问题或陈述的表达方式。细微的措辞差异会戏剧性地改变我们的反应。

9-4：聪明的思考者如何利用直觉？

随着人们获得专业知识，他们变得越来越善于快速、精明地做出判断。聪明的思考者接受他们的直觉（通常是适应性的），但当他们做出复杂的决定时，他们会尽可能多地收集信息，然后花时间让他们的双通道心理加工所有可用的信息。

9-5：什么是创造性？如何培养创造性？

创造性，即产生新颖和有价值的想法的能力，在某种程度上与天赋有关，但不仅仅是在学校习得的智慧。能力倾向测验需要聚合思维，但创造性需要发散思维。罗伯特·斯滕伯格提出，创造性有五个组成部分：专业知识；富有想象力的思维技巧；冒险性人格；内部动机；激发、支持和提炼创造性想法的创造性环境。

9-6：对于动物的思维，我们了解什么？

研究者根据行为来推断其他物种的意识和智力。对各种物种的研究表明，其他动物使用概念、数字和工具，它们将学习从一代传到下一代（文化传播）。和人类一样，其他物种也表现出顿悟、自我意识、利他主义、合作和悲伤。

语 言

9-7：语言有哪些结构成分？

音素是一种语言的基本语音单位。语素是意义的基本单位。语法——允许我们进行交流的规则系统——包括词法（获取意义的规则）和句法（将单词排列成句子的规则）。

9-8：语言发展过程中有哪些里程碑？我们是如何获得语言的？

语言发展的时间不同，但所有的儿童都遵循同样的顺序。接受性语言（理解别人对你说什么的能力）在产出式语言

（产生词汇的能力）之前发展。大约 4 个月大的时候，婴儿就会咿呀学语，发出来自世界各地语言的声音。大约 10 个月大时，他们的咿呀学语只包含了他们家庭语言中的声音。大约 12 个月大时，儿童开始用单个词语说话。这一单词语期在他们 2 岁生日之前就演变成双词语（电报式）的发音，然后他们开始用完整的句子说话。语言学家诺姆·乔姆斯基提出，所有人类语言都有一种通用的语法——语言的基本构成要素——人类天生就有学习语言的倾向。斯金纳相信我们学习语言就像学习其他东西一样——通过联想、模仿和强化。当我们的生物因素和经验相互作用时，我们通过学习获得一种特殊的语言。童年是学习流利地说话和/或手语的关键期。

9-9：哪些脑区参与语言加工和言语？
失语症是一种语言损伤，通常由左半球损伤引起。语言和言语加工的两个重要脑区是布洛卡区和威尔尼克区，前者是额叶控制语言表达的脑区，后者是左颞叶控制语言接收的脑区。语言加工也分布在其他大脑区域，不同的神经网络处理特殊的语言子任务。

9-10：其他动物有和我们一样的语言能力吗？
一些黑猩猩和倭黑猩猩（1）学会了与人类交流，通过手势或按电脑上的按钮，（2）学会了近 400 个单词的词汇，（3）把这些单词串在一起进行交流，（4）把它们的技能教给年幼的动物，（5）表现出对句法的一些理解。但只有人类用复杂的句子交流。然而，其他动物的思考和交流能力令人印象深刻，这挑战了人类去思索，这对其他物种的道德权利意味着什么。

思维与语言

9-11：思维和语言有什么关系？意象思维有什么价值？
尽管本杰明·李·沃夫的语言决定论假说认为语言决定思维，但更确切地说，语言影响思维。不同的语言体现了不同的思维方式，在双语教育中融入双语可以增强思维。当我们使用内隐记忆（非陈述性、程序性记忆）——我们的运动和认知技能的自动记忆系统以及经典性条件作用形成的联结时，我们经常在意象中思考。当我们在脑海中练习即将发生的事情时，在意象中思考可以提高我们的技能。

智　力

9-12：心理学家如何定义智力？关于 g 因素的争论有哪些？
智力是一种心理素质，包括从经验中学习、解决问题和运用知识适应新情境的能力。查尔斯·斯皮尔曼提出，我们有一种一般智力（g），潜藏在所有其他特定的心理能力之下。他帮助开发了因素分析，一种识别相关能力集群的统计方法。

9-13：加德纳和斯滕伯格的多元智力理论有何不同？
学者症候群似乎支持霍华德·加德纳的观点，即我们拥有多元智力。他提出了八种独立的智力：语言、逻辑 - 数学、音乐、空间、肢体 - 动觉、自我认知、人际和自然主义。罗伯特·斯滕伯格的三元理论提出了预测现实世界技能的三个智力领域：分析性（解决学术问题）、创造性和实践性。

9-14：哪四种因素组成了情绪智力？
情绪智力是社会智力的一个方面，是感知、理解、管理和使用情绪的能力。情绪智力高的人会在个人和职业上取得更大的成功。一些批评人士质疑，把这些能力称为"智力"是否将这一概念延伸得太远了。

9-15：智力测验是何时出现的？创造智力测验的原因是什么？现今的测验与早期的智力测验有哪些区别？
阿尔弗雷德·比奈 1904 年在法国发起了现代智力测验运动，当时他提出了一些问题，以帮助预测巴黎学校系统中儿童的未来发展。在 20 世纪早期，斯坦福大学的刘易斯·推孟修改了比奈的研究成果以供美国使用（这产生了斯坦福 - 比奈智力测验）。威廉·斯特恩提出了智商的概念。今天使用最广泛的智力测验是韦氏成人智力量表（WAIS）和韦氏儿童智力测验。这些测验与其前身不同，它们提供了整体智力分数以及不同语言和表现领域的分数。

9-16：什么是正态曲线？说一项测验是标准化的，并且是可信的、有效的，是什么意思？
测验分数的分布通常在中间的平均分数周围形成一个正态（钟形）曲线，极端处的分数越来越少。标准化通过对未来被测者的代表性样本进行测试，为有意义的分数比较奠定了基础。信度是一个测验产生一致结果的程度（测验的两个部分，或者当人们被重新测验时）。效度是指一个测验测量或预测它本应测量内容的程度。如果测验对相关的行为进行取样（就像驾照考试测量驾驶能力），那么测试就具有内容效度。如果它能预测原本用来预测的行为，那么它就具有预测效度。（如果能力倾向测验能预测未来的成就，那么它就具有预测能力。）

9-17：智力极高或极低的人有哪些特点？
那些异常低的分数位于低的极端。智力测验分数等于或低于 70 分是智力障碍的一项诊断标准；其他的标准是概念、社会和实践技能受限。唐氏综合征是这类疾病中的一种由21号染色体的多余拷贝引起的发育障碍。智力极高的人往往身体健康，适应能力强，在学业上也有非凡的成就。

9-18：衰老对晶体智力和液体智力有怎样的影响？
横断研究（比较不同年龄的人）和纵向研究（对同一组人进行多年的重复测验）表明，老年人的液体智力下降，部分原因是神经加工速度变慢。晶体智力倾向于增加。智力测验分数的稳定性随年龄增长而增加。

9-19：什么证据揭示了遗传和环境对智力会产生影响？什么是遗传力？
对双胞胎、家庭成员和被收养者的研究表明，遗传因素对智力分数有显著影响。智力似乎是多基因的，研究者正在寻找施加影响的基因。遗传力是指个体间可归因于基因的变异比例。

9-20：证据表明环境对智力有怎样的影响？
对双胞胎、家庭成员和被收养者的研究也提供了环境影响的证据。分开抚养的同卵双胞胎的测验分数与一起抚养的同卵双胞胎的分数略有不同（尽管仍然高度相关）。对在极端贫困环境中长大的儿童进行的研究表明，生活经验可以显著影响智力测验的表现。没有证据支持正常健康的儿童可以在特别丰富的环境中成长为天才的观点。

9-21：不同性别群体在心理能力得分上有何不同？为什么？
男性和女性在智力测验中的平均分数是一样的，但在某些特定的能力上却有所不同。女孩更善于拼写，言语更流利，更善于定位物体，更善于觉察情感，对触觉、味觉和颜色更敏感。男孩在空间能力和相关数学方面的表现优于女孩，但在数学计算方面，女孩的表现要优于男孩。在智力的高低两个极端，男孩也比女孩多。对于这些性别差异，研究者提出了进化和文化上的解释。

9-22：不同种族和族裔群体在心理能力得分上有何不同？为什么？
种族和族裔群体的平均智力测验分数不同。有证据表明，环境差异在很大程度上（或许完全）是导致这些群体差异的原因。

9-23：智力测验是否存在不恰当的偏差？
能力倾向测验旨在预测应试者在特定情境下的表现。因此，它们必然是"有偏差的"，因为它们对由文化经验引起的表现差异很敏感。心理学家所说的"不恰当的偏差"，是指一项测验对一个群体的预测不如对另一个群体的预测准确。在这个意义上，大多数专家认为主要的倾向测验没有偏差。刻板印象威胁是一种自我证实的忧虑，担心自己会被基于负面的刻板印象来评估，这影响到所有类型的测验。

第 10 章 动机与情绪

动机及相关概念

10-1：心理学家如何定义动机？他们从哪些视角审视动机行为？
动机是激发和引导行为的需要或欲望。本能／进化观点探究复杂行为的遗传影响。驱力降低理论探究了生理需要如何引起紧张状态（驱力），引导我们去满足这些需要。环境诱因可以增强驱力。驱力降低的目标是体内平衡，维持稳定的内部状态。唤醒理论认为，某些行为（如由好奇心驱动的行为）不会减少生理需要，而是通过寻找最佳的唤醒水平来寻求刺激。耶基斯－多德森定律指出，表现随唤醒而增加，但只会在某一特定点后降低。在困难任务中，表现在唤醒水平较低时就达到顶峰，而在容易或熟练的任务中，达到顶峰的唤醒水平更高。亚伯拉罕·马斯洛的需要层次理论提出了人类需要的金字塔，从饥渴等基本需要到自我实现和自我超越等更高层次的需要。

饥 饿

10-2：哪些生理因素导致饥饿？
饥饿的痛苦与胃的收缩相对应，但饥饿也有其他原因。大脑中的神经区域，下丘脑内的一些区域，监测血液中的化学物质（包括血糖水平）和有关身体状态的信息。食欲激素包括胰岛素（控制血糖）；饥饿素（空腹分泌）；增食欲素（下丘脑分泌）；瘦激素（由脂肪细胞分泌）；和酪酪肽（消化道分泌）。基础代谢率是身体休息时的能量消耗速率。身体可能有一个设定点（生理上固定的倾向，以维持最适的体重）或一个更宽松的稳定点（也受环境的影响）。

10-3：影响饥饿的文化和情境因素有哪些？
饥饿也反映了我们对上次吃东西的记忆以及我们对下次再吃东西的期待。作为一个物种，人类喜欢某些口味（比如甜和咸），但是我们个人的喜好也受到条件作用、文化和情境的影响。一些口味偏好具有生存价值，比如不吃新的食物或者是让我们生病的食物。

10-4：哪些因素让一些人容易变得肥胖，并保持肥胖？
基因和环境相互作用导致肥胖。肥胖与抑郁症相关，尤其是女性。双生子和收养研究表明，体重也受基因影响。环境影响包括缺乏运动、大量高热量食物和社会影响。那些想要减肥的人被建议终身改变习惯：获得足够的睡眠；通过运动增加能量消耗；限制食物的种类，尽量少接触诱人的食物线索；吃健康的食物，减少分量；全天空腹用餐；谨防狂欢；监控社交活动中的进食情况；原谅偶尔的犯错；与支持团体建立联系。

归属需要

10-5：有何证据表明我们人类有归属需要？
我们对归属的需要——感觉与他人的联系和认同——对我们的祖先有生存价值，这或许可以解释为什么每个社会中的人类都是群居的。由于需要归属，人们在被社会排斥的时候会感到痛苦，他们可能会做出自我挫败的行为（低于自身能力的表现）或反社会的行为。被爱的感觉会激活与奖赏和安全系统相关的脑区。社会隔绝会使我们在精神和身体上处于危险之中。

10-6：社交网络对我们有什么影响？
我们通过社交网络与他人联结，加强我们与已经认识的人的关系。在社交网络中，人们倾向于增加自我表露。制定自我控制和自律的策略可以帮助人们在社会关系、学校和工作表现之间保持健康的平衡。

成就动机

10-7：什么是成就动机？
成就动机是对获得重大成就、掌握技能或思想、控制、快速达到高标准的渴望。成就更多地与坚韧（对长远目标的激情奉献）有关，而不是单纯的能力。

情绪：唤醒、行为与认知

10-8：唤醒、认知和外显行为在情绪中如何相互作用？
情绪是整个生物体的心理反应，包括生理唤醒、外显行为和意识体验之间的相互作用。情绪理论通常涉及两个主要问题：（1）生理唤醒是在情绪感受之前还是之后发生的，（2）认知和情绪是如何相互作用的？詹姆斯－兰格理论认为，情绪感受会在身体对情绪唤起刺激做出反应之后发生。坎农－巴德理论认为，我们对情绪唤起刺激的生理反应与我们对情绪的主观感受同时发生（两者没有因果关系）。沙克特－辛格的双因素理论认为，我们的情绪有两种成分：生理唤醒和认知标签，而我们对唤醒状态的认知标签是情绪的重要组成部分。拉扎勒斯同意，许多重要的情绪都来自我们的解释或推断。然而，扎荣茨和勒杜认为，一些简单的情绪反应不仅发生在我们的意识之外，而且在任何认知加工之前就会立即发生。情绪和认知之间的这种相互作用说明了我们的双通道心理。

具身情绪

10-9：基本情绪有哪些？
伊扎德的10种基本情绪是喜悦、兴趣-兴奋、惊讶、悲伤、愤怒、厌恶、轻视、恐惧、羞耻和内疚。

10-10：情绪唤醒与自主神经系统有何关联？
情绪的唤醒部分是由自主神经系统的交感神经（唤醒）和副交感神经（镇静）调节的。在危机中，战斗或逃跑反应自动动员你的身体采取行动。

10-11：不同的情绪是否会激活不同的生理和大脑反应模式？
不同的情绪可能会引起类似的唤醒，但一些微妙的生理反应如面部肌肉运动会区分不同的情绪。在一些大脑通路和皮层区域的活动中也发现了有意义的差异。

10-12：多导仪利用身体状态来检测谎言效果如何？
多导仪可以测量多种情绪的生理指标，但它的准确性不足以证明在商业和执法领域广泛应用是合理的。使用犯罪知识问题和新技术可能更好地表明是否说谎。

情绪的表达和体验

10-13：我们如何通过非言语渠道沟通？
我们大部分的交流都是通过肢体动作、面部表情和语调进行的。即使是几秒钟的行为录像片段也能揭示情感。

10-14：男性和女性在情绪表达和体验方面存在哪些差异？
女性更容易理解情绪线索，也更富有同理心。她们的面孔也表达了更多的情绪。

10-15：手势和面部表情在所有文化中含义都一样吗？
手势的含义因文化而异，但面部表情如快乐和恐惧的表情，在世界各地都是普遍的。不同的文化表达情绪的程度也不同。

10-16：面部表情如何影响我们的感受？
对面部反馈效应的研究表明，我们的面部表情可以触发情绪感受，并向身体发出相应的信号。我们也会模仿他人的表情，这有助于我们产生同理心。

第 11 章 应激、健康与人类丰盛

应激与健康

11-1：什么事件会引发应激反应，我们如何对应激做出反应和适应应激？

应激是我们评价和应对挑战或威胁我们的应激源（灾难性事件、重大的生活转变和日常生活中的小麻烦）的过程。坎农将应激反应看作"战斗或逃跑"系统。塞雷提出了一般适应综合征（GAS），普遍分为三级（警戒-对抗-衰竭）。面对应激，女性可能会有一种照料和结盟的反应；男人可能会在社交中退缩、酗酒或变得具有攻击性。

11-2：为什么应激使我们更容易生病？

心理神经免疫学家研究身心的相互作用，包括与应激有关的生理疾病，如高血压和一些头疼。应激会转移免疫系统的能量，抑制B淋巴细胞和T淋巴细胞、巨噬细胞和自然杀伤细胞的活动。应激不会导致像艾滋病和癌症这样的疾病，但是通过改变我们的免疫功能而可能使得我们更容易受到它们的影响，并影响它们的发展。

11-3：为什么有些人更易患冠心病？

冠心病是北美第一大死因，与反应性高、易怒的A型人格有关。与放松、随和的B型人格相比，A型人格的人分泌更多的激素，加速了心脏动脉壁上斑块的形成。慢性应激也会导致持续的炎症，从而增加动脉阻塞和抑郁的风险。

11-4：处理愤怒情绪有哪些健康的方式？

长期的敌意是一种与心脏病有关的消极情绪。情绪宣泄可以暂时平静下来，但从长远来看，它并不能减少愤怒。发泄愤怒会让我们更生气。控制情绪的说法可以解决矛盾，宽恕可以使我们摆脱愤怒的感受。

应对应激

11-5：人们试图从哪两个方面来减少应激？

我们使用问题聚焦应对方法来改变应激源或者改变我们与应激源的互动方式。我们使用情绪聚焦应对方法来避免或忽略应激源，并关注与应激反应相关的情绪需求。

11-6：失控的感觉对健康有何影响？

无法避免重复的厌恶事件会导致习得性无助。那些感知到内控制点的人比那些感知到外控制点的人取得更多的成就，享受更好的健康，更快乐。自我控制需要注意力和能量，但它预示着良好的适应能力、更好的成绩和社会成功。意识到缺乏控制会引发大量的激素释放，从而危及人们的健康。

11-7：对生命、社会支持、应激和健康的基本看法之间有什么关联？

对乐观者的研究表明，与悲观者相比，他们的免疫系统更强，他们的血压不会因应激而急剧升高，心脏搭桥手术后的恢复速度更快，预期寿命也更长。社会支持通过使我们平静、降低血压和应激激素以及增强免疫功能来促进健康。

减少应激

11-8：通过有氧运动来进行应激管理和提升幸福感的效果如何？

有氧运动是一种持续的耗氧活动，可以增强心脏和肺的健康。它可以增强唤醒，放松肌肉，带来更好的睡眠，触发神经递质的产生，提升自我形象。它可以缓解抑郁，在老年时与更好的认知功能和更长的寿命有关。

11-9：放松和冥想可能会以哪些方式影响应激和健康？

放松和冥想已经被证明可以通过放松肌肉、降低血压、改善免疫功能、减轻焦虑和抑郁来减轻应激。按摩疗法也可以放松肌肉，减少抑郁。

11-10：什么是信仰因素，对信仰和健康之间的联系有哪些可能的解释？

信仰因素是积极参加宗教活动的人倾向于比不参加的人寿命更长。可能的解释包括干预变量的影响，如健康的行为、社会支持或经常参加宗教仪式的人的积极情绪。

幸 福

11-11：幸福的主要影响有哪些？

好心情能使人对世界的感觉更加愉快。快乐的人往往很健康，精力充沛，对生活满意。他们也更愿意帮助他人（好心情乐于助人现象）。

11-12：什么是主观幸福感？积极心理学研究者探索的主题有哪些？该运动的三大"支柱"是什么？

主观幸福感是指你对生活感到快乐或满意。积极心理学家使用科学的方法来研究人类的丰盛，包括积极情绪、积极健康、积极的神经科学和积极教育。积极心理学的三大支柱是积极幸福感、积极性格以及积极的团体、社区和文化。

11-13：时间、财富、适应和比较如何影响我们的幸福水平？

由好事情或坏事情引发的心情很少会持续到那天以后。即使是重大的好事，如暴富，也很少能长期增加幸福感。幸福与我们自己的经历（适应水平现象）和他人的成功（相对剥夺原则）有关。

11-14：幸福有哪些预测因子？我们怎样才能更幸福？

有些人因为他们的遗传倾向和个人经历比其他人更幸福。文化也会影响个人的幸福水平，因为文化在其所重视的品质以及期望和回报的行为上各不相同。那些想要更快乐的人可以（1）认识到财富上的成功并不会带来持久的幸福；（2）管理好他们的时间；（3）表现得快乐，会引发面部和行为的反馈；（4）寻找需要技能的工作和娱乐活动，以促进"流畅感"；（5）运动；（6）获得足够的睡眠；（7）培养亲密关系；（8）关注自我之外的人和事；（9）记录并表达感激之情；（10）培养他们的精神自我。

第12章 人格

人格是一个人的思维、情感和行为的典型模式。

心理动力学理论

心理动力学理论从行为是意识和潜意识之间的动态交互作用的角度来看待人格。这些理论可以追溯到西格蒙德·弗洛伊德的精神分析理论。

12-1：弗洛伊德是如何在对心理障碍的治疗中得出对潜意识的看法的？

在治疗那些患有没有明确生理解释的障碍的病人时，弗洛伊德得出结论，这些问题反映了隐藏在潜意识里的不可接受的想法和感受。为了探索病人心理中隐藏的部分，弗洛伊德使用了自由联想和梦的解析。

12-2：弗洛伊德的人格观点是什么？

弗洛伊德认为，人格是由三个心理系统之间的相互作用的冲突引起的：本我（寻求快乐的冲动）、自我（以现实为导向的执行）和超我（内在的一组理想，或者说良知）。

12-3：弗洛伊德提出了哪些发展阶段？

他认为儿童会经历五个心理性欲期（口唇期、肛门期、性器期、潜伏期和生殖期）。任何阶段中未解决的冲突都可能使一个人寻求快乐的冲动固着（停滞）在那个阶段。

12-4：弗洛伊德认为人们是如何防御焦虑的？

在弗洛伊德看来，焦虑是本我与超我的需要之间紧张关系的产物。自我通过使用无意识的防御机制来应对，比如压抑，他认为压抑是最基本的机制，并使得所有其他机制发挥作用。

12-5：弗洛伊德的哪些观点是其追随者接受的，哪些是他们不接受的？

弗洛伊德的早期追随者和新弗洛伊德学派，接受了他的许多观点。他们的不同之处在于更强调意识心理，更强调社会动机而不是性或攻击性。当代的心理动力学理论家和心理治疗师拒绝接受弗洛伊德对性动机的重视。他们强调，在现代研究结果的支持下，我们的精神生活大部分是无意识的，他们相信童年的经历会影响成年时的人格和依恋模式。许多人还认为，人类共同的进化史形成了一些普遍的倾向。

12-6：何为投射测验，如何使用它们？它们受到了哪些批评？

投射测验试图通过向人们展示模棱两可的刺激（对许多可能的解释开放）并将他们的答案视为对无意识动机的揭示来评估人格。罗夏墨迹测验就是这样一种测验，它的信度和效度都很低，只有少数领域例外，比如敌意和焦虑。

12-7：今天的心理学家如何看待弗洛伊德的精神分析？

他们认为弗洛伊德的功劳在于，他将人们的注意力吸引到了巨大的潜意识中，关注到我们在应对性方面的挣扎，关注到生物冲动和社会约束之间的冲突，以及某些形式的防御机制（错误一致性效应/投射；反向形成）。但是，他的压抑概念，以及他认为潜意识是被压抑和不可接受的想法、愿望、感受和记忆的集合的观点，都经不起科学的检验。弗洛伊德提供了事后的解释，这是很难科学检验的。研究并不支持弗洛伊德的许多具体观点，比如认为发展固着在童年期的观点。（我们现在知道发展是终生的。）

12-8：现代研究在哪些方面增进了我们对潜意识的理解？

目前的研究证实，我们无法完全了解头脑中发生的一切，但目前对潜意识的看法是，它是一个独立的、平行的信息加工通道，发生在我们的意识之外。这种加工包括控制我们知觉的图式；启动；习得技能的内隐记忆；即刻激发的情绪；以及刻板印象，即我们对他人的特质和性格的信息加工。

人本主义理论

12-9：人本主义心理学家如何看待人格？他们研究人格的目标是什么？

人本主义心理学家的人格观关注的是个体健康成长的潜力和人们对自我决定和自我实现的努力追求。亚伯拉罕·马斯洛提出，人的动机形成了需要层次；如果基本需要得到满足，人们就会朝着自我实现和自我超越的方向努力。卡尔·罗杰斯相信促进成长环境的要素是真诚、接纳（包括无条件积极关注）和同理心。在马斯洛和罗杰斯看来，自我概念是人格的中心特征。

12-10：人本主义心理学家如何测量一个人的自我感？
有些人拒绝接受任何标准化的评估，而依赖于访谈和交谈。罗杰斯有时会用问卷调查的方式，让人们描述理想的自我和真实的自我，他后来用这些问卷来判断治疗过程中的进展。

12-11：人本主义理论对心理学产生了怎样的影响？它面临了怎样的批评？
人本主义心理学帮助人们重新对自我的概念产生兴趣。批评者指出，人本主义心理学的概念是模糊而主观的，它重视以自我为中心，它的假设是天真而乐观的。

特质理论

12-12：心理学家如何用特质来描述人格？
特质理论家认为人格是一种稳定而持久的行为模式。他们描述我们的差异，而不是试图解释它们。通过使用因素分析，他们确定了一起发生的行为倾向集群。遗传倾向影响许多特质。

12-13：什么是人格调查表？作为人格测量工具，它们有何优点与不足？
人格调查表（如MMPI）是一份调查问卷，人们在问卷上对各种各样的感觉和行为进行评价。测验项目是由实证推知的，测验的计分是客观的。但是，人们可以伪装他们的答案，以创造一个良好的印象，同时计算机化施测的易用性可能导致测验的滥用。

12-14：哪些特质对于人格差异能提供最有用的信息？
大五人格因素——尽责性、随和性、神经质、开放性和外倾性（CANOE）——提供了目前最清晰的人格描述。这些因素是稳定的，似乎在所有文化中都存在。

12-15：研究证据支持人格特质跨时间和跨情境的一致性吗？
一个人的平均特质会随着时间的推移而保持不变，在许多不同的情境下都是可以预测的。但是特质并不能预测任何特定情境下的行为。

社会认知理论

12-16：社会认知理论家是如何看待人格发展的，他们又是如何探索行为的？
阿尔伯特·班杜拉首先提出了社会认知观点，认为人格是一个人的特质（包括思维）与情境（即社会环境）交互作用的产物。社会认知研究者将学习、认知和社会行为的原理应用于人格。交互决定论这个术语是用来描述行为、内在的个人因素和环境因素的交互作用和相互影响。

12-17：社会认知理论家所面临的批评是什么？
社会认知研究者建立在完善的学习和认知概念的基础上。他们倾向于认为，预测一个人在特定情境下的行为的最好方法是观察他在类似情境下的行为。他们被批评低估了潜意识动机、情绪和受生物学影响的特质的重要性。

探索自我

12-18：为何在心理学中关于自我的研究如此之多？自尊对心理学以及对我们的幸福感有多重要？
自我是人格的中心，组织着我们的想法、情感和行为。考虑可能的自我有助于我们朝着积极的方向发展，但过于关注自己会导致聚光灯效应。自尊是我们对自我价值的感觉；自我效能感是我们对一项任务的胜任感。高自尊与较低的从众压力、在困难任务中坚持不懈和社交技能有关。但这种相关的方向并不清楚。现在，心理学家对不切实际地促进儿童自我价值感的意义而不是奖励他们的成就持悲观态度，这些成就会导致儿童产生胜任感。

12-19：哪些证据揭示了自我服务偏差？防御型自尊与安全型自尊有何区别？
自我服务偏差是指我们倾向于看到自己好的一面，就像我们认为自己比一般人好，或者为我们的成功而接受赞扬，但不为失败接受指责。自恋是过度的自爱和自我关注。防御型自尊（不切实际的高自尊）是脆弱的，专注于自身的维持，并将失败或批评视为威胁。安全型自尊能让我们觉得自己整个人被接受。

12-20：个人主义文化和集体主义文化如何影响人们？
在任何文化中，个人主义或集体主义的程度因人而异。建立在自我依赖的个人主义基础上的文化，如北美和西欧的文化，倾向于重视个人独立和个人成就。它们用自尊、个人目标和特质、个人权利和自由来定义同一性。基于社会联结的集体主义文化，就像亚洲和非洲许多地方的文化一样，倾向于重视相互依赖、传统与和谐，它们根据群体目标、承诺和所属群体来定义同一性。

第13章 社会心理学

社会思维

13-1：社会心理学家研究什么？我们倾向于对自己和他人的行为做出怎样的解释？
社会心理学家用科学的方法来研究人们是如何思考、影响和彼此建立关系的。他们通过研究社会影响来解释为什么同一个人在不同的情境下会有不同的行为。在解释他人的行为时，我们可能会犯基本归因错误，尤其是如果我们来自西方的个人主义文化，我们会低估情境的影响，高估稳定、持久的特质的影响。在解释我们自己的行为时，我们更容易将其归因于情境的影响。

13-2：态度与行为如何相互作用？
态度是常常受到我们的信念影响的感受，使我们倾向于以某些方式作出反应。外周途径说服利用偶然的线索（如名人代言）试图在态度上产生快速但相对缺乏考虑的改变。中心途径说服提供证据和论据，以引发人们深思熟虑的反应。当其他影响很微小时，稳定、具体、容易回忆的态度会影响我们的行为。行为可以改变人们的态度，比如登门槛现象（同意一个小要求后再服从大的要求）和角色扮演（根据预期行为准则扮演社会角色）。当我们的态度与我们的行动不一致时，认知失调理论表明我们会通过改变我们的态度来匹配我们的行动以减少紧张。

社会影响

13-3：文化规范如何影响我们的行为？
文化是一个群体共同拥有并代代相传的行为、思想、态度、价值观和传统。文化规范是一些可以理解的规则，它向成员传达一种文化关于可接受和期望的行为的信息。文化随着时间和空间的不同而不同，文化也会改变。

13-4：什么是自动模仿？从众实验是如何揭示社会影响的力量的？
自动模仿（变色龙效应）——我们无意识地模仿他人的表情、姿势和音调的倾向——是一种从众形式。阿施和其他人发现，我们最有可能调整我们的行为或思维以适应某个群体的标准，当（a）我们感到无能或不安全时，（b）我们所在的群体至少有三个人，（c）所有其他人都同意，（d）我们崇尚群体的地位和吸引力，（e）我们对任何回答都没有做出预先的承诺，（f）我们知道自己正在被观察，（g）我们的文化倡导尊重社会标准。我们从众可能是为了获得认可（规范性社会影响）或者因为我们愿意接受别人的意见作为新的信息（信息性社会影响）。

13-5：关于社会影响的力量，米尔格拉姆的服从实验对我们有什么启示？
斯坦利·米尔格拉姆的实验表明，强大的社会影响可以让普通人相信谎言或屈服于残忍，在他的实验中，人们服从命令，即使他们认为自己在伤害另一个人。在以下情况中服从率最高：（a）发出命令的人在附近并被视为合法的权威人物；（b）这项研究得到一个著名机构的支持；（c）受害人去个性化或离得很远；（d）没有反抗的角色榜样。

13-6：他人在场对我们的行为有何影响？
在社会助长中，仅仅是他人的在场就会唤醒我们，提高我们在简单或熟练任务上的表现，但在困难的任务上则会表现下降。在社会懈怠中，参加集体项目会让我们觉得不那么有责任感，我们可能会搭他人的便车。当他人的在场既唤起我们又让我们感到处于匿名状态时，我们可能经历去个性化——自我意识和自我约束的丧失。

13-7：什么是群体极化和群体思维，作为个体我们有多大的力量？
在群体极化中，与观点相近的人的群体讨论，加强了成员普遍的信念和态度。互联网交流放大了这种效应，无论是好是坏。群体思维是由对决策群体内部和谐的渴望所驱动的，它凌驾于对替代方案的现实评价之上。个人的力量和情境的力量相互作用。坚持表达自己观点的少数派可能会左右多数派的意见。

社会关系

13-8：什么是偏见？偏见的社会与情感根源是什么？
偏见是对一个群体及其成员的一种不合理的、通常是负面的态度。偏见的三个组成部分是信念（通常是刻板印象）、情绪和行动倾向性（歧视）。随着时间的推移，在北美，公开的偏见已经减少了，但是内隐的偏见——一种自动的、不加思考的态度——还在继续。偏见的社会根源包括社会不平等和分化。地位较高的群体常常以公正世界现象来为自己的特权地位辩护。当我们把自己分为"我们"（内群体）和"他们"（外群体）时，我们倾向于偏爱自己的群体（内群体偏见）。偏见也是一种保护我们情绪幸福感的工具，就像我们把愤怒的情绪集中在一个替罪羊身上一样。

13-9：什么是偏见的认知根源？
偏见的认知根源来自我们处理信息的自然方式：形成类别，记住生动的个案，相信世界是公正的，以及我们自己的和我们文化的做事方式是正确的。

13-10：心理学对"攻击"的定义与日常用法有哪些区别？哪些生物学因素使得我们更倾向于彼此伤害？
在心理学中，攻击是指任何意在伤害或破坏的身体或言语行为。生物学在三个层面上影响我们的攻击行为阈值：遗传（遗传的特质），神经（关键脑区的活动）和生物化学（如血液中的酒精或过量睾丸素）。攻击是一种复杂的行为，是生物和经验相互作用的结果。

13-11：哪些心理和社会文化因素可能引发攻击行为？
挫折（挫折-攻击原理），先前对攻击行为的强化，观察攻击行为的榜样，以及糟糕的自我控制都可能导致攻击。媒体对暴力的描绘提供了孩子们学习遵守的社会脚本。观看性暴力会对女性造成更多的攻击。玩暴力电子游戏会增加攻击性的想法、情绪和行为。

13-12：为什么我们会结交或爱恋某些特定的人？
接近性（地理上的接近）促进喜爱，部分原因是曝光效应——接触新刺激会增加我们对那些刺激的喜爱。外貌吸引力增加了社交机会，也提升了人们对我们的看法。态度和兴趣的相似性大大增加了好感，尤其是随着关系的发展。我们也喜欢那些喜欢我们的人。

13-13：浪漫爱情是如何随着时间推移而变化的？
亲密的爱情关系始于激情之爱——一种强烈唤起的状态。随着时间的推移，伴侣之爱可能会发展出强烈的感情，特别是如果通过公平的关系和亲密的自我表露来增强这种感情的话。

13-14：什么时候我们最愿意和最不愿意帮助他人？
利他主义是对他人利益的无私关注。当我们（a）注意到一件事，（b）把它看作紧急情况，（c）承担帮助的责任时，我们最有可能提供帮助。其他因素，包括我们的心情和我们与受害者的相似程度，也会影响我们的帮助意愿。如果有其他旁观者在场（旁观者效应），我们最不可能提供帮助。

13-15：社会交换理论和社会规范如何解释帮助行为？
社会交换理论认为，我们帮助他人是因为这是我们自己的利益；从这个角度看，社会行为的目的是最大化个人收益和最小化成本。另一些人则认为，帮助是社会化的结果。在社会化的过程中，我们学习了社会情境中预期行为的准则，比如互惠规范和社会责任规范。

13-16：社会陷阱和镜像知觉是如何引发社会冲突的？
冲突是行动、目标或观念等方面的不相容。社会陷阱是人们在冲突中追求个人利益而损害集体利益的情境。个人和文化在冲突中也倾向于形成镜像知觉：双方都认为对方是不值得信任的、出于恶意的，而自己是道德的、和平的受害者。

13-17：我们怎样才能把偏见、攻击和冲突的感受转变为促进和平的态度？
当个人或群体共同努力实现超级（共同）目标时，就会带来和平。研究表明，四个过程——接触、合作、沟通和调解——有助于促进和平。

第14章 心理障碍

心理障碍概述

14-1：我们应该如何区分正常行为和心理障碍？
DSM-5工作组将心理障碍定义为"个体在认知、情绪或行为上的显著功能失调"，反映了"精神功能背后潜在的心理、生物或发展过程的紊乱"。功能失调行为是适应不良的，通常会让患者感到痛苦。

14-2：选用医学模式还是生物-心理-社会模型会如何影响我们对心理障碍的理解？
医学模式假设心理障碍是具有生理原因的精神疾病，能够加以诊断和治疗，在大多数情况下，可以通过治疗治愈，有时在医院治疗。生物-心理-社会观点认为，三种影响——生物（进化、遗传、大脑结构和化学成分）、心理（应激、创伤、习得性无助、与心境相关的知觉和记忆）和社会文化环境（角色、期望、"正常"和"障碍"的定义）——相互作用导致特定的心理障碍。

14-3：为什么注意缺陷/多动障碍存在争议？
7岁时表现出极端的注意力不集中、多动和冲动的儿童可能被诊断为注意缺陷/多动障碍（ADHD），需接受药物和其他治疗。争论的焦点是，越来越多的注意缺陷/多动障碍病例是反映了过度诊断，还是人们对这种障碍的意识增强。兴奋剂药物治疗对注意缺陷/多动障碍的长期效果尚不清楚。

14-4：临床医师如何以及为什么对心理障碍进行分类？为什么一些心理学家批评诊断标签的使用？
美国精神医学学会的*DSM-5*（《精神障碍诊断与统计手册》）包含了诊断标签和描述，为交流和研究提供了共同的语言和概念。一些批评者认为DSM的版本已经变得过于详细和广泛。大多数美国健康保险公司在支付治疗费用前都需要出示ICD/DSM的诊断结果。其他批评者认为DSM的诊断标签是武断的，它制造了对被贴上标签的人过去和现在行为的偏见。诸如"精神错乱"这样的标签，带来了道德和伦理问题，即社会是否应该让有心理障碍的人对其暴力行为负责。大多数有心理障碍的人是非暴力的，他们更容易成为受害者而不是袭击者。

焦虑障碍、强迫症和创伤后应激障碍

14-5：广泛性焦虑障碍、惊恐障碍和恐怖症有什么区别？

焦虑的感受和行为只有在形成一种令人痛苦的、持续的焦虑或减少焦虑的适应不良行为的模式时，才被归类为焦虑障碍。患有广泛性焦虑障碍的人会无缘无故地感到持续且无法控制的紧张和忧虑。在更为极端的惊恐障碍中，焦虑会升级为周期性的强烈恐惧。那些有恐怖症的人可能会非理性地害怕某个特定的物体或情境。

14-6：什么是强迫症？

强迫症的特征是持续而重复的想法（强迫思维）和行为（强迫行为）。

14-7：什么是创伤后应激障碍？

创伤后应激障碍的症状包括超过一个月的萦绕不去的记忆、噩梦、社交退缩、紧张焦虑和/或一些创伤经历后的睡眠问题。

14-8：条件作用、认知和生物学因素对焦虑障碍、强迫症和创伤后应激障碍的典型感觉和想法有何影响？

学习观点认为，焦虑障碍、强迫症、创伤后应激障碍是恐惧条件作用、刺激泛化、恐惧行为强化和对他人的恐惧和认知（解释、非理性信念和高度警觉）的观察学习的产物。生物学观点考虑了对危及生命的动物、物体或情境的恐惧在自然选择和进化中所起的作用；高水平的情绪反应性和神经递质产生的遗传倾向；以及大脑恐惧回路的异常反应。

抑郁障碍和双相障碍

14-9：抑郁症、持续性抑郁障碍和双相障碍有何不同？

抑郁症患者在2周或2周以上时间内出现5种或5种以上症状，其中至少包括（1）抑郁心境或（2）失去兴趣或乐趣。持续性抑郁障碍包括至少2年的轻度抑郁心境以及至少2种其他症状。双相障碍更为少见，患者不仅经历抑郁，还经历躁狂——活动过度、极度乐观、冲动行为的发作期。

14-10：生物学和社会认知观点如何解释抑郁障碍和双相障碍？

关于抑郁障碍和双相障碍的生物学观点关注遗传倾向以及大脑结构和功能的异常（包括那些在神经递质系统中发现的异常）。社会认知观点认为抑郁是一种持续的压力体验循环（通过消极的信念、归因和记忆来解释），导致消极的心境和行为，并助长新的压力体验。

14-11：自杀和自伤有哪些影响因素？为防止自杀，我们要注意哪些重要的警示信号？

自杀率因国家、种族、性别、年龄、收入、宗教信仰、婚姻状况以及（对于同性恋年轻人）社会支持结构而异。抑郁者的自杀风险比其他人高，但社会暗示、健康状况以及经济和社会挫折也是导致自杀的因素。非自杀性自伤（NSSI）通常不会导致自杀，但如果未经治疗，可能会升级为自杀想法和行为。非自杀性自伤者不能很好地承受压力，倾向于自我批评，缺乏沟通和解决问题的能力。环境障碍（如跳跃障碍）在防止自杀方面是有效的。自杀的预先警示可能包括言语暗示、转送财产、退缩、被死亡的念头占据和讨论自己的自杀。

精神分裂症

14-12：精神分裂症的思维、感知、情感和行为模式有什么特点？

精神分裂症是通常在青少年期后期发病的一组障碍，对男性的影响比女性略大，似乎在所有文化中都有发生。症状是混乱和妄想的思维、歪曲的知觉和不恰当的情绪和行动。妄想是虚幻的信念；幻觉是没有感觉刺激的感觉体验。精神分裂症的症状可能是阳性（存在不恰当的行为）或阴性的（缺乏恰当的行为）。

14-13：慢性和急性精神分裂症有何差异？

在慢性（或进行性）精神分裂症中，该障碍逐渐发展，难以恢复。在急性（或反应性）精神分裂症中，发作是突然的，是对应激的反应，恢复的前景更光明。

14-14：哪些大脑异常与精神分裂症有关？

有精神分裂症的人，多巴胺受体增加，这可能会强化大脑信号，产生幻觉和偏执等阳性症状。与精神分裂症相关的脑异常包括膨大、充满液体的脑腔和相应的皮质减少。脑扫描显示额叶、丘脑和杏仁核的异常活动。多个脑区及其连接的交互故障可能会导致精神分裂症的症状。

14-15：哪些产前事件与精神分裂症的风险增加有关？

可能的影响因素包括母亲怀孕期间的病毒感染或饥荒状况；出生时体重低或缺氧；还有母亲的糖尿病或者父亲年龄较大。

14-16：基因对精神分裂症有何影响？

双生子和收养研究表明精神分裂症的易感性是遗传的。多个基因可能相互作用导致精神分裂症。没有任何环境因素

一定会导致精神分裂症，但环境事件（如产前病毒或母体压力）可能会在那些有这种倾向的人身上"开启"这种障碍的基因。

其他障碍

14-17：什么是分离障碍，为什么它们是有争议的？

分离障碍是指意识觉知似乎与先前的记忆、想法和感受分离的状况。怀疑者指出，在20世纪末，分离性身份障碍（以前被称为多重人格障碍）急剧增加，在北美以外很少发现，它可能反映了那些易受治疗师暗示影响的人的角色扮演。另一些人则认为这种障碍是焦虑情绪的表现，或者是因焦虑减少而行为得到强化的习得反应。

14-18：三种主要的进食障碍是什么？生物、心理和社会文化影响如何让人们更容易患上这些障碍？

对于那些有进食障碍的人（通常是女性或男同性恋者），心理因素会压倒身体保持正常体重的倾向。尽管体重严重偏低，但有神经性厌食症的人（通常是青少年女性）由于认为自己太胖而继续节食和运动。那些有神经性贪食症的人（通常是十几岁和二十几岁的女性）偷偷暴食，然后通过清除、禁食或过度运动来补偿。那些有暴食障碍的人暴饮暴食，但他们不会清除、禁食和运动。文化压力、低自尊和负性情绪与有压力的生活经历和遗传因素相互作用，导致进食障碍。

14-19：人格障碍分为哪三个类别？反社会人格障碍的行为和大脑活动有何特点？

人格障碍是破坏性、僵化和持久的行为模式，损害社会功能。这种障碍形成了三个集群，其主要特征是：（1）焦虑；（2）古怪或奇异的行为；（3）戏剧性或冲动的行为。反社会型人格障碍（第三组中的一种）的特征是缺乏良知，有时表现为攻击性和无畏的行为。遗传倾向可能与环境相互作用，产生与反社会型人格障碍相关的大脑活动改变。

心理障碍的患病率

14-20：有多少人目前有或曾经有过心理障碍？贫困是一个风险因素吗？

根据调查时间和地点的不同，心理障碍的患病率也不同。在一项跨国家和地区的调查中，任一种障碍的患病率的范围是从5%以下（上海）到25%以上（美国）。贫困是一个危险因素：与贫困有关的环境条件和经验会助长心理障碍的发展。但有些疾病，如精神分裂症，会使人陷入贫困。

第15章 心理障碍的治疗方法

心理障碍的治疗

15-1：心理治疗、生物医学疗法和治疗的折中取向有何不同？

心理治疗是使用心理技术的治疗方法；它包括一个训练有素的治疗师和一个寻求克服心理困难或实现个人成长的人之间的互动。主要的心理疗法来源于心理学的心理动力学、人本主义、行为和认知观点。生物医学疗法通过直接作用于患者生理机能的药物或手术来治疗心理障碍。折中取向结合了各种治疗形式的技术。

心理治疗

15-2：精神分析的目标和技术是什么？它们是如何适用于心理动力学疗法的？

通过精神分析，西格蒙德·弗洛伊德试图通过将焦虑的感受和想法带入意识觉知中，让人们获得自我洞察，缓解他们的障碍。精神分析技术包括使用自由联想和解释关于抗拒和移情的实例。心理动力学疗法受到传统精神分析的影响，但在许多方面与之不同，包括不相信本我、自我和超我。这种现代疗法更简单，更便宜，更专注于帮助患者从目前的症状中得到缓解。心理动力学治疗师帮助客户理解过去的关系如何创造主题，这些主题可能会在现在的关系中表现出来。

15-3：人本主义疗法有哪些基本主题？罗杰斯的来访者中心疗法有哪些具体目标和技术？

精神分析治疗师和人本主义治疗师都是领悟疗法——他们试图通过提高来访者对动机和防御的觉察来改善功能。人本主义治疗的目标包括帮助来访者在自我觉知和自我接纳方面成长；促进个人成长而非治愈疾病；帮助来访者对自己的成长负责；关注有意识的想法而不是无意识的动机；把现在和未来看得比过去更重要。卡尔·罗杰斯的来访者中心疗法提出，治疗师最重要的作用是通过积极倾听，充当心理镜子的作用，并提供无条件积极关注的成长促进环境，其特点是真诚、接纳和同理心。

15-4：行为疗法的基本假设与心理动力学疗法和人本主义疗法有何不同？暴露疗法和厌恶条件作用使用什么技术？

行为疗法不是领悟疗法。它的目标是应用学习原理来矫正问题行为。经典条件作用技术，包括暴露疗法（如系统脱敏或虚拟现实暴露疗法）和厌恶条件作用，试图通过对抗性条件作用来改变行为——唤起对触发不良行为的旧刺激的新反应。

15-5：操作性条件作用的基本概念是什么？支持和反对它的论据分别有哪些？

基于操作性条件作用原则的治疗，通过积极强化被期望的行为和忽略或惩罚不期望的行为，使用行为矫正技术来改变不受欢迎的行为。批评者认为（1）那些在代币法中使用的技术可能会产生行为变化，当奖赏结束时，这些变化就会消失；（2）决定哪些行为应该改变带有专制的色彩，是不道德的。支持者认为，比起因为不受欢迎的行为而去惩罚那些人或将他们收容起来，积极奖赏的做法更人道。

15-6：认知疗法和认知行为疗法的目标和方法是什么？

认知疗法，如阿伦·贝克针对抑郁的认知疗法，假设我们的想法影响我们的感受，治疗师的角色是通过训练客户以更积极的方式看待自己，来改变他们自我挫败的想法。理情行为疗法是一种对抗性的认知疗法，主动挑战非理性的信念。得到广泛研究和实践的认知行为疗法结合了认知疗法和行为疗法，帮助来访者在日常生活中有规律地实践新的思维方式和说话方式。

15-7：团体与家庭治疗的目标和优势是什么？

与个体治疗相比，团体治疗可以帮助更多的人，而且人均花费更少。来访者可能会受益于在群体情境中探索感受和发展社交技能，了解到其他人有类似的问题，以及从新的行为方式得到反馈。家庭治疗将家庭视为一个互动系统，试图帮助成员发现他们扮演的角色，学习更公开和直接的沟通方式。

心理治疗的评估

15-8：心理治疗有效吗？由谁决定？

来访者和治疗师的证言并不能证明心理治疗是有效的，而安慰剂效应使得判断治疗是否带来改善变得困难。通过使用元分析，将数百项随机化心理治疗结果研究的结果进行统计汇总，研究者发现，那些不接受治疗的患者往往也会好转，但接受心理治疗的患者好转的速度更快，复发的几率也更低。

15-9：针对具体障碍，某些治疗方法比其他方法更有效吗？

没有哪种心理疗法总体上好于其他疗法。对于那些有明确的特定问题的人，治疗是最有效的。有些疗法——比如治疗恐怖症和强迫症的行为条件作用——对特定的障碍更有效。心理动力学疗法对抑郁和焦虑很有效，认知疗法和认知行为疗法在应对焦虑、创伤后应激障碍和抑郁方面也很有效。循证实践将现有的最佳研究与临床医生的专业技能和患者的特点、偏好和情况相结合。

15-10：在科学的审视下，替代疗法表现如何？

异常状态往往会自行恢复正常，而安慰剂效应会给人一种治疗有效的印象。这两种倾向使得对替代疗法（声称可以治愈某些疾病的非传统疗法）的评估变得复杂。眼动脱敏与再加工疗法已经显示出一些疗效——不是通过眼球运动，而是通过暴露疗法的本质。光照疗法似乎通过激活影响唤醒和激素的脑区来减轻季节性情感障碍（SAD）的症状。

15-11：各种心理治疗的三个共同点是什么？

所有的心理疗法都给受挫的人带来了新的希望；一个全新的视角；以及（如果治疗师有效的话）具有同理心、信任和关怀的关系。治疗师和来访者之间信任和理解的情感纽带——治疗联盟——是有效治疗的重要因素。

15-12：文化和价值观如何影响治疗师与来访者的关系？

治疗师在影响他们的治疗目标和他们对进展的看法上有不同的价值观。如果治疗师和来访者的文化或宗教观点不同，这些差异可能会造成问题。

15-13：人们选择治疗师时应该关注什么？

寻求治疗的人可能想询问治疗师的治疗方法、价值观、资历和费用。一个重要的考虑是治疗寻求者是否感到舒适，是否能够与治疗师建立联结。

生物医学疗法

15-14：什么是药物疗法？双盲实验如何帮助研究者评估药物的疗效？

心理药理学是研究药物对人的心理和行为的影响，它使药物疗法成为应用最广泛的生物医学疗法。用于治疗精神分裂症的抗精神病药阻断了多巴胺的活性。副作用可能包括迟发性运动障碍（面部肌肉、舌头和四肢的不自主运动）或增加肥胖和糖尿病的风险。抑制中枢神经系统活动的抗焦虑药被用来治疗焦虑障碍。这些药物在生理和心理上都会成瘾。抗抑郁药，可以增加5-羟色胺和去甲肾上腺素的可用性，被用于治疗抑郁，其疗效勉强高于安慰剂药物。被称为选择性5-羟色胺再摄取抑制剂（通常被称为SSRI类药物）的抗抑郁药现在被用于治疗其他障碍，包括中风和焦虑障碍。锂盐和双丙戊酸钠是双相障碍患者的心境稳定剂。研究可以使用双盲程序来避免安慰剂效应和研究者偏差。

15-15：如何使用脑刺激和精神外科手术治疗特定的心理障碍？

电痉挛疗法（ECT）是一种有效的、最后选择的治疗方法，用于治疗对其他疗法没有反应的重度抑郁患者。治疗抑郁的新方法包括迷走神经刺激、重复经颅磁刺激（rTMS），以及在初步的临床实验中，通过深部脑刺激来缓解与负面情绪相关的过度活跃的脑区。精神外科手术切除或破坏脑组织，以期改变行为。额叶切除术等激进的精神外科手术曾经很流行，但神经外科医生现在很少进行改变行为或情绪的脑部手术。脑外科手术是万不得已的治疗手段，因为它的效果是不可逆转的。

15-16：为什么采用更健康的生活方式可能会缓解抑郁？为什么说这表明我们是生物–心理–社会的系统？

通过有氧锻炼、充足睡眠、光照、社交活动、减少消极想法和更好的营养，抑郁者通常会得到一些缓解。在我们整合的生物–心理–社会系统中，应激影响着我们的身体化学成分和健康；化学失衡会导致抑郁；社会支持和其他生活方式的改变可以缓解症状。

心理障碍的预防

15-17：心理健康预防项目的基本原理是什么？

心理健康预防项目的基础是，许多心理障碍可以通过改变压迫性的、破坏自尊的环境来预防，使环境变得更仁慈、更有益，从而促进成长、自信和复原力。与挑战作斗争可能让人得到创伤后的成长。社区心理学家经常积极参与心理健康预防项目。

专业术语表

A

absolute threshold 绝对阈限 the minimum stimulation needed to detect a particular stimulus 50 percent of the time.

accommodation 调节 (1) in developmental psychology, adapting our current understandings (schemas) to incorporate new information. (2) in sensation and perception, the process by which the eye's lens changes shape to focus near or far objects on the retina.

achievement motivation 成就动机 a desire for significant accomplishment, for mastery of skills or ideas, for control, and for rapidly attaining a high standard.

achievement test 成就测验 a test designed to assess what a person has learned.

acquisition 习得 in classical conditioning, the initial stage, when one links a neutral stimulus and an unconditioned stimulus so that the neutral stimulus begins triggering the conditioned response. In operant conditioning, the strengthening of a reinforced response.

action potential 动作电位 a neural impulse; a brief electrical charge that travels down an axon.

active listening 积极倾听 empathic listening in which the listener echoes, restates, and clarifies. A feature of Rogers' client-centered therapy.

adaptation-level phenomenon 适应水平现象 our tendency to form judgments (of sounds, of lights, of income) relative to a neutral level defined by our prior experience.

addiction 成瘾 compulsive drug craving and use, despite adverse consequences.

adolescence 青少年期 the transition period from childhood to adulthood, extending from puberty to independence.

adrenal glands 肾上腺 a pair of endocrine glands that sit just above the kidneys and secrete hormones (epinephrine and norepinephrine) that help arouse the body in times of stress.

aerobic exercise 有氧运动 sustained exercise that increases heart and lung fitness; may also alleviate depression and anxiety.

aggression 攻击 any physical or verbal behavior intended to hurt or destroy.

AIDS (acquired immune deficiency syndrome) 获得性免疫缺陷综合征 a life-threatening, sexually transmitted infection caused by the *human immunodeficiency virus* (HIV). AIDS depletes the immune system, leaving the person vulnerable to infections.

alcohol dependence 酒精依赖 (popularly known as alcoholism). Alcohol use marked by tolerance, withdrawal if suspended, and a drive to continue use.

algorithm 算法 a methodical, logical rule or procedure that guarantees solving a particular problem. Contrasts with the usually speedier—but also more error-prone—use of *heuristics*.

alpha waves α 波 the relatively slow brain waves of a relaxed, awake state.

altruism 利他主义 unselfish regard for the welfare of others.

amphetamines 苯丙胺 drugs that stimulate neural activity, causing speeded-up body functions and associated energy and mood changes.

amygdala 杏仁核 two limabean-sized neural clusters in the limbic system; linked to emotion.

anorexia nervosa 神经性厌食症 an eating disorder in which a person (usually an adolescent female) maintains a starvation diet despite being significantly (15 percent or more) underweight.

anterograde amnesia 顺行性遗忘 an inability to form new memories.

antianxiety drugs 抗焦虑药 drugs used to control anxiety and agitation.

antidepressant drugs 抗抑郁药 drugs used to treat depression and some anxiety disorders. Different types work by altering the availability of various neurotransmitters.

antipsychotic drugs 抗精神病药 drugs used to treat schizophrenia and other forms of severe thought disorder.

antisocial personality disorder 反社会型人格障碍 a personality disorder in which a person (usually a man) exhibits a lack of conscience for wrongdoing, even toward friends and family members. May be aggressive and ruthless or a clever con artist.

anxiety disorders 焦虑障碍 psychological disorders characterized by distressing, persistent anxiety or maladaptive behaviors that reduce anxiety.

aphasia 失语症 impairment of language, usually caused by left-hemisphere damage either to Broca's area (impairing speaking) or to Wernicke's area (impairing understanding).

applied research 应用研究 scientific study that aims to solve practical problems.

aptitude test 能力倾向测验 a test designed to predict a person's future performance; *aptitude* is the capacity to learn.

assimilation 同化 interpreting our new experiences in terms of our existing schemas.

association areas 联合区 areas of the cerebral cortex that are not involved in primary motor or sensory functions; rather, they are involved in higher mental functions such as learning, remembering, thinking, and speaking.

associative learning 联想学习 learning that certain events occur together. The events may be two stimuli (as in classical conditioning) or a response and its consequences (as in operant conditioning).

attachment 依恋 an emotional tie with another person; shown in young children by their seeking closeness to the caregiver and showing distress on separation.

attention-deficit hyperactivity disorder (ADHD) 注意缺陷/多动障碍 a psychological disorder marked by the appearance by age 7 of one or more of three key symptoms: extreme inattention, hyperactivity, and impulsivity.

attitude 态度 feelings, often influenced by our beliefs, that predispose us to respond in a particular way to objects, people, and events.

attribution theory 归因理论 the theory that we explain someone's behavior by crediting either the situation or the person's disposition.

audition 听觉 the sense or act of hearing.

autism 自闭症 a disorder that appears in childhood and is marked by deficient communication, social interaction, and understanding of others' states of mind.

automatic processing 自动加工 unconscious encoding of incidental information, such as space, time, and frequency, and of well-learned information, such as word meanings.

autonomic nervous system (ANS) 自主神经系统 the part of the peripheral nervous system that controls the glands and the muscles of the internal organs (such as the heart). Its sympathetic division arouses; its parasympathetic division calms.

availability heuristic 易得性启发法 estimating the likelihood of events based on their availability in memory; if instances come readily to mind (perhaps because of their vividness), we presume such events are common.

aversive conditioning 厌恶条件作用 a type of counterconditioning that associates an unpleasant state (such as nausea) with an unwanted behavior (such as drinking alcohol).

axon 轴突 the neuron extension that passes messages through its branches to other neurons or to muscles or glands.

B

babbling stage 咿呀语期 beginning at about 4 months, the stage of speech development in which the infant spontaneously utters various sounds at first unrelated to the household language.

barbiturates 巴比妥酸盐 drugs that depress central nervous system activity, reducing anxiety but impairing memory and judgment.

basal metabolic rate 基础代谢率 the body's resting rate of energy expenditure.

basic research 基础研究 pure science that aims to increase the scientific knowledge base.

basic trust 基本信任 according to Erik Erikson, a sense that the world is predictable and trustworthy; said to be formed during infancy by appropriate experiences with responsive caregivers.

behavior genetics 行为遗传学 the study of the relative power and limits of genetic and environmental influences on behavior.

behavior therapy 行为疗法 therapy that applies learning principles to the elimination of unwanted behaviors.

behaviorism 行为主义 the view that psychology should be an objective science that (2) studies behavior without reference to mental processes. Most research psychologists today agree with (1) but not with (2).

belief perseverance 信念保持 clinging to one's initial conceptions after the basis on which they were formed has been discredited.

binge-eating disorder 暴食障碍 significant binge-eating episodes, followed by distress, disgust, or guilt, but without the compensatory purging or fasting that marks bulimia nervosa.

binocular cues 双眼线索 depth cues, such as retinal disparity, that depend on the use of two eyes.

biological psychology 生物心理学 the scientific study of the links between biological (genetic, neural, hormonal) and psychological processes. (Some biological psychologists call themselves *behavioral neuroscientists, neuropsychologists, behavior geneticists, physiological psychologists, or biopsychologists.*)

biomedical therapy 生物医学疗法 prescribed medications or procedures that act directly on the person's physiology.

biopsychosocial approach 生物－心理－社会取向 an integrated approach that incorporates biological, psychological, and social-cultural levels of analysis.

bipolar disorder 双相障碍 a mood disorder in which a person alternates between the hopelessness and lethargy of depression and the overexcited state of mania. (Formerly called manic-depressive disorder.)

blind spot 盲点 the point at which the optic nerve leaves the eye, creating a "blind" spot because no receptor cells are located there.

blindsight 盲视 a condition in which a person can respond to a visual stimulus without consciously experiencing it.

bottom-up processing 自下而上加工 analysis that begins with the sensory receptors and works up to the brain's integration of sensory information.

brainstem 脑干 the oldest part and central core of the brain, beginning where the spinal cord swells as it enters the skull; the brainstem is responsible for automatic survival functions.

Broca's area 布洛卡区 controls language expression—an area of the frontal lobe, usually in the left hemisphere, that directs the muscle movements involved in speech.

bulimia nervosa 神经性贪食症 an eating disorder in which a person alternates binge eating (usually of high-calorie foods) with purging (by vomiting or laxative use) or fasting.

bystander effect 旁观者效应 the tendency for any given bystander to be less likely to give aid if other bystanders are present.

C

Cannon-Bard theory 坎农－巴德理论 the theory that an emotion-arousing stimulus simultaneously triggers (1) physiological responses and the subjective experience of emotion.

case study 个案研究 an observation technique in which one person is studied in depth in the hope of revealing universal principles.

catharsis 宣泄 in psychology, the idea that "releasing" aggressive energy (through action or fantasy) relieves aggressive urges.

central nervous system (CNS) 中枢神经系统 the brain and spinal cord.

central route persuasion 中心途径说服 occurs when interested people focus on the arguments and respond with favorable thoughts.

cerebellum 小脑 the "little brain" at the rear of the brainstem; functions include processing sensory input, coordinating movement output and balance, and enabling nonverbal learning and memory.

cerebral cortex 大脑皮层 the intricate fabric of interconnected neural cells covering the cerebral hemispheres; the body's ultimate control and information-processing center.

change blindness 变化盲视 failing to notice changes in the environment.

chromosomes 染色体 threadlike structures made of DNA molecules that contain the genes.

chunking 组块 organizing items into familiar, manageable units; often occurs automatically.

circadian rhythm 昼夜节律 the biological clock; regular bodily rhythms (for example, of temperature and wakefulness) that occur on a 24-hour cycle.

classical conditioning 经典性条件作用 a type of learning in which one learns to link two or more stimuli and anticipate events.

client-centered therapy 来访者中心疗法 a humanistic therapy, developed by Carl Rogers, in which the therapist uses techniques such as active listening within a genuine, accepting, empathic environment to facilitate clients' growth. (Also called *person-centered therapy*.)

clinical psychology 临床心理学 a branch of psychology that studies, assesses, and treats people with psychological disorders.

cochlea 耳蜗 a coiled, bony, fluid-filled tube in the inner ear; sound waves traveling through the cochlear fluid trigger nerve impulses.

cochlear implant 人工耳蜗 a device for converting sounds into electrical signals and stimulating the auditory nerve through electrodes threaded into the cochlea.

cognition 认知 all the mental activities associated with thinking, knowing, remembering, and communicating.

cognitive dissonance theory 认知失调理论 the theory that we act to reduce the discomfort (dissonance) we feel when two of our thoughts (cognitions) are inconsistent. For example, when we become aware that our attitudes and our actions clash, we can reduce the resulting dissonance by changing our attitudes.

cognitive learning 认知学习 the acquisition of mental information, whether by observing events, by watching others, or through language.

cognitive map 认知地图 a mental representation of the layout of one's environment. For example, after exploring a maze, rats act as if they have learned a cognitive map of it.

cognitive neuroscience 认知神经科学 the interdisciplinary study of the brain activity linked with cognition (including perception, thinking, memory, and language).

cognitive therapy 认知疗法 therapy that teaches people new, more adaptive ways of thinking; based on the assumption that thoughts intervene between events and our emotional reactions.

cognitive-behavioral therapy 认知行为疗法 a popular integrative therapy that combines cognitive therapy (changing self-defeating thinking) with behavior therapy (changing behavior).

collective unconscious 集体潜意识 Carl Jung's concept of a shared, inherited reservoir of memory traces from our species' history.

collectivism 集体主义 giving priority to the goals of one's group (often one's extended family or work group) and defining one's identity accordingly.

color constancy 颜色恒常性 perceiving familiar objects as having consistent color, even if changing illumination alters the wavelengths reflected by the object.

companionate love 伴侣之爱 the deep affectionate attachment we feel for those with whom our lives are intertwined.

concept 概念 a mental grouping of similar objects, events, ideas, and people.

concrete operational stage 具体运算阶段 in Piaget's theory, the stage of cognitive development (from about 6 or 7 to 11 years of age) during which children gain the mental operations that enable them to think logically about concrete events.

conditioned reinforcer 条件强化物 a stimulus that gains its reinforcing power through its association with a primary reinforcer; also known as *secondary reinforcer*.

conditioned response (CR) 条件反应 in classical conditioning, a learned response to a previously neutral (but now conditioned) stimulus (CS).

conditioned stimulus (CS) 条件刺激 in classical conditioning, an originally irrelevant stimulus that, after association with an unconditioned stimulus (US), comes to trigger a conditioned response (CR).

conduction hearing loss 传导性听觉丧失 hearing loss caused by damage to the mechanical system that conducts sound waves to the cochlea.

cones 锥体细胞 retinal receptor cells that are concentrated near the center of the retina and that function in daylight or in well-lit conditions. The cones detect fine detail and give rise to color sensations.

confirmation bias 证实偏见 a tendency to search for information that supports our preconceptions and to ignore or distort contradictory evidence.

conflict 冲突 a perceived incompatibility of actions, goals, or ideas.

conformity 从众 adjusting our behavior or thinking to coincide with a group standard.

confounding variable 混淆变量 a factor other than the independent variable that might produce an effect in an experiment.

consciousness 意识 our awareness of ourselves and our environment.

conservation 守恒 the principle (which Piaget believed to be a part of concrete operational reasoning) that properties such as mass, volume, and number remain the same despite changes in the forms of objects.

content validity 内容效度 the extent to which a test samples the behavior that is of interest.

continuous reinforcement 连续强化 reinforcing the desired response every time it occurs.

control group 控制组 in an experiment, the group not exposed to the treatment; contrasts with the experimental group and serves as a comparison for evaluating the effect of the treatment.

convergent thinking 聚合思维 narrows the available problem solutions to determine the single best solution.

coping 应对 alleviating stress using emotional, cognitive, or behavioral methods.

coronary heart disease 冠心病 the clogging of the vessels that nourish the heart muscle; the leading cause of death in many developed countries.

corpus callosum 胼胝体 the large band of neural fibers connecting the two brain hemispheres and carrying messages between them.

correlation 相关 a measure of the extent to which two factors vary together, and thus of how well either factor predicts the other.

correlation coefficient 相关系数 a statistical index of the relationship between two things (from 1 to +1).

counseling psychology 咨询心理学 a branch of psychology that assists people with problems in living (often related to school, work, or relationships) and in achieving greater wellbeing.

counterconditioning 对抗性条件作用 behavior therapy procedures that use classical conditioning to evoke new responses to stimuli that are triggering unwanted behaviors; include *exposure therapies* and *aversive conditioning*.

creativity 创造性 the ability to produce novel and valuable ideas.

critical period 关键期 an optimal period early in the life of an organism when exposure to certain stimuli or experiences produces normal development.

critical thinking 批判性思维 thinking that does not blindly accept arguments and conclusions. Rather, it examines assumptions, discerns hidden values, evaluates evidence, and assesses conclusions.

cross-sectional study 横断研究 a study in which people of different ages are compared with one another.

crystallized intelligence 晶体智力 our accumulated knowledge and verbal skills; tends to increase with age.

culture 文化 the enduring behaviors, ideas, attitudes, values, and traditions shared by a group of people and transmitted from one generation to the next.

D

debriefing 事后解释 the postexperimental explanation of a study, including its purpose and any deceptions, to its participants.

deep processing 深层加工 encoding semantically, based on the meaning of the words; tends to yield the best retention.

defense mechanisms 防御机制 in psychoanalytic theory, the ego's protective methods of reducing anxiety by unconsciously distorting reality.

deindividuation 去个性化 the loss of self-awareness and self-restraint occurring in group situations that foster arousal and anonymity.

déjà vu 幻觉记忆 that eerie sense that "I've experienced this before." Cues from the current situation may subconsciously trigger retrieval of an earlier experience.

delta waves δ 波 the large, slow brain waves associated with deep sleep.

delusions 妄想 false beliefs, often of persecution or grandeur, that may accompany psychotic disorders.

dendrites 树突 a neuron's bushy, branching extensions that receive messages and conduct impulses toward the cell body.

dependent variable 因变量 the outcome factor; the variable that may change in response to manipulations of the independent variable.

depressants 抗抑郁药 drugs (such as alcohol, barbiturates, and opiates) that reduce neural activity and slow body functions.

depth perception 深度知觉 the ability to see objects in three dimensions although the images that strike the retina are two-dimensional; allows us to judge distance.

developmental psychology 发展心理学 a branch of psychology that studies physical, cognitive, and social change throughout the life span.

difference threshold 差别阈限 the minimum difference between two stimuli required for detection 50 percent of the time. We experience the difference threshold as a *just noticeable difference* (or *jnd*).

discrimination 分化 (1) in classical conditioning, the learned ability to distinguish between a conditioned stimulus and stimuli that do not signal an unconditioned stimulus. (2) in social psychology, unjustifiable negative behavior toward a group and its members.

dissociation 分离 a split in consciousness, which allows some thoughts and behaviors to occur simultaneously with others.

dissociative disorders 分离障碍 disorders in which conscious awareness becomes separated (dissociated) from previous memories, thoughts, and feelings.

dissociative identity disorder (DID) 分离性身份障碍 a rare dissociative disorder in which a person exhibits two or more distinct and alternating personalities. Formerly called multiple personality disorder.

divergent thinking 发散思维 expands the number of possible problem solutions (creative thinking that diverges in different directions).

DNA (*deoxyribonucleic acid*) 脱氧核糖核酸 a complex molecule containing the genetic information that makes up the chromosomes.

double-blind procedure 双盲程序 an experimental procedure in which both the research participants and the research staff are ignorant (blind) about whether the research participants have received the treatment or a placebo. Commonly used in drug-evaluation studies.

Down syndrome 唐氏综合征 a condition of mild to severe intellectual disability and associated physical disorders caused by an extra copy of chromosome 21.

dream 梦 a sequence of images, emotions, and thoughts passing through a sleeping person's mind. Dreams are notable for their hallucinatory imagery, discontinuities, and incongruities, and for the dreamer's delusional acceptance of the content and later difficulties remembering it.

drive-reduction theory 驱力降低理论 the idea that a physiological need creates an aroused tension state (a drive) that motivates an organism to satisfy the need.

DSM-5 the American Psychiatric Association's Diagnostic and Statistical Manual of Mental Disorders, Fifth Edition; a widely used system for classifying psychological disorders.

dual processing 双重加工 the principle that information is often simultaneously processed on separate conscious and unconscious tracks.

E

echoic memory 回声记忆 a momentary sensory memory of auditory stimuli; if attention is elsewhere, sounds and words can still be recalled within 3 or 4 seconds.

eclectic approach 折中取向 an approach to psychotherapy that, depending on the client's problems, uses techniques from various forms of therapy.

Ecstasy (MDMA) 摇头丸   a synthetic stimulant and mild hallucinogen. Produces euphoria and social intimacy, but with short-term health risks and longer-term harm to serotonin-producing neurons and to mood and cognition.

effortful processing 有意识加工   encoding that requires attention and conscious effort.

ego 自我   the largely conscious, "executive" part of personality that, according to Freud, mediates among the demands of the id, superego, and reality. The ego operates on the *reality principle*, satisfying the id's desires in ways that will realistically bring pleasure rather than pain.

egocentrism 自我中心   in Piaget's theory, the preoperational child's difficulty taking another's point of view.

electroconvulsive therapy (ECT) 电痉挛疗法   a biomedical therapy for severely depressed patients in which a brief electric current is sent through the brain of an anesthetized patient.

electroencephalogram (EEG) 脑电图   an amplified recording of the waves of electrical activity sweeping across the brain's surface. These waves are measured by electrodes placed on the scalp.

embodied cognition 具身认知   the influence of bodily sensations, gestures, and other states on cognitive preferences and judgments.

embryo 胚胎   the developing human organism from about 2 weeks after fertilization through the second month.

emerging adulthood 成人初显期   for some people in modern cultures, a period from the late teens to mid-twenties, bridging the gap between adolescent dependence and full independence and responsible adulthood.

emotional intelligence 情绪智力   the ability to perceive, understand, manage, and use emotions.

emotion 情绪   a response of the whole organism, involving (1) physiological arousal, (2) expressive behaviors, and (3) conscious experience.

emotion-focused coping 情绪聚焦应对   attempting to alleviate stress by avoiding or ignoring a stressor and attending to emotional needs related to one's stress reaction.

empirically derived test 实证推知的测验   a test (such as the MMPI) developed by testing a pool of items and then selecting those that discriminate between groups.

encoding 编码   the processing of information into the memory system-for example, by extracting meaning.

endocrine system 内分泌系统   the body's "slow" chemical communication system; a set of glands that secrete hormones into the bloodstream.

endorphins 内啡肽   "morphine within"—natural, opiate-like neurotransmitters linked to pain control and to pleasure.

environment 环境   every nongenetic influence, from prenatal nutrition to the people and things around us.

epigenetics 表观遗传学   the study of environmental influences on gene expression that occur without a DNA change.

equity 公平   a condition in which people receive from a relationship in proportion to what they give to it.

estrogens 雌激素   sex hormones, such as estradiol, secreted in greater amounts by females than by males and contributing to female sex characteristics. In nonhuman female mammals, estrogen levels peak during ovulation, promoting sexual receptivity.

evidence-based practice 循证实践   clinical decision making that integrates the best available research with clinical expertise and patient characteristics and preferences.

evolutionary psychology 进化心理学   the study of the evolution of behavior and the mind, using principles of natural selection.

experiment 实验   a research method in which an investigator manipulates one or more factors (independent variables) to observe the effect on some behavior or mental process (the dependent variable). By *random assignment* of participants, the experimenter aims to control other relevant factors.

experimental group 实验组   in an experiment, the group exposed to the treatment, that is, to one version of the independent variable.

explicit memory 外显记忆   memory of facts and experiences that one can consciously know and "declare." (Also called *declarative memory*.)

exposure therapies 暴露疗法   behavioral techniques, such as *systematic desensitization and virtual reality exposure therapy*, that treat anxieties by exposing people (in imagination or actual situations) to the things they fear and avoid.

external locus of control 外控点   the perception that chance or outside forces beyond our personal control determine our fate.

extinction 消退   the diminishing of a conditioned response; occurs in classical conditioning when an unconditioned stimulus does not follow a conditioned stimulus; occurs in operant conditioning when a response is no longer reinforced.

extrasensory perception (ESP) 超感知觉   the controversial claim that perception can occur apart from sensory input; includes telepathy, clairvoyance, and precognition.

extrinsic motivation 外部动机   a desire to perform a behavior to receive promised rewards or avoid threatened punishment.

F

facial feedback effect 面部反馈效应   the tendency of facial muscle states to trigger corresponding feelings, such as fear, anger, or happiness.

family therapy 家庭治疗   therapy that treats the family as a system. Views an individual's unwanted behaviors as influenced by, or directed at, other family members.

feature detectors 特征觉察器   nerve cells in the brain that respond to specific features of the stimulus, such as shape, angle, or movement.

feel-good, do-good phenomenon 好心情乐于助人现象   people's tendency to be helpful when already in a good mood.

fetal alcohol syndrome (FAS) 胎儿酒精综合征   physical and cognitive abnormalities in children caused by a pregnant woman's heavy drinking. In severe cases, symptoms include noticeable facial misproportions.

fetus 胎儿   the developing human organism from 9 weeks after conception to birth.

figure-ground 图形－背景   the organization of the visual field into objects (the *figures*) that stand out from their surroundings (the *ground*).

fixation 固着　according to Freud, a lingering focus of pleasure-seeking energies at an earlier psychosexual stage, in which conflicts were unresolved.

fixed-interval schedule 固定间隔程式　in operant conditioning, a reinforcement schedule that reinforces a response only after a specified time has elapsed.

fixed-ratio schedule 固定比率程式　in operant conditioning, a reinforcement schedule that reinforces a response only after a specified number of responses.

flashbulb memory 闪光灯记忆　a clear memory of an emotionally significant moment or event.

flow 流畅感　a completely involved, focused state of consciousness, with diminished awareness of self and time, resulting from optimal engagement of one's skills.

fluid intelligence 液体智力　our ability to reason speedily and abstractly; tends to decrease during late adulthood.

fMRI (functional MRI) 功能性磁共振成像　a technique for revealing bloodflow and, therefore, brain activity by comparing successive MRI scans. f MRI scans show brain function.

foot-in-the-door phenomenon 登门槛现象　the tendency for people who have first agreed to a small request to comply later with a larger request.

formal operational stage 形式运算阶段　in Piaget's theory, the stage of cognitive development (normally beginning about age 12) during which people begin to think logically about abstract concepts.

fovea 中央凹　the central focal point in the retina, around which the eye's cones cluster.

framing 框架　the way an issue is posed; how an issue is framed can significantly affect decisions and judgments.

fraternal twins 异卵双生子　twins who develop from separate (dizygotic) fertilized eggs. They are genetically no closer than ordinary brothers and sisters, but they share a fetal environment.

free association 自由联想　in psychoanalysis, a method of exploring the unconscious in which the person relaxes and says whatever comes to mind, no matter how trivial or embarrassing.

frequency 频率　the number of complete wavelengths that pass a point in a given time (for example, per second).

frequency theory 频率理论　in hearing, the theory that the rate of nerve impulses traveling up the auditory nerve matches the frequency of a tone, thus enabling us to sense its pitch.

frontal lobes 额叶　portion of the cerebral cortex lying just behind the forehead; involved in speaking and muscle movements and in making plans and judgments.

frustration-aggression principle 挫折－攻击原理　the principle that frustration—the blocking of an attempt to achieve some goal—creates anger, which can generate aggression.

functionalism 机能主义　early school of thought promoted by James and influenced by Darwin; explored how mental and behavioral processes function—how they enable the organism to adapt, survive, and flourish.

fundamental attribution error 基本归因错误　the tendency for observers, when analyzing another's behavior, to underestimate the impact of the situation and to overestimate the impact of personal disposition.

G

gate-control theory 门控理论　the theory that the spinal cord contains a neurological "gate" that blocks pain signals or allows them to pass on to the brain. The "gate" is opened by the activity of pain signals traveling up small nerve fibers and is closed by activity in larger fibers or by information coming from the brain.

gender 性别　the socially constructed roles and characteristics by which a culture defines *male* and *female*.

general adaptation syndrome (GAS) 一般适应综合征　Selye's concept of the body's adaptive response to stress in three phases—alarm, resistance, exhaustion.

gender identity 性别同一性　our sense of being male or female.

gender role 性别角色　a set of expected behaviors for males or for females.

gender-typing 性别形成　the acquisition of a traditional masculine or feminine role.

general intelligence (g) 一般智力　a general intelligence factor that, according to Spearman and others, underlies specific mental abilities and is therefore measured by every task on an intelligence test.

generalization 泛化　the tendency, once a response has been conditioned, for stimuli similar to the conditioned stimulus to elicit similar responses.

generalized anxiety disorder 广泛性焦虑障碍　an anxiety disorder in which a person is continually tense, apprehensive, and in a state of autonomic nervous system arousal.

genes 基因　the biochemical units of heredity that make up the chromosomes; segments of DNA capable of synthesizing proteins.

gestalt 格式塔　an organized whole. Gestalt psychologists emphasized our tendency to integrate pieces of information into meaningful wholes.

glial cells (glia) 胶质细胞　cells in the nervous system that support, nourish, and protect neurons; they may also play a role in learning and thinking.

glucose 血糖　the form of sugar that circulates in the blood and provides the major source of energy for body tissues. When its level is low, we feel hunger.

grammar 语法　in a language, a system of rules that enables us to communicate with and understand others. In a given language, *semantics* is the set of rules for deriving meaning from sounds, and *syntax* is the set of rules for combining words into grammatically sensible sentences.

GRIT　Graduated and Reciprocated Initiatives in Tension-Reduction—a strategy designed to decrease international tensions.

group polarization 群体极化　the enhancement of a group's prevailing inclinations through discussion within the group.

group therapy 团体治疗　therapy conducted with groups rather than individuals, permitting therapeutic benefits from group interaction.

grouping 分组　the perceptual tendency to organize stimuli into coherent groups.

groupthink 群体思维　the mode of thinking that occurs when the desire for harmony in a decision-making group overrides a realistic appraisal of alternatives.

H

habituation 习惯化 decreasing responsiveness with repeated stimulation. As infants gain familiarity with repeated exposure to a visual stimulus, their interest wanes and they look away sooner.

hallucinations 幻觉 false sensory experiences, such as seeing something in the absence of an external visual stimulus.

hallucinogens 致幻剂 psychedelic ("mind-manifesting") drugs, such as LSD, that distort perceptions and evoke sensory images in the absence of sensory input.

health psychology 健康心理学 a subfield of psychology that provides psychology's contribution to behavioral medicine.

heritability 遗传力 the proportion of variation among individuals that we can attribute to genes. The heritability of a trait may vary, depending on the range of populations and environments studied.

heuristic 启发法 a simple thinking strategy that often allows us to make judgments and solve problems efficiently; usually speedier but also more error prone than *algorithms*.

hierarchy of needs 需要层次 Maslow's pyramid of human needs, beginning at the base with physiological needs that must first be satisfied before higher-level safety needs and then psychological needs become active.

hindsight bias 后见之明偏差 the tendency to believe, after learning an outcome, that one would have foreseen it. (Also known as the *I-knew-it-all-along phenomenon*.)

hippocampus 海马 a neural center located in the limbic system; helps process explicit memories for storage.

homeostasis 体内平衡 a tendency to maintain a balanced or constant internal state; the regulation of any aspect of body chemistry, such as blood glucose, around a particular level.

hormones 激素 chemical messengers that are manufactured by the endocrine glands, travel through the bloodstream, and affect other tissues.

hue 色调 the dimension of color that is determined by the wavelength of light; what we know as the color names *blue*, *green*, and so forth.

humanistic psychology 人本主义心理学 historically significant perspective that emphasized the growth potential of healthy people.

humanistic theories 人本主义理论 view personality with a focus on the potential for healthy personal growth.

hypnosis 催眠 a social interaction in which one person (the hypnotist) suggests to another (the subject) that certain perceptions, feelings, thoughts, or behaviors will spontaneously occur.

hypothalamus 下丘脑 a neural structure lying below (*hypo*) the thalamus; it directs several maintenance activities (eating, drinking, body temperature), helps govern the endocrine system via the pituitary gland, and is linked to emotion and reward.

hypothesis 假设 a testable prediction, often implied by a theory.

I

iconic memory 映象记忆 a momentary sensory memory of visual stimuli; a photographic or picture-image memory lasting no more than a few tenths of a second.

id 本我 a reservoir of unconscious psychic energy that, according to Freud, strives to satisfy basic sexual and aggressive drives. The id operates on the *pleasure principle*, demanding immediate gratification.

identical twins 同卵双生子 twins who develop from a single (monozygotic) fertilized egg that splits in two, creating two genetically identical organisms.

identification 认同 the process by which, according to Freud, children incorporate their parents' values into their developing superegos.

identity 同一性 our sense of self; according to Erikson, the adolescent's task is to solidify a sense of self by testing and integrating various roles.

implicit memory 内隐记忆 retention independent of conscious recollection. (Also called *nondeclarative memory*.)

imprinting 印刻 the process by which certain animals form attachments during a critical period very early in life.

inattentional blindness 非注意盲视 failing to see visible objects when our attention is directed elsewhere.

incentive 诱因 a positive or negative environmental stimulus that motivates behavior.

independent variable 自变量 the experimental factor that is manipulated; the variable whose effect is being studied.

individualism 个人主义 giving priority to one's own goals over group goals and defining one's identity in terms of personal attributes rather than group identifications.

informational social influence 信息性社会影响 influence resulting from one's willingness to accept others' opinions about reality.

informed consent 知情同意 giving potential participants enough information about a study to enable them to decide whether they wish to participate.

ingroup 内群体 "Us"—people with whom we share a common identity.

ingroup bias 内群体偏见 the tendency to favor our own group.

inner ear 内耳 the innermost part of the ear, containing the cochlea, semicircular canals, and vestibular sacs.

insight therapies 领悟疗法 a variety of therapies that aim to improve psychological functioning by increasing a person's awareness of underlying motives and defenses.

instinct 本能 a complex behavior that is rigidly patterned throughout a species and is unlearned.

insight 顿悟 a sudden realization of a problem's solution; contrasts with strategy-based solutions.

insomnia 失眠 recurring problems in falling or staying asleep.

intellectual disability 智力障碍 a condition of limited mental ability, indicated by an intelligence test score of 70 or below and difficulty in adapting to the demands of life. (Formerly referred to as *mental retardation*.)

intelligence 智力 mental quality consisting of the ability to learn from experience, solve problems, and use knowledge to adapt to new situations.

intelligence quotient (IQ) 智商 defined originally as the ratio of mental age (*ma*) to chronological age (*ca*) multiplied by 100 (thus, IQ = *ma*/*ca* × 100). On contemporary intelligence tests, the average performance for a given age is assigned a score of 100.

intelligence test 智力测验 a method for assessing an individual's mental aptitudes and comparing them with those of others, using numerical scores.

intensity 强度 the amount of energy in a light or sound wave, which we perceive as brightness or loudness, as determined by the wave's amplitude.

interaction 交互作用 the interplay that occurs when the effect of one factor (such as environment) depends on another factor (such as heredity).

internal locus of control 内控制点 the perception that you control your own fate.

interneurons 中间神经元 neurons within the brain and spinal cord that communicate internally and intervene between the sensory inputs and motor outputs.

interpretation 解释 in psychoanalysis, the analyst's noting supposed dream meanings, resistances, and other significant behaviors and events in order to promote insight.

intimacy 亲密感 in Erikson's theory, the ability to form close, loving relationships; a primary developmental task in late adolescence and early adulthood.

intrinsic motivation 内部动机 a desire to perform a behavior effectively for its own sake.

intuition 直觉 an effortless, immediate, automatic feeling or thought, as contrasted with explicit, conscious reasoning.

J

James-Lange theory 詹姆斯－兰格理论 the theory that our experience of emotion is our awareness of our physiological responses to emotion-arousing stimuli.

just-world phenomenon 公正世界现象 the tendency for people to believe the world is just and that people therefore get what they deserve and deserve what they get.

K

kinesthesis 动觉 the system for sensing the position and movement of individual body parts.

L

language 语言 our spoken, written, or signed words and the ways we combine them to communicate meaning.

latent content 隐性内容 according to Freud, the underlying meaning of a dream (as distinct from its manifest content).

latent learning 潜伏学习 learning that occurs but is not apparent until there is an incentive to demonstrate it.

law of effect 效果律 Thorndike's principle that behaviors followed by favorable consequences become more likely, and that behaviors followed by unfavorable consequences become less likely.

learned helplessness 习得性无助 the hopelessness and passive resignation an animal or human learns when unable to avoid repeated aversive events.

learning 学习 the process of acquiring through experience new and relatively enduring information or behaviors.

lesion 损伤 tissue destruction. A brain lesion is a naturally or experimentally caused destruction of brain tissue.

levels of analysis 分析层面 the differing complementary views, from biological to psychological to social-cultural, for analyzing any given phenomenon.

limbic system 边缘系统 neural system (including the *hippocampus*, *amygdala*, and *hypothalamus*) located below the cerebral hemispheres; associated with emotions and drives.

linguistic determinism 语言决定论 Whorf's hypothesis that language determines the way we think.

lobotomy 额叶切除术 a psychosurgical procedure once used to calm uncontrollably emotional or violent patients. The procedure cut the nerves connecting the frontal lobes to the emotion-controlling centers of the inner brain.

longitudinal study 纵向研究 research in which the same people are restudied and retested over a long period of time.

long-term memory 长时记忆 the relatively permanent and limitless storehouse of the memory system. Includes knowledge, skills, and experiences.

long-term potentiation (LTP) 长时程突触增强 an increase in a cell's firing potential after brief, rapid stimulation. Believed to be a neural basis for learning and memory.

LSD a powerful hallucinogenic drug; also known as acid (*lysergic acid diethylamide*).

M

major depressive disorder 抑郁症 a mood disorder in which a person experiences, in the absence of drugs or another medical condition, two or more weeks of significantly depressed moods or diminished interest or pleasure in most activities, along with at least four other symptoms.

mania 躁狂 a hyperactive, wildly optimistic state in which dangerously poor judgment is common.

manifest content 显性内容 according to Freud, the remembered story line of a dream (as distinct from its latent, or hidden, content).

maturation 成熟 biological growth processes that enable orderly changes in behavior, relatively uninfluenced by experience.

medical model 医学模式 the concept that diseases, in this case psychological disorders, have physical causes that can be diagnosed, treated, and, in most cases, cured, often through treatment in a hospital.

medulla 延髓 the base of the brainstem; controls heartbeat and breathing.

memory 记忆 the persistence of learning over time through the storage and retrieval of information.

menarche 月经初潮 the first menstrual period.

menopause 更年期 the time of natural cessation of menstruation; also refers to the biological changes a woman experiences as her ability to reproduce declines.

mental age 心理年龄 a measure of intelligence test performance devised by Binet; the chronological age that most typically corresponds to a given level of performance. Thus, a child who does as well as an average 8-year-old is said to have a mental age of 8.

mental set 心理定势 a tendency to approach a problem in one particular way, often a way that has been successful in the past.

mere exposure effect 曝光效应 the phenomenon that repeated exposure to novel stimuli increases liking of them.

methamphetamine 甲基苯丙胺 a

powerfully addictive drug that stimulates the central nervous system, with speeded-up body functions and associated energy and mood changes; over time, appears to reduce baseline dopamine levels.

middle ear 中耳　the chamber between the eardrum and cochlea containing three tiny bones (hammer, anvil, and stirrup) that concentrate the vibrations of the eardrum on the cochlea's oval window.

Minnesota Multiphasic Personality Inventory (MMPI) 明尼苏达多相人格调查表　the most widely researched and clinically used of all personality tests. Originally developed to identify emotional disorders (still considered its most appropriate use), this test is now used for many other screening purposes.

mirror neurons 镜像神经元　frontal lobe neurons that some scientists believe fire when performing certain actions or when observing another doing so. The brain's mirroring of another's action may enable imitation and empathy.

mirror-image perceptions 镜像知觉　mutual views often held by conflicting people, as when each side sees itself as ethical and peaceful and views the other side as evil and aggressive.

misinformation effect 错误信息效应　incorporating misleading information into one's memory of an event.

mnemonics 记忆术　memory aids, especially those techniques that use vivid imagery and organizational devices.

modeling 模仿　the process of observing and imitating a specific behavior.

monocular cues 单眼线索　depth cues, such as interposition and linear perspective, available to either eye alone.

mood-congruent memory 心境一致性记忆　the tendency to recall experiences that are consistent with one's current good or bad mood.

morpheme 词素　in a language, the smallest unit that carries meaning; may be a word or a part of a word (such as a prefix).

motivation 动机　a need or desire that energizes and directs behavior.

motor corte 运动皮层　an area at the rear of the frontal lobes that controls voluntary movements.

motor (efferent) neurons 运动（传出）神经元　neurons that carry outgoing information from the brain and spinal cord to the muscles and glands.

MRI (magnetic resonance imaging) 磁共振成像　a technique that uses magnetic fields and radio waves to produce computer-generated images of soft tissue. MRI scans show brain anatomy.

mutation 突变　a random error in gene replication that leads to a change.

myelin 髓鞘　sheath a fatty tissue layer segmentally encasing the axons of some neurons; enables vastly greater transmission speed as neural impulses hop from one node to the next.

N

narcissism 自恋　excessive self-love and self-absorption.

narcolepsy 发作性睡病　a sleep disorder characterized by uncontrollable sleep attacks. The sufferer may lapse directly into REM sleep, often at inopportune times.

natural selection 自然选择　the principle that, among the range of inherited trait variations, those contributing to reproduction and survival will most likely be passed on to succeeding generations.

naturalistic observation 自然观察法　observing and recording behavior in naturally occurring situations without trying to manipulate and control the situation.

nature–nurture issue 天性与教养之争　the longstanding controversy over the relative contributions that genes and experience make to the development of psychological traits and behaviors. Today's psychological science sees traits and behaviors arising from the interaction of nature and nurture.

near–death experience 濒死体验　an altered state of consciousness reported after a close brush with death (such as through cardiac arrest); often similar to drug-induced hallucinations.

negative reinforcement 消极强化　increasing behaviors by stopping or reducing negative stimuli. A negative reinforcer is any stimulus that, when *removed* after a response, strengthens the response. (*Note:* Negative reinforcement is not punishment.)

nerves 神经　bundled axons that form neural "cables" connecting the central nervous system with muscles, glands, and sense organs.

nervous system 神经系统　the body's speedy, electrochemical communication network, consisting of all the nerve cells of the peripheral and central nervous systems.

neurogenesis 神经发生　the formation of new neurons.

neuron 神经元　a nerve cell; the basic building block of the nervous system.

neurotransmitters 神经递质　chemical messengers that cross the synaptic gaps between neurons. When released by the sending neuron, neurotransmitters travel across the synapse and bind to receptor sites on the receiving neuron, thereby influencing whether that neuron will generate a neural impulse.

neutral stimulus (NS) 中性刺激　in classical conditioning, a stimulus that elicits no response before conditioning.

nicotine 尼古丁　a stimulating and highly addictive psychoactive drug in tobacco.

night terrors 夜惊　a sleep disorder characterized by high arousal and an appearance of being terrified; unlike nightmares, night terrors occur during NREM-3 sleep, within two or three hours of falling asleep, and are seldom remembered.

normal curve 正态曲线　(*normal distribution*) a symmetrical, bell-shaped curve that describes the distribution of many types of data; most scores fall near the mean (about 68 percent fall within one standard deviation of it) and fewer and fewer near the extremes.

norm 规范　an understood rule for accepted and expected behavior. Norms prescribe "proper" behavior.

normative social influence 规范性社会影响　influence resulting from a person's desire to gain approval or avoid disapproval.

O

object permanence 客体永久性　the awareness that things continue to exist even when not perceived.

observational learning 观察学习　learning by observing others.

obsessive-compulsive disorder (OCD) 强迫症　an anxiety disorder characterized by unwanted repetitive thoughts (obsessions), actions (compulsions), or both.

occipital lobes 枕叶 portion of the cerebral cortex lying at the back of the head; includes areas that receive information from the visual fields.

Oedipus complex 俄狄浦斯情结 according to Freud, a boy's sexual desires toward his mother and feelings of jealousy and hatred for the rival father.

one-word stage 单词语期 the stage in speech development, from about age 1 to 2, during which a child speaks mostly in single words.

operant behavior 操作行为 behavior that operates on the environment, producing consequences.

operant chamber 操作箱 in operant conditioning research, a chamber (also known as a *Skinner box*) containing a bar or key that an animal can manipulate to obtain a food or water reinforcer; attached devices record the animal's rate of bar pressing or key pecking.

operant conditioning 操作性条件作用 a type of learning in which behavior is strengthened if followed by a reinforcer or diminished if followed by a punisher.

operational definition 操作性定义 a statement of the procedures (operations) used to define research variables. For example, *human intelligence* may be operationally defined as "what an intelligence test measures."

opiates 阿片类 opium and its derivatives, such as morphine and heroin; they depress neural activity, temporarily lessening pain and anxiety.

opponent-process theory 拮抗加工理论 the theory that opposing retinal processes (red-green, yellow-blue, white-black) enable color vision. For example, some cells are stimulated by green and inhibited by red; others are stimulated by red and inhibited by green.

optic nerve 视神经 the nerve that carries neural impulses from the eye to the brain.

other-race effect 异族效应 the tendency to recall faces of one's own race more accurately than faces of other races. Also called the *cross-race effect* and the *own-race bias*.

outgroup 外群体 "Them"—those perceived as different or apart from our ingroup.

overconfidence 过度自信 the tendency to be more confident than correct—to overestimate the accuracy of our beliefs and judgments.

P

panic disorder 惊恐障碍 an anxiety disorder marked by unpredictable, minutes-long episodes of intense dread in which a person experiences terror and accompanying chest pain, choking, or other frightening sensations.

parallel processing 平行加工 the processing of many aspects of a problem simultaneously; the brain's natural mode of information processing for many functions, including vision. Contrasts with the step-by-step (serial) processing of most computers and of conscious problem solving.

parapsychology 超心理学 the study of paranormal phenomena, including ESP and psychokinesis.

parasympathetic nervous system 副交感神经系统 the division of the autonomic nervous system that calms the body, conserving its energy.

parietal lobes 顶叶 portion of the cerebral cortex lying at the top of the head and toward the rear; receives sensory input for touch and body position.

partial (intermittent) reinforcement 部分（间歇）强化 reinforcing a response only part of the time; results in slower acquisition of a response but much greater resistance to extinction than does continuous reinforcement.

passionate love 激情之爱 an aroused state of intense positive absorption in another, usually present at the beginning of a love relationship.

perception 知觉 the process of organizing and interpreting sensory information, enabling us to recognize meaningful objects and events.

perceptual adaptation 知觉适应 in vision, the ability to adjust to an artificially displaced or even inverted visual field.

perceptual constancy 知觉恒常性 perceiving objects as unchanging (having consistent color, brightness, shape, and size) even as illumination and retinal images change.

perceptual set 知觉定势 a mental predisposition to perceive one thing and not another.

peripheral nervous system (PNS) 外周神经系统 the sensory and motor neurons that connect the central nervous system (CNS) to the rest of the body.

peripheral route persuasion 外周途径说服 occurs when people are influenced by incidental cues, such as a speaker's attractiveness.

personality 人格 an individual's characteristic pattern of thinking, feeling, and acting.

personality disorders 人格障碍 psychological disorders characterized by inflexible and enduring behavior patterns that impair social functioning.

personality inventory 人格调查表 a questionnaire (often with *true-false* or *agree-disagree* items) on which people respond to items designed to gauge a wide range of feelings and behaviors; used to assess selected personality traits.

PET (positron emission tomography) scan 正电子发射断层扫描术 a visual display of brain activity that detects where a radioactive form of glucose goes while the brain performs a given task.

phobia 恐怖症 an anxiety disorder marked by a persistent, irrational fear and avoidance of a specific object, activity, or situation.

phoneme 音素 in a language, the smallest distinctive sound unit.

physical dependence 生理依赖 a physiological need for a drug, marked by unpleasant withdrawal symptoms when the drug is discontinued.

pitch 音调 a tone's experienced highness or lowness; depends on frequency.

pituitary gland 垂体 the endocrine system's most influential gland. Under the influence of the hypothalamus, the pituitary regulates growth and controls other endocrine glands.

place theory 位置理论 in hearing, the theory that links the pitch we hear with the place where the cochlea's membrane is stimulated.

placebo effect 安慰剂效应 experimental results caused by expectations alone; any effect on behavior caused by the administration of an inert substance or condition, which the recipient assumes is an active agent.

plasticity 可塑性   the brain's ability to change, especially during childhood, by reorganizing after damage or by building new pathways based on experience.

polygraph 多导仪   a machine, commonly used in attempts to detect lies, that measures several of the physiological responses (such as perspiration and cardiovascular and breathing changes) accompanying emotion.

population 总体   all those in a group being studied, from which samples may be drawn. (*Note:* Except for national studies, this does not refer to a country's whole population.)

positive psychology 积极心理学   the scientific study of human functioning, with the goals of discovering and promoting strengths and virtues that help individuals and communities to thrive.

reinforcement 积极强化   increasing behaviors by presenting positive reinforcers. A positive reinforcer is any stimulus that, when *presented* after a response, strengthens the response.

posthypnotic suggestion 催眠后暗示   a suggestion, made during a hypnosis session, to be carried out after the subject is no longer hypnotized; used by some clinicians to help control undesired symptoms and behaviors.

post-traumatic stress disorder (PTSD) 创伤后应激障碍   an anxiety disorder characterized by haunting memories, nightmares, social withdrawal, jumpy anxiety, and/or insomnia that lingers for four weeks or more after a traumatic experience.

predictive validity 预测效度   the success with which a test predicts the behavior it is designed to predict; it is assessed by computing the correlation between test scores and the criterion behavior. (Also called *criterion-related validity*.)

prejudice 偏见   an unjustifiable and usually negative attitude toward a group and its members. Prejudice generally involves stereotyped beliefs, negative feelings, and a predisposition to discriminatory action.

preoperational stage 前运算阶段   in Piaget's theory, the stage (from about 2 to about 6 or 7 years of age) during which a child learns to use language but does not yet comprehend the mental operations of concrete logic.

primary reinforcer 一级强化物   an innately reinforcing stimulus, such as one that satisfies a biological need.

primary sex characteristics 第一性征   the body structures (ovaries, testes, and external genitalia) that make sexual reproduction possible.

priming 启动   the activation, often unconsciously, of certain associations, thus predisposing one's perception, memory, or response.

proactive interference 前摄干扰   the disruptive effect of prior learning on the recall of new information.

problem-focused coping 问题聚焦应对   attempting to alleviate stress directly—by changing the stressor or the way we interact with that stressor.

projective test 投射测验   a personality test, such as the Rorschach, that provides ambiguous stimuli designed to trigger projection of one's inner dynamics.

prosocial behavior 亲社会行为   positive, constructive, helpful behavior. The opposite of antisocial behavior.

prototype 原型   a mental image or best example of a category. Matching new items to a prototype provides a quick and easy method for sorting items into categories (as when comparing feathered creatures to a prototypical bird, such as a robin).

psychoactive drug 精神活性药物   a chemical substance that alters perceptions and moods.

psychoanalysis 精神分析   (1) Sigmund Freud's theory of personality that attributes thoughts and actions to unconscious motives and conflicts. (2) Freud's therapeutic technique used in treating psychological disorders. Freud believed that the patient's free associations, resistances, dreams, and transferences—and the therapist's interpretations of them—released previously repressed feelings, allowing the patient to gain self-insight.

psychodynamic theories 心理动力学理论   view personality with a focus on the unconscious and the importance of childhood experiences.

psychodynamic therapy 心理动力学疗法   therapy deriving from the psychoanalytic tradition; views individuals as responding to unconscious forces and childhood experiences, and seeks to enhance self-insight.

psychological dependence 心理依赖   a psychological need to use a drug, such as to relieve negative emotions.

psychological disorder 心理障碍   a significant dysfunction in a person's thoughts, feelings, or behaviors.

psychology 心理学   the science of behavior and mental processes.

psychoneuroimmunology 心理神经免疫学   the study of how psychological, neural, and endocrine processes together affect the immune system and resulting health.

psychopharmacology 心理药理学   the study of the effects of drugs on mind and behavior.

psychosexual stages 心理性欲期   the childhood stages of development (oral, anal, phallic, latency, genital) during which, according to Freud, the id's pleasure-seeking energies focus on distinct erogenous zones.

psychosis 精神病   a psychological disorder in which a person loses contact with reality, experiencing irrational ideas and distorted perceptions.

psychosurgery 精神外科手术   surgery that removes or destroys brain tissue in an effort to change behavior.

psychotherapy 心理治疗   treatment involving psychological techniques; consists of interactions between a trained therapist and someone seeking to overcome psychological difficulties or achieve personal growth.

puberty 青春期   the period of sexual maturation, during which a person becomes capable of reproducing.

punishment 惩罚   an event that tends to *decrease* the behavior it follows.

R

random assignment 随机分配   assigning participants to experimental and control groups by chance, thus minimizing preexisting differences between the different groups.

random sample 随机样本   a sample that fairly represents a population because each member has an equal chance of inclusion.

reciprocal determinism 交互决定论   the interacting influences of behavior, internal cognition, and environment.

reciprocity norm 互惠规范   an expectation that people will help, not hurt, those who have helped them.

recognition 再认   a measure of memory in which the person need only identify items previously learned, as on a multiple-choice test.

reflex 反射   a simple, automatic response to a sensory stimulus, such as the knee-jerk response.

refractory period 不应期   a resting period after orgasm, during which a man cannot achieve another orgasm.

reinforcement 强化   in operant conditioning, any event that *strengthens* the behavior it follows.

reinforcement schedule 强化程序   a pattern that defines how often a desired response will be reinforced.

relative deprivation 相对剥夺   the perception that one is worse off relative to those with whom one compares oneself.

relearning 再学习   a measure of memory that assesses the amount of time saved when learning material again.

reliability 信度   the extent to which a test yields consistent results, as assessed by the consistency of scores on two halves of the test, or on retesting.

REM rebound 快速眼动反跳   the tendency for REM sleep to increase following REM sleep deprivation (created by repeated awakenings during REM sleep).

REM sleep 快速眼动睡眠   rapid eye movement sleep; a recurring sleep stage during which vivid dreams commonly occur. Also known as *paradoxical sleep*, because the muscles are relaxed (except for minor twitches) but other body systems are active.

repetitive transcranial magnetic stimulation (rTMS) 重复经颅磁刺激   the application of repeated pulses of magnetic energy to the brain; used to stimulate or suppress brain activity.

replication 复制   repeating the essence of a research study, usually with different participants in different situations, to see whether the basic finding extends to other participants and circumstances.

repression 压抑   in psychoanalytic theory, the basic defense mechanism that banishes from consciousness anxiety-arousing thoughts, feelings, and memories.

resilience 复原力   the personal strength that helps most people cope with stress and recover from adversity and even trauma.

resistance 阻抗   in psychoanalysis, the blocking from consciousness of anxiety-laden material.

respondent behavior 应答行为   behavior that occurs as an automatic response to some stimulus.

reticular formation 网状结构   a nerve network that travels through the brainstem and plays an important role in controlling arousal.

retina 视网膜   the light-sensitive inner surface of the eye, containing the receptor rods and cones plus layers of neurons that begin the processing of visual information.

retinal disparity 视网膜像差   a binocular cue for perceiving depth: By comparing images from the retinas in the two eyes, the brain computes distance—the greater the disparity (difference) between the two images, the closer the object.

retrieval 提取   the process of getting information out of memory storage.

retroactive interference 倒摄干扰   the disruptive effect of new learning on the recall of old information.

retrograde amnesia 逆行性遗忘   an inability to retrieve information from one's past.

rods 杆体细胞   retinal receptors that detect black, white, and gray; necessary for peripheral and twilight vision, when cones don't respond.

role 角色   a set of expectations (norms) about a social position, defining how those in the position ought to behave.

Rorschach inkblot test 罗夏墨迹测验   the most widely used projective test, a set of 10 inkblots, designed by Hermann Rorschach; seeks to identify people's inner feelings by analyzing their interpretations of the blots.

S

savant syndrome 学者症候群   a condition in which a person otherwise limited in mental ability has an exceptional specific skill, such as in computation or drawing.

scapegoat theory 替罪羊理论   the theory that prejudice offers an outlet for anger by providing someone to blame.

schema 图式   a concept or framework that organizes and interprets information.

schizophrenia 精神分裂症   a group of severe disorders characterized by disorganized and delusional thinking, disturbed perceptions, and inappropriate emotions and behaviors.

secondary sex characteristics 第二性征   nonreproductive sexual traits, such as female breasts and hips, male voice quality, and body hair.

selective attention 选择性注意   the focusing of conscious awareness on a particular stimulus.

self 自我   in contemporary psychology, assumed to be the center of personality, the organizer of our thoughts, feelings, and actions.

self-actualization 自我实现   according to Maslow, one of the ultimate psychological needs that arises after basic physical and psychological needs are met and self-esteem is achieved; the motivation to fulfill one's potential.

self-concept 自我概念   all our thoughts and feelings about ourselves, in answer to the question, "Who am I?"

self-control 自我控制   the ability to control impulses and delay short-term gratification for greater long-term rewards.

self-disclosure 自我表露   revealing intimate aspects of oneself to others.

self-efficacy 自我效能感   one's sense of competence and effectiveness.

self-esteem 自尊   one's feelings of high or low self-worth.

self-serving bias 自我服务偏差   a readiness to perceive oneself favorably.

sensation 感觉   the process by which our sensory receptors and nervous system receive and represent stimulus energies from our environment.

sensorimotor stage 感知运动阶段   in Piaget's theory, the stage (from birth to about 2 years of age) during which infants know the world mostly in terms of their sensory impressions and motor activities.

sensorineural hearing loss 感觉神经性听觉丧失   hearing loss caused by damage to the cochlea's receptor cells or to the auditory nerves; also called *nerve deafness*.

sensory (afferent) neurons 感觉（传入）神经元   neurons that carry incoming information from the sensory receptors to the brain and spinal cord.

sensory adaptation 感觉适应 diminished sensitivity as a consequence of constant stimulation.

sensory cortex 感觉皮层 area at the front of the parietal lobes that registers and processes body touch and movement sensations.

sensory interaction 感觉交互作用 the principle that one sense may influence another, as when the smell of food influences its taste.

sensory memory 感觉记忆 the immediate, very brief recording of sensory information in the memory system.

serial position effect 系列位置效应 our tendency to recall best the last (a *recency effect*) and first items (a *primacy effect*) in a list.

set point 设定点 the point at which your "weight thermostat" is supposedly set. When your body falls below this weight, increased hunger and a lowered metabolic rate may combine to restore the lost weight.

sexual dysfunction 性功能失调 a problem that consistently impairs sexual arousal or functioning.

sexual orientation 性取向 an enduring sexual attraction toward members of either one's own sex (homosexual orientation), the other sex (heterosexual orientation), or both sexes (bisexual orientation).

sexual response cycle 性反应周期 the four stages of sexual responding described by Masters and Johnson—excitement, plateau, orgasm, and resolution.

shallow processing 浅层加工 encoding on a basic level based on the structure or appearance of words.

shaping 塑造 an operant conditioning procedure in which reinforcers guide behavior toward closer and closer approximations of the desired behavior.

short-term memory 短时记忆 activated memory that holds a few items briefly, such as seven digits of a phone number while dialing, before the information is stored or forgotten.

signal detection theory 信号检测论 a theory predicting how and when we detect the presence of a faint stimulus (*signal*) amid background stimulation (*noise*). Assumes there is no single absolute threshold and that detection depends partly on a person's experience, expectations, motivation, and alertness.

sleep 睡眠 periodic, natural loss of consciousness—as distinct from unconsciousness resulting from a coma, general anesthesia, or hibernation. (Adapted from Dement, 1999.)

sleep apnea 睡眠呼吸暂停 a sleep disorder characterized by temporary cessations of breathing during sleep and repeated momentary awakenings.

social clock 社会时钟 the culturally preferred timing of social events such as marriage, parenthood, and retirement.

social exchange theory 社会交换理论 the theory that our social behavior is an exchange process, the aim of which is to maximize benefits and minimize costs.

social facilitation 社会助长 improved performance on simple or well-learned tasks in the presence of others.

social identity 社会同一性 the "we" aspect of our self-concept; the part of our answer to "Who am I?" that comes from our group memberships.

social learning theory 社会学习理论 the theory that we learn social behavior by observing and imitating and by being rewarded or punished.

social loafing 社会懈怠 the tendency for people in a group to exert less effort when pooling their efforts toward attaining a common goal than when individually accountable.

social psychology 社会心理学 the scientific study of how we think about, influence, and relate to one another.

social script 社会脚本 culturally modeled guide for how to act in various situations.

social trap 社会陷阱 a situation in which the conflicting parties, by each rationally pursuing their self-interest, become caught in mutually destructive behavior.

social-cognitive perspective 社会认知观 views behavior as influenced by the interaction between people's traits (including their thinking) and their social context.

social-responsibility norm 社会责任规范 an expectation that people will help those dependent upon them.

somatic nervous system 躯体神经系统 the division of the peripheral nervous system that controls the body's skeletal muscles. Also called the *skeletal nervous system*.

source amnesia 来源遗忘 attributing to the wrong source an event we have experienced, heard about, read about, or imagined. (Also called *source misattribution*.) Source amnesia, along with the misinformation effect, is at the heart of many false memories.

spacing effect 间隔效应 the tendency for distributed study or practice to yield better long-term retention than is achieved through massed study or practice.

split brain 割裂脑 a condition resulting from surgery that isolates the brain's two hemispheres by cutting the fibers (mainly those of the corpus callosum) connecting them.

spontaneous recovery 自然恢复 the reappearance, after a pause, of an extinguished conditioned response.

spotlight effect 聚光灯效应 overestimating others' noticing and evaluating our appearance, performance, and blunders (as if we presume a spotlight shines on us).

SQ3R a study method incorporating five steps: *S*urvey, *Q*uestion, *R*ead, *R*etrieve, *R*eview.

standardization 标准化 defining uniform testing procedures and meaningful scores by comparison with the performance of a pretested group.

Stanford-Binet 斯坦福－比奈测验 the widely used American revision (by Terman at Stanford University) of Binet's original intelligence test.

stereotype 刻板印象 a generalized (sometimes accurate but often overgeneralized) belief about a group of people.

stereotype threat 刻板印象威胁 a self-confirming concern that one will be evaluated based on a negative stereotype.

stimulants 兴奋剂 drugs (such as caffeine, nicotine, and the more powerful amphetamines, cocaine, Ecstasy, and methamphetamine) that excite neural activity and speed up body functions.

stimulus 刺激 any event or situation that evokes a response.

storage 储存 the retention of encoded information over time.

stranger anxiety 陌生人焦虑 the fear of strangers that infants commonly display, beginning by about 8 months of age.

stress 应激 the process by which we perceive and respond to certain events, called *stressors*, that we appraise as threatening or challenging.

structuralism 结构主义 early school of thought promoted by Wundt and Titchener; used introspection to reveal the structure of the human mind.

subjective well-being 主观幸福感 self-perceived happiness or satisfaction with life. Used along with measures of objective well-being (for example, physical and economic indicators) to evaluate people's quality of life.

subliminal 阈下 below one's absolute threshold for conscious awareness.

superego 超我 the part of personality that, according to Freud, represents internalized ideals and provides standards for judgment (the conscience) and for future aspirations.

superordinate goals 超级目标 shared goals that override differences among people and require their cooperation.

suprachiasmatic nucleus (SCN) 视交叉上核 a pair of cell clusters in the hypothalamus that responds to light-sensitive retinal proteins; causes pineal gland to increase or decrease production of melatonin, thus modifying our feelings of sleepiness.

survey 调查法 a technique for ascertaining the self-reported attitudes or behaviors of a particular group, usually by questioning a representative, random sample of the group.

sympathetic nervous system 交感神经系统 the division of the autonomic nervous system that arouses the body, mobilizing its energy in stressful situations.

synapse 突触 the junction between the axon tip of the sending neuron and the dendrite or cell body of the receiving neuron. The tiny gap at this junction is called the *synaptic gap* or *synaptic cleft*.

systematic desensitization 系统脱敏 a type of exposure therapy that associates a pleasant relaxed state with gradually increasing anxiety-triggering stimuli. Commonly used to treat phobias.

T

telegraphic speech 电报式言语 early speech stage in which a child speaks like a telegram—"go car"—using mostly nouns and verbs.

temperament 气质 a person's characteristic emotional reactivity and intensity.

temporal lobes 颞叶 portion of the cerebral cortex lying roughly above the ears; includes the auditory areas, each receiving information primarily from the opposite ear.

tend and befriend 照料和结盟 under stress, people (especially women) often provide support to others (tend) and bond with and seek support from others (befriend).

teratogens 致畸物 (literally, "monster maker") agents, such as toxins, chemicals, and viruses, that can reach the embryo or fetus during prenatal development and cause harm.

testing effect 测试效应 enhanced memory after retrieving, rather than simply rereading, information. Also sometimes referred to as a *retrieval practice effect* or *test-enhanced learning*.

testosterone 睾丸素 the most important of the male sex hormones. Both males and females have it, but the additional testosterone in males stimulates the growth of the male sex organs in the fetus and the development of the male sex characteristics during puberty.

thalamus 丘脑 the brain's sensory router, located on top of the brainstem; it directs messages to the sensory receiving areas in the cortex and transmits replies to the cerebellum and medulla.

THC the major active ingredient in marijuana; triggers a variety of effects, including mild hallucinations.

theory 理论 an explanation using an integrated set of principles that organizes observations and predicts behaviors or events.

theory of mind 心理理论 people's ideas about their own and others' mental states—about their feelings, perceptions, and thoughts, and the behaviors these might predict.

threshold 阈值 the level of stimulation required to trigger a neural impulse.

token economy 代币法 an operant conditioning procedure in which people earn a token of some sort for exhibiting a desired behavior and can later exchange the tokens for various privileges or treats.

tolerance 耐受 with repeated use, achieving the desired effect requires larger doses.

top-down processing 自上而下加工 information processing guided by higher-level mental processes, as when we construct perceptions drawing on our experience and expectations.

trait 特质 a characteristic pattern of behavior or a disposition to feel and act, as assessed by self-report inventories and peer reports.

transduction 换能 conversion of one form of energy into another. In sensation, the transforming of stimulus energies, such as sights, sounds, and smells, into neural impulses our brain can interpret.

transference 移情 in psychoanalysis, the patient's transfer to the analyst of emotions linked with other relationships (such as love or hatred for a parent).

transgender 跨性别 an umbrella term describing people whose gender identity or expression differs from that associated with their birth sex.

two-factor theory 双因素理论 the Schachter-Singer theory that to experience emotion one must (1) be physically aroused and (2) cognitively label the arousal.

two-word stage 双词语期 beginning about age 2, the stage in speech development during which a child speaks mostly in two-word statements.

Type A A型人格 Friedman and Rosenman's term for competitive, hard-driving, impatient, verbally aggressive, and anger-prone people.

Type B B型人格 Friedman and Rosenman's term for easygoing, relaxed people.

U

unconditional positive regard 无条件积极关注 a caring, accepting, nonjudgmental attitude, which Carl Rogers believed would help clients develop self-awareness and self-acceptance.

unconditioned response (UR) 无条件反

应　in classical conditioning, an unlearned, naturally occurring response (such as salivation) to an unconditioned stimulus (US) (such as food in the mouth).

unconditioned stimulus (US) 无条件刺激　in classical conditioning, a stimulus that unconditionally—naturally and automatically—triggers a response (UR).

unconscious 潜意识　according to Freud, a reservoir of mostly unacceptable thoughts, wishes, feelings, and memories. According to contemporary psychologists, information processing of which we are unaware.

V

validity 效度　the extent to which a test measures or predicts what it is supposed to. (See also *content validity* and *predictive validity*.)

variable-interval schedule 不定间隔程式　in operant conditioning, a reinforcement schedule that reinforces a response at unpredictable time intervals.

variable-ratio schedule 不定比率程式　in operant conditioning, a reinforcement schedule that reinforces a response after an unpredictable number of responses.

vestibular sense 前庭觉　the sense of body movement and position, including the sense of balance.

virtual reality exposure therapy 虚拟现实暴露疗法　an anxiety treatment that progressively exposes people to electronic simulations of their greatest fears, such as airplane flying, spiders, or public speaking.

visual cliff 视崖　a laboratory device for testing depth perception in infants and young animals.

W

wavelength 波长　the distance from the peak of one light or sound wave to the peak of the next. Electromagnetic wavelengths vary from the short blips of cosmic rays to the long pulses of radio transmission.

Weber's law 韦伯定律　the principle that, to be perceived as different, two stimuli must differ by a constant minimum percentage (rather than a constant amount).

Wechsler Adult Intelligence Scale (WAIS) 韦氏成人智力量表　the WAIS is the most widely used intelligence test; contains verbal and performance (nonverbal) subtests.

Wernicke's area 威尔尼克区　controls language reception—a brain area involved in language comprehension and expression; usually in the left temporal lobe.

withdrawal 戒断　the discomfort and distress that follow discontinuing the use of an addictive drug.

working memory 工作记忆　a newer understanding of short-term memory that focuses on conscious, active processing of incoming auditory and visual-spatial information, and of information retrieved from long-term memory.

X

X chromosome X 染色体　the sex chromosome found in both men and women. Females have two X chromosomes; males have one. An X chromosome from each parent produces a female child.

Y

Y chromosome Y 染色体　the sex chromosome found only in males. When paired with an X chromosome from the mother, it produces a male child.

Yerkes-Dodson law 耶基斯–多德森定律　the principle that performance increases with arousal only up to a point, beyond which performance decreases.

Young-Helmholtz trichromatic (three-color) theory 杨–赫尔姆霍茨三原色理论　the theory that the retina contains three different color receptors—one most sensitive to red, one to green, one to blue—which, when stimulated in combination, can produce the perception of any color.

Z

zygote 合子　the fertilized egg; it enters a 2-week period of rapid cell division and develops into an embryo.

参考文献

A

AAS. (2009, April 25). *USA suicide: 2006 final data.* Prepared for the American Association of Suicidology by J. L. McIntosh. (p. 525)

Abel, E. L., & Kruger, M. L. (2010). Smile intensity in photographs predicts longevity. *Psychological Science, 21,* 542–544. (p. 400)

Abel, K. M., Drake, R., & Goldstein, J. M. (2010). Sex differences in schizophrenia. *International Review of Psychiatry, 22,* 417–428. (p. 529)

Abrams, D. B., & Wilson, G. T. (1983). Alcohol, sexual arousal, and self-control. *Journal of Personality and Social Psychology, 45,* 188–198. (p. 103)

Abrams, L. (2008). Tip-of-the-tongue states yield language insights. *American Scientist, 96,* 234–239. (p. 292)

Abrams, M. (2002, June). Sight unseen—Restoring a blind man's vision is now a real possibility through stem-cell surgery. But even perfect eyes cannot see unless the brain has been taught to use them. *Discover, 23,* 54–60. (p. 215)

Abramson, L. Y., Metalsky, G. I., & Alloy, L. B. (1989). Hopelessness depression: A theory-based subtype. *Psychological Review, 96,* 358–372. (p. 526)

Abrevaya, J. (2009). Are there missing girls in the United States? Evidence from birth data. *American Economic Journal: Applied Economics, 1*(2), 1–34. (p. 476)

Acevedo, B. P., & Aron, A. (2009). Does a long-term relationship kill romantic love? *Review of General Psychology, 13,* 59–65. (p. 492)

ACHA. (2009). *American College Health Association-National College Health Assessment II: Reference group executive summary Fall 2008.* Baltimore: American College Health Association. (p. 519)

Ackerman, D. (2004). *An alchemy of mind: The marvel and mystery of the brain.* New York: Scribner. (p. 39)

Ackerman, J. M., Nocera, C. C., & Bargh, J. A. (2010). Incidental haptic sensations influence social judgments and decisions. *Science, 328,* 1712–1715. (p. 229)

ACMD. (2009). *MDMA ('ecstasy'): A review of its harms and classification under the misuse of drugs act 1971.* London: Home Office; Advisory Council on the Misuse of Drugs. (pp. 106, 107)

Adams, S. (2011, February 6). OCD: David Beckham has it—as do over a million other Britons. *The Telegraph* (www.telegraph.co.uk). (p. 514)

Adelmann, P. K., Antonucci, T. C., Crohan, S. F., & Coleman, L. M. (1989). Empty nest, cohort, and employment in the well-being of midlife women. *Sex Roles, 20,* 173–189. (p. 156)

Ader, R., & Cohen, N. (1985). CNS-immune system interactions: Conditioning phenomena. *Behavioral and Brain Sciences, 8,* 379–394. (p. 245)

Affleck, G., Tennen, H., Urrows, S., & Higgins, P. (1994). Person and contextual features of daily stress reactivity: Individual differences in relations of undesirable daily events with mood disturbance and chronic pain intensity. *Journal of Personality and Social Psychology, 66,* 329–340. (p. 414)

Agrillo, C. (2011). Near-death experience: Out-of-body and out-of-brain? *Review of General Psychology, 15,* 1–10. (p. 107)

Ai, A. L., Park, C. L., Huang, B., Rodgers, W., & Tice, T. N. (2007). Psychosocial mediation of religious coping styles: A study of short-term psychological distress following cardiac surgery. *Personality and Social Psychology Bulletin, 33,* 867–882. (p. 412)

Aiello, J. R., Thompson, D. D., & Brodzinsky, D. M. (1983). How funny is crowding anyway? Effects of room size, group size, and the introduction of humor. *Basic and Applied Social Psychology, 4,* 193–207. (p. 471)

Aimone, J. B., Jessberger, S., & Gage, F. H. (2010, last modified February 5). Adult neuro-genesis. *Scholarpedia.* (p. 58)

Ainsworth, M. D. S. (1973). The development of infant-mother attachment. In B. Caldwell & H. Ricciuti (Eds.), *Review of child development research* (Vol. 3). Chicago: University of Chicago Press. (p. 134)

Ainsworth, M. D. S. (1979). Infant-mother attachment. *American Psychologist, 34,* 932–937. (p. 134)

Ainsworth, M. D. S. (1989). Attachments beyond infancy. *American Psychologist, 44,* 709–716. (p. 134)

Airan, R. D., Meltzer, L. A., Roy, M., Gong, Y., Chen, H., & Deisseroth, K. (2007). High-speed imaging reveals neurophysiological links to behavior in an animal model of depression. *Science, 317,* 819–823. (p. 525)

Åkerstedt, T., Kecklund, G., & Axelsson, J. (2007). Impaired sleep after bedtime stress and worries. *Biological Psychology, 76,* 170–173. (p. 92)

Alanko, K., Santtila, P., Harlaar, N., Witting, K., Varjonen, M., Jern, P., Johansson, A., von der Pahlen, B., & Sandnabba, N. K. (2010). Common genetic effects of gender atypical behavior in childhood and sexual orientation in adulthood: A study of Finnish twins. *Archives of Sexual Behavior, 39,* 81–92. (p. 181)

Albee, G. W. (1986). Toward a just society: Lessons from observations on the primary prevention of psychopathology. *American Psychologist, 41,* 891–898. (p. 577)

Alcock, J. (2011, March/April). Back from the future: Parapsychology and the Bem affair. *Skeptical Inquirer,* pp. 31–39. (p. 232)

Aldao, A., & Nolen-Hoeksema, S. (2010). Emotion-regulation strategies across psycho-pathology: A meta-analytic review. *Clinical Psychology Review, 30,* 217–237. (p. 556)

Aldrich, M. S. (1989). Automobile accidents in patients with sleep disorders. *Sleep, 12,* 487–494. (p. 92)

Aldridge-Morris, R. (1989). *Multiple personality: An exercise in deception.* Hillsdale, NJ: Erlbaum. (p. 534)

Aleman, A., Kahn, R. S., & Selten, J-P. (2003). Sex differences in the risk of schizophrenia: Evidence from meta-analysis. *Archives of General Psychiatry, 60,* 565–571. (p. 529)

Alexander, L., & Tredoux, C. (2010). The spaces between us: A spatial analysis of informal segregation. *Journal of Social Issues, 66,* 367–386. (p. 499)

Allard, F., & Burnett, N. (1985). Skill in sport. *Canadian Journal of Psychology, 39,* 294–312. (p. 277)

Allen, J. R., & Setlow, V. P. (1991). Heterosexual transmission of HIV: A view of the future. *Journal of the American Medical Association, 266,* 1695–1696. (p. 174)

Allen, K. (2003). Are pets a healthy pleasure? The influence of pets on blood pressure. *Current Directions in Psychological Science, 12,* 236–239. (p. 406)

Allen, M. W., Gupta, R., & Monnier, A. (2008). The interactive effect of cultural symbols and human values on taste evaluation. *Journal of Consumer Research, 35,* 294–308. (p. 225)

Allesøe, K., Hundrup, V. A., Thomsen, J. F., & Osler, M. (2010). Psychosocial work environment and risk of ischaemic heart disease in women: The Danish Nurse Cohort Study. *Occupational and Environmental Medicine, 67,* 318–322. (p. 400)

Alloy, L. B., Abramson, L. Y., Whitehouse, W. G., Hogan, M. E., Tashman, N. A., Steinberg, D. L., Rose, D. T., & Donovan, P. (1999). Depressogenic cognitive styles: Predictive validity, information processing and personality characteristics, and developmental origins. *Behaviour Research and Therapy, 37,* 503–531. (p. 527)

Allport, G. W. (1954). *The nature of prejudice.* New York: Addison-Wesley. (p. 17, 478)

Allport, G. W., & Odbert, H. S. (1936). Trait-names: A psycho-lexical study. *Psychological Monographs, 47*(1). (p. 436)

Almas, I., Cappelen, A. W., Sørensen, E. Ø., & Tungodden, B. (2010). Fairness and the development of inequality acceptance. *Science, 328,* 1176–1178. (p. 141)

更多参考文献请扫描二维码。

编辑后记

《迈尔斯普通心理学》（*Exploring Psychology*）由美国著名心理学教科书作者戴维·迈尔斯（David Myers）撰写，自出版以来，一直位列美国亚马逊心理学教科书畅销榜前列，是美国高等院校中使用范围最广的普通心理学教材之一。作者戴维·迈尔斯充分发挥了其在心理学教材撰写方面的突出才能，将严谨的科学与宽广的人文视角结合起来，兼具理性和感性，使读者能够在愉快的阅读过程中轻松掌握心理学知识。本书第5版曾于2009年由国内资深心理学家黄希庭教授领衔18位心理学教授联袂翻译，出版后被中国心理学会心理学教学工作委员会列为推荐用书，受到读者的广泛好评。清华大学等国内多所著名高校将本书选为普通心理学课程的教材或参考书。

现在呈现在读者面前的是第9版，这个版本是历次修订中修改最细致、更新最广泛的版本。迈尔斯运用来自学习和记忆研究的最佳实践，增加了新的学习体系，便于读者课堂学习和自学。他保持了对科学期刊和科学新闻来源的密切关注，在本版中增加了1000多条新的研究引证。本版还对章节进行了重组，强化了临床的视角，改进了人格、心理障碍和治疗等章节。本书一如既往地旨在激发读者的批判性思维，让读者参与进来，利用书中介绍的实证方法来评估关于众所周知的现象的矛盾观点和说法。第9版的翻译工作仍由黄希庭教授领衔的原译者团队共同完成。

本版的中文版在各位译者精心翻译的基础上，全部译稿由具有20年英语国家研究、写作、评审经验的学者对照原文进行了详细的审校，历时一年，做了大量的编辑改动。在大的方面，对一些章节标题进行了修改，使之更符合原文，同时更准确地反映相应章节的内容及作者用意（如第1章的标题原为"对心理科学的批判性思考"，现改为"运用心理科学进行批判性思考"）。在内容上也做了许多重要的更改，比如记忆一章中涉及条件作用以及心理障碍一章中关于精神病的部分。在此过程中编审人员查阅了大量的资料，包括书中引用的参考文献原文或摘要。在细节上，书中有大量作者（团队）精心收集的格言、插图、谚语等，这部分内容在相应章节中起着画龙点睛的作用。为了更加生动贴切地反映本书作者及原创者的意图，编审人员也花费了大量的时间和心血。希望编审人员的专业及社会文化方面的背景知识，能够协助本书作者和译者将心理学知识更准确、更清晰地传达给广大师生及每一位读者。

本书第9版曾于2021年分为上下两册，以书名《心理学导论》在商务印书馆出版。然而，出版后收到了不少教师的反馈，称分册版并不太适合实际教学。同时，一些读者也反馈原书名容易与其他同名书混淆，且字体较小不方便阅读。因此，本次出版决定将本书合并为一册，改名为《迈尔斯普通心理学》，同时还增大了字号和开本，并将近100页的参考文献上传到网上供读者下载查阅。此外，原书第14章和第15章中关于心理障碍的命名和分类是按照DSM-Ⅳ-TR撰写的，但目前国际通行的分类系统是DSM-5，因此本书在编辑过程中参照DSM-5英文版和国内出版的中译本，对这两章内容进行了全面的更新。

欢迎采用本书作为教材的老师与我们联系，以便得到我们为您提供的教师手册、习题、教学PPT等配套教辅资料。出版是一门"遗憾的艺术"，各位老师和读者如在阅读过程中发现内容或印刷上的疏失之处，欢迎与我们联系交流，以使中文版日臻完善。如有内容方面的问题，我们会在重印时进行修订；如有印装质量问题，我们会为您更换新书。联系电话：010-84937152。服务邮箱：nccpsy@163.com。

北京新曲线出版咨询有限公司

2023年10月

图书在版编目（CIP）数据

迈尔斯普通心理学：第9版/（美）戴维·迈尔斯著；黄希庭等译. -- 北京：商务印书馆，2023
ISBN 978-7-100-23207-4

Ⅰ.①迈⋯　Ⅱ.①戴⋯②黄⋯　Ⅲ.①普通心理学　Ⅳ.①B84

中国国家版本馆CIP数据核字（2023）第215183号

本书中文简体字版由Worth出版公司授权商务印书馆独家出版。未经出版者书面许可，不得以任何方式抄袭、复制或节录本书的任何部分。

权利保留，侵权必究。

迈尔斯普通心理学（第9版）

〔美〕戴维·迈尔斯　著
黄希庭　等译
刘力　陆瑜　策划
谢呈秋　特约编审
刘冰云　责任编辑

商　务　印　书　馆　出　版
（北京王府井大街36号　邮政编码100710）
商　务　印　书　馆　发　行
山东临沂新华印刷物流集团
有　限　责　任　公　司　印刷
ISBN 978-7-100-23207-4

2024年2月第1版　　开本 889×1194　1/16
2024年2月第1次印刷　印张 44½
定价：186.00元